HISTOIRE

DE LA

RÉVOLUTION DE 1870-71

HISTOIRE

DE LA

RÉVOLUTION DE 1870-71

CHUTE DE L'EMPIRE — LA GUERRE
LE GOUVERNEMENT DE LA DÉFENSE NATIONALE — LA PAIX
LE SIÉGE DE PARIS
LA COMMUNE DE PARIS — LE GOUVERNEMENT DE M. THIERS

PAR

JULES CLARETIE

ILLUSTRÉE

PAR MM. BLANCHARD, CRÉPON, DARJOU, FÉRAT, FICHOT, GAILDRAU, GILBERT
GODEFROY-DURAND, JANET-LANGE, GUSTAVE JANET, M. LALANNE, LANÇON, LIX, A. MARIE
ED. MORIN, PAUQUET, PHILIPPOTEAUX, VIERGE, ETC.

de Portraits, Vues, Scènes, Plans, Cartes et Autographes

PARIS

AUX BUREAUX DU JOURNAL *L'ÉCLIPSE*

16, RUE DU CROISSANT (ANCIEN HÔTEL COLBERT)

—

1872

Tous droits réservés

Pour paraître le 1ᵉʳ novembre 1872

HISTOIRE

DE LA

RÉPUBLIQUE FRANÇAISE

(1789-1800)

Par JULES CLARETIE

Illustrée d'un nombre considérable de gravures

Cet ouvrage se composera de 100 livraisons à 10 centimes, de 20 séries à 50 centimes, et formera un volume in-4

du même format que l'*Histoire de la Révolution de 1870-71*.

HISTOIRE
DE LA
RÉVOLUTION DE 1870-71
Par JULES CLARETIE

PRÉFACE

Je dédie ce livre à la France nouvelle, dont je suis, et qui n'ayant rien commis des impardonnables fautes qui ont amené notre décadence, en a cependant plus douloureusement que les générations ses aînées et plus durement qu'elles supporté le poids accablant.

Je dédie ce livre au peuple qui, généreux, donnant en prodigue l'enthousiasme de son âme et le sang de ses veines, mais se payant trop souvent de mots, doit à présent être avide de connaître des faits et d'apprendre comment, et jusqu'à quel gouffre il a pu être conduit par une de ces mains impérialement cruelles, à qui le sort, disait un grand orateur, ne semble avoir délégué la puissance que pour prouver aux hommes le peu de cas qu'il en fait.

Je dédie ce livre à tous ceux qui osent et veulent regarder en face la Vérité. Ce livre est vrai. Il sera vrai pour tous. Amis et ennemis y trouveront compté le total des responsabilités qui leur incombent dans les effroyables malheurs de la patrie.

L'*Histoire de la Révolution de 1870-71*, quelle histoire!

Je ne crois pas qu'on puisse trouver dans la succession des siècles beaucoup d'épisodes aussi dramatiques que ceux dont la patrie a vu le lugubre spectacle et des années plus remplies que les deux sombres années que notre malheureux pays vient de traverser. Quel entassement prodigieux d'événements, quels chocs épouvantables et quels jeux amers d'une ironique destinée! La France, prospère et redoutée, tombant tout à coup jusqu'à la défaite et jusqu'à la pitié des nations dont elle était jadis la protectrice et la vengeresse. Tout un vain échafaudage de fausse puissance s'écroulant avec fracas. Qui s'attendait à ce dénoûment sinistre? « Le couronnement de l'édifice » était un drapeau prussien.

Mais aussi, pourquoi la nation tout entière abdiquait-elle entre les mains d'un maître? Pourquoi, fière de sembler redoutable à l'extérieur, subissait-elle à l'intérieur un joug qui la courbait

1re LIV.

chaque jour un peu plus et qui chaque jour la démoralisait davantage? Elle consentait à trembler devant le pouvoir, pourvu qu'elle fît peur à l'Europe. Hélas, l'effroi de l'étranger n'était que de surface, comme la force irrésistible de l'empire n'existait qu'à l'apparence. Devant le premier boulet d'un canon Krupp, ce palais de plâtre aux apparences de marbre, qui s'appelait l'empire, devait tomber en poussière.

C'est l'histoire de ce triste réveil d'une nation qui, croyant tenir en main le sceptre du monde, s'aperçoit un matin qu'elle ne tenait que des cendres, c'est cette histoire que je veux raconter. C'est aussi les efforts, la lutte, la résistance désespérée d'un peuple dont je veux retracer les navrantes et souvent glorieuses péripéties. Cet ouvrage comprendra trois livres distincts dont l'histoire elle-même semble avoir marqué la division. Le premier ira des premiers jours de cette triste année 1870, à la journée du 4 septembre, et cela à travers les événements précipités qui firent en quelque sorte, de chaque jour de ces mois fatidiques, une date historique. Le second livre comprendra l'histoire du gouvernement du 4 septembre, à Paris et en province, à Paris où jusqu'au dernier morceau de pain on put prolonger la résistance et croire à la délivrance, en province où l'on vit l'armée de la Loire et l'armée du Nord, Chanzy et Faidherbe, résister plus d'une fois victorieusement à l'ennemi. Le troisième livre enfin racontera la Commune de Paris, les désastres nouveaux ajoutés aux désastres anciens, et suivra, dans tous ses détails, l'œuvre de reconstruction et de réparation du gouvernement qui doit fermer les plaies de la patrie, replacer la France à son rang dans le monde, nous donner des mœurs qui nous fassent honnêtes, nous assurer des lois qui nous rendent libres.

Nulle période historique, on le voit, n'est aussi riche en tableaux, en émotions et en enseignements. Je souhaite que le lecteur y trouve ce que j'ai voulu y mettre : un sentiment profond de la patrie française, un ardent amour de la liberté. Maintenant, c'est à ces idées nettes et simples, simples et éternelles comme le droit, qu'il faut nous cramponner comme à une épave du naufrage. La patrie, la liberté, voilà ce qui rendra puissante et ferme la République, et permettra d'arriver, par le travail, par le progrès social sans secousses et sans lutte saignante, à l'ordre nouveau que le pays, depuis trop longtemps, cherche à tâtons, demande à tous venants, appelant des sauveurs et ne trouvant que des maîtres.

Que si cette histoire, ainsi volontairement publiée sous une forme populaire, accessible à tous, pouvait servir à faire aimer davantage au lecteur notre pauvre pays de France, l'auteur serait assez payé de ses efforts. Car il nous faut, c'est une conviction absolue, retourner à l'esprit vigoureux et sain de notre race, au bon sens, à la clarté, à cette humeur gauloise de Rabelais et à cette pénétrante ironie de Voltaire qui crèvent les utopies des sophistes en même temps qu'elles renversent les bastilles des despotes. L'heure est arrivée de redevenir, pour notre salut, fidèles à l'esprit de notre race, et nous devons être, après tant de secousses, las, fatigués

> D'avoir imité Londre, Athènes, Rome et Sparte,
> Et d'être enfin Français n'est-il pas bientôt temps?

Non-seulement il en est temps, mais bientôt il serait trop tard. « *La société est en poussière*, disait Royer-Collard en 1815. *Il ne reste que des souvenirs, des regrets, des utopies, des folies et des désespoirs* ». Et depuis l'heure où le doctrinaire parlait ainsi, la pulvérisation sociale n'a fait que devenir plus complète, accrue de je ne sais quelle fermentation putride, d'appétits nés de vingt ans de silence et de ténèbres. Hâtons-nous donc, hâtons-nous de redevenir la grande nation honnête, libre et fière, l'initiatrice et la chevaleresque nation qu'on rencontrait partout, non pas un glaive, mais un flambeau à la main.

Et c'est parce que nous ne doutons pas de la destinée de la France, qu'en dépit des tristesses qu'il raconte, le livre qu'on va lire est un livre où palpitent ces vertus des hommes et des peuples qui se relèvent : l'espérance et la foi.

Jules Claretie.

LIVRE PREMIER

CHAPITRE I

Les dernières années de l'empire. — Le gouvernement de Napoléon depuis les élections d 1863. — Réveil de l'esprit public. — Mort de MM. de Morny, Billault, Walewski. — L'expédition du Mexique. — Sad a. — L'Exposition universelle. — Les morts de Décembre. — L'affaire *Baudin* et M. Gambetta. — Les élections de 1869. — Bancel et M. Emile Ollivier. — M. Jules Favre et Henri Rochefort. — Les hésitations impériales. — M. Rouher ministre d'État. — Velléités libérales. — Prorogation du Corps législatif. — Entrée de M. Ollivier aux affaires. — La lettre de l'empereur. — L'empire libéral. — Troppmann. — Documents.

Avant d'aborder le récit des dramatiques événements qui s'appelleront, dans l'histoire, la Révolution de 1870, il importe de montrer comment, et par quelle suite de fautes précipitées, le gouvernement impérial, terrible à l'intérieur après décembre 1851, redouté à l'extérieur après l'expédition de Crimée, paré d'une sorte de trompeuse auréole de libéralisme et d'une véritable gloire, due à l'humble héroïsme des soldats, après la guerre d'Italie, était devenu lentement, et grâce à une succession de chimériques et criminelles entreprises, pareil à un vaisseau démâté conduit par un pilote sans boussole, et qui, voguant comme à l'aventure, se précipite avec un vertigineux entraînement vers les écueils qu'il prétend éviter.

L'apogée du dernier règne, ce fut le lendemain de Solferino. L'Autriche vaincue, l'Allemagne inquiète, la Russie muselée comme un ours du Nord, l'Italie affranchie, la France semblait reprendre son rôle éternel, et la liberté, selon la spirituelle expression de M. John Lemoinne, devenait pour nous, esclaves, et qui l'apportions aux autres, un « article d'exportation. » L'amnistie qui suivit nos victoires avait amorti le coup fâcheux porté aux espérances françaises et italiennes par la paix de Villafranca. Menacé par l'Allemagne, satisfait de ses demi-triomphes, inquiet des sièges futurs de Mantoue, de Vérone, du quadrilatère vénitien, Napoléon s'arrêtait au milieu de sa conquête, et, après avoir juré de délivrer l'Italie des Alpes à l'Adriatique, il s'arrêtait prudemment au Mincio, laissant l'Autriche battue, mais non écrasée, l'Italie victorieuse, mais non satisfaite, la Prusse écoutée dans son intervention, mais non rassurée.

Ce fut là pour cet homme irrésolu la première faute, celle d'où toutes les autres allaient découler. Satisfait d'avoir une nouvelle fois fait sentir au monde la vigueur de l'épée française, il prétendit continuer son œuvre par la diplomatie et la politique. Mais dans ses diplomates il devait rencontrer moins d'intelligence et d'ardeur que dans ses soldats et, tandis qu'il tendait lentement les filets où il prétendait prendre les hommes d'État allemands, anglais ou belges, et même la Belgique et le Rhin avec les hommes d'État, son armée se dissolvait lentement, et la nation perdait peu à peu, sous son gouvernement, le nerf, l'ardeur, la puissance morale, la foi en soi-même, tout ce qui rend les peuples non-seulement redoutables, mais invincibles. Et lorsque, plus tard, on voulut faire appel aux forces vives du pays, les meilleurs et les plus résolus se heurtèrent à d'acharnés amis du repos, à d'implacables adversaires du dévouement à la patrie et du sacrifice au pays.

L'étoile impériale, avec les années, avait singulièrement pâli. Depuis les élections de 1863, où pour la première fois l'esprit de liberté s'affirma victorieusement en donnant, à Paris, la majorité à tous les candidats de l'opposition, l'empire avait, de jour en jour, vu décroître sa fortune. Vainement, essayant de donner satisfaction à l'opinion, Bonaparte opérait, quinze jours après les élections, un changement de ministère, croyant avoir lâché la dure courroie parce qu'il nommait ministre d'État M. Billault et M. Duruy ministre de l'instruction publique; on sentait que ce n'était là qu'une modification d'apparence et peut-être un ministère d'expectative. C'en était fait, la France se retrouvait, après des années de sommeil, telle qu'auparavant, éprise de son même idéal de liberté républicaine, et M. Pelletan pouvait avec raison écrire à M. de Persigny : « La France aime-t-elle toujours la liberté ? Le dernier scrutin fait la réponse. Il n'y a pas une ville de quelque importance qui n'ait voté pour la liberté ; et plus on ira, plus on l'aimera, car le jeûne aiguise la faim (1). »

Il semblait d'ailleurs que cette date de juin 1863 eût marqué, pour l'empire, le signal de la malechance et de la décrépitude. Les symptômes de décadence allaient s'accentuer encore avec les années qui suivirent. Et comme si le destin eût voulu enlever à l'empire les plus fermes ou du moins les plus intelligents de ses soutiens, les complices de Décembre tombaient, mouraient emportés, les uns après les autres, par des maladies soudaines et comme frappés par le doigt d'une justice invisible. Morny, qui venait de lancer la France dans l'aventure sinistre du Mexique, succombait à ce mal lent et bizarre qui est le mal de ce temps appauvri, l'anémie. Billault mourait aussi, Walewski allait bientôt le suivre. On raconte que, lorsque M. de Morny eut succombé, l'impératrice voulut voir de près le cadavre. Elle le considéra longuement, terrifiée de la ressemblance de ce mort avec son frère vivant, puis, succombant à l'émotion, s'évanouit. Peut-être eut-elle le pressentiment que cet homme à l'intelligence souple, alerte et soudaine, et dont le regard, d'un bleu pâle, voyait nettement les choses, peut-être comprit-elle que ce blasé, ce sceptique, ce mondain débauché était pourtant de tous ceux qui entouraient l'empereur celui qui eût pu détourner de l'empire bien des catastrophes à venir. On fit au comte de Morny, devenu duc de je ne sais quel emprunt ou de je ne sais quelle fusillade, des funérailles solennelles, et l'on eut raison. Ce n'était pas seulement l'homme de Décembre qui se dirigeait vers la tombe, c'était le régime de Décembre tout entier.

Il y a dans l'opinion publique, si prompte cependant à s'égarer, d'irrésistibles courants et de singuliers instincts de divination. Lorsque Morny mourut, il n'y eut qu'un cri : L'empire est perdu. Lorsque l'expédition du Mexique fut entreprise, il n'y eut qu'un mot : C'est la campagne d'Espagne de Napoléon III. Les Français devaient, en effet, rencontrer dans les *chinacos* mexicains de nouveaux *guerilleros* aussi redoutables que ceux de Mina, et dans Juarez un adversaire plus dangereux que le Palafox de Saragosse. La catastrophe de Queretaro dépasse de beaucoup, au surplus, dans sa grandeur et son horreur shakspeariennes, tous les drames des guerres espagnoles. Ce fut un crime nouveau que celui d'aller prendre dans son palais

(1) E. Pelletan, *l'Ombre de 89.*

allemand cet archiduc d'Autriche et, faisant miroiter devant ses yeux éblouis les perspectives d'un empire nouveau d'un nouveau Montezuma, de le jeter comme en proie aux gens des Terres Chaudes et de l'abandonner à sa fortune après lui avoir promis de le défendre jusqu'à la fin. Maximilien, ambitieux romanesque, s'était laissé griser par ce chimérique rêveur, Bonaparte. Il sut ce que lui coûta l'aventure et ce que peut, à la fin, un peuple résolu combattant pour son indépendance et contre l'étranger. Il y avait, parmi les curiosités des Tuileries, une photographie du gilet et de l'habit que portait Maximilien le jour de son exécution. Les traces de balles étaient marquées sur ces guenilles saignantes. Il dut plus d'une fois contempler ces sinistres images, l'homme qui avait envoyé au delà des mers l'archiduc dont le corps repose maintenant, sous les plis ironiques de drapeaux tricolores et sous les armes impériales, dans les caveaux des Capucins de Vienne, auprès des tombeaux sculptés des princes et des archiducs d'Autriche.

On se rappelle l'épouvante du monde officiel lorsque, pendant les préparatifs de l'Exposition universelle, les journaux donnèrent connaissance de cette dépêche de Juarez écrite au général Berriozaba et datée de San Luis de Potosi : « *Ami, vive la patrie, Queretaro a été pris de vive force ce matin, 15 mai, à huit heures.* » Quelque temps après, pendant qu'il distribuait les récompenses aux exposants, tandis que le sultan, assis aux côtés de l'impératrice, regardait cette cohue d'Anglais, de Hongrois, d'Allemands, de Russes, d'Américains, de Maures accourus à Paris, Napoléon reçut la nouvelle de l'exécution de Maximilien. On suspendit toutes les fêtes et la cour prit le deuil. Encore si c'eût été là le seul deuil causé par cette entreprise dont l'affaire des bons Jecker fut seule le prétexte (1). Mais qui dira ce que cette expédition a coûté à la France d'hommes et d'argent, de sang et de richesses ? Ajoutez qu'elle habitua les troupes à la guerre de piraterie et de pillage, et qu'elle contribua à désorganiser une armée qui ne connaissait déjà plus qu'à demi la discipline et la patrie.

Ainsi, tout avortait des projets de Bonaparte. Cette Exposition universelle même, dont il voulait faire comme une revanche industrielle de la France sur les victoires récentes de la Prusse, avortait. Somptueuse, gigantesque, elle fut surtout bizarre. Le grandiose n'est point la grandeur. Ce fut une sorte de kermesse immense où se coudoyèrent les nations, un décor d'opéra, tenant du bazar tunisien et du rideck hollandais, je ne sais quoi de grisant et d'épileptique qui ne ressembla guère à

(1) Quelle destinée ! Les fusillades de la Commune devaient coucher le banquier, le tripoteur d'affaires, côte à côte avec ce magistrat voltairien, M. Bonjean, et cet honnête homme, Gustave Chaudey.

M. ROUHER (1).

une réplique à Sadowa. Les souverains d'Europe vinrent, dédaigneux et méprisants, à ce festin offert par un parvenu. L'élu du suffrage universel, qui ne tenait à eux que par les fusillades de Décembre, fit les honneurs de Paris au bourreau de la Pologne et au geôlier du Hanovre. Le czar rit à la *Grande-Duchesse* et le roi de Prusse applaudit à la revue de Longchamps. L'un et l'autre emportèrent de la France un sentiment de mépris envieux et de colère humiliée. Ces fêtes internationales et ces baisers Lamourette de souverains à souverains sentaient déjà le salpêtre et la guerre. Le journal *Der Bund*, du 15 juin 1867, écrivait : « Le roi de Prusse et M. de Bismarck ont quitté Paris convaincus que la guerre est inévitable et que le *carnaval* des rois aura un triste mercredi des Cendres. »

L'année 1868 devait apporter à l'empire son contingent de difficultés et d'embûches. « Il n'y a que les morts qui ne reviennent pas, » disait Barère. Il avait tort. Les morts reviennent et, lorsqu'ils sortent du tombeau, leur force est d'autant plus redoutable qu'ils se dressent avec le nom de martyrs. Depuis vingt ans des morts dormaient qu'on avait fusillés en Décembre. Un jour, un historien s'avisa de conter leur histoire. On apprit qu'un pauvre paysan du Var, nommé Ferdinand Martin, et surnommé Martin Bidauré, avait été fusillé deux fois sous le préfectorat de M. Pastoureau. On apprit qu'un député de l'Ain, le docteur Alphonse Baudin, s'était fait tuer sur une barricade, rue Sainte-Marguerite, alors qu'il essayait de sou-

(1) Ce portrait est extrait des *Contemporains*.

lever le peuple pour la défense du droit. On apprit à la fois ces choses oubliées. Un jeune homme, M. Ténot, les remettait dans toutes les mémoires (1). Aussi, comme mus par un même instinct de justice et de protestation en faveur du droit, la plupart des personnalités du parti démocratique se trouvaient, le jour des Morts de l'année 1868, réunies, des couronnes d'immortelles à la main, devant la tombe oubliée, l'humble pierre où se lit cette simple inscription : *Alphonse Baudin, représentant du peuple, mort le 4 décembre* 1851. On se souvient que cette manifestation pacifique se termina par des arrestations que rien n'avait pu motiver. Sans doute quelques vers ridicules avaient été lus près de cette tombe ; un étudiant inconnu, que nul ne revit, qui ne fut pas inquiété, qu'on put même prendre pour un agent provocateur, avait bien jeté dans ce cimetière un appel aux armes, mais la manifestation avait gardé néanmoins ce caractère grave et religieux qui convenait à une telle victime et à une telle journée.

Le gouvernement n'en devait pas moins poursuivre quelques-uns de ceux qu'on avait arrêtés près de la tombe du *sieur* Godefroy Cavaignac et du *sieur* Baudin, comme les agents de police, déposant devant la sixième chambre, affectaient d'appeler ces morts. L'acte d'accusation amenait, le 14 novembre 1868, près de MM. Gaillard père et fils et Peyrouton, des journalistes coupables de *manœuvres à l'intérieur* parce qu'ils s'étaient souvenus et qu'ils avaient rappelé à la France de l'empire que quelque part, dans un cimetière de Paris, reposait la poussière d'un homme mort pour la République. C'étaient MM. Peyrat, rédacteur en chef de l'*Avenir national;* Challemel-Lacour, rédacteur en chef de la *Revue politique;* Duret, gérant de la *Tribune;* et Delescluze et Quentin, rédacteurs du *Réveil.* Mais le procès intenté par le ministère public devait tourner à la confusion du pouvoir. Ce ne fut pas seulement, en effet, le parti démocratique tout entier, et *la démagogie furieuse,* comme l'appelaient les journaux dévoués à l'empire, ce furent tous les honnêtes gens de tous les partis qui s'allièrent pour protester, au nom de Baudin immolé, contre ceux qui faisaient un crime à des citoyens de rendre hommage à sa mémoire. Le vieux et fier Berryer, un des *mécontents* de Décembre, envoyait aux journaux, quelques jours avant d'expirer, sa souscription pour le tombeau de Baudin, et de sa main mourante écrivait une noble et vaillante lettre pour affirmer encore sa haine de la persécution et son amour de la liberté, tandis que Prévost-Paradol, souscrivant aussi, comparait Baudin à d'Assas, et que M. J. J. Weiss, un futur serviteur de l'empire libéral, se voyait traduit, par l'empire autoritaire, sur les bancs de la correctionnelle. Qu'était cela d'ailleurs à côté du retentissement et du coup de foudre de Gambetta?

Défendant Delescluze, qui devait l'attaquer plus tard, Gambetta s'était dressé, vigoureux, menaçant et jetant sa harangue comme un défi au ministère public et à l'empire. Loin d'essayer de protéger son client contre les sévérités du tribunal, il traîna accusateurs et juges sous le verdict de l'histoire. Il se fit juge lui-même et à la fois exécuteur. L'avocat, transformé en tribun, étendait vers la justice de l'empire sa main menaçante. Ceux qui l'ont vu, écumant, débraillé, superbe, se sont rappelé soudain Michel (de Bourges) et ont cru entendre rugir O'Connell. Lorsque la sentence du tribunal répliqua à la catilinaire de l'orateur, en dépit des mois de prison et des amendes qui tombaient sur les accusés, il semblait à la foule, qui s'écoulait fiévreuse dans le Palais de Justice, que l'empire seul était condamné.

« Désormais, avait dit Gambetta, nous aurons une fête civique à célébrer au nom de nos martyrs, c'est le 2 décembre. » Et le 2 décembre suivant, en prévision d'une attaque, le ministère Pinard prenait, contre d'inoffensifs promeneurs, ces belliqueuses dispositions qui lui firent gagner, sans brûler une amorce, la ridicule campagne du boulevard Clichy.

La mort de Berryer laissait vacante une place au Corps législatif. Les électeurs démocrates de Marseille l'offrirent bientôt à l'avocat qui venait de se révéler tribun, et l'on put compter dès lors que M. Gambetta apporterait à la gauche le concours puissant de sa parole. Mais ce n'était que quelques mois plus tard, les élections partielles des Bouches-du-Rhône ayant été indéfiniment ajournées, que Gambetta devait passer, au moment des élections générales.

Ce fut une journée solennelle pour le pays que celle où l'on dépouilla le scrutin des élections des 23 et 24 mai 1869. La lutte avait été ardente, le gouvernement avait tout essayé, tout osé pour effrayer le pays, et il avait, une fois encore, agité devant la France le *spectre rouge* inventé par Romieu. C'est au surplus la vieille méthode bonapartiste. Le premier consul disait à ceux de ses rares conseillers qui ne voyaient pas d'un bon œil ses ambitieuses espérances de César nouveau : « Voulez-vous donc que je vous livre aux Jacobins? C'est ce qui arriverait pourtant si je ne prenais point le pouvoir. » Le despotisme a toujours d'excellentes raisons de régner. On avait, pendant la période électorale de 1869, distribué par milliers aux campagnards les journaux dévoués, et qui coûtaient assez cher, on l'a vu depuis, à la cassette impériale ; on y ajoutait des dessins représentant d'un

(1) Et celui qui écrit ces lignes était condamné le premier par M. Delesvaux, pour avoir conté aux lecteurs de son journal la mort de Martin Bidauré.

côté la ruine et le pillage avec ce mot : *République*, et de l'autre des moissons, des fermes prospères, le spectacle des bonheurs privés, avec ce vocable sauveur : *l'Empire*. Rien n'y fit. L'opposition radicale l'emporta à Paris et dans toutes les grandes villes, et réunit une minorité souvent plus qu'honorable dans beaucoup de départements. Les candidats élus à Paris s'étaient bravement affirmés *irréconciliables*. Quant aux candidats gouvernementaux, MM. Balagny, Devinck, Bouley, Savard, etc., non-seulement ils n'étaient pas publiquement soutenus par le pouvoir, mais ils n'osaient même pas se donner comme bonapartistes. Ils s'appelaient *indépendants*. Leur défaite n'en fut pas moins complète. La vieille opposition était, dans plusieurs circonscriptions, battue par les démocrates nouveaux venus, plus ardents et plus audacieux. En 1863, les candidats hostiles à l'empire avaient réuni 143,470 suffrages ; en 1869, — et l'on pouvait mesurer par là le chemin parcouru par l'esprit de liberté, — ils en recueillaient plus de 250,000.

Paris avait d'ailleurs manifesté l'esprit qui l'animait dans la lutte caractéristique entre M. Émile Ollivier et Bancel. C'était là, en effet, l'élection qui passionnait le public et qui inquiétait le pouvoir. La lutte entre M. Rochefort et M. Jules Favre, entre M. Gambetta et M. Carnot, n'était qu'une lutte de nuances; ici, il s'agissait d'une rivalité de principes. M. Émile Ollivier, déjà soupçonné d'être un favori de l'empereur, avait-il, oui ou non, démérité de ses électeurs parce qu'il poursuivait cette chimère d'une union entre l'empire et la liberté ? Avait-il perdu leur confiance parce que, délaissant l'opposition radicale que ses souvenirs personnels, l'image de son père emprisonné et de son frère mort lui faisaient un devoir de poursuivre, il avait tourné doucement à l'opposition dynastique, ou plutôt parce qu'il inclinait à la tendresse dynastique ? Fallait-il lui préférer un proscrit de Décembre, inconnu la veille à Paris, mais qui entrait en lice avec deux armes terribles, son éloquence singulière, entraînante, et l'épreuve de son exil ? Là était le combat fiévreux et dont le gouvernement et la démocratie attendaient anxieusement le résultat.

Désiré Bancel s'était révélé à nous, un soir, dans un repas libre de francs-maçons où, prenant la parole, il avait passionné, séduit, emporté tout son auditoire. Acteur autant qu'orateur, sa voix avait à la fois des modulations et des tonnerres. Il avait le geste et l'accent, l'attitude, ce qui fait que le discours plaît aux yeux en même temps qu'à l'âme. Ses *Harangues de l'exil* s'imposent par je ne sais quelle verve enflammée, qui me semble moins venir d'une inspiration personnelle que d'une érudition bien digérée et habilement mise en œuvre. En un mot, ce fut un orateur, un grand artiste, un virtuose admirable à qui la maladie qui devait l'emporter ne permit pas de marquer dans l'Assemblée la place due à son talent, mais qui sut, dans les réunions publiques électorales, enthousiasmer la foule en lui parlant toujours un noble, pur et sain langage, lui prêchant la liberté avec Camille, non avec Hébert, et combattant la tyrannie avec la marotte gauloise de Rabelais ou l'arme sans tache de Corneille. Bancel conquit au surplus tous les suffrages. Le candidat Émile Ollivier fut outrageusement battu. Que si les électeurs du Var n'eussent pas été séduits par sa profession de foi, semblable à une bucolique, le futur ministre de l'empire n'entrait ni à la Chambre ni à l'Académie.

Paris n'a pas oublié cette soirée poudreuse où, dans la fièvre du soir, sur les boulevards encombrés, on se passait de main en main les résultats des élections. Ce fut une belle heure de joie patriotique et de victorieux espoir. Tel patriote, qui fût mort au lendemain de cette journée de mai, eût pu sourire en se disant que la France était sauvée et se réveillait la *grande nation*. La lutte pourtant n'était pas terminée. Il restait encore à faire les élections complémentaires de Paris et, cette fois, c'était entre M. Jules Favre et M. Rochefort que la lutte allait se livrer. On avait oublié bien vite les rudes campagnes entreprises par M. Favre contre M. Rouher à propos de la question mexicaine; son entrée à l'Académie, sa profession de foi spiritualiste, son humeur catholique lui enlevaient bien des sympathies. On put croire qu'on lui préférerait ce spirituel M. Rochefort, qui offrait de résoudre la question sociale *en dix minutes* et se contentait d'une boutade pour réduire la misère : « Je demande que, pour vivre, les ouvrières ne soient par forcées de se tuer. » C'était un trait, rien de plus, et la question sociale, que nous devons étudier, travailler et résoudre en faisant la part des appétits et des besoins, cela sous peine de nous voir engloutis, cette capitale question demande plus de temps et plus d'études que ne lui en accordait le pamphlétaire. Mais, à cette heure, M. Rochefort représentait, dans sa forme la plus agressive et la plus insolente, l'opposition contre l'empire, mieux que cela, l'opposition directe à l'empereur et à l'impératrice. Le nom seul de l'auteur de la *Lanterne* était devenu une injure pour les Tuileries. On l'inscrivait sur un bulletin comme on eût tracé une nasarde sur un mur. La cour était irritée contre ce gamin de Paris, blafard et maigre, qui faisait de Paul-Louis Courier avec le style de Duvert et Lauzanne, et combattait pour le droit avec l'arme du vaudeville. Inconscient d'ailleurs, ignorant, luttant par amour du tapage, aimant la vie facile, rêvant le brouet de Sparte du fond d'un cabinet de restaurant, jouant contre l'empire cette partie d'opposition comme il eût engagé une partie

Élections de mai 1869. — La rue du Croissant le soir du 24 mai.

M. BANCEL.

de baccarat ou un pari les jours de course, risquant sa liberté, sa santé, sa vie même, au besoin, pour le plaisir de mordre les puissants haïs, satisfaisant à la fois sa colère et ses instincts de luxe, combattant d'ailleurs bravement le bon combat et, sans avoir étudié la Révolution, travaillant à une révolution terrible, et démolissant par l'esprit, par le rire, par l'ironie, la plaisanterie féroce et le calembour intrépide un empire qu'on n'avait combattu jusqu'ici qu'avec prudence et dont l'aspect avait terrifié les plus intrépides. A son renom d'esprit, la persécution maladroite s'ajoutant, Rochefort était devenu une puissance. Ce fut miracle s'il ne passa point, en juin, contre Jules Favre. Ces élections devinrent le signal de ces émeutes du boulevard, parodies des journées révolutionnaires et où les blouses blanches défilant à heure fixe, à heure fixe le casse-tête du sergent de ville s'abattait sur les spectateurs paisibles et trouait les crânes des curieux. La police, on le sait, menait seule cette entreprise de désordre, et l'unique émeutier était M. Piétri. Mais le pays avait décidément pris la fièvre, et on peut se rendre compte de l'état d'inquiétude dans lequel se trouvait Louis-Napoléon en lisant, à propos de la manifestation projetée du 26 octobre 1869 et des élections complémentaires de novembre, les dépêches qu'il adressait à l'impératrice, alors en Égypte. La convocation des Chambres n'étant point faite à temps, M. de Kératry avait déclaré que le 26 octobre, date légale de l'ouverture, il se trouverait sur les marches et devant la porte du Corps législatif. On put croire un moment qu'il s'ensuivrait une émeute, peut-être une révolution. Les esprits, en effet, étaient surexcités, et il fallut que la gauche elle-même déconseillât un mouvement qui eût pu entraîner une collision sanglante, et à coup sûr une victoire de la police. En novembre, M. Crémieux, M. Glais-Bizoin et Rochefort étaient nommés par les électeurs de Paris. « Que ce soit Pierre ou Paul, écrivait philosophiquement Napoléon la veille du scrutin, ce sera toujours mauvais ! » On sent déjà partout le découragement, l'effarement. Mais le succès de Rochefort y dut ajouter la colère. Après que le rédacteur de la *Lanterne* eut été arrêté à la frontière, Bonaparte eut le bon sens de le faire mettre en liberté. Ce ne fut pas, il est vrai, et on le devine bien, sans un sentiment sourd de colère et peut-être sans une certaine résignation accablée.

Le désarroi était grand en effet dans le gouvernement bonapartiste, et les anciens serviteurs jetaient depuis deux ou trois ans à leur maître des avertissements de mauvais augure, les uns lui présentant la liberté, les réformes comme le seul moyen de salut, les autres lui conseillant de revenir à cette méthode autoritaire d'autrefois qui consistait à étouffer toute discussion, comme si bâillonner était résoudre et brûler répondre. Hésitant et faible, tiré en sens divers par ses appréhensions de toutes sortes, poussé vers une sorte d'idéal de socialisme vague par les instincts mal étouffés de sa jeunesse, retenu par la crainte du peuple et de la liberté, frappé d'une sorte de superstitieuse terreur depuis la mort des conseillers du coup d'État de décembre, l'empereur oscillait perpétuellement entre la répression et le *laisser-faire*. Tantôt il écrivait des projets de proclamation où se rencontraient des phrases comme celle-ci, qu'on a trouvée manuscrite, tracée de sa main : *Un gouvernement, qui est l'expression légitime de la volonté nationale, a le devoir et le pouvoir de la faire respecter, car il a pour lui le droit et la force.* Tantôt il interrogeait avec anxiété la foule des créatures politiques qui tournoyaient autour de lui et, Diogène impérial, cherchait un homme pour lui confier le gouvernail et le salut de l'empire, cet homme lui imposât-il, pour prix de ses services, une sorte de libéralisme hypocrite et de faux gouvernement parlementaire qui devait mettre à l'écart et laisser dans la pénombre le souverain, pour placer le ministre en relief et en pleine lumière.

Ce malheureux César se débattait dans son isolement, dans ce désert d'hommes et de courtisans qui était son palais. Où courir ? Où ne pas courir ? Où se trouvait le salut ? Il fallait (chacun a son tour) un sauveur d'empire à ce sauveur de peuple.

Aujourd'hui, M. Victor Duruy, parlant du droit de réunion, conseillait à l'empereur de marcher droit dans la voie de la liberté, d'un régime libéral tempéré par des chassepots, disant : « Si au bout de cette voie se trouve un péril, on est bien fort pour l'aborder, la loi à la main et les canons derrière la loi (1). » Demain, M. de Persigny s'écriait : « Il faut rétablir l'autorité par des actes. Et comme ce n'est pas par des discours ni par les attaques des ennemis que l'autorité a été ébranlée, mais bien par la faiblesse du pouvoir, ce n'est point par des paroles qu'on peut la rétablir. » Au milieu de ces avis divers, de ces conseils et de ces conseillers qui se combattaient l'un l'autre, Napoléon n'entendait plus que les sourds grondements d'une tempête prête à se déchaîner, et ses lectures d'habitude me paraissent, en ces heures troublées, avoir été celles des rapports quotidiens du préfet de police. Or tous, avec une persistance et un ensemble qui eussent dû convaincre un moins somnolent, conseillaient de sortir de l'état d'incertitude et *d'engourdissement*. « Une coalition formidable, écrivait Piétri dans son rapport du 28 novembre 1869, s'organise contre l'empire entre les haines politiques et les haines économiques. » Et le dernier avertissement de Walewski mourant avait été celui-ci : « Aujourd'hui, les demi-mesures ne sont plus possibles ; les hésitations seraient désastreuses après les insuccès des dernières années. Il faut réussir, il faut atteindre le but coûte que coûte. » Ne dirait-on pas des joueurs, dont la chance a tourné, âpres, fiévreux, voulant à tout prix retrouver la veine perdue et violenter la fortune rebelle ? Mais c'est en poursuivant ainsi le succès à tout prix, en se fermant la retraite et en se condamnant à vaincre, qu'en se lançant follement en des aventures coupables, les souverains de cette sorte entraînent avec eux dans l'abîme les millions d'êtres humains qui, trop ignorants pour se conduire eux-mêmes, ont eu l'impardonnable faiblesse de se livrer pieds et poings liés à celui qui règne sans avoir la science de gouverner.

M. Rouher fut, pendant ces années de luttes, l'infatigable défenseur d'un régime qui croulait de toutes parts. La mort de M. Billault semblait, en 1863, ouvrir à l'opposition des perspectives de victoire, les orateurs de la gauche n'ayant plus devant eux, pour leur répondre, l'habile avocat nantais qui, à chacune des attaques des adversaires, opposait l'éclat du drapeau tricolore et les progrès matériels accomplis, non par l'empire, mais sous l'empire. Mais M. Rouher avait accepté la redoutable succession du ministre d'État. Pendant cinq ans, à travers les plus graves circonstances, et les plus différentes, l'ancien avocat près la cour d'appel de Riom, l'homme qui réclamait, en 1848, la révolution sociale et la liberté intégrale (2), se

---

(1) Lettre datée du 21 mars 1868.
(2) Il est peut-être intéressant de donner quelques extraits de la circulaire que M. Rouher adressait de Riom, le 26 mars 1848, aux électeurs du Puy-de-Dôme. Reconnaissant que le principe de la souveraineté du peuple était *l'édifice destiné à*

donna la tâche de s'opposer à toute résolution libérale et sage, à répondre aux avertissements des représentants indépendants du pays par des phrases pompeuses et mensongères, à caractériser par quelques épithètes sonores les fautes les plus graves de l'empire, et, prenant pour système d'opposer un front d'airain à toutes les attaques et une oreille fermée à toutes les vérités, il s'attacha à présenter comme de véritables succès de la politique impériale toutes les hésitations anti-patriotiques et toutes les rodomontades inutiles qui commençaient pour la France une ruine que la guerre de 1870 devait consommer. C'est ainsi qu'on le vit, tour à tour insolent et hautain, appeler l'expédition du Mexique la plus *grande pensée du règne* et expliquer ensuite comment notre intérêt voulait qu'on abandonnât cet empire élevé par nos armes; c'est ainsi qu'il fit une gloire à l'empire de son attitude piteuse devant les États-Unis menaçants; c'est ainsi qu'il justifia l'inqualifiable inaction de la politique impériale au moment de la guerre du Danemark (d'où devaient sortir Sadowa et Sedan) et c'est ainsi encore qu'après le fameux discours d'Auxerre (1), coup de tonnerre qui voulait ébranler le monde politique et qui n'eut d'action que sur le monde de la Bourse, le ministre d'État essaya de faire entendre à la France que les compensations territoriales promises à l'empire étaient inutiles et que l'Allemagne, divisée en trois tronçons, n'était point dangereuse. Théorie commode, qui calmait les *angoisses patriotiques* du ministre, mais devait être bientôt regardée comme illusoire par les hommes clairvoyants du pays. La politique de l'empereur et de M. Rouher venait, en effet, de créer l'unité germanique, et on s'en apercevait trop tard. Les traités de la Prusse avec le Sud étaient dénoncés, et le grand-duc de Bade allait bientôt, dans un discours solennel, jeter, en dépit des partisans de la théorie des trois tronçons, le grand mot d'*union nationale*. Si bien que M. Thiers pouvait justement et sévèrement dire à l'empire, en mars 1867 : *Vous n'avez plus de fautes à commettre*. Hélas ! il en était de plus terribles encore et dont la conséquence devait être plus cruelle pour le pays. En 1867, nous n'avions abdiqué que notre liberté. Trois ans plus tard, nous allions perdre notre indépendance.

A l'intérieur, le système de M. Rouher était le même qu'à l'extérieur, et il eût pu répondre, aux Français réclamant leurs franchises, comme aux Italiens revendiquant Rome, un *jamais* aussi fameux que celui qu'il jeta à M. Berryer dans la séance du 6 décembre 1867. Il tenait, avec M. Forcade La Roquette, pour les candidatures officielles, s'appuyant sur la majorité comme il conseillait à cette majorité de s'appuyer sur lui, et résolu à ne rien céder de ses prérogatives autoritaires, ou du moins à les défendre le plus longtemps possible et cela contre les velléités et les bouffées d'humeur libérale de l'empereur lui-même.

Il fallait bien pourtant se résigner à donner satisfaction au mouvement libéral qui agitait, retrempait et rajeunissait le pays. Lors même que, poussé dans ses retranchements par Berryer et M. Thiers, M. Rouher répondait par son insolent *jamais*, il subissait, quoiqu'il s'en défendît, l'influence et la puissance de la Chambre. Ce n'était pas, comme on le faisait remarquer, le gouvernement qui faisait résolûment connaître ses intentions, c'était l'Assemblée, mise en mouvement et conduite par M. Thiers et par la droite qui traînait à sa remorque le ministère et dictait la formule des déclarations du ministre d'État après les hésitations de son collègue. Le gouvernement ne donnait déjà plus l'impulsion ; il la recevait et semblait même l'avoir subie. Si bien qu'on attribuait, avec raison je crois, ce mot à M. Rouher lui-même, descendant de la tribune : « Messieurs, aujourd'hui le gouvernement parlementaire est fait. »

Ce n'était plus le temps, il faut l'avouer, où M. Rouher luttait seulement contre M. Jules Favre à propos du Mexique, et contre M. Thiers à propos de l'Allemagne ; un parti puissant, le tiers-parti, s'était formé dans l'Assemblée, réclamant de l'empereur des garanties de parlementarisme, et la demande d'interpellation des 116, au lendemain des élections de 1869, allait réduire à néant les résistances de M. Rouher et le contraindre à se donner de temps à autre au Sénat, pour paraître suivre le courant, les apparences et le masque du libéralisme.

La Chambre prorogée, M. Rouher n'apprit qu'après coup, assure-t-on, et par le *Journal officiel*, ce décret de prorogation qui portait sa signature, et que M. Schneider, président du Corps législatif, avait fait imprimer durant la nuit. Il envoya, dès qu'il eut jeté un coup d'œil sur le journal, sa démission de ministre d'État et se contenta de présider le Sénat, où il eut encore occasion de brûler ce qu'il avait adoré autrefois et de faire acte autoritaire, par exemple à propos de Sainte-Beuve mort en libre-penseur, et dont il condamna hautement, dans son éloge funèbre, *la suprême témérité*.

L'empereur était décidé à faire volte-face, à compléter la réforme du 19 janvier, à ouvrir la porte entr'ouverte et à couronner l'édifice. Il lui

---

devenir l'arche sainte des générations futures, il ajoutait: « Le gouvernement républicain est *franchement accepté. La France est désaffectionnée de la monarchie.* » Au club républicain d'Issoire, le mardi 11 avril, sous la présidence du citoyen Mello, M. Rouher s'écriait : « *Les idées nouvelles peuvent seules faire le bonheur de mon pays. Les clubs doivent être les organes de la volonté du peuple.* » Une fois ministre, au lieu de donner la liberté des clubs il se contentait d'accorder la liberté de la boulangerie. (30 juin 1867.)

(1) Où fut dite cette parole : « Les traités de 1815 ont cessé d'exister. »

manquait un architecte. Il crut l'avoir trouvé dans M. Émile Ollivier. Compromis par ses faiblesses passées, l'ancien orateur de l'opposition des *Cinq* ne pouvait hésiter à se livrer tout à fait, corps et âme. Avec lui s'offraient résolûment des politiques jeunes et audacieux, las de combattre dans les rangs du libéralisme et affamés d'autorité et de pouvoir. M. Philis se joignait à M. Ollivier, et M. Clément Duvernois, rêvant une *régénération* du bonapartisme, écrivait à l'empereur : *Appelez à vous la jeunesse, sire, elle seule peut sauver votre fils. Les vieillards égoïstes qui vous entourent ne songent qu'à eux.* Pris entre les vieux et les jeunes, entre Géronte et Clitandre, Napoléon se rendit à la fin. Il voulut essayer des hommes nouveaux.

Un soir, M. Ollivier, la tête enveloppée d'un cache-nez, pour éviter les indiscrétions des « petits journalistes (1) », se glissait, guidé par Piétri, jusqu'auprès de l'empereur, à Compiègne, et lui exposait sans doute le plan de gouvernement qu'il devait mettre à exécution trois mois plus tard. Bonaparte était satisfait. Il lui semblait, à ce songeur toujours poursuivant des nuages emportés par le vent, il lui semblait que maintenant la mauvaise fortune était conjurée et que de telles recrues lui devaient ramener la victoire. Et M. Conti écrivait à Duvernois : « L'empereur est enchanté. Nous allons donc sortir de *tout ce gâchis !* »

Au contraire, hélas ! la France allait y entrer.

Le 28 décembre 1869, le *Journal officiel de l'Empire* contenait la note et la lettre suivantes :

« Les ministres ont remis leurs démissions à l'empereur, qui les a acceptées. Ils restent chargés de l'expédition des affaires de leurs départements respectifs jusqu'à la nomination de leurs successeurs. »

« L'empereur a adressé à M. Émile Ollivier, député au Corps législatif, la lettre suivante :

« Monsieur le député, les ministres m'ayant
« donné leur démission, je m'adresse avec con-
« fiance à votre patriotisme pour vous prier de me
« désigner les personnes qui peuvent former avec
« vous un cabinet homogène, représentant fidèle-
« ment la majorité du Corps législatif, et résolues
« à appliquer, dans sa lettre comme dans son esprit,
« le sénatus-consulte du 8 septembre.

« Je compte sur le dévouement du Corps législa-
« tif aux grands intérêts du pays, comme sur le
« vôtre, pour m'aider dans la tâche, que j'ai entre-
« prise, de faire fonctionner régulièrement le ré-
« gime constitutionnel.

« Croyez, monsieur, à mes sentiments.

« Napoléon. »

La France eut un moment quelque chose comme un éblouissement de liberté. Les moins réfléchis, ceux qui n'avaient pas voué au régime de Décembre, condamné dans son principe et dans sa racine, une implacable haine, ceux-là purent s'aveugler au point d'espérer que ce malheureux pays depuis tant d'années en quête de la paix publique et du bonheur social, touchait à la réalisation de ses rêves toujours fustigés. Mais ce ne dut être qu'un éclair, car (la nation le vit bientôt) c'est l'éternelle loi et la nature même des despotismes qu'ils ne peuvent engendrer que le despotisme.

L'empire autoritaire finissait, l'empire libéral allait le suivre dans sa voie de compression et d'injustice, et le pays entrait dans une crise nouvelle à l'heure où finissait cette année 1869, qui avait vu se fortifier l'Allemagne, se déchirer de ses propres mains la république espagnole, et dont les derniers mois avaient épouvanté le monde par l'exécrable forfait d'un enfant féroce, bête fauve humaine, forfait commis à quelques mètres de Paris, en pleine civilisation, dans la grande cité où la police s'affirmait à chaque heure contre les citoyens paisibles et ne parvenait pas à arracher les victimes innocentes des mains sanglantes d'un Troppmann. Le procès de l'assassin qui commençait le 28 décembre détourna l'attention des réformes ministérielles. L'odeur de sang et de meurtre de ces derniers jours de 1869 étouffait, eût-on dit, tout parfum d'espoir.

Inquiète, troublée, la France vit se lever avec anxiété le jour brumeux et jaune, l'aurore douteuse du premier jour de cette année 1870 qui lui promettait la Liberté et qui devait lui donner l'Invasion.

(1) Voir les *Papiers* des Tuileries.

ÉLECTIONS DE NOVEMBRE 1869. — Le public attendant le résultat du scrutin.

DOCUMENTS COMPLÉMENTAIRES DU CHAPITRE I

Le *Réveil* a publié les lettres relatives à l'affaire Baudin. Nous y trouvons celles qui suivent et qui sont aujourd'hui de véritables documents historiques :

A M. le rédacteur en chef du PAYS.

Monsieur,

En me reprochant ma souscription pour le monument qu'on se propose d'élever au représentant Baudin, tué le 3 décembre 1851, vous me demandez si mon intention est de remercier M. Baudin « *d'avoir mis mon gouvernement de prédilection à la porte* ». Il m'a semblé jusqu'ici que, si quelqu'un était occupé, le 2 décembre 1851, à mettre un gouvernement régulier à la porte, ce n'était pas M. Baudin.

La stricte justice devrait vous amener vous-même à reconnaître, en dehors de tout esprit de parti, que M. Baudin a droit à la même épitaphe que les combattants de Juillet, morts pour la défense des lois. Et comme le sacrifice de sa vie, fait volontairement et sans espoir, a été accompagné d'une parole admirable, j'ai toujours pensé, bien avant le bruit qui se fait maintenant autour de cette tombe, que la mémoire de Baudin doit être aussi chère que celle du chevalier d'Assas à tous ceux que touche encore l'honneur du nom français.

Veuillez agréer, monsieur, l'assurance de ma considération distinguée,

PRÉVOST-PARADOL.

A M. le rédacteur en chef du PAYS.

Monsieur,

Vous ne serez pas surpris de me voir profiter encore une fois de la liberté que vous m'offrez de vous répondre.

Vous me parlez du 24 Février comme si j'avais éprouvé à cette époque une défaite personnelle. Mais, à moins d'avoir dormi aussi profondément qu'Épiménide, je crois que vous vous trompez en affirmant que, ce jour-là, « *on m'a volé le velours du trône, et qu'on m'a escamoté le pouvoir* ». J'étais alors au collège, et je n'ai aucun souvenir d'avoir été précipité de si haut.

Permettez-moi donc de vous dire, puisque vous me mettez en demeure de m'expliquer, que, depuis mon entrée dans la vie publique, je suis ardemment mais simplement libéral et parlementaire; et vous auriez pu voir dans mes écrits que, si j'incline de préférence vers une monarchie constitutionnelle profondément réformée, je n'ai aucune prévention contre la forme républicaine.

Je sais que ce sont mes relations et mes amitiés qui vous abusent, mais on peut aimer beaucoup ses amis et être soi-même. Vous m'attribuez donc à tort, tantôt des fautes que je n'ai pas commises, tantôt des ressentiments que je n'éprouve point. En un mot, vous vous trompez, monsieur, en me traitant sans cesse comme un vaincu de Février, car je ne suis encore qu'un vaincu de Décembre.

Veuillez excuser une réponse que vous m'avez demandée, et agréez, monsieur, l'assurance de ma considération distinguée,

PRÉVOST-PARADOL.

M. Gambetta, nommé à la fois à Paris (1re circonscription) et à Marseille, adressait bientôt aux électeurs des Bouches-du-Rhône la circulaire suivante, sorte de profession de foi explicite et où se retrouve la note intime du talent et de l'opinion de l'orateur :

Citoyens électeurs,

J'ai voulu laisser passer ces quelques jours sur les émotions que nous a apportées aux uns et aux autres le scrutin du 24 mai.

Aujourd'hui, enhardi par la majorité de vos libres suffrages, je me présente devant vous et je vous convie à confirmer la décision que vous avez déjà rendue en ma faveur, — non pour la personne, mais pour les principes.

Votre tâche d'ailleurs est facile.

Le désistement de l'honorable M. de Barthélemy et celui de l'illustre M. Thiers nous laissent face à face avec le candidat du gouvernement personnel!

Vous ferez tous votre devoir, et la candidature officielle sera pour toujours condamnée à Marseille, car elle aura été vaincue sur la tête d'un homme dont on ne peut que regretter de voir le juste renom s'amoindrir et s'abaisser dans de stériles compromissions administratives.

Vous avez si noblement, si patriotiquement agi à la première épreuve, qu'il est presque superflu aujourd'hui de vous mettre en garde contre les procédés et les manœuvres employés par nos adversaires communs.

Vous avez déjoué par votre calme toutes les provocations mauvaises. — Vous avez réduit au silence tous ceux qui vous accusaient d'esprit d'indiscipline et de désordre.

Au deuxième tour, vous ne tiendrez pas un compte meilleur des exagérations grossières, calculées et payées, dont on gratifie les candidats d'une démocratie qui, précisément parce qu'elle est radicale, n'en est que plus dévouée :

A l'ordre, principe fondamental des sociétés, et à la liberté, garantie indispensable aux mains de tous pour la protection, la dignité et les intérêts de chacun.

On aura beau dire : « Vous êtes l'anarchie, — vous êtes la démagogie ». Je répondrai, encore plus pour rendre hommage à la vérité que pour éclairer vos consciences :

Je renvoie de semblables accusations à ceux qui me les adressent. En effet, la démocratie sincère, loyale, est la seule ennemie de la démagogie, le seul frein, le seul rempart aux attentats des démagogues de tout ordre ! Les démagogues, ils sont de deux sortes, s'appellent César ou Marat. — Que ce soit aux mains d'un seul ou aux mains d'une faction, c'est par la force qu'ils veulent satisfaire, les uns et les autres, leurs ambitions ou leurs appétits.

Ces deux démagogies, je les trouve également haïssables et funestes.

La démocratie radicale, au contraire, ne désire, n'ambitionne que le développement de la justice et de la liberté, de la solidarité parmi les hommes. Elle part de la souveraineté du peuple pour fortifier la souveraineté de l'individu, et c'est parce qu'elle veut le gouvernement de l'homme par luimême qu'elle conclut au gouvernement du pays par le pays.

Son droit réside dans la raison, sa force dans le peuple.

Elle affirme son droit à conquérir la majorité à ses doctrines, convaincue que le jour de son avénement pacifique est proche et qu'une fois scientifiquement organisée, elle assurera le plus merveilleux développement de l'activité humaine. Elle nous rendra tous politiquement plus libres, — intellectuellement plus savants, — économiquement plus aisés, — moralement plus justes, — socialement plus égaux, — et elle établira l'ordre sur l'équilibre et l'harmonie des droits et des intérêts.

Ce sont ces principes et non d'autres que les électeurs de Paris comme les électeurs de Marseille ont eu à cœur de sanctionner dans mon humble personne.

C'est à Marseille même que je veux poursuivre la propagande et l'application de ces doctrines, et malgré des regrets dont vous sentez la légitimité, si, le 7 juin, mon nom sort victorieux de l'urne, j'opterai pour Marseille.

Je tiens en effet à prouver l'alliance intime de la politique radicale et des affaires, et certes nulle ville en France ne m'offrira de plus fréquents et de plus utiles sujets de démonstration.

Vos traditions, vos mœurs autonomes, votre situation présente, votre avenir, qui peut être si grandiose dans une France régénérée où vous auriez le rôle prépondérant de New-York aux États-Unis, me sollicitent vivement à cette détermination.

CITOYENS ÉLECTEURS,

Il vous reste à parfaire ce que vous avez si bien commencé, à procéder au suprême verdict du suffrage universel, sans crainte, sans précipitation, sans tumulte, avec cette précision et ce calme qui sont les signes irréfragables d'une démocratie majeure et libre.

Tenez enfin pour assuré que, représentant inflexible de la doctrine démocratique, si j'étais votre élu, je tiendrais à honneur, dans les questions spéciales, d'être le député de tous.

CHAPITRE II

Le ministère du 2 janvier. — Souvenirs rétrospectifs. — M. Daru. — M. de Parieu. — Mouvement vers l'empire. — Prevost-Paradol. — M. Émile Ollivier. — Le passé : La mort d'Aristide Ollivier. — Pensées de jeunesse du ministre. — Sa correspondance. — Premier discours. — L'inattendu : Mort de Victor Noir. — Documents.

Le ministère du 2 janvier était condamné dans son essence même. Par sa composition singulière, par ce mélange inattendu de représentants des anciens partis se réconciliant tout à coup sur le terrain mouvant d'un empire constitutionnel, il offrait à la nation le spectacle des intérêts et des transactions formant une alliance immorale contre les idées radicales et les principes. Ce que nous voulons en France (c'est notre faiblesse et notre force), ce sont des hommes dont le caractère hors d'atteinte s'impose par une honnêteté indiscutable. La pénurie des caractères a peut-être développé dans la foule cette sorte de culte que porte le public à ceux qui demeurent fermes dans l'unité et l'intégrité de leur existence. A coup sûr la politique, vivant de nuances et de modifications successives, qui ont l'air de reculs ou de défections et qui sont souvent des progrès, la politique y perd, mais la morale y gagne. C'est par une sorte d'invincible amour de l'idéal que la nation française incarne volontiers ses admirations dans des types chevaleresques. Elle préférera toujours un héros qui la compromet à un Talleyrand dont les adresses diplomatiques essayent de la sauver. Aussi, séduite par le spectacle réellement beau des existences humaines vouées au triomphe de la même cause, ce qu'elle pardonne le moins, ce sont les désertions.

Et en ce sens, ce vers fameux de Barthélemy :

L'homme absurde est celui qui ne change jamais,

n'est pas un vers français.

Or, parmi tous les ministres qui répondaient, en janvier 1870, à l'appel de M. Émile Ollivier, il en était peu qui n'eussent adoré jadis quelque déesse qu'ils se disposaient maintenant à brûler en l'honneur de « l'empire libéral ». Presque tous avaient prêté des serments en leur vie qui excluaient absolument toute participation future aux affaires de l'empire. M. Ollivier avait choisi son ministère parmi les hommes politiques du tiers-parti,

dans cette nuance indécise et grise également teintée de libéralisme et d'autoritarisme. Mais, quelle que fût l'espèce de teinte neutre des ministres nouveaux, il leur restait encore à quelques-uns un reflet ou d'orléanisme persistant ou de républicanisme mal effacé qui les rendait suspects au pays.

L'enfantement du ministère Ollivier avait été assez long. M. Magne, un moment, en avait fait partie, conservant le portefeuille des finances; puis, les futurs membres du cabinet s'y opposant, M. Ollivier avait demandé à M. Magne son désistement. M. Magne eût été, en somme, dans ce ministère, le seul bonapartiste avéré. Les autres n'étaient que des bonapartistes du lendemain, mais d'autant plus aveugles, car, arrivant à la dernière heure, ils devaient supporter dans l'histoire le poids écrasant de toutes les fautes d'un régime qu'ils voulaient étayer, réédifier et qu'il fallait détruire.

Le ministère se trouvait ainsi composé : M. Ollivier remplaçait M. Duvergier au ministère de la justice; M. le comte Napoléon Daru succédait à M. de la Tour-d'Auvergne au ministère des affaires étrangères; M. Chevandier de Valdrôme était nommé ministre de l'intérieur en remplacement de M. Forcade la Roquette; M. Buffet prenait la place de M. Magne aux finances; M. Segris celle de M. Bourbeau à l'instruction publique. Le reste du ministère était ainsi composé :

Guerre : le général Lebœuf;
Marine : l'amiral Rigault de Genouilly;
Travaux publics : M. de Talhouët;
Agriculture et commerce : M. Louvet.

Le ministère des beaux-arts était séparé du ministère de la maison de l'empereur : le maréchal Vaillant gardait ce dernier portefeuille. On en créait un nouveau pour M. Maurice Richard qui devenait ainsi ministre des beaux-arts. Enfin M. de Parieu, vice-président du Conseil d'État, était nommé président du Conseil d'État en remplacement de M. de Chasseloup-Laubat, dont on acceptait la démission

et M. Henri Chevreau allait bientôt succéder à M. Haussmann, dont l'administration croulait réellement sous la réprobation publique, et qui partait laissant la ville de Paris terriblement obérée et les finances municipales dans un état alarmant.

quelques-uns même sincèrement libéraux, M. Daru entre autres, et par le seul fait de leur entrée au pouvoir ils perdaient, devant l'opinion publique, le prestige que devait leur assurer leurs qualités. Ils s'affaiblissaient en servant l'empire et ils ne

Tels étaient les hommes qui prenaient en main la direction des affaires publiques à ce moment climatérique où se multipliaient les symptômes de ruine prochaine. Chose étrange, la plupart de ces nouveaux venus étaient personnellement honnêtes,

fortifiaient pas le régime épuisé. C'est, en effet, le châtiment de ces capitulations de conscience. On y perd en un instant, en une minute, et comme par un brusque coup de foudre, la légitime influence que de longues années de dignité vous avaient acquise. Il y avait, en effet, je ne sais quoi d'immoral dans cette alliance soudaine des anciens partis et de l'empire. La plupart des hommes qui entraient au ministère et ceux qui les suivaient, apportant leur concours, avaient, au début de l'empire, combattu dans les rangs de cette opposition modérée dans le fond, déguisée dans la forme, qui, sans affirmer ses affections orléanistes, ne cachait point ses sympathies pour le régime parlementaire. M. Daru avait été même jadis directement opposé à l'homme qu'il allait maintenant servir, et on se rappelait qu'au 2 décembre le nom du nouveau ministre des affaires étrangères figurait parmi ceux des représentants du peuple qui protestaient contre le coup d'État à la réunion de la mairie du dixième arrondissement. Un autre, M. de Parieu, quoique depuis longtemps mêlé au mouvement de la politique impériale et définitivement rallié au bonapartisme, n'avait-il pas, jadis, lui aussi, au mois d'avril 1848, affirmé, au club républicain d'Aurillac, que « la France impériale n'avait pas su affranchir la Pologne, *parce que le principe du despotisme* est étranger à celui de la fraternité » (1).

Ainsi, l'avènement de ceux que l'empire appelait des « hommes nouveaux » n'apportait que peu d'espoir à cette partie de la France qui était à la fois la partie pensante et défiante. En revanche, une véritable fièvre semblait s'être emparée de quelques-uns; les plus hostiles au gouvernement impérial, ceux mêmes qui, un an auparavant, le combattaient d'une façon acharnée à propos de l'affaire Baudin, n'hésitaient pas à lui apporter l'appoint de leur parole ou de leur plume. Ce fut une heure de profonde et pénible erreur. Beaucoup de ceux que nous avions connus dans les rangs de l'opposition semblaient las d'attendre, effrayés peut-être par ces bouffées de vent révolutionnaire qui soulevaient la poussière à l'horizon, convaincus peut-être de la bonne foi du gouvernement qu'ils prenaient naïvement pour un gouvernement nouveau; plus désireux au surplus d'appliquer leur programme que de faire triompher des principes, beaucoup de ceux-là se tournaient vers le ministère, l'acceptaient et se décidaient à le servir.

On vit ainsi M. Prévost-Paradol, ce même homme qui comparait naguère la France à une dame de grande maison tombée entre les mains d'un *palefrenier* qui la bat, qui la déshonore et au bras duquel elle consent pourtant à se montrer, on le vit accepter l'empire, modifié en apparence, libéral d'aspect, mais au fond toujours identique à lui-même. M. Prévost-Paradol fut nommé ambassadeur de France aux États-Unis.

Il semble, à propos du jeune écrivain politique, mort si tragiquement quelques mois plus tard, que la destinée se soit plu à accumuler sur sa tête à la fois toutes les faveurs et toutes les disgrâces. Esprit fin et délicat, mais impatient et nerveux, Prévost-Paradol appartenait à cette catégorie de gens qui aiment et recherchent la popularité sans avoir les audaces ou sans user des moyens qui la font acquérir. Il était né opposant, d'un tour de pensée très-élevé qui se reflétait dans un style sobre et pur. Mais son opposition de salon n'était pas faite pour dépasser le cercle en quelque sorte intime d'une réunion de lettrés ou d'une académie. Au début de l'empire, sa guerre spirituellement acharnée contre l'autorité lui avait conquis une place à part, très en vue, et qui suffisait à son amour-propre présent, sinon à son ambition future. Il était admirablement armé pour la guerre des petites épigrammes. Mais que pouvaient ses piqûres de guêpe dans le manteau impérial depuis que M. de Rochefort avait lancé ses coups de crochets? Il avait été un temps où un article de Prévost-Paradol au *Journal des Débats* ou au *Courrier du Dimanche* faisait le texte des causeries du monde politique et inquiétait véritablement les Tuileries. Le *Courrier* avait été si souvent averti et enfin supprimé pour quelques lignes du polémiste! Mais le temps avait marché et l'opposition quittant les gants glacés que lui mettait Prévost-Paradol, voulait faire sentir ses griffes au pouvoir. Le pamphlétaire mondain se vit dépassé et se sentit comme dépaysé. Il en fut d'abord mélancolique, puis impatient, et, en dépit du suffrage des gens de goût qui l'appréciaient, qui l'avaient maintes fois applaudi à l'Académie où il semblait le successeur né de M. Villemain, Prévost-Paradol, mécontent, effrayé des progrès de la démocratie radicale, cherchait en quelque sorte sa voie à travers les événements.

Sa place était à la Chambre. Là son esprit politique, étroit, mais net, sa parole brillante, assez précise pour convaincre un parlement, point assez chaleureuse pour entraîner les masses, eussent trouvé leur débouché. Le suffrage universel n'avait, ni à Paris, ni à Périgueux, ni à Nantes où il s'était présenté tour à tour, voulu de lui. Il se contenta d'exprimer ses idées dans un livre, *la France nouvelle*, où son mécontentement contre l'empire parut pour la première fois assez attiédi. Ce qui manquait à Prévost-Paradol, comme à tous les esprits de sa race, c'était la colère profonde qui fait les convictions durables. Il détestait l'empire en lettré : il avait parlé jadis *du ce parti de César encore rougi de sang de Caton*. Mais c'était là une haine plutôt historique, si je puis dire, que contemporaine. Le jour où, après sa réception à l'Aca-

---

(1) Lettre de M. Esquiron de Parieu au club républicain d'Aurillac (club surnommé *copa-courniou*, mot à mot *coupe-sifflet*, coupe-cou). M. de Parieu disait encore : « Les révolutions de Vienne, Berlin et Milan, sont *par leur énergie rapide presque dignes* du peuple français. » (11 avril 1848.)

démie, Prévost-Paradol fut présenté à Napoléon, l'empereur lui dit : « Je suis fâché, monsieur, de vous savoir dans un autre camp que le mien. » Et Prévost-Paradol : « J'en suis fâché autant que vous, Sire. » Ainsi, sous l'épigramme perçait déjà l'idée du désarmement prochain.

Mais, même en désarmant, Prévost-Paradol restait trop véritablement lui-même pour s'acclimater dans « ce camp ». Dès le lendemain de sa nomination, il dut regretter le pas qu'il venait de faire et qui était un pas en arrière et un faux pas. Il avait trop aimé la liberté pour ne pas regretter cette maîtresse délaissée. Il était déjà fort assombri en quittant Paris pour l'Amérique. A peine, peut-on dire, était-il installé dans son ambassade aux États-Unis, qu'un soir de juillet, en se regardant dans la glace pour chercher la place où battait la vie, il se tira un coup de pistolet au cœur. Après n'avoir pas eu la patience d'attendre l'écroulement du despotisme, il n'avait pas eu l'audace de porter haut ce qu'on avait appelé sa désertion. Que si cet homme avait, durant un an encore, mené sa vie d'écrivain indépendant, marchant loin des séductions du pouvoir, il aurait rencontré ce qu'il cherchait : la liberté, et, sans être un homme de génie, il eût utilement servi son pays.

Il y a une morale à la fois pour les individus et pour les peuples dans ces dénoûments tragiques. La patience, la fidélité au devoir, l'accomplissement quotidien de la tâche tracée doivent suffire. Le jour de la justice arrive, et, n'arrivât-il pas, que l'homme est payé chaque jour par l'approbation de sa conscience.

Avec Prévost-Paradol, un autre écrivain, le fondateur avec M. Hervé du *Journal de Paris*, M. J.-J. Weiss, s'était aussi rapproché de l'empire. Il n'en éprouva pas une souffrance capable de le mener au suicide, mais son humeur, justement sceptique, lui fit bientôt dire le mot véritable de la situation nouvelle. La *niaiserie* des hommes du pouvoir éclatait aux yeux de l'ancien journaliste d'opposition. Cette funeste niaiserie, qui devait définitivement perdre l'empire et compromettre la France, semblait surtout s'incarner dans la personne alors toute-puissante de M. Émile Ollivier.

M. Ollivier, avocat éloquent, mais d'une éloquence sans nerf, sans muscles, sans vigueur, melliflue, vaguement musicale; homme politique sans consistance et sans principes arrêtés, entraîné vers les buts les plus divers par le sentiment le plus profond de sa valeur personnelle et par l'âpre amour du pouvoir qui combattait chez lui le besoin de popularité; M. Ollivier, après avoir déclaré tout haut, lors de sa première candidature, qu'il entendait faire pour lui de la Chambre des députés l'antichambre de Cayenne, entrait maintenant au ministère sans hésitation et sans remords. Depuis

longtemps déjà, rompant peu à peu avec la gauche, il s'était laissé glisser doucement vers le pouvoir, flatté dans sa vanité par les avances que lui faisait M. de Morny, surexcité dans son ambition par les perspectives que lui ouvrait l'avenir. Il avait travaillé constamment, dans les dernières années, à se rendre, comme on dit dans le langage politique un *homme possible*. Introduit une fois auprès de l'impératrice, son amour-propre s'était senti caressé par quelqu'une de ces banales paroles que laissent tomber les souverains devant ceux qu'ils veulent conquérir et qu'ils redoutent. Paroles vagues où la promesse et l'appel sont habilement dissimulés, et que ramassent volontiers ceux-là seuls qui ne craignent pas de se courber.

Depuis, la lutte électorale parisienne avait empli de colère, la colère de la vanité blessée, le cœur de M. Ollivier. Dès le mois de mai, il était ministre de l'empire. On se demandait seulement si l'empereur accepterait un homme que Paris avait si solennellement rejeté? M. Ollivier, depuis son échec, était, en effet, bien amoindri. En entrant aux affaires il n'apportait, en somme, à la cause impériale, que les débris d'une popularité brisée. Mais sa parole, harmonieusement vide, sa présomption inébranlable, sa rage contre « la révolution qu'il voulait prendre corps à corps » (Voyez ses lettres), déterminèrent L.-N. Bonaparte, et l'ancien opposant farouche, le fils de ce républicain intègre, le ferme et vaillant Démosthène Ollivier, emprisonné après le coup d'État, le frère de cet Aristide Ollivier, à qui la démocratie du midi voulait élever une statue; ce fils et ce parent de martyrs d'une cause éternelle désertait le parti des vaincus pour passer à celui des vainqueurs. Certes, à lui moins qu'à tout autre, il appartenait de servir l'empire. Le nom d'*irréconciliable* semblait être fait pour lui, et, quelles que soient les nécessités de la politique, il n'est jamais permis à un être humain de jeter ainsi, comme des fardeaux trop lourds, les souvenirs sanglants du passé pour aller du côté du pouvoir, de la fortune et du désolant oubli.

C'est la revanche de la stricte équité. Dans un tel marché, nul ne gagne, ni l'homme qui déserte et qui vend, ni le despote qui achète. Les velléités libérales du premier sont paralysées dès le début, les espoirs du second sont réduits en cendre dès qu'il les croit réalisés.

La terrible aventure qui avait terminé les jours d'Aristide Ollivier était pourtant de celles qui doivent laisser à ceux qui survivent un éternel souvenir et un exemple.

Vers la fin de 1848, Aristide Ollivier avait pris à Montpellier la rédaction en chef du *Suffrage universel*, journal démocratique. Une polémique, engagée avec un journal légitimiste du pays, l'*Écho du Midi*, amena une succession d'articles virulents, mordants et enflammés entre Ollivier et M. Escande, aujourd'hui rédacteur de la *Gazette de France*. M. Escande envoya des témoins à Aristide Ollivier qui, grand, solide, herculéen, hésita à se battre avec M. Escande, petit, bossu et faible : « Si je le tue, disait-il, on m'accusera d'un assassinat, je serai odieux ; si je suis tué, je serai ridicule. » Mais les légitimistes alors, envenimant la querelle, accusèrent Aristide Ollivier de reculer devant une rencontre. Si entre M. Escande et M. Ollivier l'épée était impossible, ne restait-il pas le pistolet qui égalisait les chances?

« Aristide, écrit M. A. Cabrol, prit conseil de ses amis, et, le lendemain, il écrivit dans son journal qu'il avait affaire à un adversaire dont il ne voulait pas, qu'il ne pouvait accepter, mais que celui-ci n'avait qu'à trouver quelqu'un se portant fort pour lui, qu'il accepterait d'avance une rencontre avec ce mandataire du journaliste infirme. L'*Écho du Midi* répondit en publiant une liste, signée des noms les plus aristocratiques de la ville, et les témoins de M. Escande se représentèrent chez Aristide Ollivier. — Je n'ai pas à choisir, leur dit hautainement le jeune homme, le plus jeune des signataires de la liste sera mon adversaire. »

Cet adversaire était M. de Ginestous.

Quelques heures avant de croiser le fer avec lui, Aristide Ollivier écrivait cette lettre, citée par Émile Ollivier lui-même dans son livre : *le 19 Janvier* :

« Mon cher père,

« Je pars pour me battre en duel. J'y vais parce
« que j'ai été gravement insulté et que je ne peux
« laisser souiller le nom que tu nous as donné. Ma
« dernière pensée sera pour toi et pour mes frères,
« pour ma pauvre sœur. Si je vais rejoindre ma
« bonne mère dans un monde différent, nous par-
« lerons souvent de vous avec elle, et si nous pou-
« vons vous venir en aide par nos bénédictions,
« elles iront vers vous ardentes et passionnées.
« Dans tous les cas, la dernière de mes pensées, je
« le répète, sera pour toi et mes bons frères Émile,
« Ernest, Adolphe, Élysée et pour Joséphine. —
« Je vous demande pardon des peines que j'aurai
« pu vous occasionner, de celle surtout que je vais
« te procurer, à mes frères et à ma sœur aussi. La
« meilleure de mes caresses à vous tous.

« ARISTIDE OLLIVIER.

« Samedi 21 juin 1851, deux heures et demie. »

M. de Ginestous avait vingt-neuf ans, Aristide Ollivier vingt-trois. Ces deux jeunes gens n'avaient nulle haine l'un contre l'autre. En se battant, ils représentaient deux principes. Le combat eut lieu au sabre d'officier d'infanterie. On se battit au bois de la Valette. Lorsque les témoins et les adversaires furent en présence, les six hommes se saluèrent.

— Lequel de vous, messieurs, demanda M. de Ginestous, est Aristide Ollivier?

— C'est moi, monsieur.

Ils ne se connaissaient pas.

Au salut d'Ollivier, le gentilhomme répondit par une politesse :

— Je regrette de faire votre connaissance en un pareil moment, dit-il.

Aristide s'inclina. Les témoins choisissaient les places.

Le premier coup fut terrible. Ollivier, qui touchait pour la première fois de sa vie un sabre, se jeta sur son adversaire d'un élan, brusquement, se fendant à fond. Ces deux hommes tombèrent tous deux, la poitrine traversée. Mais M. de Ginestous, qui râlait déjà, devait rester vivant. Aristide Ollivier était foudroyé. La lame du sabre lui avait percé le cœur.

« Je me souviens, écrit M. Cabrol, qui a conté ce drame, je me souviens d'avoir vu des vieillards pleurer devant ce jeune homme, cet enfant mort en souriant... Il était nu jusqu'à la ceinture, et j'ai vu de vieux républicains appuyer leurs lèvres sur les lèvres sanglantes de cette blessure, par où venait de s'enfuir une âme d'élite, par où venait de se terminer si tôt une vie qui, sans doute, eût été pure et honorée. »

De tels souvenirs devaient arrêter M. Émile Ollivier au seuil des Tuileries, mais il paraît que les images des morts s'envolent avec le temps, et cette vérité cruelle était déjà remarquée au temps des proscriptions d'Antoine et de Lépide. L'historien romain raconte que les martyrs, pleurés d'abord de leurs femmes, de leurs affranchis, de leurs esclaves même, furent oubliés de leurs fils. « *Les enfants les oublièrent, tant les hommes souffrent avec peine le retardement de leurs espérances* (1). »

Ce *retardement* dont parle l'auteur ancien, M. Émile Ollivier avait hâte de le voir cesser. Mais, grisé par sa vanité ambitieuse, il ne voyait pas qu'il s'enlevait à lui-même toute considération et toute force véritable. Ses jeunes années, sa mission à Marseille en 1848, ses vieux discours, lui retombaient de tout leur poids sur les épaules. M. Ollivier s'était, en effet, condamné d'avance à l'impuissance absolue en se donnant tout haut et avec cette sorte d'infatuation qui lui est particulière, comme le *spectre du Deux-Décembre*. Il prêtait ainsi pour jamais le flanc aux attaques de ses ennemis. On n'avait qu'à fouiller, interroger son passé pour y trouver, dans ses propres paroles, dans ses faits et gestes antérieurs, les armes les plus acérées contre lui. « La seule voie droite est celle de la

(1) Velleius Paterculus.

M. ÉMILE OLLIVIER.

justice, écrivait-il au lendemain de la Révolution de février. Obéir à sa passion, au sentiment de la vengeance ou de l'affection, c'est enlever à sa conduite l'unité, le calme, l'élévation ; obéir aux passions d'un parti, c'est se mettre dans la nécessité de sacrifier son indépendance, le mouvement de sa conscience, aux exigences de la discipline. Tout sacrifier au succès, c'est immoral. Se faire l'esclave d'une popularité toujours éphémère, c'est être aussi prévoyant que l'enfant qui court après des bulles de savon. Depuis que Mirabeau s'est écrié : *Le droit est le souverain du monde*, l'idéal, si je puis dire ainsi, est promulgué. Le flambeau luit éclatant au ciel ; malheur à ceux qui ferment les yeux pour ne pas le voir..... »

Et plus tard, en 1852 : « ..... Est-ce le signe que la République est impossible, mauvaise ? Non. *C'est la seule forme de gouvernement digne et grande, c'est la seule qui soit sûre de l'avenir.* Mais la République n'est qu'une forme, qu'un vêtement. Il faut qu'elle s'appuie sur une réalité. Cette réalité, c'est une foi, une croyance religieuse ou philosophique, comme on voudra. Il faut donc chercher cette foi. Les éléments en sont partout, dans votre cœur, dans le mien. La formule seule manque. *C'est notre œuvre de la trouver. Voilà à quoi doit s'employer notre ardeur..... »*

Et maintenant, abjurant ce culte qui ne menait à rien, M. Émile Ollivier désertait franchement la voie républicaine et entrait dans le courant de l'empire, essayant de tromper le public et de se tromper lui-même, peut-être en donnant pour excuse qu'il allait servir la liberté! C'est lui qui, à la veille d'accepter le ministère qu'il implorait, écrivait à M. Clément Duvernois, le négociateur de l'affaire entre le député et l'empereur : « Je considère comme impossible que j'entre dans une voie de répression à l'égard de la presse. Moi libéral, je poursuivrais alors ce que les réactionnaires n'ont pas poursuivi! Cela me *coulerait* du coup et pour toujours. » Or, M. Ollivier ne devait pas longtemps attendre pour dépasser en rigueurs inutiles et maladroites M. Pinart ou Forcade de la Roquette, ces ministres dont il prétendait faire oublier l'autorité.

Dans la séance du 10 janvier 1870, M. Ollivier exposait devant le Corps législatif les principes ou, pour dire plus vrai, les vagues idées de politique qu'il prétendait mettre en pratique. Les acclamations de la majorité, toujours prête à saluer un pouvoir nouveau, lui répondaient; mais, peu après, dans cette même séance, le ministre allait sentir que l'œuvre bâtarde qu'il venait d'entreprendre était difficile à mener à bonne fin. Dès le premier jour, M. Gambetta lui jetait en réponse à une homélie sur le loyal établissement du règne libéral, cette apostrophe violente : « Non! il n'est pas exact qu'entre nous et le gouvernement il n'y ait qu'une question de mesure, il y a une question de principe. (Très-bien! très-bien! à gauche.) Donc, si pour fonder la liberté vous comptez sur notre concours, il faut vous attendre à ne le rencontrer jamais. (Bruit.) Notre motif, le voici. Vous avez invoqué le suffrage universel, le déclarant la base de l'ordre social et de la liberté; nous l'admettons; mais, à nos yeux, le suffrage universel n'est pas compatible avec la forme de gouvernement que vous préconisez.

« Les révolutions, on s'en plaint, on les redoute! A qui donc la faute? A ceux qui veulent la monarchie avec des institutions qui la corrompent, ou la monarchie avec des institutions qui la faussent. Nous, ce que nous voulons, ce sont des formes en harmonie avec le principe de la souveraineté nationale.

« Je reste, et je resterai constitutionnel en démontrant jour à jour qu'entre la forme aujourd'hui dominante et le suffrage universel, il y a inconciliabilité absolue. Cela ne veut pas dire que, ne pouvant avoir satisfaction dans cette enceinte, je chercherai au dehors l'appui de la force.

« Non! je crois que c'est à la lumière de cette tribune que se formera, par le progrès de l'évidence, la majorité qui vous succédera et qui tirera les conclusions indiquées par la logique; pour nous, vous n'êtes qu'un pont, et ce pont, nous le passons. (Très-bien! très-bien! à gauche. — Bruit.) »

Et M. Jules Favre allait bientôt, dans un de ces sarcasmes où il excelle, rappeler d'une façon hautaine « ces questions irritantes que M. Ollivier a « tranchées avec une facilité qui contraste avec « d'anciens souvenirs. » Mais qu'était-ce que le mouvement provoqué dans l'assemblée par ces paroles, à côté du mouvement de la rue, de l'émotion qui commençait, à cette heure même, à agiter et soulever Paris?

Un événement tragique, soudain, plein d'inattendu et d'épouvante, venait de se produire comme éclaterait un coup de foudre. Un prince de la famille régnante venait d'assassiner un homme. Le nom d'un enfant sympathique et gai, hier inconnu, Victor Noir, courait déjà sur toutes les bouches. On doutait, on niait, on cherchait avidement la vérité. Des groupes se formaient. Une sourde et grondante agitation remuait non-seulement les faubourgs, mais les boulevards de la ville, et l'on se contait fiévreusement la dramatique histoire.

A la suite d'un article publié par le prince Pierre Bonaparte dans un journal, *l'Avenir de la Corse*, article violent, insolent, d'un ton farouche et provoquant où, traitant les républicains corses de mendiants et de traîtres, le prince ne parlait rien moins que de leur mettre les tripes au soleil (les tripes aux champs, *stenine per le porrette*, la phrase est tristement demeurée historique), M. Louis Tommasi, bâtonnier de l'ordre des avocats à Bastia, avait répliqué à Pierre Bonaparte, lui rappelant avec violence ce qu'il avait été jadis et ce qu'il était aujourd'hui. Il ne pouvait mieux faire que de reproduire la profession de foi du prince Pierre aux électeurs de la Corse en mars 1848. La polémique des journaux corses avait été citée et soulignée dans le journal *la Marseillaise*, par un des rédacteurs, M. E. Lavigne, qui avait fait suivre les citations de réflexions toutes personnelles. C'est ce que Pierre Bonaparte allait appeler, le lendemain, être insulté par la plume d'un des manœuvres de M. Rochefort.

Furieux de voir apparaître dans un journal parisien ces articles qui, en Corse, mettaient le feu aux poudres, désireux aussi de se faire bien venir des Tuileries, d'où sa turbulence sauvage l'avait fait éloigner, en marchant droit à l'adversaire particulier de l'empereur et de l'impératrice, le prince Pierre envoya brutalement à M. Rochefort un cartel d'une forme bizarre, inusitée, et qui ressemblait trop à un piége tendu : « Si, par « hasard, vous consentez à tirer les verrous pro-« tecteurs qui rendent votre honorable personne « deux fois inviolable, vous ne me *trouverez* ni « dans un palais, ni dans un château. J'habite tout « bonnement, 59, rue d'Auteuil, et je vous promets « que, si vous vous présentez, on ne vous dira pas « que je suis sorti. »

Jamais provocation ne fut adressée en de tels termes, et cependant, le prince Pierre Bonaparte devait connaître mieux que personne ce qu'on est convenu d'appeler le code du duel. Il s'était battu plusieurs fois, il avait l'habitude et la pratique des armes. Vrai condottiere du seizième siècle, menant à travers le monde la vie d'aventures, tour à tour carbonaro en Italie, pirate à Corfou, chef de pallicares en Albanie, faisant bon marché de la vie humaine, se débarrassant à coups de stylet d'un sbire romain, à coups de pistolet d'un corsaire grec, pareil à tel de ces hommes du passé qu'on rencontre, inquiétants, dans les vieilles chroniques italiennes, à un Castruccio Castracani attendant son Machiavel, maniant la dague et la guitare, traduisant en vers italiens la *Vie de César*, de son impérial cousin, après avoir affirmé son radicalisme politique à la Constituante, ce trappeur exotique qui avait eu l'honneur de porter l'épaulette de l'officier français, devait savoir mieux que personne comment on provoque un adversaire. A n'en pas douter, il attendait, en son logis d'Auteuil, M. Rochefort, avec la ferme intention de le recevoir l'injure à la bouche et l'arme au poing.

M. Rochefort, après avoir reçu la lettre du prince Pierre, se mit à sa disposition et lui envoya deux témoins, M. Millière, gérant, et M. Arthur Arnould, rédacteur de la *Marseillaise*. C'était le lundi 10 janvier, que les témoins arrivaient devant cette maison d'Auteuil où le philosophe Helvétius avait jadis reçu toute la société élégante, choisie, pensante du dix-huitième siècle et où Pierre Bonaparte vivait maintenant. A peine étaient-ils arrivés devant le logis du prince qu'ils voient sortir de cette demeure d'aspect claustral, solitaire, sinistre, un homme pâle, et qui criait : « N'entrez pas, on assassine ici ! » Cet homme était M. Ulric de Fonvielle.

Voici ce qui s'était passé. Un des correspondants du journal *la Revanche*, de Bastia, un jeune homme connu déjà par des travaux de diverse nature, ancien collaborateur scientifique de *l'Époque*, journal dynastique, et du *Rappel*, M. Paschal Grousset, tempérament ardent et avide de succès, décidé à violenter la fortune si la fortune faisait la cruelle, cherchant avec âpreté l'occasion d'attirer bruyamment l'attention sur son nom, avait saisi rapidement l'occasion que lui offrait le hasard. Étant Corse, et voyant devant lui un adversaire Corse, un Bonaparte, M. Grousset avait prié deux de ses amis de se rendre auprès du prince Pierre pour lui demander rétractation de l'article paru dans *l'Avenir* ou réparation par les armes. Ces deux nouveaux témoins, à qui M. Grousset donnait pour mission de devancer chez Pierre Bonaparte les témoins de M. Rochefort, étaient M. Ulric de Fonvielle et Victor Noir.

Ils se présentèrent chez le prince cérémonieusement. Victor Noir, ganté, ciré, était parti joyeux de chez lui le matin, disant en souriant à sa vieille servante : « Brosse-moi bien aujourd'hui, je vais chez un prince ! » On les fit entrer dans un grand salon en les priant d'attendre. Victor Noir, toujours gouailleur même en ces circonstances graves, se regardait dans les glaces et essayait de déchiffrer, sur la toile d'un portrait de famille accroché à la muraille, une inscription italienne. Tout à coup le bouton d'une porte qui menait aux appartements particuliers du prince s'agita, et la main qui le poussait extérieurement demeura un moment indécise, comme si la personne qui allait entrer réfléchissait ou hésitait. Enfin la porte s'ouvrit et Pierre Bonaparte parut. Il a écrit que les témoins l'abordèrent *les mains dans les poches*. La vérité est que M. de Fonvielle et Victor Noir tenaient leur chapeau à la main.

— Vous venez de la part de Rochefort ! dit brusquement le prince, de cette voix rauque et stridente à la fois que personne n'a oubliée de ceux qui l'ont entendue et qui ressemble à un miaulement.

— Non, nous venons de la part de M. Paschal Grousset.

Pierre Bonaparte parut surpris; on lui tendait une lettre, il la prit, fit vers une fenêtre quelques pas, jeta un coup d'œil sur la lettre de M. Grousset, puis, la froissant et la posant de sa main gauche sur un fauteuil, il revint du côté des témoins, la main droite dans son large pantalon du matin.

— J'ai provoqué M. Rochefort, dit-il alors, parce qu'il est le porte-drapeau de la crapule. Quant à M. Grousset, je n'ai rien à lui répondre. Est-ce que vous êtes solidaires de ces *charognes*?

— Nous sommes, répondit Victor Noir, solidaires de nos amis.

« Aussitôt, raconte M. de Fonvielle, l'unique témoin de cette épouvantable scène, le prince Bonaparte s'avançant subitement d'un pas, et sans provocation de notre part, donna, de la main gauche, un soufflet à Victor Noir, et en même temps il tira un revolver à dix coups qu'il tenait caché et tout armé dans sa poche, et fit feu à bout portant sur Noir.

« Noir bondit sous le coup, appuya ses deux mains sur sa poitrine, et s'enfonça dans la porte par où nous étions entrés.

« Le lâche assassin se précipita alors sur moi et me tira un coup de feu à bout portant.

« Je saisis alors un pistolet que j'avais dans ma poche, et, pendant que je cherchais à le sortir de son étui, le misérable se rua sur moi; mais, lorsqu'il me vit armé, il recula, se mit devant la porte et me visa.

« Ce fut alors que, comprenant le guet-apens dans lequel nous étions tombés, et me rendant compte que, si je tirais un coup de feu, on ne manquerait pas de dire que nous avions été les agresseurs, j'ouvris une porte qui se trouvait derrière moi, et je me précipitai en criant à l'assassin.

« Au moment où je sortais, un second coup de feu partit et traversa de nouveau mon paletot.

« Dans la rue, je trouvai Noir qui avait eu la force de descendre l'escalier, — et qui expirait...

« Voilà les faits tels qu'ils se sont passés, et j'attends de ce crime une justice prompte et exemplaire. »

Lorsque Paris apprit la nouvelle de cette mort inique, on sentit passer sur lui la chaude effluve, le vent farouche des jours d'orage révolutionnaire. L'empereur descendait d'un train venant de Saint-Cloud lorsqu'on lui apprit la nouvelle. Une livide pâleur se répandit sur son visage. Il recula comme devant un fantôme. Le soir, des réunions publiques, qui étaient annoncées, étaient dissoutes sur un cri de vengeance. M. Ulric de Fonvielle était appelé, dès minuit, chez le juge d'instruction. Des gens du peuple, irrités, voulaient aller chercher à Neuilly le cadavre de Victor Noir, l'apporter au cœur de Paris et appeler la population aux armes en promenant la victime à la lueur des torches. Beaucoup voulaient le porter aux bureaux de la *Marseillaise*, d'autres à son ancien domicile, rue Geoffroy-Marie. On parlait de le mettre dans un fiacre, tout vêtu et un cigare aux lèvres pour tromper la surveillance des agents. Ce cadavre devenait un outil de révolte. Nul doute que le spectacle de ce pauvre mort ensanglanté n'eût éveillé la pitié et le courroux de tous. Mais le corps était déjà transporté à son domicile, passage Masséna, rue Perronnet, à Neuilly et gardé par la police.

Le soir même, les journaux qui devaient paraître le lendemain recevaient la lettre suivante :

Monsieur le rédacteur,

Je vous prie de vouloir bien insérer, dans votre numéro de demain matin, la note suivante : « Aussitôt que le garde des sceaux a appris le fait qui s'est passé à Auteuil, il a ordonné l'arrestation immédiate de M. Pierre Bonaparte. L'empereur a approuvé cette décision. L'instruction est déjà commencée. »

Veuillez agréer, monsieur le rédacteur, l'assurance de mes sentiments très-distingués.

Le chef du cabinet : Adelon.

M. Émile Ollivier avait bien compris le danger. Il semblait y avoir dans ce meurtre quelque chose de fatidique et, pour se servir du mot du dernier historien de César, quelque chose de *providentiel*. A l'heure où le gouvernement faisait des avances à la nation qu'il avait conquise par droit de coup d'État, au moment où, reniant son origine autoritaire et sanglante, il essayait d'une impossible union avec la liberté, le destin semblait, au nom d'une justice surnaturelle lui répondre par un *nec possumus*. Un cadavre nouveau se dressait devant toute réforme. L'empire, qui voulait se laver du Deux Décembre retrouvait, dans cette jeune figure pâlie et morte de Victor Noir, un nouveau spectre de Baudin.

Ainsi l'histoire a des coups de théâtre grandioses dans leur horreur et qu'eût enviés le terrible génie d'Euripide.

VICTOR NOIR.

DOCUMENTS COMPLÉMENTAIRES DU CHAPITRE II

N° 1.

Lettre de M. Pietri à M. Duvernois (1)

Compiègne, 30 octobre 1869.

Mon cher monsieur Duvernois,

L'empereur a reçu votre lettre. Sa Majesté me charge de vous dire qu'elle verrait avec plaisir M. Émile Ollivier; mais, pour éviter les indiscrétions des journaux et de tous les petits journalistes qui encombrent Compiègne, il faudrait prendre certaines précautions pour leur échapper. Voici, par conséquent, ce qu'il faudrait faire. M. Émile Ollivier partirait demain soir, lundi, par le train de *huit heures*. Il arriverait à dix heures une minute à Compiègne. Je l'attendrai à la gare. Il pourrait repartir à deux heures trente minutes du matin, pour arriver à Paris à quatre heures quarante-cinq minutes du matin.

Si M. Émile Ollivier a soin, en arrivant à la gare de Paris, de s'entourer la tête d'un cache-nez, il pourra passer inaperçu. Prévenez-moi, afin que je puisse aller le recevoir à la gare.

Tout à vous, F. PIETRI.

A M. Pietri, secrétaire particulier de l'empereur, au château de Compiègne.

L'adresse porte *personnelle et urgente*.)

Mon cher monsieur Pietri,

Ollivier partira ce soir à huit heures. Il aura la

(1) *Papiers des Tuileries.* — Neuvième livraison.

4 LIVR.

tête enveloppée d'un cache-nez et ne mettra point ses lunettes, ce qui le rend méconnaissable.

Tout à vous,

Clément Duvernois.

N° 2.
Corps législatif
Séance du 10 janvier

DÉCLARATION DU GOUVERNEMENT.

S. Exc. M. Émile Ollivier, ministre de la justice et des cultes. — Messieurs, le nouveau cabinet qui s'est formé pendant votre absence croit que son premier devoir est de se mettre en communication directe et immédiate avec vous. (Très-bien!)

Un long discours ne me sera pas nécessaire pour que ce but soit atteint. En effet, qui, parmi vous, ignore quels sont les doctrines, les principes, les opinions, les aspirations, les volontés de ceux qui ont l'honneur de se présenter devant vous? Au fur et à mesure que le mouvement des affaires l'exigera, que nous serons sollicités par les interpellations de l'Assemblée, ou par la nécessité de défendre nos projets, nous débattrons loyalement avec vous chacune des questions qui doivent être soulevées et qui s'impose à l'attention commune.

Aujourd'hui, nous croyons qu'il nous suffit de déclarer que nous restons au pouvoir ce que nous étions avant d'y arriver (Très-bien! très-bien!); que nous n'appliquerons pas des principes et des pratiques différentes de celles que nous avons conseillées aux autres. Nous ne supprimerons dans notre œuvre ni la part du temps, ni celle de l'expérience, mais nous travaillerons avec persévérance et résolution jusqu'à ce que nous ayons réalisé dans sa totalité le programme commun qui nous a réunis et qui est notre raison légitime d'être. (Nombreuses marques d'adhésion.)

Pour cette œuvre, messieurs, il est nécessaire d'abord que nous jouissions de la confiance du souverain; il nous l'a accordée avec une magnanimité d'âme qui le placera haut dans la mémoire des hommes. (Très-bien! très-bien!)

Il est nécessaire, en outre, messieurs, que votre confiance vienne également s'ajouter à celle du souverain; nous vous la demandons. (Assentiment.) Nous vous la demandons à tous, et, dans notre pratique journalière, nous aurons des égards non-seulement pour la majorité qui nous honorera de son appui, mais même pour l'opposition qui nous honorera de ses critiques. Nous serons reconnaissants, envers la majorité qui nous suivra, de son appui, sans lequel nous ne pouvons rien; nous serons reconnaissants envers l'opposition de ses critiques qui nous redresseront et nous contiendront, et nous obligeront à redoubler d'efforts. (Marques générales d'approbation.)

Et le jour où un groupe quelconque de cette Assemblée aura obtenu la majorité dans le pays, nous serons empressés de déposer entre ses mains, sur quelques bancs qu'il se trouve, la responsabilité de diriger les affaires du pays. (Très-bien!)

Nous faisons donc appel à la bonne volonté de tous; nous poursuivons la conciliation, l'apaisement; nous nous efforcerons par nos actes, par notre conduite, à tous les moments de notre existence ministérielle, d'établir un courant commun de liberté, de bonne foi, de loyauté qui emporte les récriminations, les souvenirs amers, les haines, les passions mauvaises. Nous pourrons ainsi rétablir tous ensemble la plus belle œuvre qui puisse être accomplie par des hommes politiques, nous pourrons réaliser le rêve déçu de tous les grands esprits : l'établissement durable d'un gouvernement national s'adaptant avec fermeté et aussi avec souplesse aux nécessités changeantes des choses, aux transformations incessantes des idées; qui, favorisant l'ascension des générations nouvelles, et accueillant leurs espérances, leurs désirs, leurs lumières, assurera les destinées de notre grande démocratie française et fera triompher le progrès sans la violence et la liberté sans la révolution. (Nombreuses marques d'approbation. — Applaudissements.)

N° 3.
Profession de foi du prince Pierre Bonaparte aux électeurs de la Corse, en 1848.

Citoyens,

Mon père était républicain; je le suis donc par conviction, par instinct, par tradition.

La République telle qu'il la comprenait, telle que la comprennent les grands citoyens qui viennent de l'inaugurer si noblement en abolissant la peine de mort en matière politique, la République est la plus belle réalisation des théories qui peuvent inspirer l'amour du prochain, de la gloire et de la patrie. La sagesse des vues, la pureté des intentions, la modération des mesures, voilà la trinité sainte qui résume la doctrine d'un vrai Républicain. Le renouvellement des sanglantes saturnales, des odieux excès que provoqua jadis l'excès du mal, est, désormais, heureusement impossible. Aux hypocrites alarmistes, aux ennemis patents ou cachés de la République, le peuple héroïque de Paris, ce peuple invincible dans le combat, si généreux dans le triomphe, ce peuple qui avait tant souffert, a fait la meilleure réponse, par son attitude calme, confiante et résolue. Le choix des hommes qu'il a mis à sa tête est une garantie que le drapeau de la République ne sera plus profané ni par de coupables fureurs, ni par de honteuses faiblesses. Tel est le radieux avenir qui se prépare pour la France, tel est l'ordre social que je suis prêt à servir jusqu'à la dernière goutte de mon sang!

VIVE LA FRANCE! VIVE LA RÉPUBLIQUE!
VIVE LA CORSE!

Pierre-Napoléon Bonaparte.

N° 4.

Paris, 12 mars 1871

Le prince Pierre Bonaparte avait publié et signé le 30 décembre, dans le journal *l'Avenir de la Corse*, les lignes suivantes :

« Je pourrais multiplier des faits propres à faire battre le cœur de tous les enfants de la vieille Cirnos, ce *nido d'allori*, nid de lauriers, comme on l'a dit justement; mais, pour quelques malheureux *furdani* de Bastia, à qui les nolini du marché devraient se charger d'appliquer une leçon *touchante*; pour quelques Judas lâches, traîtres à leur pays, et que leurs propres parents eussent autrefois jetés à la mer dans un sac ; pour deux ou trois nullités, irritées d'avoir inutilement sollicité des places, que de vaillants soldats, d'adroits chasseurs, de hardis marins, de laborieux agriculteurs la Corse ne compte-t-elle pas, qui abominent les sacrilèges et qui les eussent déjà mis *stenine per le porrette* (les tripes aux champs) si on ne les avait retenus ?

« Laissons ces *vittoli* à l'opprobre de leur trahison, et qu'il me soit permis de rappeler un mot d'un diplomate américain qui, à propos des ordures que certains journaux et pamphlets ont jetées à la colonne, disait que la France est plus connue dans l'univers par Napoléon que Napoléon par la France.

« Napoléon n'a fait que son devoir, quand il a mis son génie et toutes ses facultés au service de la France qui l'en a largement récompensé par le culte voué à sa mémoire, culte dont le vote du 10 décembre a été la sublime manifestation : mais, je le dis, pour répondre aux ignorants et aux libellistes de mauvaise foi; il n'est pas moins vrai que tous les écrivains militaires, français et étrangers, faisant autorité, conviennent qu'en 1796, la France était définitivement vaincue sans Bonaparte.

« Malgré les escargots rampant sur le bronze pour le rayer de leur bave, l'auréole du grand homme ne sera point ternie; et, s'il était possible de supposer un instant qu'elle le fût, ses détracteurs, mauvais patriotes, ne seraient parvenus qu'à amoindrir la France de sa plus glorieuse illustration.

« Que les Corses ne se préoccupent donc pas du disparate que d'infimes folliculaires de Bastia tentent vainement d'établir dans des sentiments unanimes qui ont atteint le niveau d'une religion nationale.

« Que le pouvoir n'amène pas son pavillon, en consentant à des combinaisons qui confieraient les affaires du pays à ceux qui ne professent pas sincèrement cette religion.

« Que Dieu inspire ceux qui, d'une main ferme, élèveront nos aigles au-dessus des empiétements étrangers et des discordes intestines, — et que notre chère Corse soit toujours fière de sa solidarité avec la France et avec son élu. — *Evviva li nostri !*

« P. N. Bonaparte. »

M. Louis Tommasi ne tarda pas à y répondre par l'article suivant, publié dans la *Revanche* de Bastia :

« La renommée aux mille voix nous avait appris déjà les brillants faits et gestes de M. Pierre-Napoléon Bonaparte; mais nous n'avons jamais pu apprécier comme aujourd'hui les fleurs de sa rhétorique, l'aménité de son style, la noblesse de ses pensées, la générosité de ses sentiments.

« Non, cet aigle n'est pas né, il n'a pas grandi dans un nid de lauriers !

« Non, ce prince n'est pas Corse !

« Il traite de mendiants (*furdani*) des hommes qui n'ont jamais frappé ni à sa porte, ni à celle d'aucun Bonaparte; il qualifie de traîtres (*vittoli*) des citoyens indépendants qui n'ont aucun compte à lui rendre et ne lui reconnaissent aucune supériorité.

« Prince Pierre-Napoléon Bonaparte, avez-vous oublié ce que vous écriviez aux citoyens de la Corse le 12 mars 1848? — Alors vous étiez aussi pauvre que nous, et vous veniez mendier nos suffrages; alors vous étiez plus républicain que nous, car vous voyiez dans le gouvernement de la République le moyen de faire fortune.

« Nous sommes des Judas, nous qui restons fidèles à notre passé, à notre drapeau, à nos serments, à notre religion politique !

« Nous sommes des traîtres à notre pays, nous qui, en 1848, avons eu la naïveté de croire à la sincérité des professions de foi des Bonaparte !

« Nous sommes des nullités irritées d'avoir inutilement sollicité des places !...

« Prince Pierre-Napoléon Bonaparte, si cela est vrai, vous devez en produire la preuve; sinon, savez-vous comment s'appellent ceux qui disent le contraire de la vérité ?

« Prince Pierre-Napoléon Bonaparte, nous sommes des ignorants; mais quand vous voudrez recevoir une leçon d'histoire et de droit, nous vous prouverons, le *Bulletin des Lois* à la main, que Napoléon Bonaparte, premier consul, que Napoléon Iᵉʳ, empereur, a commis des actes de tyrannie atroce...

. . . .

« Au surplus, nous prenons acte des extravagantes menaces que nous adresse M. Pierre-Napoléon Bonaparte. — Nous prenons la France à témoin de cette provocation insolente, et nous en laissons à notre adversaire toute la responsabilité.

« Louis Tommasi,

« Bâtonnier de l'ordre des avocats, à Bastia. »

CHAPITRE III

La *Marseillaise* du 11 janvier. — Préparatifs de défense. — Les journaux et la rue.— Le Corps législatif. — La séance.— M. Émile Ollivier et M. Rochefort. — Ce qu'était Victor Noir. — Les funérailles. — M. Briosne et M. Rochefort. — Delescluze. — Flourens. — Marche vers le cimetière. — Le retour. — Les sergents de ville à la porte Maillot. — Démission de Flourens. — Attitude de Rochefort au lendemain de l'affaire Noir. — La demande de mise en accusation. — Le vote.

Le soir même du meurtre de son collaborateur, M. Henri Rochefort s'était rendu auprès de M. Ollivier pour lui demander justice. On attendait avec impatience ce que dirait, le lendemain, le rédacteur en chef de la *Marseillaise*. Ce journal, fondé depuis vingt-cinq jours seulement, était déjà le porte-drapeau de la démocratie la plus radicale. A coup sûr, les exigences et les ardeurs du public dépassaient les velléités de révolte du directeur. M. Rochefort se proposait d'apporter surtout à la Chambre sa verve caustique et sa plaisanterie froidement implacable. Ses électeurs lui demandaient davantage. Il les convia, dès le premier moment de sa colère, à faire ce qu'ils demandaient. Son article du lendemain fut un appel aux armes.

La *Marseillaise* parut encadrée de noir. Elle contenait les dépositions de MM. de Fonvielle, Grousset, Millière et Arnould, et, à sa première colonne, en gros caractères, ces quelques lignes de M. Rochefort :

« J'ai eu la faiblesse de croire qu'un *Bonaparte* pouvait être autre chose qu'un *assassin* !

« J'ai osé m'imaginer qu'un duel loyal était possible dans cette famille où le meurtre et le guet-apens sont de tradition et d'usage.

« Notre collaborateur Paschal Grousset a partagé mon erreur, et aujourd'hui nous pleurons notre pauvre et cher ami Victor Noir, assassiné par le bandit Pierre-Napoléon Bonaparte.

« Voilà dix-huit ans que la France est entre les mains ensanglantées de ces coupe-jarrets qui, non contents de mitrailler les républicains dans les *rues*, les attirent dans des pièges immondes pour les égorger à *domicile*.

« Peuple français, est-ce que décidément tu ne trouves pas qu'en voilà assez?

« Henri Rochefort. »

M. Rochefort qui devait, deux jours plus tard, déconseiller la lutte à main armée donnant pour raison qu'on l'avait tout haut annoncée dans une réunion publique, commettait, on l'avouera, la faute qu'il allait reprocher à M. Flourens. En politique, avant d'agir il faut prévoir. Que si le directeur de la *Marseillaise* devait, le 12 janvier, arrêter l'émeute prête à se déchaîner — et certes il eut raison, car cette journée eût été un massacre — il devait aussi, tout en protestant hautement contre le meurtre, ne pas pousser à un mouvement qu'il eut la prudence de ne point mener jusqu'au bout. Le parti républicain eut ainsi l'air de faire sonner hardiment une bravade et de s'arrêter dans son impuissance.

La séance du 11 janvier fut des plus tumultueuses et à la fois des plus graves. On peut dire qu'elle avait commencé avant l'ouverture et dès la salle des Pas-Perdus. Les groupes des députés, des journalistes, des curieux, étaient pressés, bruyants ou atterrés. On se sentait à la veille d'un événement qui pouvait bouleverser et même emporter l'empire. Chose caractéristique, les partisans de l'autorité absolue paraissaient moins inquiets que les esprits plus modérés ou plus libéraux. On devinait que les premiers se sentaient fermement protégés par les chassepots et n'étaient même pas trop éloignés de souhaiter une collision, pour en finir, en un jour, avec les *menées révolutionnaires*. Les plus attristés étaient ceux qui, redoutant une bataille entre le peuple et l'armée, craignaient surtout pour la démocratie une de ces complètes défaites qui noient dans le sang — et pour de longues années — les plus justes causes et les plus légitimes revendications. Vainqueur ce jour-là, l'empire libéral fût redevenu l'empire sinistre et despotique des lendemains de décembre. Il eût renouvelé sa pourpre dans les ruisseaux rougis. C'est bien ce que les républicains, qui voyaient l'empire perdu pourvu qu'on ne lui fournît pas l'occasion d'une victoire, redoutaient le plus.

Tandis que dans les journaux, les ateliers, la rue, on racontait la vie, l'existence courte et rieuse de Victor Noir, ses traits de gamin de Paris entré bravement dans la littérature, ses saillies, ses

Louis Noir haranguant la foule.

fusées de gaieté, ses projets de mariage futur, au Corps législatif, on oubliait les personnages du drame pour n'envisager que la situation politique, et en quelque sorte militaire, qui était grave. Dans un coin de la salle des Pas-Perdus, on se montrait pourtant un jeune homme pâle, bien vêtu, frisé, et qui se tenait un peu courbé dans l'attitude d'un élégant désespoir. C'était M. Paschal Grousset qui répétait de temps à autre un serment qu'il n'a pas tenu : « Pierre Bonaparte mourra de ma main. »

Lorsque la séance fut ouverte et que M. Rochefort se leva de son banc, il se fit un grand silence. La Chambre tout entière attendait. Lorsque M. Rochefort parla de cet *enfant du peuple* que venait de tuer un prince, de violents murmures s'élevèrent, qui devinrent une clameur immense lorsque l'orateur, répétant à la tribune un mot qu'un journaliste venait d'écrire, demanda si l'on vivait décidément sous les Bonaparte ou sous les Borgia. Et M. Émile Ollivier, franchissant hardiment les marches de la tribune, répondait bientôt, aux applaudissements de la majorité, et d'un ton hautain et résolu qu'il n'avait jamais eu : « Prenez garde ! nous sommes la justice, nous sommes la modération ; mais au besoin nous serons la force ! » Il répondait aussi par la demande de mise en accusation de M. Rochefort, demande signée de M. Grandperret. Pendant ce temps, l'autorité militaire faisait, pour le lendemain, son plan de campagne et la police s'armait.

Durant tout le jour, les amis de Victor Noir allèrent, à son logis de Neuilly, donner un dernier adieu à son cadavre. On avait étendu le corps sur le lit, dans cette petite chambre pleine d'air, de lumière, de gaieté qu'il avait récemment louée. Le pauvre mort semblait sourire. Il y avait, au-dessous du cœur, sur la poitrine saine et grasse, un petit trou noir marqué. Le neveu de ce mort, un enfant, voyant cela, disait : « Comme il saigne ! Ils lui ont donc bien fait du mal ? » Dans une autre pièce, un grand atelier plein de livres, de photographies, de dessins, tout ce qui avait été autrefois la vie de Victor Noir, un grand chapeau gris à longs poils qu'il avait porté jadis, des fleurets, qu'il ne savait point manier, une réduction du *Foyer de l'Odéon*, de Lazerges ; les œuvres de Proudhon, qu'il voulait étudier, des classiques latins, qu'il voulait apprendre. Car, au moment où il tombait ainsi, où il mourait si soudainement, un sourire de bravade aux lèvres, ce grand enfant rêvait de devenir un homme. Il éprouvait un âpre besoin de travail et d'études. Ignorant, il voulait se faire lui-même cette éducation qui lui manquait. Après avoir fait, au *Journal de Paris*, le métier de *reporter* des menus faits du boulevard ou des coulisses, il désirait, à son tour, devenir un homme de lettres.

Anch'io son pittore! Son activité prodigieuse se dépensait dans des publications bizarres, éphémères, créées par sa fantaisie, et bientôt abandonnées, petits journaux agressifs, brochures originales : la *Gazette secrète*, qui se vendait sous enveloppe ; le *Pilori*, qu'il imprimait à l'encre rouge. Mais il rêvait d'autres combinaisons plus littéraires et plus utiles. Il voulait, par exemple, publier, à dix centimes la livraison, la collection des classiques français, avec une préface de quelqu'un de ceux qu'il appelait *les grands maîtres*, Sainte-Beuve, Michelet, Quinet. Il eût donné « pour deux sous » (et sa bonne figure s'illuminait à cette pensée) *le Misanthrope*, avec introduction de Sainte-Beuve, et *la Servitude volontaire*, de la Boétie, avec préface de Mazzini. D'autres fois, il rêvait de publier, comptant sur l'attrait assez malsain d'un titre aussi tapageur, les procès de Lemaire, La Pommerais, etc., avec cette enseigne : *Les Assassins du second empire*. Qui lui eût dit que son histoire eût pu figurer un jour dans un tel ouvrage ? Le premier numéro de son *Pilori* (9 mai 1868) contient un article de lui où se rencontre encore une ligne fatidique. Faisant sans doute allusion à l'affaire de Boulogne : « On va, disait-il, *mettre en vente à l'hôtel Drouot un pistolet historique*. » Moins de deux ans après, ce « pistolet historique » devenait le revolver du prince Pierre.

Les funérailles de Victor Noir eurent lieu le 12 janvier. Vainement on avait demandé que l'enterrement se fît au Père-Lachaise, la loi voulait que Victor Noir fût inhumé dans le cimetière de Neuilly. Ce jour-là, la plupart des ateliers étaient vides. Des ouvriers, au nombre de près de cinq cents, avaient passé la nuit du 11 au 12 devant la maison mortuaire, craignant que la police n'enlevât le cadavre. La police, qui semblait rechercher un conflit, n'avait garde d'en dérober la cause. La foule était grande, qui se dirigea pendant cette journée vers la demeure de Noir par l'avenue de la Grande-Armée et l'avenue de Neuilly. Le peuple de Paris tout entier était là, et non-seulement le peuple, mais les écoles, des commerçants, des bourgeois, des femmes, des enfants, tous unis par la même pensée, celle d'une protestation muette, solennelle et formidable. Paris faisait à cet enfant mort les funérailles d'un souverain. Peu s'en fallut que ce ne fussent des funérailles vermeilles.

L'armée était sur pied. On avait fait venir la garnison de Versailles. Des troupes étaient massées au Champ de Mars et au palais de l'Industrie. Les cantinières servaient à boire. Des mitrailleuses avaient été amenées dans les cours intérieures de ce Corps législatif où les députés, à un coup sourd produit par une porte qui se fermait, croyaient pendant tout le jour entendre l'écho de la canonnade. Des sergents de ville, groupés des deux côtés de la porte Maillot, semblaient attendre un signal. On vit le ministre de l'intérieur, M. Chevandier de Valdrôme, inspecter à cheval les Champs-Élysées et les avenues.

Pendant ce temps, par groupes plus ou moins compacts, la foule roulait, se pressait vers un unique rendez-vous. Il tombait une petite pluie fine et glacée. Mais, cette fois, le mot de Pétion n'était plus justifié : malgré la pluie, il y avait *quelque chose*. Il y avait deux cent mille personnes entassées, nerveuses et prises de fièvre qu'une parole ardente eût entraînées, et qui n'éprouvaient qu'un même sentiment, une colère unanime contre le meurtrier et contre l'empire. Des marchands, toujours en quête d'occasion, vendaient çà et là des bouquets d'immortelles jaunes, des numéros de la *Marseillaise* ou de l'*Eclipse* représentant Victor Noir mort, « le cadavre à deux sous », comme quelques-uns criaient. Puis, dans la cohue immense qui marchait et se heurtait dans la boue des curieux, des spectateurs, des blasés. Une sorte de vivante image de Paris, mais du Paris volcanique qui porte la tempête. Or, ce jour-là, dans cette foule, il y avait plus de laves que de scories.

Plus d'un croyait que l'éruption était inévitable. Les plus audacieux la cherchaient, l'appelaient. Ils étaient venus en armes, prêts à jouer leur vie et à la donner. C'était la minorité. Instinctivement, la grande masse comprenait que ce deuil ne voulait point de sang, et que d'ailleurs toute lutte était impossible. Pourtant, qui pouvait dire ce qui allait sortir de cette accumulation de passions surexcitées, sublimées, prêtes à s'embraser? Un coup de feu eût suffi.

Il était près de deux heures ; la maison mortuaire, pleine d'amis, était entourée d'une houle humaine. En se penchant à la fenêtre, on apercevait une masse noire et mouvante, une mer véritable de têtes. La pluie avait cessé ; on se sentait respirer. Mais déjà dans cette innombrable foule deux courants s'étaient établis, courants opposés ; les uns, ceux qui désiraient la lutte et qui voulaient entraîner le cercueil à Paris, les autres, qui redoutaient un carnage, et s'étaient décidés à l'enterrer à Neuilly.

Il y eut alors, dans cette maison où le corps de Victor Noir était à peine refroidi, des scènes émouvantes et terribles. M. Rochefort y était entré. Ce jour-là, Rochefort fut véritablement le maître de ces deux cent mille êtres humains. Ami du mort, inspirateur de la *Marseillaise*, chef d'opposition, député, c'était lui qui forcément prenait la direction et la responsabilité des événements. Les autres représentants de la gauche s'étaient abstenus, trouvant l'occasion trop personnelle. C'était de Rochefort que les plus ardents attendaient le signal de la lutte. Leurs revolvers étaient prêts. On répondait du moins, en partie, à l'appel publié la veille dans la *Marseillaise*.

Vers une heure cinquante minutes, M. Rochefort entra dans l'atelier attenant à la chambre mortuaire. Il était fort ému, jaune, fatigué. Il s'assit, brisé d'émotion, car il venait d'être accueilli par les cris de vengeance que poussait la foule. Il demanda un verre d'eau.

— Je suis las, disait-il.

Un Anglais qui se trouvait là, lui dit :

— Prenez du rhum.

— Non, merci, fit Rochefort. Je n'en prends jamais.

L'Anglais répondit froidement :

— Quand on est chef de parti et qu'on défaille, dans une telle journée, on prend du rhum.

A ce moment, un homme maigre et roux, l'œil hagard, entra, les cheveux hérissés.

— Rochefort! où est Rochefort?

Rochefort se leva. C'était M. Briosne, l'orateur des réunions publiques.

— Citoyen, dit-il à Rochefort, on n'attend que votre signal. Que décidez-vous? Voulez-vous marcher sur Paris, oui ou non?

— Qui vous donne le droit de me questionner? demanda M. Rochefort.

— Le peuple, répondit M. Briosne. Vous êtes son représentant; c'est à vous de le conduire.

M. Rochefort se défiait de M. Briosne, qu'il a, depuis, accusé de complaisances envers l'empire.

— Je n'ai pas de conseils à recevoir de vous.

— Tant pis, répondit Briosne; songez bien à ce que vous faites. Vous êtes notre élu, vous devez nous guider. Vous seul avez assez d'influence pour entraîner cette foule. Vous ne le voulez pas. Que la responsabilité de la défaite ou de la division retombe sur vous! Mais le peuple dira que vous avez trahi votre mandat!

Il enfonça son chapeau de feutre sur sa tête, et, fendant la foule qui emplissait l'atelier, disparut dans l'escalier, tandis que M. Rochefort haussait les épaules. Cependant il fallait prendre un parti. La foule attendait dans la rue, impatiente, plus exaltée de moment en moment. Le frère de Victor Noir, M. Louis Noir, qui voulait qu'on transportât le corps à Neuilly, vint appeler M. Rochefort et l'emmena à côté, dans l'atelier d'un peintre où, entourés de toiles, se tenaient, discutant la question du combat. M. Delescluze, M. Cournet et deux ou trois autres personnes, M. Cournet, bouillant, emporté, voulait marcher droit sur Paris, le cercueil porté sur les épaules de gens du peuple, et escorté de citoyens, le pistolet à la main. M. Delescluze, plus prudent, redoutant l'impossibilité matérielle de la lutte, se prononçait pour la négative; M. Rochefort hésitait.

— Si nous étions dans Paris, disait M. Delescluze, je n'hésiterais pas. Nous aurions les rues pour combattre. Ici, hors des murailles, nous serions écrasés. Nous avons les grilles, les fortifications, les Champs-Élysées à franchir. Une armée y échouerait.

— Ce serait une tuerie, fit quelqu'un.

— Ah! répondit M. Delescluze, avec un éclair dans les yeux, que m'importerait si nous étions certains de vaincre ou si nous avions seulement chance de vaincre!

Et, M. Cournet, persistant dans son projet de bataille :

— Jamais aurez-vous cette occasion, cette passion, ces deux cent mille poitrines, et ces quatre cent mille bras?

Mais le vieux Delescluze ramenait à la réalité stricte ces belliqueux espoirs. Il fut convenu qu'on parlerait au peuple, qu'on lui ferait entendre raison et M. Louis Noir entraînait bientôt M. Rochefort et Delescluze chez une dame demeurant au second étage et d'où la voix des orateurs pouvait plus facilement être entendue.

Ces détails absolument authentiques et les paroles ci-dessus recueillies presque sur-le-champ n'ont pas été publiés alors, mais on a donné les discours de M. Delescluze et de M. Rochefort. Delescluze imprima lui-même ses paroles dans le numéro du *Réveil* du lendemain.

« Citoyens, s'est écrié Rochefort, en présence d'un événement aussi grave, d'une situation aussi difficile, je comprends qu'il est impossible de conserver la modération que commandent les intérêts de notre belle cause. Des obstacles insurmontables nous attendent à Paris. Le gouvernement, et je le sais de source certaine, le gouvernement a pris des dispositions stratégiques formidables. Il est à peu près impossible de porter le corps de Noir dans Paris. L'ennemi, toujours prêt à nous écraser, nous attend de pied ferme. Nous sommes en nombre, je suis heureux de le constater, pour le repousser, mais il est armé, et bien armé ; et vous, citoyens, vous ne l'êtes pas!

« Ah! vous ne savez pas que ce serait courir à une mort certaine, car le gouvernement n'attend que ce moment pour en finir à jamais avec la République, déjà forte et bien défendue. Je ne le sais que trop, et j'ai tant de confiance en lui, que je suis venu armé. Je n'ai plus le loisir de sortir autrement après l'assassinat de notre frère par Pierre Bonaparte.

« Quant à notre vengeance, nous l'aurons. L'occasion était aujourd'hui sans pareille, direz-vous, et elle ne se représentera plus. Erreur! Tous les jours, nous en trouverons de plus favorables encore que celle que vous croyez perdre aujourd'hui.

« A la force qui s'opposerait au passage de la liberté, nous opposerons d'abord la force du droit, de la justice, et, s'il le faut ensuite, la force armée.

« Quant au gouvernement, nous n'attendons plus de lui satisfaction, nous ne voulons rien de lui, nous ne voulons plus de lui. Jamais un gouvernement sur la pente ne s'est relevé quand il a commencé à glisser. Sa chute est proche, sa chute est fatale! C'est pourquoi je vous demande patience et calme.

« Conduisons notre frère au cimetière de Neuilly et descendons sans trouble dans Paris, la seule manifestation qu'il nous soit possible de faire aujourd'hui ; la manifestation de la rue ne saurait que compromettre la cause de la démocratie radicale. »

On applaudit. Delescluze, à son tour, montre sa tête maigre, énergique et blanche :

« Citoyens,

« La circonstance qui nous réunit est des plus graves et des plus solennelles : un de nos amis a été assassiné par un des membres de la famille Bonaparte. Il nous faut une vengeance. Nous l'aurons. Mais le guet-apens est dressé. L'ennemi veille aux grilles. Il ne faut pas lui donner prise. (Oui! oui!) Citoyens, notre désir était de porter le corps au Père-Lachaise, mais nous ne le porterons pas.

« Pour la première fois depuis dix-huit ans, le vent souffle dans nos voiles ; ne compromettons pas notre cause, la cause de tous les peuples, la cause de la justice. Il faut se conformer aux vœux de la famille de Victor Noir.

« Il faut laisser le convoi se diriger vers le cimetière de Neuilly. » (Non! non!)

— « Je vous en conjure, s'écriait à son tour le frère de la victime, évitez de nouveaux malheurs! ne donnez point à la force le droit de sévir! »

— « Nul n'a le droit, répétait Rochefort, de violer les droits de la famille ; c'est sans bruit, pacifiquement, qu'il faut conduire notre mort au cimetière de Neuilly, et nulle autre part.

« D'ailleurs, ajoutait-il, nous n'attendrons point longtemps. Bientôt... nous acquerrons un terrain au Père-Lachaise, nous exhumerons notre ami, et nous le conduirons alors, à travers la ville, au champ de repos que vous aurez choisi! »

Mais la foule, qui écoutait les orateurs, n'était point convaincue. Il y avait vraiment en elle un ferment de lutte, et M. Gustave Flourens semblait être l'homme qui l'allait faire lever. La veille, dans un club, à Belleville, il avait déclaré solennellement que le 12 janvier marquerait la date de la bataille que la révolution voulait livrer à l'empire, non plus dans un parlement, mais en champ clos. Il était arrivé à Neuilly en armes (on l'a vu un moment agiter, brandir une petite carabine luisante),

et après avoir publié dans la *Marseillaise* cette note où il faisait nettement appel à ce qu'il nommait « l'honneur de l'armée » :

« Nul n'a jamais été aussi jaloux de son honneur que l'armée française.

« Les hommes qui exposent héroïquement leurs poitrines au feu de l'ennemi ne peuvent aimer les assassins.

« Dans ces jours de désolation et d'horreur, nous sentons le cœur de l'armée battre avec nous.

« Cela nous rassure et nous fortifie.

« Gustave FLOURENS. »

Flourens, cette fois comme presque toujours, se trompait, se laissait entraîner par ses espoirs de visionnaire. L'armée eût dispersé et écrasé la foule.

Mais, avec son appétit de lutte, sa soif éternelle de combat, Flourens ne jugeait pas la situation en homme politique, ni en homme de raison, mais en homme d'action. Il arrive, bouillant, tête nue, son habit noir en lambeaux, demandant, appelant Rochefort. Rochefort était au balcon de madame *** et parlait. Flourens, escaladant le petit escalier qui mène à l'appartement, tombe, se relève, frappe et sonne à la porte. Il était suivi de ses deux assesseurs de la veille, MM. Terrail et Bologne. « Rochefort! Je veux voir Rochefort! » La porte ne s'ouvrant pas assez vite à son gré, il va redescendre. On le retient.

— Où allez-vous?

— Je vais appeler le peuple aux armes, je vais combattre!

— Mais c'est une entreprise insensée, mais concertez-vous du moins avec Rochefort.

— Rochefort est un traître, répond Flourens, dont le regard est ardent, vague, le visage d'une blancheur de marbre.

Et il disparaît, enjambant les marches, ardent, plein d'une fièvre, d'une sorte d'ivresse batailleuse.

Les avis de M. Rochefort l'emportèrent sur les projets de Flourens. Ce ne fut pourtant point sans une lutte qui faillit s'engager dans la petite cour de la maison et qui eût pu devenir sanglante. Le cercueil, descendu à bras d'hommes, par le petit escalier fut entouré d'un cordon que tenaient des amis et qui forma un moment une sorte de barrière contre la foule. Mais, ceux qui voulaient arracher le cercueil pour l'emporter à Paris dételèrent un cheval, le poussèrent à reculons dans la cour, rompirent le cordon et le cercle, et purent un moment espérer d'arracher cette bière aux mains qui la défendaient. Ce fut une minute pleine d'angoisses. Quelques-uns eurent la vision de quelque scène épouvantable, d'une bataille sur ce cercueil. Que fût-il arrivé si la lutte avait eu lieu? Mais, tout à

L'Enterrement de Victor Noir : Les sommations dans les Champs-Élysées

coup, la bière est enlevée, mise sur la voiture, les chevaux fendent la foule, le flot suit instinctivement le corbillard et, dans la boue, poussant, poussés, tête nue, ces milliers de gens s'acheminent vers le petit cimetière de Neuilly où Victor Noir va reposer.

Derrière le corbillard, suivaient M. Rochefort et M. de Fonvielle dont on déchirait le paletot « pour en garder le souvenir ». Soudain, pressé par une irruption inattendue, Fonvielle chancelle, pâlit. Rochefort le croit écrasé, et, succombant sous tant d'émotions, s'évanouit. On le transporte alors chez un épicier de l'avenue. A force de soins, il reprend ses sens, pour verser des larmes, pour sangloter et se désespérer. Par bonheur, raconte dans un article demeuré inédit un témoin de cette scène, Paschal Grousset était avec lui, le rassure sur le sort de Fonvielle et le réconforte. Cependant ce pénible et touchant incident avait enlevé toute pensée de marcher sur Paris. Sans Rochefort, sans chef, cela devenait inutile.

« Aussi se dirigeait-on définitivement vers le cimetière de Neuilly, et à l'heure même où Rochefort retrouvait ses forces et montait en voiture, Fonvielle, Flourens, Millière et un étudiant disaient sur la tombe entr'ouverte de Victor Noir quelques mots d'adieu, quelques mots de vengeance.

« Le retour commence, continue le récit dont je parle et qui est, je crois, de M. Bazire. La foule, qui n'avait pu pénétrer dans le cimetière était lasse, découragée. Un certain nombre de citoyens avaient même pris la détermination de se retirer et retournaient chez eux. Mais voici qu'un grondement prolongé appelle notre attention. Rochefort, dans le fiacre où il est transporté, fait volte-face, et à sa suite, une immense colonne se forme et s'avance en chantant. La *Marseillaise* et le *Chant du départ* jettent une animation indescriptible. Nous répétons tous, sans hésiter, à pleine voix, les chants de guerre que nous aimons et qui nous soulagent. Les chapeaux s'agitent. Les mains s'élèvent dans l'air. C'est un frémissement universel. »

Ceux qui étaient mêlés à cette foule n'oublieront jamais, en effet, l'impression grondante, le formidable mugissement de cette mer humaine qui montait, en chantant, l'avenue de Neuilly. Le soir venait et le ciel avait au couchant des rougeurs à la fois hivernales et orageuses qui parfois se teintaient de reflets d'acier. Lentement, une masse noire montait vers l'Arc-de-Triomphe et les chants révolutionnaires s'en échappaient comme des bruits sortent d'une fournaise. Cette masse noire semblait grossir. Au-dessus d'elle flottait on ne savait quelle chose lugubre et menaçante qu'on prenait de loin pour une guenille figurant un drapeau rouge et qui était simplement un de ces ballons captifs des enfants, un ballon rose agité au bout d'un bâton. Mais on sentait passer dans l'avenue on ne savait quels frissons inconnus. Plus loin, au rond-point des Champs-Élysées, cette foule allait rencontrer, immobiles et les sabres nus, des escadrons de chasseurs et devant ces longues files menaçantes de cavaliers, elle allait se briser et se disperser, ne jetant plus que des cris isolés, dans les hauts quartiers. Mais là en ce moment elle paraissait résolue et menaçante comme aux jours des plus terribles combats. Et pourtant, encore une fois, aucune lutte n'était possible. Toute collision eût abouti à un massacre.

« Nous étions cent mille, continue l'écrit que j'ai cité. Il y avait là presque toutes les corporations ouvrières, avec leurs insignes et en corps. Il y avait les écoles. Il y avait des bourgeois. Il y avait des femmes, des jeunes filles, des enfants. Mais la porte Maillot approche, un groupe d'hommes sombres nous attend. Que va-t-il faire? Nous passons; ils s'efforcent d'être impassibles, sans parvenir pourtant à dissimuler leur colère qui naît. A mesure que la colonne se déploie, la colère de ces gens grandit. Leurs visages se contractent. Ils serrent de leurs doigts crispés les casse-tête qu'ils cachent sous leurs larges manteaux et se préparent. Puis l'instinct les domine ; ils se ruent et blessent des nôtres ; nous en connaissons trois et ce n'est pas tout.

« Nous passons la barrière de l'Étoile. Ici un incident très-important. Un dragon se mêle à nous et crie, joignant son enthousiasme au nôtre : « Vive la République ! »

« Nous continuons. Un autre danger nous menace. Tous nous le pressentons. Au rond-point des Champs-Élysées, inévitablement on nous guette. Les chants continuent. Nous y voici. On chante plus fort. Puis un roulement de tambour résonne. C'est une sommation. Rochefort saute de sa voiture et veut courir au Corps législatif. Il arrive devant un commissaire debout à quelques mètres d'un escadron de chasseurs à cheval l'épée au poing.

« — Je désire passer, dit-il.

« — Vous ne passerez pas. On va charger.

« — Mais je suis M. Henri Rochefort, député au Corps législatif.

« — Ah! c'est vous alors qu'on sabrera le premier.

« Puis, à la suite de cette réponse, second roulement, seconde sommation. Rochefort et nous, nous retournons. Ces cent mille hommes qui nous accompagnaient sont dispersés. A peine restons-nous une trentaine autour du représentant, en face des chevaux impatients et des armes nues. Rochefort s'éloigne, et gagne avec Grousset le Palais-Bourbon. Pour nous, nous défilons devant eux en criant : « Vive l'armée ! » Ils ne bronchent pas.

« Notre petite troupe suit l'avenue de Wagram et

gagne le pont. Là, c'est un escadron de dragons. Nous sommes sur l'autre bord. L'esplanade des Invalides apparaît, vaste gouffre, où trente mille hommes peut-être sont postés, la cavalerie sur les devants, l'infanterie appuyée contre l'École-Militaire. Nous nous comptons. Nous sommes six.

« Qu'étaient devenus nos cent mille compagnons?

La réponse donnerait toute raison à ceux qui pensent, encore une fois, que, ce jour-là, aucune lutte sérieuse n'était possible. C'est ainsi que jugeaient la situation de vieux républicains habitués aux orages populaires, M. Martin Bernard entre autres. Devant les cuirassiers et les zouaves, cette foule reculant eût été horriblement décimée, sans profit pour la liberté, sans gloire pour la démocratie. Mais tous ceux qui s'étaient rendus aux funérailles de Victor Noir avec l'intention de tenter la fortune des armes ne pardonnèrent pas à M. Rochefort d'avoir déconseillé une aussi terrible aventure. Dès le soir du 12, Flourens écrivait au secrétaire de la rédaction de la *Marseillaise* : « Je vous prie d'annoncer qu'à partir d'aujourd'hui je reste complétement étranger à la rédaction de la *Marseillaise*. »

Et M. Rochefort, comprenant bien que ce départ constituait pour lui un échec, et que Flourens devenait par ce seul fait le chef du radicalisme agissant, s'efforçait, en son style habituel, d'expliquer sa conduite à ses électeurs déçus et plus ardents que lui :

« La révolution, disait-il, c'est l'imprévu. Si vous
« faites publiquement savoir à votre ennemi que le
« lendemain, à deux heures, vous lui brûlerez la
« cervelle au moment où il s'y attendra le moins,
« votre ennemi prend ses précautions et vous ne
« lui brûlez pas la cervelle. Le cousin Pierre Bona-
« parte s'est bien gardé *d'aller raconter dans les*
« *réunions publiques* qu'il assassinerait Victor Noir...
« Voilà pourquoi, prêt à me mêler au mouvement,
« s'il s'était spontanément produit, je n'ai pas cru
« devoir l'appuyer quand le peuple m'en a donné,
« dans une certaine mesure, la responsabilité. »

Cette attitude lui fut d'ailleurs reprochée par d'autres encore, par M. Vermorel en particulier, et de là devait naître un antagonisme, mieux que cela, un conflit amené en pleine Chambre par M. Rochefort qui accusait Vermorel de recevoir les faveurs du pouvoir. En réalité, M. Rochefort était assez irrité que sa popularité eût subi cette première atteinte. Ses partisans lui reprochaient ses évanouissements avec autant d'aigreur que les journaux réactionnaires. Un moment il fut sur le point de pousser de nouveau, dans son journal, à la résistance armée. Il hésitait et comme on dit, tâtait le terrain. M. Grousset lui représentait que « Paris debout et frémissant » n'attendait qu'un signal. M. Rochefort eut le bon sens de ne le point donner. Quant à sa popularité, il n'avait qu'à laisser faire M. Émile Ollivier. La garde des sceaux allait se charger de reconquérir à son adversaire la plus grande part du prestige que celui-ci avait pour un moment perdu.

M. Ollivier tenait à mentir aux promesses qu'il s'était faites à lui-même. « Je poursuivrais alors que les réactionnaires n'ont pas poursuivi ! » Ou plutôt, il tenait à remplir la dernière promesse qu'il avait faite et à prouver qu'il savait être *la force*. Il mettait d'ailleurs un acharnement tout particulier contre M. Rochefort. C'était, en quelque sorte, une animosité toute personnelle, une espèce de duel de nouvelle espèce. Il semblait que M. Ollivier eût promis aux Tuileries le silence et le musèlement du pamphlétaire. Il oubliait que les pamphlétaires et les pamphlets vivent surtout de persécutions.

Nous avons vu qu'au lendemain de la publication de l'article où M. Rochefort appelait le peuple à la vengeance une demande de poursuites avait été déposée par M. Grandperret entre les mains de M. Schneider. Depuis les événements qui n'avaient, en somme, donné lieu à aucun désordre, — cette journée du 12, qui pouvait être une journée d'émeute ayant abouti seulement à une imposante manifestation, — l'attitude prise ce jour-là par M. Rochefort qui avait littéralement tenu sa main à la guerre civile, le désir d'apaisement, d'oubli, tout devait conseiller au ministère des mesures de prudente mansuétude. Il n'avait qu'à perdre à continuer les rigueurs. M. Ollivier ne le comprit pas. Il était déjà aveuglé, perdu, exaspéré dans sa vanité et dans ses rancunes. Il semblait rechercher la lutte, attiser la discorde, pousser aux excès.

Tandis que le centre gauche rédigeait une demande d'ordre du jour sur l'autorisation de poursuites contre le député de la première circonscription, M. Ollivier déclarait tout haut qu'il persisterait et qu'il lui rebâtissait en quelque sorte chaque jour son piédestal, et cet acharnement de rancune, allant contre le but du ministre, donnait précisément les effets d'une persistance de dévouement.

Le mercredi 17 janvier, malgré la demande d'ordre du jour déposée et soutenue par M. Estancelin, le garde des sceaux, continuait à demander l'autorisation de poursuivre. M. Rochefort y répondit assez dédaigneusement et d'un ton narquois.

« Je me bornerai à dire que les masses, qui s'inquiètent peu des questions cabinet, ne verront par cette demande de poursuites qu'un moyen d'écarter à tout prix de la Chambre un député désagréable. » Il avait raison et certes M. Ollivier lui donnait le beau jeu. Et M. Rochefort pouvait encore ajouter spirituellement :

« Je n'aurai pas la naïveté d'empêcher le gouvernement de commettre de nouvelles fautes, car les fautes que commet l'empire, c'est la République qui en profite. »

Vainement des discours ou persuasifs, ou passionnés furent prononcés contre la demande d'autorisation de poursuites. L'assemblée tenait à réaliser la parole de Danton, et à devenir une *assemblée entamée*. Après les orateurs de la gauche, un des serviteurs de l'empire, le vieux et original marquis de Piré, esprit bizarre, mais cœur honnête, demande qu'on ne poursuive pas un collègue. « Donnez la liberté, disait-il. Lâchez tout! *Sic itur ad astra!* » Et il ajoutait pour rassurer le gouvernement, pour lui montrer que la révolution n'était plus à craindre si le pays trouvait la liberté : « Je propose qu'au lieu d'avoir une garde si nombreuse au Corps législatif, M. le président se contente de faire mettre à la place du rideau vert, qui est au-dessus de sa tête, le tableau de Boissy d'Anglas saluant la tête de Féraud, avec cette inscription pour les faubourgs : *Venez-y donc maintenant!* » Peine perdue. Les clameurs de la majorité couvraient la voix de M. de Piré, comme elle avait couvert celle de M. Emmanuel Arago et de M. Gambetta, et, en dépit de la prédiction de M. de Piré, le temps n'était pas loin où le 1er prairial aurait un pendant, mais un pendant non tragique qui devait s'appeler le 4 septembre.

Il semblait d'ailleurs que les ministres eux-mêmes prissent le soin de hâter la venue de ce jour de courroux populaire. Dès le lendemain de la séance où deux cent vingt-deux contre trente-quatre sur deux cent cinquante-six votants autorisaient les poursuites demandées contre M. Rochefort, M. Gambetta, revenant à la charge, relevait, dans le discours prononcé la veille par M. Ollivier, un mot qui l'avait blessé et rappelait publiquement le ministre *à l'honneur*. Il semblait qu'après s'être vanté de tenir le pouvoir sans être « forcé de verser une goutte de sang », M. Ollivier se plût à en appeler l'effusion. Toute son attitude, tous ses actes étaient provoquants et cela justement à l'heure où le meurtre d'Auteuil imposait à l'empire et à ses serviteurs une modestie confuse et un silence prudent.

L'opinion publique, en effet, violemment surexcitée, oubliait la politique quotidienne pour ne se rappeler que le fait horrible dont le retentissement avait fait tressaillir le monde; et un rédacteur de la *Marseillaise* pouvait, sans soulever l'indignation, réclamer, à propos de l'exécution de Troppmann, l'exécution de Pierre Bonaparte.

« La porte de la prison s'ouvre, disait-il en décrivant l'agonie du meurtrier de la Villette. Et ce sinistre bout d'homme apparaît, la face ballottant sur la poitrine. Les deux aides le soutiennent par dessous le coude; on croit entendre sur le pavé le frottement de ses pieds attachés. Vingt-cinq mètres à traverser avant d'arriver à la machine!... Il y a dix marches à monter; il lui faut les gravir l'une après l'autre. Comment le peut-il? Ce n'est plus qu'une membrane humaine, c'est une guenille qui s'affaisse et qu'on regonfle d'un coup de poing. Saisi, garrotté, couché, le cou pris entre les rainures! Sa langue balaye ses lèvres pour y trouver un peu de fraîcheur. » Un reflet d'acier remue, puis, passe en l'air un bruit mou, celui d'un plomb tombant « sur une éponge... »

« C'est fini », disait l'écrivain. Puis, il ajoutait cette interrogation sinistre :

« *Et l'autre?...* »

Telle, au 18 janvier 1870, était l'opinion frémissante, inquiète, nerveuse, prête à tous les excès et à toutes les aventures, effrayée de la révolution, mais dégoûtée de l'empire et n'attendant qu'un prétexte pour marcher délibérément au combat ou se jeter effarée dans une complète réaction.

Il suffisait, pour qu'elle se décidât, d'une victoire du parti d'action ou d'une victoire de l'empire. La bataille engagée était donc ajournée. Mais la révolution et l'empire la voulaient livrer d'une façon bien différente: le parti d'action allait tenter la fortune d'une rencontre à main armée; l'empire, au contraire, allait faire donner les gros bataillons du suffrage universel savamment discipliné et faussé, et répondre par ce qu'il appelait le coup de foudre du pébliscite.

Le pays, au surplus, avant d'en arriver là, devait, en peu de mois et, l'on peut dire, en peu de jours, passer par des émotions nouvelles et de nouvelles épreuves.

DOCUMENTS COMPLÉMENTAIRES DU CHAPITRE III

N. 1.

Vermorel et M. Rochefort.

A M. ROCHEFORT.

Monsieur,

Je me réserve de flétrir, comme elle le mérite, l'abominable accusation que vous avez formulée contre moi, hier, au Corps législatif, et d'en obtenir justice.

Et je vous somme de produire immédiatement, devant un jury composé de citoyens honorables et connus dans la démocratie, les preuves qu'il est de votre devoir de fournir.

Il faut qu'il ne reste aucun doute, aucun soupçon sur mon honnêteté.

Je vous livre toute ma vie publique et privée.

Je vous préviens que, quelles que soient votre réponse et votre conduite, la lumière sera faite, — et complète.

A. VERMOREL.

A M. VERMOREL.

Monsieur,

En répondant au garde des sceaux que vous passiez pour avoir certaines attaches de police, je n'ai fait que répéter ce que vous avez mis vingt fois sur le tapis dans les réunions publiques.

« On m'a accusé d'être le *mouchard* de M. Rouher, » vous êtes-vous écrié devant moi à plusieurs reprises; ce qui prouve incontestablement que vous passez, vous républicain exalté, pour avoir eu des rapports avec le gouvernement qui est pour nous la police; car entre M. Rouher et M. Piétri, un homme aussi radical que vous êtes ne peut établir aucune différence.

Si, en effet, vous n'êtes pas suspect au parti, pourquoi les principaux rédacteurs de la *Réforme* l'ont-ils quittée dès que vous y êtes entré?

Vous avez été obligé d'avouer vos accointances ministérielles, le jugement est donc rendu depuis longtemps par l'opinion publique à votre égard. Vous pouvez néanmoins former à votre aise un jury d'honneur. Je souhaite même qu'il vous acquitte.

Quant à moi, j'ai assisté à tous les efforts que vous ne cessez de faire pour jeter le trouble et la division dans le parti. Et tant que vous écrirez des articles à ce point odieux, que le ministre de la justice les prend à témoin du haut de la tribune, comme preuve de la culpabilité du député qu'il veut faire condamner, j'userai du droit qui m'appartient de demander d'où ils sortent et d'en qualifier publiquement l'auteur qui, après s'être associé autrefois avec M. Rouher et M. de La Valette, s'associe aujourd'hui avec M. Émile Ollivier.

HENRI ROCHEFORT.

N. 2.

M. Gambetta et M. Émile Ollivier.

Session du Corps législatif du 18 janvier 1870.

... *S. Exc. M. Émile Ollivier*, garde des sceaux. — Je demande la parole pour un fait personnel. Je regrette de n'avoir pu assister au commencement de la séance. On m'a dit que M. Gambetta s'était plaint de ce que j'aurais ajouté au *Journal officiel* un mot au discours que j'ai prononcé hier.

M. Gambetta. — Lorsque vous exprimiez le vœu de quitter le pouvoir sans avoir versé une goutte de sang, je vous ai interrompu en disant qu'il vous suffirait pour cela d'avoir un éclair de bon sens, et de retirer la demande de poursuites. Vous m'avez répondu : « Il vous faudrait à vous un éclair de patriotisme; » je n'ai pas entendu les mots : « et de conscience, » que je trouve au *Journal officiel*.

C'est contre ces derniers mots que j'ai protesté; j'ai dit que je ne voulais pas en votre absence qualifier avec énergie votre réponse, mais puisque vous êtes présent, je dis que, partisan des discussions aussi libres et même aussi passionnées, que comportent les intérêts en jeu, je ne reconnais à personne le droit d'exprimer une appréciation sur ma conscience, et j'ajoute que je vous accorde moins qu'à tout autre ce droit, votre conscience étant trop mobile et trop variable pour vous l'obtenir. (Bruyantes réclamations.)

M. le garde des sceaux. — Messieurs, il est des injures au-dessus desquelles j'ai le droit de me tenir (Très-bien! très-bien!) sans croire que j'aie pu en être atteint; je ferai remarquer à M. Gambetta qu'il donne aujourd'hui un exemple de plus des contradictions qui sont dans sa conduite et dans ses paroles. Il s'arroge le droit de juger les autres, et à chaque séance il s'exprime d'une façon injurieuse et violente. A toutes ses paroles blessantes, nous répondrons avec modération. J'ai dit à M. Gambetta que si sa conscience n'était pas troublée par la passion, il n'aurait pas prononcé les tristes paroles qu'il vient de faire entendre. (Vive approbation sur un grand nombre de bancs.)

M. Gambetta. — Je répondrai... (Aux voix! aux voix!) ... Il me semble impossible qu'après que j'ai posé si loyalement la question (Interruptions), vous refusiez de m'entendre. Je vais faire à M. le ministre une réponse décisive : non, je ne vous ai pas adressé une injure, je vous ai seulement rappelé qu'il ne vous appartenait pas, à vous, d'attaquer ma conscience. (Vives protestations.)

... M. Ollivier a compris qu'il fallait déplacer la question et il m'a prêté le rôle d'agresseur, qui ne m'appartient pas. J'ai dit et je répète qu'à une conscience mobile comme la vôtre, je ne reconnais pas de juridiction sur la mienne. (Bruit.) Je ne vous conteste pas le droit de changer d'opinion, mais il y a une chose que vous n'expliquerez jamais, c'est que votre changement a coïncidé avec votre fortune. (Exclamations.)

M. le garde des sceaux. — Je ne crois pas qu'il soit nécessaire de justifier de la certitude inébranlable de ma conduite. (Vive approbation.)

M. Gambetta. — Vos électeurs vous ont déclaré indigne. (Exclamations.)

M. le garde des sceaux. — Dès le premier jour de mon entrée dans la vie politique, dès mon premier discours dans cette enceinte, en 1857, savez-vous quel est le but que j'ai poursuivi? et il ne s'agissait certes pas pour moi de fortune alors, pas plus qu'il n'en est question aujourd'hui; car l'exercice du pouvoir dans les circonstances où nous sommes est une mission...

M. Gambetta, avec animation. — C'est de la courtisanerie. (A l'ordre! à l'ordre!)

M. le garde des sceaux. — Si vous aviez davantage le sentiment de la réalité et de la justice, vous sauriez que l'exercice du pouvoir dans les circonstances actuelles est un lourd fardeau qu'on n'accepte que par dévouement, et parler de la fortune, ce serait montrer que soi-même, on fait de la politique une occasion de fortune.(Mouvements divers.)

... Je le dis, non pour cette assemblée qui n'en a pas besoin, non pour le pays qui n'en a pas besoin davantage, mais pour qu'il ne puisse être admis qu'en ma présence certaines affirmations ont pu se produire sans que j'y aie répondu. Dès 1857, je n'ai poursuivi qu'un seul but : la liberté !...

M. Gambetta. — Vous vous êtes dit républicain !

M. le garde des sceaux. — La liberté, par les moyens réguliers et constitutionnels. Dès 1857, j'ai travaillé, pour éviter une nouvelle révolution, dont j'ai prévu dès le premier jour quels seraient les terribles désastres. (Oui ! oui ! — Très-bien !)

M. Jules Ferry. — Alors vous nous trompiez ? (Exclamations.)

M. le garde des sceaux. — Depuis 1857, je n'ai eu d'autre pensée que de conformer ma conduite aux nobles paroles d'un homme qui a su remplir de grands devoirs, les paroles du général Cavaignac refusant le serment parce que, disait-il, il avait horreur des réticences et arrière-pensées : je suis resté fidèle à mon serment.

Oui, dans cette enceinte, une fois, je me suis dit républicain. Dans quelles circonstances ? C'était en 1861, après le décret du 24 novembre. J'ai dit à l'empereur : « Sire, donnez la liberté, et, moi qui suis républicain au moment où je parle, j'aiderai et j'admirerai. » L'empereur a donné la liberté, j'exécute ce que j'avais promis en 1861. L'empereur a fait appel à mon dévouement pour servir la liberté. Ce dévouement, il l'a tout entier, et, en me montrant fidèle à ma promesse de 1861, j'ai fait un acte de patriotisme dont je m'honore. (Applaudissements répétés. — La clôture ! la clôture !)

M. Gambetta. — La clôture n'est pas possible, demandez à M. Ollivier lui-même.

M. le président Schneider. — Nous n'avons pas à faire appel à tel ou tel orateur. La clôture est demandée par la Chambre, je dois la mettre aux voix.

M. Gambetta. — Le règlement dit qu'un membre de l'assemblée peut toujours être entendu après un ministre. (Aux voix ! aux voix !)

M. Gambetta prononce au milieu du bruit et avec véhémence quelques paroles qui n'arrivent pas jusqu'à nous... (Cris : à l'ordre ! à l'ordre ! — Bruit confus.)

M. le président Schneider. — Monsieur Gambetta, je vous rappelle à l'ordre, non pour vos paroles que je n'ai point entendues, mais à raison du trouble que votre véhémence jette dans cette assemblée. (Très-bien !)

M. Ferry. — C'est la véhémence d'une conscience honnête.

M. le président Schneider. Je ne mets en doute la conscience de personne.

M. Gambetta. — Je l'espère bien. (Aux voix ! aux voix !)

La clôture de l'incident est mise aux voix et prononcée.

M. Gambetta. — La clôture ! c'est toujours votre réponse. C'est une réponse misérable ! (Exclamations.)

M. le président Schneider. — Je rappelle M. Gambetta au calme qui est nécessaire dans cette enceinte.

M. Gambetta. — L'indignation exclut le calme.

M. le président Schneider. — Ne laissez pas votre indignation se répandre en paroles violentes; je demande ici le respect de chacun pour tous et de tous pour chacun. (Très-bien ! très-bien !)

CHAPITRE IV

Le parti d'action.— Gustave Flourens.— Ses idées premières.— Le professeur et le soldat.— Condamnation de M. Rochefort.— Son arrestation.— Maladresse et provocation de M. Émile Ollivier.— Flourens le 7 février.— Les nuits des 7, 8 et 9 février.— Protestation de la *Marseillaise* et arrestation de ses rédacteurs.— L'émeute.— Le procès de Pierre Bonaparte.— M. Grousset.— M. Millière.— L'incident Fonvielle et la candidature du Rhône.

Après l'attitude qu'il avait résolûment prise aux funérailles de Victor Noir, le chef du parti d'action se trouvait être, à Paris, Gustave Flourens. Dès la soirée du 12 janvier nous l'avons vu, envoyant sa démission à la *Marseillaise* et faisant un schisme parmi les radicaux. Il ne dut songer, à partir de ce moment, qu'à retrouver l'occasion perdue, à ses yeux, que le sort offrirait à Neuilly ; et les maladresses de M. Émile Ollivier ne devaient pas tarder à lui en fournir une nouvelle.

Gustave Flourens jouissait, dans les quartiers populaires, d'une influence considérable. Cette influence, il la devait à la fois à son renom d'intrépidité chevaleresque, à son élégance personnelle qui depuis les Gracques a toujours séduit les instincts artistiques du peuple ; il la devait aussi à son éloquence singulière, pleine d'ardeur, à la fois emportée et mordante, où le sarcasme coudoyait l'érudition, où l'amertume devenait spirituelle et la colère communicative. Il fallait le voir, à la tribune, portant la cravate blanche et l'habit noir, dressant sa taille élevée que la maigreur rendait plus haute encore, relevant sa longue figure pâle, à barbe rousse, son profil d'Israélite illuminé. Un duel qu'il avait eu, sachant à peine tenir une épée, avec M. Paul de Cassagnac, duelliste expérimenté, et où il avait été bravement blessé, à Chatou, non loin de l'endroit où il devait périr, avait rendu Gustave Flourens plus populaire encore. Depuis, se multipliant dans les réunions publiques, il avait conquis une véritable autorité ; son geste nerveux, cassant, sa voix stridente, tantôt douce et caressante, tantôt déchirée et grinçante, tout en lui était fait pour entraîner des esprits échauffés, pour séduire des auditeurs qui applaudissaient à la fois dans ce patricien le professeur et le combattant. Pour Flourens, tout était bon, et son opposition âpre et virulente trouvait partout à se faire jour ; qu'il parlât de Shakespeare ou de Cicéron, il atteignait toujours Napoléon III et l'empire. Avec Cicéron, il avait César, avec Shakespeare, il avait Macbeth. Un jour, pendant une de ses improvisations, un banc craque dans l'auditoire. Flourens aussitôt, avec son grand geste et son ton de prédicant ascétique : *Citoyens*, dit-il, *entendez-vous, c'est l'empire qui croule*.

Il y avait dans toute sa personne on ne savait quoi de monacal qui surprenait et captivait. L'existence de ce jeune homme avait, en effet, subi déjà bien des épreuves et il en était sorti comme un extatique sortirait d'une fournaise. Tout d'abord professeur au collège de France, continuant les leçons de son père sur l'anthropologie et y introduisant quelque chose de l'ardente curiosité de Michelet, qu'il vénérait particulièrement, Gustave Flourens avait apporté dans ses leçons un sens remarquable et droit et, en même temps qu'une science éprouvée, un enthousiasme juvénile qui l'avait fait promptement adopter de son auditoire. Son idéal politique embrassait déjà l'amour de l'humanité ; mais dans la pratique il n'allait pas plus loin qu'un libéralisme généreux qu'il trouvait suffisant. Sous l'empire, c'était trop. On le congédia, on lui retira sa chaire. Il la réclama vainement dans une lettre directement adressée à l'empereur, et dont il eut plus tard l'impardonnable faiblesse de nier l'authenticité. Furieux de l'injustice éprouvée, dégoûté, son tempérament nerveux l'emportant, il se jeta alors en Crète, combattant et n'ayant déjà d'autre but que de se dévouer.

Cet appétit du dévouement, ce besoin d'être aimé, de se rendre utile à ses semblables, fut le point de départ du changement qui s'opéra dans les idées de Flourens. Après s'être défié (il le disait tout haut dans son cours) des agitateurs éternels, il devint lui-même un agitateur ; il se jeta à corps perdu dans la lutte incessante et bientôt, grisé par l'odeur de poudre, par la fièvre du mouvement, agité d'une perpétuelle névrose, il se plut à prêcher le combat pour le combat et, délaissant les livres, la science, le cabinet d'études qu'il avait aimés, il prit pour modèles, non plus les sages qu'il traduisait jadis, mais les fous héroïques de l'antiquité

Gustave Flourens

romaine ou grecque, et il fit dès lors de son existence une sorte de pastiche tumultueux et bruyant des anciens.

Flourens, en effet, dans le cerveau duquel s'agitaient confusément mille connaissances diverses, ne savait rien, absolument rien de la vie pratique, de la vie terre à terre et de tous les jours. Il respirait, on peut le dire, dans une sorte d'atmosphère particulière ; il vivait face à face avec son idéal confus et généreux. Avec ce besoin singulier, presque enfantin, d'être aimé, nul ne lui connut une affection féminine. Il avait des rougeurs virginales à côté de ses rugissements de batailleur. Que de fois l'en raillait-on amicalement! Quand on lui parlait de sa maîtresse, il répondait, d'un ton d'halluciné sympathique et souffrant : « Ma maîtresse, c'est l'humanité. » Par amour du peuple, il devait perdre de vue à la fois, dans la pratique, la netteté de vue qui donne la perception du moment propice à l'action et, dans l'ordre moral, la rectitude de jugement qui fait le lustre des actions humaines.

Mais, encore un coup, son ardeur l'aveuglait,

l'entraînait. Il voulait *agir.* Ce fut lui qui se mit à la tête de ceux qui voulaient combattre et ce fut là, on peut le dire, un malheur pour la cause de la liberté; car, après avoir échoué, Flourens devait faire s'accentuer la réaction anti-révolutionnaire qui allait bientôt acclamer l'empire, moins par affection certes pour les institutions nouvelles que par crainte pour les intérêts menacés. Un plus attentif et plus réfléchi que Flourens eût compris que, dans un pays habitué, hélas ! à n'adorer que le succès, il faut réussir à tout prix, et que le succès n'était pas possible dans la voie que le parti d'action se proposait de suivre.

L'occasion qui s'offrit pour Flourens et les siens ne se fit pas attendre. Encore une fois, M. Émile Ollivier, si décidé, disait-il, à ne point verser le sang, pouvait tout éviter. Après avoir obtenu l'autorisation de poursuites et la condamnation de M. Rochefort, il pouvait, il devait, au nom de l'ordre, attendre au moins la fin de la session avant de rendre le jugement exécutoire. Il ne le voulut pas. Sa vanité parlait plus haut que la prudence et que la morale. Enhardi par la journée du 12 janvier, il brava la patience populaire et il résolut d'enlever le député de Belleville au cœur même de sa circonscription.

Le 22 janvier, M. Henri Rochefort avait été condamné à six mois de prison et 3,000 francs d'amende; ce même jour, M. Paschal Grousset était également condamné à six mois de prison et 2,000 francs, et M. Dereure, gérant de la *Marseillaise*, à six mois de prison et 2,500 francs d'amende. Le garde des sceaux réclamait l'exécution du jugement pour tous les condamnés. Le 7 février, MM. Crémieux et Emmanuel Arago s'attachaient à discuter la légalité de la mesure, démontrant que l'arrestation de M. Rochefort allait priver un représentant de ses droits civils et politiques, et donner au jugement une portée qu'il n'avait pas. M. Gambetta, élargissant la question, transportant le débat sur son véritable terrain, le terrain politique, s'écriait avec véhémence : « Le fait est politique, votre adversaire est politique et vous êtes un corps politique rendant une décision politique. Ce n'est donc pas un acte d'administration, et vous pouvez agir dans toute la plénitude d'une *assemblée qui, voulant se protéger, commence par protéger ses adversaires.* » Cela était logique, et les trois orateurs réclamaient dans leur interpellation commune la liberté du député menacé d'un mandat d'amener. M. Émile Ollivier s'empressa de demander à la Chambre un ordre du jour qu'il était certain d'obtenir sans peine; mais il eut le courage de mettre ses actes présents, non plus sous le patronage de Paruta ou de Fra Paolo Serpi, mais sous l'égide de Mirabeau, une vieille admiration qu'il avait depuis longtemps reniée. « Le ministre use de son droit,

dit-il, et le droit demeure, suivant le mot de Mirabeau, *le souverain du monde.* » La Chambre adopta par 191 voix contre 45, l'ordre du jour proposé par le ministre de la justice.

On s'attendit un moment à voir M. Henri Rochefort, non pas *empoigné* en pleine assemblée comme Manuel, mais arrêté du moins à la sortie et sur la porte du Corps législatif. Il n'en fut rien. M. Rochefort, entouré de ses amis, et accompagné par MM. Ordinaire et Gambetta, put monter en voiture et s'éloigner sans être inquiété. Il semblait que le ministère tînt à traquer M. Rochefort au milieu même de ses électeurs et dans son *antre.* S'il eût voulu éviter toute collision, l'arrestation de M. Rochefort à son logis eût été facile. Mais non, je le répète à dessein, M. Ollivier tenait à montrer qu'il était *la force,* et que les électeurs de M. Rochefort ne l'effrayaient pas. Le journal du député de la première circonscription annonçait, en effet, pour le lundi 7 février, à huit heures, dans la salle de la Marseillaise, rue de Flandre, n° 51, une « *conférence sur Voltaire, par les citoyens Henri Rochefort et Flourens. Prix d'entrée,* 25 *centimes; au profit d'un détenu politique.* » C'était là que M. le ministre de la justice voulait engager le combat.

Dès huit heures du soir, le 7 février, de nombreuses escouades de sergents de ville se massaient dans la rue de Flandre, attendant l'arrivée de M. H. Rochefort. A huit heures et demie, celui-ci descendait de voiture, et, acclamé par la foule, il allait entrer dans la salle où l'attendait le public, lorsque le triple cordon d'agents de police qui l'avait laissé passer, se referme, l'entoure, et un commissaire de police l'appréhende au corps. M. Rochefort recule, son chapeau tombe, on l'entraîne brusquement au bureau de police voisin, dans le passage. Rochefort avait eu le temps de recommander à ses amis de ne point faire d'appel au peuple. Mais à peine était-il mené au galop d'une voiture à Sainte-Pélagie, c'est-à-dire à neuf heures du soir, que déjà Flourens avait jeté le cri qu'il étouffait depuis le 12 janvier dans sa poitrine.

C'était Flourens qui présidait la réunion. Lorsqu'il apprit l'arrestation de M. Rochefort, il devint pâle, se dressa de toute sa hauteur au fond de cette salle aux piliers de bois, éclairée par des lampes à pétrole, échauffée et tumultueuse; et, annonçant que l'attentat était consommé, il déclarait « le gouvernement déchu, la révolution en permanence »; et, tirant de sa gaîne une longue épée, armant un revolver :

— Citoyens, dit-il, je vous invite tous à vous armer et à marcher contre l'empire pour la défense des lois et du suffrage universel, violé en Rochefort, notre représentant!

Des cris violents lui répondent : « Vive Rochefort! vive la République! » Flourens se retourne vers M. Barlet, commissaire de police, qui représentait l'autorité à cette réunion, et le saisit au collet, en lui disant :

— Je vous arrête !

Puis, le revolver au poing :

— Marchez à côté de moi, ajoute-t-il, conduisez-vous bien ou vous êtes mort. Un geste, un seul geste douteux à vos agents vous perdrait. Faites-leur signe de ne pas bouger, votre vie en dépend.

— Hélas ! s'écriait Barlet, je voudrais bien revoir ma femme et mes enfants !

— Vous les reverrez, soyez calme. Les républicains n'assassinent pas !

Et maintenant, camarades, s'écria Flourens, chantez la *Marseillaise*, et vive la bataille ! Vive la République universelle et la délivrance de l'humanité ! »

C'est à Flourens lui-même que nous empruntons ces détails. Je les trouve avec toute sa naïve et chevaleresque franchise dans un livre posthume, *Paris livré*, recueil de faits véridiques et de jugements bizarres que nous aurons plus d'une fois l'occasion de citer.

Entraînant le commissaire de police, suivi d'une soixantaine de « braves jeunes gens, sans armes presque tous, mais qui se donnaient du cœur en chantant. » — La salle s'étant subitement vidée, Flourens traversa la haie des sergents de ville que la vue de l'écharpe de M. Barlet, et un signe de celui-ci arrêtèrent au moment où ils allaient se précipiter. Les amis de Flourens, prévenus, devaient se tenir prêts, avertir les groupes, construire des barricades dans la Villette, résister toute la nuit et attendre le lendemain, qui n'eût point manqué (Flourens le croyait) de décupler, de centupler, le nombre des combattants. Chimérique et confiant, Gustave Flourens, que ses articles sur les souffrances de l'armée avaient mis en rapport avec un certain nombre de sous-officiers et soldats, espérait que des armes lui viendraient des casernes du Prince-Eugène et de la Courtille. Il se trompait et sa désillusion grandit bientôt, lorsqu'en arrivant à Belleville il ne trouva qu'une centaine d'hommes, mal armés. Les « groupes » n'avaient pas répondu à l'appel. La caserne de la Courtille ne pouvait fournir des fusils, les « sous-officiers amis, » dit Flourens étaient absents. Peu importait. On se mit à barricader le faubourg, depuis la rue Puebla jusqu'au canal. « Des omnibus et des voitures renversées furent accumulés les uns sur les autres, des matériaux de maisons en construction ou en démolition servirent également, des pavés furent soulevés (1). » Des attaques partielles de sergents de ville furent un moment repoussées. Mais les armes manquaient. Dans une lettre qui fit

(1) *Paris livré*, par G. Flourens, pages 9 et suivantes.

sensation par sa naïveté héroïque, Flourens racontait, le lendemain de l'échauffourée, comment il avait voulu s'en procurer au théâtre de Belleville. Son odyssée à travers les coulisses où il cherchait les fusils des figurants parmi les *accessoires*, est à la fois d'une ignorance héroïque et d'une ironie touchante. Lorsqu'il se retourna, cherchant ses soldats, il ne trouva derrière lui qu'un enfant de dix-huit ans, qu'on fit partir après la bataille, en lui payant son voyage jusqu'en Belgique.

Alors Flourens regagna la rue où quelques hommes, qui n'avaient point pénétré dans le théâtre, l'attendaient.

Flourens, son pardessus posé sur le bras, son épée d'une main, son pistolet de l'autre, toujours suivi de M. Bologne qui, aidé d'une autre personne, tenait au collet M. Barlet, le commissaire de police, Flourens, échauffé, décidé à combattre, allait, venait dans ce faubourg, travaillant à la grande barricade du canal, lorsque la barricade qu'il venait de quitter, attaquée de front par les agents de police armés d'épées, était tournée par un escadron de gardes municipaux à cheval. L'attaque eut lieu rapidement vers le canal. « Tandis qu'une dizaine de jeunes gens, occupés à côté de lui, se sauvaient, vivement attaqués par les sergents de ville, et laissaient deux des leurs, grièvement blessés, sur le terrain, Flourens restait là. Appuyé contre une porte, il repoussa une épée d'agent qui allait le percer. Quand il se vit tout à fait seul, il comprit que pour cette nuit il n'y avait plus rien à faire, et se retira bien à regret chez un ami. » Ces paroles sont de G. Flourens lui-même. Il ajouta que « le lendemain, malgré les efforts de quelques indomptables, le mouvement ne se propagea point. »

Flourens se trompe. Le lendemain allait voir la continuation de la lutte. La journée du mardi 8 fut relativement calme. La fièvre recommença le soir. En deux nuits, dix-huit barricades avaient été élevées, rue de Paris, à Belleville, rue Saint-Maur, rue de la Douane, au faubourg du Temple, etc. La plus forte était celle de la rue de Paris (Belleville). Les magasins d'armes de Lefaucheux, rue Lafayette, pillés, avaient fourni aux assaillants des revolvers, des cartouches, une carabine. La lutte, quoi qu'en dise Flourens, durait encore.

La *Marseillaise* du 9 février, parue le 8 au matin, contenait cette déclaration nette et cette protestation :

« Hier au soir, à huit heures et demie, Henri Rochefort, député de la première circonscription de la Seine, représentant du peuple, a été arrêté par la police, sur les ordres de M. Émile Ollivier, au moment où il allait entrer dans la salle de la Marseillaise, louée par lui pour réunir ses électeurs.

« Il a été arrêté au milieu d'eux, se rendant au

rendez-vous qu'ils lui avaient donné, fidèle jusqu'au bout à son mandat.

« Jamais affront plus sanglant n'est tombé sur la joue d'un peuple.

« C'est le Deux-Décembre recommencé, — mais, cette fois, de compte à demi avec les hommes de la rue de Poitiers.

« L'attentat ne frappe que la démocratie, restée seule sur la brèche ; — mais la démocratie, en 1851, c'était un parti ; — en 1870, c'est la nation, c'est le peuple tout entier.

« C'est plus qu'une insulte, — c'est une provocation !

« Collaborateurs, amis, coreligionnaires politiques de Rochefort, nous continuerons de tenir haut et ferme le drapeau qu'il tenait avec nous, et qu'il retrouvera, le jour venu, à moins qu'on ne l'arrache de nos mains.

« Ce drapeau, — c'est le drapeau de la démocratie sociale, de la revendication implacable.

« C'est le drapeau du peuple. — Il nous conduira à la victoire, le jour où le peuple le voudra bien.

« ARTHUR ARNOULD, ED. BAZIRE, E. BOURSIN, GERMAIN CASSE, COLLOT, S. DEREURE, A. DUBUC, FRANCIS ENNE, ARTHUR DE FONVIELLE, ULRIC DE FONVIELLE, PASCHAL GROUSSET, CH. HABENECK, ALP. HUMBERT, J. MILLIÈRE, G. PUISSANT, A. RANC, RAOUL RIGAULT, E. VARLIN, A. VERDURE. »

Le soir même, la rédaction tout entière était arrêtée, sauf quelques-uns des signataires de la pièce ci-dessus. Les réunions publiques étaient interdites. L'agitation continuait. M. Emile Ollivier avait beau dire à la Chambre : « Nous apportons un sentiment d'humanité dans la répression. Si nous voulons agir avec brutalité, toute cette agitation ne durerait pas cinq minutes. Si elle se prolonge, c'est que nous ne voulons pas qu'il y ait, si c'est possible, d'autre sang versé que celui des défenseurs de la loi. » La vérité est que, si le parti d'action avait été violent et irréfléchi, se jetant en aveugle dans la tempête, le ministère avait été insolemment et imprudemment provocateur. En outre, la répression était plus brutale que ne voulait bien le dire le ministre de la justice. C'est ainsi que, dès huit heures et demie du soir, le mardi 8 février, les agents chargeaient, boulevard Montmartre, une foule compacte, mais point menaçante. Au coin des rues, les sergents de ville guettaient, armés de casse-tête. L'émeute réelle n'occupait en réalité qu'un petit coin de Paris, le faubourg du Temple et Belleville, et la police, par son zèle, faisait elle-même le désordre, et le provoquait dans les autres quartiers parisiens. Voilà la vérité stricte.

Durant cette nuit, au surplus, le combat fut assez acharné, notamment autour de la barricade de la rue Saint-Maur, défendue par quarante hommes résolus et qui fut prise et reprise trois fois.

Le 9 février, tout était terminé. Ces nuits de lutte avaient, en tués ou blessés, fait plus de cent cinquante victimes et amené plus de trois cents prisonniers au dépôt de la Conciergerie ou à Mazas. Inutile entreprise qui consolidait le pouvoir qu'elle croyait ébranler et nuisait à la cause qu'elle prétendait défendre. La nation, en effet, en était arrivée à ce point qu'elle ne voulait pas d'émeute. La meilleure guerre contre la force, se disaient les esprits sérieux et clairvoyants, est la guerre par l'idée. Sans doute il y aura toujours, même dans un temps où le bulletin de vote doit remplacer la cartouche, des imprudents ou des héros prêts à se faire casser la tête pour la cause qu'ils aiment, mais la population, armée de son droit de vote, doit lutter pacifiquement, efficacement, sans verser le sang, autour des urnes électorales d'où la liberté sortira plutôt que de la gueule d'un canon.

La seule émeute possible, c'est la manifestation sans armes de tout un peuple qui, à une certaine heure, descendrait sur la place publique non pour combattre un ennemi armé terriblement, mais pour dire : « Ceci se fera parce que je le veux. *Sic volo, sic jubeo.* » Mais il faut que ce peuple soit tout le peuple, c'est-à-dire toute la nation. Une fraction, pas plus qu'une faction, ne peut efficacement servir le droit. Tout mouvement en avant, tout élan généreux de notre France a été non une lutte, mais une fusion. L'ouvrier et le polytechnicien, combattant en 1830, personnifiaient le peuple et la bourgeoisie combattant côte à côte. L'union fait la force des partis comme elle fait la force des nations et la force des hommes.

Tout antagonisme est barbare comme toute guerre, et nuisible comme elle. Au point de vue matériel, comme au point de vue moral, l'association des efforts doit remplacer la dispersion des facultés. L'intérêt de tous le veut autant que l'idée de la fraternité humaine.

A l'heure même où s'accomplissaient ces événements parisiens, une autre guerre, dont le résultat devait être, comme celui de toutes les guerres, l'écrasement du travail, continuait au Creuzot. Nous en reparlerons plus loin et nous y reviendrons encore dans les chapitres futurs, au moment où, dans cette histoire si précipitée, si remplie, si confuse l'Internationale entrera en scène. Cette grève paraissait moins passionner la foule, que le dénoûment attendu de l'affaire Bonaparte. D'instinct, la guerre politique, dont le meurtre de Victor Noir était un capital incident, attirait beaucoup plus l'attention que la guerre sociale. Celle-ci au surplus devait avoir son tour. Mais l'empereur ayant signé la convocation de la haute cour de justice, siégeant

Arrestation de Henri Rochefort. — La salle de la Marseillaise.

Tours, l'opinion se demandait quel serait le châtiment du meurtre. D'avance, les légistes avaient répondu : « La peine de mort ou Cayenne, » car ce procès tragique et qui prenait la foule par ses entrailles mêmes, avec son antithèse d'un prince face à face avec un plébéien, ce procès, le plus étonnant de ceux qu'aient jamais jugés les tribunaux, semblait déjà achevé. La foule avait rendu sa sentence ; restait à savoir si la haute cour allait la confirmer.

Les événements que nous racontons sont trop rapprochés encore, et tout ce qui a pensé ou agi en France, y a été trop directement mêlé pour qu'il soit facile de s'écarter de toute exagération, de toute sympathie ou de toute colère. Nous nous efforçons, cependant, d'être juste et de ne taire, comme l'exigeait Cicéron, aucune vérité, de n'avancer aucun fait controuvé. Mais pourrons-nous jusqu'à la fin conserver notre sang-froid, et faire entendre à tous la vérité ? Ce fut un scandale que ce procès, et le coup de foudre du dénoûment, qui parut ironique au plus grand nombre, porta une profonde atteinte à l'empire. Il complétait, semblait-il, l'œuvre que le coup de pistolet du prince avait commencée.

La première audience eut lieu, le 21 mars. L'aristocratique ville de Tours n'avait jamais vu un concours aussi grand de population et surtout des personnalités aussi diverses et aussi colorées. La société tourangelle se rendait à la haute cour, comme elle fût allée à un spectacle. On y lorgnait, on y causait. Au dehors la foule était grande. Des piquets de cavalerie, des compagnies d'infanterie la maintenaient à distance. La *grasse et molle* Touraine, comme l'appelait le Dante, était pleine de bruit et de bouillonnements. Dans ce palais de justice, se heurtaient, se coudoyaient les individualités politiques ou littéraires les plus opposées, les plus disparates et les plus hostiles. Les irréconciliables acharnés rencontraient dans les couloirs les plus violents de la cause impériale. On put s'attendre, plus d'une fois, à des collisions que l'irritation extrême, la passion pouvaient à tout instant faire naître. Les témoins à charge et les témoins à décharge, ceux qui soutenaient Pierre Bonaparte et ceux qui plaignaient Victor Noir avaient été séparés les uns des autres, et chaque groupe constituait comme un clan hostile à l'autre, plein de résolution et de courroux. L'interrogatoire de l'accusé ne donna lieu à aucun incident. Pierre Bonaparte était pâle, et sa voix à l'accent corse, assez semblable, sans exagération aucune, au miaulement rauque du chacal, avait des hésitations. Cet homme robuste, aux traits accentués, à la grosse barbiche qui s'agitait à chaque mouvement convulsif de ses lèvres, ce rude et fauve personnage, dont les joues grasses retombaient sur son collet d'habit bleu, comprimait, on le sentait, on le voyait, les mouvements instinctifs du tempérament le plus robuste et le plus sauvage. Ses défenseurs, Me Leroux et Me Demange, calmaient à chaque instant l'exaspération du prince, toujours prêt à la menace et à l'injure.

Lorsque M. Ulric de Fonvielle se présenta devant la barre, il releva vers le prince sa tête honnête et son regard fier. Pierre Bonaparte le brava d'abord, puis baissa le front. La déposition de M. Paschal Grousset, dont l'accusé n'entendit pas la partie la plus insolente, l'irrita aussi profondément. Lorsque M. Grousset se présenta, élégant, amené par des gendarmes (il était prisonnier comme M. Rochefort et comme M. Millière), il y eut un mouvement en sa faveur dans l'auditoire ; mais il réussit bientôt à s'aliéner la sympathie par une maladroite et ridicule impertinence. A la demande du président, M. Glandaz :

— Êtes-vous parent ou allié de l'accusé ?

Il répondit :

— *Lætizia a eu trop d'amants pour que je puisse assurer qu'il n'est pas mon parent.*

La déposition tout entière de M. Grousset, déposition importante, s'en trouva amoindrie, et elle fut par sa faute de nul effet.

En revanche, M. Millière, correct, froid, mesurant ses paroles, affectant une politesse excessive, conquit l'auditoire et les jurés ; car l'homme n'oublie point ses passions, même lorsqu'il rend la justice, et il se laissera influencer éternellement par une intonation juste ou une attitude bien trouvée. La déposition de M. Millière devait lui assurer plus tard une large part de l'influence qu'il a tristement mise au service de la Commune.

Les témoins du prince Bonaparte, témoignant tous avec un ensemble en quelque sorte militaire, l'appelaient respectueusement Altesse. Pour le public et pour la Cour, l'accusé demeurait d'ailleurs un Bonaparte. Comme à la Conciergerie, Pierre Bonaparte occupait à Tours l'appartement du directeur de la prison. Il avait, on le voit, des compensations dans son infortune.

Du groupe de ses amis, la figure falote d'un docteur, sorte de Sangrado, inventeur de l'*Eau des Fées*, se détacha pendant ces débats d'une façon inquiétante et sinistre. C'est le docteur Morel, ce petit homme qui, le plus simplement du monde, racontait une de ses causeries intimes avec le prince, et disait :

— Qu'auriez-vous fait à ma place ? me dit le prince.

— Monseigneur, répondis-je, *je les aurais tués tous les deux !*

La déposition de M. Rochefort, très-attendue, passa inaperçue. L'incident le plus dramatique du procès, ce fut à coup sûr ce soubresaut, cette révolte de M. de Fonvielle répondant à Pierre Bonaparte; incident violent et dramatique qu'il faut rappeler tout entier.

M. Touchet, capitaine en retraite, déposait en faveur de la bravoure de Pierre Bonaparte, accusé d'avoir quitté son poste devant Zaatcha.

M. Touchet. — J'ai connu le prince en Afrique. On admirait sa bravoure et son regard d'aigle si naturel dans sa famille. (On rit.)

M. le président. — Si de semblables manifestations se reproduisent, je ferai évacuer la salle.

Le témoin Clopis, capitaine (il est en uniforme), dépose dans le même sens.

L'accusé (se tournant vers Me Laurier). — Vous riez; vous avez ri tout à l'heure aussi quand parlait le brave capitaine Touchet, qui a eu la poitrine traversée par une balle à côté de moi. S'il n'a pas beaucoup de rhétorique, il a du moins beaucoup plus de courage que la faction à laquelle vous appartenez, Me Laurier. (Mouvement prolongé.)

Me Laurier constate que, sans provocation aucune, il a été insulté par l'accusé.

L'accusé (se levant vivement et s'adressant à Me Laurier). — Vous avez ri de mon camarade Touchet qui a eu la poitrine trouée d'une balle en combattant contre les ennemis de la France.

Une voix (au fond de l'auditoire). — Et vous, vous avez assassiné Victor Noir!

Un tumulte indescriptible se produit. Tout le monde tourne ses regards du côté du fond de la salle. M. de Fonvielle, qui vient de prononcer d'une voix forte ces paroles, paraît en proie à une vive surexcitation. Il est debout sur son banc et s'écrie : « Assassin ! » en faisant des gestes menaçants. On s'efforce de le retenir et de le calmer.

La salle retentit d'exclamations en sens divers.

M. de Fonvielle s'est élancé de son banc, et s'efforce de parvenir vers le bureau de la cour.

Cris : « Arrêtez-le ! ne le laissez pas avancer ! emmenez l'accusé ! »

Les gendarmes se rapprochent de M. de Fonvielle. Le piquet de garde dans la salle des Pas-Perdus a pris les armes.

Toute la salle est debout, et le désordre est à son comble.

Les exclamations continuent à se croiser; on s'agite, on se presse. M. de Fonvielle est entraîné par les gardes. L'accusé a été emmené par le capitaine de gendarmerie qui l'accompagne.

Le calme se rétablit peu à peu. L'accusé est ramené.

Le procureur général Grandperret demande acte de la manifestation de M. de Fonvielle; il verra ensuite s'il doit requérir une peine contre lui.

Au moment où M. de Fonvielle s'élançait sur son banc, frémissant, pâle, énergique, et où il se rasseyait, un groupe menaçant, aux allures louches et à l'accent cassé, se précipitait sur lui, gesticulant et criant : « A mort ! à mort ! » Ces paroles devaient être attribuées à M. de Fonvielle, mais elles venaient de ces gens dans le regard desquels on retrouvait l'expression farouche et brutale de ceux qui voulaient un jour déchirer Bérézowski en répétant : « Branchons-le ! » Il y a dans certains hommes de fauves et terribles instincts. M. de Fonvielle devait d'ailleurs expier son emportement et sa colère.

Dans la même audience, la cour statuait sur l'incident. Lorsqu'après en avoir délibéré, les magistrats revinrent occuper leurs siéges, on avait allumé déjà le gaz au fond de la cour, et cette salle, fourmillante de monde, prenait soudain un grand caractère. La haute cour rentra lentement, théâtralement, chaque juge en robe rouge découpant sa silhouette sur le fond sombre du corridor et se dessinant entre les rideaux verts de la porte d'entrée. On crut un moment, au prononcé du jugement, qu'il s'agissait pour Ulric de Fonvielle d'un an de prison peut-être. Il y eut un mouvement de stupeur dans l'auditoire. Mais M. de Fonvielle ne devait subir que dix jours d'emprisonnement. Il fut donc, depuis l'empire, le premier condamné d'une haute cour, et il fut le seul condamné dans l'affaire Pierre Bonaparte.

L'acquittement pur et simple stupéfia nombre de gens dont la logique voyait un meurtre évident et un meurtrier impuni. Le prince sortit droit et bravant la foule. Il voulait montrer, disait-il, qu'il ne craignait point *la Marseillaise*. Il emporta du moins une colère profonde des traits acérés que lui avait jetés Me Laurier, lui jetant une nouvelle fois le nom de Borgia, et aussi une irritation violente contre Me Floquet, dont la parole moins stridente que celle de son collègue, avait eu cependant des éclats heureux.

Quant à M. Ulric de Fonvielle, il demeurait en prison. La démocratie lyonnaise lui offrait bientôt la candidature vacante dans la troisième circonscription du Rhône, par suite du décès de M. Perras. M. de Fonvielle accepta. Il eut, il est vrai, le tort de poser, devant le suffrage universel, une question dynastique quand il s'agissait d'une question de personnes. C'était exposer la démocratie tout entière à un échec dans une circonscription qui comprenait beaucoup d'électeurs campagnards. Mais la question personnelle avait réussi à M. Rochefort, et le candidat suivait l'exemple : « J'ac« cepte votre offre, et je vous demande, disait M. de « Fonvielle dans sa profession de foi, de rendre à « l'empire le soufflet que Victor Noir a reçu devant « mes yeux. Je suis sûr que vous répondrez en « hommes de cœur au jugement de la haute cour « de Tours, et j'attends avec confiance le verdict

« du jury populaire, qui est convoqué dans la troi- « sième circonscription du Rhône. » Faire casser l'arrêt de Tours par le peuple, c'était tentant et généreux. Enthousiaste, M. Ulric de Fonvielle n'entrevit qu'un tel résultat. Malheureusement le scrutin donna plus de quinze mille voix à M. Mangini. M. de Fonvielle en obtenait plus de huit mille.

La conscience publique en était quitte pour protester selon ses moyens et pour élever, par souscription, un monument à Victor Noir.

DOCUMENTS COMPLÉMENTAIRES DU CHAPITRE IV

HAUTE COUR DE TOURS

Audience du 25 mars.

JUGEMENT.

..... M. le président fait le résumé des débats. Le voici en substance :

« Messieurs les hauts jurés,

« Nous touchons enfin au terme de cette douloureuse affaire, le moment est venu pour nous de vous rappeler les principales charges de l'accusation et les principaux moyens de la défense.

« Il semble que l'attention religieuse que vous avez prêtée à ces débats rende ce résumé inutile ; mais ce que la loi a surtout voulu, messieurs les jurés, en imposant ce devoir, c'est de laisser aux impressions trop vives que les discussions auraient pu produire sur l'esprit du jury le temps de se refroidir, afin qu'il rende sans passion et sans faiblesse le jugement que la société attend de lui. »

Le président rappelle ensuite l'ensemble des dépositions, et résume successivement avec impartialité les plaidoiries des parties civiles, le réquisitoire et la défense.

Passant ensuite à la question de légitime défense, il résume les arguments présentés :

« Le prince n'admet pas, dit-il, l'excuse de la provocation. Elle ne ferait qu'atténuer la peine. « Qu'importe la peine ? » objecte le prince. Ce n'est pas sa vie, c'est son honneur, c'est l'honneur de son caractère, de sa famille, le plus précieux patrimoine de ses enfants. »

Enfin il termine en ces termes :

« J'ai dû, pour la clarté du débat, réunir les arguments des deux orateurs de l'accusation et de la défense. Je n'ai plus, messieurs les jurés, qu'à livrer à vos consciences le jugement de cette difficile affaire. Au milieu des passions ardentes, je n'ai songé qu'à remplir mon devoir. A vous, messieurs les jurés, d'accomplir le vôtre.

« Vous avez à répondre aux questions suivantes :

« *Première question.*

« Pierre Bonaparte est-il coupable d'avoir commis, le 10 janvier, à Auteuil, un homicide volontaire sur la personne de Victor Salmon, dit Noir ?

« *Question résultant des débats.*

« Cet homicide volontaire a-t-il été provoqué par des coups ou violences graves exercées sur la personne de Pierre Bonaparte ?

« *Deuxième question.*

« Pierre Bonaparte est-il coupable d'avoir, le même jour et au même lieu, commis, sur la personne de Fonvielle, une tentative de meurtre, ayant manqué par suite de circonstances indépendantes de la volonté de son auteur, avec cette circonstance que cette tentative aurait été précédée du fait précédemment relaté ?

« *Question résultant des débats.*

« Cette tentative a-t-elle été provoquée par des coups ou violences exercées contre Pierre Bonaparte ? »

MM. les jurés entrent dans la chambre des délibérations.

L'audience est suspendue.

A deux heures trois quarts, la sonnette du haut jury se fait entendre. Un profond silence s'établit. MM. les hauts jurés rentrent dans la salle.

La haute cour reprend séance.

M. le président. — Nous recommandons au public de s'abstenir de tout signe d'approbation ou d'improbation. Il marquera ainsi, par son silence, le respect dû à la justice. — Monsieur le chef du haut jury, veuillez faire connaître à la haute cour le résultat de votre délibération. »

M. le chef du haut jury (debout et la main droite sur le cœur). — Sur mon honneur et conscience, devant Dieu et devant les hommes, la déclaration du jury est : Sur la première question, *non ;* sur la quatrième question, *non.* »

La réponse négative sur ces deux questions rendait inutile la réponse sur les autres questions posées au haut jury.

M. le président. — Faites rentrer l'accusé. — Monsieur le greffier, veuillez lire à l'accusé la déclaration du jury.

M. le greffier Coulon donne lecture et le président prononce l'ordonnance suivante :

Arrestation de l'avocat Protot.

« Vu la déclaration du jury, de laquelle il résulte que le prince Pierre-Napoléon Bonaparte n'est pas coupable des faits à lui imputés, le déclarons acquitté de l'accusation portée contre lui ; en conséquence, ordonnons qu'il soit mis en liberté immédiatement s'il n'est détenu pour autre cause. »

..... M⁰ *Laurier*. — « Messieurs de la haute Cour, au nom de M. Louis Salmon, dit Noir, j'ai l'honneur de déposer des conclusions tendant à des dommages-intérêts, et pour tous dommages-intérêts je demande les dépens. »

M⁰ *Bernheim*. — « Je me présente pour M. Salmon père et madame Salmon mère. Mes conclusions tendent à ce qu'il plaise à la haute Cour :

« Attendu que, le 10 janvier 1870, Pierre Bonaparte a donné la mort à Yvan-Victor Salmon, dit Noir ;

« Que, en enlevant aux concluants un fils aimé, Pierre-Napoléon Bonaparte leur a également enlevé l'appui moral et le soutien matériel de leur vieillesse ;

.... « Par ces motifs,

« Condamner Pierre-Napoléon Bonaparte à payer aux sieur et dame Salmon, à titre de réparation civile et de dommages-intérêts, la somme de cent mille francs ;

« Fixer la durée de la contrainte par corps,

« Et condamner le prince Pierre-Napoléon Bonaparte aux dépens. »

..... La haute Cour se retire pour délibérer. A quatre heures cinquante minutes, elle reprend séance.

M. le président donne lecture de l'arrêt suivant :

« La haute Cour, statuant sur la demande en dommages-intérêts formée par les époux Salmon et par Louis Salmon, dit Noir ;

..... Attendu, en fait, que s'il résulte de la déclaration du jury que le prince Pierre-Napoléon Bonaparte n'est pas coupable des crimes de meurtre et de tentative de meurtre qui lui étaient imputés, cette déclaration n'implique pas la négation du fait matériel ;

..... « Par ces motifs,

« Condamne le prince Pierre-Napoléon Bonaparte à payer aux époux Salmon la somme de vingt-cinq mille francs à titre de dommages-intérêts ;

« Condamne lesdits époux-Salmon, Louis Salmon, dit Noir, aux dépens envers l'État du procès criminel ;

« Condamne le prince, à titre de dommages-intérêts, à rembourser auxdites parties civiles le montant desdits frais ainsi que ceux faits par eux ;

« Et condamne le prince Pierre Bonaparte à tous les frais de l'incident civil, en ce compris le coût, enregistrement et signification du présent arrêt. »

La session de la haute Cour est close. L'audience est levée.

CHAPITRE V

La grève du Creuzot. — Assi et M. Schneider. — Projets de plébiscite. — Le complot. — Flourens et Beaury. — Arrestation de Mégy. — Arrestation de Protot, son avocat.

L'empire, après avoir provoqué le désordre, avait enfin rétabli l'ordre dans la rue. Il avait obtenu, pour se servir du mot véritable, l'occasion de lutte qu'il cherchait; mais le conflit n'avait pas, à son gré, été ce qu'il devait être, et le parti de l'action n'avait pas été écrasé et noyé dans le sang. A tout prendre, ces escarmouches de carrefour n'étaient donc pour le ministère que des demi-victoires, et la question demeurait toujours la même, posée entre l'empire et la révolution.

Il semblait en effet que cette France fût condamnée à ne plus trouver le repos. A peine le retentissement du procès Victor Noir était-il apaisé, que grondait un nouvel orage, agitant de nouveau l'opinion publique et tenant sa passion en éveil. En même temps que le meurtre de Victor Noir avait réveillé toutes les haines politiques, la grève du Creuzot réveillait ce que M. Piétri appelait, nous l'avons vu, les haines économiques. Il était dit que l'empire ne jouirait plus dorénavant d'une journée de paix. Le sol sur lequel il s'appuyait semblait avoir des jets de soufre, comme certains terrains volcaniques.

La grève du Creuzot fut un des événements importants du dernier règne, autant par la date où elle se produisait que par l'homme contre lequel elle était dirigée. Il semblait, en effet, que ce fût l'empire que les grévistes eussent en vue en se coalisant contre M. Schneider, président du Corps législatif. La vérité n'est pas faite tout entière, il est vrai, sur cette affaire, et beaucoup y voient des causes cachées et des rouages que l'on n'a pu mettre encore en lumière. C'est ainsi qu'un homme activement versé dans les questions qui intéressent les patrons et les ouvriers, écrivant une étude sur l'*Association internationale des travailleurs*, affirme que l'origine de cette grève fut attribuée à tort à une question de salaire ou de bénéfice. « Le motif de cette levée de boucliers, dit M. Fribourg, un des fondateurs de l'*Internationale*, est tout entier contenu dans une *question de célibat* (1). » D'autres

(1) Voyez le journal *le Soir* du 17 juillet 1871.

ont prétendu que l'auteur véritable de la grève du Creuzot n'était autre que le rival de M. Schneider, le ministre Rouher, et les journaux allemands et belges n'ont jamais manqué de l'affirmer et de le répéter bien haut. Ce qui donnerait un caractère d'authenticité à ces propos, c'est la présence de M. Jean Laroque, rédacteur du journal *le Parlement*, au Creuzot, et ses articles tout dévoués à l'encouragement des grévistes. Or, le rédacteur en chef du *Parlement*, et qui envoyait M. Laroque au Creuzot, n'était autre que M. Grégory Ganesco, dont les alliances avec M. Rouher ne sont un mystère pour personne.

En revanche, l'*Internationale*, que nous allons rencontrer bientôt sur notre chemin, n'eut d'autre action sur la grève du Creuzot que l'action légitime de la publicité. M. Assi ne faisait pas alors partie de l'*Internationale*, et M. Malon ne parut au Creuzot que comme correspondant de la *Marseillaise*.

L'empire, en donnant aux travailleurs le droit de coalition et de grève, leur avait en réalité tendu un piège. Dans ses velléités de socialisme, il essayait de s'attacher, d'attirer à lui les travailleurs, dont quelques-uns déclaraient tout haut qu'ils s'inquiétaient peu de la forme politique du gouvernement, pourvu qu'ils obtinssent les réformes sociales. L'empire entr'ouvrait donc une porte, mais pour en repousser bientôt les battants. Ennemi de la liberté politique, le césarisme, définitivement brouillé avec la classe pensante, voulait tenter de s'appuyer sur les classes laborieuses, et c'était de ce côté que se portaient son attention et ses préoccupations quotidiennes. On l'a bien vu par l'amas de travaux, de recherches, de mémoires faits sur ce sujet pour le compte de l'empereur. Mais, condamné par la fatalité même de son caractère despotique à rassurer les intérêts qui formaient en somme les assises, la base de son pouvoir, l'empire, après avoir fait ainsi quelques avances aux partisans des réformes économiques, s'empressait de donner des gages aux amis de l'ordre. « L'ordre, j'en réponds, » devait-il dire. Il en répondait en le garantissant par des chassepots. Ce n'était pas ce qu'on lui demandait. On lui demandait la liberté qui eût permis de discuter tout haut les questions qui se débattaient dans les conciliabules de travailleurs, et on lui demandait surtout, au lieu d'une loi sur les coalitions, la liberté d'association qui eût assuré la manifestation de toute idée saine, et ôté toute force aux idées subversives. Les utopies n'ont qu'un complice, en effet, c'est le despotisme. Le despotisme leur permet de grandir, de grossir, de devenir menaçantes. La liberté et la discussion les étoufferaient en germe. Ce sont les ténèbres qui font les fantômes. La pleine lumière, au contraire, rend aux objets leur véritable forme et leur véritable couleur.

Quant à la grève, c'est un moyen funeste. La grève est une guerre véritable qui entraîne après elle, comme toutes les guerres, des misères et des ruines. Lorsque tout ce qui pense dans le monde, tout ce qui a étudié l'histoire de l'esprit humain et cherché, — à travers les débordements de la force, — la manifestation de la justice ; lorsque tout ce qui se pénètre de la philosophie du progrès, de la synthèse des convulsions humaines, en vient à condamner, à maudire, à rejeter la guerre par le fusil comme funeste, criminelle et barbare, ce serait le moment que choisiraient les travailleurs pour pratiquer cette guerre par le refus de labeur, guerre qui a ses orphelins et ses veuves, ses condamnés et ses captifs, et qui tourne, hélas ! à l'écrasement de la faiblesse, c'est-à-dire du travail, et à l'avantage de la force ? Quand l'empire accordait le droit de coalition, il le limitait par la pratique de la fusillade. Aubin et la Ricamarie devaient faire comprendre de quelle couleur était le libéralisme de cette loi dont M. Émile Ollivier, sur les conseils de M. de Morny, avait accepté d'être le rapporteur. La grève du Creuzot allait être moins tragique au point de vue du sang versé, mais son dénoûment, les dures condamnations prononcées contre les grévistes par le tribunal d'Autun, démontrèrent une fois de plus le danger de ces combats où pâtissent les humbles et les petits.

L'homme que la grève du Creuzot mettait en scène, Alphonse Assi, mécanicien, ancien soldat, devait être bientôt embarrassé de sa situation, flottant entre la conciliation et la lutte, forcé de marcher jusqu'au bout et aspirant à rentrer pacifiquement à l'atelier ou à se retirer du conflit. MM. Schneider et Ce, ayant voulu conserver la gestion de la caisse de secours des mineurs, formée par les retenues, faites à chaque ouvrier sur le salaire, un conflit s'éleva, qui décida les administrateurs du Creuzot à annoncer qu'ils se démettraient « de l'administration de cette caisse de prévoyance. » Seulement, ils demandaient un vote des ouvriers. Il y a, au Creuzot, sans compter les enfants et les femmes, dont l'action est toujours grande en ces conflits, 4,798 électeurs inscrits. « Il n'y eut, « dit Me L. Bigot(1), que 2,495 votants ; un parti nom- « breux conseillait l'abstention, prétendant que « M. Schneider, reconnaissant lui-même n'avoir « qu'un dépôt, devait s'exécuter sans vote.

« Il y eut pour la reddition de la caisse
    aux ouvriers.................. 1,943 oui
et............................... 536 non
Bulletins nuls................ 16
                 Soit, votants... 2,495

Ce vote piqua au vif M. Schneider. Assi ayant été nommé à l'unanimité délégué par les ouvriers de l'atelier d'ajustage commençait, dès le 17 janvier, à organiser la caisse de secours en société de secours mutuels, conformément au décret de 1852, lorsque le 19, en entrant à l'atelier, il est congédié devant tous ses camarades. Assi sortit, mais tout l'atelier sortit avec lui. Ce fut le commencement de la grève. Peu après, des troupes arrivaient d'Autun et les arrestations commençaient autour des puits. Sans examiner profondément les causes du conflit, l'opinion publique s'était tout à fait déclarée contre M. Schneider qui supportait, en ce moment, le poids de l'impopularité de l'empire.

Chaque jour apportait, en effet, au ministère, des difficultés nouvelles. Chaque jour, la gauche lui reprochait en toute justice d'avoir, comme le lui disait M. Jules Favre, *suscité une sédition qu'il pouvait éviter*, et empli les prisons à la suite de ces journées ou plutôt de ces soirées de trouble. Le ministère, après deux mois, n'avait rien accompli des promesses libérales dont il avait, à son arrivée, les mains pleines et, suspect à la fois au vieil autoritarisme bonapartiste et à l'opposition démocratique et libérale, il semblait hésiter, chercher encore sa route et ne vouloir se décider à marcher que lorsqu'il aurait de nouveau affermi le terrain. Empêché dans son embarrassante victoire, il rêvait, en un mot, ce que M. Ollivier allait appeler un *Sadowa à l'intérieur*, et, n'ayant pu l'obtenir par les armes, il allait le demander au suffrage universel lui-même. Nul régime ne sut mieux en effet tirer parti de cette institution à double tranchant, arme forgée par la liberté contre elle-même, mais qui forme et doit former la base de tout droit populaire moderne. Institution admirable et qui sera arrivée à son entier développement le jour où, conférant des droits à chacun, elle imposera à chacun des devoirs que nous pourrions facilement énumérer.

Ce fut alors, dans ces mois indécis qui succédèrent aux agitations de février et au drame de la haute Cour de Tours, que prit naissance, dans les

---

(1) Plaidoirie pour Assi devant la 6e chambre (juin 1870).

Pierre-Napoléon Bonaparte

conseils du gouvernement, ce projet de plébiscite qui devait, au gré de l'empereur et de ses conseillers, donner à l'empire un regain d'autorité et de jeunesse. Il y avait là, on le sent, pour la liberté, un évident péril. Le plébiscite, instrument de règne habilement manié par les Caracalla, les empereurs de la décadence romaine, est un mode à la fois immoral et faux d'interroger le peuple sur ses volontés. Quoi de plus facile, en effet, que de poser la question de façon à ce que la foule consultée réponde nécessairement selon le secret désir de celui qui interroge? En montrant, par exemple, à un peuple, le fantôme d'un avenir qui effraie, ne le fera-t-on pas se rejeter dans un extrême qu'il ne chérira pas, certes, mais où il croira trouver la sécurité et l'asile? Tels ont toujours été les résultats des plébiscites. L'interrogation y est jésuitique, la réponse y est contournée, faussée. D'ailleurs la condamnation de cette pratique est contenue dans son appellation même. C'est la foule, c'est la *plèbe*, non le peuple faisant autorité et dictant sa loi.

Lorsque les réformateurs de 1848 réclamaient le suffrage de tous, ils le voulaient éclairé, indépendant, libre. Qui eût jamais songé à soumettre la vérité, l'évidence, l'absolu à l'écrasement du nombre inconscient? C'était pourtant ce que, depuis dix-huit ans, faisait l'empire. C'était ce qu'il allait faire encore une fois. Il y avait déjà dans le ministère du 2 janvier une certaine désagrégation, et M. Daru n'allait pas tarder à se démettre de ses fonctions de ministre des affaires étrangères. Mais l'influence de M. Daru était médiocre et la direction générale appartenait tout à fait à cet étourdi gros de lui-même, M. Émile Ollivier. Quoi qu'essayassent au surplus les membres de la gauche, le plébiscite n'était déjà plus à l'état de projet, mais, dès la fin de mars, il apparaissait comme une résolution inévitable.

Le 5 avril, MM. de Choiseul et de Kératry demandaient à ce que le plébiscite fût au moins soumis à la discussion des mandataires du pays. Le régime parlementaire bonapartiste traitait, en effet, les parlements avec l'antique sans-gêne du régime autoritaire, et lorsque M. Jules Favre déclarait que le plébiscite en question n'était que la destruction du gouvernement du pays par le pays et le rétablissement du pouvoir personnel et despotique, il avait raison. Il avait raison surtout lorsqu'il qualifiait le régime nouveau de *despotisme hypocrite*. C'était à la veille de cette séance du 5 avril où M. Gambetta devait poser, dans un discours qui reste encore comme son chef-d'œuvre, la véritable question soumise à la nation, la question de la République.

A l'empire qui voulait, comme on l'a écrit, se refaire une virginité, M. Gambetta répondait, délaissant les ambiguïtés de la politique courante, par l'affirmation nette et précise de la République. Ce n'était plus l'accusateur irrité, marquant le passé au fer rouge de sa harangue, comme lors de l'affaire Baudin, c'était le dialecticien habile et le politique pratique opposant l'évidence du droit aux subterfuges du pouvoir. Séance fiévreuse et qui avait débuté par un grand cri de M. Pelletan, interrompant M. Jérôme David, pour parler du « crime et de la honte » de Décembre. L'atmosphère était comme préparée pour M. Gambetta qui, malade, mais d'une voix sans cesse grandissante, ne prenant de repos qu'une fois au milieu de son discours, aborda, pour ainsi dire, en face et de front la question plébiscitaire et prouva que cette manœuvre, qui semblait s'appuyer sur le respect du suffrage universel, n'était qu'une manière de contraindre la nation mal éclairée par une insuffisante discussion, troublée par la position équivoque de la question, à approuver purement et simplement le rescrit impérial.

M. Gambetta devait, dès ce jour, on peut le dire, prendre le rang de chef de parti. Ce n'était plus seulement un tribun éloquent, mais un politique réfléchi, que la gauche avait à sa tête. On retrouverait d'ailleurs, pour tout dire, dans un écrit que fit alors paraître Gustave Chaudey, sous ce titre : *l'Empire peut-il devenir parlementaire?* la plupart des idées émises à la tribune par M. Gambetta, idées dépouillées dans l'écrit du publiciste de l'éclat et de la vigueur dont sut les parer l'orateur.

On peut s'étonner, en effet, de la hardiesse heureuse de M. Gambetta, lorsqu'il réussit à faire entendre à la majorité ou nerveuse ou sourde qui formait, comme le *servum pecus*, le troupeau du ministère, des vérités comme celles-ci :

« La situation que nous traversons nécessite, je le reconnais, du gouvernement impérial, plus que tout autre, un plébiscite, et je comprends que les amis de la première heure, qui ont été les interprètes et les défenseurs de l'œuvre de 1852, aient été singulièrement alarmés quand ils ont vu poindre à l'horizon une transformation constitutionnelle qui aurait eu contre elle l'objection signalée hier par M. le garde des sceaux : l'absence de sanction populaire.

« Ce qui se passe est tout à fait étrange. Que voit-on, en effet, autour du gouvernement impérial qui se transforme, et quelles conditions particulières le sénatus-consulte renferme-t-il ?

« A première vue, cela ressemble beaucoup à un essai de gouvernement pondéré, de monarchie constitutionnelle anglaise ; mais c'est là une pure apparence. Quoi qu'il en soit, depuis les élections dernières, depuis le pas fait par le gouvernement pour se dérober à son passé autoritaire, le gouvernement a rallié autour de lui les partisans de la monarchie constitutionnelle. Je ne dis pas cela pour éveiller la moindre susceptibilité. Je comprends qu'en face du suffrage universel et de la démocratie qui monte, les partisans de la monarchie se soient dit qu'à tout prendre il n'y avait pas d'autre monarchie possible que l'empire.

« Ils ont pu réfléchir longuement. Il y en a qui ont mis dix-huit ans pour aller d'une certaine mairie à un certain palais, mais enfin le temps ne fait rien à l'affaire.

« Il fallait bien que l'empire fît quelque chose dans le sens des idées qui se sont ralliées à lui. Il a donc fait ce qu'il pouvait supporter de parlementarisme. Mon avis est qu'il ne peut même pas supporter cette dose-là. »

Puis, après avoir interrompu sa harangue, autant pour son propre repos que pour laisser l'Assemblée réfléchir à ses paroles, l'orateur continuait :

« Cette incompatibilité d'essence qui, selon moi, existe entre la monarchie parlementaire et le suffrage universel, il faut la prouver.

« L'éloquent ministre de la justice disait hier que sous toutes les formes de gouvernement, on pouvait obtenir la liberté, la pratiquer et la garantir. Je reconnais que sous toutes les formes de gouvernement, excepté sous la forme de la tyrannie pure, on peut pratiquer une certaine liberté. Mais il n'y a qu'une certaine forme de gouvernement qui, dans un milieu particulier, assure et garantisse réellement la liberté.

« La recherche des formes peut organiser et réaliser ; la liberté politique n'est pas un sophisme, et c'est un acte immoral que de soutenir qu'elle est une illusion. Les faits protestent d'ailleurs. A quoi s'occupent les penseurs, les hommes d'État depuis que les intérêts et les rapports des hommes les ont conduits à former des sociétés, si ce n'est à trouver la forme du gouvernement qui assure la liberté?

« La forme aristocratique de l'Angleterre, qui assure et garantit une certaine liberté, a été reconnue deux fois impuissante à la réaliser en France. Il y a donc des formes qui assurent la liberté et d'autres qui ne l'assurent pas. Bien plus, les mêmes formes, appliquées à des milieux différents, produisent des résultats différents.

« Tout cela sert la cause de la démocratie radicale. Et il faut, coûte que coûte, peut-être au prix de bien des larmes et de bien du sang, trouver le moyen d'associer l'ordre avec la liberté pleine et entière. (Mouvements.)

« La forme à laquelle on veut se rattacher ayant été démontrée fragile, caduque, impuissante, il faut essayer du nouveau. La forme républicaine, introduite par la Révolution française, n'a pas réussi, dit-on, à assurer l'ordre et la liberté ; je ne le nie pas, je suis sincère, mais, malgré tous leurs efforts, rois ou empereurs ont-ils réussi davantage?

« Sous la forme républicaine, au moins, la puissance du suffrage universel n'est pas mensongère, elle est réelle, et si on me dit qu'on n'en a pas encore sérieusement essayé, je répondrai que c'est une raison de plus pour le faire. (Mouvements divers.) »

Lorsqu'on passa au vote, la gauche, malgré le discours de Gambetta, fut, comme on pouvait s'y attendre, battue dans l'Assemblée, mais l'opposition à l'empire gagna dans le public une force nouvelle et le ministère s'en inquiéta. On peut dire que ce fut la cause de la prorogation de la Chambre. Conçoit-on, en effet, qu'à la veille d'un événement aussi capital que le plébiscite, le Corps législatif français fût renvoyé dans ses foyers, et que la discussion du futur sénatus-consulte fût réservée aux seuls sénateurs, c'est-à-dire aux élus du pouvoir? Cependant les représentants élus par la nation en seraient réduits, selon l'énergique expression de M. Jules Favre, à *regarder par la fenêtre*.

Ce n'était pas la prorogation, c'était l'abdication de la Chambre que M. Ollivier demandait. Montalembert disait un jour que la France était *affamée de silence*. Cette fois, c'était l'empire qui en était littéralement affamé et qui voulait que la tribune française n'eût point d'action fâcheuse au point de vue de la dynastie sur les résultats du futur plébiscite.

Dans la séance du 13 avril, M. Ferry avait, en effet, interpellé vivement le garde des sceaux sur certains mandats d'amener décernés en *blanc* par le préfet de police et sur l'instruction judiciaire des personnes arrêtées à la suite des affaires de février. Le nombre des gens arrêtés et prévenus de complot contre la sûreté de l'État et la vie de l'empereur était de quatre cent cinquante. Mais l'inculpation n'avait été maintenue que pour soixante et onze. Ainsi, trois cent soixante-dix-neuf citoyens avaient été saisis, emprisonnés avec une légèreté coupable.

« N'est-il pas vrai, s'écriait alors M. Ferry, que notre pays est le dernier qui soit sous le soleil en ce qui concerne les garanties de la liberté individuelle?

— Si, en effet, répondait M. Ollivier, un grand nombre d'arrestations ont eu lieu, on sait à la suite de quelles circonstances elles ont été opérées ; après des actes séditieux, des barricades construites, ces barricades, ce n'est pas moi sans doute qui les ai élevées.

— Oui, interrompait M. Emmanuel Arago, mais vous tâchez d'en profiter ! »

Quel était donc ce complot dont M. Ollivier avait, disait-il, découvert la trame et qui devait servir de préface à cet autre fameux complot, dont la découverte, à la veille du vote plébiscitaire fit l'effet d'un gigantesque coup de théâtre?

Nous avons souvent, du temps de l'empire, nié l'existence de ces complots dont plus tard Gustave Flourens, dans un livre posthume, devait revendiquer pour sa part la direction. La vérité historique est faite aujourd'hui. Les complots existaient, complots maladroits où l'œil et la main de la police se retrouvaient parmi les conjurés et où se coudoyaient, dans une promiscuité attristante, les exaltés et les espions. Avec sa naïveté et sa franchise habituelles, Flourens raconte comment, après les troubles des 7 et 8 février, il demeura à Paris, réfugié chez un ami, et songeant à remplacer la lutte à main armée par le complot. « Mais, pour en activer la mise à exécution, il lui fallait sa liberté d'action. C'est pourquoi, un nuit il partit secrètement pour Londres. Arrivé là, il fit parvenir à ses amis les fonds nécessaires, et organisa tous les moyens de succès (1). »

C'est à Flourens encore qu'il faut demander en quoi consistait ce complot et ce que rêvaient les conjurés pour l'accomplissement de leur œuvre : «S'emparer des Tuileries, en une nuit, dit-il, grâce à quelques intelligences au dedans, et en y terrassant les bonapartistes, s'ils essayaient de résister, au moyen des formidables engins de destruction mis par la science au service des peuples opprimés ; paralyser à force d'audace tous les soutenants, si terriblement armés, du tyran, et, avec quelques hommes d'une immense énergie affranchir de ses chaînes un grand peuple énervé : tel était le com-

(1) *Paris livré*, 1 volume, par G. Flourens (chap. III, p. 12)

plot qui devait séduire alors tout cœur généreux et brave. »

Nous sommes loin du temps où Gustave Flourens, professeur au collège de France, démontrait éloquemment, à propos du meurtre de César, l'inutilité du régicide. « *Les républicains le tuèrent*, disait-il alors (février 1864). *Crime et sottise. Est-ce que le sort des nations dépend de l'existence d'un homme? N'ont-elles pas toujours le gouvernement dont elles sont dignes par leur conduite? Améliorez les hommes en les instruisant, ils n'auront plus besoin de maîtres* (1). »
Maintenant Flourens proclamait d'une façon absolue « la nécessité du régicide » et, pour arriver à son but, grisé par ses souvenirs d'antiquité rude, s'inspirant de je ne sais quels souvenirs héroïquement corrupteurs, rêvant de placer son nom à côté de ceux d'Aristogiton et d'Harmodius, il se liait ou plutôt se livrait à des personnalités louches, comme ce Ballot qui dévoilait à la police le secret du complot, ou comme ce Beaury qui, après avoir promis de l'exécuter, se faisait arrêter chez une fille.

C'est la condamnation de telles entreprises que, si la tête qui les conçoit peut rester pure dans son exaltation et dans sa frénétique erreur, les mains qui doivent se mettre à l'œuvre soient fatalement hypocrites ou souillées. A côté du front mâle d'Orsini se rencontre, dans l'affaire du 14 janvier, la face de Pieri ou l'œil félon d'un de Ruddio. Flourens avait armé le bras d'un sergent déserteur, Beaury, qui, à Bruxelles, vivait de l'aumône des réfugiés, demandant à celui-ci un vêtement, à cet autre un écu.

« Ce jeune homme, dit Flourens en parlant de Beaury, était intelligent, instruit; il semblait avoir en lui le cœur d'un Agésillas Milano, de ce soldat qui fit siffler aux oreilles du tyran de Naples sa balle régicide. Pendant quatre jours, Flourens le mit à l'épreuve, l'entretenant de la grandeur, de la sainteté, de la nécessité de l'œuvre de salut et de rédemption qu'il s'offrait à tenter. Il s'assura que quatre autres sous-officiers, *nouveaux sergents de la Rochelle*, étaient d'accord avec lui. Quand il vit que sa résolution était ferme et ne s'ébranlait point, il le laissa partir avec les instructions et les moyens de succès nécessaires. »

Beaury devait dépenser l'argent donné et livrer piteusement le secret du complot. Flourens s'était trompé, comme sa chimère l'entraîna toujours à l'erreur, en voyant un héros antique dans un bohème de caserne qui exploitait, au nom de la République, en attendant qu'il les trahit, ceux qu'il prétendait servir.

Cependant, la nouvelle de ce complot, tombant tout à coup dans le public, au moment où l'empire demandait à la nation un vote de confiance, pouvait paraître trop bien amenée pour la circonstance, pour que la main du pouvoir, pressant un ressort caché, n'eût pas fait apparaître ce *Deus ex machinâ*. Que pouvait, en effet, avoir à gagner le parti républicain dans un complot qui devait fatalement effrayer la plus grande partie de la nation? Au moment où l'empire se liquéfiait, pour ainsi dire, on lui refaisait une solidité soudaine en le menaçant de bombes et de moyens fournis par la science ! La France, avide de paix, de repos, de calme, — mais avide aussi de liberté, — ne devait plus considérer tout à coup qu'une chose : c'est qu'on la menaçait en menaçant l'empire. Ces fanatiques rendaient à la République les mauvais services que les ministres trop zélés rendaient au régime impérial. Ce zèle farouche devait assurer des millions de *oui* au plébiscite futur, et, je le répète, il se déployait si maladroitement, et dans une circonstance si étonnante, que l'on était en droit d'attribuer le complot aux machinations de la police. Il faut les affirmations nettes de Flourens pour nous convaincre que Tibaldi, récemment revenu de Cayenne, et Bradlaugh en faisaient partie.

Le ministre devait adroitement mettre en relief tous ces romanesques projets. Il rapprochait la découverte de bombes faite chez Ballot du coup de pistolet de Mégy, tiré rue des Moines, un matin de février. Nous avons omis à dessein de parler de ce drame qui n'eut pour témoins que des agents de police. Un ouvrier mécanicien, Mégy, compromis dans les troubles des 7, 8 et 9 février, avait tué l'agent de police Mourot, chargé de son arrestation.

Le vendredi matin, 11 février, vers six heures, M. Dorville, commissaire de police, suivi de son secrétaire et des deux inspecteurs, Mourot et Petitcolas, frappait rue des Moines, 76, à Batignolles, au deuxième étage de l'hôtel où demeurait Mégy. M. Dorville était porteur d'un mandat d'arrêt lancé contre Mégy par le juge d'instruction, M. Bernier.

« La clef, dit un récit que j'ai tout lieu de croire exact, était dans la serrure de la porte; M. Dorville la tourna, mais il s'aperçut que la porte était fermée intérieurement. Il frappa alors.

« — Qui est là? fit une voix.

« — Au nom de la loi, ouvrez!

« — Attendez, je vais vous ouvrir, répondit-on; mais on n'ouvrit pas.

« M. Dorville frappa de nouveau et réitéra son injonction, en ajoutant qu'il était porteur d'un mandat de justice.

« Mais probablement, en essayant d'ouvrir, le commissaire de police avait fait jouer le double pène, ce qui ne permettait plus d'ouvrir de l'intérieur.

« L'inspecteur Petitcolas s'avança, fit de nou-

(1) *Histoire naturelle des Corps organisés.* — Cours de Gustave Flourens (leçons reproduites par la *Revue des Cours scientifiques*).

veau tourner la clef dans la serrure, et la porte céda.

« M. Dorville voulut alors entrer dans la chambre. Il marchait le premier, ayant à son côté M. Dumauchin, qui lui-même avait à sa droite Petitcolas; l'inspecteur Mourot venait ensuite. Un homme était dans la chambre, à quelques pas de la porte; c'était Mégy. Dès qu'il aperçut le magistrat, il leva un pistolet dont il était armé, ajusta M. Dorville et fit feu. M. Dorville se jeta en arrière; une balle lui effleura la tempe; mais ce projectile atteignit Mourot. Il pénétra par l'oreille droite du crâne. En même temps, Mégy referma la porte et se barricada dans sa chambre. L'inspecteur tomba sur le carré, baignant dans une mare de sang.

« Vingt minutes après, les agents descendaient avec Mégy, qu'on faisait entrer dans un fiacre, et l'on portait Mourot à l'hôpital Beaujon, où il ne tardait pas à expirer. »

La liberté individuelle était si peu assurée sous

Le portrait de M. Émile de Girardin est extrait de *Nos Contemporains*.

l'empire, et sous ce ministère libéral qui abrogeait les lois de sûreté générale, tout en multipliant les arrestations, que l'on put un moment considérer le meurtrier de l'agent Mourot comme un soldat d'une cause juste. La vérité est qu'un principe supérieur à toutes les légalités créées par les hommes domine le cas présent, et ce principe est celui qui dit à l'humaine créature : *Ne occides. Tu ne tueras point.* Quand on pense que la discussion porta sur ce point : Était-il, lorsque Mégy tira son coup de pistolet, l'heure légale où les agents de l'autorité ont le droit de se présenter chez un citoyen ou était-il trop tôt? Quand on voit que la culpabilité se mesure, se compte sur un cadran et qu'un homme est innocent ou coupable à une minute près, on éprouve une mélancolie profonde, et l'on se demande de quelle convention est faite l'honnêteté et ce qui constitue la moralité des actes humains, puisqu'un fait aussi redoutable est flétri ou innocenté, selon que l'horloge avait commencé ou fini de sonner.

Certes, Mégy se trouvait, au matin du 11 février, dans le droit de toute créature résistant, à ses risques et périls, à la pression de la loi. Mais il était loin aussi d'Armand Carrel, dont on a cité à son propos l'exemple de résistance légale. Armand Carrel, déclarant que l'arrestation préventive des écrivains, hors le cas de flagrant délit, était une illégalité, défiait le ministère de l'arrêter, et le bravait en lui promettant la résistance; mais il marchait à ce duel avec le pouvoir comme en un champ clos, faisant d'avance connaître et son heure et ses armes. En ce sens, l'article qu'il écrivait alors, et qui le fit traduire devant la cour d'assises de la Seine (il fut acquitté), cet article appartient à l'histoire. Lorsque le directeur du *Bon Sens*, M. Rodde, annonçait, dans son numéro du 8 octobre 1833, que le dimanche suivant il irait, en personne, distribuer, place de la Bourse, une brochure saisie contre toute justice par les agents, de M. Gisquet, et qu'il ajoutait : « Je résisterai à toute tentative de saisie ou d'arrestation arbitraire; je repousserai la violence par la violence, et j'appellerai à mon aide tous les citoyens qui croient encore que la force doit rester à la loi; » lorsqu'au nom de la liberté de la presse Rodde prenait ainsi cette belliqueuse attitude, encore une fois c'était en plein jour, et comme eût dit le stoïque Barbès, en faisant avec l'ennemi un partage égal d'ombre et de soleil. Mais l'impartialité de l'histoire ne saurait voir un imitateur de ces combattants du droit dans l'homme de la rue des Moines.

Et pourtant Mégy, avant même d'être défendu devant la justice, avait été amnistié devant l'opinion par un des hommes qui, arrivé à ce point de son existence droite et ferme, représentait alors, dans toute sa froide sévérité, le sentiment du droit démocratique. La parole de Delescluze s'éleva dans le silence de la presse, proclamant que Mégy avait combattu et s'était en quelque sorte sacrifié pour la liberté individuelle. C'était un témoignage imposant que l'approbation d'un homme tel que Delescluze. Nul n'avait le droit de suspecter sa vieille et dure honnêteté. Depuis, les fièvres de la lutte l'ont entraîné jusqu'au gouffre où il a disparu. Mais alors, je le répète, c'était un bouclier que sa probité et une force que son témoignage. L'article du rédacteur en chef du *Réveil* avait été, par une sorte de colère trop prompte, poursuivi et condamné avant l'acte de Mégy lui-même. La justice n'avait pas prononcé sur la culpabilité du meurtrier, que Delescluze était convaincu de complicité morale et condamné à treize mois de prison pour avoir discuté l'événement du 11 février au point de vue du droit strict.

Une sorte de vent furieux semblait, au surplus, passer sur le public et la presse, et les condamnations étaient fréquentes. A coup sûr, la liberté individuelle ne semblait plus qu'un leurre. Ce n'était pas seulement Mégy qu'on arrêtait, mais son avocat, M. Protot. Et qui sait si les violentes injustices de l'empire n'ont point précipité dans les excès où devait sombrer la Commune de 1871 tous ces esprits déjà si ardents et si exaltés? Qui ne sent, en réalité, que toutes les fureurs de ces gens, arrivés au pouvoir, sont nées des persécutions endurées? Voilà bien pourquoi nous combattrons éternellement pour la liberté et la loi, c'est que leur règne seul permet les manifestations du progrès et rend impossibles les haines et par conséquent les revanches sociales.

La vérité politique, dans notre temps si profondément troublé, tient tout entière dans la *Déclaration des Droits de l'Homme*. Quiconque n'accepte pas un tel pacte ou quiconque se déclare en guerre contre lui, se met, qu'il réagisse par amour du passé ou qu'il agisse par révolte, hors de la société. Mais la *Déclaration des Droits* proclame avant toutes choses que l'individu est libre, comme sa parole, comme sa plume et comme sa conscience.

M. Protot fut arrêté rue de Braque, n° 6, à son logis, par M. Clément, commissaire de police, et si cette arrestation ne donna pas lieu à un drame sanglant, comme celle de Mégy, elle fut pourtant curieuse par ses incidents. Le commissaire, en pénétrant dans le domicile de l'avocat, avait été tout d'abord frappé par la vue d'une *serviette* littéralement bourrée de papiers. Il la saisit et l'ouvre, lorsque M. Protot se précipite sur lui, le renverse, lui arrache la serviette des mains et se jette dans l'escalier. M. Clément se relevant alors, ouvre la porte de l'appartement et s'élance à la poursuite de l'avocat. Mais ne parvenant pas à l'atteindre, il tire de sa poche un pistolet, et le décharge brusquement en l'air, dans l'escalier, pour jeter l'alarme dans la maison mise en rumeur. La détonation produisit l'effet voulu. Le concierge, entendant le coup de feu, avait, à tout hasard, fermé la porte cochère. Impossible à M. Protot de gagner la rue. Il est saisi dans la cour par les deux agents qui accompagnaient M. Clément, et, bâillonné, poussé dans un fiacre qui stationnait au coin de la rue, il est conduit aussitôt au dépôt de la préfecture de police.

Nous retrouverons la plupart des inculpés de cette affaire du complot, qui vint si malencontreusement fournir à l'empire une majorité dans le plébiscite, nous retrouverons Mégy, Protot et les sous-officiers que Flourens comparait si naïvement aux sergents de la Rochelle, sur les bancs de la haute Cour de Blois. Je voulais seulement indiquer, avant de parler plus amplement du plébiscite, combien ces conspirations avortées, ces complots mal conduits, ces maladroites tentatives donnèrent de force, au moment du vote, à ce régime désordonné qui était l'empire, mais qui, pour la majorité ignorante et toujours prête à escompter un droit et à sacrifier sa liberté à son repos, représentait l'ordre ou du moins le fantôme, l'apparence de l'ordre.

Les journaux dévoués à l'empire n'allaient pas manquer, on le conçoit bien, d'exploiter cette affaire du complot. Leurs pages furent remplies des détails de la conjuration, et l'on vit s'étaler ces dessins en quelque sorte plébiscitaires qui représentaient le dessin, la coupe et le mécanisme des bombes saisies chez ce Roussel qui trouva le moyen de s'échapper des mains des agents et que beaucoup regardèrent comme un des dénonciateurs du complot.

On peut faire le même reproche d'inopportunité et de maladresse à l'audacieuse proposition faite, un soir, par M. Lermina, au club des Folies-Bergères. L'orateur ne proposa-t-il point de condamner, comme chef de bande, « voleur et bandit et falsificateur de monnaies », Louis-Napoléon Bonaparte, et la peine de mort étant abolie, de commuer la peine capitale encourue en celle des travaux forcés à perpétuité? Fantaisie politique dont le télégraphe du ministère de l'intérieur se hâtait de transmettre les termes aux départements effarés, sachant bien que la province, dans son effroi, y répondrait par une majorité de *oui* qui ne serait qu'une majorité de terreur.

L'empire, en effet, et le ministère profitaient de toutes les circonstances offertes et voulaient, cette fois, engager la bataille avec toutes leurs forces en main. L'empire n'était *prêt, cinq fois prêt*, que pour cette guerre de bulletins. Mais sur ce point, du moins, il paraissait inexpugnable. Le ministre de la justice n'avait-il pas déclaré, du haut de la tribune, qu'il allait, pour réussir, déployer une *activité dévorante?* Le mot avait paru, comme tant d'autres paroles de ce rhéteur, maladroit et irritant, mais l'action, il faut l'avouer, suivait de près une telle déclaration. L'armée tout entière des gens intéressés à l'ordre régnant était en campagne, depuis le sénateur ou le député jusqu'au modeste garde champêtre, jusqu'au curé de village, jusqu'à l'instituteur primaire. Le fonctionnarisme, cette plaie de la nation française, cette innombrable phalange de serviteurs qui obéissent par intimidation et par habitude à toute autorité, aussi bien à l'autorité née d'un coup de force ou d'un coup d'État qu'à l'autorité légale, le fonctionnarisme déployait pour cette fiévreuse circonstance un zèle qui devait produire un écrasant résultat. Ce n'était pas tout au surplus. L'empereur lui-même entrait dans ce courant d'activité. On parlait déjà d'une lettre adressée par le souverain à tous les électeurs et où, sollicitant lui-même les suffrages, il donnerait ce spectacle nouveau d'un César rendant compte à ses commettants de son administration et entrant, par la poste, en communication avec ceux qu'on osait encore appeler ses *sujets*.

Arrêtons-nous un moment sur les détails de ce vote plébiscitaire d'où allaient découler, et si rapidement, les effroyables malheurs qui ont mis la France tout entière à deux pas de sa perte et qui l'ont laissée, dans tous les cas, vaincue, appauvrie et amoindrie dans ses frontières.

DOCUMENTS COMPLÉMENTAIRES DU CHAPITRE V

LE COMPLOT
Rapport à l'Empereur.

Paris, le 4 mai 1870.

Sire,

Il existe parmi nous un parti révolutionnaire. Son but est d'établir la République démocratique et sociale; ses moyens sont le dénigrement systématique, l'outrage, la calomnie, l'émeute, l'assassinat. Les libertés nouvelles, loin de l'apaiser, l'ont surexcité; il n'y a vu qu'une facilité de plus de s'organiser et de s'étendre.

Il ne prend pas la peine de se cacher. Dans ses journaux, répandus en grand nombre, dans ses réunions où nul contradicteur ne peut se faire entendre, il expose ses projets et il organise ses moyens d'action. Il suffirait, pour prouver l'attentat et le complot qu'on lui impute, de reproduire les articles et les discours dans lesquels il les raconte ou les annonce. Contre lui on pourrait n'invoquer pour témoin que lui-même.

Nous avions espéré que la patience et la douceur suffiraient à vaincre des passions d'un autre temps. Mais notre patience a été prise pour de la timidité, et notre douceur pour de la faiblesse; nous avons dû nous convaincre qu'une répression énergique était le seul moyen de rétablir cette paix sociale et ce respect de la loi sans lesquels l'établissement d'institutions libres ne serait qu'une témérité.

Lorsque votre gouvernement a décrété l'appel au peuple, une première instruction était terminée: nous en avons différé la conclusion, afin qu'une coïncidence involontaire ne ressemblât pas à une manœuvre électorale. Mais les révolutionnaires n'ont pas été arrêtés par l'armistice légal que nous établissions. Ils ont cru pouvoir supprimer par un crime le souverain, alors qu'une Constitution abandonnée, l'autre n'était pas encore votée, ce serait détruire à coup sûr l'État lui-même, momentanément en dehors de tout ordre constitutionnel, et ils se sont résolus à mettre à exécution, avant le 8 mai, des entreprises depuis longtemps préparées.

Dans ces circonstances, il est de notre devoir de saisir publiquement la justice.

J'ai donc l'honneur, Sire, de vous soumettre le rapport de M. le procureur général près la cour impériale de Paris, et je vous propose d'en adopter les conclusions.

Le nombre des inculpés, la nature et la gravité de l'affaire, la nécessité de concentrer des renseignements fournis par les divers parquets de France, les exigences de l'ordre public motivent l'attribution à la haute Cour de la procédure et du jugement.

Cette attribution ne privera pas les accusés de la garantie précieuse du jugement par jurés, elle l'augmentera : au lieu d'être les représentants d'une ville, les jurés seront les représentants de la France entière.

J'ai l'honneur d'être, avec le plus profond respect,

Sire,
de Votre Majesté, le très-dévoué serviteur,

ÉMILE OLLIVIER.

Convocation de la haute Cour.

Napoléon,

Par la grâce de Dieu et la volonté nationale, empereur des Français,

A tous présents et à venir, salut,

Vu le rapport de notre garde des sceaux, ministre de la justice et des cultes;

Vu l'article 54 de la Constitution du 14 janvier 1852;

Attendu que des pièces communiquées au ministre de la justice par le procureur général près la cour impériale de Paris résulte l'existence d'un complot ayant pour but de commettre des crimes prévus par les art. 86, 87 et 89 du Code pénal;

Avons décrété et décrétons ce qui suit :

Art. 1ᵉʳ. — La chambre des mises en accusation de la haute Cour de justice est convoquée pour statuer sur les faits se rattachant audit complot.

Art. 2. — M. le conseiller Lascoux présidera la chambre d'accusation de la haute Cour.

Les fonctions de procureur général près la haute Cour seront remplies par M. Grandperret, procureur général, assisté de MM. Dupré-Lasalle, premier avocat général; Bergognié et Lepelletier, substituts du procureur général.

Art. 3. — Notre garde des sceaux, ministre de la justice et des cultes, est chargé de l'exécution du présent décret.

Fait au palais des Tuileries, le 4 mai 1870.

NAPOLÉON.

Par l'empereur,
Le garde des sceaux, ministre de la justice
et des cultes,

ÉMILE OLLIVIER.

GUSTAVE FLOURENS A BELLEVILLE.

Bien que cette pièce se rapporte plus particulièrement au chapitre IV, nous la donnons ici à cause de son intérêt tout spécial. C'est, en effet, G. Flourens racontant lui-même la part qu'il prit aux affaires de Février. Ces événements sont d'ailleurs intimement liés à l'affaire dite du complot.

Rochefort et moi nous devions tenir ce soir-là une réunion à la salle de la Marseillaise, rue de Flandre, à la Villette.

J'arrivai à huit heures.

Le comité antiplébiscitaire de la rue de la Sourdière.

Je ne pouvais croire à l'arrestation de notre ami, de notre représentant, coupable d'une généreuse indignation contre un infâme assassinat.

J'annonçai aux citoyens, qui me firent l'honneur de me nommer président, que Rochefort allait venir. Mais, à peine le premier orateur inscrit avait-il déclaré qu'il ne fallait point laisser incarcérer notre représentant, et s'était-il attiré, par ces nobles paroles, un premier avertissement du commissaire de police, à peine avais-je eu le temps de repousser cet avertissement, qu'une immense clameur du dehors nous apprit qu'on avait osé attenter à la liberté de notre député !

Je déclarai aussitôt à l'assemblée que nous devions nous mettre en état de révolution, de résistance par les armes.

Je pris en effet les armes et arrêtai le commissaire de police : « Il ne vous sera fait aucun mal, lui dis-je, à condition que vous ne chercherez ni à m'échapper, ni à faire frapper mes amis par les agents. »

Je sortis dans la rue tenant le commissaire. Il montra à la foule des agents son écharpe, et nous pûmes continuer notre chemin en chantant la *Marseillaise* et le *Chant du Départ*.

« A Belleville ! » criai-je à mes amis, groupe, hélas ! trop peu nombreux, mais bien héroïque, de jeunes gens ; une centaine d'abord, une soixantaine seulement à la fin, avec lesquels nous avons occupé pendant trois heures un faubourg de Paris.

Le commissaire de police me dit : « Êtes-vous toujours sûr, monsieur Flourens, de pouvoir me protéger efficacement. Je tiens peu à la vie, mais je serais bien malheureux de ne pas revoir ma femme et mes enfants. »

Je lui ai promis de le mettre en sûreté. « Ce n'est pas nous qui massacrons les gens désarmés, lui dis-je, ce sont vos agents. »

Arrivés au bas du faubourg du Temple, en face du canal, nous fîmes arrêter un omnibus. Bientôt deux omnibus et quelques voitures commencèrent une ébauche de barricade.

Je priai alors un ami sûr et courageux de conduire le commissaire de police de l'autre côté de la barricade, et là de le mettre en pleine sécurité et en liberté.

Puis nous remontâmes le faubourg. Deux soldats passaient. Nous les désarmâmes avec la plus grande douceur et en véritables frères.

A la caserne du faubourg du Temple, il y avait un sergent et trois soldats armés. Je leur adressai quelques paroles amicales, mais ces malheureux, esclaves de la discipline, se bornèrent à croiser la baïonnette et à menacer de faire feu.

Nos amis, tous occupés en ce moment à barricader les rues latérales, et se multipliant avec une ardeur infinie, m'avaient laissé à peu près seul. Je continuai donc ma route, en faisant partout éteindre le gaz.

Arrivés au haut de la rue de Paris, en face le boulevard extérieur, nous trouvâmes une maison en construction, dont les moellons et les planches nous servirent à faire une barricade bien meilleure que les précédentes.

Au dépôt des omnibus, dans la rue de Paris, nous trouvâmes bon nombre de voitures avec lesquelles nous pûmes compléter le système de défense des rues latérales.

Mais, par malheur, nos autres amis, n'ayant pas eu le temps d'être avertis, ne venaient toujours pas nous joindre. Nous restions seuls et sans armes.

On me dit alors qu'il y avait des fusils au théâtre de Belleville. Nous y allons. Une dizaine de jeunes gens entrent par la porte principale pour les demander.

On me désigne une porte latérale en m'avertissant qu'ils sont là. J'y cours, je trouve un concierge, je lui dis : « Pour éviter un malheur, livrez-nous les armes ! »

« Elles sont en haut, » me répondit-il. Je monte alors, sans faire attention que je n'étais plus suivi que d'un seul brave et excellent jeune homme, L..., presque un enfant.

A peine avais-je fait quelques pas en avant que j'entendis des cris :

« Sauvez-moi, Flourens, au secours, on m'assassine ! »

C'est L..., que quatre individus tiennent à la gorge et par les cheveux, tandis qu'un quatrième lui met un pistolet sur le front.

Je m'élance sur mon ami, du bras gauche je l'enlève, ce qui me fit perdre mon épée. En même temps, quatre autres individus se ruaient sur moi, et, me retournant le poignet droit, m'arrachaient mon revolver.

Je sautai en bas de l'escalier, emportant mon jeune ami, très-heureux de l'avoir sauvé de ce guet-apens, même au prix de la perte d'un pistolet.

Nous n'étions pas assez nombreux.

Et pourtant toute la grande artère du faubourg était barricadée. Si nous avions eu des armes, ces jeunes gens se seraient battus héroïquement.

Nous redescendons la rue du Faubourg. Au moment où j'approchais de la barricade inférieure, des cris perçants se faisaient entendre.

C'étaient des enfants désarmés que des agents de police poursuivaient l'épée dans les reins. L'un d'eux, atteint d'un coup d'épée dans le dos, tombe à quatre pas de moi en poussant des cris déchirants.

Trois agents se précipitent vers moi. Je n'avais point d'armes. J'eus le bonheur de repousser de la main gauche une épée, tandis que je recevais sur l'épaule droite un coup de casse-tête.

Arc-bouté contre la muraille, j'allais engager la lutte, quand survinrent cinq ou six autres enfants, courant de toutes leurs forces, et poursuivis par deux agents et un officier de paix.

« Courez donc, et frappez ! » cria l'officier à ses agents. Cela me sauva. Ils me laissèrent là, appuyé contre la muraille.

Je continuai tranquillement ma route, tout à fait seul. Dans une rue latérale, je rencontrai un ami qui me fit entrer dans sa petite chambre d'ouvrier.

A peine y étions-nous, que la rue fut envahie par la garde municipale à cheval et à pied. C'était lugubre de voir ces hommes marchant silencieusement dans les ténèbres pour aller égorger leurs frères et leurs fils désarmés !

Les chevaux, à chaque pas, glissaient sur les pavés humides.

A peine eurent-ils passé, je sortis de chez mon ami.

Je pus, à la faveur des ténèbres, remonter la grande rue du Faubourg, voir les agents de police détruire nos barricades, si courageusement improvisées tout à l'heure.

La cavalerie redescendit la rue du Faubourg, et ne trouva heureusement personne à sabrer. Voyant qu'il n'y avait plus rien à faire pour le moment, je suivis le canal, je me rendis chez un autre ami.

A une heure et demie du matin tout était complétement calme.

A six heures du matin, le mardi 8, un commissaire de police, suivi de cinq agents, s'est rendu pour m'y arrêter, à mon domicile, où naturellement il ne m'a pas trouvé.

Le mandat d'amener, lancé contre moi, porte les quatre chefs d'accusation suivants :

1° Excitation à des crimes ;
2° Séquestration d'un commissaire de police ;
3° Excitation à la révolte ;
4° Cris séditieux.

Ces messieurs ont enlevé tous mes papiers, toute ma correspondance, où ils ne trouveront naturellement rien de compromettant pour personne.

On m'a pris aussi les *Châtiments*.

Tout cela n'empêchera point justice de se faire.

GUSTAVE FLOURENS.

(Extrait du journal *la Réforme*.)

CHAPITRE VI

Le plébiscite. — Son véritable sens. — Les sénatus-consultes impériaux. — Divers comités plébiscitaires et antiplébiscitaires. — M. de Girardin. — Le manifeste de la gauche. — Discussions de la rue de la Sourdière. — Schisme de M. Picard. — La *Marseillaise* et l'abstention. — Les paysans et les soldats. — Attitude des libéraux et radicaux. — M. Laboulaye. — Brochure d'actualité. — Les dons de M. Cernuschi. — Son expulsion. — Le vote. — Résultats. — Les émeutes de Mai. — Napoléon à la caserne du Prince-Eugène. — La dernière fête de l'empire et le dernier discours de l'empereur.

Au moment où l'empire faisait appel à la nation et lui demandait de lui déléguer une nouvelle fois les pouvoirs souverains, il faut bien reconnaître que la France était surtout avide et littéralement comme affamée de deux choses, *la paix* et *la liberté*. Je l'ai dit et le répète pour bien caractériser la situation : la guerre apparaissait à tous les bons esprits comme la plus barbare des usages de la force et il n'était pas, dans ce peuple français que l'étranger regardait toujours comme le plus belliqueux de tous, il n'était pas un libre écrivain, un philosophe, un penseur qui n'eût demandé l'abolition des armées permanentes qu'on regardait comme la cause directe des conflits dans le monde. Haine et dégoût de la guerre, aspiration ardente vers la liberté, tel était l'état général des esprits. Ceux-là mêmes, qui s'attachent aux choses mortes et se font les serviteurs de la réaction suivaient le mouvement en dépit d'eux-mêmes et beaucoup qui votèrent *oui* au 8 mai 1870 votèrent pour l'empire, soit, mais aussi pour les miettes de liberté, ces libertés homœopathiques et à petites doses que l'empire avait, comme honteux de lui-même, accordées avec les années.

Le sénatus-consulte voté le 20 avril 1870 et soumis à l'approbation du peuple, était le neuvième qu'eût voté le Sénat depuis la constitution du 14 janvier 1842. Le 7 novembre 1852, un sénatus-consulte *rétablissait la dynastie* impériale en faveur de Louis-Napoléon Bonaparte, nommé empereur des Français sous le nom de Napoléon III. Le 15 décembre 1852, un sénatus-consulte interprétait et modifiait la constitution de 1852 en réglant particulièrement *les conditions de l'hérédité* et divers droits souverains conférés à l'empereur. Le 27 mai 1857, un sénatus-consulte modifiait l'article 35 de la constitution en ce qui concerne *le nombre des députés à élire*. Le 17 février 1858 un sénatus-consulte *exigeait le serment préalable des candidats à la députation*. Le sénatus-consulte du 2 février 1861, réglait les *conditions de reproduction des débats législatifs*, et celui du 31 décembre 1861 modifiait *le vote des budgets*. Le 10 juillet 1866, un sénatus-consulte portait *défense à tout pouvoir public autre que le Sénat de discuter la constitution*. Enfin, le 8 septembre 1869, un sénatus-consulte apportait à la constitution des changements de détail et faisait pressentir les modifications dites libérales que l'on avait à grand'peine obtenues du pouvoir.

Le *Journal officiel* du 23 avril 1870 avait donné, en même temps que le texte de la nouvelle constitution, la formule du plébiscite soumis à la sanction populaire. Cette formule était celle-ci :

« *Le peuple approuve les réformes libérales opérées dans la constitution depuis 1860, par l'empereur, avec le concours des grands corps de l'État et ratifie le sénatus-consulte du 20 avril 1870.* »

On devait répondre par *oui* ou par *non*. Mais qui ne voyait, dès l'abord, l'ambiguïté de la question ? Approuver les réformes, ce n'était pas fatalement approuver l'empire, et c'était pourtant répondre oui. Aussi bien s'établit-il sur le champ un double courant et fut-il, non pas seulement tacitement, mais bien ouvertement convenu que répondre *oui*, c'était approuver l'empire, répondre non, c'était le condamner et dans son origine et dans ses manifestations diverses, dans son passé et son avenir. Une troisième opinion, plus radicale en apparence, mais nullement pratique, allait se produire, et affirmer une nouvelle fois cette doctrine de l'*abstention* trop longtemps pratiquée dans les premières années du règne de Louis-Napoléon Bonaparte.

En attendant, la presse, les réunions, les publicistes analysaient et discutaient la constitution nouvelle. Cette constitution masquée de liberté n'était qu'un leurre. C'était la constitution autoritaire de 1852, dissimulée sous des réformes de détail. L'empire avait évité, avec assez d'adresse, les écueils qu'il redoutait pour sa fortune. Ainsi, voulant par exemple faire le moins possible d'élections, — craignant ces fièvres électorales où les échecs grandissaient, grossissaient pour lui d'années en années, — il renchérissait, en quelque sorte, sur la constitution de 52. Celle-ci disait simplement : *Les députés sont élus pour six ans.* La constitution de 70 ajoutait : *Les députés sont nommés pour une durée qui ne peut être moindre de six ans.* Le Corps législatif pouvait ainsi étendre la durée de son mandat, mais non l'abréger. En outre, l'empereur se réservait à lui-même et à lui seul ou à son successeur, le droit de toucher à la constitution. Pour peu qu'il l'eût voulu (et que le sort l'eût permis), cette constitution point définitive certes, eût été éternelle. Enfin, et ce qui était plus grave, la fameuse question de *droit de guerre et de paix*, question capitale sur laquelle Mirabeau avait livré à la monarchie le plus terrible de ses combats, cette question qui tenait à la destinée même de la nation, cette vitale question était tranchée dans le sens du souverain, libre de pousser dans la voie qui lui plaisait ses ministres, devenus en apparence ses guides et demeurés, en réalité, ses complaisants.

Le plus fidèle et le plus ancien des serviteurs de l'empire, M. de Persigny, ne dissimulait pas la satisfaction qu'il éprouvait à voir une telle constitution, qui promettait tout et ne tenait rien. On peut s'en convaincre par le jugement qu'il portait sur la constitution nouvelle : *L'empereur garde tout son pouvoir ; il a tous les pouvoirs de l'empire autoritaire en créant l'empire libéral.* L'éloge de la constitution ainsi fait par M. de Persigny eût dû, ce semble, faire rejeter un tel compromis par un pays qui tenait à se gouverner lui-même.

Mais, encore une fois, le pays avait peur. Le complot, l'activité du ministère, les journaux dévoués à l'empire, avaient entraîné l'opinion dans un mouvement de recul. M. Émile Ollivier prenait d'ailleurs la nation par son faible, et l'attendrissait par des bucoliques, où il comparait, d'une façon sentimentale, Napoléon au fermier laboureur qui demande à transmettre sa cabane à son enfant. L'empereur lui-même adressait, non pas une lettre, mais un manifeste imprimé par l'imprimerie impériale, et envoyé en effet aux électeurs.

« Donnez-moi, disait-il, une nouvelle preuve de confiance, en apportant au scrutin un vote affirmatif ; vous conjurerez les menaces de révolution, vous assoirez sur une base solide la liberté, et vous rendrez plus facile dans l'avenir la transmission de la couronne à mon fils. »

Cependant, la démocratie ne restait pas inactive. Elle répondait par sa propagande aux menées du ministère. Les partisans de l'empire avaient, dès le premier moment où il fut question du plébiscite, organisé, rue de Rivoli, n° 182, sous la présidence de M. d'Albuféra, député, un *Comité central plébiscitaire*, destiné à stimuler le zèle des électeurs, à leur rappeler les dangers courus, à agiter devant eux les plis fameux du sceptre rouge. Multipliant les envois de journaux, d'affiches, de circulaires, de bulletins, le comité bonapartiste, torturant le véritable sens de l'appel au peuple, posait adroitement la question de façon à ce que la réponse fût impliquée dans la demande. Et c'est ainsi qu'il disait : *Il s'agit de prononcer entre deux constitutions, l'une qui vous a privés précédemment de vos libertés, l'autre qui vous les rend définitivement. Raisonnablement l'hésitation n'est pas possible ; allez donc voter tous* oui.

Poser la question entre l'adoption de la constitution despotique de 1852 et la constitution de 1870, évidemment c'était la résoudre en faveur de cette dernière. Mais le comité de la rue de Rivoli savait bien que là ne consistait point le débat. Ce qu'il fallait savoir, c'est, encore une fois, si la France amnistiait l'empire et voulait se livrer à lui pieds et poings liés, et accepter les libertés octroyées comme le *nec plus ultra* des réformes exigées, ou bien si elle était arrivée à ce point de maturité où les nations peuvent marcher affranchies de toute entrave et surtout disposer d'elles-mêmes sans que le caprice ou l'intérêt d'un despote les lance inconsidérément dans l'aventure. En un mot, la question véritable était celle-ci : La France veut-elle encore du despotisme sous quelque forme qu'il se présente, main de fer brutale, comme disait le duc d'Albe, main de fer gantée de velours, comme le désirait Bernadotte, veut-elle encore de ce despotisme, *oui* ou *non* ?

— Non, répondait nettement le Comité démocratique de la rue de la Sourdière.

Pour contre-balancer l'influence du comité de la rue de Rivoli, l'opinion démocratique avait vu se former, rue de la Sourdière, un comité républicain composé des députés de la gauche et des délégués de la presse radicale de Paris et des départements. On peut dire que la composition de ces deux conseils en caractérisait, en personnifiait l'esprit.

Sous la présidence de M. d'Albuféra se réunissaient deux sénateurs, l'amiral Bouet-Willaumez et M. Arthur de la Guéronnière ; deux députés, le comte Frédéric de la Grange et M. Clément Duvernois ; un journaliste enfin, M. Émile de Girardin. Ces deux derniers semblent représenter mieux que tous les autres la pensée du comité. Ils y représentaient cette sorte de liberté bâtarde qui s'accommode volontiers du métier de servante, et subordonne le triomphe de ses idées à la réussite de ses ambitions. Sans principes fixes, chevauchant un thème qui se modifiait selon le vent et les circonstances, c'étaient bien là deux types distincts de journalistes, rapprochés cependant par la même habitude, celle de faire du journalisme moins une tribune qu'un marchepied.

Les Émeutes de mai 1870. — Charge de cavalerie sur la place du Château-d'Eau.

M. Duvernois était d'ailleurs l'élève de M. de Girardin. Après avoir combattu très-fermement et très-délibérément l'empire, il s'était tout d'un coup lassé de ce dur métier d'opposant, et, sacrifiant la popularité aux honneurs futurs, il s'était tout à coup singulièrement adouci. A quelques mois de distance, après avoir été au début l'homme que l'empereur redoutait le plus, il était au dénoûment celui que l'on choyait le plus à Compiègne. Quant à M. de Girardin, l'empire le redoutait peut-être, mais sans lui faire les avances qu'il faisait à M. Duvernois. On allait cependant finir par lui donner, comme on l'a vu dans les *Papiers des Tuileries*, une place au Sénat. Elle était bien due à l'homme qui, pendant la période plébiscitaire, se multipliait si bien pour raccoler des approbateurs à l'empire.

M. de Girardin semblait d'ailleurs faire triompher l'idée qu'il avait toujours défendue, à savoir que la liberté doit être aimée et poursuivie en dehors de toute forme de gouvernement. C'est avec de telles concessions qu'on finit par s'accommoder parfaitement d'une tyrannie. Encore un coup, pouvait-on de bonne foi appeler *libérale* une constitution qui réservait à l'empire le droit de faire appel au peuple quand il lui plaît, qui perpétuait la dignité impériale de mâle en mâle par ordre de primogéniture, qui conférait enfin à l'empereur le commandement supérieur des armées de terre et de mer, et le droit de guerre et de paix? Mais cette objection dernière n'était pas faite pour arrêter ni M. de Girardin, ni les membres du comité central plébiscitaire. M. de Girardin, depuis longtemps, poussait à la guerre contre l'Allemagne, publiant en pleine paix le plan du *quadrilatère prussien*, et les autres membres du comité ne voulaient rien qui ne fût agréable à l'empire, voire même une guerre dynastique.

En revanche, le comité démocratique de la rue de la Sourdière, comprenait le danger d'une telle conduite. Ce comité, nous l'avons dit, était composé des députés de la gauche et des représentants de la presse. Mais, comme toujours, des divisions, des hésitations, des discussions étaient nées dans ce groupe d'hommes réunis cependant pour le même but. Hélas! tandis que les adversaires de l'idée républicaine marchent avec la rectitude et l'unité d'un bataillon, nous avons coutume de disséminer nos efforts et nous annihilons nos forces par la dispersion. Le manifeste de la gauche devait être signé des noms qui suivent :

Emmanuel Arago, D. Bancel, A Crémieux, Desseaux, Dorian, Esquiros, Jules Ferry, Gagneur, Léon Gambetta, Garnier-Pagès, Girault, Glais-Bizoin, Jules Grévy, J. Magnin, Ordinaire, Eug. Pelletan, Jules Simon, députés.

Ch. Delescluze (*Réveil*), A. Duportal (de l'*Émancipation*, de Toulouse), Lavertujon (*Gironde*), Pierre Lefranc (des Pyrénées-Orientales), Louis Ulbach (*Cloche*), Eugène Véron (du *Progrès de Lyon*), délégués de la presse démocratique de Paris et des départements.

« La Constitution nouvelle, disait le comité démocratique, sur laquelle le pouvoir vous appelle à vous prononcer, réalise-t-il le vœu national ? Non.

« La nouvelle Constitution n'établit pas le gouvernement du pays par le pays.

« Elle n'en est que le simulacre.

« Le gouvernement personnel n'est point détruit ; il conserve intactes ses plus redoutables prérogatives ; il continue d'exister...

« .... Telle est la Constitution qu'on nous propose.

« C'est votre abdication qu'on vous demande ! »

Mais avant d'arriver à la rédaction définitive de ce manifeste, par combien de discussions était passé le comité de la rue de la Sourdière ! C'était d'abord M. Picard qui trouvait mauvais que les représentants du peuple fussent mêlés aux journalistes, et qui s'attirait cette riposte de M. Peyrat : « Vous êtes des nouveaux dans le parti, monsieur, sans quoi vous n'ignoreriez pas qu'au temps où les hommes politiques s'appelaient Manuel ou Foy, ils ne dédaignaient point d'apposer leurs signatures à côté de celles d'écrivains qui ne s'appelaient pas tous Benjamin Constant ». M. Ernest Picard était parti assez froissé, et son nom ne figure pas au bas du manifeste de la gauche. On n'y trouve point non plus celui de M. Jules Favre (1). Mais l'adhésion de ce dernier, absent alors, arriva bientôt. Un autre nom manquait, celui de Marie, l'ancien membre du gouvernement provisoire de 1848, qui s'éteignait à Paris, à l'âge de soixante-quinze ans, presque en même temps qu'une femme qui, elle aussi, avait joué son rôle dans le drame éternel de la politique, la duchesse de Berry.

M. Picard sortait de la gauche pour aller, en quelque sorte, prendre le commandement en chef du tiers-parti. Mais il restait, dans le comité de la rue de la Sourdière, assez d'éléments disparates pour paralyser un moment l'action de la démocratie. Il était, en effet, assez difficile de faire que les idées jacobines de Delescluze pussent s'amalgamer avec les théories de M. Simon, par exemple, ou de M. Grévy. Après tout, c'est l'honneur de la démocratie que chacun, loin d'y obéir à un mot d'ordre, comme dans le parti du trône et de l'autel, garde, même dans le rang, sa personnalité et ses idées propres. On sert ainsi la même cause par des moyens différents ; et la victoire sera définitivement acquise aux démocrates, le jour où ils laisseront combattre le bon combat à chacun selon la pensée qui l'anime et selon l'arme qu'il a dans la main. Il est temps que les questions les plus passionnées ne voilent plus les questions de nuances.

Il fallut, par exemple, discuter longuement chaque article du manifeste et l'examiner, pour ainsi dire, ligne par ligne. C'est ainsi que, relativement à ce besoin de décentralisation que ressent la France, frappée d'apoplexie au sommet et prise d'anémie aux extrémités, on avait introduit dans le manifeste une protestation contre cette « *centralisation excessive qui confisque l'autonomie des communes et qui ne laisse pas même aux populations le droit d'élire leurs magistrats municipaux* ». Un homme alors demanda qu'il ne fût point question de ce droit communal ainsi revendiqué, et, chose étrange et qui prouve quels changements radicaux peuvent s'opérer parfois dans un même esprit, cet homme était Charles Delescluze, celui-là même qui devait mourir pour le mouvement communal de Paris. Centralisateur acharné, partisan sévère de la vieille doctrine jacobine, en mai 1870, Delescluze ne ressemblait guère un an après, en mai 1871, au politique qui, un moment, voulut protester contre les franchises communales réclamées par le comité antiplébiscitaire.

Le manifeste, rédigé en commun par MM. Gambetta, Ferry et Lavertujon et enfin approuvé, fut signé par la réunion tout entière.

Alors M. Ernest Picard, décidément détaché de la gauche, publiait de son côté une circulaire personnelle et disait :

« Jugez le plébiscite de 1870 par les droits qu'il « nous enlève.

« Où frappe-t-il ? au suffrage universel.

« Franchement, ouvertement, non ; mais effica-
« cement : il enlève aux élus du suffrage universel
« le droit de faire les lois du pays ; il les subordonne
« au Sénat : cela s'appelle le *partage du pouvoir lé-*
« *gislatif*.

« Comprenez bien : c'est la suppression de la moitié des droits du suffrage universel, c'est un anéantissement légal. Si vous consentez à cet abandon, désormais ne vous plaignez plus. »

Cela n'était point net, et manquait d'une conclusion forte. En revanche, le manifeste de l'Internationale arrivait tout à coup et poussant l'absolu jusqu'à l'extrême, conseillait cette forme d'opposition dont le principal défaut, comme tant d'autres

---

(1) M. Jules Favre était alors en Algérie, défendant le chef de bataillon Cereziat, commandant supérieur du cercle de Tebessa, traduit devant le conseil de guerre de Constantine. Ce conseil de guerre (étrange hasard) était présidé par le général Faidherbe et le colonel de Galliffet y figurait comme juge.

absolus, est le manque de sanction. En effet, s'abstenir, on ne doit cesser de le répéter, ce n'est point combattre. Mépriser n'est point renverser. S'abstenir, c'était céder le pas sans lutter et, en réalité, abdiquer au lieu de protester. On ne pouvait faire abstraction de l'empire, puisqu'il existait de fait. On ne pouvait pas plus le nier et le négliger qu'on ne pouvait, pour prendre un exemple vulgaire mais frappant, se dispenser d'affranchir une lettre, parce que le timbre-poste était marqué à l'effigie impériale. Déjà, aux élections décisives de 1863, des esprits élevés, comme Jules Bastide, Etienne Arago, Elias Regnault, Proudhon, avaient prêché cette doctrine antidémocratique de l'abstention. Que si on les eût écoutés alors, l'empire eut-il subi ce premier échec des élections de Paris (1863), échec d'où naquirent tous les autres ?

La *Marseillaise* fit alors une campagne en faveur de cette abstention et elle disait, avec une apparence de vérité qui n'était qu'un paradoxe : « *S'abstenir, c'est plus que repousser les propositions de l'empire, c'est lui refuser le privilège qu'il s'arroge d'interroger le suffrage universel* (1). » Mais, le suffrage universel étant souverain, n'existe plus dès qu'il fait de son mutisme un moyen de combat. La majorité des citoyens ne comprenant que la politique *pratique*, c'est-à-dire celle qui s'affirme par un vote ou par un acte, marche au scrutin, tandis que les partisans de l'abstention se condamnent à l'inutilité en se retirant de la lutte sous le prétexte d'en dominer, du haut de leur doctrine, le résultat définitif. Il s'ensuit que les abstentionnistes, dont la volonté est de combattre et dont la juste prétention est de représenter une idée, ne figurent jamais, dans la lutte engagée, qu'à l'état de non-valeurs et renforcent d'autant plus l'ennemi commun qu'ils affaiblissent l'allié dont ils ne partagent pas tout à fait la façon de penser.

Ceci soit dit au point de vue général. Non, l'abstention n'est point une *tactique*, le silence n'est pas effectif, et c'est là une banalité, mais qui a été plus d'une fois méconnue, — le meilleur moyen de vaincre sera toujours de combattre.

Deux catégories de citoyens entre toutes préoccupaient ceux qui attendaient avec anxiété le résultat du plébiscite, c'étaient *les paysans* et *les soldats* ; le paysan, ce soldat à la charrue, le soldat, ce paysan à la caserne. Que répondrait cette grande masse conservatrice, ignorante et qui reportait au crédit de l'empire toutes les améliorations matérielles qu'avait amenées la science, en ces vingt dernières années, que répondraient les paysans, heureux de vendre leurs bestiaux, leurs volailles et leur vin, et attribuant à Napoléon ce bien-être nouveau pour eux ? En vain essaya-t-on de leur faire comprendre qu'au point de vue même de leurs intérêts matériels, il était dangereux de s'abandonner sans contrôle à un maître. En vain leur rappela-t-on que 89 seul les avait émancipés, qu'ils devaient leur liberté et leur fortune à la Révolution française, et qu'une fantaisie du souverain pouvait les replonger dans la misère, ils ne comprirent pas. Il fallait, pour leur dessiller les yeux, la rude épreuve de l'invasion. Encore ne leur fera-t-elle voir enfin la vérité que si nous insistons et leur ramenons sans cesse les regards sur l'histoire de cette lugubre année.

Quant aux soldats, le comité de la gauche radicale rédigeait pour eux et faisait distribuer le 1ᵉʳ mai, une adresse spéciale :

« Vous êtes citoyens avant d'être soldats. Votre « cœur bat comme le nôtre aux idées de patrie et « de liberté. Écoutez donc notre voix fraternelle. « Nous avons à vous parler de vos intérêts les plus « chers que nous ne séparons pas des nôtres.

« Si vous voulez reconquérir votre place au « foyer, vos droits à la vie sociale, — tout en res« tant à la disposition de la patrie, dans le cas où « sa sécurité ou son honneur serait menacé, et alors « toute la démocratie serait à vos côtés, — si vous « croyez que la liberté est le premier des biens ; si « vous êtes las de servir de rempart et d'instrument « à une politique que vous combattrez vous-mêmes « dès que vous ne serez plus soldats ; si vous ne « voulez plus de guerres impies ou stériles qui « vous coûtent le plus pur de votre sang ; si vous « voulez vivre en hommes libres, dans une patrie « libre, votez hardiment *non*. »

Depuis le plébiscite, et notamment au début de la guerre, nous avons entendu bien des fois les officiers se plaindre de l'indiscipline de leurs soldats causée, disaient-ils, par les exhortations de la presse démocratique et surtout par cette proclamation de la gauche. Ils eussent voulu que le soldat fût purement et simplement une machine de guerre obéissant à l'impulsion du chef, sans raisonnement et sans idée propre. Loin de moi la pensée de dénigrer la discipline : elle constitue la véritable force d'une armée et elle n'est en somme qu'une forme particulière du *devoir*, cette chose oubliée. L'obéissance à la discipline est, il faut bien le reconnaître, une des causes de la supériorité de l'armée prussienne. Cela empêche-t-il que, soumis à cette discipline de fer, les Allemands ne gardent point leurs opinions personnelles et leurs pensées propres ? Il ne faut jamais craindre d'avoir, pour défendre un pays, une armée qui sait, qui raisonne et qui pense. Il faut redouter, au contraire, de ne s'appuyer que sur une armée dont le courage est peu de choses, s'il n'est pas doublé de la force intellectuelle et de la force morale. Ce n'est point parce que, dans les derniers temps de l'empire, on essaya

(1) Numéro du 18 avril.

de galvaniser l'armée, et de faire battre le cœur du citoyen sous la capote du soldat que naquit l'indiscipline, c'est, au contraire, parce que, depuis de longues années, dans des guerres sans moralité, faites avec des allures de pirates, comme au Mexique, ou bien encore dans la vie débilitante de la caserne, les soldats s'étaient habitués à ne plus voir dans l'état militaire qu'une charge écrasante ou un métier et oubliaient quelle responsabilité pèse sur une armée, responsabilité lourde et superbe, le salut de la patrie.

On avait donc le droit de faire appel aux opinions de l'armée. On en avait d'autant plus le droit que l'autorité militaire exagérait alors sa rigueur, en envoyant, par exemple, aux compagnies de discipline, en Algérie, deux soldats coupables d'être entrés pendant quelques minutes dans une réunion publique. L'autorité commettait encore là une gratuite maladresse et le maréchal Lebœuf ne le cédait en rien, sur ce point, à M. Émile Ollivier. Il suffisait, en effet, que les soldats fussent inquiétés pour leurs opinions pour que, dans les réunions, on s'occupât surtout d'eux et qu'on nommât, par exemple, assesseurs du bureau les militaires présents à la réunion. En France, on saisit avec une étonnante adresse les occasions de manifester ainsi son opposition au pouvoir. Mais c'est au pouvoir de ne point prêter le flanc à ces manifestations.

La question du plébiscite avait cela de bon qu'elle déterminait nettement dans le personnel politique les situations respectives. Jusqu'alors le parti purement libéral et le parti démocratique avaient par exemple combattu côte à côte sans se soucier d'examiner s'il n'existait pas entre eux des incompatibilités radicales. La scission s'était, il est vrai, marquée au moment des élections dernières et de cette *Union libérale*, englobant toutes les nuances hostiles à l'empire, union acceptée par M. Rochefort lui-même dans la *Lanterne*, et combattue par M. Delescluze dans le *Réveil*. Mais la véritable séparation allait se faire sur cette question du vote plébiscitaire. Là, nulle équivoque n'était possible. C'était par *oui* ou par *non* qu'il fallait répondre; et l'on vit alors bien des gens, connus jusqu'alors par leur libéralisme, se ranger tout à coup du côté de cet empire si peu transformé cependant et toujours identique à lui-même.

Tandis que le parti légitimiste, âprement attaché à ses vieilles formules, implacable dans sa fidélité séculaire à des choses évanouies, repoussait toute transaction avec le régime de décembre et déclarait que chez lui on voterait *non*, bien des représentants du parti orléaniste se rangeaient au vote affirmatif, et avouaient qu'ils déposeraient leur *oui* dans l'urne, ou, comme le disait quelqu'un, *qu'ils l'y laisseraient tomber*. Parmi les représentants de ce qu'on appelait le parti libéral qui pas-

saient, à cette occasion, dans le camp de César, celui dont la conversion surprit et attrista le plus de gens fut M. Édouard Laboulaye, l'auteur incisif de *Paris en Amérique*, et de ce pamphlet curieux qui s'appelle *le prince Caniche*. M. Laboulaye, professeur de législation au collège de France, esprit modéré et sain, ingénieux, érudit, avait combattu toujours avec les armes peu meurtrières dont il dispose pour l'absolue liberté. Pouvait-il saluer dans la constitution nouvelle l'avénement de son idéal? Non, à coup sûr non. Et pourtant, dans une réunion tenue à Versailles, il ne craignait pas de recommander le vote *oui*. La réunion fut tumultueuse, même dans ce Versailles calme et grave, où M. Laboulaye était estimé et aimé. Ce furent des cris et des interruptions qui durent singulièrement froisser ce délicat. Il connaissait donc à son tour l'impopularité des Lerminier et des Nisard, après avoir savouré à l'égal des maîtres, Michelet ou Quinet, les applaudissements de ses auditeurs. Plus tard, on devait, à sa rentrée au collège de France, le saluer par un orage, lui réclamer avec une persistante ironie l'*encrier* que lui avait autrefois offert la démocratie alsacienne, alors qu'il était porté comme candidat de l'opposition à Strasbourg. *Au Sénat! allez au Sénat!* lui criait-on. Et M. Laboulaye, irrité : *Sénateurs vous-mêmes*, répliquait-il à ces violentes interpellations. Certes, on pouvait trouver excessives les manifestations faites autour de cette paisible chaire de législation, et on pouvait rappeler aux interrupteurs de M. Laboulaye que là où la science est enseignée, là doit être aussi pour le savant quelque chose comme un lieu d'asile; mais n'était-il point moral que des esprits ardents, généreux et hostiles au despotisme, rappelassent à ce professeur de liberté, devenu approbateur d'autoritarisme, qu'ils n'avaient point changé et demeuraient fidèles à ses leçons?

M. Laboulaye avait, il est vrai, expliqué les raisons de son vote dans une lettre rendue publique : « Non ou abstention, disait-il, veulent dire révolution. Ce caractère donné au vote négatif ne permet plus d'hésiter à ceux qui ne veulent pas de révolution. Je suis de ceux-là. J'ai toujours demandé la liberté; je n'ai jamais demandé autre chose. Selon moi, quand un gouvernement est établi et qu'il est accepté par la majorité du pays, le devoir de tout bon citoyen est de se soumettre à la volonté nationale..... » Raisonnement spécieux. Comment M. Laboulaye et ceux qui votaient *oui* parlaient-ils de « se soumettre au gouvernement accepté par la majorité, » alors que justement ce gouvernement était soumis à la sanction du pays et, en réalité, remis en question, et dans ses origines et dans sa conduite?

La vérité sans ambages, la vérité absolue était celle-ci : ceux qui veulent la liberté, la paix,

l'ordre dans la justice, les réformes sociales, la moralité privée et le progrès public, votaient non, sachant bien que l'empire ne leur donnerait jamais que le fantôme de tous ces biens.

Aussi, les adversaires de l'empire multipliaient-ils leurs efforts. Tandis que les bonapartistes préparaient un journal spécial, *le Plébiscite*, écrasé dans l'œuf, et que M. Arthur de la Guéronnière publiait, un peu tard, une brochure, où il préconisait, dans son style lamartinien, le vote affirmatif, des écrivains du parti démocratique publiaient sous une forme plus populaire des avertissements aux électeurs. L'auteur des *Propos de Labiénus*, après avoir déclaré que, *semblable à ces empereurs romains qui envoyaient à leurs ennemis l'ordre de s'ouvrir les veines, l'empereur des Français invitait au suicide de son ennemi le suffrage universel*, M. A. Rogeard concluait ainsi son travail sur le *Plébiscite impérial* : « Nous admettons pour notre part, comme pouvant servir l'action commune, toutes les formes de protestation, depuis les plus faibles jusqu'aux plus énergiques; mais nous préférons les dernières; et entre trois bulletins d'opposition, nous choisissons le bulletin inconstitutionnel portant le mot : Répu-

BLIQUE. » Un autre pamphlétaire, qui s'était fait remarquer, depuis les élections de 1869, sous le pseudonyme d'*Alceste*, montrait avec ironie de quel assemblage était fait le comité plébiscitaire bonapartiste, et quels tenants c'était pour l'empire que M. Jenty et M. Gibiat. Enfin, une petite brochure fort bien faite, et contenant dans ses trente-deux pages de petit texte l'abrégé de l'histoire entière du second empire, était mise en circulation. Elle dressait l'effroyable bilan des fautes impériales, et portait la signature de M. *E. Spuller, électeur de la Seine.*

« Nous ne pouvons pas, disait-elle, accorder à « l'empire le blanc seing qu'il nous demande. *Non* « *possumus*. Ce ne sera pas en vain que nous « aurons recueilli la leçon si cruelle des événe- « ments. Au nom de la souveraineté nationale, au « nom de l'ordre et de la paix sociale, afin de sau- « vegarder tout à la fois notre dignité comme ci- « toyens, et nos intérêts comme contribuables, « nous repousserons le pacte nouveau qu'on nous « propose, et nous répondrons énergiquement : « *non!* comme il convient à des hommes libres. »

J'ai voulu donner par ces citations un aperçu de la disposition des différentes nuances de l'opinion démocratique. M. Rogeard était, en 1870 comme en 1869, abstentionniste; M. Spuller, ami et plus tard secrétaire de M. Gambetta, était, avec raison, pour le vote effectif sanctionné, et par conséquent négatif. On avait fait appel, pour la distribution des imprimés, des journaux, des bulletins, à la démocratie, aux sacrifices des citoyens. Mais la démocratie est pauvre et le véritable renfort apporté à l'opinion antiplébiscitaire fut celui de M. Henri Cernuschi, qui versa entre les mains des membres du comité de la rue de la Sourdière cent mille francs destinés à couvrir les frais des dépenses d'imprimés et de correspondance.

M. Cernuschi, Italien (il est né à Milan), ancien avocat, devenu soldat de sa patrie assaillie, défenseur de Rome lors du siége de cette ville par Oudinot, exécuteur testamentaire d'Orsini, était venu en France et, dans de loyales opérations de finances, en appliquant ses théories économiques, il avait gagné une fortune véritable. « Étant riche, disait-il un jour, j'ai voulu prouver que si je défendais la propriété dans les réunions publiques contre les partisans du communisme, ce n'était pas dans un but d'égoïsme, et c'est pourquoi j'ai donné cette somme à la cause de la liberté. » Ce n'était pas l'affaire de l'empire qui regarda cette coopération d'un étranger au mouvement antiplébiscitaire comme une attaque directe et un attentat contre la sûreté du gouvernement. On traita M. Cernuschi comme on avait traité naguère les députés républicains espagnols Salvochea et Pablo y Angulo, réfugiés en France. Ordre lui fut donné d'évacuer le territoire. Plus tard, M. Michel Chevalier ayant de son initiative personnelle demandé que M. Cernuschi pût rentrer pour régler ses affaires personnelles, le ministère déclara qu'il ne donnerait cette permission que si elle était réclamée par M. Cernuschi lui-même. C'était une condition inacceptable et que l'expulsé n'accepta pas.

Le comité de la rue de la Sourdière rédigea alors et publia aussitôt la protestation suivante :

« M. Henri Cernuschi, citoyen italien, vient « d'être expulsé du territoire français, qu'il habi- « tait depuis vingt ans, pour avoir apporté son « offrande au comité démocratique.

» Dans son habitude de se substituer à la nation, « le gouvernement oublie que les étrangers sont « les hôtes de la France et non les siens.

« M. Cernuschi ne violait point les lois du pays « qui lui avait donné asile : en l'aidant à recouvrer « la liberté, il reconnaissait l'hospitalité.

« En expulsant M. Cernuschi dans un intérêt de « parti, le gouvernement a commis un acte arbi- « traire et injuste contre lequel le devoir du comité « est de protester hautement devant le pays.

« *Ont signé :*

« *Les députés :*

« EMM. ARAGO, D. BANCEL, A. CRÉMIEUX, « DESSEAUX, DORIAN, ESQUIROS, J. FAVRE, « J. FERRY, GAGNEUR, L. GAMBETTA, « GARNIER-PAGÈS, GIRAULT, GLAIS- « BIZOIN, JULES GRÉVY, LARRIEU, ORDI- « NAIRE, F. PELLETAN, J. SIMON.

« *Les délégués de la presse démocratique de Paris* « *et des départements :*

« CH. DELESCLUZE, A. DUPORTAL, LOUIS « JOURDAN, ANDRÉ LAVERTUJON, PIERRE « LEFRANC, A. PEYRAT, LOUIS ULBACH, « EUGÈNE VÉRON. »

M. Cernuschi répondit à la mesure dont il était l'objet par une vengeance qui mit de son côté et les admirateurs et les rieurs. Il télégraphia de Suisse :

« Genève, 8 heures.

« Je vous fais verser aujourd'hui encore cent « mille francs pour même objet.

« Courage, bons amis.

« CERNUSCHI. »

M. Cernuschi n'avait pas encore tenté d'appliquer à la France la théorie qu'il n'avait pu réussir à faire accepter de l'Italie, avide d'unité ; il n'avait pas encore réclamé la fédération des provinces, c'est-à-dire le retour à la France antérieure à 89. Il était tout simplement alors le représentant d'une protestation contre l'empire. Son nom fut acclamé dans toutes les réunions antiplébiscitaires, salle du Chalet des Postes, salle Molière, salle de la Réunion (rue Maison-Dieu), salle de la Fidélité, salle d'Aligre, salle des Mille-et-un-Jeux, rue Dieu (au coin du quai Valmy), etc., chaque soir, lorsqu'on vota la formation des bureaux, il y fut élu président d'honneur, en compagnie de M. Rochefort, prisonnier et, faut-il le dire? de Mégy accusé.

Cependant le moment du vote approchait. Le dimanche 8 mai 1870, par un beau temps printanier et doux, les électeurs se pressaient devant les deux cent soixante-dix sections des vingt arrondissements de Paris. Nul ne pouvait prévoir ce qui sortirait des urnes; quelques-uns, comme M. Deslescluze, par exemple, s'aveuglaient jusqu'à espérer que le résultat serait absolument favorable à la démocratie, en ce sens que 4 millions de *non* au moins répondraient à 4 millions de *oui*. On fut étonné et plus d'un fut atterré du résultat obtenu. Paris avait reculé, les exagérations des réunions publiques, la maladroite tactique de certains journaux portaient leurs fruits. La majorité négative, à Paris, n'était pas coupable du résultat des élections de mai 1869. On se passait de main en main les journaux qui contenaient le résultat des sections diverses, on additionnait fiévreusement tous ces chiffres et l'on arrivait à ce résultat :

Inscrits..... 416,215
Votants..... 332,343

Oui.......... 138,406
Non.......... 184,345

Annulés..... 9,592

C'était toujours un échec pour l'empire, mais non pas certes aussi net et aussi important qu'on l'espérait et qu'on était en droit de l'attendre si la nation eût compris son véritable intérêt. Un seul point était capital dans ce résultat, c'était le vote de l'armée. Devant la caserne du Prince-Eugène, les soldats jetaient, par les fenêtres, à la foule amassée sur la place, des bulletins portant le résultat du scrutin dans cette caserne, c'est-à-dire 1,422 *oui* et 1,133 *non*. Au fort d'Ivry, le scrutin avait donné 616 *oui* et 476 *non*. Il s'était trouvé des *non* jusque dans le vote des *cent-gardes*. Là était le côté singulier et plein de menaces pour l'empire de ce plébiscite. Grave symptôme en effet. L'obéissance passive devenait frondeuse.

L'empire pouvait s'en consoler avec les résultats des départements, résultats écrasants pour tout ce qui pensait et sentait que le salut de la patrie se trouvait seul dans la liberté vraie. Le vote général des 89 départements donnait 7 millions de *oui* contre 1,400,000 *non*. Sans doute, on pouvait se dire qu'avec les abstentions, l'opposition absolue à l'empire comptait encore 2 millions de citoyens irréconciliables avec l'oppression, qu'elle fût brutalement franche ou hypocritement dissimulée. Deux millions de gens éclairés constituaient après tout un grand parti qui, par son énergie, sa lumière et sa passion, ne pouvait manquer de devenir tout-puissant un jour, s'il savait se servir de sa force redoutable. Mais, à dire le vrai, pour le moment, la foule, le nombre, la masse triomphait, l'empereur redevenait plus que jamais *l'empereur des paysans* et les penseurs et les patriotes en ressentirent, on s'en souvient, jusqu'au plus profond de leur être une amertume violente.

Le vote du 8 mai donnait en effet le résultat suivant :

RECENSEMENT DÉFINITIF DES VOTES.

OUI.

Vote des 89 départements...	7.016.227
Vote de l'armée intérieure..	249.492
Vote de la marine..........	23.759
Population civile de l'Algérie	10.719
Armée de l'Algérie.........	36.165
Total............	7.336.434

NON.

Vote des 89 départements...	1.495.144
Vote de l'armée intérieure..	40.181
Vote de la marine..........	5.874
Population civile de l'Algérie	13.481
Armée de l'Algérie.........	6.029
Total............	1.560.709

On trouvera aux documents officiels de ce chapitre, le dénombrement des votes par département et, pour ainsi dire, la statistique du plébiscite. Ces chiffres ont aujourd'hui une éloquence navrante et l'on ne peut s'empêcher de songer durement devant le résultat du scrutin dans les départements violemment arrachés à la mère-patrie par la Prusse.

L'empire n'avait pas vu sans inquiétude se lever l'aurore du 8 mai. Le soir, il triomphait, mais des batteries d'artillerie, dans la cour du Conservatoire des Arts et Métiers, des bataillons de fantassins et des escadrons de chasseurs, campés dans le jardin du Luxembourg, avaient été chargés de faire respecter ce triomphe par la force. Encore une fois, par ce déploiement de troupes, le ministère prenait une attitude provocatrice. Déjà n'avait-il point fait arrêter les signataires du manifeste de l'*Internationale*, Combault, Casse, Johannard, Héligon, Murat, etc.? Tant de précautions équivalaient à une agression. La grande majorité du peuple de Paris eut le bon sens et le bon esprit de n'y point répondre. Mais, vers le Château-d'Eau et le faubourg du Temple, du côté de Belleville, à peu près aux endroits qui avaient été le théâtre des troubles de Février, des rassemblements se formaient, des groupes tumultueux, irrités plutôt que tenus en respect par les sergents de ville et qui faisaient bientôt des semblants d'émeutes à la fois ridicules et nuisibles pour le parti démocratique.

Les journaux républicains essayaient d'empêcher et déconseillaient ces rassemblements et ces désordres. Le journal de Delescluze, *le Réveil*, en parlait ainsi :

« Nos amis politiques y sont parfaitement étrangers, c'est tout ce que nous pouvons dire, n'ayant aucun moyen de connaître les motifs et les agissements des auteurs de ces misérables tentatives qui ne seraient que ridicules, si trop souvent elles ne faisaient des victimes.

. . . .

« Plus que jamais nous disons à nos amis que le parti ne doit pas être mêlé à ces saturnales, et qu'ils prendraient une grave responsabilité en s'y associant de près ou de loin.

« Ces conseils, c'est l'intérêt de notre grande cause qui nous les dicte. Ils seront écoutés, car nous ne nous serons pas adressés en vain au vrai patriotisme des vrais républicains. »

Le *Réveil* parlait des victimes. En effet, plus d'une fois, la foule avait été chargée par la cavalerie et sabrée. Les agents, repoussés à coups de pierres, tiraient leurs épées. De nombreuses arrestations étaient faites et même il y eut plus d'un mort. Un ouvrier, Pierre Mallet, tirait un coup de revolver sur M. Fibert, lieutenant au 29e de ligne et lui traversait la main gauche. On ébauchait, çà et là, des barricades, rue Moret, rue Saint-Maur, rue Fontaine-au-Roi et près de l'église Saint-Joseph. Faubourg du Temple, sur une barricade haute, un homme montait, plantant le drapeau rouge. Renversé par les gardes de Paris et les agents, il tombait bientôt, le crâne fendu, et un coup de baïonnette au flanc, criant une dernière fois : « Vive Rochefort ! vive la République ! » Quand on le releva, du tas de pavés où il gisait, l'homme était mort. Et combien d'autres furent blessés dans ces soirées meurtrières que provoquait, on ne saurait trop le répéter, le « ministère des honnêtes gens » ?

Cependant, cette effervescence une fois calmée, l'empereur tint à bien affirmer qu'il était satisfait du vote de l'armée. Déclarer cela tout haut, c'était avouer clairement le dépit qu'on ressentait tout bas. Tout d'abord Bonaparte adressa au maréchal Canrobert, commandant la place de Paris, une sorte de lettre de remerciement à l'armée :

« On a répandu sur le vote de l'armée de Paris des bruits si ridicules et si exagérés, que je suis bien aise de vous prier de dire aux généraux, officiers et soldats sous vos ordres, que ma confiance en eux n'a jamais été ébranlée.

« Je vous prie, en outre, de dire particulièrement au général Lebrun que je le félicite, ainsi que les troupes qu'il commande, de la fermeté et du sang-froid qu'ils ont montrés ces jours derniers dans la répression des troubles qui affligent la capitale. »

Ce ne fut pas tout. Il voulut aller visiter lui-même, en compagnie de l'impératrice, cette caserne du Prince-Eugène qui venait de donner plus de mille voix à l'opposition irréconciliable. Napoléon visita les chambres du 7e et du 29e de ligne, l'impératrice adressa, souriante, quelques banales questions à des soldats, puis l'empereur remit au lieutenant d'état-major de service, pour la distribuer aux sous-officiers, caporaux et soldats, la somme de deux mille francs. C'était une façon de dorer son mécontentement. En réalité, Napoléon se sentait profondément inquiet par l'esprit nouveau qu'on découvrait tout à coup dans l'armée. Tandis qu'il ne songeait qu'à cet esprit qui l'effrayait, la Prusse ne s'arrêtait qu'au nombre des votes qui, lui donnant le chiffre exact de notre armée, la rassurait singulièrement, et on peut dire que de l'inquiétude de Bonaparte et de l'assurance de M. de Bismark sortit l'implacable situation qui se dénoua si tôt par la guerre.

Mais, à cette heure, l'empereur, se condamnant à fermer les yeux sur l'avenir, à oublier le vote de l'armée, voulait à la fois savourer et célébrer son triomphe. M. Ollivier rayonnait. Le *Sadowa à l'intérieur* était un fait accompli. Maintenant il fallait célébrer la fête du plébiscite. On parla de *Te Deum*, comme pour une victoire sur l'ennemi. Mais on eut alors le bon goût d'y renoncer, et plus tard, on n'eut plus l'occasion d'en célébrer.

Le 20 mai, dans la grande salle du palais du Louvre, Napoléon recevait la députation du Corps législatif qui venait lui remettre la déclaration officielle du recensement général des votes du 8 mai. La députation avait à sa tête M. Schneider. Dans cette salle où l'or et la couleur éclatent et troublent la vue, dans cette salle emplie des frissons de la soie et de l'odeur capiteuse des parfums, sous ces peintures de Muller, les sénateurs, les députés, les conseillers d'État, chamarrés et dorés, en costumes brillants des grands jours, arrivaient, lorgnant et lorgnés par les femmes aux toilettes claires et coquettes. On se montrait, dans son habit brodé, M. Ollivier, le héros de la journée plébiscitaire. L'assemblée entière était debout, têtes nues, lorsque l'empereur s'assit entre l'impératrice et son fils, et le grand maître des cérémonies prononça, pour la dernière fois, les paroles sacramentelles que ne doit plus entendre la salle des États : « Messieurs, asseyez-vous ! »

M. Schneider alors, d'une voix grave, fit connaître à Napoléon que la France remettait à sa dynastie une force et une autorité nouvelles. La *noble entreprise* tentée par l'empereur assurait dé-

On a un nom — passez-moi cette manière de parler — à allure vaniteuse — pour recevoir des blessures dans ce nom — au service de la vérité et de la république — comme un corps pour être troué de balles — toujours au même service — dans d'autres occasions.

A. Barbès

cidément à notre patrie « un des premiers rangs parmi les peuples libres ». « Sire, ajoutait le président, en inclinant sa petite tête blanche et ridée, la France est avec vous. »

Et l'empereur répondait, ne se doutant pas, le César qui croyait tenir enfin son rêve dynastique, ne se doutant pas que ce discours serait le dernier de son règne :

« Messieurs,

« En recevant de vos mains le recensement des votes émis le 8 mai, ma première pensée est d'exprimer ma reconnaissance à la nation, qui, pour la quatrième fois depuis vingt-deux ans, vient de me donner un éclatant témoignage de sa confiance.

« Le suffrage universel, dont les éléments se renouvellent sans cesse, conserve néanmoins, dans sa mobilité, une volonté persévérante. Il a pour le guider sa tradition, la sûreté de ses instincts et la fidélité de ses sympathies.

« Le plébiscite n'avait pour objet que la ratification par le peuple d'une réforme constitutionnelle ; mais, au milieu du conflit des opinions et dans l'entraînement de la lutte, le débat a été porté plus haut. Ne le regrettons pas.

« Les adversaires de nos institutions ont posé la question entre la révolution et l'empire. Le pays l'a tranchée en faveur du système qui garantit l'ordre et la liberté.

« Aujourd'hui, l'empire se trouve affermi sur sa base. Il montrera sa force par sa modération. Mon gouvernement fera exécuter les lois sans partialité comme sans faiblesse. Il ne déviera pas de la ligne libérale qu'il s'est tracée. Déférent pour tous les droits, il protégera tous les intérêts sans se souvenir des votes dissidents et des manœuvres hostiles. Mais aussi il saura faire respecter la volonté nationale, si énergiquement manifestée et la maintenir désormais au-dessus de toute controverse.

« Débarrassés des questions constitutionnelles qui divisent les meilleurs esprits, nous ne devons plus avoir qu'un but : rallier, autour de la Constitution que le pays vient de sanctionner, les honnêtes gens de tous les partis ; assurer la sécurité ; amener l'apaisement des passions ; préserver les intérêts sociaux de la contagion des fausses doctrines ; rechercher, avec l'aide de toutes les intelligences, les moyens d'augmenter la grandeur et la prospérité de la France.

« Répandre partout l'instruction ; simplifier les rouages administratifs ; porter l'activité, du centre où elle surabonde, aux extrémités, qu'elle déserte ; introduire dans nos codes, qui sont des monuments, les améliorations justifiées par le temps, multiplier les agents généraux de la production et de la richesse ; favoriser l'agriculture et le développement des travaux publics ; consacrer enfin notre labeur à ce problème toujours résolu, et toujours renaissant, la meilleure répartition des charges qui pèsent sur les contribuables : tel est notre programme. C'est en le réalisant que notre nation, par la libre expansion de ses forces, portera toujours plus haut les progrès de la civilisation.

« Je vous remercie, Messieurs, du concours que vous m'avez prêté dans cette circonstance solennelle. Les votes affirmatifs qui ratifient ceux de 1848, de 1851 et de 1852, raffermissent aussi vos pouvoirs et vous donnent comme à moi une nouvelle force pour travailler au bien public.

« Nous devons plus que jamais aujourd'hui envisager l'avenir sans crainte. Qui pourrait, en effet, s'opposer à la marche progressive d'un régime qu'un grand peuple a fondé au milieu des tourmentes politiques, et qu'il fortifie au sein de la paix et de la liberté ?   « NAPOLÉON. »

L'impératrice et le prince impérial qui se tenaient auprès de l'empereur, se retiraient ensuite avec lui.

Puis la séance était levée ; deux salves de vingt et un coups de canon avaient annoncé le commencement et la fin de la cérémonie.

Qui eût dit alors, qui eût dit que ces mensongères promesses de liberté, que ce régime nouveau, que cette Constitution acclamée par 7,300,000 voix, que cet empire amnistié et rendu plus fort en apparence, que tous ces espoirs de dynastie, que toutes ces chimères d'union entre la liberté et le despotisme, que tout cet échafaudage de combinaisons s'envoleraient presque aussi vite que la fumée des canons qui fêtaient cette fête suprême de l'empire ?

Hérédité des Bonapartes ! Perpétuité de l'empire ! Constitution de 1870 ! Tout cela, toute cette imposante masure n'avait pas un an, n'avait pas cinq mois à durer !

DOCUMENTS COMPLÉMENTAIRES DU CHAPITRE VI

M. Émile Ollivier, député du Var, garde des sceaux, ministre de la justice et des cultes, adressait aux électeurs de la première circonscription du Var la lettre suivante :

Paris, le 25 avril 1870.

Mes chers concitoyens, on dit aux champs qu'il est bon de couper de temps en temps le bois mort des arbres, afin que leurs parties vivantes se développent avec force. L'empereur vient aussi de couper le bois mort de sa Constitution, afin qu'elle ait une vigueur nouvelle et comme un rajeunissement.

Le 8 mai, il vous demandera s'il a bien fait. Je vous conseille de répondre avec entrain à cet appel, et d'arriver tous au scrutin avec un bulletin sur lequel sera écrit : *Oui*.

Quelques-uns vous engageront à répondre : Non. Ne les écoutez pas.

Il y a longtemps que vous me connaissez. Parmi vous plusieurs se rappellent mes discours lorsque, débutant dans la vie, je parcourais vos campagnes. Qu'ils vous disent si mes paroles n'étaient pas toujours dirigées contre la violence, la colère et la haine, et si je ne combattais pas alors les doctrines révolutionnaires avec autant de résolution que je le fais aujourd'hui.

Savez-vous d'où découle cette unité de mes idées? De l'unité de mes sentiments. En politique, je n'ai eu qu'une passion : l'amour du grand et bon peuple de France ; et c'est le désir de soulager ses souffrances, d'élever sa situation intellectuelle, matérielle et morale, qui m'a rendu facile la résignation aux misères quotidiennes de la vie publique.

Or, quelle est la victime expiatoire des révolutions? n'est-ce pas le peuple? Quand l'ordre est troublé dans la rue et que les affaires s'arrêtent, la Providence ne fait pas au-dessus de nos têtes une révolution dans les éléments, le soleil continue à mûrir les épis et les grappes, et le riche n'est jamais au dépourvu. Quelle désolation, au contraire, dans la demeure du pauvre travailleur! Voilà pourquoi j'ai toujours détesté les révolutions.

N'écoutez pas ceux qui vous conseillent de voter non. Supposez qu'ils l'emportent le 8 mai dans le Var et partout en France : qu'arriverait-il ? Ils se vengeraient, emprisonneraient, exileraient ; ils établiraient la république sociale, frapperaient les riches comme ils le promettent dans vos chambrées. Et après? Cela ne durerait pas plus longtemps qu'un jour d'orage. La nation, honteuse d'une défaillance passagère, ne tarderait pas à se lever et à dire : Assez vécu en anarchie et en désordre ! Et à leur tour ceux qui auraient frappé seraient frappés.

Supposez, au contraire, que nos amis triomphent : combien tout sera différent ! De longs jours de sécurité, de confiance et de repos, nous seront assurés. Débarrassés des institutions constitutionnelles, des interpellations, des menaces d'émeute, des prophéties de révolution, l'empereur et ses ministres pourront s'occuper, avec plus de sollicitude encore que par le passé, des moyens d'adoucir le sort de celui qui possède : et nous n'aurons pas à redouter ces temps de guerre civile où ce ne sont pas les fils qui ferment les yeux de leurs pères, mais les pères qui ferment les yeux de leurs fils.

Allez donc, mes chers compatriotes, allez au vote avec ensemble, avec ardeur. Aux dernières élections législatives, triomphant de la révolution par votre libre initiative, vous avez donné à la France un exemple qui a été suivi à Lyon et qui le sera partout. Recommencez à l'occasion du plébiscite, réunissez-vous, organisez-vous, et ne vous laissez pas intimider par ceux qui suppléent à leur petit nombre par le bruit qu'ils font.

Si leurs paroles étaient de miel, je comprendrais que vous fussiez séduits, mais comment ne résisteriez-vous pas à un langage grossier, composé de bassesses et d'injures : digne expression de doctrines tournées vers la matière, et où ni l'âme ni Dieu n'ont plus de place.

Envoyez-moi une belle majorité. Je la recevrai comme un témoignage de votre affection, et mes forces pour vous servir en seront accrues.

Tout vôtre,

Émile OLLIVIER,
Député de la 1re circonscription du Var.

MANIFESTE DU COMITÉ DE LA GAUCHE ET DE LA PRESSE DÉMOCRATIQUE.

A nos concitoyens.

Le 2 décembre a courbé la France sous le pouvoir d'un homme.

Aujourd'hui, le gouvernement personnel est jugé par ses fruits. L'expérience le condamne, la nation le répudie.

Aux élections dernières, le peuple français a manifesté hautement sa volonté souveraine : au gouvernement personnel, il entend substituer le gouvernement du pays par le pays.

La Constitution nouvelle, sur laquelle le pouvoir vous appelle à vous prononcer, réalisera-t-elle le vœu national ? Non.

La nouvelle Constitution n'établit pas le gouvernement du pays par le pays.

Elle n'en est que le simulacre.

Le gouvernement personnel n'est point détruit ; il conserve intactes ses plus redoutables prérogatives; il continue d'exister, à l'extérieur, par le droit personnel de faire les traités et de déclarer la guerre, — droit dont il a été fait, depuis quinze ans, un usage si funeste à la patrie ; — à l'intérieur, par le gouvernement personnel du chef de l'État, à l'aide de ministres qu'il nomme, d'un conseil d'État qu'il nomme, d'un Sénat qu'il nomme, d'un Corps législatif qu'il fait nommer par la candidature officielle et la pression administrative, du commandement de la force armée, de la nomination à tous les emplois, d'une centralisation excessive qui met dans sa main toutes les forces organisées du pays, qui confisque l'autonomie des communes, et qui ne laisse pas même aux populations le droit d'élire leurs magistrats municipaux.

Enfin, et pour couronner cet édifice de l'omnipotence impériale, la Constitution nouvelle livre à l'initiative exclusive du chef de l'État, le droit qui appartient essentiellement à tout peuple libre de réformer, quand il le juge nécessaire, ses institutions fondamentales ; en même temps qu'elle remet au pouvoir exécutif le droit césarien d'appel au peuple, qui n'est autre chose que la menace permanente d'un coup d'État.

Telle est la Constitution qu'on vous propose.

C'est votre abdication qu'on vous demande.

Voulez-vous y souscrire ?

Voulez-vous renouveler les pleins pouvoirs de l'empire ?

Voulez-vous, sous les apparences du système parlementaire, consolider le gouvernement personnel ?

Si vous le voulez, votez *Oui*.

Mais si vous avez retenu la leçon des événements, si vous n'avez oublié ni les dix-huit années d'oppression, d'outrages à la liberté, ni le Mexique, ni Sadowa, ni la dette accrue de cinq milliards, ni les budgets dépassant deux milliards, ni la conscription, ni les lourds impôts, ni les gros contingents, vous ne pouvez voter *Oui*.

Car tous ces maux, dont la France n'effacera de longtemps la trace, sont sortis, il y a dix-huit ans, de deux plébiscites semblables à celui qu'on nous soumet.

Car aujourd'hui, comme alors, c'est un blanc-seing qu'on vous demande, l'aliénation de votre souveraineté, l'inféodation du droit populaire aux mains d'un homme et d'une famille, la confiscation du droit imprescriptible des générations futures.

Au nom de la souveraineté du peuple et de la dignité nationale, au nom de l'ordre et de la paix sociale, qui ne peuvent se réaliser, par la conciliation des intérêts et des classes, qu'au sein d'une libre démocratie, repoussez par votre vote la Constitution nouvelle.

Protestez par le vote négatif, par le vote à bulletin blanc ou même par l'abstention : tous les modes de protestation apporteront leur part à l'actif de la liberté.

Quant à nous, nous voterons résolûment *non*, et nous conseillons de voter NON.

Ont signé :

EMMANUEL ARAGO, D. BANCEL, A. CRÉMIEUX, DESSEAUX, DORIAN, ESQUIROS, JULES FERRY, GAGNEUR, LÉON GAMBETTA, GARNIER-PAGÈS, GIRAULT, GLAIS-BIZOIN, JULES GRÉVY, J. MAGNIN, ORDINAIRE, E. PELLETAN, JULES SIMON.

CH. DELESCLUZE, A. DUPORTAL, LOUIS JOURDAN, ANDRÉ LAVERTUJON, PIERRE LEFRANC, A. PEYRAT, LOUIS ULBACH, EUGÈNE VÉRON, *délégués de la presse démocratique de Paris et des départements.*

—

MANIFESTE ANTIPLÉBISCITAIRE DES SECTIONS PARISIENNES FÉDÉRÉES DE L'INTERNATIONALE ET DE LA CHAMBRE FÉDÉRALE DES SOCIÉTÉS OUVRIÈRES,

à tous les travailleurs français.

Citoyens,

Après la Révolution de 89 et la déclaration des droits de 93, la souveraineté du travail est l'unique base constitutive sur laquelle doivent reposer désormais les sociétés modernes.

Le travail, en effet, est la loi suprême de l'humanité, la source de la richesse publique ; la cause la plus efficiente du bien-être individuel.

Le travailleur seul a droit à l'estime de ses concitoyens ; il impose son honorabilité à ceux mêmes qui l'exploitent ; il est appelé à régénérer le vieux monde.

Voilà pourquoi nous disons aux travailleurs des villes, aux travailleurs des champs, aux petits industriels, aux petits commerçants, à tous ceux qui veulent sincèrement le règne de la liberté par l'égalité : il ne suffit pas de répondre au plébiscite qu'on ose nous imposer par un vote purement négatif ; de préférer la Constitution de 70 à celle de 1852 ; le gouvernement parlementaire au gouvernement personnel ; il faut qu'il sorte de l'urne la condamnation la plus absolue du régime monarchique, l'affirmation complète, radicale, de la seule forme du gouvernement qui puisse faire droit à nos aspirations légitimes, la *République démocratique et sociale.*

Insensé celui qui croirait que la Constitution de 1870 lui permettra davantage que celle de 52 de donner à ses enfants les bienfaits d'une instruction intégrale, gratuite et obligatoire pour tous !

D'exécuter la réforme et la réorganisation des grands services publics (mines, canaux, chemins de fer, banques, etc...) au profit de tous les citoyens ; au lieu d'être, comme aujourd'hui, un moyen d'exploitation pour la féodalité du capital !

De changer complétement l'assiette de l'impôt qui, jusqu'ici, a été progressif dans le sens de la misère !

De faire rentrer au domaine public les propriétés dont le clergé, séculier et régulier, s'est emparé par des moyens plus ou moins subreptices, au mépris même des lois de 89 et 90 !

De mettre un terme aux abus de pouvoir de tous les fonctionnaires grands et petits (gardes champêtres, juges d'instruction, commissaires de police, etc., etc....) dont la conduite arbitraire est aujourd'hui couverte par l'article 75 de la Constitution de l'an VIII !

De supprimer, enfin, l'impôt du sang, nous voulons dire l'armée permanente, en abolissant la conscription !

Non ! citoyens, il ne saurait en être ainsi. Le despotisme a cela de fatal qu'il ne peut engendrer que le despotisme. L'épreuve en est faite, nous n'avons plus à y revenir.

D'ailleurs, nous ne saurions reconnaître à l'exécutif le droit de nous interroger. Ce droit impliquerait chez nous une sujétion contre laquelle proteste le nom même du pouvoir qui se l'arroge, en indiquant qu'il n'est pas le maître, qu'il est simplement, et rien de plus, l'exécuteur des volontés *souveraines* du pays.

Si donc vous désirez, comme nous, en finir une bonne fois avec toutes les souillures du passé ; si vous voulez que le nouveau pacte social, consenti par des citoyens égaux en droits comme ils le sont en devoirs, garantisse à chacun de vous la paix et la liberté, l'égalité et le travail ; si vous voulez affirmer la République démocratique et sociale, le meilleur moyen suivant nous, c'est de vous abstenir ou de déposer dans l'urne un bulletin inconstitutionnel, — ceci dit sans exclure les autres modes de protestation.

Travailleurs de toute sorte, souvenez-vous des massacres d'Aubin et de la Ricamarie ; des condamnations d'Autun et de l'acquittement de Tours ; et, tout en retirant vos cartes d'électeurs, afin de montrer que vous n'êtes point indifférents à vos devoirs civiques, abstenez-vous de prendre part au vote.

Travailleurs des campagnes ! comme vos frères des villes, vous portez le poids écrasant du système social actuel : vous produisez sans cesse, et vous manquez la plupart du temps du nécessaire, tandis que le fisc, l'usurier et le propriétaire s'engraissent à vos dépens.

L'empire, non content de vous écraser d'impôts, vous enlève vos fils, vos uniques soutiens, pour en faire des soldats du pape, ou semer leurs cadavres abandonnés dans les terres incultes de la Syrie, de la Cochinchine et du Mexique.

Nous vous conseillons également de vous abstenir, parce que l'abstention est la protestation que l'auteur du coup d'État redoute le plus ; mais si vous êtes forcés de mettre un bulletin dans l'urne, qu'il soit blanc, ou qu'il porte un de ces mots : *Changement radical des impôts ! ! ! Plus de conscription ! ! ! République démocratique et sociale ! ! !*

Pour la fédération des sections parisiennes de l'Association internationale des travailleurs :

A. COMBAULT, rue de Vaugirard, 289.
REYMOND, rue de l'Ouest, 80.
GERMAIN CASSE, rue de Maubeuge, 94.
BERTHOMIEU, membre de la commission de l'Internationale.
LAFARGUE, membre de la section de Vaugirard.
E. LEFÉVRE, rue des Martyrs, 99.
JULES JOHANNARD, rue d'Aboukir, 126.
J. FRANQUIN, rue de la Verrerie, 42.

Pour la chambre fédérale des sociétés ouvrières :

A. THEISZ, ciseleur, rue de Jessaint, 12.
CAMELINAT, monteur en bronze, rue Folie-Méricourt, 34.
AVRIAL, mécanicien, passage Raoul, 15.
D. ANDRÉ, ébéniste, rue Neuve-des-Boulets, 17.
DESTETTI, rue des Boulangers, 16.
PINDY, menuisier, rue du Faubourg-du-Temple, 17.
ROBILLARD, doreur, rue de Sèvres, 113,
ROUVEYROLE, orfévre, rue Lesage, 16.

RÉSULTAT DU PLÉBISCITE

DÉPARTEMENTS	INSCRITS	VOTANTS	OUI	NON	NULS	DÉPARTEMENTS	INSCRITS	VOTANTS	OUI	NON	NULS
Ain	107.232	91.671	84.021	7.015	636	Lot	90.901	78.626	72.463	5.639	518
Aisne	154.726	108.538	118.996	10.930	1.910	Lot-et-Garonne	107.582	88.082	72.527	11.524	1.604
Allier	106.876	90.791	82.190	7.417	678	Lozère	40.094	33.189	31.306	1.226	357
Alpes (Basses-)	43.708	35.564	26.170	6.077	264	Maine-et-Loire	154.004	123.789	106.917	14.266	2.547
Alpes (Hautes-)	34.173	27.160	22.934	3.828	398	Manche	153.875	132.921	121.838	9.645	1.638
Alpes-Maritimes	58.064	42.080	35.929	5.780	366	Marne	112.350	98.609	84.082	12.361	1.266
Ardèche	112.543	84.940	66.578	16.703	660	Marne (Haute-)	77.441	67.468	53.219	13.185	1.123
Ardennes	91.975	82.885	77.630	4.443	863	Mayenne	121.390	95.985	89.856	4.543	1.536
Ariège	72.658	57.109	51.111	5.632	366	Meurthe	118.599	99.307	82.857	13.407	2.947
Aube	82.277	74.519	59.111	13.829	1.579	Meuse	87.192	77.992	72.214	5.079	789
Aude	91.146	77.426	64.757	12.212	455	Morbihan	121.390	95.965	89.856	4.541	1.539
Aveyron	119.749	99.696	94.828	4.327	528	Moselle	116.032	98.035	82.510	12.974	1.509
Bouch.-du-Rhône	140.126	93.790	39.573	52.975	1.339	Nièvre	97.108	83.819	72.313	10.743	762
Calvados	133.821	110.262	97.944	10.993	1.075	Nord	310.080	262.514	230.315	30.085	2.241
Cantal	62.462	47.540	44.485	2.858	230	Oise	118.169	107.848	94.700	11.339	1.819
Charente	116.422	103.538	95.516	7.057	965	Orne	123.676	102.998	89.213	12.715	1.070
Charente-Infér°	148.033	126.819	109.298	15.941	1.598	Pas-de-Calais	203.302	182.242	171.722	9.010	330
Cher	94.562	80.982	54.340	16.077	563	Puy-de-Dôme	170.873	137.418	129.114	7.687	764
Corrèze	84.392	69.616	66.951	3.400	264	Pyrénées (Basses-)	111.138	93.411	87.075	5.293	835
Corse	82.797	42.391	41.873	505	28	Pyrénées (Hautes-)	67.377	58.918	55.928	2.745	247
Côte-d'Or	118.328	99.623	70.075	28.297	1.408	Pyrénées-Orient.	51.396	46.299	25.758	17.005	240
Côtes-du-Nord	169.342	131.118	121.943	8.232	255	Rhin (Bas-)	152.250	120.161	97.022	20.386	2.543
Creuse	76.207	50.647	43.094	4.886	»	Rhin (Haut-)	125.166	102.476	80.594	19.683	2.210
Dordogne	146.696	126.277	113.694	10.657	857	Rhône	181.832	144.653	90.669	52.094	1.890
Doubs	83.405	65.230	48.507	16.097	1.226	Saône (Haute-)	93.372	72.273	55.208	15.912	1.444
Drôme	101.357	80.764	49.510	30.574	680	Saône-et-Loire	172.793	145.560	116.375	24.499	1.107
Eure	116.887	95.296	72.404	18.543	1.405	Sarthe	132.913	111.286	101.048	13.893	1.345
Eure-et-Loir	84.421	74.751	61.533	11.371	1.826	Savoie	68.861	51.566	42.406	8.535	325
Finistère	161.105	121.558	116.313	13.297	771	Savoie (Haute-)	76.104	56.094	46.243	8.364	454
Gard	132.747	102.782	63.082	38.585	674	Seine	417.488	333.254	139.528	84.086	9.637
Garonne (Haute-)	143.921	117.034	91.005	23.049	4.769	Seine-Inférieure	208.333	170.621	123.973	44.539	3.731
Gers	95.272	80.519	70.262	9.917	609	Seine-et-Marne	102.000	88.814	64.934	23.313	1.696
Gironde	207.015	162.964	122.797	38.324	1.838	Seine-et-Oise	142.422	128.840	93.598	32.634	2.588
Hérault	137.855	105.404	66.090	38.389	925	Sèvres (Deux-)	102.954	87.013	79.386	6.632	1.583
Ille-et-Vilaine	132.975	96.059	88.790	5.739	1.797	Somme	168.286	143.846	123.049	13.141	1.668
Indre	78.461	68.336	62.661	5.345	530	Tarn	111.654	90.549	80.200	8.390	859
Indre-et-Loire	99.502	87.366	77.666	10.599	1.585	Tarn-et-Garonne	74.961	63.298	56.603	6.179	616
Isère	168.870	131.707	87.262	43.826	689	Var	89.231	61.556	36.930	24.077	522
Jura	87.366	70.791	51.966	18.097	830	Vaucluse	85.111	60.211	33.912	25.567	734
Landes	86.201	70.019	64.330	5.462	884	Vendée	115.043	91.290	84.205	4.765	2.336
Loir-et-Cher	78.634	68.545	55.388	11.978	1.181	Vienne	96.692	82.617	76.006	5.611	1.000
Loire	143.261	112.365	78.563	39.204	546	Vienne (Haute-)	87.375	68.131	57.670	9.996	465
Loire (Haute-)	84.079	59.077	49.862	8.737	578	Vosges	119.945	89.027	70.899	18.416	2.711
Loire-Inférieure	154.447	110.391	92.943	15.928	1.444	Yonne	113.796	100.096	71.303	27.898	895
Loiret	100.219	87.235	72.531	13.067	1.637						

CHAPITRE VII

Le lendemain du plébiscite. — Le parti démocratique. — Besoin de discipline. — L'empire et l'armée. — Discours de Gambetta à Belleville. — Mort d'Armand Barbès. — Sa vie. — Sa mort. — Ses funérailles. — Le procès de *l'Internationale*. — Fondation de l'Association. — Son développement. — Changements successifs. — Congrès de Genève, de Bruxelles et de Bâle. — Le procès de juin 1870. — Le manifeste. — La guerre.

Au lendemain du plébiscite, l'empire pouvait croire qu'il en avait fini avec les revendications irritées, et qu'en toute sécurité il pouvait gouverner la France. La démocratie se sentait prise d'un besoin nouveau, celui de rompre enfin avec les extravagants du parti, et, comme Sieyès disait jadis qu'il fallait couper le câble, de couper cette *queue* compromettante. C'était comme un mot d'ordre nouveau, et, depuis les journaux modérés de la démocratie, jusqu'aux journaux radicaux, tous tenaient maintenant le même langage : « Oui, écrivait M. Peyrat, le rédacteur en chef de l'*Avenir national*, dans ces derniers temps il s'est dit et fait bien des folies ; oui, dans certaines réunions, il s'est débité bien des doctrines absurdes, rendues encore plus absurdes par l'attitude et le langage de certains orateurs. Ces doctrines ne sont pas celles du parti démocratique ; tous les hommes sensés les répudient, ils les ont toujours répudiées, mais ils ne les ont pas répudiées assez hautement, assez authentiquement. C'est là une faute, et nous l'expions en ce moment. Il faut la réparer, il faut repousser, en toute occasion, toute solidarité avec les doctrines insensées et avec les extravagants qui les professent ; quant à nous, nous n'y manquerons pas. »

Et le *Siècle*, après avoir reproduit ces réflexions judicieuses, reprochait au journal de M. Rochefort son « singulier aveuglement » et sa « polémique violente » qui « n'a pas médiocrement contribué à l'échec de la démocratie. »

Était-ce tout ? Non. Le journal de Delescluze, le *Réveil*, répudiait ce qu'il appelait « les solidarités compromettantes, » et se promettait de faire à l'avenir « justice des exagérations ». Je ne vois guère que le *Rappel* qui fût satisfait du résultat du plébiscite. Il répétait que l'empire, en définitive, avait perdu 600,000 partisans, et la *Marseillaise*, rompant définitivement avec ceux qu'elle nommait les burgraves de la démocratie, comptait comme un triomphe pour sa politique les 94,544 abstentions parisiennes. C'était un maladroit calcul. La preuve de l'incontestable succès de l'empire se trouvait, sans chercher plus loin, dans l'attitude, dans le ton, dans le langage menaçant et insolent des feuilles bonapartistes. On se serait cru à la veille d'un nouveau coup d'État. Sentant l'empire tout-puissant, le *Pays*, s'écriait : *Écrasons nos ennemis et récompensons nos amis!*

Certes, en apparence, l'empire était, non-seulement absous dans le passé, mais consolidé dans l'avenir. Ses serviteurs ne craignaient pas de répéter tout haut que c'était un nouveau bail de vingt ans que venait de signer la nation. Les gens pressés, les opposants, las d'attendre, se rapprochaient déjà du gouvernement, et ceux qui devinent voyaient poindre dans l'ancien député de la quatrième circonscription de Paris, dans ce taquin et malin railleur, M. Ernest Picard, un futur ministre de l'empire. La gauche se divisait déjà en deux parties, la *gauche ouverte*, qui admettait les recrues nouvelles et même les fugues vers le pouvoir, et la *gauche fermée* qui tenait close toute porte, et n'entendait point pactiser avec l'empire. On eût pu nommer ces deux partis la gauche conciliante et la gauche irréconciliable.

L'empire avait donc pour un moment voulu une sorte de réserve libérale, à laquelle il pouvait avoir recours pour donner à la nation l'apparence, le fantôme, l'image de libertés nouvelles. Encore une fois, il eût pu gouverner en paix, du moins pendant un certain temps, s'il n'avait pas eu l'ambition de tout soumettre, de tout effacer sous sa puissance, et comme le disait le *Pays*, « d'écraser » ses ennemis. Ses ennemis, il savait où les rencontrer. Dans l'armée d'abord, dans cette armée qui avait si délibérément marché, depuis 1852, vers la démocratie (1), et pour faire taire ceux-ci, le moyen le plus simple était une guerre ; dans les classes libérales et les classes ouvrières, la guerre était en-

(1) Voyez aux *Documents* de ce chapitre le vote comparatif de l'armée.

core un moyen d'étouffer les revendications des penseurs et les plaintes des souffrants. On peut affirmer que la guerre était résolue en principe dès le lendemain du vote plébiscitaire. M. Lebœuf n'avait-il pas dit à l'empereur, pour amortir l'effet du scrutin de la caserne du Prince-Eugène : « Ce sont ceux-là qui se battront le plus bravement pour Votre Majesté à la prochaine guerre ! »

La guerre, c'était donc le moyen pour l'empire de rendre son succès plus complet, et c'était ce que redoutaient le plus, au double point de vue de la patrie et de la liberté, ceux qui savent de quel prix les peuples sont forcés de payer la gloire qu'on leur impose. La politique de la démocratie allait donc tenir tout entière en deux mots : la paix à l'extérieur, la politique à l'intérieur. Dans un banquet que lui offrait la jeunesse des écoles, M. Gambetta formulait à peu près ces deux termes du problème ; et plus tard, parlant au milieu d'une réunion d'électeurs de Belleville, ce jour même où M. Gaillard père le traita furieusement de traître, le député exprimait énergiquement et sagement cette idée :

« Prouvez à la nation, disait-il, que vous êtes un parti capable de remplacer ce que vous jugez mauvais par quelque chose de meilleur..... Et pour prouver que vous savez gouverner, il faut dès aujourd'hui vous gouverner vous-mêmes. Le parti démocratique doit avoir une discipline démocratique. Qu'il ait une avant-garde, un corps d'armée et même des traînards, rien de mieux ; mais il faut que tout forme une seule phalange marchant vers l'avenir. Si Paris donnait ainsi l'exemple d'une démocratie disciplinée, rangée en bataille, écoutant les conseils de ses chefs, répudiant toute anarchie, la France se verrait en face d'un régime déterminé, d'un système précis, et la confiance en nous renaîtrait. »

Le parti de la tradition ne voyait pas sans un secret dépit se former ce parti de la démocratie nouvelle. C'est encore une des faiblesses de la démocratie (il faut le dire tout haut pour qu'elle s'en corrige), que là aussi les dynasties se perpétuent, et que ce double fait se produit : les vieux méconnaissent les élans des nouveaux, et les nouveaux n'ont pas pour les anciens le respect mérité.

Un homme devait mourir pourtant, au mois de juin 1870, devant lequel tous, jeunes et vieux, s'inclinaient avec une sorte de vénération charmée. Cet homme, c'était Barbès.

Armand Barbès était né à la Guadeloupe le 18 septembre 1809, mais tout enfant, ses parents l'avaient amené en France et c'est près de Carcassonne qu'il avait grandi, côte à côte avec cette sœur qui a, pour ainsi dire, quelque chose de sa grande âme et qu'il adorait. Il avait étudié à Sorèze, dans ce collège où l'on retrouverait, gravés sur le bois des pupitres, les noms d'Etienne Arago et de Berryer. Son père était commerçant et riche d'une fortune bien acquise. Vers 1830, Barbès fut envoyé à Paris pour y étudier le droit. Mais pour ce cœur vaillant et généreux, le droit n'était pas celui qu'on apprend dans les livres, mais celui qu'on affirme, tout haut, en risquant sa vie et en sacrifiant son bonheur. Le sacrifice, telle fut en effet la règle de cette existence. Armand Barbès, tandis que d'autres ambitionnaient la gloire d'être les chefs de la démocratie, ne voulut jamais en être que le martyr. Il avait deux grandes admirations : Jeanne d'Arc, qui incarnait pour lui, dans une idéale figure de femme, la patrie, et Robespierre, dont il ne voyait que le supplice, oubliant les lois du 22 prairial pour ne considérer que le pâle visage de Maximilien sublimé par la torture et l'échafaud.

Armand Barbès se sacrifia donc. Il donna sa fortune, sa liberté, son sang et son repos à cette République tant aimée. Et, encore un coup, de toutes les ivresses de la vie politique, Barbès ne devait connaître que de rares échappées, des acclamations bien vite éteintes, des journées de soleil bientôt enveloppées de brume. En revanche, plus que personne il devait savoir combien pèse sur un front la main lourde de la persécution, et de quels atomes étouffants sont faites l'atmosphère de la prison et celle de l'exil.

Affilié à la *Société des droits de l'homme*, il fut après l'insurrection d'avril 1834, arrêté, emprisonné, puis, après cinq mois de détention préventive, renvoyé des fins de la plainte. On l'arrêta, pour le relâcher encore, après l'attentat de Fieschi (1835), mais, quelques mois plus tard, on le condamnait à une année d'emprisonnement pour fabrication clandestine de poudre.

Les sociétés secrètes couvraient alors Paris, l'enveloppaient d'un invisible réseau. Les plus généreux partageaient cette dangereuse illusion de croire à l'efficacité d'un complot et d'un coup de main. Barbès faisait partie de cette *Société des familles* qui, le 12 mai 1839, en plein jour, avec une intrépidité, un héroïsme irréfléchi, essaya de renverser le gouvernement de Louis-Philippe. Armand Barbès était avec Auguste Blanqui et Martin Bernard à la tête de ce mouvement qui amena un véritable combat. Les affiliés de la Société, en armes, se dirigeaient sur deux colonnes, par la rue Saint-Denis et la rue Saint-Martin vers la Conciergerie, qu'on devait enlever pour s'emparer ensuite de l'Hôtel de ville. En chemin, on s'arrêta rue Saint-Martin, devant la maison d'un membre de la Société qui gardait chez lui des munitions. La porte du logis était fermée, il fallut l'enfoncer. Martin Bernard jeta les cartouches aux conjurés qui attendaient dans la rue. Cependant un seul, un même

M. le duc de Gramont.

cri parcourait le petit groupe de combattants: « Blanqui! Où est Blanqui? » Blanqui, en effet, était le véritable chef du mouvement. Barbès, dont le noble caractère était alors peu connu, n'avait pas encore sur la foule l'influence décisive. Blanqui seul pouvait entraîner les divers *groupes*, et Blanqui manquait au rendez-vous. Lorsque Barbès parlait de cette journée et du rôle que joua plus tard Blanqui, il avait soudain ce fier mépris de l'homme qui sait donner sa vie pour celui qui ne sait pas jouer la sienne.

L'entreprise échoua. C'était d'ailleurs la condamnation de cette aventure : elle ne pouvait rencontrer le succès. Le courage des assaillants se brisa contre la discipline et le nombre. Déjà le poste de la Conciergerie avait été attaqué, et le lieutenant Drouineau, frappé d'une balle par les insurgés, tombe mort; mais l'alarme est donnée, des troupes arrivent et se massent sur le quai des Orfévres, et lorsque les deux cents combattants arrivent, ils sont repoussés par la fusillade. Ils essayèrent bien, dans la Cité, de résister derrière des barricades construites en hâte, mais tout était inutile. Cette poignée de fous et de braves fut cernée, et beaucoup périrent. Barbès était tombé frappé d'une balle au front. Ses amis le croyaient mort. Il n'était que blessé. « Tant mieux, dit-il, je pourrai donc monter sur l'échafaud pour la République. »

Avec de tels cœurs, il n'y a pas à chercher le raisonnement habituel et la coutumière mesure. Ce sont vraiment des âmes de héros. D'ailleurs si Barbès, descendant l'épée au poing, un dimanche de mai, dans les rues de Paris, était coupable devant la société qu'il troublait dans sa quiétude, à cette société même il payait sa dette par le plus magnifique exemple de bonté qu'ait offert une créature humaine. Les actions de Barbès révolté ont trouvé des juges ; les pensées de cet esprit supérieur, et les manifestations de cette âme haute et fière dans sa sérénité et son charme n'ont rencontré jamais que des admirateurs..

Qui dira tout ce que le grand cœur de Barbès contenait de tendresse et de dévouement à l'humanité? Cet homme ne sut qu'aimer et ne voulait qu'être aimé! C'était son ambition à lui de savoir qu'en tel lieu du monde on pensait à lui, on le plaignait et on le chérissait. Cela lui avait fait supporter le malheur, la prison et l'exil.

En février 1848, Barbès était enfermé dans la prison de Nîmes. Il en sortit pour venir à Paris commander la 12e légion. « Ce Paris, disait-il un jour, je l'aurai vu peu de temps et je ne l'aurai, en 34 et 48, traversé que pour aller en prison. » Député du département de l'Aude à la Constituante, Barbès, lors de l'envahissement de la Chambre au 15 mai, voulut essayer de prendre la direction du mouvement pour annihiler la redoutable influence de Blanqui. Où Blanqui voyait un mouvement de haine contre la bourgeoisie, Barbès voyait un mouvement d'amour, un élan vers l'affranchissement de la Pologne et vers le rêve de la fraternité des peuples. Malgré Étienne Arago, qui le retenait, malgré ses amis qui le suppliaient de regagner son banc, il monte à la tribune, il demande que l'Assemblée s'associe au vœu du peuple ; il exhorte les envahisseurs à se retirer ; puis, plus tard réclamant la levée d'une armée pour marcher à la délivrance de la Pologne, on prétend qu'il réclamait en même temps « *deux heures de pillage dans l'infâme Paris.* » Calomnie hideuse, qui fit son chemin comme toutes les calomnies, et dont l'histoire et l'avenir ont prouvé l'infamie. Il y avait un homme, en effet, qui hurlait ce jour-là « le pillage », mais cet homme n'était point Barbès, c'était le contumace Huber, figure louche d'agent provocateur et de traître.

Devant la haute Cour de Bourges, présidée par M. Béranger, devant le procureur général, M. Baroche, Ferdinand Flocon, cité comme témoin, avait abordé de front ce mensonge.

« J'ai lu, disait-il, dans le *Moniteur* du 17 mai, une phrase infâme, et qui n'a pas été dite... Ce que j'affirme ici, c'est le cri de ma conscience ; je ne crains pas d'être démenti. Il n'est personne qui puisse associer l'idée de pillage au nom de Barbès (1). »

Dans ce même procès, Armand Barbès, après avoir fait baisser la tête de Flotte et celle de Blanqui, — qu'il appelait *on*, — devant son clair regard

sévère et profond comme l'honneur, Barbès, ne demandant point la grâce du jury, mais la justice de l'histoire, s'écriait comme ces montagnards de prairial, victimes comme lui de leur rêve et de leur zèle : « Si je l'avais pu, j'aurais arrêté sur les lèvres de celui qui l'a prononcé le fameux décret de dissolution de la Chambre (1). Mais lorsque j'ai vu les représentants sérieux, lorsque je les ai vus se disperser, quitter la salle, j'ai senti surgir dans mon âme la pensée d'un autre devoir et celui d'une plus grande espérance. L'anarchie devenait imminente, puisque tous les pouvoirs antérieurement constitués allaient manquer. Il fallait en préserver mon pays, et c'était aussi le cas d'organiser, sous le bénéfice de la circonstance, un gouvernement qui ne tergiversât plus dans la voie républicaine.

« Je me suis donc rendu à l'Hôtel de ville, non pas entraîné par la foule, comme on l'a dit pour m'excuser, sans doute, mais m'arrêtant de temps en temps pour voir si la foule me suivait.

« Pour ce crime, car je savais bien que, vaincu, ce serait un crime à vos yeux, vous devez me condamner, citoyens ; et aussi bien quand mes plus chères espérances sont trompées, quand la patrie entière est plongée dans les plus atroces douleurs, que sa chair et son âme se tordent sur ce brasier à la Guatimozin, que, comme pour nous railler, on nomme du saint nom de la République, que m'importe d'être enfermé dans un cachot? Ses murs me préserveront du moins de voir de mes propres yeux des maux que je suis impuissant à soulager. Seulement, pardonne-moi, chère France, de ne t'avoir été utile à rien dans ma vie ! Et vous, mes frères opprimés de toutes les nations, pour qui je n'ai rien pu faire non plus, pardonnez-moi aussi, car nul ne fut plus animé que moi du désir de briser vos fers. *Vive la République démocratique et sociale !* »

Amour de la France, amour de la République, grandeur de sentiments, noblesse d'âmes, Barbès est là tout entier. C'est bien le même homme qui, amnistié plus tard par Louis Napoléon Bonaparte, devenu empereur, répondait qu'il n'acceptait point de grâce, qu'il allait attendre durant deux jours qu'on vînt l'arrêter de nouveau, et que, passé ce temps, il reprendrait de lui-même le chemin de l'exil. Dur exil en terre hollandaise, dur exil avec la maladie étouffante à son chevet. De 1835 à 1870, Barbès vécut ou plutôt agonisa quinze ans, souriant, aimé, partageant avec les proscrits les restes de la fortune qu'il avait partagée entre sa cause et sa famille, sorte de saint de la démocratie, que nul, même parmi les pamphlétaires gagés, n'osait blasphémer.

(1) *Les accusés du 15 mai 1848. Déposition de Flocon* (*Les grands procès politiques*, chez A. Le Chevalier.)

(1) C'était Huber encore qui avait déclaré l'Assemblée nationale dissoute (Voy. le *Moniteur*).

Depuis des années il se débattait contre le mal qui le tenait à la gorge, le minait et l'étouffait. Une crise suprême l'avait terrassé. Un matin, son ami Quignot, son compagnon de captivité durant de longues et tristes années, reçut ce télégramme laconique et fier : *Je meurs ; viens avec Martin.*

Martin, c'était Martin Bernard. Quignot partit, laissant son atelier de tailleur, pour la Haye, où râlait le grand proscrit. Martin Bernard le suivit, puis Étienne Arago, et tour à tour les amis nouveaux et les amis anciens, allèrent s'asseoir auprès du grand fauteuil où, couché à demi, Barbès agonisait, non couché, toujours debout. Madame Carles-Barbès, la sœur d'Armand Barbès, était accourue aussi, et Louis Blanc put une dernière fois revoir ce fier et superbe visage de Barbès, creusé par la douleur, mâle et doux, plein de noblesse et plein de charme.

La petite maison que Barbès occupait sur le Plaatz, à la Haye, sera visitée bien souvent, la petite chambre où il vivait, entre ses livres amis et les portraits des compagnons de lutte, Louis Blanc, Charras, dont le visage maigre et sympathique ressemblait au sien, d'autres encore qu'il chérissait. Depuis des années, la douleur le clouait sur son grand fauteuil. Il y restait, songeant, rêvant à la patrie absente, fumant sa pipe, comme à la veille d'être exécuté par le bourreau il avait, jadis, demandé de la fumer ; et l'œil sur la place, la tête couverte d'une calotte de velours noir, pareil à un grand vieillard d'une légende, il semblait attendre qu'une voix lointaine, celle de la grande nation réveillée, celle de la pauvre France qu'il aimait, et dont le nom attirait à ses yeux des larmes, lui criât :

— Reviens !

Il l'attendait cette voix depuis longtemps muette. Les jours passaient, la maladie creusait et minait chaque jour davantage Barbès. Pourtant, il sortait encore, il allait et venait dans cette ville étrangère où tous s'inclinaient devant lui, depuis le roi qui donnait ordre qu'on lui ouvrît les jardins et les musées à toute heure, jusqu'à l'ouvrier qui lui tirait bien bas son bonnet. Il marchait dans ces rues, redressant sa tête haute, le pas décidé, la taille élevée, un air superbe de commandement répandu sur toute sa personne. Le cher grand homme ! Encore une fois, il y avait en lui du héros et de la femme ; du héros pour le sublime, de la femme pour la douceur ; on l'aimait.

Ceux qui l'ont connu ne pourront oublier sa haute taille, son front superbe et son œil plein d'éclairs ! Qu'il était bon et grand ! Comme sa prunelle s'incendiait au nom sacré de la France ! Il l'aimait ce pays, cette patrie, cette terre des Gaules, jusqu'à l'adoration ! Son amour filial avait le fanatisme sublime des amours de mères. Il eût donné son sang pour le bonheur de tous. Il fut le chevalier de la démocratie. Il y avait, dans son langage et dans ses manières comme dans sa pensée, une dignité, une élégance mâles. Inutile à sa cause, a-t-on dit : Barbès aura été inutile comme ces martyrs qui tombaient, affirmant leur foi par leur supplice. Sans doute il mourut vaincu. Mais il mourut sans tache, il meurt admiré, aimé ; il meurt, en un mot, dans l'intégrité d'une noble vie, laissant aux générations présentes l'exemple austère de l'abnégation, du sacrifice, de la constance et de la sérénité dans la souffrance et dans la lutte.

A l'heure où les idées s'effacent devant les intérêts, où l'égoïsme remplace le dévouement, où l'appétit se fait revendication avant le droit, Armand Barbès représentait l'incessant combat pour la justice, la résistance à la douleur lente, la fidélité souriante à la foi première, la résignation et, mieux que cela, la foi à l'avenir jusque dans la mort en plein exil.

Charras mourant fit reculer la mort, et la fit patienter jusqu'à ce qu'on lui eût apporté de l'autre côté du Rhin (il agonisait à Bâle) un verre d'eau de France. Quand il eut bu cette eau, il dit : *Je puis mourir.* Il mourut. Barbès avait voulu voir ses amis des heures de bataille, ses chers et vrais amis dont l'affection n'avait pas vieilli, mais grandi avec les années. Les amis embrassés, il a dit encore un nom : La France ! et il est mort.

Là-bas, dans le cimetière de la Haye, un homme maintenant repose qui fut un grand citoyen et un grand cœur. On ne le connaîtra que lorsqu'on aura publié ces lettres qu'il écrivait, au courant de son émotion et comme aux palpitations de son âme, lettres tracées de cette grande écriture lapidaire qui n'était qu'à lui, et qui montrait quelle intelligence il y avait dans ce dévouement fait homme.

Autour de la tombe de Barbès, les représentants du parti démocratique devaient se réunir pour rendre un dernier hommage à celui que Proudhon avait surnommé le *Bayard de la démocratie.* On put craindre un moment que cet hommage rendu au héros, sur une terre étrangère, ne dégénérât en une manifestation un peu théâtrale. Quelques-uns parlaient d'arborer, pour suivre le convoi, des bonnets rouges, Barbès, l'homme le plus ennemi qui fût au monde de toute mise en scène et de tout décor, en eût été, de son vivant, navré. Mais tout se passa dignement et solennellement. Louis Blanc, devant cette fosse ouverte, prononça un de ses plus éloquents discours, ému et touchant, digne du grand cœur qui avait cessé de battre, et les amis, les compagnons des premières luttes, Martin Bernard et Quignot, ajoutèrent leur adieu plein de larmes aux adieux fraternels de Louis Blanc.

Quelques jours après, des ouvriers, amenés devant le tribunal correctionnel de la sixième chambre, comme prévenus d'avoir fait partie d'une société secrète, s'inclinaient, tout en répudiant « les sauveurs et les chefs » devant Barbès, le *plus magnanime défenseur*, disaient-ils, *de la France républicaine.*

Ces ouvriers, des jeunes gens pour la plupart, nous les avons vu arrêter à la veille du vote plébiscitaire comme coupables d'avoir signé, au nom de l'*Internationale*, un manifeste hostile à la politique impériale. On ne pouvait les impliquer dans le procès criminel, dans cette affaire du complot que la haute Cour de Blois allait être appelée à juger, mais on les renvoyait devant la police correctionnelle et on faisait pour la troisième fois de l'*Internationale*, une société secrète.

Le procès du mois de juin 1870 était le troisième procès intenté à cette *Société internationale des travailleurs* dont bien des gens, depuis quelques années, parlaient beaucoup sans l'avoir étudiée avec soin et même sans la connaître. L'Internationale était devenue, grâce aux persécutions du pouvoir, un véritable épouvantail et, en somme, une véritable association, non-seulement de secours, mais de lutte. En 1868, en mars et en mai, la première et la deuxième commission du bureau de Paris avaient comparu devant M. Delesvaux ; c'étaient MM. Chemalé, Tolain, Héligon, Camélinat, Bastien, Guyard, Delahaye, Jean Delorme (première commission), et pour la deuxième commission MM. Varlin, Malon, Humbert, Granjon, Bourdon, Charbonneau, Combault, Landrin et Mollin. Des condamnations diverses les avaient frappés et les prévenus pouvaient dire avec raison qu'ils expiaient le crime d'association sous le règne d'un homme qui avait réclamé jadis, et pour tous les citoyens le droit intégral d'association (1).

Qu'était-ce enfin que cette Association internationale des travailleurs qui venait, brusquement, affirmer ainsi la cause du prolétariat et réclamer l'affranchissement des travailleurs et la solution de la question sociale ? Peu de gens le savent bien au juste et les événements terribles auxquels l'*Internationale* a été mêlée dans ces derniers mois sont bien faits pour empêcher l'opinion d'étudier le problème avec calme. Mais l'histoire ne doit à tous ceux qu'elle juge que la vérité. C'est à elle de dégager ce qu'il y a de juste dans les revendications humaines, c'est à elle aussi de flétrir ce qu'il y a d'inique dans tous les despotismes et toutes les violences.

Nous allons donc essayer de montrer ce qu'était à son début cette fraternelle association que nous retrouverons si redoutable plus tard, lorsque des esprits exaltés et des sectaires l'auront détournée de son but véritable et primitif et auront fait de ce moyen de pacification et de cet outil de bonheur progressif une machine de guerre.

Le point de départ de l'Association internationale fut le voyage à Londres, lors de l'Exposition universelle de 1862 d'un groupe d'ouvriers français qui, frappés du spectacle offert par l'activité pratique du peuple britannique, s'arrêtèrent, échangeant leurs idées, devant le problème de la transformation apportée par les machines dans l'économie sociale. Ces ouvriers étaient pour la plupart des jeunes gens, aux idées nouvelles, instruits ou aimant l'étude, ouvrant des livres au sortir de l'atelier et réfléchissant sur cette éternelle question posée à l'humanité qui aspire désespérément, avidement à la résoudre : le bonheur social. Comment affranchir le travailleur de la féodalité financière ? Comment et par qui ? Par lui-même. La réponse ne se faisait pas attendre. En associant leurs efforts, leurs labeurs, leurs intelligences et leurs bras, les travailleurs ne devaient-ils point composer une force capable de résister au capital ? Évidemment si. Il fallait donc se grouper, se compter et s'associer. Le bureau de lA'ssociation fut tout d'abord installé rue des Gravilliers, n° 44, et un des fondateurs, M. Fribourg, donne sur les premiers temps du fonctionnement de curieux détails :

« Dès le début de l'entreprise, dit-il, l'argent manquait, le trimestre de loyer acquitté d'avance avait vidé la caisse du groupe fondateur, on dut recourir au crédit obligeant de M. E. Blot, pour faire imprimer les 20,000 exemplaires des statuts généraux, ainsi que 7,000 lettres d'adhésion.

« Un petit poêle de fonte cassé fut apporté par Tolain, rue des Gravilliers, une table en bois blanc servant dans le jour d'établi à Fribourg, pour son métier de décorateur (1), et transformée le soir en bureau pour la correspondance, deux tabourets d'occasion auxquels quatre sièges de fantaisie furent adjoints plus tard, tel fut pendant plus d'une année le mobilier qui garnissait un petit rez-de-chaussée exposé au nord et encaissé au fond d'une cour, où se condensaient sans cesse des odeurs putrides, et ce fut dans cette petite chambre de quatre mètres de long sur trois de large que furent débattus, nous l'osons dire, les plus grands problèmes sociaux de notre époque.

« A Londres, les commencements du conseil général ne furent guère plus brillants et, sans le produit d'un thé de famille avec concert, discours et bal, que donnèrent les membres anglais au public de Londres, l'œuvre eût peut-être tardé longtemps à prendre racine en Angleterre, faute d'argent.

« Si nous insistons autant sur l'état précaire de

---

(1) Voyez les articles de Louis-Napoléon dans le *Progrès du Pas-de-Calais*.

(1) C'est *la banquette* du peintre sur porcelaine.

Le prince de Hohenzollern.

l'association à son début, ajoute M. Fribourg, c'est qu'on a tant de fois rebattu nos oreilles de *millions de l'Internationale*, qu'il importe, croyons-nous, de bien préciser quelles ont toujours été les vraies ressources pécuniaires de cette association, afin qu'on soit bien convaincu que sa force acquise si rapidement par elle est bien plutôt le produit des maladresses de ses adversaires, que des moyens *immédiats* dont elle pouvait disposer (1). »

Le premier conseil général de l'association avait été formé dans un grand meeting tenu à Londres en 1863, et de retour à Paris, les délégués français s'empressaient de faire connaître au préfet de police le but qu'ils se proposaient. Peu de temps après, à Saint-Martin's-Hall, sous la présidence du professeur Beesly, un nouveau meeting réunissait

1. Voir le travail de M. Fribourg sur l'*Internationale*, inséré dans le journal *le Soir* et reproduit par *le Temps*.

les ouvriers français de Paris, les affiliés anglais et ce qu'on appelait déjà la *branche française* de Londres. Dans ce meeting, où Tolain, Limousin et Perrachon représentaient le groupe parisien, un comité était nommé, chargé de rédiger le règlement de la société et de le répandre dans toute l'Europe. Nous avons vu tout à l'heure à quel nombre se montaient les exemplaires des statuts et les lettres d'adhésion. Presque aussitôt deux journaux, *le Courrier français* et *les Annales du travail* se faisaient pour ainsi dire les organes officiels de l'association.

Dès le début, l'empire, devinant quelle force latente une telle idée d'association devait contenir, essaya de se l'attacher en la protégeant, non-seulement tout bas, mais ouvertement, et si bien que Napoléon, dans son discours à l'ouverture du Corps législatif en 1865, disait aux députés : « J'ai tenu à *détruire tous les obstacles* qui s'opposaient à la création des sociétés destinées à améliorer la condition des classes ouvrières. En permettant l'établissement de ces sociétés, nous facilitons *une utile expérience* ». Il croyait bien alors que cette expérience serait non-seulement utile aux ouvriers, mais encore à l'empire. Peu de temps après, lorsque le manifeste de l'association parut dans le *Courrier international*, M. Rouher fit dire aux membres de la commission qu'il permettrait l'impression de ce rapport et sa distribution si, à la fin, on trouvait le moyen de glisser quelques lignes de remerciements à l'empereur. Les délégués répondirent que « l'Association internationale *ne faisant point de politique*, flatter ou dénigrer tel personnage ou parti politique, n'entrait point dans ses attributions, qu'elle étudiait le fond des questions, publiait le résultat de ses recherches et laissait chaque groupe les appliquer suivant la nature de ses besoins et de ses moyens d'action. »

C'était tout un programme qu'une telle réponse et, à coup sûr, nulle puissance au monde, sauf le despotisme, ne pouvait trouver mauvais que, scientifiquement et philosophiquement, les travailleurs recherchassent ainsi les moyens d'améliorer leur condition. Le *manifeste* auquel M. Rouher voulait faire ces additions courtisanesques était, dans le sens de l'étude pure, de la justice et de la vérité, un modèle que les travailleurs doivent, — aujourd'hui qu'ils ont fait appel, non plus à la science, mais à la force, — se repentir cruellement de n'avoir point suivi. Il faut le relire maintenant pour bien comprendre le but que se proposaient les fondateurs d'une association qui a été odieusement détournée de son cours.

« Ce qui distingue essentiellement la période actuelle de celles qui l'ont précédée, disait le *Manifeste* publié par le *Courrier international*, c'est que le travail s'affirme l'égal des autres forces. Il veut conquérir sa place dans le monde moral et matériel par sa seule initiative et en dehors de toutes les influences qu'il a, jusqu'en ces derniers temps, subies et même recherchées.

« ... La démocratie a été jusqu'ici continuellement vaincue. De 89 à 1800, la bourgeoisie fit dans ses rangs, à coups de décrets, de sabre ou de canon, de larges trouées que les guerres de l'empire n'ont pas comblées.

« ... Enfin, de choc en choc, de chute en chute, massacré par la république bourgeoise comme il avait été décimé par les monarchies, le travail tombe après cinquante ans de combats dans la plus insigne mystification : la philanthropie.

« ... Alors les plus avisés des illettrés fouillent l'histoire, et découvrent que pendant trois siècles la bourgeoisie, elle aussi, s'est trouvée refoulée chaque fois qu'elle s'est levée. Arrive 89, elle se présente et prend, presque sans obstacle, sa place dans l'État. Pourquoi pas 150, 100 ou même 50 ans plus tôt? A cette question, l'histoire répond : *Elle n'était pas digne !*

« Tout le dix-huitième siècle fut employé par elle à conquérir, par l'étude et le travail, la capacité qui lui manquait, et quand vint 89, elle était, en talent, en science, en richesse, au moins l'égale de l'aristocratie : là est le secret de son triomphe.

« ... Alors, à *l'agitation de la rue, aux sociétés secrètes, succède l'étude, et après quinze années de travail opiniâtre et de recherches laborieuses, les travailleurs se concertent et tentent en commun un suprême effort : ils organisent l'Association internationale, à l'appel de laquelle nous répondons aujourd'hui.*

« Réunir, grouper, pour les rendre plus fructueux, tous les efforts individuels tentés jusqu'ici en vue de l'émancipation du prolétariat par le prolétariat lui-même, voilà leur but.

« ... Avant de *légiférer, d'administrer*, de bâtir des palais, de *faire la guerre*, la Société *travaille, laboure, navigue, échange*, exploite les terres et les mers. Avant de sacrer des rois et d'instituer des dynasties, le peuple *fonde la famille, consacre les mariages, bâtit des villes*, etc., etc. »

Quoi de plus noble et de plus légitime qu'un tel programme? Je ne veux pas relever l'erreur historique commise au détriment de cette bourgeoisie du dix-huitième siècle qui, quoi qu'en dise ici le manifeste, donna son sang pour le peuple et n'eut trop souvent à son agonie que le peuple pour spectateur et souvent pour insulteur. L'histoire nous montre, au contraire, ces bourgeois qui s'appelaient Danton, Desmoulins, Robespierre, Goujon, — combien d'autres ! — portant leur tête sur l'échafaud pour le peuple, et pour le peuple donnant leur existence entière, leur travail, leur science, leur courage, leur génie. De 89 à 1800, s'il y eut de *largées trouées* de faites, ce fut dans les rangs de ce tiers-État qui, patiemment, à travers les siècles, par ses efforts et son labeur n'étant *rien* avant Étienne Marcel avait conquis le droit d'être *tout* après Sieyès. Que la bourgeoisie ait manqué maintes fois depuis à son mandat, à son devoir et à son rôle, je ne le nie point. Je le constate et le déplore. Mais ce que j'affirme, ce qui est la stricte et claire vérité historique, c'est qu'elle ouvrit sa veine, à la fin du dix-huitième siècle, et dit à la patrie : « Ma mère, porte ma blessure à ta lèvre et refais-toi un sang nouveau ! »

Ce n'est là, il est vrai, qu'un détail dans le manifeste international : l'erreur de fait ne doit pas nous faire oublier l'esprit d'un tel écrit. Que ne s'en est-il toujours inspiré, ce prolétariat qui, trop tôt, réclamant le pouvoir et en appelant à la force, vient se heurter à la force contraire! S'il eût travaillé, étudié, cherché, attendu, s'il eût voulu s'affranchir par l'amélioration morale, par le lent et sûr retour sur soi-même, s'il eût songé à cette vérité : « La bourgeoisie, lorsqu'elle avortait dans ses enfantements, *n'était pas digne* de créer et de dominer » ; — s'il eût voulu acquérir cette dignité, s'il eût retourné le mot d'ordre, la formule de l'association : « *Pas de droits sans devoirs, pas de devoirs sans droits* » ; s'il eût fait cela, la persécution n'eût fait que lui assurer la victoire plus prochaine, mais une victoire morale, la seule qui porte des fruits.

Qu'on le sache bien, que la bourgeoisie, cette noblesse d'argent, l'apprenne : le jour où le prolétariat, qui est le nombre, sera la capacité intellectuelle et la dignité morale, ce jour-là la bourgeoisie disparaîtra noyée dans le flot populaire. Mais il faut que ce flot soit profond et pur comme l'Océan et non troublé comme un ruisseau d'orage. Et que le prolétariat, à son tour, songe bien que, tant qu'il ne réclamera le pouvoir que parce qu'il est la force, il verra ses revendications se briser comme verre. Ne sera-ce pas justice? La force est impie et n'a jamais engendré que l'oppression et le carnage. Il faut, répétons-le encore, qu'il conquière le pouvoir en s'étudiant à s'en rendre digne. Ce jour viendra si le peuple répudie les conseillers funestes, les flatteurs et les habiles. La foule, Monseigneur tout le monde, *Herr omnes*, comme disait Luther, recèle, en ses profondeurs obscures, la chaleur vivifiante en même temps que la dévorante lave. Mais que le peuple médite la parole de ce poëte grec qui dédiait ses œuvres *au temps*. C'est *au temps* aussi qu'il faut en appeler et demander justice.

Deux choses firent en quelque sorte *dérailler* l'association : l'élément purement révolutionnaire qui poussa, dès le début, à l'agitation politique, et la persécution de l'empire, dépité de voir l'Internationale échapper à son protectorat. Sans doute, l'empire essaya encore de s'attacher quelques-uns de ceux qu'il prenait pour les chefs de l'association; en 1867, par exemple, il devait, lors de l'Exposition, multiplier ses moyens de séductions. Conférences avec les délégués, correspondances, miroitements de décorations, publication faite à grands frais *des rapports des délégations ouvrières* par une commission d'encouragement qui était une commission impériale, distribution gratuite de ces rapports (véritables *cahiers* des travailleurs français, comparables aux cahiers de 89) à chacun des délégués et des présidents de réunions électorales, réduction de prix offertes à tous les ouvriers pour l'achat de ces rapports, tous ces avantages étaient accumulés par ordre de l'empereur, et les volumineux dossiers, relatifs à toutes ces affaires, dossiers brûlés dans l'incendie des Tuileries, constituaient un intéressant chapitre du dernier règne, chapitre qui eût pu s'appeler les *tentatives diplomatiques du césarisme pour arriver à l'annexion du prolétariat*.

La conquête par la séduction étant impossible, l'empire eut bientôt recours à l'intimidation. Il résolut d'écraser ce qu'il ne pouvait charmer.

Les poursuites commençaient dès le 30 décembre 1867. Déjà l'esprit même de l'association s'était détourné de sa préoccupation toute sociale, et était devenu politique. On trouvait, par exemple, chez Tolain, un des plus modérés de l'association, modéré jusqu'à être un moment soupçonné de tiédeur, un manifeste où il était déclaré que « *la conquête du pouvoir politique est devenu le premier devoir de la classe ouvrière.* »

La *branche* de Londres, les agitateurs de Genève ou d'Allemagne semblaient prendre peu à peu la direction des affaires de l'association. « Je pourrais dire, s'écriait naguère M. Tolain à la tribune de l'Assemblée nationale, quel jour et presqu'à quelle heure *l'Internationale* a été détournée de sa voie pacifique et d'étude d'amélioration sociale. » Depuis longtemps, dans les congrès, des délégués, étrangers à l'association, injuriaient et combattaient ceux qu'ils nommaient ironiquement *les Gravilliers* (du nom du lieu de réunion); ils les traitaient tout haut d'agents bonapartistes. Au congrès de Genève, l'antagonisme s'était fait jour. L'*Association internationale des travailleurs*, au lieu de demeurer ce qu'elle était, devenait quelque chose comme une réédition de cette *Société de solidarité républicaine* qui, en 1848, voulait réorganiser « le gouvernement de 93 ». — C'est une maîtrise, écrivait Bastélica, un *embrigadement révolutionnaire*. Et Cluseret, revenu de ses aventures américaines : « L'Internationale, disait-il, a pour objet de solidariser par l'action le plus grand nombre... Nous aurons notre jour, et ce jour-là Paris sera à nous ou Paris n'existera plus. » On ne voyait alors qu'une phrase à effet tombée de la plume verbeuse de cet écrivain de hasard. Cependant les congrès se succèdent d'année en année : en 1868, on se réunit à Bruxelles; en 1869, à Genève. C'est toujours la question de la propriété qui agite et divise l'association. Deux courants distincts entraînent ici les esprits : le *collectivisme* (pseudonyme du *communisme*) et le *mutuellisme*, équivalent du principe d'association. La fédération nouvelle de la Corderie me paraît surtout affirmer cette utopie du communisme qui, depuis Morelly et Mably jusqu'à nos contemporains, en passant par Babeuf, n'a jamais abouti qu'au *travail forcé* imposé par la communauté, à l'écrasement de l'individualisme et au despotisme le plus insupportable et le plus inique. Rendons justice d'ailleurs au bon sens français. Cette idée collectiviste était surtout défendue, arborée en quelque sorte, par les branches étrangères de l'Internationale et aussi par les néo-hébertistes, qui déclaraient, au congrès de Bâle, une guerre à mort à la société !

M. Fribourg, en quelques lignes, rappelle les théories émises en ce congrès de Bâle, où décidément sombra l'idée fraternelle primitive de l'association :

« Le congrès de Bâle, le plus nombreux de tous, réunit des Russes, des Autrichiens, des Allemands du Nord, d'autres du Midi ; Liebknecht, le membre du Parlement prussien ; Rittinghausen ; Louis Lindegger, d'Autriche, publiciste ; des Espagnols, des Italiens, des Anglais, des Suisses, des Belges et peu de Français. La question de la propriété collective est de nouveau discutée, mais cette fois au point de vue non plus relatif, mais absolu.

« Langlois, Longuet, Chemalé, Tolain, Murat, Tartaret, Mollin luttent, disputent chaque mot, ne cèdent que pas à pas ; mais malgré, leur héroïque et brillante résistance, le collectivisme russo-allemand l'emporte, et le congrès déclare que la société a le droit de faire entrer le sol et les instruments de travail dans la propriété collective !

« En vain les Français, surtout les Parisiens, invoquèrent la raison, la nature, la logique, l'histoire, la science, ils ne parvinrent qu'à s'attirer la riposte suivante : « La science, s'écrie Brismée, « de Bruxelles, si la science est en contradiction « avec nos aspirations révolutionnaires, tant pis « pour la science ; c'est à elle qu'il appartient de « céder à nos principes ; mais nos principes ne « doivent fléchir devant rien. »

« Des bravos frénétiques accueillent cette boutade et, tout frein étant brisé, un remaniement insensé de la carte de l'Europe est indiqué, l'abolition de l'héritage est demandée et presque obtenue, ce qui lui manque de voix est si peu de chose, qu'il est évident pour tous que Karl Marx, le communiste allemand, Bakounine, le *barbare russe*, comme il se complait à se dénommer lui-même, et Blanqui, l'autoritaire forcené, forment le triumvirat omnipotent.

« L'Internationale des fondateurs français était morte, bien morte ; il ne pouvait plus être question pour les Parisiens que de sauver le socialisme mutualiste de ce naufrage général (1). »

Nous avons indiqué l'attitude prise par l'Internationale au moment de la grève du Creuzot. Elle avait été, au début, expectante comme dans toutes les grèves, grèves de Roubaix, d'Amiens, de Genève ou de Fourchambaud. Ce n'était pas, au surplus, son immixtion en pareil cas que l'empire lui eût reproché. Ce dont il lui faisait un crime, c'était, encore un coup, son manifeste antiplébiscitaire. Et voilà pourquoi la fédération de la Corderie prenait une telle importance que, dans « les ateliers, on se recrutait et on adhérait à l'Internationale *comme on se fût offert un verre de vin*, — l'expression est

(1) Le *Soir*, numéro du 17 juillet 1871.

de M. Fribourg, — et que l'empire affolé, ordonnait un troisième procès contre l'association.

« Nous conseillons, dit encore l'écrivain auquel nous empruntons ces détails, nous conseillons fortement aux rares penseurs de notre époque de lire attentivement les débats de cette affaire ; ils seront frappés de voir qu'on ait pu si facilement englober et réunir dans une même poursuite, des hommes aussi absolument étrangers les uns aux autres.

« Un certain nombre n'appartient pas même à l'Internationale.

« Pour ceux qui en faisaient partie, voici à quel point ils étaient d'accord sur les questions sociales. Dans sa défense improvisée, Héligon disait : « Mon « ami Malon sait que dans toute l'Association inter« nationale, le communisme n'a pas trouvé d'ad« versaire plus acharné que moi ; » et Malon, de son côté, répliquait : « Je suis fier de mes opinions « communistes, mais l'Internationale n'en saurait « être solidaire. »

« Combault, dans sa défense, disait lui aussi : « Voilà Murat, mon ami, que j'estime fort et qui a « pour moi quelque estime, j'aime à le croire, eh « bien ! nous sommes en dissentiment ; il est mu« tuelliste, je suis collectiviste. »

Le nombre des prévenus du procès de juin 1870 était de trente-huit. Dix-neuf étaient prévenus d'avoir, depuis moins de trois ans, à Paris, comme chefs ou fondateurs, fait partie d'une société secrète, savoir :

Varlin (Louis-Eugène), trente et un ans, relieur.
Malon (Benoît), vingt-huit ans, commis-libraire.
Murat (André-Pierre), trente-sept ans, ouvrier mécanicien.
Johannard (Jules), vingt-sept ans, feuillagiste.
Pindy (Louis-Jean), trente ans, menuisier.
Combault (Amédée-Benjamin), trente-deux ans.
Héligon (Jean-Pierre), trente-six ans, courtier en librairie.
Avrial (Augustin), vingt-neuf ans, ouvrier mécanicien.
Sabourdy (Pierre), employé à la *Marseillaise*.
Colmia dit Franquin (Jules), trente-deux ans, imprimeur lithographe.
Passedouet (Auguste-Jules), trente-deux ans, journaliste.
Rocher (Marie-Antoine), trente-six ans, publiciste.
Assi (Adolphe-Alphonse), vingt-neuf ans, mécanicien.
Langevin (Camille-Pierre), vingt-sept ans, tourneur sur métaux.
Pagnerre (Félix), quarante-cinq ans, feuillagiste.
Robin (Charles-Louis), trente-trois ans, professeur.
Leblanc (Albert-Félix), dix-neuf ans, ingénieur civil.
Carle (Paul-Jean), trente-deux ans, professeur.

Le maréchal Prim.

ALLARD (Camille-Félix), étudiant en droit.

Dix-neuf étaient prévenus d'avoir fait partie d'une société secrète depuis trois ans. C'étaient :

THEISZ (Frédéric-Félix), trente et un ans, ouvrier ciseleur.

COLLOT (Ad.), trente-deux ans, menuisier.

CASSE (G.-François), trente-deux ans, journaliste.

DUGANCQUIÉ (J.-Désiré), trente ans, ajusteur.

FLAHAULT (Émile-Amour), trente-trois ans, marbrier.

LANDECK (Bernard), trente-huit ans, joaillier.

CHALAIN (Louis), vingt-cinq ans, courtier en librairie.

MUNGOLD, dessinateur.

ANCEL (Bernard-Gabriel), vingt-neuf ans, peintre sur porcelaine.

BERTIN (Frédéric), trente-deux ans, mouleur en fer.

ROGER, tailleur de pierres.

ARODE (Barth.), sculpteur.

DELACOUR (Alphonse), trente ans, relieur.

DURAND (Gustave-Émile), trente-cinq ans, ouvrier bijoutier.

Duval (Émile-Victor), vingt-neuf ans, fondeur en fer.
Fournaise (Joseph), ouvrier mécanicien.
Franckel (Léo), vingt-six ans, bijoutier.
Giot, ouvrier peintre.
Malézieux.

Une chose est tout d'abord frappante dans la liste de ces prévenus, c'est l'âge de tous ces gens qu'on poursuit. Ils sont jeunes, comme si toute idée nouvelle s'incarnait fatalement dans des jeunes gens. Idée nouvelle? Non, mais rajeunie ou plutôt replâtrée. En faisant de l'association une œuvre de combat, les nouveaux venus de l'Internationale noyaient, en effet, au grand regret des amis de la liberté, noyaient sous de vieilles réminiscences jacobines ou babouvistes ce qu'il y avait de sève et de nouveauté dans l'entreprise des fondateurs de 1862.

Nous ne voyons rien qui surnage de ce procès, si ce n'est la défense générale, présentée, au nom de tous, par Chalain. Chalain n'était qu'un porte-voix : « La défense est écrite, dit-il, elle a été rédigée entre tous. » Chacun des prévenus eut son mot, depuis Landeck qui déclarait qu'en sa qualité d'étranger, il s'était « *engagé à ne plus s'occuper de politique,* » jusqu'à Franckel, délégué de la section allemande qui, de son accent germanique, s'écriait en italien : *E por si muove!* Mais le procès tout entier tient en somme, je le répète, non pas dans le réquisitoire de M. Aulois, mais dans la défense commune, défense, non, acte d'accusation plutôt, car, avec une habileté singulière, ces ouvriers, habitués aux réunions publiques, retiraient toutes les expressions que le procureur impérial trouvaient blessantes, pour les accentuer davantage un moment après et transformer le procès de telle sorte que ce fussent les accusés qui eussent l'air d'accusateurs. L'apostrophe fameuse où, répondant à ceux qui appellent les prolétaires *pillards et partageux,* fut, dit-on, rédigée par un écrivain député, et dite par Chalain avec une véritable énergie. Elle produisit autant d'effet que la péroraison, terrible dans sa colère et dans sa haine:

« Quand vous voyez une fortune fabuleuse édifiée en quelques années, vous dites : Prospérité nationale ! nous disons: Gaspillage des capitaux, spoliation et abaissement de la classe ouvrière, car l'un ne saurait aller sans l'autre....

« ...... Oui, les prolétaires sont enfin las de la résignation ! Ils sont las de voir leurs tentatives d'émancipation toujours suivies de déceptions, ils sont las d'être les victimes du parasitisme, de se sentir condamnés à un travail sans espoir, à une subalternisation sans limite, de voir toute leur vie déflorée par la fatigue et les privations et ils sont las de ne ramasser que les miettes d'un banquet dont ils font tous les frais. »

Qu'était cela sinon une déclaration de guerre?

Quoi ! voilà où en moins de huit ans en étaient arrivés ceux qui publiaient le manifeste du *Courrier international* ! L'espérance d'affranchissement du début était devenue « le travail sans espoir ! » Mais tout travail ne comporte-t-il point son espoir, ou plutôt, pour tout ce qui pense lutte, cherche, invente, produit, le travail n'est-il pas aride et la vie fatigante? Certes, ce n'est pas de la *résignation* qu'il faut demander à l'homme. La résignation est une vertu catholique et négative. Toute créature humaine a le droit d'espérer et de demander à vivre, à respirer, à sentir. Ce n'est point de la résignation,— ce n'est point le front penché sur la tâche accablante qu'il faut à l'humanité, c'est l'émulation dans l'accomplissement de cette tâche et le regard clair fixé sur l'avenir. Émulation, espérance qui donnent la vigueur et la foi. Mais, si le mot de résignation semble douloureux et injuste à l'homme, l'homme en retour doit s'incliner devant une autre loi, celle du devoir. Ne fût-ce point par raison que ce serait par intérêt. Qu'a donc gagné le progrès aux jeux sanglants de la force ? Il faut laisser cette doctrine aux ennemis, aux Allemands, aux disciples de Hegel. Qui proclame aujourd'hui le *droit de la force?* Un homme, M. de Bismark. Le peuple français, qui faisait jadis ses révolutions au nom du droit ne voudra pas emprunter au vainqueur son inique mot d'ordre « Les prolétaires sont *los!* » Qui n'a ressenti cette lassitude et qui n'a voulu la secouer? Mais qu'on prenne garde ! Qu'on n'aille point par lassitude, se jeter au gouffre? Hélas ! Un des leurs, M. Héligon, le disait déjà : « Nous voulons opérer la réforme
« sociale pacifiquement, si cela est possible, *car*
« *c'est toujours nous, peuple ouvrier ou peuple soldat,*
« *qui faisons les frais de ces batailles fratricides qui*
« *se sont toujours, jusqu'à présent accomplies au bé-*
« *néfice d'ambitieux qui se faisaient de nos cadavres*
« *un marche pied pour arriver au pouvoir, et, une fois*
« *installés, tous sans exception, nous ont fusillés comme*
« *ont fait leurs prédécesseurs.* » Conseil inutile, M. Héligon ne devait pas plus que tant d'autres être écouté en temps opportun.

Les condamnations prononcées contre les prévenus furent dures, mais le sort voulait que l'empire n'ait pas le temps d'en assurer l'exécution. Il donnait encore des années de prison et n'avait pas trois mois à durer.

Nous avons montré comment, légitime au début, l'Association internationale avait dévié peu à peu, poussée dans cette voie nouvelle, bien moins par l'élément ouvrier qui en faisait partie que par les sectaires étrangers. A ce changement elle avait gagné en force militante, mais elle avait perdu en influence morale. C'est ainsi que nous allons la voir jeter vainement, au milieu des préparatifs de guerre entre la France et l'Allemagne, un cri, dont l'écho eût retenti jusqu'aux entrailles humaines si l'association fût demeurée ce qu'elle devait être, une ouvrière de paix, de travail et de fraternité. Qui saura ce que l'humanité a perdu à cette transformation, et ce qu'elle y gagnera le jour où les esprits lumineux, dévoués, véritablement amis du peuple, des laborieux, des malheureux et des souffrants, auront su faire entendre la vérité et comprendre à tous le devoir et le droit?

Ne doutons point de cette future aurore. Eh! quoi, il faudrait donc désespérer de tout, si l'humanité devait retomber éternellement sous les mêmes jougs de misère, de force, de guerre, de conquête? C'est parce qu'il y aura un lendemain lumineux aux événements qui se succèdent dans ce récit que nous abordons sans défaillance, l'histoire des terribles mois que nous allons raconter.

DOCUMENTS COMPLÉMENTAIRES DU CHAPITRE VII

N. 1.

DISCOURS DE M. GAMBETTA A BELLEVILLE

Il y a un an, messieurs, en m'honorant pour la première fois du mandat législatif, vous accomplissiez un acte qui était la négation de tout pouvoir monarchique héréditaire. Je réclamais de vous un mandat d'opposition irréconciliable. Votre vote est un acte irrévocable, et le résultat du vote d'il y a quinze jours n'y a rien changé. (Applaudissements.)

Le plébiscite, comme on l'a dit, avait porté le débat plus haut que les réformes constitutionnelles. Nous non plus, nous ne le regrettons pas; et je le dis même en présence de ce chiffre de 1,500,000 votes négatifs que des gens, imprudents dans leurs espérances avant le scrutin, ont considéré comme un signe de défaite.

Quel est ici le véritable vaincu? C'est le principe monarchique. On a beau dire que sept millions et demi de *oui* ont tout tranché; rien ne réprimera l'insurrection de ma conscience, qui crie: Tout est à refaire! (C'est cela! Bravo!)

Le plébiscite a aggravé la situation pour l'empire, il l'a défendue pour la démocratie. L'empire, qui se réclame de la démocratie, s'était, il y a dix-huit ans, déclaré éternel, héréditaire, et voilà qu'après ces dix-huit ans, il sent le besoin de chercher une consécration nouvelle, de se remettre en question. Et ce qu'il a fait le 8 mai, il déclare qu'il pourra le refaire tous les jours. Eh bien! je vous le demande: qu'est-ce qu'un pouvoir qui, après avoir proclamé l'éternité de son existence, vient vous demander par intervalles si vous lui reconnaissez le droit d'exister? (Applaudissements.)

L'empire a déclaré en 1852 que le plébiscite d'alors était sa base inébranlable, et en 1870 il vient vous redemander de lui donner une base. Je le déclare, dans un pays où des points de cette importance peuvent à chaque instant se remettre en question, il peut y avoir des rois, des empe-

reurs, une famille régnante, mais il n'y a pas de monarchie. (C'est vrai! — Bravos!)

Il y a là, messieurs, un fait qui cache un droit.

Celui qui se met et se remet aux voix reconnaît par là qu'il n'a ni titre personnel, ni légitimité personnelle.

Où donc est la légitimité? Dans la souveraineté nationale. Voilà le droit qui prime le fait plébiscitaire.

Et voilà aussi ce qui montre le ridicule de cette assimilation de l'empire à une chaumière. En prétendant assimiler le pouvoir à une propriété individuelle, vous niez la souveraineté nationale; à leur tour, ceux qui la défendent vous renient, et c'est là, messieurs, que gît la théorie des *irréconciliables*.

L'irréconciliable est celui qui n'a recours ni à la violence, ni à l'émeute, ni aux complots. Le principe sur lequel il s'appuie n'est pas de ceux qui attendent leur triomphe de la force. Les irréconciliables savent que le suffrage universel se réconciliera avec eux quand la lumière sera complète, quand de toutes parts on saura que leur système politique n'est menaçant ni pour la justice, ni pour la morale, ni pour les intérêts matériels.

Les irréconciliables doivent donc répudier ceux qui voudraient recourir à des moyens autres que la persuation; et s'il y a des assassins quelque part, quels qu'ils soient, qu'on les livre à la loi; ils n'ont rien de commun avec la politique. (Bravos.)

Ce chiffre de quinze cent mille suffrages obtenus malgré la terreur, acceptant la révolution immédiate, effraie tellement nos adversaires qu'ils ne savent que faire de leur victoire: ils sont incertains, divisés, ils ajournent tout; il n'est pas sûr que ceux qui ont conduit hier la fête soient demain de la noce. (Rires.)

Ils considèrent aussi la qualité de leurs *oui*. Or, savez-vous de quoi se compose surtout ce contingent? De votes bourgeois, dit-on.

Eh bien! je vous le demande, si on démontrait à la bourgeoisie que ses terreurs n'ont pas de fondement, que ses intérêts ne courent aucun risque, est-ce que vous croyez qu'elle continuerait à donner ce triste exemple ? (Non! non!)

Mais qu'y a-t-il donc à faire ? Montrer que vous n'êtes pas ses ennemis. La réforme politique contient en germe les réformes sociales. Je dis *les*, car cette unité que l'on appelle la question sociale n'existe pas. Il n'existe que des besoins multiples qui sont tantôt l'accession à la propriété, tantôt l'accession au travail, tantôt l'accession à l'association.

A côté de ces besoins sociaux d'une partie de la masse électorale, il est des droits légitimes qui ne sont pas opposés aux vôtres et qu'il faut rassurer. Il faut leur dire et leur prouver dès à présent, par la sagesse de votre conduite, qu'avec vous la propriété ne court aucun péril, tandis qu'elle en court de sérieux avec les guerres, les dépenses et le favoritisme, inséparables du système monarchique. Il faut prouver que vous n'êtes pas le parti des conspirations, puisque vous vous déclarez contre l'homme dont trois conspirations ont fait la fortune. (Applaudissements.)

Mais gardons-nous de récriminer contre le suffrage universel, parce qu'il se trompe. Même dénaturé, n'oublions pas qu'il est notre principe. Et moi qui suis un homme de paix, je professe un tel respect pour cette souveraineté légitime, que je n'hésiterais pas à faire appel à la force, si l'on voulait y porter la main ! Le suffrage universel est l'accession de chaque conscience, de chaque raison au gouvernement de la nation ; c'est l'ancre du salut ! Nous avons tout à en attendre et j'affirme qu'avant longtemps notre attente sera justifiée. (Oui ! oui !)

Que sont pour l'empire ses sept millions de voix ? Ce sont autant de créanciers. On l'accepte, soit ; mais on lui dit : Nous voulons être gouvernés et non pas exploités. Nous, députés, revêtus par le suffrage universel d'un mandat aussi vigoureux, aussi valable que l'empire, nous serons là pour réclamer, au nom des sept millions de créanciers, les réformes principales qui sont leurs droits primordiaux. J'en cite deux : l'instruction gratuite et obligatoire et le droit d'association.

Ces deux réformes, on les fera réclamer, s'il le faut, par un immense pétitionnement que le conseil d'État n'arrêtera pas, parce que le courant emporterait la digue. Si l'on cède alors, on accordera à la démocratie ses satisfactions essentielles : les moyens d'émancipation du suffrage universel ; si l'on résiste, la démocratie se satisfera toute seule.

Mais la tâche importante, c'est de délivrer la bourgeoisie et la province de cette peur de l'inconnu dont je parlais. Comment ? En leur montrant du connu. On a peur qu'après avoir défait un gouvernement, on ne sache rien mettre à la place. Il importe peu à la France d'être gouvernée par tel ou tel ; ce qu'elle veut, c'est la certitude d'être bien gouvernée.

Il faut donc lui prouver que vous êtes un parti capable de remplacer ce que vous jugez mauvais par quelque chose de meilleur. Alors la peur de l'inconnu disparaît, et dès qu'il ne s'agira que de passer du pis au mieux, la France entière vous donnera les mains.

Et pour prouver que vous saurez gouverner, il faut dès aujourd'hui vous gouverner vous-mêmes.

Le parti démocratique doit avoir une discipline démocratique. Qu'il ait une avant-garde, un corps d'armée et même des traînards, rien de mieux ; mais il faut que tout forme une seule phalange marchant vers l'avenir.

Si Paris donnait ainsi l'exemple d'une démocratie disciplinée, rangée en bataille, écoutant les conseils de ses chefs, répudiant toute anarchie, la France se verrait en face d'un régime déterminé, d'un système précis, et la confiance en nous renaîtrait.

La discipline est surtout nécessaire sur le champ de bataille, qui est la Chambre. Sur ce point, un progrès a été fait ; il existe maintenant une vraie gauche, fermée à tout député qui n'est pas républicain. D'un autre côté, le plébiscite a provoqué la formation du comité où les représentants de la presse sont unis aux députés. La campagne que l'on vient de tenir a prouvé que, de ce côté, on était capable d'entente et de discipline.

Si chacun consent à accepter la direction conseillée à tous, si les chefs ne se divisent pas entre eux, ce sera la réalisation d'un gouvernement, et ce sera en même temps la preuve qu'avec nous on ne court pas le risque d'être mal gouverné.

Cette modération et cette discipline vaincront l'indécision et dissiperont les terreurs sans fondement de ceux dont les cœurs sont depuis longtemps avec nous ; car s'il est un point où l'on nous donne raison ; c'est la sublimité de notre idéal et l'excellence de nos principes. (Applaudissements prolongés.) »

N° 2.

VOTES DE L'ARMÉE EN 1852 ET EN 1870

	1852	1870
Ain	1,232	7,005
Aisne	4,367	22,930
Allier	433	7,417
Alpes (Basses-)	160	6,097
Alpes (Hautes-)	306	3,828
Alpes-Maritimes	340	5,780
Ardèche	729	16,703
Ardennes	2,753	4,443
Ariége	292	5,632
Aube	2,355	13,829
Aude	576	12,192
Aveyron	883	4,327
Bouches-du-Rhône	2,555	52.775
Calvados	3,615	10,993
Cantal	323	2,858
Charente	1,252	7,057
Charente-Inférieure	2,069	15,925
Cher	1,103	16,077
Corrèze	409	3,400
Corse	27	4,675
Côte-d'Or	2,549	28,497

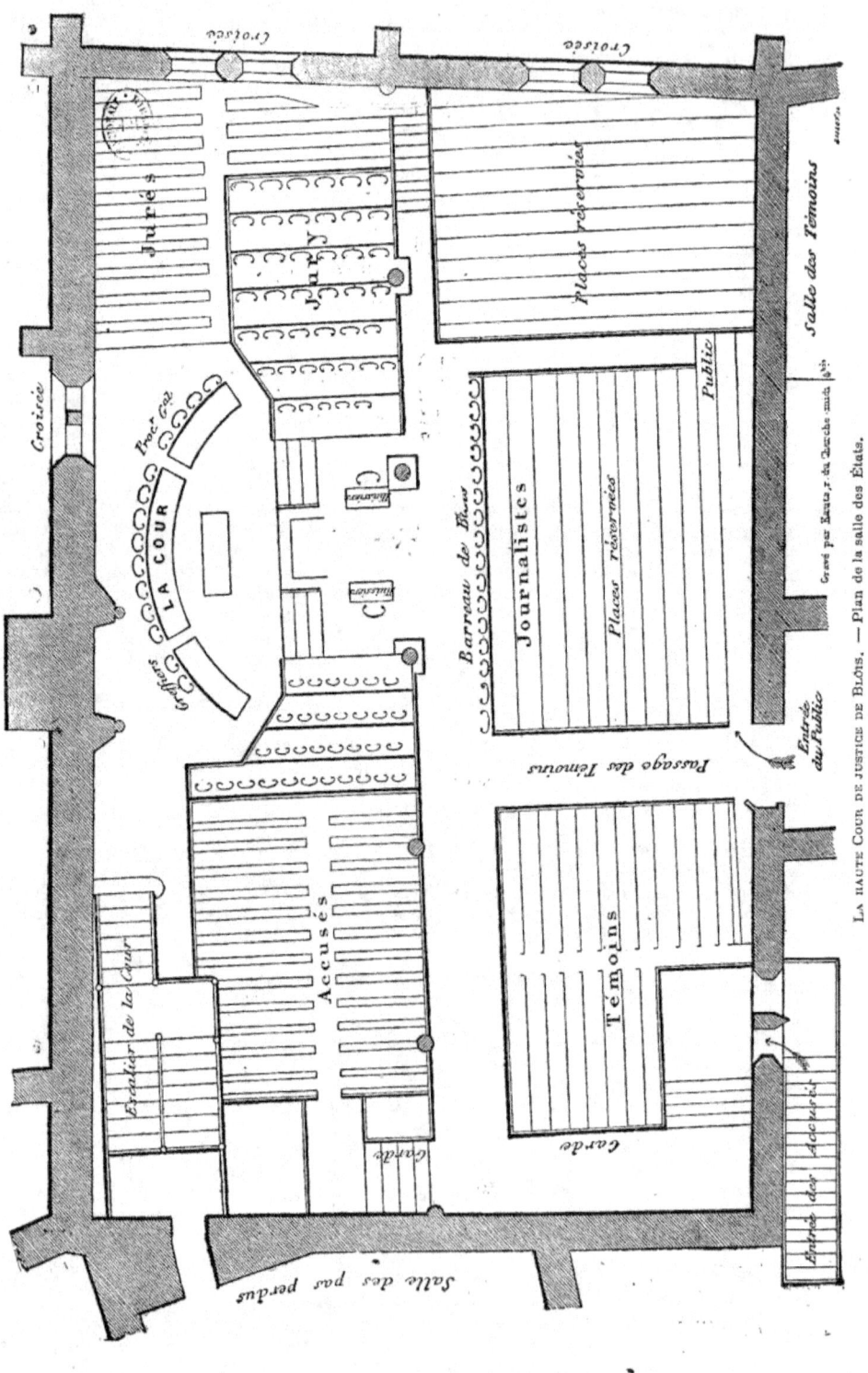

La Haute Cour de Justice de Blois. — Plan de la salle des États.

Côtes-du-Nord	1,110	8,242
Creuse	524	4,886
Dordogne	1,220	3,645
Doubs	1,707	16,098
Drôme	1,452	30,574
Eure	6,050	18,453
Eure-et-Loir	3,950	11,410
Finistère	1,297	13,297
Gard	4,393	38,585
Garonne (Haute-)	2,230	23,049
Gers	1,236	9,947
Gironde	3,551	38,322
Hérault	3,038	38,389
Ille-et-Vilaine	1,351	5,739
Indre	904	5,345
Indre-et-Loire	1,348	10,599
Isère	2,441	43,916
Jura	2,739	18,097
Landes	534	5,310
Loir-et-Cher	2,366	11,978
Loire	3,789	33,204
Loire (Haute-)	218	8,733
Loire-Inférieure	3,487	15,938
Loiret	2,934	13,064
Lot	850	5,637
Lot-et-Garonne	2,001	14,544
Lozère	282	1,226
Maine-et-Loire	2,921	14,166
Manche	1,993	9,645
Marne	3,910	12,361
Marne (Haute-)	1,827	13,185
Mayenne	2,949	5,545
Meurthe	3,567	13,404
Meuse	2,268	5,079
Morbihan	1,171	4,541
Moselle	1,698	14,074
Nièvre	1,178	10,743
Nord	7,374	30,085
Oise	3,379	11,339
Orne	2,563	12,715
Pas-de-Calais	3,876	9,010
Puy-de-Dôme	477	7,684
Pyrénées (Basses-)	455	5,497
Pyrénées (Hautes-)	312	2,745
Pyrénées-Orientales	248	15,005
Rhin (Bas-)	3,318	20,596
Rhin (Haut-)	2,841	19,689
Rhône	9,789	52,594
Saône (Haute-)	1,341	15,912
Saône-et-Loire	1,920	24,499
Sarthe	2,601	13,892
Savoie		8,335
Savoie (Haute-)		8,354
Seine	53,753	184,344
Seine-Inférieure	8,570	41,539
Seine-et-Marne	3,771	22,091
Seine-et-Oise	6,445	32,654
Sèvres (Deux-)	1,181	6,052
Somme	3,711	13,138
Tarn	1,607	9,390
Tarn-et-Garonne	1,673	6,179
Var	869	24,077
Vaucluse	1,147	25,567
Vendée	1,422	4,834
Vienne	665	5,611
Vienne (Haute-)	660	9,996
Vosges	2,497	18,416
Yonne	3,983	27,898
Armée et marine	3,505	42,258

N° 3.

EXTRAIT DE LA DÉFENSE GÉNÉRALE

(Procès de l'Internationale.)

PRÉSENTÉE PAR CHALAIN.

... Quand c'est nous qui souffrons des crises, des chômages, des baisses de salaires, des aggravations de fatigue, on nous oppose le laissez-faire et le laissez-passer des économistes, et quand c'est nous qui demandons une amélioration, on nous oppose la force armée. Cela signifie que tout ce qui est contre nous est scrupuleusement observé, mais que sitôt que nous voulons être autre chose que des souffre-douleur, on nous traite en barbares; et, ici, le bourgeois suisse, le libéral belge et le monarchiste français, se rencontrent toujours. Quand on n'emploie pas la force contre nous, c'est par l'injure qu'on nous répond; c'est en nous appelant pillards et partageux.

Pillards et partageux! cette multitude courbée sur une tâche incessante, qui fait crédit à son patron de huit, quinze jours, un mois, deux mois de travail, qui paye d'avance, sans intérêts, son loyer au propriétaire, et ne trouve d'autre institution de crédit que le Mont-de-Piété.

Pillards et partageux! ceux qui ne savent pas lire, qui payent l'impôt pour l'enseignement supérieur!

Pillards et partageux! ceux qui sont sevrés de toutes les jouissances individuelles et payent des subventions aux théâtres de luxe, dont ils sont exclus.

Pillards et partageux! ceux qui, par l'impôt, payent les expropriations publiques et que l'agio et la coalition propriétaire rejettent aux extrémités de nos grandes villes, dans des taudis malsains, privés d'air, d'espace et de soleil.

Pillards et partageux! ceux pour qui l'impôt est progressif dans le sens de la misère!

Pillards et partageux! cette catégorie de citoyens qui fouille le sol, file, tisse, construit, fond, forge, lime, pétrit l'argile, la glaise, et meurt d'inanition et de misère; tandis que l'autre intrigue, joue, spécule, boit, mange, cotillonne, gaspille le travail accumulé, et jouit, sans mesure, de l'odieux privilège de vivre sans travailler!

Pillards et partageux! ces déshérités qui payent l'impôt du sang pour garantir et défendre contre eux-mêmes les propriétés des autres!

C'est ainsi que l'on prétend écarter un problème dont la solution s'impose à tous.

Et que pourra-t-on obtenir en nous empêchant d'étudier librement les réformes qui doivent amener cette rénovation sociale qui couronnera inévitablement l'œuvre du dix-neuvième siècle.

On rendra la crise de plus en plus profonde; le remède de plus en plus radical, en l'ajournant. En vain cherche-t-on à faire des petits industriels et des ouvriers des campagnes les soutiens d'un régime qui a pour caractère distinctif de mettre la force au service de la féodalité industrielle et agricole non moins odieuse que l'ancienne.

Ce que veut le peuple, — c'est d'abord le droit de se gouverner lui-même sans intermédiaires, et surtout sans sauveur, c'est la liberté complète.

C'est l'abolition de l'usure, des monopoles, du salariat, des armées permanentes; c'est l'instruction intégrale; c'est l'application des réformes à l'aide desquelles il atteindra l'égalité des conditions.

Quel que soit donc votre verdict, nous continuerons comme par le passé à conformer ouvertement nos actes à nos convictions républicaines et socialistes.

Nous resterons fidèles et dévoués à l'Internationale, et vous verrez, par le résultat qui suivra vos condamnations, qu'elle renferme une *Idée* et une *Force* que les calomnies et les persécutions des conservateurs ne sauraient vaincre, parce qu'elle est dans la vérité et la justice.

Elle est surtout invincible, parce que, dès aujourd'hui, elle est l'expression de cette forme définitive des sociétés humaines :

La République sociale et universelle.

N° 4.

JOURNAUX DE L'ASSOCIATION INTERNATIONALE
DES TRAVAILLEURS EN 1870.

France.

La *Réforme sociale*, hebdomadaire, à Rouen, rue de l'Amitié, 11. Prix : 8 francs par an.

Belgique.

L'*Internationale*, hebdomadaire, à Bruxelles, rue des Alexiens, 13. Prix : 4 francs par an. — France, 8 francs.

Le *Mirabeau*, hebdomadaire, à Verviers. 3 fr. 50 par an; France, 7 fr. 50.

Le *Prolétaire*.

De *Werker*, à Anvers, rue des Meuniers, 32. — 5 francs par an. — France, 8 fr. 50.

Hollande.

De *Werkmann*, hebdomadaire, à Amsterdam, Goudblsemstraat; Naby de Baangracht, 99.338.

Allemagne.

Der *Nolksstaat*, deux fois par semaine, à Leipzig Branstrasse, 11. Prix : 5 fr. 75 par an; France, 15 francs.

Der *Proletarier*, hebdomadaire, à Augsbourg; Kreuzgasse, 33.

Autriche.

Der *Volkswille*, deux fois par mois, à Vienne, Wieden, Hauptstrasse, 64. Prix : 6 francs par an; France, 8 fr. 50.

Hongrie.

Allgemeine Arbeiterzeitung, Pesth, Grosse Stazionsgasse, 7. Prix : 12 francs; France, 12 francs.

Suisse.

Die *Tagwacht*, à Zurich. — Prix : 3 francs par an.

Der *Vorbote*, mensuel, à Genève. Prix : 2 fr. 40 par an; France, 3 francs.

L'*Égalité*, hebdomadaire, à Genève. 4 fr. 40 par an; France, 7 fr. 50.

La *Solidarité*, hebdomadaire, à Neufchâtel, 4 francs par an; France, 6 fr. 60.

Espagne.

La *Federacion*, hebdomadaire, à Barcelone, calle de Mercaders, 42. Prix : 4 francs par an; France, 8 fr.

La *Solidaridad*, hebdomadaire, à Madrid, Tabernillas, 21. — 4 francs par an; France, 8 francs.

El *Obero*, à Palma (île Majorque).

Amérique.

Die *Arbeiter-Union*, quotidien, New-York.

The *Wovknigmen's Advocate*, hebdomadaire, Chicago, Illinois.

CHAPITRE VIII

M. de Gramont ministre. — La lettre des princes d'Orléans au Corps législatif. — La révolution en Espagne. — Rétablissement de la royauté. — Prim. — La candidature Hohenzollern. — Rivalité de la Prusse et de la France. — L'Allemagne. — État des esprits en Prusse. — La déclaration de M. de Gramont. — M. Émile Ollivier. — Luttes diplomatiques. — M. Benedetti. — Déclaration de guerre. — Le Sénat, le Corps législatif et les boulevards. — Le traité secret relatif à la Belgique. — Déclaration officielle de la guerre. — Documents.

Depuis la fin de mai 1870, M. de Gramont remplaçait M. Daru au ministère des affaires étrangères. En même temps que M. de Gramont, M. Mége prenait le portefeuille de l'instruction publique, et M. Plichon celui des travaux publics.

Ceux des esprits versés dans la connaissance du personnel politique ne se dissimulaient point que l'arrivée de M. de Gramont aux affaires ne fût quelque peu belliqueuse. Le duc Agénor-Alfred de Gramont, duc de Guiche et prince de Bidache, ancien ambassadeur de France à Rome pendant la campagne d'Italie, et ambassadeur à Vienne durant la campagne d'Autriche, avait gardé de ces années fiévreuses une certaine ivresse de poudre, et une véritable aigreur contre la diplomatie prussienne. Il avait en effet reçu les ovations du peuple de Rome après Magenta et Solferino et il avait vu les angoisses de la cour d'Autriche avant Nachod et Sadowa. Double raison pour aimer la guerre et pour la vouloir contre la Prusse.

Mais qui pouvait penser que la guerre sortirait si rapidement, si brutalement, de la situation nouvelle faite à l'empire? Sans doute, la politique bonapartiste rencontrait encore des obstacles, et tout n'allait pas au gré des désirs de Louis-Napoléon. C'est ainsi qu'un incident inattendu, arrivant sous forme de lettre au président du Corps législatif, agita un moment le monde politique. La pétition des princes d'Orléans demandant à rentrer en France causa à la Chambre une émotion assez vive, et au gouvernement impérial une inquiétude assez profonde. Quels étonnants et instructifs rapprochements nous offre l'histoire! Tour à tour elle nous montre encensées et puissantes des gens qu'elle nous fera voir ensuite suppliants et tombés! Elle condamne aux mêmes aventures et comme aux mêmes peines les vainqueurs d'hier devenus les vaincus de demain. Un jour du mois de mars 1834, un des frères de Napoléon Ier, l'ex-roi d'Espagne Joseph, demandait à rentrer en France. Reniant énergiquement les tentatives faites à Boulogne et à Strasbourg par son neveu Louis Bonaparte : « Les héritiers de Napoléon, disait-il, renonceraient pour toujours au bonheur de respirer l'air de la patrie, s'ils pouvaient penser que leur présence dût y porter le moindre trouble. » Sincère ou non, Joseph se vit rejeté dans le bannissement. Plus tard, Victor Hugo devait plaider, à son tour, devant la cour des Pairs, la cause des Bonaparte exilés.

Et près de vingt années après, la famille bannie de Louis-Philippe venait demander, comme jadis la famille Napoléon, le droit de *respirer l'air de la patrie*. La demande des d'Orléans était d'ailleurs empreinte de dignité, et les princes n'avaient garde de s'incliner devant l'homme qui les avait dépouillés de leurs biens.

Cette lettre était datée de Twickenham, 19 juin, et signée de Louis-Philippe d'Orléans, comte de Paris, François d'Orléans, prince de Joinville, Henri d'Orléans, duc d'Aumale, et Robert d'Orléans, duc de Chartres. Elle se terminait par le paragraphe suivant :

« Ce n'est pas une grâce que nous réclamons, c'est notre droit, le droit qui appartient à tous les Français, et dont nous sommes seuls dépouillés.

« C'est notre pays que nous redemandons, notre pays que nous aimons, que notre famille a toujours loyalement servi ; notre pays dont aucune de nos traditions ne nous sépare, et dont le seul nom fait toujours battre nos cœurs ; car pour les exilés rien ne remplace la patrie absente. »

La lettre envoyée au conseil des pétitions, la commission se prononçait, à l'unanimité moins une voix, pour l'ordre du jour pur et simple. Lorsque le discours eut lieu, les conclusions de la commission furent adoptées, malgré un discours vraiment ému de M. Estancelin et les observations de M. de Piré. La gauche vota pour l'annulation de la loi de bannissement. Mais la majorité, toute puissante alors, n'en condamna pas moins à l'exil les

signataires de la lettre de Twickenham, et cela au nom et sous le règne d'un exilé devenu empereur.

Presque en même temps, la reine Isabelle, chassée d'Espagne par la colère et la justice populaires, répondait au vote des royalistes, en abdiquant en faveur du prince des Asturies, son fils. Cette cérémonie puérile avait lieu le 25 juin, à l'hôtel Basilewski.

En présence de quelques fidèles, Isabelle II lisait un manifeste au peuple espagnol dans lequel elle expliquait les motifs de sa résolution. On donnait ensuite connaissance aux assistants de l'acte d'abdication, qui proclamait le jeune prince des Asturies roi de toutes les Espagnes, sous le nom d'Alphonse XII. Vains et impuissants efforts pour rétablir sur le trône d'Espagne ces Bourbons dont la dernière souveraine avait solennellement donné l'exemple de l'injustice et du scandale.

Cependant, les regards se tournaient depuis

quelques mois vers la Péninsule, comme si on eût pressenti que, de ce côté, allait surgir, se former quelque orage. La Péninsule avait assisté depuis quelques mois, à bien des événements ou bizarres ou tragiques. L'Espagne avait vu le duc de Montpensier foudroyer, en duel, d'un coup de pistolet, Henri de Bourbon, ce prétendant d'aventure. Le Portugal s'était éveillé, un matin, au bruit d'une révolution intime, presque souriante, où le vieux maréchal Saldanha avait fini, en moins d'une heure, par devenir le meilleur ami d'un roi qu'il venait détrôner. Mais l'événement capital de ces derniers temps, c'était le vote des cortès espagnoles rétablissant la royauté, malgré les efforts de cette minorité républicaine qui comptait des éloquences ou des énergies comme Castelar et comme Garrido.

La royauté était donc rétablie, en principe, dans cette malheureuse Espagne déchirée, lacérée, blessée, toujours retombant plus meurtrie après les efforts sanglants qu'elle faisait pour se relever. Mais le principe de la royauté étant admis, restait à savoir qui serait roi. L'Espagne se mit en quête. Prim, ce Warwick de hasard, — ce faiseur de rois, qui ne souhaitait sacrer qu'un seul roi, lui-même, — ce militaire intrépide, général audacieux, mais louche politique, Prim devait se charger de trouver à l'Espagne un souverain. Il le voulait tel qu'on pût facilement gouverner et garder la puissance à l'ombre du trône et sous un fantôme de roi. Déjà il avait été question de la candidature au trône d'Espagne d'un prince de la maison de Hohenzollern-Sigmaringen, parent du roi de Prusse, et, justement aussi, parent de l'empereur des Français (1). Sur les instances du roi de Prusse, un tel projet avait déjà été écarté par Léopold de Hohenzollern et son père. Le prince Léopold, ce candidat au trône espagnol, était donc modestement demeuré ce qu'il était, major à la suite du premier régiment de la garde à pied du roi de Prusse. On l'avait ensuite oublié, et la diplomatie française n'avait témoigné aucun mécontentement trop vif de ces pourparlers. Tout à coup, on apprend, dans les premiers jours de juillet, que la candidature abandonnée du prince Léopold de Hohenzollern est reprise par certains hommes d'État espagnols, et qu'il est certain que le général Prim a obtenu la promesse du prince Léopold. Ce fut le *Journal des Débats* qui donna avis au public de cette intrigue diplomatique, intrigue que ne soupçonnaient ni notre ambassadeur à Madrid, ni notre ambassadeur à Berlin. « Une nouvelle grave nous arrive aujourd'hui de Madrid, disait M. Lemoine. Une députation, envoyée en Prusse par le maréchal Prim, a offert la couronne d'Espagne au prince de Hohenzollern qui l'a acceptée. *Cette candidature serait proclamée en dehors des Cortès.* »

Il y eut, il faut bien le reconnaître, un certain froissement du sentiment français, mais le sentiment se montra en réalité beaucoup plus hostile à nos chargés d'affaires qu'à ce prince prussien faisant son métier de chercheur de trône. On se sentit humilié de voir à quelles mains étaient confiées, à l'étranger, les destinées de la France. Puis, disons tout, on croyait retrouver là la politique, l'intrusion directe de M. de Bismarck. Depuis la campagne de 1866, depuis la bataille de Sadowa, la France et la Prusse se regardaient avec une expression singulière de défiance et de colère. La France ou plutôt le gouvernement qui dirigeait alors la France, ne pardonnerait pas à M. de Bismarck son adresse, et la façon prodigieusement habile, dont il avait joué l'empereur depuis leur entrevue de Biarritz. En outre, le gouvernement français ne voyait point sans crainte se former, à ses côtés, sur sa frontière, cette Allemagne une et forte qui allait devenir un danger pour notre patrie.

Était-ce bien un danger? Oui, certes, si l'on prétendait empêcher ce voisin devenu puissant d'agir librement dans son unité et sa vigueur. Non, si l'on savait, par une politique loyale et pacifique, lui inspirer confiance et faire disparaître sa vieille haine née d'une séculaire terreur. L'Allemagne évidemment nous haïssait. Elle avait conservé depuis 1806, que dis-je? depuis les campagnes de Louis XIV, depuis l'incendie du Palatinat par nos soldats, depuis Mélac et Louvois, une sourde colère contre les Français, ses vainqueurs. Iéna avait ajouté à son courroux, et Waterloo en avait ôté peu de chose. La victoire de Blücher ne suffisait pas à la Prusse. Il faut pour se rendre compte de tout ce que peut garder de rancune aigrie comme une liqueur au fond d'un vase, il faut, pour mesurer tout ce que contenaient de colère les cœurs allemands, se rappeler de quelle façon les étudiants de Berlin avaient répondu aux étudiants de Strasbourg, lorsqu'en 1867, la question luxembourgeoise menaça un moment de faire naître entre la France et la Prusse un conflit armé (1).

---

(1) Le prince Charles-Antoine-Joachim de Hohenzollern, père de Léopold de Hohenzollern, et qui restera dans l'histoire sous le nom de *père Antoine*, que lui donnèrent les plaisants, est fils du prince Charles-Antoine-Frédéric et de la princesse Antoinette-Marie, née Murat. Léopold de Hohenzollern était donc, le petit-fils d'une Murat, et par conséquent, cousin de Napoléon III.
Je trouve dans un livre, écrit en Belgique par un écrivain tout dévoué à la Prusse, M. O. Leconte, ce renseignement : Le prince Frédéric de Hohenzollern paraît avoir d'abord été pris en considération comme candidat au trône d'Espagne. Le choix étant connu du gouvernement des Tuileries fut accepté parce que, suivant des bruits, l'impératrice Eugénie espérait marier ce prince à une de ses parentes. Malheureusement ce projet de mariage ne souriait pas aux gouvernants de l'Espagne et l'on fit préférer la candidature du prince Léopold, marié à une fille de l'ex-roi Ferdinand de Portugal.
Voy. la *Guerre franco-allemande*, par Leconte, page 1.

(1) Les étudiants de Strasbourg avaient envoyé une adresse fraternelle et pacifique aux étudiants de Berlin. Ceux-ci ré-

La réponse des jeunes gens de l'Université de Berlin contient l'expression violente de la plus âpre haine. Elle n'est point d'ailleurs le seul exemple de brutale fureur que nous ait offert l'Allemagne en ces dernières années.

Lors de la guerre d'Italie, les habitants de Kehl promenaient dans leur grande rue, presque sous les yeux des Strasbourgeois, un porc habillé en soldat français et le brûlaient en plein air, dansant

pondirent par le factum suivant traduit à cette époque par le *Courrier de Strasbourg :*

AUX ÉTUDIANTS DE STRASBOURG.

Il ne peut pas convenir à la *Burschenschaft* allemande de prêcher la paix dans un moment où nous avons dû l'achever par de nouvelles humiliations de notre patrie, dans un temps où de la France nous sont venus de nouveaux opprobres, où nous avons été menacés de nouvelles usurpations de territoires allemands.

Nous ne voyons pas que votre adresse, beaucoup trop vague, soit opportune quant au cas pratique de la question dite du Luxembourg. *Comme pour nous, comme pour tout honnête homme qui sait distinguer le* TIEN *et le* MIEN, *ce n'est pas du tout une question que celle-ci, que le grand-duché de Luxembourg, aussi bien que le Slesvig-Holstein, aussi bien qu'autrefois l'Alsace, est un pays allemand, une propriété imprescriptible de la nation allemande, et les derniers événements ne peuvent avoir rien changé à ce bon droit. Nous, Allemands, nous sommes un peuple pacifique, et non un peuple avide de conquêtes. Mais nous voulons garer ce qui nous appartient et nous garer des voleurs.*

Nous regardons comme traître à la patrie et à la nation tout Allemand qui, pour éviter une guerre défensive qui serait faite pour repousser des prétentions éhontées, serait d'avis d'évacuer un pays allemand en conseillant une paix honteuse.

Pour ce qui est du point de vue auquel vous, étudiants de Strasbourg, vous vous placez pour vous adresser à nous, nous avons déjà signifié plus haut que ce point de vue, nous ne saurions l'approuver ; mais, bien plus, nous devons dire que ce point de vue nous blesse profondément.

Vous, habitants de l'Alsace, vous parlez comme Français, et cependant vous portez pour la plupart des noms allemands ; vous êtes de race allemande ; vous êtes les petits-fils de ces *Allemanen* qui, pendant un million d'années, ont montré en Alsace qu'ils ne formaient pas le rejeton le plus mauvais de la race allemande ; de ces *Allemanen* qui, à travers notre histoire, se sont élevés dans la littérature, dans l'art, aussi bien qu'en puissance, dans une communion tout intime avec nous. Pendant mille ans, l'Alsace fut une partie indépendante et glorieuse de notre nation, une forteresse avancée du droit allemand, forteresse élevée contre ce peuple voisin, ces Velches (race romane) qui ne peuvent rester en repos.

Mais qu'est devenue cette Alsace ? Aujourd'hui elle n'est pas autre chose qu'une province sous le joug, où l'on arrache toute vie libre et indépendante, avec la langue et les mœurs allemandes, dépendante de Paris, méprisée des vrais Français, qui vous appellent « ces grosses bêtes d'Alsaciens ! » Vous êtes des sujets de la France, mais êtes-vous pour cela des Français de nationalité ? Êtes-vous pour cela au lendemain de Germains devenus Romains ?... Rien que deux siècles, — ô honte ! — ont suffi pour vous faire oublier une histoire de mille ans, pour vous faire oublier comment l'Alsace, comment Metz, Toul et Verdun, comment Nancy sont devenus français.

Est-ce que le *Rhin Allemand*, votre cathédrale, es chants d'Allemagne, si vous êtes encore capables de les comprendre, ne vous crient pas chaque jour : « Vous êtes Allemands ? » Vous voulez, coûte que coûte, être Français, et vous chantez à votre honte : « O France, ô ma patrie ! » au lieu de notre refrain : « Allemagne, Allemagne, au-dessus de tout, au-dessus de tout le monde ! » Nous vous disons : Reconnaissez-vous vous-mêmes.

et répétant leurs *vaterland's lieder*. Lorsqu'en cette même année 1859, au lendemain de Magenta et de Solferino, la France tenait l'Autriche au bout de son épée, l'Allemagne se sentit frappée dans ce membre de la Confédération, et ses antiques fureurs se rallumèrent. Un poëte dont le nom était Arndt, ou qui prit ce vieux nom de poëte ennemi de la France, poussa le cri que répéta l'Allemagne entière :

« L'orage de la guerre a retenti, les Français veulent l'avoir encore, notre Rhin. Allons, mon Allemagne, lève-toi comme un seul homme. De toutes les montagnes et de toutes les vallées, répands la crainte et la terreur, dons sanglants, et que ce cri retentisse partout : Au Rhin ! Au Rhin ! Que l'Allemagne tout entière déborde sur la France !

« Ils le veulent. Secoue-toi, patience allemande ! Éveille-toi des rives du Belt à celles du Rhin. Nous avons à réclamer de vieilles dettes. Allons, Français, debout ! Nous voulons, dans le jeu des épées et des lances, danser avec toi la danse sauvage et sanglante. Le cri retentit : Au Rhin ! Au Rhin ! Que l'Allemagne tout entière déborde sur la France !

« Ah ! mon Allemagne, libre, unie, en avant ! nous voulons leur chanter une petite chanson, et reprendre ce que leur maligne fraude nous a enlevé : Metz, Strasbourg et la Lorraine ! Oui ! vous rendrez gorge ! commençons donc le combat, au dernier sang. Le cri retentit : Au Rhin ! Au Rhin ! Que l'Allemagne tout entière déborde sur la France !

« En avant, mon Allemagne, libre, unie, en avant ! Ils veulent la guerre, ils l'auront. Allons, rassemble tes forces, lève-toi comme un seul homme. Le cri a retenti : Au Rhin ! Au Rhin ! Que l'Allemagne déborde sur la France ! »

Voilà où en étaient les Prussiens en 1859. Au lendemain de Sadowa et jusqu'en 1870, ce fut pis encore. Nous étions pour eux l'adversaire absolu de l'unité allemande, la seule puissance qui pût s'opposer aux projets des patriotes germains. Là-dessus, M. le baron Stoffel, attaché militaire à Berlin, nous donne dans ses rapports, de très-importants renseignements lorsqu'il nous retrace, pris sur le vif, le tableau de l'esprit publié en Prusse vers 1868 (1).

« ..... Aujourd'hui, dit-il, la France, loin d'exciter aucune sympathie en Prusse, y est, au contraire, un objet de haine pour les uns, d'envie pour les autres, de méfiance et d'inquiétude pour tous.

« J'insisterai principalement sur ce sentiment général d'inquiétude et de maladie, qui nous aliène toute la Prusse, et qui est la conséquence fatale des événements de 1866. Le malaise y est peut-être plus profond qu'en France : chacun sent d'une façon plus ou moins vague que l'état de choses actuel n'est que provisoire, le doute et la crainte

(1) Voyez les *Rapports militaires écrits de Berlin* (1866-1870), par le colonel-baron Stoffel. (In 8, 1871.)

CARTE DE L'EST DE LA FRANCE

ET DES BORDS DU RHIN

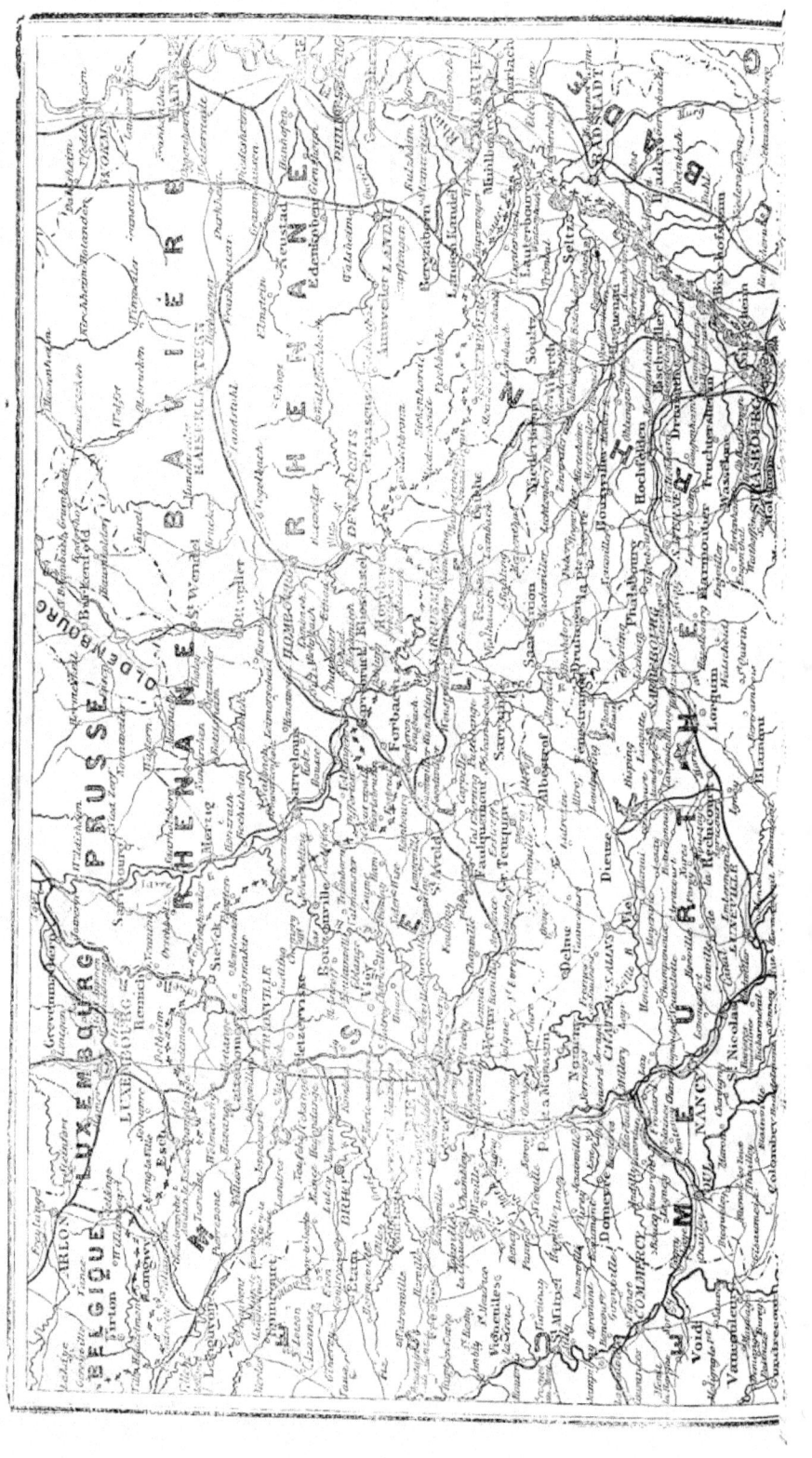

sont dans tous les esprits ; les affaires languissent, le marasme est partout. Le sentiment général qui en résulte se traduit par des mots comme ceux-ci : « Tout cela changerait si la France voulait ne pas se mêler de nos affaires. » Et alors on accumule cent accusations contre la France ; on lui reproche le rôle qu'elle a joué pendant l'armistice de 1866, en empêchant la Prusse de dicter la paix dans Vienne (1), sa jalousie excitée par les succès de l'armée prussienne, ses susceptibilités non fondées, ses prétendus armements, sa prétention à se mêler des affaires des pays étrangers, etc. Cette situation n'a rien qui doive étonner, car elle est la conséquence forcée des événements et de la rivalité des deux peuples. Mais j'ai tenu à en préciser le caractère pour mieux montrer *qu'elle amènera infailliblement la guerre.* »

Comment après de tels avertissements, l'empire ne veillait-il pas? — La guerre est inévitable, concluait M. Stoffel, *elle est à la merci d'un incident.* Mais cet incident la Prusse, hésitant à compromettre dans une guerre avec la France son œuvre de 1866, était décidée à ne le point faire naître, et même à empêcher qu'il naquît. M. de Bismarck lui-même disait au colonel Stoffel, dont il savait le caractère officiel, et qui avait été officier d'ordonnance de Napoléon :

— Jamais nous ne vous ferons la guerre ; il faudra que vous veniez nous tirer des coups de fusil chez nous, à bout portant (2).

Cet incident dont parlait M. Stoffel, c'était la France qui devait, non pas comme on dirait en terme de chasse, le faire lever, mais le tirer au vol. Déjà Napoléon déçu au lendemain de Sadowa, voyant que M. de Bismarck vainqueur ne tenait point les promesses de la veille et ne lui offrait pas une *rectification de frontières*, Napoléon, revenu irrité de Vichy, avait eu la tentation d'en appeler aux armes, à propos du Luxembourg que les Prussiens gardaient, et on peut dire que ce *casus belli* était meilleur à coup sûr que celui qu'il devait choisir en 1870. Oui, si la guerre était fatale, inévitable (ce que je nie), ce n'était à coup sûr que quatre ans après Sadowa qu'il fallait la faire.

Lorsque la Prusse et l'Autriche attaquaient le Sleswig-Holstein, s'alliant monstrueusement pour écraser un petit peuple, lorsque cette œuvre de force et d'iniquité s'étala au grand jour, lorsqu'on bombarda Düppel, lorsque les deux grandes nations germaniques entamèrent contre l'héroïque Danemark cette œuvre d'où leur propre rivalité devait naître, lorsque l'Angleterre offrait de nous seconder, la France pouvait, à coup sûr, et devait peut-être intervenir.

Lorsque la Prusse, repoussant devant ses soldats l'Autriche et les alliés de l'Autriche, avait encore devant elle l'armée solide de Bénédeck, lorsque la puissance militaire de l'Autriche n'était pas absolument brisée, lorsque la voix prépondérante de notre diplomatie, appuyée par deux cent mille baïonnettes jetées sur le Rhin, était capable d'empêcher Sadowa ou de contraindre la Prusse, avide de son unité, à nous donner satisfaction ou compensation, la France pouvait intervenir.

Lorsque, au mépris des promesses secrètes et des traités publics, la Prusse ne s'arrêtait pas à la ligne du Mein, lorsqu'elle annexait, unifiait les provinces, fondait les royaumes distincts dans le creuset de son organisation militaire, lorsqu'elle hésitait à évacuer Luxembourg, lorsqu'elle semblait vouloir conserver, à quelques heures de Thionville et de Metz, cette redoutable place d'armes, la France pouvait encore intervenir.

Mais, toujours, la diplomatie prussienne avait triomphé de la politique hésitante de l'empire. Toujours, au moment de prendre un parti, Napoléon s'était arrêté irrésolu, et tandis qu'il laissait passer le temps, M. de Bismarck poursuivait son œuvre avec cette rectitude terrible, et cette irrésistible force germanique dont l'apparente lourdeur va plus vite que nos bonds, trop souvent suivis de chute. « Hâtez-vous de prendre parti, disait M. de Beust à Napoléon, la veille de Sadowa ; hâtez-vous, plus tard il sera trop tard. » Et la reine de Hollande écrivait à M. d'André, le 18 juillet 1866 : « Laisser égorger l'Autriche, c'est plus qu'un crime, c'est une faute..... La dynastie en subira les suites. »

Il est dit peut-être que les avertissements les meilleurs et les plus terrifiants sont faits pour n'être pas écoutés. Dans tous les cas, ils n'ont point manqué à l'empereur. Rapports du colonel Stoffel, lettres du général Ducrot, allées et venues de M. de Moltke sur notre frontière lorraine, tableaux comparatifs des forces de la France et de celles de la Confédération du Nord (1), Napoléon avait dû lire et relire tout cela, et, en chercheur de chimères, en aveugle, en coupable, il n'allait pas moins attaquer cet ennemi qu'il savait si redoutable, et cela sous quel prétexte et en vertu de quel droit?

L'affaire du Luxembourg avait été terminée à la satisfaction de la France, et la Prusse, en somme, avait évacué, non sans regrets, une des places fortes les plus solides de l'Europe. Depuis lors, on avait pu croire que les velléités de guerre avaient

---

(1) N'est-ce pas le rôle que la Prusse avait joué en 1859, en empêchant la France d'emporter le quadrilatère autrichien ?   J. C.

(2) *Rapports* du colonel Stoffel (Rapport du 1er février 1868).

(1) Une brochure imprimée à l'Imprimerie nationale, a été trouvée aux Tuileries, et rééditée, qui montre que l'empereur n'ignorait point le nombre de ses futurs ennemis, — 900,000 combattants au bas mot.

fui les conseils du gouvernement, lorsque, brusquement, l'empire, qui s'était tu en juin à propos des projets allemands sur le Saint-Gothard, se redressa en juillet, à la nouvelle de la candidature d'un prince prussien.

M. Cochery, député du Loiret, déposa, le 5 juillet, au nom du centre gauche, une interpellation adressée au gouvernement sur l'affaire Hohenzollern. Le lendemain, M. de Gramont répondait, de ce ton froid et hautain, à la fois gentilhommesque et diplomatique qu'il affectait à la tribune :

« Il est vrai que le maréchal Prim a offert au prince Léopold de Hohenzollern la couronne d'Espagne et que ce dernier l'a acceptée. Mais le peuple espagnol ne s'est point encore prononcé, et nous ne connaissons point encore les détails vrais d'une négociation qui nous a été cachée.

« Aussi une discussion ne saurait-elle aboutir maintenant à aucun résultat pratique ; nous vous prions, messieurs, de l'ajourner.

« Nous n'avons cessé de témoigner nos sympathies à la nation espagnole, et d'éviter tout ce qui aurait pu avoir les apparences d'une immixtion quelconque dans les affaires intérieures d'une noble et grande nation en plein exercice de sa souveraineté ; nous ne sommes pas sortis, à l'égard des divers prétendants au trône de la plus stricte neutralité, et nous n'avons jamais témoigné pour aucun d'eux ni préférence ni éloignement.

« Nous persistons dans cette conduite. Mais nous ne croyons pas que le respect des droits d'un peuple voisin nous oblige à souffrir qu'une puissance étrangère, en plaçant un de ses princes sur le trône de Charles-Quint, puisse déranger à notre détriment l'équilibre actuel des forces en Europe (Bruyants applaudissements), et mettre en péril les intérêts et l'honneur de la France. (Nouveaux applaudissements.)

« Cette éventualité, nous en avons le ferme espoir, ne se réalisera pas.

« Pour l'empêcher, nous comptons à la fois sur la sagesse du peuple allemand et sur l'amitié du peuple espagnol.

« S'il en était autrement, fort de votre appui, messieurs, et de celui de la nation, nous saurions remplir notre devoir sans hésitation et sans faiblesse. (Mouvement général et prolongé. — Applaudissements répétés.)

— Vous voulez donc la guerre ? s'écrie aussitôt M. Crémieux.

M. Émile Ollivier répliqua :

— Le gouvernement désire la paix, il la désire avec passion, mais avec honneur..... Si nous croyons un jour la guerre inévitable, nous ne l'engagerons qu'après avoir demandé et obtenu votre concours.

Le garde des sceaux laissait encore échapper là une parole naïve. Comment ! il consentait à ne faire la guerre qu'après avoir obtenu le concours du Corps législatif ! Croyait-il donc qu'il fût possible de la déclarer sans l'assentiment des représentants du pays ? Hélas ! cette aveugle majorité, toujours docile aux volontés, aux caprices et jusqu'aux espérances du maître, avait tellement applaudi à la déclaration hautaine pour la Prusse, de M. de Gramont, que M. Émile Ollivier lui-même télégraphiait à l'empereur, après la séance : « Le mouvement, au premier moment, a dépassé le but. On eût dit que c'était une déclaration de guerre(1) ». C'en était une, en réalité, mais le gouvernement voulait au moins sauver les apparences. Seulement ce qui prouve que la guerre était décidée par lui, ce sont ces deux dépêches, datées du jour même de la déclaration de M. de Gramont :

« *L'ambassadeur d'Espagne au ministre de la guerre, à Madrid.*

Paris, 6 juillet.

« Loin d'avoir atténué les effets de la première impression, la déclaration du gouvernement et l'attitude du Corps législatif peuvent être considérées comme le présage certain d'une guerre contre la Prusse, si un prince prussien devenait roi d'Espagne (*suivent chiffres*).

« OLOZAGA. »

« *A Sa Majesté l'empereur, à Saint-Cloud.*

Paris, 6 juillet.

« Recevez mes félicitations les plus ardentes. La France entière vous suivra. L'enthousiasme est unanime.

« PERSIGNY. »

Dès le 6 juillet, Napoléon recevait donc les *félicitations* de M. de Persigny. Dès le 6, la guerre était considérée comme certaine. Le 8, M. de Leusse, député, télégraphiait déjà à M. Beucke, maire à Seltz (Bas-Rhin) : « Envoyez un homme intelligent à Rastadt, sur le Rhin, et télégraphiez-moi ce que font les pontonniers badois ». Les journaux du ministère dépassaient, par leur ardeur belliqueuse, les espérances mêmes du gouvernement. Ce fut un cruel spectacle, en effet, pour tout homme de sang-froid et de sens commun, pour tout citoyen ami de sa patrie et ennemi de la guerre, que le spectacle offert par ces journaux dévoués qui hurlaient leur chauvinisme et le faisaient consister à jeter l'injure à tous ceux dont la ferme conscience tentait de s'opposer à la surprise d'une déclaration de guerre qui pouvait déchaîner sur le pays les plus épouvantables maux. Un moment, entre les journaux

(1) Dépêches trouvées à Saint-Cloud (publiées à Berlin et à Bruxelles).

demeurés calmes et vraiment patriotes au milieu de cette fièvre, il fut question de signer contre la guerre une protestation qui retomberait aujourd'hui de tout son poids sur cette autre presse, la presse courtisane, dont les étrangers ont pu réunir les articles comme des monuments d'ignorance et de sottise.

Cependant, on attendait anxieusement, les nerfs agités, la réponse du prince prussien. Le 11 juillet, M. de Gramont « priait la Chambre de se contenter, pour le moment, d'informations incomplètes », et, tandis que la gauche, étouffée par les clameurs de la majorité, accusait le ministère de « chercher un prétexte pour faire la guerre (1) », les bonapartistes acharnés, les conseillers intimes de l'empereur, M. Clément Duvernois, M. Jérôme David, eussent au contraire accusé le ministère de manquer d'énergie et de patriotisme.

Le 12 juillet, en effet, que faisait M. Duvernois? Il déposait une demande d'interpellation ainsi conçue :

« Nous demandons à interpeller le cabinet sur les garanties qu'il a stipulées pour éviter le retour des complications incessantes avec la Prusse. »

Et, le lendemain, après la communication de M. de Gramont, relative au retrait de la candidature Hohenzollern, communication dont nous allons parler, que fait M. Jérôme David? Il dépose, lui aussi, son interpellation :

M. LE BARON JÉRÔME DAVID. Après la réponse qui a été faite par M. le ministre des affaires étrangères, je dépose la demande d'interpellation suivante :

« Considérant que les déclarations fermes, nettes, patriotiques du ministère à la séance du 6 juillet ont été accueillies avec faveur par la Chambre et le pays;

« Considérant que ces déclarations du ministère sont en opposition avec la lenteur des négociations avec la Prusse ;

« Je demande à interpeller le ministère sur les causes de sa conduite à l'extérieur, qui non-seulement jette une perturbation dans les branches diverses de la richesse publique, mais aussi risque de porter atteinte à la dignité nationale. »

Les bonapartistes ont depuis les désastres de 1870, essayé de rejeter sur d'autres que sur eux-mêmes la responsabilité de la déclaration de guerre. A les entendre, ils n'auraient point fait la guerre, ils l'auraient subie. M. Fernand Giraudeau, ex-chef de division au ministère de l'intérieur, a publié un volume spécial (2) pour prouver que l'empire avait été entraîné dans cette aventure par la France elle-même. L'empire y a traîné la France, il l'a jetée à cet inconnu. D'ailleurs, l'opinion comptant sur notre organisation militaire, sur les déclarations de l'empereur lui-même affirmant solennellement dans ses discours, que nos ports, nos arsenaux, nos armements étaient incomparables, le public, la nation qui payait de ses deniers un budget de la guerre, ne pouvait-elle pas se croire en sûreté sous l'égide d'un *gouvernement fort* ? Mais non, l'empire voulait la guerre. L'impératrice en particulier poussait à ce terrible conflit. Et M. Paul de Cassagnac laissait échapper le secret des bonapartistes convaincus lorsqu'il écrivait dans le *Pays :* « Pour nous, la guerre est impérieusement réclamée par les intérêts de la France *et par les besoins de la dynastie.* »

Donc, il fallait la guerre. L'empire attendait la réponse de la Prusse en souhaitant, on peut l'affirmer, qu'elle fût une fin de non-recevoir. Le 12 juillet, cependant, M. Émile Ollivier, dans la salle des Pas-Perdus, faisait la fameuse déclaration reniée le lendemain par son collègue M. de Gramont, qui l'appelait *un propos de couloir.*

« Nous n'avons jamais demandé que le retrait de la candidature du prince de Hohenzollern, disait M. Ollivier, nous n'avons jamais demandé que ça, et nos communications à la Prusse n'ont jamais porté sur le traité de Prague. — Il n'y a donc plus de candidature du prince de Hohenzollern; nous n'en voulions pas : donc, plus d'incident. »

Le 13 juillet, M. le duc de Gramont lisait la communication suivante :

« L'ambassadeur d'Espagne nous a annoncé officiellement hier la renonciation du prince Léopold de Hohenzollern à sa candidature au trône d'Espagne. (Mouvement.)

« Les négociations que nous poursuivons avec la Prusse, et qui n'ont jamais eu d'autre objet, ne sont pas encore terminées. Il nous est donc impossible d'en parler et de soumettre aujourd'hui à la Chambre et au pays un exposé général de « l'affaire. »

Ainsi donc, c'était la paix. L'empire venait de remporter une victoire diplomatique, dont le prix était évident. Sur un geste de la France, la Prusse avait conseillé à Léopold de Hohenzollern de se désister, et on pouvait réellement voir là une preuve de notre influence. Le malheur voulait que l'attitude provocatrice et superbe de M. de Gramont, lors de sa première déclaration, eût excité et bouleversé singulièrement l'opinion. Le sentiment public s'étonna que ce fût le prince Antoine et non le prince Léopold ou M. de Bismarck qui rendit réponse au gouvernement français. « Ce drame, qui commence par une tragédie pour finir comme une opérette, écrivait M. A. Guéroult, *ne satisfait personne.* » Il satisfaisait au contraire tous ceux qui aimaient vraiment la paix et leur patrie. Mais le ministre avait engagé la partie sur un terrain brûlant, il avait embouché le clairon guerrier, il avait

---

(1) Incident E. Arago (11 juillet).
(2) *La vérité sur la campagne de 1870*, examen raisonné des causes de la guerre et de nos revers. (Paris, in-18. 1871.)

M. DE MOLTKE.

agité aux yeux de la France l'étendard de l'honneur national, il avait trouvé le moyen d'engager le pays avec lui dans une aventure détestable, il était forcé, par son attitude même des premiers jours, d'aller plus loin, et de garder le ton provocant et les allures agressives.

C'est alors qu'il s'avisa de demander ce qu'il appelait des *garanties*. Cette garantie était l'engagement formel pris par la Prusse d'empêcher aucun prince allemand de régner sur l'Espagne. M. Benedetti reçut l'ordre d'exiger cette promesse du roi Guillaume.

M. Benedetti, physionomie effacée de scribe et de paperassier, Corse, né d'un père grec, ancien consul au Caire, puis à Palerme, secrétaire en 1856 du congrès de Paris dont il rédigea les protocoles, ancien ambassadeur à Turin, était depuis quelques années ambassadeur à Berlin. Déjà, en 1869, lorsqu'on avait mis en avant la candidature Hohenzollern, c'était M. Benedetti qui avait demandé des explications à la Prusse. M. de Thile avait engagé sa parole qu'il ne serait plus question de placer un prince allemand en Espagne. Cette fois, M. Benedetti devait s'adresser, non plus à M. de Thile, mais au roi lui-même.

Dès le 7 juillet, M. de Gramont télégraphiait à M. Benedetti de partir pour Ems où se trouvait Guillaume. Le roi, qui se rendait là en villégiature, répondait qu'il avait déjà déconseillé et bien antérieurement au prince Léopold d'accepter la candidature au trône d'Espagne, que, cette fois, il n'avait pas été consulté de nouveau sur ce sujet, et que d'ailleurs il n'était pas chef de maison princière de Hohenzollern. C'était en cette dernière qualité que le prince Antoine avait répondu, ce dont les plaisantins de la presse légère en France s'étaient fort égayés, habitués qu'ils sont à rire de tout. Le roi, à coup sûr, pas plus que l'Allemagne, ne s'attendait à la guerre, et la surprise fut grande au delà du Rhin lorsque M. de Gramont déclara bien haut que la France entendait empêcher de s'établir un nouvel empire de Charles-Quint.

La *Correspondance de Berlin*, organe ministériel, espérait, disait-elle, que M. de Bismarck « arrangerait l'affaire. » En effet, les cercles bien informés regardaient, en Allemagne, après le retrait de la candidature, l'affaire comme terminée. Les dépêches officielles ne laissent aucun doute à ce sujet. Le 13 juillet, un agent français télégraphiait à Paris :

« Roi reste à Ems. Chauvins allemands disent affaire être pour Prusse second Olmütz. Tout terminé, Bismarck retourne Varzin après envoi d'Eulenbourg à Ems. Gorschakoff parti pour Pétersbourg. Bourse monte. »

La *Gazette de la Croix* disait que maintenant « la seule question était de savoir si la France voulait la guerre. » Certes elle la voulait ou du moins son gouvernement la voulait pour elle. « *Cette guerre*, répétait l'impératrice Eugénie, *c'est ma guerre, il me la faut.* » Et M. Émile Ollivier, à propos de l'armée prussienne, s'écriait (le mot m'a été rapporté par M. Weiss) : « *Nous soufflerons dessus.* »

A cette même heure, la police impériale, d'ordinaire si vigilante et si implacable, laissait, chaque soir, des émeutes belliqueuses envahir les rues, rouler leur flot hurlant sur les boulevards, promener des drapeaux escortés par les blouses blanches, et crier : *Vive la guerre!* et : *A Berlin!* jusque sous les fenêtres de l'ambassade prussienne. C'était un spectacle quotidien, à la fois irritant et fiévreux, bien fait pour plonger dans une mélancolique inquiétude ceux qui pensent que l'on ne se prépare à cette horrible chose, nécessaire parfois, qui s'appelle la guerre, que par cette sorte de reploiement sur soi-même, de gravité et de pensée, que les chevaliers autrefois avaient nommé la *veillée des armes*. Mauvaise méthode, en effet, pour engendrer l'héroïsme que de faire appel à l'épilepsie.

Cependant M. Benedetti continuait, avec une maladroite insistance, à demander, à exiger des *garanties* du roi de Prusse. Il se fit annoncer au roi, tandis que celui-ci était à table après l'avoir abordé pendant qu'il prenait le frais sur la promenade. C'était s'exposer à trouver porte close. Le roi fit répondre par un officier de service qu'il recevrait volontiers M. Benedetti, lui faisant personnellement visite, mais non M. Benedetti venant lui parler d'affaires au nom du souverain des Tuileries. M. Benedetti envoyait alors, en se retirant, cette dépêche à son ministre :

« Le roi a reçu la réponse du prince de Hohenzollern ; elle est du prince Antoine, et elle annonce à Sa Majesté que le prince Léopold, son fils, s'est désisté de sa candidature à la couronne d'Espagne. Le roi m'autorise à faire savoir au gouvernement de l'empereur qu'il approuvait cette résolution.

« Le roi a chargé un de ses aides de camp de me faire cette communication, et j'en reproduis exactement les termes. Sa Majesté ne m'ayant rien fait annoncer au sujet de l'assurance que nous réclamons pour l'avenir, je sollicite une autre audience pour lui soumettre de nouveau et développer les observations que j'ai présentées ce matin.

« A la demande d'une nouvelle audience, le roi m'a fait répondre qu'il ne saurait reprendre avec moi la discussion relativement aux assurances qui devaient, à notre avis, nous être données pour l'avenir. Sa Majesté m'a fait déclarer qu'elle s'en référait à cet égard aux considérations qu'elle m'avait exposées le matin, et dont je vous ai fait connaître la substance dans mon dernier télégramme. »

M. Émile Ollivier devait apprendre au Corps législatif la suite de l'incident :

« Je crois devoir, dit-il (séance du 15 juillet), vous transmettre la copie à peu près textuelle de la dépêche télégraphiée par M. le comte de Bismarck :

« Après que la renonciation du prince de Hohenzollern a été communiquée officiellement au gouvernement français et au gouvernement espagnol, l'ambassadeur a demandé à Sa Majesté le roi, à Ems, de l'autoriser à télégraphier à Paris que Sa Majesté s'engageait à refuser à tout jamais son consentement, si le prince de Hohenzollern revenait sur cette détermination. Sa Majesté a refusé de recevoir de nouveau l'ambassadeur, et lui a fait dire par un aide de camp qu'elle n'avait pas de communication ultérieure à lui faire. (Mouvement.)

« Cette nouvelle du refus de recevoir notre ambassadeur n'a pas été dite à l'oreille des ministres ; on l'a répandue dans l'Allemagne entière, les journaux officiels l'ont reproduite dans des suppléments, et, dans certains endroits, ces journaux ont été affichés sur les murs. Les ministres prussiens l'ont annoncée partout à leurs confrères : c'est le bruit de l'Europe. En même temps, le baron de Werther recevait un congé. Dans la nuit du 13 au 14, les mesures militaires commençaient en Prusse. »

Ce dernier renseignement n'est pas tout à fait exact.

La Prusse s'attendait si peu à l'insistance que mettait le gouvernement français à faire de cet incident un cas de guerre, qu'elle se considérait comme surprise par la France, exactement comme elle avait elle-même surpris l'Autriche en 1866. M. le colonel Stoffel, notre attaché militaire à Berlin télégraphiait en effet à Paris que les Berlinois s'attendaient à voir « une armée française toute prête à franchir le Rhin. » M. de Bismarck, M. de Moltke étaient stupéfaits, perdaient un peu de leur sang-froid. « *Le trouble règne dans les esprits*, écrivait M. Stoffel. » Mais M. Ollivier ne disait pas vrai en affirmant que, dans la nuit du 13 au 14 juillet, les mesures militaires commençaient en Prusse. L'ordre de mobilisation n'arrivait que le 15 au matin ; il s'étendait en revanche à toute l'Allemagne, et, vu l'urgence, la durée de la période de mobilisation était, pour chaque corps d'armée, réduite à *onze jours*, le 15 juillet compris.

« Après vingt jours, comptés à partir du 15 juillet, ajoutait M. Stoffel (dépêche du 16), la Prusse aura, sur différents points de nos frontières, plusieurs armées de 100 à 120,000 hommes. »

Cependant la guerre n'était pas officiellement déclarée. Elle le fut le 15 juillet, au Sénat, par M. de Gramont; au Corps législatif, par M. Ollivier. Journée douloureuse, à jamais funeste où M. Émile Ollivier, de sa voix gasconnante, et de son geste devenu frénétique, nerveux, osa déclarer à la face du monde qu'il entrait *d'un cœur léger* dans les voies de la guerre. Du moins M. de Gramont, pâle, correct et froid, dressant sa haute taille, laissant tomber ses paroles avec une lenteur calculée, garda-t-il dans cette circonstance quelque chose d'une dignité théâtrale et composée. Mais M. Ollivier, fiévreux comme un mauvais joueur qui risque la partie suprême, parla au nom de la patrie livrée à son caprice inhabile, comme il eût plaidé un méchant procès. Pauvre France donnée en pâture à cet avocat sans idée, gonflé de vanité et de l'ignorance des vraies nécessités du présent !

Cette partie de la séance du vendredi 15 juillet mérite au surplus d'être conservée :

« M. ÉMILE OLLIVIER. De ce jour, commence pour les ministres, mes collègues et pour moi, une grande responsabilité ! (Oui ! à gauche). Nous l'acceptons le cœur léger... (Vives protestations à gauche).

M. BAUDAIN. Dites attristé !

M. ESQUIROS. Vous avez le cœur léger, et le sang va couler !

M. OLLIVIER. Oui, d'un cœur léger, et n'équivoquez pas sur cette parole, et ne croyez pas que je veuille dire avec joie ; je vous ai dit moi-même mon chagrin d'être condamné à la guerre. Je veux dire d'un cœur que le remords n'alourdit pas, d'un cœur confiant, parce que la guerre que nous faisons, nous la subissons...

M. EM. ARAGO. Vous la faites ! »

Le cœur léger ! Il déclarait la guerre d'un *cœur léger*, — ou, comme il disait encore, *d'un cœur que le remords n'alourdit pas*, — lui, ce même homme qui avait jadis, en parlant de la guerre, écrit ces lignes et rappelé tels fragments de ses discours qui devaient, si le remords lui était connu, l'effacer de leurs souvenirs :

« On m'a plus d'une fois, écrit-il dans son livre *Le 19 Janvier*, conseillé de ne pas m'engager sans retour dans la cause de la paix, que, jusqu'à nouvel ordre du moins, M. Rouher avait adoptée. Je m'y suis refusé. La paix étant pour moi le premier des intérêts de la civilisation et surtout le premier des intérêts du peuple, je me suis séparé pour la défendre aussi bien de M. Émile de Girardin que de M. Thiers. Je n'ai pas voulu admettre « que la grandeur de mon
« pays ne fût composée que de la petitesse des
« autres, et que la manière noble d'être Français
« fût d'empêcher les Allemands d'être Allemands,
« et les Italiens d'être Italiens. » Quand on m'a objecté le patriotisme, j'ai répondu : « Le patrio-
« tisme nous est commode à nous, il nous suffit de
« quelques belles phrases dans un discours, et d'une
« somme de « trois ou quatre mille francs » que nous
« payons une fois dans notre vie pour ne pas ser-
« vir (murmures sur plusieurs bancs); au contraire,
« le patriotisme pour le peuple, pour cette multi-
« tude de travailleurs que nous représentons et
« dont les intérêts doivent nous être sacrés, c'est
« le sacrifice des plus belles années de la vie, c'est
« l'éloignement du « foyer paternel », c'est quelque-
« fois la mort. *On peut être prodigue de son propre
« sang, on doit être avare de celui des autres.* »
(Séance du 23 décembre 1867.)

Et *d'un cœur léger*, trois ans après, il devenait, selon son expression, prodigue, non pas de son propre sang, mais du sang des autres.

Cette journée du 15 juillet mériterait de nous arrêter longtemps encore, mais nous avons déjà donné assez de développements aux origines de la guerre pour bien montrer de quelle façon elle fut déclarée et comment, sur quels prétextes, l'empire jeta la France dans ce redoutable conflit. Au Sénat, M. Rouher avait ajouté quelques mots à la déclaration de M. de Gramont, et il en avait appelé à l'épée de la France. Les sénateurs, aussitôt d'applaudir frénétiquement, sans se douter qu'ils applaudissaient leur propre chute et que le glas de la dynastie venait de sonner. Au Corps législatif, un homme, dont on ne saurait partager toutes les idées, mais à qui nul ne contestera le patriotisme absolu, M. Thiers, qui n'ignorait ni la force de l'Allemagne ni le dépourvu de la France, essayait vainement d'arrêter la majorité poussée vers la guerre par le ministère. « Je considère cette guerre, disait-il, comme une imprudence. Le moment est mal choisi. » Et il demandait ce que tout homme de sens devait réclamer à cette heure : la communication des dépêches qui prouvaient l'insulte faite à notre ambassadeur. « Je suis certain, ajoutait-il, en s'adressant à cette assemblée sourde, aveugle, ignorante et grisée, à ces hommes qui, eux aussi, d'un cœur léger, jouaient la France sur le coup de dé d'une victoire, *je suis certain que vous regretterez votre précipitation.*

Et la majorité :

— Allons donc! Allons donc!

Et M. de Piré, avec violence :

— Vous êtes la trompette antipatriotique du désastre! Allez à Coblentz!

— Gardez vos leçons, ajoutait M. Jérôme David; nous les récusons!

Ainsi, tous, ces serviteurs trop zélés de l'empire, tous poussaient irrésistiblement à la guerre. Ils avaient peur que les voix de la gauche fussent entendues et ils les étouffaient. Ils redoutaient la parole aiguisée et compétente de M. Thiers et ils la couvraient de leurs clameurs. On trouvera plus loin la reproduction de cette séance amèrement demeurée historique et bien faite pour prouver encore que les prophéties de Cassandre n'ont jamais servi à ceux que la fortune a résolu de perdre.

Tout devait apparaître d'ailleurs sous de victorieuses couleurs lorsque M. le maréchal Le Bœuf, ministre de la guerre, alla prendre la parole. Comment ne point compter sur des succès, avec un homme qui parlait d'un ton aussi ferme et avec une telle assurance? Il était prêt, on n'avait qu'à marcher. L'entrée à Berlin semblait n'être plus qu'une question d'étapes. Le succès oratoire du maréchal fut grand. C'était, hélas! le seul qu'il dût remporter en cette sombre campagne.

Dans la même séance, M. Buffet revenant sur les objections de M. Thiers, demandait la communication de la dépêche qui notifiait aux cours étrangères, le refus du roi de Prusse, de recevoir notre ambassadeur.

La proposition de M. Buffet était repoussée par 164 voix contre 83, sur 247 votants. Le Corps législatif tenait à s'engager le plus aveuglément du monde dans la plus terrible guerre qu'eût encore supportée la France.

La séance était reprise le soir à huit heures et demie.

M. de Talhouët avait été nommé rapporteur des quatre projets de lois d'urgence.

Son rapport contient la déclaration suivante :

« M. le ministre de la guerre nous a justifié, en peu de mots, l'urgence des crédits demandés, et *ses explications catégoriques, en même temps qu'elles nous conduisaient à l'approbation des projets de lois, nous montraient qu'inspirées par une sage prévoyance,* les deux administrations de la guerre et de la marine se trouvaient en état de faire face, avec une promptitude remarquable, aux nécessités de la situation. (Applaudissements.)

« Votre commission a aussi entendu M. le garde des sceaux et M. le ministre des affaires étrangères. Des pièces diplomatiques nous ont été communiquées, et sur ces textes, des explications très-complètes et très-nettes nous ont été fournies.

« Nous savions répondre au vœu de la Chambre en nous enquérant avec soin de tous les incidents diplomatiques; nous avons la satisfaction de vous dire, messieurs, que le gouvernement, dès le début de l'incident et depuis la première phase des négociations jusqu'à la dernière, a poursuivi loyalement le même but. (Nouveaux applaudissements.) »

Enfin pour consommer l'événement, la loi accordant au ministère de la guerre un crédit de 50 millions était adoptée par 246 voix contre 10.

C'en était fait. Maintenant la patrie n'avait plus qu'à combattre. Ceux-là mêmes qui jusqu'alors avaient essayé d'arrêter le pays sur la pente terrible où on le poussait, oublièrent la cause futile de la guerre pour ne plus voir que les périls de la France. La veille encore, ils étaient citoyens, et professaient des opinions politiques, le lendemain ils n'étaient plus que patriotes. Le fils n'est plus que fils, rien que fils, à l'heure où sa mère court un danger.

Cette fois, le danger était grand, et, chose navrante, la France ne s'en doutait point. Elle refusait de voir, de juger, d'entendre. L'empire savait bien ce qu'il faisait en parlant de la prétendue injure faite à l'honneur national d'un peuple si prompt à s'exalter et à bondir sous l'injure réelle ou imaginaire. Il avait déchaîné tous les instincts endormis, la fièvre belliqueuse, toujours prête à faire bouillir le sang du Français, l'ignorant dédain de l'étranger et,— disons-nous nos vérités en face,— l'infatuation de soi-même, défaut tout français, et pernicieux défaut. « Le Rhin, il nous faut le Rhin! » s'écriait-on. Et Karl Vogt pouvait assez finement remarquer que bien peu de gens en France, parmi ceux qui le réclamaient, savent exactement où il coule, où est sa source et où son embouchure. Mais tout était fini : l'appel aux armes était jeté. L'empire mettait en liberté *la Marseillaise*, demandant à la République ses hymnes pour conquérir des lauriers à César.

A l'issue de la séance de jour du 15 juillet, on annonçait déjà que les troupes avaient reçu leur biscuit, les cartouchières et les effets de campagne. On répétait que, depuis *deux jours*, l'artillerie de la garde s'exerçait au maniement des mitrailleuses. Les officiers de la garde mobile recevaient leur ordre de départ. Le maréchal Le Bœuf couchait au château de Saint-Cloud. On se répétait que l'activité la plus grande régnait dans les ports. Nul ne doutait que la France ne fût préparée à ce terrible duel. « Les soldats d'Iéna, disait le *Constitutionnel*, les soldats d'Iéna sont prêts. »

Cependant l'Europe s'était émue. L'Angleterre,

Les premières hostilités. — Les Badois replient le pont de bateaux de Kehl, sur la rive allemande.

l'Autriche et l'Italie avaient essayé d'abord, par une action combinée, de retarder la déclaration de guerre. Mais, après la séance du 15 juillet, lord Granville fait présenter à M. de Gramont par lord Lyons une note confidentielle dans laquelle se trouvait développée l'idée suivante : « Que la France retire toutes ses exigences vis-à-vis de la Prusse, et que le roi de Prusse accorde, de sa propre volonté, ce que la France lui a demandé. »

M. le duc de Gramont se bornait à dire à lord Lyons : « *Je prie lord Granville de retirer son projet.* »

Dans sa dépêche-circulaire du 21 juillet, M. de Gramont ne devait-il pas déclarer que « quel que « dût être le sort des batailles, il attendait sans in- « quiétude le jugement de ses contemporains « comme celui de la postérité » En dépit de ces protestations, la postérité n'oubliera point le document diplomatique où l'ambassadeur d'Angleterre déclare que la crainte de perdre leur portefeuille poussa seule le ministère Ollivier-Gramont-Valdrôme à déclarer la guerre avec une précipitation si grande. Cependant M. de Bismarck, profitant en diplomate habile du rôle que la conduite des ministres français lui faisait devant l'Europe, montrait cette France impériale déclarant la guerre après des discussions dans une ville d'eaux et sans que les pièces mêmes du procès eussent été communiquées au Corps législatif français. Aussi, disait-il, au Reichstag, dans la séance du 20 juillet :

« Ces ministres se sont bien gardés de céder aux instances des rares membres de l'opposition de Paris, qui ont gardé leur lucidité d'esprit, et de produire le document en question. (Écoutez ! écoutez !) L'édifice tout entier et surtout la base de la déclaration de guerre se seraient écroulés, si la représentation nationale avait eu connaissance de ce prétendu document, et notamment de sa forme. (Très-vrai ! bravo !) Ce n'était pas un document, c'était un télégramme servant d'information. »

Napoléon avait compté que l'Allemagne se diviserait, au moment de la déclaration de guerre faite par la France. Il espérait rompre le faisceau et avoir ainsi raison de la Prusse. C'était toujours le même aveuglement, la même illusion fatale. La France devait payer cher tout cela. Dès le 13, la *Correspondance provinciale* avait déclaré pourtant que l'Allemagne était prête à tout et l'empire français ne pouvait l'ignorer. Dès le 13, Bade et la Bavière avaient déjà répondu à la circulaire fédérale d'une façon qui satisfaisait M. de Bismarck. La Saxe hésitait, le Wurtemberg cherchait des détours, mais l'hésitation ne devait pas être de longue durée devant la menace française, devant « l'ennemi héréditaire » — *l'erbfeind*, pour parler comme eux.

— Dès que j'aurai réuni tous les Allemands sous un seul gouvernement, avait dit M. de Bismarck après 1866, nous cimenterons à jamais leur union dans la lutte contre la France.

L'Allemagne tout entière devait, en effet, marcher contre nous, et M. de Bismarck nous aliénait en outre complétement les sympathies de l'Europe en faisant publier dans le *Times* un projet de traité présenté par M. Benedetti à la signature du roi de Prusse et où il était simplement question d'annexer la Belgique à la France. Les ministres français poussèrent les hauts cris, nièrent l'existence de ce traité. A quoi M. de Bismarck répondit que l'autographe même de M. Benedetti était visible, avenue des Tilleuls, à Berlin. L'Angleterre, la Belgique et la Suisse ressentirent vivement l'insulte de cette politique de la force que l'empire menait sournoisement.

La France était donc engagée dans cette guerre non-seulement sans alliance, mais, grâce à la politique de l'empire, sans qu'elle pût même compter sur la sympathie des nations. Elle attaquait et sur un mauvais prétexte. Quant aux alliances, M. de Gramont ne disait-il pas un jour qu'il est toujours temps de les conclure à la veille de la déclaration de guerre ? Il devait voir maintenant que c'était trop tard. Mais on eût pu au moins nous conserver la sympathie des peuples. Point. Nous avions l'air de bravaches et il a fallu, hélas ! le malheur pour nous faire retrouver la cordialité des peuples et peut-être aussi leur pitié.

Pendant que les soldats partaient pour la frontière, M. Le Sourd, chargé d'affaires de France à Berlin remettait, *le 19 juillet à une heure et demie*, au gouvernement du roi Guillaume, la note suivante :

« Le soussigné, chargé d'affaires de France, se conformant aux ordres de son gouvernement, a l'honneur de porter la communication suivante à la connaissance de S. Exc. M. le ministre des affaires étrangères de S. M. le roi de Prusse :

« Le gouvernement de Sa Majesté l'empereur des Français, ne pouvant considérer le plan d'élever sur le trône d'Espagne un prince prussien que comme une entreprise dirigée contre la sûreté territoriale de la France, s'est vu placé dans la nécessité de demander à S. M. le roi de Prusse l'assurance qu'une pareille combinaison ne pourrait pas se réaliser de son consentement.

« Comme S. M. le roi de Prusse a refusé de donner cette assurance, et que, au contraire, il a déclaré à l'ambassadeur de S. M. l'empereur des Français que, pour cette éventualité comme pour toute autre, il entendait se réserver la possibilité de consulter les circonstances, le gouvernement impérial a dû voir dans cette déclaration du roi une arrière-pensée, menaçant la France ainsi que l'équilibre européen. Cette déclaration s'est aggravée encore par la notification faite aux cabinets du refus de recevoir l'ambassadeur de l'empereur et d'entrer avec lui dans de nouvelles explications.

« En conséquence, le gouvernement français a jugé qu'il avait le devoir de pourvoir sans retard à la défense de sa dignité et de ses intérêts lésés ; et, décidé à prendre dans ce but toutes les mesures commandées par la situation qui lui est créée, il se considère, dès à présent, comme en état de guerre avec la Prusse. »

Après les orateurs et les diplomates, la poudre, — comme disent les Arabes, — allait parler.

DOCUMENTS COMPLÉMENTAIRES DU CHAPITRE VIII

N° 1.

Nous donnons ici un passage de la séance du 15 juillet, où M. Thiers a eu à soutenir les violences de la majorité votant la guerre dans cette même séance.

M. THIERS. S'il y a eu un jour, une heure, où l'on puisse dire, sans exagération, que l'histoire nous regarde, c'est cette heure et cette journée, et il me semble que tout le monde devrait y penser sérieusement.

Quand la guerre sera déclarée, il n'y aura personne de plus zélé, de plus empressé que moi à donner au gouvernement les moyens dont il aura besoin pour la rendre victorieuse. (Très-bien ! très-bien ! à gauche.)

Ce n'est donc pas assaut de patriotisme que nous faisons ici.

Je soutiens que mon patriotisme est, non pas supérieur, mais égal à celui de tous ceux qui sont ici. (Approbation à gauche.)

De quoi s'agit-il ? De donner ou de refuser au gouvernement les moyens qu'il demande ? Non, je proteste contre cette pensée.

De quoi s'agit-il ? D'une déclaration de guerre faite à cette tribune par le ministère, et je m'exprime constitutionnellement, on le reconnaîtra. Eh bien ! est-ce au ministère, à lui seul, de déclarer la guerre ? Ne devons-nous pas, nous aussi, avoir la parole ? Et avant de la prendre, ne nous faut-il pas un instant de réflexion ?.... (Interruption à droite.)

M. JULES FAVRE. Avant de mettre l'Europe en feu, on ne réfléchit pas ; nous l'avons bien vu. (Exclamations.)

M. THIERS. Je vous ai dit que l'histoire nous regardait, j'ajoute que la France aussi et le monde nous regardent. On ne peut pas exagérer la gravité des circonstances ; sachez que de la décision que vous allez émettre peut résulter la mort de milliers d'hommes. (Exclamations au centre et à droite. — Très-bien ! à gauche. — Le bruit couvre la voix de l'orateur.)

M. GRANIER DE CASSAGNAC. Nous le savons bien : nous y avons nos enfants. (Mouvements divers.)

M. DE TILLANCOURT. N'interrompez pas ! vous répondrez.

M. THIERS. Et si je vous demande un instant de réflexion, c'est qu'en ce moment un souvenir assiège mon esprit !.... Avant de prendre une résolution aussi grave, une résolution de laquelle dépendra, je le répète, le sort du pays et de l'Europe, messieurs, rappelez-vous le 6 mai 1866. Vous m'avez refusé la parole alors que je vous signalais les dangers qui se préparaient. (Approbation à gauche. — Exclamations à droite.)

Quand je vous montrais ce qui se préparait, vous m'avez écouté un jour ; le lendemain, au jour décisif, vous avez refusé de m'écouter. Il me semble que ce souvenir seul, ce souvenir devrait vous arrêter un moment, et vous inspirer le désir de m'écouter une minute sans m'interrompre. (Très-bien ! à gauche. — Parlez !)

Laissez-moi vous dire une chose : Vous allez vous récrier ; mais je suis fort décidé à écouter vos murmures et, s'il le faut, à les braver. (Oui ! Très-bien ! à gauche.)

Vous êtes comme vous étiez en 1866.

A gauche. Oui ! oui ! c'est cela !

M. THIERS. Eh bien ! vous ne m'avez pas écouté alors, et rappelez-vous ce qu'il en a coûté à la France !.... (Rumeurs au centre et à droite.)

M. LE MARQUIS DE PIRÉ. Tâchez de ne pas être comme vous avez été en 1848.

M. LE COMTE DE LA TOUR. — En 1866, vous demandiez seulement la neutralité, monsieur Thiers ; vous ne demandiez pas autre chose.

M. THIERS. Cela est inexact.... Mais aujourd'hui la demande principale qu'on adressait à la Prusse, celle qui devait être la principale et que le ministère nous a assuré être la seule, cette demande a reçu une réponse favorable. (Dénégations sur un grand nombre de bancs.) Vous ne me lasserez pas.

A gauche. Très-bien ! très-bien !

M. THIERS. J'ai le sentiment que je représente ici.....

M. HORACE DE CHOISEUL. L'indépendance !

M. THIERS. ....non pas les emportements du pays, mais ses intérêts réfléchis.

Plusieurs voix. On vous écoute.

M. LE COMTE DE KÉRATRY. — Je demande la parole.

M. THIERS. J'ai la certitude, la conscience au fond de moi-même, de remplir un devoir difficile : celui de résister à des passions patriotiques, si l'on veut, mais imprudentes. (Allons donc !)

A gauche. Oui ! oui ! très-bien ! très-bien !

M. THIERS. Soyez convaincus que quand on a vécu quarante ans... (Interruptions) au milieu des agitations et des vicissitudes politiques, et qu'on remplit son devoir et qu'on a la certitude de le remplir, rien ne peut vous ébranler, pas même les outrages.

M. LE PRÉSIDENT SCHNEIDER. J'ai demandé tout à l'heure à la majorité à la fois le calme et le silence, de façon à ce qu'on entende. Je demande instamment que de ce côté (la gauche) on n'interrompe pas l'orateur.

A gauche. On applaudit, on n'interrompt pas !

M. EUGÈNE PELLETAN, vivement. Nous n'interrompons pas, monsieur le président ! nous protestons contre les interruptions de la majorité.

M. LE PRÉSIDENT SCHNEIDER. Vos applaudissements empêchent l'orateur d'être entendu.

M. GLAIS-BIZOIN. Nous répondons aux murmures et aux interruptions de là-bas.

M. LE PRÉSIDENT SCHNEIDER. Je demande encore une fois le plus complet silence, pour que notre discussion conserve sa dignité. (Très-bien ! très-bien !)

M. THIERS. Il me semble que, sur un sujet si grave, n'y eût-il qu'un seul individu, le dernier dans le pays, s'il avait un doute, vous devriez l'écouter ; oui, n'y en eût-il qu'un ; mais je ne suis pas seul.

Voix à gauche. Non ! non ! nous sommes avec vous.

A droite. Combien ?

M. HORACE DE CHOISEUL. Si les élections avaient été libres nous serions plus nombreux ? (Exclamations.)

M. LE MARQUIS DE PIRÉ. Rappelez-vous donc, monsieur Thiers, la noblesse énergique avec laquelle vous avez flétri les défections législatives de 1815, et ne les imitez pas !

M. LE PRÉSIDENT SCHNEIDER. Monsieur de Piré, veuillez ne pas interrompre.

M. THIERS. Je serais seul.... (Interruption.) Je serais seul, que, pour la gravité du sujet, vous devriez m'entendre. (Parlez ! parlez !)

M. COSSERAT. Nous n'entendons pas ! Que l'orateur veuille bien monter à la tribune ! (Oui ! oui !)

M. THIERS. Eh bien ! messieurs, est-il vrai, oui ou non, que sur le fond, c'est-à-dire sur la candidature du prince de Hohenzollern, votre réclamation a été écoutée, et qu'il y ait été fait droit ? Est-il vrai que vous rompez sur une question de susceptibilité très-honorable, je le veux bien, mais vous rompez sur une question de susceptibilité ? (Mouvement.)

Eh bien, messieurs, voulez-vous qu'on dise, voulez-vous que l'Europe tout entière dise que le fond était accordé, et que, pour une question de forme, vous vous êtes décidés à verser des torrents de sang ? (Réclamations bruyantes à droite et au centre. — Approbation à gauche.)

M. LE MARQUIS DE PIRÉ. C'est tout le contraire !

M. THIERS. Prenez-en la responsabilité !

M. LE MARQUIS DE PIRÉ. Oui ! oui !

M. GLAIS-BIZOIN. Non !

M. LE PRÉSIDENT SCHNEIDER. Monsieur de Piré, cessez, je vous prie ; n'interrompez pas avec cette animation. (Très-bien !)

M. THIERS.. Ici, messieurs, chacun de nous doit prendre la responsabilité qu'il croit pouvoir porter.

A droite. Oui ! oui ! tout entière !

M. THIERS. Quant à moi, soucieux de ma mémoire.....

M. BIROTTEAU. Nous aussi !

M. THIERS. Je ne voudrais pas qu'on puisse dire... (Interruptions) que j'ai pris la responsabilité d'une guerre fondée sur de tels motifs...

Le fond était accordé, et c'est pour un détail de forme que vous rompez ! (Non ! non ! Si ! si !)

Vous me répondrez.

Je demande donc à la face du pays qu'on nous donne connaissance des dépêches d'après lesquelles on a pris la résolution qui vient de nous être annoncée ; car, il ne faut pas nous le dissimuler, c'est une déclaration de guerre ! (Certainement ! — Mouvement prolongé.)

M. GRANIER DE CASSAGNAC. Je le crois bien !

M. THIERS. Messieurs, je connais ce dont les hommes sont capables, sous l'empire de vives émotions. Pour moi, si j'avais eu l'honneur de diriger, dans cette circonstance, les destinées de mon pays... (Nouvelle interruption.) Vous savez bien, par ma présence sur ces bancs, que ce n'est pas un regret que j'exprime ; mais je répète que si j'avais été placé dans cette circonstance douloureuse, mais grande, j'aurais voulu ménager à mon pays quelques instants de réflexion avant de prendre pour lui une résolution aussi grave.

M. BIROTTEAU. Quand on est insulté, on n'a pas besoin de réfléchir.

M. THIERS. Quant à moi, laissez-moi vous dire en deux mots, pour vous expliquer et ma conduite et mon langage, laissez-moi vous dire que je regarde cette guerre comme souverainement imprudente. Cette déclaration vous blesse, mais j'ai bien le droit d'avoir une opinion sur une question pareille. J'aime mon pays ; j'ai été affecté plus douloureusement que personne des événements de 1866, plus que personne, j'en désire la réparation ; dans ma profonde conviction, et, si j'ose le dire, dans mon expérience, l'occasion est mal choisie. (Interruption.)

Quelques membres à gauche. Très-bien !

M. THIERS. Plus que personne, je le répète, je désire la réparation des événements de 1866 ; mais je trouve l'occasion détestablement choisie. (Réclamations.)

Quelques membres à gauche. Oui !

M. THIERS. Sans aucun doute, la Prusse s'est mise gravement dans son tort, très-gravement. Depuis longtemps, en effet, elle nous disait qu'elle ne

Saint-Avold, quartier général du camp.

s'occupait que des affaires de l'Allemagne, a destinée de la patrie allemande, et nous l'avons trouvée tout à coup, sur les Pyrénées, préparant une candidature que la France devait ou pouvait regarder comme une offense à sa dignité et une entreprise contre ses intérêts. (Très-bien! très-bien! au centre et à droite.)

Vous vous êtes adressés à l'Europe, et l'Europe, avec un empressement qui l'honore elle-même, a voulu qu'il nous fût fait droit sur le point essentiel; sur ce point, en effet, vous avez eu satisfaction : la candidature du prince de Hohenzollern a été retirée.

Au centre et à droite. Mais non! non!

A gauche. Très-bien! parlez!

M. THIERS. Vous avez exprimé votre opinion; laissez-moi dire la mienne en quelques mots. Cette urgence de laquelle vous êtes si pressés d'user, elle est à vous, elle est votée, vous allez en jouir, vous allez avoir la faculté de vous livrer à toute l'ardeur de vos sentiments; laissez-moi vous exprimer les miens, tout douloureux qu'ils sont; et si vous ne comprenez pas que, dans ce moment, je remplis un devoir, et le plus pénible de ma vie, je vous plains. (Très-bien! très-bien! à gauche. — Réclamations au centre et à droite.)

Oui, quant à moi, je suis tranquille pour ma mémoire : je suis sûr de ce qui lui est réservé pour l'acte auquel je me livre en ce moment; mais pour vous, je suis certain qu'il y aura des jours où vous regretterez votre précipitation. (Allons donc! allons donc!)

A gauche. Très-bien! très-bien!

M. THIERS. Eh bien! quant à moi....

M. LE MARQUIS DE PIRÉ, *avec violence.* Vous êtes la trompette antipatriotique du désastre. (N'interrompez pas!) Allez à Coblentz! (Plusieurs membres qui entourent M. de Piré le font rasseoir.)

M. THIERS. Offensez-moi.... Insultez-moi.... Je suis prêt à vous subir pour défendre le sang de mes concitoyens, que vous êtes prêts à verser si imprudemment!

M. LE GARDE DES SCEAUX. Non! non!

M. LE MARQUIS DE PIRÉ. Je ne parle pas de votre personne, je parle de vos principes.

M. LE PRÉSIDENT SCHNEIDER. Monsieur de Piré, les manifestations de vos collègues dispensent le président de vous inviter au silence.

M. THIERS. Je souffre, croyez-le, d'avoir à parler ainsi.

M. LE MARQUIS DE PIRÉ. C'est nous qui souffrons vous entendre! (Exclamations diverses.)

M. THIERS. Dans ma conviction, je vous le répète en deux mots, car si je voulais vous le démontrer, vous ne m'écouteriez pas, vous choisissez mal l'occasion de la réparation que vous désirez, et que je désire comme vous.

M. GAMBETTA. Très-bien!

M. THIERS. Plein de ce sentiment, lorsque je vois que, cédant à vos passions, vous ne voulez pas prendre un instant de réflexion, que vous ne voulez pas demander la connaissance des dépêches sur lesquelles votre jugement pourrait s'appuyer, je dis, messieurs, permettez-moi cette expression, que vous ne emplissez pas dans toute leur étendue les devoirs qui vous sont imposés.

M. LE BARON JÉROME DAVID. Gardez vos leçons; nous les récusons.

M. THIERS. Dites ce que vous voudrez, mais il est bien imprudent à vous de laisser soupçonner au pays que c'est une résolution de parti que vous prenez aujourd'hui. (Vives et nombreuses réclamations.)

Je suis prêt à voter au gouvernement tous les moyens nécessaires quand la guerre sera définitivement déclarée; mais je désire connaître les dépêches sur lesquelles on fonde cette déclaration de guerre. La Chambre fera ce qu'elle voudra; je m'attends à ce qu'elle va faire, mais je décline, quant à moi, la responsabilité d'une guerre aussi peu justifiée. (Vive approbation et applaudissements sur plusieurs bancs de la gauche.)

N. 2.

PROJET DE TRAITÉ SECRET RELATIF A LA BELGIQUE.

S. M. le roi de Prusse et S. M. l'empereur des Français, jugeant utile de resserrer les liens d'amitié qui les unissent et de consolider les rapports de bon voisinage heureusement existant, entre les deux pays; convaincus d'autre part que, pour atteindre ce résultat, propre d'ailleurs à assurer le maintien de la paix générale, il leur importe de s'entendre sur des questions qui intéressent leurs relations futures, ont résolu de conclure un traité à cet effet, et nommé en conséquence pour leurs plénipotentiaires, savoir :

S. M., etc.
S. M., etc.

Lesquels, après avoir échangé leurs pleins pouvoirs, trouvés en bonne et due forme, sont convenus des articles suivants :

Art. Ier. — S. M. l'empereur des Français admet et reconnaît les acquisitions que la Prusse a faites à la suite de la dernière guerre qu'elle a soutenue contre l'Autriche et contre ses alliés.

Art. II. — S. M. le roi de Prusse promet de faciliter à la France l'acquisition du Luxembourg; à cet effet, ladite Majesté entrera en négociations avec S. M. le roi des Pays-Bas pour le déterminer à faire à l'empereur des Français la cession de ses droits souverains sur ce duché, moyennant telle compensation qui sera jugée suffisante, ou autrement. De son côté, l'empereur des Français s'engage à assumer les charges pécuniaires que cette transaction peut comporter.

Art. III. — S. M. l'empereur des Français ne s'opposera pas à une union fédérale de la Confédération du Nord avec les États du Midi de l'Allemagne, à l'exception de l'Autriche, laquelle union pourra être basée sur un Parlement commun, tout en respectant, dans une juste mesure, la souveraineté desdits États.

Art. IV. — De son côté, S. M. le roi de Prusse, au cas où S. M. l'empereur des Français serait amené, par les circonstances, à faire entrer ses troupes en Belgique ou à la conquérir, accordera le secours de ses armes à la France, et il la soutiendra avec toutes ses forces de terre et de mer, envers et contre toute puissance qui, dans cette éventualité, lui déclarerait la guerre.

Art. V. — Pour assurer l'entière exécution des dispositions qui précèdent, S. M. le roi de Prusse et S. M. l'empereur des Français contractent, par le présent traité, une alliance offensive et défensive qu'ils s'engagent solennellement à maintenir. Leurs Majestés s'obligent, en outre et notamment, à l'observer dans tous les cas où leurs États respectifs, dont elles se garantissent mutuellement l'intégrité, seraient menacés d'une agression, se tenant pour liées, en pareilles conjonctures, de prendre sans retard, et de ne décliner, sous aucun prétexte, les arrangements militaires qui seraient commandés par leur intérêt commun, conformément aux clauses et prévisions ci-dessus énoncées.

N° 3.

M. BENEDETTI ET LE ROI DE PRUSSE.

Le document suivant, rédigé avec l'approbation immédiate du roi de Prusse, est extrait du *Moniteur prussien*, en date du 17 juillet 1870.

Le comte Benedetti demanda, le 9 de ce mois, à Ems, une audience au roi, qui lui fut immédiatement accordée. Dans cette audience, il demanda que le roi donnât l'ordre au prince de Hohenzollern de reprendre son acceptation de la couronne d'Espagne.

Le roi répondit que, dans cette affaire, on ne s'était adressé à lui que comme chef de famille et non comme roi de Prusse, que, par conséquent, n'ayant pas donné l'ordre d'accepter la couronne d'Espagne, il ne pouvait non plus donner l'ordre de la refuser.

Le 11, l'ambassadeur de France sollicita et obtint une seconde audience, dans laquelle il chercha à exercer une pression sur le roi, pour que celui-ci insistât auprès du prince, pour le faire renoncer à la couronne.

Le roi répliqua que le prince était parfaitement libre en ses décisions, que, d'ailleurs, il ignorait même où le prince, qui désirait faire un voyage dans les Alpes, se trouvait en ce moment.

Le 13, au matin, à la promenade des Eaux, le roi remit à l'ambassadeur un supplément extraordinaire de la *Gazette de Cologne*, qu'on venait de lui présenter, contenant un télégramme privé de Sigmaringen au sujet de la renonciation du prince. Le roi fit observer à l'ambassadeur que lui-même n'avait pas encore reçu de lettre de Sigmaringen, mais qu'il pouvait bien en recevoir aujourd'hui.

Le comte Benedetti répondit qu'il avait reçu la nouvelle de la renonciation, dès hier soir, de Paris. Le roi considérait ainsi l'affaire comme terminée. L'ambassadeur demanda au roi, d'une manière *tout à fait inattendue*, de donner l'assurance positive qu'il n'accorderait jamais plus son consentement si la candidature devait revivre.

Le roi refusa formellement de se rendre à cette demande et persista dans sa réponse, lorsque le comte Benedetti revint à la charge d'une manière de plus en plus pressante. Néanmoins, après quelques heures, le comte Benedetti demanda une troisième audience. Lorsqu'on lui demanda quel objet il voulait traiter, il fit répondre qu'il désirait traiter de nouveau l'objet de la conversation du matin. Le roi refusa une nouvelle audience, n'ayant pas d'autre réponse à faire que celle qu'il avait donnée, ajoutant que d'ailleurs toutes les négociations passeraient désormais par les mains des ministres. Le roi accéda au désir du comte Benedetti de lui faire ses adieux à son départ, en le saluant dans la gare, le 14, en se rendant à Coblentz.

Dans la journée du 13, après l'entretien du matin à la promenade, le roi fit dire à M. Benedetti qu'il avait reçu de Sigmaringen une lettre personnelle lui confirmant la renonciation du prince de Hohenzollern. Dans la soirée du même jour, après avoir refusé à notre ambassadeur une audience, il lui envoya son aide de camp, qui rend compte en ces termes de sa mission :

« Le roi fit répondre par moi au comte Benedetti après dîner, vers cinq heures et demie, qu'il devait décidément décliner d'entrer dans de nouvelles discussions au sujet d'assurances qui le lieraient pour l'avenir; que ce qu'il avait dit le matin était son dernier mot et qu'il ne pouvait que s'y référer. — signé : A. Radziwill. »

(Extraits du *Moniteur prussien* du 17 juillet.)

CHAPITRE IX

État des esprits au moment de la déclaration de guerre. — L'*Internationale* et les ouvriers allemands. — Procès de Blois dit *du Complot*. — Départ de l'armée. — Départ et proclamations de Napoléon. — Désordre dans l'administration militaire. — La France grisée. — Un crime politique. — Généraux des deux armées. — Affaire de Sarrebrück. — Combat de Wissembourg. — Bataille de Frœschwiller (Reischoffen). — Bataille de Forbach. — Le soir du 6 août 1870. — Documents complémentaires.

La déclaration de guerre faite à la Prusse, l'agression maladroite du gouvernement impérial, la politique immorale du ministère français n'avaient point, il faut le reconnaître à l'honneur des rares bons esprits qui gardèrent leur sang-froid, passé sans qu'il s'élevât des protestations pour ainsi dire du fond de la conscience humaine. Quelque funeste action qu'ait eue l'empire pour la dignité et l'honnêteté, il restait cependant encore des individualités fermes qui ne consentaient pas volontiers à suivre les Bonapartes dans leur suprême aventure, et qui protestaient au nom de la France. De ce nombre fut un écrivain d'un style remarquable qui, non sans témérité, s'éleva contre cette guerre rapide dans un écrit qui eût mérité d'être lu par tous. C'était M. Agénor de Gasparin, mort au lendemain du traité de paix qu'il avait essayé d'éviter par deux fois à son pays : avant la guerre et pendant la guerre.

D'autres, d'éminents penseurs, se réunissaient à Bâle pour opposer à cette déclaration de guerre le double cri de la paix et de l'humanité outragées. C'étaient les membres de la *Ligue internationale de la paix et de la liberté*, et parmi eux la France comptait M. Edgar Quinet, M. Jules Barni, d'autres de ses plus patriotes enfants. On répondit en France aux gémissements alors impuissants de ces philosophes pacifiques, en les appelant *Prussiens*. C'était alors, pour une certaine presse, l'injure à la mode, et il fallait faire bien peu de chose, — rester fidèle à son idéal de fraternité, de travail et de paix, — pour la mériter (1).

La France, et Paris en particulier, étaient pris d'une fièvre spéciale et les mots mêmes changeaient de sens. Des ouvriers furent maltraités, sur le boulevard des Italiens, pour y avoir passé en criant : *Vive la paix! Vive le travail!* Les tribunaux mêmes s'en mêlèrent, et des citoyens furent condamnés à de la prison pour avoir proféré publiquement ce cri *séditieux :* Vive la paix ! Au milieu du belliqueux concert des bonapartistes et du troupeau des gens toujours prêts à emboîter le pas au général en marche, cette société dont nous aurons tant de fois l'occasion de parler, *l'Internationale*, adressa aux « travailleurs d'Allemagne » un manifeste, un appel, une protestation à laquelle les ouvriers allemands répondirent par la déclaration suivante. Aveugles alors ceux qui ne voyaient pas, dans les événements qui allaient s'accomplir, la qualité de la guerre. Guerre nationale et guerre sociale.

La réponse des Allemands était ainsi faite, d'un ton vibrant qui ne répondait pas à la vieille haine conçue contre nous par la Prusse féodale :

« Travailleurs de France !

« Nous aussi nous voulons la paix, le travail et la liberté ! C'est pourquoi nous nous associons de tout notre cœur à votre protestation, inspirée d'un ardent enthousiasme contre tous les obstacles mis à notre développement pacifique et principalement par la guerre sauvage. Animés de sentiments fraternels, nous unissons nos mains aux vôtres, et nous vous affirmons, comme des hommes d'honneur qui ne savent pas mentir, qu'il ne se trouve pas dans nos cœurs la moindre haine nationale, que nous subissons la force et n'entrons que contraints et forcés dans les bandes guerrières qui vont répandre la misère et la ruine dans les champs paisibles de nos pays.

« Nous aussi, nous sommes hommes de combat! Mais nous voulons combattre en travaillant pacifiquement et de toutes nos forces pour le bien des nôtres, pour le bien de l'humanité; nous voulons combattre pour la liberté, l'égalité et pour la fraternité ; combattre contre le despotisme des tyrans qui oppriment la sainte liberté, contre le mensonge et la perfidie de quelque part qu'ils viennent. Solennellement nous vous promettons que ni le bruit des tambours, ni le tonnerre des canons, ni victoire, ni

---

(1) Quatre fois, depuis le Congrès de Bâle, le Comité de la Ligue de la paix éleva sa voix, qui se perdit, de juillet à janvier, dans le fracas des armes.

Charge du 8me et du 9me cuirassiers, à la bataille de Reischoffen.

défaite, ne nous détourneront de notre travail pour l'union des prolétaires de tous les pays! Nous aussi, nous ne connaissons plus de frontières, parce que nous savons que, des deux côtés du Rhin, que, dans la vieille Europe comme dans la jeune Amérique, vivent nos frères, avec lesquels nous sommes prêts à aller à la mort pour le but de nos efforts : « la République sociale. » Vivent la paix, le travail, la liberté !

« GUSTAVE KWASNIEWKI,
« Au nom des membres de l'Association internationale des travailleurs, à Berlin. »

L'empire avait cependant tout fait pour galvaniser le sentiment belliqueux dans les esprits les plus rebelles à l'idée de guerre. Après avoir, durant tant d'années, emprisonné, en quelque sorte, la *Marseillaise* comme factieuse, il faisait tomber subitement les barreaux et laissait l'air libre à ces chants des batailles républicaines. *« Vous pouvez autoriser la chanson,* télégraphiait de Saint-Cloud, le 15 juillet, le secrétaire particulier de l'empereur au ministre des beaux-arts, à Paris. *L'empereur me charge de vous le dire. Il sera sans doute bon que vous préveniez avant le préfet de police* (1). » — Deux jours après, télégramme du ministre de l'intérieur aux préfets : *« Vous pouvez laisser chanter la* Marseillaise *dans les cafés-concerts. »* Ainsi, l'empire entendait bénéficier de la fièvre de Rouget de l'Isle et osait prendre la succession des volontaires d'autrefois. Ce n'était pas seulement la *Marseillaise* qu'on autorisait, le *Rhin allemand,* de Musset, cette presto, cavalière et gauloise réponse à la lourde menace de Becker, courait sur toutes les lèvres, et la nation grisée, poussée hors des gonds, répétait à la veille du jour où elle allait le perdre :

Nous l'avons eu, votre Rhin allemand !

Avant d'aborder le récit de la campagne de 1870, il convient peut-être de dire quelques mots du seul événement qui se rattachât à la politique intérieure, événement dont l'écho fut peu sensible au milieu des roulements des canons dirigés vers la Moselle et le Rhin.

L'attention publique, tout entière à la guerre, et qui se tournait, pour ainsi dire, du regard vers la frontière, laissa passer avec indifférence le procès dit du Complot dont les débats qui s'ouvraient le 18 juillet devant la Haute-Cour de justice, convoquée à Blois, eussent en tout autre temps passionné le pays. A l'heure présente, c'est en Alsace qu'était le drame.

Ce procès, annoncé d'abord à grand fracas eut ce caractère singulier de ne présenter aucun incident digne de remarque : juges et accusés semblaient embarrassés de leur rôle. L'accusation était molle, indécise, la défense fut sans caractère. Quelques-uns des prévenus gardèrent une attitude digne, mais celle du plus grand nombre fut ou cynique ou servile. Ce qui apparut de plus clair dans ces débats, il faut bien l'avouer, ce ne fut point l'esprit de sacrifice et d'héroïsme qui faisait agir les Barbès et les Martin Bernard, mais bien plutôt l'habileté des conspirateurs combattant non pas en pleine lumière, mais dans l'ombre du complot. Des physionomies d'espions apparaissaient çà et là parmi les accusés, un Guérin, un Verdier, un Beaury, dont les révélations n'étaient que les dépositions de délateurs.

Au milieu de la fièvre causée par la déclaration de guerre, les débats s'ouvrirent à Blois le 18 juillet sous la présidence de M. Zangiacomi. M. Grandperret était procureur général. L'acte d'accusation concluait à l'existence d'un complot *ayant pour but un attentat contre la sûreté de l'État et un attentat contre la vie de l'empereur.*

Voici les noms des accusés :

Beaury, Guérin, Gromier, Bailly, Bertrand, Louis Villeneuve, Henri Villeneuve, Sappia, Prost, Benel, Verdier, Ballot, Petieau, Cournet, Dupont, Mégy, Jarrige, Mabille, Razoua, Ochs, Garreau, Ramet, Pasquelin, Meusnié, Tony Moilin, Derin dit Drain, Jolly, Fontaine père, Berger, Greffier, Grenier, Dereure, Chassaigne, Clays, Blaizot, Godinot, Penigot, Pellerin, Notrel, Lyon, Lerenard, Vitet, Boudet, Ruisseau, Arguillère, Bodin, Letouze, Launay, Laygue, Comier, Cellier, Biré, Boyal, Ferré.

MM. Emmanuel Arago, Floquet, Gatineau, figuraient parmi les défenseurs.

Ainsi qu'on le voit au nombre et à la signification de ces noms, la justice impériale, peu soucieuse de sa dignité, amenait devant le haut jury des hommes coupables à des titres bien différents. Mégy était accusé d'assassinat sur la personne de l'agent Mourot; d'autres, de complot ayant pour but d'assassiner le chef de l'État, quelques-uns, de complot ayant pour but de renverser la forme de gouvernement, d'autres enfin, comme les frères Villeneuve, Cournet et Razoua contre lesquels l'instruction ne relevait aucun fait ne semblaient poursuivis que pour délit d'opinion. Le plus grand nombre avait été pris aux barricades du faubourg du Temple et de la rue Saint-Maur.

Le principal dénonciateur était Verdier qui s'était présenté le 28 janvier à la préfecture de police en demandant à faire des révélations.

Les débats furent assez tumultueux. L'ardeur de quelques avocats, ceux que le président Zangiacomi appelait : *les jeunes défenseurs,* soulevait des incidents fréquents. La présence de Guérin, de Verdier et de Beaury, excitait la colère des autres accusés.

(1) Papiers trouvés à Saint-Cloud et publiés à Berlin.

Pendant l'interrogatoire de Fontaine, il fut question du banquet du 21 janvier (1), à Saint-Mandé, dans lequel Gromier avait lu le toast de Félix Pyat : *A une petite balle.*

A une question de M. Zangiacomi, Fontaine répondit :

— C'est une grande date pour les républicains.

Et comme le président s'étonnait de cette phrase :

— Monsieur le président, cette date du 21 janvier 1793 doit vous rappeler, à vous comme à moi, des souvenirs de famille ; votre père a voté avec mon grand-père la mort de Louis XVI.

— Jamais ! répond le président.

Zangiacomi n'avait en effet voté que la détention (2).

Il fut question dans ce procès et pour la première fois de deux terribles agents destructeurs qui devaient quelques mois plus tard accumuler tant de ruines : la nitro-glycérine et le pétrole. La nitro-glycérine était destinée aux bombes dont on avait saisi plusieurs modèles, et Tony Moilin était accusé d'avoir dit : « On pourra jeter du pétrole par les fenêtres sur les soldats. »

Ferré, un des futurs membres de la Commune, donna lieu à un incident violent. Après une observation adressée par le président à l'un des défenseurs, il demanda la parole :

— Monsieur le président, je vous demanderai de donner l'ordre aux gendarmes de me reconduire dans ma prison.

LE PRÉSIDENT. Asseyez-vous. Taisez-vous. — Vous n'avez pas la parole.

FERRÉ. Vous avez la force, c'est bien, usez-en ; *quand nous l'aurons, gare à vous.....* Je suis républicain.....

Il prononça d'autres paroles qui se perdirent dans le bruit, puis le calme s'étant peu à peu rétabli, il déclara que le spectacle de ces débats était écœurant, et qu'il refusait d'y revenir. Et comme le président répondait qu'on l'y contraindrait :

— On m'apportera, alors, répond Ferré, — voulant imiter certains accusés du 15 mai 1848.

Avant la clôture des débats, Me Gatineau, au lieu et place de Me Emmanuel Arago, rappelé à son poste de député, et au nom de tous les défenseurs, exposa à MM. les jurés qu'en présence des événements qui se déroulaient à la frontière, il espérait qu'ils voudraient être cléments, et ne voir dans les accusés que des patriotes prêts à aller se faire tuer pour la France.

Une voix, celle de Guérin, cria : « Vive la France ! »

Voici quel fut le résultat du verdict :

MÉGY, vingt ans de travaux forcés.
BEAURY, vingt ans de détention.
FONTAINE, quinze ans de détention.
DUPONT, quinze ans de détention.
SAPPIA, quinze ans de détention.
GUÉRIN, quinze ans de détention.
GREFFIER, quinze ans de détention.
GRENIER, quinze ans de détention.
TONY MOILIN, cinq ans de prison.
PETIEAU, cinq ans de prison.
GODINOT, cinq ans de prison.
PELLERIN, cinq ans de prison.
GROMIER, cinq ans de prison.
BALLOT, cinq ans de prison.
LETOUZE, cinq ans de détention.
LERENARD, cinq ans de détention.
DEREURE, trois ans de prison.
VERDIER, acquitté comme révélateur, est soumis à dix ans de surveillance de la haute police.

Les autres accusés furent acquittés. Au cours des débats, l'accusation avait été abandonnée contre M. Razoua et M. Mabille. Le procureur général reconnaissait qu'il n'y avait aucune charge contre ces prévenus, et pourtant ils étaient restés quatre mois sous les verrous.

Cependant, l'armée française était en marche, ou plutôt elle était arrivée déjà à la frontière. Elle était partie sans enthousiasme belliqueux, on peut le dire aujourd'hui.

« Rarement, a écrit à propos de la guerre d'Italie M. Jules Zeller (1), des troupes partirent aussi gaies et aussi allègres pour une expédition. Le but généreux de la guerre ouvrait leurs cœurs aux grands et aux bons sentiments. Un rapport sur les caisses d'épargne constata plus tard que maint soldat avait le matin du départ réglé ses comptes avec la caisse d'épargne, et disposé de ses économies en faveur de sa famille. Après une bonne action, le soldat français partait joyeux, avec l'espérance. » En 1870, le spectacle ne fut pas le même. Sans doute, il y eut la même effusion de sentiments, et nous les avons vus, ces soldats, envoyer leurs montres, leurs économies, leurs anneaux à leurs familles ou à leurs fiancées. Mais ils semblaient, dans ce retour vers les êtres chers et le foyer quitté, accomplir une sorte de devoir triste. L'armée partait décidée à faire son devoir, mais sans cette allégresse de 1859, sans cette certitude de la victoire qui guidait les futurs combattants de

---

(1) Anniversaire de la mort du roi Louis XVI.
(2) Voici le vote de *Zangiacomi*, député de la Meurthe à la Convention : — Je n'aurais jamais accepté une accumulation de pouvoirs telle que celle qu'on suppose nous avoir été donnée par nos commettants. Rappelez-vous de (sic) ce mot échappé à Charles Ier : *Rien n'est plus abject qu'un roi détrôné*. La honteuse existence de Louis aura au moins cet avantage de déjouer les complots ambitieux, et de servir d'épouvantail à tous ses pareils. Je vote pour la détention pendant la guerre, et le bannissement à la paix.

(1) *Année historique*. Première année (1859), page 76.

Palestro et de Magenta, et semblait les rendre invincibles. En 1870, l'armée allait au feu, d'un air plus sombre. Elle n'avait pas, pour s'exalter, ce flamboiement de liberté qui illuminait toutes choses à la veille de Montebello. Elle sentait, eût-on dit, que cette guerre était folle, injuste et qu'elle allait être fatale. Habitués au sacrifice, ces braves gens marchaient sans se plaindre et d'un pas ferme ; ils allaient, suivant la marche que jouaient les cuivres de leurs régiments, *mourir pour la patrie;* mais ils entraient dans la fournaise, non pas comme on court à la victoire, mais comme on s'avance, le front haut, vers une boucherie qu'on saura braver.

Ce qui s'était produit pour l'armée avait, à plus forte raison, marqué le départ du souverain. Il faut noter, là encore, la différence qui sépare 1870 de 1859.

Napoléon était parti pour l'Italie accompagné de l'acclamation populaire qui oubliait, ce jour-là, l'homme de Décembre, pour ne voir que l'homme qui venait de déclarer, — promesse à laquelle il manqua bientôt, — que l'Italie serait libre des Alpes à l'Adriatique. Le jour où il était parti, jetant cette parole de liberté, n'avait pas ressemblé à son retour, au lendemain de Villafranca. La foule avait été beaucoup moins communicative en août qu'en mai 1859. Cette fois, en 1870, Napoléon n'osa même point partir avec solennité. Il semblait que cet homme eût comme le pressentiment de l'avenir et la perception de l'épouvantable responsabilité qu'il avait prise.

On conte qu'au moment de se séparer de son fils, l'impératrice le mena aux Invalides et le fit s'agenouiller devant le tombeau du vainqueur d'Iéna. Si les morts entendaient, la poussière de Napoléon Ier eût tressailli, car jamais guerre ne fut plus follement engagée, et la souveraine qui priait l'avait en grande partie voulue et demandée. Le lendemain, Napoléon partait, accompagné de son fils. Il partait, comme à la dérobée, gagnant le chemin de fer de Strasbourg par le chemin de ceinture, et, encore une fois, comme s'il eût craint de se trouver face à face avec ce peuple français qu'il avait, durant dix-huit ans, osé appeler *son peuple.* Qui dira les pensées de ce rêveur, de ce chimérique et éternel songeur, au moment où il monta dans ce wagon qui l'emportait vers les sanglantes aventures? Lorsque la vapeur déchira l'air et que le train s'ébranla soudain sur la voie de fer, se dit-il qu'il partait une nouvelle fois pour l'exil, et qu'il y entraînait cet enfant pâle, assis à ses côtés ?

Le train partit. L'empereur jeta un dernier coup d'œil à l'horizon, où était couché Paris, ce géant qu'il avait dompté, qu'il avait livré aux Corses, qu'il allait livrer aux Prussiens et qu'il ne devait plus revoir.

Avant de s'éloigner, après avoir reçu les vœux du Sénat et du Corps législatif, il avait adressé cette proclamation au peuple français.

« Français,

« Il y a dans la vie des peuples des moments solennels où l'honneur national, violemment excité, s'impose comme une force irrésistible, domine tous les intérêts et prend seul en main la direction des destinées de la patrie. Une de ces heures décisives vient de sonner pour la France.

« La Prusse, à qui nous avons témoigné pendant et depuis la guerre de 1866 les dispositions les plus conciliantes, n'a tenu aucun compte de notre bon vouloir et de notre longanimité. Lancée dans une voie d'envahissement, elle a éveillé toutes les défiances, nécessité partout des armements exagérés, et fait de l'Europe un camp où règnent l'incertitude et la crainte du lendemain.

« Un dernier incident est venu révéler l'instabilité des rapports internationaux et montrer toute la gravité de la situation. En présence des nouvelles prétentions de la Prusse, nos réclamations se sont fait entendre. Elles ont été éludées et suivies de procédés dédaigneux. Notre pays en a ressenti une profonde irritation, et aussitôt un cri de guerre a retenti d'un bout de la France à l'autre. Il ne nous reste plus qu'à confier nos destinées au sort des armes.

« Nous ne faisons pas la guerre à l'Allemagne, dont nous respectons l'indépendance. Nous faisons des vœux pour que les peuples qui composent la grande nationalité germanique disposent librement de leurs destinées.

« Quant à nous, nous réclamons l'établissement d'un état de choses qui garantisse notre sécurité et assure l'avenir. Nous voulons conquérir une paix durable, basée sur les vrais intérêts des peuples, et faire cesser cet état précaire où toutes les nations emploient leurs ressources à s'armer les unes contre les autres.

« Le glorieux drapeau que nous déployons encore une fois devant ceux qui nous provoquent est le même qui porta à travers l'Europe les idées civilisatrices de notre grande Révolution. Il représente les mêmes principes ; il inspirera les mêmes dévouements.

« Français,

« Je vais me mettre à la tête de cette vaillante armée qu'anime l'amour du devoir et de la patrie. Elle sait ce qu'elle vaut, car elle a vu dans les quatre parties du monde la victoire s'attacher à ses pas.

« J'emmène mon fils avec moi, malgré son jeune âge. Il sait quels sont les devoirs que son nom lui impose, et il est fier de prendre sa part dans les dangers de ceux qui combattent pour la patrie.

Intérieur d'une tente de mobiles au camp de Châlons.

« Dieu bénisse nos efforts. Un grand peuple qui défend une cause juste est invincible !

« NAPOLÉON. »

Après avoir dit, dans une autre proclamation *aux marins de la flotte* :

« Lorsque, loin du sol de la patrie, vous vous trouverez en face de l'ennemi, songez que la France est avec vous, que son cœur bat avec le vôtre et qu'elle appelle sur vos armes la protection du ciel.

« Pendant que vous combattrez sur mer, vos frères de l'armée de terre lutteront avec la même ardeur pour la même cause que vous. Secondez réciproquement vos efforts, que couronnera le même succès. »

Napoléon adressait cette lettre au commandant supérieur de la garde nationale de la Seine (le général Mellinet) :

Palais de Saint-Cloud, le 26 juillet 1870.

« Mon cher général, je vous prie d'exprimer de ma part à la garde nationale de Paris combien je compte sur son patriotisme et son dévouement.

« Au moment de partir pour l'armée, je tiens à lui témoigner la confiance que j'ai en elle pour maintenir l'ordre dans Paris et pour veiller à la sûreté de l'impératrice.

« Il faut aujourd'hui que chacun, dans la mesure de ses forces, veille au salut de la patrie.

« Croyez, mon cher général, à mes sentiments d'amitié. « NAPOLÉON. »

Enfin, en arrivant à Metz, devenu le quartier général impérial, il faisait afficher cette proclamation à ses soldats, proclamation où l'ironique destin souligne aujourd'hui cette phrase fatidique : *la guerre sera longue et pénible, hérissée d'obstacles et de forteresses.*

Proclamation de l'empereur à l'armée

« Soldats,

« Je viens me mettre à votre tête pour défendre l'honneur et le sol de la patrie.

« Vous allez combattre une des meilleures armées de l'Europe; mais d'autres, qui valaient autant qu'elle, n'ont pu résister à votre bravoure. Il en sera de même aujourd'hui.

« La guerre qui commence sera longue et pénible, car elle aura pour théâtre des lieux hérissés d'obstacles et de forteresses; mais rien n'est au-dessus des efforts persévérants des soldats d'Afrique, de Crimée, de Chine, d'Italie et du Mexique. Vous prouverez une fois de plus ce que peut une armée française animée du sentiment du devoir, maintenue par la discipline, enflammée par l'amour de la patrie.

« Quel que soit le chemin que nous prenions hors de nos frontières, nous y trouverons les traces glorieuses de nos pères. Nous nous montrerons dignes d'eux.

« La France entière vous suit de ses vœux ardents, et l'univers a les yeux sur vous. De nos succès dépend le sort de la liberté et de la civilisation.

« Soldats, que chacun fasse son devoir, et le Dieu des armées sera avec nous!

« NAPOLÉON. »

La population de Metz fit à Napoléon un accueil sans chaleur. Déjà, par un sentiment de patriotisme profond, qui n'était pas sans crainte, la foule, et l'armée avec elle ne criaient plus : *Vive l'empereur !* mais : *Vive la France!* Un instinct secret, un filial serrement de cœur avertissaient tous les êtres que cette guerre dynastique allait devenir une guerre nationale, et que la destinée de la patrie appartenait au sort d'une journée de bataille. « Oui, avait dit cet écrivain qui se suicidait à New-York, en apprenant la déclaration de guerre, oui, avait dit Prévost-Paradol (1), la France payera de toute manière, du sang de ses enfants, si elle réussit, de sa grandeur et peut-être de son existence même si elle échoue, la série de fautes commises depuis le jour où le démembrement du Danemark a commencé sous nos yeux, depuis le jour où nous avons favorisé ce grand désordre avec la vaine espérance d'en tirer profit. » Et l'heure du payement venait de sonner. Autant qu'en 1792, il s'agissait de mourir ou de vaincre, et en présence de ce dilemme terrible, l'empereur, effaré devant l'avenir, accablé sous la tâche entreprise, enfermé dans sa chambre à Metz, seul ou interrogeant ses généraux profondément inquiets ou sottement rassurés, passait ses journées à redouter le lendemain et, comme un homme dont la raison eût tout à coup baissé, à pleurer (on le vit pleurer) sur la redoutable aventure dans laquelle il venait d'entrer.

C'est que, dès les premiers jours de la déclaration de guerre, dès les premiers pas et les premières heures, la triste, la terrible, l'effrayante vérité apparut. On se croyait, on se disait prêt, on ne l'était pas. Nulle organisation, aucun plan, aucunes ressources. Le désordre partout, partout le gaspillage, l'incurie; l'intendance alla jusqu'à l'absurde dans la désorganisation. Et, cette fois, on se mesurait avec un peuple qui ne laissait rien au hasard, où tout, hommes et choses, était scrupuleusement inspecté, étudié, classé de façon à produire le plus rapidement possible un résultat le plus important possible.

Nos forces étaient trop peu considérables pour lutter contre les armées alliées de l'Allemagne, car, au premier vent de guerre, à la première menace d'invasion française, les diverses nations germaniques n'avaient plus fait qu'un seul peuple, une seule armée. Les hommes politiques qui connaissaient à fond l'Allemagne avaient pourtant annoncé, de longue date, un tel résultat, mais nul ne les avait écoutés. Nous nous trouvions donc au début de la guerre avec 250,000 soldats tout au plus en face de plus d'un million d'hommes, dont 600,000 au moins pouvaient sur-le-champ entrer en campagne et marchaient précédés et flanqués d'une artillerie de 1500 canons. Pour leur tenir tête, pour faire nombre, notre armée développait bien ses lignes le long de la frontière, mais ce n'était là, pour ainsi dire, qu'un cordon humain, sans profondeur et sans force, que la première attaque sérieuse de l'ennemi devait fatalement briser. La logique voulait qu'on massât, qu'on groupât en un ou deux faisceaux notre armée et qu'on entrât en Allemagne avec ce coin solide ou qu'on maintînt cette armée sur la frontière comme une phalange défensive, mais il fallait bien avoir l'air de couvrir toute notre ligne de l'est, il fallait faire mine de pénétrer en Allemagne comme on nous le promettait, sur une étendue de plusieurs lieues. « Si les Français ne sont pas devant Mayence avant le 25 août, avait dit M. de Moltke, ils n'y seront jamais. » Sa prédiction ou plutôt sa perception nette des choses se réalisait, et Bonaparte qui sentait bien la vérité d'une telle parole, se désolait à Metz, tandis que l'opinion parisienne fébrile, nerveuse, impatiente, répétait, comme le disait un des journaux qui la flattaient le plus : « Qu'attend-on? Que fait-on? Nous ne serons jamais à Berlin pour le 15 août ! » (1)

L'histoire, lorsqu'elle veut être juste, c'est-à-dire demeurer l'histoire et non devenir le pamphlet,

---

(1) Pour montrer en quel état de désordre était l'armée, il suffit de citer les dépêches incroyables trouvées aux Tuileries, publiées par la *Commission des papiers* :

L'ENTRÉE EN CAMPAGNE.

Général de Failly, commandant 5e corps, à Guerre. — *Paris.*

Bitche, le 18 juillet 1870.

Suis à Bitche avec 17 bataillons infanterie. Envoyez-nous argent pour faire vivre troupes. Les billets n'ont point cours.

(1) *La France nouvelle*, page 387.

doit, en recherchant les causes des événements humains, faire la part de chacun des acteurs du drame. Or, il faut le dire, en juillet 1870, la France était atteinte de même folie. Certes, l'empire est impardonnable. Il a fait cette guerre par intérêt, et après l'avoir déclarée sottement, il l'a stupidement conduite. Il n'était point préparé. Le budget de la guerre avait passé en fumée. L'empire, en 1870 comme en 1814 et 1815, a perdu la France. Deux empires, trois invasions. C'est un peu trop.

Mais la France aussi fut coupable. Non-seulement elle venait de donner près de huit millions de voix à l'empire, et, par cet imposant suffrage, d'amnistier solennellement le passé en engageant l'avenir, mais encore elle se laissait entraîner par l'odeur de poudre et ne conservait pas assez de sens pour s'opposer aux belliqueuses entreprises de l'empereur et de ses ministres. Rendons à chacun sa part de responsabilité. Bonaparte a la sienne, et certes la plus forte et la plus écrasante, mais dans toute faute, dans tout crime nés du despotisme, il y a deux coupables : le despote qui en est l'instigateur, la nation qui en est la complice. L'auteur de la *Servitude volontaire* l'a dit il y a trois siècles : « Le tyran ne dure que parce que le peuple lui fait un piédestal ». Ainsi ses entreprises ne sont possibles qu'avec la complicité de ceux qu'il gouverne. Et certes, la France se laissa emporter par une fièvre belliqueuse, aveugle, défavorable, qui ressemblait fort à de la complicité. Les cartons des Tuileries étaient pleins des délibérations des conseils municipaux de province, interrompant les affaires les plus urgentes de la commune, pour faire acte politique et adresser leurs félicitations, leurs acclamations à l'auteur de cette guerre. Coupable enivrement que la nation a payé cher! Parmi les adresses reçues, une des premières (ô destinée !) fut l'adresse du conseil municipal de Wissembourg.

Wissembourg, le premier nom fatal de cette terrible guerre !

Et, pendant ce temps, dans les campagnes, la fureur bonapartiste s'alliait à je ne sais quels fauves instincts. La brute s'éveillait dans l'homme, car, comme dit Channing, le mal principal de la guerre, ce n'est pas la mort sous ses formes les plus affreuses, ce n'est pas le renversement des cités, l'appauvrissement des nations, la famine, la peste, c'est le mal moral, et la guerre est la concentration de tous les crimes humains. Elle fait de l'homme une bête de proie. N'allait-on pas voir, en effet, la

---

Point d'argent dans les caisses publiques des environs. Point d'argent dans les caisses des corps. DE FAILLY.

Intendant général à Blondeau, directeur administration guerre. — Paris.

Metz, le 20 juillet 1870, 9 h. 50 m. matin.

Il n'y a à Metz ni sucre, ni café, ni riz, ni eau-de-vie, ni sel, peu de lard et de biscuit. Envoyez d'urgence au moins un million de rations sur Thionville.

Général Ducrot à Guerre. — Paris.

Strasbourg, le 20 juillet 1870, 8 h. 30 m. soir.

Demain il y aura à peine 50 hommes pour garder la place de Neuf-Brisach ; et Fort-Mortier, Schlestadt, la Petite-Pierre et Lichtenberg sont également dégarnis. C'est la conséquence des ordres que nous exécutons. Il serait facile de trouver des ressources dans la garde nationale mobile, et dans la garde nationale sédentaire, mais je ne me crois pas autorisé à rien faire puisque Votre Excellence ne m'a donné aucun pouvoir. Il paraît positif que les Prussiens sont déjà maîtres de tous les défilés de la Forêt-Noire.

Général commandant 2e corps à Guerre. — Paris.

Saint-Avold, le 21 juillet 1870, 8 h. 35 m. matin.

Le dépôt envoie énormes paquets de cartes inutiles pour le moment ; n'avons pas une carte de la frontière de France ; serait préférable d'envoyer en plus grand nombre ce qui serait utile et dont nous manquons complétement.

Général Michel à Guerre. — Paris.

Belfort, le 21 juillet 1870, 7 h. 30 m. matin.

Suis arrivé à Belfort ; pas trouvé ma brigade ; pas trouvé général de division. Que dois-je faire? Sais pas où sont mes régiments.

Guerre à général de Failly. — Bitche.

Paris, le 21 juillet 1870, 4 h. 50 m. soir.

Argent est à Strasbourg et une voie ferrée vous réunit à cette place. Pas de revolvers dans les arsenaux ; on a donné 60 francs aux officiers pour en faire venir par le commerce. Il faut attendre l'empereur et vous prêter aux circonstances.

Général et commandant 4e corps au major général. — Paris.

Thionville, le 24 juillet 1870, 9 h. 12 m. matin.

Le 4e corps n'a encore ni cantines, ni ambulances, ni voitures d'équipages pour les corps et les états-majors. Toul est complétement dégarni.

Intendant 3e corps à Guerre. — Paris.

Metz, le 24 juillet 1870, 7 h. soir.

Le 3e corps quitte Metz demain. Je n'ai ni infirmiers, ni ouvriers d'administration, ni caissons d'ambulance, ni fours de campagne, ni train, ni instruments de pesage, et, à la 4e division et à la division de cavalerie, je n'ai pas même un fonctionnaire. Je prie Votre Excellence de me tirer de l'embarras où je suis, le grand quartier général ne pouvant me venir en aide, bien qu'il y ait plus de dix fonctionnaires.

Sous-intendant à Guerre, 6e direction, bureau des subsistances. Paris.

Mézières, le 23 juillet 1870, 9 h. 20 m. matin.

Il n'existe aujourd'hui dans les places de Mézières et de Sedan ni biscuit ni salaisons.

Major général à Guerre. — Paris.

Metz, le 27 juillet 1870, 1 h. 12 m. soir.

Les détachements qui rejoignent l'armée continuent à arriver sans cartouches et sans campement.

Maréchal Canrobert à Guerre. — Paris.

Camp Châlons, le 4 août 1870, 8 h. 15. matin.

Dans les vingt batteries du 6e corps d'armée, il n'y a en ce moment qu'un seul vétérinaire. Prière de combler cette lacune.

terreur dans les esprits engendrer bientôt la barbarie dans les actes? Ne vit-on pas un député du centre gauche menacé de mort dans sa province, parce qu'il avait discuté, bien modérément, les dernières actions de l'empire? Ne vit-on pas, hélas! pis et plus horrible que cela : à Hautefaye, dans la Dordogne, un malheureux jeune homme, M. de Moneys, brûlé vif, parce que des paysans, foule hideuse, l'accusaient d'avoir crié : *A bas l'empereur!* C'était en août, en plein soleil, en plein jour de foire, de *frairie*, devant des milliers de gens. On assomma cet homme, on le tua à demi à coups de pieds, à coups de pierres, à coup de bâtons, puis on le porta sur un tas de fagots et l'on y mit le feu. Des paysans sautaient autour du bûcher en criant : *Vive l'empereur!* Il y en eut un qui alluma sa cigarette à des tisons pris sur le corps de M. de Moneys : un autre le montrait du doigt en disant : « Voyez, comme cela grille bien ». Le nommé Besse, voyant flamber la graisse qui coulait le long du corps, n'exprimait qu'un regret, c'est que toute cette graisse fût perdue.

Jamais, je crois, un tel forfait ne se vit en France. L'horreur du meurtre de Fualdès était dépassée. Le crime d'Hautefaye était d'ailleurs un crime en quelque sorte tout politique et qui montrait toute l'étendue de la plaie, de la gangrène sociale. Il était né de la fièvre communiquée à la France par la guerre et de la brutalité inoculée par l'empire. Ces paysans, en brûlant un homme au nom de l'empereur, condamnaient irréparablement le régime césarien. En quel pays un accusé, convaincu d'avoir martyrisé son semblable, se fût imaginé qu'on le *décorerait* pour ce forfait ? C'était cependant ce que croyait un des bourreaux de M. de Moneys. Il fallait les mœurs impériales pour faire entrer un si farouche espoir dans une cervelle humaine, fût-ce la cervelle épaisse d'une brute. Et ce n'est pas seulement sur un point de notre France qu'un assassinat aussi incroyable pouvait se produire, mais presque partout apparaissaient les symptômes de jacquerie bonapartiste, et cela sans que l'autorité prît des mesures pour prévenir de telles scènes, dignes des chauffeurs et des cannibales. Les paysans criaient *au traître* et *au républicain* comme on crie *au loup*. Signe du temps. Ce crime, dont la place est marquée à côté des pages les plus douloureuses de 1870 et 1871, ce crime, qui les complète et les explique, nous apprenait à détester encore davantage la force, le crime, la brutalité, l'ignorance et la noire sottise.

Il épouvanta, même à l'heure où la patrie était envahie, par ce qu'il découvrait de décomposition et de furie au fond de la nation. S'il ne fit point pousser un plus grand cri d'horreur, c'est que la nation ne regardait que le théâtre de la guerre et n'épiait que le bruit du canon.

Nos troupes avaient été divisées en huit corps d'armée :

1er corps : maréchal Mac-Mahon;
2e — général Frossard;
3e — maréchal Bazaine;
4e — général de Ladmirault (à Thionville);
5e — général de Failly (à Bitche);
6e — maréchal Canrobert (à Châlons);
7e — général Félix Douay (à Belfort);
8e — (garde impériale) général Bourbaki.

Le maréchal Mac-Mahon était à Strasbourg avec l'armée d'Afrique, Frossard à Saint-Avold avec l'armée venant du camp de Châlons; Bazaine à Metz avec l'armée de Lyon; de Failly à Bitche et Canrobert à Châlons formait le 6e corps, tandis que Félix Douay organisait le 7e à Belfort. La garde impériale (8e corps) était tantôt à Metz, tantôt à Boulay.

Encore une fois, le total de ces huit corps d'armée, fort incomplets, n'était pas comparable au chiffre redoutable de l'armée allemande.

La Confédération du Nord seule mettait sur pied 380 bataillons d'infanterie, 300 escadrons de cavalerie, 200 batteries d'artillerie (1,200 pièces), 13 bataillons du génie, 13 bataillons du train, en tout 550,000 hommes, plus la réserve (180,000 hommes à peu près), sans compter les 200,000 hommes de la landwehr.

L'armée bavaroise fournissait 110,000 soldats, l'armée wurtembergeoise 36,700, l'armée badoise 36,600. Ces forces considérables furent tout d'abord groupées en trois armées : la première, sous le commandement du vieux général Steinmetz; la seconde, sous le commandement du prince Frédéric-Charles; la troisième avait pour chef le Prince royal de Prusse.

Une autre armée, destinée à protéger les côtes (car notre flotte s'armait à Cherbourg pour opérer, disait-on, dans la Baltique) et commandée par le duc de Mecklembourg-Schwerin, comprenait les corps de Falkenstein, Lowenfeld, Bonin et Herwarth de Bittenfeld. Elle devait bientôt, comme les autres, entrer en France.

On trouvera, aux documents complémentaires, le tableau des divisions des deux armées, tel qu'on peut l'établir d'après les documents certains (1). Nous ne tracerons pas ici les portraits des divers généraux qui commandaient nos troupes. Nous aurons l'occasion de les retrouver, l'un après l'autre, dans le cours de cette histoire. Disons cependant que la patrie avait foi, une foi aveugle, dans quelques-uns. On aimait ce soldat d'Afrique, Mac-Mahon, qui, après être monté sur la tour croulante de Malakoff, avait, à Magenta, sauvé

(1) Entre autres d'après le *Journal d'un officier de l'armée du Rhin*.

Les paysans lorrains fuyant devant l'ennemi, après la bataille de Forbach.

l'armée. On oubliait les aventures du Mexique pour ne voir dans Bazaine que le simple soldat du 37e régiment de ligne, devenu maréchal par son intrépidité personnelle. On croyait aux talents de ce maréchal Le Bœuf, qui, à Solferino, foudroyait les réserves autrichiennes du feu de son artillerie. On faisait crédit au général Frossard de toute action d'éclat : cet officier, après avoir accompagné à Moscou, lors du couronnement de l'empereur Alexandre, Morny et Le Bœuf, avait été fait précepteur du prince impérial. A ce titre, sans doute, on lui donnait le commandement d'un corps d'armée; non-seulement on le lui donnait, mais on le lui offrait (1). Il devait, paraît-il, gagner le bâton de maréchal à la première bataille. Cette bataille, hélas! fut Forbach. Le commandant du 5e corps, M. de Failly, était surtout célèbre pour avoir dit, après la boucherie de Mentana, que *les chassepots avaient fait merveille*. Chose étrange, ce soldat, aux environs de Baite, en Italie, pendant la bataille de Solferino, avait tenu tête, avec une brigade française, à trois brigades autrichiennes. Il fut superbe ce jour-là. Depuis, il a perdu son renom, et il a plus que personne laissé sur nous s'abattre la défaite.

Les adversaires de ces généraux, dont quelques-uns, déjà troublés avant la bataille, éperdus, stupéfiants d'ignorance, marchant au combat avec un train encombrant d'équipages, voitures, trousses de voyages, paniers de vin, etc., tels que les généraux du temps de Louis XV; leurs adversaires étaient ces mathématiciens rudes, ces calculateurs implacables, ces patients et brusques guerriers, le baron de Moltke, stratégiste froid, coup d'œil de géomètre, penseur plutôt que soldat; le prince Frédéric-Charles, une sorte de Blücher farouche, soudard furieux; le vieux Steinmetz, le vainqueur de Nachod et de Skalitz, le combattant de Waterloo; Manteuffel, qui, en 1865, avait, passant l'Eider et l'Elbe, commencé la campagne contre le Hanovre, allié de l'Autriche; Werder, âpre et sinistre, le futur bombardeur de Strasbourg, tous, forts de leur haine et de leur jalousie, forts surtout de l'organisation militaire qui permettait de lancer les corps d'armée comme à la vapeur, d'amener des combattants en wagon sur le champ de bataille et par le même train, de transporter les blessés du champ de bataille à l'hôpital. Ils étaient forts, l'ai-je dit? de notre faiblesse. Ils étaient la patience, l'aplomb, le nombre contre la fièvre, l'anxiété et le désarroi. Ceux qui savent que la victoire est surtout préparée par les intendants, et ces ingénieurs du champ de carnage qui s'appellent les officiers d'état-major, ceux-là se sentaient saisis d'une patriotique angoisse en mesurant, non pas le courage, — la France comme toujours allait avoir ses héros, — mais l'organisation, le mécanisme des deux armées.

Tout d'abord, pourtant, la fortune semble nous sourire.

Le 26 juillet, la campagne s'ouvrit par l'escarmouche de Niederbronn. Un officier d'état-major wurtembergeois, le comte von Zoppelin, suivi de trois officiers de dragons badois et de quelques cavaliers, s'étant avancés jusqu'au delà de Soultz, par Lauterbourg, furent surpris par un gros de chasseurs français et tués ou faits prisonniers, à l'exception de M. de Zoppelin qui nous échappait, emportant des renseignements sur les positions de nos troupes. Quelques jours après, les avant-postes français établis entre Forbach et Sarrebrück se rapprochaient de cette dernière ville et le 2 au matin, après un mouvement de concentration commencé la veille, la frontière allemande était franchie et nos soldats renversaient le poteau rayé noir et blanc qu'ils rencontraient devant le bâtiment de la douane.

Sarrebrück était occupée par un bataillon du 40e régiment d'infanterie prussienne et trois escadrons de cavalerie, avec quelques pièces d'artillerie. Un écrivain belge, dans un livre rédigé au point de vue purement prussien, M. Leconte (1), nous apprend que, lorsque les avant-postes se rapprochèrent, les Allemands « envoyèrent deux bataillons pour renforcer celui qui se trouvait à Sarrebrück et deux lieues en arrière d'autres troupes furent rassemblées pour protéger la retraite du petit corps. » Les Prussiens, certains d'être attaqués, s'étaient rangés en bataille, sur la rive droite de la Sarre pendant que nous prenions position sur les hauteurs de la rive gauche qui dominent la ville et la rivière. Nos batteries balayèrent le vallon et, pour la première fois, les mitrailleuses, sur lesquelles Napoléon fondait toutes les espérances de la campagne, firent entendre leur terrible craquement. A onze heures, les bataillons français descendaient des hauteurs et ouvraient sur la ville un feu violent auquel répondaient les Prussiens, embusqués dans les maisons et la gare Saint-Jean, et invisibles derrière leurs abris de pierres. Pendant ce temps, un bataillon du 40e s'établissait au village d'Arneval qu'il enlevait, et le 66e couronnait les hauteurs et s'emparait du champ de manœuvres. Les Prussiens, débordés par le nombre, battaient en retraite sous le feu de notre artillerie, et nous envoyaient une dernière décharge de fusées percutantes. Ils avaient fait bonne contenance et nos officiers louaient leur solidité et parlaient avec une certaine admiration d'un colonel prussien, qui,

---

(1) Voyez aux *Documents complémentaires*.

(1) Consulter, sur les forces des Allemands dans les combats qui vont suivre, le livre de M. O. Leconte, rédigé, on s'en aperçoit bien vite, d'après les documents de source prussienne et imprimé à Bruxelles : *la Guerre franco-allemande*.

monté sur un cheval blanc, avait, chassé par nos mitrailleuses, battu en retraite au petit pas. Ce petit combat n'avait d'ailleurs d'autre importance que de redonner, comme on dit, du cœur au soldat, qui s'ennuyait, inactif, dans les camps de la frontière, et de faire prendre haleine à l'opinion impatiente.

Il avait, en outre, un véritable avantage stratégique; il nous livrait des hauteurs qui pouvaient former, dans le cas d'un prochain combat, des positions superbes et entre autres ce champ de manœuvres qui dominait et d'où l'artillerie pouvait commander la ville et l'horizon boisé de Sarrebrück.

Le général Bataille s'était distingué dans cet engagement et nous n'avions eu que peu de pertes, 67 blessés et 6 tués, dont un officier, tout jeune, un sous-lieutenant, mort à son premier combat, tenant encore son épée de sa main qu'il avait gantée de blanc, comme pour un bal.

L'affaire de Sarrebrück était un petit avantage, l'empereur qui désirait jeter rapidement à l'anxiété publique la nouvelle d'une victoire, grossit l'effet de celle-ci, jusqu'à ridiculiser notre brave armée, habituée qu'elle était de vaincre en de vrais combats.

« Metz, 2 août, 4 h. 30 soir. »

« Aujourd'hui, 2 août, à onze heures du matin, les troupes françaises ont eu un sérieux engagement avec les troupes prussiennes.

« Notre armée a pris l'offensive, franchi la frontière et envahi le territoire de la Prusse.

« Malgré la force de la position ennemie, quelques-uns de nos bataillons ont suffi pour enlever les hauteurs qui dominent Sarrebrück, et notre artillerie n'a pas tardé à chasser l'ennemi de la ville.

« L'élan de nos troupes a été si grand que nos pertes ont été légères.

« L'engagement, commencé à onze heures, était terminé à une heure.

« L'empereur assistait aux opérations, et le prince impérial, qui l'accompagnait partout, a reçu, sur le premier champ de bataille de la campagne, le baptême du feu.

« Sa présence d'esprit, son sang-froid dans le danger ont été dignes du nom qu'il porte. L'empereur est rentré à Metz à quatre heures. »

Cela est triste, cela est navrant à dire, mais la dépêche prussienne était la seule vraie, et ramenait à sa réalité le rapport du général Frossard et le dithyrambe de l'empereur.

« Berlin, 3 août. »

« *Nouvelles officielles.* —Hier, à dix heures du matin, le petit détachement qui se trouvait à Sarrebrück a été attaqué par trois divisions ennemies. La ville et la place ont été bombardées à midi par 23 pièces d'artillerie; à deux heures, la ville a été évacuée et le détachement s'est retiré. Nos pertes sont relativement peu considérables. Suivant le dire d'un prisonnier, l'empereur était arrivé devant Sarrebrück à onze heures. »

Les dépêches françaises n'étaient faites d'ailleurs que pour surexciter la fibre dynastique des Français. La présence du prince impérial à cet engagement était habilement exploitée et, dès le premier jour, le but césarien de la campagne se montre clairement. M. Meissonier était déjà arrivé à Metz pour peindre le tableau de ce premier combat. Il y a un mot, dans la langue du journalisme, pour exprimer le genre de commerce auquel se livraient l'empereur et les amis de l'empire, et ce mot est le mot *réclame*. Comment désigner autrement la publication de cette dépêche intime qui fut faite le lendemain par *le Gaulois?*

Dépêche particulière adressée à l'impératrice.

« Louis vient de recevoir le baptême du feu; il a été admirable de sang-froid, et n'a nullement été impressionné.

« Une division du général Frossard a pris les hauteurs qui dominent la rive gauche de Sarrebrück.

« Les Prussiens ont fait une courte résistance.

« Nous étions en première ligne, mais les balles et les boulets tombaient à nos pieds.

« Louis a conservé une balle qui est tombée tout auprès de lui.

« Il y a des soldats qui pleuraient en le voyant si calme.

« Nous n'avons eu qu'un officier tué et dix hommes blessés.

« NAPOLÉON. »

Mais, cette fois, les courtisans frappaient trop fort et, par conséquent, frappaient à faux. Cette mise en scène déplut. La France, malgré sa fièvre, sentait vaguement qu'il s'agissait, non de l'attitude de cet enfant devant les mitrailleuses, mais du sort même de la patrie. Ces soldats, pleurant d'émotion, choquèrent instinctivement comme une note criarde. On se dit que cet enfant était à plaindre, non à admirer, s'il gardait assez de sang-froid, à cet âge où la pitié et la faiblesse sont un charme et une vertu, pour voir couler le sang et mourir des hommes sans en être impressionné.

Paternelles exagérations auxquelles allait bientôt répondre le sort par l'écho du canon de Wissembourg et des fusillades de Forbach.

La division Abel Douay, composée du 1er tirailleurs indigènes (turcos), du 74e de ligne, d'un bataillon du 50e et de deux régiments de chasseurs à cheval, était arrivée, le 3 août, au soir, à Wissembourg, où elle avait campé, sur un terrain boueux, autour de grands feux, où les soldats séchaient leurs uniformes percés par la pluie. Wissembourg, dont les fameuses *lignes* de fortifications rappellent à la mémoire l'héroïsme de Hoche et des soldats de la République, n'est point une ville forte, ou du moins ses fortifications ne sont plus entretenues. Mac-Mahon commettait une faute en envoyant là la division Abel Douay qui, seule, dans cette situation extrême, placée en flèche, ne pouvait être secourue si elle était attaquée. Le maréchal voulait, il est vrai, masquer le mouvement qu'il comptait entreprendre. Comme on lui signalait une formidable concentration de troupes ennemies dans le Palatinat, il voulait se rapprocher de Bitche où se trouvait le 5° corps (général de Failly). Et c'était sans doute pour couvrir cette marche, qu'il avait

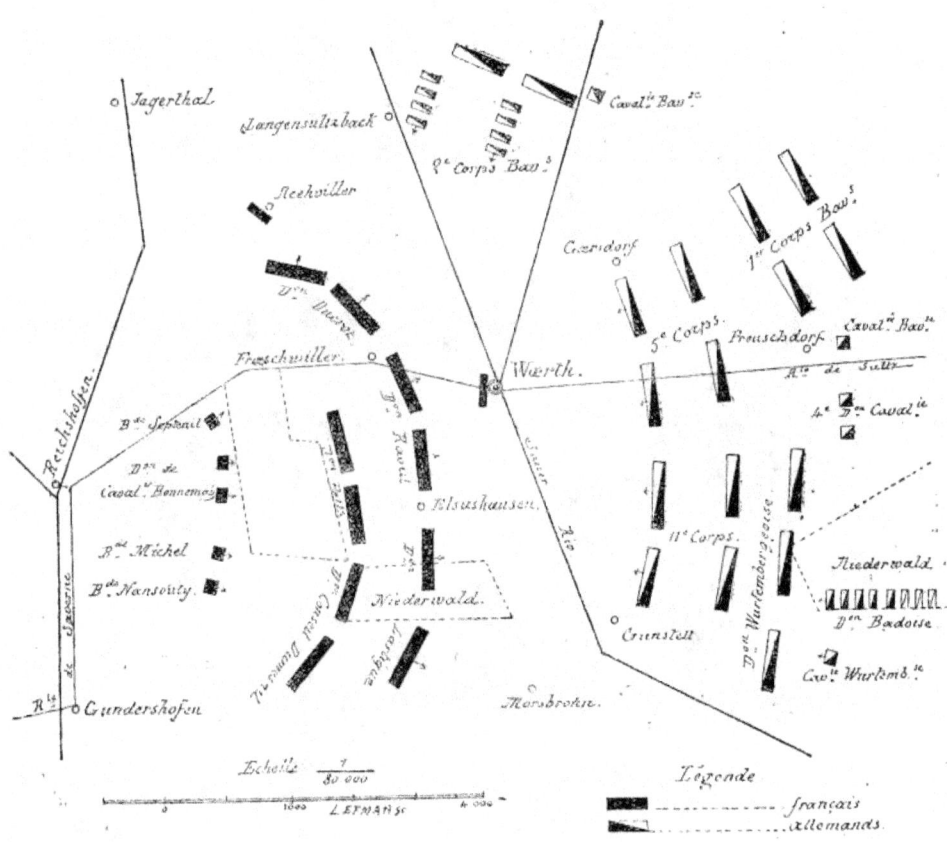

Plan de la bataille de Wœrth (Reischoffen).

détaché en grand'garde la division Abel Douay. Une sorte de fatalité devait s'attacher à ce nom de Douay. Dès le début de la guerre, le bruit de la mort du général Félix Douay avait couru. Le bruit mensonger ne devait être démenti bientôt que pour donner place à cette nouvelle plus vraie, hélas ! de la mort du frère, Abel Douay.

La division Abel Douay était partie le 2 de Haguenau. Le 4 au matin, elle occupait le Geissberg, hauteur sud-est de Wissembourg, et dominait la ville, en ayant devant elle la Lauter, à gauche la route de Wissembourg à Landau et les bois de Bergzabern, à droite le Bienwald, la forêt profonde qui étend son ombre jusqu'au Rhin. Au point du jour, le 4, ordre fut donné aux soldats de plier les tentes et d'aller en reconnaissance au delà des lignes. L'artillerie était en position, la cavalerie passa la Lauter et descendit le vallon.

On ne poussa pas très-loin cette reconnaissance et, au bout d'une heure, on rentra au camp. Sans nul doute, l'ennemi n'attaquerait point ce jour-là. « Les uns, raconte un témoin et un acteur de cette

Mal Canrobert

fatale journée, M. Albert Duruy, soldat au 1er tirailleurs (1), commencèrent d'allumer du feu, les autres d'apprêter la soupe. Nous ne perdions pas de temps, car on nous avait prévenus que nous ne tarderions pas à nous mettre en route, et nous n'avions rien mangé depuis la veille à midi. Soudain un coup de canon retentit, puis deux, puis trois. Nous nous retournons : de ces mêmes hauteurs que nos régiments de chasseurs avaient négligé de reconnaître, une forte batterie de position tirait sur Wissembourg. Que faire ? Attendre les Prussiens. Dans ce cas, Wissembourg était perdu. Les attaquer, c'est-à-dire abandonner nos positions, traverser la rivière et la vallée sous le feu de l'ennemi ? Nous étions bien peu nombreux, pour tenter une pareille aventure. »

Nos forces s'élevaient en effet à 8,000 hommes d'infanterie et une brigade de cavalerie, soit 9,000 hommes. Nous avions devant nous l'armée du Prince royal tout entière. Cette armée, forte de 183,000 hommes, ne devait pas être engagée dans sa totalité, mais la division Douay n'allait pas moins se battre *un contre huit*.

(1) Voyez ses *Souvenirs de Campagne et de captivité* (*Revue des Deux Mondes*, numéro du 1er juin 1871).

Le 3 août, l'armée du Prince royal occupait les positions suivantes : le 5ᵉ corps (32,000 hommes) était à Billighem; le 11ᵉ (32,000 hommes) à Rohrbach; le 1ᵉʳ corps bavarois (38,000 hommes) à Rulzheim; le 2ᵉ (32,000 hommes) à Bergzabern, formant avant-garde de l'armée, et à Landau, les Bavarois et Wurtembergeois (42,000 hommes) étaient à Rheinzabern, les deux divisions de cavalerie (7,200 hommes) étaient à Mœrlheim. Dès l'aurore, le 4 août, ces troupes avaient commencé leur mouvement en avant, le 5ᵉ corps arrivait droit sur Wissembourg, comme pour attaquer de front le Geisberg, où nous étions établis; tandis que la division bavaroise de Von Bothmer se divisant, devait, d'un côté, attaquer la ville, de l'autre, tourner le Geisberg en se cachant dans les bois. A neuf heures du matin, le mouvement des Allemands était terminé, et leurs premiers coups de canon partaient des hauteurs de Schweigen.

Le général Douay, il faut lui rendre cette justice, improvisa, sous le feu de l'ennemi, un plan rapide de bataille. Il lança son artillerie sur la route de Wissembourg et la mit en position sur l'autre rive de la Lauter, tandis qu'il disposait ses troupes en tirailleurs, sur un front de 2 kilomètres, de façon à ce que les projectiles de l'artillerie allemande ne nous fissent essuyer que des pertes insensibles. Nos soldats s'étaient élancés au pas de course sous les obus ennemis, et passant la Lauter, s'étaient avancés, sans brûler une cartouche, jusqu'au pied des hauteurs où se tenaient tapis les Allemands.

« On nous arrête un instant pour reformer les lignes. C'est comme un signal pour l'ennemi resté jusque-là invisible : une horrible fusillade éclate à la fois sur tout notre front de bataille. Les vignes sont littéralement couvertes de tirailleurs embusqués là depuis le matin, peut-être depuis la veille. Ils tirent à genoux, cachés dans les feuilles, et, si je ne me trompe abrités derrière de petits monticules de terre qu'ils ont eu le temps d'amasser..... Ils ont, par leur position, un très-grand avantage sur nous, qui restons sur la route en plein découvert, sans rien pour nous défiler que des arbres gros comme le bras et de rares tas de pierres (1). »

Le combat continua cependant acharné, et cet ennemi huit fois supérieur en nombre, ne faisait point reculer cette division qu'il labourait de ses obus, mais bientôt le général Douay est tué, au moment où le 7ᵉ régiment des grenadiers du roi de Prusse emporte le château de Schafenbourg; Wissembourg, admirablement défendu par notre 74ᵉ de ligne, est enlevé, les troupes du 11ᵉ corps prussien apparaissent déjà sur la droite: il faut battre en retraite. Le général Pellé, qui commandait la brigade des turcos, prit alors, Abel Douay étant mort, le commandement en chef. Il fit mettre les drapeaux des régiments au centre de la division décimée et, en bon ordre, ces braves, écrasés mais non vaincus, prirent sans déroute, prêts à combattre encore, la route de Soultz tandis que l'artillerie protégeait la retraite et ne laissait qu'un seul canon aux mains de l'ennemi.

Les Allemands, envoyant seulement quelques *schrapnells* (obus à balles) à nos soldats, ne poursuivirent point le général Pellé, qui, assombri, pâle et maigre, sur son cheval de bataille, se retirait avec ses braves. Mais les alliés allemands passaient la Lauter et s'installaient à Wissembourg; c'en était fait. Sarrebrück avait son lendemain. La *campagne du Rhin* devenait brusquement la *campagne de France*, et cette guerre de 1870 prenait soudain un nom sinistre, terrible déjà, connu par tant de maux, déjà amené par un Bonaparte : *l'invasion !*

Pour vaincre les 9,000 hommes de la division Abel Douay, l'ennemi avait engagé, nous dit le rédacteur du *Spectateur militaire* (1) :

Le 5ᵉ corps..............	32,000 hommes.
Le 11ᵉ corps..............	32,000
La division bavaroise (Von Bothmer)...............	16,000
En tout............	80,000 hommes.

En ne comptant que les troupes ayant absolument combattu, la division Douay lutta contre 40,000 hommes, 1 contre 5. S'il est des défaites plus glorieuses que des victoires, la bataille de Wissembourg, on peut le dire, fut de celles-là ! Le général Douay eut le tort, sachant le nombre de l'ennemi, d'engager le combat. Dès le 4, au matin, il pouvait se replier sur le gros du corps d'armée. Mais, au moins, le général Douay sut-il mourir. Son nom restera populaire. A l'endroit où il est tombé, les habitants de Wissembourg portaient naguère, au jour anniversaire de la bataille, des monceaux de fleurs nouées de rubans aux trois couleurs françaises.

Le combat victorieux de Wissembourg, que les dépêches prussiennes appelaient elles-mêmes *un sanglant avantage* (les pertes de l'ennemi, surtout en officiers, étaient graves), ce combat livrait aux Allemands l'entrée de l'Alsace. Les lignes étaient franchies. Pour se rendre à Strasbourg et à Metz, nos ennemis avaient maintenant des routes tracées. Deux jours après cette triste journée, Mac-Mahon essayait, il est vrai, de leur disputer le passage; mais, cette fois encore, nos troupes devaient succomber sous le nombre.

(1) *Souvenirs de campagne*, par A. Duruy.

(1) Nous aurons l'occasion de citer plus d'une fois cet excellent recueil (Voy. 3ᵉ série, vol. 23. — 46ᵉ année).

C'est à Wœrth qu'eut lieu la rencontre nouvelle, et les Français ont donné, sans raison, le nom de bataille de Reischoffen à cette journée qui devrait s'appeler pour nous Frœschwiller. C'est à Frœschwiller, en effet, que la résistance de nos soldats fut la plus acharnée et la plus terrible.

Mac-Mahon s'était porté, le 4 août, à Haguenau. Napoléon venait de mettre à sa disposition le corps du général de Failly (5ᵉ corps), et si M. de Failly eût fait diligence dans la journée du 6 août, le maréchal eût peut-être pu disputer la victoire à l'ennemi. Mac-Mahon voulait, le 7 août, se porter brusquement avec le 5ᵉ corps, qui l'eût rallié, sur le flanc droit des Prussiens, et il ne s'attendait pas à être attaqué le 6. Ce jour-là, 6 août, le général de Failly ne recevait, à Bitche, les ordres du maréchal qu'à deux heures de l'après-midi. Mac-Mahon disait dans sa lettre : « *En résumé, envoyez le plus tôt possible une division à Philipsbourg, et tenez les autres prêtes à marcher* (1). » Malheureusement à l'heure où le général recevait cet ordre, l'action, engagée vers sept heures du matin, était déjà compromise; pis que cela, perdue.

Le maréchal avait pris position entre Langensulzbach au nord, et Morsbronn au sud, dominant un terrain accidenté, raviné, boisé, coupé de houblonnières où il comptait se défendre avec avantage. La 1ʳᵉ division (Ducrot) était à Frœschwiller, la 3ᵉ (général Raoult), entre Frœschwiller et Elsashausen, la 4ᵉ (général Lartigue), en face le plateau de Gunstett, sa droite à Morsbronn. Une division du 7ᵉ corps, mis comme le 5ᵉ à la disposition de Mac-Mahon et qui était arrivée dès le matin, fut placée en seconde ligne avec la division Douay, devenue division Pellé, et qui avait combattu deux jours auparavant à Wissembourg. Que si le maréchal Mac-Mahon avait eu les deux corps qu'on destinait à renforcer le sien, ses forces se fussent élevées à 100,000 hommes et il eût pu combattre avec quelque proportion, mais le 1ᵉʳ corps, diminué du 87ᵉ de ligne, laissé à Haguenau, et des pertes subies le 4 août, ne s'élevait qu'à 37,500 hommes. Avec les 2,600 cavaliers de réserve et les 6,000 hommes de la 1ʳᵉ division du 7ᵉ corps, Mac-Mahon pouvait opposer 46,000 hommes environ, et moins sans doute aux 183,000 hommes du Prince royal, dont 160,000 hommes étaient rendus sur le champ de bataille, soit un contre quatre à peu près. Mac-Mahon fut brusquement attaqué, le matin, à sa gauche, par la division du 2ᵉ corps bavarois. Ce fut la division Ducrot qui reçut le premier feu. Presque en même temps, le 5ᵉ corps prussien attaquait la division Raoult, placée au centre. Les Prussiens voulaient évidemment, tout en essayant d'enfoncer le centre, tourner notre gauche et dès le début de l'action, leur attaque se dessina avec une vigueur singulière. Le général Ducrot, par un brusque changement de front, arrêta les mouvements de l'ennemi et le repoussa même jusque vers Langensulzbach. Par trois fois, du côté de Wœrth, le 5ᵉ corps prussien, lancé à l'attaque, était repoussé par nos soldats. Quelle que fût la disproportion du nombre, nous pouvions espérer que la journée serait à nous. Que si le général de Failly, entendant le canon, avait envoyé du côté de Bitche à Wœrth la division Guyot de Lespart qu'il détacha trop tard, Frœschwiller et Reischoffen n'eussent pas été une défaite. Mais il attendait des ordres précis et, tandis qu'on écrasait le 1ᵉʳ corps, ses soldats demeuraient l'arme au pied. La division Lapasset, partie trop tard, devait être arrêtée à Niederbronn et obligée de combattre.

Tandis que Mac-Mahon combattait sans renforts, les Prussiens, au contraire, en recevaient à toute heure par le chemin de fer. Des trains de combattants leur arrivaient sur le champ de bataille. Descendus de wagon, leurs soldats étaient aussitôt mis en ligne. Tout à coup, — il était une heure environ, — les masses profondes du 11ᵉ corps prussien apparaissent à notre droite, sur le Gunstett; la division wurtembergeoise est avec lui, et ces 43,000 hommes attaquent, d'une poussée formidable, notre droite écrasée par une pluie d'obus lancée avec une précision mathématique par une batterie de soixante canons.

Le maréchal Mac-Mahon sentit que la journée était perdue; et cependant, voulant résister jusqu'à la fin, espérant aussi dans cette audace du Français, dans cette intrépidité joyeuse des troupiers qui assurent parfois, au moment suprême, le sort de la bataille, il lança ses réserves en avant et le combat redoubla d'acharnement et de fureur. Les turcos, décimés à Wissembourg, s'élancèrent avec une âpre envie de vengeance. « Nous partimes en courant, dit le témoin que j'ai déjà cité, et la baïonnette au canon. Les tirailleurs (turcos) poussaient de grands cris et brandissaient leurs fusils au-dessus de leurs têtes. Nos officiers, animés par cette course furibonde, mêlaient leurs voix à cette clameur que le bruit du canon et le crépitement de la fusillade dominaient à peine. C'était admirable de fougue, d'élan désordonné; il y avait sur les visages de ces hommes des éclairs de férocité, et dans leurs yeux démesurément ouverts, des rayonnements d'un jaune sombre qui les rendaient atrocement beaux. Les Prussiens surpris par l'impétuosité de notre attaque, demeuraient hésitants malgré leur nombre. Vainement les officiers voulurent les pousser en avant; quand nous fûmes sur le point de les atteindre, ils s'enfuirent pour éviter notre choc, et ne s'arrêtèrent qu'après s'être mis à l'abri de leurs canons. Nous les suivions de près : trois fois nous

---

(1) *Opérations et marches du 5ᵉ corps jusqu'au 31 août* par le général de Failly (Bruxelles in-8).

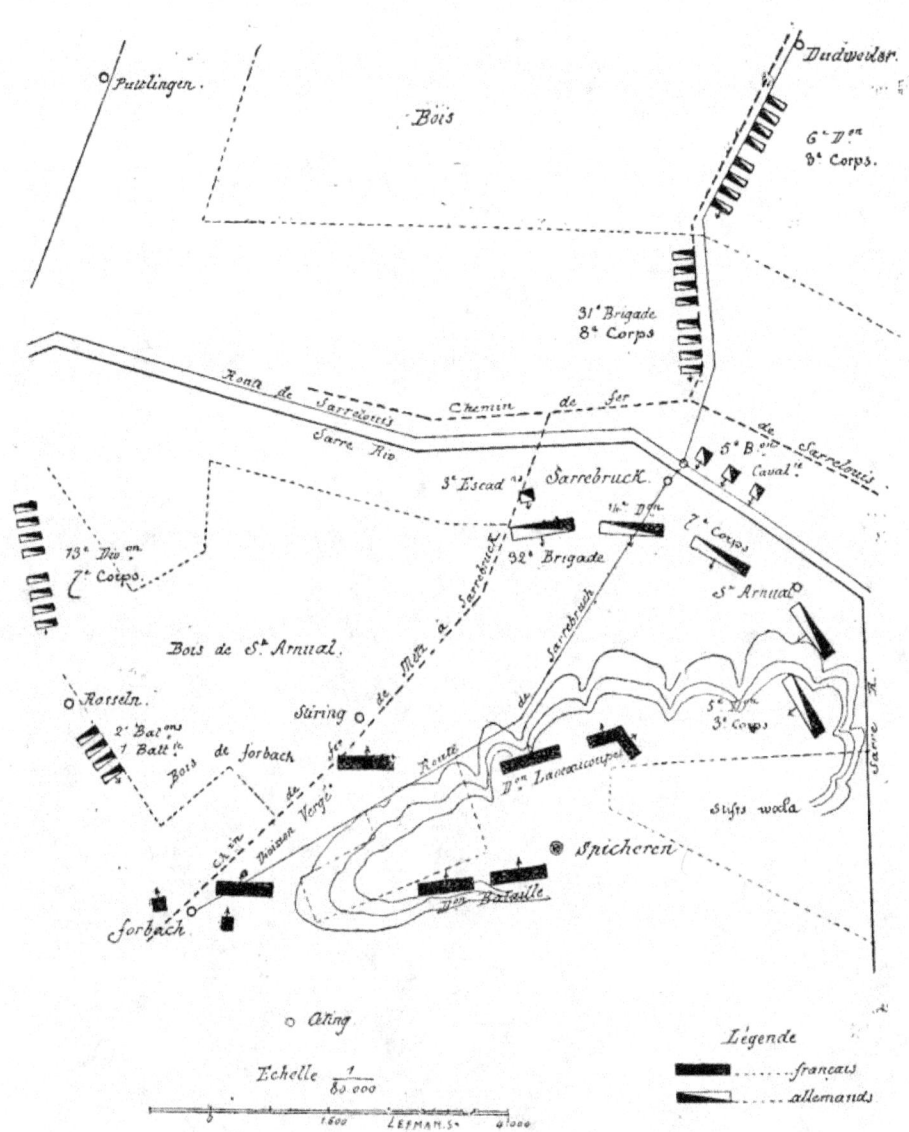

Plan de la bataille de Forbach.

nous ruâmes sur eux, trois fois nous fûmes ramenés en arrière par la mitraille et contraints de nous replier en laissant 800 des nôtres sur le carreau. »

Ce fut alors que, jugeant la bataille tout à fait perdue, voyant sa droite débordée, et ce flot humain, ce flot noir des Prussiens grossissant toujours, le maréchal Mac-Mahon donna l'ordre à la division de cuirassiers du général Bonnemain, à ces mêmes turcos qui venaient de combattre et au 3e zouaves, de couvrir la retraite, de contenir l'ennemi, de le forcer à reculer peut-être pour permettre à l'armée vaincue de traverser la Sauer et de battre en retraite.

L'histoire n'oubliera pas ces cuirassiers épiques, dignes fils des cuirassiers de la Moskowa qui, avec Caulaincourt, enlevaient la grande redoute et sabraient les Russes, fiers descendants de ces cuirassiers de Milhaud qui, à Waterloo, offraient leurs

Le champ de bataille de Wœrth (Reischoffen).

poitrines aux balles des *enfants rouges* de Wellington. C'était le 8ᵉ et le 9ᵉ cuirassiers, de ces hommes de fer, grands et forts, pareils à des géants sur leurs chevaux solides. Il leur fallait traverser le village de Morsbronn, descendre dans le vallon, se reformer et recharger encore. Dans le village, les Allemands embusqués tirent à bout portant sur la trombe humaine qui passe. Des officiers allemands brûlent des cervelles en étendant du haut des fenêtres leurs bras armés de revolvers qu'ils déchargent sans danger sur ces cavaliers emportés. Au delà de Morsbronn, les batteries ennemies couvrent le vallon d'une pluie de fer. Les cuirassiers ont à traverser des houblonnières où leurs sabres et leurs casques s'enchevêtrent, où les obus des Allemands les écrasent. Qu'importe! On les voit descendre sur cette terre qui frémit sous les pieds des chevaux. Ils s'engouffrent dans Morsbronn, ils atteignent le vallon, ils se reforment, ils chargent. Décimés, foudroyés, ils s'élancent encore et, tandis que l'armée s'éloigne, ils donnent, en se faisant tuer, le temps aux vaincus d'éviter la mort.

La légende, formée sur l'heure, de la charge des cuirassiers de Frœschwiller, est dépassée par la grandeur sublime de la réalité. Jamais l'attachement au devoir, le mépris de la mort, la rage de la défaite, l'amour frémissant du drapeau, n'engendrèrent sacrifice plus héroïque et plus digne d'effacer sous le rayonnement de son stoïcisme la douleur sans honte de la défaite.

Tout n'était pas fini d'ailleurs. La retraite avait encore ses drames terribles. « Quoique le signal de la retraite ait été donné, dit M. Émile Delmas (1), on se bat corps à corps dans Frœschwiller, dans les maisons, dans les jardins, derrière les clôtures, et beaucoup de soldats, cernés dans les villages, meurent les armes à la main ou se font jour en désespérés, à travers cette vague humaine dont les extrémités se rejoignent. »…. Un autre témoin de ces lugubres scènes, le commandant David, du 45ᵉ de ligne, tué plus tard à Sedan, et dont une main amie a recueilli les *ultima verba*, décrit ainsi l'affreux tableau que présentait alors cette armée si solide et si belle, huit jours auparavant, la vieille et légendaire armée d'Afrique : « Tous les corps confondus forment une cohue sans nom; l'ennemi a gagné du terrain, et ses projectiles, sifflant un grondement sinistre au milieu de cette foule, y creusent des sillons sanglants; le terrain que nous traversons est couvert de mourants et de blessés. Ceux-ci, les plus malheureux, nous supplièrent de ne pas les abandonner et de les emporter. Que faire ? »

« Du reste, ajoute M. Delmas dans son livre, la poursuite est ardente. Notre arrière-garde s'arrête par intervalles pour tenir tête à l'ennemi et laisser le temps à notre artillerie de gagner quelque avance, au génie de défoncer les routes derrière elle, au moyen de profondes tranchées. A quelque distance de Reischoffen, l'artillerie française épuise sa dernière charge, que le maréchal a fait soigneusement réserver; car, s'il faut en croire les témoins oculaires, dès quatre heures du soir, quand sonna la retraite, les munitions manquaient. »

Le général en chef, pris d'un moment de désespoir et de rage, voulut se jeter au-devant d'une balle, et c'est alors que ses soldats eux-mêmes le retinrent, tandis que son escorte lui disait : « Pourquoi vous faire tuer? Est-ce que nous refusons de mourir? » Les simples soldats, ces enfants du peuple, dont le sang venait de couler, lui criaient, dans un tutoiement sublime : « Eh bien! non, *tu n'iras pas! Tu viendras avec nous!* »

Pâle, les vêtements troués, ayant tout fait pour ne point survivre à la déroute, Mac-Mahon, roulé par la retraite, désignait alors aux soldats Saverne pour point de ralliement. Huit lieues à faire encore après une telle journée ! Cette armée en lambeaux semblait errer, dans la nuit qui venait, à travers les chemins, comme des larves terribles. Elle laissait derrière elle ses blessés, ses bagages, six mille prisonniers, trente-cinq canons, six mitrailleuses, deux drapeaux et quatre mille hommes hors de combat. Le général Colson, chef d'état-major du maréchal, était mort; le général Raoult, commandant la troisième subdivision, blessé grièvement, allait mourir. C'était plus qu'une défaite, c'était un désastre, l'anéantissement du corps le plus vigoureux de l'armée. Du moins, les soldats africains, les zouaves de Palestro, les tirailleurs de Turbigo, les fauves combattants du Mexique avaient fait sentir à l'ennemi la vigueur de leurs coups : on n'estime pas à moins de 16,000 hommes atteints par notre fer et notre feu le chiffre des pertes de l'armée allemande (les Prussiens en avouent 11,000 *environ*). Le prince royal de Prusse rendit lui-même hommage à cette armée qu'il venait de vaincre ou plutôt de broyer sous le nombre.

Ce fut une journée doublement fatale pour la France que cette journée du 6 août 1870, où, on peut le dire, notre frontière de l'est tout entière fut en feu. L'armée allemande, ébranlée à la fois et en marche sur tous les points, prenait partout l'offensive, et tandis que Mac-Mahon était vigoureusement attaqué à Frœschwiller, tandis que de Failly, hésitant, demeurait, de Bitche à Niederbronn et à Sarreguemines, attendant, inquiet, laissant partout le canon gronder, sans courir aux lieux des combats, le deuxième corps, celui de Frossard, était attaqué aussi entre Sarrebrück et

---

(1) *De Frœschwiller à Paris, notes prises sur les champs de bataille* (1 vol. in-18, chez Alphonse Lemerre).

Forbach, sans que Bazaine lui envoyât des forces suffisantes pour le dégager. « Qu'il gagne son bâton de maréchal tout seul », disait Bazaine en parlant de Frossard.

Nous ne voudrions point donner, dans cette histoire, trop de place aux suppositions, aux anecdotes, aux légendes, à ces menus propos dont on a tant abusé durant la campagne, dont les journaux, en vérité, ont abreuvé la France et l'ont fait, à la fin, douter de tout et d'elle-même. Mais, à coup sûr, on peut dire que, soit par rivalité, soit par incapacité, les chefs de corps qui eussent dû secourir les troupes engagées, ne firent point leur devoir. Encore une fois, la division du cinquième corps que le général de Failly envoya (trop tard), je le répète, à Mac-Mahon, était elle-même attaquée à hauteur de Niederbronn et arrivait sur le champ de bataille pour protéger à peine la retraite. Et la brigade Lapasset demeurait, quoi qu'en ait dit M. de Failly, inutile, à Sarreguemines, où elle n'appuya pas plus le deuxième corps engagé à Forbach, que ne l'appuya la division Montaudon, du corps de Bazaine, demeurée, elle aussi, à Sarreguemines, et qui ne se mit en route pour Forbach que lorsque, de ce côté, la journée était aussi perdue (1).

A cela, M. de Failly et M. Bazaine pourraient répondre qu'ils faisaient garder Sarreguemines parce que l'ennemi leur était signalé comme étant en force près de là, à Deux-Ponts, en Bavière; mais il n'en est pas moins vrai que, pendant la journée du 6, pendant Forbach et Reischoffen, la division Montaudon et la brigade Lapasset restèrent inactives à Sarreguemines. Forces perdues qui, utilisées, eussent peut-être rétabli l'équilibre. Ainsi, le manque de plan, l'indécision, l'ignorance des chefs supérieurs de notre armée apparaissaient clairement, et ceux qui assistaient de près à ces douloureux spectacles, en avaient le cœur serré. Deux hommes surtout furent coupables, en ces premières heures : l'empereur, dont la présence était paralysante ; le maréchal Le Bœuf, dont l'incapacité comme chef d'état-major général se montra tout à coup.

Le chef d'état-major, c'est l'âme de l'armée. Berthier, chef d'état-major, fut pour beaucoup dans les victoires de Napoléon Iᵉʳ. M. de Moltke est pour tout dans les victoires du roi de Prusse. Or, une lettre adressée récemment de Metz à la *Guienne* nous donne sur le plan et les lumières de ce chef d'état-major, M. Le Bœuf, des éclaircissements bien inattendus :

« La veille de l'affaire de Spickeren (Sarrebrück), M. Le Bœuf demanda à brûle-pourpoint à un Messin érudit, s'il connaissait bien la topographie de la Prusse et de la Bavière rhénane qui touchent à l'ancienne frontière française. Notre concitoyen répondit que M. A..., autre savant de Metz, la connaissait mieux encore.

« — Eh bien, faites-le venir, répondit le maréchal.
« M. A... vint en effet.

« — Je vais vous confier un grand secret, dit le maréchal avec solennité. Mais vous n'aurez à le garder sur votre tête que pendant deux ou trois jours. Passé ce temps, l'opération sera accomplie. Sachez donc que, dès demain, le corps Frossard va se porter sur Sarrebrück et Sarrelouis, et les enlever, que Mac-Mahon et de Failly vont, de leur côté, tomber sur Landau, et que la jonction des deux corps d'armée doit s'opérer dans l'espace intermédiaire entre Landau et Sarrelouis. Je voudrais savoir de vous s'il y a une voie militaire praticable entre les deux villes.

« M. A... ouvrait de grands yeux.

« — Monsieur le maréchal, dit-il, cette jonction me paraît absolument impossible dans les conditions où vous l'indiquez. Entre Landau et Sarrelouis règne un massif de montagnes, une petite Suisse, qu'une poignée d'hommes peut défendre contre la plus puissante armée.

« Le maréchal pâlit.

« — Mais il y a une route de fer dans cette direction, et même un canal ?

« — Oui, il y a un chemin ferré, en effet, mais qui passe sous neuf tunnels et que trois livres de poudre peuvent intercepter en trois heures. »

La promptitude qu'apportaient, dans l'exécution du plan de M. de Moltke, les chefs des armées allemandes, allait d'ailleurs réduire à néant le plan inexécutable de M. Le Bœuf.

Depuis l'affaire de Sarrebrück, l'armée prussienne, sous les ordres du prince Frédéric-Charles, s'était concentrée sur la rive droite de la Sarre, à l'ombre des bois épais qui couvrent ce pays sombre. Peut-être faut-il dépeindre encore la situation exacte de l'armée de Frossard. Elle occupait un plateau qui, dominant Sarrebrück, constituait une position fort avantageuse, mais à la condition que les bois voisins, qui entourent ce terrain découvert et où des milliers d'hommes peuvent trouver abri, fussent fouillés. Ce sont des bois épais, des bois de bouleaux, où l'ombre noire permet de se tapir et de se mouvoir. Les Prussiens s'y étaient établis, tendant d'arbre en arbre des fils de fer pour s'y diriger. La veille de la bataille, une sœur de charité nous dénonçait, à nous-même, la présence de l'ennemi dans ces bois, mais nul général n'y voulait croire ou prendre garde.

Dans la nuit du 5 au 6, Frossard avait abandonné le terrain de manœuvres conquis le 2 août (1). Le

---

(1) Ici celui qui écrit ces lignes était témoin oculaire.

(1) « Il se retira écrit l'auteur de la *Guerre franco-alle-*

matin du 6, une division de cavalerie prussienne sortit de Sarrebrück, se portant en avant; mais dès qu'elle apparut sur le champ de manœuvres, une fusillade l'accueillit, partant des hauteurs de Spickeren. C'est une hauteur presque abrupte et une position admirable; mais elle était déjà en quelque sorte tournée, l'ennemi garnissant les bois qui l'entourent. Dès neuf heures du matin, les 76e et 77e de ligne et le 3e chasseurs, combattant à la lisière de ces bois, étaient décimés et forcés de se replier. A midi et demi arrivait à Sarrebrück la 14e division prussienne, engageant le combat aussitôt, ou plutôt le reprenant avec une audace nouvelle. Encore une fois, et selon leur tactique ordinaire, les Prussiens essayent de nous tourner. Le général von Kameke envoie cinq bataillons sur notre gauche par Styring, et nous attaque de flanc. Les bataillons furent repoussés, et à trois heures le combat, éclatant dans toute son intensité, était meurtrier pour nous, mais encore soutenu. Le canon grondait, et nos ennemis hâtant leurs mouvements, marchaient au canon. Tour à tour la division Barnekow, le 40e régiment prussien, trois escadrons de hussards, la 5e division du général Stalpnagel, des batteries, de l'infanterie venant de Neunkirchen à Sarrebrück en chemin de fer, des renforts puissants arrivaient sur le champ de bataille et nous débordaient. Que de fois, durant toute la campagne, verrons-nous se reproduire les effets de cette tactique, et assisterons-nous à ces terribles répétitions de Waterloo, où toujours, avec une régularité écrasante, Blücher arrive à l'heure dite!

A quatre heures, nos troupes étaient repoussées vers Forbach, mais par une vigoureuse offensive, nous regagnions bientôt du terrain; nous reprenions Styring, que nous avions abandonné; nos troupes ne pouvant se maintenir sous la mitraille de l'artillerie prussienne, nous revenons vers la Brême-d'Or, et combattons encore sur la terre allemande. Mais les troupes ennemies nous débordent. Elles ont enlevé Spickeren, elles ont gravi sous notre feu les hauteurs d'Arneval, et, établissant là leurs batteries, elles envoient leurs obus dans nos régiments. Vainement nous essayons de tourner

mande, M. O. Leconte, après avoir *incendié cette petite ville ouverte* (Sarrebrück) *et sans garnison.* » Il y a là un absolu mensonge. Sarrebrück ne fut pas incendiée. C'est à peine si quelques obus, lancés sur les troupes, y tombèrent dans la journée du 2. C'est en arguant de cet *incendie de Sarrebrück*, qui n'a jamais eu lieu, que les Prussiens ont essayé de se justifier de tant d'autres incendies, qu'ils ont, hélas! trop véritablement commis, d'août 1870 à janvier 1871, depuis Bazeilles jusqu'à Saint-Cloud!

l'aile gauche allemande, vers Alslingen; l'artillerie ennemie, dont la précision étonne, ne nous permet pas de garder ce que nous arrachons (au prix de quels sacrifices!) aux Prussiens. Il faut reculer. Styring est perdu encore. Et tandis qu'on recule, les hauteurs boisées qui s'avancent vers Forbach sur une longueur de trois lieues, se couronnent de batteries prussiennes (1). L'ennemi est partout. On entend des hourrahs sortir des profondeurs, on aperçoit vaguement, dans le crépuscule de ce soir d'été, ses longues lignes noires et inquiétantes sur la lisière des bois. Les obus pleuvent sur le chemin de fer et sur Forbach, et les soldats battent en retraite, furieux, se demandant où est le général qui devait les commander, qui les a fait écraser et qui a disparu du champ de bataille avant la fin du combat.

La retraite fut, en effet, dirigée non par le général en chef Frossard, mais par le général Bataille.

Avec Frœschwiller, nous perdions l'Alsace, avec Forbach la Moselle, et cela en même temps, en un jour, presque en quelques heures.

Les vices effrayants de notre organisation militaire sautaient alors, comme on dit, aux yeux des moins clairvoyants. Nos troupes, dont le chassepot était excellent, tiraient trop vite, usaient rapidement leurs cartouches, tandis que les Allemands les économisaient pour viser à coup sûr. Notre artillerie était inférieure, notre intendance était criminelle, notre état-major était nul. Jusqu'aux moindres détails, tout était contre nous. Des bataillons de chasseurs à pied, que leurs uniformes sombres faisaient ressembler à des Prussiens, avaient été foudroyés par nos mitrailleuses. Dans la nuit, à travers les routes encombrées de chars et de débris, l'armée de Frossard gagnait Sarreguemines, pour aller de là, sans s'arrêter, sans manger, jusqu'à Puttelange. La retraite n'était pas une débâcle, comme à Wœrth. Les régiments, aux rangs éclaircis par les trouées sanglantes du fusil Dreyse ou du canon d'acier, gardaient encore l'apparence de bataillons et leurs cadres. Ils avaient presque tous, il est vrai, perdu leurs bagages, leurs fourgons, leurs tentes. Quelle double et épouvantable ruine! Et, comme par une ironie farouche, comme si la nature eût voulu faire un émouvant décor à ces drames humains, une lune claire, romantique, éclairait de sa lueur pâle comme le suaire des fantômes, ces campagnes d'Alsace et de Lorraine pleines de terreur, de gémissements, de râles, de larmes et de sang!

(1) Ferdinand Delaunay, *Histoire de la campagne de France.*

Paris pendant la guerre. — Arrestation d'un espion.

DOCUMENTS COMPLÉMENTAIRES DU CHAPITRE IX

N° 1.

COMPOSITION DES ARMÉES FRANÇAISE ET ALLEMANDE.

Armée française.

Ier corps. — Maréchal Mac-Mahon. Quartier général à Strasbourg.

1re division, général Ducrot.
2e division, général Abel Douay.
3e division, général Raoult.
4e division, général de Lartigue.
Division de cavalerie, général Duchesne. (Dans cette division, les 8e et 9e cuirassiers, ceux de Frœschwiller et de Reichshoffen formaient la 3e brigade, général Bonnemain.)

IIe corps. — Général Frossard. Quartier général à Saint-Avold.

1re division, général Bergé.
2e division, général Bataille.
3e division, général de Laveaucoupet.
Division de cavalerie, général de Lichtlin (plus tard le commandant fut le général Marmier).

IIIe corps. — Maréchal Bazaine (plus tard général Decaen, lorsque Bazaine prit le commandement en chef de l'armée de Metz). Quartier général à Metz.

1re division, général Montauban.
2e division, général de Castagny.
3e division, général de Metman.
4e division, général Decaen.
Division de cavalerie, général Clérambault.

IVe corps. — Général de Ladmirault. Quartier général à Thionville.

1re division, général de Cissey.
2e division, général Rose (plus tard général Grenier).
3e division, général de Lorencez.
Division de cavalerie, général Legrand.

V^e corps. — Général de Failly. Quartier général à Sarreguemines, puis à Bitche.

1re division, général Goze.
2e division, général de Labadie-d'Aydrein.
3e division, général Guyot de Lespars.
Division de cavalerie, général Brahault.

VI° corps. — Maréchal CANROBERT. Quartier général à Châlons.
1re division, général Tixier.
2e division, général Bisson.
3e division, général Lafont de Villiers.
4e division, Martimprey (puis Levassor-Sorval).
Division de cavalerie, général de Salignac-Fénelon.

VII° corps. — Général FÉLIX DOUAY. Quartier général à Belfort.
1re division, général Conseil-Dumesnil.
2e division, général Liébert.
3e division, général Dumont.
Division de cavalerie (désignée plus tard), général Ameil.

Garde impériale. — Général BOURBAKI. Quartier général à Nancy d'abord, puis à Metz, enfin à Boulay, pendant les premières batailles.
1re division (voltigeurs), général Deligny.
2e division (grenadiers), Picard.
Division de cavalerie, général Desvaux.

L'empereur, comme on sait, commandait en chef. La constitution nouvelle, acceptée par le plébiscite, ne lui donnait-elle pas la haute direction des *armées de terre et de mer*? Le chef d'état-major général était ce maréchal Le Bœuf, dont la culpabilité est flagrante, et qui avait osé affirmer que la France était préparée à la guerre.

Armée allemande

Le roi de Prusse commandait aussi les armées allemandes, mais en se soumettant, dans les conseils de guerre, à l'opinion et à la volonté du vieux comte de Moltke, chef d'état-major général, l'homme dont la science, avec l'énergie du vieux Wrangel et l'intelligence militaire de M. de Roon, ministre de la guerre, a préparé cette catastrophe que subit en frémissant notre chère France.

PREMIÈRE ARMÉE.

(Celle qui combattit à Forbach puis dans le Nord.)

Commandant en chef, général VON STEINMETZ (plus tard général VON MANTEUFFEL).

Ier corps. — MANTEUFFEL (qui ensuite commanda l'armée).
1re division d'infanterie, lieutenant général von Bentheim.
2e division d'infanterie, général major von Pritzelwitz.

VIII° corps. — Général d'infanterie VON ZASTROW.
13e division d'infanterie, général-major von Glumer.
14e division d'infanterie, lieutenant-général von Kameke.

VII° corps. — Lieutenant-général VON GŒBEN.
15e division d'infanterie, lieutenant-général von Weltzien.
16e division d'infanterie, lieutenant-général von Barnckow.
Cavalerie, 1re division, lieutenant-général, von Hartmann.
Cavalerie, 3e division, major-général von Grœben.
(Ces deux divisions composées de cuirassiers et de uhlans.)

DEUXIÈME ARMÉE.

(Celle qui assiégea Metz et combattit sur la Loire.)

Commandant en chef, général de cavalerie PRINCE FRÉDÉRIC-CHARLES de Prusse.

II° corps. — (Envoyé devant Paris après la chute de Metz.) Général VON FRANSECKY.
3e division, infanterie, général-major von Hartmann.
4e division, infanterie, lieutenant-général von Weytern.

III° corps. — Lieutenant-général VON ALVENSLEBEN.
5e division, infanterie, lieutenant-général von Stalpnagel.
6e division, infanterie, lieutenant-général von Baddenbrock.

IX° corps. — Général d'infanterie VON MANSTEIN.
18e division, infanterie, lieutenant-général von Wrangel.
25e (Hessois), lieutenant-général prince Louis de Hesse.

X° corps. — Général d'infanterie VON VOIGTS-RHETZ.
19e division, infanterie, lieutenant-général von Schwartzkoppen.
20e division, infanterie, général-major von Kraatz-Koschlau.

IV° corps. — Général d'infanterie VON ALVENSLEBEN aîné.
7e division, infanterie, général von Schwarzhoff.
8e division, infanterie, lieutenant-général von Schœler.

XII° corps. (Saxon.) — Général PRINCE ROYAL DE SAXE.
23e division, infanterie.
24e division, infanterie.
Cavalerie saxonne, général-major von Lippe.

Corps de la garde. — Général de cavalerie PRINCE DE WURTEMBERG.
1re division, infanterie, général-major von Pape.
2e division, infanterie, von Budritzki.
Division de cavalerie de la garde, lieutenant-général von der Goltz.

5ᵉ division de cavalerie, lieutenant-général von Rheinbaben.
6ᵉ division de cavalerie, Guillaume duc de Mecklembourg-Schwerin.

TROISIÈME ARMÉE.

(Celle qui combattit à Wissembourg, à Resichoffen, puis à Sedan, enfin devant Paris.)

Commandant en chef, général d'infanterie, PRINCE ROYAL DE PRUSSE.
Chef d'état-major, lieutenant-général von BLUMENTHAL. (C'est lui qui fit tous les plans des batailles que gagna le prince royal.)

Vᵉ corps. — Lieutenant-général von KIRCHBACH (1).
 9ᵉ division d'infanterie, général-major von Sandrat.
 10ᵉ division d'infanterie, général-major von Schmidt.

VIᵉ corps. — Général de cavalerie von TUMPLING.
 11ᵉ division d'infanterie, lieutenant-général von Gardon.
 12ᵉ division d'infanterie, général-major von Hoffmann.

VIᵉ corps. — Lieutenant-général von BOSE.
 21ᵉ division d'infanterie, général-major von Schnachtmeyer.
 22ᵉ division d'infanterie, lieutenant-général von Gersdorff.
 1ᵉʳ corps bavarois. Général d'infanterie von der Tann.
 1ʳᵉ division d'infanterie, lieutenant-général Stephan.
 2ᵉ division d'infanterie, général-major Schumacher.
 2ᵉ corps bavarois. Général d'infanterie von Hartmann.
 3ᵉ division d'infanterie, lieutenant-général von Walther.
 4ᵉ division d'infanterie, lieutenant-général von Bothmer.
Cavalerie badoise.
Division wurtembergeoise, lieutenant-général von Obernitz.
Cavalerie. 2ᵉ division, lieutenant-général Stolberg-Wernigerode.
Cavalerie. 2ᵉ division, général de cavalerie prince Albrecht de Prusse (le père).

CORPS DÉTACHÉS.

XIIIᵉ corps. — Grand-duc DE MECKLEMBOURG-SCHWERIN.
 17ᵉ division d'infanterie, général-major Schimmelmann, puis lieutenant-général von Treskow.
 17ᵉ brigade de cavalerie, colonel von Rauch.

(1) Il commandait à Buzenval, le 19 janvier.

XIVᵉ corps. — Général von WERDER.
Badois. Infanterie (division d'infanterie), général von Laroche de Jarys.
Badois. Cavalerie, général-major von Laroche Staempfels.
Brigade prussienne, von Glahmer.
Divisions de landwehr.
Garde. Général-major von Loën.
1ʳᵉ division (landwehr de Stettin), général-major von Treskow.
2ᵉ division (landwehr de Berlin), général-major von Selchow.
3ᵉ division (lanwehr de Posen), général-major von Senden.

Une quatrième division assiégea Neuf-Brisach et Schlestadt. La première avait assiégé Belfort, la deuxième Toul. Il y eut, nous dit le *Journal d'un officier de l'armée du Rhin* (anonyme, l'auteur est M. Ch. Fay, lieutenant-colonel d'état-major) sept et même huit divisions de landwehr en France.

N° 2.

DÉPÊCHES RELATIVES A LA GUERRE
(Extraites des *Papiers des Tuileries*.)

NOMINATION DE FROSSARD.

Général Frossard, commandant en chef. — Camp de Châlons.

Palais, Tuileries, le 14 juillet 1870, 1 h. 27 m. soir.

S'il y a la guerre, je voudrais que vous eussiez le commandement en chef du génie. Cependant, si vous tenez à conserver le commandement de votre corps d'armée, répondez-moi. NAPOLÉON.

Général Frossard à l'Empereur. — Saint-Cloud.

Camp de Châlons, le 14 juillet, 4 h. soir.

Sire, Votre Majesté disposera de moi comme elle l'entendra. Je lui suis tout dévoué et prêt à faire ce qu'elle jugera le plus utile à son service, quelles que puissent être mes préférences.

N° 3.

RAPPORTS SUR LES BATAILLES DE WISSEMBOURG ET DE WOERTH (FROESCHWILLER.)

(Bataille de Wissembourg. — Rapport officiel.)

Trois régiments de la division du général Abel Douay, et une brigade de cavalerie légère ont été attaqués à Wissembourg par des forces très-considérables, massées dans les bois qui bordent la Lauter. Ces troupes ont résisté pendant plusieurs heures aux attaques de l'ennemi, puis se sont replies sur le col du Pigeonnier qui commande la ligne de Bitche. Le général Douay a été tué. Une de nos pièces dont les chevaux avaient été tués et l'affût brisé est tombée au pouvoir de l'ennemi. — Le maréchal Mac-Mahon concentre sur les lieux les forces placées sous son commandement.

Bataille de Wœrth (Frœschwiller). — Rapport officiel du maréchal Mac-Mahon.

Saverne, le 7 août 1870.

J'ai l'honneur de rendre compte à Votre Majesté que, après avoir été obligé d'évacuer la ville de Wissembourg, le 1er corps, dans le but de couvrir le chemin de fer de Strasbourg à Bitche, et les voies de communication principales qui relient le revers oriental au revers occidental des Vosges, occupait les positions suivantes : La 1re division était placée, la droite en avant de Frœschwiller, la gauche dans la direction de Reischoffen, appuyée à un bois qui couvre ce village. Elle détachait deux compagnies à Neudwiller et une à Jœgersthal. La 3e division occupait avec sa 1re brigade un contrefort qui se détache de Frœschwiller et se termine en pointe vers Gœrsdorff ; sa 2e brigade appuyait sa gauche à Frœschwiller et sa droite au village d'Elsashausen. La 4e division formait une ligne brisée à la droite de la 3e division, sa 1re brigade faisant face à Gunstett, et sa 2e étant vis-à-vis du village de Morsbronn, qu'elle n'avait pu occuper, faute de forces suffisantes. La division Dumesnil (1re du 7e corps), qui m'avait rallié le 6 de grand matin, était placée en arrière de la 4e division. En réserve se trouvaient la 2e division, placée derrière la 2e brigade de la 3e division et de la 1re brigade de la 4e. Enfin, plus en arrière, se trouvaient la brigade de cavalerie légère, sous les ordres du général de Septeuil, et la division de cuirassiers du général de Bonnemain ; la brigade de cavalerie Michel, sous les ordres du général Duchesne, était établie en arrière de l'aile droite de la 4e division.

A sept heures du matin, l'ennemi se présenta en avant de Gœrsdorff, et engagea l'action par une canonnade bientôt suivie d'un feu de tirailleurs assez vif, contre la 1re et la 3e division. Cette attaque fut assez prononcée pour obliger la 1re division à faire un changement de front, en avant sur son aile droite, afin d'empêcher l'ennemi de tourner la position générale.

Un peu plus tard, l'ennemi augmenta considérablement le nombre de ses batteries et ouvrit le feu sur le centre des positions que nous occupions sur la rive droite de la Sauerbach. Bien que plus sérieuse et plus fortement accentuée que la première, qui se continuait d'ailleurs, cette seconde démonstration n'était qu'une fausse attaque, qui fut vivement repoussée.

Vers midi, l'ennemi prononça son attaque sur notre droite. Des nuées de tirailleurs, appuyés par des masses considérables d'infanterie et protégés par plus de soixante pièces de canon, placées sur les hauteurs de Gunstett, s'élancèrent sur la 4e division et sur la 2e brigade qui occupaient le village d'Elsashausen.

Malgré de vigoureux retours offensifs plusieurs fois répétés, malgré les feux très-bien dirigés de l'artillerie et plusieurs charges brillantes de cuirassiers, notre droite fut débordée après plusieurs heures de résistance opiniâtre.

Il était quatre heures. J'ordonnai la retraite. Elle fut protégée par les 1re et 3e divisions, qui firent bonne contenance et permirent aux autres troupes de se retirer sans être trop vivement inquiétées. La retraite s'effectua sur Saverne par Niederbronn, où la division Guyot de Lespart, du 5e corps, qui venait d'y arriver, prit position et ne se retira qu'après la nuit close. Mac-Mahon.

Bataille de Forbach.

Nul rapport n'a été fait. Dans l'après-midi du 6 août, alors que tout était perdu à Frœschwiller et tout compromis à Forbach, Napoléon télégraphiait la dépêche suivante :

A Sa Majesté l'Impératrice. — Saint-Cloud.

Metz, le 6 août 1870, à 3 h. soir.

Je n'ai pas de nouvelles de Mac-Mahon. Ce matin les reconnaissances du côté de la Sarre ne signalaient aucun mouvement de l'ennemi. J'apprends maintenant qu'il y a un engagement du côté du général Frossard. Il est trop loin pour que nous puissions y aller. Dès que j'aurai des nouvelles, je te les enverrai. Napoléon.

Paris pendant la guerre. — Attaque de la caserne des pompiers à La Villette.

CHAPITRE X

État de Paris pendant les batailles de Frœschwiller et de Forbach. — Une fausse victoire. — Proclamation des ministres. — Arrivée des nouvelles de nos défaites. — Exaspération publique. — Proclamation de l'impératrice. — La Chambre. — La séance du 9 août. — M. Jules Favre et M. Granier de Cassagnac. — Chute du ministère Ollivier. — Ministère Palikao. — M. Jérôme David, M. Clément Duvernois et M. Grandperret. — Affaire de la Villette, dite *des Pompiers*. — Lettre de Michelet. — L'espion Hart. — Armement des gardes nationales. — Le 15 août. — Dépêche de Longeville. — Documents.

Les journées douloureuses et les défaites de nos soldats à la frontière devaient, on le conçoit, avoir à Paris un contre-coup terrible. Qu'allait penser et faire une ville de deux millions d'êtres humains, passionnée, impressionnable, nerveuse, à la nouvelle des échecs successifs et déjà bien difficilement réparables? La malheureuse ville devait justement passer par les phases les plus amèrement diverses, et, après s'être follement élevée jusqu'aux espoirs les plus vastes, retomber, comme du haut d'un roc, sur la dure réalité.

Tout d'abord la nouvelle de la défaite du corps d'Abel Douay à Wissembourg avait retenti comme un coup de glas inattendu sur cette ville chauffée à blanc. Une défaite! quel étonnement et quel écroulement de rêves! Ceux qui n'avaient pas vu de près le désarroi de nos armées, et n'avaient pu juger du manque de direction, de plan, de commandement, ceux-là ne voulaient pas croire à la possibilité d'un échec. Cette prise trop réelle de Wissembourg répondait brusquement à la prise fantastique de Sarrebrück. Lorsqu'on examina la vérité, on put se consoler en songeant qu'après tout la défaite de ce corps d'armée était glorieuse et que rien n'était perdu parce qu'une division s'était bravement fait décimer. L'espoir, au surplus, un espoir profond, absolu, une indéracinable confiance devait être le signe caractéristique de l'esprit français pendant toute cette guerre. La torpeur qui s'étendit sur Paris au premier jour de la nouvelle se changea bien vite en une sorte de rage et une certitude de revanche prochaine.

Le samedi, 6 août, tandis que Mac-Mahon luttait devant Frœschwiller et que le corps de Frossard se battait sur la Sarre, une nouvelle soudaine, et pour ainsi dire électriquement répandue, courait Paris. Une dépêche annonçait que l'armée de Mac-Mahon ayant attaqué l'armée du prince de Prusse l'avait écrasée, faisant prisonnier, après une journée de bataille, le prince royal avec 25,000 hommes de son armée. En outre, Landau était pris. Il y eut, à la nouvelle de cette victoire, comme une explosion d'enthousiasme. D'abord on n'y voulait pas ajouter foi. On n'osait. Une sorte de secret pressentiment retenait les plus confiants, mais, au bout d'un moment, comment douter? La dépêche avait été lue et affichée à la Bourse. Elle était certaine sans être officielle. Et, tout Paris, pris du délire heureux, de cette fièvre de victoire que nous avons eue au lendemain de Magenta et de Solferino, se pavoisait soudain de drapeaux et s'emplissait de cris. Après avoir douté, on se ruait vers une sorte de crédulité magnétique. Par un beau soleil de juillet, les cerveaux en ébullition ne réfléchissaient plus, et l'on vit les boulevards, les rues, les places encombrés de monde, emplis d'une foule joyeuse, entonner cette *Marseillaise* des grands jours, qui ne devait plus, hélas! nous mener à la victoire.

C'était une fièvre, et ce fut la dernière heure de véritable joie qu'éprouva la grande ville. Aux fenêtres des maisons les drapeaux flottaient avec leurs trois couleurs joyeuses. Sur les pas des portes, on chantait. On arrêta des acteurs, des ténors en renom, et, en plein air, on les fit entonner *la Marseillaise*. Des gens du monde, leur chapeau à la main, faisaient tout autour une quête pour les blessés, et les pièces de monnaie tombaient tandis que mademoiselle Marie Sass ou M. Capoul répétaient : *Amour sacré de la patrie!* Ainsi, même dans sa joie, ce Paris, habitué à des mœurs théâtrales, faisait d'une victoire nationale un spectacle, et sa joie patriotique se traduisait, non par la joie sévère et grave d'un triomphe sanglant, mais par le plaisir qu'on éprouve en écoutant les virtuoses à la mode.

Paris devait, au surplus, voir bien vite tomber cet enthousiasme, et les drapeaux étaient à peine déployés que, vers quatre heures de l'après-midi, des gens qui étaient allés aux nouvelles, parcouraient les rues, criant : « A bas les drapeaux ! » Il n'y avait pas, en effet, de victoire annoncée, et cette fausse nouvelle, ainsi répandue, frappa la foule d'une sorte de pressentiment lugubre. Après l'exaltation joyeuse, vint l'abattement et la défiance. On se porta au ministère, on demanda des nouvelles. M. Ollivier ayant gardé pour lui, durant vingt-quatre heures, la nouvelle du combat de Wissembourg, on était persuadé que le ministre cachait encore au public quelque dépêche affligeante. La vérité, c'est que le ministère, à cette heure, ignorait encore tout. Et comment l'eût-il appris déjà? A Forbach comme à Wœrth, la fortune des armes venait à peine de nous échapper.

D'où partait cependant cette mensongère dépêche, cette nouvelle de la prise de Landau par Mac-Mahon? Nul ne l'a su. Le soir même du 6 août, la population parisienne irritée l'attribuait à une manœuvre de Bourse, et le préfet de police Piétri, puis le lendemain le ministère apprirent au public, par voie d'affiche, que l'auteur de cette manœuvre, le coupable *était arrêté*. Mais nul ne pouvait dire son nom. Évidemment quelque spéculateur, faisant fond sur l'impressionnabilité de la foule, avait jeté cette nouvelle et joué, comme au tapis vert, comme devant une table de baccarat, sur la fortune de la patrie. Paris en ressentit une colère sourde et des cris de haine s'élevèrent contre ces boursiers qui ne voient, dans la ruine publique et dans les angoisses nationales, que des occasions de s'enrichir (1).

L'affiche du ministère était ainsi conçue :

« LE CONSEIL DES MINISTRES AUX HABITANTS DE PARIS.

« Habitants de Paris,

« Vous avez été justement émus par une odieuse manœuvre.

« Le coupable a été saisi, la justice informe.

« Le gouvernement prend les mesures les plus énergiques pour qu'une telle infamie ne puisse plus se renouveler.

« Au nom de la patrie, au nom de notre armée héroïque, nous vous demandons d'être calmes, patients et de maintenir l'ordre.

« Le désordre à Paris, ce serait une victoire pour les Prussiens.

« Aussitôt qu'une nouvelle certaine arrivera, de quelque nature qu'elle soit, elle vous sera immédiatement communiquée.

---

(1) Chose singulière, à l'heure même où cette fausse nouvelle était répandue dans Paris, elle courait aussi Sarreguemines, et des gens venus de Haguenau y apportaient (6 août, deux heures) la nouvelle de la grande victoire de Mac-Mahon. Il y a quelque chose d'épidémique et d'électrique dans les bruits qui agitent parfois un pays.

« Soyons unis, et n'ayons en ce moment qu'une pensée, qu'un vœu, qu'un sentiment, le triomphe de nos armes.

6 août 1870, à 6 heures.

« ÉMILE OLLIVIER, duc de GRAMONT, CHEVANDIER DE VALDROME, SEGRIS, général DEJEAN, amiral RIGAULT DE GENOUILLY, PLICHON, LOUVET, MAURICE RICHARD, DE PARIEU. »

« Quels sont, se demandait-on après avoir lu cette affiche, les mesures prises par le gouvernement pour empêcher le retour d'un tel scandale? La loi du silence, votée contre les journaux, cette loi qui défendait le récit des événements militaires, cette loi, cause de tous les troubles, était-elle abrogée? » Mais on avait à peine eu le temps de lire l'affiche que la population de Paris était prise d'une angoisse plus grave.

Le soir, autour des ministères, devant les fenêtres de M. Ollivier, les rassemblements étaient nombreux, et tandis qu'on chantait la *Marseillaise* et les *Girondins*, on réclamait toujours des nouvelles. Tout à coup, vers neuf heures, le bruit se répand qu'une dépêche est arrivée au ministère de l'intérieur. Confirme-t-elle la nouvelle de la prise de Landau? Réduit-elle à néant toutes les espérances? La dépêche était celle-ci :

Metz, 6 h. 35.

« On n'a pas encore de nouvelles du maréchal Mac-Mahon.

« Sur la Sarre, le corps du général Frossard a été seulement engagé et le résultat est encore incertain.

« On a bon espoir. »

De tels renseignements n'étaient point faits pour calmer l'anxiété publique, mais au contraire pour l'accroître. Ainsi, Frossard s'était battu et Mac-Mahon aussi sans doute. Mais pourquoi n'avait-on point à 6 heures du soir, après une journée de bataille, des nouvelles du maréchal? L'inquiétude, le pressentiment vague d'un échec s'emparaient de tous. Et, devant la grille du ministère de l'intérieur, dans la cour même, on se pressait, on attendait, on semblait décidé à passer la nuit, lorsque vers une heure du matin le ministre parut, M. Chevandier de Valdrôme, non plus tel que le 12 janvier, caracolant aux funérailles de Victor Noir, mais pâle, affaissé; et d'une voix étranglée, il donna lecture de cette dépêche à ceux qui l'entouraient :

« *Le corps du général Frossard est en retraite. Pas d'autres détails.* »

Pas d'autres détails! c'était assez. La défaite s'acharnait après nous ou plutôt la faiblesse de nos combinaisons stratégiques, la mollesse du commandement, la nullité de Napoléon et de Le Bœuf apparaissait nettement, cruellement à la patrie. Encore Paris et la France ne connaissaient-ils pas toute l'étendue de nos désastres. Ils l'apprirent par une série de dépêches qui méritent d'être conservées et qui tombèrent l'une après l'autre, sur la malheureuse nation au flanc déchiré, comme des larmes de plomb tombaient, dans certains supplices, sur la poitrine des torturés. On ne les a pas oubliées, ces dépêches qui emplirent la France de trouble, sinon de terreur, et montraient à quel point le sang-froid, la résolution, la virilité avaient abandonné le chef de l'État, Napoléon, ce carbonaro voulant jouer au général d'armée. Cette succession de dépêches pour ainsi dire haletantes témoignait, dans l'esprit de l'empereur d'une confusion, d'un affaissement complets. Ses télégrammes ressemblaient plutôt à des bulletins publiés par un médecin sur la santé d'un malade qu'à des nouvelles de guerre. Dès ce moment, cet homme, on peut le dire, avait perdu le peu qui lui restait d'énergie et se laissait glisser sur cette pente de l'affaissement, qui devait, un mois après, aboutir à la capitulation de Sedan. A bien lire ses dépêches, on s'aperçoit que le trouble le plus profond l'a envahi. « *Tout peut se rétablir... L'ennemi a cessé toute poursuite... La nuit a été calme.* » Est-ce donc ainsi et sur ce ton effaré que doit parler un chef d'armée? Déjà la volonté abandonnait ce débile rêveur dont le bras retombait, impuissant à retenir longtemps le glaive.

Ces dépêches lues et commentées les unes après les autres, navrèrent Paris, lorsqu'en s'éveillant, après la fièvre du 6 août, il se trouva face à face avec ces vérités sinistres. La grande ville et la France après elle en furent stupéfaites. Encore aujourd'hui la lecture de ces tristes télégrammes emplissent l'âme d'une mélancolie amère et d'une colère grondante :

Metz, minuit et demi, 7 août.

Le maréchal de Mac-Mahon a perdu une bataille.
Sur la Sarre, le général Frossard a été obligé de se retirer. La retraite s'opère en bon ordre.
Tout peut encore se rétablir. NAPOLÉON.

Metz, 7 août, 12 h. 25.

Le maréchal Mac-Mahon a éprouvé un sérieux échec à Reischoffen. Il se replie et couvre Nancy.
Les troupes qui sont autour de Metz sont dans d'excellentes dispositions.
Ce matin, trois corps d'armée tout entiers n'avaient pas encore donné.
Les pertes de l'ennemi sont très considérables et ralentissent sa marche. L'épreuve est sérieuse, mais elle n'est pas au-dessus des efforts de patriotisme de la nation. Il n'est pas possible de préciser le chiffre de nos pertes.

Le mouvement de retraite et de concentration s'accomplit. Le général Coffinières organise la défense.

Metz, 7 août, 9 h. 30 du soir.

Metz se prépare à une vigoureuse défense. Le commandant supérieur de la place a ordonné aux étrangers allemands de se munir d'un permis de séjour.

Metz, 3 h. 35 m.

L'ennemi n'a pas poursuivi vivement le maréchal Mac-Mahon.
Depuis hier soir, il a cessé toute poursuite.
Le maréchal concentre ses troupes.
NAPOLÉON.

Le lendemain, tandis que les bulletins prussiens annonçaient que « les succès du 6 étaient plus « grands qu'on ne l'attendait et qu'à Forbach les « bagages et les tentes de deux divisions étaient « tombés aux mains des Prussiens, » et que le roi Guillaume apprenait à la reine Augusta que « son Fritz » avait battu le corps de Mac-Mahon *renforcé par l'armée principale* (cette dernière assertion, on l'a vu, était fausse), les télégrammes publiés par le ministère s'efforçaient de rassurer les populations et pas un n'osait faire entendre, n'osait franchement apprendre au pays la vérité :

PRÉFECTURE DU BAS-RHIN

Au ministre de l'intérieur.

Strasbourg, 8 août, 11 h. matin.

Les Prussiens n'ont pas passé le Rhin cette nuit à Mackallsheim, près Schlestadt, comme le croyait le sous-préfet. Toutes nos mesures sont prises pour mettre la place en état de défense.

Metz, 8 août, 10 h. 40 matin.

Le général de Failly est en communication avec le maréchal Mac-Mahon. Le moral de l'armée est excellent. Il n'y a pas eu d'attaque depuis ma dépêche d'hier. Dans la bataille de Frœschwiller, 140,000 hommes ont attaqué le corps de Mac-Mahon fort de 33,000 hommes.

(*Correspondance du quartier général.*)

Metz, 8 août, 10 h. soir.

Le corps du général Failly qui n'a pas été engagé rallie l'armée. Il n'a pas été inquiété.
Le maréchal Mac-Mahon exécute les mouvements qui lui ont été prescrits.
Il n'y a pas eu d'engagements dans la journée.

(*Correspondance du quartier général*)

CHEVANDIER DE VALDROME.

Clément Duvernois

Metz, 8 août 1870, 7 h. 50 m.

L'armée se concentre pour marcher sur les Vosges et en défendre les passages. La nuit a été calme. Il n'y a pas eu d'engagement. NAPOLÉON.

Nous montrerons plus loin que l'armée, loin de défendre les Vosges, laissa, au contraire, l'ennemi occuper, sans coup férir, cette formidable ligne de défense. Mais, à cette heure, au lendemain de ces défaites, l'intérêt du drame est à Paris et c'est Paris qui va, dès à présent, tenir les destinées de la patrie. Il n'eut qu'un cri, après la stupeur première, et ce cri fut celui que doit jeter tout citoyen devant le foyer menacé, l'honneur national compromis et la patrie menacée : *Aux armes!* Et les faubourgs, et le peuple, et la bourgeoisie, toutes les classes à la fois s'écrièrent : *Aux armes!* Ce fut un soulèvement de la conscience, le mot d'ordre du patriotisme. Qu'on mesure le temps que laissa perdre le pouvoir du 8 août au 4 septembre, qu'on se rende compte de la somme de résolution et de belliqueuse volonté qu'il détourna de son but en rassurant, trompant, égarant l'opinion publique et on se dira, en toute sincérité, que s'il fut criminel en déclarant la guerre, il le fut doublement après ces premières défaites, en cachant la vérité à la nation et en ne lui donnant pas dès ce moment des armes pour se défendre.

A la première nouvelle des défaites, l'impératrice avait compris qu'elle ne pouvait demeurer en villégiature à Saint-Cloud. Elle vint à Paris, assembla le conseil des ministres et lança la proclamation suivante, bientôt affichée sur les murs de la capitale :

Français !

Le début de la guerre ne nous est pas favorable, nos armes ont subi un échec.

Soyons fermes dans ce revers et hâtons-nous de le réparer.

Qu'il n'y ait parmi nous qu'un seul parti, celui de la France ; qu'un seul drapeau, celui de l'honneur national.

Je viens au milieu de vous. Fidèle à ma mission et à mon devoir, vous me verrez la première au danger pour défendre le drapeau de la France.

J'adjure tous les bons citoyens de maintenir l'ordre ; le troubler serait conspirer avec nos ennemis.

L'impératrice régente,
EUGÉNIE.

Fait au palais des Tuileries, le 7 août 1870, 11 h. m.

Cette proclamation produisit sur la foule l'effet de la dépêche fameuse où Napoléon annonçait que devant Sarrebrück, son fils n'avait point tremblé. Elle déplut. Un sentiment presque unanime se manifestait devant les affiches, signées de ce nom, *Eugénie*. Chacun sentait qu'à cette heure suprême, devant cet ennemi triomphant, l'âme de la patrie n'était pas du côté de cette Espagnole qui parlait ainsi du drapeau de la France. Et puis, de toutes les lois qu'ont faites et détruites tour à tour les révolutions et les réactions, une seule loi semble être debout, non dans les codes, mais dans les cœurs français, c'est la loi salique. Nous ne consentirions pas volontiers à être gouvernés par une femme. Une seule fois, la France s'est incarnée dans une image féminine et les fils des Francs saliens ont suivi l'étendard d'une femme, mais cette femme était Jeanne Darc.

En même temps que cette proclamation était affichée, trois décrets successifs étaient rendus : l'un convoquait pour le jeudi 11 août le Sénat et le Corps législatif, l'autre mettait Paris en état de siège, le troisième incorporait dans la garde nationale tous les citoyens valides de trente à quarante ans. Au premier décret, un décret fut immédiatement substitué qui ouvrait le 9 août la session extraordinaire du Sénat et du Corps législatif.

Le ministère s'adressait ensuite « aux Français » puis « aux Parisiens » dans les deux proclamations que voici :

Français !

Nous avons dit toute la vérité.

Maintenant, à vous de remplir votre devoir ;

qu'un même cri sorte de toutes les poitrines d'un bout de la France à l'autre !

Que le peuple entier se lève, frémissant, dévoué, pour soutenir le grand combat !

Quelques-uns de nos régiments ont succombé sous le nombre : notre armée n'a pas été vaincue.

Le même souffle intrépide l'anime toujours !

Soutenons-la !

A l'audace momentanément heureuse, opposons la ténacité qui dompte le destin ! Replions-nous sur nous-mêmes, et que nos envahisseurs se heurtent contre un rempart invincible de poitrines humaines !

Comme en 1792 et comme à Sébastopol, que nos revers ne soient que l'école de nos victoires !

Ce serait un crime de douter un instant du salut de la patrie, et surtout de n'y pas contribuer.

Debout ! donc, debout !

Et vous, habitants du Centre, du Nord et du Midi, sur qui ne pèse pas le fardeau de la guerre, accourez d'un élan unanime au secours de vos frères de l'Est !

Que la France, une dans les succès, se retrouve plus une encore dans les épreuves !

Et que Dieu bénisse nos armes !

Le garde des sceaux, ministre de la justice et des cultes, ÉMILE OLLIVIER ;
Le ministre des affaires étrangères, DUC DE GRAMONT ;
Le ministre de l'intérieur, CHEVANDIER DE VALDROME ;
Le ministre des finances, SEGRIS ;
Le ministre de la guerre, par intérim, GÉNÉRAL VICOMTE DEJEAN ;
Le ministre de l'agriculture et du commerce, LOUVET ;
Le ministre de la marine et des colonies, AMIRAL RIGAULT DE GENOUILLY ;
Le ministre des travaux publics, PLICHON ;
Le ministre de l'instruction publique, MÈGE ;
Le ministre des lettres, sciences et beaux-arts, MAURICE RICHARD ;
Le ministre président le Conseil d'État, E. DE PARIEU.

La proclamation *aux Parisiens* était plus directe et, comme disait un Allemand, plus « pratique. » Il s'agissait de donner à entendre au pays que le parti républicain était quelque peu, comme les journaux l'avaient tant de fois répété depuis le début de la guerre, l'allié des Prussiens. Le ministère inventa aussitôt la fable d'un espion prussien arrêté au quartier général et trouvé porteur d'une dépêche compromettante pour tout un parti, et M. Ollivier et ses collègues osèrent donner la publicité à ce mensonge :

Proclamation du ministère Ollivier.

Parisiens !

Notre armée se concentre et se prépare à un nouvel effort.

Elle est pleine d'énergie et de confiance.

S'agiter à Paris, ce serait combattre contre elle et affaiblir, au moment décisif, la force morale qui lui est nécessaire pour vaincre.

Nos ennemis y comptent.

Voici ce qu'on a saisi sur un espion prussien amené au quartier général :

« Courage ! Paris se soulève ; l'armée française sera prise entre deux feux. »

Nous préparons l'armement de la nation et la défense de Paris.

Demain, le Corps législatif joindra son action à la nôtre.

Que tous les bons citoyens s'unissent pour empêcher les rassemblements et les manifestations !

Ceux qui sont pressés d'avoir des armes, n'ont qu'à se présenter aux bureaux d'engagement.

On les enverra tout de suite à la frontière.

Paris, le 8 août 1870.

Suivent les signatures.

Le gouvernement impérial, après avoir agité devant la nation le *spectre rouge*, agitait maintenant le *spectre prussien*. Il savait bien qu'il suffisait de cela pour que la nation patientât et étouffât les frémissements de colère qui l'agitaient, mais, comme le disait alors un journal, la *Cloche*, le dernier mot du ministère, avant de tomber, n'en était pas moins une insulte au parti de la liberté, un blasphème contre le patriotisme.

« Quel est cet espion dont on a surpris les confidences et qui promet une émeute au roi de Prusse ? Nous demandons, ajoutait le journal, le nom de ce misérable. Nous voulons qu'avant d'être fusillé il se confesse. On nous doit sa confrontation avec le peuple de Paris. Sinon, nous croirons que cet espion est un personnage de comédie, inventé à plaisir. J'en atteste l'admirable attitude du peuple de Paris ; il n'est pas d'humeur à trahir l'armée, et s'il se soulevait jamais, ce ne serait pas pour le triomphe de la Prusse ! »

Il y avait, en effet, dans la population parisienne, même la plus irritable, même dans les couches révolutionnaires, un sentiment de résignation et d'attente. Comme si un mot d'ordre eût été donné, on désarmait politiquement. L'empire était haï, mais l'étranger bien davantage. On ne voulait pas avoir l'air de servir l'ennemi en attaquant le gouvernement. Et pourtant, que si le mouvement de colère spontanée du 4 septembre avait eu lieu le 9 août, à la veille de cette date fameuse, le 10 août, et si la nation avait eu non-seulement un mois de plus pour s'armer (du 10 août au 8 septembre), mais encore, pour se défendre, l'armée de Mac-Mahon qu'on formait à Châlons pour aller la faire perdre dans l'Ardenne ; si la France s'était redressée, retrouvée un mois plus tôt ; — qui sait si l'ennemi n'eût pas fait acte de prudence et n'eût point alors signé la paix ? Là-dessus, l'avenir répondra. Ce qu'il eût fallu au 9 août, ce n'était point la misérable attaque à main armée de la Villette qui eut lieu le 14 ; c'était une révolution pacifique, nationale, la France ressaisissant sa destinée, son armée, sa force vitale, absolument comme elle le fit en septembre, mais trop tard, et lorsqu'elle avait une armée de moins et des milliers d'ennemis de plus.

Le gouvernement de l'empire craignait d'ailleurs un mouvement coïncidant avec l'ouverture des Chambres. Paris, spectacle qui irritait les Parisiens, était plein de troupes. Pourquoi ces soldats dans nos rues, sur nos quais, lorsque leur place était à la frontière ? On apercevait des fusils reluire dans le palais des Tuileries. Des voltigeurs de la garde étaient là. Nul doute que quelques bonapartistes n'aient alors rêvé un coup d'État et les paroles de M. Granier de Cassagnac au Corps législatif doivent, ce semble, éclairer la situation.

Le mardi 9 août, la foule était grande autour du Corps législatif, contenue par des lanciers, des soldats de la ligne et des zouaves. M. Baraguey d'Hilliers, commandant la place de Paris, devait, le lendemain, après ces précautions prises, céder son commandement au général Vinoy. Mais s'il y eût eu conflit, ce jour-là, il en prenait pourtant la responsabilité.

Lorsque, au début de cette séance désormais historique du 9, M. Schneider lut le décret de convocation du Corps législatif pour la session extraordinaire :

« Napoléon, par la grâce de Dieu et la volonté nationale, empereur des Français... »

Une longue rumeur interrompit le président stupéfait. Il se redressa aussitôt, raconte un témoin, croisa les bras, déclara qu'il ferait son devoir envers et contre tous, et reprit la lecture du décret, mais en omettant, ce qui fut aussitôt remarqué, le nom de l'impératrice, cette signature qui avait surpris, lue au bas de la proclamation que le moment rendait tragique : *Eugénie*.

Puis M. Schneider donna la parole à « M. le garde des sceaux. »

Pâle, compassé, non plus fougueux et insolent comme autrefois, mais s'étudiant à imprimer à son maintien une dignité que l'émotion trahissait, que l'énervement décomposait, M. Émile Ollivier franchit les marches de la tribune. Livide à son banc, M. de Gramont, toujours élégant, mais avec un je ne sais quoi de défait dans la physionomie, regardait son collègue qu'il n'avait pas l'air d'écouter.

« L'impératrice et le gouvernement, messieurs, dit M. Émile Ollivier à la tribune, vous ont convoqués. Nous n'avons pas voulu attendre pour vous réunir que la situation de la patrie fût compromise... » (Murmures à gauche. Exclamations à droite.)

Le vieux M. de Piré, qui est venu s'asseoir à gauche, interpelle la majorité. Le président l'exhorte au calme.

M. Ollivier continue; il dit que la plus grande partie des corps d'armée n'ont été ni vaincus ni même engagés; que ceux qui ont été écrasés par le nombre ont montré dans le combat un héroïsme sublime... De tous les points de la salle partent les cris de : « Vive l'armée! »

MM. Ferry, Favre sont debout et répondent aussitôt au ministre que c'est par sa faute que l'armée n'a pas vaincu.

M. Arago. Pour le salut de la patrie, que le ministre disparaisse!

M. Ollivier pâlit encore davantage, il se trouble; et reprend son discours d'une voix altérée.

« ... Une ardeur non moins égale anime ceux qui ont combattu et ceux qui désirent combattre; nous attendons une revanche prochaine... »

Puis il énumère les mesures qu'il réclame de la Chambre; il est troublé et parle d'une armée de 450 *millions de soldats.*

Il se reprend brusquement et dit 450 mille. Ces menues observations ont été prises sur le vif par les auditeurs.

Tout à coup son œil se charge de haine; il se tourne vers la gauche, et prononce lentement ces mots : « Aux ressources dont ils disposent, les Prussiens espèrent ajouter celles qui naîtraient des troubles dans Paris... »

La gauche tout entière se dresse aussitôt sur ses bancs et proteste.

— A l'ordre! à l'ordre!
— C'est une basse et lâche calomnie!
— C'est l'invention de l'espion prussien!
— A l'ordre! à l'ordre!

M. Ollivier affecte de demeurer calme devant ces interruptions qui le frappent au visage; il essaie de sourire et poursuit sa lecture :

« Cette expérience ne se réalisera pas; l'immense majorité de Paris conservera son attitude patriotique. »

Et, après avoir lu les projets de loi : « Nous ne sommes pas vaincus, ajoute-t-il, mais nous paraissons l'être.

« ... Si la Chambre ne se place pas *derrière nous...* »

Un cri unanime de réprobation et de colère l'interrompt, cette fois. Quoi! cet homme qui a perdu la patrie ose dire une telle parole? Oui, et il a beau la reprendre, l'expliquer, elle a été prononcée. Il s'excuse. Il a voulu dire que la Chambre ne devait pas soutenir le ministère avec une arrière-pensée. Si elle n'a pas de confiance dans le cabinet, qu'elle le signifie par un vote. Il se retirera, prêt à servir le ministère qui lui succédera.

Mais les interruptions lui répondent :
— Plus de paroles, des actes!
— Non, nous n'avons pas de confiance en vous!
— C'est vous qui avez compromis la patrie!

Tout à coup M. Jules Favre réclame la parole. N'est-ce pas lui qui doit demander, au nom de la gauche, la formation d'un comité de défense choisi dans l'Assemblée? Il apparaît à la tribune, et le silence se fait brusquement. Alors de sa voix amère et forte :

M. J. Favre : Nous ne nous préoccupons tous que de la défense de la patrie, et c'est pour cela que, sans discours, j'ai l'honneur de proposer à la Chambre deux résolutions.

« La première est relative à l'armement de Paris et à l'organisation de la garde nationale. La seconde à la défense du sol de la France. Je les formule ainsi :

« Considérant que l'ennemi a envahi le sol de la France; que si notre armée est toujours debout et prête à le repousser, le devoir de chaque citoyen est d'unir ses efforts à ceux de nos soldats, et que son droit est d'avoir des armes;

« Considérant que, de l'avis du ministre de la guerre, l'étranger marche sur Paris;

« Et que, dans une telle situation, ce serait un crime de refuser à chaque habitant de Paris le fusil qu'il réclame pour défendre ses foyers (Mouvements divers);

« Considérant que la population entière doit être armée, qu'il faut organiser la garde nationale en lui donnant le droit de nommer des officiers;

« La Chambre arrête que des fusils seront immédiatement distribués dans les mairies à tous les citoyens valides et que la garde nationale sera organisée dans toute la France d'après la loi de 1831. (Vive approbation à gauche et sur d'autres bancs.)

« Tous jusqu'au dernier, les Français sont disposés à mourir pour repousser l'invasion étrangère (Oui! oui!), mais ce n'est pas assez. On vous a dit que l'heure des discours était passée. Oui, mais elle est passée aussi l'heure des ménagements qui perdent les assemblées et les empires.

« La vérité est que le sort de la patrie est compromis, et que c'est là le résultat des fautes de ceux qui dirigent les opérations militaires, et de l'insuffisance absolue du commandant en chef. (Très-bien! à gauche. — Bruit.) Nous sommes en face d'événements qui exigent non-seulement tous nos efforts, mais aussi toute notre sagesse. Il faut donc que toutes nos forces militaires soient concentrées dans les mains d'un seul homme, mais que cet homme ne soit pas l'empereur. (Nouvelle approbation à gauche.) L'empereur a été malheureux, il doit revenir.

Paris pendant la guerre. — La foule attendant des dépêches au Ministère de l'intérieur.

« Ce n'est pas tout : si la Chambre veut sauver le pays, elle doit prendre en main le pouvoir. (Applaudissements à gauche. — Rumeurs.)

« J'ai donc l'honneur de déposer une proposition aux termes de laquelle une commission de quinze membres, choisis dans le sein de la Chambre, sera organisée pour repousser l'invasion étrangère. (Applaudissements à gauche. — Bruit prolongé.)

« Si vous persistez une minute de plus dans le déplorable système qui a compromis le salut de la France, *la France est perdue.* »

A ces mots, l'orage éclate. La gauche applaudit. La majorité demande le rappel à l'ordre. Les cris se croisent, les interpellations se succèdent ; les députés sont debout; quelques-uns montent sur leurs bancs. On croirait revoir quelqu'une des séances orageuses des jours *caniculaires* de la Révolution, comme disait l'auteur du *Vieux Cordelier*. Et, en réalité, jamais séance fût-elle plus solennelle que celle-ci ?

— Le caractère essentiellement inconstitutionnel de la motion qui vient d'être faite, dit le président, exige que je proteste.

— Il s'agit non de la Constitution, dit une voix ; il s'agit de sauver la patrie.

— Quoi que vous en disiez, vous ne ferez pas une révolution ! s'écrie M. Schneider.

Lorsque les gens d'un pouvoir parlent ainsi de la révolution qui doit les renverser, on peut affirmer que cette révolution n'est pas loin.

M. DE KÉRATRY : Je demande l'urgence pour la proposition de M. Jules Favre.

M. GRANIER DE CASSAGNAC : Je ne viens pas faire un discours dans les circonstances actuelles, mais je cède à l'impérieux commandement de ma conscience en apportant contre une telle proposition la protestation du citoyen et du député. Cet acte est un commencement de révolution... (Vive approbation à droite.)

Voix à gauche : De salut !

M. GRANIER DE CASSAGNAC... un commencement de révolution tendant la main à un commencement d'invasion. Les Prussiens vous attendaient. (Bruit prolongé à gauche.) Lorsque Bourmont, d'odieuse mémoire, vendit son pays, il ne fit rien de pire. Il était au moins soldat, tandis que vous, abrités derrière vos priviléges, vous proposez de détruire le gouvernement de l'empereur alors qu'il est en face de l'ennemi.

M. ARAGO : La patrie est en danger.

M. GRANIER DE CASSAGNAC : Nous sommes tous venus ici sous la condition du serment qui constitue notre caractère, notre inviolabilité. (Bruyantes interruptions à gauche.) Celui qui déchire son serment cesse d'être inviolable (le bruit continue), et si j'avais l'honneur de siéger sur les bancs du gouvernement, vous seriez tous ce soir livrés aux conseils de guerre !

La menace avait été jetée par M. Granier de Cassagnac frémissant, et peu s'en fallut que la gauche tout entière, se levant, n'allât demander au pays s'il entendait qu'on menaçât de mort ses élus.

Les cris d'indignation étouffèrent la voix du député du Gers et, dans un indescriptible tumulte, les députés de la gauche se lèvent tous, interpellant le président qui laissait ainsi injurier et menacer des représentants inviolables.

M. Jules Simon s'écrie : « Fusillez-nous donc, si vous l'osez ! »

M. de Gramont se met à rire.

Aussitôt M. Estancelin, M. Jules Ferry s'élancent de leurs places, accourent dans l'hémicycle, jusqu'au banc du ministre des affaires étrangères, et si près, dit un journal, qu'on croit un instant que M. Estancelin l'a soufflété. Mais vingt députés de la droite se sont déjà jetés entre M. de Gramont et les membres de la gauche.

L'ordre ne se rétablit point, mais l'orage se calme. M. Jérôme David, qu'on avait vu, en wagon, près de Forbach, pendant la journée du 6 août, signale « l'infériorité incroyable » où étaient nos soldats vis-à-vis de l'ennemi, et il s'écrie, condamnant lui-même le ministère et, sans le vouloir, l'empire et le régime tout entier fait de gaspillage et de mensonge :

« La Prusse était prête et nous ne l'étions pas ! »

M. Le Bœuf, devant la commission, n'avait-il pas répondu pourtant à cette question : « Êtes-vous prêt ? — Oui, je suis cinq fois prêt, et ne le serai jamais davantage ! »

Donc Jérôme David, en visant le ministre de la guerre, atteignait directement l'empereur.

M. de Kératry succède à ces orateurs, apportant une proposition tendant à rappeler sous les drapeaux tous les citoyens libérés, non mariés ou veufs sans enfants, — des classes de 1858 à 1863.

La Chambre l'écoute, même lorsque, rappelant qu'après les défaites de Napoléon 1er, la France s'est chargée elle-même de ses destinées, M. de Kératry déclare que Napoléon III devrait ainsi « céder sa place au patriotisme de l'assemblée. »

Et n'était-ce pas, en effet, sinon le salut, au moins un moyen de salut ? M. Schneider avait beau jeu à déclarer que la proposition de M. de Kératry, comme celle de M. Jules Favre, était inconstitutionnelle. A cette heure, que valait donc, et de quel poids pesait dans la balance une constitution qui, en maintenant l'empereur au pouvoir, perdait la patrie ? *Salus populi suprema lex.* Il ne s'agissait plus d'une dynastie, il s'agissait de la France, et si Napoléon ne se fût pas surtout inquiété de son trône et du trône à léguer à son fils, sans nul doute il se fût sacrifié au salut de la patrie. Le *Times*, qui faisait alors une guerre acharnée à l'empire, après en avoir été, depuis la guerre de Crimée, le plus fervent soutien, rappelait justement, à cette date, qu'en 1814 une proclamation conçue en ces termes avait vu le jour à Fontainebleau :

« Les puissances alliées ayant proclamé que l'empereur Napoléon était le seul obstacle au rétablissement de la paix de l'Europe, l'empereur Napoléon, fidèle à son serment, déclare qu'il renonce pour lui-même et ses héritiers aux trônes de France et d'Italie, et qu'il n'est pas de sacrifice personnel, y compris celui de la vie, qu'il ne soit prêt à faire aux intérêts de la France. »

Rappeler ces paroles et cet acte de Napoléon Ier, c'était tracer la route et montrer l'exemple à Napoléon III. Mais celui-ci tenait à demeurer le chef d'un empire, dût-il entraîner avec lui, dans sa chute, ces millions de citoyens qui lui avaient si follement confié le soin de leurs destinées et de leur fortune.

La proposition de M. de Kératry était radicalement opposée à l'empire. M. La Tour du Moulin en apporta bientôt une autre, dans cette séance du 9 août, radicalement opposée au ministère. L'ordre du jour qu'il voulait faire adopter déclarait que le ministère n'avait pas la confiance de la Chambre. On le repoussa. Mais M. Clément Duvernois en introduit aussitôt un autre, moins direct, a-t-on dit, mais plus cruel. Ce nouvel ordre du jour était ainsi conçu :

« La Chambre, décidée à soutenir un cabinet capable d'organiser la défense du pays, passe à l'ordre du jour. »

Voter un tel ordre du jour, demander un cabinet capable d'organiser la défense du pays, c'était déclarer que le ministère Ollivier était absolument incapable. C'était condamner M. Ollivier et ses collègues. Mis aux voix, l'ordre du jour est adopté à une grande majorité, et les coupables organisateurs de la guerre reçoivent ce premier châtiment d'une assemblée qui les acclamait jadis.

Quelques minutes après, M. Jules Simon passait sur la place de la Concorde. La foule faisait arrêter sa voiture, demandant, à grands cris, des nouvelles. « Citoyens, dit M. Simon, je voudrais avoir plusieurs bonnes nouvelles à vous annoncer. Je n'en ai qu'une. Le ministère Ollivier n'existe plus ! » Une immense clameur saluait aussitôt la chute de cet homme dont l'infatuation et l'orgueil bâtis sur la sottise avaient contribué à attirer sur nous l'invasion.

Ainsi s'écroulaient les ambitions, les ardents espoirs, les rêves de puissance, de ce personnage médiocre dont le hasard, la destinée, le partage et la vanité avaient un moment fait un personnage. Vide et verbeux, plein de vocables et de périodes, ce rhéteur retombait soudain de la hauteur où le sort ironique l'avait placé, et M. Ollivier disparaissait, atome emporté par la tourmente qu'il avait lui-même déchaînée, comme disparaît le grain de sable qui entraîne après lui l'avalanche.

Mais l'atome disparu, l'avalanche grondait, menaçait et écrasait encore. Il fallait songer à l'arrêter.

Paris apprenait, le lendemain, que le comte de Palikao était chargé de composer le nouveau cabinet.

Lorsqu'on connut cette nouvelle, la première pensée de bien des gens fut celle-ci : « L'empire médite un coup d'État. M. de Palikao sera à la fois le Morny et le Saint-Arnaud de la régence. » D'autres répondaient : « Il n'oserait. » On attendit, avant d'asseoir un jugement, la composition du ministère.

Le 10 août, la Chambre déclarait au milieu des applaudissements de l'assemblée et des tribunes, que l'armée avait bien mérité de la patrie.

Elle votait à l'unanimité :

La loi qui appelle sous les drapeaux à l'armée active tous les hommes valides de vingt à trente-cinq ans.

La même loi disposait que le crédit de 4 millions, accordé par la loi du 24 juillet 1870 aux familles des soldats de l'armée et de la garde mobile, est porté à 25 millions.

Les engagements volontaires et les remplacements dans les conditions de la loi du 1er février 1868 pouvaient être admis pour les anciens militaires jusqu'à l'âge de quarante-cinq ans.

Le général comte de Palikao annonçait ensuite la formation du nouveau ministère ainsi composé :

Guerre : Comte de Palikao.
Intérieur : M. Henri Chevreau.
Finances : M. Magne.
Justice et cultes : M. Grandperret.
Agriculture et commerce : M. Clément Duvernois.
Marine : M. l'amiral Rigault de Genouilly.
Travaux publics : M. le baron Jérôme David.
Affaires étrangères : M. le prince de la Tour d'Auvergne.

C'était décidément un ministère, non pas provoquant, mais résolu à tout faire pour sauver l'empire. M. Grandperret y faisant face à M. de Palikao en déterminait parfaitement le caractère, et, si j'osais me servir d'une expression dont l'empire avait fait, pour ses préfets une expression officielle, je dirais que c'était un ministère *à poigne*. Mais, quoi qu'il fît, l'empire était condamné.

Ce ministère de la dernière heure n'était pas précisément populaire. C'était une sorte de ministère Polignac, et, à bien réfléchir, les ordonnances n'étaient pas loin, et des ordonnances autrement attentatoires à la liberté que celles de 1830. Nous avons entendu dire alors, par un personnage politique, dont le rôle depuis cette époque a été considérable : « Jamais l'empire n'a été si fort qu'aujourd'hui ». Ce n'était pas voir juste, mais on pouvait bien affirmer que jamais l'empire n'avait paru si décidé à en finir avec ses ennemis intérieurs. Tout porte à croire, je le répète, qu'on n'attendait qu'une victoire pour tenter un nouveau coup d'État. Nous aurons l'occasion de le montrer plus tard.

Les hommes du nouveau cabinet eussent tout essayé, sans hésitation et sans miséricorde. On pouvait dire qu'ils étaient les plus actifs et les plus résolus du parti bonapartiste. M. le baron Jérôme David, petit-fils du peintre régicide Louis David, et filleul du roi de Westphalie, ancien mousse, puis saint-cyrien et lieutenant de zouaves, chef d'un bureau arabe, officier d'ordonnance du prince Napoléon en Crimée, — ce qui ne dut pas lui créer de bien grands dangers, — il n'en était pas moins un homme solide et d'une résolution de prétorien. Toute sa politique avait été vouée à la réaction. Il avait combattu la liberté sous toutes ses formes, sous la forme du radicalisme et sous celle du tiers-parti. La signification de son nom était telle qu'en juin 1869, lorsqu'un vote de la Chambre le nomma vice-président du Corps législatif, le président, M. Schneider, devant un vote aussi nettement réactionnaire, donna cette démission que l'intervention personnelle de Napoléon l'empêcha de maintenir.

Le baron Jérôme David arrivait au ministère avec la colère la plus violente contre le ministère Ollivier et contre la gauche. Homme lige de l'empire, il ne voyait, il ne voulait voir que l'empire. Il était prêt à traiter la France comme un vaste bureau arabe pour la rendre ou la conserver à César. C'était lui qui, avec M. Clément Duvernois, avait porté au ministère Ollivier le coup décisif. Les retours de la politique tortueuse voulaient que ce fût justement M. Duvernois qui, après avoir présenté M. Ollivier à l'empereur, après avoir joué son rôle dans cette comédie de Compiègne, dont la publication des *Papiers des Tuileries* nous a livré le secret, vînt justement renverser celui qu'il avait contribué à élever.

M. Clément Duvernois représentait, il le dit lui-même dans une lettre à M. É. Ollivier (1), le général des *troupes fraîches* de l'empire. C'est pourquoi il n'avait point voulu, en décembre 1869, faire partie de ce cabinet du 2 janvier, qui ne pouvait être, il le croyait, qu'un *cabinet mixte* ou un *cabinet d'inaction*. Nous avons vu que ce cabinet fut au contraire tout de mouvement, de fièvre, de névrose et de folie. « Que voulez-vous qu'aille faire ma jeunesse au milieu d'un personnel gouvernemental hésitant, timide, et qui croit que l'art de bien gouverner est l'art de bien dire sans rien faire ?..... Quand vous voudrez un gouvernement d'action, je serai votre homme sans condition et sans délai. » Ainsi, puisque M. Clément Duvernois y entrait, le cabinet du 10 août allait être un *cabinet d'action*. Il le fallait, certes, dans la situation épouvantable où se trouvait la France. Mais comment M. Duvernois et ses collègues entendaient-ils cette action ?

M. Clément Duvernois, jadis adversaire acharné de l'empire et de l'idée impériale, en était devenu, nous l'avons vu, le défenseur, et comme tous les néophytes, il apportait à son culte nouveau une ferveur plus grande, ou plutôt il gardait pour ses anciens compagnons de lutte une âpreté d'autant plus violente qu'il les connaissait mieux, par leurs qualités et leurs défauts, et qu'il avait plus longtemps combattu à leurs côtés. Nul plus terrible inquisiteur qu'un converti. Pour servir ce *gouvernement d'action* dont il parlait en décembre 1869 et dont il faisait partie en août 1870, M. Clément Duvernois était décidé à briser les obstacles, dût-il rencontrer devant lui d'anciens amis, radicaux comme MM. de Fonvielle, ou libéraux comme M. Pessard. Le temps n'était plus où, dans sa haine du despotisme, M. Duvernois luttait contre l'empire, et par la plume et par la parole, dans son journal ou à la tribune des conférences de la rue de la Paix. Vers 1866, alors qu'il faisait campagne à la *Liberté*, M. Duvernois, nous l'avons dit, inquiétait personnellement l'empereur, dont il prenait vigoureusement à partie la politique. Mais depuis lors, quel changement ! Peut-être le spectacle offert à M. Duvernois par le Mexique déchiré, et qu'il avait vu de près vers 1865, lui avait-il enlevé peu à peu la fleur de ses idées premières. Toujours est-il que l'ancien rédacteur de l'*Algérie nouvelle* et du *Courrier du dimanche*, abdiquant son passé, reniant ses premiers écrits, était devenu le favori et le serviteur d'un régime qu'il méprisait.

On l'avait vu fonder, avec le secours de la cassette impériale, un journal dynastique, le *Peuple* (plus tard devenu le *Peuple français*), journal dont l'influence était nulle, les dépenses fortes, et que l'historien de la *Guerre pour la frontière du Rhin*, M. Rüstow, appelle énergiquement un *journal entretenu* (1).

Et c'était M. Duvernois, énergique, audacieux, d'une verve vigoureuse comme écrivain, viril et peu scrupuleux comme homme politique, c'était lui qui succédait à l'infatuation bourdonnante de M. Ollivier. On pouvait certes s'attendre à des *actes* de la part de ce défenseur du gouvernement d'action. Rendons-lui cette justice que, s'il n'eût pas hésité

---

(1) *Papiers des Tuileries*, tome Iᵉʳ, p. 268. (Édit. Garnier.)

(1) Voir aux Documents le total des sommes touchées par le *Peuple français*.

Uhlans faisant des réquisitions dans un village de la Lorraine.

devant un coup d'État, il mit toute son activité de jeunesse au service de l'approvisionnement de Paris. Les marchés furent passés, marchés léonins où la part du lion était faite, sans nul doute, mais, dans tous les cas, ils étaient passés rapidement, comme l'exigeaient les circonstances.

M. Duvernois était l'homme d'affaires du cabinet du 9 août, M. Jérôme David en était l'énergie, M. de Palikao y représentait la force, et M. Grandperret la justice, cette autre espèce de force entre les mains d'un gouvernement qui centralise, pour sa défense et sa garde personnelles, tous les pouvoirs. Le réquisitoire de M. Grandperret au procès de Tours, réquisitoire où, montrant avec une vérité cruelle les plaies de la société française ac-

tuelle, et en particulier de la littérature et du journalisme, — mais sans avoir la franchise de rechercher la cause de ces plaies, qui était l'abaissement des mœurs et des caractères par l'empire, l'affaissement, l'anéantissement des principes de morale et de droit par le despotisme, — ce réquisitoire avait mis le procureur impérial, M. Grandperret, comme on dit, « bien en cour ». Le portefeuille de la justice, j'entends de la justice de l'empire, était en de bonnes mains en tombant dans les siennes. Le sabre de M. de Palikao allait avoir, comme soutien, le papier timbré du garde des sceaux. Le coup d'État, je le redis encore, était dans l'air. Mais, certes, il n'eût pu réussir. C'était, d'avance, un coup d'État avorté.

Dans la séance du 11 août, M. de Kératry propose de nommer une commission d'enquête chargée de traduire à sa barre le maréchal Lebœuf.

La proposition est rejetée.

Le ministre de la guerre déclare, ce jour-là que le maréchal Bazaine commande en chef l'armée du Rhin. — La chose était fausse. L'empereur commandait toujours et, à cause de lui, l'armée n'agissait point et perdait un temps précieux, irréparable, nous le montrerons en racontant les batailles autour de Metz.

Séance du 12 août.

Le général Palikao donne lecture à la Chambre du télégramme suivant qui lui a été expédié par l'empereur :

« J'ai accepté la démission de M. le maréchal Le Bœuf, comme major-général de l'armée. »

Donc, l'empereur commandait encore.

Le ministre de la guerre annonce ensuite qu'avant quatre jours deux corps d'armée de 35,000 hommes chacun seront devant l'ennemi.

Le ministre de l'intérieur interpellé au sujet des Allemands qui résident à Paris, au nombre de 70,000, annonce que des mesures sont prises pour arriver à leur éloignement du territoire.

« Cette mesure, dit le ministre, admet des tempéraments : quand les étrangers résidant en France seront signalés comme des citoyens paisibles dont la présence est sans danger, nous n'aurons pas la cruauté de les éloigner. »

Séance du 13 août.

Le ministre de la guerre annonce enfin que le maréchal Bazaine a été investi du commandement en chef de l'armée, ce qui n'implique aucun commandement en dehors ou supérieur.

M. BARTHÉLEMY-SAINT-HILAIRE : Alors il est généralissime ?

M. LE MINISTRE : Oui.

M. COCHERY : Je demande si la garde rentre dans le commandement du maréchal Bazaine.

M. LE MINISTRE DE LA GUERRE : A l'armée il n'y a pas plus de garde que d'autre corps. Elle est comme les autres corps sous les ordres du maréchal Bazaine (Très-bien ! très-bien !)

La Chambre se réunit en comité secret pour examiner la proposition de M. Jules Favre, tendant à la nomination d'un comité de défense choisi partie sur les bancs du Sénat, partie sur ceux de la Chambre des députés, proposition que nous lui avons vu formuler à la séance du 9 août.

La proposition de Jules Favre est rejetée à une forte majorité.

Le lendemain, c'est-à-dire dans la soirée du dimanche 14 août, une étrange nouvelle se répandit dans Paris et frappa la population de stupeur. Pendant l'après-midi de ce jour, vers trois heures et demie, une bande d'émeutiers armés de revolvers et de poignards, avait tenté de s'emparer des fusils renfermés dans la caserne des pompiers située boulevard de la Villette, près du pont du canal. Il y avait eu résistance de la part de la sentinelle et du petit nombre d'hommes que contenait le poste. La sentinelle avait été blessée d'un coup de revolver, puis les insurgés s'étaient répandus dans la caserne, essayant d'obtenir du lieutenant Cottrey qu'il livrât les chassepots. Au bruit de la lutte, les sergents de ville d'un poste voisin étaient accourus et s'étaient précipités l'épée à la main sur les envahisseurs. Une mêlée s'était engagée dans laquelle plusieurs agents avaient été atteints, dont l'un mortellement. La foule stupéfaite se tenait à distance. Maîtres du terrain, les insurgés tentèrent de nouveau de s'emparer des armes des pompiers. Ils échouèrent devant l'attitude énergique de l'officier et de ses hommes. Cependant des renforts arrivaient. Les émeutiers, comprenant que la partie était perdue pour eux, se dirigèrent vers Belleville, en appelant les citoyens aux armes. Leurs cris ne rencontrèrent pas d'écho. Quelques-uns d'entre eux étaient restés aux abords de la caserne. La foule, revenant au sentiment de la réalité, les saisit criant : « Ce sont des Prussiens ! » Ils furent pour la plupart très-maltraités, et la police eut grand'peine à les arracher à la justice populaire.

Dans la soirée, en prévision de nouvelles tentatives, de nombreuses patrouilles de cavalerie circulèrent dans les faubourgs, mais la tranquillité ne fut troublée nulle part. Ce coup de main était l'œuvre d'une poignée de révolutionnaires exaltés, appartenant au parti blanquiste, ainsi que le démontrèrent les débats devant le conseil de guerre.

A l'issue de cette échauffourée, de nombreuses arrestations eurent lieu, et les principaux accusés furent traduits devant le conseil de guerre de la 1re division militaire, siégeant sous la présidence de M. Boutier, colonel commandant la 1re légion de gendarmerie.

Maladroite et coupable tentative qui permit à l'empire d'exploiter la légitime haine qu'avait la patrie contre l'étranger en répétant que les Prussiens poussaient les émeutiers. D'ailleurs, encore une fois, les révolutions légitimes ne s'accomplissent pas par des coups de mains. Elles sortent, comme Minerve du cerveau de Jupiter, tout armées de la conscience publique, et alors, mais alors seulement, elles sont irrésistibles, parce qu'elles sont non-seulement la force, ce qui est peu de chose, ou l'audace, mais le droit, ce qui est tout.

L'affaire des accusés de la Villette devait venir aux audiences des 20, 23, 29 et 31 août, et nous ne nous arrêterons pas sur ce drame. Deux des accusés seulement, Eudes et Brideau, paraissaient avoir pris une part active à l'organisation du complot ; Blanqui n'avait pu être arrêté (1).

Le conseil de guerre prononça les condamnations suivantes :

Eudes, Brideau, Drest, Cahen, Zimmermann, Brisset, la peine de mort ;

Saint-Hubert, Robidat, Mordac, dix ans de travaux forcés.

Lerin, Larregieu, cinq ans de détention.

Hamilbat, Banvoust, Hildenbrand, Zingraff, Guillerey, Baillet, acquittés.

Ce procès, que les désastres qui se pressaient ne permirent pas de terminer, — nombre de détenus attendaient leur jugement, — ne préoccupa que fort peu l'opinion publique. Encore une fois l'esprit de la France et son âme étaient à la frontière.

Lors des condamnations à mort pourtant, il y eut quelques protestations. Michelet, George Sand, demandèrent qu'il fût sursis aux exécutions.

La lettre de George Sand n'a pas été publiée. Voici celle de Michelet :

AUX CHEFS DE LA DÉFENSE!

« Dans vos proclamations, il y a des paroles d'*hommes*, nobles et chaleureuses. — Eh bien ! si vous êtes des hommes, épargnez-nous de voir une chose inhumaine !

« Une chose sinistre et de mauvais augure, dans cette grande heure sacrée : le spectacle barbare de tant d'exécutions militaires.

« Quel prélude pour la défense de Paris ! ces impressions navrantes de supplices qui resserrent les cœurs, sont-elles bonnes pour les élever au sacrifice, au dévouement !

« Le temps presse. Je signe seul. Mais si j'avais un jour de plus, dix mille, vingt mille personnes signeraient cette lettre. Je suis de Paris. J'y ai toujours vécu. J'en ai l'âme. Je dis ce que nous pensons tous. Je parle au nom d'une foule d'hommes de nuances diverses dont aucun, certes, n'approuve ces tentatives aveugles que, depuis cinquante ans, nous avons vu tant de fois se renouveler, toujours les mêmes.

« Quelle que soit l'attention sérieuse que l'on porte à ce procès, il est bien rapide pourtant, et plus d'une chose reste obscure. — Si dans un jour plus calme, quelque lumière nouvelle apparaissait, ne regretterait-on pas amèrement d'avoir précipité l'exécution !

« Nous vous demandons instamment un sursis aux supplices.

« Toute justice humaine à l'heure qu'il est, doit s'ajourner, attendre, respecter Dieu, qui va juger la nation.

« Paris, 30 août 1871.

« J. MICHELET. »

Ce n'était pas le seul drame particulier qui vint s'encadrer, pour ainsi dire, dans ce grand drame national où se jouait le sort de la France. Les condamnés de la Villette ne devaient pas être exécutés, mais parlons, pour n'y plus revenir, d'un mort qui laissera son nom dans cette histoire, le nom d'un espion.

Le samedi 27 août, à six heures du matin, eut lieu, dans une des cours intérieures de l'École militaire, l'exécution de Charles de Harth, espion prussien, condamné à mort par le 2⁰ conseil de guerre de la Seine, dans sa séance du 22 août. Arrêté le 12 août, à Pouilly, près Gien, Harth avait avoué être officier prussien, et déclaré qu'il envoyait à son gouvernement des communications sur le mouvement des esprits en France, ainsi que des plans, des préparatifs de défense des bords de la Loire.

Il s'était pourvu en révision. Le pourvoi fut rejeté le 26, et l'exécution fixée pour le lendemain. Le peloton d'exécution se composait de soldats du 42⁰ de ligne. Harth montra une fierté courageuse devant la mort, et refusa d'abord de se laisser attacher les mains et bander les yeux. Il n'y consentit que sur les instances du pasteur protestant qui l'accompagnait et qui le fit agenouiller. Après lecture du jugement faite par le greffier, l'officier commandant le peloton donna le signal, et le condamné tomba. Il avait dix balles dans le corps. Au moment où allaient partir les coups de feu, il prononça lentement ces paroles : « Tirez... *für Vaterland!* (pour la patrie !)

Le corps fut placé, tout habillé, dans un cercueil et transporté de suite au cimetière Montparnasse. C'est là qu'il repose.

L'exécution de Harth répondait à l'indignation, à la rage publique. On se sentait vaguement livré et perdu. La nation n'avait plus qu'un désir : la vengeance. Elle demandait des armes et on hésitait à l'armer. L'autorité semblait décourager les dévouements volontaires. Des jeunes gens qui, pour défendre la frontière, couraient s'enrôler, étaient envoyés, comme par ironie, dans les Pyrénées, dans le Midi, en Algérie. Vainement on réclamait des armes pour les gardes nationaux. L'activité du pays se dépensait à chercher à être utilisé ; mais on laissait tout, force, dévouement, ardeur, virilité, dans une inutilité navrante, et la France était envahie, et les Allemands avançaient !

---

(1) Blanqui a publié dans son journal *la Patrie en danger*, en septembre 1870, le récit de cette affaire. Nous reproduisons cette pièce aux documents complémentaires de ce chapitre. Point n'est besoin de dire que ce récit n'est qu'une longue apologie de la conduite de Blanqui et de ses lieutenants : Flotte, Granger, Eudes, etc.

M. Gambetta interpellait le ministère sur les désordres de la Villette, et, voulant dégager la responsabilité du parti républicain, et montrer au pays que les patriotes n'avaient point trempé dans cette échauffourée sanglante, il présentait une pétition demandant d'appliquer avec activité la loi sur les étrangers.

Mais la grosse question, la question capitale, vitale, du moment, c'était l'armement des gardes nationaux. Le gouvernement se défiait de ces gardes nationales que les despotismes appellent toujours trop tard à la défense du sol. Il fallait pourtant bien s'adresser à leur patriotisme. Le moment était venu. La nécessité l'exigeait.

Lorsque le premier empire, après avoir déchaîné sur la France l'épouvantable fléau de l'invasion, voulut essayer de lutter contre les masses ennemies, il fit, lui aussi, appel à cette force dont il se défiait, à cette réserve civique qui s'appelle la *garde nationale* (1). On sait que, mal armée, sans organisation et sans cadre, les gardes nationales de France surent, devant l'étranger, faire leur devoir. Elles furent héroïques au combat de la Fère-Champenoise, et ce mot, l'héroïsme, dont on a tant de fois abusé, est le seul qui convienne à ces braves gens. Aux barrières de Paris, elle sut résister et résista. Après l'avoir épurée durant ses dix-huit ans de règne, le second empire, acculé dans ses derniers retranchements, fit tout à coup appel à la garde nationale. Le général d'Autemarre convoquait tous les chefs de corps, et le sénateur préfet de la Seine, M. Henri Chevreau, appelait à concourir aux travaux de terrassement et de maçonnerie tous ceux qui n'étaient pas appelés par le nouveau décret à faire partie de la garde nationale. Quant à ceux-ci, le commandant supérieur disait, en parlant de cette garde citoyenne, dont on médit quand, après n'avoir pas su l'utiliser, on veut la dissoudre : « Le dévouement et le patriotisme dont elle a donné tant de preuves, ne se démentiront pas dans les circonstances que nous traversons. »

En effet, le dévouement de ces soldats improvisés était absolu. On les voyait déjà faire l'exercice avec des bâtons, des cannes, des parapluies, tous pleins de foi et ne doutant pas de la victoire définitive. Mais si le tableau de ces patriotes était consolant, la capitale offrait d'autres aspects moins superbes. On était pris d'une confiante ardeur en voyant défiler sur nos boulevards les bataillons vraiment admirables, l'air résolu, de l'infanterie de marine, et même en voyant arriver ces pompiers de village qui font silencieusement et fermement leur devoir, et qu'on raille peut-être parce que leur zèle est de sauver et non de tuer.

En revanche, Paris, en ces journées de crise, avait un aspect qui étonnait et, disons-le, navrait ceux qui, ayant vu de près les déroutes de notre armée du Rhin, pouvaient juger du peu d'effet que ces désastres avaient produit sur l'esprit public. Paris continuait à vivre comme par le passé, insouciant, tumultueux et gai. L'orgie de l'empire continuait. Quoi d'étonnant ? Le pouvoir cachait la vérité, la foule s'obstinait à ne point l'entendre. Mensonge en haut, illusion en bas. Paris était persuadé que les destins se lasseraient à nous être contraire et il avait déjà remis toute sa confiance aux mains de deux hommes dont il eût cependant dû se défier, et qui s'appelaient, l'un Bazaine, l'autre Palikao.

Depuis qu'on savait que Bazaine commandait en chef cette « armée du Rhin » devenue l'armée de Metz, la population française, par un invincible besoin de confiance qu'elle a gardé pendant tous ses revers, se sentait rassurée. Après n'avoir vu dans Bazaine que l'homme du Mexique, le général dont le rôle avait, on le sait aujourd'hui, été oblique dans cette expédition, l'opinion, prête à se raccrocher dans les naufrages à toutes les branches de salut, ne voyait que le chef d'armée qui tenait les destinées de la patrie et qui, à n'en pas douter, — on le croyait alors, — les tenait d'une main ferme, mâle et résolue.

Quant à M. de Palikao, on oubliait encore ses antécédents d'Afrique et d'Asie. Ce même homme à qui une Chambre bonapartiste, pourtant docile aux volontés du maître, avait refusé jadis, au grand étonnement et au grand courroux de l'empereur (1) une dotation, ce général, surtout célèbre

---

(1) *La garde nationale de notre bonne ville de Paris est mise en activité*, disait le décret du 8 janvier 1814. « Mais, comme dit M. Koch (*Mémoires pour servir à l'Histoire de la campagne de 1814*), Napoléon n'armait qu'avec répugnance une force ennemie de son pouvoir absolu. » Ou pour mieux dire, il ne l'armait pas. Lorsque le décret plus radical du 15 mars ordonna la levée de toutes les gardes nationales de la Seine, il était trop tard, encore une fois, et les gardes de Belleville, de Bercy, de Saint-Denis et des élèves d'Alfort, eurent seuls le temps de s'organiser. Mais les armes manquaient. Clarke, duc de Feltre, n'osait les remettre aux gardes nationaux. Rovigo demandait à Napoléon ce qu'il fallait faire : *Vous avez des fusils à l'arsenal*, répondait l'empereur, *servez-vous-en*. Il en fallait 20,000. Clarke en distribua 4,000 au plus et seulement lorsque les Russes et les Prussiens furent sous Paris. Il laissa les autres à l'arsenal. (Voy. *Histoire de la garde nationale*, par E. de la Bédollière.)

(1) Ce refus de dotation, de récompense nationale, amena entre le souverain et le Corps législatif une sorte de conflit et ce fut alors que Napoléon osa publiquement appeler la France une *nation dégénérée*. On vivait, il en usait, cette pauvre France, et il osait la dire dégénérée quand elle n'était abaissée que par lui ! Il faut relire ces pièces authentiques pour se rendre compte du degré d'audace où en étaient arrivés les gouvernants du pays :

Le *Moniteur* du 23 février 1862 publie la lettre suivante adressée à l'empereur par M. le général de division Cousin-Montauban :

« Paris, 21 février 1862.

« Sire,

« Lorsque Votre Majesté a fait présenter au Corps législatif un projet de loi ayant pour objet de faire accorder au général commandant en chef l'expédition française en Chine

Transport des blessés à Metz, après l'affaire de Longeville.

par l'incendie du palais d'Été à Pékin, devint brusquement (pour peu de temps, il est vrai) quasi populaire. On crut à ses communications officielles comme on crut à ses talents militaires. Ses thuriféraires (tout-puissants alors en France) répétaient qu'il fallait du génie et le génie le plus viril pour avoir conquis la Chine avec une armée de dix mille hommes (deux régiments de ligne, le 101° et le 102°, le 2° bataillon de chasseurs à pied, un régiment d'infanterie de marine, un escadron de cavalerie et un détachement d'artillerie). Il fallait, il est vrai, ajouter aux dix mille hommes de Cousin-Montauban, les vingt-trois mille Anglais commandés par le général Grant, mais les admirateurs de M. de Palikao ne comptaient pas ces alliés, et ils oubliaient que l'armée prussienne n'a rien de comparable aux tigres de guerre du *fils du ciel*. En un mot, on s'abandonnait à ce nouveau ministre de la guerre comme on s'était abandonné à M. Le Bœuf et nous verrons M. de Palikao, aux applaudissements de la Chambre, venir conter des faits qu'en-

une récompense nationale, elle devait croire que ce corps politique, s'associant à la pensée qui voulait rappeler un titre glorieux pour la France, accueillerait avec empressement ce projet.

« Il n'en a pas été ainsi, et, dans sa séance du 19 février courant, quelques membres ont paru protester contre les intentions de l'empereur et, j'ose le croire, contre celles de la nation.

« Dans ces conditions, Sire, je prends la respectueuse liberté de supplier Votre Majesté de vouloir bien faire retirer le projet de loi tendant à me faire accorder une dotation.

« Quelque médiocre que soit ma fortune, Sire, je serais profondément affligé de voir la pensée de l'empereur et la gloire de l'armée livrées à une discussion d'intérêt qui m'est personnel.

« Je suis, Sire, avec le plus profond respect,
« De Votre Majesté,
« Le très-humble et très-dévoué sujet,
« *Le général de division, sénateur,*
« COUSIN-MONTAUBAN, COMTE DE PALIKAO. »

On lit aussi dans le *Moniteur* :

Sa Majesté a daigné écrire en réponse la lettre qui suit :

« Paris, 22 février 1862.

« Mon cher général, la demande que vous me faites de retirer le projet de dotation vous est inspirée par un sentiment dont j'aime à vous voir animé ; mais je ne retirerai pas ce projet. Le Corps législatif peut à son gré ne pas trouver digne d'une récompense exceptionnelle le chef d'une poignée d'héroïques soldats qui, à travers tant de difficultés et de dangers oubliés le lendemain du succès, ont été au bout du monde planter le drapeau de la France dans la capitale d'un empire de 200 millions d'âmes ; le chef qui, tout en maintenant la dignité et l'indépendance de son commandement, a su conserver avec nos alliés les relations les plus utiles et les plus amicales.

« A chacun la liberté de ses appréciations. Quant à moi, je désire que le pays et l'armée sachent que, juge obligé des services politiques et militaires, j'ai voulu honorer par un don national une entreprise sans exemple. Car les grandes actions sont le plus facilement produites là où elles sont le mieux appréciées, et les nations dégénérées marchandent seules la reconnaissance publique.

« Recevez, mon cher général, l'assurance de ma sincère amitié.

« NAPOLÉON. »

registrait la crédulité publique, et que la réalité démentait terriblement le lendemain.

Mais, reconnaissons-le pour notre châtiment, depuis longtemps la France, déshabituée d'agir et de penser par elle-même, tenait à se livrer, pieds et poings liés, à un maitre, à un guide, à un chef. Elle avait pris, peu à peu, ce lugubre pli de la servitude, qui se creuse avec les années et ne s'efface pas en un jour. Déchargée du souci de l'angoisse, de l'inquiétude par la nomination de ces deux généraux, elle respira. Elle se sentit remplie d'aise. Elle attendit le dénoûment et le prochain combat qui ne pouvait être qu'une victoire. Elle l'attendit, en retournant à ses cafés-concerts, où l'on chantait des hymnes patriotiques, et à ses théâtres, où l'on mettait en scène la *Marseillaise*, défigurée dans la bouche d'une hurleuse à la mode ou sur les lèvres inconscientes d'un enfant prodige. Cette nation, ce Paris, ne semblaient point se douter que l'ennemi était là, à leur porte. Aussi, qu'ils étaient coupables, qu'ils sont sévèrement condamnés par l'histoire ceux qui n'osèrent jeter à ce pays, pris d'une torpeur confiante, d'une somnolence de visionnaire, le coup de clairon qui devait l'éveiller ! Qu'ils furent coupables, ces ministres de l'empire qui trompèrent et émasculèrent ce peuple à qui ils mentaient ! Il n'y avait pas à rassurer le pays en ces terribles heures ; il n'y avait qu'à pousser le cri du tumulte : *Caveant consules !* Il n'y avait qu'à charger le canon d'alarme. Il n'y avait, encore une fois, qu'à crier : *Aux armes !*

Ceux qui rassuraient le pays le trahissaient.

Mais, quelles que fussent les illusions de la nation et les habiletés du gouvernement, la situation de l'empire, pour tout esprit clairvoyant, était perdue. Les partis avaient désarmé devant l'ennemi, mais la France entière avait intimement condamné l'homme qui nous avait précipité dans ce gouffre. Qu'on se reporte à ces heures de souffrances, qu'on relise les journaux de ces mois où chaque jour pesait, dans notre histoire, du poids d'une année terrible. Les journaux dévoués à l'empire oubliaient, omettaient de parler de lui. Ils le rejetaient déjà comme un lest encombrant. Leur courroux était-il sincère ? J'en doute. Leur déception était-elle feinte ? Je le crois. Toujours est-il qu'ils n'eussent pas à ce moment osé défendre la politique impériale. Ils ne songeaient plus, disaient-ils, qu'à la France, et certes ils avaient raison, car la situation de la France était durement compromise. Quant à l'empire, on réglerait les comptes de la partie avec lui, plus tard, après la fuite de l'étranger.

Tel était l'état des esprits en France, le jour de cette fête césarienne du 15 août, où quelques rares lampions honteux brûlèrent seuls dans la nuit ; lumières vacillantes, plus semblables aux cierges du convoi funèbre qu'à l'illumination d'un anniversaire. Oui, et c'est là la vérité nette de la situation intérieure; dès le 15 août, dès le 6 août, l'empire était condamné.

En veut-on la preuve? Le gouvernement britannique a communiqué, en février 1871, au Parlement, le *Livre Bleu* contenant la correspondance diplomatique du ministre anglais relative à la guerre (1). Eh bien! qu'on lise la dépêche que lord Lyons adressait de Paris, le 12 août 1870, à lord Granville. On y verra ce que pensait de la situation du gouvernement impérial un diplomate habitué à voir et surtout, selon la définition de tout bon politique, à prévoir.

« L'espoir d'une victoire française semblait grandir dans la population, écrit lord Lyons, mais il n'en peut résulter qu'une déception plus amère et plus dangereuse. *Le sentiment unanime est qu'une nouvelle défaite serait immédiatement fatale à la dynastie.* Les opinions sont divisées sur les conséquences d'une victoire, *mais il ne paraît nullement certain que même le succès de l'armée sur le champ de bataille pût encore suffire à détourner une révolution.* »

Le matin de ce jour de fête impériale, 15 août, où tombait jadis des mains de César la pluie des décorations et des amnisties, Paris reçut, comme un présent, mais sans joie, la nouvelle d'un combat heureux.

Cette dépêche rassurante arriva, après tant d'autres dépêches néfastes!

L'empereur à l'impératrice.

Longeville, 4 h. 10 du soir.

L'armée a commencé à passer sur la rive gauche de la Moselle. Ce matin, nos reconnaissances n'a-

(1) Voy. l'Appendice du *Journal du siège de Paris*, publié par Georges d'Heylli. In-8, t. 1.

vaient signalé la présence d'aucun corps; mais lorsque la moitié de l'armée a eu passé, les Prussiens ont attaqué en grande force. Après une lutte de quatre heures, ils ont été repoussés avec de grandes pertes.

Il se mêlait bien à la satisfaction qu'on éprouvait à recevoir cette nouvelle d'un combat (c'était l'affaire dite de *Borny*), qu'on appelait déjà *la victoire de Longeville*, une certaine réserve inquiète. Cette formule : « l'empereur à l'impératrice » avait choqué et paru à bon droit blessante pour la dignité nationale. De quel droit l'empereur télégraphiait-il à l'impératrice et non au Corps législatif? Et pourquoi les nouvelles de l'armée nous venaient-elles signées de son nom, puisqu'il avait cédé son commandement, M. de Palikao l'avait affirmé, au maréchal Bazaine? Et puis, même en supposant que la victoire fût certaine et décisive (on allait bientôt apprendre le contraire), comment les *reconnaissances* n'avaient-elles point signalé la présence de cet ennemi qui, là encore, comme à Wissembourg, comme à Forbach, nous attaquait à l'improviste? Allions-nous traîner dans les mêmes errements, et succomber par les mêmes fautes qui maintenant, après les effroyables leçons de l'expérience, semblaient et devenaient des crimes?

On se répétait ces objections, mais il y avait dans les esprits un tel besoin d'espoir, de confiance, une assurance telle qu'on n'aperçut bientôt que les côtés consolants en apparence d'une situation en réalité épouvantable, et qu'on s'endormit sur ce succès de Longeville et sur la certitude d'une prochaine victoire de Bazaine.

Ce n'était pas au bord mais au fond du gouffre que ce pauvre peuple de France était condamné à s'éveiller.

DOCUMENTS COMPLÉMENTAIRES DU CHAPITRE X

N. 1.

Etat des sommes reçues par le *Peuple français* (Clément Duvernois, rédact. en chef), chez Marcuard André et Cie.

(*Papiers des Tuileries*, tome II. Notes sur les dépenses de la Liste civile de Napoléon III.)

1869.	1er mars......	50,000 fr.
	1er avril.......	50,000 »
	27 avril.......	40,000 »
	29 avril.......	50,000 »
	2 juin.......	50,000 »
	14 juin.......	50,000 »
	1er juillet......	50,000 »
	21 juillet......	50,000 »
	2 août.......	50,000 »
	17 août......	50,000 »
	2 septembre..	50,000 »
	16 septembre...	50,000 »
	2 octobre....	50 000 »
	13 octobre....	50,000 »
	13 novembre..	50,000 »
	25 novembre...	50,000 »
	7 décembre..	50,000 »
	17 décembre..	50,000 »
1870.	5 janvier.....	50,000 »
	17 janvier.....	50,800 »
	5 février.....	50,000 »
	26 février.....	50,000 »
	25 mars......	50,000 »
	11 avril......	50,000 »
	30 avril......	50,000 »
	1er juin.......	50,000 »
	9 juillet......	50,000 »
	30 juillet......	50,000 »
	Total....	1,417,000 fr.

En août, la guerre avait mal tourné, l'empereur faisait rentrer des fonds pour lui-même. (Voyez ses *dépêches* à M. Bure, trésorier), et n'en gardait plus pour le *Peuple français*.

N° 2.

L'AFFAIRE DE LA VILLETTE RACONTÉE PAR BLANQUI.

(Extraits de son journal et de son livre *la Patrie en danger*.)

16 septembre 1870.

Il y a aujourd'hui un mois, une centaine d'hommes se réunissaient lentement sur le boulevard de la Villette, près du pont du canal.

C'était un dimanche, par un beau soleil. De nombreux promeneurs, répandus sur les contre-allées, dissimulaient la formation du rassemblement.

Un bateleur, à quelques pas de la caserne des pompiers, était le centre de quelques curieux attirés par ses tours.

Le chef du mouvement projeté, qui avait précédé sur les lieux les citoyens engagés dans cette entreprise, les fit avertir de se joindre à l'auditoire réuni autour du jongleur. Le groupe put ainsi se concentrer sans éveiller les soupçons des sergents de ville.

Vers trois heures et demie, Blanqui donna le signal, et le rassemblement se dirigea au petit pas, sans tumulte, vers la caserne des pompiers. On suivait une contre-allée, et il fallut descendre sur la chaussée pour arriver au corps de garde.

Ce brusque détour à angle droit donna l'alarme à la sentinelle et aux soldats du poste, qui coururent à leurs fusils.

Ce fut un cruel mécompte.

On avait espéré se saisir des armes par surprise, sans collision. Il était convenu de ne faire aucun mal aux pompiers, corps aimé et estimé des Parisiens, étranger aux luttes civiles, et réputé même pour ses idées démocratiques. Le factionnaire fut blessé d'un coup de revolver en se battant, et le corps de garde fut le théâtre d'une lutte assez vive pour l'enlèvement des armes.

Les insurgés répugnaient profondément à l'emploi de la violence. Ils ne voulurent pas abuser de leur nombre pour s'emparer des fusils de vive force. On parlementa pour les obtenir de bon gré. Ces pourparlers firent perdre du temps.

Un poste de sergents de ville, situé dans le voisinage, accourut au bruit, et se précipita, l'épée à la main, sur les insurgés. Au cri : « Les sergents de ville! » Blanqui, Eudes et Granger, sortirent de la cour intérieure, et une courte et rude mêlée s'engagea aussitôt.

Les hommes de police s'enfuirent laissant sur la place un mort et deux blessés.

Restés maîtres du terrain, les insurgés firent de nouveaux efforts pour avoir les armes des pompiers.

Ces moyens de douceur ne pouvaient qu'échouer. Mais les citoyens ne voulaient à aucun prix user de la force brutale contre ce corps d'élite. La surprise était manquée.

Après ces inutiles pourparlers, les insurgés abandonnèrent la caserne, et se mirent en marche vers Belleville par le boulevard extérieur. Il fut alors évident pour eux que leur projet n'avait aucune chance de réussite. La population paraissait frappée de stupeur.

Attirée tout à la fois par la curiosité et retenue

par la crainte, elle se tenait, immobile et muette, adossée des deux côtés aux maisons. Le boulevard parcouru par les insurgés restait complétement désert. En vain ils faisaient appel aux spectateurs par les cris : « Vive la République! Mort aux Prussiens! Aux armes! »

Pas un mot, pas un geste ne répondaient à ces excitations.

Les chefs de l'entreprise avaient supposé que la gravité de la situation et les tumultes des jours précédents seraient des motifs suffisants pour rallier les masses.

Mais un certain découragement avait succédé aux émotions impuissantes des premiers jours. Les idées prenaient un autre courant. Elles tournaient au soupçon, à la crainte exagérée de l'espionnage prussien.

La police poussait avec autant de succès que de perfidie à ces terreurs puériles qui détournaient le peuple de la question sérieuse : le renversement de l'empire. Le fait est que, dans ce quartier si révolutionnaire de Belleville, l'émeute n'entraîna pas une seule recrue.

La colonne insurgée avait parcouru ainsi plus de deux mille mètres sur le boulevard de Belleville, au milieu de l'isolement et du silence.

Blanqui, Eudes, Granger, jugeant l'entreprise avortée, arrêtèrent la colonne et dirent à leurs compagnons :

« C'est une affaire manquée. Nous n'avons pas

les fusils, et puis, vous voyez que personne ne se joint à nous. Nous ne pouvons rien sans le peuple. Avant dix minutes, notre petit noyau va rencontrer des chassepots contre lesquels nos revolvers ne signifient rien. Il faut nous séparer. Le terrain est libre. Nul n'inquiétera notre retraite. Cachez vos armes et dispersez-vous à travers les rues voisines. »

Tous se rangèrent à cette opinion. Les trois fusils enlevés furent abandonnés; les revolvers rentrèrent sous les vêtements, et la dispersion s'accomplit sans obstacle.

Nous ne laissions ni morts, ni prisonniers, ni blessures sérieuses.

Personne, d'ailleurs, n'eût songé à nous barrer le chemin. La stupeur était complète autour de nous.

Il faut bien le dire, cette troupe d'hommes déterminés répandait au loin l'effroi. De l'entrée des rues qui aboutissent au boulevard, on apercevait la foule amassée à plusieurs centaines de mètres, et n'osant approcher. On voyait aussi les sergents de ville, qui se tenaient au loin, à distance respectueuse.

Cependant la presse annonçait, le lendemain, de nombreuses arrestations d'insurgés. Pas de mensonge plus effronté que ces récits de l'aventure de la Villette. Les journaux de police racontaient à l'envi que, dès le début de l'attaque, la population s'était ruée sur les émeutiers à coups de pied, de poing et à coups de triques, les avait arrêtés, maltraités avec fureur, et que la police avait eu beaucoup de peine à les sauver de l'indignation publique.

Pur roman. *Tous* les insurgés se sont éloignés ensemble de la caserne des pompiers. Ils n'ont pas laissé un homme en arrière, ils n'ont rencontré aucune opposition sur leur route, et se sont dispersés volontairement, après une demi-heure de marche.

Voici l'histoire des arrestations. Après le départ du rassemblement armé, des curieux se sont attroupés aux portes de la caserne, questionnant, s'informant, suivant la mode parisienne. La police, — sergents de ville et mouchards, — survenant tout à coup, s'est abattue sur les badauds, a frappé, assommé, arrêté à tort et à travers.

C'est ce qu'on appelle l'intervention de la foule indignée. Tout au contraire, c'est la foule indifférente que les gens de police ont exterminée.

Les premiers accusés, traduits en conseil de guerre, étaient aussi étrangers à l'insurrection que le grand Turc. On les a ramassés pêle-mêle devant la caserne des pompiers, où, depuis une heure, il ne restait plus un seul insurgé.

A l'audience, les témoins, pompiers et sergents de ville, se sont empressés de reconnaître les détenus; toutes les dépositions étaient erronées.

Les accusés de la première fournée, condamnés à mort ou aux travaux forcés, étaient innocents. Les témoins les ont reconnus, uniquement parce qu'on les avait pris, et parce qu'on ne pouvait leur représenter les véritables acteurs, restés libres. Les seuls, deux ou trois peut-être, que la police ait pu saisir, avaient été dénoncés, par suite d'indiscrétions.

Eudes et Brideau ne sont tombés aux mains de l'autorité bonapartiste que par l'effet du hasard. Un mouchard amateur, du nom de Leleu, ayant entrevu le revolver d'Eudes sous son paletot, suivit les deux amis et les fit arrêter par les sergents de ville.

La police avait jeté dans les prisons quatre-vingts malheureux qui attendaient les sentences iniques des conseils de guerre. Les témoins reconnaissaient invariablement tous les accusés qu'on amenait devant eux. On ne peut savoir jusqu'où seraient allées ces fureurs sanguinaires contre les innocents, si la Révolution du 4 septembre n'y avait coupé court.

La noble attitude d'Eudes et de Brideau avait ramené l'opinion, égarée d'abord par l'unanimité des calomnies. Mais si la fable prussienne s'était évanouie, la rage bonapartiste n'avait pas désarmé. Les arrêts de mort se suivaient sans relâche, à la grande joie de la cour de cassation, qui les confirmait dès le lendemain. A peine attendait-elle l'expiration des délais légaux.

———

17 septembre 1870.

..... Des enrichis, qui par réminiscence peut-être, croient les pauvres capables de tout, ont murmuré à des oreilles crédules : « L'auteur de cette échauffourée est sans fortune. La Prusse seule peut avoir payé les 300 revolvers et les 400 poignards des insurgés. »

Non, Basile, ce n'est pas la Prusse, c'est le citoyen Granger qui a donné pour ces achats 18,000 francs, toute sa fortune, sans se réserver un centime...

Le temps et les événements ont fait justice de ces turpitudes. Eudes a été élu chef de bataillon de la garde nationale au faubourg Antoine, et l'affaire de la Villette était son seul titre au choix de ses concitoyens. A Montmartre, Blanqui aussi a été appelé par acclamation au même grade.

..... On peut justement reprocher aux insurgés de la Villette un retard de huit jours. C'est le dimanche, 7 août, au lendemain du désastre de Reischoffen qui avait soulevé Paris, qu'il fallait se précipiter sur l'empire.

Le 14, il était trop tard ou trop tôt. La seule réponse possible, c'est que le chef de l'entreprise, surpris à Bruxelles par les nouvelles foudroyantes de l'Alsace et dépourvu de passeport, a dû franchir à pied la frontière dans la nuit du 11 au 12 août.

..... Les principaux auteurs de l'attaque de la Villette sont Blanqui, Eudes, Granger, Caria, Pilhes, ex-représentant du peuple, Flotte, qui arrivait de Californie. Tridon était malade et n'a pu se trouver sur le terrain...

BLANQUI.

CHAPITRE XI

Situation du pays après les premières défaites. — Le dépourvu est partout. — Retraite de Frossard sur Metz et de Mac-Mahon sur Châlons. — État de l'armée vaincue. — Napoléon quitte Metz et se rend au camp de Châlons. — Fautes stratégiques. — Les *mobiles* à Châlons. — Aspect du camp. — M. Rouher et le prince Napoléon. — Le roi de Prusse en France. — Ses deux proclamations. — Caractère du roi. — Souvenirs de 1806. — Paris. — Le Corps législatif. — Déclaration de M. de Palikao. — Les nouvelles de Metz. — Nomination du général Trochu au gouvernement de Paris. — Son passé. — Ses proclamations. — Aspect de Paris. — Mac-Mahon et l'empire. — Dépêches venues de Paris. — L'armée de Paris. — L'armée quitte Châlons. — Documents complémentaires.

A partir du jour où l'armée du Rhin et l'armée de la Moselle, battues à Frœschwiller et à Forbach, avaient été forcées de se mettre en retraite et d'abandonner à l'ennemi la frontière qu'elles allaient défendre après avoir voulu la franchir, il ne devait y avoir en France qu'un mot d'ordre et qu'un cri. La patrie étant en danger, on devait décréter la levée en masse et faire de tout homme valide un soldat. Qu'avions-nous perdu, en effet, dans cette journée du 6 août? Une ligne d'opérations, soit, deux batailles à la fois, et vingt-cinq ou trente mille hommes peut-être, tués, blessés ou prisonniers. Mais qu'était-ce que cette saignée douloureuse pour un grand corps puissant comme l'était ou paraissait l'être la France?

Si tout était compromis par deux combats, si toutes les forces vives du pays avaient été perdues en un jour, l'empire n'avait plus qu'à traiter et à demander la paix au vainqueur. Mais il sentait bien qu'avec une nation telle que la France, nul n'oserait s'avouer vaincu dès la première rencontre. Il fallait donc combattre. D'un autre côté, l'empire se défiait, je l'ai dit, je le répète et le redirai encore au courant de ce récit, l'empire se défiait de la nation. Il n'osait l'appeler franchement aux armes, de peur que ce peuple ne vînt, après avoir combattu pour son indépendance, demander compte à l'empire de sa liberté.

Alors on temporisa, on attendit et on mentit. M. de Palikao organisait bien, il est vrai, des régiments de marche, et reformait une armée destinée à Mac-Mahon, mais, en même temps, il entretenait dans le pays une confiance funeste et il laissait au dépourvu des villes comme Verdun et des départements entiers. Les dépêches officielles de ces terribles journées d'août ont une éloquence sinistre et leur style laconique en dit plus long que les développements les plus complets sur l'abandon où se trouvait la France.

Strasbourg est près d'être investi, les Vosges doivent être défendues, et voici ce qu'écrivent presque en même temps les préfets du Bas-Rhin et des Vosges :

Préfet du Bas-Rhin à Intérieur. — *Paris.*

Strasbourg, le 11 août 1870, 9 h. 70 m. matin.

Je manque d'argent pour faire soigner et nourrir nos blessés dans les villages où ils ont été recueillis. Pouvez-vous m'autoriser à faire traite de 80 ou 100,000 francs sur le trésorier général pour compte de mon comité départemental, et comme avance ou don au comité central présidé par l'impératrice ?

Préfet Vosges à Intérieur. — *Paris.*

Épinal, le 12 août 1870, 8 h. 5 m. matin.

Nous avons à Épinal, depuis douze jours, 4,000 gardes mobiles sans armes, mal payés, qui deviennent une cause d'inquiétude pour la population. Le gouvernement ne craint-il pas que cet élément de forces régulières ne soit enlevé par un mouvement subit de l'ennemi? Plus un seul soldat dans les Vosges, si ce n'est le corps Mac-Mahon qui en traverse l'extrême nord. Pas argent à la recette générale.

Ainsi, — et non-seulement à Épinal et à Strasbourg, — pénurie absolue d'argent, d'armes, de vivres, d'équipements, d'objets de campement, d'artillerie, de café ou de riz. Tout manque à la fois. Et la France est envahie. Et un million d'Allemands s'y précipitent et y débordent. Et la bataille prochaine va, selon toute probabilité, se livrer à quelques lieues de Paris, à Châlons, sur ce véritable champ de bataille où le sang des Huns a coulé sous la framée de nos ancêtres.

Le corps de Mac-Mahon et le corps de Failly battent, en effet, en retraite sur Châlons, tandis que Frossard se replie sous le canon de Metz et va rejoindre Bazaine, en même temps que Ladmirault quitte Thionville. Ce mouvement de retraite fut fait avec un certain ensemble apparent.

« La garde, les 2ᵉ, 3ᵉ et 4ᵉ corps descendent sur Metz, conservant jusqu'au dernier moment leur arrière-garde à Boulay.

« Le 1ᵉʳ corps se replie sur Saverne où Mac-Mahon réunit ses régiments écrasés ; le 5ᵉ, séparé du reste de l'armée, se dirige vers Nancy.

« Mac-Mahon ne tarde pas à suivre la même direction. Tous deux ont pour but de couvrir la route qui mène à la vallée de la Marne et à Châlons.

« Mac-Mahon, épuisé, va jusqu'au camp. De Failly, dont une seule division a été partiellement engagée, s'arrête à Vitry-le-François.

« Canrobert s'est avancé de Châlons avec son 6ᵉ corps, et, dépassant de Failly, il est allé rejoindre l'armée qui se concentre sous les murs de Metz. »

Voilà ce que nous apprenaient, vers le milieu d'août, les journaux officiels et officieux. Mais la réalité était plus attristante que ne le donnaient à entendre les *reporters* bonapartistes. Frossard, après Forbach, avait, à marches forcées, gagné Puttelange, semant derrière lui ses armes et ses bagages. Rien n'était plus triste que la vue de cette armée, si solide quelques jours auparavant, maintenant délabrée et harassée. Le matin du dimanche 7 août, en passant par Sarreguemines, elle traînait douloureusement ses bataillons écrasés. On apercevait dans les régiments décimés les vides affreux de la défaite. L'ennemi marchant derrière nos troupes, on abandonnait, pour ne point embarrasser la marche du corps en retraite, des caisses de biscuits, des voitures de grains, l'approvisionnement presque tout entier du 5ᵉ corps (de Failly). Les conducteurs des voitures de réquisition emmenaient au galop leurs charrettes à travers les routes, fuyant l'approche des Allemands et emportant parfois des sacs d'avoine ou de blé sur leurs chariots. Ces lugubres cortéges de blessés, de soldats battus ou de réquisitionnaires effarés, traversaient des villages paisibles, étonnés et en fête, car c'était le jour de la première communion des enfants. C'était un spectacle inoubliable et navrant que celui de tant de misères, venant faire brusquement cesser tant de joie.

Pendant ce temps, Mac-Mahon se rabattait aussi, marchant en hâte vers Châlons. Il abandonnait cette ligne défensive des Vosges où il eût pu, au lieu de livrer bataille à Froschwiller, attendre l'armée du Prince royal et lui disputer le passage, avec les renforts du corps Félix Douay et du corps de Failly.

La précipitation de cette retraite fut si grande qu'on négligea de faire sauter le tunnel de Saverne. Or, cet immense ouvrage étant détruit, l'armée prussienne rencontrait sur sa route et dès ses premiers pas un obstacle considérable, et nous gagnions un temps précieux. Mais le vertige s'était emparé déjà des esprits et nul ne gardait son sang-froid dans nos états-majors. On laissait le tunnel intact et on ne songeait qu'à regagner le camp.

La marche hâtive et désordonnée des deux corps Mac-Mahon et de Failly s'effectua sur les directions suivantes :

DATES.	1ᵉʳ CORPS.	5ᵉ CORPS.	OBSERVATIONS.
7 août.	Saverne.	La Petite-Pierre.	
8 —	Sarrebourg.	Lixheim.	
9 —	Blamont.	Sarrebourg.	
10 —	Lunéville.	Avricourt.	
11 —	Bayon.	Lunéville.	
12 —	Haroué.	Bayon.	
13 —	Vicherey.	Charmes.	
14 —	Neufchâteau.	Mirecourt.	Le 1ᵉʳ corps s'embarque en chemin de fer.
15 —	»	Neufchâteau.	
16 —	Châlons.	Rimaucourt.	
17 —	....	Chaumont.	Le 5ᵉ corps s'embarque en chemin de fer.
20 —	....	Châlons (1).	

Ainsi, le 20 août, les débris du corps de Mac-Mahon et le corps de Failly étaient réunis à Châlons. Mais dans quel état et après quelles journées de marche ! Jamais une armée française n'avait présenté un tel aspect de désordre et d'indiscipline. L'âme de la patrie semblait s'en être envolée avec la victoire. Ces fiers soldats, étonnés de la défaite, marchant sous la pluie, dans la boue, presque sans vivres, n'avaient plus que de l'amertume au cœur et des injures aux lèvres. Au moment de la retraite, un ordre inexplicable avait été donné aux soldats, l'ordre de déposer les sacs. On avait donc tout perdu, tout laissé. Plus d'abri contre l'eau du ciel, et comment faire maintenant la cuisine, comment vivre ? On vit des soldats décharger leurs chassepots sur des volailles, en traversant les villages, et, après la guerre, faire la chasse. Quel spectacle !

Un des témoins et des acteurs de cette dure retraite, le commandant David, d'un régiment de ligne, a laissé, dans un journal posthume, ses souvenirs et ses impressions pendant ces heures lugubres :

« A la sortie du long tunnel de Saverne, écrit-il, un spectacle déchirant s'offre à mes regards. A chaque pas nous rencontrons des charrettes, sur lesquelles de pauvres gens qui fuient l'ennemi,

(1) *Le Spectateur militaire*, page 121, tome 23.

PARIS PENDANT LA GUERRE. — La garde nationale faisant l'exercice dans la cour du Carrousel.

ont entassé leurs objets les plus précieux. Les hommes conduisent, la tête basse; les femmes, tenant leurs enfants dans leurs bras, pleurent. Nous aussi, nous sentons de grosses larmes rouler sur nos joues, à l'aspect de tant de désolations, et ce sont les nôtres que la guerre ruine ainsi, quand, bien conduits, nous aurions pu les affranchir de tant de malheurs. »

Plus loin, le commandant David nous montre ces vaincus battant en retraite dans la nuit : « Le si-
« lence est complet dans la colonne. On n'entend
« que le bruit monotone des quarts de fer-blanc qui
« se heurtent contre le fourreau des sabres.....
« Toutes les cartouches, portées dans les étuis-
« musettes sont hors de service. La pluie a réduit
« toutes les boîtes en bouillie et l'on se demande
« comment on pourrait lutter si les Prussiens pa-
« raissaient. » Voilà pour les inconvénients physiques, mais, pour une armée en déroute, il y a quelque chose de plus terrible encore, c'est la souffrance morale. Quels serrements de cœur attendent, en chemin, les soldats vaincus! Dans son journal, cet officier raconte encore, avec une tristesse profonde comment, le 11 août, nos soldats arrivés à Saint-Remimont sont accueillis par les habitants avec effusion. « Les braves gens, dit-il, ne com-
« prennent pas la situation, et quand, m'adressant
« à la bonne femme chez qui je suis logé, je lui dis
« que nous devons beaucoup la gêner : « *Comment*
« *donc*, me répond-elle, *avec vous, nous sommes sûrs*
« *de ne pas être attaqués par les Prussiens!* » « C'est
« malheureusement tout le contraire. » Et ce pauvre soldat, navré de n'avoir pas pu mieux défendre sa patrie, ajoute tristement : «Après une défaite, on ne devrait pas se montrer dans les villes (1). »

Ce sentiment de honte qui mord au cœur le soldat battu, tous ceux que la démoralisation impériale n'avaient pas atteint le ressentaient jusqu'au profond de leur être. Mais, beaucoup aussi, atteints par la gangrène de ces dernières années, oubliaient, dans ce grand désastre, la patrie en proie à l'étranger pour ne se soucier que de leur bien-être perdu et de leurs souffrances personnelles. On vit alors ce que les expéditions dans les rizières de Chine et les chasses à l'homme du Mexique avaient fait de ce vieux type si chevaleresque du soldat français. « Pluies diluviennes,
« écrit un officier du 1er corps (voyez son livre : *De*
« *Fræschwiller à Sedan*), vivres incomplets, pas
« d'effets, pas de tentes, pas de marmites. Nos sol-
« dats sont tout sordides de boue, et comme le
« caractère français ne perd jamais entièrement
« ses droits, beaucoup trouvent plaisant de s'af-
« fubler de tous les costumes, des vêtements les
« plus impossibles, les plus grotesques. Ils vivo-
« tent, ils maraudent. Enfin, leur tenue est telle
« que les populations effrayées fuient à leur ap-
« proche. On serait tenté de demander : Mais qui
« donc commande ici? Le lieutenant Marescaldi, un
« des officiers d'ordonnance du maréchal, est accosté
« sur la route par deux zouaves de son régiment
« qui lui demandent la bourse ou la vie. Il leur ré-
« pond en les menaçant de son revolver. »

Ainsi, se repliait ou plutôt fuyait sur Châlons cette vaillante armée de Wissembourg et de Reichshoffen dont la défaite avait fait une cohue. Les turcos dépenaillés marchaient à côté des cuirassiers épiques qui s'appuyaient sur leurs sabres et traînaient leurs bottes de cuir déchiré et leurs casques et leurs cuirasses bosselés par les balles. Enfin, l'armée parvient à Châlons. Mais il faut que le train des malheureux soldats s'arrête en gare pour laisser passer le train impérial, avec ses voitures, ses officiers de service et de bouche, ses batteries de cuisine. « Sept heures d'attente pour vingt-cinq
« kilomètres, écrit l'officier que nous venons de
« citer (1), sept heures pour nos pauvres vingt-cinq
« kilomètres; mais devant nous marchait la maison
« ou plutôt la boutique impériale. » Ce mot énergique rend, encore, à distance, la fureur de cette armée affamée et condamnée à attendre.

Napoléon n'était pourtant pas venu à Châlons par ce train impérial. Après être demeuré à Metz assez longtemps pour paralyser la retraite de Bazaine sur Verdun, retraite qui eût pu facilement être exécutée pendant les jours qui suivirent immédiatement la bataille de Forbach, après avoir beaucoup hésité, se lamentant comme un être débile ou se reprenant à espérer sans cause, parce que le vieux général Changarnier venait lui apporter le concours d'une épée qui n'était plus celle de la retraite de Constantine, l'empereur avait enfin pris le parti de se retirer. Le 14 août, il adressait la proclamation suivante aux habitants de Metz, proclamation incroyable de vanité et d'aveuglement et que les Messins lurent à peine et d'un air glacé :

« 14 août 1870.

« En vous quittant pour aller combattre l'inva-
« sion, je confie à votre patriotisme la défense de
« cette grande cité. Vous ne permettrez pas que
« l'étranger s'empare de ce boulevard de la France,
« et vous rivaliserez de dévouement et de courage
« avec l'armée.

« Je conserverai le souvenir reconnaissant de
« l'accueil que j'ai trouvé dans vos murs, et j'es-
« père que dans des temps plus heureux, je pour-

---

(1) Extraits du journal du commandant David, tué le 31 août, près de Sedan (publiés dans le *Journal d'un officier de l'armée du Rhin*, par M. Ch. Fay).

(1) *Fræschwiller à Sedan* (in-8, page 46).

« rai revenir vous remercier de votre noble con-
« duite.
                                « NAPOLÉON.
             « Du quartier impérial de Metz. »

Napoléon, à vrai dire, n'allait pas *combattre l'invasion*. Redoutant d'être bloqué dans Metz, il fuyait, mais trop tard et après avoir terriblement compromis la défense nationale et l'armée de la Moselle en ne faisant commencer le mouvement de retraite sur Verdun qu'à cette date du 14 août. On pouvait, en effet, se retirer quatre jours plus tôt. Mais l'armée n'ayant d'autre chef suprême que l'empereur, il fallait attendre l'ordre de Sa Majesté. Et c'est ainsi que les peuples sont sacrifiés aux hésitations, aux sottises et aux intérêts de leurs maîtres.

Un écrivain allemand, très-expert dans les choses de la guerre, et qui a étudié de près les événements de 1870-71, M. J. de Wickede l'écrivait naguère et assez franchement dans la *Gazette de Cologne*:

« Le motif pour lequel, dès le 10 août, l'empereur Napoléon, — dit-il, — n'ordonna pas à l'armée de Metz de se mettre à son tour en retraite pour faire sa jonction avec celle de Mac-Mahon, reste encore une énigme. Le 10 août, il se trouvait à Metz au moins 180,000 hommes de bonnes troupes, très-aptes à se battre vigoureusement, en particulier toute la garde impériale, sans contredit l'élite de l'armée française. Metz était trop faiblement approvisionné pour une si colossale garnison, et la faim devait forcément, dans ces conditions, amener sa capitulation. Mais la place était suffisamment ravitaillée pour de longs mois avec une garnison de 50,000 hommes, et serait ainsi restée imprenable. »

Encore une fois l'inaction, l'effarement, l'inhabileté de L.-N. Bonaparte perdirent tout à Metz au commencement d'août, comme dans les Ardennes à la fin d'août, comme à Sedan au 1er septembre. Le pays ne doit pas l'oublier.

Parti de Metz le 14, l'empereur, accompagné de son fils, demeura à Longeville jusqu'au matin du 15, où un obus, venu d'une batterie prussienne cachée dans le bois, le salua de son explosion. Aussitôt, tandis que des chasseurs à pied fouillaient le bois, et que des chasseurs d'Afrique protégeaient la retraite, l'empereur s'enfuit au galop, coupant le long défilé de nos troupes en marche sur Gravelotte. Tandis qu'on se battait, autour de Metz, du 16 au 18, il gagnait Verdun, toujours sous bonne escorte, télégraphiant d'avance le nombre de couverts qui devaient l'attendre aux lieux où il comptait s'arrêter. A Verdun, il se jeta dans un wagon de troisième classe et arriva, presque incognito, à ce camp de Châlons où les soldats ne le saluaient plus.

Le camp de Châlons était alors occupé par la mobile de la Seine, cette garde mobile tapageuse qui, au début de son installation, avait donné quelque inquiétude au maréchal Canrobert. Qui eût dit à ces jeunes gens turbulents et pris d'une certaine fièvre, d'un énervement nostalgique, qui leur eût dit que le pays allait bientôt compter sur eux pour sa défense, et que ce serait à eux, avant un mois, d'opposer à l'envahisseur ce que M. Ollivier appelait *un rempart de poitrines humaines*. Nul n'avait douté du courage de ces mobiles, dont les Allemands disaient dédaigneusement : « Ce sont des *collégiens*, » et il y avait dans ces jeunes gens le même esprit de rébellion et de bravoure qui animait les braves et turbulents conscrits de 1811 (1).

L'aspect du camp était, vers la fin d'août, devenu bizarre par le mélange singulier de ces mobiles fashionables et de ces sordides combattants de Fræschwiller. Les tirailleurs indigènes regardaient avec étonnement ces soldats de vingt ans tout surpris eux-mêmes de coucher sous la tente et de manier le fusil. Les vaincus de Wissembourg contaient à ces conscrits imberbes comment on se bat et comment on meurt. Assez impressionnés tout d'abord par la vue de cette armée en déroute s'abattant sur le camp, les mobiles s'étaient bientôt remis de leur émotion. Ils apprenaient ainsi ce que c'est que la guerre, mais pour la première fois ils la voyaient dans toute sa hideur.

Le camp des mobiles était à Mourmelon, le camp des soldats, de l'armée nouvelle de Mac-Ma-

---

(1) « Ces conscrits des quartiers populaires firent, en 1811, raconte M. Fournier, une telle émeute près des Arts-et-Métiers, dans le carré Saint-Martin, qu'il fallut les faire charger par la troupe. Ils se défendirent en vrais lions et l'on dut, pour les réduire, en tuer plus d'une quarantaine.

« — Eh! dit Napoléon, le soir, au préfet M. Frochot, voilà des gaillards qui ont l'esprit militaire ; cela fera de bons soldats.

« Ils le lui prouvèrent bientôt.

« L'année suivante, au mois de juillet, la grande partie étant engagée contre les Russes, du côté de Witebsk, Napoléon aperçut un jour, au plus fort de l'action, trois cents voltigeurs du 9e de ligne qui, soutenus par le 16e chasseurs, luttaient avec une ardeur admirable contre les Cosaques du comte Pahlen. Un moment il les crut perdus, tant ce tourbillon de lances sembla les serrer de près. Non, rien ne les avait émus, ni ébranlés. En peloton serré, près d'un ravin, ils avaient accueilli, par un feu d'enfer, le choc qui devait les briser, et ainsi ils avaient pu attendre que le 53e de ligne, dont le front mouvant s'était étendu, comme une muraille devant l'attaque des Russes, vînt les dégager.

« Quand ils sortirent sains et saufs du cercle tourbillonnant où ils semblaient étouffés, écrasés, ce ne fut qu'un cri d'admiration et de joie dans l'armée.

« Napoléon descendit jusqu'au ravin qui, s'ils eussent lâché d'une semelle, aurait pu devenir leur tombeau, et galopant sur leur front de bataille resté intact :

« — Qui êtes-vous, mes amis? leur cria-t-il.

« — Voltigeurs du 9e de ligne, et tous enfants de Paris.

« — Eh bien! vous êtes tous des braves, et vous avez tous mérité la croix.

« C'étaient les indisciplinés de Paris que la bataille avait mis au pas; c'étaient les conscrits du carré Saint-Martin que le premier feu avait fondus en héros. »

hon, s'étendait de la Veuve à Bouy. Beaucoup de soldats encore campaient autour de la ville même de Châlons, encombrée d'équipages, de trains d'artillerie, de cavaliers et de fantassins.

A côté du campement de la troupe, le camp des mobiles représentait ce côté fantaisiste qui a été un moment la force, et qui, par son exagération, par son développement excessif, est devenu la faiblesse du caractère français. Nous n'avons jamais su faire sérieusement les choses sérieuses. C'est quelquefois charmant cette verve de jeunesse et de gaieté qui semble devoir emporter allègrement les obstacles ; mais c'est un défaut aussi souvent et qui constitue un danger. Il y a un mot de la langue courante qui peint exactement les tendances funestes de cette nation qui est la nôtre. Et pourquoi ne pas l'écrire ce mot ? C'est le *chic*. Ainsi et de cette façon on a fait la guerre et on a défendu la patrie, mais sans cette fièvre redoutable et cette émotion sacrée qui fait courir sur la peau un frisson enthousiaste, communique aux veines et aux muscles comme une force inusitée et comme un sang nouveau.

Et il y avait pourtant dans ce camp des mobiles un certain air d'espoir, d'allégresse riante. Il y avait aussi la foi. Ces jeunes gens qui n'ont pu vaincre ont su mourir. Dans la *Revue des Deux Mondes*, M. Achard retraçait, d'après des notes vraies, le tableau de ce campement, où plus d'un de ces soldats improvisés berça longtemps des rêves de victoire.

« Aux premières lueurs du jour un coup de canon annonçait le réveil. Comme des abeilles sortent des ruches, des milliers de mobiles s'échappaient des tentes en s'étirant... Aussi loin que la vue pouvait s'étendre, les cônes blancs des tentes se profilaient dans la plaine. Leurs longues lignes disparaissaient dans les ondulations de terrain pour reparaître encore dans les profondeurs de l'horizon. Un grouillement d'hommes animait cette ville mouvante. » La plaine est malsaine d'ailleurs, cette longue plaine crayeuse et nue qui jadis était un désert.

« Des vents terribles en parcouraient la vaste étendue, et nous aveuglaient de tourbillons de poussière ; à la chaleur accablante du jour succédaient les froids pénétrants de la nuit. Une rosée abondante et glaciale mouillait les tentes (1). »

Ce n'était pas là, au surplus, que se réfugiait l'élément fantaisiste de la mobile, c'était au Petit-Mourmelon, le coin de plaisance du camp : « Une longue rue, dont les bas côtés offraient une série interminable de cabarets, de guinguettes, d'hôtels garnis, de boutiques louches, de magasins borgnes, de cafés et de restaurants entre lesquels s'agitait incessamment une cohue de képis et de tuniques, de pantalons rouges et de galons d'or... Çà et là, on jouait la comédie ; dans d'autres endroits on dansait. » On songeait involontairement à ces armées de Louis XV où campaient les soldats avec les perruquiers et les comédiennes.

Tandis qu'on exerçait ainsi, tant bien que mal, quelquefois avec des bâtons en guise de fusils, les mobiles de Châlons, et qu'on formait avec ce qui restait d'hommes disponibles, de compagnies de dépôt, de soldats venus de Rome ou d'Afrique, l'armée destinée à Mac-Mahon, l'empereur se tenait, sombre et la plupart du temps solitaire, dans son logis de Courcelles. On le voyait parfois, avec son fils, assis au fond du jardin et traçant quelque plan ou quelque dessin sur le sable. Les cent-gardes, qui veillaient sur lui, portaient les armes, et il leur adressait, de sa voix lente, une parole d'encouragement. Bien des intrigues gravitaient déjà autour du souverain. Après avoir, dans les premiers jours de la campagne à Metz, éprouvé la joie de se sentir libre de tout souci politique, puis l'angoisse de la lutte prochaine, qui s'annonçait plus formidable qu'il ne l'avait cru, il retrouvait à Châlons les mêmes soucis, les mêmes problèmes plus formidables encore. C'était le sort de sa dynastie qui se jouait.

M. Rouher s'était rendu à Châlons, voulant évidemment faire signer à l'empereur soit un acte d'abdication entre les mains d'un régent, soit la composition d'un gouvernement de régence. Nul ne le sait encore, mais les projets de proclamations et de décrets, retrouvés dans les papiers des Tuileries et tracés de la main de M. Rouher, corrigés par l'empereur, l'ordre d'annuler d'autres décrets dont l'histoire n'a pas connaissance, tout indique une agitation et des projets politiques dans le sens que nous sommes forcé de deviner. Le prince Napoléon, appelé sans doute comme conseil, ne devait point dissimuler à son cousin la gravité de la situation, pour peu qu'il s'exprimât avec lui avec la franchise, ou plutôt le cynisme qu'il apportait dans les conversations avec ses amis.

A l'heure où la France anxieuse écoutait, attendait le canon de Bazaine, à l'heure où Paris se fiant à Palikao, croyait à des victoires françaises devant Metz et comptait sur Mac-Mahon, le prince Napoléon disait à un journaliste qui rapportait l'entretien :

— Un miracle ne nous sauverait pas. La situation est perdue, la France va nous congédier comme des laquais et nous ne l'aurons pas volé !

Puis, tandis qu'on se battait en France quinze jours avant septembre, il prenait le train de Florence et promenait en Italie son uniforme de général de division. Le roi Victor-Emmanuel, le soldat de Palestro, envoya alors à son gendre son

---

(1) *Revue des Deux Mondes*, 1er juillet 1871.

Paris pendant la guerre. — Enrôlement d'un corps franc à l'Élysée.

tailleur Morandi, faisant sentir au prince Jérôme Napoléon Bonaparte qu'il fallait, au moins, loin des batailles, se montrer en habit de ville et non en costume d'officier français.

La France ne raisonnait pas comme le prince Napoléon et ni la France, ni l'armée. Presque tous ces soldats, vaincus à Frœschwiller, songeaient à la revanche et la croyaient prochaine. Ils avaient la rage au cœur. Mais tout semblait encore bien mal organisé; intendance, service des postes, tout manquait. Des officiers, ayant perdu tous leurs bagages en Alsace, ne pouvaient recevoir le linge qu'ils demandaient chez eux. Cette armée française était abandonnée à elle-même. Tout étant prévu, disait-on pour une campagne d'Allemagne, rien n'était organisé pour une campagne de France. Il y a, dans notre armée, 264 membres d'intendance assimilés du grade de *général* à celui de *capitaine*, 500 officiers d'administration des bureaux de l'intendance, 325 officiers d'administration des hôpitaux, 325 officiers d'administration des subsistances, 80 officiers d'administration de l'habillement et du campement. Toute cette phalange galonnée fut inutile.

Pendant ce temps, les armées allemandes envahissaient méthodiquement notre pauvre pays, trouvant tout réglé d'avance par leurs fourriers et tout fouillé par leurs uhlans. Le lent, l'incessant défilé des bataillons prussiens frappant de leurs lourds talons et comme d'un seul choc sur la terre française, la file interminable des escadrons, des cavaliers, des caissons d'artillerie aux roues d'un gris bleu, le flot toujours renouvelé, ce fleuve d'hommes et de fer débordait sur la Lorraine et sur l'Alsace, emplissant les routes, couvrant les ravins, occupant les villages. Les réquisitions pleuvaient, les pillages commençaient. On fusillait déjà les paysans hostiles, et pourtant, qu'avait dit le roi Guillaume en appelant son peuple à la défense du sol germanique? Qu'avait-il dit en entrant sur la terre de France?

En juillet, devant l'agression de l'empire, devant

la menace de Napoléon, Guillaume s'exprimait ainsi, au Reichstag (14 juillet), de ce ton mystique et solennel qui lui est propre :

« Si l'Allemagne, dans le siècle passé, a supporté des violations de son droit et de son honneur, elle l'a fait, parce qu'elle n'a pas su combien elle est forte et parce qu'elle était trop déchirée.

« Aujourd'hui que le lien moral et légal a été attaché depuis le début de la guerre d'émancipation (1813), et qu'il unit les tribus allemandes de plus en plus intimement, aujourd'hui que l'armement de l'Allemagne n'offre à l'ennemi aucune ouverture, l'Allemagne porte en elle-même le pouvoir et le vouloir de repousser la nouvelle violence française !

« Ce n'est pas l'arrogance qui me met ces paroles dans la bouche, les gouvernements fédérés (amis) comme moi aussi agissent dans leur pleine conscience, sachant que la victoire et la défaite reposent dans la main du conducteur des batailles.

« Nous avons mesuré avec un regard clair la responsabilité qui frappe celui qui, devant la justice de Dieu et de l'homme, pousse deux grandes nations, amies de la paix, à des guerres dévorantes au centre de l'Europe.

« Le peuple allemand, comme le peuple français, désirant et jouissant l'un et l'autre de la bénédiction et de la moralité chrétienne et d'une aisance augmentante, sont appelés à une lutte plus saine que de se combattre avec des armes sanglantes. Mais les hommes qui tiennent le pouvoir en France ont su exploiter l'amour-propre qu'elle a le droit d'avoir, mais qui est bien excitable. Ils ont su exploiter ce grand peuple voisin pour leur intérêt personnel et pour leur propre passion ! (1) »

Un mois après, en août, le roi Guillaume, entrant en France, adressait cette proclamation aux citoyens du pays envahi :

« Nous, Guillaume, roi de Prusse, faisons savoir ce qui suit aux habitants des territoires français occupés par les armées allemandes :

« L'empereur Napoléon ayant attaqué par terre et par mer la nation allemande, qui désirait et désire encore vivre en paix avec le peuple français, j'ai pris le commandement des armées allemandes pour repousser cette agression, et j'ai été amené par les événements militaires à passer les frontières de la France.

« *Je fais la guerre aux soldats et non aux citoyens français.* Ceux-ci continueront par conséquent à jouir de toute sécurité pour leurs personnes et leurs biens, aussi longtemps qu'ils ne me priveront pas eux-mêmes, par des entreprises hostiles contre les troupes allemandes, du droit de leur accorder ma protection.

« Les généraux commandant les différents corps détermineront par des dispositions spéciales, qui seront portées à la connaissance du public, les mesures à prendre envers les communes ou les personnes qui se mettraient en contradiction avec le droit de la guerre.

« Ils régleront de la même manière tout ce qui se rapporte aux réquisitions qui seront jugées nécessaires pour les besoins des troupes, et ils fixeront la différence du cours entre les valeurs allemandes et françaises, afin de faciliter les transactions individuelles entre les troupes et les habitants. »

Toutes ces proclamations ne devaient être que de vaines paroles. *Verba et voces.* Et la réalité historique dira combien était faux l'amour apparent de la paix que proclamait, en juillet, le roi Guillaume devant les députés allemands et comment il entendait la mansuétude promise, en août, aux citoyens de France.

Cet homme mystique et croyant, qui présidait les loges maçonniques prussiennes avant d'accomplir ce qu'il croit naïvement être sa mission dans ce monde; ce roi qui, dans ses proclamations, rend la Providence complice de ses desseins et de ses actes tandis qu'il n'a pour moteur que M. de Bismarck, cet esprit exalté et en quelque sorte extatique, malgré les appétits violents qui le sollicitent vers les biens de la terre, ce véritable combattant du moyen âge qui, lors de la cérémonie de son couronnement, en 1861, à Kœnigsberg, alla rechercher dans la poudre du passé toutes les pompes féodales, ce caporal qui se croit providentiel a le défaut que donne une telle humeur aveuglément inspirée : il a l'hypocrisie du mysticisme — et avec une apparence de bonhomie paternelle, une indifférence terrible pour la vie des humains qu'il envoie à la mort.

Et pourquoi s'arrêterait-on à mesurer le sang qu'on fait couler, lorsqu'on se croit, de bonne foi, l'instrument du Très-Haut? Ces sinistres élus ont une surdité particulière qui les empêche d'entendre la plainte des mourants, des orphelins et des veuves. L'œuvre sanglante est sainte à leurs yeux et avec quelle bonne foi farouche, le roi de Prusse, après les terribles batailles de la guerre de Bohême, après Pardubitz, après Sadowa, s'écriait : « Les événements de 1866 ont été visiblement providentiels, au point que même un incrédule doit devenir croyant. Il m'a fallu *me résigner à contre-cœur à la guerre*, qui serait restée un duel, si la plus grande partie de l'Allemagne n'avait été frappée d'aveuglement et n'avait pas fait de ce duel une guerre fratricide. Un grand nombre a profondément expié cet aveuglement. Je dois convenir moi-même que les circonstances ont été plus

---

(1) Traduit mot à mot de l'allemand et extrait du livre du colonel suisse Rustow. *La Lutte pour les frontières du Rhin, en 1870.* (1er fascicule, page 119, Zürich, 1871.)

puissantes que moi, plus puissantes que mon cœur et mon caractère ne le désiraient. Mais quand la Providence se mêle si puissamment des affaires et parle si haut, toute autre considération doit se taire : *que ma tâche de faire mûrir la récolte sanglante soit, comme l'œuvre accomplie par l'épée, bénie par Dieu!* »

Tout l'homme est là, a-t-on dit. Non pas tout l'homme, mais tout le caractère religieux de l'homme. Il faut, pour compléter le portrait, y ajouter le côté militaire du souverain. Lorsque le roi Guillaume n'était, son frère régnant encore, que le prince de Prusse, quelqu'un demandait : — Qu'est-ce que le prince de Prusse? — Le prince de Prusse, répondit un diplomate, c'est *un Prussien*. Cette fois, le mot dit tout. Roideur, orgueil nobiliaire, amour âpre du travail, de la fatigue, dédain du repos, haine et jalousie des élégances artistiques, ces défauts d'égoïsme et d'étroitesse et ces vertus du foyer tiennent dans un mot. Le roi de Prusse, durement élevé, couchant, robuste vieillard, sur des lits de sangle, toujours botté, casqué, passant des revues, inspectant avec une attention jalouse l'équipement, l'armement de ses soldats, ce roi des *junckers* prussiens, des gentillâtres pauvres et fiers, est bien le digne fils de ces plaines sablonneuses et tristes qui forment le sol ingrat de la vraie Prusse.

Et, comme tout Prussien, il devait garder, au fond du cœur, une rancune violente à la France. Il faut être juste, d'ailleurs, et en interrogeant l'histoire, il faut y lire la vérité. Il y a soixante-quatre ans, le talon de Napoléon vainqueur s'appesantit durement sur la Prusse, si durement que la haine entra farouche dans les âmes allemandes et que, cette haine, la victoire de Waterloo ne l'éteignit point, comme si elle eût été semblable à une soif qu'on ne peut étancher. Tout se paye en ce monde et la violence amène la violence. Après Iéna et Auerstaedt, la Prusse ne respira, ne survécut que par la pitié de Napoléon Ier. Il y eut un préfet français à Berlin durant des années. Le professeur Fichte entendait les tambours de Davoust étouffer sa voix, lorsqu'il montait dans sa chaire de philosophie. Par le traité de Tilsitt, Napoléon découpait littéralement la Prusse, lui enlevait la moitié de ses États, lui prenait cinq millions d'habitants sur neuf millions et demi et formait des provinces situées entre l'Elbe et le Rhin en les réunissant au grand-duché de Hesse, ce royaume de Westphalie qu'il donnait, qu'il jetait en pâture à son frère Jérôme.

Qu'on s'étonne ensuite que ces troupes prussiennes, entraînées par Napoléon en Russie, à la suite de la grande armée, aient conclu la convention de Touragen par laquelle leur général York, et le général russe Diébitch s'engageaient à combattre en-semble les Français! Qu'on s'étonne que la fameuse *Union de la vertu*, le *Tugendbund* travaillât si activement au renversement du premier empire! Qu'on s'étonne que l'Allemagne entière se soit ruée sur nous en 1814 et 1815 et, lorsque ce Napoléon III, déclarant la guerre, évoquait pour les Allemands les douloureux souvenirs des campagnes impériales, qu'on s'étonne aussi que la Saxe, la Bavière, le Wurtemberg et la Prusse n'aient formé qu'une armée contre nous! Il fallait, encore un coup, être aveugle et chimérique comme l'homme des Tuileries pour ne pas prévoir quelle tempête il déchaînait.

Et ce roi de Prusse, n'avait-il pas, lui aussi, ses souvenirs de deuil, ses souvenirs de Napoléon Ier? Après Iéna, il y avait en Prusse une femme, une reine, celle que les Allemands appelaient *la mère de la patrie*. Lorsque Napoléon la vit, à Tilsitt, il la traita comme un conquérant de l'antiquité traitait les esclaves. Il fut brusque, violent, grossier. Il ne pardonnait pas à cette femme d'avoir défendu sa patrie. Exilée dans la petite ville de Memel, ou dans le petit château de Hufen, près de Kœnigsberg, la reine de Prusse vivait, pauvre, élevant ses six enfants, tandis que Napoléon parcourait l'Allemagne, au galop de son cheval, dictant ses volontés aux peuples conquis. Enfant, le roi Guillaume avait vu sa mère chassée de sa demeure et forcée d'accepter l'hospitalité d'un marchand nommé Argelander. Un jour, un vieillard, Abraham Nickell, vint, du fond de la Prusse, avec sa femme, pour offrir à la reine 3,000 écus enfermés dans une bourse de cuir, et un panier plein d'œufs et de beurre. La reine se mit à pleurer et, n'ayant point d'argent, elle détacha de ses épaules son châle et en couvrit la pauvre paysanne. Le roi Guillaume avait vu ces larmes de sa mère, et il savait qu'il s'appelait Napoléon Bonaparte, l'homme qui les faisait couler.

Mais, en conservant au fond de l'âme le souvenir de ces tortures infligées par un Bonaparte, le roi de Prusse ne devait-il pas songer à détourner des têtes innocentes des maux pareils à ceux que sa mère, morte à la peine, avait soufferts? Ne devait-il point épargner aux innocents, aux faibles, aux petits les épouvantes et les horreurs d'une effroyable guerre? Eh bien! non, il ne le fit pas. Après avoir déclaré qu'il combattait les soldats, non les citoyens de France, il tortura ces innocents, il frappa ces humbles, il fusilla ces malheureux. Les francs-tireurs défendant le sol sacré de la patrie, les paysans brûlant leur cartouche pour la guerre sainte, les enfants défendant ou leur sœur ou leur mère, furent (et dès ces premiers jours d'août, alors que la guerre n'avait pas atteint ce degré de frénésie et de colère qu'elle eut plus tard) impitoyablement passés par les armes. Promesse de roi. Dès son entrée en France, le roi Guillaume faisait ce qu'avait fait Napoléon en Allemagne. Tous les conquérants se ressemblent et, ils ne se parent quelquefois de l'olivier vert de la paix que pour le mieux tremper et le rougir dans le sang.

Le fils du roi de Prusse, le Prince royal, vainqueur à Wœrth, avait, après l'armée française, franchi le tunnel de Saverne, et sa cavalerie, ses uhlans, toujours en avant, suivaient de près nos soldats en retraite. Dès le lendemain de nos premières défaites, quelques petites forteresses des Vosges, la Petite-Pierre, Lichtenberg, étaient forcées d'ouvrir leurs portes; le 14 août, Marsal, un moment bombardée, capitulait et livrait à l'ennemi cinq cent douze prisonniers et soixante canons; Bitche n'avait pas été attaquée, ni Thionville encore. Strasbourg était déjà, depuis le 10, assiégée et presque investie par les Badois. Nous reviendrons sur les détails de cet investissement, lorsque nous raconterons la première partie du siége. Contentons-nous, à présent, d'indiquer la position des diverses armées allemandes, tandis qu'à Paris on s'abandonnait à la confiance et qu'on formait l'armée de Châlons.

Nancy avait été abandonnée, occupée bientôt(1), et Frouard, point de jonction des chemins de fer de Nancy à Metz et à Toul, n'étant plus gardé, voyait bientôt les Prussiens, habiles à profiter des voies ferrées, s'y établir après un court engagement bravement livré par quelques zouaves et un turco échappés à nos désastres. Le prince Frédéric-Charles avait bientôt établi son quartier général à Pont-à-Mousson, au moment où le général Steinmetz arrivait devant Metz et où le Prince royal entrait à Nancy. Nous laisserons Steinmetz et Frédéric-Charles livrer, autour de Metz, les batailles du 14, du 16 et du 18 août, terribles rencontres dont la France ne savait rien que ce que lui en disait M. de Palikao à la tribune et qu'elle prenait pour des victoires décisives; et nous indiquerons la marche du Prince royal sur Châlons où il comptait livrer bataille à Mac-Mahon avant que l'armée du camp fût complétement formée.

Cette marche fut rapide, comme toutes celles qu'exécuta, malgré sa lourdeur, l'armée allemande. L'ordre, l'organisation et la force musculaire remplaçaient la légèreté! Quittant Nancy, l'armée se dirigea sur Châlons et Paris. Dès le 19 août, la quatrième armée, faisant partie de l'armée du Prince royal, et commandée par le prince de Saxe, s'était déjà avancée vers la Meuse. Mais, à Paris, on ne s'en préoccupait guère.

A Paris, le Corps législatif élaborait force lois et décrets. C'est vers lui que le pays inquiet, frémissant, tournait les yeux; c'est lui qui concentra pendant ces journées d'angoisses où les nouvelles les plus contradictoires se heurtaient, toute la vie politique de la nation. C'est de sa tribune que le nouveau ministre de la guerre, le comte de Palikao, — auquel, nous le répétons, le pays, oubliant le passé, faisait crédit de sa confiance, — daignait laisser tomber ces dépêches tronquées, ces renseignements incomplets qui endormaient la France crédule jusqu'à l'aveuglement, qui ne devait se réveiller qu'au fond de l'abîme.

Plus intolérante qu'aux beaux jours de l'empire autoritaire, la majorité, sous prétexte de patriotisme, imposait silence à tous ceux des députés de la gauche qui, plus clairvoyants, demandaient des explications au gouvernement sur les faits de guerre et la marche des armées.

Et toujours, d'ailleurs, la réponse était la même : « Il y avait eu non pas bataille, mais des engagements partiels, qui sans être un grand échec pour les Prussiens n'étaient pas non plus une victoire pour nous (1). » Puis venaient : les détails dans lesquels on ne pouvait entrer; les dépêches qui : sans être officielles venaient d'une source ordinairement sûre : la gendarmerie (2), et qu'on communiquait, sous le manteau, à quelques députés agréables. Et lorsque la nation, l'armée, confiantes en la valeur de Bazaine, l'appelaient au commandement suprême, et que le ministre de la guerre affirmait solennellement : que l'armée considérable en formation pourra donner la main à l'armée du Rhin, et se trouver tout naturellement sous les ordres du maréchal Bazaine. le véritable, le seul général en chef de l'armée du Rhin (3), le ministre trompait le pays et l'armée. A cette date l'empereur avait conservé la direction des opérations, ainsi que le prouvent les dépêches trouvées aux Tuileries (4).

Les sanglantes batailles qui se livraient autour de Metz, et dont le résultat faisait l'objet des préoccupations générales, étaient annoncées à la nation justement alarmée, en quelques mots vagues. C'est ainsi que le fut la bataille de Gravelotte, dans la séance du 20 août, par le ministre de la guerre, qui fit la déclaration suivante :

« Messieurs les députés, les Prussiens ont fait circuler des bruits qui tendraient à faire croire qu'ils ont remporté, le 18, un très-grand avantage sur nos troupes. Je viens ici rétablir les faits.

« Je ne puis entrer dans des détails, vous comprendrez ma réserve. (Oui! oui! — Très-bien! très-bien!)

---

(1) Voyez plus loin ce que nous disons de *la prise de Nancy*, par *quatre uhlans*. (Chapitre XIII.)

(1) Séance du Corps législatif du 16 août, M. le ministre de la guerre répondant à une interpellation de M. Keller. Et la bataille de Borny avait eu lieu le 14.
(2) Séance du 16 août.
(3) Idem.
(4) Voir les *Papiers de la famille impériale*, 14e livraison. Voir aussi plus loin pour le commandement de l'armée de Châlons.

LE MARÉCHAL BAZAINE

« J'ai fait voir à plusieurs membres de la Chambre les dépêches qui constataient qu'au lieu d'obtenir un avantage le 18, trois corps d'armée qui s'étaient réunis contre le maréchal Bazaine ont été, d'après différents renseignements qui nous paraissent dignes de foi, rejetés dans les carrières de Jaumont. (Très-bien! très-bien!)

« Je ne parle pas de quelques succès partiels remportés près de Bar-le-Duc contre des éclaireurs ennemis; cela n'a pas d'importance.

« Nous nous occupons sans relâche de la mise en état de défense de Paris. Un comité de défense a été nommé; il est présidé par le général Trochu. Les travaux marchent avec la plus grande activité, et je puis vous certifier que tout sera dans le meilleur état avant peu. (Vive approbation.) »

La France et l'armée de Châlons ne savaient, de l'armée de Metz, que ce qu'en disait M. Cousin Montauban.

A la même époque, et bien que faussée, l'opinion publique, allant d'instinct à tous ceux que l'empire éloignait, remporta une victoire significative par la nomination du général Trochu au poste, créé pour la circonstance, de gouverneur de Paris. Mal vu en cour, le général Trochu était, disait-on, en pleine disgrâce. Aucun commandement important ne lui avait été offert au commencement de la campagne; à grand'peine s'était-on résolu, le 12 août, à le charger de constituer à Châlons le 12ᵉ corps d'armée. Ce fut le 17 août, au camp de Châlons, à la suite d'une conférence tenue chez l'empereur, et sur les instances du prince Napoléon, traduisant en cela les vœux de la population parisienne, que la nomination du général Trochu au poste de gouverneur de Paris fut décidée (1). L'empereur quittant tout commandement, devait sous peu, venir le rejoindre, en même temps que l'armée de Mac-Mahon se rabattrait sur Paris, devenu le véritable centre de la résistance. L'impératrice et les ministres en décidèrent autrement. On sait ce qu'il en advint. Accueilli avec défiance, à son arrivée à Paris, le général eut à soutenir contre le conseil de régence une lutte de tous les instants, qui augmenta sa popularité. Occupant le poste de gouverneur, il n'était jamais (tant on se défiait de lui) appelé dans les conseils du gouvernement (2). Il s'en consolait d'ailleurs en s'appuyant sur la garde nationale et sur la garde mobile, qu'il avait fait revenir de Châlons et qu'il passait en revue au camp de Saint-Maur, lui annonçant qu'elle allait être *appelée à défendre ses foyers*. Il faut bien se rendre compte de la situation qu'avait alors le gouverneur de Paris.

(1) Assemblée nationale (séance du 13 juin 1871). Discours du général Trochu.
(2) Idem.

Le général Trochu, qui devait plus tard prendre dans l'histoire de cette guerre de 1870-71 une si large et trop large place, était alors porté, par ce suffrage public, cette renommée d'instinct et non de jugement, au premier rang ; et quelle que soit la désillusion de la France, elle doit reconnaître que nul général n'eut à ce point, et pendant un certain temps, sa confiance. Jeune encore, ancien adjudant de Lamoricière et de Bugeaud, officier d'état-major, il avait, disait-on, tracé le plan de la campagne de Crimée et il en avait favorisé l'exécution sous les ordres de Saint-Arnaud. Blessé à l'assaut du bastion central devant Sébastopol, général de brigade en Italie, puis général de division en remplacement du général Bouat (mort à Suze, de colère, dit-on, parce que le service d'intendance était déplorable), le général Trochu s'était distingué le 24 juin, à Solférino. C'était lui qui, le soir, débouchant dans la plaine de Guidizzolo, dégagea le corps de Niel et mit les Autrichiens en déroute.

Depuis, Trochu s'était renfermé pour ainsi dire dans l'étude, il avait repris un poste au comité d'état-major, et ses connaissances spéciales, son esprit critique et clairvoyant s'étaient fait jour dans ce livre remarquable où, mieux encore que le prince Frédéric-Charles, il jugeait l'*Armée française en* 1867. Ce livre avait toute la saveur d'un pamphlet. Il obtint un succès rapide. On y voyait aussi quelque chose d'un esprit d'opposition qui ne déplaisait point dans un général, les généraux étant d'ordinaire pliés à servir. Le livre était sincère d'ailleurs et d'une cruauté vraie. Le *chauvinisme* national, quelque aveugle qu'il fût, sentit que le critique avait mis le doigt sur une plaie, et il le remercia de son courage en lui faisant une popularité véritable. Trochu énumérait les défauts, les vices capitaux de notre armée : le remplacement qui dégrade et fait des soldats des *vendus*, le manque d'autorité des officiers, les défauts de l'infanterie. La vérité, en un mot, y était nettement et vaillamment dite. Le général Trochu passa pour le général sur qui, à un moment donné, pouvait, sans se tromper, compter la France.

En outre, il n'était pas, assurait-on, bien en cour. Son esprit indépendant le faisait médiocrement aimer des Tuileries. On connaissait ou on croyait connaître ses opinions anti-bonapartistes. Depuis le début de la guerre, on s'étonnait que nul commandement ne lui eût été donné, et il n'en fallait pas tant (ce qui prouve la désaffection générale du régime impérial qu'éprouvait, en dépit des votes, la nation), pour le désigner au suffrage de la foule.

On l'acclamait ainsi, mais sans le connaître, tant la malheureuse France avait besoin d'un sauveur.

Esprit lettré, un peu diffus, se laissant entraîner par sa phraséologie brillante, le général Trochu était moins un homme d'action qu'un observateur délicat. Ne serions-nous plus, hélas ! qu'une nation de critiques capables de signaler les écueils, incapables de les éviter ? Notre perspicacité devine, notre mollesse n'exécute pas. Chacun, durant cette guerre, a prévu les échecs, nul ne s'est levé pour les détourner de notre tête. Critiques, rien que critiques. Le pays de Danton, la patrie de l'audace, est devenu la patrie des analystes. Le général Trochu, comme le colonel Stoffel, après avoir étudié la situation, se sont également montrés impuissants à y remédier. Chez le général Trochu, c'est que l'homme de lettres, le littérateur prolixe domine. On a retrouvé aux Tuileries les rapports qu'il rédigeait au retour de ses inspections générales. Les officiers qu'il examine y sont jugés non point par leurs talents pratiques, leurs facultés spéciales, mais plutôt par leur caractère, leur psychologie et même, physiquement, par leur tempérament. Ainsi, le général dira volontiers d'un colonel, non pas : *C'est un tacticien ou un mathématicien*, mais : *C'est un de ces hommes dont l'œil profond reflète l'âme*. Style et habitudes de littérateur, excellents chez un romancier, déplorables chez un général.

Mais la pauvre France avait tant vu de ces généraux traîneurs de sabre, incapables de penser, toujours agissants, toujours bottés, éperonnés et tumultueux, que d'entendre un général parler, comme le faisait Trochu, de force morale et de pensée, semblait une nouveauté séduisante. Trochu et ses proclamations, un peu trop répétées, consolaient des Castellane et de leurs brutalités de reîtres.

Sa proclamation aux habitants de Paris, qui donna lieu à une explication courtoise entre le rédacteur en chef du *Temps* et le gouverneur (1), fut généralement approuvée et fit littéralement sensation. On y sentait, je le répète, un je ne sais quoi de vibrant qu'on n'était pas habitué à rencontrer chez les hommes d'épée. En la relisant aujourd'hui, que de désillusions elle entraîne après elle !

Proclamation du général Trochu aux habitants de Paris.

Habitants de Paris,

Dans le péril où est le pays, je suis nommé gouverneur de Paris et commandant en chef des forces chargées de défendre la capitale en état de siége. Paris se saisit du rôle qui lui appartient, et il veut être le centre des grands efforts, des grands sacrifices et des grands exemples. Je viens m'y associer avec tout mon cœur ; ce sera l'honneur de ma vie et l'éclatant couronnement d'une carrière restée

(1) Voyez aux *Documents complémentaires* de ce chapitre.

jusqu'à ce jour inconnue de la plupart d'entre vous.

J'ai la foi la plus entière dans le succès de notre glorieuse entreprise ; mais c'est à une condition dont le caractère est impérieux, absolu, et sans laquelle nos communs efforts seraient frappés d'impuissance. Je veux parler du bon ordre, et j'entends par là non-seulement le calme de la rue, mais le calme de vos foyers, le calme de vos esprits, la déférence pour les ordres de l'autorité responsable, la résignation devant les épreuves inséparables de la situation, et enfin la sérénité grave et recueillie d'une grande nation militaire qui prend en main avec une ferme résolution, dans des circonstances solennelles, la conduite de ses destinées.

Et je ne m'en référerai pas, pour assurer à la situation cet équilibre si désirable, aux pouvoirs que je tiens de l'état de siége et de la loi. Je le demanderai à votre patriotisme, je l'obtiendrai de votre confiance, en montrant moi-même à la population de Paris une confiance sans limites. Je fais appel à tous les hommes de tous les partis, n'appartenant moi-même, on le sait dans l'armée, à aucun autre parti qu'à celui du pays. Je fais appel à leur dévouement. Je leur demande de contenir par l'autorité morale les ardents qui ne sauraient pas se contenir eux-mêmes, et de faire justice par leurs propres mains de ces hommes qui ne sont d'aucun parti et qui n'aperçoivent dans les malheurs publics que l'occasion de satisfaire des appétits détestables.

Et pour accomplir mon œuvre, après laquelle, je l'affirme, je rentrerai dans l'obscurité d'où je sors, j'adopte l'une des vieilles devises de la province de Bretagne, où je suis né :

« Avec l'aide de Dieu, pour la patrie. »

GÉNÉRAL TROCHU.

Paris, le 18 août 1870.

Paris, commentant ces paroles ou confiant dans les déclarations du ministère, attendait, je le répète, plein d'illusions et s'abandonnant à une sécurité fatale, tandis que les talus des fortifications étaient mis en état de défense, qu'on apportait sur les glacis les pièces de rempart et qu'on apercevait, pour la première fois, dans les rues, des camions pleins d'obus qu'on dirigeait vers les forts. Puis c'était le défilé des pompiers de province, appelés par le ministère, et venant, de tous les points de la France, apporter leur concours à Paris. Paris regardait cela comme un spectacle qui ne devait, semblait-il, avoir jamais d'utilité. Tout à coup, une affiche du *gouverneur* apprenait à la population qu'en vertu de la loi, lorsque l'ennemi était à moins de trois jours de marche d'une place, le commandant pouvait en éloigner les étrangers et les gens sans moyens d'existence. Et, comme M. Trochu exigeait l'expulsion de ces gens, il en résultait que l'ennemi était arrivé à une distance moindre de trois journées de marche de Paris. L'affiche du gouverneur était apposée à la préfecture de police, où stationnaient de nombreuses bandes d'étrangers et de repris de justice, que le reste de la ville ignorait encore. L'effet de la nouvelle ne fut pas profond d'ailleurs. On était intimement persuadé que l'armée du Prince royal (car c'était elle) n'arriverait point jusqu'à Paris.

Elle devait, en effet, au lieu de continuer sa marche sur la capitale, bientôt prendre la direction des Ardennes afin de rejoindre et d'attaquer par derrière l'armée de Mac-Mahon décidément en marche vers Metz. Après avoir assez longtemps résisté à la volonté impériale, écho des exigences de M. de Palikao et de l'impératrice, Mac-Mahon s'était enfin rendu. Il avait objecté que le mouvement était excentrique, que l'amphithéâtre de Châlons était le meilleur terrain de bataille qu'on pût choisir, que dans le cas d'un échec, on avait derrière soi Paris comme ville de retraite et comme place de guerre. Mais l'empereur vaincu pouvait-il songer à rentrer jamais à Paris?

Mac-Mahon céda. Un autre homme eût désobéi et peut-être sauvé la France. Mais ce caractère de soldat a les défauts de sa qualité maîtresse, de son mâle et fier attachement au devoir. Dans un temps où chacun cherche le salut de son amour-propre, Mac-Mahon eut le courage d'immoler à l'idée de discipline sa personnalité ; il eut tort, au point de vue public, il pouvait s'opposer à ce plan désastreux, mais sa nature n'a ni révoltes ni résistance ; il obéit, et en sacrifiant son renom de capitaine, il sauva du moins son honneur de soldat. Mais son obéissance sans phrases n'alla point cependant sans tristesse.

Il n'en est pas moins vrai, et l'histoire le prouve, que le maréchal ne commandait point en chef et qu'en dépit des affirmations réitérées du ministre de la guerre, Mac-Mahon qui eût dû être le chef suprême, n'était que le lieutenant de l'empereur. Oui, l'empereur, cet homme fatal, commandait encore. Il commandait si effectivement, quoi qu'en dit alors M. de Palikao, qu'on le voit ordonner, annuler des ordres, conférer avec des chefs de service. Les dépêches publiées dans les *Papiers des Tuileries* le prouvent surabondamment. Et M. Cousin Montauban de Palikao pouvait-il dire qu'il croyait que l'empereur ne commandait plus? Non. Cette dépêche lui était adressée par l'empereur lui-même.

L'empereur au général de Montauban, ministre de la guerre. — Paris.

Quartier impérial, le 18 août 1870, 9 h. 40 m. matin.

Je vous envoie par le commandant Duperré le

résultat d'un conseil de guerre qui vous mettra au courant *des mesures que j'ai arrêtées*.

Ainsi l'empereur *avait arrêté des mesures* et il les communiquait à son ministre de la guerre ! Celui-ci, en retour, lui télégraphiait :

Guerre à empereur. — Quartier impérial.

Paris, 27 août 1870, 11 h. soir.

Si vous abandonnez Bazaine, la révolution est dans Paris et vous serez attaqué vous-même par toutes les forces de l'ennemi. Contre le dehors Paris se gardera Les fortifications sont terminées. Il me paraît urgent que vous puissiez parvenir rapidement jusqu'à Bazaine. Ce n'est pas le Prince royal de Prusse qui est à Châlons, mais un des princes, frère du roi de Prusse, avec une avant-garde et des forces considérables de cavalerie. Je vous ai télégraphié ce matin deux renseignements qui indiquent que le Prince royal de Prusse, sentant le danger auquel votre marche tournante expose et son armée et l'armée qui bloque Bazaine, aurait changé de direction et marcherait vers le nord. Vous avez au moins trente-six heures d'avance sur lui, peut-être quarante-huit heures. Vous n'avez devant vous qu'une partie des forces qui bloquent Metz et qui, vous voyant vous retirer de Châlons à Reims, s'étaient étendues vers l'Argonne. Votre mouvement sur Reims les avait trompées. Comme le Prince royal de Prusse, ici tout le monde a senti la nécessité de dégager Bazaine, et l'anxiété avec laquelle on vous suit est extrême.

Guerre à maréchal Mac-Mahon. — Au quartier général.
(Urgent. — Faire suivre.)

Paris, 28 août 1870, 1 h. 30 m. soir.

Au nom du conseil des ministres et du conseil privé, je vous demande de porter secours à Bazaine en profitant des trente heures d'avance que vous avez sur le Prince royal de Prusse. Je fais porter corps Vinoy sur Reims.

La vérité sur la folie, le danger de ce mouvement, il faut aujourd'hui la demander à nos ennemis. Eux aussi avouent que les plaines champenoises pouvaient voir une fois encore l'invasion du Nord écrasée, les Teutons repoussés après les Huns, les uhlans du prince Albrecht après les cavaliers d'Attila. Voici ce que, dans ses réflexions sur la campagne, dit encore M. J. de Wickede, à qui nous aurons plus d'une fois à emprunter des arguments en faveur de notre pays lui-même. Oui, les Allemands nous fournissent la preuve qu'ils pouvaient être battus, et que l'opération vers les Ardennes fut non-seulement dans ses résultats, mais en principe, la plus désastreuse de la campagne.

« Si Mac-Mahon, écrit M. de Wickede, ne voulait pas ou ne devait pas se réunir à l'armée de Bazaine (ce qui, après la défaite de Wissembourg, de Wœrth et de Spicheren, aurait été le meilleur plan), pourquoi du moins n'est-il pas resté à Châlons pour défendre le passage de la Marne et offrir sur ce terrain une bataille aux armées des deux princes royaux de Saxe et de Prusse ? Il pouvait y concentrer encore 200,000 hommes de bonnes troupes dans les journées du 24 au 30 août. Cette armée, dans des positions favorables le long de la Marne, aurait été un adversaire très-dangereux pour les troupes allemandes, et pouvait empêcher la continuation de leur marche sur Paris. Si les Français étaient battus, il leur restait une ligne de retraite sûre jusque derrière les forts de Paris ; si les Allemands étaient battus, la situation devenait presque désespérée pour eux.

« En effet, ils avaient à dos Metz et ses 180,000 hommes, Longwy, Montmédy, Thionville, Toul, Phalsbourg, Strasbourg, Langres, Brisach et Schlestadt avec leurs garnisons ; une défaite des Allemands au mois d'août, dans les environs de Châlons, aurait été le signal d'un soulèvement armé dans l'Alsace, la Lorraine, les Vosges et la Côte-d'Or (1). »

Au lieu de ce plan de campagne, bien simple, l'opération vers les Ardennes, opération plus *dynastique* que militaire, était mise à exécution.

Mac-Mahon quittait Châlons le matin du 23 août, et le défilé de ses 120,000 hommes, de ses 400 canons et de ses 70 mitrailleuses se déroulait, sous la pluie, par les routes détrempées et s'acheminait lentement, silencieusement, par Berru, Epoy et Pont-Faverger jusqu'à Béthéniville. L'empereur était avec ces soldats qui marchaient déjà joyeux parce qu'ils marchaient en avant. Enfoncé dans sa lourde berline, enveloppé dans un ample manteau noir doublé de rouge, il saluait et ses traits, dit un témoin, n'exprimaient aucune inquiétude (2).

Au moment où l'arrière-garde quittait les baraquements de Châlons, elle mit le feu aux fourrages sans s'inquiéter si, le lendemain, la cavalerie n'en manquerait pas. On brûla aussi des débris de baraques et de tentes. La flamme claire rougit le ciel comme un grand feu de joie. Lorsque, venant de Vitry et de Châlons, les uhlans du Prince royal arrivèrent dans cette vaste plaine où la jeunesse de Paris, où les soldats qui portaient l'espérance et la fortune de la France avaient campé, ils n'y trouvèrent que la solitude, le désert et des cendres.

(1) Julius von Wickede, *Gazette de Cologne*.
(2) M. Albert Dumont, *Revue des Deux Mondes*, 15 n. 1870.

DOCUMENTS COMPLÉMENTAIRES DU CHAPITRE XI

N° 1.

NOMINATION DU GÉNÉRAL TROCHU

NAPOLÉON, etc.

Art. 1er. Le général Trochu est nommé gouverneur de Paris et commandant en chef de toutes les forces chargées de pourvoir à la défense de la capitale.

Art. 2. Notre ministre de la guerre est chargé de l'exécution du présent décret.

Fait à Châlons, le 17 août 1870.

NAPOLÉON.

Par l'empereur :
Le ministre de la guerre,
COMTE DE PALIKAO.

—

N° 2.

LETTRES ET PROCLAMATIONS DU GÉNÉRAL TROCHU.

A la suite de la proclamation de M. le général Trochu, *aux habitants de Paris*, lors de sa nomination au poste de gouverneur de Paris, M. Nefftzer, rédacteur en chef du *Temps*, publia dans ce journal l'article suivant :

« La nomination de M. le général Trochu, et la proclamation qu'on vient de lire, nous paraissent deux faits importants et significatifs.

« Dès le début de la guerre, la confiance publique désignait le général Trochu pour un commandement important. Il y a huit jours, au moment de la rentrée de la Chambre, le centre gauche eût voulu le voir placé à la tête du gouvernement. Mais les influences dirigeantes n'étaient pas d'accord avec l'opinion publique, et le général Trochu n'avait obtenu que tout récemment le commandement d'un corps d'armée en formation à Châlons.

« Il est aujourd'hui nommé gouverneur de Paris, et la manière dont il prend possession semble indiquer que les circonstances ont fait de ce poste le premier de l'État. Il déclare n'appartenir à d'autre parti qu'à celui du pays ; il parle au nom « d'une « grande nation qui prend en main, avec une ferme « résolution, la direction de ses destinées. »

« Ce langage, nous le répétons, est grave et significatif. Il nous paraît approprié aux circonstances, et le Corps législatif voudra, nous n'en doutons pas, achever de le préciser et de lui donner toute sa valeur en s'y associant. Ce qui importe aujourd'hui, c'est que la nation n'ait à s'occuper que d'elle-même.

« Nous honorons trop le caractère du général Trochu pour ne pas lui faire remarquer, en toute franchise, qu'un passage de son manifeste pourrait donner lieu à des conséquences abusives et périlleuses. Nous ne lui ferons pas l'injure de douter de ses intentions ; mais les appels à la justice spontanée du peuple sont toujours dangereux, et le sont surtout dans les circonstances présentes et dans l'état des esprits. Celui que contient le manifeste du nouveau gouverneur de Paris a besoin d'être expliqué et précisé.

« A. NEFFTZER. »

En réponse à cet article, M. le général Trochu adressa à M. Nefftzer la lettre suivante, qui fut publiée dans le numéro du 20 août 1870 du journal *le Temps* :

AU RÉDACTEUR

Paris, 19 août.

Jugeant avec une bienveillance dont je dois vous remercier l'acte par lequel, dans la nuit de mon retour de l'armée, je me suis mis en communication avec la population de Paris, vous paraissez souhaiter des explications au sujet du passage suivant de ma proclamation :

« Je fais appel à tous les hommes de tous les partis, n'appartenant moi-même, on le sait dans l'armée, à aucun parti qu'à celui du pays.

« Je fais appel à leur dévouement ; je leur demande de contenir par l'autorité morale les ardents, qui ne sauraient pas se contenir eux-mêmes ; et de faire justice par leurs propres mains de ces hommes qui ne sont d'aucun parti, et qui n'aperçoivent dans les malheurs publics que l'occasion de satisfaire des appétits détestables. »

Toute ma vie, j'ai été un homme de libre discussion, et aux explications que vous désirez, je vais ajouter toute ma profession de foi.

L'erreur de tous les gouvernements que j'ai connus, a été de considérer la force comme l'*ultima ratio* du pouvoir. Tous, à des degrés divers, ont relégué au second plan la vraie force, la seule qui soit efficace dans tous les temps, la seule qui soit décisive quand il s'agit de résoudre les difficiles problèmes qui agitent la civilisation : la *force morale*.

Tous, à des degrés divers, ont été personnels, n'apercevant pas que le pouvoir impersonnel qui ne se considère que comme une délégation de la nation, qui ne conçoit et qui n'agit que dans l'intérêt de la nation, jamais dans le sien propre ; qui se soumet à tous les contrôles qu'il plaît à la nation de lui appliquer, et qui les tient pour sa sauvegarde ; qui est loyal, sincère, ardent pour le bien public et professeur d'honnêteté publique, est seul en possession de cette force morale dont j'ai défini la puissance.

C'est dans cet esprit que j'ai parlé à la population de Paris ; c'est dans cet esprit que j'ai vécu, et que, dans la mesure de mes forces et de ma position, j'ai combattu les erreurs qui ont mis le pays dans le deuil où il est.

J'ai demandé leur concours aux hommes de tous les partis, leur offrant le mien gratuitement, sans réserve, et comme je l'ai dit, ne pouvant dire plus, avec tout mon cœur. — Et voici comment j'ai entendu ce concours tout moral.

L'idée de maintenir l'ordre par la force de la baïonnette et du sabre, dans Paris livré aux plus légitimes angoisses et aux agitations qui en sont les suites, me remplit d'horreur et de dégoût.

L'idée d'y maintenir l'ordre, par l'ascendant du patriotisme s'exprimant librement, de l'honneur et du sentiment des périls évidents du pays, me remplit d'espérance et de sérénité. Mais le problème est ardu : je ne puis le résoudre seul. Je puis le résoudre avec l'appui de tous ceux qui ont les croyances et la foi que j'exprime ici.

C'est ce que j'ai appelé « le concours moral. »

Mais il peut arriver un moment où Paris, menacé sur toute l'étendue de son périmètre, et aux prises avec les épreuves d'un siège, sera pour ainsi dire livré à cette classe spéciale de gredins « qui n'aperçoivent dans les malheurs publics que l'occasion de satisfaire des appétits détestables. »

Ceux-là, on le sait, errent dans la ville effarée, criant: « On nous trahit! » pénètrent dans la maison et la pillent. Ceux-là, j'ai voulu recommander aux honnêtes gens de leur mettre la main au collet, en l'absence de la force publique, qui sera aux remparts, et voilà tout.

Je vous prie de recevoir, monsieur le rédacteur en chef, l'assurance de ma considération très-distinguée.

GÉNÉRAL TROCHU.

Le général Trochu adressait la proclamation suivante :

A la garde nationale de Paris,
A la garde nationale mobile,
Aux troupes de terre et de mer de l'armée de Paris,
A tous les défenseurs de la capitale en état de siége.

Au milieu d'événements de la plus haute gravité, j'ai été nommé gouverneur de Paris et commandant en chef des forces réunies pour sa défense.

L'honneur est grand ; le péril pour moi l'est aussi, mais je me fie à vous du soin de relever par d'énergiques efforts de patriotisme la fortune de nos armées si Paris venait à subir les épreuves d'un siége.

Jamais plus magnifique occasion ne s'offrit à vous de montrer au monde qu'une longue suite de prospérités et de jouissances n'a pu amollir les mœurs publiques et la virilité du pays.

Vous avez sous les yeux le glorieux exemple de l'armée du Rhin. Ils ont combattu un contre trois dans des luttes héroïques, qui font l'admiration du pays et la pénètrent de gratitude.

Elle porte devant vous le deuil de ceux qui sont morts.

SOLDATS DE L'ARMÉE DE PARIS,

Ma vie entière s'est écoulée au milieu de vous dans une étroite solidarité où je puise aujourd'hui mon espoir et ma force. Je n'en appelle pas à votre courage et à votre constance qui me sont bien connus. Mais montrez, par l'obéissance, par une vigoureuse discipline, par la dignité de votre conduite et de votre attitude devant la population que vous avez le sentiment profond des responsabilités qui pèsent sur vous.

Soyez l'exemple et soyez l'encouragement de tous.

La présente proclamation sera mise à l'ordre du jour par les chefs de corps. Cet ordre sera lu à deux appels consécutifs, à la troupe assemblée sous les armes.

Au quartier général, à Paris, le 19 août 1870.

Le gouverneur de Paris,
GÉNÉRAL TROCHU.

CHAPITRE XII

Retraite de l'armée sous Metz. — Hésitations de l'empereur. — Il compromet l'armée. — Ce qu'il fallait faire dicté par *Gazette de Cologne*. — État moral des officiers et de l'armée. — Changarnier à Metz. — Nomination de Bazaine. — Son passé. — Départ de Napoléon. — Bataille de Borny. — Bataille de Rézonville. — Bataille de Gravelotte. — Situation des armées françaises à la fin d'août 1870. — Documents complémentaires.

Pendant que Mac-Mahon marchait vers Metz en se rapprochant, comme nous le verrons, de la frontière de Belgique, que faisait et qu'avait fait Bazaine? Nous avons vu que, tandis que Mac-Mahon et de Failly battaient en retraite sur Châlons, les autres corps d'armée se retiraient assez rapidement sous les canons de Metz. A l'exception du corps de Frossard, ils étaient tous intacts, mais déjà troublés par cette sorte de démoralisation singulière qui, partant de l'empereur et des généraux, s'étendait sur l'armée (1). La concentration des troupes sous Metz s'accomplit cependant avec assez de rapidité. Dès le 10 ou le 11 août, toute l'armée était rassemblée autour de la citadelle et prête, dès lors, à se rabattre sur Châlons et à aller rejoindre Mac-Mahon par la route de Verdun qui était libre. On ne conçoit pas qu'à ce moment cette manœuvre très-simple, indiquée par la logique,

---

(1) Nous trouvons la preuve de ce désordre moral dans une lettre intime d'un général qui écrivait ce qui suit le 6 août :

« Je ne sais ce que nous faisons. Nous sommes actuellement en état de marcher en avant, et nous ne faisons que des déplacements de flanc, allant tantôt à droite, tantôt à gauche. Je ne sais, en vérité, si nous sommes commandés. Je pourrais même affirmer que nous ne le sommes pas, depuis l'expérience que j'en ai faite cette nuit. J'étais de garde, et j'ai dû recevoir plus de huit dépêches de l'empereur et de son état-major général adressées à notre commandant de corps, dépêches se contrecarrant successivement et témoignant de bien tristes hésitations. En attendant, le léger avantage que nous avons remporté à Sarrebrück a été suivi d'engagements moins heureux, à Wissembourg, et hier même, à quelques lieues de nous. Un de nos corps voisins avait même dû battre en retraite, si bien qu'il est beaucoup plus question, pour notre corps actuellement, d'un mouvement en arrière que d'une marche en avant. Nos troupiers, si braves à certains moments, montrent à tout instant un abattement et une absence d'aplomb qui nous inquiètent. Nous avons besoin d'une action décisive et heureuse qui remonte notre moral.

« Samedi. — Boulay, 4ᵉ corps. »

n'ait pas été rapidement exécutée. La France eût eu alors, pour défendre les lignes de la Seine et de la Marne, une armée puissante, et qui sait ce qui serait advenu de la fortune de la patrie? En laissant à Metz une assez faible garnison, on pouvait facilement défendre la place et on avait, en rase campagne, des forces considérables au moins égales à celles dont l'ennemi pouvait alors disposer.

La vérité depuis un an s'est faite sur les ressources des belligérants, et, pour emprunter aux Allemands eux-mêmes, la preuve de la possibilité de leur défaite et de la nullité de nos chefs, voici ce que ne craint pas d'avouer l'écrivain de la *Gazette de Cologne*, M. J. de Wickede, qui fait autorité dans les matières militaires :

« Si le maréchal Bazaine, dit M. de Wickede, après avoir laissé seulement 50,000 hommes dans Metz, eût fait sa jonction avec Mac-Mahon, et opéré en toute hâte la concentration des troupes qui se trouvaient encore à Châlons, à Paris et dans le nord de la France, — et les Français avaient pour cela à leur service un très-bon réseau de chemins de fer, — l'empereur Napoléon aurait pu réunir de nouveau, dans les jours qui se sont écoulés, du 12 au 18 août, une armée de 320,000 à 350,000 hommes de bonnes troupes, dans une excellente position, *entre Metz et Verdun*, et offrir là à l'armée allemande *la bataille décisive de la guerre.*

« Il aurait été difficile, à cette date, au général de Moltke de conduire au combat une armée de force numériquement égale. Les 50,000 hommes de Metz auraient exigé la dislocation de 80,000 hommes pour bloquer la place, et des détachements considérables étaient, d'autre part, immobilisés par la nécessité de cerner les forteresses de Strasbourg, Schelestadt, Brisach, Phalsbourg et Toul, afin d'empêcher des sorties de leurs garnisons : on n'au-

rait donc jamais pu, dans la seconde moitié du mois d'août, concentrer 350,000 à 400,000 Allemands entre Metz et Verdun, n'y eût-il eu d'autre impossibilité que celle des approvisionnements nécessaires. Si, en même temps, les troupes qui se trouvaient encore à Besançon et à Lyon, ainsi qu'à Marseille, Toulon et Grenoble, avaient reçu l'ordre d'une rapide concentration et avaient été dirigées immédiatement vers Belfort, un corps de 30,000 à 40,000 hommes aurait été ainsi formé sur ce point stratégique important.

« *Ce corps aurait pu tenter de faire lever le siège de Strasbourg, détruire toutes les étapes de l'armée allemande en Alsace, peut-être même opérer une diversion,* — momentanée, cela va sans dire, — *dans le grand-duché de Bade, où il ne se trouvait plus de troupes allemandes.* Enfin, si les flottes françaises de la mer du Nord et de la Baltique, qui ont joué pendant cette guerre un rôle si insignifiant, avaient montré quelque trace d'énergie, M. de Moltke n'aurait pu dégarnir de troupes, autant qu'il l'a fait, les côtes de la Baltique et de la mer du Nord. »

Il est douloureux de voir ainsi tracé, et si clairement, par un ennemi, le plan de campagne que nos généraux devaient suivre, mais du moins cette étude permet de faire retomber sur qui de droit la responsabilité de nos défaites. A Metz, au commencement d'août, comme à Mouzon, Carignan et Sedan, l'obstacle, l'agent en quelque sorte passif de nos désastres, ce fut l'empereur. Commandant en chef de l'armée, il pouvait, dès le 10 août, ordonner la retraite, mais, frappé d'abattement, il laissa perdre un temps précieux et passa en tergiversations, en larmoiements et en projets de campagne, les trois jours qui, rapidement utilisés, eussent sauvé l'armée.

Après les défaites de Forbach et de Wœrth, une sorte de stupeur avait saisi la ville de Metz. Animée et vivante huit jours auparavant, elle était brusquement devenue morne et silencieuse. On se mettait à l'œuvre cependant pour la défense. Le général Coffinières de Nordeck, commandant la place, faisait abattre les maisons bâties sur la zone militaire, couper les arbres sur les routes, et ordonnait aux étrangers de quitter la ville ou d'y réclamer un permis de séjour. On achevait en hâte les travaux commencés et, pour tout dire, à peine ébauchés, car, le conçoit-on? l'empire avait laissé une place de premier ordre comme Metz dans un abandon inconcevable et il la trouvait, au moment de la déclaration de guerre, à peine armée et ses fortifications, sur certains points, inachevées. Nous avons vu par exemple travailler aux remparts du fort de Plappeville, qui se trouvaient loin d'être prêts au moment de la déclaration de guerre et à quelques jours de l'investissement.

Metz méritait cependant d'être toujours tenue sur la défensive et, pour ainsi dire, sous les armes. M. de Bismarck devait appeler bientôt Strasbourg « la clef de sa maison. » On peut, à plus juste titre, affirmer que Metz est la clef de la France. Son colossal fort Saint-Quentin veille de ce côté sur la frontière française comme un géant, et semble protéger le pays tout entier. On l'aperçoit de loin et de partout, menaçant et terrible. Les larges fossés remplis d'eau, les îles de la Moselle, les terrains d'inondation, rendent la place de Metz presque inaccessible, mais le véritable rempart de la ville, c'est cet assemblage de forts, le fort Saint-Julien, le fort de Queuleu, le fort Saint-Quentin, etc., qui, autour de Metz, permettent à une armée considérable de s'établir comme dans un vaste camp retranché.

Ainsi concentrées, nos troupes se trouvaient en quelque sorte inattaquables. Il fallait les tourner pour les empêcher d'opérer leur retraite sur la Meuse, et c'est à quoi les deux armées réunies de Steinmetz et de Frédéric-Charles allaient s'employer, mais, je le répète encore, il était facile à notre armée de déjouer la tactique des Allemands. Il ne suffisait que d'un peu de décision et d'énergie. Mais c'est précisément ce qui manque le plus à Louis-Napoléon Bonaparte. Dans la nuit du 2 décembre, il fallut que ses complices eussent de l'audace pour lui. Dans les journées fatales des 10, 11, 12 et 13 août, nul ne se trouva pour lui imposer d'agir et d'agir en toute hâte.

Ceux qui l'entouraient étaient navrés, lui se désolait. Il se crut sauvé lorsqu'il vit venir à lui ce vieux général d'Afrique, dont il dédaignait et refusait auparavant les services, Changarnier, le héros de la retraite de Constantine, et qui est allé tristement finir sa carrière par la capitulation de Metz. Changarnier se présenta, vêtu d'un pantalon gris et d'une redingote, à la préfecture, où logeait l'empereur. Il venait de la gare, à pied et mouillé par la pluie. « Sire, dit le vieux soldat, quand on l'introduisit, la France est en danger, je suis un vieux soldat, je viens vous offrir mon expérience et mon épée. » La démarche était noble, mais on verra plus tard que Changarnier, après avoir vécu indépendant depuis dix-huit ans, se laissa gagner à la cause bonapartiste et fut, à Metz, un des partisans de la régence. Cette existence de soldat allait ainsi finir piteusement dans une machination de parti.

Cependant l'avant-garde prussienne avait suivi de près notre armée se repliant de Saint-Avold sur Metz par la Nied, brûlant des magasins et des fourrages, comme toujours, mais comme toujours aussi laissant le chemin de fer intact. Une sorte d'effarement spécial s'était emparé au surplus de l'état-major. On entendit, durant cette retraite, un général dire à des officiers de la garde dont les soldats n'avaient ni tiré un coup de fusil ni vu encore l'ennemi : « Mettez vos objets précieux en sûreté, messieurs, nous sommes irrémédiablement perdus! (1) » Il semblait qu'une sorte de prostration contagieuse régnât partout.

On n'avait plus qu'un espoir, un seul, et il était dans le maréchal Bazaine. Oui, il faut bien le dire, à Metz, comme à Paris, on avait foi dans cet homme, qui tint, hélas! entre ses mains le fragile espoir de la patrie, et qui le brisa comme verre. Bazaine, soldat de fortune, parti le fusil sur l'épaule, engagé volontaire au 37ᵉ régiment de ligne, en 1831, avait conquis, disait-on, ses grades à la pointe de sa baïonnette et de son épée. En France, où l'on préfère les soldats braves aux soldats intelligents et pensifs, c'en était assez pour lui faire une popularité absolue. On ne pouvait pourtant oublier les aventures de ce maréchal dont le nom, quelques années auparavant, avait été à bon droit suspect, non-seulement au pays, mais aux souverains eux-mêmes. L'ancien fourrier de la légion étrangère passé en 1835, lors du grand mouvement carliste en Espagne, au service de la reine Isabelle (2), l'ancien chef de bureau arabe habitué à ruser avec les Arabes, avait, après avoir fait son devoir en Crimée, à l'Alma et à Inkermann, attaqué le bastion central à Sébastopol et, plus tard, en Italie, montré une énergie singulière à Melegnano et à l'assaut du cimetière de Solferino, s'était fait connaître surtout à partir de 1862, par les combats livrés au Mexique.

En juillet 1862, il prenait le commandement de la première division d'infanterie du corps expéditionnaire à la Vera-Cruz. C'est lui qui, au siège de Puebla, attaqua le général mexicain Commonfort, retranché à San Lorenzo et amenant un convoi de vivres aux assiégés. Bazaine le battit. En octobre

---

(1) Rapporté par le lieutenant C..., qui l'a entendu.
(2) O. Lecomte, La Guerre franco-allemande.

1863, le futur commandant en chef de l'armée du Rhin succédait au général Forey dans le commandement en chef de l'armée du Mexique. La prise de Mexico, le siège d'Oajaca, où 7,000 hommes mirent bas les armes devant lui, la poursuite de Juarez avaient donné au maréchal Bazaine une réputation militaire dont l'avenir nous a cruellement montré l'exagération.

Nous voulons être calme, dans cette histoire. Nous n'écrivons pas un pamphlet, et quoique ces terribles événements soient si rapprochés de nous, nous essayons de les envisager du fond de cette perspective d'où nous regardons le passé. Mais la modération n'exclut ni la douleur patriotique, ni l'implacable vérité. Malgré les aventures de Bazaine au Mexique, malgré les bruits qui chargeaient sa réputation, malgré les accusations portées par ses lieutenants eux-mêmes (M. de Galiffet entre autres), malgré sa conduite avec ce Maximilien, dont il était chargé de défendre et le trône et la vie (1), la France et l'armée s'en remettaient à Bazaine de les venger de Frœschwiller et de Forbach.

Ce petit gros homme souriant, qui se montrait en paletot à l'hôtel de l'Europe, dans les derniers jours de juillet, et qui allait et venait les mains dans les poches, sans façon, et comme un tacticien sûr de lui-même, semblait fait, au surplus, pour inspirer la confiance. Le caractère de cette physionomie, c'est le flegme, non pas le sang-froid un peu roide de l'Anglais, mais l'indifférence légèrement gouailleuse du Français. Bazaine, on le devine au premier coup d'œil, ne s'émeut de rien. Il ira au feu avec cette sorte de bonhomie qu'il affecte, sans se soucier de risquer une balle ; il demeurera, par la même raison, éloigné du champ de bataille et couché sur un divan, tandis que ses soldats meurent, sans se soucier de faire son devoir. Alourdi par le bien-être, indifférent aux cris poignants de la patrie, Bazaine est bien le type de ces généraux sceptiques qui, n'ayant jamais eu au cœur que le sentiment égoïste de l'avancement, ne savent ni se dévouer pour une cause compromise, ni se battre pour l'honneur lorsqu'une cause est perdue.

Le général Deligny, qui commandait à Metz la 1re division de l'infanterie de la garde (voltigeurs), a publié sur l'armée de Metz une brochure qui constitue contre le commandant en chef un véritable acte d'accusation (1) : « Nous n'hésitons pas à dire, écrit le général Deligny à la première page de son travail, que la tâche qui incombait au maréchal dépassait de beaucoup ses moyens et ses forces, et qu'il n'était à sa hauteur, ni par son activité physique, ni par ses talents, ni par son énergie morale. Pour une aussi grande mission, il eût fallu mettre en jeu tous les ressorts d'une grande âme, toute l'énergie d'un grand caractère ; il eût fallu des éclairs de génie peut-être. Le maréchal, lui, n'appela à son aide qu'une somnolence égoïste, une sorte d'indifférence pour les intérêts généraux, un petit esprit et de petits moyens. »

Quant à l'armée, c'était cette magnifique armée française, trop peu nombreuse, sans doute, mais formée de tout ce qui restait en France d'énergies et solides soldats. Mal commandée, elle allait livrer à l'armée la mieux commandée du monde des combats gigantesques, où elle disputa, plus d'une fois, et arracha la victoire à l'ennemi. Bien commandée, elle était capable d'accomplir des prodiges pareils à ceux de ses aînées. Avec cent mille hommes d'excellentes troupes, un général doit savoir vaincre. Nous verrons que Bazaine pouvait le faire, et le pays est en droit de lui demander compte à la fois de sa mollesse pendant ces premiers combats et surtout de ses intrigues politiques, plus tard, durant le blocus. Nous ne nous occuperons, dans ce chapitre, que des fautes militaires.

Le général Steinmetz était arrivé devant Metz le 13, le quartier général du roi était à Herny, et les troupes de Frédéric-Charles occupaient Pont-à-Mousson, tandis que l'autre armée prussienne, celle qui, sous les ordres du Prince royal, poursuivait Mac-Mahon, entrait à Nancy.

Le décret qui nommait le maréchal Bazaine commandant en chef de l'armée du Rhin, est daté du 10 août. Mais, par suite de nouvelles difficultés intérieures, Bazaine n'en prit le commandement que le 13. Le maréchal n'empêcha donc pas l'armée d'opérer, dès le 10, son mouvement de retraite. « Il était, dit M. Mézières (2), gêné pour l'exécution de ses ordres par la présence et les velléités personnelles de l'empereur. » Le mouvement ne commençait donc que le 14, et ce jour-là, un dimanche, nos *interminables convois*, selon l'expression d'un officier supérieur, traversaient la Moselle. Chaque soldat pliait sous le poids des bagages. Les *impedimenta* alourdissaient la marche, cette marche qu'il fallait accélérer à tout prix, et

---

(1) « On suppose qu'il a nourri l'espoir pendant quelque temps de se mettre à la tête de ce pays. Nous nous bornerons à citer un fait qui dépeint l'homme.... Lorsque, par des intrigues de toute sorte, il eut réussi à se marier avec la fille d'une des plus riches familles du pays, mais qui appartenait aux ennemis les plus décidés du nouvel empire, l'empereur Maximilien voulut lui faire don, comme cadeau de noces, du magnifique palais de Buena-Vista, meublé nouvellement pour le général Forey. Bazaine refusa, mais donna à entendre au général Almonte, qui apportait l'acte de dotation, que sa femme pourrait bien l'accepter. L'empereur agréa cette proposition, et la maréchale devint propriétaire du château vraiment royal ; que fit son mari ? Il le loua de sa femme, et la municipalité de la ville de Mexico dut payer, jusqu'au dernier jour de l'occupation, un loyer de 60,000 fr. » (O. F. Lemute, *La Guerre franco-allemande*, page 21.)

(1) *Armée de Metz*, par le général Deligny (Münster et Berlin, 1870).

(2) *Revue des Deux Mondes*, du 15 septembre 1871.

M. Ch. Fay compare avec raison cette armée traînant ainsi ses fardeaux et ses bagages à l'armée de Darius. Le temps est loin où l'on pouvait écrire que « les armées allemandes sont celles de toute l'Europe qui entraînent le plus de bagages, de femmes, d'embarras de bouches inutiles (1). » C'est aux armées françaises qu'il faudrait aujourd'hui adresser ce reproche et faire toucher du doigt ce vice capital qui nous a coûté si cher.

A midi, l'empereur partait, quittait la préfecture, passant, escorté par les cent-gardes et un escadron de guides, devant la foule « triste et silencieuse (2). » L'armée, vers quatre heures de l'après-midi, avait déjà traversé la Moselle, et la garde et le 3° corps se préparaient à se mettre en marche, lorsque l'ennemi sortant tout à coup du bois de Colombey, accueillit nos avant-postes par un feu de mousqueterie et de mitraille. Ce furent les troupes du général Grenier que les Prussiens attaquèrent d'abord; bientôt repoussé, il revient à la charge, tandis que Ladmirault, pour maintenir la division Grenier, lance sur des hauteurs deux divisions de son corps d'armée soutenues par la réserve de son artillerie. La division de Cissey met sacs à terre, grimpe au pas de course la hauteur de Saint-Julien, et prend la place de la division Grenier.

La clef de la position était, pour les Prussiens, le petit bois de Mey que défendaient nos mitrailleuses, tandis que les batteries prussiennes ripostaient par leurs obus. Vers sept heures du soir, le bataillon du 64° de ligne, qui défendait le bois de Mey, attaqué par des forces considérables, battait en retraite, et ne put être rallié que difficilement sous le feu terrible des tirailleurs ennemis, maintenant établis dans ce bois. Mais, dès l'arrivée de la division de Cissey, le 20° bataillon de chasseurs à pied s'élance dans le bois de Mey et en déloge, après un vif combat, les Allemands qui se replient à leur tour, tandis que des masses de fantassins et de cavaliers ennemis, abritées jusqu'alors derrière Servigny, se montrent brusquement, et font vers notre gauche un mouvement menaçant. La division tout entière s'élance alors au pas de charge, ouvre un feu violent à volonté, et arrête brusquement ce mouvement tournant qui pouvait nous être fatal(3).

La nuit venait. Une partie du 3° corps entra alors en ligne et repoussa les colonnes prussiennes qui semblaient vouloir revenir au combat. L'ennemi, repoussé vers huit heures du soir de Mey et de Servigny par une charge à la baïonnette, se retirait en brûlant derrière lui ces villages. On le rejetait encore de Mercy le-Haut et de Mercy-les-Metz et on n'entendait plus, dans la nuit, que la canonnade

(1) L'Europe esclave (Cologne, 1677).
(2) Journal d'un officier de l'armée du Rhin.
(3) E. A. Spoll, Campagne de la Moselle (Bruxelles, 1871).

échangée entre les batteries allemandes et les batteries du fort Queuleu.

C'était un succès, et, Sarrebrück n'étant qu'une funèbre plaisanterie, c'était le premier succès de la campagne. Les soldats ne s'y trompaient pas. Ils regagnaient gaiement le Ban-Saint-Martin et Napoléon disait à Bazaine, en lui tendant la main, à Longeville : « Eh bien! maréchal, vous avez donc rompu le charme?(1). » Ce qui n'empêchait point le roi Guillaume de télégraphier à Berlin ces trois lignes mensongères :

« Combat victorieux à Borny sous Metz; les Français sont refoulés *derrière* Metz. Je me rends sur le champ de bataille. « GUILLAUME. »

Le roi de Prusse et les écrivains prussiens ne disent point la vérité lorsqu'ils prétendent que, le 14 août, le jour de ce combat qui s'appela, pour Paris, la bataille de Longeville, et pour Metz le combat de Borny ou de Pange, ils rejetèrent les Français derrière Metz. Ni ce jour-là, ni plus tard les Français ne furent rejetés « derrière Metz. » La bataille de Borny était un avantage pour nous; une partie des troupes bivaqua sur le terrain conquis et Bazaine pouvait profiter de la journée en prenant l'offensive et en opposant toute son armée aux forces prussiennes qu'il avait devant lui. Les Allemands considèrent surtout la journée du 14 comme un avantage pour eux « parce qu'ils ont retardé d'un jour la marche de l'armée française (2). »

Nous avions perdu 3,408 hommes tués, blessés ou disparus, tandis que les pertes des Prussiens étaient de beaucoup plus considérables. Un écrivain les évalue environ à 10,000 hommes. Le colonel Fournier, de notre 44° de ligne, avait été tué, le général de Castagny blessé. Le général Decaen, atteint au genou, gardait le commandement de son corps (le 3°, celui que commandait d'abord Ba-

(1) *Journal d'un officier de l'armée du Rhin.*
(2) Un officier, acteur et témoin dans ces batailles, donne ainsi ses impressions sur la journée de Borny :

« Les vignes, les ravins, les bois, sont jonchés de corps prussiens. L'ennemi, il faut lui rendre justice, nous étonne par son audace, ses lignes se suivent et se fondent sous la mitraille. Notre artillerie, ayant épuisé ses munitions, se retire, et l'action s'engage entre l'infanterie et les masses prussiennes. A la nuit, l'ennemi est totalement en retraite, il disparaît derrière son refuge ordinaire, les bois. Il recule la nuit. Pourquoi nos mitrailleuses, approvisionnées de nouveau, ne sont-elles pas revenues à la fin du combat? La lutte aurait été plus promptement décisive ! Mais non, il en sera de même dans chaque affaire, notre artillerie ouvrira l'action par un feu terrible, puis cessera bientôt son action, faute de munitions; et nous sommes à deux pas de Metz et des forts. Est-ce une fatalité?

« La lune se lève, éclairant de son pâle reflet le champ de bataille. De notre côté, silence complet et lugubre. Du côté de l'ennemi, hurrahs et musique ! Nous avons su plus tard qu'un grand personnage était venu relever le courage de ses troupes. Nous avions eu affaire à la garde royale : il fallait un baume sur les profondes blessures que notre feu avait faites dans les rangs de ce corps d'élite. » (*Trois mois sous Metz*. Lille, A. Degans, éditeur.)

Wagon-ambulance servant au transport des blessés sur la ligne de l'Est.

zaine). Peu après, son cheval était tué. On dégagea le général et on l'emporta du champ de bataille. Il allait mourir de sa blessure.

Pourquoi Bazaine ne continua-t-il pas dans la nuit du 14 au 15 août et dans la journée du 15, son mouvement sur Verdun? Pourquoi fit-il, par son inaction, tourner contre nous un succès évident? Nous devions, dès le soir du 14, avoir atteint le plateau de Gravelotte. Bazaine voulait porter son quartier général à Rézonville. Mais nous n'arrivions à Gravelotte que le 15. On perdait le temps en marches, contre-marches et inutiles arrêts. Cet emploi de la journée d'un officier donne exactement l'idée du désarroi de cette armée, du manque absolu de commandement et de direction : « Le 15 août, nous passons la journée au camp de la porte de Thionville. Nous partons précipitamment à trois heures du soir. Nous prenons la route de Plappeville. Au bout d'une heure de marche, on s'arrête. On attend; deux heures, trois heures,

quatre heures se passent, pas d'ordres; enfin, à dix heures du soir, on fait faire le café aux troupes et nous passons la nuit sur la route. »

Ainsi, la journée du 15 n'est pas utilisée et, d'heure en heure, l'ennemi reçoit des renforts. On pouvait l'écraser le 14, il faudra le vaincre le 16.

Le 16 au matin, dès l'aube, l'empereur partait au galop, escorté d'abord par la cavalerie de ligne de la garde, puis par les chasseurs d'Afrique du général de Margueritte. Bazaine s'attendait à être attaqué et prenait ses dispositions de bataille. Nos troupes bivaquaient, attendant l'arrivée des 3e et 4e corps retardés dans leur marche par le combat de Borny. Quelle stupéfaction! Il nous avait fallu deux jours pour parcourir 14 kilomètres! En deux jours nous étions parvenus à Doncourt! On a calculé qu'en marchant ainsi il nous eût fallu plus d'une semaine pour nous rendre à Verdun. Pendant ce temps, les Prussiens accéléraient leurs mouvements et leur lourdeur méthodique arrivait à des résultats étonnants. Il nous fallait doubler les étapes; la nécessité, la prudence, le salut l'exigeaient. Mais non, nous nous traînions lentement sur cette route de Verdun, attendant, pour ainsi dire, l'attaque de l'ennemi, de cet ennemi qui, du 15 août au lendemain 16, franchissait la distance de 40 kilomètres, qui séparait le gros de son armée de nos avant-postes.

Le 16, à neuf heures du matin, le général von Alvensleben II, averti de l'arrivée de nos troupes d'avant-garde près de Vionville et de Tronville, envoie rapidement une division d'infanterie qui, gravissant le plateau qui domine la Moselle, refoule d'abord en débouchant par les défilés de Gorze, la cavalerie des généraux de Forton et de Valabrègue et dispute la position, nous enlève Tronville et Mars-la-Tour et combat jusqu'à l'arrivée de la division de cavalerie du duc de Mecklembourg-Schwerin (1).

Notre cavalerie, reculant jusqu'à Vionville, avait un moment jeté le désordre dans le corps Frossard. Les dragons fuyaient jusqu'à la maison de poste, près de l'état-major du maréchal Bazaine. Mais presque au même instant, la division Bataille prenant les armes s'établissait en avant de Rézonville, ayant à sa gauche la division Vergé et à sa droite le 6° corps (Canrobert). Toutes les attaques des Prussiens sur ces lignes furent, de neuf heures à midi, pendant trois heures, vigoureusement repoussées; à midi et demi, ils se jetaient avec une vigueur nouvelle sur Vionville qu'ils voulaient décidément emporter, mais cette nouvelle attaque est un nouvel échec. Leur 3° corps, épuisé, avait subi, dans ces diverses attaques, les pertes les plus sanglantes. La cavalerie allemande, chargeant avec opiniâtreté, pour contenir nos troupes qui menaçaient de déborder les positions prussiennes, arrêta nos soldats, mais fut littéralement décimée, *presque anéantie*, dit un historien (2). Mais elle avait donné le temps à deux nouveaux corps prussiens, le 9° et le 10°, d'entrer en ligne et vers trois heures ces troupes fraîches, débouchant par les bois sur Vionville, enlevaient ce village, tandis qu'un feu terrible, foudroyant nos soldats, les contraignait à reculer.

Devant Rézonville, le général Bataille avait été blessé, et le 2° corps, après avoir soutenu bravement l'attaque, s'était replié, protégé dans sa retraite par le 3° lanciers et les cuirassiers de la garde. C'est à ce moment que, pendant une charge des hussards prussiens sur des pièces, que Bazaine faisait établir

(1) On peut dire que nous étions encore une fois surpris. Le général de Forton affirmait qu'il n'y avait pas un Prussien sur la route. Sa division était attaquée, les chevaux au piquet de ses côtés. Le prince J. Murat, qui commandait la première brigade, déjeunait, il sortit de sa tente une serviette à la main. (Voy. M. A. Spoll, la *Campagne de la Moselle*.)
(2) F. Delaunay, *Histoire de la campagne de France*, (t. 1er).

en batterie pour soutenir l'attaque de nos cuirassiers, l'état-major du maréchal fut enveloppé par les hussards. Il y eut un moment de désordre, et l'état-major de Bazaine mit l'épée à la main. « Le maréchal chemine quelques instants côte à côte avec un officier ennemi qui ne se doute guère de la bonne prise qu'il pourrait faire. Tout cela dure à peine un instant; l'escorte du commandant en chef, laissée en avant de Rézonville, se précipite à la vue de ce désordre, sabre les cavaliers ennemis et reprend les pièces qu'ils cherchent à enlever (1). » Si Bazaine eût trouvé, dans ce combat corps à corps, une mort de soldat, son nom représenterait aujourd'hui une journée de gloire, au lieu de signifier un épisode de deuil et de honte.

Maîtres de la route de Mars-la-Tour, après avoir enlevé Vionville, les Allemands portent tous leurs efforts sur le village de Flavigny. Là, dans ces environs, se livra un de ces combats qui sont comme la caractéristique de la campagne de 1870-71, un combat en plein bois, où l'on se fusille d'arbre en arbre, où les cadavres s'entassent sous la profondeur paisible des feuillées. Une batterie française, envoyant ses obus sur les Prussiens établis dans ce bois, infligea à l'ennemi de dures pertes. Le général von Buddenbrock voulut alors faire reculer cette batterie, mais, repoussé par nos troupes, il se retira, se bornant à riposter par une canonnade.

Ce n'était pourtant pas, on le sentait bien, l'attaque décisive des Prussiens que nous avions subie, cette dernière et redoutable attaque de l'ennemi lançant, vers la fin de la journée, comme à Waterloo, des combattants nouveaux sur nos soldats épuisés. Cette attaque vint se briser, au centre, contre la division de grenadiers de la garde placés entre les bois des Ognons et de la Jurée, et le 6° corps, mais elle fut terrible à notre droite, et les Prussiens portèrent tous leurs efforts sur le corps Ladmirault qu'ils voulaient déborder. Là, notre artillerie causait aussi de terribles dommages à l'armée ennemie. Le général von Alvensleben II prend deux régiments de la division de cavalerie du général von Rheinbaben, des cuirassiers et des uhlans, et leur ordonne d'enlever à tout prix nos pièces.

« Ils s'élancent bravement, raconte M. Fay, chef d'escadron d'état-major, dans son *Journal d'un officier de l'armée du Rhin*, ils s'élancent à l'attaque de la position, traversent nos lignes, et dès qu'ils sont parvenus sur la hauteur qui leur cachait la division de Forton, nous les voyons redescendre de toute la vitesse de leurs chevaux le long des bois de Vionville. L'occasion était des plus favorables pour notre cavalerie; elle s'ébranle aussitôt en brandissant ses sabres; notre brigade de dragons, puis le

(1) *Journal d'un officier de l'armée du Rhin*, page 78.

7ᵉ cuirassiers pénètrent dans cette masse stupéfaite de cette rencontre inopinée ; deux escadrons du 10ᵉ cuirassiers la prennent en queue et la mettent dans une déroute complète... »

Les sabres de nos cavaliers avaient fait de larges plaies à ces régiments allemands, et ce fut un des épisodes les plus terriblement glorieux de la journée du 16, et le hasard y faisait sabrer le 7ᵉ cuirassiers prussien par le 7ᵉ cuirassiers français.

Ces charges brillantes de la cavalerie du général de Forton, — cette même cavalerie repoussée le matin, — dégageaient la droite de notre armée. Mais en outre les troupes de Le Bœuf arrivant de ce côté et tombant sur le flanc gauche des Prussiens, complétèrent bientôt le succès que nous venions d'obtenir. Appuyés sur le village de Saint-Marcel, nos soldats délogeaient du bois voisin les ennemis qui s'y abritaient. Vers quatre heures, les Prussiens essayaient encore d'enfoncer nos positions, et, par Mars-la-Tour, dirigeaient sur notre extrême droite une attaque formidable. De ce côté, le général von Kraatz engageait toutes ses forces pour triompher de la division Grenier qui, depuis plusieurs heures, soutenait le feu des Prussiens. Mais précisément cette division venait d'être relevée par la division de Cissey, arrivée à marche forcée sur le champ de bataille, et lorsque les Prussiens, après avoir franchi le ravin qui les séparait de nous, déployèrent leurs tirailleurs, nos soldats, s'élançant à la baïonnette, passent le ravin à leur tour, abordent les fantassins de Prusse et, dans un épique combat, détruisent le 16ᵉ régiment d'infanterie presque tout entier, lui arrachent son drapeau et ne laissent que 160 hommes debout sur les 3,000 qui composaient le 16ᵉ d'infanterie. Ce chiffre paraîtrait incroyable, s'il n'était affirmé par les autorités les plus sérieuses (1). Pour sauver l'infanterie que détruisent ainsi les baïonnettes françaises, la brigade des dragons de la garde royale prussienne s'élance, sabre haut, ébranlant le sol de ses lourds chevaux. La division de Cissey se masse autour de ses drapeaux, laisse pénétrer les dragons dans ses rangs, puis, les fusillant presque à bout portant, les prend en flanc et « les détruit presque complétement. »

Ainsi à notre droite, nous avions tout à fait l'avantage. Au centre, l'ennemi se maintenait dans sa position. Vers cinq heures, il essayait de faire reculer par là notre armée, et, après l'avoir canonnée pendant deux heures avec une incessante furie, il lançait sur elle, après ses obus, ses cuirassiers et ses réserves. Notre 93ᵉ de ligne est mis en désordre par les cuirassiers prussiens, on lui enlève son drapeau et les cavaliers emmènent avec eux une pièce de canon qu'ils nous ont prise, lorsque la cavalerie de Valabrègue, descendant au galop les hauteurs de Rézonville, sabre les cuirassiers, leur reprend le drapeau du 93ᵉ et ramène le canon qu'on nous a enlevé. Pendant ce temps, l'ennemi redouble d'efforts sur notre gauche et tente de s'emparer du bois des Oignons ; mais là, son élan est arrêté par nos mitrailleuses dont le craquement incessant fait rage, et qui fauchent les bataillons prussiens. On voyait, le lendemain, des tas effrayants de cadavres se tenant debout les uns les autres par un prodige d'équilibre, et qui attestaient du terrible effet de la mitraille française. Le rapport officiel français se sert de l'adjectif *énorme* pour caractériser les pertes des Prussiens sur ce point.

Une dernière charge de cavalerie prussienne sur notre droite termina cette journée sanglante. La division de Cissey contint, encore une fois, l'effort de l'ennemi, et l'aile gauche prussienne battait en retraite vers sept heures et demie du soir. On pouvait, poursuivant l'ennemi au delà de la route de Verdun, lui arracher Tronville dont il s'était emparé le matin, et le forcer ainsi à abandonner ce point du combat que l'on a considéré à bon droit comme la clef de la position prussienne. Mais il était trop tard. La nuit venait et on n'entendait plus que cette canonnade suprême de la dernière heure de combat qui est comme le râle de la bataille. Une dernière charge des cavaliers du duc de Mecklembourg était repoussée par les grenadiers de la garde, commandés par Bourbaki, et tout se taisait bientôt. Nous demeurions maîtres du champ de bataille et, quoi qu'ait pu dire ou écrire depuis l'ennemi, la journée du 16, qui restera dans l'histoire sous le nom de *bataille de Rézonville* ou de *Mars-la-Tour*, était pour nous une victoire.

L'armée prussienne avait perdu 17,000 hommes, et nous avions le même chiffre à peu près (moindre cependant) de tués, de blessés et de disparus. Mais les Allemands ont prétendu que ce jour-là l'armée française combattait tout entière, ce qui est faux. Nous ne pûmes guère engager que 120,000 hommes sur les 135,000 qui composaient notre armée, et, le soir, les forces mises en ligne par les Allemands s'élevaient au moins à 180,000 hommes. Ce qui rendit à la fois peu décisif et inutile notre succès dans cette journée du 16, ce fut la constante préoccupation qu'eut Bazaine, non pas de marcher en avant, mais de ne point se laisser couper de sa ligne de retraite sur Metz. Au lieu de risquer bravement, audacieusement une trouée par la route de Verdun ou de Briey, le maréchal se préoccupait surtout de savoir comment il se rabattrait sur la citadelle. On peut affirmer qu'il n'eut jamais ou qu'il manœuvra comme s'il n'avait jamais eu l'intention de gagner Châlons à travers les lignes ennemies. L'armée, enfiévrée de son succès, ne demandait qu'à mar-

---

(1) Voyez le livre de M. Ch. Fay, et le travail de M. Mézières dans la *Revue des Deux Mondes* du 15 septembre. Ces chiffres sont empruntés d'ailleurs à un journal allemand.

cher en avant, et son état moral était de ceux qui présageaient en succès.

« N'engagez jamais », dit Vigebo, « une affaire générale qu'après avoir constaté que les soldats sont-de-la-victoire ». Cette fois, fort de l'avantage obtenu le 16, le soldat était certain de la victoire prochaine. Quant au maréchal, il télégraphiait à Paris les nouvelles suivantes qu'on transmettait bientôt à la population :

Dépêche du maréchal commandant supérieur.

Metz, 17 août, 3 h. 15, soir.

Hier, 16 août, il y a eu une affaire très-sérieuse du côté de Gravelotte ; nous avons eu l'avantage dans le combat, mais nos pertes sont grandes.

Dépêche du maréchal Bazaine.

17 août 4 h., soir.

Hier, pendant toute la journée, j'ai livré bataille à l'ennemi prussien entre Flavencourt et Vionville.

L'ennemi a été repoussé et n'a avancé pas la nuit sur les positions conquises. J'arrête quelques heures mon mouvement pour mettre mes munitions au grand complet.

Nous avons eu devant nous le prince F. Albéric-Charles et le général Steinmetz.

Verdun, le 17 août, 8 h. 5 m. du soir.

Le maréchal commandant en chef au ministre de l'intérieur.

Quartier général, 16 août.

Ce matin, vers neuf heures, les corps d'armée commandés par le prince Frédéric-Charles, ont dirigé une attaque très-vive sur la droite de notre position. La division de cavalerie du général Forton et le 2ᵉ corps d'armée, commandé par le général Frossard, ont fait bonne contenance. Les corps déchirent à droite et à gauche de Ré-

zonville sont venus successivement prendre part à l'action, qui a duré jusqu'à la nuit tombante.

L'ennemi avait déployé des forces considérables, et a essayé à plusieurs reprises des retours offensifs qui ont été vigoureusement repoussés ; à la fin de la journée, un nouveau corps d'armée a cherché à déborder notre gauche. Nous avons partout maintenu nos positions et infligé à l'ennemi des pertes considérables. Les nôtres sont sérieuses.

Le général Bataille a été blessé. Au plus fort de l'action, le 7ᵉ régiment de uhlans (1) a chargé l'état-

(1) C'étaient des hussards.

major du maréchal. Vingt hommes de l'escorte ont été mis hors de combat. Le capitaine qui la commandait a été tué.

A huit heures du soir, l'ennemi était refoulé sur toute la ligne.

On estime à 120,000 hommes le chiffre des troupes engagées.

Pour copie conforme de toutes les nouvelles :

Le ministre de la guerre,
Comte de PALIKAO.

Dès la fin de la bataille du 16, Bazaine devait, ce semble, pousser à poursuivre sa route et à profiler de la journée. Les officiers allemands reconnaissent eux-mêmes qu'avec un peu de vigueur, le commandant en chef de l'armée française pouvait s'ouvrir, soit par la route de Verdun, soit par la route de Briey, le passage qui devait le sauver.

Encore une fois, je le répète, à la seule inspection sur la carte, des positions premières occupées le matin par les deux armées, et des positions occupées le soir, on voit clairement que la victoire nous restait. Or, que fait le maréchal ? Croyez-vous qu'il avance, qu'il tombe sur l'ennemi pour lui donner le temps d'attendre des renforts ? Point du tout. Le maréchal bat en retraite.

« L'ennemi est culbuté sur tous les points, — écrit sur le foirier dans les sentinelles, on peut l'affirmer, étaient ceux de toute l'armée. — Jamais victoire ne fut plus complète ! Qu'on interroge les populations des villages situés dans le rayon de la bataille, et elles vous diront quelle l'attitude des Prussiens était celle de gens en pleine déroute. Nous passons, comme toujours, la nuit sur le champ de bataille. Le lendemain matin, nous continuons la poursuite de l'ennemi ? et assurons le succès de la veille ! Ce serait par trop simple, par trop naturel. Nous faisons demi-tour et nous évacuons le champ de bataille, reculant encore, reculant toujours! Nous nous arrêtons en face de Gravelotte, et la journée du 17 se passe sans autre incident que quelques décharges de mitrailleuses. Deux alertes nous tiennent en éveil une partie de la nuit. »

Oui, on avait battu en retraite. Et pourquoi? Bazaine affirme que l'eau manquait aux environs de Gravelotte, qu'il fallait, avant de continuer la marche en avant, aligner les vivres et remplacer les munitions consommées, principalement en projectiles de quatre, enfin évacuer les blessés sur Metz. Il est absolument vrai que nos soldats, toujours trop chargés au point de départ, se débarrassent trop rapidement de leurs sacs, les jettent et jettent en même temps leurs vivres ; il est absolument vrai que nos soldats ne ménagent point leurs cartouches et se livrent à ce que M. de Bismarck appelait le gaspillage des munitions. Mais la ville de Metz contenait assez de vivres pour nourrir l'armée pendant sa marche sur Verdun, et il était facile de faire suivre nos soldats par des convois; quant aux munitions, comment le général Soleille n'a-t-il pas découvert, *malgré ses actives recherches*, les 4,000,000 de cartouches qui étaient à la gare du chemin de fer? (1)

Encore une fois, à quelques kilomètres d'une ville comme Metz, l'intendance ne sut pas approvisionner l'armée, et le pitoyable et misérable vice de notre administration militaire atteignit là le comble d'une criminelle impéritie. « Voici, écrit M. Ch. Fay, quelle était exactement, *le 16 au matin*, la situation en vivres des 2ᵉ et 6ᵉ corps : le premier attendait les rations que l'intendant devait envoyer de Metz, et il n'avait pas une journée complète de biscuit, pour le 17, rien autre chose que du riz; pas d'avoine depuis le 14 pour le régiment de cavalerie de la brigade Lapasset (le 3ᵉ lanciers, qui avait dû charger deux fois). Au 6ᵉ corps, l'intendant peut à peine donner un jour de biscuit; il n'avait ni viande, ni café, ni sucre, ni sel, ni riz ! » Et nous sommes en France, et nous sommes à sept kilomètres d'une ville comme Metz, où, écrit Bazaine à l'empereur, *l'établissement pyrotechnique n'a pas les moyens nécessaires pour confectionner les cartouches*.

Quel incroyable oubli de toute précaution, et quel renversement de toute espérance! Et voilà ce que le gouvernement impérial avait fait de la France : une machine sans ressort, en proie au désordre, détraquée et poudreuse, incapable de servir.

Le maréchal battit donc en retraite. L'armée était stupéfaite et navrée. Elle savait que du côté de Pont-à-Mousson des renforts arrivaient à l'ennemi, et elle ne concevait point qu'on ne les attaquât pas dans leur marche. Battre en retraite après la journée du 16 lui paraissait une de ces impossibilités inexplicables que l'humeur française est immédiatement portée à appeler du nom de trahison. Lorsqu'il se dit *trahi*, le soldat n'entend pas toujours signifier qu'il est *vendu*, mais seulement qu'il est mal commandé. Et certes c'était le cas de cette vaillante armée de la Moselle. « De direction générale aucune, dit le général Deligny, de mouvements coordonnés, aucun; de but précis, aucun! »

En attendant, on battait en retraite. Ordre fut donné, le 17, à nos soldats de se fortifier dans leurs positions. Bazaine, qui pouvait attaquer le 17 au matin, prévoyait, le 17 au soir, une redoutable attaque des Prussiens. Le nombre des troupes allemandes, sans cesse grossi par l'arrivée des corps en marche, s'élevait dans la soirée du 17 à 200,000 hommes.

Du 14 au 18, Bazaine avait laissé s'accomplir la concentration formidable des troupes ennemies. L'armée allait payer cher l'inactivité singulière de son chef.

La ligne de bataille des Français, le 18 août au matin, avait l'énorme défaut d'être beaucoup trop étendue. Notre gauche, formée par le 2ᵉ corps (Frossard), partait du village de Rozerieulles, s'étendant jusqu'au Point-du-Jour, et ayant devant elle le 7ᵉ corps prussien, à demi blotti dans les bois de Vaux, derrière les forges d'Ars-sur-Moselle. Le centre, formé par les 3ᵉ et 4ᵉ corps, s'appuyait sur les fermes de Moscou, Leipzick et la Folie, jusqu'à Montigny-la-Grange. Le corps Canrobert (6ᵉ corps) formait la droite, vers Amanvillers. C'était sur lui qu'allaient porter tous les efforts de l'armée ennemie. A Gravelotte, le 18, comme à Rézonville le 16, les Prussiens eurent pour tactique de tourner l'armée en enfonçant notre droite. Mais, cette fois, malheureusement, le poids écrasant de leur nombre devait l'emporter. Au surplus, comment Bazaine opposait-il à la masse ennemie un front de bataille aussi étendu? Pourquoi, par quelle incroyable aberration ou par quel calcul laissait-il la garde impériale derrière Lessy, abritée par le fort de Plappeville, et si loin du champ de bataille? Enfin, comment lui, chef d'armée, ne se trouvait-il pas sur le lieu de l'action? Autant de questions accusatrices auxquelles, malgré son mémoire justificatif, il n'a pas encore répondu.

Dès le matin du 18, notre armée, établie sur la ligne culminante de hauteurs qui forment comme un long plateau, devant lequel se déroulent les deux routes qui vont à Verdun, l'une par Conflans, l'autre par Mars-la-Tour, avec le village de Gravelotte comme point d'intersection, nos soldats voyaient défiler à l'œil nu, au-dessus de Gravelotte, des masses de troupes prussiennes qui traversaient

(1) Spell, *Campagne de la Moselle*.

la route de Verdun et semblaient disparaître dans les bois. « Tout le monde, dit un témoin, officiers, soldats, voit ce mouvement, mais dans l'état-major personne ne bouge, et ce sont des officiers qui vont prévenir les généraux ! On fait distribuer quelques instants après des outils, et nos soldats font rapidement trois lignes de tranchées-abris. » Cette fois, Le Bœuf et Frossard, l'organisateur de la défaite et le vaincu de Forbach, utilisent leurs connaissances spéciales. En peu de temps, les positions pour les canons et les mitrailleuses sont indiquées, et nos fantassins, postés dans les bois du vallon, attendent l'ennemi, prêts à le recevoir par le feu de leurs chassepots.

Vers midi, l'attaque se dessine sur la droite, puis, tout à coup, vers Saint-Hubert et le Point-du-Jour, nos soldats voient descendre de Gravelotte des masses noires d'infanterie prussienne. L'artillerie française envoie d'abord ses obus dans ces tas mouvants de chair humaine, puis, l'ennemi avançant toujours, les mitrailleuses entrent en ligne, et le carnage est épouvantable. Les mitrailleuses font feu par-dessus la tête de nos fantassins, dont la mousqueterie s'unit à leurs décharges incessantes. L'artillerie prussienne riposte avec sa vigueur et sa précision habituelles, et alors s'engage le long des lignes d'Amanvilliers une des plus terribles et des plus sanglantes batailles du siècle.

Tandis que, sur notre droite, nos soldats tenaient en échec le 7ᵉ corps prussien et que le Mont-Saint-Quentin envoyait ses obus jusqu'à Ars où se massaient les réserves ennemies, notre droite résistait aux attaques furieuses du 7ᵉ corps établi dans les bois de la Gusse, mais les Allemands, durant toute cette journée, par une manœuvre audacieuse mais imprudente aussi, et qui eût pu leur coûter cher, déplaçaient la plus grande partie de leurs forces pour les jeter sur le corps de Canrobert. C'est ainsi que le 10ᵉ corps partait de Mars-la-Tour pour se rendre avec la garde royale, partie de Doncourt, jusqu'à Saint-Ail et de là attaquer Sainte-Marie-aux-Chênes, notre extrême droite, tandis que le 12ᵉ corps (Saxons) contournait le champ de bataille pour prendre à revers Saint-Privat-la-Montagne, — et déborder par là notre droite. Conçoit-on qu'on ait laissé exécuter cette marche de l'ennemi sans l'inquiéter ? Il fallait ou mettre la garde en réserve à Saint-Privat et Amanvilliers ou la jeter par Gravelotte sur cette armée en mouvement qu'elle eût coupée et certainement battue. Et, cette douloureuse journée devenait une victoire peut-être décisive. Mais non, Bazaine demeurait inactif avec cette garde, ces soldats d'élite inutilisés. Et, lorsque vers cinq heures, l'aile droite des Prussiens commençait à se replier et se retirait sur Gravelotte, poursuivie par nous, le corps saxon ayant achevé son excen-

trique mouvement tournant, débouchait sur le 6ᵉ corps qui venait de refouler la garde royale et 60,000 hommes de troupes fraîches se ruaient, avec des hurrahs, sur nos soldats harassés. Une batterie foudroyante, subitement démasquée à Saint-Ail ouvrait les rangs des soldats de Canrobert et la garde royale et le 10ᵉ corps prussien se précipitaient vers la plaie béante faite dans cette masse humaine tandis que les Saxons la prenaient à revers. C'était le moment terrible de la journée. Vainqueurs à gauche, peu entamés au centre, la bataille était à nous si cette suprême attaque était repoussée. Elle l'eût été si la garde, accourue de Plappeville, eût donné ce soir-là ! Chacun au surplus redouble d'âpre acharnement. Un bataillon du 28ᵉ de ligne se laisse anéantir presque jusqu'au dernier homme dans le fossé qui lui sert de retranchement. Canrobert combat en soldat l'épée à la main (1), au premier rang, disant : En avant ! à ses soldats qui n'ont pas besoin de son encouragement. Il résiste deux heures ; pendant deux heures, avec 20,000 hommes décimés, il dispute cette terre trempée de sang à plus de 80,000 ennemis. Il faut que M. de Moltke tire, à son tour, l'épée du fourreau et lance les Poméraniens à l'assaut des hauteurs que l'artillerie enfile vainement de ses obus. Nos soldats résistent toujours. Mais à la nuit tombante, le lugubre cri, le hurlement joyeux des Allemands couronnant le plateau retentit sur ce champ de bataille et nos soldats aperçoivent, redescendant vers Metz, le 6ᵉ corps écrasé qui se replie en désordre. L'artillerie de la garde accourue, arrête l'élan des ennemis et les foudroie pendant que la division des grenadiers de la garde essaie, mais trop tard, de reprendre Saint-Privat et Sainte-Marie-aux-Chênes. Il est nuit. Tous ces petits villages embrasés, ces fermes incendiées projettent sur le champ de bataille leurs sinistres lueurs. Notre déroute est complète sur la droite et pourtant les Allemands ne se risquent à bivouaquer que jusqu'à Amanvilliers, contenus encore par le corps Ladmirault qui se replie en combattant, tandis que deux corps d'armée, le 3ᵉ et le 2ᵉ, demeurent, pendant la lugubre nuit qui suit cette journée de carnage, maîtres de leurs positions, devant Gravelotte.

Ces deux corps ne se retirèrent que le lendemain matin où ils allèrent camper dans les vignes, derrière les forts de Plappeville et de Saint-Quentin.

Nos soldats s'étaient battus héroïquement, non pas en désespérés, mais au contraire en hommes qui espèrent la victoire. Et pour la leur assurer, le commandement seul manqua. Eh quoi ! à l'heure où le roi de Prusse, ce vieillard, restait, pendant tout le jour, assis sur une planche posée sur deux

---

(1) Fernand Delaunay. *Histoire de la campagne de France*, tome 1ᵉʳ, p. 202.

barils, et buvant de temps à autre un peu de vin, sur ce champ de bataille où il put voir la plus grande partie de son régiment privilégié, le régiment de la reine de Prusse, couché à terre par nos coups; à cette heure même, le maréchal Bazaine, calme, indifférent, demeurait paisiblement entre les deux forts de Plappeville et de Saint-Quentin, à plusieurs kilomètres du combat! Peut-être trouvait-il qu'il avait assez exposé le chef de l'armée dans la journée du 16. Toujours est-il qu'il n'assistait pas à la bataille et lorsque le général Changarnier, à la tribune de l'Assemblée nationale, a voulu risquer une plaidoirie en faveur du maréchal, il a, au contraire, prononcé un véritable acte d'accusation en disant que Bazaine n'avait pas eu *la bonne fortune* de se trouver sur un champ de bataille où plus de cent mille de ses soldats combattirent et où tombèrent 11,000 hommes de son armée.

En outre, et comme toujours, les munitions manquèrent. L'artillerie dut battre en retraite, n'ayant plus de projectiles. Dès quatre heures de l'après-midi, les fourgons étaient vides. Et pourtant, cette armée si mal commandée, si mal organisée, arrachait à son vainqueur cet aveu qui peut passer pour un amer titre de gloire : « Pas un trophée, pas un « canon démonté ne restèrent entre nos mains.... « Plus de 40,000 morts ou blessés prouvent l'achar- « nement de ce combat, qui dura neuf heures et « dans lequel la vaillance des Allemands ne triom- « pha qu'à grand'peine de l'opiniâtre résistance des « Français (1). »

Ce fut, à propos de cette bataille glorieuse mais funeste, et qui eût pu tourner à la défaite de l'ennemi, que M. de Palikao, ministre de la guerre, annonça au Corps législatif français, aux représentants de la nation que « *trois corps d'armée qui s'étaient réunis contre le maréchal Bazaine avaient été, d'après des renseignements dignes de foi, rejetés dans les carrières de Jaumont.* »

Et les *très-bien! très-bien!* des députés précédaient la crédulité du pays qui prêtait une foi absolue aux absurdes romans imaginés sur ces carrières de Jaumont. Le prince Frédéric-Charles avait, disait-on, été pris d'un accès de folie furieuse en voyant ses escadrons ensevelis dans les carrières. 30,000 hommes y pourrissaient en même temps. On avait jeté des tombereaux de chaux sur leurs corps, et chose effroyable, on entendait encore, disait-on, des gémissements douloureux sous cette couche blanche. Cette fable des carrières de Jaumont, accréditée par la presse anglaise, aurait été, dit-on, payée par le ministère à un correspondant britannique tout dévoué à la cause bonapartiste (2).

(1) *La Guerre autour de Metz*, par un général prussien, in-8. (Cassel, 1871.)

(2) On a fait tant de bruit de cette affaire des *carrières de Jaumont*, que je crois devoir donner ici une partie du

Le lendemain de la bataille de Gravelotte, Bazaine écrivait à Mac-Mahon « qu'il comptait toujours opérer son mouvement de retraite par Montmédy. » (Voy. *les Papiers des Tuileries*.) Mais, en même temps, il parlait de *l'investissement* de Metz dans une dépêche à l'empereur (20 août). Le 22, il

travail spécial, publié sur ce sujet, par M. Wachter, dans le journal *le Soir*, du 19 septembre 1871. Ce doit être en effet la vérité. Les carrières de Jaumont existent, mais elles sont situées assez loin en arrière des positions françaises. On ne s'est pas même battu de ce côté. C'est près de la ferme Saint-Hubert, à la gauche de la route, que se trouvent, près de la route, les *carrières du Caveau*. Sur ce point, eut lieu un combat meurtrier pour les Allemands, dont l'avant-garde, reçue par nos chassepots, se replia tout d'abord en désordre. Ici, je laisse parler l'écrivain du *Soir* :

« En apercevant la déroute de ses troupes, le général Zastrow eut la malencontreuse idée d'envoyer par la route impériale trois batteries de la réserve du 7e corps d'armée escortées par le 4e régiment de uhlans, afin de protéger ses soldats débandés. Peu d'instants après, hommes et chevaux, échappés à un carnage effroyable, se repliaient pêle-mêle par la gorge étroite formée par la route à hauteur de la ferme de Saint-Hubert. La terreur des fuyards était encore augmentée par le feu de nos tirailleurs embusqués dans le bois des Génivaux.

« Tous ceux que leur mauvaise chance fit s'engager dans le défilé à peine large de vingt mètres, compris entre la bois et les carrières du Caveau, furent ou fauchés par la mitraille ou précipités dans le gouffre. Il a dû se passer là des scènes terribles dont il ne reste plus que des témoignages muets et cependant très-concluants. Les carrières sont entourées de tombes, les numéros des régiments, inscrits sur les croix, indiquent que le 8e corps de Goeben a essayé de soutenir son voisin le 7e; car, parmi les morts, figurent un grand nombre des officiers du 60e d'infanterie et du 8e bataillon de chasseurs, qui font partie des 29e et 30e brigades.

« Le fond des carrières n'a plus sa couleur terreuse ordinaire; il est d'un beau vert, et les habitants m'ont dit que ces gazons recouvraient des chevaux qu'ils ont été chargés d'y enterrer. Les dimensions des tumuli donnent à penser que le chiffre des chevaux précipités dans les carrières peut être de trente à quarante; celui des hommes doit être plus considérable, mais la plupart ont dû amortir leur chute en s'accrochant aux anfractuosités des roches, qui présentent beaucoup de parties molles.

« L'imagination populaire se plaît à exagérer les pertes essuyées par l'ennemi dans les premières batailles de la campagne, cependant elles étaient assez importantes pour que le gouvernement de Berlin se crût autorisé à les dissimuler. En feuilletant le *Militair-Wochenblatt*, je trouve, dans son numéro du 19 août 1871, que les pertes officiellement constatées à la bataille de Saint-Privat ou de Gravelotte, sont de 310 officiers tués, dont 271 Prussiens, 17 Saxons, 22 Hessois et de 3,905 hommes, dont 3,536 Prussiens, 200 Saxons, 159 Hessois. Le chiffre des blessés est, en rase campagne, au moins cinq fois plus considérable que celui des hommes tués raide; on peut donc conclure des renseignements officiels qu'à la bataille de Gravelotte, les Allemands ont eu au moins 25,000 hommes hors de combat.

« C'est aux abords de la ferme de Saint-Hubert et sur la gauche de la route de Briey, entre Saint-Privat et Sainte-Marie-aux-Chênes, que les tombes sont de beaucoup les plus nombreuses et les plus rapprochées, on peut donc se faire une idée du massacre qui a eu lieu sur le premier des points dont la surface ne dépasse guère celle de la place de la Concorde. La ferme Saint-Hubert et les carrières du Caveau, étant situées sur la grande route, les paysans ont vaguement parlé de carrières près desquelles avaient péri un grand nombre d'hommes; le lendemain, un de ces individus qui parlent de tout sans rien savoir aura cité les carrières de Jaumont, et c'est ainsi qu'est née cette fable que les Parisiens ont crue, parce qu'elle leur donnait une bonne nouvelle et flattait leur amour-propre. »

Gal Uhrich

télégraphiait au ministre de la guerre : « L'ennemi grossit toujours et paraît commencer à *nous investir.* » Il occupait, en effet, la voie ferrée reliant Metz à Thionville, interceptait la route de Paris, coupait les fils du télégraphe sur la route de Briey et détruisait les ponts de l'Orne, affluent de la Moselle (1). Ainsi le blocus commençait. Bazaine pouvait encore le rompre, mais il attendait, paraît-il, le secours de Mac-Mahon.

De cette sorte, vers la fin du mois d'août, la position des armées ennemies était celle-ci :

Bazaine, rejeté sous Metz, n'ayant pas su hâter sa marche le 14 et le 15 août, ou profiter de la journée du 16, se trouvait forcé de livrer un gigantesque combat pour rompre le cercle de fer qui l'étreignait ;

(1) *Campagne de la Moselle.*

Frédéric-Charles investissait étroitement la place de Metz dont il n'osait faire le siége, et préférait le blocus à l'assaut des ouvrages armés :

En Alsace, Strasbourg neutralisait la division badoise, qui bombardait sans pitié la malheureuse ville ;

Mac-Mahon remontait vers l'Ardenne, voulant tomber sur les derrières de l'armée de Frédéric-Charles, et donner la main à Bazaine après avoir troué les lignes d'investissement ; mais il allait se heurter contre l'armée du roi, tandis que l'armée du Prince royal, arrivée à Châlons, repartait aussitôt, suivant Mac-Mahon de près et redoublant d'activité strictement réglée.

Sans entrer dans d'autres explications topographiques ou géographiques, nous croyons qu'on peut se rendre un compte exact de la situation respective des Allemands et des Français.

Pour nous, la situation n'était point désespérée, quoique compromise, si Mac-Mahon, fondant brusquement sur l'ennemi, ne s'attardait pas en chemin, et si Bazaine faisait, autour de Metz, craquer les lignes ennemies par un effort puissant et résolu.

Mais Mac-Mahon avait cet obstacle traîné à sa suite, l'empereur, et Bazaine, n'ayant pas su tirer parti de l'armée à Gravelotte et à Rézonville, avait déjà pris cette attitude molle, indécise, funeste, dont l'histoire lui demande un terrible compte.

Nous le verrons essayer d'user lentement le courage, l'énergie, la virilité du soldat, sans parvenir à en triompher.

Mais, je le répète, à l'heure dont nous parlons, au moment de ces marches des armées ennemies, à la veille de Mouzon, de Carignan et de Sedan, la France espérait encore. Elle espérait toujours. Elle comptait sur Bazaine. Elle comptait sur Mac-Mahon. Et elle écoutait, certaine, hélas ! que du côté de Metz et du côté de l'Ardenne lui viendrait bientôt un écho de victoire.

La déception devait être d'autant plus terrible, d'autant plus atroce et cuisante que l'illusion était forte et moins raisonnée. Mais les nations flagellées, comme les malheureux et les pauvres, ont besoin de mirages, d'illusion et d'espoir. Le rêve (et cela console) leur fait oublier la réalité. Mais ce sont des rêves que nations et individus payent cher, comme tous les mensonges.

DOCUMENTS COMPLÉMENTAIRES DU CHAPITRE XII

N° 1.

DÉPÊCHES PRUSSIENNES CONCERNANT LES BATAILLES DU 16 ET DU 18 AOUT.

Pont-à-Mousson, 17 août.

Le maréchal Bazaine, en opérant sa retraite de Metz sur Verdun, a été attaqué le 16, à neuf heures du matin, par la 5ᵉ division de Brandebourg (la même qui a été victorieuse dans le combat de Sarrebrück), et il a été arrêté dans sa marche.

Nos troupes ont montré un courage héroïque, elles ont eu à combattre quatre corps d'armée français (y compris la garde impériale), qui se sont bien battus et qui étaient habilement commandés.

Nos troupes n'ont eu du renfort qu'après une heure de combat, par l'arrivée du 10ᵉ corps d'armée.

Les pertes sont considérables de part et d'autre. Mais notre succès est complet, vu que nous avons empêché les Français de poursuivre leur mouvement de retraite et que nous les avons refoulés sur Metz. Ils ont perdu 2,000 prisonniers, 2 aigles et 7 canons.

Pont-à-Mousson, 17 août, 10 h. du soir.

Hier, le lieutenant général Alvensleben s'est avancé, avec trois corps d'armée, à l'ouest de Metz, sur le chemin de retraite de l'ennemi, dans la direction de Verdun. Un combat sanglant a eu lieu entre les divisions des généraux Decaen, Ladmirault, Frossard, Canrobert et la garde impériale, et le 10ᵉ corps, successivement appuyé par des parties du 8ᵉ et du 9ᵉ corps, sous les ordres du prince Frédéric-Charles.

Nonobstant la grande supériorité de l'ennemi, il a été refoulé sur Metz après une chaude lutte qui a duré douze heures. La perte de l'infanterie, la cavalerie et l'artillerie, des deux côtés, est très-considérable. De notre côté, les généraux von Dœring et von Nedel ont été tués, et les généraux von Rauet et von Greuter ont été blessés. Le roi a félicité aujourd'hui les troupes sur le champ de bataille, qu'elles ont victorieusement gardé.

Signé : A. B. von VERDY.

Pont-à-Mousson, vendredi 18 août.

Nous avons remporté une victoire éclatante près de Gravelotte. Les Français ont été délogés des plus fortes positions, situées l'une derrière l'autre, et refoulés sur Metz. Ils sont maintenant enfermés dans un cercle étroit, près de Metz, et complétement coupés de Paris, la ligne du chemin de fer entre Metz et Thionville étant occupée par le 12e corps.

Les pertes de nos troupes sont malheureusement en rapport avec la grandeur de leur action héroïque contre les fortes positions des Français qu'elles ont emportées.

N° 2.

ORDRE DU JOUR DE BAZAINE APRÈS LA BATAILLE DE GRAVELOTTE.

Ordre général.

Officiers, sous-officiers de l'armée du Rhin, vous venez de livrer trois combats glorieux dans lesquels l'ennemi a éprouvé des pertes sensibles et a laissé entre nos mains un étendard, des canons et 700 prisonniers.

La patrie applaudit à vos succès.

L'empereur me délègue pour vous féliciter et vous assurer de sa gratitude. Il récompensera ceux qui ont eu le bonheur de se distinguer parmi vous.

La lutte ne fait que commencer; elle sera longue et acharnée, car quel est celui de nous qui ne donnerait la dernière goutte de son sang pour délivrer le sol natal?

Que chacun de nous, s'inspirant de l'amour de notre chère patrie, redouble de courage dans les combats, de résignation dans les fatigues et dans les privations.

Soldats,

N'oubliez jamais la devise inscrite sur vos aigles : *Valeur et discipline*, et la victoire est assurée, car la France entière se lève derrière vous.

Au grand quartier général du Ban-Saint-Martin,

Le maréchal de France, commandant en chef,

Signé : BAZAINE.

Pour ampliation :

Le général de division, chef d'état-major général,

L. JARRAS.

N° 3.

LES OPÉRATIONS DU 14 AU 18 AOUT, RACONTÉES PAR LE MARÉCHAL BAZAINE.

... Le mouvement de nos troupes sur la rive gauche de la Moselle continua le 15 août, et les 2e et 6e corps furent échelonnés derrière la division de cavalerie du général de Forton, qui, depuis la veille, éclairait la route de Mars-la-Tour, tandis que la division du général du Barail éclairait la route de Conflans. La garde impériale fut établie en avant de Gravelotte.

La concentration des 3e et 6e corps sur le plateau n'était pas complète le 16 au commencement de la bataille, les passages sur les ponts, qui étaient en nombre insuffisant, ayant été plus longs qu'on ne l'avait pensé.

Le 16 août, vers neuf heures du matin, l'ennemi attaqua la division de Forton qui dut se replier sur le 2e corps ; l'action devint bientôt après générale et dura jusqu'à la nuit close. Le combat qui fit éprouver des pertes sensibles à l'ennemi et le tint un moment en échec, prit pour nous le nom de bataille de Rézonville. L'extrait suivant que j'adressai à Sa Majesté l'empereur et au ministre de la guerre, le 17 août, expose la situation de l'armée après ce combat :

« On dit aujourd'hui que le roi de Prusse serait à Pange ou au château d'Aubigny, qu'il est suivi d'une armée de 100,000 hommes, et qu'en outre des troupes nombreuses ont été vues sur la route de Verdun et à Mont-sous-les-Côtes.

« Ce qui pourrait donner une certaine vraisemblance à cette nouvelle de l'arrivée du roi de Prusse, c'est qu'en ce moment, où j'ai l'honneur d'écrire à Votre Majesté, les Prussiens dirigent une attaque sérieuse sur le fort Queuleu. Ils auraient établi des batteries à Magny, à Mercy-le-Haut et au bois de Pouilly; dans ce moment, le tir est même assez vif.

« Quant à nous, *les corps sont peu riches en vivres;* je vais tâcher d'en faire venir par la route des Ardennes qui est encore libre. M. le général Soleille, que j'ai envoyé dans la place, me rend compte qu'elle est peu approvisionnée en munitions et qu'elle ne peut nous donner que 800,000 cartouches, ce qui, pour nos soldats, est l'affaire d'une journée. Il n'y a qu'un petit nombre de coups pour pièces de quatre, et enfin il ajoute que l'établissement pyrotechnique n'a pas *les moyens nécessaires* pour confectionner les cartouches.

« M. le général Soleille a dû demander à Paris ce qui est nécessaire pour remonter l'outillage ; mais cela arrivera-t-il à temps? Les régiments du corps d'armée Frossard n'ont plus d'ustensiles de campement et ne peuvent faire cuire leurs aliments. Nous allons faire tous nos efforts pour reconstituer nos approvisionnements de toute sorte, afin de reprendre notre marche dans deux jours si cela est possible. Je prendrai la route de Briey. Nous ne perdrons pas de temps, à moins que de nouveaux combats ne déjouent mes combinaisons.»

Je joignis à cette dépêche une note du général Soleille indiquant le peu de ressources qu'offrait la place de Metz pour le ravitaillement en munitions de l'artillerie et de l'infanterie. Depuis, on trouva dans les magasins du chemin de fer quatre millions de cartouches, et M. le général Soleille donna une telle impulsion à l'arsenal de Metz, que l'on put y fabriquer des fusées percutantes, de la poudre et des cartouches avec un papier spécial ; un marché fut passé pour fondre des projectiles.

Le 17 août, l'armée vint s'établir sur les positions de Rozérieulles à Saint-Privat-la-Montagne pour les raisons suivantes :

1° Manque d'eau à Gravelotte et aux environs;
2° Obligation, avant de continuer la marche en avant, d'aligner les vivres et de remplacer les munitions consommées principalement en projectiles de quatre;
3° Evacuer les blessés sur Metz.

Des suppositions ont été faites sur la possibilité de continuer la marche sur Verdun dans la nuit du 16 au 17; *elles étaient erronées*. Ceux qui les émettaient ne connaissaient pas la situation. L'ennemi recevait à chaque instant des renforts considérables et avait envoyé des forces pour occuper la position des Fresnés en avant de Verdun; l'armée française, en marche depuis plusieurs jours, venait de livrer deux batailles sanglantes; elle avait encore des fractions en arrière, y compris le grand parc de réserve de l'armée, qui était arrêté à Toul, attendant une occasion favorable pour rejoindre, *ce qu'il n'a pu faire*. L'armée pouvait éprouver un échec très-sérieux, qui aurait eu une influence fâcheuse sur les opérations ultérieures.

Les corps reçurent l'ordre de se fortifier dans leurs nouvelles positions et d'y tenir le plus longtemps possible. Mon intention était de reprendre l'offensive, le ravitaillement terminé.

Le 18 août, toute l'armée allemande, sous le commandement de S. M. le roi de Prusse, attaqua nos lignes avec une nombreuse artillerie et des masses considérables d'infanterie. Le succès resta toute la journée indécis; mais, le soir, un suprême effort exécuté par l'ennemi sur Saint-Privat-la-Montagne, rendit cette position intenable pour notre aile droite, qui, malgré la bravoure et le dévouement du maréchal Canrobert et de ses troupes, dut l'évacuer et le fit en très-bon ordre.

La division de grenadiers de la garde, envoyée comme réserve, n'avait pu être engagée que tardivement.

Le 6ᵉ corps de l'armée du Rhin n'était pas complètement constitué en artillerie, génie, cavalerie, ni même en infanterie; une de ses divisions n'avait même qu'un seul régiment.

Pendant cette action, qui fut des plus meurtrières pour l'ennemi, je dus me tenir, avec les réserves d'artillerie et la garde, sur le plateau de Plappeville, pour repousser les tentatives faites par l'ennemi soit par Vaux et Sainte-Ruffine, soit par Woippy, sur les derrières de nos positions, son but étant de nous couper de Metz. Cette bataille prit le nom de défense des lignes d'Amanvilliers.

PARIS PENDANT LA GUERRE. — Colonne d'individus suspects arrêtés et conduits hors Paris.

CHAPITRE XIII

L'invasion. — 1814 et 1870. — La nation désarmée. — La science allemande. — L'armée de Châlons en marche perd du temps chaque jour — Rôle de l'empereur. — Surprise de Beaumont. — Fautes de M. de Failly. — Désordre de l'armée. — Le général de Wimpffen prend le commandement du 5ᵉ corps. — L'empereur dans la journée du 30 août. — Ses dépêches. — La journée du 31 août. — L'armée peut battre en retraite sur Mézières. — Le 1ᵉʳ septembre, il est trop tard. — Journée du 1ᵉʳ septembre, ou bataille de Sedan. — L'infanterie de marine à Bazeilles. — L'empereur capitule. — Colère du général de Wimpffen. — Il se décide à traiter. — La capitulation. — Rapport de M. de Bismarck. — L'empereur prisonnier. — Le roi Guillaume. — Le champ de bataille. — Bazeilles incendiée. — Napoléon en Allemagne. — La prison de Wilhelmshœhe. — Documents complémentaires.

Jamais peut-être, dans l'histoire tourmentée de notre France, une heure aussi solennelle n'avait sonné que celle qui devait bientôt retentir comme un carillon de victoire ou comme un glas funèbre. L'invasion étendait partout ses maux dans nos provinces de l'est. Les rues de Strasbourg n'étaient déjà plus que des ruines et, tandis que le Corps législatif déclarait que la capitale de l'Alsace avait bien mérité de la patrie, les obus incendiaires et les bombes à pétrole tombaient sur cette malheureuse ville que le badois Werder écrasait sous son artillerie. Phalsbourg aussi résistait et tandis que quatre uhlans entraient à Nancy, la jeunesse de la cité lorraine combattait bravement à Toul et repoussait les assauts des envahisseurs. Nous aurons à faire connaître, par la suite, les efforts et le courage de ces combattants. Je veux ici surtout décrire l'état d'affaissement dans lequel l'empire avait mis la France.

Etouffée sous la centralisation, privée depuis vingt ans de toute initiative, habituée à servir, à attendre le mot d'ordre de l'autorité et à s'y conformer servilement, la patrie avait peu à peu perdu cette vigueur de l'âme qui seule fait la force des nations. Elle était énervée et, au lieu de se dresser, menaçante devant l'envahisseur, elle se courbait sous ce nouveau maître comme elle s'était courbée sous un autre depuis la nuit de Décembre. Le général de Wimpffen raconte quelque part que le préfet de Mézières ne parlait de rien moins que de destituer un maire du département qui, fidèle aux souvenirs de 1814 et 1815, au lieu de recevoir l'ennemi en baissant l'échine, s'était occupé d'organiser la résistance dans sa commune et de donner des fusils à ses administrés. Le gouvernement impérial avait ôté à ce peuple français tout moyen de combattre non-seulement l'oppression, mais l'invasion. Au moment où s'étaient formées dans les Vosges ces compagnies de francs-tireurs dont la France eut eu alors un si grand besoin pour défendre ses défilés, l'empire avait exigé que ces compagnies fussent militarisées, absolument soumises au ministère de la guerre et que leurs officiers, au lieu d'être élus par leurs hommes, reçussent leurs commissions de l'autorité. Mais, selon l'expression du maréchal Le Bœuf, bien des gens aiment l'odeur de la poudre sans aimer l'odeur de la caserne et, devant ces obstacles suscités par l'administration, les bataillons de francs-tireurs s'étaient à peu près dissous. L'empire, par la crainte de voir les citoyens armés, privait ainsi le pays d'une force libre, vigoureuse et puissante.

Et tandis que les citoyens désarmés, les gardes nationales sans fusils, voyaient arriver chez eux l'ennemi, l'autorité, les représentants de l'empire s'attachaient à étouffer dans les cœurs les dernières étincelles de flamme patriotique. Le découragement, l'abdication, la servilité venait de haut : elle était mise à l'ordre du jour par les fonctionnaires de Bonaparte. La publicité a déjà fait justice de l'affiche apposée sur les murs de Nancy, affiche où le préfet de la Meurthe, M. Podevin, dont le nom depuis ce jour est tristement célèbre, M. Podevin qui ne laissait à Nancy « ni un soldat, ni un fusil, ni une cartouche », conjurait les habitants de bien recevoir l'ennemi. Un peu plus tard, M. Périer, maire de Châlons, faisait afficher l'avis que voici :

« LE MAIRE DE CHALONS A SES CONCITOYENS.

« Les troupes prussiennes peuvent, d'un moment à l'autre, être à nos portes.

« Nous n'avons, à Châlons, aucun moyen d'arrêter ni même de retarder leur marche.

« Nous adjurons nos concitoyens de contenir

leurs patriotiques et douloureux sentiments et d'éviter toute espèce d'actes d'hostilité.

« Non-seulement ces actes n'auraient aucun résultat utile, mais ils pourraient attirer des malheurs sur les monuments de notre cité, sur nos foyers et sur nos familles.

« *Le maire de Châlons,*
« Eug. Périer. »

Tristes exemples de décrépitude morale et de servilité devant l'étranger. Sur ce point, la fin du second empire qui, sur tant d'autres ressemblait si fort au premier, était indigne de 1814 et 1815. Les illusions, les nouvelles fantastiques de victoires improbables, les faux bruits qui affirmaient la démoralisation de l'armée ennemie, son mauvais état sanitaire, et les mensonges inventés pour rendre un peu d'espoir aux vaincus et qui devaient au contraire leur rendre la déception plus amère, tout cela, en 1870, ressemblait aux erreurs, aux chimères de 1814 ; mais ce qui ne ressemblait pas au passé, c'était la vigueur de la défense et la haine de l'étranger chez les citoyens, et le génie chez l'empereur (1).

(1) Rien n'est plus intéressant d'ailleurs que de comparer les deux époques l'une à l'autre. Il suffit de rapprocher le *Moniteur* de 1870 des journaux de 1814.
On lisait dans le *Journal de l'Empire* du samedi 22 janvier 1814 :
« D'après les avis que nous recevons de Saint-Jean-de-Luz et des autres communes occupées par l'ennemi, *ses troupes souffrent toute espèce de privations*. Les Anglais ne parlent plus de passer l'Adour, ni d'assiéger Bayonne ; *ils témoignent le désir de la paix*, et leurs officiers annoncent qu'elle ne tardera pas à se faire ; ils paraissent fort ennuyés du séjour qu'ils font sur notre frontière. »
« Mon fils, — écrit le 22 février M. de Vanlay, greffier du tribunal de Nogent-sur-Seine, — a été forcé, la baïonnette dans les reins, de décrotter les bottes d'un soldat russe. »
« L'un de nous, — ajoute un membre du conseil municipal de Pons-sur-Yonne, — se plaignait, le 12, au général ennemi, d'avoir été volé dans ses poches. Pour le consoler, un officier supérieur raconte, en présence de ce général, qu'un maire des environs, mandé par lui, avait été obligé d'entrer nupieds, parce que la troupe lui avait ôté ses souliers à sa porte ; et tous les officiers présents, le général lui-même, se mettent à rire aux éclats. »
Le 13 mars, on annonce que la garnison de Metz a fait une sortie, et qu'elle s'est portée à cinq ou six lieues de la place ; elle a enlevé tous les détachements et tous les convois ennemis qu'elle a rencontrés.
Le 21 mars, le journal annoncera :
« Un Français, fait prisonnier à Dresde, qui est revenu à Paris, annonce qu'il n'a trouvé aucun corps d'armée ennemi en Allemagne et sur les bords du Rhin : *les pertes énormes que les alliés ont éprouvées depuis six semaines les ont forcés à faire venir à la hâte toutes leurs réserves*, et il est certain qu'elles avaient déjà rejoint les armées coalisées avant les dernières affaires. »
Les feuilles contemporaines, encore un coup, n'ont fait que plagier leurs aînées.
Il y a des pages véridiques à côté de ces mensonges trop rassurants. Celle-ci entre autres, vraiment tragique et sauvage :
« C'est surtout dans le Gâtinais que Platow et ses Tartares ont épuisé tout ce que le brigandage a de plus atroce. Ces hommes qui, *d'après leurs proclamations, ne font pas la guerre au peuple français*, se sont jetés sur cette province dans un instant où elle n'était pas défendue, et toutes leurs

L'invasion allemande de 1870 était d'ailleurs autrement réglée et mathématiquement exécutée que l'invasion européenne de 1814. Les uhlans, connaissant un hameau à une grange près, une route en quelque sorte, arbre par arbre, sont devenus légendaires. Ils entraient dans un village ou une bourgade, dans une ville même, par petits

traces y ont été marquées par le crime et la destruction. Il n'est pas un village, pas une ferme qu'ils n'aient ravagés. Ils déchiraient les oreilles des femmes en arrachant violemment les petites boucles d'or qui y étaient suspendues. A Lachau, auprès de Souppes, un cultivateur, ayant pris une fourche pour défendre sa fille, a été massacré sur le corps de cette enfant, à peine âgée de douze ans. Ces barbares poussaient contre la capitale des hurlements féroces ; on en a vu plusieurs mettre des cendres dans leurs mains et les jeter au vent en criant : « A Paris! »
Les villes qui ont eu la faiblesse d'implorer la générosité de l'ennemi n'ont guère moins souffert que les autres. En y entrant, les chefs recommandent une discipline sévère ; mais, dès le lendemain, ils exigent d'énormes contributions qu'il est absolument impossible de payer ; et ils annoncent que si elles ne sont pas acquittées en vingt-quatre heures, la ville sera livrée au pillage pendant deux jours. Les habitants, au désespoir, épuisent leurs ressources, portent leurs bijoux, leur argenterie ; mais tous leurs sacrifices ne suffisent point pour compléter la somme qui leur est imposée, le pillage commence, et toutes les horreurs s'ensuivent.
On conte que les Autrichiens prisonniers s'écrient avec empressement : *Moi pas Russe, pas Cosaque*, comme on contera, cinquante-six ans plus tard, que les Bavarois et les Polonais s'écrient : *Moi, pas Prussien!*
Dans le numéro du dimanche 6 février 1814, une correspondance de Troyes, du 2 février, relate :
« Les habitants du département de l'Aube se lèvent de tous côtés. Les proclamations, adressées par MM. Caffarelli, préfet, et Dulong, général de brigade, ont produit le meilleur effet et excité le plus vif enthousiasme. Déjà les habitants de plusieurs communes ont amené, au quartier général, à Troyes, des cavaliers ennemis qui pillaient les villages. Leurs porte-manteaux étaient remplis de hardes et d'effets volés. »
« Tous les braves qui ne sont ni de la garde nationale ni de la conscription, sont prévenus qu'il se forme à Amiens une légion de douze cents braves sous les ordres de M. Merlin de Thionville. Ceux qui désirent en faire partie peuvent se présenter chez le commissaire des guerres de la place de Paris qui leur donnera les feuilles de route pour cette ville. »
Et, à côté du mandement de Son Eminence le cardinal Maury qui ordonne des prières publiques pour demander à Dieu la *prospérité des armes de l'empereur et roi contre les puissances coalisées*, on trouve l'annonce de la nouvelle exposition du Cosmorama et de la mise en vente des deux airs chantés avec tant de succès par Laïs et par Lavigne dans l'opéra de l'*Oriflamme*, sans compter la musique composée par M. Persuis pour le ballet de *Nina*, et l'apparition de caricatures inédites chez Martinet, et le compte rendu du *Bûcheron de Salerne* joué aux Variétés, par Brunet et Potier, et la ronde de nuit pour la garde nationale, *Gardons-nous bien*, composé par M. Emmanuel Dupaty, air de M. Kreutzer, et le grand succès de Feydeau : *Bayard à Mézières*, opéra patriotique :

Viens de ton glaive au champ d'honneur
Faire un rempart à la patrie!

Sans compter « l'homme de lettres » devenu soldat, et qui forme une légion pour pousser à la vente de ses livres :
« M. Benoît Buguet, homme de lettres d'une très-grande distinction, avocat à Châlon-sur-Saône, a quitté une famille très-nombreuse dont il est le chef, pour organiser un corps de partisans qui a fait le plus grand mal à l'ennemi. On en rapporte les promesses les plus brillantes. »
Vues de près, les choses humaines ont plus d'un point de ressemblance, et qui n'est pas fait pour alléger les âmes hautes de l'inévitable amertume que leur apporte la vie.

groupes, le pistolet au poing, se faisaient conduire chez le maire, lui annonçaient la venue du corps d'armée, marquaient à la craie sur les portes le nombre des officiers ou soldats, fantassins ou cavaliers, à loger dans chaque maison, puis repartaient au galop, servant ainsi à la fois d'éclaireurs et de fourriers. Ces soldats marchaient en quelque sorte, une carte à la main, semi-espions et semi-géographes. C'est encore cette science tout allemande, et qui fut jadis une science française, c'est la géographie qui nous a perdus. Sur ce point, l'ignorance de nos officiers était proverbiale, et c'est pourtant sur l'excellente carte de notre état-major que se guidaient les Allemands pour passer à travers nos sentiers et nos routes. On n'avait distribué, hélas! à nos soldats, à cette armée du Rhin destinée à assiéger Mayence et Rastadt que des cartes d'Allemagne.

Sur ce point, le dépourvu, l'ignorance atteignirent des proportions colossales. Que dire de cette dépêche d'un empereur à un maire de petite ville (Étain)? « *Avez-vous des nouvelles de l'armée?* » On en rirait si le drame où on la rencontre n'était pas si désespérément lugubre.

Cependant la fin d'août approchait et le dénoûment ne devait point se faire attendre. Après ses tergiversations et ses hésitations habituelles, Napoléon s'était décidé à marcher sur Metz. Nous avons dit que cette marche était imprudente, mais, par son audace même, elle pouvait réussir à la condition qu'elle fût rapidement exécutée et produisit, sur les derrières de l'armée prussienne, l'effet d'un coup de foudre. On conçoit que Mac-Mahon ayant sur le Prince royal en marche sur Châlons, une avance de plusieurs jours, pouvait, passant la Meuse, tomber sur l'armée du roi alors dans les Ardennes, tandis que Bazaine, sortant de Metz, attaquerait furieusement l'armée de Frédéric-Charles. Ainsi les deux principales armées prussiennes attaquées à la fois par derrière et de front, pouvaient être battues et il ne restait plus ensuite que l'armée du Prince royal contre laquelle lutteraient Bazaine et Mac-Mahon réunis, soit près de 280,000 hommes. Voilà le plan français, celui que M. de Palikao espérait voir réussir. Quant au plan prussien, il consistait à opposer l'armée de Frédéric-Charles à l'armée de Bazaine, tandis que l'armée du Prince royal attaquerait celle de Mac-Mahon et que l'armée du roi de Prusse, placée entre les troupes de son neveu et les troupes de son fils, demeurerait prête à renforcer les unes ou les autres. En dégageant la situation de tout détail de stratégie technique, je crois bien indiquer le sens des opérations.

Pour accomplir son mouvement et essayer de débloquer Metz, Mac-Mahon devait passer la Meuse, pousser sur Dun et attaquer le roi de Prusse dans ses cantonnements, mais ses hésitations firent qu'au lieu d'attaquer, il fut attaqué et qu'il perdit, d'heure en heure, l'avance qu'il avait sur le Prince royal. En apprenant que plus de vingt-quatre heures étaient perdues, M. de Palikao fut pris d'une sorte de désespoir, et le général de Wimpffen affirme que le ministre de la guerre se rendit chez l'impératrice en lui signifiant que si l'ordre donné au maréchal de se porter sur Metz n'était pas exécuté immédiatement, lui, M. de Palikao, ferait afficher par toute la France que l'empereur était la cause des désastres futurs et inévitables. C'est à M. de Palikao de confirmer l'allégation du général de Wimpffen. Toujours est-il, c'est qu'en envoyant M. de Wimpffen à l'armée pour remplacer M. de Failly à la tête du 5ᵉ corps, M. de Palikao le nomma en même temps général en chef de l'armée de Châlons, au cas où Mac-Mahon serait tué ou blessé grièvement, et qu'il ordonna au général Vinoy de se mettre en marche avec le 13ᵉ corps pour appuyer le mouvement du maréchal sur la Meuse, menacer les derrières de l'armée du Prince royal, en évitant toutefois de trop s'engager. Le livre du général de Wimpffen sur *Sedan* est, là-dessus, rempli de détails intimes qui frappent, par leur sincérité absolue et leur vérité!

En marche à travers des chemins difficiles, sous la pluie, une pluie glacée qui détrempait les vêtements, l'armée française avançait lentement, les routes étant encombrées de bagages, de chariots, tandis que l'armée du Prince royal, forte de 190,000 hommes, changeant de front brusquement, se mettait en route à marches forcées, derrière nous et s'efforçait, par sa célérité étonnante, de regagner l'avance que nous avions sur elle.

Il y a quatre-vingts kilomètres environ de Reims, point de départ, à Dun-sur-Meuse. L'armée de Mac-Mahon en faisait douze par jour environ, soit trois lieues, quatre au plus. L'ennemi en faisait le triple. Cette lourde armée allemande renouvelait sa fameuse et rapide marche de flanc qui décida du sort de la journée de Sadowa. Enfin, comme si le commandant français eût pris à tâche de perdre l'avance qu'il avait sur le Prince royal, et, comme si le désordre extrême de l'armée devait être poussé à l'extrême, le 5ᵉ corps (de Failly) qui formait l'avant-garde et qui bientôt allait se trouver à l'arrière-garde, se heurta, le 27 août, à une quatrième armée prussienne, formée en hâte depuis le 19 août et qui, placée sous les ordres du prince de Saxe, était composée de la garde prussienne, de Saxons, du corps Alvensleben Iᵉʳ et de deux divisions de cavalerie. C'était à Buzancy. La cavalerie française, les chasseurs du général de Brahaut, furent contraints de se replier devant l'artillerie allemande placée dans les bois et balayant la route. Le 5ᵉ corps

BOMBARDEMENT DE STRASBOURG. — La cathédrale et ses abords, dans la nuit du 24 août.

rétrograda, devant ces forces supérieures, et campa, ce même soir du 27, à Châtillon.

Tous ces bois de l'Ardenne, ces chemins, ces sentiers étaient occupés par l'ennemi ou sillonnés par ses coureurs. L'armée française, on peut le dire, cheminait sous le guet de cent mille adversaires à l'affût, et, en quelque sorte, sous la gueule de leurs canons. Le mouvement du général de Failly sur Buzancy avait été repris par ordre de Mac-Mahon, et les troupes repassaient, sous une pluie torrentielle, par ces mêmes chemins déjà parcourus la veille. Que de temps perdu! Quel désordre! C'était aux environs de Montmédy sans doute que Mac-Mahon espérait opérer sa jonction avec Bazaine. Le 28, le corps d'armée du général de Failly se trouvait près de Nouart et de Bois-des-Dames, en route pour Stenay ; et, du côté du Chesne et de Buzancy, à l'endroit où l'on pouvait craindre de voir déboucher l'armée du Prince royal, aucun corps d'armée n'avait été placé pour arrêter l'ennemi. Le 29, tandis que, entre Vouziers et Attigny, deux escadrons de hussards prussiens, mettant pied à terre, enlevaient le village de Voncq ; plus loin, à Nouart, un combat malheureux pour nous était livré. C'est encore l'artillerie prussienne qui, par sa précision, faisait reculer nos fantassins et nous contraignait à regagner des hauteurs d'où nos batteries canonnaient les troupes allemandes défilant à une lieue de nous sur cette route que nous voulions suivre et que nous n'avions pu défendre, et, par Buzancy, gagnant Stenay où devait se rendre le 5ᵉ corps (de Failly).

Ce corps, formant naguère notre avant-garde, se trouvait donc maintenant à l'arrière-garde de l'armée. Le 7ᵉ (Félix Douay) se trouvait en arrière, à droite, tout près de Beaumont, appuyé sur le village d'Oches, à la lisière de la forêt de Dieulet. Le 1ᵉʳ corps (Ducrot) formait le centre et se trouvait à Raucourt ; le 12ᵉ corps (général Lebrun), comprenant l'admirable division d'infanterie de marine du général de Vassoignes, était campé près du 1ᵉʳ corps et formait la gauche. Pour arriver à ce mouvement de concentration, l'armée française avait fait *huit lieues en trois jours*.

En regardant la carte des Ardennes sur ce point de la frontière franco-belge, on comprend aussitôt le danger que courait notre armée si elle ne pouvait gagner à temps Montmédy ou se rejeter vivement sur Mézières. La Meuse traverse en serpentant ce pays accidenté, raviné, plein de bois. Montmédy forme la première ville forte du département de la Meuse. Mouzon, sur la Meuse, et Carignan, sur la Chiers, sont les deux villes des Ardennes les plus rapprochées. Après elles, derrière le confluent de la Meuse et de la Chiers, est Sedan, enfoncée dans une sorte d'entonnoir, entourée de hauteurs, cernée par des collines vertes et boisées.

Plus loin est Mézières, la seule place forte importante. C'est là, dans cette sorte de triangle formé par la Meuse et la Chiers, qu'allait se jouer la destinée de la patrie !

Le soir du 29 août, le général de Failly, traversant la forêt de Dieulet, s'était établi à Beaumont. Ses troupes n'y arrivèrent que pendant la nuit. Une partie avait combattu avec succès à Bois-des-Dames pour contenir l'ennemi qui menaçait, après l'engagement de Nouart, de poursuivre nos soldats à travers bois. L'arrière-garde du 5ᵉ corps (division de l'Abadie) ne prit son campement qu'à cinq heures du matin. Après une nuit sombre, ces soldats qui marchaient dans l'obscurité, las, sans distribution de vivres, virent se lever un jour pâle et triste qui devait être le jour fatal de la déroute de Beaumont.

A sept heures du matin, le maréchal Mac-Mahon, qui se rendait à Mouzon, traversa le camp de Beaumont. Il s'arrêta au quartier général et donna ordre à M. de Failly de marcher sur Mouzon. M. de Failly, dans sa brochure justificative sur *les Opérations et marches du 5ᵉ corps*, nous dit qu'à neuf heures les généraux divisionnaires et les chefs de service réunis purent se convaincre que l'ennemi ne suivait point la marche du 5ᵉ corps et continuait, au contraire, sa marche sur Stenay. Je ne veux pas faire remarquer que les généraux se réunissaient à *neuf heures*, deux heures après que Mac-Mahon eut donné l'ordre de marcher sur Mouzon : la fatigue excessive des troupes pouvait légitimer ce retard. Mais ce qui est sans excuse, c'est que, sur la simple présomption que les Allemands marchaient sur Stenay, le général ordonna une *grande halte* et retarda jusqu'à *onze heures* pour la tête de colonne, *à midi* pour l'armée, le départ des troupes, afin qu'on pût passer l'inspection des armes et nettoyer les fusils. Quoi ! ce général qui s'est vu, la veille et l'avant-veille, poussé par l'ennemi, par cet ennemi qui est partout autour de lui, à cette heure, ce chef d'armée commande aux officiers d'inspecter les armes, aux soldats de les démonter, et cela quand les minutes, sans exagération, comptent pour des siècles ! On inspecte ce campement de Beaumont comme on le ferait du camp de Châlons en pleine paix ; et, pendant ce temps, « les généraux, dit M. de Wimpffen dans son livre, les généraux et le général en chef achevaient paisiblement de déjeuner (1). »

Conçoit-on pareille aberration, pareil abandon, un tel oubli de toutes les règles de la prudence ? Cette troupe s'offrait ainsi comme désarmée aux coups de l'ennemi, lorsqu'au moment où son avant-garde allait se mettre en route, à midi moins cinq minutes, un obus vint brutalement tomber au mi-

(1) Chez le maire, M. Boquillon.

lieu du campement situé au bas de la ville, et sans que nul n'eût pu dire d'où partait le coup. Nos soldats n'étaient pas tous prêts au combat, loin de là ; beaucoup en manches de chemise lavaient leur linge ou fourbissaient leurs baïonnettes. Les pièces d'artillerie ne se trouvaient pas en position, les équipages étaient dételés. Jamais depuis le commencement de cette campagne où nous étions sans cesse surpris, attaqués à l'improviste, écrasés sans pouvoir toujours nous défendre, surprise pareille n'avait été vue. Les Prussiens ont dit depuis qu'en apercevant de loin, dans ce bas-fond, ce fourmillement humain, ils avaient d'abord cru à une foire de village, à un rassemblement de paysans. Comment se douter que les généraux français leur rendraient la victoire si facile? M. de Failly, dans sa brochure, fait retomber la responsabilité du choix du campement au général Besson, son chef d'état-major général, qui, marchant avec la tête de colonne, détermina l'emplacement des divers camps. Mauvais choix, à coup sûr, et faute considérable. L'armée pouvait en effet s'établir, non point au bas de Beaumont, mais sur les hauteurs de ce village de Stonne, si bien défendu naturellement par les bouquets d'arbres et de haies, et les monticules qui le protégent. Mais le général de Failly, au lieu de se soucier de choisir un bivouac pour ses soldats, préférait se délasser, chez le maire, des fatigues des jours précédents (1).

Le général Besson devait mourir, en avril 1871, à l'attaque du pont de Neuilly.

Le premier obus prussien causa une stupeur dans le camp français. On court aux armes, on rompt les faisceaux, les bataillons se forment en hâte et se replient en désordre. L'artillerie allemande ouvre un feu continuel, écrasant, et une véritable pluie d'obus tombe au milieu de ces masses humaines qui sont des régiments français. Trois régiments de ligne, le 11ᵉ, le 46ᵉ et le 68ᵉ, suivis du 4ᵉ bataillon de chasseurs à pied, s'établissent aussitôt sur les hauteurs, et, ouvrant un feu à volonté, rejettent dans le bois les Prussiens qui débouchent en avant du village. Des bois alors sortent des volées de mitraille, tandis que de nouveaux régiments ouvrent un feu terrible contre nos soldats. Et point d'artillerie pour répondre à l'artillerie allemande. Il a fallu harnacher les chevaux, atteler les pièces, les sauver d'abord avant de les mettre en position. Alors l'ennemi sort en foule, avec ses hurrahs habituels, des bois d'où il nous foudroie. Des bataillons français s'élancent à la baïonnette pour arrêter la marche des Allemands. Ceux-ci, n'attendant pas la charge à l'arme blanche, accueillirent les nôtres par une fusillade épouvantable. Il faut reculer, battre en retraite. L'ennemi, sur la gauche de l'armée, tourne nos troupes et les rejette sur Mouzon. Le centre est enfoncé par les Bavarois. La retraite est une déroute. A travers les taillis, passent les coups de sifflets des officiers prussiens, et les balles des tirailleurs, couchés derrière les arbres, jettent le désordre dans les rangs confondus de ce corps d'armée qui n'est plus qu'une foule.

Le soir vient. Un régiment de cavalerie, le 5ᵉ cuirassiers, du 12ᵉ corps, s'élance, dans une charge à fond, sur l'ennemi qu'il veut contenir. L'artillerie allemande le mitraille. Quelques bataillons solides, un entre autres, du 30ᵉ de ligne, protége la retraite, et, jusqu'à six heures du soir, paralyse par son attitude énergique, son feu multiplié, les dernières attaques de l'ennemi. Quand cette poignée de braves soldats, se relevant de leur position de tirailleurs à genoux, traversèrent la Meuse, le soir venu, ils n'avaient plus une cartouche. Les quatre-vingt-dix cartouches d'ordonnance étaient brûlées, et tous les coups avaient porté, sur les colonnes ennemies, en pleine chair.

Pendant ce temps, le corps du général Félix Douay (le 7ᵉ) arrivait sur le champ de bataille, essayant d'arrêter le mouvement débordant des Prussiens. L'infanterie de marine du 12ᵉ corps (Lebrun) défend aussi le passage de la Meuse, avec une intrépidité superbe; mais c'en est fait, la journée est perdue. L'armée tout entière reçoit l'ordre de se replier sur Sedan par Carignan et Brévilly, sur la rive gauche de la Chiers.

Déjà des régiments entiers, poussés par la défaite jusque sur le territoire belge, avaient été forcés de déposer les armes entre les mains des soldats de ce peuple neutre dont le cœur battait au spectacle de l'écrasement d'une nation qui l'aime et qu'il aime aussi.

Les routes étaient pleines de fuyards; des compagnies erraient, perdues dans les bois. Certains régiments du 5ᵉ corps n'étaient plus que des bandes. Le général de Wimpffen, venu d'Oran et arrivé ce même jour 30 août, à Mézières, à huit heures du matin, se heurta contre cette cohue de soldats qui était justement le corps d'armée qu'on lui donnait ordre de commander. Qui sait si, arrivé trois jours plus tôt, le général de Wimpffen n'eût pas évité à l'armée le désastre de Sedan, en empêchant cette déroute de Beaumont?

(1) M. l'abbé Emmanuel Domenech, dans son *Histoire de la campagne de 1870-71*, prête à M. le général de Failly un propos que le général doit démentir, s'il n'est pas exact, car il est terriblement accusateur. Le général déjeunait. On vient l'avertir que les Prussiens approchent. — « Ah! bah! répliqua M. de Failly, nous leur avons tué hier assez de monde, ils peuvent bien nous mettre aujourd'hui quelques hommes hors de combat. Allons, débouchons une bouteille! » (Page 183.) Ces faits, ajoute M. Domenech, nous parurent si monstrueux, que nous ne nous décidâmes à les enregistrer qu'après quinze jours d'enquêtes et de contre-enquêtes. — Il faut que M. de Failly démente ces paroles, s'il ne veut pas que l'histoire s'en empare définitivement.

« Je me hâtai, dit le général, de descendre dans la plaine pour arrêter ce désordre et interpeller ces fuyards. J'eus de la peine à me faire comprendre. En vain je leur criais : « Mais, malheureux, re-« gardez donc derrière vous, le canon de l'ennemi « est encore loin. Vous n'avez rien à redouter. » Ils ne m'écoutaient pas dans leur course haletante. Je réussis enfin à en arrêter quelques-uns et à les rassurer tant bien que mal. Peu à peu cet exemple fut suivi.... » Le spectacle de cette débâcle devait cruellement serrer le cœur de ce général venu d'Afrique pour y assister. Aussi bien sa déposition devant l'histoire a-t-elle la valeur d'un témoignage écrasant : « Des voitures de bagages de tous les corps, dit-il, commençaient à s'agglomérer sur la route, ne sachant où se rendre. Je donnai l'ordre à des gendarmes, qui se trouvèrent sous ma main, de les faire marcher le plus rapidement possible... Au moment où j'étais occupé à mettre un peu d'ordre partout, des équipages de la maison de l'empereur débouchèrent près de moi, *prétendant que tout le monde devait s'arrêter pour leur livrer passage*. Je leur intimai l'ordre formel de profiter de la bonté de leurs attelages pour enfiler bien vite un chemin de traverse sur la droite. »

Le général montre encore (et qu'on se fasse par là une idée du désordre incroyable de cette armée sans commandement) des soldats isolés arrivant, commandés par un *officier d'administration*. « Tous ces malheureux mouraient de faim, nulle distribution n'ayant été faite. Ils demandaient à grands cris du pain. »

Pendant ce temps, que faisait l'homme dont l'intérêt dynastique avait amené sur nous tous ces désastres? Le matin, à Raucourt, il avait traversé Mouzon, faisant arrêter tous les mouvements de troupes, d'artillerie, d'équipages qui encombraient la ville; et il s'était retiré sur l'autre rive de la Meuse, gagnant à travers bois une ville qu'il aperçut du haut d'une colline, et qu'il désigna à un habitant du pays, en lui demandant : « C'est Montmédy, n'est-ce pas? — Non, Sire, c'est Carignan. —Mais oui, mais oui, Sire, c'est Carignan, » répondirent aussitôt les officiers d'état-major empressés. Un témoin oculaire de ces journées douloureuses m'a donné sur l'état d'esprit des renseignements précis. Il a vu de près les principaux acteurs du drame, et on ne peut douter de sa véracité. Mac-Mahon était inquiet, troublé, comme un homme qui marche presque sûrement, et sans que sa volonté ou son énergie l'en puisse détourner, vers un but fatal. Il se sentait perdu. L'empereur affectait toujours son calme impassible. Il avait envoyé son fils à Mézières ; et, tandis que se livraient ces terribles batailles, il fumait. On le vit toujours fumant, roulant sa cigarette. Pendant qu'on détruisait le 5ᵉ corps à Beaumont, l'empereur, étendu sur l'herbe avec son état-major, écoutait, passif et comme indifférent, le bruit du canon qui lui venait par-dessus les bois. Il semblait que ce fataliste conspirateur laissât faire le destin. *Alea jacta est!* C'est le mot de tous les chercheurs d'aventure. Peut-être aussi avait-il foi dans son étoile, et croyait-il que la fortune lui reviendrait en demeurant ainsi immobile, vautré à terre et rêvant.

D'ailleurs il n'oubliait pas les bienfaits du solide, tout en suivant les fumées de son rêve, et, à l'heure où le sang français coulait sous ces taillis de l'Ardenne, dans ces sentiers entourés d'ombre, tandis que les petits paysans de France, les conscrits, les humbles, les martyrs, mouraient pour l'empire, tandis que le 5ᵉ cuirassiers se fondait comme du plomb au feu, sous les canons ennemis, tandis que les derniers tirailleurs brûlaient leur dernière cartouche, l'empereur, le chef flegmatique de cette armée en déroute, envoyait à Paris ces deux dépêches que l'histoire conservera toujours pour les opposer à la légende :

A l'impératrice, — *Paris.*

Carignan, le 30 août 1870, 5 h. 40 m. soir.

Il y a eu encore un engagement aujourd'hui *sans grande importance*. Je suis resté à cheval assez longtemps.
NAPOLÉON.

M. Bure, trésorier général de la couronne. — *Paris, 21, avenue des Champs-Élysées.*

Carignan, le 30 août, 6 h. 3 m. soir.

J'approuve la distribution des fonds que tu me proposes ; tu remettras le reste à Charles Thélin.
NAPOLÉON.

On ne saurait, à une date plus solennelle, se moins soucier de la France.

Cette dernière défaite du général de Failly eût entraîné, je pense, sa destitution, alors même que le général de Wimpffen n'eût pas été désigné par le ministre de la guerre pour lui succéder dans le commandement du 5ᵉ corps. Celui-ci, vieux général d'Afrique et d'Italie, ancien colonel des tirailleurs algériens, commandant la province d'Alger, avait, au début de la guerre, demandé un commandement qu'on ne lui avait pas accordé. Réduit à suivre, de loin, les opérations militaires, il en avait maintes fois deviné le fatal résultat, et il en déplorait le début en en redoutant la chute, lorsqu'il fut mandé à Paris pour remplacer M. de Failly à la tête du 5ᵉ corps. Le général de Wimpffen était surtout connu alors pour sa bravoure superbe en Italie. Parti de Trecate le matin de la bataille de Magenta avec la brigade des grenadiers de la garde (2ᵉ et 3ᵉ régiment,) il avait lancé ses soldats à l'at-

Paris pendant la guerre. — Les habitants de la banlieue se réfugiant dans la ville, selon l'ordre du gouvernement.

taque de Baffalora et, l'épée à la main, payant de sa personne, il avait été blessé en disputant pendant plusieurs heures la position à l'armée autrichienne.

M. de Wimpffen arriva à Sedan dans la nuit du 30 août avec les débris du 5ᵉ corps. Le lendemain, il inspectait le camp, et, après avoir vu le maréchal qui le reçut assez froidement, il se présenta à l'empereur (1).

Napoléon n'était plus le flegmatique personnage de la veille. Les larmes qu'il avait déjà versées à Metz lui remontaient aux yeux.

— Mais, général, dit-il, expliquez-moi donc pourquoi nous sommes toujours battus et ce qui a pu amener la désastreuse affaire de Beaumont ?

Et il ajouta : — Hélas ! nous sommes bien malheureux !

Il eût pu dire : bien coupables.

La pauvre armée française laissait déjà 20 canons, 11 mitrailleuses et 700 prisonniers entre les mains de l'ennemi, et les Prussiens et les Saxons refoulaient encore nos soldats, par Carignan, jusqu'à Douzy et Villers, près de Sedan, tandis que vers Mézières l'armée du Prince royal leur coupait la retraite du côté de cette place forte, et que les Bavarois se massaient devant Bazeilles. Le soir du 31 août, notre armée était absolument entourée, et le cercle formé autour de Sedan était complet. Rien n'avait arrêté d'ailleurs la marche de l'ennemi qui avait pu passer la Meuse sur des ponts minés que nous n'avions pas eu la précaution de faire sauter.

Pour sauver l'armée, il eût fallu que, pendant la nuit du 30 août et le matin du 31, notre mouvement de retraite sur Mézières eût été exécuté. Alors certes nous avions le temps de nous retirer sur cette place forte et d'accepter la bataille dans d'autres conditions. Mais, dans la journée du 31, par une incurie nouvelle, à l'heure où l'empereur se désolait sans prendre un parti et où le maréchal prenait ses dispositions pour s'ouvrir un passage le lendemain, 80,000 Allemands passaient la Meuse entre Donchery et Dom-le-Mesnil et nous coupaient absolument la route de Mézières. Il était à peu près quatre heures de l'après-midi. A cette heure, une seule route était libre, la route de Belgique, celle qui part du dernier village-frontière, La Chapelle, et va vers Bouillon à travers les bois.

Le général de Wimpffen, qui devait commander un corps d'armée, n'avait été mis, ni par l'empereur, ni par le maréchal, au courant des opérations qu'on allait tenter le lendemain.

Pour défendre la position de l'armée ou pour s'ouvrir un passage jusqu'à Mézières à travers les lignes prussiennes, le 7ᵉ corps (celui du général Douay) avait été placé devant ces grands bois de la Garenne qui couronnent de leurs taillis la hauteur la plus élevée du pays. De là haut, on domine Sedan, qu'on aperçoit sur la gauche, enfoncé près de la Meuse ; le calvaire d'Illy se dresse à la sortie du bois. Le 5ᵉ corps (Wimpffen) et le 1ᵉʳ (Ducrot), placés sur la hauteur qui domine le fond de Givonne, occupaient le centre, tandis que le corps du général Lebrun (12ᵉ) défendait la droite, et que l'infanterie de marine, postée à Bazeilles, s'apprêtait à disputer cette petite ville à l'ennemi.

Le 1ᵉʳ septembre, à quatre heures et demie du matin, par un temps de brouillard épais, l'action décisive qui devait si durement influer sur la destinée de la France, s'engageait vers Bazeilles avec une intensité singulière. Les Bavarois attaquaient l'infanterie de marine qui ripostait vigoureusement et avec un avantage marqué. En même temps, l'attaque se prolongeait vers Givonne. Les troupes du général Ducrot avaient à lutter contre des forces considérables, des fantassins appuyés par une forte réserve de cavalerie saxonne, et pliaient sous le feu de l'artillerie allemande, lorsqu'auprès d'un peuplier qu'on montre encore, un obus vint frapper le commandant en chef de l'armée, le maréchal Mac-Mahon, enlevant la croupe de son cheval et lui labourant les reins. On emporta le maréchal et, sur son ordre, le général Ducrot prit le commandement de l'armée. Le général de Wimpffen qui avait en poche sa commission du ministre de la guerre l'appelant au commandement en chef, au cas où Mac-Mahon serait tué ou blessé, n'apprit qu'une heure plus tard que le général Ducrot commandait. Le général Ducrot voulait, joignant ses troupes à celles du général Douay qui combattaient en avant des bois de la Garenne, tenter une vigoureuse trouée sur Mézières en descendant des hauteurs et en se précipitant sur Illy. Il comptait enfoncer les corps d'armée prussiens massés devant le général Douay à Saint-Menges et à Flégneux,

---

(1) La proclamation suivante, adressée par le général de Wimpffen à ses compatriotes du département de l'Aisne, donnera une idée de l'état d'esprit où se trouvait le futur commandant de l'armée. Elle est très-énergique et très-patriotique :

Habitants du département de l'Aisne,

Un de vos enfants, arrivé hier à Paris, venant du fond de l'Algérie, ne s'accorde même pas la satisfaction de voir sa famille avant d'aller à l'ennemi. Il se rappelle au souvenir des siens et au vôtre, et vous engage à vous montrer les dignes enfants de ceux qui, en 1814 et en 1815, se joignaient à nos soldats pour combattre l'invasion.

L'ennemi ne pourra, je l'espère, arriver jusqu'à vous, avec les masses qui ont envahi les provinces de l'est ; mais des fractions de corps, quelques cavaliers peuvent venir insulter vos villes et vos villages.

C'est à vous à savoir les repousser et leur faire payer cher leur audace. Que chaque haie, que chaque fossé, que chaque maison vous servent de remparts.

Aux armes donc, braves habitants de mon département, et prouvez que partout les envahisseurs de la France trouveront de vigoureux adversaires.

Le général commandant le 5ᵉ corps d'armée,

Signé : DE WIMPFFEN.

mais le général de Wimpffen, averti que les forces de l'ennemi devant Metz s'élevaient à plus de 80,000 hommes, voyant d'ailleurs que les troupes, au lieu de se lancer sur Illy, se rapprochaient instinctivement vers l'ancien camp, sous le canon de Sedan, fit acte de général en chef, montra sa nomination, donna ordre aussitôt au général Ducrot de reprendre ses positions, et envoya au général Lebrun, qui combattait à Bazeilles, toutes les troupes dont il put disposer pour accentuer le succès que nous obtenions sur notre droite.

Il était alors neuf heures du matin. De Wimpffen, parcourant le champ de bataille, rencontra l'empereur qui revenait des hauteurs de Bazeilles. Napoléon, un moment placé sous le feu de l'ennemi, avait eu là un officier d'ordonnance, le capitaine d'Hendecourt, tué non loin de lui. Mais il s'était bientôt éloigné de ce coin du champ de bataille où notre brave division d'infanterie de marine combattait héroïquement sous un feu meurtrier; et, lorsqu'il rencontra le général de Wimpffen, près du fond de Givonne, il allait pacifiquement déjeuner. Sa Majesté avait faim. Le général de Wimpffen, durant tout ce jour, ne devait manger *qu'une carotte arrachée d'un champ*, et des milliers de soldats n'allaient prendre aucun repas. Mais Napoléon avait faim. En apercevant de Wimpffen, l'empereur lui demanda des nouvelles de la bataille.

— Sire, répondit le général, les choses vont bien, nous regagnons du terrain.

Et Napoléon lui ayant fait observer que l'ennemi montrait des forces considérables sur notre gauche, vers Illy, de Wimpffen ajouta :

— Nous allons d'abord nous occuper de jeter les Bavarois à la Meuse, puis avec toutes nos troupes, nous ferons face à notre nouvel ennemi.

Les aides de camp de l'empereur ont depuis, dans des lettres semi-officielles, et toutes à la louange de leur maître, essayé de faire prendre les paroles du général comme une bravade imprudente, et voulu montrer que le salut de l'armée était dans cette trouée sur Mézières que M. de Wimpffen regardait comme impossible. Le rapport des Allemands donnerait pleinement raison à la tactique de de Wimpffen contre celle de Ducrot. En effet, Ducrot voulait percer la droite de l'armée allemande et se précipiter vers Illy, mais les généraux prussiens ont écrit eux-mêmes *que cette retraite, commencée à sept heures et demie, leur avait donné à espérer d'avoir l'armée française prisonnière vers neuf heures du matin*, et qu'ils avaient été fort surpris de *notre retour offensif, et surtout de notre résistance prolongée jusqu'à la nuit*. Or, qu'était-ce que ce *retour offensif*, sinon le plan que de Wimpffen mettait à exécution et qui était celui-ci : dégager d'abord la droite de l'armée française en écrasant les Bavarois avec des forces considérables, puis se retourner brusquement contre les nouveaux assaillants? Au pis aller, pensait le général, l'armée s'ouvrirait un passage sur Carignan, car, de ce côté, les Bavarois décimés depuis le matin par l'infanterie de marine, ne pouvaient offrir une victorieuse résistance, et on éviterait du moins un désastre plus grand et la honte d'être cerné et pris comme dans un étau.

Toute la préoccupation de de Wimpffen, comme celle de Ducrot, dans cette journée, a été d'éviter une capitulation, mais en ordonnant la trouée sur Carignan, de Wimpffen attaquait un point beaucoup plus faible de l'ennemi, et rendait la réussite du mouvement plus probable. Il était d'ailleurs assez difficile de se mouvoir sur ce champ de bataille labouré d'obus, couvert de projectiles, balayé depuis le petit jour par 400 pièces de canons ennemis. Tandis que la garde prussienne manœuvrait de façon à nous fermer, vers La Chapelle, le chemin de la Belgique, les batteries allemandes faisaient sur les plateaux que nous occupions des feux continus et convergents. Les ravages faits par les obus éclatant dans nos rangs étaient vraiment épouvantables. Sous cette grêle dont la projection était sans cesse rectifiée par les artilleurs allemands tirant à coup sûr, les bataillons avaient ce remous sinistre qui est comme l'avant-coureur de la défaite. Frappés à des distances inconnues par des ennemis invisibles, les troupes démoralisées voyaient avec rage tomber sur elles ces projectiles percutants qui broyaient les crânes et ouvraient les entrailles. Cette tuerie sinistre, contre laquelle l'héroïsme ne pouvait rien, allumait dans tous les yeux des soldats la colère. Notre artillerie, inférieure comme portée à l'artillerie allemande, répondait de son mieux; mais, outre que nos obus n'atteignaient pas toujours l'ennemi et que beaucoup éclataient prématurément, le nombre des pièces ennemies était triple du nôtre. Nous étions écrasés.

Les troupes du général Félix Douay, en position dans les bois de la Garenne étaient comme fauchées par un feu terrible. Les obus enfonçaient les escadrons; la cavalerie ne pouvait se mettre en ligne, les fantassins eux-mêmes pliaient. Dans ces taillis épais, dans ces bois profonds et verts, la mort était partout, et les cadavres tombaient sous les feuilles et les branches d'arbres coupées par la mitraille. En dix minutes, l'artillerie allemande démontait trois batteries d'artillerie que nous établissions de ce côté pour protéger le corps d'armée. Nos mitrailleuses, à ces distances de 3 et 4 kilomètres devenaient inutiles. Sur le champ de bataille on en voyait, le lendemain, toutes neuves, n'ayant encore point servi, et broyées, les roues brisées par quelque obus ennemi.

Le plus épouvantable, c'est que les feux de cette artillerie puissante se rapprochaient de plus en plus et formaient autour de notre armée comme un cercle de mort plus étroit d'heure en heure. On apercevait déjà, au loin, couchés ou assis en avant de leurs batteries les bataillons allemands, prêts à s'élancer sur nos soldats lorsque leurs canons auraient achevé de mettre le désordre dans nos rangs.

Wimpffen, éperdu, n'ayant pas un officier d'état-major à sa disposition (l'état-major de Mac-Mahon était, le croira-t-on? rentré à Sedan depuis le matin, à la suite du maréchal blessé), Wimpffen regardait, du haut de ces collines, le champ de bataille où l'ennemi allait nous envelopper. Partout, dans ces bois, sur ces coteaux, la mort, le désespoir, l'effarement, la défaite. Ducrot, repoussé de Givonne se rapprochait des bois de la Garenne; Douay écrasé restait sur ses positions balayées par l'artillerie allemande; le 5ᵉ corps combattait çà et là, désorganisé depuis Beaumont. Seul, le corps du général Lebrun avait l'avantage vers Bazeilles ou du moins tous les efforts de l'ennemi n'avaient pu l'entamer, et les soldats de l'infanterie de marine, postés dans les maisons, refoulaient sous leur fusillade les Bavarois qui pliaient. Maison par maison, pierre à pierre, Bazeilles était défendue. Dans le parc, derrière le village, le massacre fut épouvantable. Il fallut envoyer aux soldats de Von der Tann des troupes de l'armée du prince de Saxe, le régiment prussien de Magdebourg, le 4ᵉ bataillon des chasseurs prussiens et une batterie nouvelle pour leur permettre de soutenir le combat.

C'était sur ce point que Wimpffen voulait échapper à l'ennemi. La route de Stenay pouvait nous être ouverte. Par Carignan on pouvait gagner Montmédy. Le général donna ordre au général Lebrun de tenter l'opération. Il lui enverrait bientôt toutes les troupes dont il pouvait disposer. Ordre est donné à Douay de couvrir le mouvement, à Ducrot de marcher sur la Moncelle, près de Bazeilles, à la division de Lespart (du 5ᵉ corps) de se lancer sur le même point. A la même heure, le général écrit à l'empereur, enfermé dans Sedan, ce billet qu'il fait porter en double expédition par deux officiers d'état-major:

« Sire,

« Je me décide à forcer la ligne qui se trouve devant le général Lebrun et le général Ducrot plutôt que d'être prisonnier dans la place de Sedan.

« Que Votre Majesté vienne se mettre au milieu de ses troupes; elles tiendront à honneur de lui ouvrir un passage.

« Une heure un quart, 1ᵉʳ septembre.

« DE WIMPFFEN. »

Mais, à cette heure même, le général Douay pliait devant le feu de l'artillerie prussienne, et des tirailleurs prussiens, repoussés d'abord par nos soldats, commençaient à apparaître près du calvaire d'Illy, à la lisière des bois de la Garenne. Depuis onze heures, nos troupes avaient supporté avec un héroïsme furieux les décharges épouvantables des canons d'acier. Lorsque, l'artillerie prussienne ayant fini son rôle, l'infanterie s'ébranla pour enfoncer notre gauche, le général Ducrot, voulant l'arrêter, donna ordre au général de Margueritte qui se tenait en réserve dans une clairière du bois avec sa division de cavalerie, de charger l'assaillant en balayant d'abord l'ennemi de front, puis le sabrant, le prenant de flanc. Le général de Margueritte, enleva ses cavaliers, et, chargeant à leur tête, dispersa les premières lignes ennemies et se heurta contre les fantassins formés en carrés et qui foudroyèrent, à cent cinquante pas, ces escadrons lancés au galop. Nos cuirassiers, broyés par le feu, tournent bride pour revenir bientôt à la charge. Ils se reforment, et s'élancent avec la furie superbe de leurs compagnons de Frœschwiller. Beaucoup avaient pris part à cette terrible bataille. On dit que, suivant le combat des hauteurs de Frenois, le roi Guillaume, en voyant cette ligne blanche des cuirassiers français venir se heurter sans cesse, avec un acharnement superbe, contre la ligne noire des fantassins allemands et disparaître dans la fumée de la fusillade pour reparaître, brisée et éclaircie après la décharge, ne put s'empêcher de s'écrier, en parlant de ces soldats que les siens fusillaient presque à bout portant: « Oh! les braves gens! » (1).

Cette furieuse charge repoussée, l'infanterie prussienne aborda nos fantassins et, soutenue par une batterie de 4 qui avait gravi le coteau, elle emporta le calvaire d'Illy. C'est alors que M. de Galiffet, qui, après la blessure mortelle du général de Margueritte, avait pris le commandement de la division de cavalerie, s'élança de nouveau sur les assaillants et, dans une dernière charge, d'une bravoure désespérée, sabra les Prussiens qui foudroyaient ses héroïques cavaliers.

Après cet effort suprême, tout était dit de ce côté du champ de bataille. L'armée battit en retraite, sous les obus. Le général Ducrot, l'épée à la main, ramène ses soldats au feu par trois fois. Par trois fois, les projectiles ennemis sèment le massacre dans leurs rangs confus. Alors la rage s'empare des uns, et l'effarement des autres. Tandis que de vieux officiers ramassent des chassepots pour se battre en soldats, leurs compagnies se débandent et se replient sur le vieux camp, dans la direction de Sedan. Ils

---

(1) Récit fait quelques jours après par le Prince royal au général Ducrot, et à nous-même, le 2 septembre, par un aide de camp du prince Albrecht de Prusse.

LE PRINCE FRÉDÉRIC-CHARLES.

se sentent vaguement abandonnés, livrés à une volonté hésitante. Ils n'ont vu depuis le matin, ni Mac-Mahon, qu'ils croient mort, ni l'empereur qu'ils croient en fuite. Le désespoir les prend et ils s'engouffrent, ils s'entassent dans les rues de Sedan, sur ses places, aux pieds de la statue de celui qui s'appela Turenne.

La bataille était perdue, mais on pouvait encore sauver l'honneur. Oui, Napoléon pouvait, suivant le conseil mâle et désespéré de Wimpffen, rallier autour de lui ses derniers soldats, et, marchant sur Bazeilles, s'ouvrir un passage sur Carignan, ou mourir en combattant un dernier combat. Destinée héroïque qui ne tenta pas cet aventurier couronné. Il redevint dans cette journée du 1ᵉʳ septembre le fataliste et immobile coopérateur de la nuit du 2 décembre, celui que Morny précipita dans l'aventure et dans l'action en le menaçant, dit-on, d'un pistolet. Il abandonna la partie. Il fut ce qu'il avait été à Strasbourg, devant une résistance qu'il n'attendait pas. Il se montra froid, résigné, impassible et piteux. Son officier d'ordonnance a écrit depuis que l'empereur se trouvait dans l'absolue nécessité de rester enfermé dans Sedan, les rues étant trop encombrées de chariots, de caissons, de cavaliers, de fantassins, pour laisser passer même un homme à cheval. Prétexte ridicule et puéril. Beaucoup d'autres sortirent de Sedan à cheval, entre autres les officiers d'ordonnance de M. de Wimpffen. Que si l'empereur ne quitta pas son appartement, c'est qu'il voulut capituler.

La réponse qu'il fit au billet du général de Wimpffen fut, en effet, le drapeau blanc de la capitulation hissé sur les remparts, le drapeau blanc *le torchon*, comme disaient les vieux soldats avec rage. Pendant une heure, de Wimpffen attendit cette réponse. Il avait, à la tête de 5 ou 6,000 hommes de troupes, fantassins de la marine, bataillons de zouaves, soldats du 47e de ligne, tenté un dernier effort, et, à travers bois, sous le feu de l'ennemi, franchi les jardins des environs de Givonne, lorsque, ne trouvant pas de ce côté les troupes du 5e corps et le 12e (Lebrun) qu'il y cherchait, il se dirigea vers Balan, tout près de Sedan, comptant les y rencontrer. C'est là qu'il apprit par un officier de la maison de l'empereur que le drapeau blanc flottait sur les remparts. Alors une vigoureuse et patriotique colère s'empara du général. On lui tend une lettre de l'empereur lui ordonnant de capituler : « Je ne reconnais pas à l'empereur le droit d'arborer le drapeau parlementaire. Je refuse de négocier. » Il ne lit même pas la lettre ; il se précipite dans la ville, parvient jusqu'à la place de Turenne, et, s'adressant aux soldats de toutes armes qui sont là : — « Voulez-vous rendre vos armes, demeurer prisonniers ? Non ! Eh bien, suivez-moi, et ouvrez-vous un passage en bousculant l'ennemi ! »

Malgré le drapeau blanc qui flotte et qui enlève la décision au plus grand nombre, jette le trouble dans cette armée, le général réunit cependant autour de lui près de 2,000 hommes de tous les corps, cavaliers, fantassins, hussards, zouaves, chasseurs à pied, turcos, auxquels se joignent des mobiles et jusqu'à de courageux habitants de Sedan, et cette poignée de soldats, préférant la mort à la défaite, s'en vont, traînant deux canons avec eux, sauver leur renom ou mourir. Beaucoup moururent en effet, parmi ces entêtés de leur propre gloire ; mais, malgré le nombre, culbutant les Bavarois, ils s'emparèrent de Balan, où le curé fait le coup de feu avec ses paysans, chassèrent l'ennemi jusqu'au delà de l'église, et, attendant des renforts, se maintinrent là jusqu'au soir.

On a traité d'héroïque folie la lutte désespérée du général de Wimpffen. Oui, c'était folie qu'un pareil sacrifice dans un temps où la suprême sagesse consistait non pas à braver la fortune, mais à courber l'échine devant elle et à jouer, non le rôle du chêne, mais celui du roseau. C'était folie que de marcher au combat à l'heure où on ne pouvait sauver que la réputation de la pauvre France. Mieux valait céder son épée au vainqueur pour la tirer après, en un jour de conspiration nouvelle contre sa patrie. Cela était plus sage, paraît-il. Le général de Wimpffen n'eut point cette sagesse, et ce sera son éternel honneur.

A côté de lui combattait le général Lebrun. On ne doit oublier personne.

Vers six heures du soir, Wimpffen rentra à Sedan, navré, ayant refusé deux fois de se rendre auprès de l'ennemi pour traiter, comme le voulait Napoléon. En rentrant dans le petit hôtel où il était descendu, le général écrivit aussitôt une lettre où il donnait sa démission de commandant en chef. Il était sept heures et demie. Vers huit heures, l'empereur répondait :

« Général, vous ne pouvez pas donner votre démission, lorsqu'il s'agit encore de sauver l'armée par une honorable capitulation. Je n'accepte donc pas votre démission. Vous avez fait votre devoir toute la journée, faites-le encore. C'est un service que vous rendrez au pays.

« Le roi de Prusse accepte l'armistice et j'attends ses propositions.

« Croyez à mon amitié,

« NAPOLÉON. »

Le roi de Prusse avait, en effet, accepté la proposition, non pas d'*armistice*, mais de *capitulation* faite par l'empereur (qui n'avait aucun droit de la faire, étant déchu du commandement en chef). Napoléon lui avait adressé son aide de camp, le comte Reille, porteur de cette lettre historique, mais mensongère : « *N'ayant pu mourir à la tête de mes troupes, je dépose mon épée aux pieds de Votre Majesté.* » Le roi Guillaume avait alors envoyé à Sedan un lieutenant-colonel bavarois, grand, maigre et blond, portant des lunettes d'or, qui était le lieutenant-colonel de Bronsart. M. de Bronsart avait à peine fait une centaine de pas, lorsqu'un obus, parti des lignes prussiennes, vint tomber à dix mètres de lui. Il eut un tressaillement, et se tournant vers les officiers français qui l'accompagnaient : « Messieurs, je vous demande mille pardons ; c'est une impolitesse que nous faisons là. Nos batteries n'ont certainement pas vu le drapeau blanc. C'est incroyable ! » Cette *impolitesse* avait coûté la vie à deux pauvres diables, et comme on les emportait sur quatre fusils : « Ah ! mille pardons ! » répéta-t-il, tout en continuant sa route (1).

C'est M. de Bronsart qui avait transmis au roi de Prusse l'offre de capitulation de Napoléon III.

Tout d'abord, M. de Wimpffen, bien décidé à ne point signer une capitulation au bas de laquelle Louis Bonaparte devait apposer son nom, voulut refuser d'entrer en pourparlers ; mais songeant au sort de la pauvre et admirable armée qui, si mal conduite, venait de se battre avec un si grand courage, il se décida à accepter la tâche douloureuse qui lui incombait. Il se rendit chez l'empereur. La cour de la résidence était encombrée par les gens de la maison impériale. Le général demande à parler à l'empereur. On lui répond que cela est impossible, Sa Majesté étant *en conférence avec le prince impérial*. Or, celui-ci était depuis deux jours à Mézières. Le général se fâche,

(1) *Revue des Deux Mondes.*

élève la voix. On l'introduit enfin auprès de Napoléon. Ici se place l'altercation survenue entre le général Ducrot et le général de Wimpffen, altercation que les deux acteurs ont l'un et l'autre contée de façon différente. Il en ressort que Ducrot reprocha violemment, avec exaltation, il le dit lui-même, à Wimpffen d'avoir arrêté son mouvement sur Mézières ; mais s'il est vrai, et nous l'avons vu, que les Allemands eussent occupé fortement cette ligne de retraite, la tactique du général de Wimpffen était, je le répète, préférable. Toujours est-il qu'en me servant de la version du général Ducrot, voici ce qui se passa en cette soirée du 1ᵉʳ septembre :

« Le général de Wimpffen entre avec éclat, levant les bras au ciel et marchant à grands pas : « Sire, s'écria-t-il, si j'ai perdu la bataille, si j'ai « été vaincu, c'est que mes ordres n'ont pas été « exécutés, c'est que vos généraux ont refusé de « m'obéir. »

« A ces mots, le général Ducrot se lève comme mû par un ressort, et d'un bond se place en face du général de Wimpffen : « Que dites-vous ? s'écrie-t-« il ; qui a refusé de vous obéir ? A qui faites-vous « allusion ? Serait-ce à moi ? Hélas ! vos ordres « n'ont été que trop bien exécutés. Si nous avons « subi un affreux désastre, plus affreux que tout ce « qu'on a pu rêver, c'est à votre folle présomption « que nous le devons. Seul vous en êtes responsable, car si vous n'aviez pas arrêté le mouve« ment de retraite en dépit de mes instances, nous « serions maintenant en sûreté à Mézières ou du « moins hors des atteintes de l'ennemi ! »

« Un peu surpris et déconcerté par cette brusque apostrophe du général, qu'il ne savait pas là, le général de Wimpffen dit : « Eh bien, puis« que je suis incapable, raison de plus pour que je « ne conserve pas le commandement. »

« Ducrot. — « Vous avez revendiqué le com« mandement ce matin, quand vous pensiez qu'il y « avait honneur et profit à l'exercer ; je ne vous « l'ai pas contesté... alors qu'il était peut-être con« testable. Mais, à l'heure qu'il l'est, vous ne pou« vez plus le refuser. Vous seul devez endosser la « honte de la capitulation. »

« Le général Ducrot était très-exalté.

« L'empereur lui-même et les personnes de son entourage s'interposèrent pour le calmer. L'incident terminé, le commandant du 1ᵉʳ corps se retira et le général de Wimpffen, ayant reçu les instructions de Sa Majesté, se rendit au quartier général allemand. »

Personne ne peut s'empêcher de plaindre ce malheureux général de Wimpffen qui, n'ayant rien commis des fautes de la campagne, arrivait juste à temps à Sedan pour terminer sa carrière militaire par cette douloureuse, par cette sinistre capitulation.

M. de Wimpffen se rendit au quartier général allemand. Il y trouva MM. de Bismarck et de Moltke. Le général de Castelnau, aide de camp de l'empereur, l'accompagnait, ayant pour mission de demander pour Napoléon personnellement les conditions les moins défavorables. Cette entrevue fameuse a été diversement contée aussi, et par M. de Wimpffen et par M. Ducrot qui publie le récit d'un capitaine d'état-major français présent à l'entrevue. Nous citerons tout à l'heure un troisième témoin qui est M. de Bismarck.

Toujours est-il que, pendant cet entretien, M. de Wimpffen se montra très-patriote et très-digne, demandant pour ses troupes les conditions des garnisons de Mayence, de Gênes et d'Ulm. M. de Bismarck s'en tint à cette dure condition : *L'armée française déposera les armes et sera conduite en Allemagne.* Froid, sévère et laissant tomber mot à mot ses paroles de ses lèvres minces, le vieux de Moltke, ridé, crispé, implacable, ajoutait que sinon, le feu recommencerait le lendemain à six heures.

— Toute résistance est impossible, ajoutait-il, vous n'avez pas de vivres, vos munitions sont épuisées, votre armée est décimée, notre artillerie est en batterie autour de la ville et peut anéantir vos troupes avant qu'elles aient eu le temps d'opérer le moindre mouvement.

Dans cette importante occasion, M. de Bismarck formula aussi les prétentions allemandes sur l'Alsace et la Lorraine, réclamant Strasbourg, Metz et quatre milliards, et ceci répond dès lors aux bonapartistes qui ont voulu depuis faire croire au pays que la Prusse traitant avec l'empire n'eût exigé de lui aucune cession de territoire. Non-seulement la Prusse voulait ce qu'elle a pris depuis, mais elle ne tenait pas à traiter avec le gouvernement impérial dont elle prévoyait l'écroulement, comme il ressort formellement des paroles de M. de Bismarck.

Ce fut en vain qu'avec une sobriété militaire et avec un véritable sentiment de la patrie, M. de Wimpffen plaida devant ces rudes vainqueurs la cause de la modération dans la victoire. Il montra en pure perte un but chevaleresque à des gens inflexibles.

— C'est une erreur de croire que la France voulait la guerre, dit-il, elle y a été entraînée par une agitation toute à la surface. Notre nation est plus pacifique que vous ne le pensez, car toutes ses aspirations ont été portées vers l'industrie, le commerce, les arts, et peut-être trop vers le bien-être et le luxe ; *ne la forcez pas à reprendre l'habitude de ses armes.* Si vous vous montrez modérés, si vous ne blessez pas sa fibre patriotique par une demande de cession de territoire ; vous bornant à exiger une juste indemnité, vous pouvez être assuré que les deux pays vivront dans une paix sévère et durable.

Mais M. de Wimpffen ne put obtenir qu'une chose, c'est que le feu de l'artillerie de M. de Moltke ne commencerait qu'à neuf heures du matin au lieu de six heures. Trois heures de répit, c'était tout ce que le chef d'état-major de l'armée allemande accordait à l'armée vaincue. On ne saurait être plus sec et moins généreux dans le succès que ceux qui ne nous ont jamais pardonné leurs défaites. C'est que M. de Moltke tenait à l'achèvement de son œuvre militaire. Cet ingénieur de combats voulait mener jusqu'au bout le *tracé* de sa voie sanglante. L'aide de camp de l'empereur, le général Castelnau, ayant, dans l'entretien, prononcé ces mots :

« — Je crois l'instant venu de transmettre le message de l'empereur.

« — Nous vous écoutons, général, dit M. de Bismarck.

« — L'empereur, continua le général Castelnau, « m'a chargé de faire remarquer à *Sa Majesté* le « roi de Prusse, qu'il lui avait envoyé son épée « sans condition, et s'était *personnellement* rendu « absolument à sa merci, mais qu'il n'avait agi « ainsi que dans l'espérance que le roi serait touché « d'un si complet abandon, qu'il saurait l'apprécier, et qu'en cette considération il voudrait bien « accorder à l'armée française une capitulation plus « honorable et telle qu'elle y a droit par son courage. »

« — Est-ce tout ? demanda M. de Bismarck.

« — Oui, répondit le général.

« — Mais quelle est l'épée qu'a rendue l'empereur Napoléon III ? Est-ce l'épée de la France ou son épée à lui ? Si c'est celle de la France, les conditions peuvent être singulièrement modifiées, et votre message aurait un caractère des plus graves.

« — C'est seulement l'épée de l'empereur, reprit le général Castelnau.

« — En ce cas, reprit en hâte, presque avec joie, le général de Moltke, cela ne change rien aux conditions. Et il ajouta : L'empereur obtiendra pour sa personne tout ce qu'il lui plaira de demander.

« Il me parut, dit l'officier dont le général Ducrot cite le récit, il me parut qu'il pouvait bien y avoir une secrète divergence d'opinion entre M. de Bismarck et le général de Moltke, et que le premier n'aurait pas été fâché au fond de terminer la guerre, tandis que le général désirait au contraire à continuer. »

M. de Wimpffen rentra à Sedan rapportant ces conditions dernières. Des habitants de la ville le conjuraient de ne point signer cette capitulation. Arrivé dans la ville à une heure du matin, il entra dans la chambre de l'empereur. L'empereur était *couché*. Oui, couché, à l'heure où se débattait le sort de son armée, à l'heure où ces collines de Givonne, ces bois de la Garenne, ces bords du ruisseau de la Moselle étaient pleins de râles, à l'heure où les Bavarois fusillaient les habitants de Bazeilles coupables d'avoir défendu leur coin de terre, leur patrie.

Napoléon promit au général que demain il partirait lui-même pour le quartier général, afin de demander au roi de Prusse des conditions moins dures. Ce matin du 2 septembre, le conseil de guerre réuni signa la douloureuse capitulation de Sedan qui porte les noms des généraux de Wimpffen, A. Ducrot, Lebrun, F. Douay, Fargeot et Dejean. Le général Pellé, le combattant de Wissembourg, refusa de capituler.

L'armée, entassée dans les rues de la ville, houleuse, lourde de la boue du champ de bataille et du poids de la défaite, heurtait ses débris à travers Sedan. C'était, dit un témoin oculaire, moins une armée qu'un troupeau. Soudain un mouvement se fit dans cette masse. Une voiture parut, attelée à la Daumont. Un homme en tenue de ville s'y faisait voir, portant le grand cordon de la Légion d'honneur ; un frisson parcourut les rangs : c'était l'empereur. Il jetait autour de lui ces regards froids que tous connaissent. Il avait le visage fatigué ; mais aucun des muscles de ce visage pâle ne remuait. Toute son attention semblait absorbée par une cigarette qu'il roulait entre ses doigts. On devinait mal ce qu'il allait faire. A côté de lui et devant lui, trois généraux échangeaient quelques paroles à demi-voix. La calèche marchait au pas. Il y avait comme de l'épouvante et de la colère autour de cette voiture qui emportait un empire. Un piqueur à la livrée verte la précédait. Derrière lui venaient des écuyers chamarrés d'or. C'était le même appareil qu'au temps où il allait sur la pelouse de Longchamps assister aux courses du grand prix... Une voix cria : *Vive l'empereur !* une voix unique... Un homme s'élança au-devant des chevaux, et, saisissant par les jambes un cadavre étendu au milieu de la rue, le tira violemment de côté. La calèche passa... (1)

Ainsi s'en allait vers le roi de Prusse, ainsi s'acheminait vers le vainqueur, à travers une armée qu'il avait perdue, l'homme fatal qui devait moralement déshonorer la France et matériellement la rapetisser. Ainsi, calme, froid, inquiétant et impénétrable, cet homme rendait une épée qu'il n'avait point tirée et se constituait prisonnier après avoir osé dire qu'il n'avait pu mourir à la tête de ses soldats. Eh ! quoi, à l'heure où il rentrait à Sedan pour déjeuner, la bataille étant compromise, mais non perdue, à cette heure d'épouvantable carnage,

(1) *Récits d'un soldat.* (*Revue des Deux Mondes*, 1er juillet 1871.)

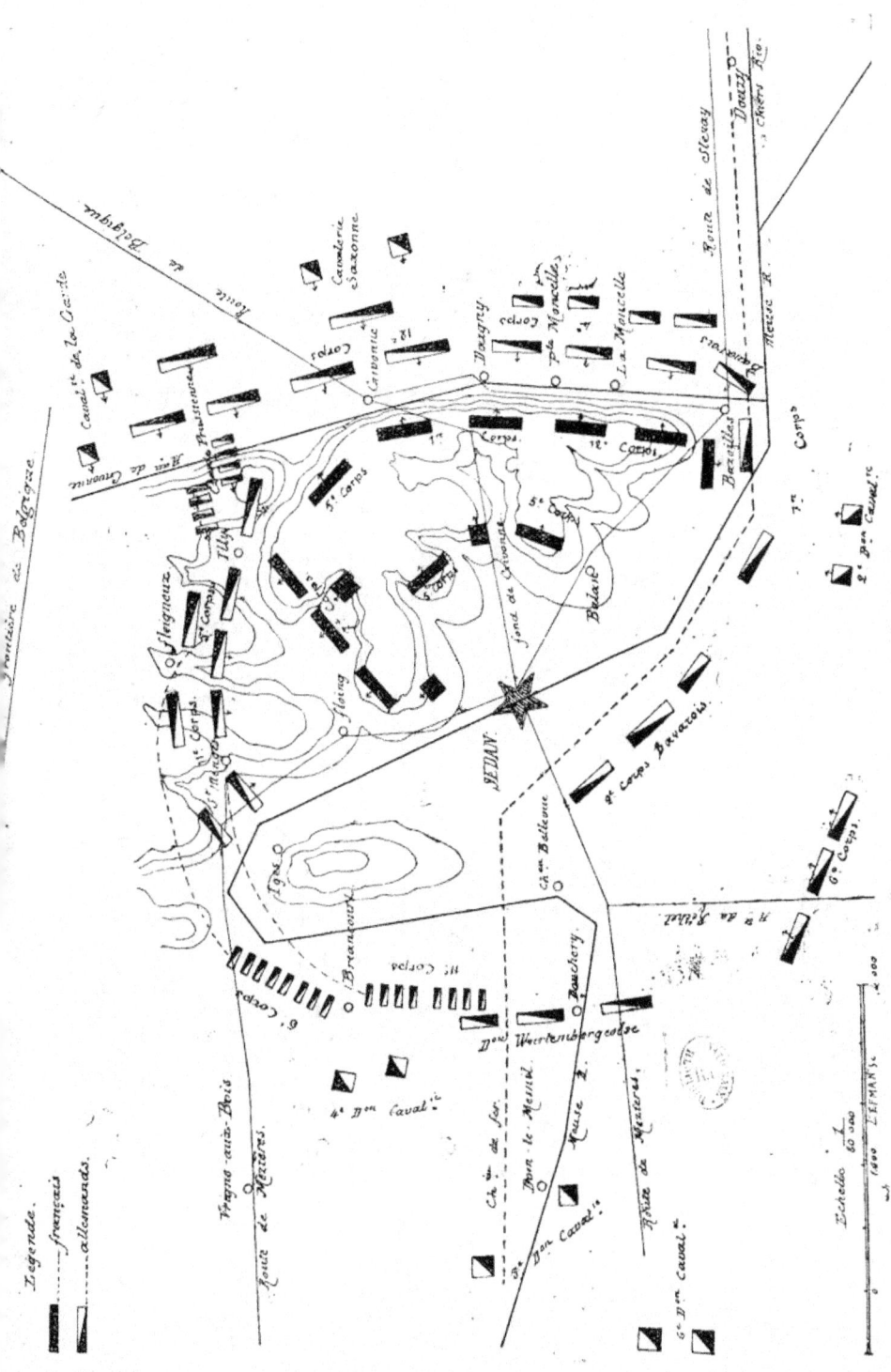

PLAN DE LA BATAILLE DE SEDAN.

il ne pouvait mourir ? A l'heure où les cavaliers de Margueritte se précipitaient, sabre nu, sur les tirailleurs allemands, il ne pouvait les suivre et mourir ? A l'heure où les derniers combattants de Bazeilles s'ensevelissaient sous les ruines des maisons incendiées par les obus bavarois, il ne pouvait être aux côtés de ces braves et mourir ? A l'heure où les débris de l'armée se précipitaient sur les pas de Wimpffen et de Lebrun, il ne pouvait les suivre ? *Ave, Cæsar, morituri te salutant!* Mais César pouvait mourir, certes, avec ceux qui mouraient pour lui, pour sa couronne et par sa faute. Il pouvait, trouvant le dénoûment dans cette suprême aventure, s'engloutir dans le fracas de la bataille et avec les restes de son armée. Il pouvait, au lieu de passer sa journée dans Sedan, au lieu de se rendre au roi, au lieu de finir ainsi, au lieu de faire arborer sur le donjon ce drapeau blanc que les soldats *arrachaient deux fois de suite*, il pouvait combattre. Il ne le fit pas.

« Tout est perdu, fors l'honneur », disait le roi de Pavie après avoir combattu tout le jour, après avoir vu tomber à ses côtés Trémouille, La Palice, Suffolk, Bonnivet ; le roi François Ier, le visage en sang, l'épée rouge, blessé, furieux, terrible encore, ramassé sur le tas de morts qu'il avait faits, par des Espagnols pris de rage. Celui-là pouvait parler d'honneur, et, captif, porter la tête haute. Et lui aussi, le roi Jean de France, le vaincu de Poitiers, qui, de sa hache, faisait reculer les Anglais ou fendait les crânes, tandis que son jeune fils, son fils le Hardi, tenant son épée d'enfant, lui criait : « Gardez-vous à gauche, sire, mon père, ou gardez-vous à droite » ; et lui aussi, le roi Jean, prisonnier, pouvait parler d'honneur. Mais ce flegmatique conspirateur, finissant cette guerre de races comme il eût fini un complot de chevaliers d'industrie, celui-là, l'histoire lui arrache son masque et lui dit : « Entre la mort et le déshonneur, vous, vous avez choisi... la vie à Sedan. » C'est Boulogne agrandi, c'est l'équipée de Strasbourg élevée à la proportion d'un massacre et d'une ruine nationale. C'est le couronnement de l'édifice.

Lorsque le 2 septembre, à dix heures du matin, le général de Wimpffen se rendit au quartier général prussien, il y trouva Napoléon III qui, n'ayant pas pu voir le roi, attendait que la capitulation fût signée pour obtenir cette entrevue que le roi Guillaume, dans une lettre à la reine, a racontée lui-même. La capitulation fut signée bientôt par M. de Wimpffen et M. de Moltke. L'armée tout entière était prisonnière. Les armes, les canons, les aigles appartenaient aux vainqueurs. La place de Sedan devait être livrée dans la soirée du 2 septembre. Les généraux et officiers qui s'engageaient, sur l'honneur, à ne point servir contre la Prusse pendant la campagne, étaient libres sur parole.

Je ne puis mieux faire, pour donner de cet événement un récit que les Allemands ne récuseront pas, que de faire connaître le rapport adressé, le jour même, de Donchery, au roi Guillaume, par M. de Bismarck. L'empereur des Français s'y peint d'ailleurs lui-même, dans sa conversation avec le chancelier de la Confédération, sous les plus tristes couleurs :

Donchery, 2 septembre 1871.

M'étant rendu ici, hier soir, sur l'ordre de Votre Majesté, afin de prendre part aux négociations pour la capitulation, les pourparlers furent interrompus jusqu'à environ une heure de la nuit, quelques heures de réflexion ayant été accordées au général Wimpffen, qui les avait demandées, après que le général de Moltke eut formellement déclaré qu'on exigeait absolument, comme première condition, que l'armée française déposât les armes et que le bombardement recommencerait ce matin, à neuf heures, si, jusque-là, la capitulation n'était pas signée.

Ce matin, vers six heures, on m'annonça le général Reille, qui me dit que l'empereur désirait me voir et avait déjà quitté Sedan pour venir ici. Le général repartit immédiatement pour annoncer à l'empereur que je le suivais, et bientôt après je me trouvai, à moitié chemin environ entre ici et Sedan, près de Fresnois, en face de l'empereur. Sa Majesté était dans une voiture découverte ; elle avait à côté d'elle trois officiers supérieurs, tandis que d'autres chevauchaient à côté de sa voiture. Parmi ces généraux, je connaissais personnellement MM. Castelnau, Reille, Moskowa, qui paraissait blessé au pied, et Vaubert.

Arrivé près de la voiture, je descendis de cheval, m'approchai de la portière et demandai quels étaient les ordres de Sa Majesté. L'empereur exprima d'abord le désir de voir Votre Majesté ; il croyait apparemment que Votre Majesté se trouvait également à Donchery. Je répondis que le quartier général de Votre Majesté était à cette heure à Vendresse, à une distance de trois milles ; l'empereur demanda si Votre Majesté avait déterminé un endroit où il devait se rendre, et quelle était mon opinion à cet égard. Je répondis que j'étais arrivé ici par une obscurité complète, que la contrée m'était, par conséquent, inconnue, mais que je mettais à la disposition de Sa Majesté la maison que j'occupais à Donchery et que j'évacuerais immédiatement.

L'empereur accepta mon offre, et se dirigea vers Donchery, mais il fit arrêter à quelques centaines de pas du pont de la Meuse conduisant dans la ville, devant une maison d'ouvriers complètement isolée, et il me demanda s'il ne pourrait pas y descendre. Je fis examiner la maison par le conseiller de légation comte Bismarck-Bohlen, qui m'avait rejoint dans l'intervalle; il vint m'annoncer que l'intérieur de cette maison était misérable et étroit, mais qu'elle ne contenait pas de blessés; l'empereur descendit et m'invita à le suivre dans la maison.

Dans une très-petite chambre ne renfermant qu'une table et deux chaises, j'eus un entretien d'environ une heure avec l'empereur. Sa Majesté insista particulièrement sur le désir d'obtenir des conditions plus avantageuses pour la capitulation. Dès le principe, je refusai de négocier à ce sujet avec Sa Majesté, en faisant remarquer que cette question purement militaire devait être tranchée entre les généraux de Moltke et de Wimpffen. En revanche, je demandai à l'empereur si Sa Majesté était disposée à des négociations de paix. L'empereur répondit que, comme prisonnier, il n'était pas en situation de les entamer; je demandai ensuite par qui, d'après l'opinion de l'empereur, les pouvoirs publics étaient actuellement représentés en France : Sa Majesté me renvoya au gouvernement existant à Paris.

Après avoir éclairci ce point, qui avait été laissé douteux dans la lettre adressée hier par l'empereur à Votre Majesté, je reconnus, et ne le dissimulai pas à l'empereur, qu'aujourd'hui comme hier la situation n'offrait aucun point de vue pratique autre que le point de vue militaire, et j'insistai sur la nécessité qui en résultait pour nous de prendre en mains avant toute chose, par la capitulation de Sedan, un gage matériel consolidant les résultats militaires acquis.

Dès hier soir j'avais examiné sous tous ses aspects, avec le général de Moltke, la question de savoir s'il serait possible, sans nuire aux intérêts allemands, d'offrir au sentiment d'honneur militaire d'une armée qui s'était bien battue, des conditions plus avantageuses que celles qui avaient été primitivement fixées.

Après avoir posé cette question comme notre devoir nous l'imposait, nous avons dû tous deux persister dans une réponse négative. Si donc le général de Moltke, qui dans l'intervalle était revenu de la ville et nous avait rejoints, s'est rendu auprès de Votre Majesté pour lui soumettre les désirs de l'empereur, ce ne fut nullement, comme Votre Majesté le sait, dans l'intention de plaider en faveur de ces désirs.

L'empereur sortit de la maison et m'invita à m'asseoir près de lui, devant la porte. Sa Majesté me demanda s'il ne serait pas possible de laisser l'armée française franchir la frontière de la Belgique, afin qu'elle fût désarmée et internée sur le territoire belge. J'avais déjà discuté cette éventualité la veille avec le général de Moltke, et pour les motifs indiqués plus haut, je refusai de m'entretenir de cette combinaison avec l'empereur. Je ne pris pas l'initiative d'une discussion sur la situation politique ; *l'empereur n'y fit allusion que pour déplorer le malheur de la guerre, et pour déclarer que lui-même n'avait pas voulu la guerre, mais qu'il y avait été forcé par la pression de l'opinion publique en France.*

A la suite d'informations prises dans la ville et de reconnaissances opérées par des officiers de l'état-major, on apprit, entre neuf et dix heures, que le château de Bellevue, près de Fresnois, ne renfermait aucun blessé et était approprié pour recevoir l'empereur. Je fis part de ce fait à Sa Majesté, en ajoutant que je proposerais à Votre Majesté Fresnois comme lieu de rencontre, et j'offris à l'empereur de s'y rendre immédiatement, vu que le séjour dans la petite maison d'ouvriers était incommode, et que Sa Majesté avait sans doute besoin de repos.

Sa Majesté accepta avec empressement; j'accompagnai l'empereur, précédé d'une escorte d'honneur du régiment des cuirassiers de Votre Majesté, jusqu'au château de Bellevue, où dans l'intervalle étaient arrivés la suite et les équipages de Sa Majesté. Était arrivé aussi le général de Wimpffen, avec lequel, en attendant le retour du général de Moltke, les pourparlers, interrompus depuis hier soir, sur les conditions de la capitulation, furent repris par le général de Podbielsky, en présence du lieutenant-colonel de Verdy et du chef de l'état-major du général de Wimpffen ; ces deux derniers officiers étaient chargés du procès-verbal.

En ce qui me concerne, je n'ai pris part qu'à l'introduction de ces pourparlers, en exposant la situation politique et légale, d'après les éclaircissements que l'empereur lui-même venait de me donner. Immédiatement après, le capitaine comte von Nostiz m'apporta, de la part du général de Moltke, la nouvelle que Votre Majesté ne voulait voir l'empereur qu'après la signature de la capitulation ; après avoir reçu communication de cette nouvelle, l'empereur renonça à obtenir d'autres conditions de capitulation que celles qui avaient été primitivement fixées.

Je montai à cheval pour aller à la rencontre de Votre Majesté du côté de Chébery, afin de lui rendre compte de ce qui s'était passé ; en chemin, je rencontrai le général de Moltke, avec le texte de la capitulation approuvée par Votre Majesté, et qui, après notre arrivée à Fresnois, fut adoptée et signée sans objection.

L'attitude du général de Wimpffen, ainsi que celle des autres généraux français dans la nuit précédente, a été très-digne ; le brave général n'a pu s'empêcher de m'exprimer sa profonde douleur que ce fût précisément lui qui fût appelé, quarante-huit heures après son retour d'Afrique, et une demi-journée après son commandement, à mettre son nom au bas d une capitulation si désastreuse pour les armes françaises ; mais le manque de vivres et de munitions et l'impossibilité absolue d'une plus longue défense lui avaient imposé le devoir de faire taire ses sentiments personnels, vu qu'une plus longue effusion de sang ne pouvait rien changer à la situation.

La mise en liberté sur parole des officiers fut accueillie avec une vive reconnaissance comme l'expression de l'intention de Votre Majesté de ne pas porter atteinte aux sentiments d'une armée qui s'était vaillamment battue, au delà de ce qui est commandé nécessairement par nos intérêts politiques et militaires. Le général de Wimpffen a d'ailleurs exprimé ce sentiment dans une lettre où il remercie le général de Moltke des procédés pleins d'égards dont il a usé dans les négociations.

COMTE BISMARCK.

Est-il bien utile de souligner, dans ce rapport de M. de Bismarck les paroles de Napoléon déplorant la guerre et affirmant que l'opinion publique l'avait forcé à la déclarer? Tout homme de cœur fera, sur ce sujet, les réflexions que suggérait à M. John Lemoinne la lecture de ce document. Ce sont des lignes qu'il faut citer :

« Eh quoi ! — disait l'écrivain, — voilà l'élu de huit ou dix millions de votes populaires ! Voilà dans quelles mains nous étions ! Nous n'aimons pas les injures. Si la chute avait été honorable, nous l'aurions respectée. Mais que celui qui nous a plongés, par un criminel caprice et un monstrueux égoïsme, dans l'abîme où nous nous débattons, vienne nous en rendre responsables, et en rejeter sur nous, non-seulement le châtiment, mais la faute, c'est la plus terrible expiation que Némésis puisse infliger à notre trop longue patience et à notre coupable complicité ! Nous ne dirons rien de plus. Que la France lise et qu'elle juge. Mais si jamais on venait à nous parler du retour de pareilles cendres, nous sommes sans inquiétude. »

Ce que Napoléon dit à M. de Bismarck, il le répéta au roi de Prusse : « Cette guerre n'est pas mon œuvre. » Il reculait devant la responsabilité de ce crime désastreux. Le *Times*, qui nous a donné le texte de la conversation de Louis-Napoléon Bonaparte et du roi Guillaume au château de Bellevue, ajoute que l'empereur des Français, après avoir vanté le mérite de l'artillerie prussienne, ajouta : — « C'est le prince Frédéric-Charles qui a décidé du sort de la journée. C'est son armée qui a enlevé notre position. — Je ne comprends pas Votre Majesté, répondit le roi. C'est l'armée de mon fils qui s'est battue à Sedan. — Et où est donc le prince Frédéric-Charles ? — Devant Metz, avec sept corps d'armée.

Cette ignorance de l'empereur, dont parle le *Times*, était aussi profonde chez quelques généraux qui faisaient en *dilettanti* cette campagne du Rhin. On voit, après la capitulation, les officiers de l'état-major impérial couper leurs moustaches, se déguiser pour s'échapper, finir par la mascarade un régime de mensonge. Le soir de la bataille de Beaumont, à Mouzon, les Prussiens, se partageaient les épées à poignées de nacre, les épées de gala qu'on avait emportées « pour l'entrée à Berlin. » Quelle débâcle ! Irritante en haut, navrante en bas, car l'armée, dispersée, émiettée, errante à travers les sentiers des Ardennes, les bois de la Belgique, ou entassée à Sedan n'existait plus.

A Sedan, furieux d'être rendus, — vendus, disaient ces pauvres gens fous de douleur ou hébétés, — les soldats s'en prenaient à leurs armes, hurlaient, pillaient, enfonçaient les caisses de biscuit, brisaient leurs fusils, glissaient leurs sabres dans les égouts ou les jetaient dans la Meuse. Des officiers brûlaient leurs drapeaux ou les déchiraient. « On n'apercevait que soldats armés de tournevis qui démontaient la culasse mobile de leurs fusils et en jetaient les débris. Les artilleurs, attelés aux mitrailleuses, en arrachaient à la hâte un boulon, une vis, en brisaient le ressort pour les mettre hors de service. D'autres, fous de rage, silencieusement, enclouaient leurs pièces » (1).

Puis, au dehors, dans le profond des bois, des détonations éclataient, des décharges sourdes, des coups de fusil isolés. C'était quelque soldat qui, à l'affût, voulait résister encore, tuer un Prussien, et finir par un coup de feu. — Les jours suivants, ces

---

(1) Il y eut, dans ce désordre, des traits superbes, et pour n'en citer qu'un, voici un ordre du jour qui met en lumière un acte à faire connaître :

1er juin 1871.

ORDRE.

Le général commandant la 1re division de cavalerie de l'armée de Versailles, est heureux de porter à la connaissance des troupes sous ses ordres un trait de dévouement et de probité accompli par l'adjudant Trochet, du 7e de chasseurs.

Au moment du désastre de Sedan, ce sous-officier a sauvé, des mains des pillards et des Prussiens, la caisse de son régiment, contenant 12,000 francs en or. Fait prisonnier de guerre, il a su soustraire son dépôt à la rapacité de nos ennemis. Dans ses mauvais jours d'exil et de privation, où les besoins se faisaient si vivement sentir, il a préféré souffrir plutôt que d'entamer le dépôt qui lui était confié. Manquant d'argent pour faire sa route et rentrer dans sa patrie, il a emprunté, mais il a gardé intacte la caisse de son régiment.

Honneur à vous, adjudant Trochet, qui avez poussé si haut le sentiment de délicatesse qui, malheureusement, tend à s'affaiblir de nos jours. Votre belle conduite doit servir de modèle et être citée partout. Votre général est heureux de vous adresser publiquement les éloges que vous méritez. Il vous recommandera d'une manière toute particulière au ministre de la guerre, qui saura apprécier votre dévouement à l'honneur.

Le général commandant la 1re division de cavalerie,

HALNA DE FRÉTAY.

Paris pendant la guerre : Les fortifications à la jonction du chemin de fer de l'Ouest.

malheureux soldats allaient être entassés dans les îles de la Meuse, gardés par des cavaliers, le pistolet au poing, courant à travers champs et ramenant ceux qui s'égaraient avec des coups de plat de sabre. Oh! les humiliations terribles, les souffrances atroces! Et, avec ces douleurs morales, les souffrances physiques. On ramassait des pommes de terre et on vivait de pain pourri. La Meuse, autour des prisonniers, roulait des cadavres déjà gonflés et hideux de compagnons d'armes; des cuirassiers passaient au fil de l'eau, un noir turco s'accrochait dans les herbes.

Cette armée qui, en comptant les blessés, s'élevait encore à près de 80,000 hommes, avait été, en réalité, réduite depuis la désastreuse affaire de Beaumont à 65,000 hommes environ qui, dans la journée du 1er septembre, avaient bravement combattu contre 240,000 Allemands : chiffre déclaré par M. de Moltke lui-même au général de Wimpffen. Cinq cents bouches à feu avaient fait leurs trouées dans les rangs de nos soldats pendant de longues heures et l'ennemi avait à la fois admiré la ténacité de notre infanterie et la témérité de nos cavaliers. La faute capitale de cette courte et désolante campagne, faute qui perdit l'armée, ce fut de n'avoir pas, dès le soir de Beaumont, battu en retraite sur Mézières. On avait la nuit du 30 au 31, et toute la journée du 31 pour opérer ce mouvement. Mais une sorte d'aveuglement, je le répète, s'était emparé des chefs et, après avoir perdu le temps à Châlons, gaspillé les heures en chemin, on trouvait encore le moyen de laisser passer l'occasion suprême de sauver ce qui nous restait de soldats.

Au surplus, la condamnation des mouvements opérés à la fin d'août par l'armée de Châlons a été prononcée par l'écrivain de la *Gazette de Cologne*, auquel nous avons déjà emprunté plus d'un jugement. L'arrêt de M. J. de Wickede sera peut-être l'arrêt de l'histoire, et je tiens à le citer puisqu'il tombe d'une plume ennemie.

« Si Mac-Mahon, — dit M. de Wickede en parlant du départ de Châlons pour Metz, — si Mac-Mahon voulait exécuter ce plan, la première condition de ce succès était qu'il pût réussir à tromper le général de Moltke sur la direction de sa marche, et à prendre une avance de deux jours sur les troupes allemandes. Or, il n'y parvint pas. Moltke apprit presque aussitôt le changement de route effectué par les Français, et cela grâce surtout à l'excellent usage qu'il faisait de sa nombreuse cavalerie légère. Aussitôt qu'il eut reçu par elle l'avis de la marche de Mac-Mahon, il discerna ses intentions, et prit, avec l'admirable rapidité de coup d'œil qui le distingue, les dispositions nécessaires pour le changement de direction à droite des armées allemandes en marche sur Paris ; la manière dont ce mouvement fut opéré pour rejeter Mac-Mahon dans un cul de sac, doit compter parmi les grandes manœuvres stratégiques qui ont été conçues avec le plus de talent et exécutées de la manière la plus irréprochable.

« Les Français, au contraire, ne se doutaient point de l'ordre et de la rapidité avec laquelle ils étaient suivis et serrés toujours de plus près par leurs adversaires. Mac-Mahon courait au piége, comme s'il eût été frappé d'éblouissement, et cependant cette guerre se faisait dans un pays où tout habitant était un espion, un guide, un messager assuré d'avance à l'état-major français.

« Deux jours avant la bataille de Sedan, si le quartier général français n'eût pas été vraiment en proie à un aveuglement sans pareil, il aurait pu encore se dérober par une marche en arrière.

« ...Aucun reproche dans cette affaire n'atteint les régiments français comme tels ; presque tous ont combattu héroïquement à Sedan ; quelques régiments de cavalerie se sont littéralement jetés à la mort, et l'infanterie a montré tout ce qu'il était possible de faire dans une défense de villages, aussi habile qu'opiniâtre.

« ... Cette capitulation de Sedan est la plus importante que connaisse l'histoire militaire ; elle est bien plus considérable que celles des Saxons à Kœnigstein, du général prussien Fink à Maxen, dans la guerre de Sept Ans, du général autrichien Mack, près d'Ulm en 1805, du général prussien prince de Hohenlohe à Prenslau en 1806, du général français Dupont en 1809, à Baylen (1), et du général hongrois Gœrgey, en 1849, à Villagos. »

Quant aux soldats, plus d'une fois l'historien allemand revient sur leur courage pour lui rendre un hommage suprême : « L'armée française, dans cette dernière guerre, s'est, jusqu'à Sedan, bien et bravement battue ; en particulier, la vieille infanterie française s'est montrée parfaitement à la hauteur de la meilleure infanterie allemande en courage, en ténacité, en habileté surtout pour utiliser le terrain. Mais le commandement dans son ensemble a été aussi misérable que *si c'eût été quelque groupe de chefs kabyles qui eussent commandé les armées de la France*, et non une demi-douzaine d'illustres maréchaux avec des centaines de brillants officiers d'état-major de tout grade.

« Aussi le fait que l'Allemagne avait dans le roi de Prusse un général en chef énergique et imposant l'obéissance, avec des conseillers comme Moltke, Bismarck et Roon, a été pour son triomphe un facteur plus important que si elle avait envoyé 200,000 hommes de plus en France. »

Tandis que ces batailles se livraient dans l'Ardenne, le maréchal Bazaine tentait de son côté, le 31 août et le 1er septembre, une sortie pour briser autour de Metz le cercle d'investissement. Lorsque nous conterons le blocus et la capitulation de Metz, nous dirons pourquoi cette sortie sur Servigny et Noisseville ne réussit point, et nous demanderons compte à qui de droit de la retraite inexpliquée de l'armée française.

Les dépêches allemandes, venues de Metz, célébraient les victoires de Frédéric-Charles sur Bazaine au moment où l'armée prussienne, devant Sedan, apprenait que l'empereur, *le kaiser*, était prisonnier avec son armée. La joie fut grande parmi les troupes allemandes qui emplirent de leurs hurrahs les bois des Ardennes où elles étaient campées, couvrant les collines du sombre fourmillement de leurs masses noires. Les Allemands croyaient à la paix, voulaient la paix et dansaient ou allumaient des feux de joie. « Partout, écrit lui-même le roi Guillaume, on entonnait l'hymne patriotique. C'était saisissant ! Tout le monde avait apporté des lumières, en sorte que j'avais l'air de m'avancer au milieu d'une illumination improvisée.

« A onze heures, j'étais rentré et je buvais avec tous ceux qui m'entouraient à la santé de l'armée qui avait atteint un pareil but.

« Comme le matin du 2 je n'avais pas encore reçu de Moltke la nouvelle de la capitulation qui devait se traiter à Donchery, je me transportai, vers huit heures du matin, au champ de bataille. En arrivant, je vis Moltke qui venait à ma rencontre pour me demander mon consentement à la capitulation. Il m'apprit, en même temps, que l'empereur était parti, à cinq heures du matin, de Sedan, et était arrivé à Donchery. Comme l'empereur désirait me parler, je choisis pour lieu de rendez-vous un petit château entouré d'un parc qui se trouvait dans les environs.

« Vers dix heures, je débouchai sur la hauteur de Sedan. A midi, arrivent Moltke et Bismarck, avec le traité de capitulation. A une heure, je me mis en route avec Fritz, escorté par la cavalerie de l'état-major. Je descendis de cheval devant le petit château, et l'empereur vint à ma rencontre. L'entrevue dura un quart d'heure. Nous étions tous les deux très-émus de nous rencontrer en pareille circonstance. Je ne puis exprimer tout ce que j'éprouvais lorsque je pensais que trois ans auparavant j'avais vu l'empereur, qui était alors au faîte de sa puissance.

« Après cette entrevue, je visitai toute l'armée

---

(1) Lorsque Dupont, après Baylen, se présenta devant Napoléon 1er, celui-ci le reçut par une injure et un coup de pied. Encore Dupont n'avait-il capitulé qu'avec une division épuisée, tandis que Napoléon III livrait à l'ennemi : un empereur, un maréchal de France, 39 généraux, 230 officiers d'état-major, 2,605 officiers et 83,435 sous-officiers et soldats, sans compter 400 pièces de campagne, 150 pièces de position et 30,000 quintaux de poudre.

de Sedan, depuis deux heures et demie jusqu'à sept heures et demie.

« Je ne puis te décrire en ce moment ce que j'éprouvais en revoyant mes troupes, et surtout la garde qui avait été décimée. J'étais profondément ému de voir tant de témoignages d'affection et de dévouement.

« GUILLAUME. »

Le roi Guillaume, après son entrevue avec Bonaparte, était monté à cheval, et, suivi de son état-major, il avait parcouru le champ de bataille. Ému de tant de gloire, et se disant, comme il l'écrivait le lendemain à la reine Augusta, que tout cela était un rêve auquel il ne comprenait rien, si ce n'est que Dieu est grand, le conquérant mystique passait, suivi de ses cuirassiers blancs, immobiles et sinistres sur leurs grands chevaux lourds, à travers ce champ plein de morts. On voyait glisser lentement ce redoutable cortège, pareil à une vision du moyen âge sur les crêtes de ces collines, où un soleil blafard, perçant un ciel orageux, faisait étinceler les casques de ce groupe formé par le souverain germain et par ses soldats.

Il passait, calme sur son cheval qui, de temps à autre, flairait en chemin un cadavre, il passait, le conquérant, le preneur de peuples, tandis que son « bon frère » de France roulait une cigarette dans le château de Bellevue, — où le gardaient les sentinelles prussiennes. Le roi Guillaume et M. de Bismarck pouvaient être satisfaits. De Bazeilles à Illy, ces collines et ces champs étaient couverts de morts.

Spectacle inoubliable et bien fait pour se graver en traits ineffaçables, rouges comme du sang, dans une mémoire française. Partout des canons démontés, des fusils brisés, des sacs éventrés, des tambours crevés, des tas de cervelle ou de chair humaine lancés sur l'herbe, dans les champs de betterave ou sur les haies des jardins; des cadavres partout, crispés, immobiles, gardant encore dans la mort l'attitude de la vie et faisant, avec leurs poses bizarres, leurs mains exsangues, leurs visages d'une pâleur jaune, ressembler ce champ de carnage à une campagne peuplée de figures de cire. Ces morts frappés par une balle conservent, en effet, très-souvent, la dernière expression, le dernier geste de leur existence. L'un épaule son fusil, l'autre est à genoux, visant un ennemi, d'autres chargent à la baïonnette, d'autres sont assis au rebord d'un fossé, d'autres se cramponnent à des branches d'arbre et restent debout, les yeux fixes. On les croirait vivants. Ils sont froids et raidis. J'en vis un, un capitaine du 20e de ligne, assis au pied d'un arbre, la tête dans ses doigts et tenant encore une lettre froissée dans ses mains crispés. Ce malheureux semblait pleurer. Je lui frappai sur l'épaule. Il ne bougea pas. Il était mort.

Ce que c'est que la guerre, ceux-là peuvent le dire qui ont parcouru cette terre arrosée de sang. Plus d'un, parmi ces morts, était tombé, le sourire aux lèvres, maudissant et bravant le vainqueur, ironique et fier jusque dans le trépas, comme il convient à un guerrier de Gaule. Il semblait que la dernière pensée de ces martyrs eût été la joie du sacrifice et le salut à la patrie. Épais et massifs, les cadavres prussiens étaient tombés à côté, comme des bœufs abattus, mais ces maigres soldats aux pantalons rouges, ces chasseurs à pied, le crâne ras, ces fantassins de la marine, ces vieux zouaves roux ou grisonnants gardaient dans la mort une expression d'ironie altière. Ils étaient plus beaux couchés que debout et les Allemands ne pouvaient s'empêcher de regarder avec une admiration muette ces héros sacrifiés et tombés dans une attitude sculpturale.

En revanche, il y avait des blessures horribles. La tuerie s'étalait dans toute sa hideur. C'était, en plus d'un endroit, quelque chose qui ressemblait à un étal de boucher. Des visages broyés par un éclat d'obus laissaient, la mâchoire inférieure emportée, apercevoir l'intérieur du crâne; des ventres ouverts laissaient échapper leurs entrailles; les balles avaient fracassé des fronts d'où sortaient, gros comme le poing, des fragments de cervelle; on voyait des poitrines labourées, disséquées en quelque sorte par l'obus; les côtes étaient à nu et perçaient les lambeaux de tuniques. Oh! les horreurs sinistres de la bataille! Voilà la guerre et c'est à de semblables œuvres, à de si écœurantes boucheries que des êtres humains lancent leurs pareils d'un *cœur léger!* Que tout ce sang retombe sur leur tête! Et que n'ont-ils devant les yeux éternellement la vue terrible de ces milliers de morts sur lesquels s'abattaient les mouches tandis que, dans ce soir de septembre, les grillons chantaient à côté et que des papillons voletaient au-dessus de ces cadavres.

Au loin, on apercevait, çà et là, des colonnes de fumée noire. C'était l'incendie qui dévorait des fermes, des granges, des villages. Bazeilles, coupable d'avoir vu la résistance héroïque de l'infanterie de marine, était incendiée par les Bavarois le lendemain de la bataille. Le général Von der Tann a depuis affirmé dans une lettre qu'on trouvera plus loin que ses obus seuls ont mis le feu à la petite ville. Mais les témoignages de M. de Fitz-James et de plusieurs autres démentent son assertion. Des femmes, des enfants, furent fusillés par les Bavarois: détail épouvantable, des habitants de Bazeilles furent brûlés vifs. M. de Fitz-James déclare que ce village incendié sentait la chair humaine consumée. Et tandis qu'on enterrait les morts, les musiques allemandes, insultant à ce deuil, jouaient des airs de Wagner ou *la Marseillaise* et, qui pis est, par un choix injurieux et niais, les *Pompiers de Nanterre* et l'air de *Marlborough*. Nos blessés, dans les ambulances se redressaient, crispés, furieux et leurs joues se couvraient de larmes. D'autres, dans un coin du petit village de la Chapelle, protestaient en criant : *Vive la République française !*

La Chapelle est le dernier village français placé sur la route de la Belgique. Plus loin est Bouillon. C'est à Bouillon que, le soir du 1er septembre, tant de nos malheureux soldats, arrivèrent, harassés, sordides, sanglants, et furent recueillis par les Belges. Que la Belgique reçoive à jamais la profonde reconnaissance de la France ! Elle a payé sa dette dans ces jours affreux. Elle a été la bienfaitrice des débris de cette armée en déroute. La ville de Bouillon, encombrée, trouva des lits, des vivres, de l'argent, pour nos malheureux soldats. Les bois étaient pleins de fuyards, de paysans ardennais emportant leurs matelas, leurs meubles, ce qu'ils pouvaient arracher à l'invasion. La Belgique les accueillit fraternellement. Non-seulement à Bouillon, mais à Paliseul, sur toute la frontière, les soldats français furent reçus avec les démonstrations de la sympathie la plus vraie. On leur apportait des cigares, du vin, des vivres, on criait, — et de quelle joie se sentaient remplis ces cœurs à demi brisés qui étaient les cœurs français, — on criait : *Vive la France !*

Une partie du 3e zouaves, trouant l'armée ennemie, se groupant autour du drapeau, s'était ouvert à coups de baïonnettes un passage jusqu'à la frontière. Ce détachement héroïque, gagnant Rocroi par la Belgique, devait combattre encore au siège de Paris.

Mais c'en était fait de la force militaire de notre patrie. Le dernier espoir du pays venait d'être brisé comme verre. Napoléon Bonaparte semblait en prendre son parti. Le 3 septembre, à sept heures du matin, il quittait le château de Bellevue, prenant lui aussi, mais pour se rendre en Allemagne, le chemin de la Belgique. En route, il eut aussi ce spectacle du champ de bataille horrible, et devant ces tas de cadavres, devant ces pâles inconnus tombés pour son ambition personnelle, songea-t-il à cette parole prononcée jadis et que démentit tout son règne : *l'empire, c'est la paix ?*

A la frontière de Belgique, un détachement de chasseurs belges, commandés par le général Chazal, remplaça l'escorte prussienne qui conduisait le captif. Napoléon coucha à Bouillon dans un petit hôtel où, l'avant-veille, s'étaient déjà réfugiés des fuyards. Bouillon n'était déjà plus qu'un vaste hôpital de blessés, et le bourgmestre se multipliait pour les secourir. Le lendemain, dimanche 4 septembre, Napoléon quittait Bouillon pour aller prendre à Libramont le train qui devait le conduire à Verviers, puis de là, à Aix-la-Chapelle et à Cassel.

Avant d'arriver à Libramont, il déjeuna dans un petit restaurant sur le bord de la route. Le nom de l'aubergiste, par un ironique hasard, est Ollivier.

La République était proclamée à Paris lorsque l'ex-empereur arriva à ce château de Wilhelmshœhe, près de Cassel, qu'on lui avait assigné pour résidence. Il était accompagné des généraux prisonniers comme lui, Félix Douay et Lebrun, ainsi que du général de Boyen, aide de camp du roi de Prusse.

Le soir, les appartements du château étaient éclairés *à giorno*. Quand il descendit de wagon, un tambour, accompagné de deux fifres, battit aux champs et la garde d'honneur présenta les armes. L'empereur se fit présenter les fonctionnaires présents, avec lesquels il s'entretint en langue allemande.

Le château de Wilhelmshœhe, où l'oncle de Louis-Napoléon, le roi Jérôme, pendant son séjour en Westphalie (de 1807 à 1813) aimait à s'arrêter, et dont il avait voulu faire un diminutif de Versailles, n'était cependant pas disposé pour recevoir une suite aussi nombreuse que celle qu'amenait avec lui l'ex-empereur ; ce château servait en dernier lieu de pied-à-terre au prince électoral de Hesse, chassé de ses États par le roi Guillaume. Le bonhomme était brutal et avare ; double raison pour que les courtisans se tinssent à distance. Mais Napoléon ne fut pas empêché pour si peu, et il fit ajouter différentes constructions au château : des écuries à l'entrée du parc, et agrandir la maisonnette du portier ; enfin, une galerie couverte fut établie au fond du magnifique jardin.

C'est dans cette galerie, remplie de fleurs et convertie en serre, que Napoléon passait des matinées entières, tantôt accroupi dans un fauteuil, sommeillant à moitié, tantôt se promenant lentement appuyé sur une canne, au bras du docteur Conneau ou du général Douay. Ces deux personnages ne quittaient pas l'ex-empereur ; ils avaient leurs appartements au second étage du château, et souvent le médecin passait la nuit sur un lit de camp dans le salon qui précédait la chambre à coucher du prisonnier. Ce dernier se levait ordinairement à huit heures et demie ou neuf heures du matin, et, après avoir déjeuné, il descendait dans la serre ; les journaux et les lettres se trouvaient sur une table ; il y en avait ordinairement une très grande quantité ; les gazettes venaient de Londres, de Tours et de Berlin. Les lettres contenaient, pour la plupart, des suppliques, des demandes de secours, et des dénonciations émanant des gens qui tenaient à faire de la police en amateurs, mais dans un but intéressé.

Cette captivité luxueuse n'avait rien de comparable à Sainte-Hélène, pas plus qu'on ne pouvait comparer la capitulation de Napoléon III à Sedan

La Meuse au-dessous de Sedan, après la bataille.

avec la défaite de Napoléon Ier à Waterloo. En tombant, l'ex-empereur tombait encore sur un lit de roses. Tandis que la France, durant la campagne d'hiver de 1870-71, se débattait, meurtrie, contre l'étranger, l'empereur buvait du champagne, ou patinait à Wilhelmshœhe.

C'est là sa condamnation encore. Nulle angoisse ne le tenait au cœur, tandis que, dans un effort désespéré, la patrie, qu'il avait perdu, essayait de réparer ses désastres ou voulait du moins sauver l'honneur français. Nulle émotion ne l'agitait, tandis que Paris investi faisait feu de ses forts, que l'armée de la Loire luttait, qu'Orléans pris et repris voyait l'étranger assis au foyer de ses fils, et que la pauvre et grande France, agonisante, s'écriait comme Ajax : « J'en échapperai, malgré les dieux ! »

Non, il chaussait le patin, se reposait et engraissait. Il prenait, disent ses courtisans, l'air reposé d'un officier en retraite ; il complotait aussi, l'éternel agitateur, et, lorsque s'en présentait l'occasion, il écrivait que le véritable ennemi de la patrie, ce n'était pas le fusil prussien. Il l'a écrit. Qu'on relise sa lettre.

Le *Dorset Country Chronicle* l'a publiée, cette lettre, adressée par l'empereur au capitaine Damer, de Cerne, près Dorchester, en réponse à une première lettre de sympathie écrite par cet officier à celui qui avait été Napoléon III :

« Wilhemlshœhe, 23 octobre 1870.

« Mon cher capitaine,

« Je suis vivement touché de votre souvenir, et je me rappelle avec plaisir le temps que j'ai passé chez madame votre mère, ainsi que les témoignages d'amitié que j'ai reçus du colonel Dawson Damer.

« Je vous remercie de vos bons sentiments pour moi. Ce qui se passe en France est très-triste, car l'invasion n'est pas le plus grand des maux que mon pauvre pays ait à souffrir. L'anarchie fait encore plus de désastres que le fusil à aiguille.

« Recevez, avec mes remerciements, l'assurance de ma vive amitié.

« NAPOLÉON. »

Ainsi, le fusil à aiguille n'était pas ce que Bonaparte flétrissait le plus. Ce qu'il haïssait, c'était la défense nationale, la France acceptant imprudemment, follement peut-être, mais héroïquement, l'héritage de Sedan, et combattant encore avec son glaive brisé. Anarchie, voilà de quel nom il appelait la guerre pour l'honneur. Strasbourg bombardée, Metz bloquée, Phalsbourg investie, Toul attaquée, Paris assiégé, Bitche invincible, voilà ce qu'il appelait l'anarchie ! La défense du sol, la dispute âpre du foyer, le fils présentant sa poitrine pour sauver sa mère, la lutte acharnée pour le droit, c'était l'anarchie. Anarchie, Châteaudun qui brûle, Orléans qui lutte, Coulmiers où resplendit un rayon de victoire. Anarchie tout ce qui n'est pas l'*ordre* sinistre de l'empire cachant sous ce pseudonyme l'affaissement politique et la pourriture sociale.

Voilà ce que trouvait à dire à la France et pour la France, l'homme qui l'avait sacrifiée, à l'heure où la nation essayait de se laver dans son propre sang de vingt ans d'abjection profonde. Comment expliquer ce peu de grandeur et d'abnégation que les petits, les humbles, le moindre soldat savait avoir, et que cet empereur n'avait pas ? En parlant de Napoléon Ier, ce Corse malade et frénétique, le philosophe Fitche a dit : *Napoléon n'est pas Français*. On pouvait dire aussi : *Il n'est pas Français*, en parlant de ce Hollandais rêveur et égoïste qui porta, de 1852 à 1870, du 2 décembre au 1er septembre, le titre de Napoléon III.

DOCUMENTS COMPLÉMENTAIRES DU CHAPITRE XIII

N° 1.

LE CRIME DE BAZEILLES.

Lettre du général von der Tann.

L'*Allgemeine Zeitung* (Augsbourg) a publié la lettre suivante écrite par le général bavarois von der Tann au sujet de l'incendie de Bazeilles :

Les troupes du 1er corps d'armée bavaroise et la 8e division d'infanterie prussienne ont été accusées dans les journaux, — notamment dans le *Times* du 15 septembre 1870, par la publication d'une lettre du duc de Fitz-James, datée du 12 septembre, — d'avoir agi, dans le combat de Bazeilles, le 1er septembre, avec une injustifiable cruauté envers les habitants dudit lieu.

Les Bavarois et les Prussiens, a-t-on dit, pour punir ces habitants d'avoir pris part à la défense, auraient brûlé le village ; les gardes nationaux de l'endroit seraient tombés en grande partie dans la lutte; la population, s'étant réfugiée dans les caves, y aurait été brûlée tout entière, femmes et enfants.

Des 2,000 habitants, 300 à peine auraient survécu, lesquels racontaient que les Bavarois avaient repoussé des familles entières dans les flammes et fusillé des femmes qui cherchaient à s'enfuir.

Pour ne pas opposer de simples affirmations à des accusations de cette sorte, et pour pouvoir prouver leur fausseté par des pièces authentiques, je n'ai pas répondu pendant la guerre; mais après la conclusion de la paix, j'ai pu, par l'entremise du commissaire civil allemand, obtenir des autorités françaises, nommément de M. Bellomet, maire de Bazeilles, un rapport détaillé et nominatif sur tous les habitants de cette localité qui ont été victimes des combats des 31 août et 1er septembre.

D'après ce rapport officiel, le nombre total des morts, blessés ou gens disparus, parmi la population de Bazeilles, est de 39, sur lesquels ont été brûlés ou étouffés : 2 femmes alitées, 3 hommes et 3 enfants; pendant les deux jours de combat, ont été tués, blessés ou ont disparu : 1 femme et 30 hommes, en tout 39 personnes.

La plus grande partie du village devint la proie des flammes, par suite de la canonnade dirigée sur ce point des deux côtés pendant deux jours, et du meurtrier combat de rues et de maisons soutenu six heures durant contre le 12e corps français, notamment contre la division d'infanterie de marine, combat dans lequel mon corps perdit 2,000 hommes, tués ou blessés.

Ces chiffres parlent; je puis m'épargner des paroles de rectification, et je me bornerai à exprimer le vœu que tous ceux qui, en écoutant des exagérations explicables par l'effroi du moment, se sont laissés entraîner à d'injustes accusations, prouvent leurs sympathies aux malheureux habitants de Bazeilles par de généreux secours, car le maire, M. Bellomet, ajoute à son rapport que, depuis la bataille, sur 2,048 habitants, 140 à 150 sont morts de maladie par suite de dénûment et de misère.

Nancy, le 20 juin 1871.

Baron VON DER TANN.

N° 2.

Réponse de M. l'abbé Domenech et d'un Ardennais.

Paris, le 21 juillet 1871.

MONSIEUR LE DIRECTEUR,

Le général von der Tann a publié dans l'*Allgemeine Zeitung* (d'Augsbourg) une lettre reproduite par plusieurs journaux, et dont il est un devoir, dans l'intérêt de la vérité historique, de relever l'inexactitude et même la mauvaise foi.

M. le commandant Lambert, chargé le 31 août au soir, par le général de Vassoigne, d'occuper Bazeilles et de mettre ce village en état de défense, se prépare à réfuter la lettre du général von der Tann, dans laquelle on lit le passage suivant :

« La plus grande partie devint la proie des flammes, par suite de la canonnade dirigée sur ce point des deux côtés pendant deux jours, et du meurtrier combat des rues et de maisons soutenu six heures durant contre le 12e corps français, notamment contre la division d'infanterie de marine, combat dans lequel mon corps perdit 2,000 hommes tués ou blessés. »

Le matin, à quatre heures vingt, le commandant Lambert fut attaqué par l'ennemi, qui, pendant toute la nuit, avait passé la Meuse sur deux ponts de bateaux.

Après avoir défendu le village maison par maison, le commandant Lambert fut pris dans la dernière, quand il n'eut plus de cartouches pour prolonger la défense.

M. von der Tann ne récusera pas le témoignage de ce commandant, qui lui fut amené, devant le prince royal de Saxe, le 1er septembre, à trois heures du soir, et dont il n'a certes oublié ni le souvenir, ni ce que lui avait coûté l'héroïsme de cet officier et de ses braves soldats.

Le commandant Lambert, n'oubliant pas que nous avons encore bien des prisonniers en Allemagne qui sont plus que jamais maltraités, depuis qu'ils n'ont plus leurs officiers pour les défendre, attend leur délivrance pour publier un récit des atrocités commises à Bazeilles par les Bavarois, et pour dévoiler l'astuce et le mensonge qui règnent dans toute la lettre du général von der Tann.

En attendant cette publication, et sans faire aucun cas des complaisances plus ou moins volontaires de M. Bellomet, maire de Bazeilles, comme des assertions du commissaire allemand, je me contenterai de prier M. von der Tann de parcourir l'*Illustrirte Kriegs-Chronick* (Chronique illustrée de la guerre), imprimée à Leipzig : il y trouvera, page 173, un dessin allemand représentant une vue de Bazeilles et quantité d'habitants attachés et fusillés dans les rues. Dans une autre livraison de ce journal, il verra des Bavarois poursuivant des femmes et des enfants, et les tuant comme des bêtes fauves. En outre, je le prierai d'aller à l'hôpital d'Ingolstadt ; il y trouvera un officier bavarois devenu fou à la suite des horreurs qu'il a vu commettre à Bazeilles par ses compagnons d'armes.

Non-seulement je maintiens tout ce que je dis dans mon *Histoire de la campagne de* 1870-1871, relativement à l'incendie de Bazeilles et aux pertes énormes subies par les Bavarois dans ce village, mais je puis affirmer que le général von der Tann sait pertinemment que sa lettre est un chef-d'œuvre de duplicité. En effet, n'est-ce point lui, son état-major, la musique et un bataillon de la garde royale qui formaient le cortège des officiers que j'ai enterrés à Bazeilles ? N'ont-ils pas tous vu comme moi, en traversant les rues de village, les Bavarois mettre le feu, dans la matinée du 2 septembre, à la mairie, aux usines et aux maisons qui n'étaient point encore brûlées ? N'ont-ils pas tous vu comme moi, dans cette même matinée, les groupes d'hommes, de femmes et de soldats qu'on allait fusiller du côté de la Meuse et de Remilly ?

Dans la quatrième édition que je prépare de mon livre, j'espère citer les noms des seize soldats de l'infanterie de marine qui ont été fusillés avec le lieutenant Vatrin et le sous-lieutenant Chevalier, qui s'étaient rendus après avoir épuisé leurs munitions et ne pouvant plus se battre.

Je citerai bien d'autres assassinats de ce genre, et si le général tâche de se laver les mains de tout le sang répandu en dehors des lois de la guerre, je lui dirai :

« Général, mettez des gants, car le sang restera sur vos mains, comme il reste sur votre conscience, si vous en avez une. »

EMMANUEL DOMENECH,
Aumônier de la 2ᵉ ambulance,
12ᵉ corps d'armée.

N° 3.

Au général von der Tann.

MONSIEUR,

Vous savez qu'après l'incendie de Bazeilles, des souscriptions furent organisées au mois de septembre par M. de Fitz-James et quelques généreux Anglais. Peut-être vous souviendrez-vous aussi que ces mêmes souscriptions furent interdites par vous ou par vos subordonnés ? Voici, du reste, à l'appui de ce fait, une pièce officielle, émanant de l'état-major prussien, pièce qui fut affichée dans la ville de Sedan. On y verra en même temps que Bazeilles fut détruit, non par les obus, mais par suite d'une *sentence exécutée en vertu des droits de la guerre.*

« Sedan, 29 septembre 1870.

« J'ai appris qu'à la Croix-d'Or et dans d'autres hôtels, on fait coller l'affiche ci-jointe pour quêter en faveur des pauvres de Bazeilles :

« Subscriptions are respectfully solicited in and « of the destitute inhabitants of Bazeilles. »

« Je vois dans cet acte un blâme et une fausse interprétation de la SENTENCE EXÉCUTÉE CONTRE CE VILLAGE EN VERTU DES DROITS DE LA GUERRE.

« Cela ne peut être toléré, surtout de la part d'étrangers qui se permettent de juger la manière d'agir des troupes allemandes et qui, en outre, font fabriquer encore aujourd'hui des armes et des munitions contre nous.

« Que ces grippe-sous (groschen-putzer) agissent dans leur pays comme ils l'entendent ; je crois qu'il est dans notre intérêt d'arrêter ces messieurs et de les renvoyer chez eux.

« RICHARD GŒLCH.

« Le commissaire de police veillera à ce qu'aucune souscription ne soit faite dans la ville sans l'autorisation de M. le commandant de la place. Les pièces ci-jointes devront être renvoyées de suite avec une attestation de M. le commissaire de police constatant qu'il en a été pris connaissance.

« Sedan, 29 septembre 1871.

« *Le commissaire civil,*

« STRENGE. »

Cette pièce officielle contient, comme vous voyez, général von der Tann, un démenti assez catégorique à vos allégations.

UN HABITANT DES ARDENNES.

JOURNÉE DU 4 SEPTEMBRE : Les gardes nationaux et le peuple pénètrent dans le Corps législatif.

CHAPITRE XIV

Paris pendant les batailles de Mouzon et de Sedan. — Les dépêches apocryphes. — Journée du 3 septembre. — Séance de la Chambre. — La soirée. — Proclamation des ministres. — Le 4 septembre. — La Chambre et la rue. — L'Hôtel de ville. — La République est proclamée. — La journée de l'espoir. — Documents complémentaires.

Pendant que l'armée française subissait à Sedan le désastre complet dont nous venons de faire le récit, Paris continuait à demeurer dans son état singulier de quiétude. A vrai dire pourtant, son calme n'allait pas sans tristesse, sans angoisse, et, pour nous servir d'une expression populaire et juste, la ville sentait qu'il y avait *quelque chose dans l'air*. Elle savait, en effet, qu'une grande bataille, la bataille suprême, était engagée dans l'Ardenne, et elle en attendait le résultat avec une sorte de résignation fatidique ou de confiance apparente. Toutes les nouvelles qui parvenaient du théâtre de la guerre, nouvelles officieuses et non encore officielles, étaient d'ailleurs absolument rassurantes. Les journaux continuaient à entretenir le public de victoires fantastiques et voici, pour ne citer qu'un exemple, les dépêches que transmettait à Bruxelles et à Paris *l'Agence Havas* :

« Bouillon, 31 août.

« Un combat a commencé à Bazeilles, à neuf heures.

« Les Français auraient pris trente pièces de canon. »

« Bouillon, 1er septembre 10 h. 15 m.

« La fusillade continue.

« Mac-Mahon serait entre Douzy et Bazeilles.

« Les Prussiens seraient à Remilly et Pont-Mangin, à Balan.

« Bazaine pousserait les Prussiens vers le camp de Sedan.

« Des Français sont campés à La Chapelle et à Givonne.

« Aucun résultat positif n'est encore connu. »

Or, à l'heure où ces dépêches parvenaient en France, tout était terminé et tout était fini, non pour le pays, mais pour la dynastie, tout était perdu, même l'honneur.

Le pays d'ailleurs devait ignorer pendant deux jours encore l'étendue de notre défaite, et le samedi matin 3 septembre, c'est-à-dire deux jours après la capitulation de Sedan, Paris n'était pas instruit du drame épouvantable qui venait de finir. Le conçoit-on? Les députés eux-mêmes l'ignoraient. Une sorte de crainte vague était entrée pourtant dans les esprits, et les optimistes eux-mêmes étaient bien forcés de s'avouer que quelque glorieux peut-être qu'eussent été les combats du 30 août et du 1er septembre, Mac-Mahon n'avait pu cependant réussir à rejoindre Bazaine. Beaucoup, et des plus dévoués à l'empire ou des plus compromis par l'empire, songeaient déjà à établir ce qu'ils appelaient un *gouvernement mixte*, afin de pouvoir exiger de la nation des sacrifices nouveaux de sang et d'argent, sacrifices qu'elle n'eût pas accordés (ils le sentaient bien) à l'empire non modifié. Quant à la politique à suivre, c'était justement celle que les bonapartistes ont depuis reprochée à la république, c'était la guerre. Mais avec eux c'était la guerre pour une famille et non la guerre nationale pour le sol, pour le foyer, pour la patrie.

Évidemment l'heure approchait où le pouvoir et la nation allaient brusquement se séparer, déchirer le pacte falsifié, et la France allait se retrouver libre de sa destinée.

Cependant le bruit d'une défaite complète, de la capitulation et de la captivité de l'empereur, se répandait peu à peu dans le monde officiel.

Le samedi, 3 septembre, à l'issue de la séance de jour, le Corps législatif fut convoqué pour une séance de nuit. Il était une heure du matin, lorsque les députés entrèrent en séance. Le moment était solennel. Un silence profond régnait dans l'Assemblée, et l'on entendait, au contraire, sur la place, sur le pont, sur les quais, le sourd bourdonnement de la foule, pareil au vent dans les peupliers ou au mugissement de la mer. L'aspect de la salle, éclairée par le plafond de verre d'une lumière livide, prenait quelque chose de funèbre. Les députés, sous ce jour jaunâtre, ressemblaient à des spectres. Pâle, et d'une voix émue, le président Schneider déclara à la Chambre « qu'une nouvelle douloureuse lui avait été annoncée dans la soirée, et qu'il avait cru devoir convoquer aussitôt l'Assemblée. » Il donna ensuite la parole à M. le ministre de la guerre, pour faire une déclaration à la Chambre.

— Messieurs les députés, dit alors M. de Palikao, j'ai la douloureuse mission de vous annoncer ce que mes paroles de ce matin avaient pu vous faire pressentir, ce que j'espérais encore n'être qu'une nouvelle officieuse, et qui, malheureusement, est devenue une nouvelle officielle. L'armée, après d'héroïques efforts, a été refoulée dans Sedan ; elle a été environnée par une force tellement supérieure, qu'une résistance était impossible. *L'armée a capitulé* et l'empereur a été fait prisonnier…

Est-il bien utile de faire remarquer que le ministre faisait retomber sur l'armée la capitulation de l'empereur? Nous retrouverons cette même volontaire erreur dans la proclamation des ministres à la population.

Après la déclaration du ministre de la guerre, le président de l'Assemblée propose qu'on remette au lendemain la délibération qui doit suivre sur les mesures à prendre devant un pareil événement, lorsque M. Jules Favre, se levant, laisse tomber dans le morne silence de la Chambre ces paroles lentes :

— Je demande la parole pour le dépôt d'une proposition.

— La parole, répondit le président, est à M. Jules Favre.

M. Jules Favre : Si la Chambre est d'avis que, dans la situation douloureuse et grave que dessine suffisamment la communication faite par M. le ministre de la guerre, il est sage de remettre la délibération à midi, je n'ai aucun motif pour m'y opposer; mais comme nous avons à provoquer ses délibérations sur le parti qu'elle a à prendre *dans la vacance de tous les pouvoirs*, nous demandons la permission de déposer sur son bureau une proposition que j'aurai l'honneur de lui lire, sans ajouter, quant à présent, aucune observation.

« Nous demandons à la Chambre de vouloir bien prendre en considération la motion suivante :

« Article 1er — Louis-Napoléon Bonaparte et sa dynastie sont déclarés déchus des pouvoirs que leur a conférés la Constitution.

« Art. 2. — Il sera nommé par le Corps législatif une commission de gouvernement composée de… » — Vous fixerez, messieurs, le nombre de membres que vous jugerez convenable dans votre majorité — « … qui sera investie de tous les pouvoirs du gouvernement, et qui aura pour mission expresse de *résister à outrance à l'invasion* et de chasser l'ennemi du territoire.

« Art. 3. — M. le général Trochu est maintenu dans ses fonctions de gouverneur général de la ville de Paris.

Signé : Jules Favre, Crémieux, Barthélémy-Saint-Hilaire, Desseaux, Garnier-Pagès, Larrieu, Gagneur, Steenackers, Magnin, Dorian, Ordinaire, Emmanuel Arago, Jules Simon, Eugène Pelletan, Wilson, Ernest Picard, Gambetta, comte de Kératry, Guyot-Montpayroux, Tachard, Le Cesne, Rampont, Girault, Marion, Léopold Javal, Jules Ferry, Paul Bethmont (1). »

— Je n'ajoute pas un mot, conclut M. Jules Favre. Je livre, messieurs, cette proposition à vos sages méditations, et demain, ou plutôt aujourd'hui dimanche, à midi, nous aurons l'honneur de dire les raisons impérieuses qui nous paraissent commander à tout patriote son adoption.

Et l'orateur descendit au milieu des mouvements divers, ou plutôt du silence glacial de l'assemblée. La Chambre tout entière comprenait que ce n'était pas seulement un acte d'accusation, mais un arrêt, non-seulement une proposition de déchéance, mais la déchéance même que venait de prononcer M. Jules Favre. Pas un ministre ne bougea, ne protesta sur son banc. Une seule voix s'éleva, celle de M. Pinard (du Nord) qui s'écria : « Nous pouvons prendre des mesures provisoires; nous ne pouvons pas prononcer la déchéance. » Un des députés de la majorité, M. Stéphen Liégeard (ex-député de la Moselle) a dit depuis, dans une brochure imprimée à Bruxelles et qu'il a osé appeler le *Crime du 4 septembre* qu'à ce cri de M. Pinard, *trente autres* cris eussent répondu si les députés avaient été *convoqués et présents*. La Chambre, nous l'avons dit, avait été convoquée par le président élu. Le devoir des députés était donc de se trouver à leur poste. Au surplus, qu'eussent fait les *trente cris* dont parle M. Liégeard au milieu du silence navré de l'Assemblée? Ils n'eussent que mieux montré l'isolement complet de l'empire et la défection ou plutôt le courroux de ses serviteurs de la veille. Au surplus, un des bonapartistes qui depuis ont protesté contre le 4 septembre, après s'être tenus loin de France pendant que la patrie luttait contre l'étranger, M. Ernest Dréolle, ex-député de la Gironde et auteur, lui aussi, d'un pamphlet sur la *Journée du 4 septembre*, se trouvait à l'Assemblée au moment où M. Jules Favre demanda la déchéance de la dynastie des Bonapartes et il ne joignit point son cri au cri de M. Pinard (du Nord). La séance fut levée et remise au lendemain midi. Elle avait duré vingt minutes, longues comme des siècles.

(1) A ces noms MM. Glais-Bizoin, Ra-pail et de Jouvencel ajoutèrent les leurs.

Au sortir de cette séance qui se prolongea jusqu'à deux heures du matin, en propos de couloirs, en altercations, en discussions, M. Jules Favre fut arrêté par une foule immense demandant, réclamant, exigeant la déchéance. « Patience, répondait l'orateur, rassurez-vous, justice sera faite, comptez sur vos représentants. » La foule répondait par des cris unanimes : *A bas la droite! la déchéance!* On fit dégager le pont de la Concorde par des sergents de ville. Déjà, en effet, toutes les précautions avaient été prises par la police : les grilles des Tuileries, du Carrousel et du Louvre étaient fermées, les troupes consignées. Sur les boulevards, une foule de citoyens sans armes passaient criant : *Vive la France! la déchéance!* lorsque, boulevard Poissonnière, les sergents de ville, occupant le poste dit de *la Galiote* vis-à-vis du Gymnase, déchargent leurs revolvers sur cette foule et se ruent sur elle l'épée et le casse-tête à la main. Il y eut des victimes, car l'empire devait finir comme il avait commencé.

Cependant les ministres veillaient aux Tuileries et l'on affichait déjà sur les murs de Paris cette proclamation des ministres que Paris devait lire, le matin du 4, à son réveil :

PROCLAMATION DU CONSEIL DES MINISTRES
AU PEUPLE FRANÇAIS.

« Français,

« Un grand malheur frappe la patrie.

« Après trois jours de luttes héroïques soutenues par l'armée du maréchal Mac-Mahon contre 300,000 ennemis, 40,000 hommes ont été faits prisonniers.

« Le général Wimpffen, qui avait pris le commandement de l'armée, en remplacement du maréchal Mac-Mahon, grièvement blessé, a signé une capitulation.

« Ce cruel revers n'ébranle pas notre courage.

« Paris est aujourd'hui en état de défense.

« Les forces militaires du pays s'organisent.

« Avant peu de jours, une armée nouvelle sera sous les murs de Paris; une autre armée se forme sur les rives de la Loire.

« Votre patriotisme, votre union, votre énergie sauveront la France.

« L'empereur a été fait prisonnier dans la lutte.

« Le gouvernement, d'accord avec les pouvoirs publics, prend toutes les mesures que comporte la gravité des événements.

« *Le conseil des ministres :*

« Comte de PALIKAO, Henri CHEVREAU, amiral RIGAULT DE GENOUILLY, Jules BRAME, prince DE LA TOUR-D'AUVERGNE, GRANDPERRET, CLÉMENT DUVERNOIS, BUSSON-BILLAULT, JÉROME DAVID. »

Presque chaque phrase de cette proclamation contenait un mensonge. Ce n'étaient pas 40,000 hommes, mais 80,000, dont 65,000 valides, qui avaient été faits prisonniers ou plutôt rendus. Ce document était rédigé avec une certaine habileté perfide. Le général de Wimpffen semblait, de son plein mouvement, avoir signé la capitulation tandis que l'empereur avait été fait prisonnier *dans la lutte*. Et comme cette phrase : « L'empereur a été fait prisonnier », se trouvait rejetée adroitement, à peu près comme une phrase incidente, à la fin de la proclamation, et après ces affirmations rassurantes : « Paris est en état de défense, le pays est organisé, nous aurons deux nouvelles armées bientôt. » Mensonge absolu. L'avenir nous le montrera bientôt et nous allons voir la République porter le fardeau de l'incapacité, de la frivolité, du dépourvu de l'empire.

Telle qu'elle était, et malgré l'adoucissement assez adroit de la dure vérité, cette proclamation, on peut le dire, frappa Paris au cœur. Cette fois, la ville, endormie dans sa confiance, s'éveilla. Elle regarda autour d'elle, elle comprit. Elle comprit à quels dangers profonds elle s'était livrée en abdiquant son initiative et son ardeur, elle comprit en quelles mains maladroites elle avait remis sa destinée. Elle retrouva ses vieux élans et sa vieille colère. Elle fut implacable sans être cruelle et elle fit, en quelques heures, ce qu'elle faisait jadis en trois jours : une révolution.

Révolution pacifique et soudaine. Révolution au nom de la patrie qu'il fallait défendre, au nom de nos morts qu'il fallait venger. Révolution inévitable, car elle était dans la conscience publique. Révolution du mépris et de la justice plus encore que de la haine et de la vengeance. Révolution sans tache en plein soleil, révolution qui ne coûta ni une goutte de sang, ni une larme.

Il est de mode, aujourd'hui, dans le camp réactionnaire, de faire de cette date du 4 septembre une date douloureuse. Ceux-là mêmes qui n'eussent osé alors protester contre le verdict national, font retomber sur la République le poids des malheurs amoncelés par le gouvernement bonapartiste. La vérité est que le 4 septembre fut moins un soulèvement qu'un soulagement. Ce ne fut point la révolution d'un peuple chassant les coupables de sa propre main ; l'étranger était en France et si l'aigle de Corse était abattu, l'aigle de Prusse planait sur nous encore ; l'oiseau de proie succédant à l'oiseau de proie. Mais il n'en est pas moins vrai que le 4 septembre nous affranchit, non du loup-cervier d'Allemagne qui dévorait nos membres, mais du cancer intérieur qui nous rongeait le cœur.

Dans la matinée de ce beau dimanche d'automne, sous le ciel clair, de tous les points de Paris, la foule se dirigeait vers la place de la Con-

LE PRINCE HÉRITIER DE PRUSSE.

corde, obéissant instinctivement à un mot d'ordre que personne pourtant n'avait donné, mais qui semblait être la résultante fatale des derniers événements. Peu de manifestations organisées; la plupart des gardes nationaux et un assez grand nombre de gardes mobiles, échappés du camp de Saint-Maur, se rendant à la place de la Concorde isolément et presque tous sans armes. Chacun sent qu'il s'agit bien moins de combattre pour renverser l'empire auquel le désastre de Sedan vient de porter le dernier coup, que de se serrer autour du pouvoir nouveau qui ne peut manquer de surgir.

Aux abords de la place de la Concorde, toute noire de foule, et dans laquelle, de temps à autre, un remous se fait sentir, une nouvelle se répand, prompte comme la foudre. « La troupe charge. Il y a des blessés. » Le bruit circule, grossi, dénaturé, transformé; les nouveaux arrivants, rebroussant chemin, courent aux armes; et le cri traditionnel des jours de révolution retentit dans la ville étonnée : « *Aux armes! on égorge nos frères* ». Paris semble transformé en un moment. De tous côtés et à mesure que la nouvelle arrive, les gardes nationaux se rassemblent en hâte; dans tous les quartiers on bat le rappel, et aussitôt formées, grossies par de nombreux volontaires, les compagnies se dirigent vers la place de la Concorde.

C'était une fausse alerte; d'une seule blessure on avait conclu à un égorgement des citoyens par la troupe; mais cette alerte eut ce résultat, en faisant prendre les armes à la garde nationale tout entière, d'indiquer à l'armée quel était son devoir. A l'heure où elle avait à défendre la frontière, pouvait-elle diriger ses armes contre des Français ? Le temps des prétoriens était passé ; ces soldats, maintenant, étaient bien les soldats de la France.

La séance du Corps législatif allait s'ouvrir à midi. Dès onze heures du matin, les abords du palais étaient barrés par des détachements de gardes de Paris, de garde nationale et d'infanterie de ligne. A partir du pont de Solferino, défense de longer le quai d'Orsay. Il fallait des cartes pour passer sur le pont de la Concorde. A une heure un quart, la séance est ouverte. M. Schneider préside, son grand cordon lui rayant la poitrine. M. de Kératry interpelle aussitôt sur les dispositions militaires prises par l'autorité, M. de Palikao qui répond par cette phrase au moins étrange dans de telles circonstances : « Vous venez vous plaindre que je vous fasse la mariée trop belle ! » — Puis le ministre de la guerre propose aussitôt les modifications à apporter au gouvernement : *Un conseil de gouvernement et de défense nationale composé de cinq membres est institué. Les ministres sont nommés sous le contre-seing des membres de ce conseil. Le général comte de Palikao est nommé lieutenant-général du conseil.* Ce compromis gouvernemental portait cette mention : *Fait au palais des Tuileries ;* et cette signature : *Eugénie.* C'était là une façon d'instituer le gouvernement de la régente en ne point parlant de la *régence*, un mot qui, de l'aveu même de M. Dréolle (voyez son livre), *était mal choisi et résonnait mal.* D'ailleurs, dès ce moment même, la cause de l'empire était perdue. La Chambre tout entière, ou du moins l'écrasante majorité de la Chambre, se ralliait à l'idée de ce *gouvernement de défense nationale* que la gauche avait émise, au moment du péril.

La Chambre comprenait, — un peu trop tard pour le salut de la nation, — que le gouvernement impérial avait jeté, après vingt ans de despotisme, la France entre les bras de l'étranger. L'Assemblée, pour défendre le pays, n'entendait plus compter que sur le pays lui-même. Qu'on parle ensuite de conspiration, de coup d'État, d'attentat, de crime du 4 septembre ! La vérité est qu'au 4 septembre, la Chambre elle-même était lasse de l'empire et s'était décidée à le rejeter. Elle voulait seulement, par un sentiment de pudeur, après l'avoir servi, sauver les apparences, et cherchait la transition d'un gouvernement à un autre. Ce nom, le *gouvernement de la défense nationale*, après avoir éclairé l'Assemblée ralliait déjà tous ses suffrages.

Mais, pour le proclamer, comment faire ? M. Thiers allait bientôt proposer cette formule : *Vu la vacance du pouvoir...* Le mot était juste. Au moment où s'ouvrait la séance du 4 septembre, le pouvoir, représenté à Paris par une femme et un débile enfant, à l'armée par un souverain prisonnier, le pouvoir était vacant. La nation n'appartenait plus qu'à la nation.

Répondant à la proposition de M. de Palikao, M. Jules Favre réclame énergiquement l'urgence sur le projet qu'il a déposé pendant la séance de nuit. M. Thiers alors demande la parole. Il veut soumettre à la Chambre une autre proposition. Tout d'abord, il déclare que ses préférences personnelles étaient pour le projet de la gauche qui posait nettement la question en réclamant la déchéance ; mais, dans l'intérêt de l'union entre les partis, il présente, au nom de plusieurs membres pris dans toutes les nuances de la Chambre, un projet ainsi conçu :

« Vu les circonstances, la Chambre nomme une commission de Gouvernement de la défense nationale ;

« Une Constituante sera convoquée dès que les circonstances le permettront (1). »

M. Thiers avait, on le voit, et sur les instances de plusieurs députés de la droite, substitué à ces mots de son texte primitif : *Vu la vacance du pouvoir,* — ceux-ci : *Vu les circonstances...* C'était une concession. La suite des événements la rendit inutile.

Le président voulait consulter la Chambre successivement sur l'urgence des trois propositions, M. Gambetta insiste pour que la Chambre prononce l'urgence *en bloc*. La Chambre, consultée, vote l'urgence et le renvoi des trois propositions à une même commission. La séance est suspendue.

Pour montrer encore où en était l'esprit de l'Assemblée, pressée par la solennité des circonstances, par l'inévitable nécessité, voilà, au dire de M. Dréolle lui-même, sur quels noms la Chambre comptait asseoir le Gouvernement de la défense qu'elle se proposait d'instituer : Gambetta, Thiers, Picard et deux membres de la majorité, M. Schneider sans doute avec un de ses collègues. Ainsi, je le répète encore, c'était en vain que les partisans du système impérial prétendaient étayer cette puissance vermoulue. C'en était fait. L'heure de la ruine était venue.

Tandis qu'on délibère, dans les bureaux, sur les propositions Palikao, Jules Favre et Thiers, la foule, massée sur la place de la Concorde, veut

---

(1) Les noms des signataires de cette proposition sont ceux de MM. Thiers, de Guiraud, Lefèvre-Pontalis, marquis d'Andelarre, Gévelot, Millet, Josseau, baron de Benoist, Martel, Mangini, Bournat, Baboin, duc de Marmier, Johnston, Le Joindre, vicomte Monnier de la Sizeranne, Chadenet, Gœrg, Quesné, Houssard, comte de Durfort de Civrac, de la Monneraye, Mathieu (de la Corrèze), Chagot, baron Alquier, baron d'Yvoire, Terme, Boduin, Dessaignes, Paulmier, baron Lesperut, Carré-Kérisouët, Monjaret de Kervéju, Rolle, Roy de Loulay, Vieillard-Migeon, Germain, Leclerc d'Osmonville, Pinart (du Pas-de-Calais), Perrier, Guillaumin, Calmètes, Planat, Buisson, baron Eschassériaux, Durand, baron de Barante, Descours.

avancer sur le Corps législatif, et une compagnie de gardes nationaux, devant la grille, crie : *La déchéance!* en faisant signe à d'autres gardes nationaux, placés près du pont, de venir les rejoindre. Ceux-ci hésitent, puis se mettent en marche. Les gardes municipaux à cheval, postés à l'entrée du pont, sur le quai, tirent aussitôt leurs sabres. L'émotion est grande, instantanée. Le 6ᵉ bataillon de la garde nationale, bientôt suivi par le 8ᵉ, avance malgré les sabres nus, prêt à tout, et la foule, l'immense foule se presse derrière lui, résolue, impatiente. Rien ne résiste à ces débordements humains. Le peuple, à de certains moments, est un fleuve qui marche. Son inondation couvre tout. A la tête des gardes nationaux, les entraînant et leur montrant l'exemple, est M. Edmond Adam. Les gardes municipaux n'osent frapper. Voulaient-ils même frapper? Ils disparaissent, a-t-on dit, comme un îlot, dans cette marée montante. La foule envahit alors les escaliers, la cour, les couloirs de la Chambre. Elle se précipite dans les tribunes publiques. Elle est partout, tumultueuse, bruyante, orageuse, irrésistible. Et ce n'est plus seulement la *déchéance* qu'elle réclame, c'est : *Vive la République!* qu'elle crie. Le mot est jeté. Il éclate comme une bombe. *Vive la République! Vive la France!* Et des milliers de poitrines les répètent, avec une ardeur joyeuse, comme si ce cri étouffait, devait réveiller de sa torpeur et tirer de sa défaite la malheureuse France mutilée et livrée.

Lorsque la foule apparut, montrant comme en prairial, comme en février, ses milliers de têtes dans les tribunes publiques, douze ou quinze députés tout au plus étaient dans la salle. M. de Palikao était assis au banc du gouvernement. Décomposé et blafard, le président Schneider se tient pourtant debout à son fauteuil, attendant le silence et le calme. « Mes chers et bons amis, dit M. Crémieux s'adressant au public des tribunes, vous me connaissez, je suis le citoyen Crémieux... Nous nous sommes engagés, nous, les députés de la gauche... » Une clameur immense l'interrompt : *Vive la République!* Des tribunes le même cri part, comme dans un nuage de poudre.

Dans l'une d'elles, on agite les vastes plis d'un drapeau tricolore.

M. Gambetta monte à la tribune aux côtés de Crémieux, et s'adressant au public, à la foule : Citoyens, vous pouvez donner un grand spectacle, celui d'un peuple unissant l'ordre à la liberté. (Oui! oui! — Applaudissements.) Eh bien! si vous le voulez, je vous le demande, je vous en adjure : que dans chaque tribune un groupe se charge d'assurer l'ordre. Puis, attendez en silence. La gauche s'est engagée vis-à-vis de la Chambre à faire respecter la liberté de ses délibérations. (Nouveaux applaudissements.)

Le silence se rétablit pendant quelques instants, un certain nombre d'autres députés rentrent dans la salle. Ici, je veux laisser parler le procès-verbal.

M. LE PRÉSIDENT SCHNEIDER, s'adressant au public des tribunes: Vous venez d'entendre une voix patriotique qui ne peut être suspecte à aucun d'entre vous. M. Gambetta vient de vous adresser, au nom de la liberté, de la sécurité du pays, des exhortations auxquelles je joins les miennes. Croyez-moi : en ce moment la Chambre est appelée à délibérer sur la situation la plus grave, dans un esprit de dévouement absolu au pays. Vous avez entendu l'honorable M. Gambetta. Je crois avoir, moi aussi, donné à la patrie, à la liberté assez de gages pour avoir le droit de vous adresser de ce fauteuil les mêmes recommandations.

Comme lui, je fais appel à l'union, à la liberté : mais il n'y a de véritable liberté que celle qui est accompagnée de l'ordre. (Applaudissements dans diverses tribunes, cris et bruits dans d'autres.) La plupart des députés qui étaient rentrés dans la salle la quittent en ce moment.

M. GLAIS-BIZOIN paraît à la tribune et essaye de se faire entendre : Citoyens, dit-il, la déchéance va être prononcée par la Chambre, veuillez attendre que la commission soit en mesure de la proposer.

M. GIRAULT. Citoyens, je fais aussi appel à votre patriotisme pour que le pays et la Chambre ne fassent qu'un contre l'ennemi qui approche... (La séance reste interrompue, de fait, au milieu de l'agitation.)

M. GAMBETTA, reparaissant à la tribune : Citoyens, veuillez m'écouter encore. Il est nécessaire que tous les députés présents dans les couloirs et dans les bureaux où ils délibèrent sur notre proposition de déchéance, soient à leur poste pour que la Chambre puisse voter cette déclaration. Il faut que vous les attendiez dans l'attitude de la modération et de la dignité. Ils vont venir. (Applaudissements.)

Vous avez compris, et je vous en remercie, que l'ordre était la plus grande des forces. Gardez donc, je vous en conjure, le calme, le silence solennel, qui conviennent aux habitants de cette grande cité menacée. Vous allez tout à l'heure entendre proclamer le résultat des délibérations de la Chambre, qui sera, il va sans dire, affirmatif dans le sens que vous désirez... (Approbation. — Bruit.)

A trois heures, la salle est tout à coup envahie par la porte du fond, qui fait face à la tribune des orateurs. Des députés, présents dans la salle, se lèvent et essayent de s'opposer à cet envahissement ; mais leurs efforts, qui retiennent un moment la foule, sont bientôt impuissants et la salle est complètement envahie ; des cris de : Vive la République! se font entendre.

M. LE PRÉSIDENT : Toute délibération étant impossible dans ces conditions, je déclare la séance levée.

Il est trois heures.

Le président quitte le fauteuil; la foule couvre le bureau, se presse à la tribune et remplit complètement la salle.

M. Schneider se retirait, poursuivi par les huées; M. de Palikao était déjà parti. D'autres fuyaient par les petites portes de l'hémicycle, rapidement, et M. Jérôme David seul, au dire d'un témoin, gardait une attitude résolue, et même hautaine. A peine M. Schneider est-il parti que des jeunes gens, se dégageant de la foule, escaladent la tribune, s'emparent du fauteuil présidentiel, et agitent la sonnette tandis que des gardes nationaux, entrés par les portes latérales de droite et de gauche, et qui ont déjà arraché les aigles de leurs shakos, prennent possession du double escalier de la tribune. M. Jules Ferry les repousse, ou plutôt avec leur aide, il chasse les jeunes gens assis au fauteuil, tandis que M. Gambetta, M. Steenackers et de M. de Kératry conjurent les citoyens « non gardes nationaux » de s'écarter de la tribune.

— Est-ce que vous n'avez plus confiance en vos représentants? s'écrie Gambetta.

— Si! si! Nous avons confiance en vous!

— Eh bien! reculez quand je vous le demande et soyez sûrs que nous allons prononcer la déchéance!...

— Et la République? s'écrie la voix d'un citoyen.

Dans une agitation extrême, pendant un moment confus et bruyant, Gambetta qui, depuis le matin, a lutté pour que cette révolution inévitable et légitime soit aussi une révolution légale, Gambetta qui, tout à l'heure calmait l'effervescence sans cesse grandissante et grondante du peuple pour donner à la Chambre le temps de prononcer cette déchéance à laquelle elle consentait assurément; Gambetta, entraîné par la nécessité du moment, par la fatalité absolue, et aussi par la justice de sa cause, se fait le porte-voix de la conscience publique et, après être monté, à la tribune accompagné de M. de Kératry:

— Citoyens, dit-il, — et le silence se fait, — attendu que la patrie est en danger;

Attendu que tout le temps nécessaire a été donné à la représentation nationale pour prononcer la déchéance;

Attendu que nous sommes et que nous constituons le pouvoir régulier issu du suffrage universel libre,

Nous déclarons que Louis-Napoléon Bonaparte et sa dynastie ont à jamais cessé de régner sur la France!

A ces mots, une explosion de bravos éclate, bientôt suivie d'une salve d'applaudissements et d'une longue et bruyante acclamation. Jules Favre monte à la tribune, applaudi à son tour, il demande au peuple du calme, il le conjure d'éviter la guerre civile: « Pas de journée sanglante! »

— Non, non, répondent des voix nombreuses, pas de guerre civile! Guerre aux Prussiens seulement!

Et des voix encore, réclament, redemandent, répètent: Et la République! la République! Proclamez la République!

— La République, répond Jules Favre, ce n'est pas ici que nous devons la proclamer!

— Citoyens, ajoute Gambetta, allons la proclamer à l'Hôtel de ville!

Et, descendant de la tribune, tous deux s'en vont, suivis de la foule, à l'Hôtel de ville où, déjà, le peuple attend la proclamation de cette République qui doit, se dit-il, être le salut de la patrie en 1871 comme elle le fut en l'an II.

Paris dès à présent n'appartient plus à l'empire. Le drapeau du château des Tuileries a été *amené*, comme celui d'un navire qui se rend. Accompagnée de M. de Metternich et de M. Nigra, l'impératrice a cherché un asile en attendant qu'elle prenne le train qui doit la conduire en Belgique. La fille de Victor-Emmanuel, la princesse Clotilde, celle que l'Italie elle-même appelle la *victime de l'Italie*, demeure à son logis, n'ayant rien à craindre. Rochefort, prisonnier à Sainte-Pélagie, est délivré, conduit en voiture jusqu'à l'Hôtel de ville où son nom est bientôt joint à ceux des députés qui composent le Gouvernement né de la nécessité même, le *Gouvernement de la défense nationale*. Alors, du haut du balcon de l'Hôtel de ville, ce grand nom, ce nom sacré de République tombe solennellement sur cette foule embrasée qui l'acclame. Les fenêtres, les toits, le campanile même sont envahis. Un citoyen plante un bonnet phrygien sur le drapeau à la place de l'aigle. Quelques-uns parlent d'arborer le drapeau rouge. M. Schœlcher et M. Gambetta tiennent virilement pour le drapeau tricolore. Sedan fait-il oublier Jemmapes, Valmy, Arcole, tant de gloire? Le drapeau aux trois couleurs reste le drapeau de la France en deuil comme il fut celui de la France victorieuse. Du haut de l'Hôtel de ville, des monceaux de petits papiers tombent comme une pluie. On se précipite, croyant y lire les noms des gouvernants nouveaux. O ironie! Ce sont de vieux bulletins du plébiscite de mai portant ce mot oui, oui, à qui le destin répond: *non*.

L'empire du mois de mai s'écroulait brusquement sous la colère de ce Paris qu'il livrait ainsi aux horreurs du siège.

Mais, d'ailleurs, Paris ne fut pas le seul à s'affranchir. Lyon l'avait précédé. La République y fut proclamée avant qu'elle l'eût été à Paris. A Bordeaux, le peuple jetait à bas de son piédestal,

Le Château de Wilhelmshœhe.

et traînait à la Gironde une statue de Napoléon III. La garde nationale refusait d'obéir au préfet de l'empire. Versailles enfin, le conseil municipal de Versailles, devançant la justice de Paris, proclamait à midi la République française.

Cependant, tandis que se déroulaient, avec une rapidité singulière, ces événements précipités, le Sénat se réunissait au Luxembourg dans une séance qui fut la dernière. M. de Chabrier dénonçait les députés qui venaient de déclarer la déchéance de la dynastie napoléonienne, tandis que M. Ségur-d'Aguesseau répétait : «Vive l'empereur! vive l'impératrice! » et que M. le comte de Flamarens ajoutait: «Vive le prince impérial! » Cette séance n'offre d'ailleurs aucun intérêt. Les séna-teurs s'y montrent éperdus et sans énergie. M. Baroche, tout en protestant contre ce qu'il appelait « la violence dont le Corps législatif était la victime, » condamnait lui-même le Sénat et en montrait l'inutilité sénile, lorsqu'il ajoutait : « C'est au Sénat que je voudrais mourir, mais nous n'avons pas cet espoir. La révolution éclatera dans tout Paris, et elle ne viendra pas nous chercher dans cette enceinte. » A quoi bon, en effet, s'occuper de ces vieillards? Le Sénat fixa pourtant une réunion prochaine pour le lendemain 5 septembre, deux heures, et il se sépara brusquement, ses membres s'évanouissant comme des ombres pour ne plus se jamais réunir.

Le Corps législatif s'était, de son côté, constitué

en séance, d'abord dans la salle à manger de la présidence ; puis, le soir au même endroit. La première séance, fort courte, présidée par M. Alfred Leroux, eut pour but de voter sur la proposition de M. Thiers, qui fut adoptée, après des discours de MM. Thiers, Grévy et Dréolle, avec le texte primitif : *Vu la vacance du pouvoir*. — Ainsi, légalement, même par vote du Corps législatif, l'empire était déchu. La réunion délégua, pour s'entendre avec les membres de la Chambre qui siégeaient à l'Hôtel de ville, MM. Garnier-Pagès, Lefèvre-Pontalis, Martel, Grévy, de Guiraud, Cochery, Johnson et Barthélemy Saint-Hilaire. Pour faciliter la conciliation, la Chambre déclarait à ses délégués qu'on pouvait considérer comme nombre provisoire le nombre de *cinq membres* devant composer la commission de gouvernement et de défense nationale.

Le soir, à huit heures, dans cette même salle à manger de la présidence, M. Thiers, en l'absence du président et des vice-présidents, s'asseyait au fauteuil, ayant à ses côtés les secrétaires du Corps législatif. MM. Jules Favre et Jules Simon entraient, apportant la réponse de l'Hôtel de ville. Le gouvernement provisoire était déjà constitué « *par l'acclamation populaire* » et se composait de MM. Emmanuel Arago, Crémieux, Jules Favre, Jules Ferry, Gambetta, Garnier-Pagès, Glais-Bizoin, Pelletan, E. Picard, Rochefort et Jules Simon avec le général Trochu comme président du gouvernement. « Nous ne pouvons rien changer, dit en substance M. Jules Favre, à ce qui vient d'être fait. Si vous voulez bien y donner votre ratification, nous vous en serons reconnaissants. Si, au contraire, vous la refusez, nous respecterons la décision de votre conscience, mais nous garderons la liberté entière de la nôtre. » M. Thiers répondit simplement, en disant : « Vous vous êtes chargés d'une immense responsabilité. Notre devoir à tous est de faire des vœux ardents pour que vos efforts réussissent. » D'autres protestèrent, M. Dréolle, M. Buffet. « Paris ! s'écria M. Peyrusse, fait encore une fois la loi à la France ! » M. Buffet parlait de rédiger une protestation ; M. Thiers l'arrête dans cette voie. « Soyons unis et laissons à l'histoire le soin de juger.

« En présence de l'ennemi, qui sera bientôt sous Paris, ajoute-t-il, je crois que nous n'avons qu'une chose à faire, nous retirer avec dignité. »

Ainsi fut évitée avec sagesse une division qui pouvait être fatale, une guerre civile qui pouvait être sanglante. Et la République, proclamée par Paris, était acceptée de fait par la Chambre.

La République est proclamée ! A ce cri, Paris délivré respire, et veut oublier pendant un jour ses patriotiques angoisses pour ne songer qu'au présent, à ce rêve, maintenant réalisé : la République.

La physionomie de la ville est superbe ; les boulevards et les grandes voies regorgent de promeneurs. Gardes nationaux, gardes mobiles, francs-tireurs, défilent aux acclamations de la foule, leurs fusils ornés de fleurs et de verdure comme à ces beaux jours de juillet, où Camille Desmoulins faisait d'une feuille verte le signe de ralliement des patriotes. Les soldats, consignés le matin dans leurs casernes par le gouvernement impérial, sont maintenant libres et ont aussi leur part d'acclamations. Quelques-uns, parmi les plus agiles, zouaves, chasseurs à pied, marins, aident à exécuter les arrêts de la justice populaire en détruisant les emblèmes qui rappellent le régime exécré. Les aigles, les N, les E, les médailles à l'effigie de Napoléon III, placées aux enseignes des boutiques, partout volent en éclats, partout disparaissent aux applaudissements des promeneurs, sauf cependant sur les monuments, qui sont religieusement respectés. Les rues qui, par leur dénomination, rappellent l'empire, sont débaptisées et les plaques émaillées sont brisées ou disparaissent sous des écriteaux faits à la main. La rue du *Dix-Décembre* est une des premières qui subit cette transformation ; cette date qui rappelle le vote qui livra la France pieds et poings liés à l'aventure, est remplacée par celle même de la journée, et devient la rue du *Quatre-Septembre*.

La disparition subite des agents de police et des gardes municipaux, impose à la garde nationale le soin de veiller au maintien de l'ordre dans la cité, à cette heure difficile où, entre le gouvernement qui n'est plus et celui qui s'organise, tout n'est encore que chaos. Partout, elle s'acquitte de sa mission avec intelligence et zèle, admirablement servie d'ailleurs, il faut le dire, par le calme de la population, naguère encore rebelle à toute consigne, à tout règlement, et qui, maintenant, se plie docilement à toutes les exigences de la situation. Le soir vint, et cette soirée présenta un contraste frappant avec celle de la veille. L'animation joyeuse succédait à l'atonie sinistre, et les douloureuses angoisses avaient fait place aux viriles espérances. La foule était plus compacte encore que dans la journée ; çà et là des groupes se formaient, commentaient les événements ; on discutait, parlait, puis on se séparait en se serrant les mains, au cri de . « Vive la République ! »

Devant les monuments, sur les places, les gardes nationaux bivaquaient, les *bisets* montaient la faction. *Vive la garde nationale!* criaient les passants qui respectaient à cette heure l'uniforme tant raillé. *Vive la République!* répondaient les sentinelles.

Devant les cafés, on quêtait pour les blessés, — il fallait bien songer aux martyrs, — des artistes chantaient des airs patriotiques dont l'assistance entonnait le refrain, pendant qu'on s'arrachait les journaux du soir et que les crieurs annonçaient déjà un journal nouveau qui s'appelait la *République*. Et la foule s'écoulait lentement, heureuse de respirer sous un ciel libre, tandis que de temps à autre, les strophes de la *Marseillaise* s'élançaient, fières et ailées, dans la sérénité de ce beau soir.

Ainsi, ce pauvre peuple, si éprouvé, si malheureux, si meurtri, avait eu son heure de joie, son heure d'oubli. Plein de foi dans ce talisman républicain qui l'avait délivré autrefois de l'étranger, il se reprenait à croire aux miracles. Un ardent souvenir du passé glorieux lui revenait à l'âme. N'allait-on pas revoir, avec les armées républicaines, les héroïsmes de 92 ? L'Allemagne n'allait-elle point reculer devant cette chose redoutable dont elle avait appris à connaître la force : la République française ? Espoirs patriotiques, rêves confiants ! Toute âme, en ce moment, croyait. Devant l'effroyable succession de l'empire, nul ne reculait. Tous se sentaient et plus forts et plus fiers, sûrs de vaincre. Avec l'empire s'en allait, eût-on dit, la mauvaise fortune de la patrie. Elle devait peu durer, cette joie suprême, mais elle fut, ce jour-là, complète et sans mélange. Ce fut une halte dans le malheur. Assez de journées sombres, de déceptions amères, de défaites cruelles, d'heures lentes et lourdes, de dates funèbres et tachées de sang vont succéder à cette journée de vie et d'espérance pour qu'on enregistre, sans ingratitude, cette date du 4 septembre, cette République renaissante que les moins confiants et les plus chagrins saluaient déjà, saluaient alors comme une victoire.

DOCUMENTS COMPLÉMENTAIRES DU CHAPITRE XIV

N° 1.

CORPS LÉGISLATIF.

Séance du jour du samedi 3 septembre:

M. LE GÉNÉRAL COMTE DE PALIKAO, *ministre de la guerre.* — Messieurs les députés, j'ai eu l'honneur de vous déclarer qu'en toute circonstance je vous dirais la vérité, quelque dur qu'il puisse être d'avoir à vous la dire.

Des événements graves viennent de se passer. Des nouvelles qui ne sont pas officielles, je dois le dire, mais dont quelques-unes cependant, d'après mes appréciations, peuvent être vraies, nous sont parvenues.

Ces nouvelles, je vais vous les donner.

La première, et une des plus importantes, selon moi, est celle qui résulte des documents qui m'ont fait connaître que le maréchal Bazaine, après avoir fait une sortie très-vigoureuse, a eu un engagement qui a duré près de huit ou neuf heures, et qu'après cet engagement dans lequel, le roi de Prusse le reconnaît, les Français ont déployé un grand courage, le maréchal Bazaine a été obligé, néanmoins, de se retirer sous Metz : ce qui a empêché une jonction qui devait nous donner le plus grand espoir pour la suite de la campagne.

Voilà la première nouvelle importante que je vous donne et qui n'est pas bonne.

Cependant, bien que le maréchal Bazaine ait été obligé de se retourner sous Metz, il n'est pas dit qu'il ne pourra pas tenter de nouveau une sortie; mais celle qui devait aboutir à faire une jonction avec le maréchal Mac-Mahon a échoué. (Mouvement.)

D'autre part, nous recevons des renseignements sur le combat, ou plutôt la bataille qui vient d'avoir lieu entre Mézières et Sedan.

Cette bataille a été pour nous l'occasion de succès et de revers. Nous avons d'abord culbuté une partie de l'armée prussienne en la jetant dans la Meuse; différentes dépêches ont dû vous l'annoncer; mais, ensuite, nous avons dû, un peu accablés par le nombre, nous retirer, soit dans Mézières, soit dans Sedan, soit même, — je dois vous le dire, — sur le territoire belge, mais en petit nombre. (Nouveau mouvement.)

Il en résulte que la position actuelle ne permet pas d'espérer, d'ici à quelque temps, une nouvelle jonction entre les forces du maréchal Mac-Mahon et celles du maréchal Bazaine.

Néanmoins, il y a peut-être des nouvelles un peu plus graves, telles que celle de la blessure du maréchal Mac-Mahon et d'autres qu'on fait circuler; mais je déclare qu'aucune ayant un caractère officiel n'a été reçue par le gouvernement à cet égard, et qu'il ne saurait en donner aucune sans se compromettre; car dans deux ou trois jours peut-être on l'accuserait d'avoir effrayé la nation inutilement;

Ainsi, à cet égard, nous n'avons que des nouvelles officieuses.

Messieurs, comme vous le voyez, la situation est grave, il ne faut pas se le dissimuler; aussi nous sommes décidés à faire appel aux forces vives de la nation. (Très-bien! très-bien! — Bravo! bravo!)

Vous aurez compris que ce n'est pas d'aujourd'hui que nous voulions faire cet appel en prévision des événements qui viennent de se produire, car nous devions les prévoir, quoique nous eussions quelque peine, quoique nous éprouvassions quelque hésitation à en admettre la réalisation effective.

Eh bien! en présence de ces événements, notre premier soin a été d'abord d'organiser les forces vives que nous avions sous la main, c'est-dire la garde nationale mobile et tout ce qui comprenait les anciens soldats de l'armée.

Malheureusement, nous ne les avions pas en assez grand nombre; mais enfin les gardes nationales sont constituées déjà au chiffre de deux cents et quelques mille hommes. Ces gardes nationales mobiles sont appelées à Paris, et elles vont former dans Paris une armée qui, avec les autres forces qui y sont déjà établies, assurent d'une manière complète la défense et la sécurité de la capitale.

Oui, messieurs, aujourd'hui, je le répète, nous appelons toutes les forces vives de la nation à défendre le territoire; nous mettrons toute l'énergie possible à leur organisation, et nous ne cesserons nos efforts qu'au moment où nous aurons expulsé de la France la race des Prussiens. (Très-bien! très-bien! — Applaudissements.)

N° 2.

SÉNAT

Séance du samedi 3 septembre

M. LE BARON JÉROME DAVID, *ministre des travaux publics.* . . . .
. . . .

(*Après avoir fait au Sénat une déclaration conforme à celle de M. de Palikao au Corps législatif, le ministre terminait ainsi :*)

Voilà les renseignements que je puis porter à la connaissance du Sénat.

Il en est d'autres arrivés par la voie prussienne, et qui seraient plus défavorables encore à notre cause.

Mais le gouvernement se regarderait comme coupable, s'il leur donnait l'authenticité et la notoriété de cette tribune, lorsqu'aucun renseignement digne d'une foi sérieuse ne peut permettre de les contrôler.

Qu'il me soit permis d'ajouter, au nom du Gouvernement, que nos revers nous affligent sans doute. Nous ne pouvons assister sans émotion à tant de valeur, d'abnégation, de courage et de dévouement.

Mais ce spectacle terrible, loin de nous enlever notre énergie, l'augmente et la redouble.

Depuis que le cabinet actuel, il y a vingt jours, a été appelé à prendre le pouvoir, il a tourné tous ses efforts vers la constitution des moyens de résistance de la France.

Vous savez tous avec quelle activité, quelle suite, quel zèle infatigable M. le comte Palikao a réuni et fait produire à la France les ressources qu'elle peut donner. Ces ressources sont atteintes, oui, mais elles demeurent assez puissantes pour qu'avec l'énergie de la nation nous puissions avoir le dernier mot dans cette lutte redoutable.

Nous comptons, pour arriver à un tel résultat, sur le concours des corps constitués, et sur celui du Sénat en particulier. Malgré les mauvais jours, aucun découragement n'est entré dans notre âme, et, Dieu aidant, nous chasserons l'étranger du sol sacré de la patrie.

(En réponse à quelques paroles du président, le ministre ajoute :)

Je demande au Sénat la permission de lui adresser encore quelques paroles qui correspondent à une idée qui, au milieu de l'émotion légitime que nous éprouvons tous, m'avait échappé.

M. le président du Sénat vient de faire éloquemment allusion à l'esprit de résistance héroïque qui anime la ville de Paris. Je suis heureux, à ce propos, de pouvoir vous dire que la défense de la capitale se présente dans des conditions qui, de l'avis de tous les hommes compétents, lui permet de défier toute tentative de l'ennemi.

Nous défendrons Paris dans ses forts, derrière son enceinte, dans ses rues. (Oui! oui!— Bravo!) Notre glorieuse cité ne capitulera pas devant l'étranger, et, s'il le faut, nous nous ensevelirons tous sous ses décombres!

N° 3.

4 septembre

Réunion d'une partie des membres du Corps législatif à l'Hôtel de la Présidence

PRÉSIDENCE DE M. ALFRED LEROUX, VICE-PRÉSIDENT

Le nombre des députés est de 150 à 200 environ.

M. ALFRED LEROUX invite M. Martel à faire le rapport de la commission appelée à examiner les trois propositions présentées au Corps législatif.

M. GARNIER-PAGÈS demande la parole pour une question préliminaire.

Journée du 4 septembre : Proclamation de la République sur la place de l'Hôtel-de-Ville.

M. LE PRÉSIDENT. — M. Garnier-Pagès a la parole.

M. GARNIER-PAGÈS. — La situation doit d'abord être nettement examinée. Quelle est-elle? Je ne veux pas l'assombrir par des récriminations inutiles et intempestives. Cependant, il me sera bien permis de dire que les députés de la gauche ont fait tout ce qui dépendait d'eux pour éloigner de nous les malheurs immérités de la patrie.

En ce moment la Chambre est envahie. Quelle en est la cause? Qui doit en subir la responsabilité?

L'empereur est prisonnier; son fils est réfugié en Belgique; le trône est vacant.

Dans la nuit du 3 au 4, le Corps législatif est convoqué. Il est dit aux députés de la gauche que le pouvoir exécutif, dont l'impératrice-régente et les ministres sont délégués, n'existant plus de fait, l'impératrice va déposer son abdication et les ministres leur démission entre les mains des représentants de la nation, pour rendre au pays le droit de se gouverner lui-même.

En présence de cette démarche solennelle, l'opposition était résolue à prendre acte de ce fait, et ajournait la demande de la déchéance.

La séance ouverte à minuit, l'attente est vaine. Rien de ce qui a été annoncé ne se réalise. L'impératrice et les ministres gardent le silence, ne pouvant plus se résoudre à déposer des pouvoirs qui, logiquement, ne sont plus.

Le président du conseil se plaint même d'avoir été dérangé de son sommeil, et réclame l'ajournement de toute délibération au lendemain, ou, pour mieux dire, au jour même, vers midi.

Les promesses d'abdication et de démission circulent de nouveau dans la matinée. Se réaliseront-elles? Les membres de la gauche, accourus dès la première heure, rédigent un projet de déclaration de déchéance.

Pendant leurs délibérations, l'honorable M. Thiers intervient, et leur déclare qu'une proposition a été rédigée par quelques députés du centre gauche et adoptée par un certain nombre de membres de la majorité. Cette proposition, suivant lui, doit donner satisfaction à l'opposition, puisqu'elle prononce la vacance du trône.

Pour obtenir un vote unanime et l'union de tous en face de nos désastres, la réunion de la gauche s'était déterminée à accepter, en dernier lieu, cette proposition, tout en se réservant de présenter d'abord son projet de déchéance.

Au début de la séance, l'abdication de l'impératrice et la démission des ministres ne furent pas déposées, ainsi qu'on était autorisé à le penser. Loin de là, se retenant avec âpreté au pouvoir qui lui échappait, le président du conseil eut l'audace de lire un projet de loi par lequel il réclamait pour lui son maintien comme lieutenant-général, en conservant le gouvernement impérial.

Cette proposition ayant été accueillie par une réprobation presque générale, M. Thiers lut la proposition de ses collègues et de lui. Mais la constatation de la vacance au trône y avait été remplacée par ces mots : « Vu les circonstances. »

Ainsi donc, l'opposition voyait échouer toutes ses tentatives de conciliation.

En présence de l'ennemi, elle avait multiplié ses efforts pour exhorter l'assemblée élue par la nation à se saisir du pouvoir exécutif que les événements lui imposaient le devoir de recueillir, et elle n'avait pu convaincre ni décider la majorité.

Et pourtant, le Corps législatif ne devrait-il pas se soulever indigné, lorsque le ministre de la guerre, le général Cousin-Montauban, qui avait commis la faute impardonnable, le crime de livrer à l'ennemi le dernier corps d'armée qui pouvait rendre Paris imprenable, d'après l'avis de tous les hommes compétents et de l'honorable M. Thiers lui-même, reconnaissant la responsabilité qu'il avait encourue, venait réclamer pour lui une sorte de lieutenance générale de l'empire? N'y avait-il pas là, tout à la fois, audace et incapacité?

Eh bien! le matin encore, le peuple, accouru devant la Chambre des députés, apprenant l'abdication ou la déchéance, ou même la vacance du trône, se fût arrêté devant la représentation du pays. Mais, en apprenant la résistance inattendue à la proclamation de faits accomplis, exaspéré par la défaite et le traité de Sedan, se livrant à un acte de désespérance, il a envahi l'assemblée.

MM. THIERS et GRÉVY. — Concluez! (Sensation prolongée.)

M. MARTEL. — M. Garnier-Pagès ne conclut pas. Il doit avoir une proposition à nous faire.

M. GARNIER-PAGÈS. — Je n'ai pas de proposition formelle à vous soumettre; néanmoins, puisque nos collègues semblent m'y inviter, je leur ferai part de mes sentiments. Trois propositions ont été faites à la Chambre : celle de M. Jules Favre; celle de M. le comte de Palikao, au nom du gouvernement; enfin, celle de M. Thiers. Je n'oublie pas qu'une commission a dû être nommée pour vous faire un rapport.

M. GAUDIN. — Le rapport est prêt; on peut en donner lecture.

M. GARNIER-PAGÈS. — Quoi qu'il en soit, à l'heure présente, les propositions de M. Jules Favre, de l'honorable M. Thiers, me semblent seules sérieuses et peuvent seules faire l'objet d'un examen sérieux. En adoptant celle de M. Thiers vous substituerez sans aucun doute ces mots : *la vacance du trône* au lieu de : *vu les circonstances*.

Mais pour faire œuvre utile, il importe avant tout que nous nous mettions en communication avec ceux de nos collègues qui sont assemblés à l'Hôtel de ville.

Je ne serai pas contredit, je pense, en affirmant que le pouvoir exécutif a cessé d'exister, qu'il est tombé sous la réprobation publique. (Dénégations diverses. — Marques nombreuses d'adhésion.)

Une seule autorité régulière a surnagé dans le naufrage, c'est celle de la représentation nationale. (Très-bien ! très-bien !) Mais à côté de cette représentation, il va se former, il s'est peut-être créé un centre nouveau avec lequel nous devons compter. (Murmures prolongés.) En effet, plusieurs de nos collègues, portés par le flot populaire, sont à l'Hôtel de ville, où ils délibèrent sans doute.

J'ignore ce qui se passe à l'Hôtel de ville ; mais, à mon avis, vous ne pouvez rien faire de stable sans le concours des hommes qui y siégent maintenant. (Rumeurs diverses. — Très-bien ! très-bien !)

M. LE BARON BUQUET. — Ce serait traiter d'égal à égal avec les usurpateurs. La Chambre ne peut pas se suicider.

M. GARNIER-PAGÈS. — Si je vous propose d'envoyer plusieurs de nos collègues à l'Hôtel de ville, c'est afin de parvenir à une entente indispensable pour le salut public. Le temps presse, hâtons-nous ; les événements marchent avec une rapidité extrême, et peut-être vous répondrait-on : Il est trop tard ! (Marques nombreuses d'approbation. — Après quelques instants d'agitation, le calme se rétablit.)

M. LE PRÉSIDENT ALFRED LEROUX. — M. Buffet a la parole.

M. BUFFET prononce avec une grande animation quelques paroles dont voici le sens :

Messieurs, vous avez été contraints d'abandonner le lieu ordinaire de vos réunions, les tribunes de votre salle de séances ont été envahies, et l'enceinte qui vous est réservée n'a pas même été respectée.

Je proteste avec énergie contre la violence qui vous est faite ; je proteste au nom du droit, au nom de la morale publique, je proteste encore au nom du pays dont vous êtes les seuls mandataires légitimes. (Très-bien ! très-bien ! — Assentiment général.)

Messieurs, vos pouvoirs émanent de la nation et ne sauraient vous être ravis par la violence. La violence engendre la violence, et la force appelle l'abus de la force. C'est l'oubli constant de ces principes d'éternelle équité qui cause tous nos malheurs publics. (Très-bien ! très-bien !)

Vous avez refusé de délibérer sous une pression extérieure ; vous avez résisté à des masses égarées par de criminels égarements ; la France dira que vous avez fait votre devoir. (Assentiment prolongé.)

La liberté de vos discussions vous étant momentanément rendue, je vous propose d'entendre le rapport de votre commission.

UN GRAND NOMBRE DE VOIX. — Oui ! oui ! la parole au rapporteur.

M. ESTANCELIN. — Messieurs, vous avez applaudi aux véhémentes paroles et à la protestation de M. Buffet. Notre honorable collègue s'est fait l'interprète indigné du sentiment général de la Chambre, et, pour ma part, j'associe ma protestation à la sienne.

Ce devoir accompli, il me reste à vous dire que je viens, il y a quelques instants à peine, de rencontrer le général Trochu qui se dirigeait vers l'Hôtel de ville. Messieurs, la situation n'est pas aujourd'hui ce qu'elle était hier, ni même ce qu'elle était il y a quelques heures. Nous devons tenir compte des faits accomplis : on vous a proposé de déclarer la vacance du trône ; je pense que le Corps législatif ne doit pas hésiter à la prononcer.

M. MARTEL, rapporteur. — Messieurs, votre commission a examiné les trois propositions qui vous ont été soumises. Après délibération, ces trois propositions ont été successivement mises aux voix, et c'est celle de M. Thiers qui a obtenu le plus grand nombre de suffrages.

Toutefois, votre commission a ajouté à cette proposition deux paragraphes.

L'un de ces paragraphes fixe le nombre des membres qui devront composer la commission de gouvernement et de défense nationale ; l'autre déclare que cette commission nommera des ministres. En conséquence, voici le texte qui vous est proposé :

« Vu les circonstances, la Chambre nomme une commission de gouvernement et de défense nationale. Cette commission est composée de cinq membres choisis par le Corps législatif. Elle nommera les ministres.

« Dès que les circonstances le permettront, la nation sera appelée par une Assemblée constituante à prononcer sur la forme de son gouvernement. »

M. THIERS parle de la nécessité de la conciliation pour surmonter la crise. »

Il reconnaît avoir modifié la proposition lue par lui aux députés de la gauche, pour obtenir un plus grand nombre d'adhérents. Mais il déclare revenir à sa première formule : « Vu la vacance du trône. »

Il accepte d'ailleurs les modifications apportées par le rapporteur à sa proposition, en faisant remarquer toutefois qu'on devrait ne pas regarder comme définitif le nombre de cinq membres fixé pour la composition du gouvernement de la défense nationale.

M. GRÉVY préférerait que la Chambre adoptât la proposition de l'honorable M. Jules Favre. Cette proposition ne prête ni à l'ambiguïté ni à l'équivoque, et elle n'outrepasse pas les droits qui découlent du mandat de député.

M. MARTEL relit les articles du projet de loi.

Les mots : *Vu les circonstances*, sont remplacés par ceux-ci : *Vu la vacance du trône*. Le vote a lieu à une très-grande majorité.

M. PINARD déclare ne pas vouloir s'associer à cette déclaration, et proteste.

M. GARNIER-PAGÈS répond que c'est pour avoir voulu remonter le courant, au lieu de le suivre, que l'Assemblée a été entraînée.

M. THIERS ajoute quelques mots pour inviter l'Assemblée à composer avec la nécessité.

M. DRÉOLLE, tout en constatant les droits de la Chambre et les défendant énergiquement, engage les députés à céder devant les faits accomplis. Il se rallie à la proposition de M. Garnier-Pagès, pour envoyer une délégation à l'Hôtel de ville porter à leurs collègues la résolution de la Chambre et se concerter avec eux.

Cette proposition est adoptée. M. Garnier-Pagès est nommé pour faire partie de la délégation.

M. GARNIER-PAGÈS réplique qu'il ne peut accepter la mission de ses collègues, parce que, au moment où il parle, son nom figure peut-être déjà parmi ceux d'un gouvernement provisoire ; mais il offre d'accompagner la délégation à l'Hôtel de ville.

Sur cette observation, l'on désigne MM. Lefèvre-Pontalis, Martel, Grévy, de Guiraud, Cochery, Johnston et Barthélemy-Saint-Hilaire. Pour faciliter la conciliation, la Chambre déclare à ses délégués qu'ils peuvent considérer comme provisoire le nombre de cinq membres devant composer la commission du gouvernement de la défense nationale.

L'Assemblée s'ajourne à huit heures du soir pour entendre le rapport de ses délégués.

Les délégations se rendent à l'Hôtel de ville. M. Garnier-Pagès les accompagne et les introduit auprès de MM. Jules Favre, Emmanuel Arago, Picard, Jules Simon, Gambetta et plusieurs autres députés qui délibèrent avec eux.

M. GRÉVY expose le but de la démarche des délégués, et remet à M. Jules Favre le projet de loi voté.

M. JULES FAVRE réplique que la nécessité du salut public a motivé la création immédiate d'un gouvernement de la défense nationale, composé de tous les députés de Paris, et qu'il portera le soir réponse à la Chambre.

N° 4.

La journée du 4 septembre racontée par le général Trochu.

« Dans la matinée, je me rendis aux Tuileries ; je vis l'impératrice-régente, entourée de beaucoup de personnes inquiètes. Elle-même était calme. Je lui dis ces courtes paroles : « Madame, voilà « l'heure des grands périls ; il se passe ici des « choses étranges, mais ce n'est pas le moment « d'en parler et ce n'est pas le moment de récri- « miner. Je reste à mon poste, et je ne vous aban- « donnerai pas. Mais soyez sûre que la crise est « profonde ; soyez sûre que ce que j'ai dit l'autre « jour au conseil était la vérité. »

« Dans la journée, je ne reçus ni du ministre, ni des Tuileries, ni d'aucun des points d'où je pouvais recevoir des ordres ou des avis, aucun ordre, aucun avis.

« Vers une heure de l'après-midi, le général Lebreton, questeur du Corps législatif, se présenta à moi inopinément. — Je vois d'ici le digne général Lebreton dans la tribune des anciens députés ; il me contrôlera. — « Général, me dit-il, le péril est « à son comble. Une foule immense se presse au- « tour de l'Assemblée et va l'envahir ; les troupes « se sont laissé immédiatement pénétrer par la « multitude. Vous seul, par une intervention per- « sonnelle, pourriez peut-être dominer la tem- « pête. »

« Je répondis au général Lebreton : « Général, « je suis ici la victime d'une situation sans précé- « dents. En fait, je ne commande rien ; en fait, les « troupes que vous avez vues, ont été postées par « des ordres qui ne sont pas les miens. » — Messieurs, je ne veux pas prétendre que si j'avais donné ces ordres, la situation eût été différente, et que si j'avais réellement exercé le commandement, l'événement eût tourné autrement. Je suis convaincu du contraire. Je veux dire seulement que j'ai été la victime d'une combinaison qui a donné lieu à des bruits abominables. Ces bruits ont tourné bien longtemps autour de moi, mais j'ai dédaigné d'en faire justice autrement et ailleurs que devant mes véritables juges, l'Assemblée nationale. — « Vous voulez, — dis-je au général « Lebreton, — que seul, je puisse arrêter un demi- « million d'hommes qui se pressent, me dites-vous, « vers l'Assemblée ! Vous savez comme moi, — « votre vieille expérience, plus grande que la « mienne, — sait qu'il y a là une impossibilité « absolue. Un seul homme n'arrête pas les foules « en démence, mais cet effort que vous venez me « demander au nom du Corps législatif, convaincu « qu'il ne peut aboutir, je le tenterai néanmoins. »

« Quelques minutes après, je montais à cheval sous les yeux du général Lebreton, et je me dirigeais vers le Corps législatif, prescrivant au général Schmitz, chef de l'état-major général, de se rendre auprès de l'impératrice, pour l'informer de ce que j'allais tenter.

« J'étais accompagné de deux aides de camp. Je traversai assez facilement la cour du Carrousel,

quoiqu'elle fût pleine de monde, mais personne n'en voulait aux Tuileries, et ce monde était relativement calme. Arrivé au delà du guichet, pénétrant laborieusement au milieu de cette foule immense qui commençait au Pont-Neuf et allait au delà des Champs-Élysées, je fus le témoin affligé et effrayé d'un spectacle que je n'avais jamais vu jusque-là, quoique j'eusse été présent à Paris aux révolutions de 1830 et de 1848. Une multitude innombrable d'hommes, de femmes, d'enfants, absolument sans armes, irritée, affolée, bienveillante, menaçante, s'agitait autour de moi et m'empêchait d'avancer. Des hommes, à figure sinistre, dix fois, se jetèrent sur mon cheval, le saisirent par la bride, et me dirent : « Crie : « Vive la Sociale. »

« Oui ! « Vive la Sociale ! » mes souvenirs sont très-précis. Je leur dis : « Je ne crierai pas ! je ne « crierai rien ! Vous voulez enchaîner ma liberté, « vous ne l'enchainerez pas ! » Et en même temps, d'autres hommes, comprenant la gravité de ma situation s'écriaient : « Il a « raison ! »

« J'arrivai ainsi, messieurs, après plus d'une heure de lutte, foulant aux pieds de mon cheval, à chaque instant et quoi que je fisse, cette multitude qui me pressait, j'arrivai à l'angle du pont de Solferino. Là je dus m'arrêter absolument, ayant perdu mes deux aides de camp qui étaient loin. J'étais comme figé au milieu de la foule et il ne m'était plus possible d'avancer, plus possible de reculer.

« Je parlementai, cherchant à m'ouvrir un passage. Un homme de grande taille parvint jusqu'à moi ; je ne le connaissais pas ; il était très-ému ; il me dit : « Général, où donc allez-vous ? — Je vais « tâcher de sauver l'Assemblée. — A l'heure qu'il « est, l'Assemblée est envahie ; j'y étais ; je vous « l'affirme ; je suis M. Jules Favre. »

« M. Jules Favre ajouta : « Voilà le comble du « désastre : une révolution au milieu de la défaite « des armées ! Et soyez sûr que la démagogie, qui « voudra en bénéficier, jettera la France dans l'a-« bîme, si nous n'intervenons. Quant à moi, je vais « à l'Hôtel de ville, et c'est là que doivent se rendre « les hommes qui entendent contribuer à sauver « le pays. »

« Je lui répondis : « Monsieur, je ne puis prendre « à présent une telle résolution. »

« Et nous fûmes séparés par la foule.

« Ce n'est que très-tard, une heure après peut-être, que je pus regagner la cour du Louvre et rentrer à l'Hôtel.

« Pendant que ces événements se passaient, l'impératrice avait quitté les Tuileries. Le général Schmitz, que j'avais envoyé auprès d'elle, apprit son départ par le vice-amiral Jurien de la Gravière qui était resté au Palais.

« Les historiographes officiels, dont j'ai lu les récits à ce sujet, disent le plus ordinairement : « Les principaux fonctionnaires de l'État se pres« saient autour de l'impératrice, en ce moment su-« prême, pour prendre congé d'elle ; seul le géné-« ral Trochu ne parut pas. »

« Non ! je ne parus pas ! je ne parus pas parce que, au lieu d'aller offrir mes compliments de condoléance à l'impératrice, j'allais, à cette heure-là même, défendre le Corps législatif, personnellement, par un effort que je savais devoir être impuissant, je le répète, mais que j'avais le devoir de tenter, après l'invitation que j'en avais reçue de l'un de ses questeurs, l'honorable général Lebreton.

« Je poursuis, messieurs, et j'arrive très-rapidement à la fin de cette journée fatale, invoquant, après votre bienveillance, votre patience.

« Deux heures après mon retour au Louvre, un groupe de personnes que je ne connaissais pas, se présenta à moi. L'une d'elles me dit : « Je suis « M. Steenackers, député. Nous sommes envoyés « vers vous pour vous annoncer qu'il se passe à « l'Hôtel de ville un véritable drame ; la foule l'en-« toure ; des députés dont voici les noms s'y sont « réunis pour former un Gouvernement provisoire. « Mais l'Hôtel de ville n'est pas gardé, et les réso-« lutions auxquelles on s'arrêtera n'auront pas de « sanction quelle qu'elle soit. On a pensé que « votre nom serait une sanction et qu'il servirait de « ralliement aux troupes restées dans Paris. »

« Je demandai cinq minutes pour voir ma famille. Je lui dis : « L'heure de ma croix est venue ; « j'y vais, car je crois que c'est mon devoir. Me sui-« vrez-vous dans la voie douloureuse ? — Oui, « puisque c'est notre devoir. » — Et je partis pour l'Hôtel de ville. »

Extrait de : *Une page d'histoire contemporaine, devant l'Assemblée nationale*, par le général Trochu. — Dumaine, in-8.

LIVRE SECOND

CHAPITRE I

Nouvelle phase de notre histoire. — Notre méthode : les événements amèneront les jugements. — La République à l'Hôtel de ville. — Proclamation du gouvernement. — Les ministres. — Opinion de Paris. — Proclamation à l'armée et à la garde nationale. — M. de Kératry à la préfecture de police. — M. Étienne Arago à la mairie de Paris. — Les maires provisoires. — La République en province. — État des esprits. — Besoin d'union, volonté de lutte. — La circulaire de M. Jules Favre. — Rentrée des proscrits. — La commission des Papiers des Tuileries. — Les mobiles de province. — La statue de Strasbourg. — La revue du 13 septembre. — Départ de la délégation de Tours. — Marche des Prussiens. — Paris est investi. — Documents complémentaires.

L'histoire de la révolution de 1870-71, entre avec la République dans une phase nouvelle. La cause de tous les maux surgis jusqu'à ce jour a disparu. Une nouvelle ère semble s'ouvrir pour la nation qui reprend confiance. Mais, à bien considérer l'état de la patrie, même au lendemain de la journée du 4 septembre, l'empire, il faut le reconnaître, étend encore sa fatale influence sur le pays. Un peuple ne se débarrasse pas en un jour des vices, des virus inoculés par une corruption de vingt ans. Il en est du despotisme comme de la robe de Nessus : les veines d'un peuple sont pour longtemps embrasées de son venin corrosif. L'abaissement des caractères, le développement des appétits et des égoïsmes, les âpres envies de jouir, la désagrégation lente de tout ce qui fut autrefois le corps social, ce sont là des maux terribles et qui ne se guérissent pas en un jour. Il faut pour tout cicatriser, bien des années parfois de réactifs et de fer rouge.

C'est pourquoi, plus d'une fois dans les pages qui vont suivre, nous allons rencontrer encore des spectacles faits pour navrer les âmes libres. La République est proclamée sans doute, mais nous le répétons, l'empire tient encore la France : son souvenir la paralyse, ses vieilles mœurs la rendent caduque. Il semble que le césarisme pénètre dans les poumons avec l'air qu'on respire. Une nation si longtemps abimée devant un maître ne désapprend pas en un jour à servir. Et tandis que les uns exagèrent leur servilisme, les autres vont droit à l'excès dans leur haine de toute entrave. Qui en souffre ? La liberté seule, ou plutôt, avec la liberté, la République. Cet attristant spectacle va nous être donné maintes fois. Qu'importe ! Il peut être salutaire aussi. Les fautes passées peuvent nous servir à n'en point commettre de nouvelles.

Nous allons, à leur tour, voir à l'œuvre les hommes qui, le 4 septembre, acceptèrent si délibérément la succession de l'empire. Pour les juger, nous continuerons la méthode que nous avons suivie jusqu'ici dans ce livre. En les acceptant tels que l'imagination et la reconnaissance publiques les accueillaient, le premier jour de leur éphémère pouvoir, nous attendrons pour devenir plus sévères, que les événements viennent nous les montrer sous des jours nouveaux, et les éclairer d'une lumière plus crue. Nous partagerons volontiers les espérances des foules, mais tout en enregistrant leurs désillusions, tout en recherchant les culpabilités et les fautes, avec le soin jaloux d'un homme qui aime par-dessus tout le vrai et qui, croyant l'avoir trouvé, le montre sincèrement, nous nous garderons bien aussi des passions injustes. Nous n'irons jamais grossir le chœur des intéressés qui, reprochant surtout au 4 septembre d'avoir renversé l'empire, en feraient volontiers une date funèbre. Les républicains oublient trop qu'ils comblent de joie leurs adversaires en condamnant à leur tour ceux qui ont succédé au régime anti national de l'empire.

Ceux-là prenaient en main le gouvernail lorsque le navire était déjà à demi brisé, le mât coupé en deux, la coque faisant eau de toute part. Plus d'armée, nous l'avons dit, plus d'officiers ; nos soldats jetés au gouffre : un seul espoir, Bazaine, mais Bazaine bloqué et par sa faute affaibli déjà, enfermé dans le cercle de ses combats dont il eût pu faire des victoires. Quelles ressources? Aucunes. Les remparts de Paris étaient à peine armés, nous le verrons tout à l'heure. L'armée de la Loire, dont parlaient les ministres bonapartistes, était une chimère. Jamais nation ayant sacrifié plus d'argent au budget de la guerre, ne s'était trouvée défendue par moins de soldats. Les nouveaux gouvernants ne parurent point s'en alarmer. La confiante allégresse de Paris affranchi les gagna, allumant l'espoir dans leurs cœurs. Après avoir hésité à léguer à la République le fardeau de la dette impériale, dès le lendemain, ils l'acceptaient avec une sorte de vaillance.

Peut-être faut-il revenir un moment sur la façon dont la République avait été proclamée à l'Hôtel de ville. Le dimanche 4 septembre, après la séance tumultueuse du Corps législatif, les députés de Paris, quittant le Palais-Bourbon s'étaient réunis à l'Hôtel de ville.

Après une courte délibération, conseillée et inspirée par la clameur populaire, demandant autour d'eux et sur la place la République, ils firent ouvrir la porte de la salle où ils étaient assemblés.

Au milieu d'un silence profond Gambetta lut alors ce qui suit suit :

RÉPUBLIQUE FRANÇAISE.

Une acclamation retentit. Gambetta continue :

« Il est constitué un *gouvernement de la Défense nationale*.

« Ce gouvernement est ainsi composé :

« MM. Emmanuel Arago, Crémieux, Jules Favre, Jules Ferry, Gambetta, Garnier-Pagès, Glais-Bizoin, Eugène Pelletan, Ernest Picard, Rochefort, Jules Simon. »

Puis Gambetta ajoute :

« Citoyens, comprenez-nous : ce gouvernement n'est qu'un pouvoir de passage et de transition. Il n'a qu'un objet : défendre la nation contre l'envahissement de l'étranger. Après quoi, il disparaîtra, nous en prenons l'engagement solennel. »

Quelques-uns des citoyens présents réclamaient et criaient d'autres noms, d'anciens représentants du peuple, de proscrits : Louis Blanc, Victor Hugo, Ledru-Rollin, Delescluze, etc.

Gambetta répondit que le gouvernement avait et devait avoir un caractère purement national, nullement politique : ils avaient simplement groupé les noms des députés de Paris déjà investis du mandat populaire, et que la démocratie avait pour ainsi dire choisis d'avance.

Jules Favre, Gambetta, Arago, Crémieux, firent ouvrir ensuite les fenêtres.

Gambetta lut de nouveau au peuple assemblé sur la place, la liste qu'il venait de lire au peuple pressé dans la maison commune. Puis, les membres du gouvernement de la Défense nationale se réunirent dans une petite salle voisine pour désigner les ministres et prendre les premières mesures que réclamait la gravité des circonstances.

A ce gouvernement de « Défense nationale » il manquait un chef militaire. Mais celui-là était désigné d'avance par l'opinion publique, qui le jugeait sur sa propre confiance et sur l'attitude prise par lui dans les derniers événements. C'était le général Trochu.

M. le général Trochu a raconté comment il avait été mis à la tête du gouvernement de la Défense nationale. Lorsqu'on vint le chercher pour lui offrir le commandement de la place de Paris, il mit des conditions à son acceptation. La République, par exemple, devait reconnaître les principes de la propriété et de la famille. Mais le général Trochu devait bien savoir que la République est précisément la meilleure gardienne de l'ordre social. Le nom de M. Henri Rochefort introduit dans le gouvernement nouveau donna bien quelques scrupules à M. Trochu. C'est le général qui le dit lui-même. Les scrupules s'évanouirent bientôt, et ces deux hommes, M. Trochu et M. Rochefort, allaient être précisément, au début du siège, les deux personnalités du gouvernement qui devaient le mieux se comprendre et se soutenir. Ceci est une vérité. Depuis, les événements les ont jetés l'un et l'autre à des pôles bien différents.

Dès le 5 septembre M. Gambetta, installé au ministère de l'intérieur, détermine encore une fois, dans une proclamation à la garde nationale de Paris, le véritable sens de la révolution qui vient de s'accomplir. La nation se substitue à l'empire, rien de plus : « La patrie est en danger, dit-il, le nouveau gouvernement est avant tout un gouvernement de défense nationale. » Les premières proclamations du gouvernement soulignent davantage le mot et l'accentuent.

FRANÇAIS !

Le Peuple a devancé la Chambre, qui hésitait. Pour sauver la Patrie en danger, il a demandé la République.

Il a mis ses représentants non au pouvoir, mais au péril.

La République a vaincu l'invasion en 1792 ; la République est proclamée.

La Révolution est faite au nom du droit, du salut public.

Citoyens, veillez sur la Cité qui vous est confiée ; demain vous serez, avec l'armée, les vengeurs de la Patrie !

EMMANUEL ARAGO, CRÉMIEUX, DORIAN, JULES FAVRE, JULES FERRY, GUYOT-MONTPAYROUX, LÉON GAMBETTA ; GARNIER-PAGÈS, MAGNIN, ORDINAIRE, A. TACHARD, E. PELLETAN, ERNEST PICARD, JULES SIMON.

Les spahis quittant Paris pour concourir à sa défense extérieure.

Citoyens de Paris !

La République est proclamée.

Un Gouvernement a été nommé d'acclamation.

Il se compose des citoyens :

Emmanuel Arago, Crémieux, Jules Favre, Jules Ferry, Gambetta, Garnier-Pagès, Glais-Bizoin, Pelletan, Picard, Rochefort, Jules Simon, représentants de Paris.

Le général Trochu est chargé des pleins pouvoirs militaires pour la défense nationale.

Il est appelé à la présidence du Gouvernement.

Le Gouvernement invite les citoyens au calme ; le peuple n'oubliera pas qu'il est en face de l'ennemi.

Le Gouvernement est, avant tout, un Gouvernement de défense nationale.

Le Gouvernement de la Défense nationale,

EMM. ARAGO, CRÉMIEUX, JULES FAVRE, FERRY, GAMBETTA, GLAIS-BIZOIN, GARNIER-PAGÈS, PELLETAN, PICARD, ROCHEFORT, SIMON, général TROCHU.

Le gouvernement de la Défense nationale composait en même temps le ministère comme il suit :

Ministre des affaires étrangères : Jules Favre.
Ministre de l'intérieur : Gambetta.
Ministre de la guerre : le général Le Flô.
Ministre de la marine : Amiral Fourichon.
Ministre de la justice : Crémieux.
Ministre des finances : Ernest Picard.
Ministre de l'instruction publique et des cultes : Jules Simon.
Ministre des travaux publics : Dorian.
Ministre de l'agriculture et du commerce : Magnin.

Le ministre de la présidence du Conseil d'État est supprimé.

M. Steenackers est nommé directeur des télégraphes ; M. Rampont, directeur des postes.

Paris connaissait bien la plupart des hommes qui se trouvaient maintenant à sa tête, mais il ne leur témoignait pas à tous ni la même affection, ni la même estime. La popularité du général Trochu était alors extrême et les dernières séances de la Chambre avaient mis au premier rang dans la faveur publique M. Jules Favre et M. Gambetta. On voyait avec plaisir M. Dorian, homme pratique et ferme, appelé au ministère des travaux publics ; et M. Jules Simon qui incarnait en lui la doctrine salutaire de l'instruction gratuite et obligatoire, était le ministre désigné de l'instruction publique sous un gouvernement libre. M. Magnin paraissait bien placé au ministère de l'agriculture et du commerce, et le nom du vieux et honnête général Le Flô, au ministère de la guerre, était bien accueilli. Nous nous en reportons ici aux impressions de ces premières heures. Mais, déjà même, le nom M. Ernest Picard n'était pas vu sans défiance. On savait que, dans les derniers temps de l'empire, M. Picard s'était mis à la tête de cette indécise nuance de la gauche qui s'appelait *la gauche ouverte*. On l'avait vu, aux dernières élections, nommé à la fois à Paris et à Montpellier, hésiter dans l'option nécessaire et politique pour la province, et regretter de laisser à un rival ou même à un successeur la circonscription parisienne. A coup sûr, lorsque le peuple de Paris ressentit quelque défiance envers le gouvernement nouveau, il commença par se défier de M. Picard. En outre M. Glais-Bizoin, M. Crémieux, M. Garnier-Pagès lui paraissaient bien un peu vieux. Était-ce là cette réserve de la France nouvelle, enfiévrée de jeunesse et de patriotisme et à qui la fortune devait sourire ?

Le gouvernement de la Défense nationale se trouvait, au surplus, dès la première heure de son existence dans une situation singulière. Gouvernement parisien, il avait contre lui les politiques de la province, qui n'allaient point manquer de lui reprocher son origine et de crier à la dictature de la capitale. Gouvernement républicain, il avait, par un destin assez injuste, contre lui les républicains inassermentés ou exilés, résolûment campés dans leur *non possumus* démocratique et qui, plus illustres que les hommes du 4 septembre, plus autorisés par leur passé, leurs malheurs ou leur gloire, reprochaient à leur tour aux gouvernants de l'Hôtel de ville de gouverner la France en vertu du serment prêté à l'empire. Et ce sophisme avait une certaine apparence qui, aux yeux de la population pouvait, à un moment donné, enlever quelque peu de prestige à ce gouvernement de la Défense nationale.

Reconnaissons-le d'ailleurs, à ce moment toutes ces défiances ou ces reproches ou ces aigreurs n'existaient encore qu'à l'état latent et chacun comprenait qu'il fallait, en apparence du moins, se grouper autour du nouveau pouvoir.

Le gouvernement de la Défense avait choisi pour président le général Trochu ; pour vice-président, M. Jules Favre ; secrétaire, M. Jules Ferry. A titre de secrétaires-adjoints, il appelait en même temps à lui, pour l'aider dans ses travaux, disait le *Journal officiel*, MM. André Lavertujon et F. Hérold ; puis, deux jours après, M. Dréo d'abord et M. Émile Durier. M. Clément Laurier était nommé directeur général du personnel et du cabinet au ministère de l'intérieur.

Dans ce gouvernement, composé des élus de Paris, un seul nom manquait, celui de l'homme qui avait, en remportant par le scrutin une éclatante victoire sur Émile Ollivier, porté un des coups les plus sûrs à l'empire, le nom à demi oublié déjà de ce tribun qui avait enthousiasmé le peuple de

Paris en lui parlant d'honneur, le nom de Désiré Bancel. A cette heure, Bancel agonisait dans son pays de la Drôme, au logis maternel; et cette République tant désirée, il ne la saluait que d'un regard mourant.

Le premier soin du gouvernement fut de s'appuyer sur ces deux forces vitales du pays : l'armée et la garde nationale, forces qu'on croyait alors et pour jamais unies.

La proclamation *à l'armée* réclamait *l'union*, la proclamation *à la garde nationale* demandait *l'ordre et le dévouement.*

A L'ARMÉE.

Quand un général a compromis son commandement, on le lui enlève.

Quand un gouvernement a mis en péril, par ses fautes, le salut de la patrie, on le destitue.

C'est ce que la France vient de faire.

En abolissant la dynastie, qui est responsable de nos malheurs, elle a accompli d'abord, à la face du monde, un grand acte de justice.

Elle a exécuté l'arrêt que toutes vos consciences avaient rendu.

Elle a fait en même temps un acte de salut.

Pour se sauver, la nation avait besoin de ne plus relever que d'elle-même, et de ne compter désormais que sur deux choses : sa résolution, qui est invincible, votre héroïsme qui n'a pas d'égal, et qui, au milieu des revers immérités, fait l'étonnement du monde.

Soldats, en acceptant le pouvoir dans la crise formidable que nous traversons, nous n'avons pas fait œuvre de parti.

Nous ne sommes pas au pouvoir, mais au combat.

Nous ne sommes pas le gouvernement d'un parti, nous sommes le gouvernement de la défense nationale.

Nous n'avons qu'un but, qu'une volonté : le salut de la patrie, par l'armée et par la nation groupées autour du glorieux symbole qui fit reculer l'Europe il y a quatre-vingts ans.

Aujourd'hui comme alors, le nom de République veut dire :

Union intime de l'Armée et du Peuple pour la défense de la Patrie !

Général TROCHU, EMMANUEL ARAGO, JULES FAVRE, JULES FERRY, GAMBETTA, GARNIER-PAGÈS, GLAIS-BIZOIN, PELLETAN, E. PICARD, ROCHEFORT, JULES SIMON.

A LA GARDE NATIONALE.

Ceux auxquels votre patriotisme vient d'imposer la mission redoutable de défendre le pays vous remercient du fond du cœur de votre courageux dévouement.

C'est à votre résolution qu'est due la victoire civique rendant la liberté à la France.

Grâce à vous, cette victoire n'a pas coûté une goutte de sang.

Le pouvoir personnel n'est plus.

La nation tout entière reprend ses droits et ses armes. Elle se lève, prête à mourir pour la défense du sol. Vous lui avez rendu son âme que le despotisme étouffait.

Vous maintiendrez avec fermeté l'exécution des lois, et rivalisant avec notre noble armée, vous nous montrerez ensemble le chemin de la victoire.

Le gouvernement de la Défense nationale :

EMMANUEL ARAGO, CRÉMIEUX, JULES FAVRE, JULES FERRY, GAMBETTA, GARNIER-PAGÈS, GLAIS-BIZOIN, PELLETAN, PICARD, ROCHEFORT, JULES SIMON, général TROCHU.

Finissons-en avec ces proclamations de la première heure, toutes pleines d'espoirs, de promesses, de joie trop tôt démenties. Une de celles qui firent le plus d'effet sur le peuple de Paris, fut la proclamation de M. de Kératry, nommé préfet de police. M. de Kératry, député du Finistère, ancien capitaine de la contre-guerilla mexicaine, célèbre surtout par sa polémique avec M. Rouher à propos des bons Jecker, et par son projet de manifestation légale au 26 octobre 1869, était presque inconnu de la population populaire de Paris. En revanche il avait la confiance de la bourgeoisie. Il crut de son devoir de bien faire connaître ses sentiments aux Parisiens, et afficha cette déclaration, contre-signée par un jeune avocat, ami de Bancel et ex-rédacteur de la *Marseillaise*, devenu secrétaire général de la préfecture :

RÉPUBLIQUE FRANÇAISE

PRÉFECTURE DE POLICE

AUX HABITANTS DE PARIS,

Après dix-huit ans d'attente, sous le coup de cruelles nécessités, les traditions interrompues au 18 Brumaire et au 2 Décembre sont enfin reprises. Les députés de la gauche, après la disparition de leurs collègues de la majorité, ont proclamé la déchéance. Quelques instants après, la République était acclamée à l'Hôtel de ville.

La Révolution qui vient de s'accomplir est restée toute pacifique : elle a compris que le sang français ne devait couler que sur le champ de bataille. Elle a pour but, comme en 1792, l'expulsion de l'étranger.

Il importe donc que la population de Paris, par

son calme, par la virilité de son attitude, continue de se montrer à la hauteur de la tâche qui lui incombe, à elle et à la France.

C'est pour cette raison qu'investi par le Gouvernement de pouvoirs dont on a tant abusé sous les régimes antérieurs, j'invite la population parisienne à exercer les droits politiques qu'elle vient de reconquérir dans toute leur plénitude, avec une sagesse et une modération qui soient de nature à montrer à la France et au monde qu'elle est vraiment digne de la liberté.

Notre devoir à tous dans les circonstances où nous sommes, est surtout de nous rappeler que la patrie est en danger.

Au moment où, sous l'égide des libertés républicaines, la France se dispose à vaincre ou à mourir, j'ai la certitude que mes pouvoirs ne me serviront que pour nous défendre contre les menées de ceux qui trahiraient la patrie.

Paris, le 4 septembre 1870.

Le préfet de police,
DE KÉRATRY.

Par le préfet de police :
Le secrétaire général,
ANTONIN DUBOST.

A la Mairie de Paris siégeait un homme que le parti républicain avait appris à honorer, le vieux et digne frère de François Arago, Étienne Arago, dont la probité, le désintéressement et les convictions solides sont respectés de tous. Combattant de Juillet et de Février, carbonaro, conspirant avec prudence, luttant en plein soleil avec courage, ami de Barbès, Étienne Arago apportait à l'Hôtel de ville la tradition de ce vieux parti républicain, avant tout patriote, et qui, prêt à la lutte éternelle, a pour l'argent un mépris égal à l'amour qu'il a pour son pays. Nul mieux que ce vétéran du parti, que cet ancien caissier des exilés, que ce probe et vaillant Étienne ne pouvait mieux représenter la municipalité du grand Paris.

MM. Floquet, Brisson, et plus tard Hérisson et Clamageran, furent nommés ses adjoints.

Étienne Arago adresse, à son tour, ce salut à la population de Paris :

HOTEL DE VILLE DE PARIS

Citoyens,

Je viens d'être appelé par le peuple et par le gouvernement de la Défense nationale à la Mairie de Paris.

En attendant que vous soyez convoqués pour élire votre municipalité, je prends, au nom de la République, possession de cet Hôtel de ville d'où sont partis les grands signaux patriotiques en 1792, en 1830, en 1848.

Comme nos pères ont crié en 1792, je vous crie : Citoyens, *la patrie est en danger !* Serrez-vous autour de cette Municipalité parisienne, où siège aujourd'hui un vieux soldat de la République.

VIVE LA RÉPUBLIQUE !

Le maire de Paris,
ÉTIENNE ARAGO.

A son tour, le maire de Paris choisissait, parmi les plus honnêtes représentants du parti républicain de Paris, négociants, professeurs, hommes de lettres, les *maires provisoires* des vingt arrondissements de Paris, maires dont le premier devoir, leur disait-il, était de veiller sans relâche à l'armement de Paris.

1er arr. — Tenaille-Saligny, avocat à la cour de cassation.
2e arr. — Tirard, négociant.
3e arr. — Bonvalet, négociant.
4e arr. — Greppo, ancien représentant du peuple.
5e arr. — J. B. Bocquet, ancien adjoint (remplacé bientôt par le docteur Bertillon).
6e arr. — Hérisson, avocat à la cour de cassation (nommé adjoint à la mairie centrale. Le sixième arrondissement fut administré par M. Albert Leroy.)
7e arr. — Ribeaucourt, docteur-médecin.
8e arr. — Carnot.
9e arr. — Ranc, (puis Gustave Chaudey).
10e arr. — Turpin, négociant (n'accepta point. Remplacé par M. O'Reilly).
11e arr. — Léonce Ribert, professeur (remplacé bientôt par M. Mottu).
12e arr. — Alfred Grivot, négociant.
13e arr. — Pernolet.
14e arr. — Leneveu, rédacteur du *Siècle* (remplacé par M. Asseline).
15e arr. — Corbon.
16e arr. — Henri Martin.
17e arr. — François Favre, homme de lettres.
18e arr. — Clémenceau, docteur-médecin.
19e arr. — Richard, fabricant.
20e arr. — Braleret, commerçant.

Cependant le gouvernement, quoi qu'en ait dit la réaction, ne se contentait point de rédiger des proclamations ou de procéder à des nominations. Il prenait des décrets divers. Le Corps législatif était dissous, le Sénat aboli. Amnistie pleine et entière était accordée à tous les condamnés pour crimes et délits politiques (1). La fabrication, le commerce et la vente des armes étaient déclarés absolument libres. Le mouvement de résis-

---

(1) Y compris les condamnés des derniers événements, Mégy, Eudes et les gens compromis dans l'affaire de la Villette.

Paris pendant la guerre. — Manifestation devant la statue de Strasbourg, sur la place de la Concorde.

tance si accentué à Paris, était communiqué à la province ; le ministre de l'intérieur avertissait ainsi la France des événements qui venaient de s'accomplir.

RÉPUBLIQUE FRANÇAISE

MINISTÈRE DE L'INTÉRIEUR

A MM. les préfets, sous-préfets, généraux, gouverneur général de l'Algérie, et à toutes les stations télégraphiques de France.

La déchéance a été prononcée au Corps législatif.

La République a été proclamée à l'Hôtel de ville.

Un gouvernement de défense nationale composé de onze membres, tous députés de Paris, a été constitué et ratifié par l'acclamation populaire.

Les noms sont :

Arago (Emmanuel), Crémieux, Favre (Jules), Ferry, Gambetta, Garnier-Pagès, Glais-Bizoin, Pelletan, Picard, Rochefort, Simon (Jules).

Le général Trochu, investi des pleins pouvoirs militaires pour la défense nationale, a été appelé à la présidence du gouvernement.

Veuillez faire afficher immédiatement, et au besoin proclamer par le crieur public, la présente déclaration.

Pour le gouvernement de défense nationale,

Le ministre de l'intérieur,

LÉON GAMBETTA.

Paris, ce 4 septembre 1870, six heures du soir.

En province, d'ailleurs, la République était accueillie avec la même confiance et le même enthousiasme. Marseille l'acclamait avec effervescence mais sans troubles, à Montpellier, à Tarbes, au Havre, à Valence, à Foix, à Nantes, la joie, le sentiment de délivrance étaient les mêmes. Et partout l'ordre soudain, une certaine gravité imposée par la nécessité douloureuse. Généralement les conseils municipaux de province se constituaient en commission ou nommaient un comité provisoire en attendant l'arrivée du fondé de pouvoirs du nouveau gouvernement. Une dépêche arrivée de Lille déclarait, au nom de la cité qui repoussa les Autrichiens en 92, que « la population de Paris avait bien mérité de la patrie. »

Nîmes demandait l'envoi immédiat d'un *commissaire extraordinaire*. Mais le mot rappelait, pour bien des gens, les commissaires de la République de 1848 qui tous ne s'étaient point montrés à la hauteur de la mission. Les représentants du gouvernement central ne furent donc point des commissaires, mais des préfets. Les choix du ministre de l'intérieur furent, pour la plus grande part, excellents. A Marseille, il envoyait, par exemple, un des députés des Bouches-du-Rhône, M. Esquiros; à Rouen, M. Desseaux, représentant de la Seine-Inférieure. C'était là simplement ratifier le choix des électeurs. Le vieux et probe M. Guépin devenait préfet de Nantes en même temps que M. Testelin, dont le républicanisme était connu dans tout le Nord, était nommé à Lille. M. Georges Périn, l'ancien rédacteur en chef du *Libéral du Centre*, journal de combat bravement conduit, était envoyé à Limoges; M. Babaud-Laribière, le rédacteur des *Lettres charentaises*, à Angoulême; M. Pierre Lefranc, ancien représentant des Pyrénées-Orientales, à Perpignan, etc. Je n'ai cité ces noms honorables que pour l'exemple. Enfin, par une pensée toute patriotique, M. Gambetta n'oubliait aucun des départements qui étaient la France, et il confiait à un ancien représentant du peuple, M. Edmond Valentin, le soin et la gloire de pénétrer dans Strasbourg assiégée et d'y annoncer, en qualité de préfet, la proclamation de la République. M. Valentin, dont on dit un moment qu'il avait été fusillé par les Prussiens, se montra, nous le verrons, à la hauteur de sa noble et périlleuse mission.

Les administrateurs provisoires ou les préfets de la République ne recevaient au surplus du ministère de l'intérieur qu'un mot d'ordre : « Que cha-« que Français reçoive ou prenne un fusil et qu'il « se mette à la disposition de l'autorité. » Nul doute que s'il en eût été ainsi dès le 5 septembre, un mois après nous n'eussions pas éprouvé nos premiers échecs sur la Loire. Mais nous verrons où en était réduite la France : les bras étaient là, mais les armes manquaient. Du moins, les cœurs étaient à la hauteur de la situation et du devoir.

Si quelques esprits froids, calculateurs et d'une vision trop nette poussaient à la paix, la majorité, emportée par le fier désir de venger nos morts, demandait, réclamait la continuation de la guerre.

Pour se faire une idée de l'état de l'opinion publique au lendemain du 4 septembre, et du sentiment de réprobation qui animait toutes les âmes contre l'empire, cause de nos désastres; pour démontrer que l'esprit public tout entier avait sanctionné la révolution du mépris; il suffirait de reproduire ici les articles des feuilles mêmes qui, depuis, s'attachent à donner à *l'exécution* patriotique et sans violence du 4 septembre le nom de *crime*. Mais ces feuilles ne sont pas de celles qu'on prend au sérieux, et je veux emprunter un jugement vrai sur ce moment de notre histoire à un recueil grave, et dont les conclusions mûrement débattues pèsent d'un véritable poids. Le verdict présent a d'autant plus de valeur que l'esprit du recueil n'est pas républicain: « L'empire, disait la *Revue des Deux Mondes*, dans son numéro du 15 septembre, a disparu dans un incomparable effondrement, et la République s'est relevée pour recueillir le douloureux héritage d'une situation compromise, pour ramasser les forces de la nation, pour faire face à cette tempête de feu qui s'avance sur Paris. *La France est rentrée en possession d'elle-même, sans lutte, sans déchirement, par une sorte de soubresaut de patriotisme et de désespoir devant l'ennemi.* Cette révolution, à vrai dire, n'avait rien d'imprévu pour ceux qui croient aux causes morales et à une certaine logique supérieure dans la marche des événements: elle était inévitable dès le jour où les premiers revers de la guerre avaient brusquement divulgué le secret de l'empire, en mettant à nu l'impéritie, la légèreté, la confusion, le désordre, qui avaient présidé à l'organisation d'une telle campagne... Un retour de fortune aurait pu peut-être tout au plus suspendre *la grande et inéluctable expiation.* »

Et qu'on parle encore de coup de main, de conspiration, d'escamotage politique à propos de cette expiation si méritée! Le témoignage de gens sensés et patriotes est là, répondant, dès le 15 septembre, à toutes les accusations futures. Quant à la question de la guerre, la *Revue des Deux Mondes* (et ici encore sa déposition est importante) ajoutait et disait avec tout le monde, avec la grande majorité de l'opinion publique, altérée de vengeance : « On a cru que la guerre était finie ; c'est maintenant peut-être qu'elle commence en changeant de caractère, en devenant la *lutte à outrance* d'une nation pour son indépendance et son intégrité. » Et que les bonapartistes accusent aujourd'hui les républicains seuls d'avoir continué la guerre, eux qui étaient tout disposés à s'arrêter devant la honte ! Ce n'était pas la République qui voulait continuer la guerre, c'était la France tout entière. Ce mot « *à outrance*» était alors le mot d'ordre de tous. J'ouvre les pamphlets de M. Veuillot, j'y lis, à propos de la chute de l'empire cette ligne : « Rien de plus *honteux*, rien de plus *juste*. » Et à propos de la guerre : «La France ne se dissimule pas son besoin de la paix. Tout gît dans les conditions. Il ne faut point de conditions qui *lèsent l'honneur*. » Et voilà pourquoi l'opinion publique voulait la guerre. Elle la voulait pour l'honneur. De son sang, le peuple français voulait effacer du front de la patrie la tache honteuse de Sedan. Il voulait combattre, étant alors, hélas ! sûr de vaincre. Mais, dut-il être vaincu, il voulait combattre encore. « Tout est perdu, même l'honneur. » Le mot avait été dit. Cet honneur, on voulait le recouvrer et le venger.

Oui, c'était le cri et la conviction de ces heures fiévreuses, pleines d'illusions et d'espoir. Tous les organes de la publicité, les journaux réactionnaires eux-mêmes, et jusqu'à l'*Univers* rappelaient alors cette déclaration sublime et désespérée du peuple français de 93 : « *Le peuple français ne fait point la paix avec l'ennemi qui occupe son territoire.* »

Aussi bien avec quel élan, quel confiant enthousiasme, quelle unanimité d'éloges on accueillit la circulaire fameuse du ministre des affaires étrangères aux agents diplomatiques de France, circulaire où M. Jules Favre, dans une heure de patriotique sincérité, que devait cruellement bafouer l'avenir, faisait, à la face de la patrie, cette déclaration ferme qu'on ne peut relire aujourd'hui sans tristesse : « *Nous ne céderons ni un pouce de notre territoire, ni une pierre de nos forteresses. — Une paix honteuse serait une guerre d'extermination à courte échéance.* » Ah ! certes, condamnée à la guerre, la France devait combattre, combattre jusqu'à la mort, mais elle devait combattre sans phrases. C'est la phrase qui a compromis cette nation, toujours prête à faire des programmes qu'elle est trop souvent forcée de ne point tenir. Le désespoir silencieux, la lutte sans fanfares, valait mieux. Cela nous eût épargné les ironiques lendemains. Mais la France n'a-t-elle pas toujours trop aimé les démonstrations et les discours ? Peuple d'artistes pris sans cesse à la glu de la forme et des images. Le jour où M. J. Favre fit cette déclaration solennelle, tout le monde applaudit. Il ne l'eût point faite qu'on l'eût trouvé passif et froid. Et c'est cependant cette parole, approuvée de tous, qui devait si lourdement, si cruellement peser sur sa mémoire ! — Les nations exigent qu'on les trompe et ne pardonnent pas aux trompeurs.

Mais, certes, M. Favre était de bonne foi. « *Ni un pouce de notre territoire, ni une pierre de nos forteresses.* » M. Blanqui ajouta dans son journal : « *Ni un écu de notre bourse.* » Il complétait la phrase, il ne la critiquait pas, lui aussi demandait en ce moment l'*union*.

L'union était d'ailleurs si intime alors et le besoin de concorde était si puissant, que M. Cluseret ayant publié le 7 septembre dans la *Marseillaise*, que venaient de ressusciter MM. Groussel, Cluseret, etc., un article violent, injuste et injurieux, contre M. Gambetta, à propos du décret sur la nomination des officiers de la garde nationale (1), la foule brûla les numéros du journal sur le boulevard et dans la rue Montmartre, tandis que des gardes nationaux occupaient les bureaux du journal, rue d'Aboukir, et les défendaient contre l'irritation populaire. Et le lendemain M. Rochefort, dans une lettre qui fit sensation, rappelait, qu'il ne faisait plus, *en quoi que ce soit*, partie du journal la *Marseillaise*. Ce journal d'ailleurs ne reparut plus.

A ce moment même, Gustave Flourens, sincèrement irrité contre l'étranger, exhortait ses bataillons, — il portait le titre de major de remparts, et commandait à près de 4,000 hommes, — à ne plus songer qu'aux ennemis; et M. Blanqui, plus habile et ne désarmant qu'en apparence, s'écriait, demandant dans la *Patrie en danger* qu'il n'y eût plus de parti et plus de nuances : « *Maudit soit celui qui, à l'heure suprême où nous touchons, pourroit conserver une préoccupation personnelle, une arrière-pensée, quelle qu'elle fût !* » C'était, on le voit, la lune de miel des partis. Combien de temps devait-elle durer ? Jusqu'au jour où le caractère exalté de Flourens l'entraînerait vers l'action, jusqu'au jour où le flair de conspirateur de Blanqui lui ferait croire au succès d'un coup de main.

On n'en était pas encore là. Je le répète, la concorde, voilà le mot qu'on trouvait sur toutes les lèvres et dans tous les cœurs. « Nous sommes aujourd'hui tous Français et rien de plus, tous républicains et rien de moins, écrivait Flourens. Point de désunion ». « Fraternité ! » s'écriait Blanqui. « Les Français de 1870, disait le *Figaro*, seront

---

(1) Le décret de M. Gambetta disait : « Les gardes nationaux de Paris, c'est-à-dire tous les électeurs inscrits sur les listes électorales, sont convoqués pour le mardi, 6 septembre, à midi, à l'effet de procéder à la nomination des sous-officiers et officiers, dans les mairies de leurs arrondissements respectifs. » C'est ce que M. Cluseret, à peine rentré en France, appelait un décret *réactionnaire*.

dignes des Français de 1792 ». Le *Gaulois* essayait bien de faire une différence entre M. Trochu et le gouvernement, mais il promettait son concours à *M. le général Trochu et à la défense nationale.* Bref, comme disait le *Rappel :* « Hier, la Prusse avait devant elle une armée ; aujourd'hui, elle a devant elle un peuple. »

Le 5 septembre, Victor Hugo, proscrit volontaire depuis décembre, rentrait en France. Il avait écrit qu'il serait le dernier à demeurer sur la terre d'exil.

« Et s'il n'en reste qu'un, je serai celui-là ! »

Le peuple se pressa sur son passage, envahit la gare du Nord pour voir de près un homme qui avait tenu son serment. Au milieu des acclamations, un chirurgien s'avança et dit à Victor Hugo : « J'ai là un train de malheureux blessés ramenés des Ardennes. Demandez le silence à la foule. Ces cris les font souffrir ou les éveillent. » Ces blessés et ces acclamations, cette antithèse du proscrit affranchi et de wagons pleins de sang représentait bien l'état de la France. La joie de la délivrance était effacée par la douleur de la défaite.

Victor Hugo, quelques jours avant le 4 septembre, avait demandé son passeport à l'ambassade française, à Bruxelles. Le poëte rentrait en disant : « *Je me ferai inscrire comme garde national sur l'arrondissement où je logerai, et j'irai au rempart, mon fusil sur l'épaule* ». (Lettre au *Rappel*.) En sortant de la gare du Nord, il est acclamé. Le proscrit reçoit dans cet accueil enthousiaste et confiant le prix de ses vingt ans de résistance et d'attitude résolue. Il est ivre de l'orgueil du devoir accompli. Tant de joie le paye de l'exil. On lui dit de parler, et du haut de sa voiture, il jette des paroles d'ardeur à la foule qui l'écoute, frémissante : « Serrons-nous tous autour de la République... Nous vaincrons... Que Paris puisse être violé, brisé, pris d'assaut, cela ne se peut pas. Cela ne sera pas. Jamais, jamais, jamais ! »

Des cris aussitôt lui répondent : « Jamais ! jamais ! Vive Victor Hugo ! Vive la République ! »

Le poëte dut être content. Il n'entrait pas inaperçu. Il avait d'ailleurs jeté le vrai mot de ralliement à ce peuple : « Soyons frères. » Il avait semé une vérité utile : « *C'est par la fraternité qu'on sauvera la liberté.* » Il avait apporté l'autorité de son nom à l'œuvre de concorde, d'union, de patriotique unanimité que réclamait la France. C'était bien. Ce ne fut pas une soirée perdue.

Ceux des proscrits qui rentraient avec lui, Quinet, Ledru-Rollin, Marc Dufraisse, apportaient à la France un dévouement au moins égal. M. Louis Blanc, oubliant ses souvenirs personnels devant les malheurs publics, allait, par exemple, faire une visite à M. Jules Favre, qui jadis avait si cruellement contribué à l'envoyer en exil. On ressentait comme un besoin de se grouper et d'entrer, par le sacrifice, dans une vie nouvelle. Et rendons cette justice à la plupart des hommes illustres de la démocratie que, tandis que bien des nouveaux venus, des combattants de la dernière heure, se ruaient à la curée pour obtenir quelque place, et s'irritaient si on ne la leur accordait point, tandis que (spectacle écœurant que réservent ces révolutions) des valets du régime déchu se courbaient platement devant le régime vainqueur, eux, les anciens de la République, apportaient au gouvernement de la défense leur concours, sans lui demander autre chose que la gloire de le conseiller. Ces conseils, le gouvernement les refusa ou les évita, et ce fut une faute. La scission ne devait point tarder à se faire. Nous en expliquerons les causes cachées au moment venu.

Pour l'heure présente, tout souriait à la République nouvelle. M. Washburne annonçait que la grande République des États-Unis reconnaissait la République de France. Par delà l'Océan, les petits-fils de Washington saluaient les petits-fils de Lafayette. Depuis, les lettres de M. Bancroft à M. de Bismarck et la circulaire du président Grant à ses agents diplomatiques nous ont montré que l'Amérique ne s'inclinait que devant le succès. Mais nous croyions alors à son amour.

Cependant, trouvant déjà que le gouvernement manquait d'initiative, les clubs et les journaux radicaux lui indiquaient les mesures à prendre. Dans le *Réveil*, par exemple, Delescluze, s'écriait :

« Nous sommons le ministre de l'intérieur d'insérer demain au *Journal officiel* la liste des écrivains qui émargeaient aux fonds secrets. Il est temps que la France connaisse le fond de ces boutiques immondes qui, depuis 1851, travaillent à démoraliser et à déshonorer la France. »

La sommation de M. Ch. Delescluze ne reçut point de réponse de M. Gambetta et ce fut dommage, car le public eût connu le secret de plus d'un dévouement intéressé et certaines palinodies eussent reçu le châtiment public, mais le ministre de l'intérieur nomma une commission chargée de réunir, classer et préparer la publication des papiers et correspondances de la famille impériale. Cette commission primitivement composée de MM. de Kératry, préfet de police, *président*, M. André Lavertujon, *vice-président*, Estancelin, Gagneur, anciens députés, et André Cochut, fut complétée plus tard par MM. Taxile Delord, Ludovic Lalanne et Laurent Pichat, M. Estancelin ayant été envoyé en mission, et MM. de Kératry, Cochut et Jules Claretie, secrétaire, ayant donné leur démission.

Le palais des Tuileries, préservé de toute atteinte dans la journée du 4, par le commandant Dupérier, de l'état-major de la garde nationale, qui en dé-

Préparatifs de défense. — Incendie du pont d'Asnières.

meura pour ce fait le gouverneur durant le siége, était encore, lorsque la commission des papiers pénétrant dans les appartements, entra en fonctions, dans l'état où l'avait laissé l'empereur, partant pour Metz et l'impératrice fuyant sur Maubeuge. On pouvait, en quelque sorte, reconstituer par les mille objets épars, les meubles et les tableaux, la vie intime des souverains déchus. La curiosité inquiète et chimérique de Napoléon se lisait dans chaque projet impraticable soumis à son examen, et qu'il approfondissait gravement, tandis qu'il négligeait les questions vraiment palpitantes et les études vraiment utiles. Par exemple, un travail destiné à l'éclairer sur l'état des forces militaires de la Confédération du Nord avait été absolument dédaigné, regardé d'un œil indifférent, tandis que mainte rêverie sur des modèles nouveaux de canonnières, sur des médailles romaines, des *olives* de frondeurs baléares, etc., sur des projets romanesques, comme l'annexion de la Belgique proposée par un M. Oscar Lessines, étaient examinés, dépouillés avec soin. Et pourtant le travail sur l'Allemagne (publié depuis) l'avertissait que l'ennemi qu'il voulait combattre pouvait disposer de plus d'un million d'hommes. Et cependant les rapports de M. de Stoffel, attaché militaire français à Berlin, disaient à l'empereur : *Prenez garde*. Mais la chose était de peu d'importance pour cet homme de lettres manqué et couronné. Ce qui l'inquiétait, ce n'était pas la réalité, mais le rêve. Il se perdait dans les nuages, mais de ces nuages devait tomber une pluie de sang.

Quant à l'impératrice Eugénie, ses appartements livraient aussi le secret des extravagances et des contradictions de son intelligence. Dans sa bibliothèque, les œuvres de Proudhon, qu'elle avait la prétention de lire et qu'elle ne comprenait certes point, coudoyaient les petits romans badins tirés de la bibliothèque de Marie-Antoinette à Trianon, ou les ouvrages mystiques de la librairie religieuse. Tout était à la fois ultra-mondain et ultra-clérical autour d'elle. Des os de saints, des reliques, s'étalaient sur les murailles, au-dessous des plafonds, où voltigeaient des amours. Des médaillons, dans le goût de Boucher, montraient des bustes de femmes, et, à dix pas de là, se pliait et se repliait, comme un paravent, un confessionnal blanc, à ornements dorés. Ce mélange singulier de poudre de riz et d'encens caractérisait tout à fait cette piété à l'espagnole.

La publication des *Papiers et correspondance de la famille impériale* ne devait point tenir tout ce qu'en attendait l'avide curiosité publique. La plupart des scandales mystérieux de l'empire, comme l'affaire Cornemuse, ou des grands drames sanglants, comme le 2 décembre, n'y figurent pas. D'ailleurs, que de papiers ont dû être brûlés et détruits d'avance ! Mais le peu qu'on trouva pouvait suffire à bien caractériser ce régime de bohème toute-puissante, où tout était frivole, décousu, de surface et de maquillage. Et l'histoire enregistra ces documents sincères et précieux.

Cependant la province avait envoyé ses enfants à Paris. On les voyait, ces mobiles, à peine équipés, la plupart dans leurs costumes du pays : les Bretons, suivis de leurs recteurs, allant au combat comme au *pardon* ; les Bourguignons, en blouses bleues, une croix rouge sur la manche ; les rudes gars d'Auvergne, le front couvert du large chapeau de paysan. Tous arrivaient fermes et résolus, avec un esprit de jeunesse et de force qui donnait confiance. C'était vraiment la France accourue au secours de Paris, tête et cœur de la France. Ceux de Paris, tous ceux qui pouvaient porter les armes, étaient déjà inscrits sur les contrôles et tous réclamaient des fusils. Nul n'osait déjà sortir sans uniforme, sans képi tout au moins. De ces képis, beaucoup n'avaient pas de numéros encore, beaucoup aussi étaient des képis d'ambulanciers ; mais on peut le dire, Paris tout entier était prêt à la lutte. Dans cette fièvre de la première heure, cette masse d'hommes, inhabiles à manier les armes, eût été déjà capable de quelque prodige et d'une journée de sacrifice, sinon de victoire.

Un souffle véritable et sincère de patriotisme parcourait les rues, passait sur les fronts, faisait battre les cœurs. On sentait qu'il fallait, dans ce grand naufrage, se rattacher à ce qui restait de la patrie et la défendre pour reconquérir le reste. On avait comme le besoin d'incarner dans quelque image palpable cette France martyre, sacrifiée par un despote. Alors, d'un élan, comme si la ville de Strasbourg bombardée personnifiait la France vaincue, on se rendait place de la Concorde, devant cette statue de Strasbourg qu'a sculptée Pradier dans la pierre. Le gouvernement de la Défense nationale avait inscrit ses noms à la première page d'un livre destiné à devenir le livre d'or de la cité d'Alsace, et à porter à Strasbourg les remerciements de Paris (1). Chacun s'inscrivait à son tour sur le livre. Des bataillons entiers venaient apporter à Strasbourg leur hommage. Des couronnes, des drapeaux, des guirlandes, s'amoncelaient sur la statue, pétrification de la patrie. Le soir, des verres de couleur illuminaient Strasbourg et lui faisaient comme une auréole. « Vous diriez, s'écriait alors M. Paul de Saint-Victor, la chapelle ardente de la ville martyre. » Et l'écrivain ajoutait : « La France se reconnaît dans Strasbourg ; elle frémit d'admiration, elle tressaille de reconnaissance. La foi remonte à son cœur exalté par ce

(1) Ce livre porte cet en-tête :
Les Parisiens à nos frères héroïques de Strasbourg et au brave général Uhrich.

grand exemple. On ne doute plus des dieux auxquels on voit faire de tels sacrifices. Gloire à cette ville magnanime, illustre par la science et le courage ! Muse cuirassée, guerrière qui veille aux remparts de la patrie, assise sur un canon, penchée sur un livre. Elle se présente au monde appuyée d'une main sur la presse de Guttenberg, tenant de l'autre l'épée de Kléber et d'Uhrich. »

Dix jours après la révolution du 4 septembre, le général Trochu passait, sur les boulevards, la place de la Concorde et les Champs-Élysées, la revue des mobiles et de la garde nationale parisienne, à la tête de laquelle venait d'être appelé, en remplacement du général de La Motte-Rouge, M. Tamisier, ancien officier d'artillerie, nommé général. Ce fut un jour superbe que ce jour de la grande revue ; les rues de Paris retentissaient de cris, d'appels de clairons ou de bruits de tambours. Des bataillons, en rangs sur les boulevards, avaient leurs fusils en faisceaux, puis manœuvraient avec un certain ensemble. La place de la Concorde fourmillait de fer. Acclamé et restant calme et grave, trop grave, le général Trochu, à cheval, passait devant ces bataillons, salué par la foule confiante, saluant d'un air élégant et froid. Comme on croyait en lui ! Comme on était confiant ! Quelle journée de fièvre, par ce beau soleil d'automne ! On eût dit quelque chose comme une rayonnante fête de la Fédération, avec des scintillements d'armes et des frissonnements de feuilles. « *Jamais*, disait dans son ordre du jour le gouverneur de Paris, *jamais aucun général d'armée n'a eu sous les yeux le grand spectacle que vous venez de me donner !*.... Préparez-vous à souffrir avec constance, — ajoutait-il. — A cette condition, vous vaincrez. »

Paris allait souffrir. Paris voulait souffrir. Il ne vainquit pas cependant. Mais cette victoire promise, du moins il sut la mériter, et Paris ne fut point le coupable.

Durant ce temps, les Prussiens avançaient. Leur marche lente et mesurée n'en paraissait que plus sûre. Le 11 septembre, ils étaient à la Ferté, à six heures du soir. Ils arrivaient presque en même temps à Château-Thierry. Le lendemain, le sous-préfet de Meaux et le général Ryan quittaient Meaux devant eux et partaient pour Lagny, coupant les télégraphes. Le gros des forces ennemies était à Crécy. Le 11, les Allemands s'étaient présentés en même temps devant Soissons, sommant la ville de se rendre, et le commandant de place répondait (menace que nous entendrons tant de fois) qu'il se ferait plutôt sauter. Le 12, des uhlans annonçaient à Provins, pour le lendemain, un corps de 20,000 hommes. Les Bavarois étaient à Vied, à Vaucouleurs, dans la Haute-Marne. L'invasion grossissait, roulant partout ses flots d'hommes et de chevaux.

Le pont de Creil était renversé ; les Prussiens arrivaient aux environs de Melun, souvent inquiétés par les francs-tireurs. Le 14 septembre, les chemins de fer de l'Est et du Nord suspendaient leur service au départ de Paris. Le 15, un train de voyageurs était pris par les Prussiens à son arrivée à Senlis. Près de Chantilly, un autre train était assailli par des tirailleurs. Ce même jour, enfin, le 15 septembre, à trois heures vingt minutes du soir, le gouverneur de Paris recevait cette dépêche datée de Vincennes.

« Les uhlans sont, en effet, entre Créteil et Neuilly-sur-Marne.

« A ce dernier point paraît être l'avant-garde de la colonne signalée ce matin.

« Informons et activons tout le monde. »

C'était le premier ennemi signalé presque en vue de Paris. On pouvait maintenant compter les heures qui séparaient la grande ville de l'investissement.

Il était, on le conçoit, de toute nécessité que le gouvernement de la République ne se laissât point tout entier bloquer dans la ville assiégée. Peut-être même eût-il mieux valu que Paris ne fût plus qu'une place forte, une simple citadelle soumise aux droits et aux nécessités sévères du siège. Le gouvernement eût agi hors la capitale, si bien que, Paris succombant, c'était une place forte, non le gouvernement qui tombait. Le gouvernement préféra se scinder en deux. Il délégua à Tours deux de ses membres les moins actifs, M. Crémieux et M. Glais-Bizoin, que l'âge rendait inhabiles à soutenir une aussi redoutable situation. M. Clément Laurier les escortait, représentant le ministre de l'intérieur. C'était alors que M. Gambetta eût dû quitter Paris. Au lieu du long mois perdu par les deux vieillards, il eût, plus tôt et plus fructueusement communiqué sa juvénile ardeur à la France. Mais il semblait, en envoyant le garde des sceaux, M. Crémieux, à Tours, que le gouvernement de Paris s'inquiétait surtout de garder à Paris ses forces vives. Loin de paraître un secours, la délégation de Tours ressemblait à une mise à la retraite. Vainement M. Crémieux, à son arrivée au siège de la délégation, adressait-il à la France une proclamation vraiment éloquente et pleine d'un patriotisme résolu. C'était encore là, non des actes, mais des paroles. *Verba et voces*. Et le temps pressait. Et il fallait agir. Et Paris allait contenir l'ennemi, arrêter le torrent ; mais il fallait, du moins, que la province, d'un élan, courût à la citadelle assiégée. Or, pour soulever, armer, lancer la province au pas de charge, les mains honnêtes de M. Crémieux et celles de M. Glais-Bizoin étaient trop faibles. Le tribun chaleureux de 1848 et l'interrupteur spirituel et mordant de nos assemblées parlementaires étaient déjà paralysés par l'âge. La tâche gigantesque qui leur incombait, devait les écraser.

Paris les vit partir sans confiance, la province les vit arriver sans ardeur. A Paris, le peuple commençait déjà à ne vouloir compter que sur lui-même. Ses conseillers attisaient ses défiances. Il croyait qu'on cachait des chassepots, qu'on hésitait à l'armer. Il était résolu à combattre. Il était certain de vaincre, mais impatient, préférant le combat à la discipline, et prêt à donner son sang dans une rencontre, pourvu qu'on ne la lui fît pas trop attendre.

Dès le 4 septembre, l'Internationale avait donné signe de vie. Les journaux du 5, au matin, contenaient les avis qui suivent :

« Le comité de la section de l'Internationale, de Montmartre, se déclare en permanence à partir du lundi 5 septembre, à neuf heures du matin. Tous les citoyens sont priés d'assister à la réunion.

« *Pour le comité délégué*,
« Maréchal. »

« La section de l'Internationale de Montmartre convoque tous ses adhérents et tout citoyen à la réunion qui aura lieu ce matin, lundi 5 septembre, à neuf heures, boulevard de Clichy, 4. »

Après avoir déclaré, en juillet, qu'elle aimait la paix, l'Internationale appelait, en septembre, tous les peuples à la guerre, pour défendre, dans la France, la République universelle. Il y avait d'ailleurs, ce me semble, diversité d'opinions. Beaucoup aussi, s'adressant aux travailleurs allemands, demandaient la paix, le désarmement universel, la fraternité des peuples. L'Allemagne allait y répondre par le feu de ses canons Krupp.

Les réseaux de chemins de fer continuaient à être coupés autour de Paris. Le 16 septembre, la ligne d'Orléans n'allait plus que jusqu'à Athis. Le 17, un détachement prussien passait la Seine à Choisy-le-Roi. Le 18, des colonnes plus nombreuses traversaient le fleuve à Villeneuve-Saint-Georges. La ligne du Havre, la dernière qui fonctionnât, était coupée à Conflans.

Le 19 septembre, le *rapport militaire* signalait l'ennemi à Vitry, à Chevilly, à Clamart, à Bourg-la-Reine, filant par Meudon sur Versailles. Il était à Gonesse aussi, pointant sur Saint-Denis. Des fusillades et des canonnades s'étaient, çà et là, engagées. Le réseau télégraphique de l'Ouest, le dernier qui permît de transmettre et de recevoir des dépêches, était coupé à une heure de l'après-midi. Les Allemands arrivaient par trois côtés à la fois devant la capitale. Deux corps bavarois, la division wurtembergeoise, le corps saxon, la garde prussienne et quatre corps d'armée prussiens s'établissaient presque simultanément devant nos forts. Le soir, la garde républicaine rentrait à Paris après sa tournée extérieure et prévenait que les trois ponts de Saint-Cloud, Sèvres et Billancourt venaient de sauter.

« Le public, ajoutait le *rapport*, ne devra pas s'étonner s'il ne trouve plus de communications télégraphiques affichées ou insérées dans le *Journal officiel*. »

Plus de communications, plus de lettres, plus de dépêches, plus de nouvelles. Paris était supprimé du reste du monde. Une vie nouvelle commençait. La grande ville était investie.

DOCUMENTS COMPLÉMENTAIRES DU CHAPITRE I

N° 1.

CIRCULAIRE

adressée aux agents diplomatiques de France par le vice-président du gouvernement de la Défense nationale, ministre des affaires étrangères.

Monsieur,

Les événements qui viennent de s'accomplir à Paris s'expliquent si bien par la logique inexorable des faits, qu'il est inutile d'insister longuement sur leur sens et leur portée.

En cédant à un élan irrésistible, trop longtemps contenu, la population de Paris a obéi à une nécessité supérieure, celle de son propre salut.

Elle n'a pas voulu périr avec le pouvoir criminel qui conduisait la France à sa perte.

Elle n'a pas prononcé la déchéance de Napoléon III et de sa dynastie : elle l'a enregistrée au nom du droit, de la justice et du salut public.

Et cette sentence était si bien ratifiée à l'avance par la conscience de tous, que nul, parmi les défenseurs les plus bruyants du pouvoir qui tombait, ne s'est levé pour le soutenir.

Il s'est effondré de lui-même, sous le poids de

ces fautes, aux acclamations d'un peuple immense, sans qu'une goutte de sang ait été versée, sans qu'une personne ait été privée de sa liberté.

Et l'on a pu voir, chose inouïe dans l'histoire, les citoyens auxquels le cri du peuple conférait le mandat périlleux de combattre et de vaincre, ne pas songer un instant aux adversaires qui, la veille, les menaçaient d'exécutions militaires. C'est en leur refusant l'honneur d'une répression quelconque qu'ils ont constaté leur aveuglement et leur impuissance.

L'ordre n'a pas été troublé un seul moment; notre confiance dans la sagesse et le patriotisme de la garde nationale et de la population tout entière nous permet d'affirmer qu'il ne le sera pas.

Délivré de la honte et du péril d'un gouvernement traître à tous ses devoirs, chacun comprend que le premier acte de cette souveraineté, enfin reconquise, est de se commander à soi-même et de rechercher sa force dans le respect du droit.

D'ailleurs, le temps presse : l'ennemi est à nos portes; nous n'avons qu'une pensée, le repousser hors de notre territoire.

Mais cette obligation que nous acceptons résolûment, ce n'est pas nous qui l'avons imposée à la France : elle ne la subirait pas si notre voix avait été écoutée.

Nous avons défendu énergiquement, au prix même de notre popularité, la politique de la paix. Nous y persévérons avec une conviction de plus en plus profonde.

Notre cœur se brise au spectacle de ces massacres d'êtres humains dans lesquels disparaît la fleur des deux nations, qu'avec un peu de bon sens et beaucoup de liberté, on aurait préservées de ces effroyables catastrophes.

Nous n'avons pas d'expression qui puisse peindre notre admiration pour notre héroïque armée, sacrifiée par l'impéritie du commandement suprême, et cependant plus grande par ses défaites que par ses plus brillantes victoires.

Car, malgré la connaissance des fautes qui la compromettaient, elle s'est immolée, sublime, devant une mort certaine, et rachetant l'honneur de la France des souillures de son gouvernement.

Honneur à elle ! La Nation lui ouvre ses bras ! Le pouvoir impérial a voulu les diviser, les malheurs et le devoir les confondent dans une solennelle étreinte. Scellée par le patriotisme et la liberté, cette alliance nous fait invincibles.

Prêts à tout, nous envisageons avec calme la situation qui nous est faite.

Cette situation, je la précise en quelques mots ; je la soumets au jugement de mon pays et de l'Europe.

Nous avons hautement condamné la guerre, et, protestant de notre respect pour le droit des peuples, nous avons demandé qu'on laissât l'Allemagne maîtresse de ses destinées.

Nous voulions que la liberté fût à la fois notre lien commun et notre commun bouclier ; nous étions convaincus que ces forces morales assuraient à jamais le maintien de la paix. Mais comme sanction, nous réclamions une arme pour chaque citoyen, une organisation civique, des chefs élus, alors nous demeurions inexpugnables sur notre sol.

Le gouvernement impérial, qui avait depuis longtemps séparé ses intérêts de ceux du pays, a repoussé cette politique. Nous la reprenons avec l'espoir qu'instruite par l'expérience, la France aura la sagesse de la pratiquer.

De son côté, le roi de Prusse a déclaré qu'il faisait la guerre, non à la France, mais à la dynastie impériale.

La dynastie est à terre. La France libre se lève.

Le roi de Prusse veut-il continuer une lutte impie qui lui sera au moins aussi fatale qu'à nous ?

Veut-il donner au monde du dix-neuvième siècle ce cruel spectacle de deux nations qui s'entre-détruisent, et qui, oublieuses de l'humanité, de la raison, de la science, accumulent les ruines et les cadavres ?

Libre à lui : qu'il assume cette responsabilité devant le monde et devant l'histoire !

Si c'est un défi, nous l'acceptons.

Nous ne céderons ni un pouce de notre territoire ni une pierre de nos forteresses.

Une paix honteuse serait une guerre d'extermination à courte échéance.

Nous ne traiterons que pour une paix durable.

Ici, notre intérêt est celui de l'Europe entière, et nous avons lieu d'espérer que, dégagée de toute préoccupation dynastique, la question se posera ainsi dans les chancelleries.

Mais laissons-nous seuls, nous ne faiblirons pas.

Nous avons une armée résolue, des forts bien pourvus, une enceinte bien établie, mais surtout les poitrines de trois cent mille combattants décidés à tenir jusqu'au dernier.

Quand ils vont pieusement déposer des couronnes au pied de la statue de Strasbourg, ils n'obéissent pas seulement à un sentiment d'admiration enthousiaste, ils prennent leur héroïque mot d'ordre, ils jurent d'être dignes de leurs frères d'Alsace et de mourir comme eux.

Après les forts, les remparts, après les remparts, les barricades. Paris peut tenir trois mois et vaincre ; s'il succombait, la France, debout à son appel, le vengerait : elle continuerait la lutte, et l'agresseur y périrait.

Voilà, monsieur, ce que l'Europe doit savoir. Nous n'avons pas accepté le pouvoir dans un autre but. Nous ne le conserverions pas une minute si nous ne trouvions pas la population de Paris et la France entière, décidées à partager nos résolutions.

Je les résume d'un mot devant Dieu qui nous entend, devant la postérité qui nous jugera : nous ne voulons que la paix. Mais, si l'on continue contre nous une guerre funeste que nous avons condamnée, nous ferons notre devoir jusqu'au bout, et j'ai la ferme confiance que notre cause, qui est celle du droit et de la justice, finira par triompher.

C'est en ce sens que je vous invite à expliquer la situation à M. le ministre de la cour près de laquelle vous êtes accrédité, et entre les mains duquel vous laisserez copie de ce document.

Agréez, monsieur, l'expression de ma haute considération.

6 septembre 1870.

Le ministre des affaires étrangères,
JULES FAVRE.

N° 2.

ORDRE DU JOUR DU GÉNÉRAL TROCHU

Aux gardes nationaux et aux gardes mobiles de la Seine, aux gardes mobiles des départements.

Jamais aucun général d'armée n'a eu sous les yeux le grand spectacle que vous venez de me donner.

Trois cents bataillons de citoyens, organisés, armés, encadrés par la population tout entière, acclamant dans un concert immense la défense de Paris et la liberté !

Que les nations étrangères qui ont douté de vous, que les armées qui marchent sur nous ne l'ont-elles entendu !

Elles auraient eu le sentiment que le malheur a plus fait en quelques semaines pour élever l'âme de la nation que de longues années de jouissance pour l'abaisser.

L'esprit de dévouement et de sacrifices vous a pénétrés, et déjà vous lui devez le bienfait de l'union de cœur qui va vous sauver.

Avec notre formidable effectif, le service journalier de la garde de Paris ne sera pas moins de 70,000 hommes en permanence. Si l'ennemi, par une attaque de vive force, ou par surprise, ou par la brèche ouverte, perçait l'enceinte, il rencontrerait les barricades dont la construction se prépare, et ses têtes de colonnes seraient renversées par l'attaque successive de dix réserves échelonnées.

Ayez donc confiance entière, et sachez que l'enceinte de Paris, défendue par l'effort persévérant de l'esprit public et par trois cent mille fusils, est inabordable.

Gardes nationaux de la Seine et gardes mobiles, au nom du gouvernement de la défense nationale, dont je ne suis devant vous que je le représentant, je vous remercie de votre patriotique sollicitude pour ces chers intérêts dont vous avez la garde.

A présent, à l'œuvre dans les neuf sections de la défense !

De l'ordre partout, du calme partout, du dévouement partout !

Et rappelez-vous que vous devenez chargés, je vous l'ai déjà dit, de la police de Paris pendant ces jours de crise.

Préparez-vous à souffrir avec constance. — *A cette condition vous vaincrez.*

Général Trochu.

N° 3.

LES SOCIALISTES FRANÇAIS

au peuple allemand, à la démocratie allemande socialiste.

Tu ne fais la guerre qu'à l'empereur, et point à la nation française, a dit et répété ton gouvernement.

L'homme qui a déchaîné cette lutte fratricide, qui n'a pas su mourir, et que tu tiens entre te mains, n'existe pas pour nous.

La France républicaine t'invite, au nom de la justice, à retirer tes armées; sinon, il nous faudra combattre jusqu'au dernier homme et verser à flots ton sang et le nôtre.

Par la voix de trente-huit millions d'êtres, animés du même sentiment patriotique et révolutionnaire, nous te répétons ce que nous déclarions à l'Europe coalisée en 1793 :

« Le peuple français ne fait point la paix avec
« un ennemi qui occupe son territoire.
« Le peuple français est l'ami et l'allié de tous
« les peuples libres. — Il ne s'immisce point dans
« le gouvernement des autres nations; il ne souffre
« pas que les autres nations s'immiscent dans le
« sien. »

Repasse le Rhin.

Sur les deux rives du fleuve disputé, Allemagne et France, tendons-nous la main. Oublions les crimes militaires que les despotes nous ont fait commettre les uns contre les autres.

Proclamons : La Liberté, l'Égalité, la Fraternité des peuples.

Par notre alliance, fondons les États-Unis d'Europe.

Vive la république universelle !

Démocrates socialistes d'Allemagne, qui, avant la déclaration de guerre, avez protesté, comme nous, en faveur de la paix, les démocrates socialistes de France sont sûrs que vous travaillez avec eux à l'extinction des haines internationales, au désarmement général et à l'harmonie économique.

Au nom des sociétés ouvrières et des sections françaises de l'Association internationale des travailleurs,

Ch. Beslay, Briosne, Bachruch, Camélinat, Ch.-L. Chassin, Chemalé, Dupas, Hervé, Landeck, Leverdays, Longuet, Marchand, Perrachon, Tolain, Vaillant.

CARTE DES ENVIRONS DE PARIS

CHAPITRE II

SIÉGE DE PARIS (du 4 septembre au 2 octobre).

Retraite de Vinoy. — L'investissement de Paris. — Précautions prises par Napoléon Ier devant Paris en 1815. — L'affaire de Châtillon (19 septembre). — Proclamation de M. Gambetta. — L'anniversaire de la République. — Escarmouches autour de Paris.— M. Jules Favre à Ferrières.— M. J. Favre et M. de Bismarck.— Les prétentions et la haine de l'Allemagne.— Rapport de M. J. Favre.— Reprise de Villejuif et des Hautes-Bruyères. — Le combat de Chevilly. — État de Paris. — Les journaux. — La chasse aux espions. — Le dimanche 20 octobre : Toul et Strasbourg ont capitulé. — Documents complémentaires.

Depuis le début de la guerre, on peut dire que la France fut en proie aux optimistes. L'optimisme, dans cette dernière campagne, nous a coûté terriblement cher. On peut affirmer que ceux qui, par leur crédulité ou leur ignorance, ont entretenu dans la nation une confiance irréfléchie, basée sur l'imagination, et non sur l'étude et l'expérience, ont causé autant de mal au pays que ceux-là mêmes qui ont brutalement désespéré de la patrie et qui n'ont pas tout tenté pour la sauver. Les événements auraient dû cependant singulièrement éclairer ceux qui ne voulaient rien entendre, prêter l'oreille à aucun conseil. Après avoir appelé des *défaites providentielles* les défaites des premiers jours d'août, les optimistes rassuraient, au lendemain de Sedan, avec un étonnant sang-froid, la population de Paris en affirmant gravement que Paris ne pouvait être investi. Une cité aussi grande, un petit monde, pour mieux dire, comment feraient les Prussiens pour l'enfermer dans un cercle étroit?

Cette opinion sur l'impossibilité de l'investissement de Paris, nous la retrouverions d'ailleurs formulée par un homme qui, à défaut d'autre vertu, eut cependant le génie de la guerre. Napoléon Ier dans sa *Correspondance* prétend que Paris ne peut être investi. Et le Paris de son temps n'était pas encore le vaste Paris d'aujourd'hui.

Paris, malgré ces assurances consolantes, était cependant enfermé dans un cordon étroit, corseté de fer, comme disait alors un écrivain plus pittoresque que sensé. Et pour défendre Paris, la garde nationale n'était pas encore organisée, les mobiles à peine habitués à marcher au pas. Le gouvernement de la défense nationale avait eu pourtant une heure de joie lorsqu'on lui apprit que le général Vinoy avait réussi à se rabattre sur Paris, ramenant non-seulement son corps d'armée de dix mille hommes, mais plus du double de fuyards échappés de Sedan et groupés autour de lui tant bien que mal. Cette retraite de Vinoy partant de Mézières à la nouvelle du désastre de Sedan pour regagner Paris à travers l'Aisne, par Saint-Quentin et Soissons, puis Compiègne, fut une des rares manœuvres de la campagne qui méritent les éloges des tacticiens. La tâche n'était point facile de ramener, en fuyant l'ennemi, ces troupes épuisées, démoralisées, sans discipline, qui, tandis qu'il fallait marcher en silence et à marches forcées, se plaisaient à tirer, sous bois, des coups de feu aux perdreaux ou aux lièvres qu'on faisait lever. Et les uhlans suivaient de près cette armée incapable de se défendre ! Les Prussiens étaient là, presque sur les talons de ces soldats. Pourtant, on évita l'ennemi, et, on peut le dire, une nouvelle défaite. Vinoy arriva sous Paris, ramenant ses canons. Ses troupes, bientôt reconstituées, allaient former le noyau de l'armée parisienne. Il y avait là deux régiments complets, intacts, le 34e et le 35e, que nous allons retrouver dans chacun des combats futurs ; il y avait des zouaves et beaucoup de ces artilleurs qui furent, durant toute la campagne, avant et après Sedan, à Paris comme en province, dignes de tout éloge. A ces forces inespérées, la défense de Paris pouvait ajouter, les plaçant en première ligne, ces canonniers et ces fusiliers marins qui sont maintenant devenus légendaires pour leur courage et leur sang-froid.

Lorsque la terre est envahie, ceux de ses enfants qui servent sur mer descendent au rivage et viennent la défendre. Déjà, lors du premier empire, les désastres impériaux forcèrent Napoléon Ier à appeler à lui l'artillerie de marine. Un parc d'artillerie avait été, en 1815, organisé à Vincennes et le service des batteries confié à l'École polytechnique et à l'artillerie de marine. Il est d'ailleurs intéressant de remonter, par comparaison, aux mesures prises par Napoléon Ier, en vue d'un siège possible de Paris. — Les généraux Haxo et Rogniat avaient été chargés de tracer des redoutes à Montmartre, Ménilmontant, Belleville. A Paris, comme à Lille (voir les lettres de Napoléon à Carnot) l'empereur voulait s'appuyer maintenant sur la garde nationale, même la plus populaire. Je cite ses paroles. « Vous serez les éclaireurs de la garde nationale, » disait-il aux soldats fédérés des faubourgs Saint-Antoine et Saint-Marceau. Il les organisait ainsi, et l'organisation de la garde nationale en novembre 1870 ne diffère pas beaucoup de la sienne : « Vingt-quatre bataillons de tirailleurs de fédérés de notre bonne ville de Paris, composés des habitants et ouvriers de Paris et de la banlieue qui ne font pas partie de la garde nationale, formeront six brigades de quatre bataillons, deux bataillons formant un régiment. »

Dans sa lettre à Davoust, prince d'Eckmühl, ministre de la guerre, il donne encore ses instructions générales pour la défense de Paris (27 mai 1815), l'organisation des tirailleurs de Sceaux et de Saint-Denis. Il donne ordre de tracer des ouvrages de défense à l'embouchure du canal de Saint-Denis, d'armer Montmartre et la redoute de la barrière du Trône, de confectionner des palissades pour fermer les barrières de la rive gauche de la Seine. » Enfin, comme nous l'avons dit tout à l'heure, il conclut en niant la possibilité de l'investissement :

« *Il est impossible que* 150,000 *hommes viennent se placer partout.* »

Et pourtant, au début du dernier siége, les Prussiens n'étaient pas beaucoup plus nombreux que ces 150,000 hommes dont parle Napoléon. On leur donna seulement le temps de développer soigneusement leur cordon d'investissement. Avouons d'ailleurs que le siège de Paris commença mal. Un premier échec donna brusquement à l'ennemi de grands avantages matériels, sans compter la nouvelle force morale que lui communiquait une victoire remportée sous Paris. La journée de Châtillon fut déplorable pour la suite du siége. Non-seulement elle nous enleva le plateau de Châtillon, position de premier ordre, si facile à défendre, mais elle démontra qu'il fallait, avant de tenter quelque entreprise, donner aux troupes du 13e corps plus de cohésion, et, pour mieux dire, les refaire.

Le 17 septembre, la division d'Exéa, du corps de Vinoy (13e) avait eu avec l'ennemi un engagement où l'avantage nous était resté, et on avait pu reconnaître que les troupes allemandes engagées formaient l'arrière-garde d'un corps qui se dirigeait de Choisy-le-Roi sur Versailles, contournant les positions de Châtillon et de Clamart. Le 18, le général Ducrot, qui, après la journée de Sedan, s'était échappé des lignes prussiennes (1) occupait avec quatre divisions d'infanterie la ligne des hauteurs de Villejuif à celles de Meudon. Il avait ordonné, le soir, une reconnaissance de cavalerie qui nous apprit le mouvement considérable opéré par l'ennemi.

Il s'agissait d'empêcher, si on le pouvait, les Prussiens de continuer leur marche sur Versailles. Le 19, dès la pointe du jour, le général d'Exéa quitte ses positions et nos troupes, massées en avant du fort de Montrouge, se déploient bientôt pour soutenir le combat engagé entre les francs-tireurs et les Prussiens.

Tous ces bois des environs de Sceaux, Bagneux, Clamart, étaient encore intacts. On n'avait pris ni la précaution de les brûler, ni celle de les abattre. Notre artillerie les fouillait, les canonnant avec vigueur, mais on pouvait croire que les Prussiens n'avaient point profité, cette fois, des abris naturels, car ils ne ripostaient pas. Ces taillis demeuraient silencieux. Mais, tout à coup, vers sept heures et demie, les canons prussiens répondent aux nôtres, tandis que des fusillades épouvantables accueillent nos soldats engagés, vers Bagneux, dans les clairières. Embusqués derrière les arbres, les Prussiens tiraient comme à Forbach, dans des masses humaines, et presque à bout portant. Le désordre fut grand. Des bataillons de mobiles s'entretuèrent un moment avec des compagnies du 116e de ligne, tandis que les zouaves, formés de débris des régiments des Ardennes, s'enfuyaient en désordre, pris d'une sorte de panique, jetant leurs fusils et entraînant dans ce mouvement de recul précipité la plus grande partie de l'armée.

Le régiment de cavalerie, composé de cuirassiers, de carabiniers, de chasseurs, de gendarmes, régiment mêlé et qui, dans son amalgame pittoresque, donnait l'idée mélancolique du peu de forces qui restait à la France, ce régiment tenta d'arrêter la déroute. L'artillerie, superbe pendant cette journée, tenait bon, ripostait aux obus allemands. Mais tout était vain. Les troupes pliaient. Pis que cela, on en vit revenir sur les forts, en rangs, sans avoir donné, et se ruant aux portes comme un troupeau. Du haut de la redoute de Châtillon, brusquement abandonnée par nous, l'artillerie prussienne envoyait ses projectiles sur

(1) En réponse à un article du *Standard*, où M. Ducrot était accusé d'avoir manqué à sa parole et menacé d'être plus tard fusillé s'il était fait de nouveau prisonnier, le général repoussa, dans une lettre, ce reproche de félonie. Il raconte lui-même comment, conduit de Sedan à Pont-à-Mousson avec son état-major, il trouva le moyen de s'échapper, sous un costume d'ouvrier, avec M. de Gaston, son officier d'ordonnance, et rentra en France par la voie d'Épinal, après avoir parcouru près de cent kilomètres à pied ou en charrette. M. de Bismarck prit texte de cette évasion pour déclarer qu'on ne pouvait se fier à la parole des officiers français.

nos régiments en désordre. Les Prussiens, par bonheur, tiraient un peu trop haut et n'atteignaient point les fantassins dont ils eussent pu faire un terrible carnage. Beaucoup, sous les balles et les boulets, se couchaient, les laissant siffler sur leurs têtes.

Toute cette armée, ainsi repoussée sans avoir tenu devant l'ennemi, se retirait tumultueusement, tristement, sous le feu des forts de **Vanves** et de **Montrouge**. Des soldats débandés entraient dans Paris, semant l'alarme, parlant du manque de vivres, de munitions. On en vit jeter leurs cartouches dans la Seine. Le point de ralliement était le Champ de Mars. Tout le jour, les quais, la rue de Rivoli, les boulevards de la rive gauche, presque toutes les rues furent sillonnés par des fuyards, porteurs de mauvaises nouvelles. La population se pressait aux portes, silencieuse, pleine d'anxiété, assistant à ce douloureux spectacle, nouveau pour elle : le retour des blessés.

« Ce n'est, après tout, qu'une affaire d'artillerie, disait le général Ducrot après le combat. Cela ne prouve rien. »

Il avait fait enclouer les canons abandonnés dans la redoute de Châtillon, mais ce point si important, cette situation admirable nous échappait. Déjà les Prussiens couronnaient le plateau et se mettaient à achever nos travaux ébauchés. Toute la plaine qui s'étend de Montrouge à Vanves, les routes qui la traversent étaient désormais commandées par l'ennemi, et la libre circulation du côté de Versailles lui était assurée. Il occupait le lendemain, 20 septembre, Versailles et Corbeil.

Cette journée du 19 eût pu avoir sur les troupes et la population une influence malheureuse.

Ce soir-là, Paris, qui, jusqu'alors, avait gardé une sérénité presque joyeuse, celle de l'espoir, se sentit pour la première fois depuis les dernières semaines, saisi d'une sorte de pressentiment vague, mais sombre. La vérité semblait se dresser devant lui. Dans cette brume automnale des soirs de septembre, on entendait partout le canon gronder. Paris était comme enserré dans une ceinture de feu. Ces détonations sourdes emplissaient de leur grande voix le silence instinctif de la ville immense. Rien, point de bruit que ces canonnades lugubres, ou encore le *qui vive* d'une sentinelle ou le pas d'une patrouille. Dans les terrains vagues, des pelotons de gardes nationaux faisaient, malgré la nuit, l'exercice. Sur le pas des portes, les femmes groupées parlaient tout bas. On se sentait, cette fois, livré à cette chose épouvantable, la guerre, à cette nécessité dure, le siége. Les femmes de Paris, moins heureuses que les femmes de Sparte, pouvaient, au loin, apercevoir la fumée du camp ennemi.

M. Gambetta, répondant à la fois aux émotions du public et au sentiment de sévère justice qui voulait que les fuyards de Châtillon fussent punis, fit, dans la soirée, apposer l'affiche qui portait la proclamation suivante :

RÉPUBLIQUE FRANÇAISE
Ministère de l'intérieur

Citoyens,

Le canon tonne. Le moment suprême est arrivé. Depuis le jour de la révolution, Paris est debout et en haleine. Tous, sans distinction de classes ni de partis, vous avez saisi vos armes, pour sauver à la fois la ville, la France et la République.

Vous avez donné, dans ces derniers jours, la preuve la plus manifeste de vos mâles résolutions ; vous ne vous êtes laissé troubler ni par les lâches, ni par les tièdes ; vous ne vous êtes laissé aller ni aux excitations, ni à l'abattement : vous avez envisagé avec sang-froid la multitude des assaillants.

Les premières atteintes de la guerre vous trouveront également calmes et intrépides, et si les fuyards venaient, comme aujourd'hui, porter dans la cité le désordre, la panique et le mensonge, vous resteriez inébranlables, assurés que *la cour martiale qui vient d'être instituée par le gouvernement pour juger les lâches et les déserteurs*, saura efficacement veiller au salut public et protéger l'honneur national.

Restons donc unis, serrés les uns contre les autres, prêts à marcher au feu, et montrons-nous les dignes fils de ceux qui, au milieu des plus effroyables périls, n'ont jamais désespéré de la patrie !

Paris, 19 septembre 1870.

Le membre du gouvernement de la défense nationale, délégué au département de l'intérieur,

LÉON GAMBETTA.

Le général Trochu prenait, lui aussi, la parole, et déclarait, à propos de l'*inqualifiable panique* des zouaves, qu'il était « fermement résolu à mettre fin à de si graves désordres. » Tous les défenseurs de Paris, gardes nationaux, gardes mobiles, troupes en garnison à Paris, avaient dès lors pour devoir de saisir les hommes isolés, soldats de toutes armes en état d'ivresse ou répandant la terreur dans la cité. Ces soldats arrêtés devaient être conduits à l'état-major de la place, 7, place Vendôme, et traduits devant les conseils de guerre. On vit de ces malheureux et misérables soldats ainsi promenés par les rues, la visière du képi tombant sur la nuque, la capote retournée, et portant sur le dos, comme un condamné sa sentence, ces mots : *Lâche* ou *déserteur*.

INVESTISSEMENT DE PARIS. — Une patrouille prussienne, la nuit, dans la rue de l'Église, à Saint-Cloud.

Le lendemain, 20 septembre, le gouvernement répétait encore une fois que toute sa politique se formulait en ces termes : *Ni un pouce de notre territoire, ni une pierre de nos forteresses.* La nouvelle venait justement de se répandre que M. Jules Favre s'était rendu au quartier général prussien, et l'opinion publique ne voyait pas sans émotion cette démarche. La déclaration nouvelle du gouvernement avait pour but de rassurer le public en lui rappelant les bases possibles d'une transaction avec la Prusse.

Le 21 septembre était le jour anniversaire de la proclamation de la première République. Souvenir à la fois patriotique et poignant. A soixante-dix-huit ans de distance, la France demandait son salut à cette forme de gouvernement qui seule met la nation dans la libre possession de soi-même et de ses forces tout entières. L'image superbe de ceux qui avaient autrefois, non-seulement sauvé, mais fait, mais créé la patrie, apparaissait au seuil de la République nouvelle, comme pour enseigner le vrai devoir. Comme en 92, la France était envahie et devait chasser l'étranger. Comme en 92, un ennemi farouche s'acharnait sur cette proie vivante, et parlait de la dépecer. Comme en 92, il fallait vaincre, sous peine de mourir ou d'abdiquer, ce qui est une autre façon de périr. Mais la France n'était pas, en 1871 comme en 92, au lendemain de ce lumineux dix-huitième siècle qui avait fait, par Voltaire, Diderot, Condorcet et tant d'autres, de notre patrie la nation la plus éclairée et par conséquent la plus forte du monde. Encore un coup, l'empire avait usé presque tous les ressorts de ce grand peuple. Le ministre de l'intérieur se montrait d'autant plus patriote lorsqu'il rappelait à toutes les mémoires, à propos de cette date du 21 septembre, l'œuvre défaite par l'empire, l'œuvre de ces pères de la patrie qui avaient rendu la France grande par l'idée, puissante par les armes, invincible par ses frontières :

« Citoyens,

« C'est aujourd'hui le 21 septembre.

« Il y a soixante-dix-huit ans, à pareil jour, nos pères fondaient la République, et se juraient à eux-mêmes, en face de l'étranger qui souillait le sol sacré de la patrie, de vivre libres ou de mourir en combattant.

« Ils ont tenu leur serment; ils ont vaincu, et la République de 92 est restée dans la mémoire des hommes comme le symbole de l'héroïsme et de la grandeur nationale.

« Le gouvernement installé à l'Hôtel de ville, aux cris enthousiastes de : « Vive la République! » ne pouvait laisser passer ce glorieux anniversaire, sans le saluer comme un grand exemple.

« Que le souffle puissant qui animait nos devanciers passe sur nos âmes, et nous vaincrons.

« Honorons aujourd'hui nos pères, et demain sachons comme eux forcer la victoire en affrontant la mort.

« Vive la France! vive la République!

Paris, le 21 septembre 1870.

« *Le ministre de l'intérieur,*

« LÉON GAMBETTA. »

Cependant, autour de Paris, les petits combats se multipliaient, çà et là, et nos jeunes troupes s'habituaient au feu. Tandis que les Prussiens occupaient Bondy, et massaient au Raincy leur artillerie, le général de Bellemare, commandant à Saint-Denis, était contraint de laisser accomplir à l'ennemi l'établissement de ses batteries à la butte Pinson, tandis que notre batterie de Saint-Ouen protégeait la presqu'île de Gennevilliers. Les forts de Montrouge, de Bicêtre et d'Issy tenaient à distance les avant-postes prussiens. Mais, après le combat de Châtillon, les Allemands, possesseurs de tout ce terrain qui va des forts à Châtillon, s'étaient avancés jusqu'à Villejuif et l'avaient occupé. La position était excellente. Du haut de la montée de Villejuif, la ville apparaît en quelque sorte à portée de canon. Tout le quartier de la Maison-Blanche se découpe à l'horizon, surmonté par des clochers qui émergent de l'entassement de constructions. Le dôme du Panthéon dresse hardiment sa coupole sur ces masses, et les Prussiens pouvaient apercevoir la ligne de l'enceinte et l'entrée de Paris. En revanche, ils se trouvaient directement sous le feu de nos forts, et, à ce point de vue, la position était pour eux tout à fait dangereuse.

Du côté de Saint-Germain, l'ennemi, occupant Chatou, établissait un pont à Port-Marly, et s'installait dans la plaine du Vésinet. Devant Charenton, il se trouvait en forces à Mesly et Mont-Mesly. Le côté de Paris le plus menacé, le seul menacé, à vrai dire, c'était donc la Maison-Blanche, et il importait d'enlever aux Prussiens la position de Villejuif. On allait bientôt tenter l'entreprise, et le public était encore sous l'impression de léger abattement, ou, pour être plus juste, de tristesse, que lui avait causée l'échec de Châtillon, lorsqu'un incident nouveau vint rallumer soudain les colères, exaspérer les patriotiques ferveurs et ranimer les courages. Le *Journal officiel* du 22 septembre contenait la note suivante :

« Avant que le siège de Paris commençât, le ministre des affaires étrangères a voulu connaître les intentions de la Prusse, jusque-là silencieuse.

« Nous avions proclamé hautement les nôtres le lendemain de la révolution du 4 septembre.

« Sans haine contre l'Allemagne, ayant toujours

condamné la guerre que l'empereur lui a faite dans un intérêt exclusivement dynastique, nous avons dit : Arrêtons cette lutte barbare qui décime les peuples au profit de quelques ambitieux. Nous acceptons des conditions équitables. Nous ne cédons ni un pouce de notre territoire, ni une pierre de nos forteresses. La Prusse répond à ces ouvertures en demandant à garder l'Alsace et la Lorraine par droit de conquête.

« Elle ne consentirait même pas à consulter les populations; elle veut en disposer comme d'un troupeau.

« Et quand elle est en présence de la convocation d'une assemblée qui constituera un pouvoir définitif et votera la paix ou la guerre, la Prusse demande comme condition préalable d'un armistice l'occupation des places assiégées, le fort du Mont-Valérien et la garnison de Strasbourg prisonnière de guerre.

« Que l'Europe soit juge !

« Pour nous, l'ennemi s'est dévoilé. Il nous place entre le devoir et le déshonneur; notre choix est fait.

« Paris résistera jusqu'à la dernière extrémité. Les départements viendront à son secours, et, Dieu aidant, la France sera sauvée.

« Le ministre des affaires étrangères s'occupe de rédiger une relation détaillée de son voyage au quartier général prussien. »

Quelques-uns ont blâmé, avec une certaine amertume, la démarche de M. Jules Favre auprès du Chancelier de la Confédération du Nord et du roi de Prusse. Il appartient à l'histoire, calme et apaisée, de rendre aux actions des hommes leur véritable physionomie. Eh bien! qui niera de bonne foi que la relation du voyage de M. Jules Favre, à travers les lignes prussiennes, n'ait enflammé plus d'un cœur et soulevé plus d'une généreuse colère, lorsqu'on la lut pour la première fois? On a dit que le ministre des affaires étrangères était allé implorer la pitié du vainqueur. Non, crédule et confiant, il était allé faire appel à sa justice. Qu'on relise, après des années, le rapport qu'il adressa, une fois de retour, à ses collègues ou plutôt à la France, on n'y verra que ce qu'on y vit au moment de l'apparition de cette pièce capitale, devenue historique du jour au lendemain : la douleur du patriote, unie à la faiblesse du diplomate.

Quant à la démarche même, non-seulement M. Favre pouvait, mais il devait la faire, en demeurant dans son programme énergique : ne céder ni une motte de terre, ni un brin de paille d'un hameau français. Pour les forteresses, si la Prusse l'eût voulu, si elle eût compris son intérêt éternel, et non écouté son appétit immédiat, qui se fût récrié au cas où l'ennemi nous eût demandé le démantèlement de quelques places fortes de l'Est? Il était bien évident, quoi qu'en ait pu penser ou dire

M. de Bismarck, que si la Prusse n'eût pas abusé de sa victoire, la guerre de 1870 était la dernière guerre entre l'Allemagne et la France. L'idéal du peuple français était, depuis de longues années, la paix. Il avait fallu l'exaspérer et l'affoler, il avait fallu lui mentir pour le jeter dans cette guerre des bords du Rhin. A coup sûr, si l'empire une fois battu par la Prusse, la Prusse n'avait pas rendu la France responsable, la haine, qu'il faut aviver, entretenir maintenant, se fût éteinte. Les deux peuples, le pays de Goethe et celui de Diderot, fussent devenus amis. Le gouvernement du 4 septembre, composé d'hommes qui avaient en juillet protesté contre la guerre, pouvait, certes, en septembre, protester encore contre la continuation de la guerre. M. Jules Favre faisait partie de cette opposition qui seule, disait M. de Bismarck lors de la déclaration belliqueuse de M. de Gramont, *avait conservé son bon sens dans la Chambre française*. Il avait donc le droit de demander la fin d'une lutte qu'il avait voulu empêcher au début.

Un diplomate étranger facilita au gouvernement de la défense nationale les premiers pourparlers avec le gouvernement prussien. L'ex-impératrice avait essayé d'attendrir le czar qui brisait sa coupe, dans un festin, en signe de la joie qu'il éprouvait de la capitulation de Sedan. Les bonapartistes ont même depuis essayé de faire croire que l'empereur de Russie était prêt à garantir l'intégrité territoriale de la France, si la France conservait l'empire. Le fait est absolument faux, et non-seulement faux, mais impossible. Encore une fois, l'humeur du czar était toute prussienne. Laissons les partisans de la restauration impériale inventer ces mensonges intéressés.

On trouvera plus loin, dans son entier, le récit de la conférence qui eut lieu à Ferrières entre M. Jules Favre et M. de Bismarck. Ce voyage du représentant de la République à travers les routes sillonnées d'ennemis, les campagnes ravagées, les villages pillés, les maisons vides, restera, en dépit de tout, comme une des pages accusatrices qui pèseront le plus lourdement sur la mémoire de la Prusse, de ses diplomates et de ses chefs.

A coup sûr, s'il y avait un homme qui n'était point fait pour tenir tête à M. de Bismarck, c'était M. Jules Favre. Homme de sentiment et poétique, habitué à plaider les causes, plutôt qu'à les étudier, n'ayant fait jamais de la politique théorique et des harangues, M. Favre devait heurter contre un adversaire le plus dangereux et le mieux fait pour tromper les défiances mentalité de son adversaire, caractère à la fois semi-politique et semi-guerrier. Avec bonhomie moyen âge tenant à la gouaille de boudoir, cet homme du fait et de la force, M. de Bismarck, ne devait rien comprendre

douloureuses de celui qui se faisait l'avocat de la patrie. Ou plutôt il comprenait qu'il était facile de triompher de l'orateur, et ses gouailleries sinistres ou ses affirmations implacables devenaient bientôt comme la hache des discours de Jules Favre.

Que si celui-ci montrait à l'homme d'État son désir de paix, sans compter le droit nouveau et le progrès des mœurs, le chancelier répondait sans pitié en réclamant quelqu'une de ces conditions humiliantes qui, écrit M. Favre, le faisaient bondir de douleur. Pour donner à la France le temps de nommer une Assemblée nationale, M. de Bismarck exigeait l'occupation de Strasbourg, de Toul et de Phalsbourg, qui résistaient si fièrement, et il réclamait en outre la reddition d'un fort dominant Paris, le Mont-Valérien par exemple. On n'a pas oublié ces prétentions barbares qui stimulèrent tout ce qui gardait du patriotisme en France aussi vivement que l'avait fait jadis l'insolent manifeste de Brunswick insultant nos pères.

Ajoutez que le chancelier de la Confédération du Nord traitait cette épouvantable chose qui s'appelle la guerre d'invasion, avec un sans-façon bien fait pour déconcerter et pour navrer une âme française. Le bohème du temps passé reparaissait sous le diplomate et le soldat. Ne se trouvant pas en présence d'un de ces tempéraments solides, tels que celui de M. Pouyer-Quertier, qui devait tenir tête plus tard à M. de Bismarck en buvant comme lui ses mélanges bizarres de vin de Constance et de limonade, le chancelier traitait M. Jules Favre avec une sévérité railleuse dissimulée sous une politesse affectée. « Pour prendre Paris, disait-il en souriant, *nous ferons tout ce qu'il faudra !* » Il essayait encore de démontrer à M. Jules Favre que Paris ne pouvait tenir soit en présence de la famine, à cause de la quantité de blessés peu enclins à souffrir que contient la ville, soit en présence des bombes ou du blocus, à cause de la fermentation des partis extrêmes, et de ce qu'il appela *la populace.*

On se souvient de la réponse que fit Paris à cette injure. Il donna raison à M. Jules Favre en maintenant jusqu'à la fin du siége la paix intérieure. Un canon fut fondu, portant ce nom, *la Populace,* pour répondre par ses boulets au mot sanglant de M. de Bismarck.

L'entrevue de Ferrières n'aboutit pas et ne pouvait aboutir. M. Jules Favre ignorait, en allant au quartier général prussien, qu'il se rendait au-devant de nos ennemis les plus implacables; il ignorait que, depuis cinquante ans, cette race dure et solide nourrissait contre nous une inextinguible haine. Waterloo n'avait pas étanché la soif de vengeance qui tenait à la gorge les Allemands depuis lors. Un autre homme que M. Jules Favre, un homme qui eût un peu connu l'esprit de l'Allemagne, son tempérament et surtout le tempérament prussien, ne se fût pas étonné des réponses de M. de Bismarck, et surtout n'eût point parlé à un personnage aussi pratique que M. de Bismarck le langage du sentiment. M. de Bismarck fit à M. Favre le tableau de la rivalité séculaire de l'Allemagne et de la France. Selon lui, la volonté bien arrêtée de la nation française était d'envahir l'Allemagne, et de lui arracher une partie de son territoire. Depuis Louis XIV jusqu'à Napoléon III, dit M. de Bismarck, les tendances de la France n'ont point changé. Les paroles du chancelier n'étaient d'ailleurs que la traduction polie et singulièrement affaiblie de tous les lieux communs haineux vomis contre nous par cette littérature allemande atteinte de *gallophagie* et dont se moquait Henri Heine et s'irritait Ludwig Bœrne.

Nous avions oublié, depuis longtemps, ces vieilles haines. Les Allemands les attisaient toujours. Elles couvaient dans leur sein comme grandira, dorénavant, chez nous, la haine sainte qui refera la France. Leurs poëtes, leurs écrivains, leurs orateurs, s'étaient voués à cette culture de la colère germanique contre la France. Tout ce qui était le passé était échafaudé contre nous. L'incendie du Palatinat, les déprédations de Mélac, les victoires de Turenne, l'Allemagne n'avait rien oublié. *Mélac,* c'est encore le nom que les bouchers donnent là-bas à leurs chiens. L'ambition germanique était, comme une plante, entée sur sa jalousie séculaire. Un de leurs chantres patriotiques, *mangeur de Français* autant que le rustre Menzel, l'énergique et sauvage Maurice Arndt, s'écrie dans un poëme célèbre, la *Patrie de l'Allemand :*

« Quelle est la patrie de l'Allemand ? Est-ce la Prusse ? Est-ce la Souabe ? Sont-ce les rives du Rhin où fleurit la vigne ? Sont-ce les rivages du Belt, où la mouette décrit les courbes de son vol ? Oh ! non ! oh ! non ! sa patrie doit être plus grande !... Aussi loin que la langue teutone résonne et élève ses chants à Dieu dans le ciel, c'est là cette patrie ; brave Teuton, tout cela est à toi. Elle est là, la patrie du Teuton, où la pression de la main vaut un serment, où la bonne foi brille dans le clair regard de l'œil, où l'amour siége dans le cœur qu'il réchauffe, où le clinquant des Welches disparaît au vent de la colère, où tout Français est un ennemi : voilà cette patrie, voilà toute la terre du Teuton... »

Sous une forme plus diplomatique et plus hypocritement polie, l'entretien de M. de Bismarck concluait aux mêmes folies que le poëme de Arndt. M. Jules Favre se sentit à la fois indigné et écrasé en présence de cet homme. Il n'a pas craint de déclarer qu'il avait détourné ses yeux pleins de larmes des yeux bleus et ironiques de M. de Bismarck. « Je me détournais pour dévorer les larmes

La guerre en province. — La ville de Toul.

qui m'étouffaient... » Plus tard, on a fait de ce moment de faiblesse ou d'émotion un crime irrémissible à M. Jules Favre. « Est-ce que Danton pleurait? » s'est-on écrié. Certes, il pleurait quand sa patrie était traînée sur la claie, et quand il voyait près de périr cette république à laquelle il donna son sang. Une légende arabe conte qu'au premier homme frappé par la douleur, le Créateur donna comme talisman deux gouttes de rosée. « Quand elles perleront dans tes yeux, ton cœur, dit-il, sera soulagé. » Il y a plusieurs sortes de larmes, et beaucoup sont sacrées; mais si les larmes d'un fils sur sa mère morte sont touchantes, qui osera nier qu'un patriote ait le droit de pleurer sur sa patrie près de mourir?

Aussi bien, au moment où Paris lut le récit de l'entrevue de Ferrières, nul ne songea à trouver ridicules ces larmes dont la satire devait s'emparer, par la suite. On partageait non-seulement l'indignation, mais l'émotion de l'homme qui venait de rencontrer un tel accueil chez notre implacable vainqueur. La publication du récit de l'entrevue fut un énergique stimulant pour la défense. Entre le déshonneur et la lutte, les plus timides, relevant le front, déclarèrent bien haut qu'il fallait combattre. Paris tout entier, manifestant sa pensée par les clubs, les journaux, les propos de la rue, devant les mairies, dans les groupes, n'eut plus qu'un mot d'ordre : Au combat !

La relation d'une telle réception par M. de Bismarck eut un effet si grand, non-seulement en France, mais en Europe, que le chancelier eut besoin, pour l'amortir, de rédiger une réponse que publia bientôt le *North German Correspondant*. C'est là que, caractérisant ironiquement l'entretien de Ferrières de *conversation académique*, M. de Bismarck essaya de faire croire, en même temps, que le gouvernement républicain ne voulait pas sincèrement la paix et tenait à continuer la lutte. M. Jules Favre répliqua avec hauteur dans une circulaire aux représentants diplomatiques de la France, et, devant l'attitude implacable de l'ennemi : « Eh bien ! dit-il, nous acceptons devant l'histoire la responsabilité de notre refus. Ne pas l'opposer aux exigences de la Prusse eût été à nos yeux une trahison. J'ignore quelle destinée la fortune nous réserve. Mais, ce que je sens profondément, c'est qu'ayant à choisir entre la situation actuelle de la France et celle de la Prusse, c'est la première que j'ambitionnerais. J'aime mieux nos souffrances, nos périls, nos sacrifices, que l'inflexible et cruelle ambition de notre ennemi. J'ai la ferme confiance que la France sera victorieuse. Fût-elle vaincue, elle resterait encore si grande dans son malheur, qu'elle demeurerait un objet d'admiration et de sympathie pour le monde entier. Là est sa force véritable, là sera peut-être sa vengeance. »

La France était donc, une fois encore, contrainte à la guerre. Il fallait se battre pour le salut et pour l'honneur. Comme si l'insolence prussienne devait appeler aussitôt une riposte de l'audace française, le lendemain du jour où Paris avait eu connaissance des prétentions de M. de Bismarck, la division Maud'huy, après avoir occupé, la veille au soir, le Moulin-Saquet et le village de Vitry, attaqua, dès l'aube du 23 septembre, le village de Villejuif; puis, à droite du village, la redoute en terre qui devait dès lors devenir célèbre sous le nom de *redoute des Hautes-Bruyères*. Les Prussiens, débusqués du cimetière de Villejuif, couvrirent bientôt la redoute et les positions que nous avions prises de projectiles, obus et boîtes à balles. Ils tiraient d'assez près, à 800 mètres. Plus d'une fois, nos artilleurs, arrivés sur la redoute, se retirèrent sous cette pluie de fer, mais pour revenir bientôt, traînant leurs mitrailleuses, et pour arrêter par leur feu les Prussiens au moment où ceux-ci faisaient, pour reprendre leurs positions, un retour offensif. Ce redoutable combat d'artillerie, qui nous coûta des pertes insignifiantes, dut être sanglant pour les Prussiens, et, cette fois, l'avantage nous resta d'une façon incontestable. Jusqu'à la fin du siège, Villejuif et les Hautes-Bruyères, où l'on exécuta rapidement des travaux et des casemates, allaient demeurer en notre pouvoir.

Ce brillant combat, dont la portée fut aussitôt fantastiquement grossie par l'imagination publique qui ne parlait de rien moins que de dix mille Prussiens tués ou blessés, rendit à l'armée une assurance qu'elle n'avait plus. L'artillerie des forts avait pris part à la lutte, et soutenu nos colonnes avec succès. Ce même jour, le fort de Nogent canonnait l'ennemi dans la direction de Bry-sur-Marne, et l'amiral Saisset, à la tête de fusiliers marins et des éclaireurs de la Seine (colonel Lafon) poussait une reconnaissance jusqu'à 400 mètres du Bourget, après avoir repoussé les Prussiens établis à Drancy.

N'était-ce point là le système qu'il fallait suivre, système d'escarmouches journalières, de petits combats continuels, d'attaques, de reconnaissances, de mouvements répétés et de harcèlement? Pourquoi le général Trochu ne suivit-il pas cette tactique inaugurée avec succès à Villejuif, et presque en même temps à Pierrefitte par les soldats du général de Bellemare?

Jusqu'au 30 septembre, jour où eut lieu le combat glorieux, mais inutile de Chevilly, les journées se passèrent ainsi en petites fusillades, en reconnaissances et même en accalmies singulières. Le 30 au matin, nos troupes, massées dans la nuit derrière les forts d'Ivry, de Bicêtre et de Montrouge, s'ébranlèrent vers les villages de l'Hay, Chevilly et Thiais, qu'avaient crénelés les Prussiens. Tandis que la colonne du général Blaise (de la division Maud'huy) pénétrait jusqu'à Thiais, le général Guilhem, à la tête du 35e et du 42e de ligne, s'emparait de Chevilly, refoulant les Prussiens. La ligne de bataille s'étendait jusqu'à Creteil, où combattait la division d'Exéa. Le combat commençait, comme toujours, par un avantage, et on pouvait espérer que nous parviendrions à couper sur ce point les communications de l'ennemi avec Versailles, lorsque, devant les réserves profondes qu'il mit en ligne, il fallut céder, battre en retraite, perdre les positions si bravement conquises.

Le rapport officiel français estime les masses de l'ennemi à 30,000 hommes. En supposant que ce nombre ne soit pas exagéré, n'est-il point attristant de voir que nos troupes engagées n'avaient point de réserves derrière elles? « Mais les bonnes troupes manquaient, » dira-t-on. Les jeunes troupes surent pourtant montrer qu'elles savaient combattre. Pendant que le 89e de ligne et le 15e bataillon de chasseurs à pied emportaient, maison par maison, le village de l'Hay, les mobiles de la Vendée recevaient vaillamment le baptême du feu. Devant Chevilly, le 35e de ligne avait marché en tête à l'attaque, et, repoussant les Prussiens de leur première ligne de fortifications, il allait emporter le parc du château qui formait la seconde, lorsque la retraite sonna. Les chasseurs d'Afrique protégèrent vaillamment cette retraite en chargeant l'ennemi.

Le rapport officiel français contient un fait douloureux à propos de ce combat, où nos troupes combattirent si vaillamment. « La division Blaise, dit-il, s'emparait dans le village de Thiais, *d'une batterie de position qui n'a pu être enlevée, faute d'attelage.* » Ainsi, le manque de précautions, le dépourvu, la désorganisation continuaient. Ce simple fait en donne une triste et éloquente idée.

Le général Guilhem était tombé dans la mêlée, au premier rang de ses soldats. Son frère ayant été réclamer son corps au camp prussien, les Allemands vinrent soigneusement remettre le cadavre, enfermé dans un cercueil couvert de fleurs. Cette affectation d'honneurs militaires rendus au vaincu est un des traits du caractère germain, à la fois implacable et servile. Quelques jours après, aux obsèques du général Guilhem, le général Trochu ne devait, par extraordinaire, dire que quelques mots:

« Messieurs, à l'heure présente, l'appareil de la mort n'a rien qui doive nous effrayer. Notre devoir pour la plupart, notre avenir pour tous est là... Les phrases de convention et de convenance seraient déplacées; je ne dirai qu'un mot devant ce cercueil: le général Guilhem a bien vécu, il s'est bien battu et il est mort en brave. Messieurs, je le recommande à votre souvenir. »

Le résultat du combat de Chevilly n'était pas tout à fait négatif en ce sens qu'il donnait au soldat confiance en lui-même et lui prouvait que les Prussiens n'étaient pas invincibles. L'opinion publique prit d'ailleurs ces rencontres pour des victoires et Paris s'habitua de la sorte au bruit du canon et à la vue du sang versé. L'attitude de la ville tout entière était d'ailleurs digne d'éloges. Paris semblait déjà retrempé et s'habituait à vivre ainsi dans son isolement superbe, sans plaisirs, sans joies, sans théâtres, mais non sans travaux et sans devoirs. De tout ce qui avait fait jadis sa vie facile et gaie, rien ne restait. La ville frivole était devenue presque austère. Plus de spectacles, une ordonnance de M. de Kératry, préfet de police, en ayant exigé la fermeture. Rien ne restait à Paris de ses habitudes d'autrefois, que les réunions publiques et les journaux. Journaux d'actualité pour la plupart et de renseignements plutôt que de doctrines. Le *Républicain*, les *Nouvelles*, la *Défense nationale*, le *Peuple souverain* se vendaient dans les rues, annonçant chaque matin ou chaque soir des événements fantastiques. Il fallut défendre aux crieurs d'annoncer ainsi tout haut des victoires qui n'existaient pas. D'autres feuilles comme la *Patrie en danger* s'exerçaient à une critique fort acerbe. M. Félix Pyat publiait un journal encadré d'un filet noir qu'il appelait le *Combat* : « Aujourd'hui « l'arme, disait-il, demain l'outil ! le sol avant la « gerbe ! la patrie avant la vie ! la France avant « tout ! Même cri que nos pères ! la France ou la « mort. » — Avant peu, il allait substituer à ce mot sacré : la France, le mot d'ordre nouveau : la Commune et, s'adressant aux gouvernants de Paris : s'écrier : « Nous la voulons, nous l'aurons avec vous « ou sans vous et, s'il le faut, contre vous. »

Cette menace répondait au décret du ministre de l'intérieur, M. Gambetta, qui, après la démarche de M. Jules Favre à Ferrières, et en réponse aux prétentions prussiennes, avait répliqué en déclarant que la France acceptait la lutte à outrance qu'on la contraignait à faire, et que toutes élections municipales et pour l'Assemblée constituante étaient, en présence de la nécessité, suspendues et ajournées. Cette même proclamation de M. Gambetta annonçait en même temps que, déjà, en avant d'Orléans, des troupes nouvelles, commandées par le général de Polhès, harcelaient l'ennemi sans relâche. Paris investi ne communiquait déjà plus avec la France qu'à l'aide de ces ballons qui s'envolaient loin de la ville assiégée et portaient à la province les nouvelles des combattants. La terre manquait à Paris: Paris prenait possession de l'air libre.

Dans l'intérieur de la cité, un ordre régnait, surprenant, une unanimité de battements de cœur agitait cette population mêlée d'éléments si divers. La promiscuité du rempart, des gardes au bastion, les nuits passées dans les baraquements faisaient disparaître, pour quelque temps, les inégalités sociales. On peut dire que des millions d'êtres n'avaient alors qu'une haine, celle de l'étranger. Cette haine se manifestait dans toutes les occasions, éclatait, devenait une idée fixe pour la population parisienne qui, parfois même, poussait trop loin ses soupçons où son zèle. Une sorte de fièvre particulière semblait en effet s'être emparée de la majorité des gens qui partout voyaient, par exemple, des espions prussiens. Certaines feuilles avaient raconté sur l'espionnage allemand des histoires si romanesques qu'à Paris chacun se croyait environné de traîtres, suivi de loin par des yeux d'Argus. Il suffisait que la nuit venue, une lumière apparût au haut d'une mansarde pour que les passants de la rue y vissent un signal, et qu'un piquet de gardes nationaux montât aux renseignements aussitôt. Que de gens arrêtés sur leur mine, traînés au poste et insultés ! Cette sorte de terreur particulière de l'espion prussien touchait parfois à la manie et témoignait dans les esprits d'une agitation qu'il fallait calmer. Un ordre du jour du gouverneur, tout en constatant que Paris offrait au pays un grand exemple, prescrivait l'arrestation des personnes qui, sans un prétexte plausible et sur de simples soupçons, violaient ainsi cette chose sacrée qui s'appelle le domicile privé, le foyer d'un citoyen.

Paris, d'ailleurs, malgré ces troubles en quelque sorte cérébraux, était confiant et vraiment fait pour frapper d'admiration. Capoue ressemblait à Sparte. Il espérait, se fiait, ce grand Paris, à la destinée de la patrie ; il lui semblait que jusqu'à lui venait à travers le vent l'écho de Strasbourg qui résistait encore et de Metz qui devait résister toujours. Phalsbourg, Toul, les villes assiégées, lui semblaient rayonner, au loin, dans la flamme du combat. Il défiait l'ennemi de les prendre, lorsqu'un soir, un dimanche, — c'est le dimanche, presque toujours, que durant cette guerre, les mauvaises nouvelles tombèrent sur Paris comme des coups de foudre, — un dimanche, le 2 octobre, il apprit que Toul avait été contraint de se rendre et que Strasbourg, l'héroïque Strasbourg, la capitale, la tête et le cœur de l'Alsace, avait capitulé. Strasbourg pris, c'était une province tout entière qui passait aux mains du vainqueur. Cette image sinistre du drapeau à aigle noir remplaçant sur le vieux Munster bombardé le drapeau tricolore, apparut à tous les yeux. Vainement M. Gambetta promit à Paris l'honneur de la vengeance. Paris, ce jour-là, fut en deuil, morne, sombre et frappé.

« Citoyens, s'écriait le ministre dans la proclamation affichée sur les murailles, le gouvernement vous doit la vérité, sans détours, sans commentaires. Les coups redoublés de la mauvaise fortune ne peuvent plus déconcerter vos esprits ni abattre vos courages. Vous attendez la France, mais vous ne comptez que sur vous-mêmes. Prêts à tout, vous pouvez tout apprendre : Toul et Strasbourg viennent de succomber. Cinquante jours durant, ces héroïques cités ont essuyé avec la plus mâle contenance une véritable pluie de boulets et d'obus. Épuisées de munitions et de vivres, elles défiaient encore l'ennemi. Elles n'ont capitulé qu'après avoir vu leurs murailles abattues, crouler sous le feu des assaillants. Elles ont, en tombant, jeté un regard vers Paris pour affirmer, une fois de plus, l'unité et l'intégrité de la patrie, l'indivisibilité de la République, et nous léguer, avec le devoir de les délivrer, l'honneur de les venger.

« Vive la France ! Vive la République !

« LÉON GAMBETTA. »

Le devoir de délivrer et l'honneur de venger Strasbourg restent les mêmes aujourd'hui qu'au 2 octobre 1870. C'est la tâche de la France libre et de la génération nouvelle. Le soir du jour où Paris apprit la capitulation, des groupes attristés, silencieux, recueillis, se rendirent encore devant la statue de Strasbourg, mais comme on irait s'incliner devant une tombe. C'était un mausolée, cette fois, que l'image de la cité martyre et les drapeaux l'enveloppaient de leurs plis qui ressemblaient à des lambeaux de suaires. Le gouvernement décrétait, le lendemain, que la statue de Strasbourg serait coulée en bronze. Elle demeure en pierre. Et qu'importe ! Gardons ce bronze pour fondre les canons qui délivreront Strasbourg.

DOCUMENTS COMPLÉMENTAIRES DU CHAPITRE II

RAPPORT DE M. JULES FAVRE

A MM. les membres du gouvernement de la Défense nationale.

MES CHERS COLLÈGUES,

L'union étroite de tous les citoyens, et particulièrement celle des membres du gouvernement, est plus que jamais une nécessité de salut public. Chacun de nos actes doit la cimenter. Celui que je viens d'accomplir, de mon chef, m'était inspiré par ce sentiment ; il aura ce résultat. J'ai eu l'honneur de vous l'expliquer en détail. Cela ne suffit point. Nous sommes un gouvernement de publicité. Si, à l'heure de l'exécution, le secret est indispensable, le fait, une fois consommé, doit être entouré de la plus grande lumière. Nous ne sommes quelque chose que par l'opinion de nos concitoyens ; il faut qu'elle nous juge à chaque heure, et pour nous juger, elle a le droit de tout connaître.

J'ai cru qu'il était de mon devoir d'aller au quartier général des armées ennemies : j'y suis allé. Je vous ai rendu compte de la mission que je m'étais imposée à moi-même ; je viens dire à mon pays les raisons qui m'ont déterminé, le but que je me proposais, celui que je crois avoir atteint.

Je n'ai pas besoin de rappeler la politique inaugurée par nous et que le ministre des affaires étrangères était plus particulièrement chargé de formuler. Nous sommes avant tout des hommes de paix et de liberté. Jusqu'au dernier moment nous nous sommes opposés à la guerre que le gouvernement impérial entreprenait dans un intérêt exclusivement dynastique, et quand ce gouvernement est tombé, nous avons déclaré persévérer plus énergiquement que jamais dans la politique de la paix.

Cette déclaration, nous la faisions quand, par la criminelle folie d'un homme et de ses conseillers, nos armées étaient détruites ; notre glorieux Bazaine et ses vaillants soldats bloqués devant Metz ; Strasbourg, Toul, Phalsbourg, écrasés par les bombes ; l'ennemi victorieux en marche sur notre capitale. Jamais situation ne fut plus cruelle ; elle n'inspira cependant au pays aucune pensée de défaillance, et nous crûmes être son interprète fidèle en posant nettement cette condition : pas un pouce de notre territoire, pas une pierre de nos forteresses.

Si donc, à ce moment où venait de s'accomplir un fait aussi considérable que celui du renversement du promoteur de la guerre, la Prusse avait voulu traiter sur les bases d'une indemnité à déterminer, la paix était faite : elle eût été accueillie comme un immense bienfait ; elle fût devenue un gage certain de réconciliation entre deux nations qu'une politique odieuse seule a fatalement divisées.

Nous espérions que l'humanité et l'intérêt bien entendus remporteraient cette victoire, belle entre toutes, car elle aurait ouvert une ère nouvelle, et les hommes d'État qui y auraient attaché leur nom auraient eu pour guides : la philosophie, la raison, la justice ; comme récompense : les bénédictions et la prospérité des peuples.

Étienne Arago

C'est avec ces idées que j'ai entrepris la tâche périlleuse que vous m'aviez confiée. Je devais tout d'abord me rendre compte des dispositions des cabinets européens et chercher à me concilier leur appui. Le gouvernement impérial l'avait complétement négligé, ou y avait échoué. Il s'est engagé dans la guerre sans une alliance, sans une négociation sérieuse; tout, autour de lui, était hostilité ou indifférence. Il recueillait ainsi le fruit amer d'une politique blessante pour chaque Etat voisin par ses menaces ou ses prétentions.

A peine étions-nous à l'Hôtel de ville qu'un diplomate, dont il n'est point encore opportun de révéler le nom, nous demandait à entrer en relations avec nous. Dès le lendemain, votre ministre recevait les représentants de toutes les puissances. La République des Etats-Unis, la République helvétique, l'Italie, l'Espagne, le Portugal reconnaissaient officiellement la République française. Les autres gouvernements autorisaient leurs agents à entretenir avec nous des rapports officieux qui nous permettaient d'entrer de suite en pourparlers utiles.

Je donnerais à cet exposé, déjà trop étendu, un développement qu'il ne comporte pas, si je racontais avec détail la courte, mais instructive histoire des négociations qui ont suivi. Je crois pouvoir affirmer qu'elle ne sera pas tout à fait sans valeur pour notre crédit moral.

Je me borne à dire que nous avons trouvé partout d'honorables sympathies. Mon but était de les grouper, et de déterminer les puissances signataires de la ligue des neutres à intervenir directement près de la Prusse en prenant pour base les conditions que j'avais posées. Quatre de ces puissances me l'ont offert; je leur en ai, au nom de mon pays, témoigné ma gratitude; mais je voulais le concours des deux autres. L'une m'a promis une action individuelle dont elle s'est réservé la liberté; l'autre m'a proposé d'être mon intermédiaire vis-à-vis de la Prusse. Elle a même fait un pas de plus : sur les instances de l'envoyé extraordinaire de la France, elle a bien voulu recommander directement mes démarches. J'ai demandé beaucoup plus ; mais je n'ai refusé aucun concours, estimant que l'intérêt qu'on nous montrait était une force à ne pas négliger.

Cependant, le temps marchait ; chaque heure rapprochait l'ennemi. En proie à de poignantes émotions, je m'étais promis à moi-même de ne pas laisser commencer le siége de Paris sans essayer une démarche suprême, fussé-je seul à la faire. L'intérêt n'a pas besoin d'en être démontré. La Prusse gardait le silence et nul ne consentait à l'interroger. Cette situation était intenable : elle permettait à notre ennemi de faire peser sur nous la responsabilité de la continuation de la lutte ; elle nous condamnait à nous taire sur ses intentions. Il fallait en sortir. Malgré ma répugnance, je me déterminai à user des bons offices qui m'étaient offerts, et, le 10 septembre, un télégramme parvenait à M. de Bismarck, lui demandant s'il voulait entrer en conversation sur des conditions de transaction. Une première réponse était une fin de non-recevoir tirée de l'irrégularité de notre gouvernement. Toutefois, le chancelier de la Confédération du Nord n'insista pas, et me fit demander quelles garanties nous présentions pour l'exécution d'un traité. Cette seconde difficulté levée par moi, il fallait aller plus loin. On me proposa d'envoyer un courrier, ce que j'acceptai. En même temps on télégraphiait directement à M. de Bismarck, et le premier ministre de la puissance qui nous servait d'intermédiaire disait à notre envoyé extraordinaire que la France seule pouvait agir ; il ajoutait qu'il serait à désirer que je ne reculasse pas devant une démarche au quartier général. Notre envoyé, qui connaissait le fond de mon cœur, répondit que j'étais prêt à tous les sacrifices pour faire mon devoir ; qu'il y en avait peu d'aussi pénibles que d'aller au travers des lignes ennemies chercher notre vainqueur, mais qu'il supposait que je m'y résignerais. Deux jours après, le courrier revenait. Après mille obstacles, il avait vu le chancelier qui lui avait dit être disposé volontiers à causer avec moi.

J'aurais voulu une réponse directe au télégramme de notre intermédiaire, elle se faisait attendre.

L'investissement de Paris s'achevait. Il n'y avait plus à hésiter, je me résolus à partir.

Seulement il m'importait que, pendant qu'elle s'accomplissait, cette démarche fût ignorée; je recommandai le secret, et j'ai été douloureusement surpris, en rentrant hier soir, d'apprendre qu'il n'a pas été gardé. Une indiscrétion coupable a été commise. Un journal, l'Électeur libre, déjà désavoué par le gouvernement, en a profité ; une enquête est ouverte, et j'espère pouvoir réprimer ce double abus.

J'avais poussé si loin le scrupule de la discrétion, que je l'ai observée même vis-à-vis de vous, mes chers collègues. Je ne m'y suis pas résolu sans un vif déplaisir. Mais je connaissais votre affection et votre patriotisme, j'étais sûr d'être absous. Je croyais obéir à une nécessité impérieuse. Une première fois, je vous avais entretenus des agitations de ma conscience, et je vous avais dit qu'elle ne serait en repos que lorsque j'aurais fait tout ce qui était humainement possible pour arrêter honorablement cette abominable guerre. Me rappelant la conversation provoquée par cette ouverture, je redoutais des objections, et j'étais décidé ; d'ailleurs, je voulais, en abordant M. de Bismarck, être libre de tout engagement, afin d'avoir le droit de n'en prendre aucun. Je vous fais ces aveux sincères, je les fais au pays pour écarter de vous une responsabilité que j'assume seul. Si ma démarche est une faute, seul j'en dois porter la peine.

J'avais cependant averti M. le ministre de la guerre, qui avait bien voulu me donner un officier pour me conduire aux avant-postes. Nous ignorions la situation du quartier général. On le supposait à Gros-Bois. Nous nous acheminâmes vers l'ennemi par la porte de Charenton.

Je supprime tous les détails de ce douloureux voyage, pleins d'intérêt cependant, mais qui ne seraient point ici à leur place. Conduit à Villeneuve-Saint-Georges, où se trouvait le général en chef commandant le 6e corps, j'appris, assez tard dans l'après-midi, que le quartier général était à Meaux. Le général, des procédés duquel je n'ai qu'à me louer, me proposa d'y envoyer un officier porteur de la lettre suivante que j'avais préparée pour M. de Bismarck :

« Monsieur le comte,

« J'ai toujours cru qu'avant d'engager sérieusement les hostilités sous les murs de Paris, il était impossible qu'une transaction honorable ne fût pas essayée. La personne qui a eu l'honneur de voir Votre Excellence, il y a deux jours, m'a dit avoir recueilli de sa bouche l'expression d'un désir analogue. Je suis venu aux avant-postes me mettre à la disposition de Votre Excellence. J'attends qu'elle veuille bien me faire savoir comment et où je pourrai avoir l'honneur de conférer quelques instants avec elle.

« J'ai l'honneur d'être, avec une haute considération,

« De Votre Excellence
« Le très-humble et très-obéissant serviteur,

« JULES FAVRE. »

18 septembre.

Nous étions séparés par une distance de 48 kilomètres. Le lendemain matin, à six heures, je recevais la réponse que je transcris :

« Meaux, 18 septembre 1870.

« Je viens de recevoir la lettre que Votre Excellence a eu l'obligeance de m'écrire, et ce me sera extrêmement agréable, si vous voulez bien me faire l'honneur de venir me voir, demain, ici à Meaux.

« Le porteur de la présente, le prince Biron, veillera à ce que Votre Excellence soit guidée à travers nos lignes.

« J'ai l'honneur d'être, avec la plus haute considération, de Votre Excellence le très-obéissant serviteur.

« DE BISMARCK. »

A neuf heures, l'escorte était prête, et je partais avec elle. Arrivé près de Meaux vers trois heures de l'après-midi, j'étais arrêté par un aide de camp venant m'annoncer que le comte avait quitté Meaux avec le roi pour aller coucher à Ferrières. Nous nous étions croisés ; en revenant l'un et l'autre sur nos pas, nous devions nous rencontrer.

Je rebroussai chemin, et descendis dans la cour d'une ferme entièrement saccagée comme presque toutes les maisons que j'ai vues sur ma route. Au bout d'une heure, M. de Bismarck m'y rejoignait. Il nous était difficile de causer dans un tel lieu. Une habitation, le château de la Haute-Maison, appartenant à M. le comte de Rillac, était à notre proximité ; nous nous y rendîmes, et la conversation s'engagea dans un salon où gisaient en désordre des débris de toute nature.

Cette conversation, je voudrais vous la rapporter tout entière, telle que le lendemain je l'ai dictée à un secrétaire. Chaque détail y a son importance. Je ne puis ici que l'analyser.

J'ai tout d'abord précisé le but de ma démarche. Ayant fait connaître par ma circulaire les intentions du gouvernement français, je voulais savoir celles du premier ministre prussien. Il me semblait inadmissible que deux nations continuassent, sans s'expliquer préalablement, une guerre terrible qui, malgré ses avantages, infligeait aux vainqueurs des souffrances profondes. Née du pouvoir d'un seul, cette guerre n'avait plus de raison d'être quand la France redevenait maîtresse d'elle-même ; je me portais garant de son amour pour la paix, en même temps de sa résolution inébranlable de n'accepter aucune condition qui ferait de cette paix une courte et menaçante trêve.

M. de Bismarck m'a répondu que, s'il avait la conviction qu'une pareille paix fût possible, il la signerait de suite. Il a reconnu que l'opposition avait toujours condamné la guerre. Mais le pouvoir que représente aujourd'hui cette opposition est plus que précaire. Si dans quelques jours Paris n'est pas pris, il sera renversé par la populace...

Je l'ai interrompu vivement pour lui dire que nous n'avions pas de populace à Paris, mais une population intelligente, dévouée, qui connaissait nos intentions et qui ne se ferait pas complice de l'ennemi en entravant notre mission de défense. Quant à notre pouvoir, nous étions prêts à le déposer entre les mains de l'Assemblée déjà convoquée par nous.

« Cette Assemblée, a repris le comte, aura des desseins que rien ne peut nous faire pressentir. Mais, si elle obéit au sentiment français, elle voudra la guerre. Vous n'oublierez pas plus la capitulation de Sedan que Waterloo, que Sadowa qui ne vous regardait pas. » Puis il a insisté longuement sur la volonté bien arrêtée de la nation française d'attaquer l'Allemagne et de lui enlever une partie de son territoire. Depuis Louis XIV jusqu'à Napoléon III, ses tendances n'ont pas changé, et quand la guerre a été annoncée, le Corps législatif a couvert les paroles du ministre d'acclamations.

Je lui ai fait observer que la majorité du Corps législatif avait quelques semaines avant acclamé la paix ; que cette majorité, choisie par le prince, s'était malheureusement crue obligée de lui céder aveuglément, mais que, consultée deux fois, aux élections de 1869 et au vote du plébiscite, la nation avait énergiquement adhéré à une politique de paix et de liberté.

La conversation s'est prolongée sur ce sujet, le comte maintenant son opinion, alors que je défendais la mienne ; et comme je le pressai vivement sur ses conditions, il m'a répondu nettement que la sécurité de son pays lui commandait de garder le territoire qui la garantissait. Il m'a répété plusieurs fois : « Strasbourg est la clef de la maison, je dois l'avoir. » Je l'ai invité à être plus explicite encore : « C'est inutile, objectait-il, puisque nous ne pouvons nous entendre ; c'est une affaire à régler plus tard. » Je l'ai prié de le faire de suite ; il m'a dit alors que les deux départements du Bas et du Haut-Rhin, une partie de celui de la Moselle avec Metz, Château-Salins et Soissons lui étaient indispensables, et qu'il ne pouvait y renoncer.

Je lui ai fait observer que l'assentiment des peuples dont il disposait ainsi était plus que douteux, et que le droit public européen ne lui permettrait pas de s'en passer. « Si fait, m'a-t-il répondu. Je sais fort bien qu'ils ne veulent pas de nous. Ils nous imposeront une rude corvée, mais nous ne pouvons pas ne pas les prendre. Je suis sûr que, dans un temps prochain, nous aurons une nouvelle guerre avec vous. Nous voulons la faire avec tous nos avantages. »

Je me suis récrié, comme je le devais, contre de telles solutions. J'ai dit qu'on me paraissait oublier deux éléments importants de discussion : l'Europe, d'abord, qui pourrait bien trouver ces prétentions exorbitantes et y mettre obstacle ; le droit nouveau ensuite, le progrès des mœurs, entièrement antipathique à de telles exigences. J'ai ajouté que, quant à nous, nous ne les accepterions jamais. Nous pouvions périr comme nation, mais non nous déshonorer ; d'ailleurs, le pays seul était compétent pour se prononcer sur une cession territoriale. Nous ne doutons pas de son sentiment, mais nous voulons le consulter. C'est donc vis-à-vis de lui que se trouve la Prusse. Et, pour être net, il est clair qu'entraînée par l'enivrement de la victoire, elle veut la destruction de la France.

Le comte a protesté, se retranchant toujours derrière des nécessités absolues de garantie nationale. J'ai poursuivi : « Si ce n'est pas de votre part un abus de la force, cachant de secrets desseins, laissez-nous réunir l'assemblée ; nous lui remettrons nos pouvoirs, elle nommera un gouvernement définitif qui appréciera vos conditions. »

« Pour l'exécution de ce plan, m'a répondu le comte, il faudrait un armistice, et je n'en veux à aucun prix. »

La conversation prenait une tournure de plus en plus pénible. Le soir venait. Je demandai à M. de Bismarck un second entretien à Ferrières où il allait coucher, et nous partîmes chacun de notre côté.

Voulant remplir ma mission jusqu'au bout, je devais revenir sur plusieurs des questions que nous avions traitées, et conclure. Aussi, en abordant le comte vers neuf heures et demie du soir, je lui fis observer que les renseignements que j'étais venu chercher près de lui étaient destinés à être communiqués à mon gouvernement et au public ; je résumerais, en terminant, notre conversation pour n'en publier que ce qui serait bien arrêté entre nous. « Ne prenez pas cette peine, me répondit-il ; je vous la livre tout entière, je ne vois aucun inconvénient à sa divulgation. » Nous reprîmes alors la discussion, qui se prolongea jusqu'à minuit. J'insistai particulièrement sur la nécessité de convoquer une assemblée. Le comte parut se laisser peu à peu convaincre et revint à l'armistice. Je demandai quinze jours. Nous discutâmes les conditions. Il ne s'expliqua que d'une manière très-incomplète, se réservant de consulter le roi. En conséquence, il m'ajourna au lendemain onze heures.

Je n'ai plus qu'un mot à dire ; car, en reproduisant ce douloureux récit, mon cœur est agité de toutes les émotions qui l'ont torturé pendant ces trois mortelles journées, et j'ai hâte de finir. J'étais au château de Ferrières à onze heures. Le comte sortit de chez le roi à midi moins le quart, et j'entendis de lui les conditions qu'il mettait à l'armistice ; elles étaient consignées dans un texte écrit en langue allemande et dont il m'a donné communication verbale.

Il demandait pour gage l'occupation de Strasbourg, de Toul et de Phalsbourg, et comme sur sa demande j'avais dit que l'Assemblée devait être réunie à Paris, il voulait, dans ce cas, avoir un fort dominant la ville... celui du Mont-Valérien, par exemple...

Je l'ai interrompu pour lui dire. « Il est bien plus simple de nous demander Paris. Comment voulez-vous admettre qu'une assemblée française délibère sous votre garde ? J'ai eu l'honneur de vous dire que je transmettrais fidèlement notre entretien au gouvernement ; je ne sais vraiment si j'oserais lui dire que vous m'avez fait une telle proposition.

« Cherchons une autre combinaison, » m'a-t-il répondu. Je lui ai parlé de la réunion de l'assemblée à Tours, en ne prenant aucun gage du côté de Paris.

Il m'a proposé d'en parler au roi, et revenant sur l'occupation de Strasbourg, il a ajouté : « La ville va tomber entre nos mains, ce n'est plus qu'une affaire de calcul d'ingénieurs. Aussi je vous demande que la garnison se rende prisonnière de guerre. »

A ces mots j'ai bondi de douleur, et, me levant, je me suis écrié : « Vous oubliez que vous parlez à un Français, monsieur le comte : sacrifier une garnison héroïque qui fait notre admiration et celle du monde serait une lâcheté, et je ne vous promets pas de dire que vous m'avez posé une telle condition. »

Le comte m'a répondu qu'il n'avait pas l'intention de me blesser, qu'il se conformait aux lois de la guerre ; qu'au surplus, si le roi y consentait, cet article pourrait être modifié.

Il est rentré au bout d'un quart d'heure. Le roi acceptait la combinaison de Tours, mais insistait pour que la garnison de Strasbourg fût prisonnière.

J'étais à bout de forces et craignis un instant de défaillir. Je me retournais pour dévorer les larmes qui m'étouffaient, et, m'excusant de cette faiblesse involontaire, je prenais congé par ces simples paroles :

« Je me suis trompé, monsieur le comte, en venant ici ; je ne m'en repens pas, j'ai assez souffert pour m'excuser à mes propres yeux ; d'ailleurs, je n'ai cédé qu'au sentiment de mon devoir. Je reporterai à mon gouvernement tout ce que vous m'avez dit, et s'il juge à propos de me renvoyer près de vous, quelque cruelle que soit cette démarche, j'aurai l'honneur de revenir. Je vous suis reconnaissant de la bienveillance que vous m'avez témoignée, mais je crains qu'il n'y ait plus qu'à laisser les événements s'accomplir. La population de Paris est courageuse et résolue aux derniers sacrifices ; son héroïsme peut changer le cours des événements. Si vous avez l'honneur de la vaincre, vous ne la soumettrez pas. La nation tout entière est dans les mêmes sentiments. Tant que nous trouverons en elle un élément de résistance, nous nous combattrons. C'est une lutte indéfinie entre deux peuples qui devraient se tendre la main. J'avais espéré une autre solution. Je pars bien malheureux et néanmoins plein d'espoir. »

Je n'ajoute rien à ce récit, trop éloquent par lui-même. Il me permet de conclure et de vous dire quelle est à mon sens la portée de ces entrevues. Je cherchais la paix, j'ai rencontré une volonté inflexible de conquête et de guerre. Je demandais la possibilité d'interroger la France représentée par une assemblée librement élue, on m'a répondu en me montrant les fourches caudines sous lesquelles elle doit préalablement passer. Je ne récrimine point. Je me borne à constater les faits, à les signaler à mon pays et à l'Europe. J'ai voulu ardemment la paix, je ne m'en cache pas, et en

Siège de Paris. — Le corps du général Guilhem, tué dans le combat du 30 septembre, est remis par les Prussiens à la Société internationale.

voyant pendant trois jours la misère de nos campagnes infortunées, je sentais grandir en moi cet amour avec une telle violence, que j'étais forcé d'appeler tout mon courage à mon aide pour ne pas faillir à ma tâche. J'ai désiré non moins vivement un armistice, je l'avoue encore; je l'ai désiré, pour que la nation pût être consultée sur la redoutable question que la fatalité pose devant nous.

Vous connaissez maintenant les conditions préalables qu'on prétend nous faire subir. Comme moi et sans discussion, vous avez été unanimement d'avis qu'il fallait en repousser l'humiliation. J'ai la conviction profonde que, malgré les souffrances qu'elle endure et celles qu'elle prévoit, la France indignée partage notre résolution, et c'est de son cœur que j'ai cru m'inspirer en écrivant à M. de Bismarck la dépêche suivante qui clôt cette négociation :

« Monsieur le comte,

« J'ai exposé fidèlement à mes collègues du gouvernement de la Défense nationale la déclaration que Votre Excellence a bien voulu me faire. J'ai le regret de faire connaître à Votre Excellence que le gouvernement n'a pu admettre vos propositions. Il accepterait un armistice ayant pour objet l'élection et la réunion d'une Assemblée nationale. Mais il ne peut souscrire aux conditions auxquelles Votre Excellence le subordonne. Quant à moi, j'ai la conscience d'avoir tout fait pour que l'effusion du sang cessât, et que la paix fût rendue à nos deux nations pour lesquelles elle serait un grand bienfait. Je ne m'arrête qu'en face d'un devoir impérieux, m'ordonnant de ne pas sacrifier l'honneur de mon pays déterminé à résister énergiquement. Je m'associe sans réserve à son vœu ainsi qu'à celui de mes collègues. Dieu, qui nous juge, décidera de nos destinées. J'ai foi dans sa justice.

« J'ai l'honneur d'être, monsieur le comte,
 « de Votre Excellence
  « le très-humble et très-obéissant serviteur,
   « Jules Favre. »

21 septembre.

J'ai fini, mes chers collègues, et vous penserez comme moi que, si j'ai échoué, ma mission n'aura pas été cependant tout à fait inutile. Elle a prouvé que nous n'avons pas dévié. Comme les premiers jours, nous maudissons une guerre par nous condamnée à l'avance; comme les premiers jours aussi, nous l'acceptons plutôt que de nous déshonorer. Nous avons fait plus : nous avons tué l'équivoque dans laquelle la Prusse s'enfermait et que l'Europe ne nous aidait pas à dissiper.

En entrant sur notre sol, elle a donné au monde sa parole qu'elle attaquait Napoléon et ses soldats, mais qu'elle respectait la nation. Nous savons aujourd'hui ce qu'il faut en penser. La Prusse exige trois de nos départements, deux villes fortes, l'une de cent, l'autre de soixante-quinze mille âmes, huit à dix autres également fortifiées. Elle sait que les populations qu'elle veut nous ravir la repoussent, elle s'en saisit néanmoins, opposant le tranchant de son sabre aux protestations de leur liberté civique et de leur dignité morale.

A la nation qui demande la faculté de se consulter elle-même, elle propose la garantie de ses obusiers établis au Mont-Valérien et protégeant la salle des séances où nos députés voteront. Voilà ce que nous savons, et ce qu'on m'a autorisé à vous dire. Que le pays nous entende et qu'il se lève, ou pour nous désavouer quand nous conseillons de résister à outrance, ou pour subir avec nous cette dernière et décisive épreuve. Paris y est résolu.

Les départements s'organisent et vont venir à son secours. Le dernier mot n'est pas dit dans cette lutte où maintenant la force se rue contre le droit. Il dépend de notre constance qu'il appartienne à la justice et à la liberté.

Agréez, mes chers collègues, le fraternel hommage de mon inaltérable dévouement.

Le vice-président du gouvernement de la défense nationale, ministre des affaires étrangères,

Jules Favre.

Paris, 21 septembre 1870.

CHAPITRE III

STRASBOURG ET TOUL

L'Alsace. — Les prétentions allemandes. — Blocus de Strasbourg. — Le général Uhrich. — M. de Beyer et M. de Werder. — Bombardement de la ville. — Le préfet de l'empire M. Pron. — Les délégués de Berne apportent des nouvelles. — La République. — M. Küss et M. Valentin. — La capitulation. — Coup d'œil sur la ville assiégée. — Résistance héroïque de Toul. — La garde mobile de Nancy. — Toul bombardée capitule. — Documents complémentaires.

En parlant de cette ville de Strasbourg, qu'il appelait *la clef de la maison* de son Allemagne, M. de Bismarck avait dit à M. Jules Favre, le 19 septembre : « La ville va tomber entre nos mains, ce n'est plus qu'une affaire de calcul d'ingénieurs. » Depuis le 12 août 1870, Strasbourg était investie ; elle était bombardée, écrasée depuis le 15 août. Depuis quarante jours, les obus pleuvaient sur les maisons en ruines, incendiant les monuments les plus admirables et broyant les êtres les plus innocents, jetant les cadavres d'enfants sur les décombres des chefs-d'œuvre anéantis. Quelle honte ! quelle stupidité carnassière ! La Prusse affirmait les droits qu'elle prétendait avoir sur l'Alsace en couvrant cette Alsace de débris et de sang.

Il semble que les provinces frontières de France aient plus que toutes les autres l'amour profond, absolu de la patrie. Les véritables foyers de ce patriotisme qu'il ne faut point laisser perdre dans un vague idéal d'universelle communauté, se retrouvent plus ardents, plus vivaces que partout ailleurs dans ces contrées, qui forment comme l'avant-garde d'une nation, et se trouvent plus souvent en contact avec l'étranger. Le patriotisme de l'Alsace, patriotisme sans phrases, humble et résolu, était depuis longtemps connu. Ces contrées au langage germanique, mais au cœur purement français, n'oubliaient et n'oublieront pas qu'elles doivent à la France leur émancipation sociale. Le pacte de 89 les a indissolublement unies à la mère-patrie. Gagnées à la France par la royauté, elles pouvaient encore, depuis Louis XIV jusqu'à Louis XVI, se dire conquises ; mais, avec l'ère de la liberté, elles se donnèrent librement à nous et devinrent France pour jamais. A cette France, l'Alsace donna Kléber, comme la Lorraine avait donné Fabert. Et, depuis lors, tout Alsacien se sentit attaché à ce drapeau tricolore qui lui avait apporté l'émancipation, le progrès, et sous les couleurs duquel le serf était devenu un homme, le prolétaire un citoyen. Les pédants d'Allemagne ont oublié, dans leurs revendications scientifiques, cette vérité éclatante : l'Alsace et la Lorraine sont françaises depuis la révolution. Que les Teutons recherchent dans les vieux textes les chansons germaniques d'Alsace, et essaient de prouver aux gens de Strasbourg que leurs traditions les rattachent à la grande famille allemande. En fait de chants patriotiques, Strasbourg peut opposer aux lieders germaniques ce chant inspiré qui jaillit d'une lèvre française et comme du cœur de la France décidée à vaincre, cette *Marseillaise* que Rouget de Lisle improvisa à Strasbourg même, dans la maison de ce Français d'Alsace qui s'appelait Dietrich.

Depuis deux cents ans, Alsaciens et Lorrains formaient les plus solides soldats de nos armées. Ces braves gens donnaient leur sang pour cette France adoptée et chérie. Lorsque le bruit du tambour français retentissait dans les rues de Strasbourg, lorsque passait un régiment jouant une marche française, aux jours de fêtes, les cris ardents de *Vive la France!* retentissaient sous les vieilles arcades et sur la place Kléber, et si vigoureux que la sentinelle prussienne postée à Kehl eût pu, semblait-il, les entendre. Lorsque la guerre fut déclarée, en juillet 1870, l'Alsace entière fut debout. Tandis que la population demandait des armes, que le gouvernement lui refusait, les municipalités alsaciennes organisaient sur le passage de nos soldats, aux gares, à l'entrée des villes, des buffets où l'on versait de la bière, où l'on distribuait des vivres à ces régiments qui s'en allaient combattre pour la France. Il y avait, dans les acclamations qui accueillaient les troupes, une confiance absolue dans la fortune de nos armes et une haine invétérée pour l'Allemagne. Pauvres gens! ils avaient le pressentiment qu'il fallait haïr leurs bourreaux.

Après Wissembourg, après Wœrth, plus d'un habitant des villages alsaciens ramassa quelque chassepot, l'arracha des mains crispées d'un cadavre et fit le coup de feu contre l'étranger. On fusilla, comme assassins, ces humbles et hardis héros. La guerre a de ces pudeurs : on ne peut verser le sang ennemi qu'avec un uniforme sur le dos. Pour ce commerce hideux, il faut aussi une patente. Que de braves gens ne seraient point tombés, fusillés par les balles prussiennes, si le gouvernement de l'empire, plus soucieux de son intérêt que de l'indépendance du pays, n'avait refusé à tout citoyen d'un cœur viril le droit de combattre pour la défense de sa patrie!

Au moment où le désastre de Reichshoffen et de Wœrth condamnait la France à une campagne défensive et donnait le signal de l'invasion, Strasbourg, ville forte de premier ordre, n'était qu'imparfaitement armée, et n'avait pour toute garnison qu'un régiment de ligne, le 87e, quelques marins, des pontonniers et des mobiles. Un matin d'août, après la nuit terrible qui suivit Reichshoffen, les portes de Strasbourg virent s'engouffrer dans la ville une cohue sinistre de soldats vaincus, lignards, chasseurs à pied, artilleurs, turcos, tous boueux, sordides, sanglants et écrasés par le roulis affreux de la déroute. Cette foule, presque sans armes, de cavaliers démontés ou de fantassins juchés sur des chevaux harassés ou blessés, vint grossir l'effectif de la garnison. C'étaient 3,000 hommes à peu près de renfort qui venaient s'enfermer dans la place. Strasbourg était donc défendue par des débris de régiments de ligne ou de bataillons de chasseurs à pied, cinq bataillons de régiments de marche, quatre bataillons de garde nationale mobile, des artilleurs de la ligne et de la mobile, une poignée de cavaliers, de douaniers et de gendarmes et 94 marins, dont 2 officiers. La garnison comptait, en outre et en tout, 1,970 chevaux. C'était trop peu pour une place de guerre de cette importance, car parmi ces troupes, beaucoup étaient loin d'être suffisamment exercées. L'armement des remparts, les munitions de l'arsenal ne se trouvaient pas en état. Là comme partout éclatait l'épouvantable et criminelle incurie de l'administration impériale.

Le commandement de la place de Strasbourg avait été, après le départ du général Ducrot, appelé à la tête d'une division du 1er corps, confié au général Uhrich, un enfant du pays, né à Phalsbourg, ancien élève de Saint Cyr, et qui, à travers l'Afrique et la Crimée, avait un à un conquis ses grades jusqu'à celui de général de division. Lors de la campagne d'Italie, le général Uhrich commandait le 5e corps qui devait concourir à l'attaque du quadrilatère, et demeura inactif à cause de la paix de Villafranca. Depuis, il avait fait partie du cadre de réserve, et il n'en sortait que pour attacher son nom, en dépit des reproches qu'on ait pu lui adresser, à la glorieuse défense de Strasbourg.

Le 12 août 1870, jour où s'ouvrit le blocus de la ville, les ouvrages avancés n'étaient pas même garnis de canons, les arbres et les maisons, situés dans la zone militaire, étaient encore debout. Le côté sud de la place, que seule l'inondation garantit contre les travaux d'approche était libre, sans eau (1). Les hauteurs de Schiltigheim et de Hausbergen, qui dominent le front d'attaque du côté du nord, ne pouvaient être défendues à cause du petit nombre de soldats dont disposait le gouverneur. Au surplus, avec la portée des canons prussiens, il eût été impossible de s'y maintenir longtemps. Strasbourg était donc condamnée au blocus, et un parlementaire allemand se présentait bientôt, sommant la ville de se rendre, sous peine d'être bombardée. Les habitants sourirent à cette menace, ne doutant pas de la prochaine victoire et de la délivrance, persuadés d'ailleurs que l'ennemi n'oserait mettre à exécution cette chose barbare : le bombardement d'une cité qu'il appelait, dans ses revendications, la ville-sœur.

Strasbourg, avec son enceinte bastionnée, sa citadelle, sa gare défendue par des ouvrages à corne casematés, Strasbourg qui possède une fonderie de canons, un arsenal de construction et un magasin du génie, pouvait, au surplus, défier l'assaillant, si, je le répète, les bastions eussent été entretenus et mis en état et les magasins et fonderie approvisionnés comme il faut. Il n'en était rien, et M. de Beyer, ministre de la guerre du grand-duché de Bade, qui commandait les troupes badoises envoyées devant Strasbourg, ne devait pas ignorer le dépourvu dans lequel avait été laissée la cité lorsqu'il la somma de se rendre. C'était le 9 août. Ce M. de Beyer (rendons justice même à un ennemi, nous n'aurons pas souvent l'occasion de constater pareille humanité chez les Allemands), ce M. de Beyer adressait, en entrant en Alsace, une proclamation aux habitants, proclamation où il promettait de faire avec humanité cette horrible guerre. Eût-il tenu parole? Il tomba malade, dit-on, et fut remplacé par le dur et farouche M. de Wer-

(1) *Quarante jours de bombardement. Strasbourg.* (Neuchâtel), 1 brochure in-18.)

Siège de Strasbourg. — Ruines de la Bibliothèque, après le bombardement.

der, non plus Badois, mais Prussien, intraitable, amenant avec lui ses troupes de Haguenau, où le roi de Prusse avait établi déjà le gouvernement général de la province d'Alsace. Ce nom de Werder, les Strasbourgeois et les Français ne l'oublieront jamais. Nom de sinistre conquérant écrasant sous le fer et détruisant par le feu la cité qu'il prétend attacher pour jamais à l'Allemagne, comme un meurtrier qui prétendrait s'allier pour toujours à sa victime à demi morte.

Qui pouvait croire, en effet, que l'Allemagne, la docte et pieuse Allemagne, mettrait en cendres tant de richesses scientifiques et artistiques entassées dans Strasbourg et que ses artilleurs prendraient pour point de mire la cathédrale du gothique chef-d'œuvre d'Erwin de Steinbach, la flèche superbe du vieux Münster? Un chant populaire au delà du Rhin, la fameuse chanson de *Strasbourg, fille de l'Allemagne*, que chantent tendrement depuis si longtemps les Teutomanes, s'écrie:

« *O Strasbourg, ô Strasbourg, ô cité admirablement belle où sont enfermés tant de soldats, — où sont emprisonnés aussi, vous l'oubliez, depuis plus de cent ans, ma gloire et mon orgueil. — Depuis plus de cent ans, fille de mon cœur, tu te consumes dans les bras du larron welche, mais ta douleur cessera bientôt. — O Strasbourg, ô Strasbourg, la ville de mon cœur, éveille-toi de tes rêves sombres, ô Strasbourg, tu vas être sauvée!...* »

Sauvée de notre amour, arrachée des bras amis de la France, sauvée par ces bombardeurs et ces incendiaires qui ont écrit leurs exploits de Borusses en traits de sang sur des monceaux de ruines!

Le 13 août, un premier obus tomba sur la ville. Il éclata au delà de la porte de Saverne, brisa un réverbère et blessa des ouvriers dans le faubourg. Mais ce n'était rien et l'ennemi voulait saluer ironiquement, par un feu d'artifice de sa façon, la date napoléonienne du 15 août. Un homme représentait à Strasbourg le pouvoir civil, M. Pron, ancien préfet de la Manche, préfet du Bas-Rhin, et qui rêva, durant tout le siège, un coup d'État nouveau, n'attendant que la nouvelle d'une victoire pour faire arrêter à Strasbourg les adversaires notoirement connus de l'empire. Là-dessus, les témoignages les plus irréfutables nous ont été transmis, entre autres celui de M. Schneegans. On trouve la date du coup d'État nouveau fixée et le projet mis au jour dans une curieuse et éloquente brochure, *Quarante jours de bombardement*, publiée à Neuchâtel par *un réfugié strasbourgeois*. Que si le projet de M. Pron (qui sans doute obéissait à des ordres venus de haut) ne réussit point, c'est que le général Uhrich, commandant la force armée, refusa de descendre à de tels complots.

M. Pron avait donc pris, à l'occasion du 15 août, une attitude hostile, déclarant qu'il était prêt à agir contre toute manifestation. Nul ne songeait pourtant à faire de politique. A Strasbourg, on ne songeait qu'à la patrie. On se sentait aussi sous la menace du canon prussien. La crainte vague n'était pas vaine. A onze heures et demie du soir, de ce dernier soir de fête impériale, les obus allemands commençaient à tomber sur la ville. Des hauteurs de Hausbergen, à 3 kilomètres, les projectiles ennemis venaient s'abattre sur les toits, broyant des membres, écrasant, incendiant, et, dès ce lugubre début, tuant des femmes et des vieillards. A minuit, le feu cessait. Ce n'était là qu'un avertissement funèbre. Mais les victimes déjà étaient nombreuses et Strasbourg savait ce qu'il pouvait attendre d'un sauvage ennemi.

Dès lors, toutes les nuits, les Badois et les Prussiens continuèrent leur œuvre atroce. Canonner les remparts, c'était leur droit, incendier des maisons, assassiner la population civile, c'était un crime. Strasbourg d'ailleurs, après les premiers moments de stupeur, devint sublime sous cette pluie de bombes incendiaires. Des rues entières furent brûlées. La rue du Dôme, la rue de la Nuée-Bleue s'écroulaient sous les obus. Des incendies partout, partout des débris fumants et des cadavres. Pauvre Strasbourg! En vain Uhrich écrivait, par des émissaires porteurs de ces dépêches désespérées: « Strasbourg est perdu, si vous ne venez pas immédiatement à notre secours (27 août). » Il appelait, à son aide, le général Douay, qu'il croyait à Belfort, et qui, à cette heure, marchait, comme toute l'armée, vers l'entonnoir de Sedan. A la fin d'août, les bâtiments de la citadelle et de l'arsenal, le moulin, la bibliothèque, le musée étaient détruits. La bibliothèque, cette merveille, ce trésor de science allemande, ses 8,000 manuscrits, son fameux *Hortus deliciarum*, tout ce qui était le fruit de tant de travaux, la source de tant d'informations, le legs inappréciable des aïeux, la savante Allemagne a détruit cela! Elle a mis sa science à détruire des livres. Elle a eu son Werder pour imiter Omar. Ces pointeurs en lunettes de l'armée prussienne se plaisaient à détruire les monuments. Ils visaient bien, ils visaient juste. Chaque coup emportait un être aimé parmi les vivants ou un chef-d'œuvre légué par les morts.

O stupidité atroce de la guerre! Rage effroyable! Tuer des hommes, faire voler en éclats des pierres, détruire des parchemins et des tableaux! Il y a, dans l'homme, comme une bête fauve endormie qui s'éveille à de certaines heures. Uhrich, devant le forfait de Werder, répondit en incendiant Kehl. On hurlait de douleur des deux côtés du Rhin. Ces Badois, enrichis par la France, faisaient payer à la France tout ce qu'ils avaient reçu d'elle. Cependant, la garnison de Strasbourg frémissait d'impatience sous ce bombardement. Elle voulait au moins voir de près l'ennemi. Le 16 août, elle tente une sortie du côté d'Ostwald; le 29, elle sort encore. Courageusement, se ruant sur les masses profondes, des poignées d'hommes s'élançaient et ne rentraient que repoussés par des forces considérables. Jamais lutte ne fut plus inégale. Notre artillerie, absolument inférieure, nous laissait à la discrétion des Allemands dont le feu ne ralentissait pas et qui, dès le 29, avaient ouvert leurs travaux d'approche. Deux jours après, deux parallèles étaient terminées. Le 14 septembre, la troisième était ouverte et l'ennemi couronnait les glacis. Quelques jours encore, le 20, à l'aube, la lunette n° 53 nous était enlevée par surprise. Bientôt les Allemands, nombreux, et n'ayant devant eux qu'une faible garnison, pouvaient donner l'assaut. Les remparts ne protégeaient plus la pauvre et fière Strasbourg.

Cependant la ville, passant par tous les espoirs et toutes les illusions des assiégés, comptait toujours sur la délivrance. Des bruits de victoires avaient couru bien des fois. Bien des fois aussi, au loin, les malheureux Strasbourgeois avaient cru entendre l'écho vengeur du canon français. On apprêta souvent (ô désillusion amère!) des drapeaux tricolores pour pavoiser les fenêtres à l'arrivée des *pantalons rouges*. Mais non, les jours passaient, le bombardement continuait, la maladie décimait la ville, le deuil et la douleur étaient les mêmes. Un jour pourtant, le 11 septembre 1870, des délégués de la ville de Berne ayant obtenu de M. de Werder de pouvoir arracher au bombardement les femmes et les vieillards qui voudraient les suivre, des Suisses,—fils mille fois bénis de cette humble et grande République helvétique qui a tendu à la France meurtrie sa loyale main et lui a prodigué ses consolations, ses secours, son or et ses larmes, — des délégués de Berne entrèrent à Strasbourg et apprirent à la ville assiégée tout ce qu'elle ignorait : Gravelotte, Sedan, Bazaine bloqué, Mac-Mahon défait, Bonaparte honteusement prisonnier à Wilhelmshœhe, la République proclamée à Paris, appelée comme un viatique par la nation frappée au cœur! Quel écroulement de rêves et quel désespoir profond! Pourtant, ce nom si grand de République fit son effet là comme ailleurs. On le salua avec ivresse. On se dit : C'est le salut ! Le préfet, M. Prou, fut déclaré déchu de ses fonctions et la commission municipale appela à la mairie de la ville le probe et savant M. Küss, républicain aimé, et qui devait, lui, dernier maire de Strasbourg, mourir le jour même où la Française Strasbourg allait (pour combien de temps?) être déclarée Allemande.

M. Gambetta avait nommé maire de Strasbourg M. Maurice Engelhardt, avocat. La ville ne voulut reconnaître que le docteur Küss. En revanche, elle acclama l'arrivée de son nouveau préfet, M. Valentin, qui, au péril de sa vie, put pénétrer dans Strasbourg. Déguisé en paysan, il était parvenu à entrer à Schiltigheim; là, à travers les soldats prussiens, sautant dans la tranchée, il arriva, recevant par derrière le feu des Allemands, par devant celui des Français, jusqu'aux remparts, se jeta dans l'eau des fossés, aborda sous les balles, et dit : « Je suis votre prisonnier. Menez-moi de suite au général. » Une fois en présence du général Uhrich, M. Valentin découd la manche de son habit, en retire le décret officiel qui le nomme préfet de Strasbourg, et est installé à la préfecture. La légende s'emparera de ce trait d'un courage civique bien rare, et le nom de M. Valentin sera, malgré son court passage dans l'administration du département envahi et de la ville à demi ruinée, inséparable de celui de Strasbourg.

M. Valentin arrivait d'ailleurs à Strasbourg pour voir tomber cette héroïque cité. Chaque jour élargissait les plaies sanglantes de la malheureuse ville. Le manque de vivres et de munitions rendait la situation déplorable. Les légumes frais étaient épuisés depuis un mois; on ne mangeait plus de viande que celle de cheval. La santé de la population s'altérait de jour en jour. « N'ayant pas assez de poudre, dit M. A. Marchand (*le Siège de Strasbourg*), la garnison se voyait réduite à remplir les grenades de sable, pour leur donner le poids nécessaire; naturellement ces projectiles ne causaient que peu de mal à l'ennemi. »

L'assaut donné à Strasbourg avait été décidé par M. de Werder. Il devait avoir lieu dans la nuit du 28 septembre. « L'artillerie reçut des approvisionnements formidables en projectiles de toute espèce, obus, shrapnels (obus à balles), bombes et fusées incendiaires. La ville devait être bombardée par toutes les batteries ensemble, pendant que les colonnes d'assaut attaqueraient le corps de place.

« Les artilleurs reçurent l'ordre d'ouvrir un feu continu à obus incendiaires (*Schnellfeuer mit Brandgranaten*). La ville de Strasbourg, une heure après le signal de ce bombardement, n'eût plus été qu'une mer de feu (1). » En tête de la colonne d'assaut devaient marcher ces lourds et sauvages Poméraniens, que Saint-Quentin a connus depuis, et que les Allemands appellent les *turcos de la Prusse*.

Devant cette extrémité terrible, le général Uhrich se décida à ce dénoûment qui devait couronner tristement sa carrière de soldat : la capi-

---

(1) *La guerre en Alsace. Strasbourg*, par M. A. Schneegans, adjoint au maire de l'administration républicaine de Strasbourg (Neuchâtel, in-18, page 260).

PLAN DE LA VILLE ET DES FORTIFICATIONS DE STRASBOURG

tulation. On l'en a blâmé. Il a répondu par le chiffre des morts et le peu de ressources qui lui restaient. Ce soldat, il faut le reconnaître, avait strictement fait son devoir. Les esprits équitables avoueront que la ruine de Strasbourg ne pouvait servir qu'à la gloire du nom d'Uhrich. Un ambitieux de renommée se fût fait un piédestal des décombres de la cité. Strasbourg ayant bien combattu, l'homme qui la commandait, le fils d'Alsace, qui avait essayé de la conserver à la France, crut que la ville pouvait, sans déshonneur, capituler.

Le 29 septembre, au matin, la population de Strasbourg trouvait deux proclamations affichées sur ses murailles, l'une du général, l'autre du maire. A huit heures, la citadelle était occupée par les Prussiens, et nos soldats prisonniers sortaient, furieux et lamentables, par la porte Nationale. Leur expression était la rage. Ils avaient, jusqu'au bout, espéré en la victoire, et après avoir si vaillamment combattu, la chute imméritée leur paraissait inique. Pauvres gens, habitués à vaincre, tant de honte leur montait aux lèvres après avoir brisé leur cœur.

Pendant ce temps, les Allemands et les Allemandes, qui étaient venus de la Souabe et du Wurtemberg, ou de la Prusse, pour voir, de loin, brûler Strasbourg, ces curieux et ces curieuses d'horreur, qui buvaient des chopes de bière et croquaient des gâteaux de myrtiles à la lueur des flammes, ceux-là pouvaient allumer des feux de joie. Leurs *frères d'Alsace* leur étaient rendus, mais ils en étaient les Caïns.

Strasbourg était décimée. Au 21 septembre seulement, les maisons détruites s'élevaient (chiffre officiel) à 404. Le faubourg de Pierre en comptait 47 à lui seul. Strasbourg ne comptait que 3,600 maisons; en prenant la moyenne de la population, ces 300 maisons détruites laissaient sans abri 6,200 personnes. La population civile avait eu plus de 300 morts et près de 1,700 blessés. On a calculé que si Paris avait souffert dans la même proportion que Strasbourg, on y eût compté, outre les soldats morts, 66,000 habitants blessés et 10,000 morts. Or, en entrant musique en tête dans cette ville écrasée, le général commandant en chef de l'armée prussienne exigeait pour les officiers et employés, logés chez les habitants : 1° le matin, un déjeuner composé de café ou de thé, avec petit pain ; 2° un second déjeuner composé de bouillon et d'un plat de viande avec légumes ; 3° un dîner composé de soupe, deux plats de viande avec légumes ou salade, dessert et café ; 4° pour la journée, deux litres de bon vin de table et cinq bons cigares. — Le bourreau était doublé d'un usurier teneur de livres.

Tandis que le général Uhrich allait, à Tours, se mettre à la disposition du gouvernement de la défense nationale (il devait pourtant être prisonnier, comme ses soldats), M. Edmond Valentin, le préfet républicain, était transporté en Allemagne et enfermé, avec son secrétaire particulier, dans la citadelle d'Ehrenbreitstein, gardé à vue par un geôlier condamné jadis en Angleterre pour assassinat commis sur un matelot, à bord d'un vaisseau allemand. C'est ainsi que les Prussiens font la guerre.

La chute de Strasbourg, la noble Strasbourg, Strasbourg que la France reprendra un jour ou plutôt qu'elle rendra à elle-même, l'écroulement de la cité vaillante n'entraînait pas la chute de l'Alsace, mais c'était comme le drapeau qui tombait. Strasbourg, c'est l'Alsace militaire comme Mulhouse est l'Alsace industrielle, comme Colmar est l'Alsace artiste. Mais, à l'heure où Paris apportait à la statue de Strasbourg des couronnes de deuil, Phalsbourg bombardée résistait encore. Schlestadt et Neuf-Brisach n'étaient point assiégées. Belfort se préparait à se défendre. En Lorraine, Verdun, Thionville, sans compter Metz, gardaient encore le drapeau tricolore. Bitche devait le planter sur ses remparts jusqu'à la fin. Et tandis que Vitry-le-François se rendait, que Laon capitulait et qu'un garde d'artillerie faisait sauter sa citadelle, tandis que Saint-Quentin résistait, Toul, une ville sans fortifications sérieuses, défendue par quelques braves soldats et par les mobiles de la Meurthe, Toul, assiégée par le grand-duc de Mecklembourg, repoussait, le 16 août, l'assaut tenté par les Prussiens, se laissait bombarder sans céder, exerçait ses mobiles au maniement des pièces d'artillerie et donnait à la France un exemple de courage et de patriotisme viril.

Ici, il faut rendre justice à la jeunesse de Nancy qui formait le gros de la garnison de Toul. On a assez raillé Nancy, la capitale lorraine, qui lse laissait envahir par quatre uhlans. Nous publions plus loin, aux documents, la délibération du conseil municipal de Nancy qui réclame avec raison pour la fleur juvénile, pour les enfants de la ville l'honneur d'avoir contribué à l'héroïque défense de Toul. Il y avait aussi des mobiles de la Meurthe à Phalsbourg et nous dirons plus tard comment Phalsbourg résista.

Durant la dernière quinzaine de septembre, des pièces de gros calibre, arrivées d'Allemagne, avaient été mises en position au nord de la ville de Toul, sur une crête du mont Saint-Michel, sur des hauteurs, en face du faubourg Saint-Epvre, au sud-ouest et à Dammartin-lez-Toul, au sud-est. Rien de sérieux ne fut entrepris avant que les ouvrages eussent été aménagés avec ce soin qu'apportent à tout les Allemands ; puis un bombardement concentrique des ouvrages commença par les batteries des pièces de 24 du 2° et du 4° régiment d'artillerie, appuyées par des troupes de la 34° brigade d'infanterie, formant partie d'un corps nouveau placé sous le commandement du grand-duc de Mecklembourg-Schwerin, et comprenant tous les corps qui se trouvaient entre les armées de Frédéric-Charles et du Prince royal, c'est-à-dire tous les corps d'invasion non engagés devant Metz.

Le feu continua sans que les assiégés y répondissent d'une manière efficace. Dans la soirée, le feu ayant éclaté en vingt-trois endroits, les instances des habitants auprès du commandant de la place engagèrent celui-ci à hisser le drapeau blanc et à réclamer une capitulation. L'offre fut immédiatement acceptée par le colonel Manteuffel, commandant le siège, et les vainqueurs entrèrent dans la ville le soir du 23 septembre à sept heures. Les conditions furent les mêmes que pour Sedan, implacables.

Dans un conseil tenu à l'Hôtel de ville, on avait résolu de ne pas se rendre ; mais les instances de citoyens qui craignaient une dévastation inutile de la ville prévalurent sur les résolutions suprêmes des autorités civiles et militaires.

« La garnison, dit un correspondant de journal anglais attaché au quartier général prussien, s'est trouvée ridiculement faible : 60 cuirassiers, 100 hommes de la ligne, 40 gendarmes et 2,000 gardes mobiles, et on n'y comptait pas un seul artilleur régulier. Le major Itack, un ancien officier de cavalerie, commandait la place. Les officiers prussiens étaient furieux de ce qu'une poignée d'hommes ait pu ainsi intercepter la route de Paris pendant six semaines. »

En même temps qu'il décrétait que la statue de Strasbourg serait coulée en bronze, le gouvernement de la défense nationale décrétait aussi que la ville de Toul avait bien mérité de la patrie. Ainsi Toul a sa page hors de pair et digne d'admiration dans l'histoire de cette guerre où le dévouement, parfois ignoré, fut plus fréquent qu'on ne le suppose et plus spontané souvent que la démoralisation infiltrée par l'empire ne pouvait le faire espérer. Spectacles consolants qui permettent à la France de relever le front et d'espérer, même après tant de hontes !

DOCUMENTS COMPLÉMENTAIRES DU CHAPITRE III

N° 1.

CAPITULATION DE STRASBOURG.

Proclamation du général Uhrich.

Habitants de Strasbourg,

Ayant reconnu aujourd'hui que la défense de la place de Strasbourg n'est plus possible, et le Conseil de défense ayant unanimement partagé mon avis, j'ai dû recourir à la triste nécessité d'entrer en négociations avec le général commandant l'armée assiégeante.

Votre mâle attitude pendant ces longs jours de douloureuses épreuves m'a permis de retarder jusqu'à la dernière limite la chute de votre cité. L'honneur civil, l'honneur militaire sont saufs, grâce à vous; merci.

Merci à vous, représentants de notre armée de mer, qui avez su faire oublier votre petit nombre par l'énergie de votre action ; merci enfin à vous, enfants de l'Alsace ; à vous, gardes nationaux mobiles ; à vous, francs-tireurs et compagnie franche ; à vous aussi, artilleurs de la garde nationale sédentaire, qui avez si noblement payé le tribut du sang à notre grande cause aujourd'hui perdue ; et à vous, douaniers, qui avez aussi donné des preuves de courage et de dévouement.

Je dois les mêmes remerciements à l'intendance pour le zèle avec lequel elle a su parer aux exigences d'une situation difficile, tant pour le service hospitalier que pour celui des vivres.

Où trouverai-je des expressions suffisantes pour dire à quel point je suis reconnaissant envers les médecins civils et militaires, qui se sont consacrés aux soins de nos blessés et de nos malades militaires, envers ces nobles jeunes gens de l'École de médecine, qui ont accepté avec tant d'enthousiasme le poste périlleux des ambulances dans les ouvrages avancés et aux portes?

Comment remercier assez les personnes charitables, les maisons religieuses, les établissements publics qui ont ouvert des asiles à nos blessés, qui les ont entourés de soins si touchants, et qui en ont arraché beaucoup à la mort?

Je conserverai jusqu'à mon dernier jour le souvenir des deux mois qui viennent de s'écouler, et le sentiment de gratitude et d'admiration que vous m'avez inspiré ne s'éteindra qu'avec ma vie.

De votre côté, souvenez-vous sans amertume de votre vieux général, qui aurait été si heureux de vous épargner les malheurs, les souffrances et les dangers qui vous ont frappés, mais qui a dû fermer son cœur à ce sentiment, pour ne voir devant lui que le devoir, la patrie en deuil de ses enfants.

Fermons les yeux, si nous le pouvons, sur le triste et douloureux présent, et tournons-les vers l'avenir; là nous trouverons le soutien des malheureux : l'espérance !

Vive la France à jamais !

Fait au quartier général, le 27 septembre 1870.

Le général de division commandant supérieur de la 6ᵉ division militaire,

UHRICH.

—

PROCLAMATION DU MAIRE DE STRASBOURG.

Chers concitoyens,

Après une héroïque résistance et qui, dans les fastes militaires, ne compte que de rares exemples, le digne général qui a commandé la place de Strasbourg, vient, d'accord avec son conseil de défense, de conclure avec le commandant de l'armée assiégeante, une convention pour la reddition de la place.

Cédant aux dures nécessités de la guerre, le général a dû prendre cette détermination en présence de l'existence de deux brèches, de l'imminence d'un assaut qui nous eût été fatal, des pertes irréparables subies par la garnison et par ses vaillants chefs. La place n'était plus tenable; il est entré en pourparlers pour capituler.

Sa détermination, écartant la loi martiale qui livre une place prise d'assaut aux plus rudes traitements, vaut à la ville de Strasbourg de ne pas payer de contributions de guerre et d'être traitée avec douceur.

A onze heures, la garnison sortira avec les honneurs militaires, et aujourd'hui l'armée allemande occupera la ville.

Vous qui avez supporté avec patience et résignation les horreurs du bombardement, évitez toute démonstration hostile à l'encontre du corps d'armée qui va entrer dans nos murs !

Rappelez-vous que le moindre acte agressif empirerait notre situation et attirerait sur la population entière de terribles représailles. La loi de la guerre dit que toute maison d'où il aurait été tiré un coup de feu sera rasée et ses habitants passés au fil de l'épée. Que chacun s'en souvienne, et s'il était parmi nous des hommes assez oublieux de ce qu'ils doivent à leurs concitoyens, pour méditer d'impuissantes tentatives de résistance, empêchez-les d'y donner suite. L'heure de la résistance est passée. Résignons-nous à subir ce qui n'a pu être évité.

Vous, chers concitoyens, qui, durant ce long siége, avez déployé une patience, une énergie que l'histoire admirera, restez dignes de vous-mêmes à cette heure douloureuse.

Vous tenez dans vos mains le sort de Strasbourg et le vôtre. Ne l'oubliez pas !

Strasbourg, le 28 septembre 1870.

Le maire, KUSS.

—

N° 2.

LA GARDE MOBILE DE NANCY A TOUL.

Le *Moniteur de la Meurthe et des Vosges* publie la relation suivante de la séance du 29 août 1870 du conseil municipal de Nancy :

A dix heures du matin, les conseillers présents à l'Hôtel de ville se réunissent en séance, sous la présidence de M. Welche; ils viennent d'apprendre par les journaux et des correspondances privées que la conduite de Nancy devant l'invasion est cruellement calomniée au dehors; qu'au Corps législatif, un député aurait osé accuser de lâcheté les habitants et le maire, et qu'il aurait osé dire que la ville de Nancy avait démérité de la patrie !

Pas une voix ne se serait élevée pour répondre à cette infamie, dont les députés de la Meurthe présents se seraient rendus complices par leur silence.

A l'unanimité, le conseil est d'avis de protester énergiquement, devant le pays et la Chambre, contre de telles insultes, et d'adopter la rédaction d'une lettre aux députés de la Meurthe, et d'une autre lettre aux députés, que l'indignation et la douleur ont dictées à M. Welche et à M. Haltzfeld, et qui sont ainsi conçues :

« Messieurs les députés,

« Est-il vrai qu'un député ait osé, à la tribune, accuser de lâcheté les habitants de Nancy et du département de la Meurthe ?

« Est-il vrai que pas une voix ne se soit élevée dans la Chambre pour répondre à cette infamie ?

« Vous savez dans quel abandon notre contrée a été laissée; que, dès le 8 août, toutes les autorités militaires l'avaient quittée précipitamment; qu'il n'y restait plus même un gendarme, et que Nancy, dépourvue d'armes et de munitions, n'avait pour le maintien de l'ordre que quatre-vingt-cinq fusils à silex transformés, mis entre les mains de ses sapeurs-pompiers.

« Vous savez que le gouvernement annonçait que les passages des Vosges étaient défendus et que les populations devaient être sans craintes.

« Vous savez que la dernière communication que nous avons reçue du ministre actuel de l'intérieur nous invitait, à l'approche de l'ennemi, à faire replier sur Châlons tous les hommes en état de porter les armes, et à abandonner ainsi, sans secours et sans protection, nos femmes, nos enfants, nos vieillards.

« Et c'est nous qu'on accuse ! Des députés, tranquilles à l'abri de leurs murailles, injurient une

ville en proie aux calamités de l'invasion! Des journalistes, protégés par la force publique, répètent et propagent la calomnie.

« Au nom des populations que vous devez représenter, nous vous invitons à lire notre lettre à la tribune et à repousser l'insulte. C'est pour vous le plus impérieux devoir.

« Recevez l'expression des sentiments que de pareils faits laissent dans le cœur de chacun de nous.

« *Signé :* WELCHE. »

« Messieurs les députés,

« Enfermés par suite des circonstances de guerre, dans un mur de baïonnettes, nous sommes sans nouvelles de notre chère patrie, nous ignorons ce qui se passe en France.

« Cependant, quelques vagues renseignements émanant de correspondances privées, nous portent à croire qu'en pleine Chambre des députés il avait été dit... « que la ville de Nancy avait démérité de « la patrie et que la proclamation de son maire « était un acte de lâcheté. »

« A cette calomnie, à ce mensonge, nous ne pensions d'abord opposer que le mépris, certains que la vérité ne pouvait manquer de se faire jour; mais, dans la situation grave où se trouve le pays, il y a danger à laisser croire en France, en Europe, à l'abaissement du niveau moral d'une population renommée, jusqu'à ce jour, pour son patriotisme et son courage.

« A la suite des combats désastreux de Wissembourg et de Frœschwiller, les corps Mac-Mahon et de Failly ont opéré leurs retraites avec une précipitation telle, que la ligne des Vosges, si redoutable et si facile à défendre, n'a pas été occupée un moment; que la place de Marsal, pourvue d'un matériel de guerre et d'approvisionnements considérables, mais gardée seulement par le peloton hors rang du 60ᵉ de ligne (250 tailleurs et cordonniers), s'est trouvée dans l'obligation de se rendre; enfin, que la voie ferrée de Strasbourg à Nancy, qu'on pouvait si facilement rendre impraticable, a été abandonnée intacte à l'ennemi.

« Étonnées du vide qui se faisait autour d'elles les armées prussienne et bavaroise ont envahi comme une avalanche l'Alsace et la Lorraine, et le 12 août, un corps d'armée de 30,000 hommes campait aux portes de Nancy, sur le terrain même où, quelques jours avant, se trouvaient la garde impériale et la réserve d'artillerie de l'armée française.

« Le dernier bataillon du 60ᵉ de ligne avait quitté Nancy, l'infanterie et l'artillerie de la garde mobile avaient été dirigées sur Toul, et quelques heures avant l'arrivée de l'armée ennemie, les autorités militaires, général de brigade, officiers du génie, d'état-major, de gendarmerie avaient abandonné la ville en faisant noyer dans la Meurthe quelques milliers de poudre qui se trouvaient dans les magasins du génie.

« La population de Nancy se pressait en foule à la préfecture et à la mairie, demandant des armes. Il ne restait à Nancy ni un soldat, ni un fusil, ni une cartouche.

« Une ville ouverte de toutes parts se trouvait donc sans défense en présence d'une armée entière que n'avaient pu arrêter les corps Mac-Mahon et de Failly, et pourtant, dans ces conditions si critiques, les Lorrains ont encore pu rendre à la France un service signalé.

« Une seule barrière pouvait arrêter la marche de l'armée ennemie, c'était la petite place de Toul qui commande le chemin de fer de l'Est.

« C'est là que se sont portés en masse les enfants de Nancy, les habitants de la Meurthe; c'est là que, depuis plus de quinze jours, ils luttent, avec un courage que rien ne peut ébranler, contre le canon de l'armée prussienne.

« L'ennemi a établi des batteries, elles ont été démontées; des trains ont tenté de franchir le passage, ils ont été broyés par le canon de la place. Une partie de la ville a été brûlée; la population ne s'en est montrée que plus énergique à la résistance; enfin une capitulation des plus honorables a été refusée, et l'armée ennemie est obligée d'arrêter la marche de ses trains devant Toul, de descendre de ses wagons et de continuer à pied sa marche sur Châlons.

« La ville de Phalsbourg résiste avec la même énergie; défendue aussi par la garde mobile de la Meurthe, elle a refusé de se rendre et déclaré qu'elle s'ensevelirait plutôt sous les ruines de la place.

« Voilà ce qu'ont fait et font encore en ce moment les enfants de la Meurthe, et, s'il est vrai qu'une odieuse insinuation ait été dirigée contre eux par un député, il nous semble juste, utile et moral qu'il soit décrété d'accusation et traduit à la barre de la Chambre comme traître à la patrie, pour avoir au jour du danger, excité le pays au découragement, en déclarant faussement qu'une partie de la population avait manqué à ses devoirs, au moment où elle les remplissait d'une manière héroïque.

« *Signé* : HALTZFELD. »

CHAPITRE IV

SIÉGE DE PARIS (du 1er au 25 octobre).

L'esprit public à Paris. — Premières privations. — Les subsistances. — Première opposition au gouvernement. — Les élections municipales. — Flourens à Belleville. — Manifestation du 5 octobre. — Départ de Gambetta. — Manifestation du 8 octobre. — M. Jules Favre. — Démission et départ de M. de Kératry. — La trouée possible. — Un mot de M. de Moltke. — Combat de Bagneux. — Mort de M. de Dampierre. — Sortie du 21 octobre (la Malmaison). — On pouvait vaincre. — Documents prussiens. — État de Paris. — Nouvelle de la résistance de Châteaudun. — Documents complémentaires.

Paris assiégé s'était bientôt plié à la nécessité de sa dure situation. Une ville de deux millions d'hommes, bloquée, réduite à ses propres ressources, offrait au monde un des spectacles les plus étonnants qu'il puisse être donné à l'histoire de rencontrer. La question capitale des subsistances préoccupait par-dessus tout les esprits attentifs. Dès le début, pour ainsi dire, les privations se firent sentir, et la viande de boucherie manqua. Rationnée à 100 grammes par personne, dès le commencement d'octobre, cette viande devait faire place bientôt à la viande de cheval, qu'on s'occupait déjà de saler, et à tous ces mets hétéroclites dont les Parisiens affamés devaient faire usage. Dès le 9 octobre, un poulet, la volaille étant une rareté absolue, valait au moins vingt-cinq francs. Les légumes, arrachés aux avant-postes par les maraudeurs et débités dans les rues, sur les trottoirs, s'enlevaient comme des choses précieuses. Les plus élégants faisaient leur marché, en passant, prenant ainsi des précautions contre les privations futures.

Cette question des subsistances ne laissait pas d'ailleurs que d'inquiéter un peu le public. Au début du siège, les journaux avancés avaient réclamé avec une certaine vivacité le réquisitionnement de toutes les matières comestibles et le rationnement. Cette mesure, juste en principe dans une cité soumise au siège, avait un inconvénient grave auquel ne songeaient pas les promoteurs du projet. Sans parler des difficultés que pouvait rencontrer le rationnement et des violations de droit privé, de domicile particulier qu'il devait entraîner, l'état moral de la population se serait ressenti bientôt de la mesure et l'idée seule que toutes les denrées se trouvaient rationnées, eût pu avoir une influence fatale sur l'esprit public. Qu'on se figure le trouble apporté dans Paris par cette nouvelle : « Chaque individu se trouve, dès à présent, à la portion congrue ! » et qu'on se demande s'il n'en eût pas résulté une certaine panique. J'avoue d'ailleurs que l'état des subsistances fut mal surveillé, au début du siège, et qu'on laissa gaspiller inutilement, et souvent criminellement gâcher, des provisions dont on eût pu tirer parti. Il y eut, faute impardonnable, abus dans la consommation. On dépensa, dans le premier mois, ce qui pouvait assurer une prolongation, moins longue qu'on ne se l'imagine, mais cependant effective de la résistance.

Les journaux opposés au gouvernement tiraient d'ailleurs un parti fort adroit de ce manque de décision ou d'ordre. La *Patrie en danger* parlait, avec exagération, de fantastiques repas faits par des riches dans les restaurants à la mode, et G. Tridon s'écriait, commettant un terrible calembour et menaçant Paris d'une révolte populaire : « *La faim justifie les moyens !* » Au surplus, voici comment, à cette époque, M. Félix Pyat, dans le *Combat*, rêvait l'organisation de la ville assiégée : « Communauté de biens, communautés de vivres et de dangers ! » Que n'ajoutait-il plutôt communauté de sentiments et de patriotisme. Le langage de M. Pyat était d'autant plus saisissant, qu'il affectait de républicaniser un style de lettré imagé jusqu'à l'excès et la recherche : « Si nous voulons la République, disait-il, ayons des mœurs républicaines. Le danger nous nivelle ; la mort nous rapproche ! Quel niveau que l'étranger ! Donc, table commune sur la place publique pendant le combat. Tout ce que le voisin partagera, l'ennemi l'aura de moins. Communion comme aux catacombes, agapes comme à Sparte ! Partageons les cartouches et le brouet ! Fraternité d'armes, égalité de risques, égalité devant le Prussien !...

« Donc même chance, même poudre, même paye, c'est dû. J'ajoute : même uniforme ; car ce bon militarisme tue tout ce qui n'est pas livrée.

« Et si l'on joint à ça, pour les mobiles, un peu flâneurs, après le repas en commun, une instruction civique, le pain de vie révolutionnaire donné par nos meilleurs clubistes, les électrisant, les enflammant, leur donnant des leçons de 92, l'exemple et le souffle des pères, développant leurs instincts, expliquant leurs droits, changeant leur courage physique en courage moral, leur apprenant pour quelle grande cause ils vont vaincre ou mourir !... Alors, je réponds du succès.

« Oui, si nous faisons cela comme l'ont fait nos pères, pour l'amour de la patrie, si nous sommes tous de vrais, de dignes républicains ; si Paris est pour nous une foi comme la Mecque pour le Turc, si nous n'avons ainsi qu'un cœur, qu'un vœu, qu'une force pour le défendre, nous vaincrons, je le jure. Clamart sera le cimetière du roi Troppmann, et Paris fera pleurer Berlin ! (1). »

Il y avait d'ailleurs dans ces paroles une ardeur confiante qui allait droit au cœur de la foule et l'électrisait en entretenant ses illusions patriotiques les plus chères. En revanche, d'autres affectaient déjà de soupçonner et d'accuser les hommes qui dirigeaient les affaires de Paris. Tantôt, l'inventeur de quelque engin destiné à anéantir les Prussiens en deux heures, se plaignait par la voie des journaux que la commission eût refusé son infaillible moyen ; tantôt quelque personnage bien informé dénonçait l'existence dans quelque coin de Paris de dix mille chassepots oubliés par le gouvernement. Les chassepots n'existaient point, mais la nouvelle faisait son chemin et irritait les esprits crédules. On se laisse prendre, lorsqu'on est malheureux, à tout ce qui semble devoir faire bientôt cesser ce malheur.

On ne saurait mieux se rendre compte de l'esprit qui animait une grande partie de la population de Paris qu'en lisant le procès-verbal d'une démarche faite auprès du gouvernement par ce qu'on appelait le *Comité central républicain* des vingt arrondissements de Paris. Ce Comité, composé de délégués qui s'étaient pour la plupart donné un mandat à eux-mêmes, commence à fonctionner dès les premiers jours du siège, et nous allons le retrouver plus d'une fois mêlé aux événements qui vont suivre et les faisant naître souvent.

Ce procès-verbal explicite nous dispensera de formuler le programme du Comité.

(1) *Le Combat.*

COMITÉ CENTRAL RÉPUBLICAIN DES VINGT ARRONDISSEMENTS DE PARIS.

Les délégués des vingt Comités d'arrondissement de Paris se sont réunis aujourd'hui, 20 septembre 1870, au nombre de deux cent trente, à la salle de l'Alcazar. Le bureau, sous la présidence du citoyen Lefrançais, a vérifié les pouvoirs de ces délégués.

Ils ont été reconnus réguliers, après une discussion à laquelle ont pris part les citoyens Longuet, Vallès, Ranvier, Grenier, Vertut, Leverdays, Chemalé, etc. ; les résolutions suivantes, proposées par le citoyen Chassin, ont été adoptées, à l'unanimité pour les quatre premières, et à la majorité des voix pour la dernière.

I. La République ne peut pas traiter avec l'ennemi qui occupe le territoire.

II. Paris est résolu à s'ensevelir sous ses ruines plutôt que de se rendre.

III. La levée en masse sera immédiatement décrétée dans Paris et dans les départements, ainsi que la réquisition générale de tout ce qui peut être utilisé pour la défense du pays et la subsistance de ses défenseurs.

IV. La remise immédiate entre les mains de la Commune de Paris de la police municipale. En conséquence, suppression de la Préfecture de police.

V. L'élection rapide des membres de la Commune. Cette Commune se composera d'un membre à raison de dix mille habitants.

Il est arrêté que les résolutions ci-dessus seront portées par voie d'affichage à la connaissance de la population de Paris, et seront en même temps notifiées au gouvernement provisoire par une commission composée de vingt délégués choisis dans les arrondissements de Paris.

Il est encore arrêté par l'assemblée que chaque citoyen devra veiller en armes au maintien des affiches.

Les délégués se sont présentés à l'Hôtel de ville. Reçus par le citoyen Jules Ferry, représentant le gouvernement provisoire, ils lui ont donné lecture des résolutions prises, et l'ont interpellé sur les trois points suivants :

I. Le gouvernement provisoire a-t-il ou non l'intention de traiter avec la Prusse, ainsi que l'indiquent la circulaire de J. Favre du 19 septembre et un article de l'*Électeur libre* du 21, portant pour titre l'*Armistice*.

A cette question, le citoyen Ferry a donné, tant en son nom qu'en celui du gouvernement, sa parole d'honneur que le gouvernement ne traiterait à aucun prix avec la Prusse, et qu'à la seule énergie de Paris serait confiée la mission de sauver la patrie et la République. — Le citoyen Ferry a

Paris pendant le siège. — Départ de M. Gambetta, dans l'aérostat l'Armand-Barbès.

ajouté que le gouvernement désavouait absolument l'article de l'*Électeur libre*.

II. Le gouvernement provisoire accédera-t-il à la volonté populaire de supprimer la préfecture de police et de remettre à la Commune de Paris le soin d'organiser la police?

Le citoyen Ferry a répondu qu'il ne pensait pas que le gouvernement eût le pouvoir de faire cette suppression, mais que d'ailleurs la municipalité de Paris une fois constituée agirait comme elle croirait devoir le faire.

III. Enfin, en ce qui concerne l'élection de la Commune de Paris, le citoyen Ferry a répondu qu'il ne pensait pas que les élections pussent être faites avant le 28. Quant au nombre de membres qui la devront composer, il pourra être augmenté; mais en conservant la répartition égale entre les arrondissements, sans tenir compte de la proportionnalité de leurs habitants.

En présence des observations du citoyen Ferry, relatives à l'élection de la Commune de Paris, les délégués ont jugé qu'ils pouvaient lui concéder ce point, surtout après la réponse si nette, si précise qu'ils avaient reçue quant à l'intention du gouvernement de poursuivre la guerre à outrance.

En foi de quoi, les délégués ont signé le présent procès-verbal.

MM. BESLAY, CAMÉLINAT, CH.-L. CHASSIN, E. CHATELAIN, A. CLARIS, CORNU, E. DUPAS, E. DUVAL, JOHANNARD, P. LANJALLEY, G. LEFRANÇAIS, LONGUET, L. MICHEL, MOLLIN, G. PAGNERRE, J.-B. PERRIN, G. RANVIER, E. ROY, TOUSSAINT, VERTUT.

Nous avons vu, au lendemain de la publication du rapport de M. Favre, que le décret de M. Gambetta, en reculant indéfiniment la date des élections pour l'Assemblée constituante et des élections municipales, répondait par une fin de non-recevoir à des réclamations pareilles qui se renouvelaient presque chaque jour. M. Gambetta semblait accepter par là l'espèce de lutte qui ne pouvait manquer d'éclater entre la démocratie radicale et le gouvernement de l'Hôtel de ville.

Le foyer du mécontentement, c'était alors ce quartier de Paris que la bourgeoisie parisienne appelait avec un certain effroi et une certaine colère Belleville. A vrai dire, Belleville n'est pas plus qu'un autre lieu de Paris l'endroit factieux, comme on l'a dit, le Mont-Aventin où se cantonne habituellement l'émeute. C'est plutôt la partie de Ménilmontant, qui confine à Belleville, qui paraîtrait la plus exaltée. Les bataillons qui attaquaient l'Hôtel de ville au 22 janvier 1871 étaient, au surplus, des bataillons de Montrouge; ceux qui commencèrent la résistance à la veille du 18 mars

étaient des bataillons de Montmartre (1). Au commencement du mois d'octobre, l'arrondissement de Belleville, administré par M. Braleret, était en quelque sorte commandé militairement par Gustave Flourens, élu chef du 63° bataillon, et qui, en outre, avait près de six mille citoyens sous ses ordres. Flourens, belliqueux, aimant naïvement à commander, avait réclamé pour lui un titre spécial. Ne voulant pas nommer de colonels dans la garde nationale, M. Trochu avait alors donné à Flourens le titre de major de rempart. Dans son livre, *Paris livré*, Flourens appelle ce grade une *vaine et pitoyable dénomination*. Il en porta cependant les cinq galons, même après que les événements l'eurent contraint à donner sa démission.

Tout d'abord, l'abnégation patriotique de Flourens avait été digne de tout éloge. Condamné à la déportation par l'empire, arrêté à Gex au moment où, sous un faux nom, il cherchait à rentrer en France, emprisonné, pris pour un maraudeur, pis que cela, pour un voleur, Flourens avait bientôt fait connaître son nom au juge d'instruction, lorsque celui-ci lui avait appris la proclamation de la République à Paris. Adressant une dépêche télégraphique à M. Henri Rochefort, Flourens était accouru. A la tête de ses bataillons, on l'avait vu, dans les premiers jours du siége, étouffant sous le sable l'incendie de pétrole allumé par accident aux Buttes-Chaumont. Il avait, un des premiers, recommandé la concorde, l'oubli de toute rivalité politique en face de l'étranger. Tout à l'armement de son bataillon, il avait établi dans Belleville des ateliers de couture où les femmes confectionnaient les vareuses de leurs époux et de leurs fils. On pouvait croire que Flourens ne mettrait plus son énergie qu'à une seule cause, celle de la défense, et n'écouterait pas, lui qui portait un jour un toast *à la génération nouvelle*, les rancunes des politiques d'autrefois.

Mais ce qui distinguait Flourens, c'était aussi l'impatience. Dès que ses bataillons furent armés, il voulut les lancer en avant. « Le sang, dit-il, nous bouillait dans les veines, la terre nous brûlait sous les pieds (2). » D'instinct, il comprenait que Paris ne devait pas être passif, mais actif dans une occurrence aussi tragique. Seulement le bouillonnement même de son sang l'empêchait de se rendre un compte exact de la situation. Rien n'était perdu encore et, jusqu'alors, on pouvait croire que le gou-

---

(1) Je trouve, à l'honneur des habitants de Belleville, un renseignement curieux dans le tome X du journal érudit le *Collectionneur*. On a vendu naguère une pièce historique curieuse, imprimée sur parchemin (3 pages in-fol., 1790), en faveur du *bataillon de Belleville*, pour avoir sauvé le Trésor et la Caisse de la ville de Paris, le 5 octobre 1789. Cette pièce porte les signatures autographes de Bailly, maire de Paris de Dejoly, etc. Elle a été vendue 25 francs.

(2) *Paris livré*, page 108.

verneur de Paris ne se souciait point de livrer un combat avec la garde nationale, ne voulant utiliser cette force qu'à coup sûr et après qu'elle serait suffisamment exercée. M. Trochu n'avait-il pas, dans une réunion de députés, quelques jours avant le 4 septembre, déclaré que toute armée de secours lui manquant, il ne comptait plus que sur la garde nationale?

Flourens, ne voulant pas attendre, était décidé à sommer le gouvernement d'agir. Dans la soirée du 4 octobre, il fut décidé, entre ses officiers et lui, que les cinq bataillons iraient en armes, réclamer au gouvernement les dix mille chassepots laissés inutiles dans les magasins de l'État, la levée en masse, la sortie immédiate contre les Prussiens *en nombre suffisant pour vaincre*, les élections municipales, le réquisitionnement et le rationnement de toutes les subsistances. Flourens avait averti lui-même, le matin, le gouvernement, qu'il se présenterait ainsi devant lui. Les bataillons se rangèrent sur la place de Grève, tandis que les officiers montaient à l'Hôtel de ville où Trochu, Gambetta, Dorian, Garnier-Pagès, Pelletan, Jules Ferry et Étienne Arago les attendaient. Aux réclamations de Flourens, M. Dorian répondit, en homme de science pratique, que les chassepots mis en réserve étaient destinés aux soldats ou à la mobile, et devaient remplacer les armes qui se perdent ou se brisent; que pour en fabriquer d'autres, il fallait de l'acier, et qu'on n'avait plus d'acier; que pour appuyer des sorties il fallait des canons, et qu'on en fabriquait; puis le général Trochu appelant Flourens : *Monsieur le major*, lui reprocha paternellement, — l'expression est de Flourens, — d'avoir abandonné le rempart. Flourens répondit en donnant sa démission et ses officiers, parmi lesquels était M. Cyrille, la donnèrent après lui. « Eh bien alors, moi aussi, répond M. Trochu, je donne ma démission. » Gambetta essaie de prouver que l'ajournement des élections municipales était une mesure rendue nécessaire par l'état de siège. Flourens maintenait sa démission. « Si le sang coule ce soir dans Paris, s'écria M. Jules Ferry, on dira que c'est vous qui l'avez fait couler? » N'écoutant rien, pâle, résolu, Flourens sortit froidement de l'Hôtel de ville, et quand il parut, l'épée nue à la main, devant ses bataillons dont la musique, sur la place, jouait la *Marseillaise*, une acclamation retentit qui arracha ce mot à Millière, présent à cette journée : « Allons, foule, applaudis, fais *un roi de Paris*, donne-toi un dictateur ! »

Flourens raconte qu'il emporta de son entretien avec les gouvernants de l'Hôtel de ville, cette persuasion « *qu'il faudrait, pour sauver Paris, en venir aux mains avec ces gens-là.* » La manifestation du 5 n'eût d'ailleurs aucun effet sur la population, qui n'était pas encore exacerbée et croyait fermement

à un homme, ce qui était un tort, mais à une idée généreuse, ce qui était juste. L'homme, c'était le général Trochu, dont le plan, disait-on, devait certainement sauver la France. L'idée, c'est que toute discorde était criminelle devant l'ennemi. La confiance dans le chef fut ébranlée avant la fin du siège, mais la soumission à l'idée de concorde anima jusqu'à la fin les cœurs des citoyens. Comme pour répondre à la manifestation de Flourens et de ses soldats, M. Gambetta faisait afficher d'ailleurs dès le lendemain, cette courte et rassurante dépêche qui, malgré sa forme, produisit une vive et favorable impression :

« La province se lève et se met en mouvement.

« Les départements s'organisent.

« Tous les hommes valides accourent au cri de : *Ni un pouce de terrain, ni une pierre de nos forteresses, sus à l'ennemi, guerre à outrance.*

« Signé : GLAIS-BIZOIN.

« Pour copie conforme :

« *Le ministre de l'intérieur*,

« LÉON GAMBETTA.

« Paris, midi et demi, 6 octobre 1870 (1). »

Cette dépêche montrait à Paris la province sous un jour favorable éloigné de la réalité. Nous aurons à décrire plus tard le désarroi ou plutôt l'inaction qui régnait alors en France, grâce à l'administration sénile de la délégation de Tours. Le gouvernement de Paris résolut d'adjoindre à MM. Crémieux, Glais-Bizoin et à l'amiral Fourichon un élément de patriotisme plus viril, et M. Gambetta monta dans le panier du ballon *l'Armond-Barbès*, disant en souriant : « C'est peut-être mon avant-dernier panier ! » Il partit, laissant Paris au moment d'une crise intérieure que son patriotisme eût pu calmer; et certains de ses adversaires, entre autres Delescluze, ne virent dans ce départ que ce qu'ils appelaient une échappatoire du *fin Génois*. La vérité est que, malgré les nouvelles rassurantes données par la délégation de Tours qui parlait de deux armées de 80,000 hommes en marche sur Paris, de la situation excellente de Bazaine à Metz, du magnifique équipement de nos soldats et des ressources de notre artillerie, il était temps qu'un homme vigoureux et jeune donnât à la défense nationale en province une impulsion qu'elle n'avait pas. Il faut regretter que M. Gambetta n'ait

(1) Le *Journal officiel* contenait, en même temps, une note relative à ces manifestations, qui ont le tort grave « *de donner à la cité parisienne des apparences de sédition aussi contraires à la réalité que favorables aux desseins de l'ennemi*, et il ajoutait nettement que de telles manifestations *ne devaient plus avoir lieu*.

point quitté Paris dès le 7 ou le 8 septembre, organisant incontinent la guerre défensive. La France y eût gagné un mois, dont les heures valaient des semaines, le mois où l'agglomération des forces allemandes devant nos citadelles assiégées empêchait M. de Moltke de faire, avec les troupes considérables dont il disposa plus tard, la campagne de France.

M. Gambetta, remplacé au ministère de l'intérieur par M. Jules Favre chargé de l'intérim, emportait, au nom du gouvernement de la défense nationale, une proclamation aux Français; proclamation patriotique, à laquelle il ajouta le tableau éloquent, mais un peu exagéré, de Paris, qu'il présentait comme un vaisseau immense, armé et garni de défenseurs jusqu'aux hunes (1). Ce tableau à la Barère dut au surplus agir sur l'imagination du peuple de France, et stimuler le patriotisme de la nation.

A peine M. Gambetta était-il parti, que les manifestations continuaient. Elles ne réussissaient jamais et n'aboutissaient même pas toujours. M. Blanqui, élu chef d'un bataillon de la garde nationale de Montmartre, après le 4 septembre, essayait d'organiser, le 7 octobre, une nouvelle manifestation contre l'Hôtel de ville, échouait dans sa tentative, et, soumis ensuite à la réélection, ne parvenait pas à être confirmé dans son grade par le suffrage de ses soldats (2).

Peu après, le commandant Sapia, du 146° bataillon, distribuait des cartouches à ses hommes, et les engageait à son tour à marcher sur l'Hôtel de ville. Les gardes nationaux eux-mêmes l'arrêtaient et le conduisaient à l'état-major de la place. M. Sapia, dont le nom reviendra sous notre plume à l'occasion du 22 janvier, fut acquitté par le conseil de guerre chargé de le juger.

C'était le 8 octobre que le commandant Sapia faisait appel à la guerre civile. Ce jour-là était la date choisie par les opposants pour organiser contre le gouvernement une manifestation imposante. Le *Journal officiel* du 7 octobre ayant, par une note assez ferme, déclaré qu'en présence des sommations reçues et des menaces, il était de sa dignité et de son devoir d'ajourner jusqu'à la levée de l'état de siège les élections municipales, une affiche du Comité central des vingt arrondissements de Paris avait, en réponse à cette note, été placardée sur tous les murs de la ville, réclamant énergiquement la Commune de Paris. C'est sur ce mot mal interprété, mal expliqué, compris par bien peu de gens, exploité par beaucoup d'autres, qu'allait se livrer dans Paris une lutte tout intestine, dont nous suivrons et examinerons les phases. Pour le moment, tenons-nous-en aux manifestations extérieures de l'opposition et du mécontentement d'une partie de l'opinion.

Les opposants ne comptaient alors qu'une minorité assez faible, et ils s'aveuglaient tout à fait en espérant qu'ils pourraient entraîner à leur suite Paris entier. Il a fallu les souffrances des derniers mois du siége et l'exaspération irraisonnée qui suivit l'écroulement de toutes les illusions pour que Paris ait laissé faire et même suivi le mouvement. Au 8 octobre, Paris, comptant sur la victoire et ne songeant qu'à la défaite possible de l'ennemi, était sourd à toute parole de sédition. Aussi bien, lorsque, à midi et demi, un rassemblement de cinq ou six cents citoyens vint crier devant l'Hôtel de ville : Vive la Commune ! leurs cris trouvèrent peu d'échos. Une demi-heure après, le 84° bataillon de la garde nationale (commandant Maurice Bixio, fils de l'ancien ministre de la République de 1848), venait se ranger devant le palais municipal et se déployer sur deux rangs le long de la façade. Un moment, on put craindre une collision sanglante. Mais, par bonheur, toute lutte fut évitée. Tout se borna à des cris. Le général Trochu accourait, à cheval, bientôt suivi du général Tamisier, commandant en chef la garde nationale; la foule les acclamait, criant : *Vive la République!* tandis qu'après le 84°, des bataillons nouveaux accouraient pour protéger l'Hôtel de ville. La manifestation se termina par une revue. Sous un ciel brouillé, roulant des nuages emportés, d'où tombait la pluie, le gouvernement parcourut les rangs des bataillons et, les officiers s'étant rangés en cercle, M. Jules Favre, d'une voix haute, prononça ces paroles, qu'interrompait sourdement le bruit lointain de la canonnade engagée devant Paris :

« Messieurs,

« Cette journée est bonne pour la défense, car elle affirme une fois de plus et d'une manière éclatante notre ferme résolution de demeurer unis pour sauver la patrie. Cette union intrépide, dévouée dans une seule et même pensée, elle est la raison d'être du gouvernement que vous avez fondé le 4 septembre. Aujourd'hui, vous consacrez de nouveau sa légitimité. Vous entendez le maintenir pour qu'avec vous il délivre le sol national de la souillure de l'étranger; de son côté, il s'engage envers vous à poursuivre ce noble but jusqu'à la mort, et pour l'atteindre, il est décidé à agir avec fermeté contre ceux qui tenteraient de l'en détourner.

« Par un redoutable hasard de la fortune, Paris a l'honneur de concentrer sur lui l'effort des agresseurs de la France ; il est son boulevard, il la sauvera par votre abnégation, par votre courage, par vos vertus civiques, et, si quelques té-

---

(1) Voir aux Documents complémentaires.
(2) Il n'obtenait pas plus de trois cents voix.

LA GUERRE EN PROVINCE. — Résistance héroïque de la ville de Châteaudun.

méraires essayent de jeter dans son sein des germes de division, votre bon sens les étouffera sans peine. Tous, nous eussions été heureux de donner aux pouvoirs municipaux le fondement régulier d'une libre élection. Mais tous aussi nous avons compris que, lorsque les Prussiens menacent la cité, ses habitants ne peuvent être qu'aux remparts, et même au dehors, où ils brûlent d'aller chercher l'ennemi. Mais, quand ils l'auront vaincu, ils reviendront aux urnes électorales; et, au moment où je vous parle, entendez-vous l'appel suprême qui m'interrompt? c'est la voix du canon qui tonne et qui nous dit à tous où est le devoir.

« Messieurs, un mot encore. Aux remercîments du gouvernement qui est votre œuvre, votre cœur, votre âme, qui n'est quelque chose que par vous et pour vous, laissez-moi mêler un avis fraternel : que cette journée ne fasse naître en nous aucune pensée de colère ou même d'animosité. Dans cette grande et généreuse population, nous n'avons pas d'ennemis. Je ne crois pas même que nous puissions appeler adversaires ceux qui me valent l'honneur d'être maintenant au milieu de vous. Ils ont été entraînés; ramenons-les par notre patriotisme. La leçon ne sera pas perdue pour eux ; ils verront par votre exemple combien il est beau d'être unis pour servir la patrie, et, désormais, c'est avec nous qu'ils voleront à sa défense. »

Flourens n'était pas à la manifestation du 8 octobre. Mais, dès le lendemain, poursuivi par son idée fixe, il écrivit une lettre à Rochefort, l'adjurant, au nom de sa popularité, au nom du salut commun, de donner immédiatement sa démission de membre du gouvernement. Ce fut à cette lettre que M. Rochefort répondit par une déclaration rendue publique et imprimée en tête du *Rappel*: « Je suis descendu *jusque dans les sous-sols les plus impénétrables de ma conscience et je suis remonté*, en me disant que mon départ pourrait provoquer un conflit, et que provoquer un conflit, c'était ouvrir une brèche aux Prussiens. » On pourrait railler l'étrange style de vaudevilliste de ce document, mais il fallait reconnaître que M. Rochefort était sage en abandonnant « la question de la Commune, devenue un champ de bataille. — Ayons, ajoutait-il encore sur le même ton, la patience d'*allonger la courroie* jusqu'à la levée de l'état de siége. »

Flourens fut déçu. Il n'entendait ni rien allonger, ni rien ajourner. Un moment il fut question de l'arrêter, et le 9 octobre le général Tamisier lui signifiait qu'il n'avait plus à commander qu'un seul bataillon, et qu'il devait quitter son grade et son uniforme de major. Flourens conserva ses galons et songea dès lors à une manifestation nouvelle. Ce fut au lendemain de ces incidents que M. de Kératry, donnant sa démission de préfet de police, partit en ballon pour la province avec une mission militaire. M. Ranc, dont l'administration avait été fort appréciée à la mairie du neuvième arrondissement, partait à son tour. En se retirant, M. de Kératry, dans un mémoire au gouvernement, concluait à la suppression de la préfecture de police. Il en reçut, dans le *Combat*, les félicitations de M. Félix Pyat. M. de Kératry allait être remplacé, à la préfecture de police par M. Edmond Adam, ancien représentant du peuple; et M. Ranc, à la mairie de la rue Drouot, par Gustave Chaudey, avocat, un des exécuteurs testamentaires de Proudhon.

A vrai dire, ces évolutions diverses ne causèrent point dans Paris une agitation bien grande. On ne s'occupait encore et presque uniquement que de la sortie, qu'on trouvait bien un peu lente, mais que l'on considérait comme prudemment dirigée par le général Trochu.

Pendant que se passaient ces événements politiques, de petites opérations militaires étaient tentées autour de Paris. Le général Vinoy avait fait occuper, le 7 octobre, le village de Cachan. Devant Thiais, à cette même date, la nuit, les marins du fort de Montrouge surprenaient l'escorte d'un convoi prussien, l'attaquaient à la hache d'abordage et à la baïonnette, et ramenaient ou brûlaient les fourgons. Le 8, une reconnaissance chassait l'ennemi de Bondy et occupait le village jusqu'au soir. Le général Ducrot essayait de rencontrer les Allemands à la Malmaison qu'il trouvait abandonnée. Devant Bezons, les éclaireurs de la garde nationale faisaient le coup de feu avec les tirailleurs ennemis. Le 10, le général Blanchard faisait occuper, en avant de Cachan, la maison Millaud et y établissait ses avant-postes. Le 12, des reconnaissances étaient à la fois dirigées, d'un côté, vers le plateau d'Avron, et de l'autre vers la Malmaison. Cette fois, à la bifurcation des routes de Bougival et de la Jonchère, nos soldats étaient arrêtés par une volée de mitraille, mais les canons du Mont-Valérien faisaient bientôt taire l'ennemi. Ce n'était rien d'ailleurs, ou peu de chose, et le général Trochu avait le tort, l'immense tort, de combiner, après de longues réflexions, des actions importantes, trop importantes, pour être des reconnaissances, trop peu menaçantes pour être de grandes batailles, au lieu de faire chaque jour, chaque nuit, quelque attaque, tantôt sur un point, tantôt sur un autre, et de lasser, s'il était possible, d'inquiéter en tous cas, d'alarmer l'ennemi.

Au surplus, à ce moment du siége, les forces des Allemands, massées sous Paris, étaient assez faibles. Le général de Moltke n'avait alors à sa disposition que 160,000 hommes, 180,000 au plus, et le général Trochu pouvait facilement jeter sur un seul point de la périphérie un nombre au moins égal de combattants. Mais il fallait de l'énergie, de la décision, une volonté, une confiance que le général n'avait pas. En ce sens, l'exaltation de Flourens eût été légitime s'il eût simplement voulu stimuler la direction militaire et non s'y substituer. Le général Trochu parlait, ergotait et n'agissait pas. Dans les conseils du gouvernement, à l'Hôtel de ville, dans ce salon où, jusqu'à une heure fort avancée de la nuit, s'élaboraient les projets de la défense, M. Trochu parlait sans cesse. Éloquent, disert, d'une parole claire, correcte et abondante, il semblait vouloir prouver à la majorité d'avocats qui l'écoutait, qu'un général pouvait être orateur et grammairien. C'était Vaugelas général. Il citait aussi du latin. Ses discours avaient d'ailleurs une telle verve confiante, quasi gasconne, qu'ils entraînaient les esprits les plus opposés aux idées intimes du général Trochu. J'ai dit que M. Henri Rochefort subissait absolument le charme de cette parole militaire. En revanche, M. Gambetta avait sur M. Trochu une réelle influence, et l'on doit regretter sur ce point que le tribun n'ait pu peser directement sur les décisions du général. Il l'eût certainement épargné et contraint d'agir.

Chose à noter, l'adversaire le plus décidé de M. Trochu, dans les conseils du gouvernement, était M. Ernest Picard. Partisan de la paix, regardant la victoire comme impossible, M. Picard n'en poussait pas moins M. Trochu à l'action. « Au « moins, si vous faites la guerre, faites la avec « énergie. » Ce gros homme perspicace et narquois, peu enclin aux héroïsmes de Saragosse, avait percé à jour le général et deviné sa mollesse dissimulée sous sa faconde séduisante.

Toujours est-il que les heures s'écoulaient, se dépensaient en discours. M. Trochu parlait et le gouvernement écoutait. Cependant, le roi de Prusse, qui, depuis le 5 octobre, avait quitté Ferrières pour établir son quartier général à Versailles, pouvait craindre une sortie de la garnison de Paris. Il y avait, en effet, du danger, une certaine témérité à investir une cité aussi formidable avec une armée aussi peu nombreuse. « Mais, dit « M. Jules de Wickede, cette témérité n'était qu'ap« parente et se fondait sur une connaissance pro« fonde de l'ennemi (1). » C'est de la psychologie ou de la physiologie, comme on voudra, appliquée à la guerre. Mais un chef d'armée doit avoir pour science première celle du tempérament des hommes. Maurice de Saxe parle du cœur humain qu'il faut étudier pour gagner des batailles. Toujours est-il que, si les écrits de M. de Wickede sont exacts, M. de Moltke était certain que son adversaire ne l'inquiéterait pas. « On se racontait à Ver« sailles que M. de Moltke, parlant du danger que « pouvait courir le quartier général, en cas d'une « sortie sérieuse des Français, avait répondu : « Ils pourraient la faire, mais ils ne le feront pas. »

« Si cette parole est vraie, ajoute M. de Wickede, elle prouve une fois de plus la justesse des appréciations du général en chef prussien. Pourquoi Trochu, lors de la sortie de deux divisions du général Vinoy, le 30 septembre, n'envoya-t-il pas les renforts nécessaires? Ou, s'il ne disposait pas à cette époque de troupes en nombre suffisant, c'était bien insensé d'entreprendre une sortie et de sacrifier inutilement la vie de quelques centaines de braves soldats. Trochu, certes, devait bien penser qu'avec deux divisions seulement, il ne pouvait pas espérer de résultat (2). »

La faute du combat de Chevilly fut répétée au combat de Bagneux, le 13 octobre. Les mobiles et la ligne, non appuyés, montrèrent un courage inutile et, après un avantage obtenu, n'en purent profiter. A neuf heures du matin, le général Vinoy fit attaquer Clamart et les positions de Bagneux et de Châtillon. Tandis que deux bataillons du 13e de

(1) Gazette de Cologne.
(2) Ibid.

marche et 500 gardiens de la paix mobilisés emportent Clamart sans coup férir, le général de Susbielle, avec le reste de sa brigade, attaque Châtillon par la droite, canonne la position, tandis que les forts d'Issy et de Vanves couvrent le plateau de leurs obus, puis lance ses soldats à l'attaque du village. Mais des barricades successives, une fusillade partant des maisons ralentit, sans l'arrêter l'élan des troupes. Maison par maison, il faut enlever ces rues crénelées. Les assiégés se font assiégeants. Un coup de feu frappe le général à la jambe. Il demeure à cheval et commande toujours sa brigade. En même temps, les mobiles de la Côte-d'Or et un bataillon des mobiles de l'Aube, placés à gauche, attaquaient Bagneux et l'enlevaient à l'ennemi. Ces enfants se montraient, sous le feu, aussi solides que de vieilles troupes. (Rapport de Vinoy.) Là tomba, à la tête du bataillon de l'Aube, le commandant de Dampierre, jeune, riche et fait pour vivre, un descendant de ce général de Dampierre, mort en combattant les Prussiens sous la première République et enseveli au Panthéon avec son épée de combat, ses gants de buffle et sa dragonne en cuir.

Le commandant des mobiles de l'Aube, à l'entrée du village de Bagneux, voyait ses soldats hésiter.

— Allons, en avant, mes enfants, dit-il en s'élançant sous une grêle de balles.

Il tombe, frappé au ventre, mais le village est emporté! Ce digne descendant du vieux Dampierre avait trente-trois ans.

Entre Bagneux et Châtillon, le 35e de ligne, que nous retrouvons dans toutes ces batailles avec son héroïque colonel, M. de la Mariouse, s'élançait, suivi d'un bataillon de mobiles bourguignons (Côte-d'Or), mais l'artillerie ennemie les décime. Eux aussi, sous le double feu des canons et de la mousqueterie, enlèvent des maisons une à une. Braves gens qui, au centre de l'action, cheminaient vers Châtillon sous une grêle de balles. Mais l'entreprise était trop hardie et là, encore une fois, la réserve manquait. Vainement l'artillerie de la brigade La Charrière faisait taire une batterie prussienne qui défendait l'extrémité de Bagneux. Pour compléter notre avantage, il eût fallu des troupes fraîches. Les troupes manquaient. On sonna la retraite. Nos soldats, après cinq heures de combat glorieux, arrêtaient encore l'ennemi qui voulait reprendre ses positions, et l'artillerie des forts de Vanves, Montrouge et Issy tenait les colonnes ennemies à distance. Le rapport officiel du général Vinoy constatait, pour consoler Paris de ce résultat négatif, que le résultat de la reconnaissance avait été atteint, l'ennemi ayant subi de fortes pertes, tandis que les nôtres étaient peu sensibles.

Efforts perdus, courage vainement dépensé!

Le siège de Paris. — Mort du comte de Dampierre, au combat de Bagneux, le 13 octobre 1870.

Le siège de Paris. — Incendie du château de Saint-Cloud.

Ce même jour, les obus du Mont-Valérien incendiaient le château de Saint-Cloud, qui servait, dit-on (les Allemands l'ont nié), d'observatoire à l'état-major ennemi. En six heures, tout fut consumé de ce château qui avait vu passer tant de gens, tant de choses, Bonaparte après brumaire, Blücher après Leipzig, la reine Victoria après l'Alma, château d'où était partie l'impératrice au lendemain de Forbach, et où le prince de Hohenzollern était entré au lendemain de Sedan!

Le 14, les Prussiens demandaient un armistice pour l'enlèvement des morts du combat de Bagneux. Le général Vinoy affirme, dans son rapport, que nous n'avions guère perdu que trente hommes tués et quatre-vingts blessés. La demande de l'armistice prouverait qu'en effet les pertes des Allemands avaient été assez considérables. Paris avait vu ramener, en outre, quelques prisonniers bavarois, et rien ne mesure mieux l'état tout particulier de confiance et d'espoir absolu que la joie de cette grande ville, à la vue de quelques Allemands traversant ses rues entre nos soldats! Il oubliait, ce Paris, les cent mille Français prisonniers en Allemagne pour ne voir que cette poignée de Bavarois ou de Saxons! Plus tard, il se consolera de tout, lorsqu'après une action meurtrière, les gardes nationaux rentreront à Paris portant quelques casques prussiens au bout de leur fusil!

Jusqu'au 21 octobre, jour où le général Trochu fit tenter encore une sortie, il n'y eut, autour de Paris, que de minimes engagements. Le 21, une des opérations les plus importantes du siège fut dirigée par le général Ducrot, du côté de la Malmaison et de la Jonchère. Tandis que le général Vinoy faisait, entre Ivry et Issy, une démonstration offensive, le général Tamisier dirigeait une reconnaissance jusqu'à Villemomble. Entre Nogent et Joinville-le-Pont, il y eut aussi un engagement où se distinguèrent les carabiniers du capitaine Arnauld de Vresse et où l'avantage nous resta. Mais ce n'était rien, et l'affaire de Rueil et de la Jonchère devait prendre les proportions d'une bataille.

Le terrain du combat du 21 octobre fut à peu près le même que celui où devait avoir lieu, quelques mois après, l'affaire du 19 janvier. Les troupes d'attaque, disposées en trois colonnes, ou en trois *groupes*, comme dit le rapport du général Ducrot, devaient attaquer à la fois : les troupes du général Berthaut (3,400 hommes d'infanterie, un escadron de cavalerie et vingt canons), la partie élevée de Rueil ; les troupes du général Noël (1,350 fantassins, dix canons), le parc de la Malmaison et le ravin qui va de l'étang de Saint-Cucufa à Bougival ; les troupes du colonel Cholleton (1,600 hommes d'infanterie, un escadron de cavalerie, dix-huit bouches à feu), au centre, devant soutenir la colonne de droite et celle de gauche. Les réserves, sous les commandements des généraux Martenot et Paturel, ne comptaient que 4,600 hommes d'infanterie, deux escadrons de cavalerie et quarante-six bouches à feu. Ce n'était pas assez pour livrer une bataille. Et cependant, tel fut l'élan des troupes, que les Allemands crurent un moment que la journée leur échappait.

A une heure, l'artillerie ouvrait vigoureusement son feu sur Buzenval, la Malmaison, Bougival et la Jonchère. Puis, les colonnes des généraux Berthaut et Noël s'avançaient vers la Malmaison, et la colonne Cholleton se portait sur Buzenval. Le feu de l'artillerie s'arrête. Les troupes s'élancent. Elles emportent les premières positions de l'ennemi, contournent la Malmaison, gravissent les pentes de la Jonchère, pénètrent dans le parc et, là, sous bois, un combat acharné se livre. Des maisons de ce village partent des coups de feu. Des taillis les balles pleuvent. Quatre compagnies de zouaves (commandant Jacquot) sont acculées contre le mur de la Malmaison et entourées par des forces considérables. Un bataillon de mobiles de Seine-et-Marne s'élance, les dégage, rétablit le combat. En avant de nos lignes, les mitrailleuses ouvraient leur feu sur les troupes ennemies. Sur toute la ligne de bataille, jusqu'à Montretout, nous avions eu, au début, l'avantage. Les tirailleurs du général Martenot avaient un moment même occupé la redoute de Montretout, et les francs-tireurs de la 2e division, commandés par le capitaine Faure-Biguet, se précipitant dans le parc de Buzenval, étaient presque parvenus, en combattant sous bois, jusqu'auprès du ravin de Saint-Cucufa.

L'attaque de nos troupes, le feu de notre artillerie, avaient été, au début de l'action, si violents qu'une certaine panique s'était répandue jusqu'à Versailles. Un journal allemand, *Daheim* (numéro du 10 décembre 1870), a retracé d'une façon pittoresque et sincère l'état des esprits au quartier général prussien : les aides-de-camp galopant dans les rues de Versailles, les blessés rapportés et disant : « L'affaire va mal. » Frémissante, la population laissait éclater son espoir. Le bruit du canon de Ducrot semblait se rapprocher et se rapprochait en effet. Les Prussiens amenèrent alors des canons sur la place d'Armes et, leurs gueules enfilant les avenues de Saint-Cloud, de Paris et de Sceaux, on les chargea de *schrapnels* (obus à balles) devant la population. Les portes de la ville furent fermées. M. de Moltke monte à cheval et suivi de dragons bleus, court au lieu du combat(1). Bientôt le roi part à son tour, en voiture, escorté par des uhlans. Le

(1) Un habitant de Versailles, digne de foi, nous a raconté que la panique fut telle à Versailles, que M. de Moltke jetait lui-même, par une des fenêtres de son appartement donnant sur la rue, ses papiers et ses dépêches. Deux dragons

Prince royal, M. de Blumenthal, son chef d'état-major, le comte de Cobourg, le prince L. de Bavière, etc., accouraient aussi et suivirent les phases de la bataille, d'abord des hauteurs de Beauregard, puis du haut de Marly. Les renforts envoyés en hâte aux troupes allemandes devaient fatalement annuler l'avantage marqué que venaient d'obtenir nos soldats. Les Allemands écrasés, battus, pouvaient reprendre l'offensive. Un moment le général Von Kirchbach crut ne point pouvoir tenir plus longtemps sous le feu de nos canons. L'arrivée des 6°, 50° et 46° régiments de la landwehr, du 5° corps, la présence de M. de Moltke anéantirent l'œuvre faite par nos quelques milliers de soldats.

D'abord, nos fantassins, mettant à profit la grande portée de leurs chassepots, augmentaient les distances qui les séparaient de l'ennemi et le fusillaient avec succès. Le 46° régiment prussien était littéralement décimé, lorsque le major qui le commandait, blessé lui-même, eut recours à une de ces ruses dont les Prussiens, ces Mohicans mathématiciens, usent souvent. Ordonnant à ses hommes de se jeter à terre, il ne laissa que quelques fusiliers debout. Nos soldats s'élancent à travers bois, croyant le passage libre, lorsque, à trois cents pas environ, « la terre devint vivante », selon l'expression du journal allemand et mobiles et francs-tireurs (tirailleurs de la Seine) reçurent presque à bout portant la plus effroyable décharge.

Les secours envoyés aux Prussiens étaient trop considérables pour que le combat pût être maintenu. A la nuit tombante, la retraite commença. Les obus allemands poursuivaient nos colonnes. Près de la porte de Longboyau une vive fusillade accueillait la batterie du capitaine Nismes, le tuait, jetait bas dix canonniers et 15 chevaux et, malgré les efforts d'une poignée de nos soldats, deux pièces de quatre demeuraient aux mains de l'ennemi.

C'était un échec. Journée superbe, qui avait pris, tout d'abord, les proportions d'une absolue victoire et qui, si les huit ou dix mille hommes en ligne (cinq ou six mille seulement combattirent) avaient été soutenus, nous ouvrait peut-être la route de Versailles. « *Nous ne sommes pas encore à Versailles,* » disaient, le soir, nos officiers déçus. Et, depuis ce jour, la phrase devint quasi proverbiale dans l'armée de Paris. Mais les troupes avaient vaillamment combattu. Nos mobiles s'étaient mesurés avec succès un moment avec la landwehr de la garde prussienne; les éclaireurs à cheval de Franchetti avaient fait preuve de l'intrépidité la plus grande et, parmi les tirailleurs de la Seine frappés dans ce combat, les noms d'artistes déjà célèbres, comme les pein-

recevaient les dépêches dans un drap tendu sous la fenêtre. Ce détail vient d'un témoin oculaire, et, quelque étrange qu'il soit, nous devons l'enregistrer comme une chose vue et affirmée.

tres Vibert et Leroux, et Cuvellier, le sculpteur, montraient que le Paris civique avait tenu à affirmer son patriotisme et son dévouement à côté des troupes régulières.

Les *Tirailleurs de la Seine* n'étaient pas le seul corps franc qui marchât avec l'armée. La légion des *Amis de la France*, composée de volontaires étrangers, vêtus d'une veste marron à brandebourgs noirs et armés de carabines Sniders, devaient se distinguer tout à fait pendant le siège. Les *Éclaireurs de Poulizac*, les *Francs-Tireurs des Ternes*, des *Lilas*, de *Joinville*, des *Vertus*, les *Guérillas de l'Ile-de-France*, les *Carabiniers parisiens*, etc., allaient avoir aussi leur part de danger dans l'action commune.

Cette journée du 21 octobre fut une des plus chaudes du siége de Paris. Les bulletins officiels allemands qui l'annonçaient témoignent indirectement de son importance et on peut, dans l'assurance même des vainqueurs, retrouver la preuve de l'inquiétude qu'ils éprouvèrent un moment. « Nous « avons assisté à l'engagement du haut du viaduc de « Marly, télégraphie le roi Guillaume à la reine Au-« gusta. *Tout Versailles avait été mis en émoi.* » M. de Podbielski, chef d'état-major général, après avoir parlé des pertes *relativement* légères éprouvées par les Prussiens, ajoutait, dans sa dépêche officielle : « *Si, comme on ne saurait en douter,* un nouveau bul-« letin de victoire est publié au sujet de ce combat « par nos ennemis, *ce sera la meilleure preuve qu'il* « *faut excessivement peu pour les satisfaire.* » Sous l'ironie du chef d'état-major, on découvre cependant encore la prudence du soldat qui tient à aller au-devant de la version ennemie afin de ne point laisser de doute sur l'issue du combat. Ce qui indique, nous le répétons, que le résultat de l'affaire de la Malmaison, avait un moment paru douteux même aux officiers-généraux prussiens.

Paris prit cette sortie avortée pour une victoire. On lut tout haut, le soir, devant les mairies, le récit de la *reconnaissance offensive* conduite par le général Ducrot et les groupes, heureux, répondaient en criant : *Vive la France!* Ce ne fut que le lendemain qu'on apprit la perte de deux canons, enlevés à nos artilleurs par le 50° régiment d'infanterie prussienne.

Cependant Paris, de plus en plus décidé à résister, ne faiblissait point moralement et voyait sans inquiétude, avec la fin d'octobre, approcher les premiers froids, les journées de brume, les nuits glacées. Les provisions diminuaient, l'hiver venait, le blocus continuait : Paris demeurait calme et stoïque, et ceux qui le virent alors peuvent déclarer qu'il n'y avait aucune fanfaronnade dans l'attitude de cette population résolue à souffrir jusqu'au bout. Le général Trochu avait rassuré et conquis la majorité des esprits en déclarant, dans un document public adressé au maire de Paris pour lui annoncer la formation prochaine des compagnies de marche de la garde nationale, qu'il avait *son plan* et qu'il le suivrait jusqu'au bout *sans le révéler*. Cet entêtement breton ne déplaisait pas. On croyait encore, on avait foi dans la valeur militaire de ce temporisateur éternel.

Presque en même temps, M. Trochu prenait une résolution destinée à lui donner, dans l'opinion publique, une attitude ferme; il supprimait ce qu'il appelait les vieux errements, et mettait pour les soldats la citation à l'ordre du jour de l'armée avant toute autre récompense : « Nous avons, disait-il, à faire pénétrer dans l'esprit de nos officiers et de nos soldats cette grande pensée, dont n'ont pas voulu les monarchies, et que la république doit consacrer : *Que l'opinion seule peut récompenser dignement le sacrifice de la vie.* » Bientôt un décret du gouvernement, inspiré sans doute par le général Trochu, réservait la décoration de la Légion d'honneur à la récompense des services militaires et aux actes de bravoure et de dévouement accomplis en présence de l'ennemi. Cette austérité, cette abnégation à la Marc-Aurèle semblait compléter la physionomie du général qui avait proclamé naguère la toute-puissance de la *force morale*. Cependant, le temps passait. La garde nationale n'était pas militairement organisée; la province, d'après les nouvelles reçues de Gambetta (18 octobre), avait sur pied une armée de 90,000 hommes. Gambetta parlait aussi, entre parenthèse, d'une dyssenterie de Frédéric-Charles et d'une *entreprise* des Prussiens sur Orléans. La vérité est qu'Orléans était pris et que Frédéric-Charles, devant Metz, n'avait jamais été malade. Où Gambetta disait le mot absolu de la situation, c'est lorsqu'il parlait de faire à la Prusse une guerre de *ténacité!*

Une nouvelle dépêche de Gambetta annonçait bientôt l'occupation d'Orléans. Le ministre de l'intérieur ajoutait que nos troupes couvraient Bourges et se préparaient à l'offensive.

Jusqu'au 25 octobre, les journées furent remplies par les discussions, les nouvelles, l'échange de renseignements contradictoires. On arrêtait M. Portalis, le rédacteur en chef de la *Vérité*, pour avoir publié des renseignements dont l'avenir allait malheureusement démontrer la vérité presque absolue. On remplaçait M. Mottu à la mairie du onzième arrondissement par M. de Fonvielle, ainsi que nous le raconterons lorsque nous arriverons au 31 octobre et à ses causes. On rationnait la viande à soixante grammes par personne, et le 26, on allait la rationner à cinquante. Presque en même temps, M. Félix Pyat parlait des *orgies gastronomiques* des Turcaret de la Chaussée-d'Antin. A dire vrai, il y avait déjà un sentiment d'aigreur, de mécontentement latent. Il fallut la nouvelle de la prise de Châteaudun, de la résistance acharnée et sublime d'une petite ville sans défense contre l'étranger qui la bombardait en attendant qu'il la brûlât; il fallut l'annonce de cet héroïque fait d'armes pour ramener les esprits vers ce qui était ou ce qui devait être l'unique souci de la situation cruelle : — la patrie, la résistance, la lutte intrépide, absolue, jusqu'au sacrifice, contre l'étranger.

Paris, isolé, bloqué, assiégé, déjà souffrant, attendait, écoutait et se demandait : *Où est la France?* Lorsque ce nom retentit, *Châteaudun*, lorsque cette résistance fut connue, lorsque l'écho de cette lutte admirable vint frapper la grande ville attentive et déjà inquiète, alors Paris poussa, à cette nouvelle d'un deuil public, une clameur presque joyeuse, et il se dit : — La France se lève! la France accourt! la France est vivante, puisqu'elle sait mourir!

DOCUMENTS COMPLÉMENTAIRES DU CHAPITRE IV

N° 1.

PROCLAMATION DE GAMBETTA

aux citoyens des départements, en arrivant à Tours.

Tours, 9 octobre 1870.

Citoyens des départements,

Par ordre du gouvernement de la République, j'ai quitté Paris pour venir vous apporter, avec les espérances du peuple renfermé dans ses murs, les instructions et les ordres de ceux qui ont accepté la mission de délivrer la France de l'étranger.

Paris, depuis dix-sept jours étroitement investi, a donné au monde un spectacle unique, le spectacle de plus de deux millions d'hommes qui, oubliant leurs préférences, leurs dissidences antérieures, pour se serrer autour du drapeau de la République, ont déjà déjoué les calculs de l'envahisseur, qui comptait sur la discorde civile pour lui ouvrir les portes de la capitale.

La révolution avait trouvé Paris sans canons et sans armes. A l'heure qu'il est, on a armé quatre cent mille hommes de garde nationale, appelé cent mille mobiles, groupé soixante mille hommes de

Siége de Paris. — La vente des dernières volailles.

troupes régulières. Les ateliers fondent des canons; les femmes fabriquent un million de cartouches par jour; la garde nationale est pourvue de deux mitrailleuses par bataillon ; on lui fait des canons de campagne pour qu'elle puisse opérer bientôt des sorties contre les assiégeants ; les forts occupés par la marine ressemblent à autant de vaisseaux de haut-bord immobiles, garnis d'une artillerie merveilleuse et servis par les premiers pointeurs du monde. Jusqu'à présent, sous le feu de ces forts, l'ennemi a été impuissant à établir le moindre ouvrage.

L'enceinte elle-même, qui n'avait que 500 canons, le 4 septembre, en compte aujourd'hui 3,800; à la même date, il y avait 30 coups de canon à tirer par pièce, aujourd'hui il y en a 400, et l'on continue à fondre des projectiles avec une fureur qui tient du vertige. Tout le monde a son poste marqué dans la cité et sa place de combat. L'enceinte est perpétuellement couverte par la garde nationale, qui, de l'aube à la nuit, se livre à tous les exercices de la guerre avec l'application du patriotisme, et on sent tous les jours grandir la solidité et l'expérience de ces soldats improvisés.

Derrière cette enceinte ainsi gardée, s'élève une troisième enceinte, construite sous la direction du comité des barricades ; derrière ces pavés savamment disposés, l'enfant de Paris a retrouvé, pour la défense des institutions républicaines, le génie même du combat des rues.

Toutes ces choses, partout ailleurs impossibles, se sont exécutées au milieu du calme, de l'ordre, et grâce au concours enthousiaste qui a été donné aux hommes qui représentent la République. Ce n'est point une illusion ; ce n'est pas non plus une vaine formule : Paris est inexpugnable ; il ne peut plus être ni pris, ni surpris.

Restaient aux Prussiens deux autres moyens d'entrer dans la capitale, la sédition et la faim. La sédition, elle ne viendra pas, car les suppôts et les complices du gouvernement déchu, ou bien ils ont fui, ou bien ils se cachent. Quant aux serviteurs de la République, les ardents comme les tièdes, ils trouvent dans le gouvernement de l'Hôtel de ville d'incorruptibles otages de la cause républicaine et de l'honneur national.

La famine !...

Prêt aux dernières privations, le peuple de Paris se rationne volontairement tous les jours; et il a devant lui, grâce aux accumulations de vivres, de quoi défier l'ennemi pendant deux longs mois encore. Il supportera avec une mâle constance la gêne et la disette, pour donner à ses frères des départements le temps d'accourir et de le ravitailler.

Telle est, sans déguisement ni détour, la situation de la capitale de la France.

Citoyens des départements,

Cette situation vous impose de grands devoirs.

Le premier de tous, c'est de ne vous laisser divertir par aucune préoccupation qui ne soit pas la guerre, le combat à outrance ; le second, c'est, jusqu'à la paix, d'accepter fraternellement le commandement du pouvoir républicain sorti de la nécessité et du droit. Ce pouvoir, d'ailleurs, ne saurait sans déchoir s'exercer au profit d'aucune ambition. Il n'a qu'une passion et qu'un titre : arracher la France à l'abîme où la monarchie l'a plongée. Cela fait, la République sera fondée et à l'abri des conspirateurs et des réactionnaires.

Donc, toutes autres affaires cessantes, j'ai mandat, sans tenir compte ni des difficultés ni des résistances, de remédier, avec le concours de toutes les libres énergies, aux vices de notre situation, et, quoique le temps manque, de suppléer à force d'activité à l'insuffisance des délais. Les hommes ne manquent pas. Ce qui a fait défaut, c'est la résolution, la décision et la suite dans l'exécution des projets.

Ce qui a fait défaut après la honteuse capitulation de Sedan, ce sont les armes. Tous nos approvisionnements de cette nature avaient été dirigés sur Sedan, Metz et Strasbourg ; et l'on dirait que, par une dernière et criminelle combinaison, l'auteur de tous nos désastres a voulu, en tombant, nous enlever tous les moyens de réparer nos ruines. Maintenant, grâce à l'intervention d'hommes spéciaux, des marchés ont été conclus, qui ont pour but et pour effet d'accaparer tous les fusils disponibles à l'étranger. La difficulté était grande de se procurer la réalisation de ces marchés : elle est aujourd'hui surmontée.

Quant à l'équipement et à l'habillement, on va multiplier les ateliers et requérir les matières premières, si besoin est ; ni les bras ni le zèle des travailleurs ne manquent; l'argent ne manquera pas non plus.

Il faut enfin mettre en œuvre toutes nos ressources qui sont immenses, secouer la torpeur de nos campagnes, réagir contre de folles paniques, multiplier la guerre de partisans, et, à un ennemi si fécond en embûches et en surprises, opposer des pièges, harceler ses flancs, surprendre ses derrières, et enfin inaugurer la guerre nationale.

La République fait appel au courage de tous; son gouvernement se fera un devoir d'utiliser tous les courages et d'employer toutes les capacités. C'est sa mission à elle d'armer les jeunes chefs, nous en ferons! Le ciel lui-même cessera d'être clément pour nos adversaires, les pluies d'automne viendront, et retenus dans la capitale, les Prussiens, si éloignés de chez eux, inquiétés, troublés, pourchassés par nos populations réveillées, seront décimés pièce à pièce par nos armes, par la faim, par la nature.

Non, il n'est pas possible que le génie de la France se soit voilé pour toujours, que la grande nation se laisse prendre sa place dans le monde par une invasion de cinq cent mille hommes.

Levons-nous donc en masse, et mourons plutôt que de subir la honte du démembrement. A travers tous nos désastres, et sous les coups de la mauvaise fortune, il nous reste encore le sentiment de l'unité française, l'indivisibilité de la République.

Paris cerné affirme plus glorieusement encore son immortelle devise, qui dictera aussi celle de toute la France.

Vive la nation ! Vive la République une et indivisible !

Le membre du gouvernement de la défense nationale, ministre de l'intérieur,

LÉON GAMBETTA.

N° 2.

LE PLAN DU GÉNÉRAL TROCHU.

Le président du Gouvernement, gouverneur de Paris, a adressé au maire de Paris la lettre suivante :

. . . .

Lorsque j'ai entrepris, avec le concours de dévoués collaborateurs dont la reconnaissance publique recueillera un jour les noms, la défense de Paris, j'avais à lutter contre un sentiment bien différent de celui que je discute aujourd'hui. On croyait et on disait qu'une grande cité comme notre capitale, dominée par des intérêts, des passions, des besoins si divers, n'était pas défendable. On admettait difficilement que son enceinte et ses forts, construits dans d'autres temps et dans des conditions militaires très-différentes de celles qui prévalent aujourd'hui, pussent être préparés de manière à opposer, sans le secours d'une armée opérant au dehors, une résistance sérieuse et durable aux efforts d'un ennemi victorieux. On admettait encore moins que la population pût se prêter aux sacrifices de toute sorte, aux habitudes de résignation que comporte un siége de quelque durée.

Aujourd'hui que cette grande épreuve est faite, c'est-à-dire que la mise en état de défense est arrivée à un degré de perfectionnement qui rend inabordable l'enceinte, avec ses dehors poussés très-loin ; que la population a fait éclater son patriotisme et réduit elle-même au silence un petit nombre d'hommes, dont les vues coupables serviraient les projets de l'ennemi ; que l'ennemi lui-même, s'arrêtant devant ce formidable appareil défensif, s'est borné à l'entourer de ses masses sans s'y heurter ; l'esprit public s'est modifié, et il ne manifeste plus qu'une préoccupation, celle de jeter à son tour des masses hors de l'enceinte et d'aller aborder l'armée prussienne.

Le gouvernement de la défense nationale ne peut qu'encourager cet élan de la population, mais c'est au commandant en chef qu'il appartient de le diriger, parce qu'à ce droit se rattachent pour lui des responsabilités infinies.

(*Suit un exposé de la marche à suivre pour organiser les volontaires de la garde nationale en compagnies de marche.*)

... Je termine, monsieur le maire, cet exposé par une réflexion. Au mois de juillet dernier, l'armée française, dans tout l'éclat de sa force, traversait Paris aux cris de : « A Berlin! à Berlin! » J'étais loin de partager cette confiance, et seul peut-être, entre tous les officiers généraux, j'osai déclarer au maréchal ministre de la guerre que j'apercevais dans cette bruyante entrée en campagne, aussi bien que dans les moyens mis en œuvre, les éléments d'un grand désastre. *Le testament que j'ai déposé à cette époque entre les mains de M° Ducloux, notaire à Paris, témoignera à un jour donné des douloureux pressentiments trop motivés, dont mon âme était remplie.*

Aujourd'hui, devant la fièvre qui s'est très-légitimement emparée des esprits, je rencontre des difficultés qui offrent la plus frappante analogie avec celles qui se sont produites dans le passé. Je déclare ici que, pénétré de la foi la plus entière dans le retour de fortune qui sera dû à la grande œuvre de résistance que résume le siége de Paris, je ne céderai pas à la pression de l'impatience publique. M'inspirant des devoirs qui nous sont communs à tous, et des responsabilités que personne ne partage avec moi, *je suivrai jusqu'au bout le plan que je me suis tracé, sans le révéler*, et je ne demande à la population de Paris, en échange de mes efforts, que la continuation de la confiance dont elle m'a jusqu'à ce jour honoré.

Recevez, monsieur le maire, l'assurance de ma haute considération.

Le président du gouvernement, gouverneur de Paris,

Général TROCHU.

16 octobre 1870.

CHAPITRE V

LA GUERRE EN PROVINCE.

Formation rudimentaire de l'armée de la Loire. — Le général de La Motterouge. — Combat d'Orléans (11 octobre). — Retraite de notre armée. — Les Prussiens à Dreux et à Ablis. — La guerre à l'allemande. — Résistance héroïque de Châteaudun (18 octobre). — Coup d'œil sur la province. — Documents complémentaires.

La France savait mourir et combattre. Nous rencontrerons, lorsque nous parlerons des provinces du nord, un nom déjà glorieux à cette date du mois d'octobre, le nom de Saint-Quentin. Nous allons maintenant nous arrêter devant celui de Châteaudun.

Mais Châteaudun ne devait résister qu'après la prise d'Orléans. Orléans aussi vaut qu'on salue son sacrifice. Cette première défaite même, ce combat devant Orléans le 11 octobre, ne fut pas sans gloire et il eut aussi ses martyrs.

Une dépêche arrivée de la province à Paris annonçait que l'armée de la Loire harcelait déjà l'ennemi. Les Allemands ne croyaient guère à l'existence de cette armée; cependant à tout hasard, un corps d'armée, composé de Bavarois et de Prussiens, le général Von der Tann commandant en chef et le prince Albrecht de Prusse commandant la cavalerie, avait été chargé d'opérer sur la Loire et d'occuper Orléans, où les chemins de fer de Bretagne et du Midi ont leur point d'intersection; et l'on sait que les Allemands tiennent avec raison à occuper les *têtes de ligne*, et les regardent comme de véritables points stratégiques. La campagne de Bohême, en 1866, nous avait déjà fait connaître cette méthode employée avec succès par leurs généraux. Le 6 octobre, Von der Tann rencontrait à Toury, non loin d'Étampes, l'avantgarde de l'armée française. Le combat qui se livra fut tout au moins indécis, et les Français, obligés de se replier devant le nombre, n'en obtinrent pas moins un léger avantage, enlevant un troupeau de bétail à l'ennemi, qui revenait à Étampes, demandant du renfort au Prince royal. Notre armée de la Loire, que commandait alors, non plus le général de Polhès, mais le général de La Motterouge, était forte d'environ 20 à 25,000 hommes de troupes rassemblées, groupées en hâte, régiments de marche, mobiles, soldats de la légion étrangère, etc., et elle allait avoir à combattre 40,000 Allemands (39,000 disent les documents prussiens: d'autres documents[1] parlent, au contraire, de 45,000 hommes).

Le général de La Motterouge passait pour un bon officier. Vigoureux, malgré ses soixante-huit ans, on pouvait croire que l'ancien combattant de Crimée, après s'être tout à fait distingué en Italie, retrouverait, devant l'invasion, quelque peu de l'énergie passée. Mais il en était du général de La Motterouge comme de la plupart des officiers généraux de l'armée impériale qui, vieillis, déshabitués de la rudesse de la vie militaire, peu soucieux d'ailleurs de se tenir au courant du mouvement scientifique de leur temps, se laissent dépasser par leurs adversaires avant de se laisser vaincre. Qu'ils ressemblaient peu à ce maigre et souffrant maréchal Niel, qui mourut navré de l'état dans lequel était tombée l'armée française, qui voulait la relever, la refaire, la rendre invincible, qui gagna à cette œuvre l'impopularité des cercles militaires, et que M. Rustow dans son livre magistral appelle « un Bélisaire tombé au milieu des favoris byzantins. »

Le général de La Motterouge, ancien adversaire heureux de M. Glais-Bizoin dans les Côtes-duNord, où il fut élu par 18,000 voix contre 12,000 données à son concurrent, a laissé dire que son ancien adversaire l'avait exposé, par ses ordres, à une défaite. Il n'en est rien. Le général de La Motterouge ne pouvait, il est vrai, songer à débloquer Paris, mais il pouvait défendre Or-

---

[1] Voyez le *Combat d'Orléans*, par M. A. Boucher (Orléans, in-18).

Siège de Paris. — Entrée dans Paris des légumes récoltés dans la banlieue.

léans avec une ténacité plus méritoire. Le 10 octobre, l'armée allemande de Von der Tann, forte de 12 régiments d'infanterie, appuyés par 4 bataillons de chasseurs bavarois, et de 3 divisions de cavalerie, 2 régiments d'artillerie et 2 bataillons de pionniers, prit l'offensive contre les Français. C'était à Artenay. Nous n'avions en ligne au début de l'action, que quelques compagnies de chasseurs à pied et la brigade de cavalerie de Longuerue. Le général de Reyau, qui s'était battu à Toury le 6, envoie aussitôt sa division secourir nos soldats. Jusqu'à deux heures et demie de l'après-midi, nos troupes se maintinrent à Artenay, dans des positions bravement disputées, puis, devant le déploiement des forces ennemies, battant en retraite, elles se réfugièrent dans la forêt d'Orléans, laissant 3 canons et 2,000 prisonniers aux mains des Allemands. Vers le soir, l'armée de Von der Tann poursuivant sa marche, ne se trouvait plus qu'à quelques lieues d'Orléans, et, à six heures du matin, le 11 octobre, elle continuait son mouvement vers la ville.

Le général de La Motterouge eût, à coup sûr, pu lui disputer le passage. Il n'osa. Dans une lettre rendue publique, il a déclaré que la résistance lui avait semblé impossible. Au surplus, la lutte, soutenue la veille, pendant sept heures, contre l'ennemi, lui paraissait suffisante pour l'honneur de ce 15e corps qu'il commandait. Il donna l'ordre de battre en retraite vers la Sologne, avec la Ferté-Saint-Aubin pour point de ralliement.

Le général avait tort de ne point compter sur le courage de ses soldats. Il y a toujours de l'héroïsme dans les plus humbles, lorsque le chef ne désespère pas de la tâche entreprise. La flamme de tous est et doit être en lui.

Pour protéger la retraite, un bataillon du 39e de ligne, un bataillon de marche, deux bataillons des mobiles de la Nièvre, le 5e bataillon de la légion étrangère, deux compagnies du 8e bataillon de marche, 160 zouaves pontificaux et le 27e régiment de marche demeuraient seuls, au nord d'Orléans, sur les routes de Chartres et de Paris, et devaient défendre les Aydes et le faubourg Bannier. C'est à peu près 5,700 hommes qui vont se mesurer avec près de 40,000 ennemis, et nous diminuons ce dernier chiffre. Ces 5,000 hommes avaient, pour toute artillerie, 6 pièces de 4, et l'ennemi disposait de 115 canons. Une poignée d'hommes d'un côté, dix-huit régiments de l'autre, et la lutte s'engage.

Le combat avait commencé entre Saran et Cercottes. Il se continua jusque dans les faubourgs où, maison par maison, les Allemands durent emporter ce coin de terre. Tous ces combattants, officiers et soldats, se multipliaient. Le commandant Tricoche, avec ses six canons, ripostait aux batteries ennemies et, prodige presque inouï, les changeant de place, tantôt les divisant, tantôt les réunissant, les mettait hardiment en face ici de 42 canons prussiens, là de 12 canons bavarois. (Témoignage de M. Boucher.) Un moment, le feu de cette batterie, dont pas une pièce ne fut **démontée**, arrêta l'élan des cavaliers prussiens du **prince Albrecht**, puis, quand il fallut abandonner **Saran**, se replier sur la gare des Aubrais, enfin **dans les** Aydes et dans Orléans même, la résistance se fit plus acharnée, plus meurtrière et plus héroïque.

Là combattit, avec un courage superbe, le 5e bataillon de la légion étrangère, commandant Arago, venu de Bourges le matin. En quittant le boulevard de Rocheplatte, où il était campé, le bataillon rencontra, près de la grille de l'octroi, le général de La Motterouge, à cheval, sa calèche à côté de lui. Le général suivait la retraite. Les soldats allaient mourir.

Aux Aydes, derrière les clôtures et les haies, derrière les maisons, partout se livre un combat acharné qui mérite d'illustrer à jamais le 5e bataillon de la légion étrangère. Tous ces braves, dont beaucoup, Belges, Espagnols, Autrichiens, Suisses, etc., mouraient avec joie pour la France, firent leur devoir. Pâle et fier, le commandant Arago, sachant bien qu'il s'agissait, non de vaincre, mais de vendre chèrement la victoire, se tordait la moustache et disait : En avant ! » — « Il demeurait debout au milieu de la rue. On l'engageait à se rapprocher des murailles. Arago remerciait et demeurait à sa place de combat, sous les balles (1).

Le combat acharné se prolongea longtemps. Les femmes, les enfants, l'instituteur des Aydes rampaient sous le feu pour ramasser les blessés, les

(1) Il y eut là des traits magnifiques. N'en citons qu'un. C'est M. Auguste Boucher, professeur au lycée d'Orléans, qui le raconte dans son livre : « Un chasseur du 5e bataillon de marche (chasseurs à pied, quelques-uns s'étaient mêlés à la légion étrangère), un chasseur a remarqué, sur un des côtés de la route de Chartres, une excavation qui ressemble à une fosse : il va s'y embusquer. Une balle l'abat. Un second accourt, car la place est bonne. Il relève un peu son camarade; à la hâte il le met en travers devant lui, et ce corps encore chaud devient son rempart. Il tire de là comme à coup sûr. Furieux de leurs pertes, cinquante ennemis le visent à la fois. A son tour le voilà renversé. Mais, admirable obstination de l'héroïsme, ce trou rempli de sang, qui porte un cadavre au rebord, un cadavre dans sa profondeur, on dirait qu'il attire ces soldats, avides de se battre : ils n'y aperçoivent point la mort, ils n'y voient qu'un avant-poste d'où l'on peut tuer des ennemis. Un troisième vient donc s'y établir, mieux protégé par les deux hommes qui le couvrent, qu'ils n'avaient été eux-mêmes : plus longtemps qu'eux il tire sur les Bavarois; mais, à la fin, lui aussi tombe et expire. Ce ne fut pas le dernier. Un quatrième s'y précipite, s'abrite derrière cette barrière de cadavres, se bat avec la même ardeur, appuyant son fusil sur les morts, et se fait tuer à la même place... On les trouva tous quatre l'un sur l'autre étendus dans le même repos, victimes du même sacrifice. — Comment se nommaient-ils ces braves ?... Dieu le sait !... Nous n'avons gardé d'eux que le souvenir de cette sublime énergie. » (*Combat d'Orléans*, page 30.)

traîner dans les maisons. Il était près de trois heures, et l'ennemi, toujours arrêté par cette fusillade incessante, était tenu en échec. A ce moment, une balle vint frapper au cou le commandant Arago : il tomba foudroyé, face au danger, digne de son nom, et ses soldats redoublèrent de fureur pour le venger.

Mais, à cette heure déjà, Von der Tann, irrité de la résistance de ces braves, faisait redoubler le feu de son artillerie. Partout, ses soldats avaient rencontré l'acharnement le plus viril. Aux Aubrais, les mobiles de la Nièvre s'étaient battus *comme des lions*, dit le lieutenant-colonel Jouffroy, du 39°, qui commandait en chef les défenseurs d'Orléans. Dans le faubourg Bannier, le 39° fusillait les Bavarois, tandis que, depuis la mort du commandant Arago, le capitaine de Morancy, continuait à tenir les Aydes avec le bataillon décimé dont il avait pris le commandement. La lutte d'ailleurs, toujours héroïque, touchait à sa fin. Vers le faubourg Bannier, les Bavarois, en rangs serrés, accentuaient un mouvement tournant qui devait leur livrer ce terrain trempé de sang, ces maisons auxquelles, dans leur rage, ils mettent le feu en poussant des hurrahs. Vingt-huit maisons furent consumées. Les soldats de Bazeilles continuaient leurs exploits.

Et, malgré l'obscurité, malgré le flot grossissant des ennemis, çà et là, partout où il y avait un groupe de soldats, la résistance continuait. La retraite sonnait et beaucoup des combattants de la légion étrangère ne l'écoutaient pas. Ivres de patriotique colère, ils se blottissaient derrière quelque pan de muraille écroulée, dans les vergers où les vignes, et épuisaient sur les Allemands ce qui leur restait de cartouches. On vit cent cinquante hommes, au bois des Acacias, protéger la retraite jusqu'à leur dernier coup de feu. Un bataillon du 27° se battit avec un incroyable acharnement, pendant huit heures, après être demeuré près de quarante heures sans nourriture et sans repos. Sur les 5,700 défenseurs d'Orléans, plus de 2,000 étaient tombés; la légion étrangère seule sur 1350 hommes perdait 600 soldats et 250 prisonniers. Mais l'ennemi savait ce que lui coûtait une telle victoire, et le roi Guillaume avait beau, dans son télégramme à la reine Augusta, parler de pertes *proportionnellement peu considérables* que ses soldats avaient éprouvées en refoulant « l'armée de la Loire» au delà d'Orléans, nos combattants avaient fait payer cher leur défaite et ce n'était pas l'armée de la Loire, mais un détachement de cette armée qui avait arrêté les Allemands depuis midi jusqu'à la nuit.

Ajoutons que Von der Tann, pour accentuer sa victoire, n'avait pas craint de faire bombarder, non pas seulement les Aydes où combattaient nos soldats, mais Orléans même, une ville ouverte, et qui vit tomber les obus allemands jusque sur la place du Martroi. L'irritation du général devait être grande, il est vrai ; pour se faire une idée des pertes subies par les Allemands, il faut lire le récit de l'aumônier bavarois, l'abbé Gross qui, dans un article de la *Gazette allemande*, avoue que le corps d'armée a « *gravement souffert.* » L'abbé Gross compare le combat d'Orléans à cette magnifique résistance de l'infanterie de marine à Bazeilles, le jour de la bataille de Sedan. Le lieutenant-colonel du 39°, M. de Jouffroy, avait donc raison de dire, dans son rapport, que *pas un militaire n'avait eu de défaillance.*

Il semble que l'affirmation de M. de Jouffroy, ce chef énergique, soit une réponse au rapport du général de La Motterouge qui, dans son rapport, parle assez froidement d'un combat *très-vif et très-honorable*, en disant tout d'abord que les troupes, engagées le matin «*n'ont pas tenu*». Or, nulle troupe n'avait été engagée le matin. Nulle bataille n'avait eu lieu avant midi, et, à partir de midi, les troupes n'avaient pas eu seulement une contenance *honorable*, mais admirable et superbe. En outre, le combat n'avait pas duré *trois heures*, comme le dit le général de La Motterouge, qui n'y assistait pas, mais *sept heures*. Pourquoi faut-il que les étrangers, pourquoi faut-il que parfois nos ennemis rendent à nos soldats une justice que leur refusent leurs chefs? La vue des Aydes et du faubourg Bannier, ces maisons criblées de balles, trouées, éventrées, brûlées, attestent une résistance acharnée, dont le bulletin de M. de La Motterouge ne porte point de traces. Voilà les témoins du courage des défenseurs d'Orléans. Ce sont ces murs mouchetés de balles, où le fer a partout laissé sa trace, ce sont ces champs pleins de morts où sont tombés les martyrs « pour la défense d'Orléans », comme le dit l'inscription tracée sur la tombe de ces braves, ce sont ces choses muettes qui, devant l'histoire, témoignent de l'héroïsme et de l'admirable bravoure des combattants du 11 octobre.

Tout ce pays d'Eure-et-Loir et du Loiret était, depuis le commencement d'octobre, livré à l'ennemi, et, sur certains points, la résistance des populations, gardes nationales ou mobiles, avait même été marquée par des faits d'armes honorables. C'est ainsi qu'à Chérisy, près Dreux, six bataillons d'infanterie, deux régiments d'artillerie et une batterie d'artillerie prussiens avaient été repoussés par les habitants barricadés dans les rues. Les Prussiens avaient fait payer cher au village ses actes de courage, et on trouvera aux documents la relation de M. Caillatte, pasteur protestant, qui forme une écrasante et dramatique accusation contre les Prussiens. Le 11 octobre les Prussiens étaient encore repoussés devant Dreux.

Ils continuaient ainsi ce système froidement barbare de l'incendie appliqué aux villes et aux villages français coupables de résistance à l'Allemagne. Dans les premiers jours d'octobre, ils avaient rançonné Chartres, Épernon, Rambouillet, et, un escadron de leurs hussards (16⁵ régiment) ayant été surpris à Ablis, et presque détruit, par les francs-tireurs de Paris dans la nuit du 7 au 8 octobre, le village fut *régulièrement* brûlé, passé au pétrole, anéanti dans la journée du 9 octobre. Nous reviendrons, à propos de la circulaire qu'adressa quelques jours après, à nos agents diplomatiques français, M. de Chaudordy, suppléant le ministre des affaires étrangères, sur cette épouvantable façon de faire la guerre que les Allemands du dix-neuvième siècle empruntaient, comme un sanglant anachronisme, aux reîtres du sac de Magdebourg.

Une occasion allait être offerte aux deux nations française et allemande d'affirmer, celle-ci sa rage sourde et fanatique; celle-là son héroïsme et son patriotique dévouement. La petite ville de Châteaudun, qui, depuis des semaines, s'était fait remarquer par son mouvement, son attitude, ses velléités de défense, montra à la France et au monde, comment quelques milliers de braves gens savent tenir en échec toute une armée pourvu qu'ils aient fait d'avance le sacrifice de leur vie. La défense de Châteaudun est un fait d'autant plus admirable, qu'il nous représente bien l'héroïsme des humbles et des petits, l'héroïsme sans phrase, où du premier au dernier dans la cité, tout le monde a fait son devoir. Elle fut toute civique, cette lutte de Châteaudun contre l'ennemi et les défenseurs de la ville, gardes nationaux beaucerons, vendeurs de grains aux allures pacifiques, francs-tireurs de Paris, de Nantes et de Cannes, tous étaient de simples et vaillants citoyens.

La ville de Châteaudun est bâtie sur l'escarpement qui termine brusquement le plateau beauceron, à l'ouest, aux confins du Perche, dominant la vallée du Loir. Cet escarpement est formé d'une double pointe. C'est sur la première, taillée à pic au nord, au-dessus du Loir et qui se termine en pente raide à l'ouest et au sud que s'élève la partie principale de la ville, dite la ville haute. La seconde pointe, d'un rayon concentrique plus étendu, enveloppe la première du sud à l'ouest, et comme elle, vient mourir sur le bord de la rivière. C'est entre ces deux éminences, dans le ravin qui, sous le nom de Val-Saint-Aignan, se prolonge jusqu'au Loir, qu'est bâtie la ville basse.

Châteaudun, on le voit, ne tient donc aux plaines de la Beauce que d'un seul côté et n'est accessible de plain-pied qu'à l'est, par la route d'Orléans au Mans qui traverse la ville haute dans sa longueur. La ville haute détruite par un incendie en 1723 a été entièrement reconstruite depuis. Les rues sont droites, symétriques, les maisons, peu élevées, sont généralement régulières. Au centre de la ville se trouve une vaste place, sur laquelle se tient le marché et ornée d'une fontaine monumentale; trois rues principales viennent y aboutir de l'est, les rues de Chartres, d'Orléans et d'Angoulême. La place franchie, elles se dirigent vers l'ouest et de viennent les rues de Luynes, Royale, et de la Madeleine. Châteaudun est desservi par la ligne de Brétigny à Tours qui coupe la route d'Orléans avant l'entrée de la ville; la gare est située entre les routes d'Orléans et de Chartres auxquelles elle est reliée par de petites voies, et sa situation à la pointe du plateau en fait en quelque sorte la clef de la ville qui n'est à découvert que de ce côté. Au nord, en effet, elle est garantie par la vallée du Loir; au sud et à l'ouest, elle est accessible à l'artillerie, mais la conformation du terrain rend difficile l'approche d'un corps d'armée; ce n'est donc qu'à l'est, par la Beauce, qu'elle peut craindre une attaque. C'est par là d'ailleurs, que les Prussiens, excellents tacticiens, l'abordèrent.

Les monuments principaux qui, par leur élévation, émergent du niveau de la ville sont l'hôpital, l'église de la Madeleine, la sous-préfecture, l'église Saint-Valérien, et enfin l'antique château des comtes de Dunois, avec sa tour massive de Thibaut-le-Tricheur qui se dresse altière, bâtie sur le roc. L'Hôtel de ville est situé sur la place. Presque tous ces monuments allaient recevoir leur part d'obus dans le bombardement que les Prussiens, furieux de se voir accueillis par des coups de feu partant d'une ville sans défense, commencèrent aussitôt.

Un moment la ville de Châteaudun, menacée par des ennemis nombreux, avait cru devoir abandonner ses projets de défense et une affiche fut même apposée sur la porte de l'Hôtel de ville annonçant que les francs-tireurs et les mobiles évacuaient la ville. On venait de recevoir la nouvelle de l'occupation d'Orléans par les Prussiens. On pouvait croire que résister était folie. Mais la nouvelle de cette résolution pacifique fut mal accueillie par la population, décidée à la résistance, et des uhlans s'étant montrés non loin du chemin de fer, les ouvriers avaient couru sus, armés seulement de leurs outils. Cependant l'ennemi se rapprochait. Il était à Varize et à Civry qu'il incendiait pour punir les habitants de leur résistance, tandis que Châteaudun se hérissait de barricades faites de pierres sèches soutenues par des abattis d'arbres et garnies de fascines et de sacs à terre. Le 18 octobre, un mardi, les guetteurs de Saint-Valérien signalèrent, vers midi, l'approche de l'ennemi. Le clairon retentit. Les gardes nationaux prennent leurs postes de bataille. Les francs-tireurs en avant de la gare, font les premiers le coup de feu contre les hussards ennemis.

d'Orléans et d'une tuilerie où se sont postés des francs-tireurs. Les batteries allemandes couvrent alors Châteaudun d'obus. Tandis que les barricades des rues de Chartres et d'Orléans sont défendues avec une véritable énergie par des francs-tireurs, par de simples et braves pompiers, de ces pompiers de village, dont on riait, et qui savent mourir, les projectiles allemands s'abattent sur les clochers, l'hôpital, la tour du château. Les ambulances mêmes, au mépris du droit d'humanité, de neutralité proclamé par la convention internationale des sociétés de secours aux blessés, les ambulances sont bombardées. A Châteaudun comme à Paris plus tard, le drapeau blanc croisé de rouge sert de cible aux pointeurs allemands.

On se bat partout aux extrémités de la petite ville, on se battra tout à l'heure dans le cœur même, on se battra jusqu'à la nuit. Les Prussiens, on peut le dire, ne s'établirent que sur des ruines. Les traits de courage abondent, pendant cette journée meurtrière. A la barricade de Saint-Aubin, un homme combat, entouré de ses trois fils : un d'eux est tué à ses côtés, et lui-même est deux fois blessé (1). Il s'appelle Alran, il est plâtrier. Une jeune fille, Léontine Proust, vaillante, infatigable, va de barricade en barricade, portant des munitions. Ailleurs combat un homme que nous retrouverons plus tard, à Paris, pendant la Commune, c'est La Cécilia, alors capitaine de francs-tireurs. Le lieutenant Henri Chabrillat, avec cinquante hommes, renforce les gardes nationaux du capitaine Fanuel, intrépides au feu. Un seul fait montrera l'acharnement de ces combattants, au moment, les Prussiens, décimés, furent contraints d'abandonner deux pièces de canon. Elles ne purent être ramenées, et les Allemands les reprirent une demi-heure après, mais on peut juger par là de l'intensité de notre fusillade.

Que pouvaient faire, il est vrai, ces douze cents braves contre les masses toujours plus nombreuses des Prussiens? Les barricades, si vaillamment défendues, étaient condamnées à être enlevées. Le nombre des combattants était absolument hors de proportion. En négligeant l'artillerie, dont l'action fut si vive et si meurtrière, chacun des nôtres combattait un contre dix. M. de Lipowski, commandant des francs-tireurs, avait déjà fait sonner la retraite, lorsque vers l'est de la ville, les Allemands, après un effort violent, emportent la position et vont tourner les barricades les mieux défendues, celles de la rue de Chartres, puis celles de la rue Galante et de la rue d'Orléans. Alors, la nuit venue, refoulés de tous côtés, les défenseurs de Châteaudun se massent sur la place, et, noirs

(1) Gustave Isambert, *Combat et incendie de Châteaudun*. — In-18, page 37.

de poudre, exaltés par la lutte, superbes de patriotisme et d'ardeur, ils entonnent, sous le ciel rouge déjà des premiers incendies, les mâles couplets de la *Marseillaise*.

Ce chant superbe, ce spectacle grandiose, avaient glacé d'une certaine terreur les assaillants qui hésitent d'abord, puis envahissent la place, repoussant les défenseurs de Châteaudun dans les rues adjacentes, lorsque ceux-ci, pris d'une rage nouvelle, se précipitent sur cette place et, à la baïonnette, forcent les Allemands à reculer dans la nuit. La place est à nous de nouveau, et les Allemands l'attaquent encore. On se bat dans l'ombre, on se bat corps à corps. On se tue comme on se poignarderait, on s'égorge, et le flot noir des Prussiens court à travers les rues. La torche à la main, ils envahissent déjà les maisons conquises, ils pillent, volent et brûlent. Les derniers défenseurs de Châteaudun, en se repliant, font de tous côtés sur la place, où fourmillent les Prussiens, des décharges meurtrières ; puis, combattant toujours, ils s'éloignent, tandis que les Allemands, voyant partout des ennemis, se fusillent entre eux, par méprise, dans l'ombre, à travers ces rues couvertes de morts. La retraite s'opéra par ce faubourg Saint-Jean, qui est le côté en quelque sorte inaccessible de Châteaudun.

Alors commença le pillage, l'atroce et honteux spectacle de soudards brisant, broyant, brossant au pétrole les portes et les murs, incendiant, insultant, hurlant. L'histoire enregistre là des choses horribles. Un paralytique fut brûlé vif sur sa paillasse allumée par des soldats ivres. Un vieux soldat fut tué pour avoir dit à des Bavarois : «Cela est sauvage!» Des généraux firent incendier l'hôtel où ils avaient pris, en riant, leur repas, et bu à leur sanglante victoire. Ils se donnaient le spectacle de l'incendie et de la dévastation. Ces hégéliens contemplaient ce fait : deux cent vingt-cinq maisons qui brûlent! Et ces logis étaient habités encore! Dans une seule cave, dix êtres humains périrent étouffés. Châteaudun brûlait. Châteaudun payait cher son dévouement à la patrie, mais les cadavres allemands jonchaient ses rues, mais le sang allemand rachetait la ruine française. Trente officiers et près de deux mille hommes avaient été tués. Avec les Allemands, tout se paye. L'incendie ne suffisait pas, les réquisitions s'abattirent sur la ville. Il fallut nourrir, vêtir, couvrir ses bourreaux. Cela, après un pillage sans exemple. Les Dunois étaient décimés. Ils furent ruinés. Nul n'a laissé depuis échapper un murmure. Tous vivent, dans leur cité désolée, fiers de leurs désastres, relevant la tête, et ayant acheté cher le droit de se dire citoyens de la petite ville, mais sachant bien qu'on doit payer ce droit qui fait d'une cité vivante un exemple éternel.

Châteaudun n'a pour se défendre que 600 francs-tireurs parisiens, 115 francs-tireurs nantais, 50 francs-tireurs de Cannes, des volontaires de Loir-et-Cher, et 300 gardes nationaux dunois (1). Pas un canon, pas un cavalier. En tout 1,200 hommes au plus. Et contre eux marche une division tout entière, la 22ᵉ division prussienne. Les documents allemands prétendent, et la dépêche officielle de M. de Blumenthal, datée de Versailles, affirme que les défenseurs de Châteaudun étaient au nombre de 4,000. Encore une fois, ils n'étaient pas douze cents. La division prussienne au contraire était forte de 12,000 hommes, et disposait de 24 pièces de canon. Ce sont là des chiffres qui, mieux que toutes les réflexions, font ressortir la gloire du sacrifice de la petite et fière cité.

A midi, l'artillerie prussienne ouvre son tir, tandis que les bataillons allemands se présentent devant la ville. Mais les feux croisés des tirailleurs les arrêtent et trois bataillons à la fois viennent soutenir le premier bataillon d'attaque, décimé par les coups de feu qui partent de la gare, de la rue

(1) M. de Lipowski, chef des francs-tireurs de Paris, était commandant de place. La garde nationale se trouvait placée sous les ordres de M. Testanière, capitaine de cavalerie en retraite.

Extincta revivisco, c'est la devise de Châteaudun. « Éteinte, je revivrai ! » Elle renaît déjà de cet épouvantable martyre, elle renaît fière, glorieuse, acclamée. Ce qu'elle était après le sac du 18 octobre (les Prussiens l'abandonnèrent après l'avoir pillée, pour ne plus revenir qu'en passant, mais pour la torturer encore), ce qu'elle était, il faut le demander au journal officiel de Berlin, *le Staats Anzeiger*, qui en décrivait ainsi l'aspect, sans se douter peut-être qu'il écrivait un réquisitoire contre ses compatriotes :

« Des murs démolis, des portes renversées, des toits effondrés, rendent les rues presque impraticables. L'église elle-même a été presque entièrement détruite par les obus; d'immenses blocs de pierre sont sortis des murs, les tuiles ont été dispersées çà et là, et une grenade a éclaté dans le clocher. Des rues entières étaient en feu ; l'étendue de l'incendie et la violence de l'orage, qui poussait les flammes de tous les côtés, rendaient impossible l'idée d'essayer de l'éteindre (1). C'est à grand'peine qu'on put trouver des chambres pour le prince Albrecht et les commandants de la division.

« Il fallut faire sortir les chevaux des abris où ils avaient été placés à l'extrémité de la ville, et que déjà les flammes commençaient à gagner. Les officiers bivouaquaient avec les troupes. Pendant l'engagement de la nuit précédente, les Français avaient négligé leurs blessés, dont un grand nombre restaient dans les maisons et furent brûlés vifs. Un Polonais, nommé Lipowski, avait rempli les fonctions de commandant de place et était à la tête de la garnison. Le 20, à cinq heures, la division prussienne se remit en marche. Les flammes qui émergeaient des ruines étaient si vives qu'il faisait presque aussi clair qu'en plein jour. »

Ainsi, la ville héroïque de Châteaudun recevait le châtiment de son héroïsme. Depuis, les Prussiens ne se risquèrent plus à attaquer de front même les villes ouvertes. Comme elles pouvaient être crénelées, ils les bombardèrent. Ce système était à la fois plus cruel et plus prudent. Quant à Châteaudun, son exemple enflamma les courages, son nom devint dès lors, et pour l'histoire, le synonyme de sacrifice à la patrie. Les humbles et bonnes gens, libéraux, qui habitaient la petite ville avant le 11 octobre 1870, ne se doutaient pas qu'ils deviendraient des héros. Ils le devinrent parce qu'ils surent faire, sans mise en scène, leur devoir.

Le gouvernement de Tours avait décrété que Châteaudun venait de bien mériter de la patrie. Le nom de *Châteaudun* fut célébré bientôt, même dans Paris assiégé. Les poëtes s'inspirèrent de son sacrifice. Le maire de Paris, M. Arago, donna le nom de *rue de Châteaudun*, à la rue du Cardinal-Fesch. M. Victor Hugo fit lire ses *Châtiments* au profit de la souscription des canons, demandant, dans une lettre superbe, que le premier des canons fût appelé *Châteaudun*. M. Victor Hugo devait fournir un autre canon à la défense, le canon *Châtiment*, mais d'un élan, d'autres souscripteurs ayant appelé un de leurs canons *Châteaudun*, M. Victor Hugo se résigna à laisser appeler le sien *Victor Hugo*.

On ne peut nier d'ailleurs que la résistance de Châteaudun, comme celle de Saint-Quentin, qui l'avait précédée, n'ait communiqué une certaine énergie à la défense nationale. Ces villes montraient le chemin. La France n'avait qu'à les suivre. Mais, à cette heure, malheureusement, la France était à peine organisée, et ses embryons d'armées se fondaient devant l'invasion. Bazaine, enfermé dans Metz, n'agissait pas, l'armée de la Loire était battue ; Cambriels, dans l'est, abandonnait les Vosges, se réfugiait à Besançon, ses soldats désertaient par bandes ; de Chartres, que les Prussiens allaient occuper, jusqu'à Évreux, il n'y avait, pour défendre l'ouest, que des mobiles. Nulle armée sérieuse dans le nord. Et le flot envahissant grossissait. L'Allemagne armait, lançait en France des contingents nouveaux. Nous verrons bientôt quelle énergie dépensa le gouvernement pour tenir tête à l'étranger et lui disputer la patrie.

---

(1) Ce ne fut, le journal prussien ne le dit pas, que le 19 octobre au matin, que le général Kontzki, installé à la gare du chemin de fer, permit aux Dunois d'éteindre le feu qui dévorait leurs maisons. L'autorisation du général Kontzki porte : « Il est permis aux habitants d'éteindre l'incendie, et qu'on ne s'y trouble pas. »

DOCUMENTS COMPLÉMENTAIRES DU CHAPITRE V

N° 1.

RAPPORT DU LIEUTENANT-COLONEL DE JOUFFROY
au général de La Motterouge.

La Ferté, 12 octobre 1870.

Mon Général,

J'ai l'honneur de vous rendre compte du combat livré hier dans le faubourg Bannier, à Orléans.

Les troupes engagées sous mes ordres se composaient des corps suivants de la brigade : le 5ᵉ bataillon de marche (chasseurs à pied), commandant M. de Boissieux, capitaine ; — le 39ᵉ de ligne, 3ᵉ bataillon, sous les ordres du capitaine Eissey ; — le 5ᵉ bataillon du régiment étranger, commandant Arago.

A midi, les troupes se sont portées en toute hâte dans ce faubourg. Le 39ᵉ, qui formait tête de colonne, a été divisé par ordre du général Borel. Il a été le premier engagé dans la rue principale, ur la ligne du chemin de fer à droite, et dans les vignes à gauche. Toutes les positions dominantes et les maisons du faubourg étaient fortement occupées par l'ennemi ; la légion a soutenu et continué l'attaque du centre.

Le régiment de mobiles de la Nièvre a contribué énergiquement à la défense du chemin de fer à droite ; et le 5ᵉ bataillon de marche (chasseurs à pied) a occupé tous les jardins et toutes les vignes qui se trouvaient à gauche.

L'élan des troupes a été des plus brillants. Pas un militaire n'a fait de défaillance. La lutte, qui semblait avoir pour objet d'éloigner de la ville 'ennemi, a été acharnée des deux côtés et a duré usqu'à la nuit. *Ce n'est qu'en apprenant par hasard que l'armée passait sur la rive gauche de la Loire que j'ai fait battre en retraite* (1) en ramenant le plus de monde possible.

De grandes pertes ont été faites ; j'ai l'honneur de vous transmettre les premiers renseignements que j'ai recueillies.

DE JOUFFROY.

LES PRUSSIENS A DREUX (2).

Le samedi 8 octobre, trente-deux uhlans se présentèrent à Dreux, annonçant l'arrivée d'un corps d'armée pour lequel il fallait préparer de la nourriture et des logements.

Le maire répliqua qu'il prendrait les mesures nécessaires au moment de l'arrivée des troupes. Il pria les uhlans de se retirer, en leur disant qu'il ne répondait de rien s'ils pénétraient dans la ville.

En se retirant, ceux-ci demandèrent à Cherisy, charmant village situé sur la route de Paris, une contribution d'avoine et de bestiaux, qu'ils ne purent emmener avec eux, grâce aux francs-tireurs de Dreux qui les poursuivaient activement. Le lendemain, dimanche 9 octobre, un détachement plus considérable retourna au village pour réclamer le montant de la réquisition de la veille.

On lui en donna livraison ; mais, au moment où il s'éloignait avec son butin, le détachement fut attaqué par les mêmes francs-tireurs, qui lui tuèrent quatre hommes, firent sept prisonniers, et l'obligèrent à abandonner sa proie.

Cet échec décida du sort de Cherisy. Le corps auquel appartenait le détachement était cantonné en partie à Houdan et en partie à Goussainville. Un officier logé dans ce village déclara à son hôte, non sans beaucoup d'émotion, qu'il avait l'ordre de brûler Cherisy. En effet, le lundi 10 octobre, un corps considérable marcha sur le village de trois points différents. Un détachement de dragons de la reine formait la droite, deux escadrons de uhlans la gauche, et un bataillon d'infanterie le centre. Les uhlans se massèrent à un kilomètre environ de ma maison et restèrent près d'une heure immobiles.

Alors ils s'élancèrent au galop comme des furieux dans la direction de Cherisy. Un des uhlans arriva sur moi le pistolet à la main en criant : « Gardes mobiles ! gardes mobiles ! »

Je lui fis signe qu'il n'y en avait point dans le village.

Les uhlans se conduisirent en vrais démons, frappant ceux qui ne pouvaient s'écarter assez vite sur leur passage, brandissant leurs sabres, poussant des cris effrayants.

J'avais sous les yeux une scène de la vie sauvage comme celles dépeintes par Livingstone ou Baker.

L'infanterie prit place sur une hauteur d'où elle commandait le village. L'artillerie tirait dans toutes les directions pour faire évacuer le village, puis, lorsque l'officier qui commandait jugea que les habitants devaient s'être éloignés, il envoya un détachement pour mettre le feu.

Si Cherisy eût été un village purement agricole, l'accomplissement du crime n'aurait pas été diffi-

---

(1) Nous soulignons ce passage, qui augmente encore la responsabilité du général La Motterouge dans cette déplorable affaire.

(2) Quoiqu'elle soit un peu longue, nous reproduisons une lettre d'un pasteur protestant qui est un tableau complet et navrant de l'invasion prussienne. Rien de plus dramatique et de plus émouvant.

Siège de Paris. — Un poste de garde nationale, à l'une des portes de l'enceinte fortifiée.

cile. Il aurait suffi de mettre le feu aux granges et de laisser l'élément destructeur achever son œuvre.

Mais, comme la route était bordée de maisons bourgeoises ne renfermant ni foin ni paille, on s'y prit différemment.

Le cas était prévu; aussi les incendiaires étaient-ils munis d'une composition de pétrole dont ils arrosèrent les meubles, lits, tables, etc., puis ils y mirent le feu.

Un tel moyen ne pouvait manquer de réussir. Quarante maisons s'enflammèrent aussitôt, une seule ne prit pas feu, celle d'un épicier. Les soldats, ne trouvant dans la boutique que des barils de sel, de soude, de savon et d'autres matières peu inflammables, pénétrèrent dans une chambre du fond et arrosèrent de pétrole un coin du lit et un matelas préparés par le propriétaire pour un soldat blessé, puis ils y mirent le feu; mais la flamme ne fit que lécher le pétrole sur le bois de lit et brûler une partie du matelas, qui était mouillé.

Ce bois de lit, ce matelas, que j'ai vus, touchés, examinés, sont des preuves irrécusables, évidentes, que l'incendie de ce charmant village était un acte de barbarie et de la cruauté la plus criminelle. Des maisons vastes ont été brûlées sans qu'on se fût inquiété de savoir si elles ne renfermaient pas des personnes que l'âge ou la maladie rendaient incapables de s'enfuir. Une pauvre femme, qui était sur le point de donner le jour à un enfant, n'échappa aux flammes que par miracle.

Mais ce n'est pas tout. Lorsque les Prussiens virent qu'il leur était impossible d'entrer à Dreux le même jour, ils se replièrent sur Houdan; ils mirent le feu à toutes les maisons isolées qu'ils trouvèrent sur leur route. En arrivant au hameau de Mezengen, ils entrèrent dans la première ferme, magnifique établissement agricole, dont la porte d'entrée monumentale attire les regards de tous les voyageurs. Le fermier, terrifié par le sort de Cherisy, chercha à s'y soustraire en offrant tout ce qu'il possédait. Les soldats acceptèrent des rafraîchissements, mais n'en témoignèrent pas moins la sinistre intention d'exécuter les ordres barbares qu'ils avaient reçus.

Lorsque le fermier les vit prendre tranquillement des allumettes sur la cheminée, il les supplia avec des larmes, au nom de sa femme et de ses cinq enfants, de l'épargner. Vaines supplications, pleurs inutiles, les soldats, sans émotion, sans remords, se dirigèrent vers les granges pleines des produits de plusieurs années de travail et y mirent le feu.

J'ai vu de ma fenêtre quatre habitations, sur l'espace de trois kilomètres, qui rougissaient le ciel de cette lumière funèbre. C'est une scène qui remplissait le cœur d'une indescriptible tristesse. Vingt-quatre heures plus tard, je me rendis au hameau, dont les maisons n'étaient plus qu'un monceau de cendres. J'entrai dans cette ferme si prospère naguère, et je vis dans un des bâtiments, situé à gauche, un feu effrayant; c'étaient les restes des greniers de grains qui se consumaient lentement.

Dois-je parler de la conduite des soldats à l'égard des prisonniers? Ici nous voyons la force brutale s'étaler sans contrainte.

Dimanche, un jeune homme de cette commune s'en était allé, poussé par la curiosité, dans la direction de Cherisy, pour voir ce qui se passait. Sa jeunesse aurait dû le protéger, car il ne paraît pas avoir plus de quinze ans, bien qu'il en ait dix-huit en réalité. A peine était-il entré dans le village qu'il fut fait prisonnier avec plusieurs autres. Un soldat saisit son bâton et l'en frappa.

Le malheureux, avec douze compagnons d'infortune, fut alors dirigé sur Houdan, où le détachement tenait garnison. Ils y passèrent la nuit dans la plus épouvantable agonie, car les soldats leur avaient fait entendre qu'ils allaient être mis à mort. Le jour suivant, le lundi, ils furent ramenés par le régiment qui allait attaquer Dreux; on les plaça, avec une cruauté inouïe, derrière les batteries qui canonnaient Cherisy, de manière à être les premiers atteints par les balles des francs-tireurs ou des mobiles.

Comme on ne leur avait rien donné à manger, ils arrachaient des carottes dans les champs, tout en marchant, pour apaiser leur faim. Enfin les Prussiens se retirèrent, emmenant avec eux leurs prisonniers. L'un de ces malheureux, qui était garde national, avait des cartouches dans ses poches; l'ennemi les découvrit, ce fut le signal de la mort de cet infortuné, qui fut aussitôt fusillé. Son corps fut jeté dans un fossé. On ramena les autres prisonniers au bâtiment où ils avaient passé la nuit précédente. On ne leur donna aucune nourriture; ils furent maltraités, brutalisés et menacés du même sort que leur camarade. La nuit ne fut qu'une longue torture.

Le lendemain matin, on les plaça en ligne comme pour les mener à l'exécution. Après un débat assez vif entre les officiers, onze des prisonniers furent renvoyés. Le douzième était un trompette des sapeurs et des mineurs d'une commune voisine. Il appartenait donc à un corps dont les officiers sont payés par le ministère de la guerre. Son uniforme aurait dû le préserver contre tout danger, depuis le moment où il s'était rendu. Mais, lisant son sort dans les yeux des officiers, il s'échappa et courut se réfugier dans une écurie, où il fut lâchement massacré.

Le même corps d'armée devait revenir le 11 avec des forces plus considérables pour prendre possession de Dreux et brûler mon village, sous le prétexte qu'un uhlan avait été tué sur le territoire de la commune; mais, au dernier moment, le commandant reçut l'ordre de se replier sur Versailles.

Tels sont les faits qui se sont passés près de ma demeure, et dont je garantis la parfaite exactitude. Et maintenant je demande aux hommes de guerre de l'Europe : Les lois de la guerre justifient-elles cette conduite? Est-il permis de transformer des soldats en vils incendiaires et de déshonorer ainsi la profession des armes?

Les mobiles et les francs-tireurs qui avaient attaqué les Prussiens n'étaient pas de Cherisy. Pourquoi donc le village a-t-il été brûlé? Était-ce le but de nos envahisseurs? N'ont-ils pas l'intention de réduire les populations rurales par la terreur, de les mettre dans cette situation où l'homme n'a pas la force de se défendre, afin de les dépouiller complètement de tout ce qu'elles possèdent?

Les réquisitions des Prussiens sont sans mesure. Ils ne quittent pas un village sans tout emporter.

La terreur inspirée par les Allemands est telle que de tous côtés on n'entend parler que de suicides, de femmes qui se jettent dans les puits, de vieillards qui se pendent, de familles qui s'asphyxient. Bon nombre d'individus sont devenus fous.

Quand on pense que cette désolation s'étend à vingt-cinq lieues autour de Paris, sans compter les mille villages de l'est, ravagés, pillés, détruits, on peut juger des malheurs de la France. Combien de temps cela va-t-il durer? Les nations de l'Europe assisteront-elles sans s'émouvoir à la ruine d'un pays qui a contribué pour sa large part au progrès de la civilisation?

Ne craindront-elles pas, à leur tour, les projets de conquête d'un peuple enivré par la victoire? Plusieurs de ces nations n'ont-elles pas dans leur sein des populations allemandes que Bismarck peut réclamer? Ce diplomate au cœur de fer s'inquiète-t-il des milliers de créatures humaines qu'il réduit au désespoir?

Mais il y a, en outre, un sentiment plus élevé que le sentiment des nationalités, qui est profondément offensé: c'est le sentiment d'humanité. Les atrocités auxquelles se livrent les armées allemandes sont une honte pour la nature humaine.

L'Europe devrait en être honteuse et se faire un point d'honneur de mettre un terme à une semblable guerre. Si elle se prolonge, cette guerre deviendra un massacre général, car la France creusera sa propre tombe si elle ne peut se débarrasser de ses ennemis.

Je vous prie, monsieur, dans l'intérêt de la vérité, au nom de l'humanité, d'insérer cette lettre dans votre journal.

J'ai l'honneur, etc.   C. CAILLATTE, pasteur.

N° 3.

DÉCRET DE LA DÉLÉGATION DE TOURS.

La délégation du Gouvernement de la défense nationale, établie à Tours,

Considérant que la petite cité de Châteaudun, ville ouverte, a résisté héroïquement, pendant plus de neuf heures, dans la journée du 18 octobre, aux attaques d'un corps prussien de plus de cinq mille hommes (1), qui n'a pu réussir à l'occuper qu'après l'avoir bombardée, incendiée et presque totalement réduite en cendres;

Considérant que, dans cette mémorable journée, la garde nationale sédentaire de Châteaudun s'est particulièrement distinguée par son énergie, sa constance et son patriotisme à côté du corps des braves francs-tireurs de la ville de Paris;

Considérant qu'il y a lieu de signaler à la France, par un décret spécial du Gouvernement, le noble exemple donné par la ville de Châteaudun aux villes ouvertes exposées aux attaques de l'ennemi, et de subvenir aux premiers besoins de la population, chassée de ses demeures par l'incendie et les obus prussiens;

Décrète:

Article premier. — LA VILLE DE CHATEAUDUN A BIEN MÉRITÉ DE LA PATRIE.

Art. 2. — Un crédit de cent mille francs est ouvert au ministère de l'intérieur pour aider la population de Châteaudun à réparer les pertes qu'elle a subies à la suite de la belle résistance de la ville aux Prussiens, dans la journée du 18 octobre 1870.

Art. 3. — Les ministres de l'intérieur et des finances sont chargés, chacun en ce qui le concerne, de l'exécution du présent décret.

Fait à Tours, le 20 octobre 1870.

L. GAMBETTA, AD. CRÉMIEUX, AL. GLAIS-BIZOIN, L. FOURICHON.

(1) On ignorait encore le chiffre réel des assaillants.

CHAPITRE VI

SIÈGE DE PARIS (du 21 au 31 octobre).

Opérations militaires. — État de Paris. — Le Bourget. — Journées des 28, 29 et 30 octobre. — Glorieux combat des Français. — Mort du commandant Baroche. — Les témoignages de l'ennemi. — Le général de Bellemare. — M. Félix Pyat et M. Flourens annoncent la trahison de Bazaine. — La Commune. — Annonce de la capitulation de Metz et des propositions d'armistice. — Le 31 octobre. — L'Hôtel de ville envahi. — Attitude du gouvernement. — Relations de Delescluze et de Flourens. — Le gouvernement est délivré. — DOCUMENTS COMPLÉMENTAIRES.

Tandis qu ces événements s'accomplissaient en province, que Châteaudun donnait cet exemple, et que la France envahie résistait, glorieusement en plus d'un endroit (nous le verrons lorsque nous parlerons de Verdun, de Saint-Quentin, de l'armée des Vosges, etc.), M. Thiers entamait, avec les puissances étrangères, des négociations qui ne devaient pas aboutir, mais qui permettaient du moins aux peuples, sinon aux gouvernements, d'affirmer leurs sentiments de sympathie pour la France. A ce moment de la guerre, la patrie était en droit d'espérer son salut. Paris, à coup sûr, n'en doutait point et on le voyait accepter les privations, déjà assez profondes, auxquelles il était soumis. D'ailleurs, s'il n'avait point de pain, ou s'il en avait peu, il lui restait les jeux, des jeux cette fois tout patriotiques. Malgré l'ordonnance de l'ex-préfet de police, M. de Kératry, les théâtres, en effet, avaient été autorisés à rouvrir leurs portes ; mais, bien différents de ce qu'ils étaient sous l'empire, ils ne s'adressaient plus ni aux sens ni au désœuvrement des esprits, mais aux âmes. La poésie patriotique, les conférences, les chants nationaux prenaient maintenant la première, on peut dire la seule place. Le peuple de Paris écoutait des vers, applaudissait des hymnes ; puis jetait son obole pour les blessés, à ceux qui faisaient la quête, la représentation finie.

Ces quêtes, pour les ambulances, avaient pour pendant les souscriptions pour les canons. Quelques maires, pour exciter l'imagination des citoyens, essayèrent de renouveler les vaillantes mises en scène de la Révolution, et, en plus d'un endroit, on put voir des estrades pavoisées, semblables à celles dont les volontaires de 92 gravissaient les degrés. L'enrôlement des volontaires eut lieu ainsi, place du Panthéon (mairie du docteur Bertillon), et à la mairie du troisième arrondissement (M. Bonvalet, maire). Des souscriptions à *deux sous* étaient ouvertes pour offrir des canons à la défense nationale. Les bataillons de la garde nationale faisaient entre eux des quêtes pour ces canons nouveaux. M. Étienne Arago vit un soir arriver à la mairie de Paris un homme qui, versant entre les mains du maire, le prix de fabrication d'un canon, comme on lui demandait son nom, répondit :

— Je suis riche. Cette somme n'est rien. Qu'importe mon nom ? Mettez simplement : *Un Français.*

Ainsi, Paris se préparait à la lutte décisive qu'il croyait, qu'il voulait toujours prochaine. Bientôt (30 octobre) un décret un peu tardif, allait appeler à l'activité les jeunes gens formant le contingent de la classe de 1870, le moment ne pouvait tarder où la ville assiégée allait faire un effort violent pour rejoindre la province qui, sans doute, était organisée. Chacun croyait, du moins, que ce moment allait venir, et que, bientôt, sans avoir même recours aux engins empiriques, feux grégeois, fusées Satan, etc., — engins proscrits, — on forcerait l'ennemi à lever le siège et on donnerait la main aux armées de province.

Ces espoirs, que Paris prenait pour des certitudes, devaient sembler se réaliser bientôt. Un avantage véritable, obtenu presque par hasard, causa parmi les assiégés une véritable joie, bientôt suivie de la plus cruelle déception.

Le Bourget, occupé depuis le 20 septembre 1870, est un petit village, ou plutôt, une grande rue de village, dont la situation est fort importante pour une armée qui veut investir Paris. Les forts de

Léon Gambetta

l'Est et d'Aubervilliers dominent, il est vrai, ce point ; mais, si l'assiégé l'occupe, il peut, par là, rompre la ligne d'investissement de l'assiégeant. Dans le cas actuel, l'établissement des Français au Bourget leur permettait de menacer efficacement les batteries établies par les Prussiens à Pont-Iblon et à Blanc-Mesnil. Le 28 octobre, à trois heures du matin, le général de Bellemare, gouverneur de Saint-Denis, donna ordre à 300 francs-tireurs, dits de *la Presse*, conduits par le commandant Rolland, d'exécuter sur le Bourget une pointe hardie, un coup de main qui réussit complétement. Surpris dans leur sommeil, les Prussiens furent délogés du village. Ils sautaient par les fenêtres, et s'enfuyaient vers Pont-Iblon, tandis que les francs-tireurs ramassaient leurs équipements et leurs casques. Vers dix heures du matin, les Prussiens reçurent du renfort, essayèrent de réoccuper le Bourget, mais aux francs-tireurs de la Presse étaient venues se joindre quatre compagnies du 14e bataillon de mobiles de la Seine, et les Prussiens furent encore une fois refoulés sur Pont-Iblon. Vers midi, plus nombreux encore, et suivis d'artillerie, ils essayèrent de reprendre la position perdue. Nous avions reçu, de notre côté, pour renforcer nos troupes, deux demi-bataillons de régiments de marche (un demi-bataillon du 34e, un demi-bataillon du 28e) et le 16e bataillon de mobiles de la Seine. Ce dernier bataillon avait été mis en réserve. Nous n'avions, pour répondre à l'artillerie allemande, que deux pièces de 4 et une mitrailleuse. Durant cinq heures, l'attaque des Prussiens fut acharnée. Leurs obus tombaient sur le village, incendiaient les maisons. Leurs troupes n'avançaient pas. La nuit venue, l'ennemi battit en retraite, tandis que nos sapeurs du génie travaillaient à relever les murs des jardins.

Un homme, mort des fatigues éprouvées en soignant les blessés pendant cette campagne, M. Ozou de Verrie, a laissé de ce triple combat du Bourget un récit que nous avons sous les yeux ; c'est une des dépositions les plus importantes et les plus claires sur un des faits les plus douloureux de la dernière guerre. Vers sept heures et demie, ce même soir du 28 octobre, les Prussiens essayèrent encore un mouvement offensif. Déployés en tirailleurs, ils tentèrent d'enlever la barricade qui défendait l'entrée du Bourget, et où se trouvait postée la 3e compagnie du 14e mobile (capitaine Forey). Ces braves jeunes gens laissèrent avancer l'ennemi à portée du chassepot ; puis, brusquement, le mirent en déroute par une terrible décharge. La nuit semblait pourtant favoriser les projets des Allemands. Les grenadiers de la garde prussienne attaquaient aussi le Bourget vers la barricade du cimetière ; mais, là encore, la résistance de nos mobiles l'arrêtait net, tandis que le 12e bataillon de mobiles (commandant Ernest Baroche) parti de Saint-Denis, arrivait dans le Bourget au pas de course. L'ennemi battait encore une fois en retraite.

La nuit du vendredi 28 au samedi 29 se passa à travailler à quelques fortifications, malheureusement insuffisantes. Les voltigeurs du 28e de marche et le 12e bataillon de mobiles prirent position dans le village, et le lendemain matin, vers huit heures, le feu de l'artillerie prussienne recommençait avec une violence nouvelle. C'est un véritable bombardement que subit le Bourget, un bombardement continu, et quarante bouches à feu, pendant neuf heures, lancèrent leurs projectiles sur ces quelques maisons où se maintenaient intrépidement les 3,000 hommes qui le défendaient. Dans cette journée du 29, le Bourget reçut plus de deux mille projectiles. Ce jour-là, les Prussiens n'osèrent point se risquer à l'assaut des barricades. Ils nous écrasèrent à distance, mais inutilement. Les soldats et les mobiles décimés demeuraient à leur poste.

Ainsi, pendant deux jours, une faible troupe, quelques francs-tireurs, des grenadiers et des voltigeurs de l'ex-garde (34e et 28e de marche) et surtout de ces enfants de Paris, dont on a vainement essayé de ternir le courage, les mobiles, tenaient tête aux troupes les plus aguerries du roi de Prusse et les contraignaient à battre en retraite. Pendant trente-six heures et presque à jeun, ils luttèrent sans relâche. La fièvre de victoire les soutenait et les excitait. Il fallait d'ailleurs se tenir prêt à toute alerte. Cette nuit encore, vers dix heures et demie, les sentinelles avancées aperçurent, grâce à la lumière électrique projetée des forts, une troupe de Prussiens. L'éveil fut aussitôt donné, on fit feu des créneaux et l'ennemi se retira en laissant quelques morts (1). C'est ce que M. le général Trochu allait appeler *manquer de vigilance*.

Le 30 octobre était un dimanche. Ce jour-là, quoique, disait-on volontiers, les Prussiens ne combattissent point d'habitude le dimanche, il était évident qu'ils allaient tenter un dernier effort pour reprendre le Bourget, dont la possession, quoi qu'en aient dit depuis les rapports officiels français, leur était absolument indispensable. A la faveur de la nuit, les Allemands avaient massé aux alentours du Bourget des troupes considérables, appuyées par une artillerie plus nombreuse encore que la veille. Des colonnes de cavalerie escortaient les fantassins. Ces masses noires défilaient ou avançaient silencieusement. Les forces de l'ennemi pouvaient s'élever à 15,000 hommes au moins. Il avait 48 canons. De notre côté, au contraire, l'ef-

---

(1) Ozou de Verrie, *les Trois Journées du Bourget*. In-18, 1871.

fectif des défenseurs du Bourget avait diminué. Il faut bien avouer que certains gardes mobiles, et parmi eux des officiers mêmes, furieux de se voir sans pain, brisés de fatigue, épuisés, quittèrent le Bourget sans ordre et retournèrent à Saint-Denis ou à Aubervilliers (1). C'est, sans doute, en pensant à ceux-là que le général Trochu a cru devoir flétrir les mobiles du Bourget, mais s'il y avait parmi eux quelques déserteurs coupables, il y avait de courageux, d'intrépides soldats, et le général Trochu n'eût pas dû l'oublier.

Les troupes françaises établies au Bourget le dimanche 30 octobre s'élevaient, le matin, à 3,000 hommes, lorsque, à sept heures, les deux pièces d'artillerie que nous avions pour nous appuyer, furent attelées et emmenées au galop hors du Bourget. Sans doute les artilleurs, devant la masse des Allemands qu'on apercevait à quinze cents mètres, jugèrent imprudent de laisser leurs pièces exposées aux entreprises de l'ennemi, mais toujours est-il qu'à l'heure où la petite troupe avait besoin avant tout de canons pour repousser l'attaque ou soutenir le choc des Prussiens, on lui enlevait les deux pièces de 4 dont elle pût disposer. A cette vue, il y eut dans les rangs une véritable panique. La manœuvre des Prussiens étant, bien évidemment, de cerner le Bourget, 1,500 hommes au moins s'échappèrent, avant tout combat, par la voie du chemin de fer. Ces malheureux, après une nuit de pluie glacée, pénétrés jusqu'aux os, n'avaient plus le sang-froid que demande la bataille. Mais, du moins, les 1,600 hommes qui demeurèrent dans le village, fidèles à leur devoir, allaient montrer ce que peuvent des gens décidés à donner leur vie. Ceux-là, on peut le dire, furent des héros en cette journée terrible et que, si des renforts leur eussent été envoyés, des canons, des troupes nouvelles, certes ce nom tristement glorieux du Bourget fût devenu un nom de victoire.

Les Prussiens, tandis que leurs batteries de Garges et de Blanc-Mesnil ouvraient sur le Bourget un feu réellement écrasant, faisaient avancer leurs colonnes sur la droite et la gauche du village de façon à le cerner. Cinq batteries à la fois couvraient le Bourget d'obus et de mitraille et plus de 15,000 hommes (d'autres disent 25,000, je prends le chiffre le moins élevé) allaient attaquer les 1,600 Français qui occupaient le village.

Le bombardement avait commencé à sept heures et demie du matin. Au bout d'une demi-heure, le Bourget avait déjà reçu plus de 1,500 obus ou boîtes à mitraille. Les commandants Brasseur (du 28ᵉ de marche) et Ernest Baroche étaient parfaitement décidés à tenir jusqu'au bout, persuadés que le secours attendu depuis deux jours arriverait enfin et qu'on ne laisserait pas anéantir ainsi les défenseurs du Bourget. Le commandant Baroche semblait pourtant ne pas se faire illusion sur le résultat de la journée. On cite de lui ces paroles à ses soldats : « Mes amis, c'est aujourd'hui qu'il faut apprendre à se faire tuer ! »

A huit heures et demie, les Prussiens, jugeant que leur furieuse canonnade devait avoir assez endommagé le village et jeté le désordre parmi nos troupes, se hasardèrent à attaquer la première barricade, celle qui défendait le haut du Bourget. Repoussés, ils se replient derrière leurs canons et recommencent à nous mitrailler, lorsque, une heure après, le régiment de la garde prussienne, Reine-Elisabeth, musique en tête, drapeau déployé, s'avança pour enlever la barricade. Le lieutenant-général von Budritzki, chargé par le prince Auguste de Wurtemberg d'enlever le Bourget, conduisait lui-même la colonne. Seul des officiers-généraux avec le général von Kanitz, il était à cheval. Ses troupes s'élancèrent sur la barricade avec leurs hurrahs habituels, mais la plus effrayante fusillade les attendait et, pour la décrire, c'est à l'ennemi lui-même qu'il faut demander un témoignage. Là, comme ailleurs, les dépositions allemandes sont plus favorables à la France que les rapports officiels français.

« Le 2ᵉ bataillon régiment Reine-Elisabeth, dit l'*Illustrirte Zeitung* du 10 octobre, s'avançait, drapeau déployé, lorsqu'un coup de feu terrassa le porte-drapeau. Un sous-officier se précipite, saisit le drapeau et s'affaisse, lui aussi, blessé à mort. Le général von Budritzki descend alors de cheval, saisit le drapeau d'une main forte et s'élance à la tête de ses grenadiers. » L'acharnement de la défense est écrit, on peut le dire, sur le sein des morts ennemis. Les bataillons allemands les plus aguerris reculaient, on le voit, devant les Français, dont la plupart étaient des soldats de la veille. Le colonel du régiment Reine-Elisabeth, von Zaluskowski, le colonel du régiment Reine-Augusta, le comte de Waldersée furent tués à la tête de leurs soldats. Les morts s'amoncelaient au pied des barricades. Il fallut un effort désespéré, la vue de leur général brandissant leur drapeau pour ramener à l'assaut ces colonnes formidables que fusillaient et faisaient reculer les centaines de vaillants combattants qui tiraillaient derrière les créneaux.

On se battait, en vérité, pied à pied, avec une colère sourde et un superbe acharnement. « J'ai « vu, dit un témoin, des mobiles debout, dépassant « la crête du mur de la moitié du corps, frapper de « droite et de gauche avec la crosse, et balayer « ainsi les baïonnettes ennemies. » Cependant les pionniers allemands ouvraient des brèches, l'ennemi attaquait impétueusement du côté de la gare

---

(1) *La première affaire du Bourget*, par un garde mobile (M. Henri Dichard). Brochure in-8.

Nos troupes, attaquées au nord, attaquées au sud, allaient se trouver prises entre deux feux. Elles n'en luttaient qu'avec plus de rage. Maison par maison, pendant de longues heures, le Bourget fut défendu par nos soldats et arraché à leurs efforts. Il y avait du désespoir dans la résistance suprême de ces hommes. Cernés dans les maisons, assaillis par des masses profondes, apercevant de tous côtés ce *noir fourmillement* des Prussiens dont nous parlerons encore tant de fois, il leur fallait ou se laisser égorger ou rendre leurs armes maintenant inutiles. A midi, après une lutte de trois heures, nous avions déjà perdu, hors de combat ou faits prisonniers, plus de 1,200 hommes.

Alors, dans l'intérieur du village, eut lieu le dernier et le plus glorieux épisode de ce sanglant et inégal combat. Vers l'église, le commandant Brasseur, du 28° de marche, se tenait avec une centaine de soldats et résistait énergiquement. De l'autre côté du Bourget, à droite, le commandant Baroche, faisant le coup de feu lui-même, avait rallié autour de lui une soixantaine d'hommes, décidés à tenir. Un lieutenant de francs-tireurs, M. Solon, avait encore dix de ses hommes avec lui. Un officier de mobiles, M. O. de Verrie, commandait à trente-six des siens. Cette poignée de combattants ne voulait point se rendre. Opiniâtres, acharnés, ils voulaient brûler leur dernière cartouche, tenter la résistance dernière. M. Baroche, atteint par un éclat d'obus, demandait à ses soldats de tenir encore une demi-heure. « Il est impossible, disait-il, que d'ici là, nous ne recevions pas du secours ! » A ce moment, il veut donner un ordre, il descend de la maison où il combat. Près de la rue, devant la grille, une balle le frappe au cœur. Il tombe (1).

Cependant, l'héroïque commandant Brasseur, ramassait dans les jardins les combattants épars, et voulait, dans une lutte suprême, les porter sur la barricade de la Grand'Rue. Une décharge épouvantable foudroie à ses côtés les hommes qu'il a ralliés. Ceux qui ne tombent pas s'enfuient. Lui, d'un pas lent, redescend la rue sous la mitraille, le képi traversé à une ligne du crâne, et s'enferme dans l'église avec sept autres officiers français et une vingtaine de voltigeurs. « Là, dit un écrit allemand, ces « hommes se défendaient jusqu'à la dernière extré- « mité, et les grenadiers du régiment Kaiser-Franz « durent grimper jusqu'aux hautes fenêtres de l'é- « glise et tirer de là sur l'ennemi, jusqu'à ce que « le peu d'hommes de cette brave troupe qui res-

« taient sans blessures, finissent par se rendre. » Le commandant Brasseur pleurait en donnant son épée. L'officier prussien, qui la prit, ne put s'empêcher de le louer pour son courage. Cette épée, d'ailleurs, le prince de Wurtemberg la renvoya au commandant prisonnier comme un hommage, et il fut permis à M. Brasseur captif de ne point saluer les officiers prussiens dans la rue.

Ainsi, l'ennemi reconnaissait quelle vaillance avaient déployée nos soldats au Bourget. Ses pertes disaient éloquemment notre acharnement. Les Prussiens avaient perdu, dans ce dernier combat, deux colonels, un major, un porte-drapeau, trente-six officiers et plus de 3,000 hommes (1). M. F. W. Heine écrivait dans le *Moniteur prussien* du 10 décembre que « quoique habitué à voir des combats horribles, jamais il n'y en a eu de plus terrible qu'au Bourget ; on peut sans mentir, ajoutait-il, dire que c'est là qu'a eu lieu un des plus sanglants combats qui aient été livrés sous les murs de Paris. »

Mais, ce qui montre mieux encore combien les Allemands ont souffert dans cette journée et quelle importance ils attachaient à ce point de leurs lignes, c'est l'ordre du jour du prince Auguste de Wurtemberg, général, adressé au corps de la garde royale prussienne, à la suite du combat du 30 :

Soldats du corps de la garde,

La deuxième division de l'infanterie de la garde, avec les troupes des armes spéciales qui lui avaient été adjointes, a exécuté glorieusement l'attaque sur le Bourget.

Un village ceint de hautes murailles en pierre, mis en état de défense et *occupé par les meilleures troupes de la garnison de Paris*, a été enlevé à l'ennemi, qui a défendu chaque ferme avec tant d'opiniâtreté, que souvent les pionniers devaient ouvrir la route à l'infanterie.

Bien que les pertes que cette victoire nous a coûtées soient relativement très-considérables, le corps de la garde n'en a pas moins acquis une nouvelle journée de gloire pour ses annales.

Au nom du corps, je remercie, pour l'honneur qu'ils ont ajouté au corps, l'héroïque commandant de la deuxième division de l'infanterie de la garde qui le premier a franchi, le drapeau à la main, la barricade qui fermait la route, — ainsi que les combattants de toutes les armes.

Vive le roi !

Gonesse, le 30 octobre 1870.

AUGUSTE,
Prince de Wurtemberg,
Général-commandant du corps de la garde.

---

(1) Quelques jours après, l'auteur des *Châtiments* faisait publiquement réciter quelques-unes des pièces les plus vives de son livre. Dans l'une d'elles figurait, avec l'épithète juvénalienne, ce nom de Baroche. Le poète fit enlever ce nom et le remplaça, dans ses vers, par un autre :

— La mort du fils, dit-il, a fait ce jour-là oublier la vie du père !

(1) La dépêche de Versailles ne parle que de 34 officiers et de 449 soldats. Ce sont des soldats *tués* sans doute. Nous comptons, nous, ici les tués et blessés.

Le Siège de Paris. — Ambulance établie dans le foyer du Théâtre-Français.

Comparez à cet ordre du jour, si honorable pour les vaincus, l'article du *Journal officiel* et la proclamation du général Trochu aux gardes nationales, le 1er novembre :

« Le village du Bourget, dit le *Journal officiel*, ne faisait pas partie de notre système général de défense ; *son occupation était d'une importance très-secondaire et les bruits qui attribuent de la gravité aux incidents qui viennent d'être exposés, sont sans aucun fondement.* »

Et la proclamation du général Trochu ;

« Le pénible *accident* survenu au Bourget par le fait d'une troupe qui, après avoir surpris l'ennemi, *a manqué absolument de vigilance et s'est laissé surprendre à son tour*, a vivement affecté l'opinion. »

Certes. Et l'opinion avait bien le droit d'être affectée, lorsqu'elle voyait le premier et le seul véritable avantage remporté par nous devant Paris, tourner brusquement, cruellement, à notre désespoir et se terminer par cette sombre et épouvantable tuerie. L'opinion raisonnait naïvement et justement ainsi : Ou le Bourget est un point stratégique utile et, l'ayant pris, il fallait multiplier ses efforts pour le conserver, ou la position du Bourget est inutile, et on ne devait point perdre des hommes pour la prendre. Il ne fallait être, pour raisonner ainsi, ni grand clerc, ni stratège illustre. L'humble bon sens suffisait. Encore aujourd'hui, cette triste affaire du Bourget impressionne péniblement et, pour tout dire, elle garde d'ailleurs comme un coin mystérieux. Il y a un coupable en tout ceci. Quel est-il ? Quel est l'homme qui a laissé massacrer, sans les secourir, les soldats du commandant Brasseur et les mobiles du commandant Baroche ? Cette même opinion publique, dont parle le général Trochu, a depuis longtemps accusé et condamné M. le général Carré de Bellemare. Un an après l'affaire du Bourget, devant la fosse où reposent les cadavres du 30 octobre, la foule a, par ses huées, frappé le général comme à la joue. Lui pourtant, en présence des vivants, et foulant la terre des morts, a prononcé ces paroles :

« Il y a aujourd'hui un an, à cette même heure où nous venons de prier pour ceux qui sont morts au champ d'honneur, l'opération la mieux réussie de toutes celles tentées jusqu'à ce jour depuis le commencement du siège était changée subitement en un revers qui prenait les proportions d'un désastre, par suite d'un concours inouï de circonstances fatales qui ont paralysé tous mes efforts et mis à néant les dispositions que j'avais pu prendre avec les ressources que j'avais entre les mains.

« Cette malheureuse affaire, dont les pertes réelles ont été au-dessous de ce qu'on avait cru tout d'abord, a soulevé bien des haines, bien des colères, et a été l'objet d'appréciations plus ou moins erronées. Mon rapport officiel n'a jamais été publié ; *esclave de la discipline, je me suis abstenu de faire connaître la vérité sur laquelle mes chefs se taisaient ; mais un jour viendra où je pourrai, en dehors de toutes les passions du moment, la divulguer tout entière.*

« Quoi qu'il en soit, la journée du 30 octobre a coûté à l'ennemi, d'après son rapport officiel, 31 officiers et 499 hommes tués ; c'était la perte la plus sanglante qu'il eût subie jusqu'alors devant Paris, et il rend lui-même dans ce rapport le plus éclatant hommage à l'héroïsme de cette poignée de braves qui pendant plusieurs heures ont vendu chèrement leur vie, au milieu du cercle de fer qui les étreignait. »

Que signifie ce silence du général de Bellemare ? Et l'heure n'est-elle point venue où il doit, devant le pays tout entier, faire connaître la vérité tout entière ? Assez d'autres généraux ont écrit leur propre panégyrique pour qu'il soit permis à celui-ci de présenter sa défense. M. de Bellemare, dans une note adressée au général Trochu, en même temps que son rapport, parlait d'un officier coupable sur lequel il faisait retomber toute la faute. Son rapport, inséré au *Journal officiel*, était d'ailleurs plein d'inexactitudes absolues. Mais enfin, nous sommes en droit de savoir le vrai. M. de Bellemare, qui semblait accuser un de ses inférieurs en 1870, paraît accuser son général en chef en 1871. Où est la vérité stricte que réclame l'histoire ? N'oublions pas, dans tous les cas, que M. de Bellemare fut, avec le général Pellé, le seul des généraux qui refusa de signer la capitulation honteuse de Sedan, et que Delescluze ayant, à propos du Bourget, violemment attaqué dans le *Réveil* M. de Bellemare, celui-ci se rendit auprès du journaliste et là, lui exposant, dit-on, sa conduite, lui donnant la raison de ses actes, en obtint une note de Delescluze lui-même, qui le dégageait de toute responsabilité.

Le procès de cette navrante affaire du Bourget en est là.

Mais si l'histoire ne peut encore, sur ce point, prononcer en dernier ressort, elle doit s'indigner devant cette assertion du général Trochu infligeant un blâme immérité à des troupes qui, le 30 octobre, avaient su combattre et mourir. Oui, elle se sent prise d'indignation en rencontrant toujours, comme une ironie, plus de vérité, plus de justice envers nos soldats chez l'ennemi que chez nos généraux. Quelle antithèse accablante pour le gouverneur de Paris que les quelques lignes de M. Trochu relatives au Bourget, mises en regard de la proclamation du prince de Wurtemberg ! Et quel plus bel éloge des pauvres et courageux soldats et des vaillants enfants de Paris que l'aveu de leur résistance, le salut à leur opiniâtreté superbe rencontré sous la plume d'un prince ennemi !

Le Bourget, c'est la plaie saignante, la blessure profonde, la faute capitale du siége de Paris. Cette inutile boucherie, cet oubli complet de toute prudence, cet échec exaspéra la population parisienne comme l'échec de Châtillon l'avait un moment désespérée. Elle savait que nous avions été battus au Bourget faute d'artillerie, et elle avait vu, le dimanche 30 octobre, les canons destinés au Bourget monter lentement la rue Lafayette, à trois heures de l'après-midi, quand depuis trois heures il n'était plus à nous; et il était parsemé de cadavres français et couvert de morts prussiens, ce Bourget que nous avions gardé trois jours !

Le dimanche soir, lorsque la nouvelle de la prise du Bourget se répandit, des groupes mécontents, irrités, pleins de fureur, se formaient sur les boulevards. On parlait haut, on vociférait, on accusait, on maudissait les chefs. Jamais Paris ne fut plus profondément exalté et, cette fois, plus justement. Par une fatalité singulière, ce même dimanche, le bruit se répandit que Metz, Metz l'invincible, Metz où commandait celui qu'on appelait *notre glorieux Bazaine*, Metz venait de capituler. Mais la nouvelle n'était pas connue de tous, et Paris s'endormit en n'ayant qu'une colère au cœur et qu'un nom sur les lèvres : le Bourget. Le lendemain, 31 octobre, il allait avoir deux noms à maudire.

Quelques jours avant la prise et la reprise du Bourget, le 27 octobre, un fait singulier avait ému la population de Paris. M. Félix Pyat avait imprimé en tête de son journal, *le Combat*, les lignes que voici :

LE PLAN BAZAINE.

Fait vrai, sûr et certain, que le gouvernement de la défense nationale retient par devers lui comme un secret d'État, et que nous dénonçons à l'indignation de la France comme une haute trahison.

Le maréchal Bazaine a envoyé un colonel au camp du roi de Prusse pour traiter de la reddition de Metz et de la paix, au nom de Sa Majesté l'empereur Napoléon III.

LE COMBAT.

La lecture de ces simples lignes, tombant brusquement comme un coup de tonnerre sur Paris, produisit aussitôt, chez certains, une exaspération violente. On ne pouvait croire à une aussi épouvantable nouvelle. Comme elle était imprévue, on la déclarait controuvée. Le maréchal Bazaine, auquel la France avait confié sa destinée, et qui commandait en ce moment la seule armée aguerrie qui restât à la patrie, ce Bazaine, que les rares extraits des journaux étrangers parvenant aux assiégés à travers les lignes prussiennes représentaient comme livrant sous Metz de gigantesques combats, était-il donc tombé si bas qu'il complotât avec l'ennemi, devenu quelque chose comme son allié, la perte même de la nation et de son honneur ? Il y eut dans Paris comme une explosion de sentiment de justice révolté, outragé. On cria à la calomnie, et, d'un mouvement spontané, quelques-uns allèrent jusqu'à s'en prendre au journal du *calomniateur*. On brûla publiquement sur le boulevard les numéros du *Combat*, et une note du *Journal officiel* dénonça le lendemain, maladroitement, Félix Pyat comme une sorte d'agent de l'étranger. La vérité est qu'après avoir débuté par apporter à la défense nationale l'appui de son talent heurté, bizarre, mais vigoureux, Félix Pyat tombait dans des exagérations dangereuses. Sa souscription pour un fusil d'honneur offert à celui qui tuerait le roi de Prusse rappelait d'un peu trop près son toast fameux à une balle. Ce sont là de ces choses qu'on fait le fusil à la main, dans la loyale mêlée, mais qu'on ne dit pas. Le gouvernement n'en était pas moins essentiellement maladroit en écrivant la note où Bazaine était appelé le glorieux et où, en parlant du journal de M. Félix Pyat, M. Jules Favre disait : qu'il était « le *Combat* des Prussiens contre la France. » C'était donner beau jeu à Félix Pyat, le jour où Paris apprendrait que la nouvelle donnée par lui était vraie.

M. Félix Pyat répliqua en publiant, en tête de son numéro du lendemain, 29 octobre (daté du 30), les lignes suivantes :

« C'est le citoyen Flourens qui m'a dénoncé, pour le salut du peuple (*salus populi*, selon sa propre expression), le plan Bazaine, et qui m'a dit le tenir directement du citoyen Rochefort, membre du gouvernement provisoire de la défense nationale.

« FÉLIX PYAT. »

Et Gustave Flourens apportait bientôt, à son tour, son témoignage :

29 octobre 1870.

« Mon cher Pyat,

« Le salut du peuple exige, en effet, qu'une pareille nouvelle soit immédiatement connue de tous, et ce serait honte et trahison que de la cacher un moment.

« C'est au gouvernement de la défense nationale à établir que cette déplorable nouvelle est inexacte.

« Quant à moi, je n'ai à prouver ni qu'elle est fausse, ni qu'elle est vraie.

« Je maintiens seulement la tenir d'un citoyen attaché au gouvernement de la défense nationale, et j'affirme que ce citoyen n'est pas le citoyen Henri Rochefort, que je n'ai pas vu depuis plusieurs jours.

« Votre

« GUSTAVE FLOURENS. »

« Je remercie, ajoutait au bas de cette lettre Félix Pyat, je remercie le citoyen Flourens d'avoir confirmé, autant qu'il a pu, ma déclaration. »

Flourens, deux jours après, en plein Hôtel de ville, devait déclarer au contraire que c'était bien Rochefort qui avait parlé!

Cette polémique n'eut d'autre effet que d'alarmer la population, déjà remplie de malaise par suite du rationnement des denrées, des privations, de l'ennui, de cet état psychologique, pour parler comme les Germains, qu'engendre le siége, et de la rendre plus soupçonneuse, plus irritable, plus défiante. Certes, les esprits étaient bien préparés pour un mouvement, et ils arrivaient à cette période particulière d'excitation fébrile que donnent l'inaction, la souffrance, l'attente, toutes ces angoisses qu'on pourrait appeler des maladies obsidionales. Les clubs étaient bouillants, certains journaux répétaient à l'envi que les hésitations du gouvernement, ses lenteurs, son manque d'audace révolutionnaire perdaient la France. Les ardeurs juvéniles comprimées, les vieilles haines aigries, les ambitions inassouvies, les patriotiques espoirs fustigés, la colère contre l'étranger, la rancune des partisans contre les gouvernants modérés, tout à la fois se réunissait pour former, à un moment donné, une légion révoltée et menaçante. D'autant plus que cette légion, encore éparse, avait un drapeau et un mot de ralliement, mot de ralliement mal défini, comme la plupart des mots pour lesquels on combat, mais d'autant plus puissant et plus retentissant qu'il comportait plus d'espérances latentes, de désirs, de rêves. Réalisation des appétits les plus bas chez les uns, des rêves les plus généreux chez les autres, et, sans aller plus loin, réalisation de ce rêve : la défaite de l'étranger; voilà ce que contenait ce mot mal compris, exploité par les plus habiles, adopté par les plus crédules, redouté par les plus timides, ce mot de *Commune*, qui allait plus tard se dresser, menaçant, devant cet autre mot superbe : *République*.

« *Il ne sortira pas un Prussien de France sain et sauf,* écrivait le *Combat, si le gouvernement sort de l'Hôtel de ville et fait place à la Commune.* » Le peuple lisait et croyait. Et comment voulez-vous qu'il ne s'enflammât point à ces promesses, qu'il ne se donnât point, corps et âme, à ceux qui affirmaient si radicalement ces choses, et qu'il ne se sentît pas, brusquement, plein de courroux à la nouvelle du moindre échec? Cet échec, d'ailleurs, devait être double et cruel. Nous avons dit quelle colère s'empara de la population lorsqu'elle apprit la défaite et l'écrasement des mobiles de Batignolles et de Montrouge au Bourget. Qu'on juge de sa stupéfaction, lorsque le lendemain elle lut sur ses murs les deux affiches qui suivent, apposées l'une au-dessous de l'autre :

Paris, le 30 octobre 1870.

M. Thiers est arrivé aujourd'hui à Paris; il s'est transporté sur-le-champ au ministère des affaires étrangères.

Il a rendu compte au gouvernement de sa mission. Grâce à la forte impression produite en Europe par la résistance de Paris, quatre grandes puissances neutres, l'Angleterre, la Russie, l'Autriche et l'Italie, se sont ralliées à une idée commune.

Elles proposent aux belligérants un armistice, qui aurait pour objet la convocation d'une Assemblée nationale. Il est bien entendu qu'un tel armistice devrait avoir pour conditions le ravitaillement, proportionné à sa durée, et l'élection de l'Assemblée par le pays tout entier.

Paris, le 30 octobre 1870.

Le gouvernement vient d'apprendre la douloureuse nouvelle de la reddition de Metz. Le maréchal Bazaine et son armée ont dû se rendre après d'héroïques efforts, que le manque de vivres et de munitions ne leur permettait plus de continuer. Ils sont prisonniers de guerre.

Cette cruelle issue d'une lutte de près de trois mois causera dans toute la France une profonde et pénible émotion. Mais elle n'abattra pas notre courage. Pleine de reconnaissance pour les braves soldats, pour la généreuse population qui ont combattu pied à pied pour la patrie, la ville de Paris voudra être digne d'eux. Elle sera soutenue par leur exemple et par l'espoir de les venger.

Le ministre des affaires étrangères, chargé par intérim du ministère de l'intérieur,

JULES FAVRE (1).

(1) Pour donner une idée de l'état d'exaspération de Paris, voilà l'affiche que deux hommes, d'un républicanisme *modéré* en somme, faisaient afficher dans le sixième arrondissement:

Peuple français!

Pendant que Châteaudun se fait écraser, Bazaine capitule! Cette dernière honte doit ouvrir nos yeux.

Nous sommons le gouvernement de la défense nationale :

1° De déclarer hors la loi Bonaparte, les hommes qui soutiennent son système, et les agents des prétentions dynastiques de toute sorte.

2° De destituer et d'emprisonner les généraux qui, par incapacité ou trahison, ont causé nos derniers désastres, et de prendre les mêmes mesures dans toutes les administrations;

3° De repousser absolument toute proposition d'armistice et de lever en deux bans toute la population mâle de Paris.

Que, si le gouvernement refuse de prendre les mesures révolutionnaires que réclame la situation, il donne en masse sa démission pour jeudi 3 novembre prochain.

Dans cet intervalle, le peuple de Paris avisera à le remplacer.

La victoire ou la mort! Vive la République!

Le comité révolutionnaire du 6e arrondissement.

Approuvé :

ROBINET, maire du 6e arrondissement.

ANDRÉ ROUSSELLE, adjoint.

La guerre en province. — Un défilé dans les Vosges.

Depuis plusieurs jours, je le répète, la population avait passé par des alternatives singulières de colère, d'espoir et de désespoir qui ne s'expliquent que trop. Depuis quelque temps aussi, une irritation sourde se manifestait dans les rangs de la garde nationale, jusqu'alors animée du meilleur esprit. Sa confiance en Trochu était ébranlée ; les gardes nationaux se plaignaient avec raison, mais sans qu'il fût possible de leur donner satisfaction sur ce point, d'être mal armés. Ses chefs supérieurs n'inspiraient qu'une confiance limitée ; les travaux d'installation d'artillerie et de baraquement aux remparts étaient conduits avec une extrême lenteur ; enfin, il était apparent pour tous que le gouvernement se préoccupait plus de cet armistice, dont la nouvelle frappait Paris tout à coup, que des travaux de défense.

Lorsque les affiches que nous venons de citer, furent apposées, des groupes se formèrent dans tous les quartiers, les commentaires les plus violents étaient échangés, et tout faisait prévoir que la journée ne se passerait pas sans une manifestation hostile au gouvernement. Le temps était sombre, pluvieux, spongieux. Pétion eût dit volontiers : « Il pleuvra aujourd'hui, les Parisiens resteront chez eux. » Cette fois il se fût trompé. Les maires de Paris informés, chacun dans sa mairie, de ce qui se passait dans leurs arrondissements, et tous, animés de la même crainte, se rendirent, sans concert préalable et sans convocation, auprès du maire de Paris, pour rendre compte des mouvements d'opinion, recevoir des ordres et se concerter sur les mesures à prendre pour calmer l'irritation de la foule.

A dix heures, le cabinet d'Étienne Arago renfermait des représentants de toutes les municipalités. Plusieurs membres proposèrent de se réunir de suite dans la salle du conseil municipal. Malheureusement, cette proposition ne fut pas adoptée, et la réunion fut ajournée à une heure de l'après-midi. Il fut décidé, en outre, pour éviter la confusion qui résulte naturellement d'une assemblée nombreuse, que les maires seuls, sans les adjoints, assisteraient à cette réunion. A une heure, chacun était exact. Le maire de Paris donna un exposé général de la situation, et chacun des maires fit connaître l'état des esprits dans son arrondissement. Il fut unanimement reconnu que les municipalités avaient besoin, en prévision des difficultés que la prolongation du siège allait faire naître, d'être investies d'une force morale que les élections pourraient seules leur conférer. Jusqu'à présent, cette question de l'élection des municipalités avait été écartée à cause de l'importance que donnerait aux nouveaux élus l'investiture du suffrage universel, si bien que le gouvernement, reconnu en ce moment par la France, mais n'ayant pas été élu, serait vis-à-vis des municipalités sur un pied d'infériorité. Beaucoup de maires provisoires, même parmi les plus avancés, s'étaient, M. Ranc entre autres, prononcés contre l'élection. Il fut reconnu, en outre, qu'il était indispensable de calmer l'irritation de la population au sujet de l'affaire du Bourget, en lui annonçant qu'il allait être procédé à une enquête sur les causes de ce désastre, et que les coupables seraient livrés à la justice. Enfin, il fut décidé que l'on inviterait le gouvernement à procéder à la formation de bataillons de garde nationale destinés à faire corps avec la troupe de ligne, et non pas composés seulement de volontaires, comme il en était question, mais de tous les hommes valides de vingt à trente-cinq ans.

Ces diverses propositions, formulées par le maire du deuxième arrondissement, M. Tirard, furent adoptées à l'unanimité et presque sans débat. Le bureau, composé du maire de Paris et de ses adjoints, fut chargé de porter les vœux de la réunion au gouvernement qui était en permanence dans une salle voisine, et d'insister auprès de lui pour qu'il les adoptât.

Ce fut pendant cette conférence entre le maire de Paris accompagné de ses adjoints et le gouvernement, que, malgré les efforts de quelques citoyens dévoués, les grilles de l'Hôtel de ville furent forcées et que la foule immense qui stationnait sur la place depuis plusieurs heures, envahit les cours, les escaliers et les diverses salles de l'édifice.

Les maires s'étaient dispersés en attendant le résultat de la conférence. Quatre d'entre eux, Henri Martin, Tirard, Carnot et Chaudey se trouvaient seuls dans la salle du conseil municipal au moment où elle fut envahie. Ils opposèrent une vive résistance à cet envahissement. Tirard, ceint de son écharpe, monte sur son banc et, à plusieurs reprises, harangue la foule avec une grande véhémence. Menacé un instant par quelques forcenés, ses collègues l'entourent et plusieurs citoyens attirés plus par la curiosité que par un sentiment de désordre, se joignent à eux pour faire évacuer la salle. Déjà les plus intrépides lâchent pied et, avec cette mobilité particulière aux manifestations populaires, un décisif mouvement de recul ne tarde pas à se produire.

Malheureusement une nouvelle bande d'envahisseurs à la tête de laquelle se trouvent Flourens, Félix Pyat, Delescluze et Blanqui, pénètre par les portes vitrées auxquelles donnent accès les deux rampes de l'escalier en fer à cheval de la cour d'honneur. Un tumulte indescriptible règne dans la salle. Les banquettes sont escaladées, les pupitres brisés, les fenêtres volent en éclats, et c'est en vain que Flourens et ses amis réclament le silence pour lire les noms des membres d'un nouveau gouvernement.

Toujours à leur place, faisant tête à l'orage, Chaudey, Henri Martin, Tirard et Carnot, entourés de quelques citoyens dévoués, parmi lesquels se trouve Cernuschi, protestent avec énergie contre ces nouvelles violences, mais leurs voix se perdent dans le tumulte et ils sont obligés d'abandonner une lutte désormais inutile.

Pendant ce temps, dans les salles où se tenaient habituellement les membres de la défense, d'autres scènes aussi tumultueuses avaient lieu et déjà le gouvernement se trouvait débordé et annihilé. Dès le matin de ce jour humide et triste du 31 octobre, la grande place de l'Hôtel de ville, cette vieille place de Grève qui a vu passer tant de révolutions et entendu tant de clameurs, était remplie de groupes bruyants qui, malgré la pluie, devenaient de minute en minute plus nombreux. Des bataillons arrivaient, la crosse en l'air, voulant plutôt protester contre les bruits d'armistice que combattre le gouvernement. D'autres, sur des drapeaux avaient écrit leur programme : *Pas d'armistice! la Commune! la levée en masse!*

Rue de Rivoli la foule criait sous les fenêtres du gouverneur de Paris : *A bas Trochu! Vive la Commune! Des armes!* Vers onze heures les gardes nationaux, sans armes, entourent l'Hôtel de ville. M. Étienne Arago essaie de leur parler, ils n'écoutent point. M. Floquet lui succède, dit quelques mots, dans ce tumulte, et disparait à son tour. Enfin le général Trochu paraît. Il fait un geste. Le prestige de l'uniforme est encore tel en France qu'on se tait aussitôt. Cette foule sent d'ailleurs qu'en dépit de tout, cet homme tient le sort de la ville assiégée.

« Citoyens, dit-il, voulez-vous entendre un homme qui a voué sa vie à la défense de la patrie?

« Que demandez-vous?

« Nous croyons avoir fait le possible et réparé en grande partie les fautes impardonnables du gouvernement déchu.

« Quand nous sommes arrivés au gouvernement l'état de Paris était tel que l'ennemi eût pu s'en rendre maître en quarante-huit heures.

« A l'heure qu'il est, nous pouvons le dire avec certitude, la ville de Paris est imprenable.

« Mais il ne suffit pas que l'ennemi n'entre pas, il faut le chasser, le battre. Pour cela nous avons besoin non-seulement de toutes vos forces et de votre patriotisme réunis, il faut encore l'union de tous.... »

A ce moment les cris de : *A bas Trochu!* interrompent l'orateur qui parvient cependant à reprendre la parole :

« Nous faisons, sachez-le bien, continue-t-il, les plus grands efforts, les plus énergiques efforts. Nous transformons sans relâche les vieilles armes à tir rapide.

« J'y passe ma vie!

« Si nos armées ont été vaincues, c'est qu'elles n'avaient pas ce qu'il faut pour vaincre ; elles manquaient d'artillerie.

« Nous faisons tous les plus grands efforts pour triompher.

« Nous avons réuni des forces capables de lutter avec l'ennemi. (Interruption.)

« Nul plus que moi n'est dévoué au salut commun et nul ne veut davantage une guerre sans merci, une guerre à outrance. »

M. Jules Simon à son tour affirme la volonté du gouvernement de continuer la guerre et de résister jusqu'au bout, mais c'est vainement qu'il essaie de se faire entendre. Il remonte dans la salle du Trône. La foule se précipite sous le portique que surmonte la statue d'Henri IV, et l'Hôtel de ville est envahi.

C'est d'abord une sorte d'angle humain qui fait coin dans la porte, puis c'est un flot, et c'est une mer humaine.

C'est à ce moment que, les maires délibérant comme nous l'avons rapporté, dans la salle du conseil municipal, M. Jules Mahias, secrétaire général de la mairie de Paris, leur dit brusquement, en apercevant la foule dans la cour : « Tout est inutile. Nous sommes envahis ! »

En effet, l'Hôtel de ville appartient à la foule qui s'y rue dans un tumulte indescriptible. Un coup de feu avait été tiré au moment où le général Trochu remontait dans la salle du Trône. Fort heureusement la lutte ne s'engagea point. Elle eût été un carnage.

Rochefort se montre à la foule, pour essayer de l'arrêter, il est accueilli par les cris : « A bas Rochefort ! Il est du gouvernement ! Pas de Rochefort! »

La salle où siége le gouvernement est envahie, occupée par la foule. Assis autour de la table, les membres du gouvernement gardent une digne attitude. M. Jules Favre est amer, sarcastique, le général Trochu, de temps à autre, la tête dans ses mains, laissait échapper cette phrase : « Et dire que je n'avais besoin que de quinze jours pour tout sauver ! » On le vit aussi arracher la décoration qu'il portait sur sa poitrine. M. Dorian, le seul homme accepté par la foule, était entouré, pressé d'accepter de faire partie d'un gouvernement nouveau. Il refusait, froidement, nettement.

Il était deux heures. M. Ch. Ferry, frère du membre du gouvernement était déjà sorti de l'Hôtel de ville pour appeler des bataillons au secours des gouvernants. M. Étienne Arago avait apporté à M. Jules Favre le résultat de la délibération des maires ; et M. Favre, avec tout le gouvernement, avait accepté les élections. Ainsi, la nomination des magistrats municipaux était une chose convenue, acceptée, acquise, et M. Rochefort fut prié par ses collègues d'en donner la nouvelle à la foule.

Rochefort, le *populaire*, comme l'appelle Flourens, debout sur la table, essaie vainement de calmer l'effervescence de ce flot humain.

Il annonce que les élections municipales auront lieu le lendemain.

— Non! non! lui répondit-on aussitôt. Pas d'élections municipales! La Commune!

— Mais, citoyens, répond Rochefort avec un geste fait de haussement d'épaules, c'est la même chose!

Il comprend que ce serait en vain qu'il essaierait d'insister; que la foule est irritée, furieuse et sourde. Il cherche à descendre de la table, lorsque tout à coup une sorte de houle le repousse brusquement. C'est M. Lefrançais qui aide à tirer par les jambes Rochefort. Rochefort est forcé de descendre à terre, et Lefrançais alors, prenant sur la table la place du membre du gouvernement, déclare que le gouvernement de la défense nationale est déchu de ses fonctions. La foule crie bravo. Elle applaudit à la déchéance, lorsque, sur la table, apparaît, à son tour, Gustave Flourens, botté, en costume de major, pâle, son long visage égaré et rayonnant. Il annonce qu'il va lire les noms du nouveau gouvernement, dit Comité de salut public, et chargé de faire les élections de la Commune

En tête de la liste, Gustave Flourens a placé naïvement son nom, et ce nom, arrivant le premier sur ses lèvres, produit un singulier effet dans la foule. Les noms qu'il jette sont tour à tour acclamés ou contestés, Blanqui, Dorian, Félix Pyat, Louis Blanc, Victor Hugo, Mottu, Schœlcher, Ranvier, Martin Bernard, Malon, etc. Beaucoup réclamaient le fier Barbès, ignorant qu'il était mort. Le nom de Rochefort ne fut pas accepté.

Ce ne fut qu'à la troisième sommation de la foule que Flourens consentit à prononcer le nom de Dorian, puis il demanda que les membres du gouvernement donnassent leur démission par écrit. Cette exigence fut vivement applaudie et appuyée par la majorité de l'assistance.

Alors fut débattue la question de savoir si le gouvernement devait être retenu prisonnier. Ceux qui paraissaient être les chefs du mouvement dirent que les membres du gouvernement devaient être gardés à vue comme otages.

Vers sept heures, un grand mouvement se produisit dans la salle voisine, et bientôt parurent des gardes nationaux réclamant la délivrance du gouvernement. C'était le 106ᵉ bataillon (commandant Ibos) qui accourait. Le général Trochu fut enlevé par eux, malgré la résistance des envahisseurs. On lui ôta son képi de général, le remplaçant par un képi de garde national, et il gagna, escorté par ses officiers d'état-major, son hôtel, où il demeura un peu trop calme, donnant, affirme-t-on, deux heures à son dîner. M. Ferry et M. Emmanuel Arago avaient pu le suivre. Le flot se referma devant M. Jules Favre, M. Garnier-Pagès et M. Jules Simon, qui regagnèrent leur place. Ils avaient autour d'eux M. Magnin, le général Tamisier et le colonel Montagut, de l'état-major de la garde nationale. Le général Le Flô, apprenant que ses amis étaient retenus prisonniers, au moment où il gagnait la porte de l'Hôtel de ville, revint sur ses pas, et comme une sentinelle lui barrait le chemin en lui disant :

— On ne passe pas, citoyen.

— Je suis le ministre de la guerre, répondit le vieux général : mes collègues sont détenus, je rejoins mes collègues.

Et il alla prendre sa place parmi le gouvernement prisonnier.

« Pendant ce temps, raconte M. Jules Favre, le nouveau gouvernement paraissait s'organiser, non sans discussions violentes, dont le bruit parvenait jusqu'à moi, bien qu'il siégeât dans une salle voisine. J'étais resté dans celle de nos délibérations ordinaires, entièrement pleine de gardes nationaux armés ou non armés, qui discutaient avec passion, écoutant et réfutaient les orateurs qui se succédaient sur la table.

« Voulant rester étranger à tout ce qui se passait et respirer un peu, je me plaçai dans un angle de croisée, où je fus entouré d'un cercle de vingt tirailleurs de Belleville, leur capitaine en tête, ayant reçu l'ordre d'empêcher tout mouvement des prisonniers, et de leur tirer dessus si la salle était envahie pour les délivrer.

« Vers neuf ou dix heures, M. Millière vint à moi, me proposant de donner ma démission, me promettant qu'à cette condition, la liberté me serait rendue.

« — Vous pourrez même, ajouta-t-il, conserver votre portefeuille jusqu'à ce que le nouveau gouvernement ait été ratifié par le vote populaire qui aura lieu après-demain.

« En s'adressant à moi, M. Millière s'exprima avec une parfaite convenance, ce qui me permit de lui répondre sur le même ton que j'étais son captif, qu'il pouvait disposer de moi à son gré, mais que je ne pouvais ni l'entendre, ni lui donner une réponse quelconque sur son insistance.

« Je revins donc à mon embrasure de croisée que je ne quittai plus pendant le reste de la nuit.

« A différentes reprises, des alertes ayant été données du dehors, une vive agitation se manifesta dans la salle. Les tirailleurs qui nous gardaient relevèrent et apprêtèrent leurs armes, mais sans nous coucher en joue. A la dernière scène, provoquée par l'arrivée de nos libérateurs, ce mouvement fut plus général, mais aussi plus désordonné. La plupart des orateurs invitaient à la médiation et à la prudence ; ils rappelaient combien il serait criminel d'engager la guerre civile en face de l'ennemi. J'ai entendu M. Flourens s'écrier plusieurs fois : « Nous sommes cernés ! Nous ne sommes pas les plus forts... Nous ne devons pas nous faire tuer ni tuer nos concitoyens. » Lorsque les gardes nationaux qui nous délivraient firent irruption dans la salle, les tirailleurs de Flourens apprêtèrent leurs armes, mais sans intention de s'en servir. »

Il faut demander à tous les témoins de ce drame des dépositions sincères. Dans le numéro du *Réveil* qui suivit cette tumultueuse journée, Delescluze raconta lui-même le rôle qu'il avait pris dans l'événement :

« A trois heures, dit-il (il se trompe, l'Hôtel de ville fut envahi plus tôt) les portes de l'Hôtel de ville s'ouvrirent devant les flots croissants du peuple. Les salons, les galeries et les escaliers se trouvèrent bientôt envahis.

« La réunion qui s'improvisa dans la salle des Tableaux voulait la démission du gouvernement provisoire et son remplacement. Divers noms étaient prononcés. Les citoyens F. Pyat et Ch. Delescluze prirent successivement la parole pour faire connaître que la nomination d'un gouvernement par acclamation n'était pas régulière, et qu'en ce qui les concernait, ils n'accepteraient pas une semblable

LE SIÈGE DE PARIS. — *Journée du 31 octobre.* — Envahissement de la salle du Conseil par les partisans de la Commune.

investiture ; que les élections étant indiquées pour le lendemain et le citoyen Dorian se trouvant chargé de la présidence avec le citoyen Schœlcher comme assesseur, on pouvait sans danger attendre le résultat de la volonté des électeurs.

« Ces raisons semblaient avoir réuni l'assentiment général et tout semblait terminé à la satisfaction commune. Il paraît qu'à ce moment l'arrivée de nouveaux bataillons détermina une nouvelle invasion de l'Hôtel de ville, que des listes furent mises en circulation et furent plus ou moins acclamées dans les salles où elles purent parvenir.

« C'était rentrer abusivement, croyons-nous, dans le système fatal auquel nous avons dû la dictature de septembre, et sans doute aucun, beaucoup de ceux dont les noms se trouvent dans ces listes auraient refusé d'y figurer pour le motif qui vient d'être dit. Si le suffrage universel peut se porter où il veut, s'il peut, comme il lui plaît, réunir des nuances et des noms plus ou moins disparates, enfin si son expression doit être acceptée avec respect quand elle est libre et sincère, le même privilége ne saurait être accordé à un groupe quelconque, dans quelques circonstances que ce soit, surtout quand il s'agit de remédier à un provisoire qui porte cette tache originelle.

« Aussi, le soir, quand nous reparûmes à l'Hôtel de ville avec les citoyens Ledru-Rollin et F. Pyat, n'avions-nous d'autre intention que de nous mettre à la disposition du citoyen Dorian, que nous regardions comme investi définitivement du titre de chef de l'intérim. Grande fut notre surprise d'apprendre que notre nom figurait sur une liste arrêtée pendant notre absence.

« La discussion s'étant engagée sur ce qu'il y avait à faire, sans entrer dans les détails, nous nous bornerons à dire que la réunion adopta sur notre proposition la motion suivante :

Paris, le 31 octobre 1870.

« Les citoyens soussignés désignés dans les réunions de l'Hôtel de ville pour présider aux élections de la Commune de Paris et pourvoir aux nécessités du présent ;

« Sur la déclaration faite par le citoyen Dorian que les formalités préliminaires de l'élection de la Commune étaient accomplies déjà, qu'elle aurait lieu demain mardi sous sa présidence et celle du citoyen Schœlcher, et que le jour suivant il serait également procédé à l'élection du gouvernement provisoire ;

« Dans l'intérêt de la patrie en danger, et en vue d'éviter un conflit qui pourrait ensanglanter le baptême de la nouvelle République ;

« Déclarent que, réserve faite des droits du peuple, ils attendent le résultat des élections qui doivent avoir lieu demain.

« Les citoyens Millière, Flourens et Blanqui adhérèrent à cette rédaction qui fut communiquée au citoyen Dorian, et qui fut ensuite portée aux membres du gouvernement qui étaient retenus à l'Hôtel de ville, puis à M. J. Ferry qui se trouvait au dehors. Il fut même assuré par le citoyen Dorian qu'il s'engageait à ce que les incidents de la journée n'ouvrissent la porte ni aux récriminations, ni aux représailles, ni aux recherches de quelque nature qu'elles pussent être ; mais ceci est un détail ; passons.

« Là s'est borné le rôle de celui qui écrit ces lignes, là se borne sa responsabilité, et celle-là il l'accepte tout entière. »

Ainsi, dans cette page que nous avons tenu à citer tout entière, le vieux Delescluze s'élevait lui-même contre les violences du 31 octobre et contre les exaltés qui avaient fait d'une manifestation un coup de force, d'un mouvement légitime au début, une émeute au dénoûment. Que voulait Paris, le matin du 31 octobre ? Protester contre la direction militaire qui laissait reprendre le Bourget, protester contre la nouvelle de l'armistice. Pas autre chose. La sanction de cette protestation, c'était l'élection des municipalités, réclamées par les maires, accordées par le gouvernement. Mais lorsque les tirailleurs de Flourens et les partisans de Blanqui vinrent substituer ce que Delescluze appelle leur *dictature* aux conventions des maires, ils compromirent à jamais une journée dont le souvenir ne restera que comme celui d'une échauffourée tumultueuse et qui eût pu devenir sanglante.

En effet, vers le soir, le désordre fut grand dans cet Hôtel de ville livré à la foule, aux Italiens de Tibaldi, à des enfants traînant des fusils. Les traces des dégâts furent longtemps visibles dans ce palais municipal maintenant incendié. Spectacle attristant, les personnalités honorées du parti républicain étaient insultées par des anonymes et des inconnus. Étienne Arago arrachait son écharpe qu'on voulait lui enlever. Il entendait une voix ricanante qui lui disait, à l'oreille, parmi les clameurs de la foule : « Eh bien ! *c'est le châtiment du 4 septembre !* » Ledru-Rollin, qu'on était allé chercher, n'éprouva, dès l'arrivée, d'autre sentiment que l'envie de retirer son nom de l'échauffourée. Il vit, dans une salle, Blanqui, écrivant, signant des ordres, *paperassant* (le mot est de lui), et sentit la journée perdue pour tout progrès. M. Dorian, refusant de suivre le mouvement, était prisonnier, gardé à vue dans le cabinet du maire, avec Étienne Arago. Les bataillons de Millière emplissaient les cours, comptant sur l'arrivée de renforts prochains. Dans chaque salle, une sorte de gouvernement fonctionnait, tandis que le bruit se répand dans Paris qu'un comité de salut public a été proclamé.

On s'arrache les journaux, on les lit sous la pluie, l'agitation est très-grande sur toute la ligne des boulevards. Une réunion des officiers de la garde nationale est annoncée pour le soir même à huit heures, dans la salle de la Bourse.

M. Picard, mis en état d'arrestation comme ses collègues, était parvenu cependant à s'échapper le premier et à gagner le ministère des finances. Son premier soin fut de donner ordre qu'on battît la générale. Le colonel Munster, de l'état-major de la garde nationale, s'était immédiatement mis à la disposition du ministre des finances. Le général Schmitz, de son côté, s'était empressé de mettre quelques bataillons de la mobile à la disposition du seul membre du gouvernement en ce moment en liberté.

A sept heures, douze tambours, battant la générale et suivis d'un piquet de gardes nationaux en armes, parcouraient les boulevards. Dans les autres quartiers de Paris, elle était battue également. Les mobiles campaient sur la place de l'Opéra. Les bataillons de la garde nationale, au fur et à mesure de leur arrivée, se rangeaient en bataille sur la place Vendôme. Le 6° et le 171° campaient dans la cour vitrée du ministère des finances.

Le 106° bataillon, nous l'avons vu, était parvenu à délivrer deux des membres du gouvernement, le général Trochu et M. Jules Ferry. M. Picard, prévenu de cette nouvelle, est invité à se rendre à l'hôtel du gouverneur de Paris pour prendre part aux délibérations du gouvernement. Avant de quitter le ministère, M. Picard, du haut d'un escalier de la cour vitrée, adresse une courte allocution aux gardes nationaux. « Messieurs, leur dit-il, l'Hôtel de ville a été envahi, et pour faciliter nos délibérations, les envahisseurs n'ont rien trouvé de mieux que de monter sur la table autour de laquelle le gouvernement a été réuni. Un gouvernement nouveau s'est installé à notre place. Je ne sais comment il sera accepté par vous, mais j'ai pensé que mon devoir m'appelait ici où se trouve placé notre patrimoine commun pour le défendre. J'y suis donc venu. »

Pendant toute la soirée, des députations se rendent chez le gouverneur de Paris. La foule qui stationne devant l'hôtel acclame le président de la défense nationale. Le général se montre sur le perron et adresse quelques paroles aux membres des diverses députations. Dans la salle de la Bourse, les officiers proposent de nommer le commandant Rochebrune général de la garde nationale. Il décline cet honneur. « C'est à la Commune, dit-il, à nommer le général de la garde nationale. Nommons d'abord la Commune. — La Commune est nommée, s'écrie un interrupteur. » Mouvement dans l'assemblée. Des cris répondent : « Elle s'est nommée elle-même ! Nous n'en voulons pas ! (1) »

Et la générale est battue, tandis qu'on discute ainsi et qu'à l'Hôtel de ville les nouveaux et éphémères gouvernants vont et viennent, donnent des ordres et demandent à Flourens pourquoi les membres du gouvernement de la défense nationale ne sont point déjà à Mazas.

Flourens s'en excusa, le lendemain, dans une lettre publique, avec une étonnante candeur :

« Je ne pouvais détacher 200 de mes hommes il n'en avait, dit-il, que 500) pour conduire à Mazas l'ex-gouvernement. Ce faible détachement n'aurait pas suffi, et avec les 300, je n'aurais pu occuper l'Hôtel de ville. Le mieux était donc, tout en délibérant, de garder à vue mes prisonniers. »

Millière, Blanqui, Ranvier et Mottu expédiaient cependant des ordres aux maires et des convocations urgentes à tous les chefs de bataillons « *vraiment démocrates* (l'expression est de Flourens); et Delescluze était allé trouver Dorian pour l'engager à venir siéger parmi le Comité de salut public, lorsqu'on apporte tout à coup à Flourens cette nouvelle : par le souterrain qui fait communiquer l'Hôtel de ville avec la caserne Lobau, viennent de pénétrer deux bataillons de mobiles bretons. Une collision entre eux et les tirailleurs, qui occupent les portes de l'Hôtel de ville et viennent d'être ainsi tournés, grâce au souterrain, est imminente.

« Je consulte, écrit Flourens, je consulte Blanqui, Ranvier, Millière, sur le projet d'une convention entre nous et Dorian. Puisque Dorian a été acclamé par le peuple, nous pouvons traiter avec lui ; puisque, d'autre part, avec 500 tirailleurs nous ne pouvons tenir contre deux bataillons de mobiles, entrés dans l'Hôtel de ville par le souterrain, contre tous ceux qui passeront par la même voie, contre ceux qui nous assiégent à l'extérieur, il est inutile de nous faire tuer, cela serait même funeste au succès de notre cause, en amenant de nouvelles journées de juin dont profiterait de suite la réaction.

« D'ailleurs, il n'y a qu'un paquet de six cartouches dans les cartouchières de mes tirailleurs.

« Nous allons trouver Dorian, et nous convenons avec lui, librement, de l'accord suivant : « Les « élections pour la Commune seront faites ce jour « même mardi, à midi, selon les affiches déjà en- « voyées aux mairies, et sous la direction de Do- « rian et de Schœlcher seuls ; les élections pour un « gouvernement nouveau seront faites le lende- « main mercredi, à la même heure. Afin d'éviter « l'effusion du sang, de montrer à nos amis et aux « partisans du gouvernement qu'il y a accord entre « nous, nous sortirons ensemble de l'Hôtel de ville « au milieu de mes tirailleurs ralliés sur moi. »

(1) Voyez le livre de M. G. de Molinari sur les *Clubs pendant le siége*.

« Cet accord rapidement conclu, est ratifié par les membres du gouvernement, et aussitôt inquiet de mes braves tirailleurs, je descends dans la cour avec Dorian. Nous laissons derrière nous les hommes armés, et marchons seuls en parlementaires. Les mobiles bretons, baïonnettes, fusils chargés, figures menaçantes, étaient massés au fond de la cour. Flourens leur crie de toute la force de ses poumons:

— « Appelez votre officier; voici un ministre qui a des ordres à lui donner. Baïonnettes au fourreau!

« Enfin l'officier se décide à venir. Dorian le calme, lui ordonne de calmer ses hommes, évite ainsi la guerre civile. Car, égorgés à l'Hôtel de ville, nous aurions été vengés par nos braves amis des faubourgs.

L'officier s'avance et les chefs de l'émeute du 31 octobre s'éloignent, pacifiquement, quelques-uns (ô ironie!) pour passer sans encombre à travers les mobiles et les gardes nationaux massés en grand nombre sur la place, donnant le bras à ceux qu'ils voulaient renverser. M. Blanqui partit ainsi, appuyé au bras du général Tamisier (1).

Il était quatre heures du matin, lorsque se dénoua ainsi, sans effusion de sang, une aventure qui eût pu si facilement devenir terrible. Quelle honte si la guerre civile eût, dès lors, dans Paris assiégé, été allumée devant l'étranger! Voilà pourquoi le mouvement du 31 octobre, légitime en tant que manifestation, lorsque le peuple de Paris ne voulait qu'adjoindre au gouvernement, pour le stimuler, des hommes éprouvés et dans lesquels il avait confiance, devint coupable, le soir, lorsque, derrière le prétexte choisi, n'apparurent que les ambitions et les vanités personnelles. Les hommes du 31 octobre étaient toujours, à de rares exceptions près, les mêmes individualités qui, par leur impatience et leur avidité, font avorter les espoirs les plus sacrés et amènent, hélas! les réactions les plus amères et les plus lourdes.

Flourens, on peut le dire, ce malheureux Flourens, consolida le gouvernement de Paris en le voulant renverser. Les partis n'ont pas d'ennemis plus dangereux que leurs amis maladroits.

Dans le procès des accusés du 31 octobre, qui se déroula plus tard (23 juin 1871) devant le 4ᵉ conseil de guerre de Paris, l'attitude des chefs du mouvement qui se présentèrent devant les juges fut d'ailleurs sans bravade. Le procès, arrivant au lendemain de la capitulation, fit au surplus l'effet d'un anachronisme et n'émut l'opinion qu'à demi. Ces condamnations à mort rétrospectives étaient maladroites et inutiles. Cette rigueur en quelque sorte posthume étonna et irrita. Nous donnons ici, pour n'y plus revenir, la liste des accusés et le verdict des conseils de guerre. Ce n'est pas la dernière fois d'ailleurs (est-il besoin de le dire?) que nous trouverons sous notre plume les noms qui suivent :

Ils déclarent se nommer :

1° Adolphe-Gustave Lefrançais, ex-employé, âgé de quarante-quatre ans;

2° Vermorel, avocat, âgé de vingt-neuf ans;

3° Paolo Tibaldi, militaire italien, commandant d'une légion italienne, âgé de quarante-quatre ans;

4° Pierre Vésinier, journaliste, âgé de quarante-cinq ans;

5° Pillot, médecin, âgé de soixante-deux ans. Les quatre premiers seuls ont été maintenus en état d'arrestation.

Les quinze autres, qui ne répondent pas à l'appel de leur nom, sont les nommés :

6° Maurice Joly, libre sous caution; 7° Millière, député; 8° Razoua, député; 9° Blanqui; 10° Gustave Flourens; 11° Bauvière; 12° Jénart; 13° Ré-

---

(1) Sur l'attitude de Blanqui, dans cette journée, je trouve les renseignements suivants dans un journal du lendemain:

Le lundi, 31 octobre, vers quatre heures, obéissant au rappel, et parti à sept heures de la place Vendôme, le 15ᵉ bataillon, auquel appartiennent les soussignés, se rendit, avec ses chefs, à l'Hôtel de ville, où il entra par la porte de la cour de Louis XIV, place Saint-Gervais. Le 17ᵉ bataillon s'y trouvait, et nous arrivâmes, conjointement, au premier palier de l'escalier. On commanda demi-tour à droite. Le commandant du 17ᵉ bataillon tenait sous le bras M. Blanqui, lequel se trouvait mal et demandait de l'air. Or, ce mouvement avait pour objet de faire faire place. Le citoyen Monneveux, sergent à la 2ᵉ compagnie du 15ᵉ, marchait en avant de M. Blanqui, qu'accompagnait, indépendamment du commandant du 17ᵉ, une autre personne à nous inconnue, afin de faciliter le passage.

Sous le vestibule par lequel nous étions entrés, nous trouvons les francs-tireurs Tibaldi, gardant la porte. M. Blanqui, toujours indisposé, pouvait difficilement se soutenir; il lui fallait une voiture pour être reconduit à son domicile, et, sur le désir du malade, le commandant du 17ᵉ demanda que la porte fût ouverte.

Pour toute réponse, un des francs-tireurs saute à la gorge du commandant, et leur lieutenant sort de sa gaîne un revolver, qu'il dirige sur la poitrine du sergent Monneveux. Heureusement, un sergent du même bataillon, 5ᵉ compa-

gnie, nommé Thillier, détourne vivement l'arme, et la balle alla se perdre sur la muraille. Après le coup, M. Blanqui est soudainement enlevé par les mêmes francs-tireurs, l'auteur du coup disparaît lui-même au milieu de la bagarre. C'était un homme de trente-cinq à quarante ans, de petite taille et chauve.

A ce moment, les francs-tireurs armèrent leurs fusils et s'apprêtaient à faire feu, lorsque, sur l'observation que leur fit M. Bercher, capitaine en 2ᵉ, ils relevèrent leurs armes, non sans toutefois abandonner leurs intentions hostiles.

Les 17ᵉ et 15ᵉ bataillons, qui avaient, par humanité s'entend, protégé la piteuse retraite de M. Blanqui, devaient attendre de lui, sinon de la reconnaissance, — on ne lui en demande pas, — du moins de la justice. Or, ouvrez le n° 54 de la Patrie en danger, à la date du jeudi 3 novembre, et lisez l'article intitulé : « LA LOYAUTÉ DU GOUVERNEMENT, » article signé BLANQUI. Dans les dernières lignes, il y traite les 15ᵉ, 17ᵉ et 106ᵉ de « bataillons jésuites du faubourg Saint-Germain; » il prétend qu'ils sont « dans la garde nationale, en y joignant les mobiles bretons, le seul appui du gouvernement; » et il ajoute : « C'est l'armée catholique qui a gagné par une trappe la bataille de l'Hôtel de ville. »

. . . .

Paris, le 3 novembre 1870.

Suivent les signatures d'officiers, sous-officiers et gardes du 15ᵉ bataillon.

gère; 14° Jaclard; 15° Eudes; 16° Levrault; 17° Goupil; 18° Vallée; 19° Cyrille; 20° Bauer.

Cinq seulement des accusés avaient répondu à la citation à comparaître devant le 4° conseil de guerre : c'était Pillot, Vermorel, Vésinier, Tibaldi et Lefrançais, qui furent jugés et acquittés dans les audiences des 23 et 24 février 1871.

Treize autres accusés furent cités pour l'audience du 9.

1° Auguste-Louis Blanqui, né à Nice, âgé de soixante-cinq ans, homme de lettres, demeurant à Paris, rue du Temple, 191.

2° Paul-Gustave Flourens, né à Paris, le 4 août 1838, homme de lettres, chef de bataillon de volontaires de la garde nationale, demeurant à Paris, rue de Puebla, 397.

3° Gabriel Ranvier, né à Bougy, arrondissement de Bourges, le 8 juillet 1828, peintre, chef du 141°

bataillon de la garde nationale, demeurant à Paris, rue Oberkampf, 104.

4° Théodore Régère, ex-capitaine adjudant-major du 248° bataillon de la garde nationale, demeurant à Paris, quai Saint-Michel, 15.

5° Léonidas Jénart, né à Fresnes, arrondissement de Valenciennes, le 3 mars 1829, marchand d'huiles, ex-capitaine adjudant-major du 201° bataillon de la garde nationale, demeurant à Paris, rue Saint-Amboise, 15.

6° Charles-Paul-Victor Jaclard, né à Metz, le 18 décembre 1840, professeur de mathématiques, chef du 138° bataillon de la garde nationale, demeurant à Paris, rue Bergère, 30.

7° Maurice Joly, né à Lons-le-Saulnier, le 19 juillet 1831, avocat, demeurant à Paris, boulevard Saint-André, 3.

8° Émile-François Eudes, né à Roncey, arrondissement de Coutances, le 12 septembre 1843, étudiant, chef du 138° bataillon de la garde nationale, demeurant à Paris, rue des Charbonniers, 10.

9° Edmond-Louis Levrault, né à Paris, chef du 204° bataillon de la garde nationale, demeurant à Paris, place Voltaire, 1.

10° Edmond-Alfred Goupil, né à Mayenne, le avril 1838, docteur-médecin, chef du 115° bataillon de la garde nationale, demeurant à Paris, rue de Vaugirard, 93.

11° Jules-Louis-Joseph Vallès, né au Puy, âgé de trente-huit ans, homme de lettres, demeurant à Paris, rue de Belleville, 19.

12° Victor-Marie Cyrille, né à Grasse (Alpes-Maritimes), le 17 juin 1848, chimiste, chef du 161° bataillon de la garde nationale, demeurant à Paris, rue de l'Échiquier, 13.

13° Henri Bauer, né à Paris, le 7 mars 1851, étudiant en droit, artilleur de la garde nationale, demeurant à Paris, avenue de la Grande-Armée.

Six seulement de ces accusés répondent à l'appel : ce sont MM. Maurice Joly, Jaclard, Ranvier, Jules Vallès, Jénart et Bauer.

Le verdict pour les accusés fut celui-ci : A la majorité de quatre voix contre trois, M. Maurice Joly, non coupable d'excitation à la guerre civile en cherchant à armer les citoyens les uns contre les autres.

A la minorité de faveur de trois voix contre quatre, M. Jaclard non coupable du même crime, et également à la minorité de faveur, non coupable de complicité d'arrestation et de séquestration illégale des membres du gouvernement.

A l'unanimité, M. Jénart, non coupable du chef d'excitation à la guerre civile et du chef de port d'uniforme, et à la majorité de quatre voix contre trois, non coupable du chef de séquestration arbitraire.

A la majorité de cinq voix contre deux, M. Ranvier non coupable d'attentat ayant pour but d'exciter à la guerre civile, et à la majorité de six voix contre une, le même, non coupable du chef de séquestration arbitraire.

A la majorité de quatre voix contre trois, M. Bauer non coupable d'excitation à la guerre civile.

A la majorité de six voix contre une, M. Jules Vallès non coupable d'attentat ayant pour but d'exciter à la guerre civile ; à la majorité de trois voix contre quatre, non coupable de port illégal d'uniforme, et à l'unanimité non coupable de coups et blessures, mais à la majorité de cinq voix contre deux, coupable de séquestration sur la personne du maire du dix-neuvième arrondissement, avec admission de circonstances atténuantes.

A l'unanimité, M. Blanqui coupable d'attentat ayant pour but d'exciter à la guerre civile, et coupable en outre de complicité de séquestration sur la personne des membres du gouvernement.

A l'unanimité, M. Flourens coupable d'attentat ayant pour but d'exciter à la guerre civile, et à la majorité de six voix contre une, coupable de séquestration sur la personne des membres du gouvernement.

A la majorité de quatre voix contre trois, M. Régère non coupable d'attentat ayant pour but d'exciter à la guerre civile.

A l'unanimité, M. Eudes non coupable du même attentat.

A la majorité de six voix contre une, M. Levrault coupable du même attentat, et à la majorité de cinq voix contre deux, non coupable de séquestration arbitraire.

A la minorité de faveur de trois voix contre quatre, le docteur Goupil non coupable d'excitation à la guerre civile, et à l'unanimité coupable d'arrestation illégale sur la personne du capitaine Dutilloy.

Et enfin, à la majorité de six voix contre une, M. Cyrille, coupable d'attentat ayant pour but d'exciter à la guerre civile.

En conséquence, le conseil condamne Blanqui, Flourens, Levrault, Cyrille, à la peine de mort ; le docteur Goupil à deux années d'emprisonnement, et Jules Vallès à six mois de la même peine.

Le conseil prononça l'acquittement des inculpés Joly, Jaclard, Ranvier, Bauer, Régère et Eudes.

Le lendemain du 31 octobre, le 1ᵉʳ novembre 1870, Paris, après une nuit où gronda le tambour, s'éveilla satisfait d'avoir évité la guerre civile.

Le *Journal officiel* contenait une note sur les événements de la veille, qui se termine par ces mots assez comminatoires : « Le gouvernement a pris les mesures nécessaires pour empêcher le retour de pareils désordres. »

Une affiche, posée dans l'après-midi, avertissait

la population que les élections municipales, étant matériellement impossibles, n'auraient pas lieu le 1ᵉʳ novembre : « La population de Paris votera, jeudi prochain, par *oui* ou par *non*, sur la question de savoir si l'élection de la municipalité et du gouvernement aura lieu à bref délai. »

Le *Journal officiel*, du soir, contenait une note qui précisait le caractère des négociations d'armistice : leur seul but, disait-elle, est la convocation d'une Assemblée nationale qui décidera souverainement de la paix ou de la guerre.

Paris demeura calme, un peu troublé par tant de chocs divers, et ne se rendant pas encore bien compte, il faut le reconnaître, de ce que cachait de trouble social le mouvement de la veille, de ce que contenait de fatalités politiques la nouvelle de la capitulation de Metz, et de ce que portait avec lui de difficultés non résolues, ce mot, que les prudents accueillaient avec joie, les plus résolus avec colère, et qui disait : *armistice*.

DOCUMENTS COMPLÉMENTAIRES DU CHAPITRE VI

N° 1.

RAPPORTS DU GÉNÉRAL DE BELLEMARE

sur les affaires du Bourget.

Saint-Denis, le 30 octobre 1870.

Monsieur le Gouverneur,

Au rapport que je vous adresse, simple et vrai, comme vous me l'avez recommandé, et comme je l'ai toujours fait en toutes circonstances, bonnes ou mauvaises, vous voudrez bien me permettre d'ajouter quelques réflexions.

Je commence par dire que je ne décline aucune responsabilité, et que j'en accepte avec beaucoup de calme toutes les conséquences ; cependant, je n'hésite pas non plus à dire que la position du Bourget, maintenue pendant quarante-huit heures, n'a été perdue et aussi promptement (quand, par une résistance d'un quart d'heure seulement, les troupes de remplacement arrivaient, faisaient un renfort naturel considérable), n'a été perdue, dis-je, que par les mauvaises dispositions, la négligence et l'incurie de celui qui avait reçu mes instructions particulières, et qui n'avait qu'à continuer ce que son prédécesseur avait bien fait.

En m'emparant de cette position par une surprise de nuit, je ne comptais pas lui donner d'importance, je comptais y mettre un poste d'avant-garde retranché ; mais, par le fait, elle en avait une grande : l'acharnement de l'ennemi à la reprendre en est la preuve, et vous la considériez comme telle, puisque, par dépêche télégraphique d'hier au soir, vous m'ordonniez d'étudier des travaux défensifs relativement considérables ; dans le cas contraire, d'ailleurs, vous m'eussiez ordonné de l'évacuer, ce que j'eusse fait immédiatement ; je n'ai donc pas agi à la légère, et je suis prêt à justifier mes opérations.

...Je le répète, cet insuccès est dû à l'insuffisance d'un subordonné que je n'ai pas choisi, et que j'ai même hésité longtemps à envoyer à ce poste : j'en accepte toutefois la responsabilité.

Je ne puis garder sous mes ordres un officier qui ne m'inspire aucune confiance et dont j'ai reconnu l'incapacité. Dans mon rapport officiel, je me suis efforcé d'atténuer sa faute, mais en réalité, elle est complète ; il faillit être pris lui-même dans sa maison, il n'eut que le temps de se sauver ; cela vous donne la mesure de ce qui a dû se passer et comment il a dû rester tant de monde entre les mains de l'ennemi............................

....

Veuillez agréer, etc.,

Général DE BELLEMARE.

—

Saint-Denis, le 30 octobre 1870.

Monsieur le Gouverneur,

J'ai l'honneur de vous adresser le rapport sur les faits qui ont amené l'évacuation du Bourget, occupé par nos troupes depuis quarante-huit heures.

Après les attaques infructueuses de l'ennemi pendant la nuit d'avant-hier, la canonnade avait été assez vive, à diverses reprises, pendant la journée d'hier, sans démonstrations sérieuses ; la nuit dernière fut très-calme. Ce matin, à six heures, j'envoyai un officier de mon état-major recevoir le rapport du colonel commandant la brigade qui avait pris le service la veille, et qui devait être relevé, ainsi que ses troupes, dans la matinée. Cet officier devait s'assurer que les dispositions de troupes étaient les mêmes que celles que j'avais prescrites depuis deux jours.

Vers sept heures, le colonel Martin m'envoya prévenir que l'ennemi ouvrait un feu violent d'artillerie ; peu de temps après, l'observatoire Montmartre, communiquant avec celui de Saint-

Vue de Tours, siége de la délégation du gouvernement de la défense nationale.

Denis, me signalait des colonnes nombreuses d'infanterie prussienne marchant sur le Bourget.

Je n'avais aucune crainte, d'autant plus que je savais en route les troupes qui devaient aller relever le service de vingt-quatre heures. Néanmoins, je montai à cheval pour me rendre sur les lieux en cas d'événements inattendus. Quand j'eus dépassé la Courneuve, me dirigeant à toute vitesse sur le Bourget, je trouvai les troupes en pleine retraite et la position abandonnée.

Elles étaient arrêtées à un kilomètre environ du Bourget, partie à cheval sur le chemin de fer, partie sur la route de Flandre. Ces dernières occupaient une maison dite *la Suiferie*, tiraillant avec l'ennemi qui réoccupait la gare et les maisons environnantes. Ne pouvant croire qu'en si peu de temps l'ennemi avait pu s'emparer des maisons crénelées, des obstacles, des barricades, créés par nous depuis deux jours, je fis avancer du monde pour prononcer un mouvement offensif, et je me portai, de ma personne, en avant pour bien m'assurer, comme c'était ma conviction, que nous résistions encore dans le village; mais je n'entendis rien, et je dus penser que toutes les troupes avaient évacué. N'ayant pas une artillerie suffisante, je ne pouvais penser à faire une attaque de vive force devant des murs crénelés. Sur ces entrefaites, arriva le colonel de brigade que j'avais envoyé chercher pour me rendre compte de ce qui s'était passé. Son rapport succinct m'apprit que quelques compagnies étaient restées dans le haut du village; un retour offensif était devenu impossible. L'ennemi l'occupait avec des forces considérables, et les tirailleurs que j'envoyai en avant furent accueillis par une très-vive fusillade partant de toutes les maisons et de tous les murs crénelés. C'est alors que je me décidai à faire rentrer les troupes, en conservant nos postes avancés des jours précédents.

Il résulte des rapports circonstanciés et contradictoires que je me suis fait adresser par le colonel de brigade et différents chefs de corps que, pendant et à la faveur d'une violente canonnade dans laquelle l'ennemi n'a pas tiré moins de quinze cents coups en trois quarts d'heure, il avait massé, à droite du Bourget et en avant de Blanc-Mesnil, de fortes colonnes qui, suivant le chemin de fer, passant la Molette et continuant la même direction, masquées par des bouquets de bois, tournèrent le village par derrière, en passant entre lui et Drancy, et débouchèrent en arrière, coupant ainsi la retraite à tout ce qui était en avant. Ce n'est que quand elles se furent emparées des dernières maisons qu'une démonstration fut faite en avant et sur la gauche. Soit par suite de la pluie torrentielle de la nuit qui avait fait chercher aux hommes un abri dans les maisons, soit par suite du feu violent de l'artillerie qui avait amené le même résultat, toujours est-il que les troupes n'occupaient plus, au moment de l'attaque, les positions prescrites qui avaient permis aux autres, depuis deux jours, de résister avec succès. Les réserves, qui devaient être nombreuses en arrière, n'y étaient plus ou étaient insuffisantes; tout le gros s'était porté dans le village, quand il ne devait y avoir que peu de monde en tête, à droite, à gauche, et de petits postes intermédiaires sur les flancs : telles étaient les dispositions premières qui ne purent sans doute être maintenues, par suite de certaines négligences. Les troupes, en petit nombre, qui se sont trouvées devant l'ennemi, ont courageusement et vaillamment fait leur devoir; elles ont dû céder devant les masses ; je n'en dirai pas autant de celles qui, s'étant laissé surprendre, n'ont pas montré de sang-froid..... Je ne puis terminer ce douloureux rapport en vous donnant le chiffre de nos pertes, tant tués et blessés que restés prisonniers, car il rentre des hommes à chaque instant, et ce n'est que demain que je pourrai faire l'appel dans les corps engagés.

Veuillez agréer, etc.

Signé : Général DE BELLEMARE.

N° 2.

AFFICHE DE LA MAIRIE DE PARIS
relative aux élections municipales.

—

MAIRIE DE PARIS

Citoyens,

Aujourd'hui, à une heure, les maires provisoires des vingt arrondissements réunis à Paris, ont déclaré à l'unanimité, que, dans les circonstances actuelles et dans l'intérêt du salut national, il est indispensable de procéder immédiatement aux élections municipales.

Les événements de la journée rendent tout à fait urgente la constitution d'un pouvoir municipal autour duquel tous les républicains puissent se rallier.

En conséquence, les électeurs sont convoqués pour demain mardi 1er novembre, dans leurs sections électorales, à midi.

Chaque arrondissement nommera, au scrutin de liste, quatre représentants.

Les maires de Paris sont chargés de l'exécution du présent arrêté.

La garde nationale est chargée de veiller à la liberté de l'élection.

Vive la République !

Fait à l'Hôtel de ville, le lundi 31 octobre 1870.

Le président de la commission des élections,
DORIAN.

Le vice-président de la commission des élections,
V. SCHŒLCHER.

Le maire de Paris,
ÉTIENNE ARAGO.

Les adjoints au maire de Paris,
CH. FLOQUET, HENRI BRISSON, CH. HÉRISSON, CLAMAGERAN.

CHAPITRE VII

Le siège de Metz. — Le blocus commence dès le 19 août. — Dépêche de Mac-Mahon du 22 août. — Bazaine, qui la reçoit, demeure inactif. — Journée perdue du 26 août. — Attaque de Servigny et de Noisseville (31 août). — Retraite inexpliquée du 1ᵉʳ septembre. — Inaction continue du maréchal. — Négociations. — La mission de M. Régnier. — Le général Boyer part pour Versailles, puis pour l'Angleterre. — Affaire de Ladonchamps. — L'armée affamée. — Son désespoir. — La capitulation. — DOCUMENTS COMPLÉMENTAIRES.

Lorsque Paris apprit la nouvelle de la capitulation de Metz, son courroux fut d'autant plus grand que sa confiance avait été plus profonde. Lorsque Strasbourg était tombée, l'impression éprouvée n'avait été que de la douleur; la ville martyre paraissait depuis de longs jours condamnée. Metz, au contraire, semblait devoir résister et son armée paraissait pouvoir vaincre. Paris fut secoué par la colère en apprenant ce triste dénoûment. Mais s'il eût connu alors les véritables phases, bien ignorées à cette époque, de la capitulation de Metz, Paris eût bien plus encore senti la rougeur lui monter au front et le courroux lui entrer au cœur.

Les Prussiens ne se vantent pas trop de leur campagne devant Metz. Ils ont raison. Ce nom ne marque pour eux une victoire que parce que l'homme qui commandait à Metz prit soin de la leur rendre plus facile et comme inévitable. Encore une fois la France avait compté en toute sincérité d'oubli et d'abandon sur le maréchal Bazaine. Elle avait mis en lui son absolue confiance. C'est lui pourtant qui, entre tous, fit, par sa conduite inexplicable ou plutôt trop explicable, avorter tous nos espoirs, et rendit, hélas! inutiles tous les efforts d'un peuple qui comptait sur des héros et fatalement rencontrait des traîtres.

Nous nous attachons, dans le cours de ces récits, à être trop modéré et trop calme pour qu'on nous accuse de céder à la passion et de présenter les événements et les hommes sous des couleurs trop noires. Nous nous vouons à la recherche de l'impartialité; notre passion est celle du vrai et, partout où nous rencontrons une vérité inconnue, méconnue ou proscrite, nous nous efforçons de la mettre en lumière. Ainsi donc, on ne dira pas que nous accumulons à plaisir sur un homme la calomnie de la légende. Nous faisons, au contraire, le procès de la capitulation de Metz en tenant à la main les témoignages de l'histoire.

Au lendemain de la gigantesque bataille du 18 août, qui eût pû devenir une victoire pour nous si le maréchal Bazaine eût, nous le répétons, protégé sa droite (corps Canrobert) en mettant la garde en réserve derrière Saint-Privat-la-Montagne, l'armée française avait pris position autour de Metz et s'était retirée sous la protection des forts, tandis que l'ennemi commençait cet investissement qui devait nous conduire à la capitulation.

A peine avions-nous commencé ce mouvement de recul, que les Prussiens s'occupaient à nous fermer les routes autour de Metz, coupant la voie ferrée de Thionville, le télégraphe de la route de Briey, détruisant les ponts de l'Orne, et enserrant la ville de Metz dans un cercle de positions difficiles à attaquer. Au nord, une partie de la plaine de Thionville était occupée par leurs troupes; à l'est, toute la ligne de Vrémy à Ars-Laquenexy, en passant par les villages de Failly, Servigny, Noisseville; au sud, ils tenaient Peltre et Ars-sur-Moselle; à l'ouest, ils avaient pris les positions abandonnées par nous, Saint-Privat, Jussy, etc.(1). C'en était fait : le blocus commençait, le blocus de cette ville inexpugnable, le blocus d'une armée qui venait de livrer les plus formidables batailles du siècle, et qui n'en ressentait qu'un plus âpre désir de continuer la lutte. Au début du siège, l'esprit de cette magnifique armée de Metz était en effet excellent. « Le soldat d'infanterie, dit le général Deligny (2), avait conscience de la supériorité de son arme; la cavalerie avait pris de l'ascendant sur celle de l'ennemi, qu'elle n'avait jamais hésité à aborder, et, si l'artillerie était inférieure à celle de l'ennemi sous le rapport du nombre des canons, de leur calibre et de la vitesse du tir, on savait déjà qu'en rapprochant les distances et en combattant

(1) Voyez la *Campagne de la Moselle*, par E.-A. Spoll.
(2) *Armée de Metz*, par le général Deligny, commandant la 1ʳᵉ division d'infanterie de la garde (voltigeurs).

de plus près, cette infériorité était notablement diminuée. » On pouvait donc tout tenter et tout espérer avec une telle armée, à la condition que le commandant en chef montrât de la décision, de l'énergie et du patriotisme.

Mais, dès le lendemain de Saint-Privat, le maréchal prend cette attitude expectante, inerte, pleine d'une quiétude dédaigneuse qu'il gardera jusqu'à la fin du siège. Il a sous la main une armée frémissante qui vient de montrer son courage et qui demeure prête à tous les sacrifices, il a 240,000 hommes à sa disposition, en comptant la garnison de Metz, la garde nationale, la garde mobile, près de 20,000 paysans réfugiés dans la ville et dont il peut faire des ouvriers, des terrassiers. Il n'en tira aucun parti. Il se laissait enfermer dans une zone restreinte autour des forts, sans autres vivres ou fourrages que ceux des réserves de l'armée. Il demeurait là, inactif, hésitant, ne sachant s'il allait essayer encore de s'ouvrir la route de Verdun, ou s'il attendrait que l'armée de Mac-Mahon fût formée pour la rejoindre à travers les lignes prussiennes. On peut dire que le maréchal Bazaine, dès ce moment, n'eut qu'une pensée, une seule, celle de conserver libre d'une opération politique future, l'armée qu'il commandait et qui venait de perdre 29,227 hommes dans les journées de Rézonville et de Gravelotte. Sachant bien que l'armée de Metz était la seule force militaire réellement organisée qui restât encore à la France, il voulait, en demeurant à sa tête, disposer plus tard, et selon son gré, du sort de la patrie.

Après avoir littéralement congédié l'empereur, qu'il trouvait embarrassant, dès le 12 août, il était prêt à voir venir les événements et croyait, grâce à ses soldats, les dominer et les diriger. Sans nul doute l'appétit de quelque colossale et ambitieuse aventure naquit et grandit dans l'esprit de ce soldat sur lequel comptait, — vainement, — la malheureuse France. La vérité est connue aujourd'hui. Au lendemain de la capitulation de Metz, plus de 1,000 officiers sur les 6,000 faits prisonniers, furent internés à Hambourg : parmi eux se trouvaient la plupart des chefs de service et des officiers de l'état-major général. Tous avaient la conviction intime que l'intérêt de personnages puissants pourrait un jour pousser les chefs supérieurs à passer sous silence des faits graves et cruels. En conséquence, les mieux informés résolurent de réunir, de condenser en quelque sorte les nombreux renseignements et documents qu'ils avaient été à même de recueillir au début de la campagne, et pendant les soixante-dix jours de siège.

Un colonel justement réputé dans l'armée pour sa science militaire et son talent de littérateur, M. d'Andlau, se chargea de la rédaction du livre, ou plus exactement, du rapport d'ensemble. Le manuscrit, terminé dans les derniers jours de janvier, fut soumis par son auteur aux principaux membres de la commission officieuse de Hambourg, qui inscrivirent en marge leurs observations. Nous pouvons affirmer de source certaine, écrit M. Wachter, que toutes ces notes étaient de nature à atténuer la forme un peu acerbe sous laquelle étaient présentés les faits qui compromettent le plus gravement le maréchal Bazaine. Ses actes les plus insignifiants en apparence ont été soumis à un examen consciencieux, et il n'est pas un fait que l'auteur de la campagne et des négociations de Metz ne soit prêt à prouver par des témoignages irréfutables.

Or, c'est ce livre, publié sous le titre de : *Metz, campagnes et négociations, par un officier supérieur de l'armée du Rhin*, qui forme aujourd'hui, avec le travail publié par le conseil municipal de la ville de Metz, le témoignage le plus accablant contre le maréchal Bazaine. Les hésitations calculées, l'inaction, le dédain du maréchal sont dans ces travaux soulignés par des faits. Toute la seconde quinzaine d'août, où les instants étaient si précieux, fut tristement inutilisée. Lorsque Mac-Mahon interrogeait Bazaine, celui-ci lui répondait par quelque dépêche vague dans le genre de celle qui partait, le 20 août, du quartier général du Ban-Saint-Martin : « L'ennemi grossit toujours autour « de nous et je suivrai *très-probablement* pour vous « rejoindre la ligne des places du nord. Je vous « préviendrai de ma marche, *si je puis toutefois* « *l'entreprendre* sans compromettre l'armée. » Ainsi, rien de net et de décisif. Toujours l'hésitation et l'expectative.

Cependant, le 22 août, Mac-Mahon, averti que Bazaine allait essayer de se jeter par Montmédy sur la route de Sainte-Ménehould à Châlons, se met en marche, faisant savoir à Bazaine que le mouvement en avant est commencé. La dépêche, partie le 22, arriva au maréchal Bazaine dans la journée du 23 août. Ici se place un incident qui a son importance et qui met au grand jour la conduite du commandant en chef de l'armée de Metz. Cette dépêche, par laquelle le maréchal de Mac-Mahon annonçait à son collègue de Metz sa marche vers Montmédy, le maréchal Bazaine nie l'avoir reçue ; d'un autre côté, un colonel d'état-major *affirme sur l'honneur non-seulement l'avoir vue entre les mains du commandant en chef, mais en avoir reçu directement communication de ce dernier.*

La veille, 22 août, les troupes avaient reçu l'ordre de réduire les bagages, et, dès le 23, Bazaine pouvait commencer ses opérations vers Mac-Mahon. Le 26 seulement, *trois jours après*, il essayait, on va voir comment, de traverser les lignes prussiennes.

Dès le matin, la concentration des troupes s'opère sur la rive droite de la Moselle. Il pleut à torrents, une pluie diluvienne, mais, tout heureux de marcher en avant, les soldats rient sous l'ondée, narguent le mauvais temps et attendent, impatients, l'ordre d'attaquer. Un seul pont est préparé pour l'écoulement de cette grande armée. Il faut huit heures pour faire passer tous les régiments, enfin à trois heures, quelques bataillons seuls sont encore sur la rive du fleuve, lorsque, brusquement, un contre-ordre arrive. Il faut que les troupes reviennent sur leurs pas, rentrent dans leurs cantonnements, et marchent une partie de la nuit après avoir marché tout le jour.

Que s'était-il passé dans l'esprit ou les conseils des officiers généraux? Vers midi, le général en chef avait fait appeler au château de Grémont tous les chefs de corps et tenu un conseil de guerre. « *Quand un général est possédé d'une idée énergique*, a dit à ce propos Changarnier au Corps législatif le 29 mai 1871, *il ne doit réunir ses lieutenants que pour leur donner des ordres.* » Bazaine leur demandait des conseils. Une seule voix, faut-il le dire, s'éleva pour conseiller de marcher en avant et de faire une trouée immédiate. C'était celle du maréchal Le Bœuf. Responsable de tous nos désastres, cet homme d'un talent militaire remarquable, mais rendu inutile par son humeur de courtisan, le maréchal Le Bœuf voulait du moins essayer de réparer son irréparable infatuation et sa criminelle assurance. Il en avait été de lui aux Tuileries comme de ces généraux dont parle le vieux Tavannes : « *Peu sert en France, dit-il, de sçavoir les batailles et assauts qui ne sçait la cour et les dames.* » Ce ministre de la guerre, pour plaire au maître et faire sa cour, avait déguisé la vérité. Il tâchait du moins, en couvrant sa poitrine de décorations, en s'exposant au feu, en allant de l'avant, d'arracher au sort un trépas que le sort lui refusa. Ce jour-là, il voulait à tout prix combattre.

On ne l'écouta point. On écouta le général de Coffinières, gouverneur de Metz, qui demandait qu'on ne dégarnît point la place de ses défenseurs. Funeste conseil. La journée se passa. Les troupes, étonnées, rentrèrent dans leur bivouac après être demeurées vingt-six heures sous les armes et se demandant pourquoi on les en avait fait sortir. « Si nous avions percé, dit encore Changarnier (mais trop tard), le rideau peu épais que nous avions devant nous, nous aurions eu dès le lendemain des nouvelles précises de l'armée du maréchal Mac-Mahon et conformant notre marche à la sienne, nous l'aurions ralliée deux jours avant qu'elle vînt se jeter dans le gouffre. »

Du 27 au 30 août, tandis que l'armée de Mac-Mahon combat dans les Ardennes, Bazaine demeure inactif. Il ne se décida à agir que le 31, *à quatre heures de l'après-midi seulement*. Alors, après une violente canonnade, lorsque les batteries des forts Saint-Julien et de Belle-Croix eurent fait taire et reculer les batteries ennemies, l'infanterie française, tambour battant, s'ébranla, au pas de charge, avec une ardeur singulière. Cette fois, dans cette journée, on sentit vraiment passer dans l'armée, avide de combattre, l'âme de la France. Les roulements des tambours empêchaient d'entendre le sifflement des balles. Dans toutes les âmes un espoir, du courage dans tous les cœurs. On a exalté, dit un témoin, le courage des troupes, on leur a annoncé que « l'empereur est à Thionville avec 80,000 hommes. Il faut enfoncer l'ennemi pour le rejoindre. » La magnifique cavalerie de la garde, massée en arrière, regardait avec une admiration fiévreuse ces fantassins qui avançaient, intrépides et sûrs de vaincre, et se demandant si bientôt une charge à fond de train n'allait pas écraser l'ennemi. On pouvait tout faire de cette armée vaillante.

La ligne des tirailleurs ennemis est repoussée; à travers les haies, les vignes, les fossés, on avance. La division Montaudon, dont le chef est blessé, enlève les villages de Montoy et de Flanville. A huit heures, les troupes reçoivent l'ordre de pousser sur Rétonfey. D'un autre côté, les troupes du 4ᵉ corps avaient enlevé Servigny tandis que le maréchal Le Bœuf faisait emporter Noisseville à la baïonnette, se portant, par une affectation de témérité, aux points les plus dangereux, cherchant la mort et ne réussissant qu'à faire tuer ou blesser presque tout son état-major. Il était neuf heures, la nuit était venue. On ne se trouvait plus qu'à deux mille mètres environ de la position de Sainte-Barbe, objectif du mouvement et qu'il fallait envelopper et enlever. Nos troupes bivouaquèrent sur les positions conquises, tandis que le maréchal Bazaine, au lieu de demeurer au milieu de ses soldats, rentrait se coucher à Saint-Julien.

On n'a pas oublié que, le 18 août, tandis que le corps Canrobert était écrasé à Saint-Privat, le maréchal Bazaine déjeunait paisiblement chez le curé de Plappleville. C'est ce qui a fait dire au général Changarnier en parlant du commandant en chef de l'armée de Metz : « Il a eu *l'insigne infortune* de ne pas assister à la bataille de Gravelotte. » Comment l'histoire nomme-t-elle les généraux qui ont de semblables *infortunes*?

Nous n'avions fait occuper la partie de Servigny que nous avions emportée que par quelques compagnies. A une heure du matin, l'ennemi, arrivant en forces, nous enlevait ce village, mais sans oser pousser au delà. Le lendemain matin, 1ᵉʳ septembre, le feu recommençait dès l'aube. On répondit vivement à la mousqueterie et à l'artillerie des Prussiens, mais les soldats étaient sans ordre. Nulle direction, nulle volonté; des com-

Sentinelle prussienne aux avant-postes.

pagnies, des régiments, combattant, tiraillant sans savoir quel était le but du commandant en chef. Vers dix heures du matin, après être demeurées impassibles sous le feu meurtrier des obus ennemis, les lignes avancées de nos soldats se replièrent naturellement, sans désordre, sans que personne en eût donné l'ordre, mais simplement parce qu'elles comprenaient qu'on n'attendait rien d'elles et que leur résistance était inutile. Alors, reconduite par les projectiles ennemis, l'armée française, formant huit ou dix lignes de bataille, se replia lentement, au pas, et gardant sous les obus qui parfois ouvraient ses rangs, l'attitude de soldats à la manœuvre. Un vide fait, il se refermait aussitôt et la marche continuait, sans accélération, sans trouble. Nul ne comprit quoi que ce fût à un tel mouvement, ni les généraux français, ni le prince Frédéric-Charles, qui l'avoua nettement plus tard. Tous les officiers de troupes, tous les généraux interrogés, répondirent invariablement, raconte M. Deligny : « Nous nous sommes retirés, parce que nous avons vu tout le monde se retirer! »

Le même jour, l'armée de Châlons était écrasée et Napoléon III arborait le pavillon parlementaire à Sedan.

A partir de cette inexplicable journée du 1er septembre, l'inaction du maréchal, qu'on avait pu prendre jusque-là pour de la mollesse, devint coupable, et l'armée, qui venait d'enlever si brillamment des positions difficiles, l'armée qui ne demandait qu'à combattre, ne fut plus occupée qu'à des travaux de terrassement ou à des démonstrations inutiles, où mouraient sans profit, sinon sans gloire, des centaines de braves gens. Du 1er septembre jusqu'à la fin du siège, commence un travail de tranchées et de redoutes qui élèvera autour de Metz un camp retranché inexpugnable. A quoi bon? L'ennemi ne l'attaquera pas. Mais ce mouvement factice, ce labeur perdu, auront de moins (c'est sans doute ce que pense Bazaine) l'avantage d'occuper l'esprit des soldats, de leur faire croire que la lutte est sérieuse et qu'ils sont encore des combattants, quand ils ne sont plus, eux, les héros de Gravelotte, que des spectateurs.

Bien des officiers cependant se demandaient déjà, non sans une certaine angoisse, pourquoi le commandant en chef n'agissait point, laissait passer les jours et se résignait, avec des forces si considérables, au rôle douloureux d'assiégé. « Tout ce qu'il était loyalement possible de faire pour éviter cette fin (la capitulation) *a été tenté* et n'a pu aboutir, » disait le maréchal Bazaine dans un ordre du jour à son armée, condamnée à déposer les armes. Or, qu'avait-il fait à partir du 2 septembre? Ce n'était cependant pas le mécontentement des officiers qui manquait à lui reprocher son inaction. Il arriva même qu'un jour, devant ce mécontentement de chacun, le maréchal dit d'une *voix élevée*, raconte le lieutenant-colonel d'Andlau : « Eh bien! puisqu'il en est ainsi, nous nous battrons tous les jours. » Parole qu'il eût pu tenir, et ne fut point tenue, car « du 2 au 24 septembre, » il n'y eut que deux affaires insignifiantes. Non-seulement sa situation militaire, mais l'état déplorable de la ville lui commandait alors d'agir. Les privations se faisaient en effet déjà sentir; l'armée n'avait plus de cavalerie, les chevaux étaient envoyés à l'abattoir, le pain rationné, pas de fourrages, pas de sel; le sucre, nous nous en souvenons personnellement, avait failli manquer à Metz dès la fin de juillet. Le maréchal donnait, il est vrai, pour prétexte à son inaction le peu de concours que lui prêtaient les commandants de corps, que « par considération » il n'osait pas briser.

Le prince Frédéric-Charles était au courant de cette situation, et avait pu juger le 31 août « le caractère » du maréchal. Les mécontentements de l'armée redoublèrent lorsqu'on apprit, à Metz, le 7 septembre, par des journaux allemands, et le 12, par un numéro du *Volontaire* du 9, la nouvelle de la capitulation de Sedan et la déchéance de l'empereur; et les Prussiens résolurent aussitôt d'exploiter la démoralisation qu'ils supposaient devoir résulter pour l'armée de la nouvelle de cette catastrophe. C'est le soir que, par une « pluie torrentielle et au milieu d'un ouragan effroyable, » ils bombardèrent le camp pour la première et la seule fois.

D'ailleurs, aucune communication officielle ne vint confirmer l'importante nouvelle qu'apportait le journal. Le maréchal Bazaine et le général Coffinières de Nordeck, gouverneur de Metz, évitèrent soigneusement de parler de tout ce qui pouvait avoir rapport à la reconnaissance du gouvernement provisoire et des événements de Paris.

Seule, une proclamation du maréchal Bazaine à ses troupes disait :

« Un gouvernement s'est constitué... Soldats, nous comptons sur toute votre énergie pour chasser l'ennemi du sol français et *réprimer les mauvaises passions.* »

La nuance ne peut pas échapper, fait observer à ce propos un témoin du siège, surtout lorsqu'on saura que jusqu'au dernier jour, les conseils de guerre ont jugé au nom de l'empereur.

A cette époque, au surplus, Bazaine dissimulait soigneusement ses desseins, et répétait à qui voulait l'entendre : « qu'il ferait fusiller le premier qui parlerait de capitulation (1). »

(1) Voyez une lettre de M. Gautier au journal *la Cloche*, où certains détails sont donnés par un témoin :
L'*Indépendant de la Moselle*, du 22 octobre, allait annoncer, ce qui était fort exact du reste, le voyage du général Boyer auprès de l'impératrice. L'autorité militaire, qui s'était ré-

Depuis longtemps, je le répète, et malgré ses assertions, la conduite que le maréchal allait tenir dans la suite du siège, était décidée dans son esprit. Il voulait simplement devenir l'arbitre du sort de la France, et c'est pourquoi le 14 septembre, il n'hésita pas à entrer en relations avec l'assiégeant, et il écrivit une lettre au prince Frédéric-Charles. Dans sa lettre, le maréchal feignait d'ignorer les événements de Paris et de Sedan, et demandait au prince des renseignements que le lendemain celui-ci, dans une lettre fort courtoise au « commandant en chef de *l'armée impériale française* » lui fournit, en les dénaturant, les aggravant, les amplifiant selon la méthode prussienne. Le prince s'offrait en outre à continuer de tenir le maréchal au courant des événements ultérieurs.

En même temps, connaissance était donnée au maréchal d'un communiqué officiel adressé au *Journal de Reims*, et dans lequel il était dit que le cabinet de Berlin ne pouvait traiter de la paix qu'avec trois personnes : « l'empereur, la régente ou le maréchal Bazaine. » C'était là une offre directe; Bazaine eût volontiers accepté sans doute, mais il redoutait une ruse, il attendit. Seulement, rapporte M. d'Andlau dans son livre capital, le maréchal prit le parti en même temps d'annoncer à ses généraux qu'il ne « tenterait plus rien de sérieux au dehors, » se bornant à améliorer la défense.

---

servé le droit absolu de censure sur tous les journaux, supprima le passage.

Voici, en revanche, les bruits qu'elle répandit sous main. Le roi de Prusse ne voudrait traiter qu'avec un gouvernement constitué, celui qui existait avant le 4 septembre. L'armée devait quitter ses cantonnements : « Demain peut-être, disait le *Vœu national*, elle partira pour une destination inconnue. » — Dans la nuit du 14 au 15, de trois heures à dix heures du matin, on entendit une canonnade lointaine très-vive dans la direction de la route de Briey, entre Gravelotte et Saint-Privat. C'était, nous l'avons su depuis, la sortie de la glorieuse petite garnison de Verdun. On croyait généralement à l'arrivée d'une armée de secours. Bazaine n'ordonna cependant aucun mouvement : il est vrai que la mission du général Boyer durait depuis le 11.

Le 24 octobre, persuadé de la reddition très-prochaine de la ville, je me rendis, accompagné de M. Chanloup, chez le général Saint-Sauveur, grand-prévôt de l'armée. Notre but était de partir le plus tôt possible; nous désirions nous faire donner des sauf-conduits, afin de suivre l'armée, au cas où elle passerait dans le Midi.

Le général nous reçut d'une façon très-courtoise ; la conversation tomba sur les bruits qui circulaient.

— Il nous reste deux portes de sortie, dit-il : capituler, ou partir avec armes et bagages pour aller dans le Midi.

— Mais que faire dans le Midi ? demandai-je.

— Rétablir l'ordre.

(On disait, en effet, que la guerre civile régnait partout; Lille, Rouen et le Havre avaient même demandé des garnisons prussiennes pour échapper aux fureurs des démagogues.)

Je priai ensuite le général de nous donner quelques explications sur le mystérieux départ de Bourbaki.

— Bourbaki a été trouver l'impératrice...

— Et le général Trochu sait-il cela ?

— Non. Bourbaki doit *traiter de la paix avec l'impératrice*, qui va ainsi donner aux Français *une dernière marque de son affection.*

Sur ces entrefaites, une sorte de personnage douteux, agent bonapartiste ou prussien, un M. Régnier, déjà entré en relations avec l'impératrice, alors à Hastings, se présenta au maréchal Bazaine, l'invitant à traiter de la reddition de la place de Metz, afin de faire servir l'armée de la Moselle au *rétablissement de l'ordre*, c'est-à-dire de la dynastie impériale. Acteur énigmatique et vulgaire de ce grand drame, ce M. Régnier avait réussi à se faire donner par l'ex-impératrice, qui ne le connaissait point, une photographie signée du petit prince, et qui lui suffisait, à lui Régnier, pour se présenter à M. de Bismarck, comme le chargé d'affaires de l'impératrice, et à Bazaine comme l'homme de confiance de l'impératrice, agréé par M. de Bismarck. L'auteur du livre que nous avons déjà cité, *Metz, Campagnes et Négociations*, n'hésite pas à croire que ce M. Régnier, qui s'en est défendu depuis dans une brochure assez niaise, était un agent prussien.

« Si M. Régnier, écrit M. d'Andlau, n'était pas un agent prussien, le 14 septembre, le jour où il arriva à Hastings pour se présenter à l'impératrice, il le devint le 20 septembre, à Ferrières, quand il se mit aux ordres du comte de Bismarck pour servir les intérêts de l'Allemagne, contrairement à ceux de la France, et entraîner le maréchal Bazaine dans une voie où son armée serait devenue, pour ainsi dire, l'alliée des troupes prussiennes contre notre propre pays.

« Le 23, il eut avec le maréchal une première entrevue qui se prolongea jusqu'à onze heures du soir, et dans laquelle il lui exposa sans doute le but de sa mission. On connaissait déjà le prétexte de son arrivée : le rapatriement des médecins luxembourgeois ; mais il était évident qu'un pareil sujet n'exigeait pas une conversation aussi longue, à une heure aussi avancée pour les habitudes des camps, et que ce parlementaire mystérieux cachait sous son habillement bourgeois un personnage chargé d'une mission politique. »

L'armée de Metz fut inquiète lorsqu'elle apprit qu'à la suite de cet entretien, le général Bourbaki avait obtenu de quitter Metz pour se rendre auprès de l'impératrice. M. Régnier avait réussi à faire croire au général qu'on l'appelait à Londres, qu'il était de l'intérêt même de l'armée de s'y rendre. Bourbaki n'eut pas plus tôt quitté Metz qu'il en éprouva une rougeur et une colère violentes. Lorsqu'il arriva en Angleterre, l'impératrice nia tous les arrangements dont on avait parlé et le général s'aperçut trop tard qu'il était tombé dans un piège allemand. En effet, Bazaine avait, grâce à ce M. Régnier, perdu encore quelques jours d'un temps précieux. Vainement Bourbaki, se voyant berné, sollicita de l'ennemi la permission de rentrer dans Metz, de rejoindre ses soldats qu'il avait eu le grand tort de quitter, on lui refusa cette grâce. « Je suis donc perdu dans mon honneur de soldat! » se dit avec effroi le général. Et, aussitôt, pour combattre encore, il se rendit à Tours pour se mettre à la disposition du gouvernement de la défense nationale.

On était alors au 15 octobre environ. Depuis le départ de Bourbaki, l'opinion publique s'était montrée assez inquiète et défiante. Certaines choses inexplicables en apparence lui paraissaient malheureusement trop expliquées. Pour donner le change aux préoccupations, le maréchal ordonne, çà et là, quelques petites reconnaissances où les troupes engagées se montrent à la hauteur de leur réputation. Le 27 septembre, les soldats du général Lapasset enlèvent le village de Peltre, en délogent l'ennemi, enlèvent ses approvisionnements et ramènent des bestiaux, veaux, vaches, cochons et chèvres. Sans la trahison d'un espion, on prenait là aux Prussiens un troupeau de deux cents bœufs.

Pendant que la brigade Lapasset emportait Peltre, le 90e et le 60e de ligne s'emparaient du château de Mercy, massacrant les Prussiens qui s'y étaient retranchés. Sur d'autres points encore, à la Grange-aux-Bois, à Colomby, à Woippey, nos attaques étaient couronnées de succès. Vers ce dernier point, les voltigeurs de la garde, avec une alacrité superbe, enlevaient à la baïonnette le château de Ladonchamps, que nous devions conserver jusqu'à la capitulation, et, malgré le feu des batteries ennemies, s'emparaient des villages des Maxes, de Saint-Rémy, des Grandes et des Petites-Tapes, en faisant dans ces villages 800 prisonniers aux Prussiens. Puis, sous les décharges convergentes de 40 canons, ils se maintenaient jusqu'à la nuit sur ces positions brillamment emportées.

Et l'on rentra. « Cette opération, dit le général Deligny, fut la dernière de la campagne. Les troupes de l'armée du Rhin ne franchiront plus désormais, en armes, les limites de leurs camps respectifs. Elles sont ensevelies vivantes et bien vivantes. Leur agonie date de cette époque. »

Aux plaintes et aux craintes des habitants de Metz, à leurs demandes de renseignements, à leur soif de nouvelles, le maréchal répondait évasivement « *qu'ils eussent confiance dans sa loyauté.* » Des bruits vagues de victoires sous Paris circulaient dans la ville assiégée. Le maréchal répondit qu'il n'en savait rien. Il ne démentait pas, il n'affirmait pas, il attendait. Un peu plus tard, à une démarche patriotique du conseil municipal de Metz, demandant d'user de l'*ardent concours* de la *population messine*, incapable de faiblesse, le général Coffinières répondait qu'il importait surtout d'*exclure la politique des préoccupations actuelles* et que, si les ressources en vivres paraissaient si minces aux habitants, il était inutile de récriminer sur le passé et d'en rejeter la responsabilité sur les uns ou sur les autres. Cependant, pour tenir en haleine et les Messins et l'armée, on parlait, tout bas, de temps à autre, d'une sortie possible. « On promit, écrit un officier de cette armée de Metz, dont le nom douloureusement célèbre reviendra souvent sous notre plume et qui ne songeait alors qu'à la patrie; J. N. Rossel affolé de colère en présence de l'inaction de Bazaine, on promit une grande bataille. L'armée se tint prête à partir, on versa 3,000 typhoïdes et dyssentériques des ambulances, et on fit savoir à la ville, déjà transformée en hôpital par la présence de près de 20,000 blessés et malades, que la prochaine bataille lui donnerait 10,000 blessés nouveaux (1). » Ce n'était là qu'un mensonge pour faire prendre patience à ces malheureux soldats affaiblis par les privations, tristes, demandant à combattre et qui se laissaient prendre à ces lueurs d'espoir, à ces feux follets de prochains combats. Hélas! l'armée était matériellement bien affaiblie pour cette lutte suprême. « Le 1er octobre, ajoute Rossel, il était encore possible de se battre, mais le 15, la cavalerie et l'artillerie étaient ruinées par le manque de fourrages. L'artillerie avait commencé à rendre ses pièces à l'arsenal, sous prétexte qu'on ne pouvait plus les atteler. »

Tandis que les opérations militaires étaient nulles, les négociations politiques étaient entamées avec l'ennemi. Le 10 octobre, le général Boyer, premier aide de camp du général Bazaine *et son confident*, ajoute le général Deligny, partait pour Versailles, muni des pouvoirs nécessaires pour traiter de la reddition de Metz. Son départ était décidé depuis le 8, jour où le maréchal avait adressé aux commandants de corps un mémoire où, parlant de l'état critique de son armée, il affirmait notamment qu'il *ne restait plus en réserve que pour sept jours de vivres*, ce qui était faux. Le rouge monta au front de plus d'un lorsque apparut cette humiliante perspective de capitulation. Beaucoup proclamaient qu'ils mourraient à la tête de leurs troupes plutôt que de souscrire à des conditions humiliantes.

Le 17, dans la soirée, *sept jours après son départ*, le général Boyer revenait de Versailles, rapportant des nouvelles déplorables. Trompé par les Prussiens, dont il avait traversé les lignes dans une voiture du roi Guillaume, le général Boyer avait reçu de M. de Bismarck au quartier général de Versailles les renseignements les plus alarmants sur l'état de la France : Paris était livré à l'anarchie, le parti de Rochefort y attaquait celui de Trochu, le gouvernement de la défense s'est sauvé de Paris en ballon, le drapeau rouge est arboré en province : pour sauver la France de ce désastre intérieur, l'armée de Metz doit assurer en France, protéger l'indépen-

---

(1) *La défense de Metz*, par Rossel, capitaine du génie (Paris). In-8. 1871.

Parlementaires au pont de ... res pendant les négociations pour l'armistice.

dance des votes, la réunion d'un Corps législatif et la proclamation de la régence. M. de Moltke y consent, et si le maréchal Bazaine accepte les conditions, il est libre d'aller défendre *l'ordre* et de se faire le tuteur de la régence en abandonnant Metz à l'ennemi. Telles étaient les nouvelles désastreuses que rapportait, dans sa crédulité, le général Boyer. Lorsqu'il eut achevé cette fausse peinture de la situation intérieure de la France, il fut décidé par le conseil de guerre, à la majorité de sept voix contre deux, que le général Boyer retournerait à Versailles et de là se rendrait en Angleterre dans l'espoir que l'intervention de *l'impératrice-régente* (Bazaine écrit le mot dans son *rapport sommaire*) obtiendrait des conditions plus favorables du roi de Prusse. Le 19 octobre, une communication, que le quartier général désavouait plus tard, mais dont il profita, était, sous l'inspiration du maréchal, faite à tous les régiments. La voici, dans toute son écrasante fausseté :

« Messieurs les colonels préviendront leurs officiers, que :

« 1° L'anarchie la plus complète règne à Paris ;

« 2° Rouen et le Havre ont demandé des garnisons prussiennes pour maintenir l'ordre ;

« 3° L'armée de la Loire a été battue près d'Orléans ;

« 4° La Prusse ne veut traiter qu'avec la dynastie déchue ; la régence serait représentée par le maréchal Bazaine ;

« 5° Le général Boyer serait parti pour demander à l'impératrice son acquiescement ;

« 6° L'armée ne touchera pas de vivres demain et après-demain. On lui donnera du vin et de la viande. On engage les troupes à ne pas crier ; dans trois jours elles quitteront Metz, avec le consentement prussien pour aller rétablir l'ordre en France ;

« 7° On demande aux chefs de faire de nombreuses propositions pour la médaille et la croix ;

« 8° Les officiers toucheront aujourd'hui la solde de novembre.

« Metz, 19 octobre. »

Ces nouvelles attristantes furent reçues par l'armée avec un désespoir profond, morne, absolu. On ne pouvait croire à tant de malheurs à la fois. Déjà les privations, la famine, avaient singulièrement débilité, non pas les courages, mais les corps. On avait vu des soldats français se glisser jusqu'aux avant-postes ennemis pour obtenir d'eux du riz, des pommes de terre. Ces héros devenaient maraudeurs. D'autres se nourrissaient de glands. Sous les pluies torrentielles d'octobre, ces malheureux, accablés, couchant dans la boue, laissaient le vent et la bourrasque arracher leurs tentes, les emporter, et n'avaient même plus l'énergie de les relever. Tout s'écroulait en eux avec l'espoir de vaincre. Pourtant quand on leur dit que les vivres allaient manquer, qu'il fallait en trouver pour donner le temps de tenter une sortie nouvelle, — car, malgré les derniers renseignements, les officiers croyaient à un dernier combat, — les soldats improvisèrent littéralement des réserves ! « En cherchant, en fouillant, les soldats, dit un témoin (1), ont trouvé en quelques heures du blé, des moulins ; bientôt des boulangers improvisés, se relayant aux fours, ont dans trente-six heures, fabriqué trois jours de biscuit. Comment l'administration militaire n'a-t-elle pas découvert ces ressources ! si elle avait employé son personnel à des recherches aussi fructueuses que celles qui ont été faites par les corps, nous n'aurions pas vu le 23 la ration de pain descendue à 200 grammes ! Et quel pain ! »

Le 24, le gouverneur militaire de la ville de Metz déclare, mais un peu tard, au conseil municipal, qu'il n'y a plus de vivres que jusqu'au 29 septembre ! La presse, cette fois, cette presse qui, depuis longtemps, est soumise à la censure du général Coffinières, et qui se voit rayer des colonnes entières de renseignements, et fait paraître ses journaux avec des *blancs*, des vides énormes, la presse a toute liberté pour annoncer ces mauvaises nouvelles. On apprenait en même temps, on se répétait tout bas qu'une lettre de Frédéric-Charles annonçait la complète rupture des négociations, sous prétexte que l'impératrice refusait tout arrangement. Ainsi la vérité, la cruauté de la situation apparaissait dans toute son horreur. Depuis un mois, au lieu de se battre, Bazaine négociait. Soldat au repos, il s'était cru peut-être un politique habile. Mais la ruse prussienne démolissait brusquement toutes ses combinaisons de Machiavel soudard. L'armée n'avait plus de pain, la maladie l'épuisait, la décimait. Il y avait dans la ville de Metz soixante-cinq ambulances municipales ou particulières, toutes étaient pleines. On y soigna, durant le siège, près de 22,000 blessés ou malades. Cette superbe armée de Rézonville et de Gravelotte, qui avait fait sentir durement à l'ennemi le poids de sa valeur, elle errait maintenant, hâve et défaite, dans la boue du Ban-Saint-Martin. Les chevaux épuisés se traînaient, mourants, sur les routes, dévorant les écorces des arbres ou se nourrissant de leurs crinières. Six semaines auparavant, que n'eût-on pu demander à ces 137,000 hommes, si désireux de combattre ? Maintenant harassés, sans force, sans espoir, livides et sombres, ils n'avaient plus au cœur que le désespoir.

Après avoir hésité à combattre, perdu le temps,

---

(1) *Trois mois sous Metz*, par un officier d'infanterie à l'armée du Rhin. (Lille, A. Degans, édit.)

compromis la France, il fallait se rendre. Bazaine touchait enfin au dénoûment préparé, mais la politique prussienne faisait avorter ses projets de régence.

Sur la proposition du maréchal Canrobert, le général Changarnier fut désigné pour la douloureuse mission d'aller demander à l'ennemi ses conditions.

Le lendemain, le prince Frédéric-Charles envoya au-devant de Changarnier deux de ses aides de camp. Il reçut le général avec cette courtoisie, élégante, correcte et hautaine de ces vainqueurs. Il parla, du reste, de l'armée du Rhin dans les termes de la plus haute estime. Changarnier demanda que l'armée française, en rendant la place de Metz, pût se retirer en Afrique avec armes et bagages. Mais le prince Frédéric-Charles, quoique visiblement sympathique à l'émotion du général, ne lui donna pas même l'espoir de transmettre cette proposition à Versailles... Et cependant l'échec fut moins complet que ne le croyait Changarnier en s'éloignant du château de Corny (1).

Lorsque, soixante heures après, le général Stiehle, chef d'état-major de l'armée allemande et le chef d'état-major de l'armée du Rhin, le général Jarras, muni des pleins pouvoirs du maréchal Bazaine, signèrent le traité dont les conditions étaient déjà connues et arrêtées; le général Stiehle offrit, en souvenir de la négociation de Changarnier, de neutraliser un bataillon, de le faire sortir avec armes et bagages, drapeau déployé, et de le renvoyer en Algérie.

Le général Jarras a depuis nié le fait dans une lettre rendue publique, mais Changarnier continue à l'affirmer, et un écrivain militaire, M. Wachter, s'exprime ainsi, à ce propos : « Le fait des honneurs militaires concédés par le prince Frédéric-Charles, et refusés par M. Bazaine, est incontestable. Cette clause favorable se trouve mentionnée dans une lettre, en date du 27 octobre, adressée par le général de Stiehle, chef d'état-major du prince, au commandant en chef français. Le maréchal avait refusé pour son armée les honneurs de la guerre, afin de ne pas avoir à se montrer à ses soldats, auxquels il se savait peu sympathique. Jamais d'ailleurs il ne s'était adressé à leur cœur, à leur âme, jamais, après les batailles les plus sanglantes, un mot de remerciement ou d'éloge n'était tombé de ses lèvres. Drapé dans son égoïsme, il s'était exclusivement préoccupé de ses bagages, de ses appointements, et des moyens de tirer le parti le plus avantageux des malheurs de la France. »

Au surplus, tout cela n'est rien, comparé à l'histoire de la reddition des drapeaux, où nous retrouvons tout entier l'ancien général en chef du Mexique, que bien des gens ont considéré, pendant longtemps, comme la victime de son obéissance aux ordres de son gouvernement.

Le protocole de la capitulation, signée au château de Frescaty par M. le général Jarras et le général von Stiehle, disait à l'article 3 : « Les armes, ainsi que tout le matériel de l'armée, consistant en *drapeaux*, *aigles*, canons, etc., seront laissés à Metz et dans les forts pour être remis immédiatement à des commissaires prussiens. »

Mais comment faire entendre aux officiers supérieurs, et surtout aux régiments, que leurs enseignes devaient être *livrées* à l'ennemi? Comment arracher à ces soldats les emblèmes de leur courage, ces drapeaux qui représentaient pour eux, quoique surmontés encore des aigles, la patrie, le foyer, le devoir, la France, l'honneur, toutes ces choses bafouées, dont se souciait si peu le commandant en chef? Comment? Des lettres du maréchal ont été retrouvées qui nous l'apprennent, et d'ailleurs le général Bisson, commandant la 2ᵉ division du 6ᵉ corps d'armée, nous avait déjà fait connaître ce qu'il nomme une *dernière infamie*.

Le maréchal écrivit aux chefs de corps une lettre semblable à celle-ci :

« *A S. E. le maréchal Canrobert, commandant le 6ᵉ corps.*

Au grand quartier-général, Ban-Saint-Martin, 27 octobre 1870.

« Monsieur le maréchal,

« Veuillez donner des ordres pour que les aigles des régiments d'infanterie de votre corps d'armée soient recueillies demain matin de bonne heure, par les soins de votre commandant d'artillerie, et transportées à l'Arsenal de Metz, où la cavalerie a déjà déposé les siennes ; vous préviendrez les chefs de corps qu'elles y seront brulées.

« Ces aigles, enveloppées de leurs étuis, seront emportées dans un fourgon fermé, le directeur de l'Arsenal les recevra et en délivrera des récépissés aux corps.

« *Le maréchal commandant en chef,*

« *Signé :* Bazaine. »

Cette dépêche avait été écrite dans les bureaux de l'état-major général. Le lendemain, 28, l'ordre suivant était adressé au directeur de l'Arsenal :

CABINET DU MARÉCHAL
COMMANDANT EN CHEF

Ban-Saint-Martin, 18 octobre.

« Ordre,

« D'après la convention militaire signée hier soir 27 octobre, tout le matériel de guerre, éten-

(1) Voyez le discours du général au Corps législatif (déjà cité).

dards, etc., doit être déposé, inventorié et conservé intact jusqu'à la paix : les conditions définitives de la paix doivent seules en décider.

« En conséquence, le maréchal commandant en chef prescrit, de la manière la plus formelle, au colonel de Girels, directeur d'artillerie à Metz, de recevoir et de garder en lieu fermé tous les drapeaux qui ont été ou qui seront versés par les corps. Il ne devra, *sous aucun prétexte*, rendre les drapeaux déjà déposés, de quelque part que la demande en soit faite. Le maréchal commandant en chef rend le colonel de Girels responsable de l'exécution de cette disposition, qui intéresse au plus haut degré le maintien des clauses de la *convention honorable* qui a été signée et l'HONNEUR DE LA PAROLE DONNÉE.

« *Le maréchal commandant en chef,*

« *Signé :* BAZAINE.

« *A M. le colonel de Girels, directeur de l'Arsenal de Metz.* »

« Ainsi donc, écrit le général Bisson, nouveau mensonge : les aigles n'ont pas été brûlées, mais bien livrées à l'ennemi comme le dernier trophée de notre honte. »

Toutes, cependant, ne le furent pas. L'armée, devant cette humiliation suprême, recula. Des officiers des grenadiers de la garde prirent le drapeau du régiment, le déchirèrent et le partagèrent, en serrant les lambeaux sacrés sur leur poitrine. Comme le colonel arrivait au milieu de ce sacrifice, un sous-lieutenant jeta l'aigle à ses pieds, disant : « Tenez, prenez ça, c'est pour vous ! » Les zouaves de la garde suivirent l'exemple ; leur drapeau, déchiré, fut sauvé. Cette religion du drapeau, qui représente la patrie, les soldats la conservaient intacte. Il y a, à Strasbourg, dans cette terre aujourd'hui allemande, un officier, tué au rempart, et qu'on a enterré avec le drapeau du régiment dans sa bière.

Cependant, depuis le 26 octobre, des bruits alarmants circulaient dans Metz. Le mot honteux de capitulation était prononcé. A l'hôtel du Nord, où se réunissaient les libéraux de l'armée, on résolut de protester, on parla d'organiser, de concert avec la garde nationale, une résistance suprême, de tenter une trouée. On ferait sonner le tocsin, battre le rappel, les hommes de bonne volonté suivraient et on se jetterait sur l'ennemi, essayant de le trouer, de rejoindre l'armée de la Loire, combattant en partisans. Le général Clinchant et le colonel Boissonnet, colonel du génie, devaient être mis à la tête de ce corps d'armée improvisé de volontaires. Le commandant Villenois y faisait déjà signer une protestation contre la reddition de Metz. Clinchant acceptait, pourvu, disait-il, qu'on réunît 15 ou 20,000 hommes. Au dernier moment, il ne parut point. Bazaine l'avait fait appeler et *sermonné*. Les fusils, les drapeaux, les mitrailleuses étaient déjà portés à l'Arsenal. On désarmait le 4e corps. On s'inscrivait cependant pour partir. Le soir, le capitaine Rossel rencontre, dans la rue des Clercs, le général Clinchant : « Eh bien ! dit celui-ci, cela n'a pas réussi. — Non, mon général, répondit Rossel, ceux qui nous avaient engagés nous ont abandonnés. — Et qui donc ? — Mais, mon général, vous-même. — Moi ? Mais pas du tout. J'attendais chez le capitaine Chéry. D'ailleurs il n'y avait que 4,000 hommes. — Oui, mais ce soir vous en auriez eu 20,000. »

Ce soir-là, le commandant Laperche convoquait pour neuf heures du soir, sur la route de Sarrebrück, ceux qui voudraient partir, en désespérés, en fous, protestant contre ce dénoûment en sacrifiant leur vie. Il ne se trouva là qu'une poignée d'hommes, mais toute l'armée, bien dirigée, eût volontiers tenté l'aventure. Il était bien tard cependant, et ces pauvres gens épuisés n'eussent pas fourni une longue traite. Quel écroulement !

A Metz, dans la ville, l'animation était grande. La *Mutte*, la grosse cloche de la cathédrale, sonnait à toute volée. C'était le tocsin. Des gardes nationaux, en armes, accouraient. On chantait la *Marseillaise*. M. Collignon, à cheval, appelait les Messins à la résistance. On arborait enfin, au lieu du drapeau impérial, maintenu par Bazaine, le drapeau de la République. Un bataillon de voltigeurs de la garde avait été appelé et demeurait l'arme aux pieds. Il n'eût certes point tiré sur la foule ; ces soldats demeuraient mornes, silencieux, mordant leurs moustaches. Ils souffraient horriblement. Sur la place d'Armes, à Metz, se dresse la statue de Fabert. On lit cette inscription sur le socle : « *Si pour empêcher qu'une place forte que le roi m'a confiée ne tombât au pouvoir des ennemis, il fallait mettre à une brèche ma famille, ma personne et tout mon bien, je ne balancerais pas un moment à le faire* ». Paroles superbes qui soufflètent du fond du passé la lâcheté du présent. Le 29, au matin, le matin de ce jour où les Prussiens devaient entrer dans Metz, la statue du héros messin Fabert fut couverte d'un voile noir.

Ils allaient donc entrer ? Metz l'inviolée, *Metz la pucelle* allait entendre dans ses rues le bruit lourd des talons allemands et le galop des chevaux germains ? Le jour était sinistre, jaune, pluvieux, boueux. A Metz, toutes les portes closes. Les Allemands, musique en tête, entraient comme une houle humaine dans une ville morte. Fantassins, cavaliers, artilleurs, convoyeurs, équipages, défilaient musique en tête. Leur joie insultait à ce deuil silencieux et sombre des Lorrains conquis, livrés. Et, pendant que leurs bataillons lugubres envahissaient la cité, là-bas, hors des murs, les

M. VAUTRAIN (maire du 4e arrondissement).

M. BONVALET (maire du 3e arrondissement).

M. DESMAREST (maire du 9e arrondissement).

M. DUBAIL (maire du 10e arrondissement).

soldats français défilaient devant leurs ennemis. Pauvre armée, si vaillante, si belle deux mois auparavant, et, maintenant, comme un troupeau, conduite à l'étranger devenu le maître ! Il y avait des adieux déchirants, des scènes atroces, impossibles à décrire, des explosions de patriotiques douleurs. Tous pleuraient, chefs et soldats. Les vieux *crinéens*, les *mexicains* bronzés, ceux de Sébastopol et de Palestro regrettaient de n'être pas morts plus tôt. C'était pitié de voir, comme eût dit Tavannes, « *ces gens vaincus sans victoire, désarmez sans voir les ennemis, avec leurs visages tristes, tesmoignans le regret de leurs cœurs* ». En passant devant l'ennemi, plusieurs régiments, notamment le 62e, ont crié : « Vive la France ! » L'ennemi a salué.

Bazaine était déjà parti. Il dînait en famille, dans un château voisin. Le matin, il avait reçu, en réponse à une nomination de chevalier de la Légion d'honneur, accordée à M. Émilien Bouchotte, riche minotier, descendant du ministre républicain, qui avait rendu de réels services à l'armée et à la ville, les lignes suivantes : « *Je ne veux pas recevoir une décoration dont le brevet est signé de la même encre que la capitulation de l'armée et de celle de ma ville natale.* »

Ainsi, c'en était fait. Le prince Frédéric-Charles pouvait dire, dans l'ordre du jour à son armée : « La puissance de la France est brisée à jamais. » Son Altesse se trompe. La France est vivace et durable. *Jamais* est un mot que le destin efface bien tôt. « *Grâces soient rendues à la Providence,* » s'écriait le roi Guillaume. Et la dépêche prussienne annonçait (ce qui était vrai) que le nombre des prisonniers faits à Metz s'élevait à 173,000 soldats, 3 maréchaux et 6,000 officiers. Jamais l'histoire n'avait enregistré un tel désastre. Dans son ordre du jour, Bazaine vainement parlait des capitulations de Masséna, de Kléber, de Gouvion-Saint-Cyr, il n'avait qu'un nom à citer, celui de Dupont. La capitulation de Metz était un Baylen agrandi (1).

Bazaine avait-il fait son devoir, lorsqu'il laissait, le 14 septembre, employer le blé à la nourriture des chevaux de l'armée ? Avait-il fait son devoir, lorsqu'une pétition des habitants de Metz remise au maire, M. Félix Maréchal, le 30 septembre, demandait que l'armée agît enfin, *parce que l'insuccès lui-même vaut mieux que l'inaction*? Avait-il fait son devoir, lorsque subordonnant l'intérêt de la France à l'intérêt de l'empire, il forçait ses soldats à attendre l'épuisement de la patrie pour y ramener cette chose qui régnait à Paris au lendemain de décembre, comme jadis à Varsovie, et qui s'appelle *l'ordre* ? Avait-il fait son devoir, lorsqu'après avoir perdu 40,553 hommes dans les combats du 15 août au 1er septembre, il en perdait seulement 1,927 du

(1) L'armée livra à l'ennemi près de 500 pièces de campagne, 150,000 fusils, 13,000 chevaux, cinq forts armés de 643 pièces de canon et l'immense matériel de l'arsenal, accumulé depuis 1815.

1er septembre au 27 octobre? L'opinion des Messins est unanime sur la conduite du maréchal. Elle demande et attend justice. Lorsque Bazaine traversa sous les huées Ars-sur-Moselle après la capitulation, les femmes lui jetèrent des pierres. Il put ensuite rejoindre en Allemagne son maître, et il attend aujourd'hui que le conseil de guerre ait jugé sa conduite.

Et, pendant ce temps, des caporaux prussiens font la loi dans la cité de Fabert. On aperçoit des casques reluire aux portes de cette ville que nul étranger n'avait souillée. Le vide se fait dans les maisons françaises, des enseignes allemandes apparaissent au-dessus des boutiques, à l'angle des rues. Et, par une superstition consolante, les Messins regardent le drapeau tricolore qui flotte toujours, à demi déchiré, au sommet de la cathédrale. Des soldats prussiens ont essayé de monter l'arracher; l'un s'est brisé les jambes, l'autre les reins. Le drapeau demeure encore sur la flèche. Consolation amère des vaincus! Ils se demandent quand viendra le jour où les trois couleurs flotteront de nouveau sur les monuments de Metz. Alors les Prussiens fortifient la ville, élargissent le fort Saint-Quentin, construisent des redoutes aux flancs de Plappeville. Qu'importe ! L'heure sonnera où Metz, la vaillante Metz, délivrée peut-être par cette même armée qui l'eût défendue sans son chef, redeviendra Metz la Française !

DOCUMENTS COMPLÉMENTAIRES DU CHAPITRE VII

N° 1.

PROTOCOLE DE LA CAPITULATION DE METZ.

Entre les soussignés, le chef d'état-major général de l'armée française sous Metz, et le chef de l'état-major de l'armée prussienne devant Metz, tous deux munis des pleins pouvoirs de Son Excellence le maréchal Bazaine, commandant en chef, et du général en chef Son Altesse Royale le prince Frédéric-Charles de Prusse,

La convention suivante a été conclue :

Art. 1er. L'armée française placée sous les ordres du maréchal Bazaine est prisonnière de guerre.

Art. 2. La forteresse de la ville de Metz, avec tous les forts, le matériel de guerre, les approvisionnements de toute espèce et tout ce qui est propriété de l'État, seront rendus à l'armée prussienne dans l'état où tout cela se trouve au moment de la signature de cette convention.

Samedi, 29 octobre, à midi les forts de Saint-Quentin, Plappeville, Saint-Julien, Queuleu et Saint-Privat, ainsi que la porte Mazelle (route de Strasbourg), seront remis aux troupes prussiennes.

A dix heures du matin de ce même jour, des officiers d'artillerie et du génie, avec quelques sous-officiers, seront admis dans lesdits forts, pour occuper les magasins à poudre et pour éventer les mines.

Art. 3. Les armes ainsi que tout le matériel de l'armée, consistant en drapeaux, aigles, canons, mitrailleuses, chevaux, caisses de guerre, équipages de l'armée, munitions, etc., seront laissés à Metz et dans les forts à des commissions militaires instituées par M. le maréchal Bazaine, pour être remis immédiatement à des commissaires prussiens. Les troupes, sans armes, seront conduites, rangées d'après leurs régiments ou corps, et en ordre militaire, aux lieux qui sont indiqués pour chaque corps.

Les officiers rentreront alors, librement, dans l'intérieur du camp retranché ou à Metz, sous la condition de s'engager sur l'honneur à ne pas quitter la place, sans l'ordre du commandant prussien.

Les troupes seront alors conduites par leurs sous-officiers aux emplacements de bivacs. Les soldats conserveront leurs sacs, leurs effets et les objets de campement (tentes, couvertures, marmites, etc.).

Art. 4. Tous les généraux et officiers, ainsi que les employés militaires ayant rang d'officiers, qui engageront leur parole d'honneur par écrit de ne pas porter les armes contre l'Allemagne, et de n'agir d'aucune autre manière contre ses intérêts jusqu'à la fin de la guerre actuelle, ne seront pas faits prisonniers de guerre; les officiers et employés qui accepteront cette condition, conserveront leurs armes et les objets qui leur appartiennent personnellement.

Pour reconnaître le courage dont ont fait preuve pendant la durée de la campagne les troupes de l'armée et de la garnison, il est en outre permis aux officiers qui opteront pour la captivité, d'emporter avec eux leurs épées ou sabres, ainsi que tout ce qui leur appartient personnellement.

Art. 5. Les médecins militaires sans exception resteront en arrière pour prendre soin des blessés; ils seront traités d'après la convention de Genève; il en sera de même du personnel des hôpitaux.

Art. 6. Des questions de détail concernant principalement les intérêts de la ville sont traitées dans un appendice ci-annexé, qui aura la même valeur que le présent protocole.

Art. 7. Tout article qui pourra présenter des doutes sera toujours interprété en faveur de l'armée française.

Fait au château de Frescaty, 27 octobre 1870.

Signé : L. JARRAS.   STICHLE.

N° 2.

ORDRE GÉNÉRAL N° 12.

A *l'armée du Rhin.*

Vaincus par la famine, nous sommes contraints de subir les lois de la guerre en nous constituant prisonniers. A diverses époques de notre histoire militaire, de braves troupes, commandées par Masséna, Kléber, Gouvion-Saint-Cyr, ont éprouvé le même sort, qui n'entache en rien l'honneur militaire, quand, comme vous, on a aussi glorieusement accompli son devoir jusqu'à l'extrême limite humaine.

Tout ce qu'il était loyalement possible de faire pour éviter cette fin a été tenté et n'a pu aboutir.

Quant à renouveler un suprême effort pour briser les lignes fortifiées de l'ennemi, malgré votre vaillance et le sacrifice de milliers d'existences, qui peuvent encore être utiles à la patrie, il eût été infructueux, par suite de l'armement et des forces écrasantes qui gardent et appuient ces lignes; un désastre en eût été la conséquence.

Soyons dignes dans l'adversité, respectons les conventions honorables qui ont été stipulées, si nous voulons être respectés comme nous le méritons. Évitons surtout, pour la réputation de cette armée, les actes d'indiscipline, la destruction d'armes et de matériel, puisque, d'après les usages militaires, place et armement devront faire retour à la France lorsque la paix sera signée.

En quittant le commandement, je tiens à exprimer aux généraux, officiers et soldats, toute ma reconnaissance pour leur loyal concours, leur brillante valeur dans les combats, leur résignation dans les privations, et c'est le cœur brisé que je me sépare de vous.

Le maréchal de France, commandant en chef,

BAZAINE.

CHAPITRE VIII

SIÉGE DE PARIS (du 1er au 14 novembre).

Le lendemain du 31 octobre. — La date des élections est reculée. — Le plébiscite parisien. — La Commune, les élections municipales. — Les arrestations. — L'armistice. — M. Thiers à travers l'Europe, à Tours et à Versailles. — Rejet de l'armistice. — Paris s'organise militairement. — Nomination du général Clément Thomas au commandement supérieur des gardes nationales. — Proclamation mélancolique du général Trochu. — Nouvelle de la victoire de Coulmiers. — Documents complémentaires.

Paris, après la dramatique nuit du 31 octobre au 1er novembre, s'éveilla, sans trop savoir sous quel gouvernement il se trouvait. Il apprit à la fois le résultat de l'échauffourée, la délivrance des membres de la défense nationale et la convocation des électeurs au scrutin pour la composition des municipalités. Bien des faits, encore inconnus, s'étaient passés durant ces heures de nuit. Ainsi, pendant que M. Jules Vallès, s'emparant de la mairie du dix-neuvième arrondissement, mettait le maire, M. Richard, en état d'arrestation, et distribuait à ses hommes les vivres et le vin mis en réserves dans la mairie, M. Louis Noir, le frère de Victor Noir, courait à la tête du bataillon qu'il commandait, délivrer le maire gardé à vue. « Je vous réponds de Richard, » avait-il dit à M. Étienne Arago. Devant les gardes nationaux de Louis Noir, Jules Vallès et les siens s'échappèrent. M. Richard avait été, comme les membres du gouvernement, remis en liberté.

La population parisienne, à son réveil, le 1er décembre, était disposée à procéder sur-le-champ aux élections municipales. Pour les uns, ce vote représentait l'élection des municipalités demeurant dans leurs attributions; pour les autres, il signifiait l'élection de la Commune, pouvoir politique, non pas subordonné, mais accolé au gouvernement de la défense. J'ai signalé déjà le danger politique qui pouvait exister à voir dans Paris deux pouvoirs distincts, l'un issu du suffrage populaire comme allaient l'être les municipalités, l'autre seulement nommé d'acclamation comme l'était encore le gouvernement de la défense. Ce danger, je le répète, les plus radicaux l'avaient déjà montré, entre autres M. Ranc, qui n'était point d'avis qu'on procédât à l'élection des magistrats municipaux.

Le gouvernement de la défense était encore contesté dans son origine, et les clubs, d'accord en cela avec les organes de la réaction, ne cessaient de récriminer contre le procédé révolutionnaire qui l'avait amené au pouvoir. Le malheur de notre pays, malheur profond, est celui-ci que les individus ne savent pas immoler leur propre intérêt et leur propre ambition au salut de l'État. Les partis ont toujours demandé à une révolution victorieuse, non pas le bonheur du plus grand nombre, mais le triomphe de leur secte. Un homme d'une netteté de vues singulière et d'une probité absolue, mais aigri par le malheur, la longue souffrance et la longue attente, le vieux Charles Delescluze disait, le 4 septembre au soir : « Est-ce une République, le gouvernement qui n'utilise pas le dévouement de Delescluze? » Ainsi, avec moins de titres que le proscrit, raisonnaient tous ceux qui attendaient de la République quelque faveur personnelle. Les vertus républicaines sont cependant l'abnégation, le sacrifice à la patrie, l'oubli de soi-même devant les autres et le sincère acquiescement aux nécessités du présent par les hommes qui veulent assurer l'avenir.

Le membres de la défense nationale, au lendemain du 31 octobre, se trouvèrent donc placés devant cette difficulté : ou procéder aux élections et s'effacer alors devant les élus, ou, avant de laisser élire les municipalités par les citoyens, demander à Paris s'il entendait leur maintenir, par le vote, les pouvoirs qu'il leur avait conférés par l'acclamation. C'était, malheureusement, revenir à un mode de votation très-vicieux et très-perfide, le plébiscite, opération césarienne, question insinuante, réponse falsifiée ou plutôt réponse momentanée, dont le plébiscite du lendemain démontrera, par une réponse contraire, l'inanité. Mais, à cette heure, le gouvernement parisien pouvait tout oser, tout demander à la population. Le coup d'État

HISTOIRE DE LA RÉVOLUTION DE 1870-71.

Le Siège de Paris. — Cantines municipales.

tenté, le 31 octobre, par une poignée d'hommes, donnait une force nouvelle et imprévue à cette réunion de gouvernants dont on contestait, la veille, les capacités et les titres. Ainsi les exagérations et les appels à la force n'ont jamais servi qu'à assurer le triomphe des idées que les exagérés veulent détruire et ces coups d'audace n'ont, hélas! l'histoire le prouve cruellement, jamais amené que les tyrannies et les réactions.

Le gouvernement avait décidé, pendant sa séance de nuit, que les élections, promises pour le 1ᵉʳ novembre, seraient ajournées. Ce fut une faute, en ce sens que ce retard donnait à tout un parti l'occasion de déclarer que, le gouvernement manquant à sa parole, le vote à venir n'avait plus de signification. On pouvait fort bien, le jour même du 1ᵉʳ novembre, nommer des magistrats municipaux et maintenir au gouvernement ses pouvoirs. Dès le matin du 1ᵉʳ novembre, l'affiche suivante avait été placardée à la porte des mairies des vingt arrondissements de Paris :

RÉPUBLIQUE FRANÇAISE

Ministère de l'intérieur.

« L'affiche publiée hier, pendant que les membres du gouvernement étaient gardés à vue, annonce des élections matériellement impossibles aujourd'hui, et sur l'opportunité desquelles le gouvernement veut connaître l'opinion de la majorité des citoyens. En conséquence, il est interdit aux maires, sous leur responsabilité, d'ouvrir le scrutin.

« La population de Paris votera jeudi prochain par OUI ou par NON sur la question de savoir si l'élection de la municipalité et du gouvernement aura lieu à bref délai.

« Jusqu'après ce vote le gouvernement conservera le pouvoir et maintiendra l'ordre avec énergie.

« Paris, 1ᵉʳ novembre 1870.

« *Le ministre des affaires étrangères, chargé par intérim du département de l'intérieur,*

« JULES FAVRE. »

Ce retard apporté au scrutin provoqua, sur plus d'un point, un certain mécontentement. En ces temps de révolution, où les noms ont une signification nette, il n'est pas besoin de se concerter longtemps pour procéder à une élection. Et, cette fois, l'état de révolution se trouvait compliqué de l'état de siège. Il fallait donc agir et agir rapidement. Qui pourrait, il est vrai, blâmer le gouvernement d'avoir voulu légitimer son pouvoir avant de créer, dans la ville investie, un pouvoir nouveau et dont la couleur, à ce moment, était encore inconnue?

Il n'en est pas moins vrai que l'affiche du ministère de l'intérieur contenait une affirmation erronée. Il n'était pas exact, comme le faisait remarquer le jour même Delescluze, il n'était pas exact que le décret relatif à la convocation des électeurs eût été rendu, alors que les membres du gouvernement étaient gardés à vue. C'est sur la demande expresse des maires des vingt arrondissements, et quand l'Hôtel de ville n'avait pas encore ouvert ses portes à la foule, que le gouvernement avait fait prendre à la mairie de Paris l'arrêté dont on a trouvé le texte aux pièces justificatives du précédent chapitre.

Le journal de Delescluze en appelait, sur ce point, à M. Dorian dont « la foi inattaquable » avait été engagée.

« Nous espérons, ajoutait-il, que ce dernier ne manquera pas aux devoirs de sa conscience ; c'est à lui que nous en appelons. Il dira si la déclaration que nous publions plus haut n'a pas été acceptée par lui et par les autres membres du gouvernement provisoire. Si le gouvernement avait invoqué les difficultés matérielles d'un vote pour aujourd'hui, on eût pu croire à sa sincérité sans accepter son argumentation. Mais venir compliquer la formation de la Commune d'un vote préalable sur son opportunité, c'est montrer combien il était peu véridique en disant que les besoins de la défense souffriraient d'une simple élection. »

On le voit, ce retard donnait prétexte aux mécontents pour récriminer. Et ce n'était pas tout. Le *Réveil*, en même temps qu'il blâmait le gouvernement de revenir sur sa décision, affirmait que le vote futur allait former la Commune. Sur ce point encore, il y avait danger, aux yeux du gouvernement, et il allait bientôt donner à la population des renseignements sur la signification du vote qu'elle était appelée à exprimer :

« Demain jeudi, disait la communication officielle, la population votera sur la question de savoir si elle maintient le gouvernement de la défense nationale.

« Ceux qui voudront le maintenir voteront OUI (1).

« Samedi, elle votera pour l'élection des maires et adjoints des vingt arrondissements. *Cette élection*

---

(1) Le *Réveil* du 1ᵉʳ novembre contenait encore l'entrefilet suivant :

« L'affiche de la Mairie de Paris, appelant les citoyens à voter par un simple bulletin, sur deux questions qui sont distinctes et séparées, celle de la Commune et celle du renouvellement des membres du gouvernement de la défense, nous protestons contre ce mode de votation, digne en tout point des beaux jours du plébiscite impérial, et nous engageons les maires à faire disposer deux urnes; dans l'une l'électeur déposera son vote pour la Commune, dans l'autre son suffrage contre la composition actuelle du gouvernement. »

Le *Rappel*, prenant déjà l'attitude qu'il devait tenir durant la Commune, ne se prononçait pas nettement et conseillait de voter : *oui*, avec une restriction : *Oui, avec une assemblée municipale.*

ne ressemble en rien à celle de la Commune. Elle en est la négation.

« Le gouvernement persiste à se prononcer contre la constitution d'une Commune, qui ne pourrait créer que des conflits et des rivalités de pouvoir. »

Cette redoutable question de la Commune se trouvait donc ainsi nettement posée. Nous dirons, lorsque le cours des événements que nous racontons, nous aura conduits au seuil du 18 mars, ce qu'il faut penser de cette idée de la Commune, et ce qu'ont fait de ce mot, les hommes qui s'en sont servis comme d'un levier. Mais, disons bien que le gouvernement se trompa en soulignant ainsi le sens des élections municipales de novembre. Loin de déclarer que ces élections ne ressemblaient en rien à celles que réclamaient les partis extrêmes, il fallait affirmer, ce qui était vrai, que les élections communales étaient contenues dans ces libres élections municipales. En politique, la guerre la plus terrible est la guerre des mots. On combat, parfois même les armes fratricides à la main, au lieu de chercher, ensemble et d'un commun accord, à définir les termes. Commune ! Élections communales ! Quel trouble de tels mots allaient bientôt jeter dans les esprits ! Nier ces vocables, les rejeter systématiquement, les proscrire, c'était donc en faire des mots d'ordre tout trouvés pour le prochain mouvement populaire. Au lieu de déclarer que l'élection prochaine *ne ressemblait en rien* à celle de la Commune, ne valait-il pas mieux, au contraire, faire comprendre au peuple que ce qu'il y a de juste dans l'administration de la commune par la commune, se rencontrait dans l'élection à laquelle on le conviait ? Et en quoi, à la vérité, ce mot constituait-il un danger ? Le gouvernement, en se l'appropriant, enlevait un drapeau à toute faction. En le laissant à ses adversaires, il se condamnait à lutter dorénavant contre lui.

Des mots ! des mots ! dit Hamlet. Mais, en France, c'est pour des mots qu'on tue et se fait tuer. Combien peu de gens parmi ceux qui demandaient la Commune savaient ce qu'ils réclamaient ? J'ai entendu, au lendemain du 31 octobre, un homme en haillons, crier, sur la place de l'Hôtel-de-Ville : « A bas la Commune ! » Pourquoi poussait-il ce cri au lieu du cri opposé ? Il eût été fort embarrassé de l'expliquer. Toujours est-il que, dès ce moment, le nom de Commune, qui pouvait facilement se fondre dans le mot de République, devint le mot de ralliement des exaspérés et des irrités, revendiquant non pas des libertés communales, dont ils se soucient peu, mais l'application de systèmes divers que nous aurons bientôt à juger.

Le vote du 3 novembre devait, au surplus, donner au gouvernement de la défense nationale, une écrasante majorité. Il se décomposa ainsi :

Oui 321,373
Non............... 53,585

Le vingtième arrondissement donna un nombre considérable de *non*. Ce vote avait d'ailleurs une double signification : il raffermissait le gouvernement de la défense et il ratifiait, en quelque sorte, les négociations commencées par M. Thiers, laissant le gouvernement libre d'accepter cet armistice contre lequel s'était manifestée, au 31 octobre, l'opinion publique. Les troubles qui avaient suivi la manifestation décidaient de ce revirement d'idées. Réfractaire à toute idée d'armistice le matin du 31 octobre, Paris l'acceptait le 3 novembre. L'échauffourée de la place de l'Hôtel-de-Ville en était la cause.

A ce sujet, le vote de l'armée de terre et de mer et de la garde mobile était symptomatique ; il avait donné (sauf rectification) le résultat suivant :

Oui 236,623
Non............... 9,053

Le vote des sections de Paris et des populations réfugiées donnant :

Oui 321,373
Non............... 53,585

le résultat définitif, sauf quelques communes, se formulait ainsi :

Oui 557,996
Non............... 62,638

Le gouvernement, ces chiffres connus, adressa à la population la proclamation qui suit :

« Citoyens,

« Nous avons fait appel à vos suffrages.

« Vous nous répondez par une éclatante majorité.

« Vous nous ordonnez de rester au poste de péril que nous avait assigné la Révolution du 4 septembre.

« Nous y restons avec la force qui vient de vous, avec le sentiment des grands devoirs que votre confiance nous impose.

« Le premier est celui de la défense. Elle a été, elle continuera d'être l'objet de notre préoccupation exclusive.

« Tous, nous serons unis dans le grand effort qu'elle exige : à notre brave armée, à notre vaillante mobile, se joindront les bataillons de garde nationale frémissant d'une généreuse impatience.

« Que le vote d'aujourd'hui consacre notre union. Désormais c'est l'autorité de votre suffrage que nous avons à faire respecter et nous sommes résolus à y mettre toute notre énergie.

« Donnant au monde le spectacle nouveau d'une ville assiégée dans laquelle règne la liberté la plus illimitée, nous ne souffrirons pas qu'une minorité porte atteinte aux droits de la majorité, brave les lois, et devienne, par la sédition, l'auxiliaire de la Prusse.

« La garde nationale ne peut incessamment être arrachée aux remparts pour contenir ces mouvements criminels. Nous mettrons notre honneur à les prévenir par la sévère exécution des lois.

« Habitants et défenseurs de Paris, votre sort est entre vos mains. Votre attitude depuis le commencement du siège a montré ce que valent des citoyens dignes de la liberté. Achevez votre œuvre ; pour nous, nous ne demandons d'autre récompense que d'être les premiers au danger et de mériter par notre dévouement d'y avoir été maintenus par votre volonté.

« Vive la République ! vive la France !

« GÉNÉRAL TROCHU, JULES FAVRE, GARNIER-PAGÈS, EMMANUEL ARAGO, JULES FERRY, E. PICARD, JULES SIMON, EUGÈNE PELLETAN. »

Le gouvernement eut alors, et beaucoup l'en blâmèrent, le soin d'affirmer sur-le-champ l'attitude qu'il comptait prendre. Il procéda par destitutions et par arrestations, mais trop modéré aux yeux des réactionnaires, il parut sévère hors de propos aux républicains qui, sans être partisans de la sédition, ne voulaient cependant pas de répression inutile. La majorité qu'il venait d'obtenir lui permettait, en effet, de ne plus songer à ce passé d'hier, quitte à réprimer dans l'avenir tout ce qui pourrait troubler l'ordre dans la ville assiégée.

Les chefs de bataillon Gustave Flourens, commandant le 1er bataillon de volontaires ; Razoua, chef du 61e bataillon ; Goupil, chef du 115e bataillon, qui s'était installé dans le fauteuil du maire de Paris ; Ranvier, chef du 141e bataillon ; de Frémicourt, chef du 157e bataillon ; Jaclard, chef du 118e bataillon ; Cyrille, chef du 167e bataillon ; Levraud, chef du 204e bataillon ; Millière, chef du 208e bataillon ; Gromier, chef du 74e bataillon ; Barberet, chef du 79e bataillon ; Dietsch, du 190e bataillon ; Longuet, du 248e bataillon ; Chassin, du 252e bataillon, furent destitués. Tibaldi, Vésinier, Vermorel, Lefrançais furent arrêtés et gardés en prison. Ranvier, Jaclard, Bauer, Tridon furent arrêtés, puis relâchés ; Goupil parvint à s'évader. Félix Pyat demeura caché (1).

M. Edmond Adam, préfet de police, avait donné sa démission, voulant protester contre ces arrestations qu'il déclarait inutiles et peut-être nuisibles. Son secrétaire, M. Georges Pouchet, l'avait suivi dans sa retraite. Avec eux quittait la préfecture de police un personnage dont le nom allait, par la suite, devenir tristement fameux, Raoul Rigault, alors chargé du service qu'avait occupé l'agent Lagrange, sous l'empire. Limier par tempérament, policier par appétit, Raoul Rigault s'était déjà signalé au service du gouvernement, et il avait arrêté lui-même, après la manifestation du 8 octobre, avant-goût de celle du 31 octobre, un des organisateurs du mouvement, M. Vésinier, avec lequel il devait se rencontrer plus tard à la Commune de Paris. Raoul Rigault faisait de la police pour la police, comme d'autres font de l'art pour l'art.

Une autre démission devait suivre celles-ci, et M. Henri Rochefort, dont l'imprudente parole relative à la capitulation de Metz, avait si fort contribué à éveiller la colère de Paris contre l'Hôtel de ville, M. Rochefort qui prononçait cette parole alors que le gouvernement n'avait encore que des craintes et non des certitudes, M. Rochefort se sépara brusquement de ses collègues dont il craignait sans doute de partager bientôt les angoisses nouvelles et l'inévitable impopularité.

Une fois le gouvernement maintenu dans ses pouvoirs, il fallut procéder à l'élection des maires et adjoints. Cette élection fixée au 5 novembre, fut divisée en deux votes : le 5, on nomma les maires ; le 7, les adjoints. La discussion, dans les réunions électorales, porta surtout, hélas ! non pas sur les projets futurs des candidats, mais sur leurs opinions relativement aux événements passés. On vota, en réalité, pour ou contre les partisans de cette Commune, dont le nom arrivait comme un épouvantail. En général, le scrutin donna des résultats satisfaisants. L'élection la plus caractéristique fut celle du onzième arrondissement. Destitué par le gouvernement, M. Mottu qui, malgré les exhortations de M. Étienne Arago, s'était refusé à donner sa démission, avait été, nous l'avons vu, remplacé à la mairie du Prince-Eugène (ou du boulevard Voltaire) par M. Arthur de Fonvielle ; le suffrage universel le réintégra dans sa mairie. De tous les maires élus, ce fut lui, inconnu du public six mois auparavant, qui obtint le plus grand nombre de voix.

(1) Le gouvernement expliquait ainsi, à propos de ces arrestations, sa détermination nouvelle, dans le *Journal officiel* :

« Les membres du gouvernement auraient été disposés à oublier la violence dont ils avaient été l'objet. Mais ils n'avaient pas le droit de délaisser l'intérêt de la République, et de sacrifier la loi, alors que de nouvelles menaces contre la paix publique recevaient un commencement d'exécution.

« Le 1er novembre dans la journée, différents actes démontraient que l'œuvre interrompue par le patriotisme de la garde nationale était audacieusement reprise ; les organisateurs de la journée du 31 octobre, demeurés en permanence, annonçaient hautement une bataille et une victoire de la Commune. On accusait publiquement le gouvernement de trahison. Une église devenait le théâtre de déclarations fanatiques et menaçantes. On promettait dans un club, et comme une œuvre patriotique, l'assassinat du général gouverneur de Paris.

« Enfin l'ordre, les lois, la République, étaient de nouveau attaqués avec une violence qui n'a jamais été dépassée. Le long et patient silence que le gouvernement s'était imposé et que l'opinion publique accusait, n'était plus possible. »

Entrevue de MM. Thiers et Jules Favre, décidant la rupture des négociations relatives à l'armistice.

Le scrutin donna, au surplus, les résultats que voici :

MAIRES.

1er arr.	MM.	Tenaille-Saligny	10,100 voix.
2e	—	Tirard	7,143
3e	—	Bonvalet	12,031
4e	—	Vautrain	9,841
5e	—	Vacherot	5,069
6e	—	Hérisson	6,855
7e	—	Arnaud (de l'Ariége)	6,527
8e	—	Carnot	6,099
9e	—	Desmarest	6,272
10e	—	Dubail	6,221
11e	—	Mottu	14,254
12e	—	Grivot	5,028
13e	—	Pernolet	2,930
14e	—	Asseline	4,007
15e	—	Corbon	6,386
16e	—	Henri Martin	4,504
17e arr.	MM.	François Favre	5,730
18e	—	Clémenceau	9,409
19e	—	Delescluze	4,054
20e	—	Ranvier	7,535

ADJOINTS.

1er arr.	MM.	Meurizet, Adolphe Adam, Méline.
2e	—	Brelay, Chéron, Loiseau-Pinson.
3e	—	Cléray, Murat, Mousseron.
4e	—	Châtillon, Callon, Loiseau.
5e	—	Jourdan, Thomas, Collin.
6e	—	Jozon, Le Roy, Lauth.
7e	—	Hortus, Dargent, Bellaigue.
8e	—	Denormandie, Belliard, Aubry.
9e	—	Émile Ferry, Alfred André, Gustave Nast.
10e	—	Ernest Brelay, Murat, Degouve-Denuncques.
11e	—	Blanchon, Poirier, Tolain.

12ᵉ arr. MM. Denizot, Dumas, Terrillon.
13ᵉ — Combes, Bouvery, Melliet.
14ᵉ — Héligon, Neigre, Perrin.
15ᵉ — Jobbé-Duval, Beck, S. Michel.
16ᵉ — Marmottan, A. Chaudet, Seveste.
17ᵉ — Villeneuve, Cacheux, Malon.
18ᵉ — Lafont, Dereure, Jaclard.
19ᵉ — Miot, Quentin, Oudet.
20ᵉ — Millière, Flourens, Lefrançais.

Il y eut malheureusement, dans quelques quartiers, des abstentions regrettables. Certains adjoints furent nommés par une véritable minorité, par exemple dans le quatorzième arrondissement. On se déshabituait déjà de voter. On s'abstenait, ce qui est une manière fatale d'abdiquer, de laisser faire.

Une des élections les plus débattues et qui servit en quelque sorte de terrain de combat, pendant ces jours de lutte par le scrutin, fut l'élection du maire du neuvième arrondissement. Après le départ de M. Ranc pour la province, M. Gustave Chaudey avait été nommé maire de cet arrondissement, où l'idée républicaine comptait de nombreux adversaires. On opposa à M. Chaudey un avocat d'un rare mérite, honnête homme, mais dont les opinions se rapprochaient beaucoup plus du simple libéralisme que de l'idée nettement républicaine. Autour du nom de M. Desmarest se groupèrent les partisans de la monarchie et M. Gustave Chaudey fut battu. Quelques jours plus tard, M. Étienne Arago nommait Chaudey adjoint à la mairie de Paris, en remplacement de M. Henri Brisson et de M. Charles Floquet, démissionnaires au lendemain du 31 octobre. Plus d'un blâma cette nomination qui appelait à la mairie centrale un homme que les électeurs d'une mairie d'arrondissement venaient de rejeter; mais M. Étienne Arago voulait justement par là répondre à l'élection de M. Desmarest par le choix de Gustave Chaudey dont le nom signifiait nettement *république et démocratie*.

Cependant, que devenaient, pendant ces élections municipales, les propositions d'armistice? On peut aujourd'hui dire la vérité. Paris, cruellement surpris par la chute de Metz, troublé par les événements du 31 octobre, acceptait tout bas, non point la capitulation dont le nom lui faisait horreur, mais bien cet armistice dont le général Trochu avait pris soin dans une proclamation aux *Gardes nationales de la Seine* d'indiquer les conditions :

« ... La proposition d'armistice, inopinément présentée par les puissances neutres, a été, disait-il, interprétée, contre toute vérité et toute justice, comme le prélude d'une capitulation, quand elle était un hommage rendu à l'attitude de la population de Paris et à la ténacité de la défense.

« Cette proposition était honorable pour nous; le gouvernement lui-même en posait les conditions dans des termes qui lui semblaient fermes et dignes. Il stipulait une durée de vingt-cinq jours au moins — le ravitaillement de Paris pendant cette période, — le droit de voter, pour les élections de l'Assemblée nationale, aux citoyens de tous les départements français (1). »

Le général Trochu faisait remarquer ensuite combien les propositions d'armistice différaient des conditions précédemment faites par l'ennemi : quarante-huit heures de durée effective, point de ravitaillement, le gage d'une place forte, l'interdiction aux citoyens d'Alsace et de Lorraine de prendre part au vote. Ce dernier point n'était malheureusement que pour la forme et la Prusse devait plus tard accorder aux Alsaciens et aux Lorrains ce droit de vote qui n'était que le droit d'assister en spectateurs, au déchirement de leur patrie ou encore le droit de prendre part à leur propre suicide.

Paris, pendant plusieurs jours, crut alors à la possibilité d'un armistice honorable. Sur ce point encore, les mots ne semblaient pas clairs à la majorité de la population. Beaucoup, dans ce mot, l'*armistice*, ne lisaient que cet autre mot : la *capitulation* et, tandis que les humbles, les petits, les naïfs, ceux qui aiment leur pays, s'en affligeaient, les autres s'en réjouissaient tout bas, affamés de ravitaillement. Il y eut, en ces heures troubles et sombres, des choses honteuses. Depuis que les vivres étaient rares, les épiciers, les charcutiers cachaient des provisions secrètes, accapareurs de denrées, Schylocks banals vivant de la détresse publique. Or, dès que la possibilité d'un armistice se fit jour, aux vitrines de ces marchands les denrées inconnues se montrèrent, du beurre, des œufs, des pâtés. Paris pouvant être ravitaillé, il fallait vendre en hâte les vivres mis en réserve. Quelle honte, cette spéculation hideuse et de quel nom faut-il appeler ceux qui ramassent la fortune

(1) Une note du *Journal officiel* avait dit déjà, le 31 octobre :

« Le public ne doit pas se méprendre sur le caractère de la proposition d'armistice qui émane des puissances neutres.

« Cet armistice n'est point le commencement d'une négociation de paix; il a qui a n'a but, nettement défini : la convocation d'une assemblée pour mettre la France en mesure de décider de son sort dans la crise où l'ont précipitée les fautes du gouvernement déchu.

« L'armistice, tel qu'il est proposé, ne saurait porter aucun préjudice à la France : il est subordonné à des conditions que le gouvernement de la défense nationale avait précédemment demandées, lors de l'entrevue de Ferrières : le ravitaillement et le vote par la France tout entière.

« Le gouvernement de la défense nationale n'a absolument rien à changer à la politique qu'il a proclamée à la face du monde; il est convaincu d'avoir exprimé la résolution du pays tout entier; il ne doute pas que les élus de la France, réunis à Paris, ne ratifient solennellement son programme et il a plus que jamais le ferme espoir que la justice de notre cause sera finalement reconnue par toute l'Europe. »

dans l'écroulement de la patrie, dans la souffrance, dans le malheur public?

Les réunions populaires protestaient contre l'armistice, et un homme se trouvait alors en butte aux attaques les plus acharnées des orateurs qui voulaient la guerre. C'était l'homme d'État illustre qui, après avoir tout haut déconseillé l'expédition désastreuse du Rhin, s'était attiré la haine des derniers serviteurs de l'Empire et, prudent, effrayé de l'avenir, avait tenté de laisser, au 4 septembre, retomber sur l'Empire le poids de cette terrible responsabilité. Patriote avant tout, absolu patriote, M. Thiers avait accepté du gouvernement de la défense, au lendemain de la proclamation de la République, la mission spéciale de chercher à travers l'Europe des alliances à la France. Mission pénible et que n'eût certes pu remplir un politique qui n'eût pas eu l'autorité de M. Thiers devant les chancelleries européennes. L'envoyé de la France ressemblait quelque peu, à cette heure douloureuse, à l'envoyé de la République de Venise demandant en 1849 du secours contre la redoutable Autriche. L'aigle de Prusse nous rongeait le cœur. « S'approche-t-on du lion quand il déchire sa proie, » disait alors un journal autrichien. Isolés, abandonnés, délaissés, il fallait un esprit habile et un vrai Français pour nous ramener la sympathie. M. Thiers essaya d'être cet homme, et on vit, spectacle inaccoutumé, un vieillard se mettre en chemin à travers l'Europe terrifiée des succès de l'Allemagne, satisfaite peut-être intérieurement de notre chute, on le vit, allant à Londres, à Saint-Pétersbourg, à Vienne, à Florence, déployant une activité prodigieuse, montrant aux gouvernements les dangers à venir, leur parlant des succès passés, des nécessités présentes, on le vit s'acquitter de cette tâche qui devait peser à son cœur. C'est ce que certains appelaient *aller mendier l'appui des puissances.*

Nous ne pouvons encore connaître les détails de cette patriotique mission de M. Thiers. Lui seul peut-être pourrait la raconter et, après avoir été capable de la mener jusqu'au bout, serait capable d'en écrire les péripéties. Sans doute nous apprendrons plus tard comment l'Europe accueillit l'envoyé de la France et l'Europe saura aussi ce que lui coûtera son maladroit égoïsme et son triste abandon d'un grand peuple qui savait mieux l'aimer encore et mieux la servir dans ses destinées qu'il n'avait su la combattre et la vaincre.

Pourtant, on peut, dès à présent, fixer quelques traits du voyage de M. Thiers. En quittant Paris, le chargé d'affaires de cette République française dont il allait devenir le président, se rendait à Londres. Il y était reçu par lord Granville, M. Gladstone et la reine. Du résultat de ses conversations avec les ministres anglais, rien n'a transpiré alors; le bruit avait même couru que le Foreign-Office avait repoussé poliment toute ouverture de la part de la République française.

De Londres, M. Thiers s'était transporté à Saint-Pétersbourg où, dans une entrevue qu'il obtint du czar, il réussit à faire revenir le souverain de la Russie de sa prévention contre la nouvelle forme de gouvernement de la France.

— Pourquoi n'avoir pas confiance en la République française, lui dit-il, lorsque votre plus sûr allié est une République : la République américaine?

Le journal, auquel nous empruntons ces détails, affirme qu'Alexandre II sourit. Ce fut sa seule façon de nous venir en aide.

M. Thiers se rendit ensuite à Vienne, puis à Florence.

A ce moment, l'Italie, notre ancienne alliée, avait environ 240,000 hommes de troupes solides. M. Thiers demandait un secours de 100,000 soldats destinés à opérer sous Lyon, de concert avec les 40,000 Français qui se trouvaient réunis dans cette ville.

Le plan de M. Thiers, a écrit M. Hector Pessard, bien informé sur toutes ces questions diplomatiques, ce plan était de ceux qui commandent l'attention. M. Thiers exposait à Victor-Emmanuel que l'armée italienne descendant des Alpes par des routes italiennes ou françaises et s'appuyant sur une place de premier ordre, pouvait en toute sécurité opérer la diversion qu'on attendait d'elle.

« — De deux choses l'une en effet, ou les Prussiens, effrayés, marchaient sur Lyon, et dans ce cas, ils devaient lever le siège de Metz et laisser libre de ses mouvements le maréchal Bazaine; ou bien, ils s'obstinaient à maintenir l'investissement de Metz, et, dans ce cas, quelle action n'aurait pas eue une armée excellente de 140,000 hommes, pouvant, dès le début de la campagne, tenter les opérations engagées plus tard par Bourbaki, et ayant, en tout cas, une ligne de retraite sûre, protégée par des places de guerre à peu près inexpugnables? »

« Il faut le dire, ajoute M. Pessard, le roi Victor-Emmanuel, entraîné par la patriotique éloquence de M. Thiers, ému au souvenir des dettes de gratitude contractées par l'Italie vis-à-vis de la France, approuva sans réserve les projets de M. Thiers. Mais, roi constitutionnel, pouvait-il prendre une résolution sans consulter ses ministres? Assurément non. Seulement, il dit à M. Thiers qu'il le ferait assister au grand conseil qu'il venait de convoquer, et que là, devant tous ses ministres et ses principaux généraux réunis, le représentant de la France exposerait lui-même ses raisons.

« Le roi Victor-Emmanuel tint fidèlement sa promesse. M. Thiers, introduit dans le conseil, y plaida pendant de longues heures la cause de la

France et put croire un instant qu'elle était gagnée, car tous les militaires approuvèrent son plan. Les ministres seuls reculèrent. Selon eux, la nation italienne voulait la paix et le maintien d'une stricte neutralité. »

M. Thiers quitta Florence, attristé, et revint à Tours, auprès du gouvernement.

A Tours, après avoir rendu compte de sa mission, il attendit l'effet de la promesse que lui avait faite le czar d'obtenir du roi de Prusse un sauf-conduit qui lui permît de venir conférer avec le gouvernement de Paris des conditions d'un armistice pendant lequel la France nommerait une Assemblée nationale.

Le sauf-conduit fut accordé et M. Thiers se remit en route.

A Mer, M. Thiers, accompagné de M. Paul de Rémusat, son secrétaire particulier, monta dans une chaise de poste conduite par des postillons prussiens et attelée de chevaux prussiens. Ceux qui l'ont vu lorsqu'il aperçut les premiers soldats ennemis ont parlé de ses sentiments de douleur indignée (1).

A Orléans, l'évêque Dupanloup prêtait à son collègue de l'Académie française sa calèche épiscopale pour continuer sa route.

A Versailles, M. de Moltke attendait M. Thiers.

M. Thiers, qui avait une heure et demie ou deux heures à séjourner à Versailles, s'entretenait avec le chef d'état-major de l'armée prussienne de *choses étrangères à la politique*, lorsque M. de Bismarck, sans se faire annoncer, pénétra dans la pièce où se tenaient les deux interlocuteurs.

« M. de Bismarck, raconte la *Liberté*, vint à M. Thiers et le salua.

« M. Thiers rendit ce salut, et dit :

« — Monsieur le comte, je ne puis vous parler que pour vous dire que je ne puis vous parler.

« — Je le comprends, répondit M. de Bismarck.

« — Je ne passe ici, ajouta M. Thiers, que pour aller chercher les instructions et demander les pouvoirs du gouvernement de mon pays. »

Après quelques paroles insignifiantes échangées encore, M. de Bismarck se retira. Quelques instants après, M. de Moltke ayant prévenu M. Thiers que les ordres étaient donnés et qu'il pouvait passer. M. Thiers s'achemina vers le pont de Sèvres.

Arrivé là, il attendit la réponse à la seconde dépêche (la première n'avait pas été reçue, paraît-il) qu'il avait expédiée au général Ducrot pour lui demander le passage à travers les lignes françaises.

Dès son entrée à Paris, M. Thiers allait voir le général Le Flô, puis il se rendait à l'hôtel des affaires étrangères. Il exposait là le but de sa mission aux membres du gouvernement, et se retirait dans la chambre qui lui avait été préparée au palais du quai d'Orsay.

Le lendemain, il regagnait Versailles à travers les lignes prussiennes, et alors avaient lieu entre lui et M. de Bismarck ces entrevues qu'il devait faire connaître dans son rapport daté de Tours, 9 novembre, et que nous donnons plus loin *in extenso*(1).

On verra, par la lecture de ce document, que l'armistice proposé était plus qu'à demi obtenu lorsque la nouvelle de la journée du 31 octobre arrivant au camp prussien modifia aussitôt et totalement les dispositions de M. de Bismarck. Après avoir triomphé de plus d'une exigence du chancelier de la Confédération, M. Thiers croyait toucher au but poursuivi, lorsque M. de Bismarck, *inquiet et préoccupé*, lui annonça la constitution d'un nouveau gouvernement parisien. Dès lors, tout fut dit. M. de Bismarck allait exiger des conditions plus dures, refuser le ravitaillement, réclamer une *position militaire dans Paris*, *un fort*, *plus d'un* peut-être. Les négociations étaient rompues, et la Prusse prenait, une fois encore, devant le monde et devant l'histoire, la responsabilité de cette *guerre à outrance* que conseillait alors M. Guizot et que M. Gambetta allait exécuter lui-même.

M. de Moltke, partisan de la guerre acharnée, triomphait, et M. de Bismarck dont M. Thiers disait, après ses entretiens : *C'est un sauvage plein de génie*, comprenait que la Prusse devenait responsable de tout le sang nouveau qu'on allait verser. Mais le cuirassier diplomate ne devait pas longtemps conserver de tels scrupules.

Le dimanche 6 novembre 1870, le *Journal officiel* publiait la note suivante :

« Les quatre grandes puissances neutres, l'Angleterre, la Russie, l'Autriche et l'Italie, avaient pris l'initiative d'une proposition d'armistice à l'effet de faire élire une Assemblée nationale.

« Le gouvernement de la défense nationale avait posé ses conditions, qui étaient : le ravitaillement de Paris et le vote pour l'Assemblée nationale par toutes les populations françaises.

« La Prusse a expressément repoussé la condition du ravitaillement ; elle n'a d'ailleurs admis qu'avec des réserves le vote de l'Alsace et de la Lorraine.

« Le gouvernement de la défense nationale a décidé, à l'unanimité, que l'armistice ainsi compris devait être repoussé. »

Ce même jour à midi, un envoyé du gouvernement français se rendait à Versailles, pour signifier le refus voté la nuit précédente par les membres du

---

(1) Voy. *Récits de l'invasion*, par M. Aug. Boucher (Orléans, 1871).

(1) Voir aux *Documents complémentaires*, cette pièce capitale.

Le Siège de Paris. — Avenue du bois de Boulogne, vue prise à la porte d'Auteuil.

gouvernement de la défense nationale, des conditions imposées par la Prusse.

La population parisienne retrouva, avec la nécessité de combattre, son énergie dernière. Elle s'était habituée à regarder l'armistice comme possible et sa vigueur paraissait s'en être détendue, mais dès qu'elle se vit face à face avec le devoir, elle se redressa et un souffle de patriotisme profond et vrai, parcourut la grande ville. « Et maintenant, aux armes ! » tel était le cri intérieur des consciences et le mot d'ordre public des citoyens. On peut dire que la période active du siége de Paris commença au lendemain du rejet d'armistice. Les gardes nationales furent organisées en compagnies de guerre. Jusqu'alors, le gouvernement n'avait fait appel, pour former ces compagnies mobilisées, qu'au patriotisme des volontaires. C'était là une mauvaise méthode. Bien des gens, sans cependant se faire inscrire comme volontaires, étaient prêts à marcher à l'ennemi, lorsque le signal en serait donné. Tous les bataillons ne demandaient qu'à combattre. Dans une réunion des chefs de bataillon qui avait eu lieu peu de jours avant le 31 octobre, place Vendôme, dans la petite salle de théâtre du club dit des *Mirlitons*, M. Langlois, commandant du 116e bataillon, avait justement affirmé ce fait en engageant le gouvernement à se servir enfin de la garde nationale. C'est dans cette réunion, présidée par M. Jules Favre, que Gustave Flourens avait été interpellé par le général Tamisier, commandant en chef de la garde nationale, au sujet des nombreux galons que portait le chef du 1er bataillon de volontaires.

Le 9 novembre, un décret était rendu, annulant l'arrêté relatif aux volontaires et ordonnant la création de quatre compagnies de guerre dans chaque bataillon armé de la garde nationale (1). Ces compagnies de guerre devaient être de 100 ou 125 hommes selon que le bataillon avait moins ou plus de 1,200 hommes. Elles étaient prises successivement dans ces catégories : 1° volontaires ; 2° célibataires ou veufs sans enfants de 20 à 35 ans ; 3° célibataires ou veufs sans enfants jusqu'à 45 ans ; 4e et 5°, mariés ou pères de famille de 20 à 35, de 35 à 45 ans. Tous les bataillons n'étant pas fournis des mêmes armes, l'échange des armes entre bataillons allait être commencé le 12, de manière à ce que les compagnies de guerre fussent toutes armées de fusils à tir rapide (2). Un décret allait bientôt appeler à l'activité les jeunes gens du département de la Seine appartenant à la classe de 1870.

Les troupes composant la garnison de Paris étaient en même temps divisées en trois armées placées sous des commandements différents, et les bataillons de mobiles étaient formés en régiment. Le commandant en chef des forces militaires était naturellement le général Trochu. La première armée, composée de la garde nationale, infanterie, cavalerie et artillerie (l'artillerie, sous le commandement de M. Schœlcher était encore en voie de formation), cette *première armée* était commandée par le nouveau commandant en chef de la garde nationale, le général Clément Thomas ; la *deuxième armée* comprenait trois corps sous les ordres des généraux Vinoy, Renault et d'Exéa ; la *troisième*, composée de sept divisions, était placée sous le commandement spécial du gouverneur de Paris.

En même temps que ces mesures militaires étaient prises, des arrêtés de M. Magnin, ministre de l'agriculture, faisaient réquisition de tout bétail existant dans Paris, puis déclaraient que les chevaux, mulets et ânes destinés à la boucherie seraient désormais achetés par l'État et que la viande serait mise en vente dans chaque arrondissement de Paris en quantité proportionnelle à la population. C'était le rationnement du cheval après celui du bœuf et du mouton.

En même temps, la fabrication des canons par le génie civil, les usines Cail ou le Conservatoire des Arts-et-Métiers, continuait avec une véritable activité. Les représentations dont le produit était destiné à offrir des canons à la défense se succédaient nombreuses et courues du public. La lecture du livre de Victor Hugo, les *Châtiments*, organisée par la société des Gens de lettres avec le concours des plus admirables artistes, donnait trois représentations fructueuses. Une sorte de fièvre nouvelle s'emparait de la population surexcitée, irritée par le refus brutal de l'armistice.

Le jour où, dans la salle Saint-Jean, le maire de Paris, entouré de MM. Hérisson et Clamageran, ses adjoints, de M. Mahias, secrétaire général, de tous les maires de Paris et d'un certain nombre de maires des communes des départements de la Seine, Seine-et-Oise et Seine-et-Marne, proclama le résultat du scrutin des élections municipales, ce résultat fut accueilli par les acclamations de l'assistance qui se pressait dans la salle et par les cris répétés de : *Vive la République !*

Pour répondre à l'impatience de la foule répandue au dehors, MM. Hérisson et Clamageran, accompagnés des maires de Paris, se rendirent ensuite sur la place et, du haut de l'estrade qui y avait été dressée, annoncèrent le résultat du vote, au milieu des acclamations. Paris, à cette heure, ne doutait pas de son salut et de celui de la France.

La nomination du nouveau général de la garde

---

(1) Beaucoup de bataillons ne purent être armés. Ils servirent de *bataillons de terrassiers*.

(2) Dans son discours à l'Assemblée sur les événements du 31 octobre, le général Trochu s'est étonné que les envahisseurs de l'Hôtel de ville fussent armés de *carabines Remington*. Il a accusé l'Internationale de les avoir fournies. Ces carabines avaient été distribuées cependant par les mairies.

nationale, M. Clément Thomas, avait été favorablement accueillie, excepté par ceux qui, dans le désastre de 1870, se souvenaient encore des luttes civiles de juin 1848. Ancien soldat, ancien représentant du peuple, compromis dans le complot des sous-officiers de Lunéville, accusé et condamné d'avril 1834, Clément Thomas, depuis écrivain du *National* avait derrière lui un passé probe, viril et républicain. Représentant de la Gironde et colonel, en 1848, de la 2ᵉ légion de la garde nationale, il avait, après le 15 mai, où énergiquement il défendit la loi, succédé au général Courtais dans le commandement en chef de la garde nationale de Paris. C'est lui qui, du haut de la tribune, appelait la croix de la Légion d'honneur un *hochet de la vanité* et dont la parole s'éleva, avant tous, contre Louis Napoléon Bonaparte. Il avait payé de l'exil cette courageuse attitude et, retiré à Maestricht, il avait vécu, en cultivant une petite terre et en donnant asile et secours aux compagnons de proscription. Dès que la République avait été proclamée, Clément Thomas, quittant ce coin de terre, était venu à Paris. Il voulait, non une part au pouvoir, mais une place au combat. On l'avait nommé commandant d'un secteur, puis général en chef de la garde nationale.

Le général Tamisier en se retirant devant lui, adressait l'ordre du jour suivant aux gardes nationales de la Seine :

Paris, 3 novembre 1870.

« Le général Clément Thomas a été appelé au commandement supérieur de la garde nationale. J'avais accepté comme une très-lourde tâche ces difficiles fonctions ; je n'ai pas hésité à les quitter le jour où j'ai vu le gouvernement placer à côté de moi, avec le titre d'adjudant-général, le citoyen que je regarde comme le plus capable de les bien remplir. Il occupera avec plus d'autorité, de vigueur et de science militaire la position que j'ai traversée avant lui. Mais il ne rendra pas plus de justice que moi à cette généreuse armée de la garde nationale parisienne, à ces soldats que l'amour de la patrie a seul formés en quelques semaines. L'insigne honneur d'avoir été un instant leur commandant en chef est bien au-dessus de toutes les ambitions de ma vie. C'était encore un trop grand honneur pour moi que de transmettre des ordres à ces illustres officiers généraux des secteurs de l'enceinte, lorsque j'aurais voulu leur obéir.

« Je regrette d'avoir fait trop peu pour le gouvernement de la défense nationale. Je l'aime et le respecte, parce qu'on ne saurait soupçonner son désintéressement, parce qu'il a été libéral à une époque qui semblait vouée à la dictature, calme et confiant dans l'avenir au milieu des ennemis et des revers. Il lui a été donné de nous faire oublier par moment les douleurs de la patrie, en nous permettant d'entrevoir ce que la République apporterait un jour à la France, de force, de grandeur et de liberté.

« TAMISIER. »

Et le général Clément Thomas, dès le premier jour, avertissait ses soldats des qualités de discipline et d'abnégation qu'il n'allait point cesser de leur demander, d'exiger d'eux, pour le salut public et l'honneur de Paris :

« Gardes nationaux de la Seine, — disait-il dans son ordre du jour, — appelé pour la seconde fois, et après vingt-deux ans d'intervalle, à l'honneur insigne de vous commander, j'ai accepté, sans présomption comme sans faiblesse, ces fonctions difficiles, parce que je sais le concours que trouvera toujours dans votre patriotisme un chef pénétré de ses devoirs, et qui saura s'inspirer de votre esprit.

« Mon seul regret est de n'avoir pu décider le patriote éprouvé que je remplace à conserver son commandement.

« La crise que nous traversons, mes chers camarades, crise dont vous connaissez les causes et les auteurs, est une de celles où une nation doit périr ou se régénérer par un effort sublime.

« Cet effort, vous êtes résolus à le tenter : et aujourd'hui qu'un vote librement exprimé prouve la confiance que peuvent mettre en vous les citoyens éminents auxquels vous avez confié le soin de vos destinées, préparons-nous à cette action décisive que vous appelez de tous vos vœux.

« Votre vieux général sera toujours heureux et fier de marcher à votre tête; mais n'oubliez pas que, dans les épreuves qui nous sont réservées, le courage personnel ne saurait suffire ; il faut y joindre ce qui constitue la véritable force d'une armée : la discipline, l'esprit d'ordre et, ce qui résume peut-être toutes les vertus, l'abnégation élevée jusqu'au sacrifice.

« Union ! Confiance ! et Vive la République !

« *Le commandant supérieur des gardes nationales de la Seine,*

« CLÉMENT THOMAS.

« Paris, le 4 novembre 1870. »

Cette proclamation fut bien accueillie, et lorsque sur la place de l'Hôtel-de-Ville et plus tard sur la place Vendôme, le nouveau général passait en revue les troupes soumises à son commandement supérieur, on saluait ce vieillard robuste qui parcourait le front des bataillons, calme, droit sur la selle tigrée de son cheval, portant la main à son képi et inclinant sa tête blanche devant les soldats-citoyens.

Paris s'armait donc et se préparait à combattre, lorsqu'un matin, le 14 novembre, fut affichée une proclamation du général Trochu aux citoyens de Paris, à la garde nationale et à l'armée, proclamation mélancolique où le général parlait surtout d'abnégation, de souffrances, conseillait à tous de se serrer autour de la République, et poussait comme un *sursum corda* désespéré : « Élevons nos cœurs, regardons en face les difficultés, cramponnons-nous à toutes les formes de la résistance ; si nous succombons, la Prusse succombera à son tour. » Tel était le résumé de ce long discours attristé, auquel la soirée de ce même jour devait répondre par une nouvelle inattendue et revivifiante.

Ce soir-là, Paris, enthousiasmé, ivre, fougueux, — déshabitué de la victoire, — salua de ses vivats une dépêche de Gambetta à Jules Favre, annonçant que l'armée de la Loire, sous les ordres du général d'Aurelles de Paladines (un inconnu) s'était emparée d'Orléans, le 10 novembre, après une lutte de deux jours. « Nous avons fait plus d'un millier de prisonniers, *et le nombre augmente par la poursuite*, » disait la dépêche.

« Mes chers concitoyens, s'écriait Jules Favre en donnant cette nouvelle aux défenseurs de Paris, c'est avec une joie indicible que je porte à votre connaissance la bonne nouvelle que vous allez lire. Grâce à la valeur de nos soldats, la fortune nous revient, votre courage la fixera ; bientôt vous allez donner la main à nos frères des départements, et avec eux délivrer le sol de la patrie.

« Vive la République ! Vive la France ! »

Orléans repris, les âmes y voyaient un présage : où Jeanne d'Arc avait combattu l'Anglais, l'Allemand reculait. La France avait-elle trouvé son grand cœur ? Quelle soirée d'immense ivresse ! Quelles heures d'espoir ! On se répétait avec délire ces deux noms, celui du général, celui de la victoire. Coulmiers ! Chacun espérait, croyait, se sentait affranchi. Coulmiers ! Que ce nom soit célébré qui, parmi tant d'autres noms lugubres, retentit comme un coup de clairon victorieux et fier.

DOCUMENTS COMPLÉMENTAIRES DU CHAPITRE VIII

RAPPORT

Adressé par M. Thiers, après la rupture des négociations relatives à l'armistice, aux ambassadeurs des quatre grandes puissances (Angleterre, Russie, Autriche et Italie).

Tours, le 9 novembre 1870.

MONSIEUR L'AMBASSADEUR,

Je crois devoir aux quatre grandes puissances qui ont fait ou appuyé la proposition d'un armistice entre la France et la Prusse de rendre un compte fidèle et concis de la grave et délicate négociation dont j'ai consenti à me charger. Avec un sauf-conduit que S. M. l'empereur de Russie et le cabinet britannique ont bien voulu demander pour moi à S. M. le roi de Prusse, j'ai quitté Tours le 28 octobre, et, après avoir franchi la ligne qui séparait les deux armées, je me suis rendu à Orléans et de là à Versailles, accompagné par un officier bavarois dont le général Von der Tann avait eu l'obligeance de me faire accompagner, afin de lever les difficultés que je pouvais rencontrer sur la route. Pendant ce voyage difficile, j'ai pu me convaincre moi-même par mes propres yeux, malheureusement dans une province française, des horreurs de la guerre.

Forcé, par le manque de chevaux, de m'arrêter à Arpajon, la nuit, pendant trois ou quatre heures, j'ai atteint Versailles dimanche matin, 30 octobre. Je n'y suis resté que peu d'instants, car il était bien convenu avec le comte de Bismarck que je n'aurais pas d'entrevue avec lui jusqu'à ce que j'aie pu faire compléter à Paris les pouvoirs nécessairement incomplets que j'avais reçus de la délégation de Tours.

Accompagné d'officiers comme parlementaires qui devaient faciliter mon passage à travers les avant-postes, j'ai traversé la Seine au pont de Sèvres, aujourd'hui coupé, et je suis descendu au ministère des affaires étrangères pour communiquer plus aisément et plus vite avec les membres du gouvernement. La nuit fut employée en délibérations, et, après une résolution prise à l'unanimité, j'ai reçu les pouvoirs nécessaires pour négocier et conclure l'armistice dont l'idée avait été conçue et l'initiative prise par les puissances neutres.

Dans le désir ardent de ne perdre aucun moment dont chaque minute était marquée par l'effusion du sang humain, j'ai traversé de nouveau les avant-postes le lundi soir 31 octobre, et le jour suivant, 1er novembre, à midi, j'entrais en conférence avec le chancelier de la Confédération du Nord.

L'objet de ma mission était parfaitement connu

du comte de Bismarck, de même que la France avait été avertie des propositions des puissances neutres. Après quelques réserves sur l'intervention des neutres dans cette négociation, réserves que j'ai écoutées sans les admettre, l'objet de ma mission a été exposé et défini par M. le comte de Bismarck et par moi-même avec une précision parfaitement claire : elle avait pour objet de conclure un armistice pour mettre fin à l'effusion de sang entre deux des nations les plus civilisées du monde, et pour permettre à la France de constituer, au moyen d'élections libres, un gouvernement régulier avec lequel il serait possible de traiter dans une forme valable. Cet objet a été clairement indiqué, parce que, dans plusieurs occasions, la diplomatie prussienne avait prétendu que, dans l'état actuel des affaires en France, on ne savait à qui s'adresser pour entamer des négociations. A ce propos, le comte de Bismarck m'a fait remarquer, sans toutefois insister sur ce point, que quelques débris d'un gouvernement, jusqu'à présent seul gouvernement français reconnu en Europe, étaient en ce moment à Cassel, cherchant à se reconstituer, mais qu'il me faisait cette observation simplement pour préciser nettement la situation diplomatique, et point du tout pour intervenir, à quelque degré que ce soit, dans le gouvernement intérieur de la France.

J'ai à mon tour répondu au comte de Bismarck que nous le comprenions ainsi, ajoutant toutefois que le gouvernement qui venait de précipiter la

France dans les abîmes d'une guerre, décidée avec folie et conduite avec absurdité, avait pour toujours terminé à Sedan sa fatale existence et ne resterait dans la nation française que comme un souvenir honteux et pénible. Sans faire d'objection à ce que je disais, le comte de Bismarck a protesté de nouveau contre toute idée d'intervenir dans nos affaires intérieures; il voulut bien ajouter que ma présence au quartier général prussien et la réception que l'on m'y avait faite étaient une preuve de la sincérité de ce qu'il me disait, puisque, sans s'arrêter à ce qui se faisait à Cassel, le chancelier de la Confédération du Nord était tout prêt à traiter avec l'envoyé extraordinaire de la République française. Après ces observations préliminaires, nous avons fait une première revue sommaire des questions soulevées par la proposition des puissances neutres:

1° Le principe de l'armistice ayant pour objet essentiel d'arrêter l'effusion du sang et de donner à la France les moyens de constituer un gouvernement fondé sur l'expression de la volonté de la nation;

2° La durée de l'armistice en raison des délais nécessaires pour la formation d'une Assemblée souveraine;

3° La liberté des élections pleinement assurée dans les provinces maintenant occupées par les troupes prussiennes;

4° La conduite des armées belligérantes pendant l'interruption des hostilités;

5° Enfin le ravitaillement des forteresses assiégées, et spécialement de Paris, pendant l'armistice.

Sur ces cinq points, et spécialement sur le principe même de l'armistice, le comte de Bismarck ne m'a pas paru avoir des objections insurmontables, et à la fin de cette première conférence, qui a duré au moins quatre heures, je croyais que nous pourrions nous mettre d'accord sur tous les points, et conclure une convention qui serait le premier pas vers un arrangement pacifique, si vivement désiré dans les deux hémisphères.

Les conférences se sont succédé l'une à l'autre, et le plus souvent deux fois par jour, car je désirais ardemment arriver à un résultat qui pût mettre fin au bruit du canon que nous entendions constamment, et dont chaque éclat me faisait craindre de nouvelles dévastations et de nouveaux sacrifices de victimes humaines. Les objections faites et les solutions proposées sur les différents points mentionnés ci-dessus ont été, dans ces conférences, les suivantes:

En ce qui touche le principe de l'armistice, le comte de Bismarck a déclaré qu'il était aussi désireux que les puissances neutres pourraient l'être elles-mêmes de terminer ou du moins de suspendre les hostilités, et qu'il désirait la constitution en France d'un pouvoir avec lequel il pût contracter des engagements tout à la fois valables et durables. Il y avait, en conséquence, accord complet sur ce point essentiel, et toute discussion était superflue.

En ce qui touche la durée de l'armistice, j'ai demandé au chancelier de la Confédération du Nord qu'elle fût fixée à vingt-cinq ou trente jours, vingt-cinq au moins. Douze jours au moins étaient nécessaires, lui ai-je dit, pour permettre aux électeurs de se consulter et de se mettre d'accord sur les choix à faire; un jour de plus pour voter, quatre ou cinq jours de plus pour donner aux candidats élus le temps, dans l'état actuel des routes, de s'assembler dans un lieu déterminé, et enfin huit ou dix jours pour une vérification sommaire des pouvoirs et la constitution de la future Assemblée nationale. Le comte de Bismarck ne contestait pas ces calculs; il faisait seulement remarquer que plus courte serait la durée, moins il serait difficile de conclure l'armistice proposé; il semblait toutefois incliner, comme moi-même, pour une durée de vingt-cinq jours.

Vint ensuite la grave question des élections. Le comte de Bismarck voulut bien m'assurer que, dans les districts occupés par l'armée prussienne, les élections seraient aussi libres qu'elles l'aient jamais été en France. Je le remerciai de cette assurance qui me paraissait suffisante. Si le comte de Bismarck, qui d'abord avait demandé qu'il n'y eût aucune exception à cette liberté des élections, n'avait fait quelques réserves relatives à certaines portions du territoire français le long de notre frontière, et qui, disait-il, étaient allemandes d'origine et de langage, je repris que l'armistice, si on voulait le conduire rapidement selon le désir général, ne devait préjuger aucune des questions qui pouvaient être agitées à l'occasion d'un traité de paix nettement déterminé; que, pour ma part, je refusais en ce moment d'entrer dans aucune discussion de ce genre, et qu'en agissant ainsi, j'obéissais à mes instructions et à mes sentiments personnels.

Le comte de Bismarck répliqua que c'était aussi son opinion qu'aucune de ces questions ne fût touchée, et il me proposa de ne rien insérer sur ce sujet dans le traité d'armistice, de manière à ne rien préjuger sur ce point; que, quoiqu'il ne voulut permettre aucune agitation électorale dans les provinces en question, il ne ferait aucune objection à ce qu'elles fussent représentées dans l'Assemblée nationale par des notables qui seraient désignés comme nous le déciderions, sans aucune intervention de sa part, et qui jouiraient d'une liberté d'opinion aussi complète que tous les autres représentants de France.

Cette question, la plus importante de toutes, étant en bonne voie de solution, nous avons procédé à l'examen de la conduite que devraient tenir les armées belligérantes pendant la suspension des hostilités. Le comte devait en référer aux généraux prussiens assemblés sous la présidence de S. M. le roi; et, tout bien considéré, voici ce qui nous a paru équitable des deux côtés, et en conformité avec les usages adoptés dans tous les cas semblables:

Les armées belligérantes resteraient dans les positions mêmes occupées le jour de la signature de l'armistice; une ligne réunissant tous les points où elles se seraient arrêtées formerait la ligne de démarcation qu'elles ne pourraient pas franchir, mais dans les limites de laquelle elles pourraient se mouvoir, sans cependant engager aucun acte d'hostilité.

Nous étions, je puis le dire, d'accord sur les divers points de cette négociation difficile, quand la dernière question s'est présentée : à savoir le ravitaillement des forteresses assiégées, et principalement de Paris.

Le comte de Bismarck n'avait soulevé aucune objection fondamentale à ce sujet; il semblait seulement contester l'importance des quantités réclamées (1) aussi bien que la difficulté de les réunir et de les introduire dans Paris (ce qui toutefois nous concernait seuls), et, en ce qui concerne les quantités, je lui avais positivement déclaré qu'elles seraient l'objet d'une discussion amiable et même de concessions importantes de notre part. Cette fois encore, le chancelier de la Confédération du Nord désira en référer aux autorités militaires auxquelles plusieurs autres questions avaient déjà été soumises, et nous convînmes de nous ajourner au jeudi 3 novembre pour la solution définitive de ce point.

Le jeudi 3 novembre, le comte de Bismarck, que j'avais trouvé inquiet et préoccupé, me demanda si j'avais reçu des nouvelles de Paris; je lui répondis que je n'en avais pas depuis lundi soir, jour de mon départ de cette ville. Le comte de Bismarck était dans la même situation; il me tendit alors les rapports des avant-postes, qui parlaient d'une révolution à Paris et d'un nouveau gouvernement. Était-ce là ce Paris dont les nouvelles les plus insignifiantes étaient naguère expédiées avec la rapidité de l'éclair et répandues en quelques minutes dans le monde entier? Pouvait-il avoir été la scène d'une révolution dont pendant trois jours rien n'avait transpiré à ses propres portes?

Profondément affligé par ce phénomène historique, je répliquai au comte de Bismarck que, le désordre eût-il été un moment triomphant à Paris, la tranquillité serait promptement rétablie grâce au profond amour de la population parisienne pour l'ordre, amour qui n'était égalé que par son patriotisme. Toutefois, mes pouvoirs n'étaient plus valables si ces rapports étaient bien fondés. Je fus ainsi obligé de suspendre mes négociations jusqu'à ce que des informations me fussent parvenues.

Ayant obtenu du comte de Bismarck les moyens de correspondre avec Paris, je pus, le même jour jeudi, m'assurer de ce qui s'était passé le lundi, et apprendre que je ne m'étais pas trompé en affirmant que le triomphe du désordre n'avait pu être que momentané.

Le même soir, je me rendis chez le comte de Bismarck, et nous pûmes reprendre et continuer pendant une partie de la nuit la négociation qui avait été interrompue le matin. La question du ravitaillement de la capitale fut vivement débattue entre nous, et, pour ma part, j'ai maintenu fermement que toute demande relative aux quantités pourrait être modifiée après une discussion détaillée. Je pus bientôt m'apercevoir que ce n'était pas une question de détail, mais bien une question fondamentale qui avait été soulevée.

J'ai vainement insisté auprès du comte de Bismarck sur ce grand principe des armistices qui veut que chaque belligérant se trouve, au terme de la suspension des hostilités, dans la même situation qu'au commencement; que de ce principe, fondé en justice et en raison, était dérivé cet usage du ravitaillement des forteresses assiégées et de leur approvisionnement jour par jour de la nourriture d'un jour : autrement, disais-je au comte de Bismarck, un armistice suffirait à amener la reddition de la plus forte forteresse du monde. Aucune réponse ne pouvait être faite, du moins le pensais-je, à cet exposé de principes et d'usages incontestés et incontestables.

Le chancelier de la Confédération du Nord, parlant alors, non en son propre nom, mais au nom des autorités militaires, m'a déclaré que l'armistice était absolument contraire aux intérêts prussiens; que nous donner un mois de répit était nous accorder le temps d'organiser nos armées; qu'introduire dans Paris une certaine quantité de vivres, difficile à déterminer, était donner à cette ville le moyen de prolonger indéfiniment son existence; que de tels avantages ne pourraient nous être accordés sans des équivalents militaires (c'est l'expression même du comte de Bismarck).

Je me hâtai de répliquer que, sans doute, l'armistice pouvait nous apporter quelques avantages matériels, mais que le cabinet prussien devait l'avoir prévu, puisqu'il en avait admis le principe; que, toutefois, avoir calmé le sentiment national, avoir ainsi préparé la paix, en avoir rapproché le terme, avoir par-dessus tout montré une juste déférence aux vœux déclarés de l'Europe, constituait pour la Prusse des avantages tout à fait équivalents aux avantages matériels qu'elle pouvait nous concéder.

Je demandai ensuite au comte de Bismarck quels pouvaient être les équivalents militaires qu'il pouvait nous demander; mais le comte de Bismarck mettait une grande circonspection à ne pas les préciser : il les fit connaître à la fin, mais avec une certaine réserve.

« C'était, disait-il, une position militaire sous Paris. » Et, comme j'insistais davantage : « Un fort, ajouta-t-il, plus d'un peut-être. » J'arrêtai immé-

---

(1) Voici, d'après les journaux, quelles étaient ces quantités comme conditions d'un armistice de trente jours.

Il entrerait dans Paris :

34,000 bœufs, — 80,000 moutons, — 8,000 porcs, — 3,000 veaux, — 100,000 livres de viande salée, — 8,000 bottes de foin et paille, — 200,000 livres de farine, — 3,000 livres de légumes secs, — 100,000 tonnes de charbon, etc. Enfin, pendant ces mêmes trente jours, les Allemands auraient suspendu leurs réquisitions, et se seraient suffi à eux-mêmes, soit par les arrivages d'Allemagne, soit par le payement intégral des quantités achetées par eux en France.

CARTE POUR SERVIR A L'INTELLIGENCE DES OPÉRATIONS DES ARMÉES DE LA LOIRE

diatement le chancelier de la Confédération du Nord.

« C'est Paris, lui dis-je, que vous nous demandez : car nous refuser le ravitaillement pendant l'armistice, c'est nous prendre un mois de notre résistance ; exiger de nous un ou plusieurs de nos forts, c'est nous demander nos remparts. C'est, en fait, demander Paris, puisque nous vous donnerions le moyen de l'affamer ou de le bombarder. En traitant avec nous d'un armistice, vous ne pouviez jamais supposer que la condition serait de vous abandonner Paris même, Paris notre force suprême, notre grande espérance, et pour vous la grosse difficulté, qu'après cinquante jours de siége, vous n'avez encore pu surmonter. »

Arrivés à ce point, nous ne pouvions plus continuer.

Je fis remarquer à M. le comte de Bismarck qu'il était facile de s'apercevoir qu'à ce moment l'esprit militaire prévalait, dans les résolutions de la Prusse, sur l'esprit politique qui avait dernièrement conseillé la paix et tout ce qui pouvait y conduire ; je demandai alors au comte de Bismarck de faciliter encore une fois de plus mon voyage aux avant-postes, afin de me consulter sur la situation avec M. Jules Favre ; il y consentit avec cette courtoisie que j'ai toujours rencontrée en lui en ce qui concerne les relations personnelles.

En prenant congé de moi, le comte de Bismarck m'a chargé de déclarer au gouvernement français que, si le gouvernement avait le désir de faire les élections sans armistice, il permettrait qu'on les fît avec une parfaite liberté dans tous les lieux occupés par les armées prussiennes, et qu'il faciliterait toute communication entre Paris et Tours pour toutes choses qui auraient rapport aux élections.

J'ai conservé le souvenir de cette déclaration dans mon esprit. Le lendemain, 5 novembre, je me dirigeai vers les avant-postes français ; je les traversai afin de conférer avec M. Jules Favre dans une maison abandonnée ; je lui ai fait un exposé complet de toute la situation, tant au point de vue politique qu'au point de vue militaire, lui donnant jusqu'au lendemain pour m'envoyer la réponse officielle du gouvernement, et lui indiquant le moyen de me la faire parvenir à Versailles. Je la reçus le jour suivant, dimanche 6 novembre. On m'y ordonnait de rompre les négociations sur la question du ravitaillement, de quitter immédiatement le quartier général prussien, et de me rendre à Tours, si j'y consentais, à la disposition du gouvernement, en cas que mon intervention pût être utile dans les négociations futures.

Je communiquai cette résolution au comte de Bismarck, et je lui répétai que je ne pouvais abandonner ni la question des subsistances, ni aucune des défenses de Paris, et que je regrettais amèrement de n'avoir pu conclure un arrangement qui pourrait avoir été un premier pas pour la paix.

Tel est le compte rendu fidèle des négociations, que j'adresse aux quatre puissances neutres qui ont eu la louable intention de désirer et de proposer une suspension d'armes qui nous aurait rapprochés du moment où toute l'Europe aurait respiré de nouveau, aurait repris les travaux de la civilisation, et aurait cessé de se laisser aller à un sommeil sans cesse troublé par la frayeur que quelque accident lamentable ne surgisse et n'étende la conflagration de la guerre sur tout le continent.

Il appartient maintenant aux puissances neutres de juger si une attention suffisante a été donnée à leur conseil ; je suis sûr que ce n'est pas à nous qu'on peut faire le reproche de ne l'avoir pas estimé aussi haut qu'il le méritait. Après tout, nous les faisons juges des deux puissances belligérantes ; et, pour ma part, comme homme et comme Français, je les remercie de l'appui qu'elles m'ont accordé dans mes efforts pour rendre à mon pays les bienfaits de la paix, de la paix qu'il a perdue, non par sa faute, mais par celle d'un gouvernement dont l'existence a été la seule erreur de la France : car ç'a été une grande et irrémédiable erreur pour la France que de s'être choisi un pareil gouvernement, et de lui avoir, sans contrôle, confié ses destinées.

Recevez, monsieur l'ambassadeur, etc.

Signé : A. THIERS.

CHAPITRE IX

LA VICTOIRE DE COULMIERS

État de la province avant l'arrivée de Gambetta. — Arrivée de Gambetta à Tours. — Son influence sur la réorganisation militaire. — Fabrication des armes et des munitions. — Garibaldi en France. — Proclamation de Gambetta après la capitulation de Metz. — La levée en masse et la mobilisation. — Formation de l'armée de la Loire. — Le général d'Aurelles de Paladines. — Premiers engagements sous Orléans. — La bataille de Coulmiers. — Les Prussiens évacuent Orléans. — La France relevée. — Inaction après Coulmiers. — Documents complémentaires.

Pour expliquer comment une armée française en quelque sorte improvisée, et composée de troupes peu aguerries, réussit à vaincre l'armée que commandait le général von der Tann, il faut remonter jusqu'à l'organisation même de la défense nationale en province. Les gens qui ont intérêt à faire croire au pays que la République est responsable de la plus grande partie de nos maux ont, depuis un an, tant de fois accusé et calomnié ceux qui ont, même en désespérés, continué la résistance, qu'il est bon, qu'il est utile et patriotique de rechercher sur quels fondements reposent leurs accusations. Sans doute, beaucoup de fautes furent commises, et, fidèle à notre programme, nous ne les tairons pas. Mais de quelles consolations morales la patrie n'est-elle point redevable à ceux qui, prenant en main son épée brisée, surent la retremper, pour ainsi dire, et la rendre redoutable encore à l'étranger! Oui, si la France vaincue a le droit de relever encore le front et de garder sa fierté, elle le doit aux hommes qui, lorsque tout était perdu, crurent fermement et firent croire un moment à la France et au monde que tout pouvait être sauvé. Sans doute, après l'anéantissement des armées impériales, la nation, désarmée, pouvait difficilement triompher d'un ennemi supérieur en nombre, admirablement commandé, admirablement outillé surtout et rendu sûr de lui-même par des succès inespérés pour lui. Mais fallait-il donc s'humilier devant ce vainqueur, et accepter, au lendemain de Sedan, ses conditions, qui étaient déjà, — quoi qu'on en ait dit, — l'abandon de deux provinces françaises?

Non, certes, non, et cela est si vrai que les plus acharnés adversaires de la défense s'y prêtèrent alors, après septembre, avec une docilité qui n'a d'égale que leur rancune irritée d'aujourd'hui. La tâche entreprise par la République improvisée était malheureusement disproportionnée avec les ressources dont elle pouvait disposer. L'humble bon sens dira que si la France n'était pas préparée à la guerre en juillet, elle l'était bien moins encore en septembre. L'empire la laissait sans ressources, à la merci de l'ennemi. Pour résister, il fallait tout inventer, tout créer, tout improviser. Lorsque, le 16 septembre, la délégation du gouvernement arriva à Tours, il n'existait plus, dit M. de Freycinet dans son livre, *la Guerre en province*, un seul régiment d'infanterie ni de cavalerie; point d'artillerie; on ne comptait, à ce moment, — le croira-t-on? — dans toute la France, que *six pièces* prêtes à entrer en ligne; « les autres manquaient de leurs attelages, de leur personnel et beaucoup de leurs affûts. » Et cependant un mois après une armée nouvelle pouvait résister, comme nous l'avons vu, devant Orléans. La délégation de Tours ne s'était pourtant pas distinguée par son activité et son énergie. Un témoin de l'installation de ces vieillards dans la ville de Tours, M. Armand Rivière (1), nous a montré combien peu de prestige avaient les triumvirs Glais-Bizoin, Crémieux et l'amiral Fourichon, honnêtes gens écrasés sous leur tâche. Le pays demeurait paisible sous leur administration pacifique, et on ne sentait, dans les affaires, aucune impulsion, aucune direction mâle. Il fallut l'arrivée soudaine de Gambetta pour donner de l'énergie à cette délégation, qui semblait assister en spectatrice à l'invasion du pays.

La France aime à la fois l'audace et le romanesque. Elle a payé cher plus d'une fois ce goût par-

(1) Voyez son livre : *Le gouvernement de la défense nationale à Tours*.

ticulier pour les aventures. Le départ de M. Gambetta dans le ballon l'*Armand-Barbès*, les péripéties de son voyage étaient faits pour surexciter la fibre française. Nous avons dit ailleurs, dans notre livre la *Guerre nationale*, comment par trois fois, au passage des lignes ennemies, de rudes fusillades avaient été dirigées sur le ballon qui portait M. Gambetta. A Argenteuil, où la première eut lieu, le ballon, autour duquel sifflaient les balles, ne se trouva guère à plus de quatre ou cinq cents mètres de hauteur. Une fois même l'aéronaute, tout près de Pontoise, avait laissé son ballon toucher terre. On était en plein pays envahi. A Clermont (Oise), le ballon s'était trouvé à 150 mètres seulement au-dessus d'un campement allemand. Heureusement les fusils étaient aux faisceaux ; les voyageurs n'avaient essuyé que le coup de fusil égaré d'une sentinelle.

Lorsque la France apprit que « Gambetta était arrivé », ce fut un frisson de confiance et d'ardeur par tout le pays. Le jeune tribun, venu de Paris, et que M. Delescluze appelait le *fin Génois*, l'accusant de fuir la ville envahie, apportait à la patrie son ardeur, sa jeunesse, son audace et sa foi. La France en avait besoin. Encore quelques jours, et elle allait se trouver réduite à quelques places fortes et à quelques restes d'armée. Les forteresses assiégées et prises étaient : Strasbourg, Toul, Schelestadt et Wissembourg.

Allaient capituler ou avaient capitulé : Metz, Marsal, Sedan, Laon, Vitry-le-François et Soissons.

Étaient assiégés et n'avaient pas capitulé : Paris, Phalsbourg, Mézières, Thionville, Bitche, Montmédy, Verdun et Neuf-Brisach.

Longwy, Carignan et Langres étaient, non pas assiégées, mais cernées.

Belfort était libre encore, ainsi que Lille, Givet, Besançon, Grenoble et Maubeuge.

L'armée de la Loire, battue à Artenay et à Orléans, se reformait péniblement au fond de la Sologne. Dans l'est, l'armée du général Cambriels, réduite par le feu, la fatigue *et surtout les désertions*, dit M. de Freycinet, se réfugiait à Besançon, abandonnant les Vosges. Aucunes troupes dans le nord, dans l'ouest, de Chartres à Évreux, 30,000 gardes nationaux mobiles mal équipés, mal armés, sans canons, sans chevaux.

M. Gambetta, en dépit de tout, ne désespéra point du pays, et empêcha que le pays ne désespérât de lui-même.

Il prit la direction du ministère de la guerre et du ministère de l'intérieur, appela à la guerre un ingénieur alors inconnu, M. Charles de Freycinet, et le nomma son délégué. M. de Freycinet a depuis fait connaître, dans un livre excellent, les efforts tentés, les résultats obtenus par le gouvernement de la défense en province. C'est à lui qu'il faut demander comment la France sut résister et parfois comment elle sut vaincre. Son livre n'est pas seulement un plaidoyer personnel, et, comme on l'a dit, *pro domo suâ*, mais un témoignage national de la résistance d'un peuple aux abois contre l'organisation d'une armée formidable.

On ne se doute pas de l'état désespéré dans lequel se trouvait la patrie. Encore une fois, je le répète, tout manquait. Il n'y avait ni artillerie, ni munitions, ni fusils, ni intendances, ni cartes même du pays. On parvint à se procurer un exemplaire de cette carte de l'état-major français (dont étaient munis les officiers prussiens), on la reproduisit par la photographie, et on en distribua 15,000 exemplaires en quatre mois aux états-majors. On organisa un service tout nouveau, semblable à celui des *détectives* américains, le service des *reconnaissances*. On y centralisa les renseignements fournis par les maires, les cantonniers, les télégraphistes, les gardes forestiers. Chaque soir les chefs de corps recevaient de la sorte une circulaire donnant les positions exactes des corps allemands. Un bureau d'ingénieurs suivait la marche des armées sur la carte, un autre bureau examinait les inventions, les découvertes, souvent bouffonnes, excentriques, deux ou trois fois excellentes. Sans doute, encore un coup, il y eut des abus, mais le principe n'en était pas moins posé, et cette organisation nouvelle servira peut-être un jour de type à cette réorganisation militaire de notre patrie, réorganisation que la nécessité de ces temps douloureux nous impose.

Nous avons dit que le pays manquait de fusils : une commission d'armement, chargée d'accaparer les armes de tous les marchés du monde, livra en trois mois douze cent mille fusils. Disons que plus d'un chevalier d'industrie profita de cette douloureuse occasion pour se tailler une fortune dans le désastre public. Le rapport de M. Riant à l'Assemblée nationale devait plus tard (en juillet 1874) faire connaître quelques-uns de ces spéculateurs effrontés qui se font un bonheur doré du malheur de la patrie. Mais est-ce bien là la faute de ce gouvernement qui trouvait le pays sans armes et qui, coûte que coûte, le voulait armer? Tandis qu'on achetait ces fusils, on tirait des arsenaux les pièces de marine : à Nantes, à Saint-Étienne, au Creuzot, on fabriquait des canons. Bientôt chaque département allait être tenu de fournir autant de batteries d'artillerie qu'il comptait de fois 100,000 habitants. A la fin de la guerre, le ministère avait envoyé aux armées 1,400 pièces de canon. Et les munitions? On en acheta, on en fabriqua. Le public ignore, comme le dit M. de Freycinet, que la France s'est trouvée à deux doigts de sa perte, par le manque d'armes et de munitions, et que, plus d'une fois « on a craint

M. Gambetta à Tours.

de n'avoir pas les moyens de faire face aux prochaines batailles. » Pour fabriquer les cartouches de chassepot, par exemple, les manufactures manquaient de papiers découpés. On parvint à en fabriquer un million par jour à Angoulême. On manquait absolument de capsules. « *En dehors de Paris un seul homme en France, le sous-artificier Chatenay, en connaissait la fabrication.* Sous la direction du colonel d'artillerie Michel, il organisa à Bourges une fulminaterie (1). » De Bourges, on devait la transporter à Toulouse, devant l'approche de l'ennemi. C'était perdre du temps. L'administration fut un moment réduite à demander à Paris de lui envoyer des capsules *par ballon.* Ainsi, voilà en quel état se trouvait la France après la chute de cet empire qui se vantait de l'avoir moralement et matériellement placée à la tête du monde, voilà quelles étaient ses ressources au début de la lutte gigantesque qu'elle continuait ou plutôt qu'elle subissait.

Et qu'on s'étonne ensuite ou qu'elle n'ait point définitivement vaincu ou que son organisation nouvelle n'ait pas été impeccable! Ceux qui ont assisté à la lutte en spectateurs ont beau jeu à critiquer ceux qui ont agi et fait quelque chose avec rien. N'y eût-il à notre gloire que la victoire de Coulmiers, notre patriotisme serait déjà consolé dans sa douleur profonde.

A partir du jour où Gambetta était venu, la période d'activité avait commencé pour la délégation. Ce jour même, tandis que le jeune tribun s'installait à la préfecture, un vieux combattant du droit, Garibaldi, apportait son épée à la France. « Oui, mes concitoyens, avait-il écrit à ses amis d'Italie, nous devons considérer comme un devoir sacré de secourir nos frères de France. » Il ajoutait que la République française, *rendue à la sagesse par les leçons du passé* « serait toujours l'une des meilleures colonnes de la régénération humaine. » Victor-Emmanuel n'avait pu obtenir que l'Italie nous donnât ses soldats; Garibaldi, essayant de payer la dette contractée par sa patrie à Palestro, à Magenta, à Solferino, Garibaldi, oubliant Mentana, nous apportait son nom. Il arrivait à Tours le dimanche 9 octobre, quelques heures avant Gambetta. Le 12 octobre, il en partait, ayant obtenu, non sans quelque peine, paraît-il, le commandement des compagnies franches dans la région des Vosges. Des Espagnols aussi étaient venus à Tours, les députés Pablo y Angulo, Tutau, le vieil Orense et Emilio Castelar, ils allaient repartir bientôt. Avec eux, arrivait une légion américaine. On eût dit que les sympathies du monde allaient droit et franchement à notre patrie frappée au cœur. Mais non, l'Europe, le monde, allait assister froidement à la lutte, et quelques individualités généreuses se mettaient seules à la disposition de la France envahie, payant les dettes que la civilisation d'aujourd'hui doit à cette initiatrice vaillante, généreuse, prodigue de son cerveau et de son sang, qui fut la France d'autrefois, et qui sera, nous le jurons, la France de demain.

Cependant, au milieu des travaux d'organisation, la nouvelle de la capitulation de Metz, dont le bruit avait déjà circulé tout bas, tomba brusquement, retentissante comme un désastre. Gambetta l'annonça au pays par cette proclamation *aux Français,* dont l'effet fut électrique :

RÉPUBLIQUE FRANÇAISE.

Liberté, Égalité, Fraternité.

« FRANÇAIS, élevez vos âmes et vos résolutions à la hauteur des effroyables périls qui fondent sur la patrie. Il dépend encore de nous de lasser la mauvaise fortune et de montrer à l'univers ce qu'est un grand peuple qui ne veut pas périr et dont le courage s'exalte au sein même des catastrophes.

« Metz a capitulé. Un général sur qui la France comptait, même après le Mexique, vient d'enlever à la patrie en danger plus de cent mille de ses défenseurs. Le général Bazaine a trahi, il s'est fait l'agent de l'homme de Sedan, le complice de l'envahisseur, et au mépris de l'honneur de l'armée dont il avait la garde, il a livré, sans même essayer un suprême effort, cent vingt mille combattants, vingt mille blessés, ses fusils, ses canons, ses drapeaux et la plus forte citadelle de la France, Metz, vierge jusqu'à lui des souillures de l'étranger.

« Un tel crime est au-dessus même des châtiments de la justice; et maintenant, Français, mesurez la profondeur de l'abîme où nous a précipités l'empire. Vingt ans la France a subi ce pouvoir corrupteur qui tarissait en elle toutes les sources de la grandeur et de la vie.

« L'armée de la France, dépouillée de son caractère national, devenue sans le savoir un instrument de règne et de servitude, est engloutie, malgré l'héroïsme de ses soldats, par la trahison des chefs, dans les désastres de la patrie.

« En moins de deux mois, 220,000 hommes ont été livrés à l'ennemi ; sinistre épilogue du coup de main militaire de décembre! Il est temps de nous ressaisir, citoyens, et, sous l'égide de la République, que nous sommes bien décidés à ne laisser capituler ni au dedans ni au dehors, de puiser dans l'extrémité de nos malheurs le rajeunissement de notre moralité et de notre virilité politique et sociale.

« Oui, quelle que soit l'étendue du désastre, il ne nous trouve ni consternés ni hésitants. Nous sommes

---

(1) Ch. de Freycinet, *la Guerre en province,* page 57.

prêts aux derniers sacrifices, et en face d'ennemis que tout favorise, nous jurons de ne jamais nous rendre. Tant qu'il restera un pouce du sol sacré sous nos semelles, nous tiendrons ferme le glorieux drapeau de la République française. Notre cause est celle de la justice et du droit. L'Europe le voit, l'Europe le sent ; devant tant de malheurs immérités, spontanément, sans avoir reçu de nous ni invitation ni adhésion, elle s'est émue, elle s'agite. Pas d'illusions, ne nous laissons ni alanguir ni énerver, et prouvons par des actes que nous voulons, que nous pouvons tenir de nous-mêmes l'honneur, l'indépendance, l'intégrité, tout ce qui fait la patrie libre et fière ! Vivre la France ! Vive la République, une, indivisible !

« *Les membres du gouvernement :*

« CRÉMIEUX, GLAIS-BIZOIN, GAMBETTA. »

Quelques-uns, les intéressés, s'efforçant de faire croire que cette proclamation au peuple était une sorte d'insulte à l'adresse de l'armée, M. Gambetta lança bientôt après cette proclamation à l'armée :

« Soldats !

« Vous avez été trahis, mais non déshonorés ! Depuis trois mois, la fortune trompe votre héroïsme. Vous savez aujourd'hui à quels désastres l'ineptie et la trahison peuvent conduire les plus vaillantes armées.

« Débarrassés de chefs indignes de vous et de la France, êtes-vous prêts, sous la conduite de chefs qui méritent votre confiance, à laver dans le sang des envahisseurs l'outrage infligé au vieux nom français ?

« En avant ! vous ne lutterez plus pour l'intérêt ou les caprices d'un despote : vous combattrez pour le salut même de la patrie, pour vos foyers incendiés, pour vos familles outragées, pour la France, notre mère à tous, livrée aux fureurs d'un implacable ennemi. Guerre sainte et nationale, mission sublime, pour le succès de laquelle il faut, sans jamais regarder en arrière, nous sacrifier tous et tout entiers.

« D'indignes citoyens ont osé dire que l'armée avait été rendue solidaire de l'infamie de son chef. Honte à ces calomniateurs, qui, fidèles au système des Bonapartes, cherchent à séparer l'armée du peuple, les soldats de la République !

« Non ! non ! j'ai flétri, comme je le devais, la trahison de Sedan et le crime de Metz, et je vous appelle à venger votre propre honneur qui est celui de la France !

« Vos frères d'armes de l'armée du Rhin ont déjà protesté contre ce lâche attentat, et retiré avec horreur leur main de cette capitulation maudite.

« A vous de relever le drapeau de la France, qui, dans l'espace de quatorze siècles, n'a jamais subi pareille flétrissure !

« Le dernier Bonaparte et ses séides pouvaient seuls amonceler sur nous tant de honte en si peu de jours ! Vous nous ramènerez la victoire ; mais sachez la mériter par la pratique des vertus républicaines, le respect de la discipline, l'austérité de la vie, le mépris de la mort. Ayez toujours présente l'image de la patrie en péril ; n'oubliez jamais que faiblir devant l'ennemi à l'heure où nous sommes, c'est commettre un parricide et en mériter le châtiment.

« Mais le temps des défaillances est passé, c'est fini des trahisons ! Les destinées du pays vous sont confiées, car vous êtes la jeunesse française, l'espoir armé de la patrie : vous vaincrez ! et après avoir rendu à la France son rang dans le monde, vous resterez les citoyens d'une République paisible, libre et respectée.

« Vive la France !

« Vive la République !

« *Le membre du gouvernement, ministre de l'intérieur et de la guerre,*

« LÉON GAMBETTA. »

Ces proclamations avaient singulièrement surexcité l'ardeur de la nation et celle de cette armée qu'on reformait le plus activement possible en Sologne. Tandis que le gouvernement, à Paris, espérait la conclusion de l'armistice après le 31 octobre, Gambetta décrétait, le 3 novembre, la formation de 12 batteries de mitrailleuses de garde nationale mobile, dans les sept départements de Maine-et-Loire, Deux-Sèvres, Charente-Inférieure, Charente, Vendée, Gironde, Basses-Pyrénées, et, le 5, il ordonnait la levée en masse et la mobilisation de tous les hommes valides de vingt et un à quarante ans, mariés ou veufs avec enfants (1).

Cependant, l'armée de la Loire était formée en Sologne où se trouvait le 15° corps, sous le commandement du général d'Aurelles de Paladines, et à Blois et à Bourges où se forma, dans la seconde quinzaine d'octobre, le 16° corps, placé le 2 novembre sous le commandement du général Chanzy. Bientôt le général d'Aurelles de Paladines allait être nommé commandant en chef de *l'armée de la Loire*, et le général Martin des Pallières le remplaçait à la tête du 15° corps. Cette armée, composée de régiments de marche, cavalerie ou infanterie, pris dans les dépôts, et de bataillons de gardes mobiles, portait tous les caractères d'une organisation hâtive. Ces jeunes troupes, équipées tant bien que mal, couvertes de vêtements insuffisants, n'en étaient pas moins animées d'un ardent désir de combattre. Elles allaient bien le prouver.

(1) Ces décrets, d'ailleurs, ne furent pas exécutés.

Leur général en chef s'était d'ailleurs attaché à introduire dans les rangs une discipline sévère, inflexible : « Je suis parfaitement décidé, disait-il dans un ordre du jour, à faire passer par les armes tout soldat qui hésiterait devant l'ennemi. Quant à moi, si je recule, fusillez-moi. » Mis au cadre de réserve depuis 1868, à soixante-sept ans, petit, la moustache blanche, les cheveux légèrement relevés sur le front en une houppe argentée, et, lorsqu'il met sur son nez ses lunettes, prenant aussitôt l'apparence pacifique d'un bon commis aux écritures, le général d'Aurelles de Paladines a cependant une volonté et une énergie. Il avait réellement unifié l'armée disparate de la Loire. Général de brigade pendant la guerre d'Orient, puis divisionnaire devant Sébastopol, il était peu connu avant que la victoire de Coulmiers vînt s'attacher à son nom. Le délégué à la guerre, M. de Freycinet, lui reproche dans son livre de n'avoir pas marché plus tôt qu'il ne le fit contre l'ennemi, et d'avoir perdu huit jours avant de commencer son mouvement qui, de la sorte, eût mené l'armée française devant Paris avant l'arrivée des troupes de Frédéric-Charles. Il faut attendre les explications prochaines du général et le livre qu'il annonce, pour se prononcer sur ce sujet.

Toujours est-il que, dans les derniers jours d'octobre, l'armée de la Loire avait commencé à se porter en avant. Le 15ᵉ corps, campé entre Argent et Lamotte-Beuvron, sur la rive droite de la Loire, passa le fleuve à Gien et à Beaugency, et opéra sa jonction avec le 16ᵉ corps, qui avait son quartier général à Marchenoir. Les Bavarois, établis sur la rive droite, de Saint-Péravy-la-Colombe à Meung, tenaient Baccon, Coulmiers et Huisseau-sur-Mauves, et couvraient ainsi Orléans, après avoir cherché à s'installer dans la forêt de Marchenoir.

Le 7 novembre, les premiers engagements eurent lieu, en avant de Saint-Laurent-des-Bois, vers dix heures et demie du matin. Une colonne d'infanterie bavaroise, suivie de 2,000 cavaliers prussiens et soutenue par 10 pièces d'artillerie se portait, pour reconnaître nos positions, sur la forêt de Marchenoir, lorsque des tirailleurs parvenus déjà à la lisière de la forêt, un bataillon de chasseurs à pied, le 3ᵉ, et les mobiles du Loir-et-Cher, postés à Saint-Laurent-des-Bois, se précipitèrent sur l'ennemi qui n'était plus guère qu'à cinq cents mètres du village. Ces troupes vaillantes étaient décidées à arrêter l'infanterie bavaroise. Elles tinrent pendant deux heures, sous une fusillade acharnée, lorsque la brigade Bourdillon, arrivant à Saint-Laurent avec une batterie à cheval et un escadron de cuirassiers, les aida à repousser l'ennemi qui battit en retraite sur Vallière. Au moment où il évacuait encore ce village, un régiment de nos dragons le cernait et y faisait prisonnière toute une compagnie bavaroise.

Ce petit succès avait eu un résultat excellent sur le moral de l'armée. Encouragés, nos soldats ne demandaient qu'à se porter en avant. L'ennemi, fortement retranché dans les villages et les bois qui défendent Orléans, nous attendait, résolu à la défensive, avec une nombreuse artillerie. Ses observatoires, établis dans les clochers et sur la tour de Baccon, lui livraient le secret de nos mouvements en plaine (1.) Le général von der Tann savait que, depuis trois jours, le général Martin des Pallières marchait à la droite d'Orléans. Il résolut donc de livrer bataille au corps de d'Aurelles de Paladines devant Coulmiers, pour se retourner ensuite, s'il était vainqueur, contre Martin des Pallières. La bravoure de nos soldats ne devait point le lui permettre.

A huit heures du matin, après la soupe, les troupes de d'Aurelles de Paladines se portèrent en avant avec un entrain véritable. Elles avaient devant elles deux divisions d'infanterie bavaroise, la division prussienne du comte de Solberg, et neuf régiments de cavalerie, en tout 30,000 hommes, au bas mot. D'Aurelles de Paladines, avec sa droite, commandée par le général Martineau, son centre, composé de la division Peitavin, chargée d'emporter Baccon, sa gauche formée du 16ᵉ corps (Chanzy), et à côté de Chanzy toute la cavalerie du général Reyau, voulait enfermer les Bavarois dans un cercle de feu, devant Coulmiers, ou, s'ils se retiraient sur Orléans, les faire achever par les 28,000 hommes de Martin des Pallières.

La bataille du 9 novembre se concentra en quelque sorte dans le triangle formé par les villages de Huisseau-sur-Mauves, Baccon et Coulmiers. Commencée par la lutte devant Baccon, elle devait se terminer à Coulmiers par la déroute de l'armée bavaroise. Bâti sur une hauteur, Baccon, crénelé, percé de meurtrières, barricadé, était redoutable comme une forteresse. Les Bavarois nous y attendaient, abrités et tirant à coups sûrs. Lorsque nos bataillons s'élancèrent pour prendre d'assaut ce village, une fusillade terrible les accueillit aussitôt, mais ce fut en vain; la furie française était rentrée dans les cœurs de ces combattants si peu aguerris, mais si sûrs de vaincre. Barricade par barricade, maison par maison, à la baïonnette, Baccon est emporté, les Bavarois s'enfuient et, après cette première position si bravement arrachée à l'ennemi, nos soldats se portent vaillamment sur le parc et le château de la Renardière. L'épée à la main, le général Peitavin enlève ses soldats. Les Allemands, pour arrêter l'élan de nos troupes, incendient les maisons; qu'importe? trois bataillons s'élancent, le 6ᵉ chasseurs de marche, un

(1) Voyez le livre du général Chanzy : *la Deuxième armée de la Loire*.

LA GUERRE EN PROVINCE. — L'armée de la Loire délivrant Orléans.

bataillon du 16ᵉ de ligne, un bataillon du 33ᵉ de marche et, dans la fumée qui les aveugle, sous les balles qui les déciment, ils enlèvent la Renardière, chassent l'ennemi, le voient une nouvelle fois s'enfuir et l'acculent à Coulmiers où il a massé toutes ses forces et où il nous attend. Il était deux heures.

Maintenant une lutte d'artillerie s'engage entre les canons bavarois et ceux de notre 2ᵉ division. Les obus se croisent dans la plaine. Les Bavarois, blottis à Coulmiers, nos troupes, à plat ventre, laissaient les canons parler. « On n'apercevait debout, dit un écrivain orléanais, M. Boucher, que les généraux entourés de leurs officiers, les artilleurs et un escadron de hussards. » Mais nos canons avaient l'avantage sur ceux de l'ennemi. Ils avançaient, leur feu terrible se rapprochait peu à peu de Coulmiers et leurs batteries lançaient leurs projectiles de plus près. A deux heures et demie environ, les troupes du général Barry rejoignaient devant Coulmiers les tirailleurs du général Peitavin, et se jetaient aussitôt dans les jardins et le bois situés au sud de Coulmiers, en poussant les cris de : Vive la France ! La résistance de l'ennemi est qualifiée de *furieuse* par le général d'Aurelles dans son rapport officiel. On combattait des deux parts avec rage, les Français voulant pousser jusqu'au bout leur victoire, les Allemands disputant avec acharnement leur dernier point de résistance. Le bois et les jardins emportés, nos troupes, arrêtées par l'artillerie ennemie, ne purent s'emparer du village. Il fallut que les canons de la réserve du général Dariès, appelé par d'Aurelles de Paladines, se missent en batterie à hauteur du château de Grand-Lus et, ouvrant un feu terrible, réduisissent au silence les batteries ennemies. Ce fut l'affaire d'une demi-heure, puis, s'élançant de nouveau et avec la même vigueur, les tirailleurs du général Peitavin, soutenus par les soldats de Barry, chassèrent de Coulmiers l'ennemi qui décidément se mettait en retraite. « Allons, mes enfants, suivez-moi », avait dit le général Barry aux mobiles de la Dordogne. Et ces enfants avaient suivi. L'élan des troupes était admirable. Le 7ᵉ bataillon de chasseurs de marche, le 31ᵉ régiment d'infanterie de marche et le régiment des mobiles de la Dordogne (le 22ᵉ) se signalèrent là par leur courage. La lutte prit, un certain moment, un tel degré de violence, qu'un prêtre français dut se jeter au-devant des mobiles qui voulaient poursuivre les fuyards bavarois jusque dans l'ambulance où les vaincus s'étaient réfugiés. Aussitôt les mobiles s'arrêtèrent. A cette colère bouillante allait d'ailleurs succéder l'humanité dont ont fait preuve si souvent les armées françaises victorieuses.

Pendant que ces troupes enlevaient le village de Coulmiers, les soldats de l'amiral Jauréguiberry, dont le sang-froid admirable était déjà populaire dans l'armée, et qui avait résisté, devant le village de Champs, avec un bataillon du 37ᵉ, contre un ennemi supérieur en nombre, les soldats de l'amiral, soutenus maintenant par de l'artillerie, couraient au pas de charge sur Ormeteau et sur Champs, et en débusquaient l'ennemi qui avait barricadé ces villages et qui y combattait derrière des créneaux.

C'en était fait. La journée était à nous ; journée d'ardente lutte, où l'antique furie française avait reparu, vaillante et pleine d'entrain. La nuit venait, et, dans le crépuscule de novembre, des lueurs s'allumaient et des obus passaient en sifflant. C'était notre artillerie qui poursuivait l'ennemi dans sa fuite. Le terrain, détrempé, défoncé par la pluie et la neige, empêchait à la fois la poursuite, et avait rendu plus longue la résistance des Allemands, dont les talons se clouaient au sol. Une grande faute fut commise pourtant, la cavalerie du général Reyau, qui pouvait sabrer l'ennemi en fuite ou lui couper cette retraite, fut inutile dans cette glorieuse journée. Elle avait reculé, disent les Allemands eux-mêmes, devant la cavalerie allemande. Et quel service pouvaient rendre cependant les trente escadrons ! En se portant sur Saint-Péravy, ils empêchaient l'ennemi de fuir de ce côté. Au lieu de cela, qu'arriva-t-il ? Le général von der Tann abandonnait les positions retranchées qu'il occupait derrière la Mauve et en avant d'Orléans, il s'enfuyait en hâte de cette ville ; mais en même temps il nous échappait, il échappait aux coups de Martin des Pallières qui, malgré son activité, ne pouvait arriver à Chevilly que dans la nuit. A coup sûr, si le général Reyau avait agi, le corps tout entier de von der Tann était anéanti le lendemain.

M. d'Aurelles de Paladines essaie d'excuser dans son rapport le général Reyau ; mais peu de jours après le général Reyau était mis en disponibilité par le ministre de la guerre et remplacé dans son commandement.

Les Allemands battaient en retraite sur Artenay, par Saint-Péravy et Patay. Nous leur avions fait, sans compter les blessés qu'ils abandonnaient, plus de 2,000 prisonniers, et une reconnaissance s'emparait bientôt, devant Saint-Péravy, d'un convoi de munitions et de deux pièces d'artillerie. Durant la nuit qui suivit la bataille, des cavaliers ennemis étaient audacieusement revenus chercher des canons bavarois embourbés et abandonnés, qu'il nous eût été facile de prendre et de garder.

Nous avions perdu environ 1,500 hommes dans cette bataille, qui nous semblait alors le présage de victoires nouvelles. Le colonel du 31ᵉ de marche, M. de Foulonge, avait été tué.

Le soir même, les têtes de colonne de l'armée

victorieuse, arrivaient à Orléans. Dès cinq heures du soir, deux chasseurs, chargés d'éclairer la marche du général Martin des Pallières, s'étaient présentés à la porte Bourgogne. On les avait salués, acclamés, couronnés de lauriers (1). A ce moment, les Bavarois évacuaient déjà la ville. Leurs bagages fuyaient vers Artenay, « dans le pêle-mêle d'une fuite précipitée ». Déjà les Orléanais font prisonniers dans les rues les Bavarois isolés qui s'y trouvaient. La pauvre ville d'Orléans, rançonnée, accablée de réquisitions, saignée à blanc, paraissait revivre. Elle revoyait les couleurs françaises, elle retrouvait la liberté. Lorsque l'armée française rentra dans Orléans, ce fut une heure d'immense et patriotique joie. On s'embrassait dans les rues. On respirait à l'aise ; on se sentait de nouveau dans sa patrie.

A Versailles, la nouvelle de la bataille produisit un effet que le *Moniteur de Seine-et-Oise*, nouvellement fondé par l'autorité prussienne, et imprimé en français, essaya d'atténuer. Voilà, par exemple, comment parlaient de la journée de Coulmiers les dépêches officielles du quartier général du roi de Prusse :

« Dans les combats du 9 livrés par le général von der Tann, *toutes les attaques de l'ennemi ont été repoussées* en lui infligeant de grandes pertes.

« Ce n'est qu'alors que le général von der Tann s'est retiré.

« Le 10, une partie des munitions de réserve, avec deux canons de réserve également *bavarois*, sont tombés entre les mains de l'ennemi.

« Le 12, aucun mouvement de l'armée de la Loire n'a été signalé. »

Ainsi que le faisait remarquer alors un journal français, quand les Bavarois triomphent, ce sont des Allemands comme les Prussiens ; quand ils sont battus, ce sont des Bavarois ! Les Allemands se consolaient d'ailleurs, comme se consolent les vaincus, comme nous nous étions chimériquement consolés après Frœschwiller, et en disant, par exemple, que le *combat* de Coulmiers leur avait fait *reconnaître plus exactement les forces de l'ennemi*. Ces forces pouvaient être utilisées contre eux plus efficacement encore. Le général von der Tann se porta sur la route d'Orléans à Châteaudun. Après avoir « reconnu que l'ennemi était supérieur en nombre », il se replia sur la route Orléans-Paris. Il s'arrêta près de Toury, où il reçut bien vite des renforts. Von Wittich et le prince Albert l'avaient rejoint le 10 à Chartres, et le grand-duc de Mecklembourg arrivait le 11 de Paris avec ses troupes.

Pourquoi le général d'Aurelles de Paladines ne mit-il pas à profit son succès ? Et qui dira s'il n'y avait pas mieux à faire, après Coulmiers, que de couvrir Orléans, de surveiller l'ennemi et de le harceler par de vigoureuses reconnaissances ? Le général Chanzy semble indiquer dans son livre que le succès ne fut point poursuivi, d'abord parce que le gouvernement de Tours se préoccupa trop de la position d'Orléans, dont il voulait faire la base d'opérations ultérieures, ensuite parce que le général en chef ne trouva point l'armée de la Loire assez complète et assez outillée pour continuer à se porter en avant. Mais fallait-il donc laisser à l'armée allemande le temps de grossir, comme elle le fit, et à Frédéric-Charles le loisir d'amener sa redoutable armée des bords de la Moselle aux bords de la Loire ?

Nous reviendrons sur ce sujet lorsque nous raconterons les batailles autour d'Orléans qui suivirent, moins d'un mois après, la journée de Coulmiers. Arrêtons-nous sur cette date qui console et sur ces espoirs trop tôt démentis. Saluons ce nom de Coulmiers qui nous apporta tant et de si profondes joies ! La France vaincue y voyait une aurore. Et ce n'était, hélas ! qu'un éclair. Éclair de fugitif bonheur, mais qui illumina, pour quelques jours, la sombre nuit où la France semblait plongée.

Encore aujourd'hui, le pays relira d'un regard ému la proclamation qu'adressait alors M. Gambetta aux soldats de Baccon et de Coulmiers, à l'armée de la Loire, qui venait de chasser d'Orléans notre ennemi vaincu :

Tours, le 13 novembre 1870.

SOLDATS DE L'ARMÉE DE LA LOIRE !

Votre courage et vos efforts nous ont enfin ramené la victoire, depuis trois mois déshabituée de nos drapeaux ; la France en deuil vous doit sa première consolation, son premier rayon d'espérance. Je suis heureux de vous apporter, avec l'expression de la reconnaissance publique, les éloges et les récompenses que le gouvernement décerne à vos succès. Sous la main de chefs vigilants, fidèles, dignes de vous, vous avez retrouvé la discipline et la force ; vous nous avez rendu Orléans, enlevé avec l'entrain de vieilles troupes depuis longtemps accoutumées à vaincre.

A la dernière et cruelle injure de la mauvaise fortune, vous avez montré que la France, loin d'être abattue par tant de revers inouïs jusqu'à présent dans l'histoire, entendait répondre par une générale et vigoureuse offensive. Avant-garde du pays tout entier, vous êtes aujourd'hui sur le chemin de Paris ; n'oublions jamais que Paris nous attend et qu'il y va de notre honneur de l'arracher aux étreintes des barbares qui le menacent du pillage et de l'incendie. Redoublez donc de confiance et d'ardeur ; vous connaissez maintenant nos enne-

---

(1) A. Boucher, *Récits de l'invasion*.

mis; jusqu'ici leur supériorité n'a tenu qu'au nombre de leurs canons; comme soldats, ils ne vous égalent ni en courage ni en dévouement; retrouvez cet élan, cette *furie française*, qui ont fait notre gloire dans le monde et qui doivent, aujourd'hui, nous aider à sauver la patrie. Avec des soldats tels que vous, la République sortira triomphante des épreuves qu'elle traverse, car après avoir organisé la défense, elle est en mesure, à présent, d'assurer la revanche nationale.

Vive la France! vive la République, une et indivisible!

LÉON GAMBETTA.

Le monde, attentif au terrible duel que la race allemande déclarait aux fils des Gaulois, se demandait alors si la fortune de la France n'était pas enfin revenue.

Et la France, semblable aux convalescents que ranime un sourire, la France blessée le croyait!

DOCUMENTS COMPLÉMENTAIRES DU CHAPITRE IX

RAPPORT MILITAIRE OFFICIEL PRUSSIEN.

Quartier général de Versailles.

Au général lieutenant en chef d'état-major suppléant, M. von Hanenfeldt.

J'adresse à Votre Excellence ce rapport sur le combat livré par le 1er corps bavarois auprès de Coulmiers.

Le général von der Tann avait appris, dès les premiers jours de novembre, que l'ennemi avait occupé fortement avec des gardes mobiles et des francs-tireurs la contrée de Mer à Moret et la forêt de Marchenoir, et qu'une brigade d'avant-garde s'était avancée sur les deux bords de la Loire jusqu'à Mer. Les reconnaissances poussées par la 2e division de cavalerie pour les poursuivre et les rapports des espions s'accordent à dire que l'armée de la Loire ennemie était prête à dépasser Coulmiers. Aussi le général von der Tann partit le 8 au soir dans la direction ouest, laissant à Orléans un régiment d'infanterie, et concentra son corps dans les positions entre Coulmiers et Huisseau.

Les divisions de cavalerie, poussées en avant de ces positions, heurtèrent l'ennemi le 9 novembre, à sept heures du matin, au delà de Coulmiers : il venait, selon les rapports de prisonniers, de Vendôme et de Moret. C'étaient les têtes de l'armée de la Loire, sous le général Polhès, qui comptait, selon des journaux lus auparavant, 60,000 hommes au Mans, et qui furent tous mis en mouvement.

L'ennemi attaqua les positions du corps bavarois avec six bataillons d'infanterie de six compagnies, suivies de colonnes fortes et nombreuses, dans la matinée; sept régiments de cavalerie française protégeaient les ailes de l'attaque, et cent vingt canons français furent mis les uns après les autres en activité contre la position bavaroise. Cependant, grâce à l'excellente tenue des bataillons bavarois, on mit un terme à la marche des troupes françaises, malgré leur supériorité numérique considérable. *Quatre attaques*, que l'ennemi tenta contre notre aile droite, *furent repoussées l'une après l'autre avec une grande valeur et avec des pertes considérables pour l'infanterie française, au point que le général von der Tann réussit à se maintenir jusqu'au soir dans ses positions*. A la tombée de la nuit, lorsque les colonnes ennemies qui avaient attaqué *se furent repliées*, le général von der Tann résolut de *se rapprocher des renforts qu'on lui envoyait* de Chartres et de Versailles. La *retraite* sur Saint-Péravy s'effectua avec une tenue excellente et *avec fierté*, parce que les soldats avaient conscience que, malgré leur infériorité numérique, *ils avaient rompu réellement l'attaque de l'ennemi, et que ce n'était qu'une libre résolution de leur général qui les obligeait à ce mouvement rétrograde* (1).

L'ennemi ne poursuivit pas le 1er corps bavarois, *mais il occupa le soir Orléans*, où l'on dut malheureusement laisser à peu près mille soldats non transportables dans les ambulances. Le 10, on poussa cette marche jusqu'à Toury, où le 1er corps d'armée bavarois se réunit aux troupes prussiennes envoyées pour le renforcer. Le commandement en chef de cette armée nouvellement formée fut pris par S. A. R. le grand-duc de Mecklembourg-Schwerin.

Les pertes du 1er corps bavarois, le 9 novembre, se montent à 42 officiers tués et 650 hommes tués

---

(1) Il suffit de lire ce rapport pour se faire une juste idée de la bonne foi prussienne. C'est à coup sûr un spectacle nouveau que celui de ce général victorieux qui, après avoir repoussé quatre attaques successives, abandonne ses positions alors que l'ennemi s'est replié, et bat en retraite avec fierté, abandonnant plus de mille de ses malades.

et blessés. Une colonne de munitions qui s'était égarée tomba, le 10, entre es mains de l'ennemi, avec l'employé et 80 hommes.

Un rapport français, saisi par nous, porte les pertes de l'ennemi en morts et blessés à deux mille hommes. Il est certain que l'ennemi n'a pu avancer au centre et a essuyé un véritable échec sur l'aile gauche. On se plaint ensuite du peu de nourriture et de soins accordés aux blessés. Si le rapport français parle de mille prisonniers, il ne peut en compter autant qu'avec les malades laissés dans les ambulances d'Orléans.

KARNATZ,
capitaine d'état-major général.

(Extrait du *Militair-Wochenblatt*, N° 159. — 13 novembre 1870.)

CHAPITRE X

SITUATION DE LA PROVINCE APRÈS LA VICTOIRE DE COULMIERS

Capitulation et résistance. — Lichtemberg. — Marsal. — Vitry-le-Français. — L'explosion de la citadelle de Laon. — Mort du général Thérémin. — Parmain et l'Isle-Adam. — Résistance de Parmain. — La résistance de Saint-Quentin. — Le 8 octobre. — M. Anatole de la Forge. — Soissons. — Siège et capitulation. — Capitulation de Schelestadt et de Neufbrisach. — Siége de Verdun. — Le général Guérin de Waldersbach. — DOCUMENTS COMPLÉMENTAIRES.

Pendant que ces événements s'accomplissaient sur la Loire et que la fortune paraissait un moment revenir à nous, l'ennemi continuait à s'avancer en France, vers le Nord et vers l'Est, et si la résistance nationale n'avait pas à enregistrer de victoire, elle pouvait du moins s'enorgueillir de quelques faits d'armes isolés où se montrait encore l'antique valeur française. Nous réservons tout un chapitre ultérieur sur les opérations dans l'Est et sur la lutte en Bourgogne. Dijon était occupé par les troupes de von Beyer, depuis le 31 octobre, et le bruit qui avait un moment couru à Paris d'une bataille considérable gagnée par le général Cambriels dans les Vosges ne s'était pas confirmé. Nous ferons connaître bientôt les situations respectives des armées belligérantes de ce côté de notre frontière. Le présent chapitre est consacré à certains faits que nous avons dû négliger dans le cours de ce récit et qui, antérieurs à la bataille de Coulmiers, sont parfois, quoique moins favorables à nos armes, aussi glorieux que cette victorieuse journée.

Dans sa marche à travers la France, l'ennemi n'avait guère rencontré que Strasbourg, Toul et Metz capables de l'arrêter. Nous l'avons vu emporter trop facilement des forts et des forteresses qui, si elles eussent été tenues en état, eussent certainement entravé sa course victorieuse. C'est Lichtemberg, le 12 août, défendue par M. Archer, sous-lieutenant au 96e de ligne; c'est Marsal, le 14 août, où M. Leroy, capitaine de l'état-major des places, commandait à 512 hommes. Ces petites places, depuis longtemps *déclassées*, comme on dit, par le génie, n'étaient plus en réalité que des « nids à bombes, » et certes elles ne pouvaient soutenir un long siège. Ces capitulations-là ne sont pas de celles que ces poignées d'hommes, une compagnie ou un bataillon, pouvaient longtemps empêcher, et que devra flétrir la commission d'enquête nommée par le gouvernement. Cependant on avait trouvé soixante canons à Marsal; mais dans quel état! Vitry-le-Français s'était rendu le 25 août, avec seize canons et neuf cents hommes, aux troupes allemandes (1).

Le 8 septembre, l'ennemi, victorieux à Sedan et poursuivant sa marche sur Paris, arrivait devant Laon, où commandait le général Thérémin. Un

(1) À propos de Vitry-le-François, je trouve ce passage dans l'*Avenir national* :

Nous avons, à plusieurs reprises, demandé que les séances du conseil d'enquête sur les capitulations fussent publiques, ou que tout au moins, les procès-verbaux authentiques des séances fussent publiés. « Nous désirons connaître, avons-nous dit, le texte exact de l'interrogatoire et des réponses, et la forme des jugements; nous le désirons dans l'intérêt de la commission, dans l'intérêt du pays, dans l'intérêt des accusés eux-mêmes qui doivent être publiquement condamnés s'ils sont coupables, publiquement absous et félicités s'ils ont rempli courageusement leur devoir. » Il ne paraît pas que le conseil d'enquête se soit décidé à ordonner cette publicité nécessaire. Il en résulte que certains journaux, et entre autres l'*Union*, publient des comptes rendus et des informations relatives aux décisions rendues par ce conseil, qui peuvent ne pas être et ne sont pas toujours d'une exactitude rigoureuse. Mais, en l'absence d'informations officielles, ces comptes rendus font le tour de la presse, et ces erreurs sont ainsi propagées, sans que ceux qui en sont victimes puissent les faire rectifier partout où elles ont été reproduites, un ordre du ministre de la guerre, fort sage d'ailleurs, interdisant aux officiers de faire insérer dans les journaux des lettres signées de leur nom. C'est ainsi que l'*Union* avait désigné, à deux reprises, M. le capitaine Hamen, ex-commandant la place de Vitry-le-Français, comme ayant été blâmé par le conseil d'enquête, pour avoir capitulé devant l'ennemi, et n'avoir point encloué ses canons. Ce renseignement était inexact. M. Hamen était bien commandant de place à Vitry, mais cette place était pourvue d'un commandant supérieur sous les ordres duquel il était placé : il n'était par suite nullement responsable. De plus, ce commandant supérieur, M. le chef d'escadron Terquem, de l'artillerie, nommé par M. le général Trochu, n'a pas capitulé : il s'est retiré de Vitry, dans la nuit du 24 au 25 août 1870, en vertu de trois dépêches ministérielles qu'il avait reçues, datées des 20, 22 et 24 du même mois. Telle est l'exacte vérité.

parlementaire prussien s'était déjà présenté, le mercredi 7 septembre, dans la soirée, sommant la place de se rendre. On l'avait congédié, son grade ne l'autorisant pas à traiter de cette reddition. Mais le lendemain arrivait, les yeux bandés, à la citadelle le colonel von Alvenseleben, qui annonçait au général Thérémin le bombardement de la ville au cas où elle ne capitulerait pas. Le maire de Laon expédia aussitôt au ministère de la guerre une dépêche ainsi conçue :

« L'armée du grand duc de Mecklembourg entoure Laon et somme la place de se rendre. Si la reddition n'est pas effectuée demain avant dix heures du matin, Laon subira le sort de Strasbourg (2). »

Dans la nuit arrivait la réponse du ministère de la guerre : « Agissez devant la sommation selon les nécessités de la situation. « Le général et le préfet, M. Ferrand, s'occupèrent alors de rédiger un programme de capitulation. Il paraît que la situation de la ville de Laon ne lui permettait point de se défendre : de toutes parts elle offre son flanc aux coups de l'ennemi. Pendant ce temps, un corps de 45 à 50,000 hommes menaçait Soissons, dont les portes du moins ne devaient pas tomber sans combat.

Dès le matin du lendemain, vendredi 9, la garde nationale de Laon rapportait ses armes à l'Hôtel de ville. M. de Chézelles, chef du bataillon de mobiles de Laon, partait pour Eppes, où il allait régler les conditions de la capitulation avec le duc de Mecklembourg. Dans un article de la *Gazette militaire* de Berlin, qui fit sensation en Allemagne et en France, l'auteur, officier prussien, signale parmi les causes de la chute de tant de nos places fortes, *la résignation fataliste* qui semblait s'être emparée de nos commandants. La reddition de Laon donnerait certes raison à son mot. Deux heures après le départ de M. de Chézelles, la capitulation était chose réglée. A midi, par une pluie battante, les premières troupes allemandes arrivaient à Laon, et le grand duc de Mecklembourg entrait dans la cité musique en tête.

« Aux termes de la capitulation, raconte M. Édouard Fleury, les mobiles, *laissés libres sur parole de ne pas servir contre l'Allemagne pendant la durée de la guerre, après avoir déposé leurs armes* (leurs armes vierges), défilaient et sortaient de la citadelle. Le duc et le général causaient auprès de la table, où ils allaient signer la capitulation. » Tout à coup, une détonation effroyable retentit : la poudrière saute. Le magasin à poudre, la caserne, tout un quartier de Laon, le faubourg de Vaux, sont ruinés, lézardés comme par un tremblement de terre. L'explosion formidable a semé partout ses débris. Le duc de Mecklembourg est contusionné à la jambe, le général Thérémin a reçu deux blessures profondes à la tête. Dix officiers de mobiles ont été tués, neuf autres blessés sous les décombres, deux cents autres malheureux ont été écrasés, plus de cent cinquante sont blessés grièvement. Les Prussiens n'ont perdu qu'un officier d'artillerie et trente-deux sous-officiers et soldats; huit officiers et soixante-trois hommes ont été blessés en même temps. En tout, quatre cent soixante victimes environ : trois cent soixante Français, quatre-vingt-dix à cent Allemands. Ce fut dans la ville un effroi et un effarement suprêmes.

« Quand on revint de la stupéfaction, ajoute M. Fleury à qui nous empruntons ces détails, on assista à une scène terrible. Les Prussiens fusillent les mobiles qui fuient, il les poursuivent par les rues et jusque dans les maisons. » Le duc de Mecklembourg, courant sous la pluie, s'écriait qu'il allait infliger à cette ville un châtiment dont on se souviendrait *dans mille ans*. Le colonel von Alvensleben plaida la cause de la cité. D'ailleurs, le nombre des cadavres français n'indiquait-il point que ce n'était point avec préméditation qu'on avait attiré, pour l'y anéantir, l'ennemi dans la citadelle? Nos malheureux mobiles avaient plus souffert que les Allemands.

Le préfet n'en était pas moins arrêté et le général Thérémin, transporté à l'Hôtel-Dieu, était gardé à vue. Mourant, il était considéré comme prisonnier.

L'explosion de la citadelle de Laon n'était point l'œuvre du général, pas plus que celle de M. Ferrand, le préfet. Elle avait pour auteur un seul homme, du nom d'Henriot. Garde d'artillerie dans la citadelle, Henriot n'avait pu sans doute supporter l'idée de voir entrer l'ennemi dans ces murailles qu'il eût voulu défendre. Affolé, exaspéré, il conçut et accomplit ce que les Allemands allaient bientôt appeler un *crime français* et ce qu'une dépêche affichée à Paris nous présentait comme la protestation et le sacrifice d'une garnison qui ne voulait point se rendre.

Les Allemands n'ignoraient pas pourtant que la garnison de Laon se rendait sans combat. Le garde Henriot seul, enseveli sous les décombres, avait accompli inutilement ce crime d'un patriotisme sauvage et qui frappait surtout des Français. Reconnu innocent par le conseil de guerre prussien, le général Thérémin mourait bientôt de ses blessures et, les autorités prussiennes de Laon demandant à lui rendre les honneurs militaires, la famille refusa.

Telle est, dans sa triste vérité, l'histoire de l'explosion de la citadelle de Laon qui ne fut ni un *ignoble forfait* comme l'ont répétées les Allemands, ni un acte *d'héroïsme antique*, comme nous l'avons cru un moment. Ce drame terrible jeta cependant un

---

(2) Voyez les *Éphémérides de la guerre dans l'Aisne* par M. Ed. Fleury.

véritable effroi en Allemagne. Notre prudent ennemi se demandait si les dangers de ce genre n'allaient point, en France, se multiplier à chacun de ses pas. Certes, s'il y eût eu dans la défense plus d'initiative privée, plus de violence et plus de haine, les Allemands eussent rencontré d'autres obstacles en chemin.

Chaque fois qu'on se redressa devant eux, ils éprouvaient des échecs. Nous avons raconté le dévouement de Châteaudun, nous raconterons tout à l'heure celui de Saint-Quentin. Mais, avant ces deux villes, un petit village de Seine-et-Oise, Parmain, qui n'est en quelque sorte qu'un faubourg de l'Isle-Adam avait donné l'exemple de la résistance. C'était le 22 septembre. Depuis le 16, les Prussiens étaient arrivés à l'Isle-Adam, arrachant le drapeau français, réquisitionnant, emportant les provisions de bouche. A Parmain alors, écrit M. le docteur Abbadie, un patriote, M. Capron, ne put voir de sang-froid cette invasion et ces pillages. « Il fait « appel à quelques amis. Le rendez-vous est donné « au fond d'une carrière. Ils sont vingt-huit et la « résistance est décidée. » Le lendemain, les Prussiens arrivent, traînant des chariots et chantant. Les francs-tireurs s'embusquent, une fusillade accueille l'ennemi et, tout aussitôt, fuyant éperdus, les Allemands abandonnent leurs chevaux et leurs chars. On vit alors les femmes, les enfants, traîner à bras ces chariots conquis, on les entendit crier : Aux armes ! L'ennemi avait fui. On le vit bientôt revenir le 27 septembre, et, attaquant Parmain où s'étaient barricadés les francs-tireurs, il fit usage de deux obusiers. Le pont sur l'Oise qui sépare l'Isle-Adam de Parmain donnait un certain avantage à nos francs-tireurs. Ils se battaient avec acharnement, tirant avec précision. A quatre heures du soir, les Prussiens, repoussés encore une fois, faisaient sonner la retraite. Mais, en reculant, ils incendiaient. Selon leur habitude ils mettaient le feu; c'était leur trait de Parthes. Le 29 septembre, deux jours après, ils revenaient au nombre de quinze ou seize cents, munis, cette fois, d'une artillerie redoutable et décidés à en finir avec ces quelques braves qui les tenaient en échec et par deux fois les avaient battus. Changeant de tactique, ils prirent les francs-tireurs à revers, et vers la nuit, M. Capron fit sonner la retraite. A ce moment, M. Desmortier, un vieillard (71 ans) ancien juge d'instruction près le tribunal de la Seine, était pris, un fusil à la main. On le mène à Persan, devant un groupe d'officiers : — « J'ai servi mon pays, dit-il, j'ai fait ce que tous les Français devraient faire ! » Et comme on e menait dans un champ de betteraves, pour le fusiller, il s'écria : « Je meurs pour la patrie, e meurs content (1) ! »

(1) Voir *Les Prussiens à l'Isle-Adam et à Parmain* par le Dr Abbadie.

Les Prussiens n'osaient cependant pas encore pénétrer dans Parmain que venaient d'abandonner les francs-tireurs. Ils y entrèrent le lendemain, et pour l'incendier. Le joli village paya de sa ruine l'héroïsme de ses habitants et la lutte des francs-tireurs. Quant à l'Isle-Adam, la petite ville, riche et assez effrayée de l'audace de Parmain qui osait se défendre, elle fut préservée et ne connut point le poids de la vengeance allemande, n'ayant pas connu l'amère joie de la résistance française.

Quelques jours après Parmain, Saint-Quentin, dans le département de l'Aisne, — département qui fut un des plus durement traités par les Prussiens(1), — Saint-Quentin allait aussi résister, et victorieusement, à l'ennemi.

M. Anatole de la Forge, nommé préfet de l'Aisne par le gouvernement de la défense nationale, avait transporté le siège de la préfecture à Saint-Quentin, le chef-lieu, Laon, étant occupé par les Prussiens. Homme d'une bravoure éprouvée, d'un talent viril et d'un caractère sympathiquement chevaleresque, l'historien de la *République de Venise* voulait agir, devant l'invasion, en suivant l'exemple de Manin, son héros. M. de la Forge était disposé au sacrifice et au dévouement républicain. Dès son arrivée, il avait fait connaître à la commission municipale son programme qui tenait dans un mot : *résistance*.

Dès ce moment la ville se préparait à la défense : on faisait sauter les ponts, on construisait des barricades, la garde nationale était pleine d'ardeur. Le 7 octobre, le bruit se répandait que les Prussiens, ayant quitté Laon, se dirigeaient sur Saint-Quentin. Vers minuit, on crie aux armes, on bat la générale, les gardes nationaux vont, sous la pluie, à leurs postes respectifs. C'était une fausse alerte, mais le lendemain devait être fiévreux pour la cité. Une barricade, partant de l'ancienne maison du receveur de la navigation et allant sur le quai du port Gayant en couvrant l'octroi, défendait le pont qui mène à la ville et qu'on avait coupé. Barricade colossale faite d'arbres et de chevaux de frise, les murs de brique près a gare étant crénelés.

Le 8 octobre était jour de marché; la ville paraissait remuante comme à l'ordinaire. Le temps était sombre, froid.

A dix heures, le tocsin se mit à sonner à grande volée. On battait la générale. Les Prussiens étaient à 2 kilomètres de la ville. Favorisés par la brume et cachant leur marche à travers les bois, ils étaient arrivés aux portes du faubourg sans être aperçus.

(1) Le département a payé en contributions de guerre 34 millions 513 mille francs, soit :

Arrondissement de Laon		9,718,086
—	Seisson	11,779.012
—	Château-Thierry	4,404,871
—	Saint-Quentin	7,193,031
—	Vervins	420,803

Le Siège de Paris. — Atelier de fabrication des ballons-poste à la gare d'Orléans.

Les boutiques se ferment précipitamment, les hommes courent prendre leurs fusils et se portent aux lieux de rassemblement. La générale redouble! Le lugubre tocsin sonne de plus en plus. On entend déjà la fusillade, c'est la première barricade du faubourg qui est attaquée.

Le préfet, M. Anatole de la Forge, arrive alors un revolver d'une main, une épée de l'autre; il encourage les hommes : « Allons, mes enfants, au devoir ! » Les gardes nationaux se portent aux meurtrières de la barricade et tirent sur les Allemands, qui avancent en bon ordre : leur cavalerie occupe les hauteurs du Mesnil, leur infanterie est placée plus bas. Sous la fusillade, les Allemands se replient dans les petites rues transversales. Le feu continue. Les Prussiens tombent, mais ils n'abandonnent pas l'attaque. Ils reviennent à la charge avec fureur. Pendant deux heures on tire de part et d'autre. Quelqu'un parla un moment de se rendre. Le préfet demande aux gardes nationaux qui l'entourent s'ils y consentaient? *Comment ça*, répond l'un d'eux, *voilà seulement qu'on commence à s'échauffer!*

Il était deux heures, les Prussiens enlevaient leurs morts et leurs blessés, ils semblaient abattus.

Bientôt ils allaient, comme à Parmain, faire sonner la retraite et se retirer en incendiant un moulin, à défaut d'autre demeure.

Le lendemain, M. Anatole de la Forge, le héros de cette journée, blessé à la jambe sur la barricade si bien défendue, adressait à la ville et à ses défenseurs la proclamation que voici (1) :

« Le préfet du département de l'Aisne, délégué de la défense nationale,

« Félicite la garde nationale, les pompiers et les francs-tireurs de Saint-Quentin de leur vigoureuse résistance. Jamais vieilles troupes n'ont montré au feu plus de sang-froid et de décision que les vaillants défenseurs de la ville dans la journée du samedi 8 octobre 1870.

« Cette date prendra place dans l'histoire de la cité, à côté de la glorieuse défense de 1557. La France, si douloureusement éprouvée, verra que les citoyens de la ville de Saint-Quentin, VILLE OUVERTE, n'ont pas dégénéré, et qu'ils reçoivent aujourd'hui l'invasion prussienne comme leurs pères ont reçu jadis l'invasion espagnole.

« Honneur donc aux gardes nationaux, aux pompiers, aux francs-tireurs, ils ont tous, ainsi que la population de Saint-Quentin, bien mérité de la Patrie.

A Saint-Quentin, en l'hôtel de la préfecture, le 9 octobre 1870.

« ANATOLE DE LA FORGE. »

(1) Je la trouve dans un livre excellemment fait de M. Abel Deroux, rédacteur en chef du *Glaneur de Saint-Quentin*, un des otages qu'emmenèrent plus tard les Prussiens. Voyez *l'Invasion de 1870-71 dans l'arrondissement de Saint-Quentin*.

Saint-Quentin, ville ouverte qui osait ainsi donner l'exemple aux cités bastionnées, devait payer cher son courage. Le 21 octobre, le colonel von Khalden, à la tête de dragons et de Mecklembourgeois, arrivait, féroce et dur, réclamant la capitulation immédiate, menaçant de piller, de brûler, imposant, réquisitionnant, exigeant la remise de toutes armes, jusqu'aux cannes à épée, dans un délai de deux heures; cela sous peine de mort. Une vingtaine de voitures de réquisition suivaient cette armée aux types slaves, hideux et farouches, mangeant, tout en demeurant à cheval, des harengs saurs en les croquant par la tête et prenant à pleines mains, dévorant du lard cru. La commission municipale fit bravement son devoir. Elle fut un moment menacée de la prison, et les conseillers attendaient sur la place le départ pour l'Allemagne. On paya. De pauvres gens, des femmes apportaient leurs économies, *deux francs, trois francs,* les quelques sous possédés et cachés (1).

Trois jours après le 8 octobre, où Saint-Quentin avait eu, selon le mot de M. Gambetta dans son discours au banquet pour l'anniversaire de la défense de cette ville, la volonté de mourir plutôt que de céder, trois jours après, le 11 octobre, un parlementaire prussien se présentait devant Soissons, à la porte de Reims, et demanda à M. de Noue, lieutenant-colonel de l'état-major des places, qui commandait la ville, quelles étaient ses intentions. M. de Noue répondit, comme auraient dû répondre tous les commandants de place, qu'il *s'ensevelirait sous les murs de la ville plutôt que de se rendre.* Il n'avait guère, pour défendre Soissons, qu'un dépôt du 15e de ligne, un bataillon de mobiles et trois batteries de l'artillerie des mobiles du Nord. On était dans cette ville qui subit, en 1814, trois heures de pillage, disposé à combattre.

Soissons apprenait presque en même temps que l'état-major d'un corps prussien était à Vailly. L'attaque approchait, et la garnison très-résolue et la population opposaient ensemble une honorable résistance aux envahisseurs. Dans les premiers jours du siège on eut absolument l'espoir de vaincre. Les assiégés ont de ces chimères. Il semblait que ce ne fût là qu'une épreuve de courte durée. On s'enivrait de ces mensonges consolants qui ont conduit jusqu'à la plus amère déception la malheureuse France. « On annonçait, par exemple, dit l'*Argus* du 18 septembre, la marche vers Soissons du maréchal Bazaine, qui, débloqué de Metz, grâce à vingt-cinq mille Kabyles et à Abd-el-Kader, pourchassait l'armée prussienne à la tête de cent quarante mille hommes. On se répétait que Bazaine se dirigeait sur Lappion, au nord-est de Sissonne, où *il avait commandé des vivres.* » Nous les connaissons,

(1) Voyez la *Guerre nationale*, chez Al. Lemerre.

hélas ! pour les avoir éprouvées, ces angoisses de l'assiégé qui font voir dans un mirage, au Strasbourgeois monté sur le Munster, les Français qui approchent, angoisses qui font entendre au Parisien bloqué, privé de nouvelles, l'écho du canon de l'armée de la Loire.

Les volontaires de la garde nationale de Soissons faisaient, le plus souvent possible, des sorties. Ils débloquaient, par exemple, le 24 septembre, les canonniers volontaires de Soissons que l'ennemi entourait, et ce jour-là, comme le dit un témoin, « si, au lieu d'être deux cents, ils avaient été deux mille, ils eussent pu occuper les hauteurs avec de l'infanterie et des pièces de campagne, et jamais peut-être Soissons n'eût été pris. » Il l'eût été sans doute, mais plus tard.

Soissons ne devait se rendre, au surplus, qu'après trente-sept jours de siége et un bombardement en règle. Dès les premiers jours, des femmes étaient tuées. « Depuis trois jours, écrivait un assiégé à la date du 29 septembre, la garnison assiste à un spectacle grandiose et triste en même temps. Les faubourgs brûlent sur un long parcours. » Le 12 octobre, le bombardement commençait et atteignait bientôt le *summum* d'intensité. Les Prussiens avaient établi sur les monts de Presles quarante-cinq pièces de gros calibre, correspondant à nos pièces de 24 rayés, et foudroyaient la ville. La manutention et l'hôpital brûlaient dès le second jour. Il y eut alors des choses tristes. On doit les signaler pour les flétrir. *Le capitaine des pompiers donna sa démission, disant que ses hommes n'étaient point faits pour éteindre les incendies sous le feu de l'ennemi.*

Saint-Jean était criblé de projectiles. Durant trois jours et trois nuits le bombardement continua. Le troisième jour, les pertes s'élevaient à huit millions. Le conseil municipal, établi en permanence, demande qu'on se rende. Une brèche de 30 à 40 mètres était pratiquée déjà au bastion 3. Comment repousser l'assaut? 22,000 Prussiens étaient là contre 4,000 gardes mobiles ou fantassins du dépôt, soldats depuis un mois de peine. Soissons se rendit le 16 novembre. « Elle s'était défendue *opiniâtrement*, disent eux-mêmes les ouvrages inspirés par la Prusse. On y fit prisonniers 99 officiers, et 4,633 soldats avec 128 canons. Les Prussiens s'emparèrent d'une grande quantité de munitions et de vivres, et d'une caisse contenant 92,000 francs (1).

(1) On avait admiré, durant le siége, les artilleurs de la mobile de Lille, fidèles à la tradition et dignes des vieux canonniers lillois. « Au moment où l'artillerie ennemie passait devant eux, l'officier qui la commandait se pencha sur son cheval et dit d'un ton interrogatif : « *Artillerie ?* » — On lui répondit : « Oui, artillerie mobile ! » Et il s'écria en battant des mains : « Ah ! bravo, artillerie mobile, bravo ! » Et les artilleurs prussiens battaient des mains en criant : « *Bravo, l'artillerie !* »

Six jours après, tombait une place forte d'Alsace. Schelestadt, ville de 10,000 habitants, autrefois chef-lieu du département du Bas-Rhin, arrosée par l'Ill, entourée de prairies et de bois, et dominant le chemin de fer qui relie Strasbourg à Belfort. Schelestadt était assiégée par la division de la landwher de réserve aux ordres du général von Schmeling. Ce général, entré en Alsace, après avoir passé le Rhin en bac, à Neuenbourg, le 1er et le 2 octobre avait envoyé d'abord un détachement sur Mulhouse, ville industrielle, riche et qu'on pouvait rançonner; puis, il avait marché sur Neuf-Brisach, qu'il avait bombardée dans la nuit du 7 au 8 octobre, sans que M. de Kernor, lieutenant-colonel, commandant de place, eût voulu se rendre. Von Schmeling fit alors venir de Strasbourg des pièces de siége et se porta vers Schelestadt; le commandant, M. de Reinach de Foussemagne, chef d'escadron, sommé de se rendre et à qui on demandait ses conditions, répondit d'abord fièrement : — « Mes conditions, ce sont mes canons ! » C'était le 9 octobre. Le 20, le général von Schmeling ayant reçu des renforts d'artillerie, commença le feu contre la ville ; dans la nuit du 22 au 23 octobre, la première parallèle était ouverte à six cents pas à l'est de la place, et, dès le 23, au matin, 32 pièces de canon couvraient Schelestadt de leurs projectiles. M. de Reinach était contraint, et assez tristement, à arborer drapeau parlementaire. Il y eut ce jour-là des scènes douloureuses. Les soldats se révoltèrent et pillèrent. Quelle honte ! trois bataillons prussiens firent la police dans Schelestadt rendue. Aussitôt recommença le bombardement de Neuf-Brisach, qui devait succomber le 16 novembre. La ville fut mal défendue, le fort Mortier, qui la domine, ayant été contraint de capituler. Il n'avait (toujours l'incurie impériale) que *six pièces de canon*. Les Allemands — ceci n'est pas à la gloire des défenseurs de Neuf-Brisach — ne comptèrent dans ce siège que huit morts et dix-huit artilleurs blessés. Les Prussiens firent à Schelestadt 2,000 prisonniers et 5,000 à Neuf-Brisach.

Il est temps de se consoler de ces capitulations avec un tableau plus digne de la renommée de la France. Au surplus, à l'heure même où Schelestadt tombait, et Neuf-Brisach après elle, Phalsbourg arborait encore héroïquement le drapeau tricolore, Thionville n'était point prise, et Bitche, l'invaincue, défiait les Bavarois qui la cernaient. Belfort allait bientôt à son tour résister fièrement à l'ennemi. Nous raconterons, à son heure, cette glorieuse histoire. Pour le moment, arrêtons-nous devant Verdun qui va succomber, la veille même du jour où les Allemands seront vaincus à Coulmiers, et saluons la résistance superbe et peu connue de cette ville.

Verdun, défendue par mille hommes de troupes

régulières, deux mille quatre cents mobiles et quatorze mille gardes nationaux inhabiles, fut attaquée le 24 août par une armée saxo-prussienne (quinze mille hommes), qui pouvait s'appuyer encore sur un corps aussi considérable demeuré non loin de Verdun, à Haudainville. L'armée assiégeante était commandée par le prince Georges de Saxe. — Dès le matin, ses troupes, prenant position sur les collines qui entourent la ville, étaient prêtes à tenter l'assaut. La réserve demeurant massée dans les bois, une colonne s'approcha forte d'environ cinq ou six mille hommes. Les tirailleurs ennemis, à travers les haies des jardins, s'avancèrent jusqu'à portée de fusil des murailles. Notre mousqueterie les força de reculer, et notre artillerie eût presque en même temps écrasé deux fortes colonnes qui s'avançaient, marchant de front, mais, le croirait-on? *les pièces n'étaient pas chargées*, et les officiers qui commandaient les bastions n'avaient pas encore reçu les clefs des poudrières de rempart (1). La fusillade de nos tirailleurs suffit heureusement à arrêter les colonnes prussiennes, et les força à battre en retraite. C'est alors que se présenta un parlementaire allemand, chargé de sommer la place de se rendre. Les conditions étaient douces, comparées surtout aux conditions prussiennes d'habitude. Le général Guérin de Waldersbach, commandant la place, cœur intrépidement français avec son nom germain, rejeta ces propositions. Aussitôt l'artillerie prussienne ouvrit un feu violent, et « plus de deux mille cinq cents obus furent lancés sur Verdun. »

Mais cette fois « les vierges de Verdun » n'allèrent pas au quartier général prussien offrir au vainqueur des dragées. Sur ce point, 1870 effaça le souvenir de 1792. La population tout entière, décidée à la résistance, n'eut aucune faiblesse devant cette pluie de fer.

Le matin du 24 août, à neuf heures, les officiers prussiens avaient dit : « Nous déjeunerons à Verdun. » Le soir, repoussés par nos soldats, ils se vengèrent en bombardant la ville. Ils avaient laissé devant Verdun près de huit cents morts.

Et Verdun, résolue à se défendre jusqu'à l'épuisement de ses forces, redoublait d'énergie. Ses gardes nationaux servaient les pièces, les vieillards, « des avocats, des notaires, » traînaient la brouette, tandis que le génie rasait les bâtiments qui gênaient le tir, et que les femmes et les enfants, au fond des caves, dont on avait garni les soupiraux « de fascines et de fumiers frais, » faisaient de la charpie.

(1) Tous ces détails sur le siège de Verdun sont empruntés à une brochure fort bien faite, publiée à Toulouse, et signée *Un assiégé de Verdun*. Je regrette de ne pas connaître, pour le donner ici, le nom de l'auteur de ce travail, qui se distingue de la masse des publications hâtives, romanesques et erronées composées sur la guerre.

L'investissement de Verdun cessa d'être complet d'ailleurs, au moment où l'armée allemande tout entière se réunit pour écraser à Sedan l'armée de Châlons que l'empereur conduisait fatalement, absolument, aveuglément à la défaite. Après Sedan, des milliers de fuyards (deux mille quatre cents hommes) échappés au désastre, artilleurs, fantassins, turcos, se réfugiaient, affamés, dans Verdun, et apportaient aux assiégés, à qui ils demandaient asile, le secours de leurs bras.

Quelques semaines après, Verdun était attaqué de nouveau. Cette fois, le 26 septembre, au point du jour, l'ennemi prenait pour objectif la citadelle et les casernes. L'artillerie française riposta vigoureusement à l'artillerie prussienne, et dans ce duc elle eut le dessus. Les batteries allemandes furent éteintes après trois heures de combat. Ce fut alors que, renonçant à l'assaut et à la canonnade, les Allemands s'en tinrent à un blocus complet, tandis que nos artilleurs faisaient feu sur les vedettes lorsqu'ils parvenaient à les apercevoir.

« Il n'était pas rare, dit l'auteur anonyme du *Siège de Verdun*, de voir des obus arriver et éclater juste sur leur tête à 2,000 et 2,500 mètres. Nos pièces de 24 atteignaient les Prussiens dans leurs camps, à 5 et 6 kilomètres. Le canon grondait sans cesse. Quelques centaines d'hommes sortaient chaque jour, détruisaient les travaux d'approche que notre artillerie avait déjà sérieusement entamés et harcelaient l'ennemi jusque dans ses derniers retranchements. *Les turcos rapportaient chaque fois, comme trophées, une douzaine de paires d'oreilles prussiennes.* » Ce dernier détail est horrible. Les *hommes noirs* dont avaient si peur les paysans badois, au début de la guerre, combattent en Europe comme dans leurs déserts d'Afrique. Qui les pourrait retenir ? A l'armée de la Loire, les spahis indigènes, faisant métier d'éclaireurs, couraient, au galop de leurs petits chevaux arabes, sus aux uhlans prussiens, et lorsqu'ils les pouvaient tuer, rapportaient leur tête pendue à l'arçon de leur selle. Ils furent la terreur des Allemands, qui s'attachèrent dès lors à les détruire. Décimés, la plupart des spahis périrent dans ces combats. Cela est affreux, ces turcos coupant les oreilles des cadavres, mais, ce qui est plus épouvantable, ce sont les fils civilisés de la docte Germanie enduisant de pétrole des blessés et les brûlant ainsi ; ce sont les étudiants de Heidelberg ou de Gœttingue forçant les paysans qu'ils fusillent à creuser leur propre fosse ; ce sont les « envoyés de Dieu » affirmant leur mysticisme par des meurtres et des massacres.

Octobre venu, le général Botzner, qui commandait devant Verdun, fut remplacé par le lieutenant général von Gayl, officier d'artillerie, vrai Prussien, dur comme fer. Le 13, le 14 et le 15 octobre,

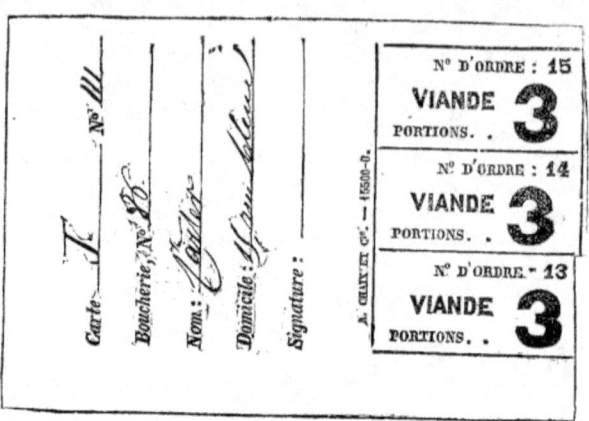

LE SIÉGE DE PARIS. — Carte de boucherie.

LE SIÉGE DE PARIS. — Carte de boulangerie.

un bombardement commençait, mais impétueux, épouvantable, effréné ; le feu dura cinquante-six heures. Et, comme toujours, les incendies, les écroulements, les sinistres fracas de ces jours d'agonie, les flaques de sang dans les rues, la mort des innocents et des faibles.

Lorsque Verdun eut reçu des milliers d'obus, alors on voulut répliquer à la force par le courage.

Dans la nuit du 19 au 20, le capitaine Jumeau suivi de quelques zouaves, chasseurs à pied, artilleurs et soldats du génie, se glissait, silencieux, jusqu'aux batteries prussiennes. « C'est en rampant, par une nuit épouvantable, que ces hommes dévoués arrivaient à la bouche des canons, puis, se dressant tout à coup, sautaient dans les batteries, renversaient les soldats prussiens et se précipitaient sur les pièces, qui furent enclouées en un instant (1). » Ces braves avaient tué trente hommes environ à l'ennemi, après lui avoir encloué vingt-six canons, et ils ramenaient sept prisonniers.

Le lendemain, le général commandant Verdun adressait au général prussien cette lettre superbe, qui fait l'éloge de l'homme qui l'écrivait et de la population qu'il défendait :

« Général,

« Je dois vous exprimer le sentiment qui pénètre chez moi sur la manière dont vous avez attaqué la ville de Verdun. J'avais pensé jusqu'à ce jour que la guerre entre la Prusse et la France devait être un duel entre les deux armées et j'étais loin de m'imaginer que des habitants inoffensifs, des femmes et des enfants, verraient leur fortune et leur vie si injustement engagées dans la lutte. Si vous pensez, général, que cette manière d'agir de votre part, que je me dispenserai de qualifier, peut contribuer en quoi que ce soit à hâter la reddition de la place, vous êtes dans une profonde erreur ; car ce que les habitants ont souffert jusqu'à ce jour n'a contribué, vous pouvez me croire, qu'à augmenter chez eux l'abnégation que commandent leur position et leurs sentiments patriotiques.

« Ni la pluie des bombes et des boulets, ni les privations auxquelles la garde nationale et l'armée peuvent être exposées ne les empêcheront de faire leur devoir jusqu'au dernier moment. Leur plus grand désir serait de se mesurer corps à corps avec les troupes prussiennes. Permettez-moi de vous dire, général, que c'est sur la brèche que nous vous attendons et que nous espérons que vous sortirez un jour de derrière les montagnes qui vous tiennent cachés à nos coups.

« Recevez, général, etc.

« *Le général commandant supérieur,*

« Baron GUÉRIN DE WALDERSBACH. »

Cette brave garnison de Verdun devrait répondre, à son tour, au bombardement par une sortie victorieuse et, le 28 octobre, les batteries prussiennes étaient, à la même heure, sur tous les points à la fois, démontées, les affûts brisés et les munitions détruites (2). Tout à coup, la pauvre ville assiégée apprit que Metz avait capitulé, que l'armée de Bazaine était prisonnière et que cent mille Prussiens à la fois et l'immense matériel de siège réuni devant Metz allaient être dirigés sur Verdun. Quel écrasement ! quel anéantissement complet de toutes les espérances ! A quoi bon lutter? à quoi bon combattre? L'artillerie de Metz et de Strasbourg réduirait facilement en poudre les remparts de Verdun. La grande cité, Metz, entraînait Verdun dans sa chute. Le général commandant Verdun proposa de rendre la ville et demanda les conditions à l'ennemi. Ce fut le roi Guillaume qui répondit :

« En présence de l'héroïque défense de Verdun, disait-il, je suis disposé à accepter des conditions exceptionnelles. »

« On traita donc, dit l'auteur du *Siége de Verdun*, sur les bases posées par nous. » Cette fois le vaincu parlait le premier. La garnison était prisonnière, mais les troupes conservaient leurs sacs et leurs effets, la garde mobile native de Verdun était libre. Les gendarmes, restés libres, gardaient leurs chevaux. Les maîtres ouvriers restaient également libres. La ville de Verdun était dispensée de toute contribution de guerre et réquisition. Les troupes allemandes, sauf le cas de passages extraordinaires, seraient logées non chez les habitants, mais dans les bâtiments militaires. Enfin, disait le traité, la forteresse et la ville de Verdun, tout le matériel de guerre, approvisionnement, etc., *seront rendus à la France après la guerre*.

C'est ainsi que capitulent les gens qui ont fait leur devoir.

La fière capitulation de Verdun est la condamnation de la capitulation de Sedan et de la reddition de Metz.

Le 9 novembre, les troupes prussiennes entraient dans Verdun, sans tambour, trompette ni musique. Les rues étaient désertes. La défaite, ici, avait sa fierté et sa grandeur.

Telle était, en négligeant le Nord et la Bourgogne, au lendemain de la bataille de Coulmiers, la situation de cette malheureuse France qui voyait un présage de régénération et de salut dans la reprise de la ville où Jeanne Darc avait combattu : Orléans.

Nous allons montrer maintenant quel effet produisit à Paris la victoire de d'Aurelles de Paladine et comment s'écoula le mois de novembre dans la grande ville assiégée.

---

(1) *Courrier de Verdun.*
(2) *Siége de Verdun*, par un assiégé, page 21.

DOCUMENTS COMPLÉMENTAIRES DU CHAPITRE X

N° 1.

DÉFENSE DE SAINT-QUENTIN.

Gouvernement à préfet (Aisne).

Tours, le 10 octobre 1870, 5 heures du soir.

La délégation du gouvernement de la défense nationale, établie à Tours, félicite la ville de Saint-Quentin de sa belle résistance à l'ennemi, et la remercie du grand exemple qu'elle vient de donner à nos villes ouvertes.

Fait à Tours, le 10 octobre 1870.

LÉON GAMBETTA, amiral FOURICHON, A. CRÉMIEUX, GLAIS-BIZOIN.

Le maire de la ville de Lille à M. le maire de la ville de Saint-Quentin.

Lille, le 12 octobre 1870.

Monsieur et cher collègue,

J'ai l'honneur de vous transmettre de la part des gardes nationaux de Lille, qui apprennent avec bonheur la glorieuse résistance opposée par ceux de votre cité aux tentatives de l'ennemi, une adresse ainsi conçue :

« La légion de la garde nationale de Lille vous « envoie ses félicitations. Elle y joint ses espérances « et ses vœux pour sa jeune mobile qui combat, à « cette heure peut-être, à vos côtés. »

Je vous prie, monsieur et cher collègue, de vouloir bien faire connaître immédiatement à vos courageux concitoyens et à nos gardes mobiles les termes dans lesquels la milice lilloise leur témoigne ses sympathies (1).

Veuillez agréer, etc.

Douai, 15 octobre 1870.

Aux citoyens, gardes nationaux, sapeurs-pompiers et francs-tireurs de la ville de Saint-Quentin.

Citoyens,

Les républicains de Douai, réunis en assemblée

(1) Les villes de Bourcoing et de Calais imitèrent Lille.

publique, vous envoient leurs patriotiques félicitations.

De honteuses défaillances avaient fait craindre que l'empire eût consommé l'entreprise impie d'énerver toute la nation. Après Strasbourg, Toul, Mezières, Verdun, vous avez virilement montré que le mal était moins grand, et que notre malheureux pays comptait encore des gens de cœur.

Honneur à vous ! honneur surtout à vos morts ! Déjà l'histoire a enregistré leurs noms !

On n'en saurait douter, votre mâle exemple fructifiera. D'autres se rappelleront aussi qu'ils sont les petits-fils de héros de 92.

Non plus que vous ils ne voudront déchoir; ils combattront notre féroce ennemi en hommes convaincus que sauver la France, c'est sauver la liberté du monde et l'avenir de la civilisation.

Citoyens,

Si les circonstances le demandent, nous nous rangerons parmi ceux-là.

Nous en prenons l'engagement solennel entre vos vaillantes mains.

Vive la France! Vive la République! Vivent les Saint-Quentinois!

N° 2.

LE SIÈGE DE VERDUN RACONTÉ PAR UN TÉMOIN.

L'Opinion nationale, ayant parlé de l'article de la *Gazette militaire* de Berlin sur les capitulations des villes, a reçu la lettre suivante :

Verdun, 21 septembre 1871.

Monsieur,

L'Opinion nationale, du 19 septembre, publie un extrait d'une brochure qui vient de paraître à Berlin, « sur les causes de la chute rapide de diverses forteresses françaises. »

La lecture de cet article m'a édifié une fois de plus sur la loyauté allemande, et puisque vous avez ouvert vos colonnes à la critique de l'ennemi, je ne doute point que vous vouliez donner la même publicité à la réponse de ceux auxquels le hasard de la guerre a fait prendre part à l'un des sièges de nos forteresses de l'Est.

Le Siège de Paris. — Abattage d'un des éléphants du Jardin d'acclimatation

Le Siège de Paris. — Une boucherie spéciale au marché Saint-Germain.

L'auteur du mémoire assigne les mêmes causes à la chute de toutes nos places fortes. Partout, selon lui, les corps d'investissement se sont trouvés en présence du même système de défense ; c'est-à-dire « en face d'une résignation fataliste qui semblait avoir refoulé au dernier plan toute tentative énergique. »

Et cependant, quand il veut appuyer son dire par des exemples, les noms de Thionville, Mézières et Montmédy se trouvent seuls sous sa plume.

L'auteur est-il exact quand il parle de ces trois villes ? Je l'ignore. Mais j'affirme qu'il trompe grossièrement le public en adressant les mêmes reproches d'incurie et de maladresse à toutes nos places fortes.

Je ne vous parlerai que de Verdun ; c'est le seul siège auquel j'aie assisté.

En deux mots, voici l'histoire de la défense de cette ville.

Le 24 août, Verdun était bombardé par l'armée saxonne, qui perdit trois cents hommes sous nos murs, tandis qu'une vingtaine de défenseurs seulement furent mis hors de combat.

Le 3 septembre, nos francs-tireurs s'emparaient de la malle-poste venant de Sedan ; quelques jours avant, une reconnaissance était allée jusqu'à 8 kilomètres enlever les avant-postes, et rapportait en ville les dépouilles de deux officiers de dragons.

Le 28 septembre, nouveau bombardement. L'artillerie de la garde mobile, qui voyait le feu pour la première fois, démontait en trois heures les batteries prussiennes.

Le bombardement recommence le 13 octobre et dure cinquante-quatre heures. Après un combat d'artillerie aussi terrible, l'ennemi accusait 75 artilleurs mis hors de combat, les défenseurs de la ville n'avaient perdu qu'un officier et trois hommes. Qu'on juge, en présence de semblables résultats, de quel côté se trouvait la maladresse.

Le 24 et le 27 octobre, deux grandes sorties étaient faites sur les batteries ennemies, et chaque fois le succès dépassait toutes nos espérances. Deux fois, dans la même semaine, le corps d'armée d'investissement fut surpris par une brusque attaque pendant la nuit, deux fois, nos éclaireurs arrivèrent aux pièces prussiennes et les mirent hors de service, pendant que les sapeurs du génie faisaient sauter les travaux d'attaque.

Si l'auteur du mémoire ignore ces faits, qu'il aille prendre des renseignements près du général major de Gayl, qui commandait le siège, et qu'il demande à cet officier si les assiégeants pensaient se livrer aussi tranquillement au repos qu'il veut bien le faire croire au lecteur.

Enfin, si Verdun capitulait le 9 novembre, c'est que, grâce à la reddition de Metz, 200 pièces de canon, soutenues par 20,000 hommes d'infanterie, allaient réduire la ville en cendres au bout de quelques heures, et que dès lors il y avait absolue nécessité d'épargner la vie et la fortune de toute une population qui était restée courageusement dans les murs de la ville. D'ailleurs, l'honneur était sauf, car tout le matériel de guerre, canons, poudres, fusils, sabres, etc., restait à la France, et défense était faite à l'ennemi, de par la capitulation, de jamais imposer de contribution de guerre à la ville.

Mais, pendant l'investissement, notre garnison, forte de 6,000 hommes, y compris la garde nationale, avait à peine eu deux cents hommes hors de combat, tandis que les Allemands accusent une perte de 1,700 hommes devant Verdun.

Voyez, monsieur, après cet exposé rapide de la défense d'une de nos places fortes, combien peu il faut croire à la véracité et à la bonne foi de nos ennemis, et comme, pour lire un de leurs récits de la campagne et y démêler la vérité, il faut avoir assisté aux faits racontés par eux.

Ils font l'histoire comme ils écrivent leurs journaux : partout une orgueilleuse apologie des hauts faits et gestes de la race allemande ; à côté, une critique hypocrite de l'incurie, de la sottise et de la maladresse de la race française.

Agréez, etc.,

J. B.,

Maréchal-des-logis fourrier à la 3e batterie d'artillerie de la garde mobile de la Meuse.

N° 3.

CIRCULAIRE

Adressée par M. de Chaudordy aux agents diplomatiques de la France.

Tours, 29 novembre 1870.

Monsieur, depuis deux mois environ, l'Europe épouvantée ne peut comprendre la prolongation d'une guerre sans exemple et qui est devenue aussi inutile que désastreuse. Les ruines qui en sont la conséquence s'étendent sur le monde entier, et l'on se demande à la fois quelle peut être la cause d'une telle lutte et quel en est le but.

Le 18 septembre dernier, M. Jules Favre, vice-président du gouvernement de la défense nationale et ministre des affaires étrangères se rendit à Ferrières pour demander la paix au roi de Prusse. On sait la hauteur avec laquelle on s'en est expliqué avec lui. Les puissances neutres ayant fait comprendre depuis qu'un armistice militaire était le seul terrain sur lequel il fallait se placer pour arriver ensuite à une pacification, le comte de Bismark s'y montra d'abord favorable, et des pourparlers s'ouvrirent à Versailles, M. Thiers consentit à y aller pour négocier sur cette base. Vous avez appris quel refus déguisé la Prusse lui a opposé! On doit reconnaître cependant que les deux plénipotentiaires français ne pouvaient être mieux choisis pour inspirer confiance au quartier général prussien et mener à fin la triste et délicate mission dont ils avaient si noblement pris la responsabilité. La sincérité de leur amour pour la paix n'était pas douteuse. M. de Bismarck savait bien que leur parole avait pour garant le pays tout entier. L'un et l'autre pourtant ont été écartés, et le cours funeste de la guerre n'a pu être suspendu.

Que veut donc la Prusse? Le souverain auquel il avait été annoncé qu'on faisait exclusivement la guerre est tombé et son gouvernement avec lui. Il ne reste aujourd'hui que les citoyens en armes, ceux-là mêmes que le roi Guillaume déclarait ne vouloir pas attaquer, et un gouvernement où siégent des hommes qui tiennent à honneur de s'être opposés de toutes leurs forces à l'entreprise qui devait couvrir de ruines le sol de notre patrie.

Que faut-il croire? Serait-il vrai que nos ennemis veuillent réellement nous détruire? La Prusse n'a plus maintenant devant elle que la France; c'est donc à la France même, à la nation armée pour défendre son existence que la Prusse a déclaré cette nouvelle guerre d'extermination, qu'elle poursuit comme un défi jeté au monde contre la justice, le droit et la civilisation.

C'est au nom de ces trois grands principes modernes outrageusement violés contre nous que nous en appelons à la conscience de l'humanité, avec la confiance que, malgré tant de malheurs, notre devoir imprescriptible est de sauvegarder la morale internationale. Est-il juste, en effet, quand le but d'une guerre est atteint, que Dieu vous a donné des succès inespérés, que vous avez détruit les armées de votre ennemi, que cet ennemi lui-même est renversé, de continuer la guerre pour le seul résultat d'anéantir ou forcer par le feu ou la faim une grande capitale toute pleine de richesses des arts, des sciences et de l'industrie? Y a-t-il un droit quelconque qui permette à un peuple d'en détruire un autre et de vouloir l'effacer? Prétendre à ce but n'est plus qu'un acte sauvage qui nous reporte à l'époque des invasions barbares. La civilisation n'est-elle pas méconnue complétement lorsqu'en se couvrant des nécessités de la guerre on incendie, on ravage la propriété privée, avec les circonstances les plus cruelles? Il faut que ces actes soient connus: nous savons les conséquences de la victoire et les nécessités qu'entraînent d'aussi vastes opérations stratégiques. Nous n'insisterons pas sur ces réquisitions démesurées en nature et en argent, non plus que sur cette espèce de marchandage militaire qui consiste à imposer les contribuables au delà de toutes les ressources. Nous laissons l'Europe juger à quel point ces excès furent coupables; mais on ne s'est pas contenté d'écraser ainsi les villes et les villages, on a fait main-basse sur la propriété privée des citoyens.

Après avoir vu leur domicile envahi, après avoir subi les plus dures exigences, les familles ont dû livrer leur argenterie et leurs bijoux. Tout ce qui était précieux a été saisi par l'ennemi et entassé dans ses sacs et ses chariots ; des effets d'habillement enlevés dans les maisons et dérobés chez les marchands, des objets de toute sorte, des pendules, des montres ont été trouvés sur les prisonniers tombés entre nos mains. On s'est fait livrer et on a pris au besoin aux particuliers de l'argent. Tel propriétaire arrêté dans son château a été condamné à payer une rançon personnelle de 80,000 fr.; tel autre s'est vu dérober les châles, les fourrures, les robes de soie de sa femme. Partout les caves ont été vidées, les vins empaquetés, chargés sur des voitures et emportés ailleurs, et pour punir une ville de l'acte d'un citoyen coupable uniquement de s'être levé contre les envahisseurs, des officiers supérieurs ont ordonné le pillage et l'incendie, abusant, pour cette exécution sauvage, de l'implacable discipline imposée à leurs troupes. Toute maison où un franc-tireur a été abrité et nourri est incendiée. Voilà pour la propriété !

La vie humaine n'a pas été respectée davantage. Alors que la nation entière est appelée aux armes, on a fusillé impitoyablement, non-seulement des paysans soulevés contre l'étranger, mais encore des soldats pourvus de commissions et revêtus d'uniformes légalisés. On a condamné à mort ceux qui tentaient de franchir les lignes prussiennes, même pour leurs affaires privées. L'intimidation est devenue un moyen de guerre. On a voulu frapper de terreur les populations et paralyser en elles tout élan patriotique. Et c'est ce calcul qui a conduit les états-majors prussiens à un procédé unique dans l'histoire : le bombardement des villes ouvertes. Le fait de lancer sur une ville des projectiles explosibles et incendiaires n'est considéré comme légitime que dans les circonstances extrêmes et strictement déterminées. Mais dans ces cas mêmes, il était d'un usage constant d'avertir les habitants, et jamais l'idée n'était entrée jusqu'à présent dans aucun esprit que cet épouvantable moyen de guerre pût être employé d'une manière préventive. Incendier les maisons, massacrer de loin les vieillards et les femmes, attaquer pour ainsi dire les défenseurs dans l'existence de leurs familles, les atteindre dans les sentiments les plus profonds de l'humanité pour qu'ils viennent ensuite s'abaisser devant le vainqueur et solliciter les humiliations de la nation ennemie, c'est un raffinement de violence calculée qui touche à la torture.

On a été plus loin cependant, et se prévalant par un sophisme sans nom de ces cruautés mêmes, on s'en fait une arme. On a osé prétendre que toute ville qui se défend est une place de guerre, et que, puisqu'on la bombarde, on a ensuite le droit de la traiter en forteresse prise d'assaut. On y met le feu après avoir inondé de pétrole les portes et les boiseries des maisons. Si on a épargné le pillage, on n'en exploite pas moins contre la cité la guerre qu'elle doit payer en se laissant rançonner à merci. Et même, lorsqu'une ville ouverte ne se défend pas, on a pratiqué le système du bombardement sans explication préalable, et avoué que c'était le moyen de la traiter comme si elle s'était défendue, et qu'elle eût été prise d'assaut. Il ne restait plus, pour compléter ce code barbare, qu'à rétablir la pratique des otages. La Prusse l'a fait. Elle l'a établi partout un système de responsabilité indirecte qui, parmi tant de faits iniques, restera comme le trait le plus caractéristique de sa conduite à notre égard.

Pour garantir la sûreté de ses transports et la tranquillité de ses campements, elle a imaginé de punir toute atteinte portée à ses soldats ou à ses convois par l'emprisonnement, l'exil ou même la mort d'un des notables du pays. L'honorabilité de ces hommes est devenue un danger pour eux. Ils ont à répondre sur leur fortune et sur leur vie d'actes qu'ils ne pouvaient ni prévenir ni réprimer, et qui, d'ailleurs, n'étaient que l'exercice légitime du droit de défense. Elle a emmené quarante otages parmi les habitants notables des villes de Dijon, Gray et Vesoul, sous prétexte que nous ne mettons pas en liberté quarante capitaines de navires faits prisonniers selon les lois de la guerre. Mais ces mesures, de quelques brutalités qu'elles fussent accompagnées dans l'application, laissaient au moins intacte la dignité de ceux qui avaient à les subir. Il devait être donné à la Prusse de joindre l'outrage à l'oppression. On a exigé de malheureux paysans entraînés par force, retenus sous menaces de mort, de travailler à fortifier les ouvrages ennemis et à agir contre les défenseurs de leur propre pays. On a vu des magistrats, dont l'âge aurait inspiré le respect aux cœurs les plus endurcis, exposés sur les machines des chemins de fer à toutes les rigueurs de la mauvaise saison et aux insultes des soldats.

Les sanctuaires, les églises ont été profanés et matériellement souillés. Les prêtres ont été frappés, les femmes maltraitées, heureuses encore lorsqu'elles n'ont pas eu à subir de plus cruels traitements.

Il semble qu'à cette limite il ne reste plus dans ce qu'on appelait jusqu'ici du plus beau nom, le droit des gens, aucun article qui n'ait été violé outrageusement par la Prusse. Les actes ont-ils jamais à ce point démenti les paroles ?

Tels sont les faits. La responsabilité en pèse tout entière sur le gouvernement prussien. Rien ne les a provoqués et aucun d'eux ne porte la marque de ces violences désordonnées auxquelles cèdent parfois les armées en campagne. Il faut qu'on le sache bien, ils sont le résultat d'un système réfléchi, dont les états-majors ont poursuivi l'application avec une rigueur scientifique. Ces arrestations arbitraires ont été décrétées au quartier général, ces cruautés résolues comme un moyen d'intimidation, ces réquisitions étudiées d'avance, ces incendies allumés froidement avec des ingrédients chimiques soigneusement apportés, ces bombardements contre des habitants inoffensifs ordonnés. Tout a donc été voulu et prémédité. C'est le caractère propre aux horreurs qui font de cette guerre la honte de notre siècle.

La Prusse a non-seulement méconnu les lois les plus sacrées de l'humanité, elle a manqué à ses engagements personnels. Elle s'honorait de mener un peuple en armes à une guerre nationale. Elle prenait le monde civilisé à témoin de son bon droit ! Elle conduit maintenant à une guerre d'extermination ses troupes transformées en hordes de pillards ; elle n'a profité de la civilisation moderne que pour perfectionner l'art de la destruction. Et, comme conséquence de cette campagne, elle annonce à l'Europe l'anéantissement de Paris, de ses monuments, de ses trésors et la vaste curée à laquelle elle a convié l'Allemagne.

Voilà, monsieur, ce que je désire que vous sachiez. Nous ne parlons ici qu'à la suite d'enquêtes irrécusables ; s'il faut produire des exemples, ils ne nous manqueront pas, et vous pourrez en juger par les documents joints à cette circulaire. Vous entretiendrez de ces faits les membres du gouvernement auprès duquel vous êtes accrédité.

Ces appréciations ne sont pas destinées à eux seuls et vous pourrez les présenter librement à tous. Il est utile qu'au moment où s'accomplissent de pareils actes, chacun puisse prendre la responsabilité de sa conduite, aussi bien les gouvernements qui doivent agir que les peuples qui doivent signaler ces faits à l'indignation de leurs gouvernements.

Pour le ministre des affaires étrangères,
Le délégué,
CHAUDORDY.

CHAPITRE XI

SIÉGE DE PARIS (du 10 novembre au 10 décembre).

Paris après la victoire de Coulmiers. — Le sergent Hoff. — Les *queues* à la porte des boulangeries et des boucheries. — Admirable attitude des femmes parisiennes. — Fabrication de canons et des munitions. — Les pigeons voyageurs apportent à Paris des dépêches privées. — Les ballons et les aéronautes. — M. Jules Ferry remplace M. Étienne Arago à la mairie centrale. — Cherté croissante des vivres. — Les fausses nouvelles. — Les clubs. — Le 72e bataillon de la garde nationale à Bondy. — Position des troupes allemandes autour de Paris. — Proclamations du 28 novembre annonçant qu'une action décisive va être engagée. — Préliminaires de la sortie : Reconnaissances et diversions. — Les marins et la garde nationale enlèvent la Gare-aux-Bœufs de Choisy-le-Roi (29 nov.). — Retard dans le passage de la Marne. — Bataille de Champigny (ou de Villiers) : Première journée (30 nov.). — Combat d'Épinay. — Les hostilités sont suspendues pendant la journée du 1er décembre. — 2 décembre : Retour offensif de l'ennemi. Deuxième journée de bataille. — Les troupes repassent la Marne (3 déc.). — Communication de M. de Moltke au général Trochu, relative à la reprise d'Orléans par les Allemands. — Réponse du général Trochu. — Proclamation du gouvernement. — Documents complémentaires.

La nouvelle de la victoire de Coulmiers avait, nous l'avons dit, produit à Paris l'effet qu'elle produisait en même temps dans toute la France, et il semblait qu'une ère nouvelle s'ouvrait pour notre pays. Volontiers eût-on dit au général d'Aurelle de Paladines le mot qui a été prononcé, assure-t-on, par l'empereur parlant à Bazaine, le lendemain du combat de Borny : « Vous avez rompu le charme. » Le charme rompu, il fallait, l'instinct populaire le sentait, agir enfin et profiter de la fortune, ou plutôt de l'état de mâle énergie qui avait succédé au refus d'armistice, et de l'état de confiance véritable né du succès de l'armée de la Loire. Le jour où l'Hôtel de ville avait été envahi, le 31 octobre, on avait entendu le général Trochu prononcer ces paroles que nous avons rapportées : « Et dire qu'il ne me fallait plus que quinze jours pour tout sauver ! » Ces quinze jours étaient déjà passés et, sauf quelques petits engagements d'artillerie ou quelques expéditions hardies mais de minime importance, on n'avait eu encore à enregistrer aucun fait qui parût annoncer une action décisive.

Cette période d'attente et de préparation, pendant laquelle le gouverneur de Paris combina sa sortie de la fin de novembre, eut cependant ses héros et ses faits d'armes. Un sergent du 107ᵉ d'infanterie, devenu célèbre depuis lors, le sergent Hoff, se faisait remarquer par une intrépidité vraiment extraordinaire. « Accompagné d'un garde mobile, disait le *rapport militaire* du 9 novembre, il s'est approché à vingt pas d'une sentinelle prussienne, l'a tuée et a tué également un soldat ennemi accouru au secours de son camarade. Le sergent Hoff a déjà tué environ trente Prussiens, et a reçu la croix de la Légion d'honneur, en raison de ses nombreux actes de courage (1). » Le 12 novembre, au matin, le capitaine de Néverlée, officier d'ordonnance du général Ducrot, à la tête de quelques volontaires, pénétrait dans Saint-Cloud jusqu'à la place de l'Hospice, et enveloppait audacieusement une patrouille ennemie. Les Prussiens opposant une résistance énergique, cinq étaient tués sur place et le sixième ramené prisonnier, blessé de deux coups de baïonnette. De côtés et d'autres, les éclaireurs ou francs-tireurs se distinguaient ainsi par de petites expéditions, tandis qu'autour de Paris, les ouvrages avancés, les redoutes et les forts, inquiétaient de leur mieux les travaux de l'ennemi. Paris, on peut le dire, était enveloppé d'une ceinture de feux. Nuit et jour, il faisait entendre son tonnerre et, la cité qui s'endormait au bruit du canon, se réveillait au même bruit. On eût dit que l'air était chargé de détonations et de salpêtre, et chaque citoyen s'était habitué à cette vie nouvelle, dure, pénible, pleine non-seulement d'angoisses, mais de celles souffrances, mais remplie aussi d'un profond sentiment d'espoir et du sentiment joyeux que donne le devoir accompli.

Paris, à ce moment, offrait un des spectacles les plus émouvants et les plus beaux qu'on puisse jamais rencontrer dans l'histoire. Quoi qu'on ait pu dire et quelle qu'ait été ensuite la chute de tous ces vastes espoirs, à cette heure de résistance suprême, Paris, qu'on essaye de calomnier aujourd'hui, Paris fut sublime et supporta, sans se plaindre, l'accumulation de maux que lui réservait le sort. Il souffrait déjà de cette famine qui devait l'amener lentement à la capitulation. Point de vivres en assez grande abondance, et chacun forcé de conquérir, par une longue attente, par de lentes et mortelles heures de queue à la porte des boulangers et des bouchers, le peu de pain noir et de viande de cheval que distribuaient les municipalités. Les femmes là furent surtout admirables. Levées avant le jour, les pieds dans la boue ou la neige, elles attendaient, se pressaient devant les boulangeries, arrachaient littéralement le pain du mari et des enfants. On avait distribué des cartes de boucherie où se trouvaient marqués les jours de distribution de viande. Quelquefois, au lieu de viande fraîche, on distribuait (dure déception) de la viande salée ou des harengs. La douleur alors était grande, car il faut avoir traversé ces mois cruels où l'estomac délabré réclamait des fortifiants, pour comprendre quelle influence le physique peut avoir sur le moral et quelle chose effroyable cela peut être qu'une telle ville, l'immensité de Paris réduite à d'insuffisantes rations.

Et nul ne se plaignait. Et chacun faisait son devoir, remplissait son rôle. Tandis que les compagnies de marche de la garde nationale s'équipaient pour les sorties, tandis que les compagnies sédentaires veillaient à la garde des remparts, les vétérans surveillaient ces *queues* des boucheries et des boulangeries, et faisaient l'ordre dans la rue. Des vieillards, souvent riches et habitués à une vie facile, se levaient avant l'aurore triste et glacée de ces matins de novembre, et faisaient prendre patience aux femmes grelottantes qu'ils rangeaient et laissaient circuler par deux. Partout, dans la ville assiégée, manœuvraient, avec une conviction absolue, ces soldats improvisés, ces gardes nationaux dont on ne devait mettre le courage à l'épreuve que trop tard, et lorsque leur dévouement serait inutile. Les places, les squares, les carrefours, retentissaient du bruit des clairons. Parfois, au retour de quelque reconnaissance en rase campagne, lorsque les bataillons de guerre rentraient, on voyait les voitures d'ambulances qui suivaient, encore vides à cette heure, et chacun, au lieu de se sentir ému par ce triste appareil, puisait dans cette vue une confiance nouvelle.

Tels étaient l'aspect et l'esprit intérieurs de Pa-

---

(1) Le sergent Hoff allait être fait prisonnier au combat du 2 décembre (à Petit-Bry), avec presque toute sa compagnie. Le débarrassant aussitôt de sa croix, de ses galons, de ses papiers, il déclara se nommer Wolff, et fut interné à Cologne dans le camp de Giramberg. Un soldat alsacien ayant eu l'imprudence de prononcer son véritable nom, les Prussiens mirent le faux Wolff au cachot; mais le sergent Hoff, après trente jours de détention, réussit à faire croire que Wolff avait bien son nom, put être remis en liberté, et, toujours sous le nom de Wolff, il rentra en France, le 10 mars 1871, après la paix. Dirigé sur Cambrai, incorporé au 2ᵉ régiment provisoire, il fit partie de l'armée de Versailles (division Chocharri), et fut blessé à l'attaque d'une barricade, rue Saint-Lazare. Ainsi s'évanouissaient les soupçons injustes qui avaient fait croire, après sa disparition, que le brave sergent Hoff était un capitan prussien.

ris. Mais ce qui ajoutait encore à la situation unique de la capitale assiégée, c'était cet isolement, cette privation de toute communication avec le monde qui faisait de Paris comme un gigantesque radeau de naufragés perdu en pleine mer. Cette ville d'où rayonnait naguère une vie intense et capiteuse, se trouvait maintenant emprisonnée dans ses propres murailles et ne vivait que de sa vie propre. Tout son mouvement étonnant et qui suffit parfois à donner le branle à l'univers, se dépensait sur place, et jamais le nom de *cuve* que le poëte des *Iambes* donna à Paris, ne lui convint mieux qu'en cette période douloureusement glorieuse.

La cuve bouillonnait. On y fondait des canons, on y fabriquait des essieux, des caissons, des cartouches, des obus. On y travaillait pour la France. Certes chacun, dans Paris, se croyait destiné à périr et ne s'en souciait guère. Ce qui navrait l'âme de tous, c'était l'absence de nouvelles, depuis le déchirement de la séparation dernière. Cet isolement poignant faisait de Paris quelque chose comme un géant mis au secret. Mais, de même que Paris envoyait par ballons sa parole et ses secours à la province, de même aussi la province adressait ses nouvelles par des pigeons voyageurs qui apportaient, sous leurs ailes, dans des tubes presque imperceptibles, des milliers de dépêches imprimées en caractères microscopiques sur un papier plus léger que la pelure d'un oignon. Bientôt, grâce à cette invention superbe, chacun des défenseurs de Paris put adresser, moyennant un franc, quatre questions à ses parents ou amis de la province. Ceux-ci purent de même répondre par *oui* et par *non*: et ce fut merveilleux, ces dialogues à travers l'espace, cette science venant protester, en pleine guerre barbare, contre le blocus et la mort. Les dépêches photographiées et réduites sur une feuille de collodion étaient, à l'arrivée, projetées sur un mur par un appareil électrique grossissant, et l'invisible, l'imperceptible, était aussitôt réimprimé et distribué à tous.

Voilà qui fut superbe, voilà qui consolait de l'abaissement et de la douleur. Cette science invincible, cette industrie humaine surgissant parmi la tuerie, faisait songer à des jours meilleurs et à de plus nobles efforts pour l'humanité en travail. On a écrit l'histoire de la science durant ce long siège (1), il resterait à en écrire le poëme. Poëme, certes, oui, et quel plus vaste sujet pour une voix inspirée que ces incroyables efforts et ces plus incroyables résultats! Quoi de plus touchant et de plus émouvant que ces bulles d'air, ces ballons, s'élevant au-dessus de la ville investie et portant au monde la conscience et comme le battement du cœur de Pa-

ris! Quoi de plus poétique aussi que ces pigeons messagers accourant vers le navire désemparé non pas avec le rameau d'olivier de la colombe de l'Arche, mais avec la parole de guerre de la France luttant et ne voulant pas mourir! Ils traversaient, ces pigeons, les lignes ennemies, échappant comme par miracle aux balles des fusils Dreysse et aux griffes des faucons prussiens dressés à leur donner la chasse, ils fendaient l'air glacé, s'abattaient à demi-morts sur nos toits et nous tendaient, sous leurs plumes déchirées, dans un mince tuyau lié longitudinalement à une plume de la queue par trois fils, les dépêches que nous attendions haletants et que contenait un petit carré de 40 millimètres sur 30 millimètres. M. Louis Blanc proposait à cette époque de placer, sur les armes de la ville de Paris, au-dessus du navire à voiles blanches, un pigeon en souvenir de ces dures journées de siège.

Et les hommes intrépides, marins pour la plupart, aéronautes improvisés, qui montaient les ballons et se jetaient à l'aventure! Qui écrira aussi leur poëme? Dans un livre fort curieux, excellent : *En ballon pendant le siége de Paris, souvenirs d'un aéronaute*, par M. Gaston Tissandier, nous pouvons lire la liste de tous les ballons partis de Paris. Presque tous arrivèrent à destination, tombèrent en France. D'autres allèrent en Allemagne, et leurs aéronautes prisonniers furent un moment menacés de mort par les autorités prussiennes, inaugurant contre toute justice un étrange *droit des gens*. Vouloir interdire l'air à l'assiégé, c'était fouetter la mer, comme le fit Xercès. Les Prussiens tiraient sur ces ballons sans pitié. Un ballon, la *Ville-d'Orléans*, monté par M. Rolier, ingénieur, avec M. Deschamps, franc-tireur, pour passager, partit de la gare du Nord le 24 novembre à 11 heures 45 du soir et arriva, le lendemain, à une heure de l'après-midi, à cent lieues au nord de Christiana, en Norwége. Ce voyage tient du fantastique. De Paris en Norwége, en quelques heures, c'est de la féerie. D'autres furent moins heureux. Le *Jacquard*, monté par le marin Prince, n'a pas été retrouvé. Il fut perdu en mer. Un navire anglais, en vue de Plymouth, aperçut bien un ballon qui tombait vers la mer, mais ne put le sauver. Un autre, le *Richard-Wallace*, monté par E. Lacaze, soldat, s'est perdu de même. On l'a vu près de Niort, on lui a crié de descendre, le ballon a continué à courir vers l'Océan. N'oublions pas, même dans cette histoire générale, ces deux humbles martyrs, le soldat Lacaze et le marin Prince, morts en plein Océan (après combien d'heures d'angoisses!), morts seuls dans cette immensité, la nacelle du ballon flottant sur la mer, et eux, perdus, et essayant d'apercevoir au loin une voile, essayant de dominer par leurs cris le bruit de l'Océan, le fracas des va-

(1) *La science pendant le siège de Paris*, par Saint-Edme. 1 vol., chez Dentu.

gues qui continuent leur murmure sourd. On ne peut imaginer de plus glorieux mais de plus sombres trépas.

Cependant de petits changements intimes avaient eu lieu dans l'administration de la ville de Paris. M. Jules Ferry, membre du gouvernement, était délégué à la mairie centrale, en remplacement de M. Étienne Arago qui venait de donner sa démission. MM. Clamageran, Hérisson et Chaudey, adjoints au maire de Paris, étaient maintenus dans leurs fonctions. « M. Étienne Arago, disait le *Journal officiel*, a lui-même pensé que la mairie centrale n'était plus compatible avec la situation nouvelle, et le gouvernement a dû se passer d'un citoyen excellent, d'un républicain également attaché à la liberté et l'ordre, et qui demeure dans les nouvelles fonctions qu'il va remplir, en parfait accord d'opinion et de sentiments avec le gouvernement de la défense. » Les *nouvelles fonctions*, dont parlait la note de l'*Officiel*, étaient le poste de commissaire général des monnaies, auquel M. Arago était appelé bientôt en remplacement de M. Pierre Clément, décédé. Mais la démission de M. Arago devait suivre presque immédiatement sa nomination à ce dernier poste.

M. Étienne Arago avait administré avec un zèle profond et une activité sympathique cette mairie de Paris dont il s'éloignait en se disant avec joie que, du moins, durant son passage à l'Hôtel de ville, pas une goutte de sang n'avait coulé dans Paris. Il avait déployé dans son administration les qualités cordiales et ardentes de sa loyale nature. Accueillant à tous, jeté soudain dans une situation où tout était à organiser, mobiles à loger, ambulances à établir, députations à recevoir, à renseigner, bataillons à équiper (combien d'autres soins encore !) il avait triomphé par son énergie de plus d'un obstacle et maintenu avec une fermeté souriante les principes républicains. On lui reprochait alors de s'occuper de choses indifférentes en temps de siège, par exemple d'avoir institué une commission pour la dénomination des rues. Mais à ce moment tout avait son importance, et ne fallait-il pas arrêter le mouvement individuel qui faisait que chacun débaptisait et rebaptisait sa rue à son gré et selon ses préférences, celui-ci appelant une *rue Barbès*, et celui-là une autre *rue Blanqui* ? De là l'intervention de la commission. Au surplus, M. Étienne Arago emportait dans sa retraite les sympathies du peuple de Paris et son estime.

M. Jules Ferry qui lui succédait, arrivait à l'heure difficile, au moment où les vivres se faisaient plus rares, l'alimentation et le chauffage plus difficiles, et où l'hiver, qui fut rude, allait commencer. Le nouveau maire allait avoir à supporter le courroux des souffrants et la calomnie des réacteurs. C'était le moment où, malgré les réquisitions des bêtes à cornes, la viande manquait déjà ou semblait devoir manquer. On mangeait alors, chose inattendue, de l'âne, du mulet, des rats, des chats, des chiens. La *Lettre-Journal de Paris* donne, à cette date, quelques prix de ces viandes montées tout à coup aux rangs de *mets de grand luxe*.

Au 20 novembre, l'âne et le mulet valaient de 6 à 8 francs le kilogramme ; une oie se payait de 25 à 30 francs ; une paire de lapins, 30 fr. ; le jambon, quand il s'en trouvait, 16 fr. le kilogr. ; une carpe, 20 fr. ; le boisseau de pommes de terre, ramassées sous le feu des Prussiens par des maraudeurs, femmes ou enfants, 6 fr. ; un chou, 1 fr. 50c. ; le beurre frais, 40 fr. le kilog. Et bientôt ces prix déjà exorbitants allaient augmenter dans des proportions étranges, si bien que deux mois après ils étaient devenus improbables.

On s'imagine quel sourd grondement devait animer ce malheureux Paris souffrant ainsi, et quelles passions et quelles colères s'allumaient en lui, colères qu'éteignait seulement le sentiment du devoir en face de l'ennemi. Le mot d'ordre était : « Soyons calmes, point de désunion devant les Prussiens. » Cependant des journaux de sectaires et des clubs entretenaient dans la population une défiance profonde et ce sentiment de vague soupçon qui fait que la trahison semble proche. La *Patrie en danger*, par exemple, le journal de Blanqui, tout près de disparaître faute d'acheteurs, insérait dans ses colonnes des nouvelles comme celle-ci :

MINUIT.

(Dépêche particulière.)

La nuit dernière, les éclaireurs Lafont ont pris quatorze pièces de canon prussiennes à Villemomble.

Dans le parc ennemi, il y avait trente-deux pièces avec des attelages. Les éclaireurs n'ont pu en emmener que quatorze.

Elles été conduites à Saint-Denis.

Hélas ! rien n'était vrai, tout venait de l'invention du journaliste.

Ces fausses joies étaient, pour l'esprit, pour le moral de la population, aussi fatales que les renseignements plus graves donnés par la *Patrie en danger*. Dans ce dernier genre, voilà ce que publiait ce journal :

RETOUR DE NAPOLÉON III.

On nous communique la note suivante, signée par un citoyen des plus honorables.

Nous la reproduisons néanmoins sous toutes réserves, mais en appelant sur elle l'attention de nos lecteurs :

« M. Théophile Haury, marchand de bœufs, 38, quai de l'Hôtel-de-Ville, s'est échappé de Versailles le 15 novembre et est arrivé à Paris le même jour, à onze heures du soir.

Le siège de Paris. — Prise de Brie-sur-Marne, le 30 novembre 1870.

« *Il déclare avoir vu à Versailles, dans la calèche du roi Guillaume, l'ex-empereur des Français.*

« *Le général Trochu a été avisé de ce fait.* »

Ainsi, voilà les fables dangereuses qu'on répandait dans le peuple et qui pouvaient avoir sur les imaginations parisiennes de si terribles résultats. Ces renseignements fantaisistes étaient propagés ensuite dans les réunions publiques, où malheureusement ne se rendaient pas les chefs sages et autorisés du parti démocratique, les Schœlcher ou les Louis Blanc, mais des orateurs de rencontre, sacrifiant tout au désir de produire ce qu'on nomme au théâtre *un effet*, et pour cela ne reculant pas devant des nouvelles à sensation aussi dépourvues de vérité que celles que nous venons de citer.

Il y avait alors à Paris une quinzaine de clubs environ où l'on entrait en payant, soit cinq sous, soit dix sous. Les présidents et les assesseurs de ces clubs étaient en quelque sorte à demeure dans leur établissement. On citait parmi ces lieux de réunion, Valentino, les Folies-Bergères, le club de la Vengeance, l'Alcazar, le Casino-Cadet, le Pré-aux-Clercs, l'Élysée-Montmartre, le club Favié (à Belleville), le club des Mille et un Jeux (rue de Lyon), de l'École-de-Médecine, du collége de France, du passage Raoul, de la Reine-Blanche, des Porcherons, de la Réunion (aux Batignolles), des Montagnards (boulevard de Strasbourg), de la Fidélité (rue de la Fidélité). Là, la lave du volcanique Paris s'écoulait, souvent brûlante et embrasée, trop souvent chargée de détritus et de scories. Les phrases toutes faites et les déclamations y tenaient malheureusement plus de place que les idées nouvelles et même que les seules idées. La *blague* parisienne s'alliait à la fièvre révolutionnaire. « Je voudrais, comme les Titans, escalader le ciel pour poignarder Dieu ! s'écriait un orateur. » —Et quelque gamin, interrompant : « Faudrait un ballon ! » Pauvre et généreux peuple qui écoutait pourtant tous ces discours, qui les applaudissait, qui croyait à la victoire, à la ruine certaine de la Prusse, à tout ce qu'on lui répétait chaque soir, à tout ce qui se produisait de renseignements, de passions, de colère, dans ces lieux publics, où l'on s'entassait, où l'on allait chercher un peu de chaleur à la lumière des lampes à pétrole, et un peu de vie au contact de citoyens suspendus à quelque parole vibrante. Certes, il se dit alors dans les clubs bien des folies, bien des exagérations ridicules ; mais pourtant, sous ces phrases ronflantes de rodomonts de tribune, il y avait le vague instinct de la foule, l'âme et le désir de Paris. Pourquoi, oubliant ou dédaignant tout ce qui se débitait d'étrangetés dans les discours, le général Trochu n'écoutait-il point les applaudissements, ne saisissait-il pas l'électricité batailleuse qui se dégageait de ces agglomérations d'hommes et de femmes ? Au fond, que voulait la foule ? De l'action, de l'action, de l'action toujours. Que signifiaient ses exagérations, ses crédulités, ses fièvres, ses colères, cet état mental tout spécial dans lequel elle se trouvait ? Cela signifiait qu'elle voulait agir et combattre, et que se dégageait de son sein, comme un éclair d'un ciel orageux, une seule pensée contenue dans un seul mot : *l'audace !*

Voilà en quoi les clubs contenaient, jusque dans son exagération et ses hyperboles, le sentiment public. « Pourquoi n'agit-on pas ? Pourquoi ne sort-on pas ? Pourquoi ne combat-on pas ? » Telle était en somme l'éternelle question de tous, question qui devenait aussitôt récrimination en passant par les clubs. Oui, il fallait agir ; la foule, instinctivement, le sentait et elle le criait assez durement à ses chefs qui demeuraient immobiles. Le général Trochu s'obstinait à longuement, à trop longuement préparer une sortie, et il semblait négliger le concours de cette garde nationale sur laquelle, disait-il cependant à la veille et au lendemain du 4 septembre, il comptait pour dégager Paris. La garde nationale cependant, refusait-elle de marcher ? Lorsqu'on la dirigeait sur l'ennemi montrait-elle quelque faiblesse ? Non, certes, et lorsque nous parlerons tout à l'heure des incidents de Créteil nous verrons qu'il y eut indiscipline peut-être, mais non lâcheté. Tout au contraire, lorsque les bataillons de MM. de Brancion et Ulric de Fonvielle furent, tour à tour, envoyés en reconnaissance, ils montrèrent dès leur début l'aplomb de vieilles troupes. Voici, sur la reconnaissance faite par M. de Brancion (dont le nom fut glorifié pour ce fait d'armes), le rapport de M. le contre-amiral Saisset, daté de Noisy, 24 novembre, six heures du soir :

« Le 72e bataillon de guerre de la garde nationale, conjointement avec le 4e bataillon des éclaireurs de la Seine, est allé aujourd'hui, à deux heures, occuper militairement le village de Bondy, sous le commandement supérieur du capitaine de frégate Massion.

« L'entrain du 72e bataillon a été tel qu'il a franchi les barricades de Bondy, refoulé l'ennemi d'arbre en arbre sur la route de Metz et le long du canal de l'Ourcq.

« Le commandant Massion a été blessé et transporté à l'ambulance du ministère de la marine.

« Le 72e bataillon compte 4 blessés, aucun tué. Le 4e bataillon des éclaireurs de la Seine, qui gardait la droite dans les tranchées qui relient le village de Bondy au cimetière, n'a pas eu de blessés.

« Quelques obus du fort de Noisy, envoyés sur le pont de la Poudrette et sur les maisons bordant la lisière du bois, ont réussi à faire mettre le pavillon d'ambulance à l'ennemi sur la quatrième maison de droite du littoral du bois.

« Un grand mouvement a précipité cet incident, et la retraite à découvert faite par l'ennemi l'a montré très-nombreux.

« A quatre heures, le 72ᵉ bataillon de guerre, commandant de Brancion, s'est replié avec le plus grand sang-froid, et a ainsi bien inauguré son entrée en campagne. »

Les troupes allemandes formaient autour de Paris un cercle immense d'investissement. A voir leurs lignes investir étroitement, sur un si vaste espace, une ville si considérable, on ne peut s'empêcher d'éprouver un sentiment à la fois étonné et attristé. Il fallait une audace singulière aux Allemands pour se risquer à une telle entreprise, et, chose cruelle à reconnaître, cette audace, autrefois la qualité maîtresse de notre race gauloise, nous fit complétement défaut durant toute la campagne, et assura, au contraire, un grand avantage à l'ennemi. Ses écrivains militaires nous ont depuis fait connaître que nous pouvions en octobre rompre sa ligne d'investissement devant Paris. Et à cette même époque, on va voir, selon M. Julius de Wickede, ce que nous pouvions essayer encore avec succès :

« Il n'aurait pas, dit cet écrivain, été très-difficile encore aux Français — s'ils avaient eu, sous la direction d'un commandement central, intelligent et énergique, une troupe de 4,000 à 5,000 hommes résolus, — de détruire en une seule nuit, au mois d'octobre, avant la capitulation de Metz, les tunnels mal gardés de Saverne et de Toul, ainsi que les ponts de Fontenay et de quelques autres localités bien choisies, de jeter le feu dans les parcs du train de Nancy, Châlons, Reims et Nogent, puis d'exercer de toutes parts, sur les derrières de l'armée d'invasion, des ravages d'une grande étendue. Si cela fût arrivé, le général de Moltke se serait vu contraint à abandonner aussitôt son audacieuse entreprise d'investir, au cœur de la France, une place comme Paris, contenant plus de 150,000 hommes de garnison, aussi longtemps que Metz avec son armée de 160,000 hommes n'était pas tombé en son pouvoir, et que le drapeau tricolore flottait encore sur Toul, Verdun, Langres, Phalsbourg, Montmédy, Longwy, Thionville et mainte autre forteresse.

« Peut-être y eût-il eu de grandes difficultés à retirer de devant Paris les troupes engagées si avant... Mais Moltke songeait à tout ; son état-major, admirablement instruit, étudiait toutes les dispositions jusque dans leurs plus menus détails ; le roi Guillaume accompagnait tous les ordres donnés d'une signature qui imposait leur exécution ponctuelle et absolue ; on renvoyait de l'armée avec une juste rigueur tout officier qui prétendait agir à sa guise. Une télégraphie et une poste de campagne, qui faisaient leur œuvre avec une promptitude et une exactitude incomparable, maintenaient heure par heure, pour ainsi dire, les communications de tous les corps avec le quartier général. De la sorte, les généraux placés à leur tête recevaient constamment, et en temps utile, des instructions auxquelles ils n'avaient qu'à se conformer immédiatement pour être des anneaux solides de cette gigantesque chaîne de fer que le génie du grand stratège allemand promenait sur la France, de manière à étreindre ce malheureux pays dans des cercles de plus en plus resserrés. »

Mais, à l'époque où nous sommes parvenus dans cette histoire, toute tentative du genre de celle dont parle M. de Wickede était inutile, et il nous fallait jouer notre carte de salut sur la tentative de jonction de l'armée de Paris avec l'armée de la Loire à travers les lignes prussiennes.

Autour de Paris, les troupes allemandes occupaient, à la fin de novembre, les positions suivantes : la landwher de la garde se tenait, en partant de Louveciennes, jusqu'à Chatou sur la ligne du chemin de fer, appuyant sa droite sur le 5ᵉ corps allemand qui tenait Bougival, la Celle-Saint-Cloud, Saint-Cloud et les hauteurs jusqu'à Sèvres et Meudon. De Meudon à Bourg-la-Reine par Clamart, Châtillon et Bagneux, était établi le 2ᵉ corps bavarois ; le 6ᵉ corps allemand occupait l'Hay, Chevilly et Choisy. A partir de la Seine jusqu'à Noisy-le-Grand, Paris était investi par les Wurtembergeois. Bonneuil, Noisy-le-Grand, Ormesson, Chennevières, Champigny, Villiers, étaient à eux. De Champs à Aunay-lès-Bondy la ligne était occupée par les Saxons, tenant Gournay, Gagny, Livry. Au Bourget, à Dugny, au Blanc-Mesnil, bref, d'Aunay à Épinay-Saint-Denis, la garde prussienne était cantonnée, sa droite rejoignant le 4ᵉ corps allemand qui s'appuyait, à son tour, sur la landwher de la garde. Ainsi, partout des troupes, et le cercle d'investissement n'avait, en aucun point, une solution de continuité. En revanche, nous gardions l'avantage de pouvoir jeter en moins de temps sur un point donné un plus grand nombre de troupes, les renforts des Prussiens devant décrire, pour arriver, une circonférence autrement grande. Nous pouvions, de la sorte, espérer rompre la ligne ennemie, ou, pour mieux dire, leurs lignes, car ils avaient depuis septembre établi autour de Paris trois lignes d'ouvrages en quelque sorte concentriques et dont les derniers étaient justement les plus redoutables. Mais que ne fait-on pas, encore un coup, avec l'abnégation et la foi?

Cette confiance superbe qui transporte les montagnes et accomplit les prodiges, il faut malheureusement reconnaître que le gouverneur de Paris ne la possédait pas. Dès le commencement du siège, dès avant même le désastre de Sedan, on l'avait entendu déclarer que la défense de Paris était *une héroïque folie*. Il avait depuis maintes fois répété son mot. Dans une réunion de notables, à la veille du siége, quelqu'un lui demandant ce qu'il restait à faire en présence de ces lugubres prévisions, le général Trochu avait répondu : « Ce qu'il nous reste à faire? De l'*humus* pour les générations futures ! » Cet esprit de sacrifice pouvait paraître avoir sa sublimité au point de vue chrétien, il était détestable au point de vue militaire. Reconnaissons d'ailleurs que, lorsque le général avait pris le gouvernement de Paris, la ville était à peine en état de résister pendant quelques jours à une attaque en règle de l'ennemi. Le général Trochu ne se cachait point pour déclarer au début que le siége de Paris était une question d'une quinzaine, et il avait fait partager cette opinion à M. H. Rochefort lui-même. A ce moment, puisqu'il avait cette conviction intime, pourquoi ne s'était-il point démis de ses fonctions entre les mains d'un chef plus confiant et plus résolu ? L'opinion publique sera toujours en droit de lui adresser cette dure question.

Cette opinion publique, le général Trochu avait cependant fini par lui obéir, et, au lendemain du 31 octobre, il avait enfin préparé une sortie qui devait avoir lieu, dans le principe, par la Seine, du côté de la presqu'île de Gennevilliers. De cette façon l'armée, opérant la trouée, se fût jetée du côté du Havre et de Rouen, et M. Trochu nous a appris dans son discours du 14 juin 1870 à l'Assemblée nationale (voir aux Documents complémentaires du présent chapitre) que, de ce côté de Paris, l'ennemi, rassuré par la ligne défensive qui s'étend d'Argenteuil à Chatou, n'avait accumulé aucune troupe sérieuse. Cette sortie par la Normandie eût, en outre, donné cet avantage qu'en cas de réussite elle empêchait l'ennemi de se ravitailler avec les ressources normandes. Mais le général Trochu affirme que la nouvelle de la victoire de Coulmiers, ainsi qu'une dépêche de Gambetta qui annonçait l'arrivée future et certaine de l'armée de la Loire dans la forêt de Fontainebleau, le 6 décembre, cette victoire et cette dépêche obligèrent Trochu à modifier son plan. N'avait-il pas écrit d'ailleurs à Gambetta : « Frappez où vous voudrez et l'on vous ouvrira. » Gambetta et l'armée de la Loire frappaient du côté de Fontainebleau. Trochu se mit en devoir de lui ouvrir de ce côté.

La fin du mois de novembre s'était passée à préparer cette sortie décisive, et il faut reconnaître que l'armée avait été mise sur un excellent pied. Paris eut confiance lorsqu'il vit défiler par la rue de Rivoli et les quais, le dimanche 27 novembre, ces longues files de caissons, de canons, de mulets chargés de bagages, et que précédaient ou suivaient des soldats à l'air résolu, fantassins, mobiles, soldats du génie, fusiliers marins, etc. Le lendemain, la ville trouvait affichées sur ses murailles les proclamations suivantes qui produisirent un effet admirable et dont la troisième, celle du général Ducrot, provoqua littéralement l'enthousiasme :

Le gouvernement de la défense nationale à la population de Paris.

CITOYENS,

L'effort que réclamaient l'honneur et le salut de la France est engagé.

Vous l'attendiez avec une patriotique impatience que vos chefs militaires avaient peine à modérer. Décidés comme vous à débusquer l'ennemi des lignes où il se retranche et à courir au-devant de vos frères des départements, ils avaient le devoir de préparer de puissants moyens d'attaque. Ils les ont réunis ; maintenant, ils combattent ; nos cœurs sont avec eux. Tous, nous sommes prêts à les suivre, et, comme eux, à verser notre sang pour la délivrance de la patrie.

A cette heure suprême où ils exposent noblement leur vie, nous leur devons le concours de notre constance et de notre vertu civique. Quelle que soit la violence des émotions qui nous agitent, ayons le courage de demeurer calmes. Quiconque fomenterait le moindre trouble dans la cité trahirait la cause de ses défenseurs et servirait celle de la Prusse. De même que l'armée ne peut vaincre que par la discipline, nous ne pouvons résister que par l'union et l'ordre.

Nous comptons sur le succès, nous ne nous laisserions abattre par aucun revers.

Cherchons surtout notre force dans l'inébranlable résolution d'étouffer, comme un germe de mort honteuse, tout ferment de discorde civile. Vive la France ! Vive la République !

Les membres du gouvernement

JULES FAVRE, vice-président du gouvernement ;

EMMANUEL ARAGO, JULES FERRY, GARNIER-PAGÈS, EUGÈNE PELLETAN, ERNEST PICARD, JULES SIMON.

Les ministres :

Général LE FLO, DORIAN, J. MAGNIN.

Les secrétaires du gouvernement :

ANDRÉ LAVERTUJON, F. HÉROLD, A. DRÉO, DURIER.

Paris, 28 novembre 1870.

Le général de division Renault, blessé à la bataille de Villiers, et mort le 4 décembre 1870.

CITOYENS DE PARIS,

SOLDATS DE LA GARDE NATIONALE ET DE L'ARMÉE,

La politique d'envahissement et de conquête entend achever son œuvre. Elle introduit en Europe et prétend fonder en France le droit de la force. L'Europe peut subir cet outrage en silence, mais la France veut combattre, et nos frères nous appellent au dehors pour la lutte suprême.

Après tant de sang versé, le sang va couler de nouveau. Que la responsabilité en retombe sur ceux dont la détestable ambition foule aux pieds les lois de la civilisation moderne et de la justice.

Mettant notre confiance en Dieu, marchons en avant pour la patrie.

Paris, 28 novembre 1870.

Le gouverneur de Paris,
Général TROCHU.

Proclamation du général Ducrot.

SOLDATS DE LA 2e ARMÉE DE PARIS!

Le moment est venu de rompre le cercle de fer qui nous enserre depuis trop longtemps et menace de nous étouffer dans une lente et douloureuse agonie! A vous est dévolu l'honneur de tenter cette grande entreprise : vous vous en montrerez dignes, j'en ai la certitude.

Sans doute, nos débuts seront difficiles; nous aurons à surmonter de sérieux obstacles; il faut les envisager avec calme et résolution, sans exagération comme sans faiblesse.

La vérité, la voici : dès nos premiers pas, touchant nos avant-postes, nous trouverons d'implacables ennemis, rendus audacieux et confiants par de trop nombreux succès. Il y aura donc là à faire un vigoureux effort, mais il n'est pas au-dessus de vos forces : pour préparer votre action, la prévoyance de celui qui nous commande en chef a accumulé plus de 400 bouches à feu, dont deux tiers au moins du plus gros calibre; aucun obstacle matériel ne saurait y résister, et, pour vous élancer dans cette trouée, vous serez plus de 150,000, tous bien armés, bien équipés, abondamment pourvus de munitions, et, j'en ai l'espoir, tous animés d'une ardeur irrésistible.

Vainqueurs dans cette première période de la lutte, votre succès est assuré, car l'ennemi a envoyé sur les bords de la Loire ses plus nombreux et ses meilleurs soldats; les efforts héroïques et heureux de nos frères les y retiennent.

Courage donc et confiance! songez que, dans cette lutte suprême, nous combattrons pour notre honneur, pour notre liberté, pour le salut de notre chère et malheureuse patrie, et, si ce mobile n'est pas suffisant pour enflammer vos cœurs, pensez à vos champs dévastés, à vos familles ruinées, à vos sœurs, à vos femmes, à vos mères désolées!

Puisse cette pensée vous faire partager la soif de vengeance, la sourde rage qui m'animent, et vous inspirer le mépris du danger.

Pour moi, j'y suis bien résolu, j'en fais le serment devant vous, devant la nation tout entière : je ne rentrerai dans Paris que mort ou victorieux; vous pourrez me voir tomber, mais vous ne me verrez pas reculer. Alors, ne vous arrêtez pas, mais vengez-moi.

En avant donc! en avant, et que Dieu nous protége!

Paris, le 28 novembre 1870.

Le général en chef de la 2ᵉ armée de Paris,
DUCROT.

On s'imagine ce que ce mâle et fier langage dut faire passer d'énergie dans le cœur des soldats. Depuis, ces mots qu'on trouva sublimes alors, « mort ou victorieux, » ont été durement retournés, comme une ironie, contre le général Ducrot; mais alors ils retentirent comme un présage et un prélude de victoire. Cette proclamation, lue aux soldats, à la flamme des torches, en pleine campagne, les rendit plus sûrs d'eux-mêmes et en quelque sorte certains de vaincre. Le général Ducrot avait retrouvé, pour écrire cette page durable (et malheureusement bientôt démentie par les faits), l'accent de furieuse énergie qui lui dictait les lettres patriotiques qu'on a pu lire dans les *Papiers des Tuileries*. Violent, intrépide, plus semblable à Murat qu'à de Moltke, sabreur acharné plutôt que tacticien, le général Ducrot avait plus que tous les autres généraux peut-être la haine profonde et tenace du Prussien. Il haïssait cette Allemagne dont il avait pu, étant commandant de place à Strasbourg, deviner les projets et détester l'insolente ambition. Peu certain de vaincre, il était au moins avide de combattre, et nous allons le voir, durant ces journées de bataille, se multiplier, s'exposer et offrir sa haute taille et son athlétique carrure aux coups de l'ennemi.

Le soir du 28 novembre, les opérations projetées commençaient par une diversion dans la presqu'île de Gennevilliers. De nombreuses batteries de mortiers, de fusées et d'artillerie, établies à proximité des points d'Argenteuil et de Bezons, jetaient par leur feu ouvert à six heures du soir, le trouble dans ces positions que l'ennemi occupait fortement. L'incendie se développait sur plusieurs points; le feu, commencé avec une grande intensité pendant une partie de la soirée, reprenait à minuit et nos troupes se logeaient dans l'île de Marante et au Pont-aux-Anglais, où elles établissaient des retranchements.

Au lever du jour, une forte reconnaissance avait été faite sur les positions de Buzenval et sur les hauteurs de Boispréau.

Du côté du sud, le général Vinoy, appuyé par une artillerie considérable, faisait un mouvement en avant contre l'Hay, Thiais et la Gare-aux-Bœufs de Choisy-le-Roi. L'affaire était vive. La garde nationale, la garde mobile et la troupe combattaient côte à côte.

Le 106ᵉ et le 116ᵉ bataillons de la garde nationale, commandants Ibos et Langlois, aidés de nos marins, prenaient possession de la Gare-aux-Bœufs, avec un entrain et une bravoure admirables et revenaient, sous le feu des forts, ramenant des prisonniers.

L'attaque contre l'Hay et Thiais avait pour but de faire croire aux Prussiens que l'objectif de l'armée française était de s'emparer de Choisy-le-Roi; de cette façon, on faisait se concentrer l'ennemi sur ce point, tandis qu'à Nogent, on pouvait passer la Marne presque sans combat ou du moins avec plus de facilité. Malheureusement l'opération, d'une audace très-heureuse, ne réussit point à cause d'une crue subite des eaux, dit la rumeur publique, mais en réalité, parce que les ponts de bateaux, qui devaient être jetés sur la Marne dans la nuit du 28 au 29 entre la presqu'île de Joinville et Nogent-sur-Marne, n'étaient pas tous prêts. Conçoit-on ce manque de précautions et était-il donc écrit que jusqu'à la fin, nos chefs supérieurs commettraient les mêmes erreurs, retomberaient fatalement dans les mêmes fautes ?

Il fallut ajourner l'attaque jusqu'au lendemain, si bien que l'ennemi eut vingt-quatre heures pour préparer sa défense avec la certitude d'être attaqué dans la presqu'île de Joinville-le-Pont, puisqu'il voyait les troupes se masser dans le champ de manœuvres de Vincennes et qu'il avait pu entendre toute la nuit les trains de chemins de fer de ceinture et le bruit de l'artillerie défilant sur les routes (1).

Le mercredi, 30 novembre, par un temps clair, sous un ciel limpide, l'action s'engagea dès le matin. Les deux premières divisions, Blanchard et Renault, passèrent les ponts et chassèrent l'ennemi jusqu'aux premières pentes de Champigny, tandis que la redoute de la Faisanderie et les batteries établies près de la boucle de la Marne, envoyaient leurs obus dans les lignes allemandes. En même temps, la division Susbielle traversait Créteil et gravissait les coteaux de Mesly et de Mont-Mesly. Ce fut à des Wurtembergeois, bientôt soutenus par des Saxons et des Prussiens, que se heurtèrent nos premières troupes. L'ennemi, plus faible en nombre d'ailleurs, à ce moment de la journée, céda bientôt. La division Susbielle avait emporté Mont-Mesly, lorsque le général wurtembergeois, arrivant avec ses troupes, appuyées par la brigade du Trossel, du 2ᵉ corps allemand, contraignit nos soldats à abandonner leur conquête. Ces colonnes allemandes, agitant avec des hurrahs leurs fusils au-dessus de leurs têtes, avaient déconcerté les mobiles de la Vendée et de l'Ain qui se replièrent alors sur Créteil sous le feu de la redoute de Gravelle, entraînant avec eux les soldats du 42ᵉ. Les mobiles avaient perdu la plupart de leurs chefs et le général Ladreit de la Charrière était tombé, à trente mètres des Prussiens, en criant : En avant ! Ancien soldat d'Afrique et d'Italie, le héros de Ponte di Magenta et de la Casa Nuova était sorti du cadre de réserve pour combattre devant Paris. On l'avait vu, à Châtillon, le 19 septembre, essayer de rétablir le combat sous les projectiles ennemis. A Mont-Mesly, il tenait son képi au bout de son sabre lorsqu'une balle lui brisa la main droite ; une seconde balle allait lui fracasser la cuisse gauche et le général Ladreit de la Charrière devait mourir trois jours après en prononçant cette parole sublime :

« Si nous avons une armée qui sait mourir, la France est sauvée ! »

Pour lui, il donnait l'exemple. Il mourait de la mort du brave.

Tandis que la division Susbielle abandonnait Mont-Mesly, les Allemands, attaqués à Champigny et à Villiers, supportaient difficilement le choc de nos soldats.

Les hauteurs de Villiers, de Cœuilly et de Chennevières où les Allemands, repoussés, nous attendaient, étaient cependant dures à enlever. Ces positions dominent, sur ces coteaux boisés, la plaine et les villages étagés au versant, Bry-sur-Marne et Champigny. Neuilly-sur-Marne et le village de Bry avaient été emportés par nos troupes. A Bry-sur-Marne, un combat acharné nous livrait, maison par maison, le terrain, et les zouaves, se montrant cette fois à la hauteur de leur réputation, allaient effacer le souvenir de Châtillon en luttant avec une bravoure admirable sur les coteaux et dans les vignes. En même temps, Champigny était enlevé et nous eussions pu, maîtres de la plaine, rejoindre par Cœuilly et Chennevières la division Susbielle qui formait notre droite si son mouvement de recul n'avait laissé Mont-Mesly, et avec Mont-Mesly, la route de Versailles entre les mains des Allemands.

Vers trois heures de l'après-midi, les artilleurs de la division Susbielle reprenaient position dans la plaine, les mobiles se reformaient à la lisière du bois de Vincennes, tandis que sur les coteaux de la Marne la fusillade et la canonnade, effroyablement nourries, continuaient leur œuvre. On apercevait postées, massées derrière les maisons, derrière les haies, nos troupes, le chassepot armé, tandis que nos canons, gagnant du terrain après chaque décharge, les artilleurs, poussant eux-mêmes les pièces, balayaient devant eux l'ennemi. Les mitrailleuses firent de l'ennemi un assez grand carnage. Des fumées blanches, rayées d'éclairs de flamme, sortaient de ces taillis où, furieuse, s'agitait la rouge tuerie.

Pied à pied, on emportait, on enlevait ces coteaux couverts de vignes aux pampres racornis, et où pendaient encore quelques grappes à demi gelées que cueillaient nos soldats tout en combattant. On arrachait lambeau par lambeau à l'ennemi cette terre française rougie de sang. On gagnait du terrain de minute en minute, lorsque vers quatre heures et demie, au moment où nos bataillons arrivèrent sous les murs du parc de Villiers dont les Prussiens avaient fait une redoute, lorsque les mobiles et la troupe attaquèrent en face la première maison blanche de Cœuilly, à droite de la route, sur la hauteur, et se portèrent à l'entrée de Chennevières, une fusillade tellement furieuse, écrasante, improbable, éclata sur ces crêtes comme une traînée de poudre qui s'enflamme, un feu tellement meurtrier nous accueillit, qu'il fallut laisser aux

(1) Viollet le Duc, *Mémoire sur la défense de Paris*, p. 28.

Prussiens l'asile fortifié qu'ils venaient de choisir pour éviter nos baïonnettes et nos boulets. D'ailleurs, la nuit venait, cette nuit rapide des jours de novembre. Le soleil se couchait, et sanglant, derrière Châtillon, rougissant de ses derniers reflets les coteaux pleins de morts, incendiant de ses rayons les vitres brisées des logis et enveloppant comme d'une caresse mélancolique la Marne où passaient, arborant le drapeau blanc à croix écarlate, les bateaux-mouches chargés de blessés.

La lutte avait été ardente et un soldat allemand, dont nous donnons plus loin le récit, publié par le *Mercure de Souabe*, ne craint point de comparer ce combat de Villiers et cette attaque de Cœuilly à la bataille de Gravelotte. « Nos pertes, dit-il, sont épouvantables. » Près de Chennevières était tombé, blessé à mort, l'intrépide général Renault, celui que sa bravoure avait fait surnommer en Afrique Renault l'*arrière-garde*.

Pendant que se livrait cette bataille sur la Marne, la brigade Lavoignet, soutenue par la division de cavalerie Bertin de Vaux, s'avançait, pour faire diversion, dans la presqu'île de Gennevilliers, occupait Drancy et pénétrait jusqu'à Groslay. Dans l'après-midi, la brigade Henrion, malgré les canons ennemis, s'emparait du village d'Epinay que l'ennemi avait fortifié et cette prise d'Epinay devait faire croire à M. Gambetta que l'armée de Paris avait forcé les lignes ennemies jusqu'à *Epinay-sur-Orges*. A Epinay, le 135ᵉ, deux compagnies de matelots fusiliers et les 1ᵉʳ, 2ᵉ et 10ᵉ bataillons de mobiles de la Seine faisaient des prodiges de valeur et ramenaient soixante prisonniers, des munitions et deux pièces nouveau modèle qui n'étaient, je crois, que deux fusils de rempart. Le commandant Saillard, du 1ᵉʳ mobiles de la Seine, un diplomate devenu soldat, recevait à Epinay trois blessures et devait en mourir glorieusement.

Du côté de la Marne, on passa la nuit à Bry et à Champigny, dans les maisons dont l'ennemi avait fait son logis. Devant nos avant-postes, on creusait une tranchée qui permettait, croyait-on, d'arrêter un retour offensif de l'ennemi. En se retirant de Champigny, les Saxons, qui l'occupaient, et qui jusqu'alors avaient respecté les meubles et les tableaux, s'était mis à tout briser. Dans le froid glacial, sous une lune pâle et frileuse, nos troupes, blotties le long des maisons, campées dans la plaine, se réchauffant au feu des arbres coupés, abritées sous les branches sèches des gourbis, attendaient le lendemain, tandis que sur la terre dure ceux des blessés qu'on ne relevait point se tordaient, la gelée mordant leurs plaies vives.

La journée du lendemain se passa sans combats. On peut s'en étonner, mais M. Rüstow, dans son histoire de la *Guerre des frontières du Rhin* en donne l'explication en mettant ce retard au compte de la réorganisation immédiate que réclament, après un tel combat, des troupes improvisées comme l'étaient les troupes françaises. Il n'en est pas moins vrai que nous attendîmes un peu bien patiemment l'attaque de l'ennemi qui, après avoir massé sous le commandement de général Fransecky des forces considérables entre la Seine et la Marne, sur la ligne de Villeneuve à Champs, résolut de rejeter le 2 décembre l'armée de Ducrot sur la rive droite de la Marne.

Vers sept heures du matin, le 2 décembre, par un froid très-vif, les Saxons marchèrent sur Bry tandis que les Wurtembergeois attaquaient rapidement Champigny. Nos troupes, qui avaient passé la journée du 1ᵉʳ à enterrer les morts, à se fortifier dans Champigny, se croyaient à l'abri d'un coup de main et furent tout d'abord surprises. Tandis que les mobiles se retiraient avec quelque désordre vers la plaine, quelques compagnies du 35ᵉ défendaient le terrain avec un magnifique acharnement et permettaient aux renforts d'arriver bientôt. Une autre colonne allemande, sortant des bois de Villiers, essayait, au même moment, de repousser nos troupes sur Bry et de les précipiter dans la Marne. De ce côté, l'ennemi nous avait repris déjà une redoute chèrement disputée et achetée à l'avant-veille à prix de sang. Nos troupes, devant cette trombe humaine, pliaient. Mais le général Ducrot, dont les chevaux demeuraient bridés et sellés depuis la veille, accourait bientôt au galop. Trochu arrivait, l'artillerie du plateau d'Avron qu'on occupait depuis deux jours tonnait, formidable, écrasant l'ennemi. On avait devant soi, disait le général Trochu lui-même après l'action, cent mille hommes, accourus de Versailles, portés en masse sur ces coteaux, cent mille Prussiens, Bavarois et Saxons, que nos canons, encore une fois, et l'irrésistible élan de nos jeunes troupes forcèrent à reculer. Echelonnés le long de la Marne, campés, les fusils en faisceaux, le pain de munition planté dans la baïonnette, l'aspect solide et résolu, des bataillons de gardes nationaux, frémissants d'impatience, écoutaient le canon et demandaient à marcher.

A quatre heures, l'ennemi était repoussé et battu, forcé à se retrancher de nouveau. On mettait à profit l'expérience, on crénelait aussitôt Champigny, dont on n'avait, il est vrai, emporté, repris maison par maison et barricade par barricade que la moitié; les prisonniers saxons disaient que 150,000 Prussiens se massaient, à cette heure, dans les bois de Cœuilly. On donna ordre à nos troupes d'allumer de grands feux pour faire croire à l'ennemi que nos forces étaient plus considérables encore. Le général Trochu, l'air heureux du résultat de la journée, de cette lutte héroïquement soutenue, passait à cheval, suivi de son état-major, salué par les troupes, dans la plaine qui fait face à Joinville. Ducrot, at-

Le Siège de Paris. — Dernières positions occupées par l'armée du général Ducrot sur le plateau de Villiers-sur-Marne, le 2 décembre 1870.

teint au cou par un éclat d'obus, contusionné mais non blessé, prenait un peu de repos, dans son logis de Poulangis, près du pont de Joinville. Il n'était point mort, mais il avait repoussé l'ennemi et on l'avait vu, au premier rang, poussant son cheval vers les Allemands, briser son épée dans la poitrine d'un soldat saxon. Ce fait peu connu et authentique prouve que si le général ne mourut pas, il fit tout du moins pour mourir. Nous pouvons lui rendre cette justice au point de vue militaire, nous aurons plus tard assez de réserves à faire sur son rôle politique. A ses côtés était mort un de ses officiers d'ordonnance M. de Néverlée, l'intrépide capitaine qui enlevait une patrouille prussienne jusque dans Saint-Cloud.

Nous avions à déplorer aussi la perte du commandant des éclaireurs parisiens, M. Franchetti qui, riche, heureux, avait repris l'épée dont il se servit en Italie et qui, emporté du champ de bataille, allait expirer bientôt en laissant un nom à jamais illustre et honoré.

Le soir de cette journée glorieuse, le général Trochu faisait publier ces deux dépêches :

Gouverneur au général Schmitz.

2 décembre 1870, 1 h. 45 m. soir.
Plateau entre Champigny et Villiers, 1 h. 4¼.

Attaqués ce matin par des forces énormes à la pointe du jour, nous sommes au combat depuis plus de sept heures. Au moment où je vous écris, l'ennemi, placé sur toute la ligne, nous cède encore une fois les hauteurs. Parcourant nos lignes de tirailleurs de Champigny jusqu'à Bry, j'ai recueilli l'honneur et l'indicible joie des acclamations des troupes soumises au feu le plus violent. Nous aurons sans doute des retours offensifs, et cette seconde bataille durera, comme la première, toute une journée. Je ne sais quel avenir est réservé à ces généreux efforts des troupes de la République, mais je leur dois cette justice qu'au milieu des épreuves de toutes sortes, elles ont bien mérité du pays. J'ajoute que c'est au général Ducrot qu'appartient l'honneur de ces deux journées.

GÉNÉRAL TROCHU.

Gouverneur à général Schmitz, pour le gouvernement.

Je reviens à mon logis du fort, à cinq heures, très-fatigué et très-content. Cette deuxième grande bataille est beaucoup plus décisive que la précédente. L'ennemi nous a attaqués au réveil avec des réserves et des troupes fraîches; nous ne pouvions lui opposer que les adversaires de l'avant-veille, fatigués, avec un matériel incomplet, et glacés par des nuits d'hiver qu'ils ont passées sans couvertures ; car, pour nous alléger, nous avions dû les laisser à Paris. Mais l'étonnante ardeur des troupes a suppléé à tout; nous avons combattu trois heures pour conserver nos positions et cinq heures pour enlever celles de l'ennemi, où nous couchons. Voilà le bilan de cette dure et belle journée. Beaucoup ne reverront pas leurs foyers; mais ces morts regrettés ont fait à la jeune République de 1870 une page glorieuse dans l'histoire militaire du pays.

GÉNÉRAL TROCHU.

A son tour, le gouvernement de la défense nationale adressait la lettre suivante au général Trochu :

Général et bien cher président,

Depuis trois jours nous sommes avec vous par la pensée sur ce champ de bataille glorieux où se décident les destinées de la patrie. Nous voudrions partager vos dangers en vous laissant cette gloire qui vous appartient bien d'avoir préparé et d'assurer maintenant par votre noble dévouement le succès de notre vaillante armée.

Nul mieux que vous n'a le droit d'en être fier, nul ne peut plus dignement en faire l'éloge; vous n'oubliez que vous-même, mais vous ne pouvez vous dérober à l'acclamation de vos compagnons d'armes, électrisés par votre exemple.

Il nous eût été doux d'y joindre les nôtres; permettez-nous au moins de vous exprimer tout ce que notre cœur contient pour vous de gratitude et d'affection. Dites au brave général Ducrot, à vos officiers si dévoués, à vos vaillants soldats que nous les admirons. La France républicaine reconnait en eux l'héroïsme noble et pur qui déjà l'a sauvée. Elle sait maintenant qu'elle peut mettre en eux et en vous l'espoir de son salut.

Nous, vos collègues, initiés à vos pensées, nous saluons avec joie ces belles et grandes journées où vous vous êtes révélé tout entier, et qui, nous en avons la conviction profonde, sont le commencement de notre délivrance.

Agréez, etc.

JULES FAVRE, GARNIER-PAGÈS, JULES SIMON, EUGÈNE PELLETAN, EMMANUEL ARAGO, JULES FERRY, ERNEST PICARD.

Le gouverneur de Paris avait raison de dire mélancoliquement qu'il ne savait quel *avenir était réservé à ces généreux efforts des troupes*. Partis sans couvertures pour être plus agiles, après avoir passé dans le froid la journée du 1er décembre et la nuit du 1er au 2, il fallut que ces soldats supportassent l'horrible et dure gelée de la nuit du 2 au 3 décembre. Cette nuit fut cruelle. La bise coupait les visages, prenait les hommes aux doigts et aux oreilles. On ne pouvait demeurer là, sans abri, dans un pays dévasté.

La retraite avait déjà commencé dans la nuit, des mobiles ayant été dirigés sur le fort de Nogent. L'ordre officiel fut donné par le général Trochu dans la journée du 3. Ainsi, on repassait la Marne. On était vaincu après deux jours de victoires. On campait dans le bois de Vincennes après avoir campé devant l'ennemi. On reculait. Quel écroulement! Le général Ducrot adressait aux troupes de la deuxième armée l'ordre suivant :

Vincennes, 4 décembre 1870.

Soldats,

Après deux journées de glorieux combats, je vous ai fait repasser la Marne, parce que j'étais convaincu que de nouveaux efforts, dans une direction où l'ennemi avait eu le temps de concentrer toutes ses forces et de préparer tous ses moyens d'action seraient stériles.

En nous obstinant dans cette voie, je sacrifiais inutilement des milliers de braves, et, loin de servir l'œuvre de la délivrance, je la compromettais sérieusement; je pouvais même vous conduire à un désastre irréparable.

Mais, vous l'avez compris, la lutte n'est suspendue que pour un instant; nous allons la reprendre avec résolution; soyez donc prêts, complétez en toute hâte vos munitions, vos vivres, et surtout élevez vos cœurs à la hauteur des sacrifices qu'exige la sainte cause pour laquelle nous ne devons pas hésiter à donner notre vie.

Le général en chef de la 2ᵉ armée,

A. DUCROT.

Vaines consolations! Tous les efforts avaient donc échoué? L'armée française avait perdu 6,030 hommes dont 414 officiers (environ un officier pour 14 hommes), les Allemands avaient éprouvé des pertes plus considérables encore; 10,000 cadavres des deux races allaient reposer dans cette terre gelée, et rien n'était changé dans le sort de Paris. Le blocus continuait. Le général Ducrot rentrait vivant et vainement victorieux. Tout d'abord Paris ne put croire que c'en était fait de son grand espoir; il ne douta pas que les opérations militaires ne fussent continuées sur un autre point. Sans doute l'attaque vers Champigny n'était qu'une feinte. On allait se battre ailleurs bientôt, et assiégés, ne doutant pas que l'armée de la Loire ne fût proche, continuaient à attendre fermement l'arrivée prochaine des soldats de d'Aurelle de Paladines.

Tout à coup, le soir du 6 décembre, la population parisienne eut connaissance, par voie d'affiches, d'un échange de lettres entre le général de Moltke et le général Trochu.

Voici l'affiche :

Le gouvernement de la défense nationale porte à la connaissance de la population les faits suivants :

Hier au soir, le gouvernement a reçu une lettre dont voici le texte :

Versailles, le 5 décembre 1870.

« Il pourrait être utile d'informer Votre Excellence que l'armée de la Loire a été défaite hier près d'Orléans, et que cette ville est réoccupée par les troupes allemandes.

« Si toutefois Votre Excellence jugerait à propos de s'en convaincre par un de ses officiers, je ne manquerai pas de le munir d'un sauf-conduit pour aller et venir.

« Agréez, mon général, l'expression de la haute considération avec laquelle j'ai l'honneur d'être votre très-humble et très-obéissant serviteur,

« *Le chef d'état-major,*

« Comte DE MOLTKE. »

Le gouverneur a répondu :

« Paris, 6 décembre 1870.

« Votre Excellence a pensé qu'il pourrait être utile de m'informer que l'armée de la Loire a été défaite près d'Orléans et que cette ville est réoccupée par les troupes allemandes.

« J'ai l'honneur de vous accuser réception de cette communication, que je ne crois pas devoir faire vérifier par les moyens que Votre Excellence m'indique.

« Agréez, mon général, l'expression de la haute considération avec laquelle j'ai l'honneur d'être votre très-humble et très-obéissant serviteur,

« *Le gouverneur de Paris,*

« Général TROCHU. »

Cette nouvelle, qui nous vient de l'ennemi, en la supposant exacte, ne nous ôte pas le droit de compter sur le grand mouvement de la France accourant à notre secours. Elle ne change rien ni à nos résolutions, ni à nos devoirs.

Un seul mot les résume : Combattre! Vive la France! Vive la République!

Les membres du gouvernement,

Général TROCHU, JULES FAVRE, EMMANUEL ARAGO, JULES FERRY, GARNIER-PAGÈS, EUGÈNE PELLETAN, ERNEST PICARD, JULES SIMON.

Les ministres,

Général LE FLO, DORIAN, J. MAGNIN.

Les secrétaires du gouvernement,

ANDRÉ LAVERTUJON, F. HÉROLD, A. DRÉO, DUBIER.

La confiance des Parisiens était si grande que personne n'ajouta foi à la communication de M. de Moltke. On y vit une de ces ruses dont les Allemands sont coutumiers et par lesquelles ils essayèrent jadis de tromper les défenseurs de Mayence, et ils venaient, disait-on, d'amener la capitulation de Verdun. On crut bien davantage encore que le chef d'état-major de l'armée prussienne avait essayé de tromper la bonne foi du général Trochu, ce qui, en y réfléchissant, était invraisemblable. On crut que la nouvelle de cette défaite de l'armée de la Loire était fausse lorsque deux pigeons, sans doute interceptés par les Prussiens, nous arrivèrent, annonçant des succès inouïs des armées allemandes, Rouen occupé, Orléans repris, Bourges et Tours menacés, et cela par deux dépêches signées, l'une comte de Pujol, l'autre *A. Lavertujon*. Or, M. Lavertujon était enfermé dans Paris, où il occupait les fonctions de secrétaire du gouvernement. Les dépêches étaient donc une lourde invention de quelques officiers allemands en gaieté.

Hélas, si les dépêches apocryphes étaient exagérées, la vérité, que Paris allait bientôt apprendre, n'en était pas moins terrible. Orléans était en effet repris, et l'armée de la Loire était défaite. Les Prussiens menaçaient d'occuper Rouen, et le gouvernement de Tours se repliait maintenant sur Bordeaux. Quels désastres! Et malgré le ton rassurant de la fin de la dépêche qui apportait la nouvelle de ces déplorables événements, Paris se sentit pour la première fois abandonné et comme perdu, semblable à un îlot submergé par le flot de l'invasion. Mais sur cet îlot flottait du moins le drapeau déchiré mais superbe encore de la République française et de la défense nationale.

Tournons-nous maintenant vers cette armée de la Loire, qui avait été notre espoir, et dont nous allons, avec sa défaite, conter les efforts, les sacrifices et le dévouement.

DOCUMENTS COMPLÉMENTAIRES DU CHAPITRE XI

N° 1.

RAPPORT MILITAIRE FRANÇAIS.

Paris, 6 décembre 1870.

Le général Renault, commandant le 1ᵉʳ corps de la 2ᵉ armée, a succombé ce matin à la suite de l'amputation de la jambe.

On peut dire de ce vieux guerrier que la mort l'a surpris au moment où il rêvait de gloire et de succès pour son pays.

Il avait l'âme haute, le cœur vaillant, et au moment de prendre congé du gouverneur pour marcher au combat, il lui disait que si la patrie attendait de grands efforts de son armée, elle était prête à tous les sacrifices.

D'une bravoure chevaleresque, personne plus que lui n'inspirait à la troupe par son attitude.

Il a été frappé dans une grande journée; il faut le regretter; mais, dans ce temps de sacrifices, il ne faut pas le plaindre, car il est mort en soldat.

Auprès de cette vieille gloire est venue s'éteindre une vie toute d'espérance: le commandant Franchetti a également succombé à la suite de sa blessure. Il avait conquis une place d'honneur au milieu des défenseurs de la capitale.

Jeune, ardent, vigoureux de cœur et d'esprit, il n'est pas de journée, depuis le commencement de la campagne, où il n'ait fait preuve de vaillance à la tête de la troupe d'éclaireurs à cheval qu'il avait formée et qui pleure aujourd'hui l'homme qui avait si bien compris le parti que l'on pouvait tirer d'une pareille troupe d'élite.

Le général Ladreit de La Charrière était mort avant-hier: il n'avait jamais suivi que le chemin ardu du devoir.

Jeune, il aima la gloire et prouva sa valeur. Le 2ᵉ léger, au temps de ses succès, le compta comme un de ses vaillants officiers.

Il fut frappé à l'attaque de Mesly, à la tête de ses troupes, où il déploya une bravoure éclatante, et la fin de sa carrière fut digne de ses premiers débuts. Honneur à tous ceux de nos camarades qui sont tombés comme lui en défendant la patrie!

Par ordre:
Le général chef d'état-major général,
SCHMITZ.

N° 2.

EXTRAIT DU DISCOURS DU GÉNÉRAL TROCHU

à l'Assemblée nationale. — *Séance du 14 juin 1871.*

Messieurs, à la fin de la séance d'hier, j'ai successivement envisagé devant vous les premiers griefs articulés contre la défense de Paris. Je pour-

suis cet examen en commençant par celui de ces griefs sur lequel nos contradicteurs ont appuyé le plus et qui est comme leur épée de chevet.

Ils disent que nous n'avions pas de plan et que notre incapacité allait au jour le jour des événements. Ce plan est très-simple, très-pratique, très-hardi, et j'en parle avec une liberté d'esprit d'autant plus grande que l'idée première de ce plan est due à mon vaillant collaborateur le général Ducrot, et qu'elle lui fait le plus grand honneur. C'est un principe que, quand une armée de défense veut faire un grand effort, cet effort doit être fait dans la direction où cette armée n'est pas attendue. (Très-bien!)

Une seule direction répondait à cette pensée. C'est la direction de Paris au Havre par Rouen. De ce côté-là, les deux bras de la Seine formant la presqu'île de Gennevilliers devaient sembler à l'ennemi des plus faciles à défendre et ceux où il devait se préparer moins que de tout autre côté. Cette ligne s'étend d'Argenteuil à Chatou et a pour sommet Cormeilles. C'était là que nous devions avoir notre plan de sortie et, en effet, de ce côté, l'ennemi n'avait accumulé aucune troupe sérieuse.

Cette direction avait d'autres avantages. Elle était protégée à gauche par le fleuve, à droite par l'armée qui s'était formée à Lille. En outre, par son rapprochement de Pontoise, l'armée pouvait être portée à marches forcées sur Rouen, puis sur la mer, base de ravitaillement et d'opérations.

Tel était ce plan. Voilà le secret des redoutes construites dans la presqu'île de Gennevilliers, redoutes commandant cette zone et armées chacune de pièces de gros calibre, et des ponts de bateaux qui s'échelonnaient sur ce parcours. 50,000 hommes devaient traverser bruyamment Paris, se porter à l'est et inquiéter l'ennemi à Bondy ; 50,000 autres devaient, le lendemain de cette démonstration, se concentrer dans la presqu'île de Gennevilliers, passer le fleuve près le Point-du-Jour, marcher en avant, traverser l'Oise et aller jusqu'à Rouen, puis jusqu'à la mer. A ce plan se rattachaient un projet de ravitaillement pour la place de Paris, puis un autre plan relatif à une seconde opération qui devait avoir lieu ultérieurement.

Quand arriva à Paris la nouvelle du succès de Coulmiers, dû à l'habileté du général d'Aurelle, Paris vit dans ce fait non pas un accident heureux, mais le présage certain de la victoire dans l'avenir, et dès lors se forma jusque dans les régions du gouvernement une opinion tendant à ceci : Il faut faire une sortie et percer les lignes ennemies à tout prix. Ce fut un véritable vertige. On considéra que le succès de l'avenir était assuré, et l'on me somma, M. Gambetta surtout, de ne plus songer à autre chose que de chercher ma jonction avec l'armée de la Loire.

Il me fut impossible de résister à ce courant. Il fallut donc abandonner mon premier plan, reporter à l'Ouest ce que j'avais fait à l'Est. Ce fut là un effort immense que je ne pus accomplir qu'avec le concours de tous et notamment avec celui du préfet actuel de la Loire. Je ne crois pas que jamais général en chef ait rencontré un accident plus douloureux. En effet, à partir de ce jour, je dus sacrifier mon premier désir et renoncer à l'objectif de Rouen, que j'avais poursuivi jusqu'à ce jour.

M. Gambetta, continue le général Trochu, allait dans l'illusion jusqu'à annoncer que l'armée de la Loire bivouaquerait le 6 décembre dans la forêt de Fontainebleau. En effet, elle se porta sur Orléans et y trouva ses défaites successives.

Le 24 novembre, j'écrivais à M. Gambetta :

« Je reçois une lettre de vous sans date, que je crois du 23. J'ai grand'peur que l'armée de la Loire ne soit défaite. Ce que vous appelez mon inaction a été le travail le plus incessant pour arriver à faire ce que je devais faire d'abord, à sortir par l'ouest vers Rouen. J'ai dû ensuite aller vers le sud avec vos nouvelles de l'armée de la Loire. »

Je recommandais à M. Gambetta d'obtenir que les troupes pussent se retirer vers Bourges par La Motte-Beuvron. J'insistais pour qu'on évitât les grandes rencontres, car j'étais persuadé que vouloir tenter l'impossible, on devait y trouver la défaite.

M. LE GÉNÉRAL CHANZY. — Je demande la parole.

M. LE GÉNÉRAL TROCHU. — Je persistais dans ma pensée : éviter les affaires en rase campagne, faire une guerre de pays.

Le général explique que son occupation du plateau d'Avron et d'autres positions avait surtout pour but de chasser les Prussiens de Rosny et de Nogent.

Depuis deux mois, je résistais dans le conseil des officiers généraux pour ne pas occuper le plateau d'Avron, parce qu'il était dominé, à une demi-lieue par les batteries prussiennes, et le sol ne permettait pas des travaux profonds d'abri.

Cette occupation d'Avron, sur un sol défoncé, fut faite par l'amiral Saisset dans une seule nuit. La bataille qui eut lieu ensuite fit le plus grand honneur aux troupes improvisées. La crue de la Marne fut la cause d'ordres qui ne furent pas reçus et des batailles successives qui furent livrées. L'une d'elles fut conduite d'une telle façon, que je dois rendre ici un public hommage au général qui la soutint, au général Ducrot.

Là périt l'élite des hommes qui avaient été mes collaborateurs les plus dévoués ; là périrent le général Renault, le général Ladreit de la Charrière, et le marquis de Grancey, qui fut un héros parmi les gardes nationales mobiles.

N° 3.

LA BATAILLE DE VILLIERS RACONTÉE PAR UN ALLEMAND.

(*Mercure de Souabe*.)

Extrait d'une lettre d'un artilleur wurtembergeois.

Villiers, 5 décembre.

Dieu merci, je peux vous écrire et ne suis pas avec les centaines qui, au dehors, couvrent la terre gelée. Ce furent des journées épouvantables, depuis le 30 novembre jusqu'à hier, et ce n'est que maintenant que l'on peut donner un coup d'œil, depuis que l'ennemi (les Français) a complétement abandonné ses positions sur la gauche de la Marne. Je me borne à vous faire part de ce qui m'est personnellement arrivé. Depuis le 25 novembre, j'étais avec ma batterie à Sucy-en-Brie, près du quartier général de la 2ᵉ brigade Starkloff ; naturellement nous avons été continuellement alarmés par les sorties contre le 6ᵉ corps, et avons été employés presque tous les jours jusqu'au 30 aux retranchements ou en ordre de bataille. Le 30 eut lieu la grande tentative de trouée sur toute notre ligne.

Tout le régiment et le bataillon de chasseurs Linck avaient la mission de reprendre le Montmesly ; ces hauteurs, qui se trouvent sous le feu de plusieurs forts de Paris, n'étaient plus occupées que par nos postes, qui avaient dû naturellement se replier devant la masse des Français qui les attaquaient. Vers midi, les nôtres étaient parvenus sur la hauteur, lorsqu'on commande : 3ᵉ batterie, marche ! Nos chasseurs nous saluèrent par des hourrahs lorsque nous arrivâmes en ligne au milieu d'eux et que nous commençâmes un tir violent et bien dirigé sur les bataillons français et sur la position de Créteil qu'ils occupaient, tir si efficace que la retraite des Français, faite d'abord avec ordre, dégénéra en vraie déroute. Pendant ce temps-là, les balles de chassepots nous sifflaient constamment aux oreilles, et obus sur obus tombaient sur nous, aussi bien des gros de 24 lancés par les forts de Charenton et de Gravelle, que des obus de 12 envoyés par deux batteries de position placées à Créteil.

Les Français connaissaient exactement la distance, mais un fort vent d'ouest poussait la fumée de nos pièces à gauche et les trompait sur la direction.

Après avoir terminé convenablement notre mission, nous nous sommes retirés, d'après l'ordre du général Starkloff, n'ayant perdu qu'un homme, grièvement blessé et un cheval tué.

Ce combat d'artillerie est un des plus disputés de cette guerre, et de tous les côtés on nous souhaita bonne chance quand nous descendîmes du plateau, mais notre espérance de repos fut déçue.

Au centre, à Cœuilly et Villiers, le combat était resté stationnaire, et nous allâmes en toute hâte à Cœuilly pour soutenir la 1re brigade; là, nous nous mîmes en batterie à côté de la 6e, dont les pièces étaient enterrées; les canonniers les chargeaient à genoux, et, de cette façon, ils éprouvèrent peu de pertes.

Vous ne pouvez vous faire aucune idée de l'épouvantable pluie d'obus qui nous accueillit ici; c'est un vrai miracle que toute la batterie n'ait pas été détruite par l'immense supériorité numérique des batteries françaises. Nous tirions sur elles avec assurance et précision, mais en moins d'une demi-heure nous avons perdu huit canonniers, dont quatre grièvement blessés et quinze chevaux, parmi lesquels se trouve le mien qu'un obus toucha quelques secondes après que j'en étais descendu. Tout à coup quatre mitrailleuses vinrent encore se placer en face de nous, et leurs balles sifflant au-dessus de nos têtes comme un essaim d'abeilles, nous nous sommes repliés et mis en batterie à cent pas plus loin, derrière un mur de parc qui fut, en un instant, mis en état de défense.

C'était avec un vrai plaisir que nous entendions les balles de mitrailleuses s'aplatir extérieurement sur la muraille. Les obus la traversaient, il est vrai, mais ne nous faisaient pas plus de mal, malgré leur énorme quantité. Nous reçûmes alors l'ordre de pointer plus à droite, sur la hauteur de Villiers. Cet objectif n'était pas visible derrière notre mur; trois pièces furent retirées et placées dans un petit fossé à droite de notre 6e d'où elles firent feu jusqu'à ce que le tir des Français cessât à l'entrée de la nuit. Je remercie Dieu de ce que je suis encore en vie, jamais je n'oublierai cette journée; quelques officiers prussiens disaient qu'elle avait été encore plus sanglante que celle de Gravelotte; le sol était labouré par les obus français. Notre batterie avait atteint un double but: elle avait efficacement canonné les Français, puis elle avait pendant un certain temps concentré sur elle le tir de l'ennemi, temps pendant lequel les nôtres purent avancer sur Villiers.

Pour la première fois j'ai compris ce que veut dire supporter à découvert un feu d'artillerie. Nos canonniers se sont tenus admirablement et ont conservé le plus grand sang-froid.

Après le combat, nous sommes restés à Cœuilly, où nous avons trouvé le temps de nous occuper de nos blessés. Ce n'est qu'à dix heures du soir que nous sommes entrés à Sucy.

Le 1er décembre se passa tranquillement; deux brigades prussiennes vinrent nous renforcer pour reprendre Champigny et Bry. Le 30, nous n'avions pas pu garder ces villages, qui n'étaient occupés que par des grand'gardes. Quand les forts ont commencé à concentrer leurs feux sur eux, ils sont devenus intenables, d'autant plus que nous étions attaqués par des forces quadruples.

Notre mission consistait à garder Cœuilly, Villiers et Noisy-le-Grand, et nous l'avons fait. L'ennemi, qui se fortifiait en face de nous, était complètement sous la protection de canons de ses forts. Le 1er décembre, on nous envoya à Boissy-Saint-Léger; toute la journée se passa à attendre.

Le 2 décembre, nous allâmes en réserve sur la hauteur d'Ormesson, car les Prussiens, particulièrement la brigade Reisenstein, avaient attaqué Champigny. Les Français aussi attaquèrent sur toute la ligne, mais furent partout repoussés; nos pertes furent cependant épouvantables. Le soir du 2 nous allâmes à Villiers, où nous avons bivouaqué par trois degrés de froid, auprès d'un petit feu, les chevaux sellés et attelés. Le 3, les Français renouvelèrent leur attaque sur Villiers, mais seulement pour la forme.

A six heures du matin, nous allâmes nous placer dans un petit retranchement en avant de Villiers, d'où, pendant toute la journée, nous avons fait feu sur les positions de l'ennemi, qui resta sur la défensive et se contenta de nous envoyer un grand nombre d'obus qui ne firent aucun mal. Nous avons obtenu un assez grand résultat en démontant une pièce et en chassant, par un tir bien dirigé, les éclaireurs ennemis chaque fois qu'ils se montraient. Le soir, nous sommes rentrés dans les quartiers, à Villiers; ni hommes ni chevaux n'auraient pu supporter un nouveau bivouac. La journée d'hier s'est passée tranquillement: nous l'avons employée à compléter la construction de nos batteries et nous nous sommes accordé quelque repos.

Hier soir j'ai, pour la première fois depuis le 29 novembre, mangé quelque chose de chaud. Maintenant, tout est rentré dans l'ordre, et la fatigue est oubliée. Ce matin, au point du jour, nous nous sommes remis en marche, mais, au jour, la nouvelle arriva que les Français avaient quitté leurs positions; ils en avaient visiblement assez, car le terrain devant nous était couvert de morts, et, ce matin, on a encore amené des prisonniers et des blessés. Quoique nos troupes se soient couvertes de gloire, il règne une profonde douleur en raison des victimes, et l'exaspération contre les Français est immense.

CHAPITRE XII

L'ARMÉE DE LA LOIRE (du 10 novembre au 13 décembre).

L'armée de la Loire après Coulmiers. — Inaction. — Les Prussiens se concentrent. — Premiers engagements. — Bataille de Beaune-la Rollande (28 novembre). — Nouvelles de l'armée de Paris. — L'armée de la Loire prend l'offensive. — Combat de Villepion (1er décembre). — Confiance de l'armée. — Bataille de Loigny (2 décembre). — Les Bavarois à Goury. — Combat de Poupry. — L'armée bat en retraite. — Bataille d'Artenay (3 décembre). — Les Allemands reprennent Orléans. — L'armée de la Loire forme deux armées. — Chanzy, commandant de la 2e armée, opère sa retraite sur le Loir. — Combat de Josnes. — Retraite sur Vendôme. — Documents complémentaires.

Longtemps encore, lorsqu'on agitera cette émouvante question de savoir si nous pouvions, malgré l'acharnement de la fortune et notre infériorité matérielle, triompher de l'invasion allemande, longtemps on se demandera pourquoi, au lendemain de la bataille de Coulmiers qui ouvrait au énéral d'Aurelle de Paladines la route de Paris par Étampes et Pithiviers, l'armée de la Loire demeura dans les positions qu'elle venait de conquérir et ne s'efforça point par un mouvement audacieux, qui paraissait en même temps un acte de prudence, d'arriver sous les murs de la capitale avant que l'armée du prince Frédéric-Charles, rendue disponible par la capitulation de Metz (27 octobre), ne vînt apporter son secours aux Allemands battus. Le général d'Aurelle se contentait de couvrir Orléans, de surveiller l'ennemi, de le harceler par des pointes en avant, comme celle qu'on fit jusqu'à Vialon où le prince Albrecht de Prusse fut contraint de fuir, abandonnant sur sa table le plan de campagne à lui envoyé par le grand-duc de Mecklembourg; ou bien encore le général faisait couper par de larges fossés, intercepter par des blocs de pierre la forêt d'Orléans, mais de marche en avant et de mouvement rapide vers Paris il n'était pas question. Le général d'Aurelle de Paladines annonce la publication d'un livre relatif à ces événements, où il fera connaître les raisons, bonnes ou mauvaises, et les causes de son retard; mais le livre n'a pas encore paru à l'heure où nous écrivons ces lignes. Nous pouvons cependant deviner que le général arguera du peu de cohésion de ses troupes, de l'état de son matériel de guerre, de l'équipement de ses légions. Il venait cependant, avec ces mêmes bataillons, de culbuter une armée compacte, l'armée victorieuse de Bazeilles, et on peut dire que la faculté d'oser, faculté qui jadis était la qualité de notre race, manqua au général d'Aurelle de Paladines comme au plus grand nombre de nos généraux. M. d'Aurelle de Paladines n'osa point, et, contraignant ses soldats à demeurer pendant de longues et mortelles journées dans des campements boueux, il usa dans une stérile attente leur énergie qui ne demandait qu'à se dépenser dans l'action. Pendant ce temps, le prince Frédéric-Charles s'avançait des bords de la Moselle aux bords de la Loire. Il envoyait d'abord des renforts à Werder qui combattait dans l'Est; puis, à marches forcées, il gagnait Pithiviers par Troyes, Sens, Nemours et Puiseaux. Il établissait son quartier général à Pithiviers le 21 novembre. Depuis onze jours, le général d'Aurelle n'avait pas avancé d'une lieue. A ce moment même, von der Thann, concentré à Étampes, recevait des secours de l'armée cantonnée autour de Paris, et le grand-duc de Mecklembourg menait à Chartres ses troupes. Au lieu de 40 ou 50,000 hommes que l'armée française avait devant soi quinze jours auparavant, c'était maintenant plus de 120,000 hommes et près de 400 bouches à feu.

L'armée de la Loire, sous les ordres du général en chef d'Aurelle de Paladines, comprenait cinq corps d'armée : le 15e, commandé par le général Martin des Pallières, et qui couvrait Orléans; les 18e et 20e corps, sous les ordres du général Bourbaki, récemment arrivé de l'armée du Nord qu'il commanda un moment (1) (ces corps formaient la droite de l'armée de la Loire et se concentraient en avant de la forêt d'Orléans, sur la route de Pithi-

(1) Bourbaki ne commanda point durant ces journées. Il ne put arriver à temps. Le 18e corps eut pour chef le colonel Billot, plus tard général dans l'Est.

LA GUERRE EN PROVINCE. — Un coin du champ de bataille d'Artenay.

viers); enfin, à la gauche de l'armée, les 16e et 17e corps, sous les ordres des généraux Chanzy et de Sonis. Une division de cavalerie, établie à Saint-Lyé, reliait l'aile droite à l'aile gauche. Une série d'épaulements, de retranchements, d'ouvrages défendus par de grosses pièces de marine formaient, en outre, en avant d'Orléans une ligne défensive que les marais de la Conie, impraticables en hiver, rendaient plus solide encore (1). L'attitude du général d'Aurelle était donc l'expectative. Il renonçait à l'attaque. Au contraire, il attendait l'assaut de l'ennemi. On sait que le soldat français, heureux lorsqu'il marche en avant, n'aime que les combats de ce genre : la patience n'est pas une de nos vertus.

Au surplus, puisque l'armée de la Loire avait donné aux armées allemandes le temps de se réunir, le moment n'était pas éloigné où celles-ci prendraient l'offensive. Le général de Sonis, qui marchait entouré de ses éclaireurs algériens, Kabyles combattant pour la France, en était déjà venu aux mains le 25 novembre, à Yèvres, avec les Allemands et les avait repoussés jusqu'au delà de Brou. Mais, averti que le grand-duc de Mecklembourg s'avançait sur Châteaudun, le 17e corps se replia, suivi de près par de fortes reconnaissances de l'ennemi (2).

(1) Voy. sur les opérations de l'armée de la Loire un excellent résumé des opérations de d'Aurelle et de Chanzy publié par la *Revue politique et littéraire* (septembre 1871).

(2) Ce même jour, 26 novembre, à Lorcy (Loiret), eut lieu un engagement entre le 7e chasseurs à cheval et les Prussiens, retranchés dans le village, au nombre de six mille, infanterie et cavalerie. Les Français ne comptaient

Le 29, l'armée de Mecklembourg forçait à la retraite le général Digard et les francs-tireurs Lipowski, placés sur notre flanc gauche, et, dès le lendemain, le plan de l'ennemi apparut clairement, lorsque les avant-postes de Patay aperçurent le défilé de l'armée du grand-duc de Mecklembourg qui, après avoir menacé le Mans durant les derniers jours, revenait au contraire du côté de Frédéric-Charles pour opérer de concert avec lui contre notre armée et attaquer notre gauche.

Nous venions déjà, sur notre droite, d'éprouver la force de l'ennemi en des combats glorieux, comme celui de Ladon, ou acharnés comme celui de Beaune-la-Rolande. Mais ces combats nous coûtaient cher. Cette aile droite de notre armée était

que six cents hommes. Le combat, qui ne dura que vingt minutes, fut très-sanglant et coûta, entre autres, seize officiers aux Prussiens. Les Français perdirent le lieutenant-colonel Girard qui commandait l'attaque, et le capitaine Gandon, tué d'une balle au front au moment où, pour la seconde fois, il chargeait à la tête de son escadron. Un jeune brigadier nommé Henri Devienne, ralliant quelques soldats, pénétra dans le village par une rue latérale, franchit les lignes prussiennes et là, se trouva seul, entouré d'une vingtaine d'ennemis. Il fit face aux assaillants, en frappa et blessa plusieurs de son sabre et se défendit longtemps contre six cavaliers prussiens. Son cheval fut tué ; il s'en fit un rempart et combattit encore. A la fin, blessé et épuisé, il laissa échapper son sabre. Les cavaliers prussiens, s'éloignant alors, déchargèrent leurs pistolets sur ce brave jeune homme et le percèrent de six balles. Ce courageux soldat était parvenu à s'échapper de Sedan après la capitulation.

Furieux des pertes qu'ils avaient subies dans ce combat, où l'avantage leur était pourtant resté, les Prussiens emmenèrent comme otages le curé et une quinzaine d'habitants, qui ne recouvrèrent leur liberté qu'après un séjour de deux mois en Prusse.

(Lettre de M. Fr. Devienne.)

d'ailleurs la plus pauvre en équipements et la moins disciplinée. Elle était composée de troupes rassemblées depuis peu, et sa bravoure ne pouvait suppléer à son organisation. Le corps d'armée du général Crouzat, venant de Gien, passant par Montargis et par Ladon, qui venait d'être brûlé et pillé, se trouvait, le 28 novembre, après le combat de Juranville-sur-Maizières, en face de Beaune-la-Rolande. Ce corps, où se trouvaient des zouaves, des troupes de ligne, les mobiles du Loiret, des Deux-Sèvres, pouvait certes canonner Beaune, en déloger les Prussiens, et déjà l'artillerie se préparait à incendier la ville et à fouiller les bois de la vallée avec des obus à balles. Deux heures après, l'armée fût entrée dans Beaune, fortifiée, barricadée, et comme imprenable pour l'infanterie. Le général Crouzat ne consentit pas au bombardement. De cinq minutes en cinq minutes, il fit envoyer un obus sur Beaune-la-Rolande, et après avoir, en quelque sorte, averti les Prussiens qu'on allait donner l'assaut, il jeta ses troupes sur le village, à l'arme blanche.

Nos soldats s'élancèrent bravement, chassant les Allemands, les battant dans les bois et dans la vallée qu'ils emplissaient, les poursuivant d'un même élan, jusque dans Beaune; mais là, à quatre heures du soir, arrêtés par les barricades, les ouvrages construits depuis longtemps et les maisons crénelées, force leur fut de s'arrêter. A ce moment même, les Prussiens, qui tout à l'heure se disposaient à lever le camp, recevaient un renfort de trois régiments brandebourgeois, flanqués d'une nombreuse artillerie.

Nous avions cependant des canons aussi. Ils se mettaient décidément en ligne, mais trop tard, à quatre heures du soir seulement, de petites pièces de 4, et les batteries ne comptant que quatre pièces. Depuis sept heures du matin, cette artillerie, placée loin de Beaune, à l'arrière-garde, était inactive, les officiers ne recevant pas d'ordre, et assis sur les prolonges, mangeant du poulet, tout en écoutant le bruit d'un combat, dont ils eussent fait un triomphe. En une heure de temps, lorsqu'ils entrèrent en bataille, ils eurent foudroyé les maisons où se blottissaient les Prussiens. Mais, je le répète, il était trop tard. La journée ne nous appartenait plus. Les attaques à la baïonnette devenaient inutiles, impossibles. Le nombre des ennemis croissait à tout moment. Il fallut battre en retraite. A neuf heures du soir, on s'éloignait, le soldat mécontent et maugréant, car il avait en quelque sorte touché du doigt la victoire. En effet, on pouvait ce jour-là arriver jusqu'à Pithiviers où les Allemands entassaient leurs approvisionnements. Mais il était dit que cette campagne serait, jusqu'à la fin, marquée du même cachet fatal. Jusqu'au matin, dans la nuit, le froid et la boue, le 20ᵉ corps d'armée continua de reculer. Il recula ainsi jusqu'à Saint-Loup,

jusqu'au pont de Jargeau, et le général Crouzat n'en télégraphiait pas moins que l'affaire de Beaune-la-Rolande était une victoire. Disons, il est vrai, que le prince Frédéric-Charles n'avait pas cru conserver sans danger la position de Beaune, et qu'il l'avait abandonnée pendant la nuit, après avoir incendié les maisons (1).

En présence de l'attitude menaçante de l'ennemi, il fallait prendre un parti rapide et décisif. Le gouvernement de Tours venait de recevoir la nouvelle de la sortie de Ducrot, et, à cause de cette erreur géographique qui faisait prendre le village d'Épinay sous Paris pour celui d'Épinay sur Orge, il croyait déjà que l'armée parisienne avançait rapidement. Qu'on en juge par la proclamation suivante qu'allait lancer, deux jours après, M. Gambetta.

« L'affaire a été rapportée à Paris par le général Trochu. Ce rapport, où on fait l'éloge de tous, ne passe sous silence que la grande part du général Trochu à l'action ; *ainsi faisait Turenne*. Il est constant qu'il a rétabli le combat sur plusieurs points en entraînant l'infanterie par sa présence. Durant cette bataille, le périmètre de Paris était couvert par un feu formidable, l'artillerie fouillant toutes les positions de la ligne d'investissement.

« L'attaque de nos troupes a été soutenue pendant toute l'action par des canonnières lancées sur la Marne et sur la Seine. Le chemin de fer circulaire de M. Dorian, dont on ne saurait trop célébrer le génie militaire, a coopéré à l'action à l'aide de wagons blindés faisant feu sur l'ennemi. Cette même journée du 30, dans l'après-midi, a donné lieu à une pointe vigoureuse de l'amiral La Roncière, toujours dans la direction de l'Hay et Chevilly.

« Il s'est avancé sur Longjumeau et a enlevé les positions d'Épinay, au delà de Longjumeau, positions retranchées des Prussiens qui nous ont laissé de nombreux prisonniers et encore deux canons.

« A l'heure où nous lisons la dépêche de Paris, une action générale doit être engagée sur toute la ligne. L'attaque du sud du 1ᵉʳ décembre doit être dirigée par le général Vinoy.

« D'aussi considérables résultats n'ont pu être achetés que par de glorieuses pertes : deux mille blessés. Le général Renault, commandant le 2ᵉ corps, et le général La Charrière ont été blessés.

« Le général Ducrot s'est couvert de gloire, et a mérité la reconnaissance de la nation.

« Les pertes prussiennes sont très-considérables.

« Tous ces renseignements sont officiels, car ils sont adressés par le chef d'état-major général, le général Schmitz.

« Le génie de la France, un moment voilé, réapparaît.

« Grâce aux efforts du pays tout entier, la victoire

(1) Ch. de Freycinet, *La Guerre en province*.

nous revient, et, comme pour nous faire oublier la longue série de nos infortunes, elle nous favorise sur presque tous les points. En effet, notre armée de la Loire a déconcerté, depuis trois semaines, les plans des Prussiens et repoussé toutes leurs attaques. Leur tactique a été impuissante sur la solidité de nos troupes, à l'aile droite comme à l'aile gauche.

« Etrépagny a été enlevé aux Prussiens et Amiens évacué à la suite de la bataille de Paris.

« Nos troupes d'Orléans sont vigoureusement lancées en avant. Nos deux grandes armées marchent à la rencontre l'une de l'autre. Dans leurs rangs chaque officier, chaque soldat sait qu'il tient dans ses mains le sort même de la patrie ; cela seul les rend invincibles. Qui donc douterait désormais de l'issue finale de cette lutte gigantesque ?

« Les Prussiens peuvent mesurer aujourd'hui la différence qui existe entre un despote qui se bat pour satisfaire ses caprices et un peuple armé qui ne veut pas périr. Ce sera l'éternel honneur de la république d'avoir rendu à la France le sentiment d'elle-même ; et, l'ayant trouvée abaissée, désarmée, trahie, occupée par l'étranger, de lui avoir ramené l'honneur, la discipline, les armes, la victoire.

« L. GAMBETTA. »

Dans l'après-midi du 30 novembre, une dépêche de Tours annonçait à M. d'Aurelle de Paladines le départ de M. Freycinet, délégué du ministre de la guerre, pour le quartier-général. A neuf heures du soir arrivait M. de Freycinet, accompagné de M. de Serres. Il conseillait, il commandait une action générale qui, décisive quinze jours auparavant, était plus douteuse aujourd'hui, à cause de l'accumulation des forces allemandes. Il s'agissait de porter en avant, d'un mouvement, les 16ᵉ, 17ᵉ, 15ᵉ, 20ᵉ et 18ᵉ corps sur Pithiviers, de battre les Prussiens par ces efforts combinés et de marcher à la rencontre de Ducrot qui, à n'en pas douter (cruelle illusion, hélas !) avait devant Paris, percé les lignes prussiennes. On se donnerait la main à Pithiviers. Les généraux d'Aurelle de Paladines, Chanzy et Borel hésitèrent un moment, puis, deux heures et demie après, convaincu que Ducrot tenait la campagne, ils se résolurent à marcher de l'avant. Le 17ᵉ corps (Martin de Pallières) couvrirait Orléans, au besoin soutenu par le 21ᵉ (général Jaurès) à peine constitué mais déjà en ce moment à Vendôme. Le 15ᵉ corps, pivotant autour du 16ᵉ, remonterait vers la gauche, et le 17ᵉ servirait de réserve au 16ᵉ. On allait combattre, dans de vastes plaines, dans un pays coupé de bois où s'abritait l'ennemi. Du haut d'observatoires artificiels ou du sommet des clochers, les Allemands pouvaient facilement observer les mouvements de nos troupes.

Tout était à notre désavantage. Nous n'avions guère que 280 canons à opposer à la formidable artillerie allemande, et, parmi nos corps d'armée, le 15ᵉ seul était absolument solide. Mais, à cette heure de confiance, l'armée, enthousiasmée par la nouvelle des victoires (qu'elle croyait complètes) de Ducrot n'eût pas hésité à se jeter sur un ennemi deux fois plus nombreux. L'illusion pouvait nous être une force. On la mit en toute hâte à profit.

A ce moment même, l'armée allemande poussait ses hurrahs en écoutant la lecture de ce sinistre ordre du jour :

Sens, 1ᵉʳ décembre 1870.

« Soldats,

« Déployez toute votre activité ; marchons *pour partager cette terre impie.*

« Il faut *exterminer* cette BANDE DE BRIGANDS qu'on appelle l'armée française.

« Le monde ne peut rester en repos TANT QU'IL EXISTERA UN PEUPLE FRANÇAIS.

« Qu'on les divise en petites parties, ils se déchireront entre eux, mais l'Europe sera tranquille pour des siècles.

« Soldats ! vous qui avez du cœur, le moment est venu de vaincre ou de mourir !

« FRÉDÉRIC-CHARLES. »

Cette proclamation digne d'un condottiere d'autrefois indiquait d'ailleurs que le prince n'était pas sans inquiétude et que les deux armées étaient prêtes à se livrer des combats acharnés. L'heure était solennelle et la pauvre France jouait son salut sur un coup de dés sanglants.

L'armée de la Loire allait maintenant attaquer. Atteinte à l'aile droite, depuis Beaune-la-Rollande, elle voulait frapper l'ennemi de son aile gauche. Le plan de bataille était celui-ci : marche du 16ᵉ corps sur Janville et Toury, le 17ᵉ corps le suivant de près et, le 2 décembre, mouvement concentrique des 15ᵉ, 18ᵉ et 20ᵉ corps se portant ensemble et à leur tour sur Pithiviers.

A dix heures du matin, le 1ᵉʳ décembre, tout le 16ᵉ corps, avec ses trois divisions (1ʳᵉ division, Jauréguiberry, 2ᵉ, Barry, 3ᵉ, Morand) était en marche. L'amiral Jauréguiberry avait pour objectif le village de Terminiers. Le général Barry devait s'établir entre Terminiers et Sougy et le général Morandy se dirigeait vers la droite du village de Sougy. Mais, dans sa marche, l'amiral Jauréguiberry, apercevant sur sa gauche un mouvement menaçant de l'ennemi, se porte vers Guillonville. L'artillerie bavaroise était postée entre Gommiers et Terminiers. Elle couvre d'abord nos troupes de ses obus, mais l'amiral fait avancer ses batteries qui ripostent, puis lance sur Gommiers ses chasseurs qui emportent d'assaut le village. Guillonville est en même temps évacué par l'ennemi. Terminiers va l'être bientôt. Maintenant, c'est une autre ligne de villages, c'est Faverolles, Villepion, Nonneville qu'il faut enlever après Gommiers. L'amiral lance de ce côté le 37º de marche et le 33º mobiles. Ces braves régiments, faisant un feu d'enfer, criblent l'ennemi et le forcent à reculer. « En une heure, dit M. Auguste Boucher (1) à qui nous empruntons quelques-uns de ces détails, les mobiles de la Sarthe brûlaient 8,000 cartouches ; le soir, le 3º bataillon du 37º en avait brûlé 49,284. » Il fallut bien que devant cette impétueuse attaque, les Allemands cédassent le terrain. Sa droite, tout entière, enfoncée, se replia sur Orgères, à la nuit tombante, entraînant dans sa défaite M. de Tann et son état-major.

En même temps, Villepion était enlevé à la baïonnette par la 2º brigade qu'électrisait cet homme dont la bravoure est depuis ce temps légendaire dans l'armée, l'amiral Jauréguiberry. « Il faut le chercher là où le feu est le plus fort » disent les soldats. Son petit cheval dont le trot le fait sautiller, est avec son cavalier partout où le danger passe. Calme, souriant, intrépide, l'amiral a, même sous les balles, une bonne parole pour ses soldats. Il leur donne la confiance et leur communique l'alacrité quasi-joyeuse, l'activité nerveuse de son tempérament brusque. Toute sa division mérita le lendemain d'être mise à l'ordre du jour de l'armée. Lui mérite de demeurer à l'ordre du jour de l'histoire.

La ligne entière de l'ennemi était enfoncée et ses positions enlevées nous restaient victorieusement. Ces combats du 1ᵉʳ décembre qui prirent le nom de combat de Villepion donnaient à l'armée une absolue confiance que vint bientôt doubler la proclamation suivante adressée par d'Aurelle de Paladines à ses troupes :

« Officiers, sous-officiers et soldats de l'armée de la Loire,

« Paris, par un sublime effort de courage et de patriotisme, a rompu les lignes prussiennes.

« Le général Ducrot, à la tête de son armée, marche vers nous.

« Marchons vers lui avec l'élan dont l'armée de Paris nous donne l'exemple.

« Je fais appel aux sentiments de tous les généraux comme des soldats.

« Nous pouvons sauver la France.

« Vous avez devant vous cette armée prussienne que vous venez de vaincre sous Orléans : vous la vaincrez encore.

« Marchons donc avec résolution et confiance en avant, sans calculer le danger. Dieu protégera la France.

« Quartier général de Saint-Jean.

« 1ᵉʳ décembre 1870, 5 heures 35 minutes du soir. »

Qu'on la compare à la proclamation sauvage adressée, à la même date, par le prince Frédéric-Charles à ses soldats et qu'on dise de quel côté est non-seulement le bon droit mais le bon ton.

A huit heures du soir, M. Gambetta télégraphiait, relativement à la sortie de Ducrot, la longue et curieuse dépêche que nous avons fait connaître plus haut.

Le lendemain, au réveil, les officiers de l'armée de la Loire se communiquaient ainsi l'heureuse nouvelle sur des billets écrits au crayon et distribués dans le campement : « Grande victoire par le général Ducrot qui a forcé les lignes ennemies (1). » Nous nous souvenons, de notre côté, d'avoir entendu affirmer à Champigny, durant le combat, à des mobiles de Seine-et-Marne que l'armée de la Loire était aux prises avec l'ennemi devant Versailles. Nous allions, des deux côtés, retomber à demi-brisés du haut de ces décevantes illusions.

L'armée de la Loire en ressentit un espoir profond. Lorsque, à neuf heures du matin, le général de Sonis, qui commandait le 17º corps, offrit au général Chanzy de le soutenir : « Soyez sans crainte, répondit Chanzy, nous coucherons ce soir à Toury. » Chefs et soldats maintenant ne croyaient plus qu'à la victoire. Cette fois, il s'agissait pour le 16º corps de gagner Janville après avoir enlevé à l'ennemi Orgères, Loigny, Lumeau, Poupry, toute une nouvelle ligne de défense. L'ennemi, au contraire, croyait que l'objectif des Français était non pas de s'efforcer de gagner du terrain, mais d'envelopper et d'écraser l'armée du grand-duc de Mecklembourg pour se retourner vers Frédéric-Charles et le combattre. Les Bavarois, massés entre Orgères et Tanon, leur centre à la Maladrerie, attendaient le choc de nos troupes, tandis que von Treskow et la 17º division prussienne s'avancerait vers Lumeau et que la division du général von Wittich (la 22º) nous disputerait Poupry, prête à nous tourner au besoin. A la droite de l'armée du grand-duc la cavalerie du prince Albrecht, manœuvrant vers Cormainville, essayerait de nous prendre à revers.

Lorsque l'armée française s'ébranla pour attaquer les positions ennemies, il n'y avait qu'une pensée et qu'un cri dans ses rangs : « A Paris ! Nous allons à Paris ! (2). » Sous ce clair soleil

---

(1) *Bataille de Loigny avec les combats de Villepion et de Poupry.* (Orléans, in-18.)

(1) Auguste Boucher, *Loigny*, page 32.
(2) Auguste Boucher.

LA GUERRE EN PROVINCE. — Thionville après le bombardement.

d'hiver, sur la terre durcie par la gelée, les soldats marchaient, sûrs de vaincre. Von der Tann, s'apercevant que nos troupes ne marchent pas sur Orgères, mais passent entre Loigny et Lumeau, envoie, pour les arrêter, sa première brigade au château de Goury. Le château et le parc, fortifiés, arrêteront, en effet, un moment la marche de la division Barry. Mais les braves soldats qui la composent n'hésitent guère et se précipitent de nouveau, au pas de course. La 1re brigade bavaroise, serrée de près, décimée par les mitrailleuses, va céder sous peine d'être (le mot est d'un témoin allemand) *anéantie ou prisonnière*, lorsque von der Tann envoie en hâte sa deuxième brigade pour contenir notre attaque. Deux régiments allemands se jettent dans le parc, ouvrent un feu meurtrier sur nos troupes qui, sans abri, écrasées, se troublent et se replient sur Loigny. L'amiral Jauréguiberry envoie aussitôt la brigade Bourdillon rétablir le combat. Le 39e de marche et le 3e bataillon de chasseurs font des prodiges; un quart d'heure après leur arrivée, von der Tann était obligé d'envoyer la 3e et la 4e brigade de ses troupes au secours des deux autres. Dans le château de Goury, le général Rudolf von der Tann, frère du général en chef, crie aux Bavarois qu'il faut vaincre ou mourir. Il les excite, il leur promet le secours des deux autres brigades. Celles-ci, se déployant dans la plaine, sont littéralement décimées par les canons du général Bourdillon, cachés au ras de terre. Elles se blottissent, éperdues, derrière les créneaux de Goury.

« Des rangées entières de nos troupes, écrit un journaliste allemand, tombaient les unes sur les autres. Notre attaque avait échoué, et les deux brigades durent retourner à leurs abris. Là elles se rangèrent de nouveau en ordre, tandis que la 2e brigade se sépara pour marcher sur la gauche de l'ennemi, au delà de Maladrerie, et empêcher le mouvement tournant. Les 1re, 3e et 4e brigades demeurèrent dans le parc et dans les attenants pour soutenir l'attaque de l'ennemi (les Français), qui, à chaque instant, devenait plus fort et plus indomptable.

« C'est à ce moment, continue le récit allemand, qu'un nouvel élan en avant fut tenté. L'ennemi entourait tout entier le château de Goury; sa canonnade s'étendait au-dessus de Loigny, vers Maladrerie; le terrain des environs de Loigny était tout entier dans ses mains, et les trois brigades étaient tournées, presque cernées. Notre artillerie était en majeure partie comprise dans la ligne qui nous enveloppait. Les trois brigades furent alors réunies, et on leur dit qu'il fallait briser le cercle de fer que l'ennemi avait tracé autour d'elles.

« Elles s'élancèrent dès lors au galop, s'avancèrent une centaine de pas et lâchèrent plusieurs salves contre l'ennemi qui ne l'ébranlèrent point dans ses positions. Bien au contraire, elles n'en furent que davantage à la portée des balles de chassepot et des boulets de l'artillerie. Les rangs commencèrent à ployer ; aussitôt l'ennemi se précipita furieux, et, ne pouvant résister à l'effort de ces masses colossales, nos brigades fortement décimées durent se replier sur les bâtiments et dans le parc toujours poursuivies par le feu ennemi.

« *La situation était des plus périlleuses*. Les munitions en même temps commençaient à manquer dans quelques régiments ; les rangs étaient fortement éclaircis ; des bataillons avaient perdu presque la moitié de leur effectif, et l'ennemi s'approchait toujours en masses de plus en plus compactes.

« *Encore une demi-heure, et le corps de von der Tann était anéanti, et la plus grande partie des canons tombait aux mains de l'ennemi*. L'ordre ne se maintenait plus convenablement, les troupes de divers régiments se trouvaient mêlées, et le découragement commençait à s'emparer des troupes. »

Ce récit, emprunté à l'ennemi lui-même, donne, ce nous semble, la mesure exacte de la valeur avec laquelle combattirent nos troupes, et du danger que courut, une fois encore, l'armée tout entière de von der Tann. Ce danger, malheureusement, les Français ne le soupçonnèrent pas, sans quoi ils eussent, redoublant d'efforts, cerné le château de Goury et triomphé de la résistance opiniâtre des Bavarois avant que ceux-ci n'eussent pu recevoir du secours.

Le général von der Tann était à demi vaincu, et l'inquiétude la plus profonde l'envahissait ; il avait demandé, nous l'avons vu, à ses trois brigades un dernier effort que nos soldats avaient repoussé avec une ardeur superbe que l'écrivain allemand appelle un mouvement *furieux* ; l'armée bavaroise était comme perdue, lorsque, vers deux heures de l'après-midi, une *forte et claire canonnade* se fit entendre à la gauche de Goury. Les Prussiens de la 17ᵉ division accourent. Leurs tirailleurs se répandent déjà dans la plaine. Les brigades écrasées, les débris de l'armée de von der Tann poussent de formidables hurrahs. La victoire que nous tenions va nous échapper.

Pendant ce temps, la division Morandy était devant Lumeau, aux prises avec les troupes de von Treskow. Le 40ᵉ de marche et le 71ᵉ mobiles (régiment de la Haute-Vienne), avaient supporté avec aplomb les projectiles des batteries de Lumeau, mais notre artillerie, sur ce point, était trop faible.

Nous devions être fatalement repoussés. Nos troupes débandées iront se replier bientôt dans une fuite précipitée jusqu'à Terminiers, et laisseront sept canons entre les mains des Allemands. D'autres, parmi lesquels beaucoup de mobiles limousins, se ralliant à Écuillon, disputeront ce village aux Prussiens et le reprendront trois fois, après l'avoir perdu, pour ne laisser à l'ennemi que des murs croulants et embrasés. Vainement, pour arrêter la déroute de ce côté, le général Chanzy, descendant du clocher de Terminiers d'où il suivait les phases de la bataille, exhorte ses soldats, les ramène, les menace. Ces troupes démoralisées n'écoutent plus. Le général alors place une batterie de 12 à Terre-Noire, en deçà du grand-chemin de Chartres à Orléans, et contient sous ses obus les Prussiens qui s'arrêtent. Notre centre enfoncé n'existait plus, et, devant Goury, nos soldats, débordés par la 17ᵉ division prussienne, reculaient, mais en faisant face à l'ennemi. Les mobiles de la Sarthe furent particulièrement résolus et fermes, et dispersèrent bravement la cavalerie du prince Albrecht, lancée sur eux à toute bride. Deux fois cette cavalerie, qui voulait nous tourner, fut repoussée, et on ne peut dire quel eût été le résultat de la bataille si, comme le dit l'amiral Jauréguiberry dans son rapport, notre 1ʳᵉ division eût été appuyée par une démonstration de la cavalerie sur la gauche. Mais le général Michel, qui commandait les cavaliers, avait reculé, lui, ce même homme qui guidait au combat les cuirassiers de Frœchswiller.

Peu à peu, nous revenions ainsi, vers quatre heures, aux positions conquises la veille, et d'où l'armée était partie, si confiante le matin même, pour marcher à des conquêtes nouvelles. Le 39ᵉ de marche et les mobiles de la Sarthe, postés à Villepion qu'ils ont ordre de garder, arrêtent les Bavarois qui veulent emporter cette position. A ce moment, le général de Sonis apparaît, suivi de ses spahis. C'est le 17ᵉ corps qui arrive, c'est la victoire qui revient. Nos soldats tressaillent d'allégresse, et, devant la canonnade effroyable qui éclate sur la droite, les Bavarois hésitent, et Jauréguiberry a un moment l'idée de les refouler jusqu'à Orgères. Mais il lui faut des canons. Il en demande au 17ᵉ corps. Un commandant les refuse. Lorsque le général de Sonis les accorde, il était trop tard.

Cependant, on se battait toujours devant Loigny. Notre artillerie étant insuffisante, les fusils ripostaient aux canons. Le 3ᵉ chasseurs, le 75ᵉ mobiles, le 39ᵉ de marche, écrasés, broyés, épuisent avec un acharnement magnifique leurs cartouches, et tiennent tête aux canonniers, aux fantassins et aux cavaliers ennemis. Toute cette brigade Bourdillon, admirable en ce moment, se couvrit de gloire dans ce désastre. Les charges des cavaliers, poussées avec rage, étaient reçues avec une impassibilité superbe. La nuit venait pourtant. Les forces de l'armée française se réduisaient, de minute en minute. On ne se battait plus, vers la gauche, qu'entre Loigny et Villepion, et, sur la droite, à Poupry. Mais, encore une fois, le général Gaston de Sonis était là, et on savait de lui ce mot : « En partant pour l'armée je me condamne à mort ! » Il amenait avec lui cette poignée héroïque de volontaires de l'Ouest qui, arborant un étendard sacré, n'en combattaient pas moins pour la République et pour la France, et que guidait au premier rang le colonel Athanase de Charette. Les petits-fils des émigrés de Coblentz combattaient du moins, cette fois, pour la patrie, et la patrie, pour être juste, doit reconnaître qu'ils versèrent bravement leur sang pour une cause qu'avaient méconnue leurs pères.

A ce moment, Gambetta et la défense nationale ne voyaient que des Français dans ces zouaves aux vestes grises, et certes c'étaient des Français intrépides auxquels nulle considération de parti ne nous empêchera de rendre justice. Nous n'imitons pas en cela tels des écrivains pieux qui refusent niaisement à la démocratie le privilège du courage, et nous saluons la bravoure et le dévouement à la France partout où nous les rencontrons.

Les volontaires de l'Ouest, campés à Patay, furent lancés vers le terrain du combat, et ils arrivaient, suivant le général de Sonis, aux environs de Villepion, lorsqu'un obus éclate, sans le blesser, auprès du général et le couvre de terre : — « Vive la France ! » s'écrie de Sonis, debout sur ses étriers. Il lance son cheval vers Loigny et entraine avec lui les zouaves de Charette, suivis des mobiles des Côtes-du-Nord, des francs-tireurs de Tours et des francs-tireurs de Blidah. Ces derniers, les francs-tireurs algériens et tourangeaux, allaient, sans qu'on ait mis en lumière leur courage, partager la gloire que nul n'a refusée aux volontaires de l'Ouest (1). Cette troupe marche bravement, calme,

(1) Nous trouvons, à ce sujet, la lettre que voici, lettre tout à fait digne d'attention, dans le journal *l'Avenir national* :

« Marseille, 14 novembre 1871.

« Monsieur le rédacteur,

« Il y a un an bientôt, une bataille sanglante, terrible, acharnée, se livrait le 2 décembre aux environs d'Orléans. Le point le plus disputé fut Patay. MM. les volontaires de l'Ouest, zouaves pontificaux, s'y sont bien conduits, je le reconnais, ainsi que mes camarades ; mais ce que nous ne saurions tolérer plus longtemps, c'est l'exclusivisme du parti qui rapporte à ces messieurs tout l'honneur de l'engagement.

« On a chanté leur bravoure sur tous les tons, en prose et en vers ; on a fait des tableaux reproduits en photographie, représentant Charette tenant son cheval de la main gauche et chargeant les Prussiens avec son épée. Tout cela est fort beau ; mais on a toujours oublié de dire qu'aux côtés de MM. les volontaires de l'Ouest se trouvaient : à leur gauche, les francs-tireurs de Tours ; à leur droite, quarante jeunes

bien ordonnée, sous les obus ennemis. Ils donnent honte au 51e de marche, tapi dans un repli de terrain, qui refusait tout à l'heure d'avancer, et dont quelques hommes maintenant suivent les zouaves de Charette et les francs-tireurs de Tours et de Blidah. M. de Verthamon fait flotter au vent la bannière blanche qui teindra bientôt de sang rouge sa pieuse couleur. On approche de Loigny. L'ennemi est caché dans le petit bois du village. On s'avance sans tirer. M. de Sonis, l'épée haute, s'élance, et on arrive à la lisière du bois d'où la fusillade éclate, terrible, brisant la cuisse au général de Sonis qui tombe, foudroyant M. de Verthamon qui tend son étendard à Jacques de Bouillé, jetant à terre le lieutenant-colonel de Troussures qui sera, tout à l'heure, achevé, assommé à coups de crosse par les vertueux et humanitaires Allemands.

Mais le bois était emporté, de front par les zouaves, sur la droite par les mobiles des Côtes-du-Nord. On est entré dans le village, on s'y bat corps à corps, on s'y fusille avec un acharnement épouvantable. Il faut, à travers les rues incendiées, se tracer un passage vers l'église et le cimetière où deux bataillons du 37e se défendent opiniâtrement depuis de longues heures, sans se rendre, sans céder, attendant qu'on les dégage. C'est en vain. Les Bavarois et les soldats de von Treskow se pressent

gens venus de Blidah (Algérie), qui eux aussi ont laissé des morts et des blessés sur le champ de bataille.

« *Personne*, personne, je le répète n'a jamais eu pour nous un mot de consolation, d'encouragement ; les blessés sont restés sans récompense et la valeur personnelle de ces deux petits corps d'élite fut laissée de côté.

« Et MM. les volontaires de l'Ouest, en ayant tout le prestige glorieux de cette affaire, ont oublié les francs-tireurs de Blidah ramenant au camp le soir de la bataille de Loigny (et non de Patay), leurs blessés abandonnés.

« J'étais présent lorsque le zouave Parmentier, je crois, remit au *père* l'étendard sur lequel j'avais lu dans la journée : *Saint Martin priez pour nous !*

« On discuta un instant sur la route à suivre pour rejoindre le quartier-général ; et moi-même, quoique blessé, je poussai la petite charrette sur laquelle se trouvaient deux zouaves pontificaux blessés et un de nos camarades, Condamin.

« Vous comprendrez, monsieur le rédacteur, que je ne tienne pas à glorifier le corps dont je faisais partie. Mais, comme on semble vouloir *déifier* MM. les volontaires de l'Ouest, il est bon que le public sache que ce combat acharné a eu pour acteurs, autres que les zouaves pontificaux, les francs-tireurs de Tours et ceux de Blidah ; qu'il y a eu des morts et des blessés dans ces deux détachements, que ces derniers, pas même nos officiers Brun et Taver (celui-ci estropié pour toute sa vie), n'ont reçu aucune récompense. Mon intention n'a été que de faire remarquer qu'on plaidait beaucoup pour les zouaves pontificaux et qu'on nous oubliait totalement.

« A chacun sa part, messieurs ; vous n'étiez pas seuls, et, par charité chrétienne, associez donc vos frères d'armes aux éloges que vous recevez. Vous êtes de braves soldats au feu ; n'oubliez donc pas ceux qui, à vos côtés, ont contribué à vos nobles efforts.

« Veuillez agréer, etc.

« L. PHILIPPOT,

« aux francs-tireurs d'Alger. »

dans Loigny, arrivent par bataillons épais. Il faut céder. M. de Charette ordonne la retraite. Il tombe à son tour, blessé d'une balle à la cuisse. Sur 300 hommes qu'il a conduits à Loigny, 198 sont restés sur le champ de bataille. Sur 14 officiers, 4 seulement sont sans blessures. Les zouaves ont abandonné Loigny après cet effort admirable, ils regagnaient Villepion et Patay, et dans Loigny embrasé, dans Loigny en flammes, le 37ᵉ de marche, qui la veille, au combat de Villepion, avait enlevé Nonneville, le 37ᵉ de marche, envoyé dans Loigny par les ordres de Jauréguiberry, y tenait intrépidement, et se débattait, héroïque, dans ce brasier.

Malgré les attaques incessantes de l'ennemi, ces deux bataillons du 37ᵉ n'avaient pu être réduits, et, après avoir soutenu derrière les épaulements, derrière les maisons et les arbres un combat acharné de mousqueterie, ils s'étaient retranchés dans le cimetière et les maisons voisines et, luttant contre les 90ᵉ et 76ᵉ régiments de la division von Treskow, ils attendent, tout en luttant, qu'on vienne les délivrer. Loigny est en flammes, le flot des ennemis est pressé. Le 37ᵉ tient toujours. Il fallut que, dans la fumée des maisons dévorées par l'incendie, les fusiliers mecklembourgeois se jetassent de tous côtés dans le cimetière, entourant ces braves d'un cercle de feu pour que la lutte prît fin. Depuis cinq heures le 37ᵉ luttait sans espoir mais non sans honneur. Alors, musique en tête, à travers les rues embrasées et parsemées de cadavres de Loigny, les Prussiens entrèrent triomphants. Notre défaite était achevée.

Non, car à Poupry, sur notre droite, nos soldats tenaient encore l'ennemi en respect. Après une journée d'un acharnement indomptable, nous avions tour à tour pris et perdu Poupry, mais en infligeant de ce côté aux Allemands de von Wittich des pertes énormes. Nos mitrailleuses et nos baïonnettes avaient fait leur œuvre et, le soir, malgré les efforts de l'ennemi, les grand-gardes du général Peitavin touchaient encore le village de Poupry, et si la nuit n'eût pas terminé le combat, les troupes de Wittich, au dire même des témoignages allemands (*Gazette de la Croix*,) eussent enfin cédé à notre impétuosité.

Dans cette journée du 2 décembre, 5,000 Allemands avaient été mis hors de combat, nous avions à déplorer la perte de près de 7,000 soldats, morts, blessés ou prisonniers, et l'ennemi nous avait enlevé onze canons. Cette journée, que Gambetta dans sa dépêche du 3 décembre, ne donnait que comme ayant déterminé un *temps d'arrêt* dans le mouvement du 17ᵉ corps, devait être irréparable.

Il fallut abandonner tout mouvement offensif et ne plus songer qu'à se défendre derrière les lignes fortifiées d'Orléans. Le 3 décembre, l'armée de Frédéric-Charles, réunie à celle du grand duc de Mecklembourg, concentrée de Chevilly à Toury, avec un front de bataille formidable, attaqua furieusement notre centre et notre gauche, tandis que 8,000 hommes tenaient en respect nos 18ᵉ et 20ᵉ corps entamés depuis Beaune-la-Rollande. Cette bataille prit le nom d'Artenay, où Frédéric-Charles avait, ce jour-là, son quartier-général.

Cette fois, par un temps affreux, dans la neige, sous le vent d'ouest qui sifflait violent et glacé sur ces plaines dégarnies d'arbres, on se battit. L'armée allemande avait marché une partie de la nuit, et elle était arrivée devant Artenay. C'est à Artenay et à Cercottes que le combat fut le plus acharné. Laissons parler nos ennemis ; les peintures que leurs écrivains nous ont faites de ces terribles journées montrent mieux encore que nous ne pourrions l'indiquer, la vigueur de nos jeunes troupes, de nos pauvres mobiles à peine exercés et que le découragement devait bientôt atteindre.

« Artenay, dit un écrivain allemand, village de quelques centaines d'habitants, est situé dans une plaine plate, sans bois ni forêts, sur une petite éminence. Le village était fortement barricadé ; on jugea dès lors opportun de faire agir l'artillerie. Il était dix heures lorsque le général donna l'ordre à l'artillerie réunie de canonner Artenay. Soixante pièces entourèrent en demi-cercle le village et dirigèrent un feu terrible sur lui.

« Les Français se retirèrent devant ce feu écrasant d'artillerie, de sorte que les troupes s'emparèrent d'Artenay sans obstacle digne de mention. Il était juste midi quand Artenay fut pris, mais on ne pouvait songer à manger. On continua en avant sans s'arrêter.

« La ligne entière s'avança en dehors d'Artenay et prit une nouvelle disposition d'attaque pour déloger l'ennemi, qui s'était fortifié dans les fermes de Chevilly et dans les replis de ce village. On se trouvait ainsi en face de la force principale de l'ennemi, et un violent combat s'engagea. Près du moulin d'Anvilliers, qui se trouve sur une colline dominant la contrée, se trouvait une batterie ennemie qui commandait le pays adjacent et la route principale. Les fermes d'Arblay et de Lagrange regorgeaient d'infanterie qui les défendait vaillamment. Au milieu de la route se trouve le petit village de Croix-Briquet, où se trouvait le gros de l'ennemi. Il y avait là près de 60,000 hommes dans les fermes, le moulin à vent, derrière Croix-Briquet et les petites parcelles de bois, qui recevaient avec force fusillade les troupes à mesure qu'elles se présentaient. De grands fossés garnissaient les deux côtés de la route, et de grosses pièces de marine de 24 envoyaient leurs terribles boulets de calibre jusque dans les rangs des colonnes d'attaque de la réserve.

LE GÉNÉRAL DE CHARETTE

« L'artillerie dut entreprendre à nouveau de frayer un chemin aux troupes d'infanterie. Elle prit position près de Château-Anvilliers, et attaqua la position ennemie par le flanc. La ligne ennemie dut céder devant la terrible canonnade de trente pièces. Les obus frappaient avec une effroyable précision les positions fortifiées des Français. Un grand nombre furent tués; les autres prirent la fuite. Le 2e bataillon du 86e régiment se précipita alors à l'assaut du plateau du moulin d'Anvilliers. Conduit par le major Ziémann, le bataillon avança avec le calme et la précision d'une manœuvre d'exercice. Quoique mitraillé fortement des hauteurs par l'ennemi, il ne broncha point, et, malgré ses pertes, il s'élança, en lançant des hourras et au bruit de la charge des tambours, sur la position ennemie. L'ennemi n'attendit pas à la baïonnette le bataillon, mais se précipita en fuite rapide du haut du plateau dans Chevilly. La ligne entière s'avança alors, chassant l'ennemi devant elle, le canonnant constamment de notre artillerie et le refoulant de toutes les positions. La position principale qu'il occupait était prise et gagnée. Les hauteurs d'Anvilliers, les fermes de Lagrange et d'Arblay tombèrent aux mains de notre infanterie.

« A trois heures, l'ennemi était en pleine retraite. Déjà des masses de bandes de fuyards se ruaient en désordre sur Orléans. Ils traversèrent la ville et les ponts de la Loire en jetant l'alarme et se plaçant sur l'autre rive en disant : « Nous ne sommes pas assez en force, les Prussiens arrivent. »

Il y avait, autour d'Orléans, des pièces de marine que les servants, en se retirant, eurent le soin d'enclouer. La gare d'Orléans était défendue par des fossés profonds, par un bastion armé de huit pièces de siège; les poudrières étaient pleines de poudre et d'obus. On ne défendit pas ces positions; cette armée, encore si nombreuse, lutta avec moins d'acharnement qu'en octobre, la poignée héroïque de zouaves de Charette défendant le faubourg des Aydes. Toute notre ligne, il est vrai, était enfoncée et forcée. Sous la neige qui leur fouettait le visage, les Allemands avaient enlevé Cercottes, les bois, les canons de notre artillerie.

Mais il n'en est pas moins vrai qu'avec le nombre encore considérable de combattants dont il pouvait disposer, le général d'Aurelle de Paladines eût certes dû tenter une défense autrement énergique. On trouvera, aux pièces justificatives du présent chapitre, l'accusation que lança alors contre lui Gambetta et à laquelle le général n'a pas encore répondu. Il est juste d'ajouter que plus tard M. Gambetta lui-même offrit au général d'Aurelle un commandement nouveau, et que le général refusa catégoriquement, avec une certaine hauteur et une amertume peu dissimulée.

Toujours est-il, hélas! que, repoussant l'armée de la Loire, l'ennemi rentrait à Orléans. Le spectacle fut lugubre, au dire d'un témoin.

Des femmes en deuil parcouraient les rues, cherchant les traces de leurs fils, de leurs frères, de leurs maris. La voie publique était jonchée de cadavres d'hommes et de chevaux.

Par le froid glacial qui régnait, les mobiles prisonniers venaient demander à pouvoir se réchauffer aux feux des Prussiens. Ceux-ci firent ouvrir les magasins pour se procurer des gants, des camisoles de flanelle, des cartes topographiques et tous les objets indispensables,

On enferma dans la cathédrale des prisonniers qui, pressés par le froid, mirent le feu à toutes les chaises de l'église. Ces bûchers allumés au milieu du temple produisaient une épaisse fumée au milieu de laquelle les soldats s'agitaient comme des ombres fantastiques. Tout à coup, le bruit assourdissant des conversations de cette multitude fut interrompu par le son de l'orgue, qui se mit à jouer..... une gigue, tandis que les prisonniers cuisaient leur repas sur le feu allumé dans la nef.

Cependant l'armée de la Loire en déroute se battait jusqu'à Vierzon. La retraite ressemblait de ce côté à une fuite. Pourtant on se retournait encore, et on faisait tête aux uhlans. Mais le flot des fuyards, les bandes affolées entraînaient les plus braves. A Vierzon, des soldats effarés, prenant les trains d'assaut, ont été écrasés sous les wagons; d'autres, montant éperdus sur la locomotive en marche, se sont broyé le crâne contre la voûte des tunnels. Leur cervelle avait jailli et rougi la brique. Du côté de Chanzy, la retraite du moins fut glorieuse et plus digne du vieux renom français.

L'armée française avait perdu dans les quatre journées de batailles livrées autour d'Orléans plus de 2,000 morts, 10,000 prisonniers, 77 canons et 4 canonnières; mais les pertes des Allemands dépassaient de beaucoup les nôtres. Le seul corps du grand-duc de Mecklembourg avait eu, dans la journée du 2 décembre, 3,200 hommes tués ou blessés, chiffre officiel. Il fallut bien que ces pertes considérables donnassent à réfléchir au commandant en chef allemand, car il pouvait poursuivre notre armée et il ne le fit pas. Le général d'Aurelle de Paladines avait été, à la suite des échecs subis, relevé de son commandement, et un officier, inconnu jusqu'alors, célèbre aujourd'hui, lui succédait. C'est le général Chanzy. Nos soldats battaient en retraite, les uns sur Vierzon, les autres sur Blois et Chambord; d'autres sur Vendôme ou Bourges. On vit des groupes de soldats, de fuyards, marcher hâves, effarés. Pour arrêter une telle retraite et une telle démoralisation, il fallait une volonté dure et une foi profonde.

C'est là surtout, c'est alors que M. Gambetta se montra vaillant et résolu. La délégation, devant l'approche des Prussiens, avait été forcée de quitter Tours pour se réfugier à Bordeaux. Gambetta suivit l'armée, la refit, la retrempa, donnant du cœur aux généraux, ramenant au combat les traînards des grandes routes, insufflant à ces malheureux soldats écrasés, gelés, meurtris, un peu de sa flamme ardente, allant, venant, se multipliant.

A une telle armée, aussi abattue, il fallait des généraux énergiques. Le général Chanzy, en était un. Jeune encore (quarante-sept ans), la figure sympathique, militaire et française, il a toute la vigueur du tempérament ardennais. D'abord mousse, puis saint-cyrien, officier de zouaves, chef de bataillon à Solferino, lieutenant-colonel en Syrie, colonel en Afrique, partout il s'était distingué et affirmé. A Coulmiers il avait contribué pour sa bonne part au succès de la journée. Il enlevait, à la tête du 16e corps, les fortes positions occupées à Patay par l'armée ennemie. Mais c'est surtout aux jours cruels de la retraite, par son sang-froid, sa présence d'esprit, son impassibilité et sa résistance, qu'il devait s'illustrer. Gambetta pouvait dire avec raison qu'un tacticien s'était révélé.

Sa retraite, où pendant plus d'un mois presque chaque jour il livra bataille à un ennemi supérieur en nombre, qu'il arrêta presque toujours et qu'il battit quelquefois, a pu être surnommée par l'étranger la *retraite infernale*. C'est au général lui-même qu'il a appartenu de la raconter (1).

A Josnes, le 8 décembre, il attaquait le grand-duc de Mecklembourg, que le général Camon avait combattu la veille. C'était devant Poisly et Cravant. Il repoussa les Prussiens, qui, le lendemain, sortaient de Beaugency en masses profondes. Tous

(1) Voy. son livre *La Deuxième armée de la Loire*.

ces villages qui environnent la ville, Cravant, Ourcelles, Villejouan, virent des combats terribles où l'armée d'Artenay montra qu'elle existait encore. A ces combats glorieux, le général Chanzy avait donné le nom de bataille de Josnes : « *N'oubliez pas que vous êtes les soldats de Josnes!* » disait-il à son armée, la veille de la bataille du Mans. Le général Trochu a écrit qu'une bataille n'est jamais perdue, mais *qu'on la croit perdue*. Chanzy réussissait à donner le mirage et la certitude de la victoire à ses soldats repoussés, mais qui, tout en cédant le terrain, infligeaient de dures pertes à l'ennemi.

Cette armée de la Loire, maintenant séparée en deux tronçons, l'un reformé à Bourges, sous Bourbaki, l'autre, demeuré entre les mains de Chanzy, devait encore inquiéter l'ennemi. Nous réservons l'histoire de l'armée de Bourges et de Bourbaki. Pour l'armée de Chanzy, elle se retira sur la ligne du Loir après avoir essayé de se maintenir dans la vallée de la Loire, combattant entre la forêt de Marchenoir et le fleuve, couvrant la route de Tours, sans cesse attaquée, sans cesse au combat. Le nombre de ces engagements glorieux est de quinze au moins et celui de Villorceau ou de Josnes (le 8 décembre) avait été presque une victoire. « Toutes les fois, dit le général, que nous étions parvenus à portée de la mousqueterie des Allemands, ils avaient été forcés de reculer devant la vigueur de nos fantassins, et la supériorité du chassepot. » Le lendemain, Gambetta arrivait auprès de Chanzy, annonçant que la délégation de Tours se transportait à Bordeaux et approuvant la retraite sur Vendôme que Chanzy ne commença qu'après avoir constaté que la première armée, celle de Bourbaki, n'était pas encore en état de secourir la deuxième armée (1).

(1) Chanzy avait écrit de Josnes à Bourbaki :
« Nous nous battons depuis onze jours, et nous tenons ici,

On résolut donc de battre en retraite sur Vendôme (10 décembre). Le 12, la retraite commençait. Le général Barry, qui tenait Blois, reçut l'ordre d'y résister jusqu'à la dernière extrémité, pour empêcher que l'armée ne fût tournée par sa droite. « Le temps était si mauvais, dit le général Chanzy dans son livre. Une pluie torrentielle qui tombait depuis la matin avait fait fondre la neige et produit le dégel. Le terrain était partout très-glissant sur les chemins, le sol trop détrempé pour que les chevaux et les voitures pussent passer dans les champs. Comme fatigue et comme souffrance pour les hommes et pour les animaux, cette journée du 12 décembre fut une des plus pénibles de la campagne. Néanmoins la marche put s'effectuer avec assez de régularité et le soir, tous les corps étaient établis exactement sur les positions qui leur avaient été assignées. »

Nous reprendrons plus tard l'histoire de la *deuxième armée de la Loire* à partir de Vendôme jusqu'au Mans. Contentons-nous de dire maintenant, avec le général Chanzy, à propos de cette opération si bien conduite : « En résumé, cette retraite de la 2ᵉ armée des lignes de Josnes sur Vendôme, dans les conditions de mauvais temps, de fatigues et de dangers dans lesquelles elle s'était effectuée, faisait le plus grand honneur aux troupes. Elle en avait assez imposé à l'ennemi pour qu'il n'eût pas osé l'inquiéter et profiter des chances qu'il avait de détruire cette armée, s'il avait su les mettre à profit. »

depuis le 6, contre le gros des forces ennemies. Les Prussiens menacent Blois et Tours, et cherchent à tomber sur le flanc de mon armée. Une marche de vous sur Blois peut me dégager de cette situation critique. Je vous demande instamment de le faire : prévenez-moi. »
Malheureusement Bourbaki n'était pas en état de marcher sur Blois.

DOCUMENTS COMPLÉMENTAIRES DU CHAPITRE XII

N° 1.

LA BATAILLE D'ARTENAY RACONTÉE PAR UN ALLEMAND.

(M. Hans Wachenhusen, correspondant de la *Gazette de Cologne*.)

3 décembre.

La bataille d'Artenay, que l'ennemi a continuée par un violent combat d'artillerie, a recommencé ce matin.

Déjà à huit heures, nous entendions le tonnerre des canons, quoique la direction du vent soit contraire.

Le 9ᵉ corps d'armée, dont nous attendions la jonction déjà hier, et qui s'était trouvé avec la 22ᵉ division à Chaussy et de là s'était rendu à Artenay, est arrivé.

L'état-major s'était rendu dans cette direction et la 17ᵉ division soutenait un combat des plus violents. C'est là que l'ennemi fut repoussé vers trois heures. Cinq villages brûlaient ; le feu de l'artillerie se ralentit, et alors, du côté de notre aile gauche, vers Artenay, la canonnade devint plus forte. Le soleil semblait se coucher derrière le village en feu, et les flammes le couvraient complétement.

Du côté de notre aile droite, le feu de l'ennemi diminuait de plus en plus, et environ vers quatre heures, il se tut complétement. A l'aile gauche, le combat a duré jusqu'à sept heures, reprenant de nouveau avec beaucoup plus de force, car, comme à Gravelotte, l'ennemi réunit toutes ses forces à la fin du jour, afin sans doute d'obtenir un résultat favorable.

Le soir, repoussé sur toute notre aile droite, il se retire peu à peu, et ce ne fut que vers minuit que la tranquillité fut complète. Je ne peux rien dire du résultat de notre aile gauche, je crains beaucoup qu'à cause de la position formidable de l'ennemi il n'ait pas été décisif.

Nos pertes sont considérables.

Le cœur se serre quand on jette un coup d'œil sur les morts étendus sur la terre froide et éclairés par les reflets blafards de la lune. Tous les villages où l'on s'est battu sont remplis de blessés. Les médecins sont obligés d'y établir leurs hôpitaux en vue de l'ennemi. D'un village à l'autre, où brûle le feu du bivouac, je ne fais pas un pas sans rencontrer des blessés.

Dans le château de Goury, où je pensais pouvoir passer les nuits, les écuries étaient occupées par les blessés. Dans les chambres particulières se trouvent le colonel de Neuman et le major de Hirschfeld, tous les deux frappés par un boulet.

J'étais à Artenay à trois heures. La canonnade s'entendait toujours du côté de Neuville. Les 11e, 85e et 25e régiments se battaient, et j'ai vu ramener de nombreux blessés du champ de bataille. Les obus tombaient sur nous avec une précision surprenante. Jusqu'alors nous faisions peu de progrès. L'ennemi se défendait de la façon la plus énergique. On avait déjà fait cent cinquante prisonniers : des zouaves, des fantassins et des gardes mobiles.

Les uns étaient armés de revolvers américains très-élégants. Je ne suis pas loin de croire que cette armée, sous la direction d'un général habile, aurait pu faire beaucoup. Son attitude militaire, son armement, notamment le chassepot, est parfait, et si cette armée avait encore en quatre semaines pour se former complétement, elle serait devenue pour nous un adversaire dangereux.

Même dans beaucoup de parties de la bataille d'hier, il y a eu beaucoup d'engagements à la baïonnette. Les Mecklembourgeois, ainsi que les Hanséatiques, ont prouvé qu'ils pouvaient aussi se battre à l'arme blanche, quoique les Français se vantent toujours d'être les maîtres dans cette partie.

Presque tous les prisonniers de l'armée de la Loire nous disent qu'elle se compose de 200,000 hommes. Mais il se pourrait aussi que l'armée de l'Ouest se composât de 150 à 200,000 hommes,

parmi lesquels on compte des francs-tireurs et des braconniers. Il est certain que l'armée de la Loire se compose d'un grand nombre d'éléments distincts.

Leur uniforme est des plus variés, et il serait très-difficile d'avoir une idée exacte de toutes ces légions patriotiques. Il est très-dur de venir à bout d'une armée composée de tant de variétés qui se réunissent tous dans un même sentiment de patriotisme.

Ils sont tous très-habiles dans l'art de tirer, et le bruit du fusil semble leur produire un vif plaisir.

Vers quatre heures, le feu de l'artillerie s'est tu dans les environs sud et sud-est d'Artenay. Les positions furent prises. Les ambulanciers remplirent leurs tristes fonctions ; les maréchaux-de-logis du prince Frédéric-Charles disposèrent les maisons pour l'état-major qui devait les occuper dans la soirée, pendant que le chef d'état-major du grand-duc de Mecklembourg et sa suite avaient Orgères pour destination. C'était l'endroit où le 1er corps d'armée bavarois s'était concentré après la possession de Châteaudun, et où l'on sait qu'il avait été énergiquement attaqué par une reconnaissance française.

La pointe que j'avais faite vers Artenay m'avait empêché de me rendre de nouveau sur le champ de bataille d'hier, situé à notre aile droite, près de Loigny. J'avais cependant le vif désir de voir avec calme les localités où j'avais erré la veille pendant la furie du combat et plus tard au milieu de la plus profonde obscurité, et éclairées seulement par des torches et les lueurs des villages incendiés.

Personne ne connaissait les noms des villages où la bataille s'était livrée. Pour s'y reconnaître, on disait : le village qui brûle, ou bien le village à côté de celui qui brûle, ou bien encore le village qui ne brûle pas. C'était la seule géographie de la bataille...

Nous avons pu compter environ 1,200 prisonniers, et nous avons trouvé dans une lettre envoyée par un fils à son père : « C'est toujours, toujours ce maudit 2 décembre qui est cause de ce qui nous arrive. »

N° 2

L'ENTRÉE DANS ORLÉANS, D'APRÈS LES ALLEMANDS.

Plus avait été grande la joie des habitants d'Orléans lorsque les Bavarois furent forcés d'évacuer la ville devant les forces supérieures de l'armée de la Loire, et plus les Français avaient fondé d'espoir de succès sur la force de leur armée nationale, d'autant plus grand fut le deuil, lorsque le 5 décembre, les troupes allemandes, après une absence d'à peine un mois, rentrèrent par trois côtés dans la ville, et d'autant plus profondément fut abattu l'esprit public, lorsque cette nombreuse armée, « l'orgueil, le dernier espoir et salut de la France, » dut battre en retraite plus au sud. Ce que retraite signifie, les Français le savent très-bien, et il se

M. Jules Ferry, maire de Paris et membre du gouvernement de la défense nationale.

pourrait qu'il fût difficile, même à la fabrique de Bulletins de victoires de Tours, de faire prendre à ses concitoyens cette retraite pour une victoire.

Dès l'aube, le 5 décembre, commença le défilé de nos troupes composées d'une partie de l'armée du grand-duc de Mecklembourg-Schwerin, qui avait pris ses quartiers à l'hôtel d'Orléans, des 9e et 3e corps d'armée. Le quartier général de ce dernier était dans le palais de l'évêque Dupanloup. Le même jour et le lendemain, il se forma devant l'hôtel de l'évêque des groupes nombreux, dont on s'explique les mines sombres et les propos à mi-voix par l'erreur où était le peuple que l'évêque était retenu prisonnier.

La garde était fournie par les postes du quartier général, et ce dernier étant parti d'Orléans, les postes étaient restés pour garder l'ambulance établie dans le palais épiscopal.

Le prince Frédéric-Charles avait établi son quartier général à la préfecture. Le colonel Leuthans, inspecteur de la 3e inspection de pionniers à Coblentz, appartenant à l'état-major du commandant en chef, fut nommé au commandement d'Orléans. Plus le jour avançait, plus nos troupes, qui faisaient leur entrée musique en tête, remplissaient cette ville sur la Loire, tant de fois assiégée dans le cours des siècles et dont les destinées furent toujours et sont maintenant encore liées à celles de Paris.

Avec nos bataillons s'augmentait aussi à chaque heure le nombre des prisonniers, et même avec une progression tellement rapide qu'on ne trouvait plus dans la ville d'endroit pour les mettre, et qu'on fut obligé d'avoir recours à la cathédrale; on ne voulait pas les faire bivouaquer par le froid devenu si vif dans les derniers jours que la Loire charriait. Dans les deux jours de combat, des détachements entiers avaient été dispersés dans la forêt d'Orléans; ils furent enlevés en voulant en sortir et amenés dans la ville.

Mais c'était une tâche difficile de trouver des vivres pour ces masses : la mairie dut être requise par le commandant et fit un appel aux habitants pour des dons volontaires destinés à l'entretien de nos prisonniers. Ces dons ne semblent pas arriver abondamment. A juger de la contenance générale et des propos de la population, elle était mal disposée contre cette armée, réputée invincible encore quelques jours avant; elle lui en voulait d'avoir si subitement laissé confondre les espérances de la France et la confiance d'Orléans, qu'un soldat allemand ne foulerait plus les rues de la ville que comme prisonnier de guerre. C'est pour les mêmes motifs que la population ne manifesta pas de meilleures dispositions à nos troupes. Les plaintes abondèrent sur des refus faits aux soldats de ce qui leur est dû par les prescriptions légales.

Tout le jour et jusque dans la nuit, la mairie fut positivement assiégée de plaignants des deux partis.

A ceci s'ajoute que toutes les boutiques étaient fermées lors de l'entrée de nos troupes et que celles-ci ne purent même, pour de l'argent, se procurer ce qui leur était nécessaire. Sur l'ordre du commandant, toutes les boutiques durent être ouvertes à partir du 6. Beaucoup de maisons étaient fermées et lorsqu'elles furent ouvertes sur l'ordre des autorités pour le logement des troupes, les soldats ne trouvèrent que des locaux abandonnés, et rien pour leur entretien.

Les habitants des villes que nous avions traversées jusqu'ici s'étaient enfuis quelques jours avant vers Orléans. La fuite est la plus mauvaise mesure que les indigènes puissent prendre vis-à-vis de nos troupes. Il serait de beaucoup plus avantageux pour eux d'attendre l'ennemi sur le seuil de leurs maisons. L'expérience nous prouve que les Français laissent partir leurs hôtes importuns avec beaucoup plus d'aménité qu'ils ne les ont reçus. Le 6 décembre, à midi, le 10e corps, qui s'était avancé le 4 vers Chevilly, entra dans Orléans.

Le prince Frédéric-Charles avait pris position sur la place du Martroi pour faire défiler les troupes qui, dans les derniers jours de novembre, s'étaient si brillamment conduites sous leur général de Voigts-Rhetz. Les Français prennent à ces scènes militaires plus d'intérêt que ne laisserait présumer l'état abattu et peu amical des esprits. Une foule nombreuse entoure la place à l'approche des compagnies et des escadrons prussiens, et suit avec une attention soutenue le commandement de leurs officiers.

Dès le premier jour de sa retraite vers le sud, l'ennemi a été poursuivi avec toutes les forces disponibles.

N° 3.

DÉPÊCHE DE GAMBETTA.

Tours, 5 décembre, 11 h. 55 soir.

Le ministre de l'intérieur aux préfets et sous-préfets.

Après les divers combats livrés dans les journées des 2 et 3 décembre, qui avaient causé beaucoup de mal à l'ennemi, mais qui, en même temps, avaient arrêté la marche de l'armée de la Loire, la situation générale de cette armée parut tout à coup inquiétante au général commandant en chef d'Aurelle de Paladines. Dans la nuit du 3 au 4 décembre, le général d'Aurelle parla de la nécessité qui s'imposait, suivant lui, d'évacuer Orléans et d'opérer la retraite des divers corps de l'armée sur la rive gauche de la Loire. Il lui restait, cependant, une armée de plus de 200,000 hommes, pourvue de plus de 500 bouches à feu, retranchée dans un camp fortifié de pièces de marine à longue portée.

Il semblait que des conditions essentiellement favorables dussent permettre une résistance qu'en tout cas les devoirs militaires les plus simples ordonnaient de tenter. Le général d'Aurelle ne persista pas moins dans son mouvement de retraite. Il était sur place, disait-il, il pouvait mieux que personne juger de la situation des choses. Après une délibération prise en conseil de gouvernement, à l'unanimité, la délégation fit passer le télégramme suivant, au commandant en chef de l'armée de la Loire :

« Opinion du gouvernement consulté était de vous voir tenir ferme à Orléans, vous servir des travaux de défense et ne pas s'éloigner de Paris. Mais, puisque vous affirmez que la retraite est nécessaire, que vous êtes mieux à même, sur les lieux, de juger la situation, que vos troupes ne tiendraient pas, le gouvernement vous laisse le soin d'exécuter les mouvements de retraite, sur la nécessité desquels vous insistez et que vous présentez comme de nature à éviter à la défense nationale, un plus grand désastre, que celui même de l'évacuation d'Orléans. En conséquence, je retire mes ordres de concentration active et forcée, à Orléans, et dans le périmètre de vos feux de défense.

« Donnez des ordres d'exécution, à tous vos généraux en chef, placés sous votre commandement.»

Cette dépêche était envoyée à onze heures; à midi, le général d'Aurelle de Paladines écrivait à Orléans : « Je change mes dispositions, je dirige sur Orléans le 16e et le 17e corps ; j'appelle le 18e et le 20e. J'organise la résistance. Je suis à Orléans, la Place. — Signé : d'Aurelle. »

Ce plan de concentration était justement celui ordonné par le ministre de la guerre. M. le ministre de la guerre voulut se rendre lui-même à Orléans pour s'assurer de la concentration rapide des corps de troupe. A une heure et demie, il partait par un train spécial ; à quatre heures et demie, en avant du village de la Chapelle, le train dut s'arrêter. La voie était coupée par un parti de cavaliers prussiens, qui l'avaient couverte de madriers et de pièces de bois pour entraver la marche des convois. A cette heure, on entendait la canonnade dans le lointain; on pouvait croire qu'on se battait en avant d'Orléans.

A Beaugency, où le ministre de la guerre était revenu pour prendre une voiture, afin d'aller à Ecouy, croyant que la résistance se continuait devant Orléans, il ne fut plus possible d'avoir de nouvelles; ce n'est qu'à Blois, à neuf heures du soir, que la dépêche suivante fut envoyée de Tours :

« Depuis midi, je n'ai reçu aucune nouvelle d'Orléans, mais à l'instant, en même temps que la vôtre, six heures trois minutes, je reçois deux dépêches d'Orléans annonçant qu'on a tiré sur votre train à la Chapelle ; l'autre du général d'Aurelle, ainsi conçue : « J'avais espéré, jusqu'au dernier moment, pouvoir me dispenser d'évacuer Orléans ; tous mes efforts ont été impuissants; cette nuit la ville sera évacuée. » Je suis sans autre nouvelle. »

Signé : G. DE FREYCINET.

En présence de cette grave détermination, des ordres immédiats furent donnés de Blois pour assurer la bonne retraite des troupes.

Le ministre ne rentra à Tours que vers trois heures du matin. Il trouva à son arrivée les dépêches suivantes que le public appréciera.

Orléans, 5 décembre, 12 h. 10.

Général des Pallières à Guerre.

« Ennemi a proposé notre évacuation d'Orléans à onze heures et demie soir, sous peine de bombardement de la ville. Comme nous devions la quitter cette nuit, j'ai accepté au nom du général en chef. Batteries de la marine ont été enclouées, poudre et matériel détruits. »

Secrétaire général à Intérieur.

« L'ennemi a occupé Orléans à minuit. On dit les Prussiens entrés presque sans munitions. Ils n'ont presque pas fait de prisonniers »

A l'heure actuelle, des dépêches des différents chefs de corps annoncent que la retraite s'effectue en bon ordre, mais on est sans nouvelles du général d'Aurelle qui n'a rien fait parvenir au gouvernement.

Les nouvelles reçues jusqu'à présent disent que la retraite des corps d'armée s'est accomplie dans les meilleures conditions possibles.

Nous espérons bientôt reprendre l'offensive. Le moral des troupes est excellent.

Le courrier de Paris, par ballon *Franklin*, signale des victoires sous Paris les 2 et 3 décembre. Celle du 3 surtout, a été très-importante comme résultat : nous avons combattu trois heures, dit le général Trochu, pour conserver nos positions, et cinq heures pour enlever celles de l'ennemi, sur lesquelles nous couchons. Les pertes prussiennes sont évaluées à des chiffres considérables. 400 prisonniers sont arrivés dans la journée à Paris. Les troupes ennemies, engagées le 3, étaient pourtant fraîches, il y avait environ 100,000 hommes, pour la plupart Saxons ou Wurtembergeois.

Le rapport officiel dit que les pertes de l'ennemi ont été tellement considérables que, pour la première fois de la campagne, il a laissé passer une rivière en sa présence, en plein jour, à une armée qu'il avait attaquée la veille, avec tant de violence.

La matinée du 3 a été calme ; grand effet moral produit dans Paris.

Signé : LÉON GAMBETTA.

CHAPITRE XIII

[LA FRANCE AU 31 DÉCEMBRE 1870

Le siège de Thionville. — Le siège de Phalsbourg. — L'armée de Garibaldi. — Combat de Châtillon-sur-Seine. — Combats sous Dijon. — Le général Cremer. — Combat de Châteauneuf (Côte-d'Or). — Bataille de Nuits. — La légion des mobilisés du Rhône. — Lyon après la bataille de Nuits : assassinat du commandant Arnaud. — Activité de Gambetta. — Le siège de Paris : période d'inaction. — Les vivres diminuent. — Panique dans la population. — Déclarations rassurantes du gouvernement. — Reconstitution des armées de Paris. — Seconde affaire du Bourget (21 décembre). — Héroïsme des marins. — L'intensité du froid arrête les opérations. — Surprise de la Ville-Evrard : mort du général Blaise. — Le général Clément Thomas et les gardes nationaux indisciplinés. — Bombardement des forts de l'Est et du plateau d'Avron. — L'artillerie de la garde nationale. — Évacuation du plateau d'Avron. — Les derniers jours de l'année. — Le premier janvier à Bordeaux. — Discours de Gambetta. — DOCUMENTS COMPLÉMENTAIRES.

Aux espérances si durement brisées qui avaient fait tressaillir la France pendant les premiers jours de décembre succédèrent, durant ce sombre mois, les déceptions et les épreuves les plus amères. Partout, on peut le dire, le sang coula, et partout la patrie française fut frappée et blessée. On a vu, par le rapport de M. de Chaudordy, combien l'invasion s'était faite lourde et douloureuse. Au nord, dans l'est, dans le centre, dans les forêts des Vosges et sur les bords de la Loire, la guerre s'exacerbait avec un redoublement de cruauté. La Normandie était occupée et la Bretagne menacée. L'Alsace ne résistait plus qu'avec Phalsbourg qui allait succomber, Belfort qui semblait invincible, Bitche qui devait demeurer invaincue. Thionville, bombardée, avait amené son pavillon depuis le 24 novembre.

Comme Verdun, après une vive résistance, elle était contrainte à la chute par la capitulation de Metz. Jusqu'au 13 novembre, la place qui, onze mois durant avec Wimpfen, s'était défendue jadis contre l'Autrichien, avait tenu en respect et même à distance le corps assiégeant. Mais, une fois Metz rendue, la 14ᵉ division du 7ᵉ corps d'armée allemand, sous les ordres du général von Kamecke, investissait étroitement Thionville et, après avoir en trois jours établi seize batteries (85 canons), occupé les villages environnants et fait quelques rapides travaux d'approchement, commençait impétueusement un de ces bombardements farouches, que les Prussiens se vantent d'avoir remis en usage. Vainement le commandant de place, M. Turnier, colonel de l'état-major des places, avait demandé à M. von Kamecke de laisser les enfants et les femmes quitter la ville. Comme toujours, la réponse avait été que la présence des enfants et des femmes hâterait la capitulation. Le bombardement dura deux jours. Puis, dans la nuit du 24 au 25 novembre, Thionville se rendit. Les Prussiens y trouvèrent 200 canons et 4,000 prisonniers.

Les habitants de Thionville, en entendant retentir sur le pavé de leurs rues le talon lourd des soldats allemands, se rappelaient les heures où ils attendaient anxieusement l'arrivée de l'armée de Bazaine, la délivrance, le salut. Maintenant au sommet de leurs monuments, ils allaient voir flotter ce sombre drapeau blanc et noir, qui restera sur la citadelle lorraine jusqu'au jour où une main française y replacera les trois couleurs.

Phalsbourg, qui devait succomber le 12 décembre, avait tenu dix-sept semaines (1). La fière petite ville ne se rendit que lorsqu'elle n'eut plus de vivres. Le brave soldat qui commandait la place pouvait affirmer qu'il n'avait pas capitulé ; ni le blocus ni le bombardement n'avaient intimidé la faible garnison et les habitants. Cinquante-sept maisons avaient été détruites. Les Phalsbourgeois, habitués aux bombes, eussent résisté s'ils avaient eu du pain.

(1) Au 1ᵉʳ novembre, l'investissement continuait sans grande activité.
Les Prussiens n'avaient que des pièces de 6, qui, suffisantes pour incendier la ville, étaient impuissantes contre les remparts.
La garnison, composée de 1,500 mobiles, n'avait plus à manger que du pain. Le sel même commençait à lui manquer. Mais une contrebande fort bien organisée ravitaillait tant bien que mal la vaillante petite place.

Le siège de Paris. — Combat du Bourget, le 22 décembre 1870.

« Les journaux français ont répété, écrivait alors le commandant de place, ils ont affirmé, d'après des journaux étrangers, que Phalsbourg avait capitulé. Phalsbourg n'a pas capitulé.

« Après avoir repoussé deux attaques de vive force, subi quatre bombardements, et lorsque nous avons vu que les vivres allaient nous manquer absolument, nous avons noyé nos poudres, brisé les 11,000 fusils qui se trouvaient entre les mains de nos soldats et à l'arsenal, encloué nos 65 canons et scié nos affûts.

« Le jour où le pain a manqué, nous avons ouvert nos portes, en avertissant les Prussiens que nous avions détruit tout notre matériel de guerre et que nous ne demandions rien.

« Ce n'est certes pas là une capitulation.

« *Le colonel commandant la place de Phalsbourg,*

« TAILLANT. »

Le roi de Prusse, pour honorer la garnison dont la résistance avait été virile, permit aux officiers de garder leurs épées.

Cependant, à cette même heure, Montmédy et d'autres places encore, dont nous raconterons les efforts dans notre chapitre consacré à l'armée du Nord, faisaient bonne contenance devant l'ennemi qui les assiégeait. Du côté des Vosges, presque chaque jour voyait un combat entre les Allemands et les Français. Garibaldi, dont les opérations militaires méritent une place à part, combattait avec acharnement entre Autun et Dijon. Cette dernière ville, tombée au pouvoir des Prussiens en octobre, leur était déjà disputée par les Garibaldiens. Le 19 novembre, le fils de Garibaldi, Ricciotti Garibaldi, avait surpris les Prussiens qui, au nombre de mille environ, occupaient Châtillon-sur-Seine, dans la Côte-d'Or. L'ennemi, rejeté hors de la ville, perdait 120 hommes et laissait 167 prisonniers. Il fit bientôt, revenant en force, payer cet exploit de Ricciotti aux habitants, dont il mit les demeures au pillage. Le 26 novembre, les Garibaldiens, essayant de reprendre Dijon, s'avançaient un moment jusqu'à la place Darcy; l'artillerie allemande les repoussait. Quelques jours plus tard, à Châteauneuf (Côte-d'Or), l'ancien aide de camp du général Clinchant, M. Cremer, nommé général, surprenait, le 3 décembre, une colonne prussienne qu'il eût pu, certes, entourer et écraser avec plus de décision et en suivant un plan très-sage qu'il avait repoussé *avec ironie* (1). A Châteauneuf, la 1re légion mobilisée du Rhône se distingua par sa tenue et sa martiale vigueur. Les grenadiers badois et les dragons du général Keller,

(1) Voy. *Historique de la 1re légion du Rhône*, par un officier supérieur (Lyon, 1871).

au nombre de près de 7,000 hommes, appuyés par trois batteries d'artillerie, furent repoussés par nos jeunes troupes. Le lendemain de ce brillant combat en Bourgogne, Rouen se rendait aux Allemands. Les troupes du général Briand, qui la gardaient, se retiraient sur le Havre. Dieppe allait être occupée bientôt par Manteuffel.

Les opérations du général Cremer et de Garibaldi étaient en somme heureuses, et l'ennemi redoutait assez la petite armée qui venait, à Autun et à Châteauneuf, de lui prouver sa force. Cremer, posté maintenant à Nuits, dans une position qui eût pu devenir formidable si ce jeune général eût pris soin d'occuper les véritables points défensifs, comme la Chaux et Concœur, Cremer, peu préoccupé de se protéger, discutant des plans de campagne « en plein café » (Voy. l'*Historique de la 1re légion du Rhône*), fut attaqué sans qu'il se trouvât en mesure de résister victorieusement devant Nuits. Les forces dont il pouvait disposer étaient disproportionnées avec celles que mettait en ligne l'ennemi. Les légions du Rhône, un bataillon de la Gironde, le 32e de marche, 12,000 hommes en tout, avec 24 bouches à feu, allaient tenir contre les 25,000 hommes et les 60 canons du général Werder. Le soir du 17 décembre, le colonel Bourras, venu à Nuits, avait offert ses soldats au général Cremer, qui lui donna l'assurance de pouvoir se suffire avec les troupes dont il disposait.

Le combat fut rude devant Nuits. Ce ne fut que devant le nombre et comme sous le poids de l'ennemi qu'on abandonna le terrain. Le 32e de marche lutta en désespéré et les légions du Rhône se mesurèrent corps à corps avec l'ennemi dans les tranchées du chemin de fer. A trois heures et demie les munitions étaient épuisées et le commandant Clot, qui avait pris le commandement de la 1re légion vers deux heures, au moment où tombait mortellement frappé le colonel Celler, demandait vainement au général Cremer, — resté en ville, — les caissons de cartouches en réserve au parc d'artillerie. Les cartouches n'arrivant pas, on battit en retraite. La nuit était venue; les obus allemands tombaient déjà sur la ville. Mais, si nous perdions Nuits, le plateau de Chaux, vainement attaqué par les ennemis, nous restait et nous assurait la liberté de la retraite, soit sur Beaune, soit sur Autun. Du côté de ce plateau, toutes les attaques de l'ennemi avaient été victorieusement repoussées. A huit heures du soir, le général Cremer n'en donna pas moins l'ordre d'abandonner cette magnifique position.

La bataille de Nuits nous coûtait 1,200 hommes environ, dit M. Freycinet, mais l'historien de la 1re légion de mobilisés du Rhône porte à 1,200 pour sa légion seule le total des pertes. On évalue à 4,000 le nombre des Allemands mis hors de combat, et, parmi les nombreux officiers blessés, on citait le général von Glümer et le prince Guillaume de Bade. Le général de Werder parle, dans sa dépêche, de la *bravoure extraordinaire* de ses Badois. Nos soldats avaient, un contre deux, lutté avec au moins autant de courage. Les mobiles de la Gironde, commandés par M. de Carayon-Latour, s'étaient, comme les Lyonnais, battus avec une intrépidité rare.

L'affaire de Nuits eut à Lyon un retentissement terrible. Le bruit se répandit dans la rude et laborieuse cité que les légions lyonnaises avaient été littéralement massacrées dans le combat du 18 décembre. Au club Valentino, à la Croix-Rousse, un orateur affirmait, le lendemain, que les mobiles lyonnais avaient été écrasés « sous les yeux de la troupe qui les a laissé massacrer ». Le soupçon éternel de trahison passa dans ces esprits faciles à l'entraînement, prompts à la fièvre, comme tous ceux qui souffrent. Des meneurs, exaltant le sentiment de la foule, poussèrent aussitôt à un soulèvement immédiat. Le tocsin fut sonné et on résolut de chasser de l'Hôtel de ville le préfet, M. Challemel-Lacour, et d'y installer la Commune révolutionnaire. Un républicain vaillant, chef d'atelier estimé, un citoyen que l'empire honorait de sa haine, le digne commandant du 12° bataillon de la garde nationale, Antoine Arnaud, refusant d'entrer dans la salle Valentino où se préparait la manifestation et le coup de main contre l'Hôtel de ville, fut hué, arrêté et traîné par des lâches armés et des femmes qui lui crachaient au visage jusque dans la salle où un simulacre de jugement condamna à mort ce patriote qu'on mena jusqu'au Clos Jouve, tenu au collet par Deloche et suivi par des femmes dont l'une portait un drapeau rouge, l'autre un drapeau noir. Arrivé à l'endroit où il devait mourir, Arnaud ôta sa tunique déchirée, son gilet, découvrit sa poitrine, et, faisant face au peloton de ses bourreaux : « Accomplissez votre mission, dit-il en jetant son képi en l'air, et *vive la République!* » Il cria encore trois fois : « *Vive la République!* » puis fut frappé de plusieurs balles. Il ne tomba qu'au troisième coup la face contre terre et se débattant dans une agonie qui faisait crier à la foule : « *Achevez-le!* » et à quelques-uns : « *Grâce! grâce!* »

Il y avait là des milliers de personnes, des femmes, des mères. Arnaud ne fut point sauvé. Il mourut fusillé, assassiné. La ville de Lyon se sentit atteinte par les balles qui avaient tué cet honnête homme. Durant l'enterrement civil du commandant Arnaud, le drapeau noir fut hissé sur l'Hôtel de ville. La garde nationale de Lyon et des détachements de troupes suivaient le cercueil où l'on pouvait voir les insignes de compagnon ferrandinier joints aux insignes maçonniques. Les trois enfants d'Antoine Arnaud furent adoptés par la cité de Lyon. M. Gambetta, qui revenait d'inspecter l'armée de Bourbaki, assista aux funérailles de ce patriote victime d'une indigne furie.

Gambetta déployait alors une activité singulière que les partis les plus divers lui ont reprochée depuis. Les esprits extrêmes ne lui ont point pardonné sa juste rigueur contre les excès ; les rétrogrades lui ont fait un crime de ses sévérités contre les généraux irrésolus. M. Félix Pyat devait attaquer en lui le ministre de l'intérieur, M. d'Aurelle de Paladines devait blâmer en lui le ministre de la guerre. Gambetta procédait en effet par mesures graves.

Le général Kersalaün était destitué (27 novembre) pour avoir abandonné Évreux que les Prussiens avaient occupé le 19 après une courte canonnade. La démission de MM. de Kératry et Carré-Kérisouët était acceptée ; le général Gougeart prenait le commandement de l'armée de Bretagne.

En même temps treize camps d'instruction, créés par un décret de la délégation du gouvernement de la défense nationale, en date du 26 novembre 1870, étaient organisés à Saint-Omer, Sathonay, Pas-des-Lanciers, Montpellier, Toulouse, La Rochelle, Bordeaux, Nevers, Clermont-Ferrand, Cherbourg ou Sortosville, Conlie (près du Mans), en Bretagne et au Havre. Tous ne devaient point servir, et quelques-uns d'ailleurs étaient mal situés, entre autres le camp de Conlie, qui ne devait être qu'un lac de boue. Mais ces créations témoignaient d'une véritable et fébrile activité. A ce moment, Gambetta poussait l'illusion jusqu'à télégraphier de Bourges, où se reformait cette armée de Bourbaki dont il allait lancer bientôt sur l'est les cent mille hommes : « L'armée de la Loire est loin d'être anéantie, elle est séparée en deux armées d'égale force.

« *Le mouvement de retraite des Prussiens s'est accentué.* Ils paraissent las de la guerre. Si nous pouvons durer, et nous le pouvons si nous le voulons énergiquement, nous triompherons d'eux. Ils ont déjà éprouvé des pertes énormes, suivant des rapports qui m'ont été faits; *ils se ravitaillent difficilement.* Mais il faut se résigner aux suprêmes sacrifices, ne pas se lamenter et lutter jusqu'à la mort.

« A l'intérieur, l'ordre le plus admirable règne partout.

« Le gouvernement de la défense nationale est partout respecté et obéi. »

Tandis qu'en province l'invasion, malgré ces rassurantes dépêches, faisait des progrès quotidiens, dans Paris la situation devenait, pour les assiégés, de plus en plus grave. Chaque jour voyait diminuer les ressources dont pouvait disposer la défense. A la tentative de sortie du côté de la Marne avait succédé une période d'inaction vraiment trop prolongée. Il semblait que Paris, réduit à se tenir sur l'expectative, attendait patiemment que la famine eût fait son œuvre. La population parisienne, déjà affaiblie par mainte privation, réduite à une nourriture insuffisante, voyait approcher avec effroi le moment où les vivres manqueraient. Les vivres faisant défaut, c'était la capitulation qui succédait douloureusement à tant d'espoirs si chèrement caressés et à tant de souffrances si noblement supportées. Aussi, tandis que des optimistes soutenaient, affirmaient que Paris avait assez de vivres pour tenir jusqu'au mois de mars, bien des gens, pris de panique, se précipitaient parfois vers les boulangeries et faisaient croire, par des approvisionnements exagérés, que les vivres allaient manquer subitement. Il se produisit ainsi, le 11 décembre, dans divers quartiers, des mouvements désordonnés, et l'effroi poussa vers les boulangeries des foules qui croyaient n'avoir plus qu'un morceau de pain à dévorer. On vit alors ce que peut produire de fièvre impatiente cette chose affreuse qu'on appelle *la faim*. Le gouvernement dut, par deux fois, répondre par des avis au public et, pour faire cesser l'inquiétude qui pouvait être fatale à la défense et dont l'ennemi, pressé aux portes de Paris, pouvait profiter, il alla jusqu'à affirmer, qu'on était « encore fort éloigné du terme « où les approvisionnements deviendraient insuf- « fisants. »

Le 12 décembre, le gouvernement s'exprimait ainsi dans une affiche *aux habitants de Paris* :

« Hier, des bruits inquiétants répandus dans la population ont fait affluer les consommateurs dans certaines boulangeries.

« On craignait le rationnement du pain.

« *La consommation du pain ne sera pas rationnée.*

« Le gouvernement a le devoir de veiller à la subsistance de la population : c'est un devoir qu'il remplit avec la plus grande vigilance. *Nous sommes encore fort éloignés du terme où les approvisionnements deviendraient insuffisants.*

« La plupart des siéges ont été troublés par des paniques. La population de Paris est trop intelligente pour que ce fléau ne nous soit pas épargné. »

Deux jours après, le gouvernement tenait à revenir sur ces déclarations et assurait que « rien ne faisait prévoir que la quantité de pain quotidiennement vendue dût être diminuée ». Il n'y aura de différence, ajoutait-il, que pour la qualité. Quant à la viande, *elle ne manquait pas*. « Le pain et la viande, c'est-à-dire la double base de l'alimentation, sont assurés. » Ces affirmations répétées avaient le tort d'entretenir dans le public une confiance que l'avenir devait démentir cruellement. Il faut cependant reconnaître que la vérité ne pouvait être dite à une population aussi nombreuse, aussi impressionnable et déjà si profondément surexcitée par les souffrances. Mais si la confiance était grande encore, combien allait être profond le désespoir, quand on allait apprendre que ces approvisionnements *assurés* ne l'étaient que pour un mois ! La dure réalité allait d'ailleurs démentir bien vite ces promesses et, quelques jours à peine après la publication de l'affiche qui disait : « La consommation du pain ne sera pas ra- « tionnée », Paris allait, au contraire, se trouver réduit au rationnement, sans compter que le pain devait peu à peu en venir à n'être plus qu'une sorte de pâte agglutinée où la paille entrait pour son propre poids. Le pain bis allait commencer, puis le pain noir pour en arriver à ce pain étrange dont Paris s'est nourri, sans grimace, pendant les derniers jours du siége.

Nous aurons l'occasion de reparler de cette question de l'alimentation, compliquée d'ailleurs par le manque de bois qui redoublait la souffrance publique, lorsque nous raconterons les suprêmes semaines. A ce moment, les nouvelles meules, installées pour broyer le blé, à la gare d'Orléans, à la gare du Nord et à l'usine Cail, fournissaient encore un aliment convenable. Mais chaque journée écoulée voyait diminuer dans des proportions considérables les approvisionnements parisiens. Se figure-t-on, en effet, quelle quantité énorme de vivres une population aussi nombreuse doit engloutir quotidiennement ! Aussi bien, qu'importait que M. Magnin déclarât à la réunion des maires que Paris avait encore, au 15 décembre, 10 millions de kilogrammes de riz, 1,800,000 kilogrammes de pois cassés et haricots, sans compter la graisse et le fromage ? L'heure approchait néanmoins où le colosse Paris aurait fait disparaître cet amoncellement de denrées. Ne pouvant atteindre au cœur la grande ville, l'ennemi la frappait à l'estomac.

Paris recevait pourtant, depuis les combats de Loigny et d'Artenay, des nouvelles peu rassurantes des armées de province. Mais telle était sa foi que rien ne pouvait l'entamer. Le mot d'ordre était toujours le même en décembre comme en septembre et un esprit des plus modérés, M. Vitet, réfléchissait alors les pensées de tous en publiant dans la *Revue des Deux-Mondes* des *Lettres sur le siège de Paris* qui prouvent que l'esprit public tout entier, même le moins pris d'humeur belliqueuse, poussait à la résistance et ne voulait accepter une paix qu'avec l'intégrité de notre territoire national. « *Le Times* a raison, écrivait M. Vitet, jamais il ne sera la paix si notre France est mutilée. Ne sentez-vous pas jusqu'au fond de vous-même l'effrayante vérité de cette prophétie ? Je croyais aimer mon pays quand il était prospère et respecté, mais de

VERSAILLES PENDANT LA GUERRE. — Proclamation de l'empire d'Allemagne dans la galerie des glaces.

quel amour tout autre je me sens pris pour lui depuis qu'on le menace de cette flétrissure ! » Ainsi, rien n'avait abattu, rien n'avait diminué la résolution de Paris.

Le gouverneur de Paris, pour s'excuser de n'avoir pas mis avant le 19 janvier cette résolution à profit, dira que l'armée se trouvait, depuis les combats du 30 novembre et du 2 décembre, désorganisée et qu'il fallait procéder en quelque sorte à sa reconstitution. Le 1er corps de la 2e armée fut dissous et la division de Malroy, dont les pertes avaient été sérieuses, fut en partie dirigée sur la 3e armée; la 2e division (de Maudhuy) passa au 3e corps de la 2e armée et la 3e division (Faron) fut versée dans la 3e armée. L'armée de Ducrot ne compta plus dès lors que six divisions d'infanterie et une assez faible division de cavalerie.

Dans un ordre du jour, inséré au *Journal officiel*, et que nous publierons à la fin du siége de Paris, le général Trochu allait bientôt faire connaître par leurs noms les braves qui, dans ces divers corps, s'étaient distingués et méritaient d'être mis en lumière. On fera bien de lire attentivement ce document, un des plus curieux de la campagne.

Cependant l'armée était réorganisée, ses cadres reformés et le gouverneur de Paris n'agissait pas. Il préparait, il est vrai, une expédition qui était mieux faite que les précédentes pour nuire à l'ennemi et qui, engagée trop peu à fond, ne réussit pas plus que les précédentes. Sortant, cette fois, par le nord de Paris, le général Trochu semblait vouloir répondre par une opération militaire aux mouvements de l'armée de Faidherbe qui combattait vers Amiens ; il paraissait, du moins, essayer d'envelopper les bois de Bondy, en attaquant à la fois le Bourget et la Ville-Évrard, de se diriger ainsi sur Chelles, puis, se retournant vers Montfermeil, de jeter l'armée ennemie, brusquement coupée, hors de ses retranchements. Chelles et Gournay une fois en notre pouvoir, nous avions intercepté le chemin des convois prussiens. Cette opération, bien conçue, fut mollement exécutée. Le colonel Rüstow donne au surplus une des causes malheureusement exacte de nos échecs : « Le peu de mobilité des masses françaises qui, dit-il dans sa *Guerre des frontières du Rhin* (1), obligeait les chefs supérieurs à s'occuper des plus petits détails, avait nécessairement pour conséquences que les troupes françaises devaient toujours être mises en mouvement de très-bonne heure, ce qui n'avait jamais lieu sans beaucoup de bruit, de sorte que les Prussiens étaient toujours promptement informés des grands mouvements, et que les troupes françaises étaient très-fatiguées par les seuls préparatifs de ces mouvements. » Il faudrait ajouter à cette cause le manque de vigueur, d'audace de nos généraux. Quoi ! dépenser un si long temps pour une opération si modestement accomplie ! Et cela, lorsque le temps était la vie même de la patrie, lorsque le blé, l'orge, le riz diminuaient si rapidement ! On ne conçoit pas une telle lenteur, une placidité si irritante.

Dès le 20 décembre, les Allemands étaient d'ailleurs parfaitement avertis qu'ils allaient être attaqués bientôt. Les portes de la ville étaient fermées depuis le lundi 19, et, en outre, dans l'après-midi du 20 novembre, l'amiral La Roncière déployait ses troupes dans les environs d'Aubervilliers, et Ducrot portait les siennes à droite, vers Bobigny. La garde prussienne, se mettant aussitôt sur la défensive, massait sa 1re division au Blanc-Mesnil, sur la route de Gonesse à Aunay, tandis que la 2e se tenait prête à l'appuyer. Les avant-postes allemands allaient de Pierrefitte au Bourget, par Stains.

Dans la nuit du mardi 20 au mercredi 21, tandis que le canon des forts tonnait, on battait le rappel dans les rues de Paris, et les bataillons de marche de la garde nationale allaient prendre, au dehors, leurs postes de bataille. Au petit jour, les voitures d'ambulance, massées à l'angle de la rue de Flandre et du canal de l'Ourcq, partaient, en suivant la route de Flandre, pour un des lieux du combat. L'action était déjà engagée, du Mont-Valérien à Nogent, avec Stains, le Bourget, Drancy, Bondy, Neuilly-sur-Marne et la Ville-Évrard pour points principaux. Le général Ducrot commandait à Drancy et Vinoy du côté de la Marne. Le gouverneur dirigeait l'ensemble des opérations.

L'attaque de Stains, faite bravement à la baïonnette par les mobiles de la Seine, qu'on lançait contre les murailles, montra qu'on pouvait beaucoup espérer du juvénile courage des troupes. Mais là, comme au Bourget, l'artillerie canonna pendant trop peu de temps, et l'ennemi reçut nos soldats par des salves de mousqueterie qui les rejetèrent dans leurs lignes. Le Bourget était attaqué, en même temps, à six heures du matin, sur sa droite, par un bataillon de marins, renforcé d'un détachement du 138e de ligne, sous les ordres du capitaine de frégate Lamothe-Tenet et, de face, par le 134e, précédé des francs-tireurs de la presse. Les marins, avec cette intrépidité que cette rude guerre a faite légendaire, eurent bientôt enlevé le cimetière, et, la carabine en bandoulière, la hache à la main, ils s'élancèrent sur les maisons comme à l'abordage. Tandis que quelques-uns d'entre eux emmenaient au fort les cent prisonniers de la garde royale prussienne qu'ils venaient de faire, les autres poursuivaient de rue en rue les Prussiens jusque près de l'église, au centre même du village. Il aurait fallu que l'attaque, dirigée au même mo-

---

(1) Tome II, p. 173. Traduction du colonel S. de Larclause.

ment par la route dite de Lille, et qui va d'Aubervilliers au Bourget, aboutit, pour que ces braves matelots arrivassent à se maintenir dans les maisons si bravement conquises. Malheureusement, les francs-tireurs de la presse et le 134°, fusillés du haut des maisons et du fond des caves, après avoir traversé le chemin de fer, emporté les premières maisons du Bourget et pénétré dans la Grande-Rue, avaient dû se replier sous une pluie de feu, de balles et de boulets. C'est alors qu'on fit venir, pour démolir le grand mur blanc du Bourget, notre artillerie de réserve. Placées à gauche de la route, en avant de la fabrique démolie, où l'on avait transporté les premiers blessés, et à peu près à la hauteur de la Suiferie, nos batteries ouvrirent sur le Bourget un feu terrible ; les obus éclataient derrière la muraille blanche contre laquelle étaient venus se heurter nos soldats; dans le parc, l'ennemi avait établi, lui aussi, ses batteries qui ripostaient aux nôtres. L'objectif de nos artilleurs était à la fois le mur et l'église. Dans cette atmosphère chaude et rouge de la canonnade, les yeux fixés sur le Bourget, où chaque coup de canon crevassait une muraille, les mobiles, massés derrière la Suiferie, attendaient, prêts à marcher, le signal de l'attaque. Les drapeaux des ambulances de la presse flottaient dans la fumée. Nul ne croyait en ce moment que le combat pût être fini.

La lutte continuait en effet à Drancy. De ce côté, les mitrailleuses françaises tenaient en respect les colonnes prussiennes et les faisaient reculer. Là encore nos soldats occupaient Groslay, tandis que le fort de l'Est contraignait à se taire les batteries ennemies de Pont-Iblon et de Blanc-Mesnil. Sur la droite, pendant le même temps, Vinoy enlevait Neuilly-sur-Marne, la Ville-Évrard et la Maison-Blanche. Protégé par l'artillerie de marine du plateau d'Avron, il s'approcha même de Chelles, dont les batteries étaient aussi réduites au silence et qu'on eût pu assurément attaquer et peut-être enlever avec un peu d'audace. Le feu du plateau d'Avron protégeait en effet notre infanterie. Mais on n'osa se risquer et, le soir venu, on s'en tint à ces minces avantages.

Le général Noël, tandis qu'on attaquait le Bourget, avait fait sur Montretout, Buzenval et Longboyan, une démonstration qui nous assura la possession de l'île du Chiard. C'était peu de chose, tandis qu'au Bourget nos pertes avaient été grandes. Nous avions surtout à déplorer la mort de beaucoup de ces marins qui se montraient plus que personne dignes de la vieille gloire française. Maîtres d'une partie du Bourget, ils s'étaient battus comme des lions avant d'en sortir. On avait vu une enseigne de vaisseau, M. Caillard, cerné dans une maison avec quinze de ses hommes, forcer les Prussiens à démolir les murailles pour triompher de leur résistance. Les marins postés, blottis et fortifiés dans les maisons arrachées à l'ennemi, demeurèrent là trois heures attendant qu'on les secourût. Chaque fois qu'un tirailleur prussien se montrait de leur côté, les fusiliers répondaient par un coup de carabine. A un moment donné, entendant des cris, ils espérèrent que c'était la troupe de ligne qui accourait.

Un des officiers, M. Bouisset, sort la tête pour regarder. Deux balles au front l'étendent raide. Ce n'était pas la ligne. Presque en même temps, des obus, des obus d'Aubervilliers, des obus français, tombent sur les toits du Bourget et les crèvent. Les marins descendent dans les caves et font feu par les soupiraux. Mais alors les Prussiens arrivent en masse. Il faut battre en retraite. Ces intrépides trouent des murailles, passent à travers les brèches ainsi faites ; et poursuivis par la canonnade et la fusillade prussiennes, beaucoup parviennent à regagner les lignes françaises, quelques-uns en suivant le ruisseau gelé de la Molette.

La journée était inutile, c'est-à-dire perdue, et le rapport militaire mettait cet insuccès sur le compte *d'une brume intense très-gênante pour l'action de notre artillerie*, brume qu'en vérité nous n'avons pas aperçue sur le terrain de l'action, et qui n'existait que dans l'imagination des chefs (1).

Le lendemain du jour où l'on entamait cette campagne, tant de fois désastreuse, du Bourget, une note officielle annonçait à la population que la journée du 21 décembre n'était que le commencement d'une série d'opérations. « *A l'heure où nous écrivons*, ajoutait la note, *le général, gouverneur de Paris, a réuni les chefs de corps, pour se concerter avec eux sur les opérations ultérieures.* » Malheureusement rien ne sortit de ce concert d'officiers.

Le général Trochu a expliqué ainsi dans son discours sur le *Siége de Paris*, le but de cette journée :

« Je méditais une entreprise nouvelle ; j'étais désespéré de ne voir de l'ennemi que ses canons. J'ai espéré pouvoir faire mesurer mon infanterie avec celle de l'ennemi, de là l'origine de la bataille livrée près de la Ville-Évrard et du Bourget, le 21 décembre. »

« Cette fois encore, l'ennemi ne nous opposa que son artillerie, et le soir de cette journée difficile, où nous ne pûmes joindre l'ennemi et où nous eûmes à lutter contre un froid glacial, je constatai dans les tranchées 900 cas de congélation : c'était plus que ne pouvaient en supporter nos soldats improvisés. »

Le froid fut en effet terrible après la journée du 21 décembre, et les soldats, les pieds sur la terre

---

(1) Nous étions aux côtés des pointeurs de la batterie d'artillerie qui tirait sur le Bourget et nous lisions à l'œil nu, sur le mur blanc du Bourget, les lettres de cette enseigne : *Parfumerie Mailly*.

gelée, souffrirent horriblement de l'abaissement subit de la température. Mais il n'est pas exact de dire, comme l'affirme un des chroniqueurs du siége de Paris, M. Francis Wey, et comme le général Trochu le laisse entendre, il n'est pas vrai que les soldats demandaient à ne plus combattre. La journée du 21 décembre avait prouvé, une fois de plus, qu'il y avait parmi les défenseurs de Paris des éléments énergiques dont on pouvait tirer parti.

Un événement inattendu et tragique, une surprise que la plus vulgaire prudence pouvait éviter, montra bientôt qu'elle était l'incurie éternelle de nos chefs. Depuis le 21 décembre nous occupions, comme nous l'avons dit, la Ville-Évrard, et nous n'avions pas pris le soin de faire fouiller de fond en comble les maisons où nous nous étions établis. Dans la nuit du 21 au 22, vers minuit, le général d'artillerie Blaise, entouré de ses officiers, se réchauffait à un grand feu allumé à quelques pas de la Ville-Évrard. On devisait sur les événements du jour et les probabilités du lendemain. Tout à coup les sons perçants d'une corne prussienne mettent en émoi la petite troupe du général. On court aux armes, quant une décharge, dirigée par des mains invisibles, vient jeter la mort dans nos rangs. Les officiers tombent, et, parmi eux, le général Blaise, tué sur le coup et presque à bout portant. Les Saxons avaient été vraiment oubliés dans les caves de Ville-Évrard, et ils tiraient par les soupiraux. Les caves furent aussitôt cernées et la plupart de ces hommes massacrés.

Le corps du général, dont une balle avait traversé la poitrine, fut transporté au Grand-Hôtel. Le général Blanchard vint le soir même revoir une fois encore le visage maintenant muet de son compagnon d'armes. Il avait les larmes dans les yeux. « Pauvre ami ! » dit-il, puis en tordant sa grosse moustache grise : « Voilà, avec Guilhem, le second que me tuent ces misérables ! »

Le général Blaise, né à Saint-Mihiel, était parti comme engagé volontaire et avait gagné tous ses grades à la pointe de l'épée.

L'expédition avortée du 21 décembre ne démontrait donc qu'une fois de plus le peu de vigilance des chefs supérieurs. En revanche, elle avait mis en lumière la ferme attitude de ces gardes nationaux que les troupiers appelaient dédaigneusement les *à outrance* ou les *trente sous*. Avant peu, les gardes nationaux allaient montrer leur courage. Et le 26, trois bataillons de gardes nationaux chassaient les ennemis du parc de la Maison-Blanche ; l'artillerie de la garde nationale envoyée au plateau d'Avron, allait y recevoir bravement le baptême du feu.

Ces exemples de dévouement et cette bonne contenance des gardes nationaux devant l'ennemi, font oublier les rares cas d'indiscipline que l'on eut à relever contre les citoyens armés durant la longue période du siége. Le 6 décembre, par décret du gouvernement de la défense, le bataillon dit des tirailleurs de Belleville était dissous, et Flourens, qui l'avait organisé, se faisait arrêter dans des circonstances qui le faisaient appeler par M. Delescluze, dans le *Réveil*, « l'enfant terrible de la démocratie ». Le vieux tribun ne pardonnait point sa légèreté impatiente au jeune chercheur d'aventures. Quelques jours après, sur la proposition du général Clément Thomas, le commandant Leblois, du 200ᵉ bataillon de la garde nationale, était révoqué, et cette lettre du commandant en chef de la garde nationale au gouverneur de Paris, était rendue publique.

Paris, 16 décembre.

« Monsieur le gouverneur,

« Le 200ᵉ bataillon est sorti aujourd'hui de Paris pour aller occuper les avant-postes de Creteil. Je reçois de M. le général commandant supérieur à Vincennes la dépêche suivante :

« Chef de bataillon du 200ᵉ ivre ! la moitié au « moins des hommes ivres ! Impossible d'assurer le « service avec eux. Obligation de faire relever « leurs postes. Dans ces conditions, la garde na-« tionale est un danger de plus. »

« J'ai l'honneur de vous demander la révocation du chef de bataillon Leblois, commandant le 200ᵉ bataillon.

« Veuillez agréer, monsieur le gouverneur, etc.

« CLÉMENT THOMAS. »

Approuvé :
Le gouverneur de Paris,
GÉNÉRAL TROCHU.

C'est ce désir d'introduire une discipline, même énergiquement sévère, dans la garde nationale, dont on fit plus tard un crime à Clément Thomas. Les journaux radicaux désapprouvèrent ces mesures qui partaient cependant d'un sentiment de viril devoir. La moindre infraction à la tempérance ou à l'obéissance est en effet doublement coupable devant l'ennemi. Le devoir fait partie du patriotisme. Clément Thomas ne voulait pas une faiblesse dans la troupe qu'il avait l'honneur de commander (1).

La garde nationale devait, au surplus, je le répète, prouver en toute fierté que ses chefs avaient raison de lui demander du sacrifice et de la discipline. Une partie de son artillerie avait été envoyée à Rosny et au plateau d'Avron. Ce plateau

---

(1) A propos de cette lettre à M. Trochu, le *Rappel* disait alors : « Le général peut être *Thomas*, mais il n'est pas *Clément*. »

Le siège de Paris. — Grossissement et transcription des dépêches microscopiques arrivées par pigeon.

que nous occupions depuis plus de vingt jours, avait été à peine mis en état de défense. Les marins, postés là, y avaient construit des abris ; mais, par une impardonnable négligence, M. le colonel Stoffel qui, dans ses *rapports* sur l'organisation militaire de la Prusse, avait fait preuve d'une si grande clairvoyance et qui commandait l'artillerie au plateau d'Avron, n'avait rien tenté, rien essayé pour mettre cette formidable position à l'abri d'un bombardement. Pas une casemate, pas un ouvrage fortifié. Les Prussiens pouvaient canonner ce point facilement. Le 24 décembre, M. Trochu se contentera de déclarer que la *terre est toujours rebelle au maniement de la pioche*. Mais si, à la fin de décembre, la gelée rendait les travaux difficiles, en était-il de même vers le commencement du mois et fallait-il laisser passer tant de jours dans une impardonnable inaction ?

Le 27 décembre, à sept heures du matin, l'ennemi démasqua brusquement contre la partie nord du plateau et contre les forts de l'est, de Noisy à Nogent, de fortes batteries de siège, composées de pièces à longue portée. Trois batteries au Raincy, trois batteries à Gagny, trois batteries à Noisy-le-Grand, trois batteries au pont de Gournay faisaient feu sur Rosny, et les soixante-seize canons prussiens envoyaient de toutes parts des obus qui, rasant le plateau, nous firent essuyer des pertes vraiment sensibles. Un peu moins violent dans la matinée du 28 décembre, le feu des Allemands devenait très-vif dans l'après-midi et la soirée. Nos pièces de marine ripostaient, tirant de Bondy, près du canal, et les canons des forts prenaient part à ce duel formidable d'artillerie. Mais nos pièces, moins puissantes que les canons Krupp, durent renoncer à faire feu, et le plateau fut abandonné pendant la nuit. Nous ramenions en arrière des forts, et à peu près intactes, les 74 pièces d'artillerie qui s'y trouvaient, et l'ennemi, dans son télégramme officiel du 30, prétend néanmoins avoir trouvé, le 30, sur le plateau d'Avron, de grandes quantités de munitions d'artillerie et deux pièces de 24 encloués. Il est vrai qu'il estime à 17 le nombre de nos officiers tués ou blessés pendant ce bombardement, ce qui est exagéré. Il n'en est pas moins vrai que nos postes avancés étaient évacués et que nos forts ne pouvaient riposter aux énormes canons allemands. Durant ces rudes journées, où la mort était reçue bravement sans pouvoir être rendue, où le péril était partout et l'excitation du combat nulle part, l'artillerie de la garde nationale et les gardes nationaux, envoyés hors Paris, supportèrent en soldats l'épreuve de cette pluie de fer. Le contre-amiral Pothuau, commandant la troisième division du corps de la rive gauche, le général de Beaufort, commandant de la 3ᵉ division de la rive droite, le vice-amiral Saisset, dans leurs rapports au gouverneur de Paris, constatent comme d'un même accord « le bon esprit, la fermeté de caractère, » (1) « le sang-froid et la solidité (2) », « la discipline » (3) de ces combattants improvisés marchant comme de vieilles troupes.

Ainsi l'année 1870 finissait sur cette canonnade, prélude du bombardement de la cité. Paris qui, pour l'an nouveau, allait en don de joyeuse année recevoir, distribués par les mairies, des haricots, du chocolat, de l'huile, Paris (ce grand enfant devenu un héros) était prêt à tout subir. Il trouvait encore, dans sa détresse, des bravos pour ses poètes, des sourires et de l'argent pour ses pauvres (4).

Cependant presque partout, dans cette malheureuse France, l'étranger promenait ses canons, enfonçait les roues de ses chars, et faisait retentir le bruit de ses sabres et le galop de ses chevaux. Qu'on se figure, comme baisser de rideau au drame lugubre de 1870, Paris plongé dans les ténèbres, sans lumière et sans pain, hérissé de

(1) Ordre du jour de l'amiral Saisset.
(2) Ordre du jour du contre-amiral Pothuau.
(3) Ordre du jour du général de Beaufort.
(4) Une vente avait été organisée, au ministère de l'instruction publique, au profit des victimes de la guerre : elle produisit en quelques heures près de 20,000 francs. Les salles du rez-de-chaussée du ministère étaient pleines à peine ouvertes, pleines à ce point, dit un journal du 24 décembre, qu'on a été à plusieurs reprises forcé de fermer les portes.
Il est curieux de placer ces petits détails dans un coin de la grande histoire. Les dames patronesses étaient mesdames Jules Simon, Évrard, Paul Meurice, Floquet, Béquet, Charles Hugo, Dorian, Vée, Balli, Duranton, Ulbach, Trotrot, Goudchaux, Magnin...
Une feuille de papier sur laquelle Victor Hugo avait écrit ce vers :

Je veux rester proscrit, voulant rester debout !

fut achetée 50 francs — par une actrice.
Un dessin de Gustave Doré : un jeune soldat du bataillon de marche qui embrasse sa jeune femme en larmes, fut adjugé pour 170 francs. Mais il y eut des traits plus typiques.
Un dindon, vivant, fut payé 250 francs ; une poule, 53 francs, les œufs de ladite poule, 5 francs la pièce ; un pied de laitue, 40 francs ; elle avait été semée et récoltée par M. Joigneaux, sur la terre de Paris républicain Enfin, un fricandeau, un vrai fricandeau frais et blanc, ne fut point trouvé cher à 35 francs, non plus que la botte de carottes pour l'accommoder à 14 francs.
Madame Jules Simon était à une « boutique » ; elle voit venir M. Dorian, et lui montre un paquet de cigares.
— Combien ?
— Cent francs.
M. Dorian accepte les cigares et présente un billet de mille francs.
Madame Jules Simon prend dans un tiroir neuf billets de cent francs, et les présente à M. Dorian — qui avait disparu sans attendre sa monnaie.
Le lendemain 25 décembre la vente continuant donnait les résultats suivants :
Un exemplaire des *Châtiments*, signé par le poète, a été acheté *trois cents francs* par M. Cernuschi.
On a donné, dit le *Rappel*, deux cents francs pour un *Christ* en buis. M. Jules Favre a donné mille francs — pour rien.
La principale vente avait été, comme toujours, celle des comestibles.
On a vendu : un litre de lentilles, 10 francs ; — deux ha-

baïonnettes, tenu à la gorge, menacé par les gueules des canons Krupp; puis, autour de Paris cette armée de Teutons, cette forêt de piques et de casques. Qu'on regarde plus loin encore : on se bat dans le nord, on brûle, on pille, on tue. Les maisons flambent, les murailles tombent, les hommes meurent. Dans la neige et la boue de décembre, Chanzy gagne le Mans à travers les terres ensanglantées du Perche. L'armée de Bourbaki s'ébranle pour marcher vers l'est. Faidherbe tient en respect l'ennemi à travers les plaines picardes où siffle le vent glacé. La Fère succombe, Amiens est pris, Montmédy se rend, Rocroy est bombardée, Mézières est en flammes (tous ces sièges partiels, nous les raconterons), des régiments aux couleurs sombres, au langage tudesque, parcourent, fouillent et ruinent nos campagnes dévastées, sans compter l'Alsace et la Lorraine qui pleurent! Voilà la fin de l'année du plébiscite et l'héritage de l'empire!

Quelles plaies! quelles douleurs! quels maux! quelle honte! Voilà en quelles circonstances sonne, lugubre et lente, la dernière heure d'une année qui avait impérialement commencé par le baise-mains de César. Voilà le dénoûment du règne, et lorsque le 1er janvier se lèvera sur la France envahie, meurtrie, souillée, saignante, lorsque les bombes continueront à pleuvoir, les blessures à s'ouvrir, les cadavres à se roidir sur la terre conquise, la patrie pourra saluer : ce seront les étrennes de la France impériale à la France républicaine!

Ce jour-là, le 1er janvier, comme pour saluer la venue d'un an nouveau qui peut-être (on le croyait) chasserait tant de douleurs, une imposante manifestation avait lieu à Bordeaux, et plus de cinquante mille personnes s'étaient réunies autour de la préfecture, où était descendu le ministre de l'intérieur et de la guerre, M. Gambetta. Deux adresses avaient été présentées aux membres de la délégation du gouvernement.

M. Gambetta prononçait du balcon de la préfecture l'allocution que voici :

« Mes chers concitoyens, à la vue de ce magnifique spectacle, en face de tous ces citoyens assemblés pour saluer l'aurore d'une année nouvelle, qui n'aurait confiance dans le succès dû à la persévérance et à la ténacité de nos efforts? succès mérité pour deux raisons : la première, c'est que la France n'a pas douté d'elle-même; la seconde, c'est que, seule dans l'univers entier, la France représente aujourd'hui la justice et le droit.

« Oui, qu'elle soit à jamais close, qu'elle soit à jamais effacée de notre mémoire, si faire se peut, cette terrible année 1870 qui, si elle nous a fait assister à la chute du plus imposteur et du plus corrupteur des pouvoirs, nous a livrés à l'insolente fortune de l'étranger! Il ne faut pas l'oublier, citoyens, cette fortune contre laquelle nous nous débattons aujourd'hui, elle est l'œuvre même des intrigues de Bonaparte au dehors. A chacun sa responsabilité devant l'histoire. C'est dans cette ville, c'est ici même que l'homme de Décembre, l'homme de Sedan, l'homme qui a tenté de gangrener la France, prononça cette mémorable imposture : « L'empire, c'est la paix! »

« Et tout ce règne subi (il faut le reconnaître pour notre propre expiation), nous sommes coupables de l'avoir si longtemps toléré, et rien, dans l'histoire, n'arrive de juste ou d'injuste qui ne porte ses fruits. Ce règne de vingt ans, c'est parce que nous l'avons subi qu'il nous faut aujourd'hui subir l'invasion étrangère jusque sous les murs de notre glorieuse capitale. Et c'est parce qu'on avait altéré systématiquement, dans ce pays, toutes les sources de la force et de la grandeur, c'est parce que nous avions perdu le ressort sans lequel rien ne peut durer ni triompher dans ce monde, l'idée du devoir et de la vertu, qu'on a pu croire un moment que la France allait disparaître...

« C'est à ce moment que la République, apparaissant pour la troisième fois dans notre histoire, a assumé le devoir, l'honneur et le péril de sauver la France.

« Ce jour-là, c'était le 4 septembre, l'ennemi s'avançait à grandes journées sur Paris; nos arsenaux étaient vides, notre armée à moitié prisonnière, nos ressources de tous côtés disséminées, éparpillées; deux pouvoirs, un pouvoir captif, un pouvoir fuyard; une Chambre que sa servilité passée rendait incapable de saisir le gouvernail... Oh! ce jour-là, nul ne contestait la légitimité de la République. Ce fut plus tard, lorsque la République eut mis Paris dans cet état d'inviolabilité sacrée, lorsqu'il fut établi que la République avait tenu sa promesse du 4 septembre, sauvé l'honneur du pays, organisé la défense et maintenu l'ordre, lorsqu'il fut démontré, grâce à la République, que la France ne saurait périr, qu'elle doit triompher, que, par elle, le droit doit finir par primer la force; ce fut alors que ses adversaires, dont elle assure aujourd'hui la quiétude et la sécurité, commencèrent à contester sa légitimité et à discuter ses origines.

« La République liée, associée comme elle l'est

---

rengs, 10 francs; — un litre de lait, 20 francs; — cinq pommes de terre, 30 francs; — un quart de gruyère, 25 francs; — un canard, 50 francs; — un coq, 35 francs; — un faisan, 70 francs; — un pigeon (acheteur : Rochefort), 100 francs.

Une terrine du pâtissier Julien, valant en temps ordinaire 5 francs : 50 francs.

Il y avait en vente des bons donnant droit, quatre fois par mois, à du chauffage, du sucre, du chocolat, de la bougie, de la graisse, du savon et une bouteille de vin.

Chacun de ces bons a été vendu 20 francs.

La seconde journée de vente avait produit 15,000 francs. Avec la recette de la veille, c'est un total de *trente-quatre mille francs*.

à la défense et au salut de la patrie, la République est hors de question, elle est immortelle.

« Ne confondez pas, d'ailleurs, la République avec les hommes de son gouvernement, que le hasard des événements a portés passagèrement au pouvoir. Ces hommes, lorsqu'ils auront rempli leur tâche, qui est d'expulser l'étranger, ils descendront du pouvoir et ils se soumettront au jugement de leurs concitoyens.

« Cette tâche, cette mission qu'il faut conduire jusqu'au bout, qu'il faut accomplir à tout prix jusqu'à l'entière immolation de soi-même, ce succès qu'il faut atteindre, sous peine de périr déshonorés, implique deux conditions essentielles : la première, la garantie et le respect de la liberté de tous, la liberté complète, la liberté jusqu'au dénigrement, jusqu'à la calomnie, jusqu'à l'injure ; la seconde, le respect par tous, amis et dissidents, du droit et de la puissance gouvernementale. Le langage doit être libre comme la pensée, respecté dans ses écarts jusqu'à cette limite fatale où il deviendrait une résolution et engendrerait des actes. Si on franchissait cette borne, et j'exprime ici l'opinion de tous les membres du gouvernement, vous pouvez compter sur une énergique répression.

« Je ne veux pas terminer sans vous dire que le gouvernement ayant pour unique base l'opinion, nous n'exprimons, nous ne servons et n'entendons servir que l'opinion, à l'encontre des gouvernements despotiques qui nous ont précédés et n'ont servi que leur convoitise dynastique. Je remercie la patriotique population de Bordeaux, ainsi que la population des villes et campagnes voisines du secours éclatant qu'elles apportent au gouvernement républicain dans l'imposante manifestation de ce premier jour de l'année 1871. Je les remercie surtout au nom de nos chers assiégés, au nom de notre héroïque Paris, dont l'exemple nous soutient, nous guide et nous enflamme.

« Ah! que ne sont-ils témoins, nos chers assiégés, de toutes les sympathies, de tous les dévouements que suscite leur vaillance ! Leur foi dans le succès s'en accroîtrait encore, si toutefois elle peut s'accroître. Nous lui transmettons vos vœux, citoyens ; puissions-nous bientôt, nous frayant un passage à travers les lignes ennemies, les leur porter de vive voix, avec l'expression de l'admiration du monde et de la profonde et impérissable gratitude de la France. Vive la France ! Vive la République ! »

Une émotion indescriptible s'emparait alors de tout cet immense auditoire, et, dans les acclamations prolongées qui saluaient le présage d'un an meilleur, ces cris redoublaient : « Vive la France ! vive Paris ! vive la République ! »

Gal L. Faidherbe

DOCUMENTS COMPLÉMENTAIRES DU CHAPITRE XIII

FLOURENS JUGÉ PAR DELESCLUZE.

Nous avons parlé du jugement porté par le rédacteur du *Réveil* sur Gustave Flourens. Voici cet extrait qui appartient aujourd'hui à l'histoire des personnes ayant assisté au combat.

« Le bataillon de tirailleurs de Belleville est signalé comme ayant donné des preuves d'insubordination et de lâcheté, et soixante-un des hommes qui le composent sont renvoyés devant le conseil de guerre pour désertion devant l'ennemi, en même temps que M. Flourens, leur ancien commandant, est décrété d'arrestation et poursuivi pour avoir indûment repris les insignes d'un grade qui lui avait été enlevé.

« Si ces faits sont justifiés sur débats contradictoires, ils méritent une punition sévère, cela n'est pas contestable, mais pour les caractériser, nous ne nous contenterons pas du rapport dressé à l'état-major général de la garde nationale. Quand il y va de la vie et de l'honneur des citoyens, la précipitation est mauvaise conseillère. Nous attendrons la publicité de l'audience pour formuler une opinion consciencieuse. Jusque-là, nous ne voyons qu'une chose, c'est que le bataillon de Belleville a eu des morts et des blessés, et que les journaux de la réaction ont eux-mêmes rendu justice à son courage.

« Quant à la position personnelle faite à M. Flourens, nous ne savons au juste quelle elle peut être. A-t-il été révoqué au mépris des prescriptions formelles de la loi du 22 mars 1831 ? La révocation est nulle et la poursuite dont il est l'objet n'aurait aucun fondement juridique.

« Il nous en coûte peu de le dire, l'agitation bruyante dont M. Flourens s'est fait le chef depuis plusieurs mois, n'a été que nuisible à la cause qu'il voulait servir. Il ferait sagement de le comprendre et de rentrer dans le rang. Que ses intentions soient excellentes, nous n'avons pas à le contester, mais ses actes ont toujours été malheureux. Si cette dernière leçon ne devait pas lui profiter et l'habituer à une réserve modeste, il faudrait désespérer de son discernement.

« Et maintenant, tous les reproches adressés au bataillon de Belleville fussent-ils mérités, il n'en resterait pas moins vrai que, dans leur ensemble, les bataillons de guerre de la garde nationale sont animés du plus pur patriotisme, et qu'ils tiendront résolûment leur poste de combat devant les Prussiens. »

(*Réveil* du jeudi 8 décembre.)

N° 2.

Statistique des décès
PENDANT LE SIÉGE DE PARIS
d'après l'ouvrage de M. Nathan Sheppard :
Shut up in Paris (1)

Du 17 au 24 septembre	1,266
Du 24 septembre au 1er octobre	1,202
Du 1er au 8 octobre	1,383
Du 8 au 15 octobre	1,610
Du 15 au 22 octobre	1,746
Du 22 au 29 octobre	1,878
Du 29 octobre au 5 novembre	1,762
Du 5 au 12 novembre	1,835
Du 12 au 15 novembre	2,064
Du 19 au 26 novembre	1,927
Du 26 novembre au 3 décembre	2,782
Du 3 au 10 décembre	2,684
Du 10 au 17 décembre	2,728
Du 17 au 24 décembre	2,728
Du 24 au 31 décembre	3,280
Du 31 décembre 1870 au 7 janvier 1871	3,680
Du 7 au 14 janvier	3,976
Du 14 au 21 janvier	4,444
Du 21 au 28 janvier	4,386

CAUSE DES DÉCÈS.

Petite vérole	6,604
Fièvre typhoïde	2,897
Bronchite	3,627
Pneumonie	3,027
Diarrhée	564
Fièvre scarlatine	191
Dyssenterie	42
Croup	27
Autres causes	30,402
Tués dans les combats	3,000
Morts dans les hôpitaux	10,000
Tués dans les émeutes	15
Assassinats	6
Suicides	10
Morts par accident	40
Ivresse	13
Espions et déserteurs fusillés	20
Morts de faim	6
Infirmes et personnes âgées mortes par suite du manque de nourriture	1,800
Enfants morts par suite des mêmes causes	3,000
Total	65,291

(1) Leipzig. Tauchnitz, 1871. 1 vol. de la collection des *British authors*.

CHAPITRE XIV

L'ARMÉE DU NORD JUSQU'AU 10 JANVIER 1871

Les forteresses du nord après la capitulation de Metz. — Reddition de la Fère. — Bourbaki, général en chef de l'armée en formation dans le nord. — Les hésitations. — Il est remplacé par le général Faidherbe. — Premiers engagements. — Combat de Villers-Bretonneux. — Prise d'Amiens par les Prussiens. — Le général Faidherbe, son passé. — Composition de l'armée du Nord. — Reprise de Ham par l'armée du Nord. — Bataille de Pont-Noyelles. — Bataille de Bapaume. — Bombardement et reddition de Péronne. — Bombardement et capitulation de Mézières. — Capitulation de Rocroi. — Documents complémentaires.

La campagne du Nord, qui mit en pleine lumière et donna plus que de la réputation, mais de la gloire au général Faidherbe, se divise en deux phases distinctes: la première comprend la période de formation avec Bourbaki, puis avec le général Farre; dans la seconde, l'action commence, vigoureuse avec le général Faidherbe, et, à travers des combats heureux et des victoires, nous conduit jusqu'à la funeste bataille de Saint-Quentin (19 janvier). Nous n'irons, dans le présent chapitre, que jusqu'à la chute de Péronne en groupant autour de l'histoire de l'armée du Nord le récit des sièges de certaines villes du nord et du nord-est qui capitulèrent entre la fin de novembre 1870 et le commencement de janvier 1871.

Après la capitulation de Metz, la 1re armée allemande eut pour mission d'observer et de cerner les forteresses du nord; le 7e corps assiégeait Thionville, le 8e se dirigea sur la Fère, le 1er vint se placer devant Mézières. La Fère se rendit le 27 novembre (1). Le général von Manteuffel poussa droit alors sur Amiens, ayant sous ses ordres le général von Gœben. Il voulait disperser cette armée du Nord dont le commandement avait été confié à Bourbaki et qui ne comptait guère alors que vingt mille combattants.

(1) La dépêche officielle suivante explique cette capitulation :

Le capitaine de frégate Planche, commandant supérieur de la Fère, au ministre de la guerre à Tours et au général commandant à Lille.

Après un investissement de quinze jours, pendant lesquels tous nos efforts ont été tentés, soit au moyen de sorties, soit par l'artillerie, pour entraver les travaux de l'ennemi, la place a été attaquée avec de la grosse artillerie de siège et des mortiers, et a subi un bombardement effroyable de trente heures.

Contrairement à toutes les lois de la guerre, l'ennemi a ouvert le feu sans avertissement ni sommations préalables, à

Dans sa proclamation, le général s'écriait alors :

« Citoyens,
« Gardes nationaux,
« Soldats
« Et gardes mobiles,

« J'ai été appelé par le ministère de la guerre au commandement militaire de la région du nord. La tâche qui m'est dévolue est grande, et je la considérerais comme au-dessus de mes forces si je n'étais soutenu par le sentiment patriotique dont vous êtes animés.

« Tous mes efforts tendront à créer, aussi rapidement que possible, un corps d'armée actif qui, pourvu de matériel de guerre, puisse entrer en campagne et marcher au secours des forteresses, que je mets en toute hâte en état de défense. Quant à moi, qui ai loyalement offert mon épée au gouvernement de la défense nationale, mes efforts et ma vie appartiennent à l'œuvre commune qu'il poursuit avec vous, et, au moment du danger, vous me verrez à la tête des troupes qui bientôt seront organisées.

« Pour accomplir cette tâche difficile et pour faire payer chèrement à notre implacable ennemi cha-

sept heures du matin, ce qui a porté l'effroi et le désastre à son comble dans la population.

Dès les premières heures, nos batteries, prises à revers des hauteurs qui dominent la ville, ont été complétement démontées. La résistance ne s'en est pas moins prolongée pendant toute la journée, la nuit et le jour suivant.

Cette malheureuse petite ville a été écrasée sous une pluie de bombes et d'obus. Une grande partie est incendiée, les approvisionnements en partie consumés.

Les abris manquaient ; ni caves, ni casemates. Impossible de rétablir les bastions et les batteries.

Alors, désarmés, impuissants, sur l'avis unanime du conseil de défense, ne pouvant laisser écraser inutilement cette population et les troupes, j'ai dû rendre la place. Nos pertes sont grandes.

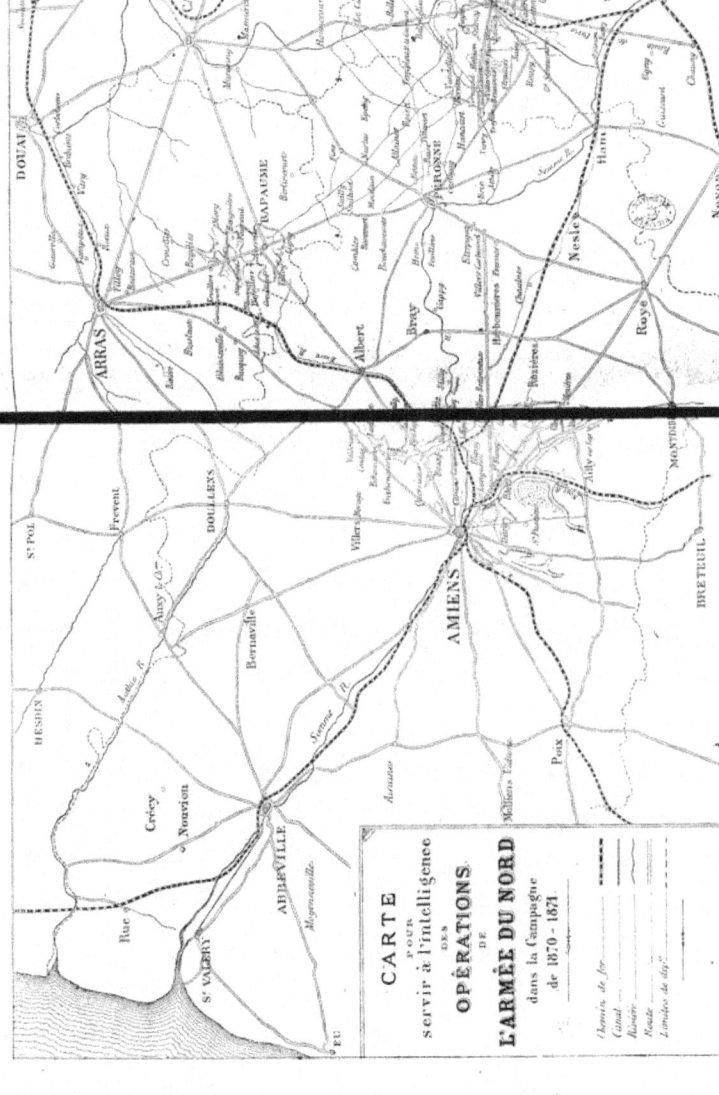

en ne pas fait sur notre territoire, la concorde et la confiance doivent régner parmi nous, nos cœurs doivent être animés d'un seul désir : sauver et venger notre malheureuse France.

« Vous pouvez compter sur ma coopération la plus énergique, sur mon dévouement le plus absolu, comme je compte sur votre courage et votre patriotisme.
BOURBAKI. »

Lille, 29 octobre 1870.

Le général Bourbaki avait été nommé, par Gambetta, général en chef de l'armée en formation et qui devait opérer entre les quatre places fortes du nord. Bourbaki arriva à Lille et descendit dans un hôtel de la rue Esquermoise. Il avait eu le tort de s'entourer d'un état-major composé d'officiers connus par leur bonapartisme. Il était inquiet, hésitant, troublé, s'agitant, se désespérant de la lenteur avec laquelle se formait son armée. Dans sa

sidence et sa colère il voulait frapper un grand coup, mais frapper à coup sûr. Il sentait que sa réhabilitation en dépendait. Après l'aventure de Metz et son voyage en Angleterre, il avait besoin de s'affirmer par quelque action d'éclat.

Il trouva que son armée n'était point suffisante, pour la lancer ainsi sur l'ennemi (1). Désolé, il ... avait cependant, dans un moment d'espoir,

parti, et Faidherbe devait être son successeur, adressé au gouverneur de Paris cette dépêche datée d'Amiens, 20 novembre :

Bourbaki au général Trochu.

Mes troupes sont prêtes à marcher. J'ai avec moi de l'artillerie et de la cavalerie.
Je méditerai les instructions.
Pas de Prussiens entre Amiens, Beauvais, Chantilly et Gisors.
Mais la dépêche envoyée, la défiance s'empara de Bourbaki et il hésita de nouveau.

Bourbaki était appelé (18 novembre) au commandement du 18ᵉ corps d'armée, à Nevers, et il prenait congé de la population lilloise par une proclamation finissant ainsi : *Sur tous les points de notre chère patrie, les cœurs doivent battre à l'unisson, la même pensée doit nous animer tous : lutter pour chasser l'étranger!* En attendant l'arrivée de Faidherbe, le colonel du génie Farre, qui avait organisé l'armée, en prit le commandement avec le titre de général.

Lille était administrée par M. Testelin, commissaire général de la défense pour les quatre départements du nord, démocrate éprouvé, dont l'honnêteté et le civisme à la fois bienveillant et ferme s'imposaient au pays, et par le préfet, M. Pierre Legrand, actif, énergique, dévoué à son œuvre, tout entier à la cause de la patrie et de la liberté. Mais la tâche était difficile. Point d'armes. Les 20,000 chassepots que contenait l'arsenal avaient été expédiés sur Paris. Il ne restait guère que quelques hallebardes et des mousquets datant des Espagnols. Les caissons d'artillerie de l'armée du Nord étaient les vieux caissons, en forme de cercueil, de la vieille armée française de 1815.

Pourtant, à force d'énergie et de foi, on avait mis sur pied, armé et équipé les 20,000 hommes qui, au moment où Amiens fut menacé par Manteuffel, se mirent en marche pour défendre cette dernière ville. Le 23 novembre, les avant-postes français rencontraient la cavalerie allemande d'avant-garde. On se battit à le Quesnel. Le 27, la rencontre devint, à Villers-Bretonneux, une bataille considérable. Nos troupes tinrent avec énergie jusqu'à quatre heures contre des forces considérables, entre la Selle et la Somme. Ce ne fut qu'à la fin du jour, à l'heure *psychologique* où les Prussiens font converger tous leurs efforts et lancent des troupes fraîches sur leurs adversaires lassés, que les mobiles lâchèrent pied. L'artillerie, dont les batteries comptaient des pièces de 12 et de 4, n'avait presque plus de munitions. On se retira, en désordre, sur Corbie. C'était une épouvantable déroute. La hideuse panique s'en mêlait. Le lendemain, M. Testelin prenait un arrêté enjoignant à tous les régiments de mobiles de refaire les élections de leurs officiers. Deux jours après, la citadelle d'Amiens était prise et une légende, dont je n'ai pu vérifier la source ou l'exactitude, veut que cette citadelle ait été défendue par un seul homme, le commandant, qui, se multipliant, tirant lui-même le canon, allant d'une pièce à l'autre, aurait arrêté l'ennemi durant plusieurs heures. Frappé à mort, les Prussiens l'auraient enterré dans la citadelle même avec les honneurs de la guerre.

Les Allemands se sont étonnés de n'avoir pas vu de cavalerie française à l'affaire de Villers-Bretonneux. C'est que l'armée du Nord n'eut jamais de cavalerie, tout au plus quelques éclaireurs, une poignée d'hommes. Cette malheureuse journée entraîna non-seulement la perte d'Amiens, mais celle de Rouen. Disons bien vite que moins d'un mois après, cette même armée du Nord, réorganisée, reprenait l'offensive. Cette fois elle avait à sa tête le général Faidherbe, arrivé d'Afrique, où, dès le 5 septembre, il proclamait la République, et décidé à tenir tête, coûte que coûte, aux envahisseurs.

Le général Faidherbe, né à Lille, a cinquante-trois ans, mais il est vigoureux, nerveux et sec. C'est, en quelque sorte, un officier exotique. Ce qui donne à sa physionomie militaire un caractère tout particulier, c'est un mélange curieux de géographe et de militaire, de savant et de soldat. Il a fort peu habité la France, et il semble y passer au galop de son cheval arabe. Au sortir des écoles de Paris et de Metz (École polytechnique et École d'application), officier du génie, il va en Afrique, puis à la Guadeloupe, aux Antilles, au Sénégal. Soldat énergique, d'une intrépidité élégante, il a cette qualité qui n'est point française : il est colonisateur. Durant quatre ans, combattant les Maures-Trarza, il a installé des comptoirs, des télégraphes, des blockhaus, des forts, annexé les côtes du Sine, du Saloum, la Casamance, le Baol; combattu ce prophète El-Hadgi-Omer qui rêvait la fondation d'un empire musulman de l'Afrique centrale ; il a mené cette guerre farouche sous un ciel torride, sur un espace de trois cents lieues, perdu dans une immensité, loin de la patrie, loin de l'attention, loin de la renommée. Ce sont là les vrais courages, ceux qui n'ont ni spectateurs ni applaudissements.

Chose singulière, et par un ironique caprice de la destinée, Faidherbe avait été assez intimement lié autrefois, vers 1834, avec un général prussien, alors chargé par son gouvernement d'étudier les différents systèmes militaires de l'Europe. Or ce général, que l'érudition de l'officier français avait conquis, était le général von Gœben, celui-là même que le hasard de la guerre mettait en face de lui, mais avec des forces supérieures. Von Gœben plus d'une fois devait manifester l'estime et en quelque sorte l'admiration qu'il professe pour son collègue devenu son adversaire.

Le 22ᵉ corps, formant l'armée du Nord, était, sous les ordres de Faidherbe, porté à trois divisions :

1ʳᵉ division, général Lecointe.
1ʳᵉ brigade, colonel Derroja ; — 2ᵉ brigade, lieutenant-colonel Pittié.

2ᵉ division, général Paulze d'Ivoy.
1ʳᵉ brigade, colonel du Bessol ; — 2ᵉ brigade, lieutenant-colonel de Gislain.

3ᵉ division, amiral Moulac.
1ʳᵉ brigade, capitaine de vaisseau Payen ; — 2ᵉ brigade, capitaine de frégate de Lagrauge.

L'artillerie avait été considérablement augmentée. Point de cavalerie, je l'ai dit; et, sur 30,000 hommes peut-être, 10,000 seuls de solides soldats.

C'est avec cette petite armée que Faidherbe résolut d'empêcher les Prussiens de prendre le Havre qu'ils menaçaient, et d'arriver jusqu'à la mer à travers la Normandie conquise. Le général ne voulait accomplir qu'une diversion puissante, et il réussit plus d'une fois à la rendre victorieuse.

On regrettera toujours que l'armée du Nord ait eu un effectif si faible, car, en employant son effectif entier, Faidherbe, au lieu de se renforcer, s'affaiblissait; les mobilisés lui eussent été un obstacle. L'armée du Nord a constamment déplacé et tenu en échec une armée de 30 à 40,000 ennemis; c'était autant de moins que Paris avait à combattre. Que si Faidherbe eût disposé de 100,000 soldats, c'étaient 120,000 hommes au moins, 150,000 et peut-être 200,000 Allemands qu'il déplaçait et contenait.

Mais, dans l'esprit de Gambetta et du gouvernement, l'armée du Nord ne devait, ne pouvait être que chargée de la diversion dont nous avons parlé. L'action appartenait à l'armée de la Loire. Le général demandait, réclamait des soldats, mais on lui faisait cette objection qu'en cas de défaite son corps d'armée, rejeté en Belgique comme une partie de l'armée de Mac-Mahon après Sedan, était perdu, tandis qu'en opérant sur la Loire, ce même corps d'armée pouvait, battu, se reformer plus loin, à Bourges, à Poitiers ou au Mans. A cela Faidherbe répondait qu'il avait pour refuges, derrière lui, des places fortes, Lille étant le pivot de ses opérations.

Une des premières opérations de l'armée du Nord fut la reprise de Ham par les troupes du général Lecointe dans la nuit du 10 décembre. Attaquée le soir, la citadelle capitula vers deux heures du matin. C'est le seul exemple de capitulation que nous ait offert l'ennemi durant la dernière guerre. A Ham, nous fîmes 210 prisonniers, dont 12 officiers ou ingénieurs.

Deux jours après, les Allemands voyaient avec étonnement reparaître devant les murs de la Fère cette armée du Nord qu'ils croyaient avoir détruite à Villers-Bretonneux. Le 14 décembre, le général Faidherbe pouvait, en toute assurance, écrire à Gambetta :

Ham, 14 décembre 1870.

« Monsieur le ministre,

« Sachant combien les moments sont précieux, j'ai commencé dès le 10 décembre les opérations avec la première division de l'armée du Nord, en attendant que les autres fussent prêtes.

« Nous avons chassé les Prussiens de toute la ligne comprise entre la Fère et Amiens, à laquelle ils tenaient beaucoup, et repris le château de Ham.

« A la prise de Ham, le général Lecointe a tué ou blessé 25 hommes à l'ennemi et fait 200 prisonniers.

« Nous avons déjà 350 prisonniers entre les mains. Aujourd'hui, 14 décembre, deux divisions sont en ligne. Dans deux ou trois jours, nous serons sous Amiens avec trois divisions.

« Ayant poussé jusqu'à Roye qui est à moitié distance de Lille à Paris, nous étions en bonne situation pour coopérer, autant que notre petit nombre nous l'eût permis, à une sortie de l'armée de Paris vers le nord, qui malheureusement n'a pas eu lieu. L'armée du Nord va compter dans cinq jours quatre divisions, la troisième ayant une brigade composée entièrement de mobiles, et la quatrième ne renfermant que des gardes nationaux mobilisés sans artillerie.

« Cette armée comprend, en outre, les garnisons de vingt places fortes, formées de gardes nationaux mobilisés au nombre de plus de 50,000 hommes. Nous espérons créer très-prochainement des batteries pour la division de gardes nationaux mobilisés.

« De telles forces permettent évidemment de former deux corps d'armée actifs de 25,000 hommes chacun, en laissant des garnisons de prévoyance dans les places fortes. »

Deux semaines après, le général écrivait de Lille :

Lille, le 24 décembre 1870.

« Après la reconnaissance offensive d'hier et l'annonce de l'arrivée à Amiens de Manteuffel avec une nouvelle division, nous pensions être attaqués aujourd'hui, et nous avons passé la journée sur les positions que j'ai choisies pour champ de bataille.

« Nous n'avons pas vu de Prussiens.

« Mais notre armée (quoique à moitié gelée) a pu apprécier la force de la position, et je crois qu'une grande confiance règne dans nos troupes. Demain nous reprendrons nos positions et attendrons encore.

« Manteuffel, trouvant notre position trop forte, renoncera-t-il à nous attaquer? Ce serait fâcheux.

« L'occupation de la citadelle d'Amiens par l'ennemi rend notre situation vis-à-vis de cette ville tout à fait fausse et gênante. Ce n'est pour nous ni une ville amie ni une ville ennemie. Quoi qu'il en soit, si l'on ne nous attaque pas, nous enverrons de droite et de gauche des reconnaissances offensives.

« Je veille avec soin sur les passages de la Somme, de Corbie à Péronne, car je crois que l'ennemi a quelque intention de nous tromper par là. Si, grâce à des retards, l'ennemi pouvait se renforcer tellement qu'il eût sur nous une supériorité de nombre écrasante, que faudrait-il faire?...

« ... Les mobilisés se sont, par mon ordre, rapprochés de nous aujourd'hui pour pouvoir prendre part à la bataille que nous attendions à B...

« Ils sont cantonnés à Boisleux, Marloy, etc., en seconde ligne.
« L. FAIDHERBE. »

Le 23 décembre, Manteuffel se décida à attaquer nos troupes. Ce fut à Guerrieux, Pont-Noyelles et Daours. Faidherbe avait choisi pour champ de bataille les hauteurs qui bordent la rive gauche d'un petit ruisseau, la Hallue, affluent de la Somme. Ordre avait été donné à nos troupes de ne résister que faiblement dans les villages. On se canonna d'abord par-dessus les maisons, puis, à la baïonnette, nos soldats délogèrent l'ennemi après lui avoir infligé des pertes et enlevé des prisonniers (1). Ces jeunes troupes, qui n'avaient pour se soutenir que du pain gelé, attendirent un retour offensif de l'ennemi jusqu'au lendemain, deux heures. L'armée coucha sur le champ de bataille par un froid de 4 degrés au-dessous de zéro, et ne rentra dans ses cantonnements qu'après avoir bien constaté que l'ennemi ne revenait pas à la charge. Comme toujours, à Pont-Noyelles les marins furent audacieusement intrépides. Les Prussiens s'attribuèrent la victoire, comme ils devaient le faire après Bapaume, mais le doute n'est point permis.

Faidherbe y répondit comme il suit :

« Les dépêches allemandes, sur la bataille de Pont-Noyelles, à part les appréciations qui peuvent varier d'un parti à l'autre, renferment des inexactitudes matérielles qui en infirment l'ensemble. Elles disent que l'armée du Nord comptait 60,000 hommes ; or, il y avait au plus 35,000 hommes de l'armée du Nord en ligne, et tous n'ont pas pris part au combat.

« Elles prétendent qu'on nous a pris 1,000 prisonniers non blessés. La vérité est qu'à la nuit et après la bataille quelques marins se sont laissé surprendre dans le village de Daours, et cela s'est fait sans lutte et avec si peu de bruit que le général en chef ignorait le fait quand il a rendu compte de l'affaire à Lille.

« Quant à nos positions, l'ennemi n'a pas seulement osé essayer de nous les prendre, et, comme on le sait, l'armée du Nord est restée jusqu'au lendemain à deux heures de l'après-midi à l'attendre vainement sur ses positions.

« Général FAIDHERBE. »

Cependant Péronne était toujours cernée et les Prussiens bombardaient la ville, lorsque, le 2 janvier, Faidherbe attaqua de nouveau l'ennemi.

(1) Voyez aux documents complémentaires le rapport de Faidherbe.

C'était à Bapaume, cette ancienne forteresse dont les remparts avaient été démolis sous Louis-Philippe pour servir d'étude de siège au duc d'Orléans. Après un combat acharné commencé à cinq heures du matin et terminé à sept heures du soir, combat où constamment nos troupes avaient repoussé l'ennemi, Faidherbe put télégraphier cette dépêche qui nous causa, à nous, assiégés de Paris, une si grande joie lorsque nous la connûmes :

Général à ministre de la guerre et commissaire de la défense à Lille.

« Aujourd'hui, 3 janvier, bataille sous Bapaume, de huit heures du matin à six heures du soir ; nous avons chassé les Prussiens de toutes les positions, de tous les villages. Ils ont fait des pertes énormes, et nous des pertes sérieuses.

Avesnes-lez-Bapaume, 3 janvier.

« FAIDHERBE. »

La veille, 2 janvier, des combats partiels avaient eu lieu devant Bucquoy, où la division Derroja entrait sans coup férir. Une brigade de la division du Bessol s'apprêtant à tourner le bois d'Achiet-le-Grand, avait fait reculer l'ennemi sur Achiet. Toute la division s'engagea à sa suite dans la route qui traverse le taillis et déboucha en face du village. Nos tirailleurs, dès qu'ils apparurent, se virent accueillis par une vive fusillade partant des premières maisons. Deux de nos pièces de 12 prirent position sur les hauteurs, à gauche de la route qui va d'Ablainzeville à Achiet, tandis qu'une batterie de 4 se plaçait à la droite. La canonnade s'engagea alors, mais l'artillerie de l'ennemi, par exception, était inférieure en nombre à la nôtre, qui ne tarda pas à la faire taire. En ce moment, nos tirailleurs gravissaient la chaussée du chemin de fer et se précipitaient dans le village. L'ennemi lâcha pied. On le poursuivit jusqu'au delà de Biefvillers en lui faisant une trentaine de prisonniers. Le mouvement avait été appuyé par deux bataillons de la Somme et de la Marne qui s'étaient déployés entre Achiet-le-Petit et Achiet-le-Grand.

Le 3 janvier, toutes les troupes étaient sous les armes, à cinq heures du matin. A six heures, la division du Bessol fournit une reconnaissance dans la direction d'Ervillers, que l'ennemi avait évacué. A huit heures, des colonnes prussiennes se montrèrent dans la plaine d'Ervillers, en avant de Bapaume. La division du Bessol reçut seule le premier choc. Établie sur un plateau complètement nu, elle engagea un court combat d'artillerie, dont le résultat fut de mettre en fuite quelques escadrons de cavalerie. Les tirailleurs ne tardèrent pas à se joindre, et la fusillade était déjà fortement engagée quand arriva la division Derroja. Elle prit

LES VILLES OCCUPÉES PAR LES PRUSSIENS. — Vue de Rouen.

place à droite, et commença immédiatement un changement de front, la droite en avant.

Le mouvement était très-prononcé lorsque la division du Bessol se porta à son tour vers Biefvillers. Le 1ᵉʳ bataillon du 43ᵉ prit le pas de course, et, après une fusillade des plus vives, débusqua violemment l'ennemi, qui perdit beaucoup de monde dans sa retraite.

De son côté, le général Derroja lançait un bataillon sur Grevillers. Ce village fut rapidement occupé, pendant que la 1ʳᵉ brigade (lieutenant-colonel Aynès), pressait la marche pour exécuter un mouvement tournant vers Bapaume.

Il était onze heures; nous avions déjà refoulé l'ennemi à 6 kilomètres.

Vers onze heures et demie, l'armée prussienne semblait en pleine retraite, mais à midi elle tenta un retour offensif. Trois colonnes parurent soudain sur la crête du ravin en face de Bapaume, et s'avancèrent dans le plus grand ordre et serrées en masse. Notre mousqueterie les força bientôt à déployer des tirailleurs et à s'arrêter. Le 1ᵉʳ bataillon du 43ᵉ et trois compagnies du 20ᵉ chasseurs défendirent à outrance les premières maisons de Biefvillers. La possession de ce village, situé sur une hauteur était nécessaire en ce moment, car toute notre artillerie était descendue dans le ravin et en gravissait péniblement les pentes.

Le village de Biefvillers était donc un point important, la clef de la position au centre; aussi fut-il vigoureusement attaqué. Une première attaque ayant échoué, les Prussiens se retirèrent, puis revinrent encore à l'assaut, protégés par plusieurs batteries. A midi et demi, la division Derroja débordait déjà le village d'Avesnes-lez-Bapaume, et gagnait, pied à pied, avec une ténacité remarquable sur la droite de notre ligne.

A une heure, la division du Bessol arrivait sur les crêtes de Biefvilliers, et, sans s'y arrêter, lançait ses tirailleurs sur les positions successives que défendait l'ennemi.

La nuit venue, les troupes bivouaquèrent à Biefvilliers, Grevillers, Favreuil. Le lendemain, l'ennemi avait abandonné la ville sans combat.

Cette bataille faisait le plus grand honneur aux troupes de l'armée du Nord.

Nous avons emprunté la plupart des détails de notre narration à un article fort bien fait que publia alors le *Progrès du Nord*. Dans son livre sur *la Campagne de l'armée du Nord*, le général Faidherbe affirme qu'une partie des troupes prussiennes engagées se débanda et se retira en désordre sur Amiens. Nos pertes s'élevaient à 1,319 hommes tués ou blessés et 800 disparus. Celles de l'ennemi durent être plus considérables.

Le lendemain de la journée de Bapaume, nos troupes, fatiguées par les combats des derniers jours et par le froid et les marches, prirent leurs cantonnements autour d'Hamelincourt, où un jour de repos leur fut accordé.

Faidherbe adressait alors à son armée cet ordre du jour :

« A la bataille de Pont-Noyelles, vous avez victorieusement gardé vos positions.

« A la bataille de Bapaume, vous avez enlevé toutes les positions de l'ennemi.

« J'espère que cette fois il ne vous contestera pas la victoire.

« Par votre valeur sur le champ de bataille, par votre constance à supporter les fatigues de la guerre dans une saison aussi rigoureuse, vous avez bien mérité de la patrie.

« Les chefs de corps devront me signaler les officiers, sous-officiers et soldats qui, par leur conduite, auraient plus spécialement mérité des récompenses.

« Vous allez immédiatement compléter vos approvisionnements et munitions de guerre pour continuer les opérations.

« *Le général en chef,*
« L. FAIDHERBE. »

Les Prussiens contestèrent à Faidherbe sa victoire de Bapaume comme ils l'avaient fait pour celle de Pont-Noyelles. Le général adressa aussitôt cette protestation à M. Testelin :

Boisleux, 7 janvier, 10 h. mat.
Le général Faidherbe au commissaire général à Lille.

« J'espérais que les Prussiens [ne contesteraient pas notre victoire de Bapaume; mais je vois par leurs bulletins que nous venons d'être anéantis pour la seconde fois en dix jours par l'armée de Manteuffel, commandée aujourd'hui par le prince Albert. En maintenant intégralement le récit de la bataille tel que je vous l'ai fait le 4 janvier, je me bornerai comme après Pont-Noyelles à vous signaler les principales inexactitudes matérielles des dépêches prussiennes :

« Elles disent que l'armée du Nord a battu en retraite, pendant la nuit même, sur Arras et Douai. L'armée du Nord a couché dans les villages de Grevillers, Biefvilliers, Favreuil, Sapignies, Achiet-le-Grand, etc., qu'elle avait conquis sur les Prussiens et n'est allée prendre ses cantonnements, où nous sommes encore, qu'à huit heures du matin sans que l'ennemi donne signe de vie. En fait de poursuite de cavalerie, voici le seul incident qui a eu lieu :

« Le 4, vers neuf heures du matin, deux escadrons de cuirassiers blancs, ayant chargé sur l'arrière-garde de chasseurs à pied d'une de nos colonnes, les chasseurs se formèrent en cercle, firent feu à cinquante pas et anéantirent presque complétement un des escadrons, dont hommes et chevaux restèrent sur le sol, tandis que l'autre s'enfuyait à toute bride. Les chasseurs n'eurent que trois hommes légèrement blessés.

« L'armée est pleine de confiance et ne doute plus de sa supériorité sur les Prussiens.

« *Le général en chef,*
« L. FAIDHERBE. »

Ce mot de *supériorité* était là pour réconforter une armée qui se battait ainsi par le froid le plus vif et qui réussissait à faire reculer l'ennemi ou à le contenir. Il n'en est pas moins vrai que le général von Gœben dégrada des officiers allemands coupables d'avoir *fui* devant l'ennemi. Cependant Péronne, bombardée, était rendue. Faidherbe décidait que le commandant de la place serait traduit devant un conseil de guerre « pour rendre compte de la reddition de cette place, lorsque ses défenses étaient intactes et qu'une armée de secours était à cinq ou six lieues, manœuvrant pour le dégager » (1). La ville, bombardée, tandis que

(1) En réponse à une lettre du sous-préfet de Péronne, qui apportait un témoignage en faveur du commandant de place, M. Garnier, le général Faidherbe publia une lettre dont nous extrayons les passages suivants :

« ... Le commandant de Péronne a-t-il bien fait ou non de se rendre avec ses moyens de défense et sa garnison intacts, parce que sa population se voyait à moitié ruinée et réduite aux abois ?

« L'humanité répondrait sans doute oui ; la loi (règlement sur les troupes en campagne) répond non ! *Dura lex, sed lex*.

« Chacun a son devoir spécial à remplir ; le devoir militaire du commandant de Péronne le forçait à se défendre jusqu'à ce qu'il y eût une brèche au corps de place et qu'il eût repoussé au moins un assaut à ce corps de place.

« Eh bien, j'estime que des considérations d'humanité ne

les fortifications demeuraient intactes, témoignait une fois de plus de la barbarie prussienne, de cette méthode nouvelle, inconnue des peuples civilisés, qui consiste à frapper les êtres désarmés pour arracher une capitulation aux combattants. Faidherbe protesta, mais vainement, comme protestèrent tous nos généraux.

Après la journée de Bapaume, Faidherbe pouvait marcher droit sur Péronne et dégager la place, mais il usa de prudence, et ce fut, cette fois, une erreur.

Ce corps d'armée, fort de 30,000 hommes environ, ne comptait en réalité qu'un tiers de troupes régulières, de régiments formés d'épaves ou des compagnies de dépôt, mais, fort heureusement, avec d'excellents cadres d'officiers, un tiers de mobiles et un tiers de mobilisés. J'ai énuméré et classé là les hommes disponibles selon leur valeur. Les troupes étaient excellentes; les mobiles, seulement passables au début de la campagne, finirent par devenir bons à la fin de la guerre; les mobilisés furent toujours médiocres (1). Mais encore Faidherbe sut-il s'en servir utilement. Grâce à lui, les mobilisés eurent leur rôle dans la bataille, et au lieu d'être un embarras pour l'armée, comme le sont d'ordinaire les troupes mal aguerries qui constituent des foules et non des régiments, les bataillons de mobilisés devinrent des auxiliaires tout trouvés. Leurs baïonnettes figurèrent au loin la réserve de l'armée, et, comme les Prussiens ont l'habitude de conserver pour leur réserve et de n'engager qu'à la dernière extrémité leurs meilleures troupes, ils crurent toujours que Faidherbe agissait de même et que les bataillons qu'il réservait ainsi étaient les bataillons d'élite.

Ainsi, tandis que l'élan des soldats, leur solidité, et, à certains moments, la vigueur des mobiles, forçaient l'ennemi à reculer, les Prussiens croyaient que non-seulement ils avaient à lutter contre ceux-là qui les attaquaient, mais encore contre ces troupes, bien autrement disciplinées, qu'ils apercevaient au dernier plan. Cette réserve, qui leur paraissait si redoutable, ne l'était donc qu'à distance. Cela seul explique pourquoi Faidherbe, vainqueur à Bapaume et à Pont-Noyelles, devait battre en retraite dès le lendemain pour aller se *refaire* dans une place forte. Les meilleures troupes en effet étaient atteintes, tandis que les Prussiens recevaient des renforts. Capable de vaincre, son armée n'était pas assez compacte, à coup sûr, pour profiter de la victoire. Le soir de la bataille de Bapaume, une canonnade, quelques centaines d'obus eussent suffi pour déloger les Prussiens de leurs positions devant Péronne; mais, outre qu'il fallait bombarder non-seulement les avancées de l'ennemi, mais les faubourgs de la ville, à quoi cet avantage nouveau aboutissait-il? L'ennemi battu doublait son effectif durant la nuit, et était prêt à prendre, le lendemain, sa revanche.

Péronne rendue était commandée par M. Garnier, de l'état-major des places. La citadelle tombait le 10 janvier, cinq jours après Rocroy, huit jours après Mézières. Mézières, demeurée en communication avec Givet, ne fut investie complètement que le 24 décembre 1870. Le siège, à partir de cette date, ne devait pas être long. Le 2 janvier, les Prussiens entraient dans la ville. Mais dans quel fantôme, dans quel cimetière de ville! Au lieu d'attaquer l'ennemi, de jeter sur lui les trois mille hommes de garnison pour enlever ou bouleverser ses batteries, le commandant de la place, M. le colonel Blondeau (nommé général peu après la capitulation), laissa passer dans l'inaction la plus complète les journées du 28, du 29 et du 30, pendant lesquelles l'ennemi préparait ses obus et choisissait ses points de mire. Dans l'après-midi du 30, Mézières recevait l'avis du bombardement, et, dès l'aurore du lendemain, les incendies commençaient. C'était avec les canons de siège pris à Montmédy, qui s'était rendue le 12 décembre (1), que les Prussiens bombardaient Mézières.

Ils bombardaient la malheureuse cité de façon à faire bientôt des ruines fumantes de quartiers tout entiers, de maisons et d'églises. On ne pouvait riposter, on était littéralement inondé de fer. Partout le feu; la mort partout. Une maison s'écroulait, étouffant sous ses ruines douze êtres humains à la fois. L'ambulance de la ville, incendiée, brûlait sans qu'on pût sauver les blessés; des Français, des Prussiens, couchés côte à côte (2). Nous avons vu l'image des monceaux de ruines de Mézières. Strasbourg seul peut-être et Château-

---

peuvent autoriser un commandant de place à agir contre la loi. J'estime que le gouvernement du pays seul peut, en changeant la loi, autoriser un commandant de place à rendre sa place pour sauver la vie ou la fortune de la population, et, pour être logique et raisonnable, s'il en devait être ainsi à l'avenir, la première chose à faire serait de retirer des places fortes les garnisons, les canons et les approvisionnements, car c'est là autant de cadeaux que vous offrez à l'ennemi après quelques jours de bombardement.

« Agréez, etc. »

(1) Cette appréciation, que j'avais déjà donnée dans un précédent ouvrage (*La Guerre nationale*), a ému l'auteur d'un livre très-bien fait sur les *Étapes des mobilisés du Nord*, M. Al. Girard, ex-capitaine des mobilisés de Valenciennes. Je regrette d'avoir à dire que le jugement porté sur les divers éléments de l'armée du Nord m'a été donné par le général Faidherbe lui-même. Les troupes régulières et les marins lui permirent seuls de mettre en pratique la tactique militaire indiquée ici, et je le répète, expliquée par le général à celui qui écrit ces lignes. M. Girard, dont les opinions nous sont sympathiques, nous révèle, dans son livre même, le *Carnet d'étapes*, le vif désir qu'avaient les mobilisés de rentrer en ville, presque au lendemain de leur départ.

(1) Voir aux *documents* une protestation du conseil municipal de Montmédy.

(2) *La Prusse au pilori*, par H. de Condé (Bruxelles, in-18, page 208).

PIGEONS VOYAGEURS.

dun portent de tels et de si glorieux stigmates. La municipalité, voulant sauver les enfants et les femmes, parla de capituler. L'autorité militaire, demeurée jusqu'alors inactive et muette, répondit : « On avisera. »

Quant à la municipalité de Charleville (ville sœur de Mézières, ville ouverte et seulement séparée de la ville forte par la Meuse), non atteinte encore par les projectiles, épargnée par le feu, elle répondit froidement au maire de Mézières : « Les dégâts de votre ville ne sont pas assez considérables pour qu'on se résolve à capituler (1). » Mais bientôt, sur cette ville sans défense, sur Charleville même, les obus allaient pleuvoir. Dans leur cruauté scientifique, les Prussiens se décidaient, pour réduire la ville assiégée, à hâter le *moment psychologique* en frappant non-seulement Mézières fortifiée, mais Charleville désarmée. Charleville reçut sept ou huit cents obus, et nul doute que la ville n'eût été rasée si le drapeau blanc n'eût été arboré et si Mézières n'eût capitulé. Les parlementaires eurent, pour se rendre au quartier général prussien, de la peine pour traverser les rangs de quelques-uns de nos soldats qui voulaient continuer une lutte désespérée.

(1) René Ménard, *le Crime de Mézières*, p. 10.

Le 1er janvier la ville se rendit. Les Prussiens y entrèrent le lendemain (1).

(1) Nous empruntons à un récit émouvant publié dans le journal *le Temps* par M. Jules Mary les détails suivants sur le bombardement de Mézières :

Pendant vingt-sept heures, j'entendis passer ces sinistres engins de mort, parcourant brutalement leur parabole au-dessus de moi, avec un sifflement furieux.

Et peu à peu, un immense nuage, fait des flocons de fumée épars, s'étendit, s'élevant des batteries prussiennes, autour de la ville..., et au-dessus de Mézières en feu planait un nuage gris, noir, puis bleu, à reflets rouges, qui se tendait et s'élargissait, semblable au fantôme de la destruction.

Les portes de la ville furent abandonnées, les ponts-levis baissés par les factionnaires éperdus, et les remparts devenus déserts semblaient tristes et désolés au milieu de cette averse de projectiles !... On était aux casemates, et personne ne se trouvait là pour donner un ordre, activer la défense, pointer les pièces, faire preuve de sang-froid...

Tout le jour la ville brûla, et quand vint la nuit, quand on crut pouvoir espérer du soulagement, les détonations devinrent plus vives, plus pressées, et de temps à autre une fusée bleue partant des hauteurs de Bois-Fortant répondait à une fusée lancée des positions de *Saint-Laurent*.

Une seule batterie française fit son devoir : la batterie du faubourg de Pierre prenant *Romery* en enfilade, tira trente ou quarante coups et fut démontée vers deux heures de l'après-midi.

A partir de ce moment, la ville se laissa brûler inerte et passive.

Et c'était vraiment une chose épouvantable à voir que cette malheureuse ville brûlant ainsi, sans se défendre, avec ces grands reflets rouges et les longues flammes de l'incendie qui se lancent au ciel, s'abaissent, se tordent, s'agitent et

LA GUERRE EN PROVINCE. — Quartier-général du général Faidherbe, à Boisleux.

« Il était réservé à Mézières, pour comble de malheur, dit l'auteur du *Crime de Mézières*, de voir pendant les vingt-quatre heures qui s'écoulèrent avant que le vainqueur fît son entrée dans la place, des scènes qui feront la honte éternelle de ceux qui, le pouvant, n'ont pas eu le courage de les prévenir ou de les réprimer. Les approvisionnements de toute sorte furent laissés à la disposition d'une multitude sans frein qui organisa un hideux pillage et gaspilla sans mesure. On spécula même sur ces matières abandonnées. Ceux qui purent en accaparer en assez grande quantité revendirent à vil prix. Des tonneaux de vin et d'eau-de-vie furent défoncés par les soldats. Une partie de la garnison s'enivra. Et pendant que se passaient ces scènes navrantes, l'autorité militaire resta obstinément cachée. Seuls et impuissants contre cette foule, le préfet républicain Dauzon, plusieurs notables de Mézières et de Charleville, indignés mais fermes, et comprenant leur devoir, luttèrent et cherchèrent en vain à rétablir l'ordre. »

disparaissent tout à coup pour un instant dans un tourbillon de fumée noire.

Et toujours les mêmes sifflements, les mêmes détonations, les mêmes écroulements de murailles, tout cela dans une nuit froide, calme et sereine, en face de l'homme en furie, avec des étoiles au firmament, et dans l'air le reflet blanchâtre et demi-clair de la neige...

Au dedans, spectacle horrible du plus épouvantable cataclysme : les maisons, les rues entières s'effondraient sur elles-mêmes ; les murs encore debout, éventrés par d'énormes projectiles, s'affaissaient comme des géants vaincus : les rues encombrées, les fils du télégraphe coupés et barrant les passages encore libres, les becs de gaz brisés ou tordus par l'effleurement d'une bombe, le rebondissement et l'éclatement de l'obus sur le pavé, tout cela était magnifique et horrible.

Puis parfois tout se taisait pendant quarante, cinquante secondes ; alors on pouvait voir une ombre affolée, surgissant d'une maison en flammes ou d'un tas de décombres fumants, et se dirigeant bien vite en longeant les maisons, ployée en deux sur elle-même et frémissante, vers les casemates ou derrière les remparts, le seul abri sûr...

Et parfois aussi, interrompant ces rares répits, un long gémissement, le hâlement rauque d'un homme étouffé ou brûlant vif, le dernier cri d'angoisse suprême de l'homme à l'agonie...

Soixante habitants périrent ainsi ensevelis sous les décombres, dans les caves de leurs maisons.

Puis les obus tombaient plus vite, les murs s'effondraient toujours, les flammes se ravivaient, les maisons épargnées étaient atteintes avec une infernale adresse.

Quelle nuit ! et quelle aurore !

Enfin, le 1er janvier 1871, à huit heures du matin, le commandant de place fit élever le drapeau blanc sur la citadelle.

Les Prussiens, ne le voyant pas, bombardaient toujours. Alors, vers dix heures et demie, trois gardes mobiles, parmi lesquels un clairon et un sous-officier, furent détachés de la *lunette de Berthaucourt*, et allèrent poser le drapeau de la reddition en avant même de l'avancée, confiée aux francs-tireurs de la première compagnie, commandés par le capitaine Thiéry, dont pas un n'avait quitté son poste périlleux.

Et peu à peu, comme à regret, les coups de canon cessèrent. Mézières brûla jusqu'au soir.

Et le lendemain, à onze heures, les Prussiens, musiques et fifres en tête, entraient dans la ville détruite, trébuchant au milieu de ses décombres.

La vieille cité de Bayard avait reçu plus de six mille obus, et n'avait tiré que cent cinquante coups de canon.

L'écrivain auquel j'emprunte ces détails accuse le colonel qui commandait Mézières de s'être peu montré, de n'avoir ni harangué ni encouragé ses soldats, de n'avoir point paru sur les points menacés. Les officiers subalternes seuls, et leurs soldats, auraient fait preuve de vaillance.

Après Mézières, Rocroi devait succomber. Je détache le récit de la capitulation de Rocroi d'un rapport inédit dont on ne saurait mettre en doute l'authenticité :

« Le parlementaire prussien s'est présenté le 5 janvier à la porte de Bourgogne à dix heures du matin ; il a été reçu par M. Mélin, commandant de place, M. Neveux, maire, et M. Alph. Sanier, sous-préfet. Il a sommé la ville de se rendre en la menaçant d'un bombardement qui devait commencer à midi, et en déclarant que si la ville se défendait, les autorités civiles seraient envoyées en Prusse. En présence de ces insolentes injonctions auxquelles le commandant répondit de la façon la plus digne, les pourparlers ne pouvaient être longs, mais de dix heures un quart à midi, il ne restait que sept quarts d'heure pour prendre les dernières mesures et mettre en sûreté les femmes et les enfants ; en d'autres termes et sous une apparente modération de formes, c'était un bombardement brutal et immédiat.

« A midi juste la première bombe tomba, puis ce fut un feu roulant, quelque chose d'horrible ; cinq ou six incendies se déclarèrent, deux très-considérables : à cinq heures du soir une vingtaine de maisons brûlaient, le tiers à peu près de la petite ville. Le bombardement se ralentit alors peu à peu, puis cessa tout à fait. A six heures un quart, le parlementaire prussien se présenta de nouveau et offrit aux autorités les conditions de capitulation de Mézières : garnison, mobiles, mobilisés, douaniers et gendarmes prisonniers de guerre ; remise des armes et munitions ; garde nationale sédentaire prisonnière sur parole ; autorités civiles libres ; ajoutant qu'en cas de refus, la ville serait entièrement détruite par la grosse artillerie de siège qui était toute prête. Le commandant déclara qu'il voulait, avant de répondre, consulter le conseil de défense : il demanda toutefois au maire et au sous-préfet, qui n'en faisaient pas partie, quelle était leur opinion. M. Sanier répondit que, tout en appréciant l'horrible puissance de destruction de l'artillerie prussienne et l'étendue des sacrifices que le bombardement imposait à la population civile, il ne croyait pas encore arrivé le moment où toute résistance était impossible ; que tout au contraire la défense utile allait commencer à se produire quand l'ennemi, jugeant la ville détruite, s'approcherait forcément de la place à portée de nos projectiles.

« Le commandant affirma qu'il était bien déterminé à prolonger la résistance et consulta le conseil de défense, dont tous les membres étaient jusque-là restés silencieux. C'étaient MM. Dupuis, capitaine d'artillerie : Chereau, capitaine du génie; Lebeau, capitaine des mobiles ; et Cornu, capitaine commandant la garde nationale. Le conseil décida à l'unanimité la capitulation aux conditions de Mézières, les pièces ne portant pas jusqu'aux batteries prussiennes et les remparts n'étant défendus que par une centaine de mobiles incapables de repousser un assaut et dont plusieurs avaient déjà déserté leur poste. D'ailleurs la poudrière n'étant pas suffisamment protégée contre la grosse artillerie prussienne, il fallait craindre au premier instant une explosion et ses épouvantables conséquences.

« Quant au sous-préfet, comme il ne se trouvait pas de francs-tireurs dans la ville, il ne fut point fait prisonnier comme le préfet des Ardennes. »

A cette date, Longwy, ravitaillé par la Belgique, Paris bloqué, Bitche investie et Belfort bombardée tenaient encore.

DOCUMENTS COMPLÉMENTAIRES DU CHAPITRE XIV

N° 1.
CAPITULATION DE MONTMÉDY.

Le *Nord-Est* annonce que le conseil municipal de Montmédy s'est réuni le 29 septembre dernier, et que dans cette séance il a pris une délibération tendant à protester contre les assertions de l'autorité militaire au sujet de la reddition de la ville. Voici le texte de cette délibération :

Cejourd'hui vingt neuf septembre mil huit cent soixante-onze,

Les membres du conseil municipal de la ville de Montmédy, réunis en nombre suffisant pour délibérer, en la salle ordinaire des séances, sous la présidence de M. le maire, ont pris la délibération suivante :

« Le bruit court que le commandant supérieur de la place de Montmédy n'aurait capitulé que sous la pression des habitants et en cédant à leurs instances et à leurs prières. S'il est vrai qu'on ait cherché à justifier ainsi la reddition de la place, le conseil municipal, au nom de toute la population, proteste énergiquement contre cette allégation, qui n'est qu'une odieuse calomnie.

« Non-seulement la population ni même aucun habitant n'ont fait aucune instance auprès du commandant supérieur Tessier pour le déterminer à capituler, mais l'honorable adjoint qui remplissait les fonctions de maire s'est fait un jour l'interprète de ses concitoyens et a pu, dans une circonstance qu'il rappellera, affirmer au commandant que jamais la population ne l'engagerait à se rendre. Aussi l'autorité militaire n'a-t-elle pas jugé à propos de consulter même la municipalité, qui n'a été avertie de la capitulation que par une lettre de M. Tessier ainsi conçue :

« Après une résistance à laquelle l'ennemi rend hommage, je suis obligé de subir la même capitulation qu'à Thionville. J'avais le choix entre la « reddition de la place et la destruction complète « de la ville et de la garnison.

« Chaque garde national sera libre contre l'en« gagement ci-joint : il déposera avant dix heures « son fusil à la mairie.

« Agréez, etc. »

« Cette lettre renferme la preuve que l'autorité civile a été mise à l'écart, aussi bien pour ce qui concernait la défense de la place que pour les conditions de la capitulation.

« L'autorité militaire avait-elle le droit d'agir ainsi? Le conseil, en se rapportant à ce qui s'est passé en 1815, ne le croit pas.

« A cette époque en effet, la place était commandée par le général Laurent, qui, malgré sa haute position, a cru devoir prendre l'avis des habitants avant de capituler et en déléguer un pour défendre les intérêts civils. C'est aussi ce qui a eu lieu pendant la guerre de 1870 dans la généralité des places fortes, commandées par des hommes intelligents qui n'avaient pas pour la population civile le mépris que les commandants de Montmédy ont manifesté pour celle de cette malheureuse ville. Ils ont voulu assumer sur eux toute la responsabilité de la concentration de tous les pouvoirs entre leurs mains; qu'ils en acceptent les conséquences.

« Le conseil municipal sollicite du gouvernement une enquête sérieuse et minutieuse sur tout ce qui s'est passé à Montmédy, depuis le commencement de la guerre jusqu'à la capitulation de la place. Cette enquête démontrera le zèle des habitants à concourir à la mise de la forteresse en état de défense, l'absence de toute sollicitude de l'intendance militaire pour les malheureux mobiles ou les soldats qui sont venus se réfugier à Montmédy après le désastre de Sedan, le mépris de l'autorité militaire pour les habitants, dont les uns ont été frappés, les autres incarcérés sans motifs, ou plutôt parce qu'ils élevaient de légitimes réclamations et voulaient s'opposer au pillage de leurs maisons par des soldats enivrés, le dédain avec lequel on recevait les avis du dehors sur les mouvements et les travaux de l'ennemi aux environs de la place, le refus du commandant supérieur à promettre des vivres aux habitants qui resteraient dans la ville, quand il s'y trouvait des approvisionnements en biscuit, farine, riz, café, sucre, lard, etc., pour nourrir la garnison et la population pendant plus de deux ans.

« Le conseil désire en un mot que la conduite de tous passe au creuset de la vérité, et justice sera faite à chacun. »

N° 2.

COMBAT DE PONT-NOYELLES.

Rapport officiel du général en chef au commissaire général de la défense.

L'armée avait pris depuis deux jours ses cantonnements à Corbie et dans les villages espacés le long de la rive gauche d'un petit ruisseau, appelé la Hallue, qui se jette dans la Somme à Daours. Elle avait choisi pour champ de bataille les hauteurs qui en bordent la rive gauche, laissant le soin de traverser le vallon à l'ennemi, qui, venant d'Amiens, devait l'aborder en débouchant par la rive droite.

Le général Faidherbe avait prescrit aux troupes de n'opposer qu'une légère résistance dans les villages, avec quelques tirailleurs, et de se porter de suite sur les positions dominantes en arrière. Cet ordre fut exécuté ponctuellement, et, vers onze heures, les deux armées étaient en présence, séparées par une vallée étroite, mais marécageuse, et se canonnaient par-dessus les maisons en déployant de chaque côté de 70 à 80 bouches à feu. Les tirailleurs ennemis ayant pénétré dans les villages, échangeaient aussi des coups de fusil avec les nôtres.

Vers trois heures et demie, le feu de l'artillerie se trouvant ralenti de part et d'autre, ordre fut donné sur toute la ligne à notre infanterie de courir sus à l'ennemi, pour le repousser des villages dans les positions en arrière. Cet ordre fut exécuté avec beaucoup de vigueur et d'entrain. A l'extrême gauche, la division Moulac enleva Daours et Vecquemont, la division du Bessol prit ceux de Pont-Noyelles et Querrieux. La division Robin, des mobilisés du Nord, entra dans le village de Béhancourt. Enfin la division Derroja, à la droite, se chargea des villages de Bavelincourt et Préhencourt, poursuivant l'ennemi bien au delà.

A cinq heures, le succès était complet partout; mais la nuit était venue, on ne distinguait plus les amis des ennemis, et les Prussiens profitèrent de cette circonstance et de l'indécision qui en résulta pour rentrer sans lutte à Daours, à Querrieux et à Béhancourt. Nos troupes, ayant repris toutes leurs positions de la veille, y passèrent la nuit et y restèrent encore le lendemain jusqu'à deux heures de l'après-midi, pour voir si l'ennemi essayerait de recommencer la lutte, ce qu'il ne fit pas. Quelques coups de fusil furent seulement échangés de loin. Après avoir ainsi constaté sa victoire, l'armée alla prendre ses cantonnements entre Corbie et Albert.

Nos jeunes troupes ont beaucoup souffert de la rigueur de la saison et des privations inévitables dans de telles circonstances. Le pain qu'on leur a distribué était gelé, et par suite non mangeable. Les pertes peuvent être évaluées par aperçu à 200 hommes tués et à 1,000 ou 1,200 blessés, la plupart légèrement. Nous ne connaissons pas celles de l'ennemi, que notre artillerie, parfaitement servie, et le feu très-vif de nos artilleurs a dû fortement éprouver. Des prisonniers et des blessés sont restés entre nos mains. Quelques jours de repos dans de bons cantonnements vont être accordés à l'armée du Nord.

Le général de division commandant l'armée du Nord,

FAIDHERBE.

N° 3.

LETTRE DU GÉNÉRAL FAIDHERBE.

En réponse aux assertions du général von Gœben.

Monsieur le directeur,

Les Prussiens, pour mener à bonne fin leurs ambitieux projets en Europe, ont besoin de passer pour invincibles. Les dernières guerres qu'ils ont faites viennent assez à l'appui de cette prétention. Parmi les quelques revers qu'ils ont éprouvés en France, Coulmiers les touche médiocrement, parce que les troupes battues à Coulmiers étaient bavaroises; mais Bapaume les gêne, parce que le 8ᵉ corps, qui combattait à Bapaume, est essentiellement prussien.

Le général von Gœben tient donc beaucoup à prouver qu'à Bapaume nos jeunes conscrits des régiments de marche de l'armée du Nord n'ont pas infligé d'échec à ses vieux régiments prussiens.

Sa thèse, traduite d'un journal militaire prussien, vient d'être publiée par le ministère de la guerre français dans le *Moniteur de l'armée* (française), sous le titre de : « Rectification du général de Gœben sur le livre du général Faidherbe intitulé : *la Campagne de l'armée du Nord en* 1871. »

Cette pièce est assez peu gracieuse pour l'armée française, car on y trouve, par exemple, la phrase suivante :

« Là, comme en d'autres circonstances, les Français parlent de victoire, parce qu'ils ont repoussé nos postes avancés; cela n'a rien qui nous surprenne. Ce sont des idées bizarres qui prêtent à rire et qui procurent à l'armée une facile consolation. »

Le directeur du *Moniteur de l'armée* (et je l'en remercie) a bien voulu faire remarquer que les assertions du général allemand ne sauraient être admises qu'après un **débat contradictoire**.

Je viens donc vous prier de vouloir bien prêter la publicité de votre journal à ma réponse.

Si j'étais seul en question, je n'eusse pas répondu; mais il y a les généraux, les officiers et les soldats que j'avais l'honneur de commander, qui, par leur bravoure et au prix de leur sang, ont apporté une petite consolation à la patrie abattue, et je ne puis leur laisser enlever ni laisser amoindrir la gloire qu'ils ont acquise dans cette circonstance.

Le général von Gœben prétend que l'article du *Daily Telegraph*, que j'ai cité parmi mes pièces justificatives, est le résultat d'une erreur d'un reporter anglais, et qu'il n'a pas fait le rapport officiel que cet article lui attribue.

Voici l'article du *Daily Telegraph* du 9 janvier :

« Le général de Gœben, commandant de deux « divisions de l'armée du Nord, publie un rapport « officiel sur les engagements du 2 et du 3.
« Il établit que trop peu de troupes ont pris part « à l'action, à cause de la marche trop lente de ses « forces, et aussi que les nouveaux régiments pa- « raissent être trop faibles. Il demande aux com-

« mandants des régiments une liste des officiers qui « ont fui, pour qu'ils soient immédiatement cassés. »

Cet article est si clair et si net ; il concordait tellement avec les résultats obtenus par nous, avec les renseignements fournis par les populations du pays, et le témoignage d'un étranger qui se trouvait parmi les Prussiens, constatant tous que des corps ennemis avaient été vus, le 3 au soir et le 4, s'éloignant du champ de bataille en grand désarroi, dans les directions de Saint-Quentin, de Péronne et d'Amiens, que j'ai cru pouvoir donner ce document comme sérieux et exact.

Mais, du moment que le général von Gœben affirme n'avoir pas fait un tel ordre du jour, ce n'est pas moi qui douterai de la véracité d'un adversaire qui, personnellement, s'est toujours montré loyal et plein de courtoisie, et je déclare m'en rapporter à sa parole.

Quant à ses appréciations sur la bataille, je ne saurais les accepter.

J'établirai simplement des faits.

Le 2 janvier, les Prussiens, avec plus de quatrevingts pièces de canon, occupaient tout autour de Bapaume les villages d'Achiet-le-Grand, Béhagnies, Sapignies, Bibucourt-Mory, Bougnâtre, Favreuil, Grevillers, Biefvillers, Avesnes et Tilloy.

Dans les journées du 2 et du 3, *tous* ces villages furent successivement enlevés par les têtes de colonne de l'armée française, après une lutte acharnée, comme cela est raconté dans ma relation. Les Prussiens laissèrent sur le terrain des morts et des blessés en grand nombre.

Le 3, à la nuit, j'arrêtais mes troupes dans les faubourgs de Bapaume. Il ne se trouvait plus dans cette ville que quelques centaines de Prussiens, sans artillerie.

Si nous étions entrés dans la ville et que les Prussiens eussent voulu se défendre dans les étages des maisons, la ville eût été inévitablement incendiée, ce que je voulus éviter.

Cette même nuit, pendant que l'armée française *couchait dans les villages conquis, les Prussiens évacuaient Bapaume.*

Le matin du 4, l'armée française, pour se refaire, allait chercher des cantonnements à six kilomètres en arrière ; elle n'entrait à Bapaume que deux jours après.

Maintenant admettons des pertes égales de part et d'autre, environ douze cents hommes tués ou blessés de chaque côté, et l'on avouera que, si les Prussiens ont le droit de crier victoire chez eux, nous avons bien le droit d'en faire autant chez nous, sans qu'on vienne nous contredire.

Veuillez agréer, etc.

CHAPITRE XV

SIÉGE DE PARIS (du 1er au 19 janvier 1871).

Bombardement des forts.— Les obus tombent dans la ville. — Proclamation du gouvernement. — Proposition de Delescluze. — Les délégués des vingt arrondissements de Paris. L'*affiche rouge*. — Réponse du gouverneur de Paris. — Démission de Delescluze et de ses adjoints. — Physionomie de Paris pendant le bombardement. — Bombardement des hôpitaux et des musées. — M. Jules Favre et la conférence de Londres. — La dernière sortie. — Préparatifs militaires. — Proclamation du gouvernement. — Bataille de Buzenval (19 janvier). — Dépêches officielles. — Admirable attitude de la garde nationale.—Les morts de Buzenval : Henri Regnault, Gustave Lambert, etc.—DOCUMENTS COMPLÉMENTAIRES.

Avec l'année 1871 commence l'empire d'Allemagne réédité et tiré, tout poudreux, du fond du moyen âge. Le César germanique teignait maintenant sa pourpre dans un sang nouveau.

Le bombardement des forts de Paris, commencé à la fin de décembre 1870, fut continué par les Prussiens avec une certaine intensité pendant les premiers jours de janvier 1871. Tout d'abord les projectiles ennemis ne causaient que peu de dommage sur ces forts et sur les villages environnants; mais les obus devinrent, vers le 3 janvier, assez fréquents et assez bien dirigés. Sur le seul fort de Nogent il tombait, ce jour-là, 600 obus. Le rapport officiel français sur cette journée affirme que nul effet, sauf de légers dégâts, ne fut produit par ces projectiles : un seul homme fut blessé légèrement. Ce même jour, le commandant des éclaireurs de la Seine, Poulizac, tentait en avant de Groslay une petite expédition qui réussissait; un poste de soldats prussiens de la garde était surpris, quelques-uns de ses hommes tués et six ramenés prisonniers. L'*Avenir national* disait alors, avec raison, que c'était par des opérations semblables, si minimes qu'elles fussent, qu'on devait fatiguer, inquiéter sans cesse l'ennemi et tenir nos soldats en haleine. Le 4 janvier, Montreuil, Bondy, tous les forts de l'est étaient canonnés avec vivacité. Le fort de Nogent recevait, cette fois, plus de 1,200 obus. Bientôt ce bombardement allait redoubler d'intensité et les Prussiens mêmes ne devaient plus se contenter de lancer leurs obus sur nos positions fortifiées, ils allaient traiter Paris comme ils avaient traité Strasbourg, Belfort et Mézières, et faire payer à la population civile la résistance des défenseurs militaires.

Issy, Vanves, Montrouge,—que le général Trochu craignait de voir bombardés dès le 15 septembre,— furent couverts d'obus dans la journée du 5 janvier. Des pièces de gros et de petit calibre faisaient feu à la fois et on recueillait sur nos positions bombardées des obus qui n'avaient pas éclaté et qui mesuraient 22 centimètres de diamètre et 55 centimètres de hauteur. Depuis le 29 décembre, les casemates du fort de Rosny étaient traversées; de huit heures du matin à six heures du soir près de 2,000 projectiles s'étaient abattus sur l'enceinte, l'escarpe et la contrescarpe (1). Nos redoutes des Hautes-Bruyères et du Moulin-Saquet avaient en même temps leur part de projectiles, mais c'est ce jour-là que Paris allait recevoir le baptême du feu.

Les batteries prussiennes, installées au plateau de Châtillon d'un côté, au moulin d'Orgemont de l'autre, pouvaient facilement atteindre, quoi que pussent dire les optimistes, au cœur même de Paris. L'Allemagne, impatiente de voir finir la guerre et profondément irritée de la résistance de cette ville qu'elle nommait avec Guerrazzi le *Temple de la volupté*, ou encore la *Babylone moderne*, l'Allemagne avait maintes fois, avec énergie, réclamé le bombardement de Paris. On prêtait à la piété de la reine Augusta le retard apporté par les chefs allemands dans cette œuvre de destruction et de mort. M. de Bismarck avait même, paraît-il, plusieurs fois répété à des étrangers qu'il ne bomberait point Paris et laisserait à la famine le soin d'ouvrir à l'armée allemande les portes de la ville assiégée.

Mais ce siége cruel par la disette et la faim finit par trop se prolonger, au gré du roi Guillaume, et, le 5 janvier au matin, Sa Majesté adressait pieusement à la reine cette dépêche, dont la dure précision fait contraste, cette fois, avec tant d'autres dépêches en apparence attendries :

(1) Hermann Robolsky. Voy. le *Siége de Paris raconté par un Prussien.*

Versailles, 5 janvier 1871.

Depuis neuf heures a commencé le bombardement des forts du sud de Paris, par une superbe journée d'hiver, sans vent ni neige, mais avec 9 degrés de froid.

GUILLAUME.

Ce n'était pas seulement le bombardement des forts du sud qui commençait par ce beau temps dont parlait le roi Guillaume, c'était aussi celui de Paris lui-même. Des obus tombaient, pour la première fois, le 5 janvier, dans le quartier Saint-Jacques, mais sans y porter le moindre trouble et le moindre effroi. Que si les Prussiens avaient espéré terrifier la population par cette nouvelle rigueur, ils se trompaient étrangement. Paris bombardé demeurait insensible, ou plutôt il se montrait pour ainsi dire joyeusement fier du nouveau danger qu'il courait. Il y eut bien un moment de panique, puis la curiosité prit le dessus, et tandis que les habitants des quartiers où tombaient les obus gagnaient l'intérieur de Paris, les pauvres gens en traînant sur un haquet ou une voiture à bras leurs matelas et leurs hardes, les autres, au contraire, allaient assister, comme à un spectacle, au bombardement de Montparnasse et de Montrouge (1).

Paris avait reçu déjà environ 200 bombes, dont quelques-unes brisaient les pierres des tombes dans le cimetière Montparnasse. Du côté d'Auteuil, le bombardement était violent aussi, et les projectiles ennemis y faisaient des dégâts considérables. Le gouvernement voulut prévenir l'effroi qui pouvait (il le croyait du moins, mais bien à tort) s'emparer de la population ; il fit afficher aussitôt la proclamation suivante :

(1) L'esprit de résistance s'affirmait alors par la proclamation du gouvernement au 1er janvier, et celle de la commission des barricades (même date.) Voici la fin de ce dernier document :

« ... Il a paru utile à la commission des barricades de faire appel au patriotisme de tous et d'inviter chaque ménage à préparer, dès maintenant, comme mesure de prévoyance, deux sacs à terre qui seraient livrés au premier avis de la commission, et serviraient, concurremment avec les pavés, à couvrir en quelques heures Paris de barricades ou à réparer les brèches.

« Tout sac à terre doit avoir 70 centimètres de longueur sur 35 centimètres de largeur, de façon à être facilement transportable. La toile peut en être grossière et le prix en serait minime (65 centimes au plus) pour les citoyens qui n'aimeraient pas mieux les fabriquer eux-mêmes.

« Dans les circonstances présentes, il est de notre devoir de nous tenir prêts à tout événement et de nous assurer contre l'inconnu. Le peuple sait bien qu'il a, dans les membres de la commission des barricades, des hommes décidés à défendre Paris pied à pied, à ne jamais rendre à l'ennemi de notre patrie cette citadelle du droit et de la liberté républicaine !

« *Les membres de la commission des barricades :*
Henri ROCHEFORT, président ; — Jules BASTIDE, vice-président ; — V. SCHŒLCHER ; — ALBERT, membre du gouvernement provisoire de 1848 ; — MARTIN-BERNARD ; — Charles FLOQUET ;— A. DAŁO ;— COURNET. »

Jeudi soir, 5 janvier. — « Le bombardement de Paris est commencé !

« L'ennemi ne se contente pas de tirer sur nos forts, il lance des projectiles sur nos maisons, il menace nos foyers et nos familles.

« Sa violence redoublera la résolution de la cité qui veut combattre *et vaincre*.

« Les défenseurs des forts couverts de feux incessants ne perdent rien de leur calme, et sauront infliger à l'assaillant de *terribles représailles*.

« La population de Paris accepte vaillamment cette nouvelle épreuve. L'ennemi croit l'intimider, il ne fera que rendre son élan plus vigoureux. Elle se montrera digne de l'armée de la Loire, *qui a fait reculer l'ennemi*, de l'armée du Nord, *qui marche à notre secours*.

« Vive la France ! Vive la République !

« *Les membres du gouvernement.* »

Nous avons souligné dans cette proclamation tout ce qui est devenu, par la suite, ironique et triste ; le gouvernement, déjà inquiet sur la conclusion de ce siège que M. Trochu appelait au début une « héroïque folie », entretenait encore des illusions qui allaient devenir, avant peu, des déceptions atrocement douloureuses. Il promettait à Paris la victoire, il menaçait l'ennemi de représailles terribles, il nous montrait Chanzy vainqueur et Faidherbe en marche vers la capitale. Sans doute il fallait bien dorer l'avenir à la population anxieuse, mais alors ne fallait-il pas en même temps, et dès ces premiers jours de bombardement, mettre à profit la colère de Paris pour tenter une opération qu'on n'essaya que quinze jours plus tard, le 19 janvier ?

A ce moment, l'ardeur du combat qui animait les Parisiens était à son comble et peut-être l'élan, dont parlait le gouvernement dans sa proclamation, eût-il été doublé par la pensée que les Allemands bombardaient maintenant les enfants et les femmes. Lorsque les gardes nationaux de garde hors des murs entendaient siffler par-dessus leurs têtes les projectiles qui allaient s'abattre sur les maisons où ils avaient laissé leur famille, une aveugle rage s'emparait d'eux et ils parlaient de courir incontinent, et sans ordres, sur l'ennemi. Il faut avouer que jamais Paris ne fut si irrité contre l'Allemagne qu'à cette heure *psychologique* du bombardement. Cette irritation rejaillissait même jusque sur le gouvernement de la défense. Déjà, à la fin de décembre 1870, le 30, dans la réunion des maires que présidait M. Jules Favre, Delescluze avait lu contre le gouverneur de Paris et ses collègues un réquisitoire foudroyant, contre lequel avaient protesté deux de ses collègues, MM. Dubail et Vacherot. La catilinaire de Delescluze permit du moins à M. Tirard de réclamer pour les maires, morale-

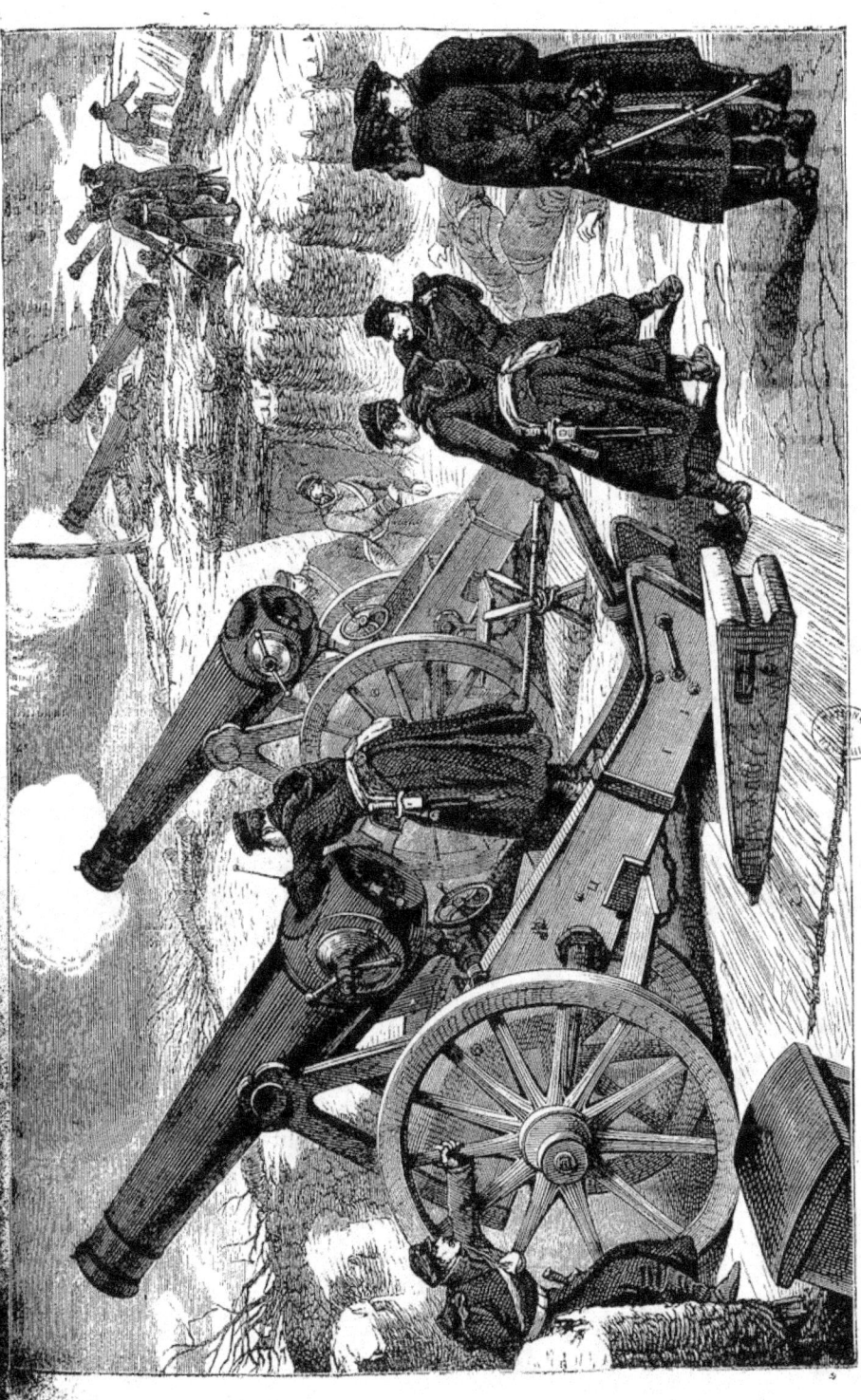

Le Siège de Paris. — Batterie prussienne bombardant Paris.

ment responsables devant leurs électeurs, le droit de participer plus intimement à la défense. Delescluze devait laisser passer quelques jours avant de revenir à son projet, mais le 4 janvier, dans une nouvelle réunion des maires, récapitulant une fois encore les fautes de la défense de Paris, il conclut en demandant, au nom du salut de la patrie, *l'adoption immédiate et sans réserve* des mesures ci-après :

« Démission des généraux Trochu, Clément Thomas et Le Flô ;

« Renouvellement des comités de la guerre et rajeunissement des états-majors ;

« Renvoi au conseil de guerre des généraux et officiers de tout grade qui prêchent le découragement dans l'armée ;

« Mobilisation successive de la garde nationale parisienne ;

« Institution d'un conseil suprême de défense où l'élément civil ne soit plus subalternisé à l'élément militaire ;

« Intervention directe et permanente de Paris dans la question de ses propres affaires si intimement liées aux intérêts de la défense ;

« Enfin, adoption *de toute mesure de salut public*, soit pour assurer l'alimentation de Paris, soit pour adoucir les cruelles souffrances imposées à la population de Paris par l'état de siége, et aussi par la regrettable incurie du pouvoir. »

A la fin de cette proposition, d'abord tardive, ensuite peu pratique que l'auteur retira lui-même bientôt et qui finit par être définitivement écartée, Delescluze s'écriait : « *Et surtout, pas de manifestations violentes ! Ce n'est pas le désordre qui doit présider au salut de notre noble cité et de la République.* A Paris, qui, depuis quatre mois, a donné de si merveilleux exemples de son esprit politique, de montrer de nouveau que *le droit n'a pas besoin du secours de la force* quand il a pour lui la conscience de deux millions d'hommes. » En ajoutant ce sage avertissement à son mémoire, Delescluze faisait tout au moins preuve de patriotisme, et s'il partageait et accueillait les idées des adversaires les plus acharnés des hommes du 4 septembre (1), au moins déconseil-lait-il absolument l'émeute, l'emploi de la force et le désordre en face de l'étranger.

Mais d'autres représentants, plus ou moins autorisés, plus ou moins inconnus, plus ou moins sincères, de la cause démocratique, allaient plus loin que Charles Delescluze dans leurs revendications immédiates, et le programme de leurs vœux fut nettement défini dans une affiche rouge, collée le 6 janvier au matin sur les murs de Paris. Cette affiche, blâmée par des représentants avancés de l'opinion républicaine, fut, en plusieurs endroits, lacérée et arrachée. Elle fit un effet déplorable. On remarquera, au bas de ce document historique, la plupart des noms, obscurs à cette époque, mis en lumière par les dramatiques événements de la Commune.

AU PEUPLE DE PARIS,

Les délégués des vingt arrondissements de Paris.

« Le gouvernement qui, le 4 septembre, s'est chargé de la défense nationale a-t-il rempli sa mission ? — Non !

« Nous sommes 500,000 combattants et 200,000 Prussiens nous étreignent ! A qui la responsabilité, sinon à ceux qui nous gouvernent ? Ils n'ont pensé

Le Prussien insolent la dévore en la raillant ; Strasbourg n'a pas été secouru ; Metz n'a pas été secouru ; tandis qu'on envoyait de vieux serviteurs des cours mendier la pitié des rois, on contenait l'élan de Paris ; on versait de l'eau au lieu de feu, des larmes au lieu de sang.

« On a conservé les pourritures monarchiques ; on a paralysé toutes les forces vives ; l'initiative des citoyens, leurs efforts en faveur d'une énergique résistance, ont été opiniâtrement entravés.

« Ces mêmes comités militaires, cette intendance, qui ont eu si grande part dans nos premiers désastres, ont pu travailler sans relâche contre la défense de Paris.

« Aujourd'hui comme hier, nos soldats sont décimés, affamés, conduits à l'ennemi par petites bandes et sans artillerie.

« Il fallait des canons et des fusils. A peine si l'on commence, sous la contrainte du cri public, à fondre des canons, et l'on oublie dans les magasins et dans les gares ceux qu'on possède et l'on enterre ceux qui seraient le plus redoutables à l'ennemi !

« Imbécillité ? Trahison ? Ou n'importe ? Le résultat est le même.

« L'épreuve enfin est-elle suffisante ? A-t-on assez attendu ? Tous ici, dans cette formidable épreuve, nous en sommes pour notre vie, pour nos intérêts les plus chers. Il ne s'agit plus de calme, de convenance et de longanimité, vertus bonnes pour les temps paisibles.

« .... Que ces honnêtes gens rentrent dans la vie privée, laissant à de plus jeunes, à de plus énergiques, à de plus convaincus, une tâche qui dépasse leurs forces.

« Désormais, l'initiative seule du courage, du désespoir, du patriotisme et de la science peut sauver la France et Paris. Que les bonnes du cœur se lèvent ; que tous courent à l'ennemi ! Les femmes, les vieillards, les enfants eux-mêmes resteront à la garde des remparts, et nous retrouverons tous la grande âme révolutionnaire qui sut vaincre en d'autres temps, qui nous fera vaincre encore.

« Nous adjurons toutes les femmes qui aiment leur patrie de s'unir à nous et d'user de leur influence pour susciter autour d'elles l'énergie de tous les citoyens.

« André Léo, E. Raynal. »

---

(1) Voici comment s'exprimait une collaboratrice de Delescluze, une femme, écrivain d'un talent sec, dont le nom devait plus tard se trouver mêlé aux troubles publics. Cette pièce fut insérée dans le *Réveil* du 1er novembre. Ce réquisitoire contient tous les griefs reprochés au gouvernement de septembre :

« Deux longs mois, deux siècles dans les circonstances extrêmes où nous sommes, ont surabondamment prouvé l'incapacité des hommes qui ont pris la direction des affaires publiques.

« Ils ont laissé la France aux mains des bonapartistes. Les maires, les commissaires, tous les honteux magistrats qui sous l'empire égaraient et enchaînaient les populations, sont restés en possession de leurs pouvoirs. Ce qui devait arriver a eu lieu. Empoisonnée par les mêmes influences, garrottée des mêmes liens, la province ne s'est pas soulevée.

qu'à négocier, au lieu de fondre des canons et de fabriquer des armes.

« Ils se sont refusés à la levée en masse.

« Ils ont laissé en place les bonapartistes et mis en prison les républicains.

« Ils ne se sont décidés à agir enfin contre les Prussiens qu'après deux mois, au lendemain du 31 octobre.

« Par leur lenteur, leur indécision, leur inertie, ils nous ont conduits jusqu'au bord de l'abîme : ils n'ont su ni administrer, ni combattre, alors qu'ils avaient sous la main toutes les ressources, les denrées et les hommes.

« Ils n'ont pas su comprendre que, dans une ville assiégée, tout ce qui soutient la lutte pour sauver la patrie possède un droit égal à recevoir d'elle la subsistance ; ils n'ont su rien prévoir : là où pouvait exister l'abondance, ils ont fait la misère ; on meurt de froid, déjà presque de faim : les femmes souffrent ; les enfants languissent et succombent.

« La direction militaire est plus déplorable encore : sorties sans but ; luttes meurtrières sans résultats ; insuccès répétés, qui pouvaient décourager les plus braves ; Paris bombardé. — Le gouvernement a donné sa mesure ; il nous tue. — Le salut de Paris exige une décision rapide. — Le gouvernement ne répond que par la menace aux reproches de l'opinion. Il déclare qu'il maintiendra l'ORDRE, — comme Bonaparte avant Sedan.

« Si les hommes de l'Hôtel de ville ont encore quelque patriotisme, leur devoir est de se retirer, de laisser le peuple de Paris prendre lui-même le soin de sa délivrance.

« La municipalité ou la Commune, de quelque nom qu'on l'appelle, est l'unique salut du peuple, son seul recours contre la mort.

« Toute adjonction ou immixtion au pouvoir actuel ne serait rien qu'un replâtrage perpétuant les mêmes errements, les mêmes désastres. — Or, la perpétuation de ce régime, c'est la capitulation, et Metz et Rouen nous apprennent que la capitulation n'est pas seulement encore et toujours la famine, mais la ruine de tous, la ruine et la honte ! — C'est l'armée et la garde nationale transportées prisonnières en Allemagne, et défilant dans les villes sous les insultes de l'étranger; le commerce détruit, l'industrie morte, les contributions de guerre écrasant Paris : voilà ce que nous prépare l'impéritie ou la trahison.

« Le grand peuple de 89, qui détruit les Bastilles et renverse les trônes, attendra-t-il, dans un désespoir inerte, que le froid et la famine aient glacé dans son cœur, dont l'ennemi compte les battements, sa dernière goutte de sang ? — Non !

« La population de Paris ne voudra jamais accepter ces misères et cette honte. Elle sait qu'il en est temps encore, que des mesures décisives permettront aux travailleurs de vivre, à tous de combattre.

« Réquisitionnement général. — Rationnement gratuit. — Attaque en masse.

« La politique, la stratégie, l'administration du 4 septembre, continuées de l'empire, sont jugées. *Place au peuple! Place à la Commune!*

Les délégués des vingt arrondissements de Paris,

Adoué, Ansel, Antoine Arnaud, J.-F. Arnaud, Edm. Aubert, Babick, Baillet père, A. Baillet, Bedouch, Ch. Beslay, J.-M. Boitard, Bonnard, Casimir Bouis, Léon Bourdon, Abel Bousquet, V. Boyer, Brandely, Gabriel Brideau, L. Caria, Caullet, Chalvet, Champy, Chapitel, Charbonneau, Chardon, Chartini, Eugène Chatelain, A. Chaudet, J.-B. Chautard, Chauvière, Clamousse, A. Claris, Clavier, Clémence, Lucien Combatz, Julien Conduché, Delage, Delarue, Demay, P. Denis, Dereux, Durins, Dupas, Duval, Duvivier, R. Estieu, Fabre, F. Félix, Jules Ferré, Th. Ferret, Flotte, Fruneau, C.-J. Garnier, L. Garnier, M. Garreau, Gentilini, Ch. Gérardin, Eug. Gérardin, L. Genton, Gillet, P. Girard, Giroud-Trouillier, J. Gobert, Albert Goullé, Grandjean, Grot, Henry, Fortuné Henry, Hourtoul, Alph. Humbert, Jamet, Johannard, Michel Joly, Jousset, Jouvard, Lacord, Lafargue, Laffitte, A. Lallement, Lambert, Lange, J. Larmier, Lavorel, Leballeur, F. Lemaitre, E. Leverdays, Armand Lévy, Lucipia, Ambroise Lyaz, Pierre Mallet, Malon, Louis Marchand, Marlier, J. Martelet, Constant Martin, Maullion, Léo Melliet, X. Missol, Dr Tony Moilin, Molleveaux, Montelle, J. Montels, Mouton, Myard, Napias-Piquet, Emile Oudet, Parisel, H. Piednoir, Pérève, Dr Pillot, Pindy, Martial Portalier, Puget, D. Th. Régère, Retterer aîné, Aristide Rey, J. Richard, Roselli-Mollet, Edouard Roullier, Benjamin Sachs, Sainson, Th. Sapia, Sallée, Salvador Daniel, Schneider, Seray, Sicard, Stordeur, Tardif, Treillard, Tessereau, Thaller, Theisz, Thiollier, Tridon, Urbain, Viard, Ed. Vaillant, Jules Vallès, Viellet.

Cette affiche, qui répondait à une note du gouvernement promettant, à la date du 1er janvier, de *maintenir l'ordre avec énergie*, n'eut que peu d'effet sur Paris qui n'eut point le temps de la connaître. Elle agit seulement sur les quartiers de Montmartre et de Ménilmontant, où la population était profondément remuée par les clubs. Devant ces *délégués des vingt arrondissements*, à qui personne n'avait confié de délégation, l'opinion purement patriotique, la véritable opinion parisienne qui se souciait surtout de combattre l'ennemi et non de ces luttes intestines, s'émut, et le gouverneur de Paris crut devoir répondre à l'affiche réclamant la Commune par une affiche officielle promettant implicitement la victoire et, dans tous les cas, l'héroïsme. C'est dans cette proclamation, désormais célèbre, que le général Trochu imprimant une phrase incroyable, contracta cet engagement solennel dont il fit bientôt un engagement révocable, celui de ne jamais capituler. Ne nous appesantissons pas sur de telles promesses si mal tenues. L'honneur français, que nos ennemis ridiculiseraient si volontiers, nous oblige à passer rapidement devant certains faits déplorables qui, à les examiner de près, font saigner le cœur.

Le général Trochu répondait ainsi :

AUX CITOYENS DE PARIS.

« Au moment où l'ennemi redouble ses efforts d'intimidation, on cherche à égarer les citoyens de Paris par la tromperie et la calomnie. On exploite contre la défense nos souffrances et nos sacrifices.

« Rien ne fera tomber les armes de nos mains. Courage, confiance, patriotisme.

« Le gouverneur de Paris ne capitulera pas.

Paris, le 6 janvier 1871.

« *Le gouverneur de Paris,*

« GÉNÉRAL TROCHU. »

La provocation du parti extrême n'eut d'ailleurs aucune influence sur le cours des événements et ne fut suivie d'aucune exécution. Les quelques signataires de cette pièce arrêtés à la suite de l'affichage, devaient être acquittés un mois plus tard par le conseil de guerre (1). Il n'y eut d'autre incident politique, durant les journées qui suivirent, que la démission de la commission administrative du vingtième arrondissement, nommée par M. Jules Ferry pour administrer cet arrondissement, privé de ses élus, MM. G. Flourens, Millière,

Lefrançais et Ranvier, poursuivis au lendemain du 31 octobre, ce dernier, frappé de plus d'incapacité politique. Le 8 janvier, Delescluze, maire du dix-neuvième arrondissement, et ses adjoints, MM. Charles Quentin et Émile Oudet, adressaient aussi leur démission au gouvernement, qui l'acceptait, et nommait une commission administrative pour le dix-neuvième arrondissement comme pour le vingtième.

Voici en quels termes cette démission était adressée au ministre de l'intérieur :

Paris, le 6 janvier 1871.

« Citoyen ministre,

« La situation faite aux municipalités, et par la mairie centrale et par le gouvernement, ne nous permet plus de conserver les fonctions de maire et adjoints du dix-neuvième arrondissement. Nous venons vous déclarer que nous donnons notre démission.

« Votre attitude, citoyen ministre, à la réunion des maires, a triomphé de nos derniers scrupules.

« En voyant à quelle dépendance, vous, ministre de l'intérieur et vice-président du gouvernement, vous entendiez soumettre les maires et adjoints élus par le suffrage universel ; en voyant aussi quelle responsabilité morale pouvait leur incomber s'ils consentaient plus longtemps à rester les instruments passifs d'une politique que nous croyons condamnée par l'intérêt de la France et de la République, nous ne pouvions hésiter.

« Veuillez nous accuser réception de la présente et donner au maire de Paris les instructions nécessaires pour notre remplacement.

« CH. DELESCLUZE, *maire*,
« CH. QUENTIN, 2e *adjoint*,
« E. OUDET, 3e *adjoint*. »

Ces symptômes courroucés, qui dénotaient une sourde et implacable colère, un mécontentement aigre, une violence décidée à la lutte ouverte, passaient d'ailleurs inaperçus, étouffés qu'ils étaient, pour ainsi dire, sous le bruit du bombardement. L'insouciance parisienne était toujours la même,

---

(1) Le 4e conseil de guerre, présidé par M. Lespiau, colonel du 106e de ligne, terminait le 24 février l'examen de l'affaire dite des *affiches rouges*. Dans son audience du 22 février, douze personnes comprises dans cette poursuite avaient déjà comparu et avaient été renvoyées de la prévention.

Neuf autres inculpés avaient reçu une citation à comparaître pour l'audience du 24. Quatre seulement répondirent à l'assignation. Ce sont : MM. Eugène-Romain Dupas, âgé de cinquante ans, docteur en médecine ; Léo Melliet, âgé de vingt-six ans, étudiant en droit ; Alphonse Humbert, âgé de vingt-six ans, journaliste, et Jean-Louis Pindy, âgé de trente ans, menuisier.

Le conseil a disjoint la cause à l'égard de M. Edme-Gustave Tridon, âgé de trente ans, avocat, à raison de sa qualité de député. Il a jugé par contumace les quatre autres préve-

nus non comparants, dont les noms suivent : Eugène Chatelain, Théophile Régère-de-Montmore, Louis Vivier et Joseph-Émile Oudet.

Tous les prévenus étaient inculpés d'excitation à la guerre civile en publiant ou faisant afficher un document politique, et de contravention à l'arrêté du 20 novembre 1870 relatif à l'affichage des écrits politiques.

La prévention a été soutenue par M. Happich, capitaine de gendarmerie.

Mes Maysonnade et Laviolette ont plaidé pour les inculpés.

Le conseil, après une courte délibération, a acquitté MM. Dupas, Melliet et Pindy à l'unanimité ; M. Humbert, à la majorité de six voix contre une, et les quatre contumaces, à la minorité de faveur.

Le Bombardement de Paris. — Une chambre à Vaugirard.

malgré le sang que les obus faisaient couler. On se précipitait sur les éclats d'obus à peine refroidis; on les vendait. Un commerce nouveau naissait de ce désastre. L'obus chaud se vendait 4 fr. 25, l'obus froid 3 fr. 50 (1). Le prix du débris de bombe variait entre 50 centimes et 2 francs. Il fallut, pour éviter les graves accidents amenés par cette recherche curieuse, que le *Journal officiel* publiât une note interdisant de ramasser les obus entiers.

Quel étrange tableau offrait alors ce Paris accablé par le vainqueur ! Réduit aux dernières extrémités, mangeant ce pain rare, gluant et malsain qu'on rationnait, affaibli physiquement, malade et pauvre, avec les trottoirs de ses rues occupés par les marchands ou marchandes de sordides et fades légumes, condamné au froid, acculé à la misère suprême, il gardait encore sa bonne humeur et sa foi. On tuait les enfants, on tuait les vieillards, les obus allemands tombaient sur les hôpitaux; la nuit, des brancardiers ramassaient des cadavres broyés au coin des rues; on entendait, dans le silence glacé de la nuit, retentir ces détonations grondantes, et chaque coup enfonçait une demeure, écrasait un être humain. Peu importait, Paris, encore une fois, demeurait inaccessible à la moindre crainte, et il n'avait pas besoin des dépêches enthousiastes et pleines d'illusions de Gambetta pour conserver intacte sa confiance.

Confiance souvent fantastique, avons-nous dit déjà. Certes, et les clubs alors redoublaient de crédulité. Les bruits de trahison affolaient déjà, faisaient bondir d'indignation les réunions populaires en proie à des orateurs exaltés. Gambetta lui-même était alors soupçonné de tiédeur ou plutôt de complicité avec les « traîtres. » Trochu était accusé de faire tourner contre Paris le canon des forts « afin de laisser croire que les Prussiens nous bombardaient. » Le livre de M. de Molinari sur les

(1) *Journal du siège*, par un *Bourgeois de Paris*.

Clubs pendant le siége a conservé quelques-unes des improvisations fiévreuses de ces terribles soirées. Pour comprendre l'exaltation des orateurs, il faut se reporter à ces heures chargées d'orage où le bruit sourd du canon, de l'obus qui éclate, ponctuait la phrase des discoureurs. Toute cette furie s'explique alors par l'état singulier de malaise physique et moral où se trouvaient les assiégés.

Le patriotisme exacerbé se donnait aussi carrière, mais beaucoup moins bruyamment, dans la caricature. Les boutiques de libraires, les kiosques du boulevard étaient couverts d'images, la plupart sans talent ni style, représentant des Prussiens grotesques, le roi Guillaume, Napoléon ou M. de Bismarck sur l'échafaud. Cet étalage de têtes coupées était répulsif et sinistre. Et pourtant nul ne songeait à s'en irriter. L'impossible était le maître de cette situation tendue. Ceux qui aiment le patriotisme dans sa pureté, dans sa grandeur immaculée et dans son héroïsme superbe, ceux qui, ayant combattu la tyrannie debout, ne donnent point le coup de talon à la tyrannie à terre, souffraient cependant, au fond de leur âme, de voir s'étaler ces fanfaronnades grossières ou ces impuretés scandaleuses. La haine doit encore garder une certaine fierté. Juvénal frappe d'un fer rouge et non d'un pinceau boueux. Ces imageries n'ont inspiré ni une âpre colère, comme Daumier savait la faire naître, ni un ironique sourire, comme Grandville en amenait un aux lèvres; elles n'ont inspiré que du dégoût. L'art fut d'ailleurs petit, mesquin durant cette guerre. On eût dit que la nation était décidément épuisée. Quoi! pas un chant n'est sorti des entrailles de la patrie! Pas un cri, pas un de ces accents qui marquent une date, traversent les âges! Nous n'avons pas même eu la *Marseillaise* de notre douleur.

Le moment devait cependant inspirer les âmes. La mort, l'horreur, le deuil étaient partout. L'hôpital de la Pitié était criblé de bombes dans la nuit du 8 au 9 janvier. Les Prussiens prenaient pour point de mire l'asile de nos malades, ou les usines où étaient établis les moulins à blé. L'institution de Sainte-Périne, à Auteuil, était frappée de projectiles. Des hauteurs de Châtillon et de Meudon, les Prussiens frappaient ce qu'il y avait, dans Paris, de monuments ouverts aux malades ou consacrés à la science. Tandis qu'on mettait en sûreté les prisonniers allemands dans des abris casematés, leurs artilleurs canonnaient la ville. C'était la nuit surtout qu'ils faisaient feu. Dans cette nuit du 8 au 9 janvier, où la Pitié était atteinte, la partie de la ville, située entre Saint-Sulpice et l'Odéon, recevait un obus par chaque intervalle de deux minutes. L'église de Saint-Sulpice, la Sorbonne, le Val-de-Grâce étaient frappés. Une école de la rue de Vaugirard avait quatre enfants tués et cinq blessés par un seul projectile. La cervelle de ces petits êtres rejaillissait contre la muraille. C'était hideux.

On évacuait le musée du Luxembourg. Les médecins de l'hôpital des Enfants-Malades protestaient contre cette artillerie qui venait frapper des innocents dans leurs lits. L'Académie en avait appelé au monde civilisé; les représentants des puissances neutres, présents à Paris, allaient adresser bientôt une protestation contre ces faits de guerre, horribles dans leur inutilité.

Après avoir frappé les enfants, les Prussiens frappaient les fleurs. Les fameuses serres du Muséum d'histoire naturelle, qui n'avaient point de rivales dans le monde, et dont les Allemands, sans nul doute, étaient jaloux, furent anéanties (1). Les pointeurs des canons Krupp les visèrent certainement, ainsi que le prouve M. de Quatrefages. Dans sa séance du 9 janvier, l'Académie des sciences, sur la proposition de M. Chevreul, adoptait la déclaration suivante qui doit être gravée sur des bâtiments du Muséum : « *Le Jardin des Plantes médicinales, fondé à Paris par édit du roi Louis XIII, à la date du 3 janvier 1636, devenu le Muséum d'histoire naturelle le 23 mai 1794, fut bombardé sous le règne de Guillaume Ier, roi de Prusse, comte de Bismarck chancelier, par l'armée prussienne, dans la nuit du 8 au 9 janvier* 1871. *Jusque-là il avait été respecté de tous les partis et de tous les pouvoirs nationaux et étrangers.* »

Sur ces entrefaites, arrivait à Paris la convocation de M. Jules Favre, ministre des affaires étrangères de France, à la conférence qui allait s'ouvrir, à Londres, pour réviser le traité de 1856 et régler les affaires d'Orient. Paris s'étonna que l'Europe pût s'occuper de Constantinople et de la mer Noire alors que la question d'Occident, la lutte de la race latine contre la race germanique, intéressait bien autrement le monde tout entier. Il en est des peuples malheureux comme des malades, qui croient naïvement que l'inflexible nature prendra le deuil s'ils succombent. Tandis que la France périssait ou semblait périr, l'Europe continuait de vivre. L'invitation de lord Granville faite au ministre des affaires étrangères à Paris de se rendre parmi les plénipotentiaires équivalait à une reconnaissance de la République française. M. Gambetta le comprenait bien ainsi, et il adjurait M. Jules Favre, qui hésitait, de se rendre à Londres. « L'Europe vous veut, l'Europe vous réclame! » lui écrivait-il. Jules Favre, en présence du bombardement de Paris, refusa de quitter la ville et de se séparer de ses collègues. Il n'usa point du laissez-passer que

(1) M. de Quatrefages a raconté le dévouement du personnel du Muséum qui sauva, sous les obus, tous les bocaux pleins d'alcool et si facilement inflammables des galeries d'histoire naturelle. (Voy. son livre : *la Race prussienne.*)

lui adressait M. de Bismarck. C'était une faute politique. Et pourtant, je le répète, M. Gambetta était pressant. « Lord Granville, disait-il dans une dépêche à Jules Favre, vient d'écrire à Versailles et de se plaindre de l'inqualifiable refus de la Prusse. Je sais que telles sont également les intentions de la Russie, les autres commencent à sentir l'arrogance menaçante pour eux du nouvel empire germanique. L'opinion anglaise est complétement modifiée à cet égard, les classes aisées de l'Angleterre attaquent vivement la politique de M. Gladstone. Lord John Russell a pris en main la direction de ce mouvement, et tout indique que si vous pouviez arriver à Londres avant l'ouverture du Parlement, le cabinet actuel aurait vécu. J'insiste donc de nouveau pour que vous sortiez de Paris, même par un moyen irrégulier, convaincu qu'outre les immenses services que vous rendriez au pays, votre sortie amortirait moralement l'énorme effet de la chute de Paris.

« La présence d'un plénipotentiaire français au sein de la conférence serait la preuve que tel est le vœu de toutes les puissances, et vous devez savoir que la démocratie anglaise, la grande population ouvrière de Londres, n'attend que votre présence pour manifester hautement ses sympathies pour notre cause. Ce mouvement est extraordinaire, il frappe vivement la diplomatie européenne. J'ai reçu de divers côtés l'invitation de ne pas le laisser tomber, car il peut, à un moment donné, produire des effets décisifs. M. de Chaudordy et mes collègues de la délégation pensent même que je ferai bien d'aller passer quelques jours à Londres pour y étudier les événements, dans l'intérêt de notre pays. Je résiste à aller prendre une place qui vous revient de droit et que vous occuperez avec l'autorité morale qui vous est acquise; mais j'ai tenu à vous faire part de ces désirs exprimés en Angleterre même, pour bien vous montrer le prix que l'on attache à voir enfin la République française reconnue, et en quelque sorte consacrée par les acclamations d'un peuple tout entier. Au milieu des difficultés qui vont se presser devant nous, il me parait illusoire de songer à un pareil voyage que je n'ai pas renoncé à vous voir entreprendre. »

Cette dépêche de M. Gambetta ne décida point M. Jules Favre à quitter Paris. — Le bombardement qui, disait-il, le retenait à Paris, continuait; les forts n'étaient plus tenables; les casemates, au rapport d'un témoin, étaient devenues des excavations boueuses; les bombes brisaient palanques et portes, broyaient la pierre. Pendant le jour, on blindait les murs, on faisait les tranchées; la nuit, on rétablissait les ouvrages tant bien que mal. L'artillerie de marine se montra au-dessus de tout éloge pendant ces terribles vingt-cinq jours de bombardement. Elle ne cessa point d'envoyer des bordées formidables. Les marins, tirant à découvert, au fort d'Issy, sous le feu plongeant de Meudon, de Clamart, de Châtillon, mettaient jusqu'à quinze pièces en batterie, tous s'attelant aux pièces, lâchant la bordée, puis remettant les canons à l'abri des parapets. A ce fort d'Issy, il y eut 119 hommes tués ou blessés par les obus, et plus de 400 malades de froid, de faim, de privation de sommeil. Les trois quarts moururent.

Ce bombardement continua, avec des redoublements de fureur et des accalmies sans cause, pendant les journées qui suivirent. De temps à autre les Prussiens essayaient de nous surprendre, comme ils le firent dans la nuit du 13 au 14 janvier, où ils furent repoussés devant la Suiferie et refoulés sur le Bourget (1). A la boucle de la Marne, devant Champigny, les tirailleurs ne cessaient d'inquiéter l'ennemi. Mais les combats les plus violents étaient ceux que livrait notre artillerie. Le bombardement imposait des sacrifices sanglants aux défenseurs des forts. Que de marins payèrent de leur vie leur résistance ! Le fils de l'amiral Saisset fut frappé de mort. Chaque jour les Prussiens établissaient de nouvelles batteries. Leurs dépêches avouent que le feu de nos artilleurs leur coûtait un certain nombre de soldats et surtout d'officiers. Ce bombardement sinistre était combattu également par les municipalités, qui ouvraient des logis dans Paris aux habitants des arrondissements couverts d'obus. Les *réfugiés* accouraient dans les logements vides. D'autres, comme à Montrouge, se logeaient dans des caves humides. Une population hâve et effarée se blottissait dans les caveaux du Panthéon et couchait à côté des tombeaux. Le spectacle de cette foule entassée dans cette ombre funèbre avait quelque chose de fantastique. Les Prussiens bombardaient aussi le Panthéon. Ils criblaient justement, dans Paris, les quartiers de la science et de la pauvreté. Un étranger, un Anglais, le noble Richard Wallace, fils adoptif de lord Hertford, touché de tant de maux, provoquait une souscription patriotique en faveur de tant de victimes et donnait généreusement cent; mille francs qu'il versait aussitôt dans le Trésor public. Que ce nom de Richard Wallace soit salué à jamais par les pauvres et les souffrants !

Cependant le moment approchait où Paris allait tenter ce dernier effort, cette décisive opération qui devait, croyait-il, lui livrer la route de Versailles. Depuis les conseils de guerre tenus le 30 décembre et le 1er janvier, et auxquels avaient assisté les généraux Vinoy, de Bellemare, Tripier (du génie). Guiod (artillerie), Clément Thomas (garde

(1) C'est ce que le rapport prussien appelle une *violente sortie* de Paris contre la position de la garde à Draney et au Bourget. Ce rapport (n° 156) est faux.

nationale), Chabaud-Latour, les amiraux La Roncière Le Noury, Pothuau, Saisset, il avait été décidé qu'une suprême bataille serait livrée, et, dit le *Journal officiel :*

« ...Le conseil avait été unanime dans l'adoption des mesures qui associaient la garde nationale, la garde mobile et l'armée à la défense la plus active. Ces mesures, ajoutait la *note* officielle, exigeront le concours de la population tout entière. Le gouvernement sait qu'il peut compter sur son courage et sur sa volonté inflexible de combattre jusqu'à la délivrance. Il rappelle à tous les citoyens que, dans les moments décisifs que nous allons traverser, l'ordre est plus nécessaire que jamais. »

L'opération à tenter avait été plusieurs fois débattue. Un moment il avait été question de lancer la garde nationale et l'armée de ligne à l'assaut du plateau de Châtillon et des batteries ennemies. On trouva ce projet presque irréalisable et on y renonça. Presque à cette même date, des ingénieurs offraient de pénétrer, par les catacombes, jusque sous ce plateau et de le faire sauter, ensevelissant dans son gouffre une partie de l'armée prussienne attirée là par une démonstration armée de notre part, une feinte attaque. Ce terrible moyen fut aussi écarté. Mais il fallait agir pourtant. Plus que jamais l'opinion publique se déclarait pour l'action. Des bruits vagues et insensés de trahison avaient couru. On disait, dans Paris, que le chef d'état-major du général Trochu, le général Schmitz, avait été arrêté. Les clubs répétaient que les généraux allemands, *déguisés en curés*, avaient assisté aux conseils de guerre, et la population crédule ajoutait foi à ces légendes. Il fallut que le gouverneur démentit officiellement ces bruits absurdes. Mais le meilleur moyen de faire cesser tous ces bruits, c'était d'agir. M. Trochu lui-même le sentait bien, lorsque, à ceux qui lui conseillaient d'agir contre les exaltés de la politique, il répondait : « Le moindre succès nous vaudrait mieux que la poursuite la plus résolue. » Et comment, puisqu'il sentait si bien cela, n'essayait-il pas plus souvent de vaincre en combattant? Pour comprendre tel qu'il est le général Trochu, il faut bien se persuader qu'avant d'être soldat il est chrétien. Sa conscience, disait-il, lui défendait d'envoyer sans résultat à la mort des citoyens qui étaient des pères de famille et des époux. Lorsqu'on l'aiguillonnait, dans les conseils du gouvernement, pour le décider à prendre l'offensive, il répondait avec une sincérité désespérée: « Mais ce sera un massacre, ce sera (c'était son mot) un *immense excidium*. » Il s'ensuivait que sa charité chrétienne condamnait des femmes et des enfants à mourir de faim pour empêcher que des hommes résolus tombassent sous les balles prussiennes. Le gouverneur épargnait la vie de ses soldats et laissait bombarder les êtres débiles et les malades. Ce déplorable calcul a été fatal à la défense de Paris. Le pire des généraux est un général timide et dévot.

Au moment de prendre la direction du gouvernement de Paris, dès le mois d'août, alors que, de son avis même, il ne restait plus rien à faire devant l'invasion triomphante que de *l'humus* pour les générations futures, le général Trochu déclarait que, l'armée de Mac-Mahon étant, à son avis, perdue, son seul et véritable espoir et celui de Paris gisait dans la garde nationale. Plus tard, à la tribune de l'Assemblée nationale, M. Trochu devait rabaisser injustement les mérites de cette garde nationale qu'il vantait si bien alors. La vérité est que la garde nationale demanda toujours à marcher et que, sauf quelques exceptions assez rares pour que le général Clément Thomas les ait citées, toute la garde nationale fit vaillamment son devoir. Après bien des retards, bien des tâtonnements, cette garde nationale, armée de fusils à tir rapide, avait été enfin, le 10 décembre, trop tard à coup sûr, nous l'avons dit en son temps, formée en régiments de marche et non plus seulement en bataillons. Les 260 bataillons composaient 59 régiments de quatre bataillons chacun environ, commandés par des chefs de bataillon, promus au grade de lieutenant-colonel. Presque tous ces régiments, dans la journée du 17 janvier, reçurent l'ordre de se tenir prêts à partir dans la journée du 18. La grande sortie si souvent réclamée par la population, *la trouée*, comme on disait, allait enfin être essayée.

Le 18, Paris tout entier était sur le qui-vive, empli des appels du clairon et du tambour. La veille, un adjoint de la mairie du troisième arrondissement, M. Cléray, était parti en ballon pour aller porter à Gambetta la nouvelle de cette sortie. La place de l'Hôtel-de-Ville fourmillait de baïonnettes. Les régiments se massaient, sac au dos, portant leurs vivres de campagne, chantant un refrain alors populaire dans Paris, et dont le refrain était celui-ci : *A deux sous tout le paquet !* Cette foule, gaie, résolue, heureuse, sûre de vaincre, monta allégrement l'avenue des Champs-Élysées. Ces régiments de garde nationale devaient agir de concert avec un régiment de ligne, et de la sorte faire brigade avec les soldats. Ces bataillons, avec leurs capotes taillées dans tous les draps trouvés à Paris, bleu de ciel, noirs, gris ou verts, avaient à la fois un aspect singulier, multicolore et vraiment martial. La garde nationale, on peut le dire sans forfanterie, n'avait qu'une âme ce jour-là et un désir, celui de vaincre. Chacun de ces braves gens avait fait, en partant, le sacrifice de sa vie.

Le gouvernement de la défense nationale adressait le matin du 19 janvier la proclamation suivante aux habitants de Paris :

Le Siège de Paris. — Les bataillons de marche de la garde nationale s'emparant des hauteurs de Buzenval.

« Citoyens,

« L'ennemi tue nos femmes et nos enfants ; il nous bombarde jour et nuit ; il couvre d'obus nos hôpitaux. Un cri : Aux armes ! est sorti de toutes les poitrines.

« Ceux d'entre nous qui peuvent donner leur vie sur le champ de bataille marcheront à l'ennemi ; ceux qui restent, jaloux de se montrer dignes de l'héroïsme de leurs frères, accepteront au besoin les plus durs sacrifices comme un autre moyen de se dévouer pour la patrie.

« Souffrir et mourir, s'il le faut ; mais vaincre.

« Vive la République !

« *Les membres du gouvernement.* »

La sortie qu'on allait tenter, cette fois, avait pour objectif Versailles. Les cent mille hommes qui y prendraient part seraient divisés en trois corps, le général Ducrot, commandant l'aile droite, le général de Bellemare guidant le centre, et le général Vinoy l'aile gauche. Les trois corps, enveloppant les positions prussiennes, de Montretout à Longboyau, devaient à la fois repousser et enserrer l'ennemi. Le général Trochu, prenant le commandement en chef de l'armée active, investissait pour la circonstance le général Le Flô, ministre de la guerre, du gouvernement de Paris.

Dans la nuit du 18 au 19 janvier, les troupes étaient massées, les unes au rond-point des Bergères, les autres au bas du Mont-Valérien, attendant, dans cette glaise détrempée qui alourdissait la marche en se collant aux talons, le signal d'attaque que devaient donner des fusées tirées du haut du fort. Le bruit de l'artillerie, le bourdonnement des gardes nationaux devaient avoir, ce semble, averti les Prussiens, déjà à demi instruits par la fermeture des portes, qu'une attaque se préparait. M. de Bismarck, parlant des gardes nationaux, a dit depuis à M. Jules Favre dans les entr'actes des conférences relatives à la paix : « Oh ! ce sont des combattants très-braves, *très-crânes* (textuel). Mais quand ils vont au feu, ils nous sont si heureux d'y aller, qu'ils nous en préviennent une heure d'avance. » Ce n'est point d'ailleurs la joie bruyante des gardes nationaux qui donna à l'ennemi le temps de se mettre sur ses gardes. Un inqualifiable retard ne permit de commencer qu'à huit heures du matin une action qui devait être entamée déjà à six heures, avant le jour. Nous pouvions avoir, avant l'aurore, enfoncé les premières lignes ennemies, mais la rencontre des équipages d'artillerie, empêchait l'infanterie, déjà alourdie par le terrain défoncé, de marcher rapidement. Sur la droite, le corps de Ducrot, d'abord arrêté par d'autres colonnes françaises, allait être canonné par des batteries du 4ᵉ corps allemand, établies dans la presqu'île d'Argenteuil. La malechance ou l'incurie nous poursuivait ainsi jusqu'à la fin de la campagne.

Nous avons expliqué, tout à l'heure, brièvement, le plan qui avait présidé à cette attaque des positions allemandes. L'armée était partagée en trois colonnes principales, composées de troupes de ligne, de garde mobile et de garde nationale mobilisée incorporée, ainsi que nous l'avons dit, dans les brigades. Celle de gauche, sous les ordres du général Vinoy, devait enlever la redoute de Montretout, les maisons de Béarn, Pozzo di Borgo, Armengaud et Zimmermann. Celle du centre (général de Bellemare) avait pour objectif la partie est du plateau de la Bergerie, et devait, par conséquent, aborder de front l'attaque du mur de Buzenval, où la dynamite devait nous ouvrir des brèches. La colonne de droite, commandée par le général Ducrot, devait opérer sur la partie ouest du parc de Buzenval, en même temps qu'elle devait attaquer Longboyau, pour se porter sur le haras Lupin.

Toutes les voies de communication ayant accès dans la presqu'île de Gennevilliers, y compris les chemins de fer, avaient été employées pour la concentration de ces forces considérables, concentration difficile, allait dire bientôt le général Trochu, et comme l'attaque devait avoir lieu dès le matin, la droite, qui avait un chemin extrêmement long (12 kilomètres) à parcourir au milieu de la nuit, sur une voie ferrée qui se trouva obstruée, et sur une route qu'occupait une colonne d'artillerie égarée, ne put parvenir à son point de réunion qu'après l'attaque commencée à gauche et au centre.

Bellemare et Vinoy étaient entrés en action dès huit heures du matin. Les gardes nationaux, avec un ordre admirable, s'ébranlant au cri de « *Vive la République !* » montèrent, à travers les échalas que faisaient sauter les balles, et dans la terre détrempée, ceux de Vinoy vers la redoute de Montretout, ceux de Bellemare vers le long mur blanc du parc de Buzenval, où les Prussiens attendaient, derrière les arbres. Cet élan fut superbe. On montait sous les balles, la côte rapide. On tombait, on mourait.

A onze heures du matin, la redoute de Montretout et les maisons indiquées plus haut avaient été conquises sur l'ennemi, qui laissait entre nos mains 60 prisonniers. Le général de Bellemare était parvenu sur la crête de la Bergerie, après s'être emparé de la maison dite du Curé, mais, en attendant que sa droite fût appuyée, il dut employer une partie de sa réserve pour se maintenir sur les positions dont il s'était emparé. Les hommes demeuraient là, solides au feu, tiraillant, faisant feu *au juger* dans ces bois d'où sortait la mort et tirant sur la fumée qui montait derrière les branches sèches.

Pendant ce temps, la colonne du général Ducrot entrait en ligne. Sa droite, établie à Rueil, fut canonnée, nous l'avons dit, de l'autre côté de la Seine par des batteries formidables contre-battues par l'artillerie qu'elle avait à sa disposition et par le Mont-Valérien.

L'action s'engagea vivement à onze heures sur la porte de Longboyau, où l'avant-garde rencontra une résistance acharnée, en arrière de murs et de maisons crénelés qui bordent le parc. Plusieurs fois de suite, le général Ducrot ramena à l'attaque les troupes de ligne et la garde nationale, sans pouvoir gagner du terrain de ce côté.

Les premières dépêches parvenues à Paris et affichées aux mairies vers trois heures, donnaient ainsi les nouvelles de la journée jusqu'à l'heure où nous sommes arrivés :

Mont-Valérien, 19 janvier, 10 h. 10 matin.

Gouverneur au ministre de la guerre et au général Schmitz, au Louvre.

« Concentration très-difficile et laborieuse pendant une nuit obscure.

« Retard de deux heures de la colonne de droite. Sa tête arrive en ligne en ce moment. Maison-Béarn, Armengaud et Pozzo di Borgo occupées immédiatement.

« Long et vif combat autour de la redoute de Montretout ; nous en sommes maîtres.

« La colonne Bellemare a occupé la maison du Curé et pénétré par brèche dans le parc de Buzenval. Elle tient le point 112, le plateau 155, le château et les hauteurs de Buzenval. Elle va attaquer la maison Craon.

« La colonne de droite (général Ducrot) soutient, vers les hauteurs de la Jonchère, un fier combat de mousqueterie. Tout va bien jusqu'à présent. »

Mont-Valérien, 19 janvier, 10 h. 30 matin.

Officier d'ordonnance au ministre de la guerre.

Mont-Valérien, 10 h. 32.

« Montretout occupé par nous à dix heures. L'artillerie reçoit l'ordre d'occuper le plateau à côté et de tirer sur Garches.

« Bellemare entre dans Buzenval, attaque maintenant vers la Bergerie ; fusillade très-vive. Brouillard intense, observations très-difficiles. Je n'ai pas encore entendu un coup de canon prussien. »

Gouverneur au ministre de la guerre et au général Schmitz.

Mont-Valérien, 10 h. 50 m. matin.

« Un épais brouillard me dérobe absolument les phases de la bataille. Les officiers porteurs d'ordres ont de la peine à trouver les troupes. C'est très-regrettable et il me devient difficile de centraliser l'action comme je l'avais fait jusqu'ici. Nous combattons dans la nuit. »

L'officier d'ordonnance aurait dû cependant entendre les pièces du 4e corps allemand qui canonnait Ducrot. Quant au brouillard, il n'était pas si intense qu'il est dit dans les dépêches officielles et, en descendant du Mont-Valérien, on pouvait, au contraire, parfaitement distinguer et suivre les phases décisives de cette émouvante bataille.

Les colonnes du centre et de l'aile gauche auraient dû peut-être redoubler à ce moment d'audace et de rapidité, mais il faut avouer que le retard de la colonne de droite les mettait, sur les positions bravement enlevées par elles, dans une situation difficile. Durant cinq heures, ces gardes nationaux, étonnant les troupes de ligne, demeurèrent au feu sans broncher. Le général Noël qui les regardait combattre du haut du Mont-Valérien, s'écriait (témoignage d'un témoin auriculaire) : « Ils vont vraiment bien, ces cadets-là ! » J'atténue l'expression un peu trop soldatesque du général. Mais, pendant qu'ils luttaient ainsi, devant ce mur et dans ce bois maintenant plein de cadavres, tandis que Bellemare essayait d'enlever la Bergerie, qui nous livrait la route de Versailles, les réserves de la 10e division allemande avaient le temps de se réunir à Garches, et lorsque nos troupes attaquèrent de ce côté, les Allemands résistèrent avec acharnement. Leur 9e division se concentrait aussi, après midi, à la ferme de Jardy, au nord de Versailles, et, à quatre heures du soir, elle quittait Jardy et marchait avec impétuosité sur Garches et Montretout. Nous n'avions pu guère dépasser Garches et Vaucresson lorsque les réserves allemandes arrivèrent sur nos soldats fatigués par la nuit passée en longs préparatifs et par la lutte qui durait depuis le matin.

« Vers quatre heures, dit le *Rapport officiel* français, un retour offensif de l'ennemi entre le centre et la gauche de nos positions, exécuté avec une violence extrême, fit reculer nos troupes. » Ce ne fut pas une retraite pourtant, car ces mêmes soldats se reportèrent en avant vers la fin de la journée. La crête fut encore une fois reconquise, mais la nuit arrivait, et l'impossibilité d'amener de l'artillerie, pour constituer un établissement solide sur des terrains déformés, arrêta nos efforts. Il y avait cependant de l'artillerie, et en nombre considérable, entre le pont de Neuilly et le rond-point de Courbevoie. M. Viollet-Leduc offrait de transporter ces pièces à bras d'hommes, en une heure, avec le concours de sa légion du génie auxiliaire. Les militaires n'acceptèrent pas.

Dans cette situation, et avec ce manque de virilité de la part du commandant en chef, il devenait dangereux d'attendre, sur ces positions si chèrement acquises, une attaque de l'ennemi. Les troupes étaient épuisées par douze heures de combat; on se retira alors en arrière, dans les tranchées, entre les maisons Crochard et le Mont-Valérien.

Les gardes nationaux évacuèrent, vers huit heures du soir, cette redoute de Montretout qu'ils avaient enlevée et ces crêtes qu'ils avaient si vaillamment gravies et emportées. Les Allemands n'envoyèrent que de rares obus aux colonnes qui redescendaient la hauteur et, bruyantes, emmêlées, regagnaient Rueil par la route de la ferme de Fouilleuse, à travers les convois de blessés et les chars embourbés. « Il nous eût fallu perdre six cents hommes pour vous poursuivre, » a dit depuis un officier allemand. C'était pitié de voir ces bataillons épars de braves tout satisfaits d'avoir fait leur devoir et en même temps désespérés de l'avoir fait vainement. Les gardes nationaux gardaient encore dans la retraite une tenue que n'avait plus la troupe. Ils se vengeaient par des lazzis. Ils étaient prêts à continuer la route. Les soldats, ceci soit dit sans nulle exagération, les considéraient, après les avoir tant raillés pour leurs *trente sous*, avec une sorte de fraternel respect.

La journée n'en était pas moins douloureuse et nos pertes étaient grandes. Les Allemands et l'historien Rüstow les ont fort exagérées en les portant à 7,000 hommes tués, blessés ou prisonniers. Les dépêches alarmantes du général Trochu leur donnaient, en apparence, raison. A la vérité ils ne firent dans cette affaire que 700 ou 800 prisonniers tout au plus.

Paris avait appris avec une joie profonde les premiers résultats de la journée et à l'heure où, les canons du bombardement se rallumant dans le crépuscule, les troupes redescendaient en files sombres les pentes qu'elles avaient gravies le matin, à l'heure où les routes de Rueil étaient couvertes de soldats débandés, la ville croyait, hélas! à la plus grande victoire, à la seule affaire décisive du siège. Les dépêches officielles publiées pouvaient lui laisser, il est vrai, cet espoir.

On lisait, on commentait avec allégresse celles qui suivent. « Demain, se disait-on, nous serons à Versailles. »

19 janvier, 6 heures du soir.

« La bataille engagée en avant du Mont-Valérien dure depuis ce matin. L'action s'étend depuis Montretout, à gauche, jusqu'au ravin de la Celle-Saint-Cloud, à droite.

« Trois corps d'armée, formant plus de 100,000 hommes et pourvus d'une puissante artillerie, sont aux prises avec l'ennemi. Le général Vinoy, à gauche, tient Montretout et se bat à Garches ; le général Bellemare et le général Ducrot ont attaqué le plateau de la Bergerie et se battent depuis plusieurs heures au château de Buzenval. Les troupes ont déployé la plus brillante bravoure, et la garde nationale mobilisée a montré autant de solidité que de patriotique ardeur.

« Le gouverneur, commandant en chef, n'a pu faire connaître encore les résultats définitifs de la journée. Aussitôt que le gouvernement les aura reçus, il les communiquera à la population de Paris.

« *Le ministre de l'intérieur par intérim,*

« JULES FAVRE. »

Amiral commandant 6ᵉ secteur à général Le Flô.

« A la tombée du jour, nos troupes en vue du 6ᵉ secteur occupent Montretout avec de l'artillerie, les hauteurs au-dessus de Garches et une partie à droite dans Saint-Cloud.

« De fortes réserves sont au repos depuis midi sur les contre-forts de Garches et de la Fouilleuse, vers la Seine. Les derniers ordres du gouverneur, qui était au Mont-Valérien avec le général Vinoy, pour le tir de nos bastions, sont de tirer énergiquement sur le parc de Saint-Cloud et la vallée de Sèvres, au-dessus de laquelle s'élève une fumée continue depuis deux heures. »

D'un autre côté, le général Clément Thomas adressait cette laconique dépêche qui comblait de fierté la population :

Commandant supérieur des gardes nationales à chef d'état-major général.

8 h. 40 soir.

« La nuit seule a pu mettre fin à la sanglante et honorable bataille d'aujourd'hui. L'attitude de la garde nationale a été excellente. Elle honore Paris.

« Général CLÉMENT THOMAS. »

Pauvre Paris, qui allait s'endormir encore dans la confiance pour s'éveiller déçu et désespéré.

Le lendemain, les dépêches du général Trochu arrivées durant la nuit apprenaient la vérité stricte : nous avions abandonné les positions conquises. C'est ce qui ressortait du rapport suivant, daté de 2 heures du matin : « Notre journée, heureusement commencée, n'a pas eu l'issue que nous pouvions espérer.

« L'ennemi que nous avions surpris le matin par la soudaineté de l'entreprise, a, vers la fin du jour, fait converger sur nous des masses d'artillerie énormes avec ses réserves d'infanterie.

« Vers trois heures, la gauche, très-vivement attaquée, a fléchi. J'ai dû, après avoir ordonné partout de tenir ferme, me porter à cette gauche, et à l'entrée de la nuit, un retour offensif des nôtres a pu se prononcer.

« Mais la nuit venue et le feu de l'ennemi conti-

Robert le Fort, duc de Chartres.

nuant avec une violence extrême, nos colonnes ont dû se retirer des hauteurs qu'elles avaient gravies le matin.

« Le meilleur esprit n'a cessé d'animer la garde nationale et la troupe, qui ont fait preuve de courage et d'énergie dans cette lutte longue et acharnée.

« Je ne puis encore savoir quelles sont nos pertes. Par des prisonniers j'ai appris que celles de l'ennemi étaient fort considérables.

Général TROCHU. »

Ainsi la journée du 19 janvier était un échec. A dix heures du soir, à l'Hôtel de ville, on ignorait encore tout.

La vérité ne se fit jour que peu à peu, et Paris alors sut avec une stupeur profonde que son dernier espoir était anéanti. Le général Trochu parut perdre le calme nécessaire à un chef d'armée, et une de ses dépêches effarées, publiée par mégarde alors qu'elle était seulement confidentielle, jeta la consternation dans la cité. La voici dans toute sa netteté alarmée :

Gouverneur à général Schmitz, au Louvre.

Mont-Valérien, 20 janvier 1871, 9 h. 30 matin.

« Le brouillard est épais. L'ennemi n'attaque pas. J'ai reporté en arrière la plupart des masses qui pouvaient être canonnées des hauteurs, quelques-unes dans leurs anciens cantonnements. Il faut, à présent, parlementer d'urgence à Sèvres pour un armistice de deux jours, qui permettra l'enlèvement des blessés et l'enterrement des morts. Il faudra pour cela du temps, des efforts, des voitures très-solidement attelées et beaucoup de brancardiers. Ne perdez pas de temps pour agir en ce sens. »

Outre que cette dépêche semait le trouble dans la population, elle était terriblement exagérée, et nous n'avions pas besoin de tant de brancardiers pour enlever nos morts. Les Prussiens, dans la matinée du 20 janvier, firent jusqu'à trois appels de clairon pour nous offrir une trêve de quelques heures, avec faculté d'enlever nos morts et même nos blessés gardes nationaux. Nos clairons ne répondant point, ils firent transporter nos blessés à Marnes, et la trêve ne fut conclue que vers deux heures, et par hasard. C'est alors qu'un aide de camp du général von Kamecke dit à celui qui écrit ces lignes : « Nous avons admiré l'élan de vos *nouvelles troupes de ligne.* » Les nouvelles troupes de ligne étaient simplement les gardes nationaux parisiens mobilisés ou volontaires.

Ils avaient fait leur devoir en toute virilité et en toute conscience. Leurs rangs avaient été troués par les balles, labourés par les obus. Beaucoup avaient versé leur sang pour la cause de la France. Pas un n'avait reculé au moment de la charge. Les morts, cette fois, ces morts qu'on rencontrait, roulés dans leur capote grise ou brune, un portefeuille ou un portrait-carte de femme, de fiancée ou d'enfant à leurs côtés, vieillards et jeunes gens, étaient de simples citoyens armés et tombés pour la patrie. C'était, non plus seulement la France militaire, mais la France civile, la France artiste, la France publiciste, la France bourgeoise, la France peuple qui tombait et ouvrait ses veines. Paris est fier de ce jour meurtrier ; il a raison. Une telle rosée de sang lave les taches et efface la boue.

La patrie avait à pleurer, il est vrai, plus d'un cœur vaillant ou d'un brillant cerveau. Un jeune homme, un maître, le peintre Henri Regnault, coloriste puissant, qui promettait et donnait déjà une gloire nouvelle à son pays, l'auteur maintenant immortel de la *Salomé*, tombait, peut-être frappé par la dernière balle, au moment où, la retraite étant ordonnée, il voulait tirer un dernier coup de feu. On retrouva, deux jours après, son corps au visage ensanglanté et sur lequel étaient collées des feuilles mortes, et on le reconnut à cette inscription cousue à sa capote brune : *Regnault, peintre, fils de Regnault de l'Institut.* Le père, le chimiste, le vieux savant, directeur de la manufacture de Sèvres, était gardé par les Prussiens comme otage. Le fils, volontaire au 16e régiment de Paris, était tué. Henri Regnault a payé cher la gloire de donner par le martyre, à son nom, cet éclat qu'il lui eût assuré par son admirable talent.

D'autres tombèrent en même temps que lui : le lieutenant-colonel de Rochebrune, colonel du 19e régiment de Paris (140e, 48e, 190e et 214e bataillon), était frappé d'une balle au moment où, levant son sabre, il s'écriait : « *En avant!* » C'était ce Rochebrune qui, avec Langewicz, avait combattu si vaillamment à la tête de l'insurrection polonaise. L'ancien commandant des *zouaves de la Mort*, le défenseur de la Pologne, était tué par une balle polonaise. Seveste, un jeune comédien du Théâtre-Français, lieutenant dans les carabiniers parisiens, recevait une balle dans la cuisse, et, comme on l'apportait tout sanglant, enveloppé de linges, à l'ambulance de la Comédie-Française : « Je viens, dit-il, jouer une fois encore la dernière scène des *Fourberies de Scapin.* » On l'amputa, et Seveste mourut décoré sur son lit d'agonie, comme son commandant, le pianiste Pérelli, blessé et expirant comme lui.

Oui, cette fois, c'est bien le sang de Paris qui coule. Un autre succombe, le vieux marquis de Coriolis, volontaire à soixante-sept ans, solide et superbe, affirmant sa noblesse par son agonie. Un autre va mourir au Grand-Hôtel, qui, caporal dans un régiment de ligne, porte un nom cher à la science, et s'appelle Gustave Lambert. Il avait rêvé l'expédition au pôle Nord, la mer libre du pôle, le voyage surhumain, et il succombe sur un lit d'ambulance. Gustave Lambert avait remis à un camarade son testament le 20 août 1870, au moment où il comptait rejoindre, comme engagé volontaire, le maréchal Mac-Mahon. Retenu à Paris par le désastre de septembre, puis par le siège, il avait, après le 4 septembre, sollicité le droit de se rendre utile, sans jamais l'obtenir à son gré. Successivement capitaine au 85e bataillon de la garde nationale de Paris, colonel des vétérans parisiens, volontaire dans le corps en formation des tirailleurs de Beaurepaire, il était toujours obsédé du regret de son inutilité et de la crainte de ne pas faire tout ce qu'il devait.

Au milieu de décembre, il résolut de s'engager dans un régiment de ligne. Le 18, il rejoignit le 119ᵉ, à Levallois ; le 19, il se battait au Bourget ; le 23, il était caporal ; le 4 janvier, sergent ; quelques jours plus tard, proposé sous-lieutenant ; et le 17, il tomba à Buzenval.

Lorsque l'ami dont j'ai parlé ouvrit son testament, il n'y trouva que deux clauses : Legs de la souscription (pour l'expédition du pôle Nord) à la marine ; vente de ses effets au profit des pauvres... (1). De telles fins consolent de tant d'existences inutiles, et réconcilient avec l'humanité.

Ces morts n'avaient pas seuls donné leur vie. Que d'inconnus il faudrait citer! Que de blessés survécurent, dont la bravoure est demeurée célèbre. En première ligne, il faut citer le brave Langlois, l'ancien officier de marine, commandant du 116ᵉ bataillon et lieutenant-colonel du 18ᵉ régiment de Paris (35ᵉ, 116ᵉ, 211ᵉ et 212ᵉ bataillon). Blessé à Buzenval comme à l'Hay, il resta encore au feu, soutenant son bras, traversé d'une balle, et disant aux soldats, en redescendant : « Vous voyez, mes enfants, il y en a pour tout le monde. » Tout le monde, en effet, sous ce baptême de feu, bravait les blessures et défiait la mort.

Le lendemain, les Prussiens, croyant que nous allions continuer notre attaque, avaient massé des forces considérables dans les bois, et s'apprêtaient à continuer la lutte ; mais nos troupes rentraient dans leurs cantonnements, les soldats affaissés, je le répète, les mains dans leurs couvertures de peau de mouton, tendues sur leurs poitrines en manière de tablier, les gardes nationaux étonnés, très-glorieux d'eux-mêmes, las d'ailleurs, un peu étourdis du fracas de la veille, mais fermes et solides. Beaucoup cependant hochaient la tête et se demandaient : « A quoi bon ? » On prêtait au général Trochu ce mot qu'il avait dit, vers la fin du jour : « Cessons le combat, ils se sont assez fait tuer ! »

Le général a essayé d'expliquer le but de cette journée du 19 janvier dans son discours-mémoire à l'Assemblée nationale : « Le général Ducrot me dit que nous n'avions plus qu'à rester sur la défensive jusqu'au moment où nous aurions mangé notre dernier morceau de pain. Mais je pensais qu'il ne fallait pas manger ce dernier morceau de pain sans tenter un dernier effort, l'effort du désespoir. Je réunis donc nos officiers généraux et leur proposai une attaque hardie et aventureuse par Châtillon, avec Versailles pour objectif ultérieur. Je recueillis les avis de tous, et à l'unanimité ils me proposèrent d'attaquer Versailles par le Mont-Valérien. Telle est l'origine de la bataille de Buzenval, où j'appelai la garde nationale de Paris, qui, je dois le dire, déploya en cette circonstance une bravoure incomparable. Mais la bravoure ne suffit pas, et c'est là ce que la garde nationale de Paris n'a pas su juger. Dans son inexpérience, elle arrivait sur le champ de bataille avec un excès de bagages et d'impédiments, et elle manquait aussi d'esprit d'ensemble.

« Le soir, quand je vis notre aile gauche plier, je fis porter sur le plateau un bataillon de la Vendée accompagné de gardes nationaux. Là les gardes nationaux ne surent plus distinguer où était l'ennemi, et tirèrent sur nous-mêmes. Voilà le danger des troupes qui manquent d'organisation hiérarchique et régulière. C'est pourquoi j'ai résisté à ramener devant l'ennemi ces masses armées, dont la petite éducation avait produit les effets que je viens de vous dire. »

Que quelques gardes nationaux aient tiré sur nos troupes, cela peut arriver ; la ligne, à Forbach, a bien tiré par méprise sur un bataillon de chasseurs à pied, et à Buzenval même, notre artillerie faisait encore feu sur le parc alors que les gardes nationaux y avaient pénétré. Ce qui est hors de doute, c'est l'*incomparable bravoure* déployée par la garde nationale dans *cet effort du désespoir*. Ce qui est hors de doute aussi, c'est l'inutilité de cette trouée dernière. On ne pouvait, d'un seul bond, aller à Versailles. M. Viollet-Leduc le dit et l'explique fort bien dans son livre sur la *Défense de Paris*:

« Instruit par la première affaire de la Malmaison, qui jeta un instant l'alarme au quartier général de Versailles, l'ennemi, dit-il, avait bien reconnu l'importance pour lui de conserver les hauteurs de Saint-Cucufa, et y avait accumulé les obstacles, en profitant des moindres mouvements de terrain, des murs existants, des bois... Si, par aventure, nous fussions parvenus à faire brèche dans ce mur (du parc de Buzenval) et à y précipiter une colonne d'attaque, il n'est pas douteux que cette colonne, engagée dans le cirque de Saint-Cucufa, eût été vigoureusement accueillie par l'artillerie de campagne que les Prussiens avaient pu mettre en batterie, dans une position dominante, le long du mur nord des Haras. Cet emplacement excellent franchi, — chose difficile, — nous trouvions d'autres pièces en retraite balayant tout le plateau... En supposant que notre gauche eût pu parvenir à Villeneuve-l'Étang et tourner cette belle position de la Bergerie et du Haras, elle était prise en écharpe par des batteries placées sur les hauteurs du parc de Marnes, et de face par celles établies en avant du bois des Hubies, au-dessus du château de la Marche. Il n'était donc possible de tourner les hauteurs de Saint-Cucufa qu'en enga-

---

(1) Article du *Libéral du Nord*.

geant une action qui eût pu tourner également celles de Marnes et de la Marche...; mais au-dessus de Chaville, sur la hauteur, une forte batterie défendait le vallon de Sèvres, et ainsi, de proche en proche, nous ne pouvions tourner un plateau qu'en ayant sur notre flanc et même à dos l'artillerie ennemie. »

Que si le général Trochu avait simplement voulu donner à la garde nationale parisienne le sentiment de sa vigueur, il y avait pleinement réussi, et le général Clément Thomas pouvait, sans exagération, adresser à ces combattants improvisés, soldats de la veille, victimes d'aujourd'hui, cet ordre du jour que Paris peut relire avec un certain orgueil :

ORDRE DU JOUR.

« C'est avec fierté que le commandant supérieur de la garde nationale rend hommage, par la voie de l'ordre, au courage dont ont fait preuve les régiments de Paris engagés dans la bataille du 19 janvier. Il a eu la satisfaction de l'entendre louer, sur le terrain même, par les divers chefs de l'armée sous les ordres desquels ces régiments ont combattu.

« Engagés dès le point du jour, ils ont soutenu avec ardeur une lutte que l'état de l'atmosphère rendait plus difficile, jusqu'à une heure avancée de la nuit qui seule a mis fin au combat.

« N'ayant pas encore reçu des chefs de corps les renseignements nécessaires, le commandant supérieur ne peut faire connaître aujourd'hui les noms des officiers, sous-officiers et gardes qui ont succombé, ou de ceux qui se sont particulièrement distingués.

« Mais, dès aujourd'hui, il ne craint pas de dire ce mot qui sera répété par la France entière : « Dans la journée du 19 janvier, la garde nationale de Paris, comme l'armée et comme la garde mobile, a fait dignement son devoir. »

« *Le général commandant supérieur*,
« CLÉMENT THOMAS. »

La France ne connut la bravoure de la garde nationale que par une dépêche exagérée, incroyable, de la délégation de Tours. Aussi, lorsque les hauts faits annoncés par cette dépêche furent démentis, la France garda une injuste rancune à cette armée de Paris qui n'avait point précipité l'ennemi dans la Seine. Je la trouve, cette dépêche, dans un livre publié par M. A. de la Rüe, *Sous Paris pendant l'invasion* :

BATAILLE DE TROIS JOURS.

« 17, 18 et 19 janvier 1871, mercredi, jeudi et vendredi.

« Vendredi, dernière journée, grande sortie : 200,000 hommes par Saint-Cloud et hauteurs de Garches, troupes commandées par Trochu. Les Prussiens ont été repoussés du parc de Saint-Cloud, où un affreux carnage a eu lieu. Les Français se sont avancés jusqu'aux portes de l'octroi de Versailles. Résultat : 25,000 Prussiens hors de combat, tous les ouvrages détruits, canons pris et encloués, jetés dans la Seine ; gardes nationaux étaient en première ligne (1.) »

Qu'elle n'ait pas accompli ce prodige irréalisable, la garde nationale de Paris n'en a pas moins, dans cette bataille du 19 janvier, bien mérité de la patrie. Les vaincus ont aussi leur livre d'or et, à cette même heure, Faidherbe perdait, sans ternir sa renommée, la bataille de Saint-Quentin. La victoire appartient au sort. Le courage seul appartient à l'homme. Ce n'est point faillir que bien tomber. Et ces morts nous consolent de l'affaissement des vivants.

Les morts du combat de Buzenval, photographiés au Père-Lachaise, ont été reproduits pour l'avenir dans un tableau, cruel, sombre et vrai, qui nous les montre, ces martyrs, couverts de leur suaire. Cette photographie est éloquente et terrible.

Ils sont là, côte à côte, bière contre bière, dans une promiscuité navrante qui ressemble à celle de la fosse commune. Nus, enveloppés dans leur linceul qu'un geste raide de ces morts écarte parfois, ils braquent devant eux ces yeux fixes des cadavres dont nulle main amie n'a baissé les paupières. Leurs blessures glorieuses font sur leurs corps de hideuses traces. On distingue des trous noirs sur ces torses, les crânes parfois sont brisés. La sciure de bois qu'on a jeté au fond de la bière, a bu le sang de ces victimes comme celle du panier boit le sang de l'assassin, sur l'échafaud. Têtes expressives, têtes de bourgeois et de gens du peuple : les unes avec des favoris, les autres avec des barbes grises, d'autres, le crâne chauve, comme des fronts de penseurs. Il y en a de jeunes et de vieux, presque des enfants, presque des vieillards. L'un d'eux, vingt-cinq ans, brun, beau, hardi, vaillant, a la tête appuyée dans sa bière sur son épée à poignée d'acier. La mort a contracté ces visages livides : l'un sourit, l'autre se crispe, beaucoup ont comme le fier rayonnement du sacrifice. Ces spectres sont affreux et superbes. Ils accusent et rayonnent. Ils se dressent comme des vengeurs, ils sont nobles comme des martyrs. D'ailleurs, point de noms, des numéros. Qui sont-ils ? Des inconnus. On les regarde, on les plaint, on les pleure, et on passe. C'est du sang anonyme, dirait Alfred de Vigny.

---

(1) L'auteur du *journal* que je cite ajoute : « On conçoit l'effet que ces nouvelles produiront sur nous, et cependant qui oserait blâmer l'intention manifeste de M. Gambetta ? » (*Sous Paris*, 1 vol. in-18. 1871.)

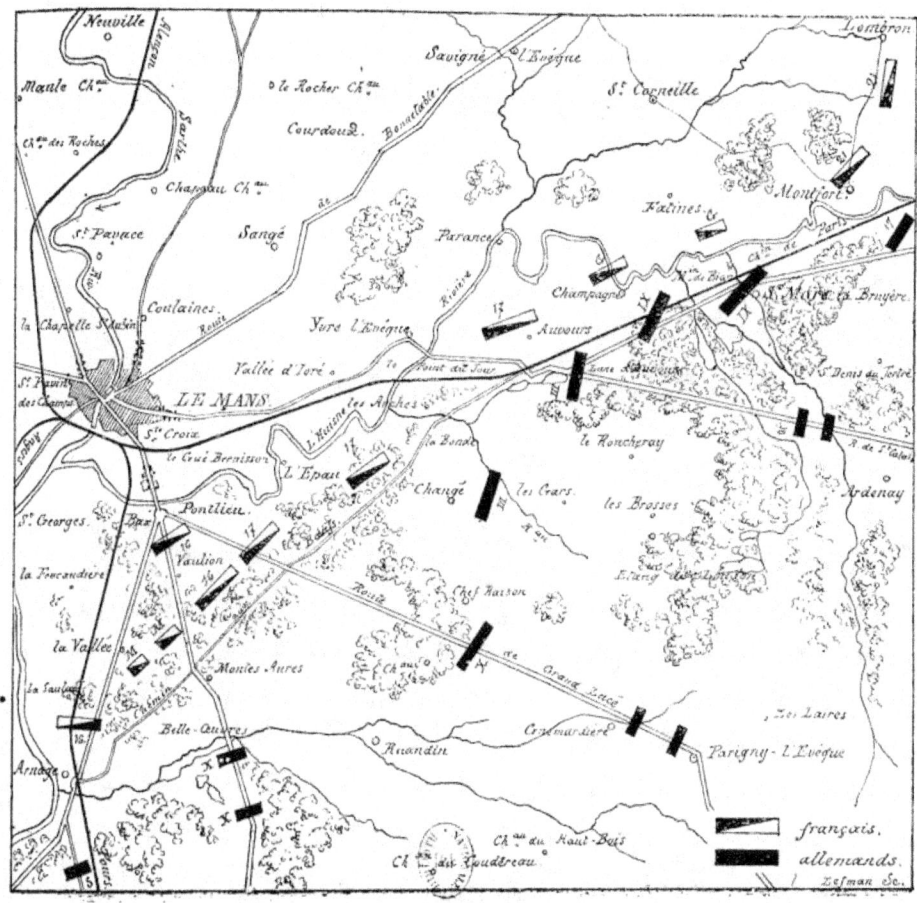

PLAN DE LA BATAILLE DU MANS.

Mais non, encore un coup, c'est le sang de Paris, le sang pur versé par la ville pour la patrie, par la capitale pour la France, le sang qui fumera long- temps, qui fumera toujours, jusqu'à l'heure où seront vengés ces héros sans nom et ces morts sans victoire !

DOCUMENTS COMPLÉMENTAIRES DU CHAPITRE XV

LES HÉROS DU SIÉGE DE PARIS.

Le document que voici est d'un intérêt exceptionnel. Il contient la plus grande partie des noms mis à *l'ordre du jour*, ainsi que les exploits accomplis par les défenseurs de Paris jusqu'à la fin de décembre 1870. On y verra des noms de gardes nationaux à côté de noms de mobiles et de soldats. C'est la communauté de l'honneur après la communauté de la peine.

Nous engageons nos lecteurs à lire attentivement ces pages. L'histoire ne pouvait les laisser périr.

N° 1.

AUX ARMÉES DE PARIS.

ORDRE DU JOUR.

Le gouverneur met à l'ordre du jour les noms des défenseurs de Paris appartenant à la garde nationale, à l'armée de terre et de mer, à la garde mobile et aux corps francs, qui ont bien mérité du pays depuis le commencement du siège. Plusieurs ont payé de leur vie les services qu'ils ont rendus tous ont fait plus que leur devoir. Les témoignages de la gratitude publique seront la haute récompense de leur sacrifice et de leurs efforts.

Cet ordre, inséré au *Journal officiel* et au *Journal militaire*, tiendra lieu de notification aux divers corps, pour l'inscription des présentes citations sur les états de service des ayants droit.

Général TROCHU.

Paris, le 19 novembre 1870.

Garde nationale de la Seine, 48ᵉ bataillon, carabiniers. — Proust, capitaine. S'est fait remarquer dans la reconnaissance du 21 par son courage et l'intelligente initiative avec laquelle il a conduit sa troupe. — Thibaudier, carabinier. Blessé à la reconnaissance du 21 octobre où la compagnie des carabiniers du 48ᵉ bataillon a vaillamment combattu. — Pachot, carabinier. Blessé à la reconnaissance du 21 octobre où la compagnie des carabiniers du 48ᵉ bataillon a vaillamment combattu.

Éclaireurs de la garde nationale. — Prodhomme. S'est fait remarquer par son courage au combat de la Malmaison où il a été grièvement blessé.

État-major général. — Guilhem, général de brigade. Tué à l'ennemi en donnant d'éclatantes preuves de bravoure. — De Montbrison, capitaine de cavalerie auxiliaire, officier d'ordonnance du général Ducrot. A constamment marché à la tête des colonnes d'attaque; s'est fait hisser sur un mur du parc au milieu d'une grêle de balles pour reconnaître la position de l'ennemi au combat de la Malmaison, le 21 octobre.

Intendance. — Parmentier, sous-intendant de 1ʳᵉ classe. S'est fait remarquer à l'affaire du 19 septembre, en allant au plus fort du combat relever les blessés sous le feu; a montré le même dévouement le 21 octobre, où il est resté le dernier sur le champ de bataille et a été fait prisonnier.

Division des marins détachés à Paris. — Desaëgher, matelot charpentier. Est allé chercher résolûment, sous le feu de l'ennemi, un de ses camarades blessé, l'a rapporté, et a été lui-même atteint grièvement d'un coup de feu, le 13 octobre, dans la plaine de Bondy. — Chenot, soldat au 4ᵉ régiment d'infanterie de marine. N'a pas hésité à prendre sur son dos un blessé qu'il a rapporté sous le feu meurtrier de l'artillerie ennemie, lorsque nos troupes évacuaient Drancy, le 30 octobre.

Artillerie, 10ᵉ régiment. — Bouvet, brigadier. A eu le bras traversé par une balle au combat du 30 septembre, a voulu rester au feu malgré les instances de son commandant, et n'a quitté son poste qu'à la fin de l'action. — 18ᵉ régiment. — Bocquenet, capitaine en premier, commandant la 13ᵉ batterie. A eu deux chevaux tués sous lui au combat de Châtillon, le 30 septembre. Pendant toute l'action, il a donné le plus bel exemple à ses hommes qui se sont admirablement conduits. — 19ᵉ régiment. — Oulhon, canonnier servant. Les chevaux de sa pièce étant tués et les conducteurs et servants hors de combat, il a réuni ses efforts à ceux de son lieutenant, pour continuer le feu jusqu'à l'arrivée d'attelages qui ont ramené la pièce. Combat de Châtillon, le 19 septembre.

2ᵉ régiment du train d'artillerie. — Sirday, maréchal des logis. Est allé au milieu du feu rechercher un caisson que des chevaux emportés entraînaient avec leur conducteur dans la direction de l'ennemi, au combat de Châtillon. — Bouquier, cavalier de 1ʳᵉ classe. Est revenu résolûment reprendre une pièce sans avant-train qui allait tomber aux mains de l'ennemi, au combat de Châtillon.

35ᵉ régiment de ligne. — Gletty. S'est avancé contre trois Prussiens qui le tenaient en joue, et par la fermeté de son attitude les a forcés à se rendre prisonniers au combat de Bagneux, le 13 octobre. — Le Gouill, soldat. S'est bravement battu au combat de Bagneux le 13 octobre; a fait avec ses camarades plusieurs prisonniers. — Kydenou, soldat. Est entré le premier à Chevilly, le 30 septembre; a fait preuve d'une grande bravoure en tirant à bout portant à travers les créneaux de l'ennemi.

42ᵉ régiment de ligne. — Lecca, lieutenant. Officier d'une rare bravoure; a franchi le premier une barricade au combat de Châtillon et a entraîné ses hommes par son exemple. — Félipon, soldat. A abordé avec élan une des barricades de Châtillon, le 13 octobre; est entré le premier dans une maison occupée par des Prussiens qui ont été faits prisonniers. — Admard, soldat. Blessé deux fois au combat du 30 septembre, s'est fait panser par un de ses camarades et a combattu jusqu'à la fin.

107ᵉ régiment de ligne. — Hoff, sergent. A tué, le 29 septembre, trois sentinelles ennemies; le 1ᵉʳ octobre, un officier prussien; le 5, en embuscade avec 15 hommes, a mis en déroute une troupe d'infanterie et de cavalerie; le 13 octobre, a tué deux cavaliers ennemis. Enfin, dans divers combats individuels, il a tué 27 Prussiens.

109ᵉ régiment de ligne. — Portais, soldat. Est entré le premier dans le village de l'Hay, en escaladant le mur d'une maison où il s'est barricadé; a donné des preuves de courage qui l'ont fait remarquer de tous ses camarades.

110ᵉ régiment de ligne. — Graciot, caporal. Blessé à la main droite au moment où son sous-lieutenant, qu'il emportait, était tué dans ses bras, il a continué à combattre jusqu'à l'épuisement de ses forces (30 septembre).

112ᵉ régiment de ligne. — Gérodias, tambour. A eu sa caisse brisée par un éclat d'obus au moment où il battait la charge au combat de Chevilly, le 30 septembre; saisissant le fusil d'un homme tué à ses côtés, il s'est porté en avant, a été blessé et ne s'est retiré qu'à la fin de l'action.

113ᵉ régiment de ligne. — Aubé, sergent. Embusqué à quinze pas d'une barricade ennemie, il a tiré avec le plus grand sang-froid pendant plus d'une demi-heure et a fait plusieurs prisonniers, au combat de Châtillon, le 13 octobre.

119ᵉ régiment de ligne. — Scheer, sergent. Déjà remarqué pour son énergie au combat de Châtillon, s'est distingué à l'affaire de la Malmaison où il a désarmé un Prussien qu'il a ramené prisonnier.

128ᵉ régiment de ligne. — Charlier, soldat. S'est avancé seul au-devant des Prussiens établis dans les jardins de Pierrefitte et a tué un soldat ennemi presque à bout portant.

Régiment de zouaves. — Jacquot, chef de bataillon. A tourné une batterie ennemie à la tête de la 6ᵉ compagnie de son bataillon, a pénétré par une brèche dans le parc de la Malmaison et enlevé sa troupe en se portant en avant, le képi sur la pointe de son sabre. Obligé de rétrograder devant des forces considérables, il a soutenu vigoureusement la retraite et est resté blessé aux mains de l'ennemi. — Colonna d'Istria, capitaine adjudant-major. A toujours été en tête de la colonne à l'attaque de la Malmaison, et, chargé d'une mission pour le général, a réussi à l'accomplir sous une violente fusillade. — Petit de Grandville, sergent-major. A franchi le premier la brèche du mur de la Malmaison, est resté le dernier auprès du commandant Jacquot et a été blessé en cherchant à l'emporter.

Cavalerie, 9e régiment de lanciers. — Buisson, capitaine-commandant. S'est emparé, sous le feu de l'ennemi et après une longue poursuite, d'un cavalier ennemi qu'il a ramené avec ses armes et son cheval, le 16 septembre, en avant de Rosny.

Garde mobile de la Seine, 11e bataillon. — Pasquier, caporal. A montré une grande bravoure à l'affaire du 19 octobre, en allant à vingt pas de l'ennemi enlever un de ses camarades grièvement blessé. — 13e bataillon. — Lefranc, garde. S'est offert bravement pour aller reconnaître les travaux de l'ennemi au pont de Brie-sur-Marne, a été grièvement blessé à la cuisse. — 7e bataillon. — Tailhan, aumônier volontaire. Blessé à la tête en remplissant son ministère avec un admirable dévouement au combat de la Malmaison, le 21 octobre.

Garde mobile des départements. — (*Seine-et-Marne*.) Franceschetti, lieutenant-colonel. Par son attitude pleine d'énergie, il a su enlever et conduire résolûment à l'ennemi ses troupes, qui voyaient le feu pour la première fois; a eu un cheval tué sous lui. Combat de la Malmaison, 21 octobre. — (*Morbihan.*) Le Mohec, sergent. Blessé à la joue, est resté toute la journée à sa compagnie qu'il a enlevée par son entrain et sa bravoure. — (*Loire-Inférieure.*) De Montaigu, sous-lieutenant. S'est fait remarquer par sa bravoure, son sang-froid et la bonne direction qu'il a donnée aux francs-tireurs sous ses ordres. — (*Côte-d'Or.*) Narvault, garde au 1er bataillon. Très-solide au feu: n'a quitté le champ de bataille qu'après des ordres réitérés. Combat de Bagneux, le 13 octobre. — Léautey, garde. Plein de vigueur à l'affaire de Bagneux, le 13 octobre, où il a fait plusieurs prisonniers. — Crucera, capitaine au 3e bataillon. Entré le premier à Bagneux où, seul, il a fait neuf prisonniers. — Terreaux, garde au 3e bataillon. A désarmé un porte-fanion dans la mêlée, l'a fait prisonnier et s'est emparé du fanion. Combat de Bagneux, le 13 octobre. — (*Aube.*) Périer, capitaine au 1er bataillon. A enlevé sa compagnie avec un entrain remarquable à l'assaut du village de Bagneux, où il commandait aux côtés du commandant de Dampierre. — De Rougé (Henri), lieutenant au 1er bataillon. A fait preuve d'une grande bravoure et d'un sang-froid remarquable au combat de Bagneux en accomplissant une mission périlleuse. — De Dampierre, chef du 2e bataillon. Tué à l'ennemi en donnant d'éclatantes preuves de bravoure.

Corps francs. Tirailleurs de la Seine. — Vannier, tirailleur. S'est porté au feu avec une audace remarquable; grièvement blessé aux reins au combat de la Malmaison, le 21 octobre. — Demay, tirailleur. S'est distingué par une énergie et une bravoure dignes des plus grands éloges; blessure au pied au combat de la Malmaison.

Francs-tireurs de la Presse. — Roulot, capitaine. Brillante conduite à la tête de sa compagnie, le 28 octobre, à la barricade élevée par l'ennemi à l'entrée du Bourget.

Nº 2.

Le gouverneur de Paris met à l'ordre les noms des officiers, sous-officiers et soldats à qui leur bravoure et leur dévouement ont mérité ce haut témoignage de l'estime de l'armée et de la gratitude publique.

Cet ordre, inséré au *Journal officiel* et au *Journal militaire*, tiendra lieu de notification aux divers corps, pour l'inscription des présentes citations sur les états de service des ayants droit.

PREMIÈRE ARMÉE.

Gardes nationales de la Seine. — Roger (du Nord), lieutenant-colonel d'état-major de la garde nationale. A donné, dans les journées du 29 et du 30 novembre, les plus beaux exemples d'activité et de dévouement.

116e *bataillon.* — Langlois, chef de bataillon. A fait preuve de courage et de résolution dans la mise en état de défense de la Gare-aux-Bœufs, enlevée à l'ennemi le 29 novembre, en avant de Choisy-le-Roi. — De Suzainecourt, capitaine de la 2e compagnie. Remarqué pour son intrépidité à la prise de la Gare-aux-Bœufs. — Frédaut, garde. S'est brillamment conduit à l'attaque de la Gare-aux-Bœufs.

Compagnie des tirailleurs-éclaireurs. — Bayart de la Vingtrie, éclaireur. Mortellement blessé dans une reconnaissance à Saint-Cloud, pendant laquelle il avait fait preuve d'une ardeur et d'un dévouement remarquables.

DEUXIÈME ARMÉE.

État-major. — Baron Renault, général de division, commandant le 2e corps de la 2e armée. — Blessé mortellement le 30 novembre en conduisant ses troupes à l'attaque du plateau de Villiers. Doyen des divisionnaires de l'armée française, le général Renault, dans une carrière marquée par des actes d'une éclatante bravoure, avait conquis la plus haute et la plus légitime réputation. — De la Charrière, général de brigade, commandant la 1re brigade de la 1re division du 2e corps. Blessé mortellement à l'attaque de Montmesly, à la tête de sa brigade. Le général de la Charrière, appelé par son âge dans le cadre de réserve, après une carrière aussi laborieuse qu'honorable, avait sollicité avec l'insistance la plus patriotique un rôle actif devant l'ennemi. — De la Mariouse, général de brigade, commandant la 2e brigade de la division de réserve. A donné une excellente impulsion à sa brigade, qui a fait vaillamment son devoir. Toujours au plus fort de l'action pendant les journées du 30 novembre et du 2 décembre. — Boudet, lieutenant-colonel d'état-major, chef d'état major de la division de réserve. Mérite les plus grands éloges pour le calme, la vigueur et la haute intelligence dont il a donné de nouvelles preuves sous le feu nourri de l'ennemi, dans les journées des 30 novembre, 1er et 2 décembre. — Vosseur, chef d'escadron d'état-major, à l'état-major général. A chargé en tête des tirailleurs, les entraînant par son courage, contre les Prussiens qui débouchaient du parc de Villiers. — Franchetti, commandant l'escadron des éclaireurs à cheval du quartier général. Blessé mortellement à l'attaque du plateau de Villiers. Le commandant Franchetti, organisateur du corps des éclaireurs à cheval, avait rendu depuis l'investissement des services de premier ordre; il laisse à sa troupe, avec son nom, des traditions d'honneur et de dévouement. — De Néverlée, capitaine de cavalerie, officier d'ordonnance du général Ducrot, commandant la compagnie de francs-tireurs du quartier général. Tué à la tête de sa compagnie au moment où il l'entraînait à l'attaque du parc de Villiers.

État-major de l'artillerie. — Viel, capitaine à l'état-major de l'artillerie du 2ᵉ corps. A donné le plus bel exemple d'énergie et de sang-froid; en restant au feu quoique blessé grièvement.

Artillerie. — Torterue de Sazilly, capitaine, commandant la 13ᵉ batterie du 3ᵉ régiment. Blessé mortellement en avant de Champigny, à la tête de sa batterie qu'il maintenait par son énergie sous un feu des plus meurtriers. — Trémoulet, capitaine; Chevalier, lieutenant en 2ᵉ, et Mathis, sous-lieutenant de la 17ᵉ batterie du 11ᵉ régiment. Se sont sacrifiés héroïquement et sont tombés en soutenant l'attaque des positions ennemies. — Bureau, sous-lieutenant auxiliaire à la 5ᵉ batterie du 10ᵉ régiment. S'est fait remarquer de toute sa batterie par son sang-froid et son énergie; a aidé les servants à enlever à bras une pièce sans avant-train. — Langlois, adjudant à la 16ᵉ batterie du 8ᵉ régiment. A soutenu le courage de ses hommes en chargeant lui-même une de ses pièces dans un moment des plus critiques. — Thurel, deuxième conducteur à la 5ᵉ batterie du 22ᵉ régiment. Quoique blessé gravement, a ramené sa pièce avec un seul cheval, les trois autres étant tués.

Génie. — Delataille, capitaine commandant la 15ᵉ compagnie du 3ᵉ régiment du génie. Le 30, à la tête de ses sapeurs, a bravement frayé les rampes pour déboucher de Champigny. Le 2 décembre, blessé grièvement en cheminant à travers les maisons de Champigny pour tourner l'ennemi qui avait envahi le village.

35ᵉ de ligne. — Schultz, caporal. Très-brave au feu; s'est distingué à Champigny par son calme et sa persistance à ne quitter la barricade qu'après des ordres plusieurs fois réitérés. Remarqué déjà au combat de Chevilly, le 30 septembre, où il fit plusieurs prisonniers.

42ᵉ régiment de ligne. — Frévault, lieutenant-colonel. Jeune officier supérieur qui donnait à l'armée les plus légitimes espérances. Il devait à sa brillante conduite comme chef d'un bataillon de zouaves le grade auquel il venait d'être promu, et c'est en combattant vaillamment à la tête du 42ᵉ régiment qu'il a été frappé à mort. — Cahen, chef de bataillon. S'est signalé le 30 novembre sur le plateau de Chennevières par sa vigueur et son entrain. Contusionné le 2 décembre par un éclat d'obus à la poitrine, il est venu reprendre le commandement de son bataillon après avoir été pansé. Blessé le 30 septembre au combat de Chevilly. — Girouin, capitaine adjudant-major. A dirigé pendant sept heures, le 2 décembre, la défense d'un jardin entouré par l'ennemi. Forcé à battre en retraite, il a fait sortir tous ses hommes par une brèche, et a été frappé mortellement au moment où, ayant assuré la retraite du dernier de ses soldats, il quittait le jardin pour aller les rejoindre.

105ᵉ régiment de ligne. — Faure, soldat de 1ʳᵉ classe. Le 2 décembre, au parc de Petit-Bry, a tué ou blessé trois soldats prussiens; s'étant avancé pour prendre leurs armes, il s'est trouvé en face de quatre autres Prussiens, qu'il a sommés de se rendre et qu'il a ramenés prisonniers.

107ᵉ bataillon. Parisot, capitaine. A porté avec la plus grande énergie sa compagnie au secours des compagnies de gauche compromises; a été tué à bout portant, après avoir abattu deux ennemis avec son revolver. — Dognat, soldat de 2ᵉ classe. Au combat du 2 décembre, au moment où, sur la gauche, les Prussiens cherchaient à gravir le plateau, a entraîné plusieurs de ses camarades, a construit avec eux une barricade; a arrêté les progrès de l'ennemi, qu'il a attaqué à la baïonnette. — Léonville, soldat de 2ᵉ classe. Blessé d'un coup d'épée par un officier prussien au combat du 2 décembre, a désarmé cet officier et l'a tué en le traversant de part en part avec l'épée qu'il lui avait arrachée.

113ᵉ de ligne. — Subilton, sergent. A passé la Marne dans une barque avec cinq hommes résolus; s'est jeté dans les vergers et derrière les haies sur les flancs de l'ennemi qui occupait une tranchée, l'en a chassé en lui tuant plusieurs hommes.

122ᵉ de ligne. — De la Monneraye, lieutenant-colonel. Blessé mortellement le 2 décembre à la tête de son régiment, en lui donnant l'exemple d'une valeur au-dessus de tout éloge.

123ᵉ de ligne. — Dupuy de Podio, lieutenant-colonel. S'est fait particulièrement remarquer le 30 novembre par son élan et sa vigueur, a entraîné plusieurs fois son régiment dans les charges à la baïonnette où il a été frappé à mort.

124ᵉ de ligne. — Sanguinette, lieutenant-colonel. A eu son cheval tué sous lui en se portant bravement, à la tête des 2ᵉ et 3ᵉ bataillons de son régiment, à l'assaut de Villiers; a été tué dans cette charge.

4ᵉ zouaves. — Primat, lieutenant. A résisté à un retour offensif avec un sang-froid au-dessus de tout éloge. Incomplètement guéri d'une blessure reçue à Metz, il avait demandé à reprendre du service et a trouvé une mort glorieuse en repoussant, avec sa compagnie, un ennemi très-supérieur en nombre.

Garde mobile. — De Grancey, colonel, commandant le régiment de la garde mobile de la Côte-d'Or. Tué à la tête de son régiment qu'il entraînait par son exemple. Officier supérieur d'une bravoure hors ligne, dont il avait déjà donné des preuves éclatantes à l'attaque du village de Bagneux, le 13 octobre.

37ᵉ régiment de la garde mobile (Loiret). — Botard, soldat. Est resté pendant cinq heures sous le feu, dans un lieu découvert, pour surveiller les mouvements de l'ennemi et ne pas laisser surprendre les tirailleurs de sa compagnie.

34ᵉ régiment de la garde mobile (Morbihan). — Tillet, lieutenant-colonel. Le 30 novembre, à la tête de 40 hommes de son régiment, a pris et gardé une position dont tous les efforts de l'ennemi n'ont pu le déloger.

TROISIÈME ARMÉE.

Division des marins. — Salmon, capitaine de vaisseau. A dirigé les deux opérations du 29 et du 30 novembre, en avant de Choisy-le-Roi, avec un entrain et une vigueur remarquables. — Desprez, capitaine de frégate. Officier supérieur du plus grand mérite, mortellement blessé, le 30 novembre, en opérant une audacieuse reconnaissance

La guerre en province. — Bombardement de Tours.

sur Choisy-le-Roi, après avoir puissamment contribué à la prise de la Gare-aux-Bœufs. — Lelièvre, capitaine d'armes. Est allé relever, sous une grêle de balles, son commandant mortellement blessé.

112ᵉ de ligne. — Jacquet, sergent. A vigoureusement chargé, à la tête de quelques hommes, un groupe ennemi qui tentait de s'emparer du lieutenant Boutellier, gravement blessé, et l'a tenu longtemps en respect.

Garde mobile. — Champion, lieutenant-colonel d'infanterie, commandant une brigade de garde mobile. A vaillamment enlevé, à la tête de sa brigade, sous un feu plongeant et meurtrier, la maison crénelée de la route de Choisy.

Garde mobile du Finistère. — L'abbé de Mariallach, aumônier du régiment du Finistère. S'est toujours porté aux postes les plus périlleux sur la ligne la plus avancée des tirailleurs, où, avec un calme et un sang-froid admirables, il a prodigué ses soins comme prêtre et comme médecin aux nombreux blessés de l'attaque de l'Hay.

CORPS D'ARMÉE DE SAINT-DENIS.

135ᵉ de ligne. — Perrier, capitaine. Conduite héroïque à l'attaque d'Epinay; a eu ses deux officiers tués à côté de lui; est entré le premier par un trou laissant passage à un seul homme, dans le grand parc d'Epinay, énergiquement défendu; a été acclamé par ses hommes. — Roux, sergent. Signalé une première fois à l'affaire du Bourget; s'est emparé avec dix hommes, dont cinq ont été mis hors de combat, d'une maison vigoureusement défendue par onze Prussiens qu'il a faits prisonniers. — Thenaysi, soldat de 2ᵉ classe. Brillant soldat d'un très-grand courage, a abordé à la baïonnette la sentinelle d'un poste prussien, l'a tuée et est entré dans le poste qui s'est rendu.

CHAPITRE XVI

LES REVERS EN PROVINCE

L'armée de la Loire après sa retraite sur Vendôme et sur le Mans. — Les princes d'Orléans à l'armée. — Combats sur le Loir et sur l'Huisne. — La bataille du Mans. — Retraite sur Alençon et sur Laval. — Combat d'Alençon. — L'armée du Nord après Bapaume. — Bataille de Saint-Quentin. — L'armée du Nord bat en retraite et se concentre sous les places fortes. — Les Prussiens en Normandie. — Rouen. — Capitulation de Longwy. — DOCUMENTS COMPLÉMENTAIRES.

Le lendemain de la bataille de Montretout et Buzenval, des dépêches arrivaient à Paris, annonçant à la fois le succès de l'armée de Bourbaki à Villersexel et la défaite de l'armée de Chanzy au Mans. On ignorait encore la bataille de Saint-Quentin, livrée le 19 janvier et perdue par l'armée de Faidherbe. La guerre touchait à sa fin. Il était dit que tous nos efforts seraient vains, toutes nos espérances anéanties une à une. Après cette retraite très-prudente et très-belle qu'il avait conduite au lendemain du désastre d'Orléans, le général Chanzy s'était, nous l'avons vu, retiré en combattant presque chaque jour, sur Vendôme et de là sur le Mans. Là, dans cette position excellente, tête de ligne de cinq voies ferrées, au centre d'un pays accidenté, coupé de haies, propre à cette rude guerre défensive que les *chouans* avaient faite jadis avec un si aveugle acharnement aux soldats de la République, le général pouvait attendre, avec l'espoir sérieux de la repousser, l'attaque de l'ennemi. Il s'était établi là vers la fin de décembre, par une température glacée, une neige épaisse couvrant le sol, avec cette armée si cruellement éprouvée depuis le 2 décembre, décimée par la petite vérole, pleine de blessés et de fiévreux. Les ambulances, les hôpitaux du Mans étaient encombrés.

Tout d'abord, quel que fût l'état de délabrement de la deuxième armée de la Loire, devenue en réalité l'armée de la Sarthe et de l'Huisne (un des affluents de la Sarthe), les Allemands semblèrent renoncer à l'idée de la poursuivre plus avant. Ils s'arrêtèrent un moment, devant les nouvelles opérations à tenter dans l'ouest. D'ailleurs, l'autre armée de la Loire, réunie à Bourges, sous le commandement de Bourbaki et lancée en ce moment vers l'est, les préoccupait vivement. Ils faisaient pourtant des démonstrations fréquentes, comme, par exemple, celle du 20 décembre, où une dizaine de mille hommes repoussèrent les troupes du général Ferri Pisani et menacèrent Tours, en lui lançant quelques obus qui atteignirent une douzaine de personnes, entre autres un publiciste de talent et de conscience, M. Beurtheret, rédacteur en chef de l'*Union libérale*.

Pendant ce temps, l'armée de la Loire se réorganisait et travaillait à se retrancher fortement. Elle surveillait aussi les mouvements de l'ennemi en le tenant, comme dit le général Chanzy, à distance. Chanzy avait formé deux colonnes mobiles ; la première, commandée par le général de Jouffroy, marchait sur Château-Renault pour couvrir le chemin de fer du Mans à Tours ; la seconde, à sa tête le général Rousseau, marchait par la Ferté-Bernard et Nogent-le-Rotrou pour nettoyer le pays et éclairer le général en chef. Les Allemands avaient alors pour objectif de tourner notre armée par la vallée du Loir et de couper la ligne ferrée.

Ce fut, jusqu'au 10 janvier, une suite de combats, souvent honorables, sur l'Huisne et le Loir et au sud-est du Mans. M. Gambetta, toujours emporté par son patriotique optimisme, adressait des dépêches au général Chanzy où, le conjurant de redoubler d'activité : « Vous avez décimé les Mecklembourgeois, disait-il, les Bavarois n'existent plus ; le reste de l'armée est déjà envahi par la lassitude. Persistons et nous renverrons ces hordes hors du sol, les mains vides. » La lassitude de l'armée allemande n'était malheureusement pas aussi complète que le croyait le jeune ministre, et on pouvait dire des Bavarois ce que le roi Guillaume disait de nos mobiles dans une dépêche officielle : « Il en reste toujours trop. » Gambetta, qui télégraphiait à la même époque environ, que les Allemands avaient perdu 500,000 hommes depuis leur entrée en France, pensait que ces moyens étaient utiles pour galvaniser l'énergie des chefs souvent démoralisés et de la nation prête à abdiquer. Mais Chanzy n'avait pas besoin de tels coups de fouet. Une ardeur sincère et virile l'animait, et il se multipliait à la fin de cette campagne comme au début.

On avait eu, un moment, quelque doute sur le rôle qu'il prétendait jouer, lorsqu'on avait appris que les princes d'Orléans servaient dans son armée sous des pseudonymes, le duc de Chartres combattant sous le nom de Robert le Fort, le prince de Joinville sous celui du colonel Lutherott. Les princes d'Orléans qui, vainement, avaient demandé à l'empire de combattre pour la France, arrivés à Paris le lendemain du 4 septembre, en étaient partis quatre jours après sur le désir que M. de Kératry, préfet de police, leur avait fait exprimer de ne les voir fournir aucun prétexte à une agitation dangereuse. Ils s'étaient retirés en Angleterre, puis ils étaient revenus à l'armée de la Loire (1). Le général Chanzy avait, par une dépêche, informé Gambetta de la présence de M. de Joinville à l'armée.

(1) Voici, à ce propos, la dépêche du général Chanzy à M. Gambetta, et la fin d'une lettre explicative adressée au Times par le prince de Joinville :

Confidentielle et personnelle.
23 décembre 1870.

Général Chanzy au ministre de la guerre.

Le prince de Joinville s'est rendu hier auprès du général Jaurès et l'a prié de solliciter pour lui l'autorisation de suivre l'armée. Le général me l'a présenté ce matin. Le prince est en France sous le nom de colonel Lutherott; il était présent aux affaires du 15ᵉ corps devant Orléans, a pris part au combat dans une des batteries de marine et n'a quitté la ville qu'avec le dernier soldat. Il demande à assister à mes opérations, promettant de garder le plus strict incognito et la plus grande réserve, et de ne se faire connaître à personne. Ne voyant en lui qu'un soldat, qu'un galant homme qui aime la France et qui sincèrement laisse de côté toute idée autre que celle de se dévouer à sa défense, je n'ai pas cru devoir lui refuser ce que le gouvernement de la République accorde à tous les Français.

Il est de mon devoir de vous en donner avis et de prendre vos ordres. M'étant tenu jusqu'ici en dehors de la politique, étant bien résolu à me dévouer entièrement et exclusivement à la tâche que le gouvernement m'a confiée, je désire que personne ne puisse se méprendre sur les sentiments qui m'ont guidé dans cette circonstance. J'attends, en conséquence, vos instructions sur ce sujet, et vous pouvez être sûr que je m'y conformerai strictement.

Agréez, etc.   CHANZY.

M. de Joinville disait, de son côté :

« Il est vrai que je suis allé demander au général d'Aurelle de me donner, sous un nom d'emprunt, une place dans les rangs de l'armée de la Loire. Il est vrai aussi qu'il n'a pas cru devoir me l'accorder, et que ce n'est qu'en spectateur que j'ai assisté au désastre d'Orléans.

« Mais lorsque, plus tard, j'ai fait la même demande au général Chanzy, elle a été accueillie. Seulement, en m'acceptant au nombre de ses soldats, le loyal général a cru devoir informer M. Gambetta de ma présence à l'armée, et lui demander de confirmer sa décision.

« C'est en réponse à cette demande que j'ai été arrêté le 13 janvier par un commissaire de police, conduit à la préfecture du Mans, où l'on m'a retenu cinq jours, et enfin embarqué à Saint-Malo pour l'Angleterre. Je n'ai pas besoin d'ajouter que, quels que soient les sentiments que j'ai éprouvés en étant arraché d'une armée française la veille d'une bataille, je n'ai tenu aucun des propos que l'on me prête sur M. Gambetta, que je n'ai jamais vu. »

(Lettre au *Times*.)

Gambetta avait alors envoyé au camp M. Ranc qui, fort poliment, fit comprendre au prince que là encore, sa présence pouvait être un danger. Arrêté pour la forme, le prince fut conduit à Saint-Malo où il s'embarqua pour l'Angleterre. Cet incident n'eut pas d'autre suite, et M. Gambetta ne songea pas à en faire un grief au général Chanzy.

Avec les premiers jours de l'année 1871, les attaques de l'ennemi contre les troupes de l'armée de la Loire semblèrent recommencer. Le 2 janvier, les Allemands essayaient en vain d'entamer les avant-postes du général de Jouffroy qui gardaient leurs positions. Sur la rive gauche du Loir, où le général de Curten harcelait sans cesse l'ennemi, une reconnaissance de notre cavalerie s'avançait jusqu'à 7 kilomètres de Vendôme, et ramenait des prisonniers. « L'ennemi, disait alors Chanzy dans une dépêche, fait de nombreux mouvements entre Vendôme et Blois, et paraît inquiet. » Le Perche lui appartenait cependant, et il n'y était nullement troublé dans ses opérations. Le 6, les Allemands attaquaient avec une certaine vigueur les généraux de Curten et Cléret à la Fourche.

Vers onze heures du matin, le combat s'engageait dans la région de Saint-Cirq, de Villeporcher et de Villechauve (Loir-et-Cher).

La colonne Jobey refoulée d'abord de ses positions, ayant reculé jusqu'à Neuville, le général de Curten se porta immédiatement à son secours, prit l'offensive à son tour, réoccupa toutes les positions dont l'ennemi s'était emparé, et refoula celui-ci au delà de Saint-Amand, où les nôtres entrèrent à la nuit. Les pertes de l'ennemi, tant en tués qu'en blessés paraissaient assez considérables. Il perdait aussi beaucoup de provisions. Nos pertes étaient légères.

Le général de Jouffroy, accouru vers deux heures et demie, avait puissamment contribué au premier succès de cette journée, qui semblait devoir nous rester, lorsque, attaqué sur ses positions, il dut se replier sur Savigny et Espesé devant des forces considérables et s'établir devant Saint-Calais. En avant de Nogent, 12,000 Allemands environ, venus de Chartres et de Bonneval, avaient repoussé le général Rousseau, auquel ils prenaient trois canons. Seul, le général de Curten demeurait maître de la position du côté de Saint-Cyr et de Saint-Amand.

Le 7, l'attaque des Allemands se renouvelait sur plusieurs points. C'étaient les armées réunies de Frédéric-Charles et du grand-duc de Mecklembourg qui, décidées à en finir, redoublaient de vigueur et se précipitaient en nombre sur nos troupes. L'amiral Jauréguiberry, le héros de Villepion et de Loigny, mandé en hâte vers Château-du-Loir allait prendre le commandement de toutes les forces réunies sur les deux rives du Loir (16ᵉ et 17ᵉ corps).

Le 8, les attaques continuaient sur l'Huisne et sur le Loir. Les Allemands, avec des troupes venues du pays beauceron, de la direction de Paris et de la vallée de la Loire, continuaient à nous inquiéter, voulant attirer notre armée en dehors de ses fortes positions du Mans. Le général Chanzy devinait fort bien cette tactique, dont il donnait le secret au général Bourbaki, dans une dépêche datée du 9 janvier :

« Le duc de Mecklembourg, après avoir concentré ses forces sur l'Eure et tiré des renforts d'un contingent venu d'Allemagne, cherche à descendre l'Huisne, nous refoulant sur le chemin de fer de Chartres au Mans, et menaçant celui du Mans à Alençon. Le prince Frédéric-Charles, après quelques démonstrations sur Gien et la rive gauche de la Loire, a réuni son armée entre Vendôme et Blois et nous menace par Saint-Calais, où il est de sa personne, et par la vallée du Loir, par laquelle il est disposé à tourner nos positions et à couper la ligne ferrée du Mans à Tours. Il est évident que le but de l'ennemi est d'en finir avec l'armée de la Loire, soit en l'attirant en dehors de ses positions, soit en la bloquant sur ses positions. »

C'était à la veille de la bataille du Mans que Chanzy s'exprimait ainsi. Le 9 janvier, la fatigue des troupes était extrême, le temps extrêmement mauvais. « Les hommes étaient mouillés sans pouvoir se sécher. » L'ennemi se concentrait. Chanzy, sentant bien que le moment du dernier effort approchait, donna ses instructions, montra les Allemands descendant l'Huisne vers le Mans par la route de Saint-Calais, par celle de Montoire au Grand-Lucé. « Si l'ennemi s'avance aussi effrontément, dit-il, c'est, il est pénible de l'avouer, parce que nous ne lui opposons nulle part une résistance sérieuse, alors que nous disposons partout de forces au moins égales aux siennes. » Il essayait de souffleter les Français déchus, en leur montrant du moins la honte. Le 9 janvier, on s'était battu dans la neige. Le soir, le quartier général allemand était à Bouloire. Le 10, entre Ardenay et la petite ville d'Yvre, autour de l'auberge de Saint-Hubert, nos troupes, attaquées par le centre des Allemands, pressées de tous côtés, battirent en retraite sur ce que Chanzy appelait dans sa dépêche « les positions définitives qui leur avaient été assignées d'avance. »

L'action avait été des plus vives à Montfort, à Champagne, à Parigné-l'Évêque, à Jupillé et à Changé. Sur ce dernier point, la brigade Ribel, après une vive résistance de plus de six heures, avait dû abandonner le village à l'ennemi qui l'occupait à la nuit.

Nous avions fait dans cette journée des pertes sensibles ; mais l'ennemi avait plus souffert que nous, de l'aveu des prisonniers faits sur plusieurs points. Dans une brigade prussienne, celle à laquelle appartient le 35e fusiliers, le général Rothingier avait été blessé, le major tué, l'adjudant de brigade tué, ainsi que l'adjudant de régiment et plusieurs officiers.

La lutte allait continuer encore le 11 et le 12 janvier. Les hauteurs situées à droite de la route du Mans, et qui la dominent presque entièrement, furent défendues par nos troupes avec *opiniâtreté*, selon les Prussiens eux-mêmes.

L'ennemi nous avait attaqués le 11 sur toute la ligne. L'amiral Jauréguiberry se maintenait solidement sur la rive droite de l'Huisne ; le général de Colomb se battait pendant six heures avec acharnement sur le plateau d'Auvours ; le général Gougeard, qui eut son cheval percé de six balles, montrait la plus grande vigueur, et les troupes de Bretagne, qui devaient bientôt donner le signal de la déroute, contribuaient d'abord vaillamment à conserver cette position importante.

Au-dessous de Changé et sur la route de Parigné-l'Évêque, nous nous maintenions encore malgré les efforts de l'ennemi. Nous couchions sur toutes nos positions, lorsque, à la tombée de la nuit, les mobilisés de la Bretagne, chargés de conserver l'importante position de la Tuilerie, se débandèrent tout à coup, se retirèrent en désordre et laissèrent les Prussiens s'y établir. C'était notre centre qui se trouvait coupé, et de cette façon s'écroulait, par suite d'une folle terreur de troupes désordonnées, un plan de bataille habilement conçu et jusqu'alors heureusement exécuté. Les dépêches de Chanzy qui annoncent cette panique sont navrantes.

« Le Mans, 12 janvier, 9 h. 40, matin.

« Notre position était bonne hier au soir. La panique d'une partie des mobilisés de Bretagne, à la Tuilerie, a été le signal de la débandade. Sur toute la rive gauche de l'Huisne, les troupes se sont dispersées.

« Le vice-amiral Jauréguiberry déclare que la retraite est impérieusement commandée sur les autres positions. Les généraux déclarent qu'ils ne peuvent tenir. Le cœur me saigne ; je suis contraint de céder. »

« Le Mans, 12 janvier, 12 h. 45, soir.

« Vous connaissez les événements. Je veux organiser la retraite de façon à établir mes divers corps d'armée à Laval, pour m'y reconstituer et reprendre les opérations. »

Et, après avoir tenté de faire reprendre la Tuilerie par les zouaves de Charette qui gravirent avec résolution la montée, Chanzy se décida à abandonner le Mans, où le général Voigts-Rheitz, commandant le 10e corps allemand (aile gauche de l'armée), entra bientôt, échangeant dans le

rues de la ville quelques coups de feu avec les débris de l'armée vaincue et quelques braves hommes du peuple. Nos troupes étaient parties en chemin de fer, laissant à la gare 200 wagons et des voitures pleines de fourrages, farine, café, sucre, riz et cognac. « Le Mans, dit M. O. Leconte, forme sous ce point de vue le pendant de Sarreguemines, où les Allemands prirent également des quantités énormes d'approvisionnements (1). »

Alors commencèrent pour le Mans les *illustres pillages*, bris de portes et de boutiques, réquisitions, le cortège éternel de la victoire farouche.

(1) Nous avons vu, le 7 août, les caisses de biscuit, tout l'approvisionnement du 5ᵉ corps abandonné sur la rive de la Sarre.

Des habitants furent chassés de leur logis, forcés de coucher dans les rues. Et, pendant ce temps, la retraite de Chanzy continuait vers le Poitou. Les dépêches du général au ministre de la guerre ont une terrible et triste éloquence. C'est la ruine et la douloureuse défaite.

... le 14 janvier 1871, 10 h. 2.

Général Chanzy à guerre, Bordeaux.

« Le temps est exécrable. Le pays est couvert de neige, les routes de verglas. Une brume épaisse empêche de voir et retarde l'installation sur les positions. La marche pénible des convois sur les rares communications n'a pas permis de réparer le désordre... »

... 16 janvier.

Général Chanzy à guerre, Bordeaux.

« Le 16ᵉ corps, commandé par l'amiral Jauréguiberry, attaqué hier à midi dans sa retraite, a résisté avec succès jusqu'à six heures. Pris vers la nuit par une forte colonne qui l'a tourné à la faveur de la nuit, il a dû se replier jusqu'à..., ramenant son artillerie.

« Le combat a été acharné. Nos pertes sont sérieuses. L'amiral a eu un cheval tué sous lui. Le colonel Bérard, son chef d'état-major, tué à ses côtés. Le temps est de plus en plus mauvais ; il a plu toute la nuit ; je suis néanmoins forcé de continuer mon mouvement de retraite, qui devient très-difficile. »

L'armée tout entière, malgré sa mauvaise fortune, n'en avait pas moins par sa résistance et son opiniâtreté, bien mérité de la patrie, et le général Chanzy pouvait dire plus tard aux soldats de la Loire : « Vous avez tenu tête aux armées les plus nombreuses et les mieux commandées de l'Allemagne... L'ennemi lui-même s'honorera en vous rendant justice. » (*Au grand quartier général à Poitiers, proclamation du 8 mars 1871.*)

Le camp de Conlie, près du Mans, fut enlevé le 14 par les Prussiens. Il y restait des armes et des munitions. C'était là que les mobilisés des cinq départements de Bretagne s'étaient exercés, et, malgré l'organisation bien incomplète, avaient fait leur apprentissage de soldats. A la fin, la variole sévissant sur les malheureux qui l'occupaient, le camp avait été évacué. Chanzy se retirait sur Alençon et sur Laval. Devant Alençon, un combat honorable fut livré, qui permit à Chanzy d'opérer plus facilement sa retraite.

On vit là les francs-tireurs de Paris combattre à la baïonnette en chantant comme à Châteaudun la *Marseillaise* et en poursuivant l'ennemi en pleine nuit. « Les lâches seront châtiés, les braves seront récompensés ! » avait dit ardemment le préfet, M. Antonin Dubost. — Il n'y eut point de lâches à Alençon.

L'armée de la Loire et l'armée du Nord étaient les deux grands espoirs de Paris assiégé. L'armée de la Loire venait de prouver qu'elle était digne de la France lorsqu'elle livrait à l'ennemi ces quotidiennes, ces incessantes batailles qui, comparées à celles de la campagne de Bohême en 1866, n'étaient, selon le mot d'un officier supérieur allemand, qu'un *jeu d'enfants*.

L'armée du Nord, elle aussi, avait bien mérité du pays.

Nous l'avons laissée victorieuse, au lendemain des combats de Pont-Noyelles et de Bapaume. Péronne était tombée, et Faidherbe, après les combats des premiers jours de janvier, rentrant dans le quadrilatère du Nord, allait tenter une suprême bataille. Manteuffel était parti pour l'est, maintenant le général von Gœben commandait. Le 17 janvier, à six heures du matin, une colonne française conduite par le colonel Innard entrait à Saint-Quentin, dont les Prussiens étaient partis, et ramassait des traînards allemands demeurés là malgré l'évacuation de la ville. On versa aux soldats le vin d'honneur à l'hôtel de ville. On se crut délivré. Le 18, arriva Faidherbe venant d'Amiens. L'enthousiasme était à son comble. On criait, on répétait : « Vive Faidherbe ! » Et lui, calme et grave :

— Non, répondait-il, ne criez pas : « Vive Faidherbe ! » criez : « Vive la France ! »

Le 18, on se battait du côté de Vermand, et les Prussiens étaient repoussés. Le soir, devant la commission municipale, Faidherbe, *digne comme un stoïcien* (le mot a été dit par M. Malézieux, président de la commission), disait froidement à peu près ce qui suit :

« Demain je donnerai ou plutôt j'accepterai la bataille. Gambetta l'ordonne et il faut faire une diversion, car Paris tente une sortie (c'était, on le sait, la sortie de Buzenval). Mon armée est une masse, mais une masse faible. Je serai battu, mais battu glorieusement. Les Prussiens pourraient nous repousser en deux heures ; je les arrêterai toute la journée. »

Le 19 au matin, les Prussiens attaquaient et jusqu'à 3 heures de l'après-midi, moment où entrèrent en ligne des masses ennemies venues de la Fère, de Laon, de Paris, nos soldats résistèrent bravement. Ils combattaient dans la neige, la boue collant aux pieds, les talons enfonçant dans la glaise : ce temps boueux était le même à Montretout et à Saint-Quentin. Le combat fut presque tout entier d'artillerie et livré dans un vaste espace. Sur ces coteaux ou plutôt ces plaines aux ondulations légères, la canonnade faisait rage.

Le terrain bouleversé, creusé, trépigné, labouré par les obus, témoigne encore de l'acharnement des hommes. Au *Moulin de Tout-Vent*, à la place où la plus terrible et la plus meurtrière des batteries françaises avait tonné, la terre tourmentée semble, après un an passé, sentir toujours la tuerie.

Le vice capital des positions de Faidherbe, c'était la situation prise sur les deux rives de la Somme. Son armée se trouvait, pour ainsi parler, *à cheval* sur les deux côtés du canal de Saint-Quentin et la rivière, c'est-à-dire partagée en deux, divisée par les marais qui rendaient ses mouvements difficiles et la communication des régiments entre eux, et même des officiers d'ordonnance, presque impossible d'une rive à l'autre. Comment, en effet, se mouvoir dans des marais ? Comment manœuvrer sur cet impraticable terrain et entre ces deux cours d'eau ? A dix heures et demie du matin, la bataille commencée, l'armée française, formée en demi-cercle, tenait, en s'appuyant sur Saint-Quentin, tout le terrain qui va de Mesnil-Saint-Laurent à Rocourt. Les batteries, fortement établies entre Neuville-Saint-Amand et Gauchy, à droite, allaient battre bientôt à gauche, lorsque la bataille changea de terrain, le bois de Savy où, durant cette journée du 19, les pertes des Prussiens furent considérables.

L'armée allemande, puissante, soutenue par une cavalerie nombreuse (nous avons dit déjà que Faidherbe manquait absolument de cavaliers, pouvait à peine disposer de deux escadrons), cette armée, dont le nombre s'augmentait d'heure en heure, occupait Seraucourt, Essigny-le-Grand, Cérisy, et n'engageait qu'avec une prudente avarice ses réserves accumulées le long des routes de la Fère et de Chauny. En outre, prêt à soutenir ses fantassins qui combattaient à Itancourt, ou ses batteries qui tonnaient devant Urvillers, le général von Gœben abritait derrière les maisons de ces villages des régiments entiers de dragons ou de chasseurs à cheval prêts à charger. Ces masses sombres de cavalerie apparaissent sur le plan de la bataille comme de formidables menaces, et semblent dissimulées derrière les villages comme autant de pièges.

Faidherbe se tenait à Rocourt, suivant les mouvements de cette longue bataille.

Le 22ᵉ corps français, placé à l'aile droite de l'armée, résistait avec une fermeté grande à l'ennemi. Malheureusement, le 19ᵉ régiment allemand, nous attaquant vers l'aile gauche, parvint à déborder les soldats qui défendaient la gare, et s'empara de ce point décisif. Le 23ᵉ corps allait bientôt se mettre en retraite et entraîner avec lui le 22ᵉ qui se battait avec tant d'énergie.

Durant tout le jour, au surplus, l'ennemi avait reçu de divers points des renforts importants. Ils arrivaient de la Fère ou de Laon, ou même de Paris. Des régiments descendaient de chemin de fer pour entrer en ligne. C'est encore là un exemple de l'étonnante organisation militaire de la Confédération. Nous avons vu qu'à Spickeren (Forbach) les Allemands avaient fait de même. Cette entrée en ligne de troupes fraîches vers la fin de toutes ces terribles journées, est un des triomphes de leur tactique. Le soir de la bataille de Saint-Quentin, les troupes ennemies qui occupèrent la ville venaient de sortir de wagon. Elles contrastaient étrangement par leur tenue correcte, la propreté de leurs vêtements et de leurs armes, fusils luisants, bottes cirées, avec les autres régiments allemands, engagés depuis le matin.

Notre artillerie, placée au Moulin de Tout-Vent, avait fait un grand carnage des ennemis. Elle devait, lorsque la bataille fut perdue, contenir encore les assaillants.

Le soir de ce jour funèbre, les soldats fuyaient, traversaient Saint-Quentin par la place de l'Hôtel-de-Ville ou par le faubourg Saint-Jean, poussés par les Prussiens et s'arrêtant encore pour tirer leurs derniers coups de feu. Quelques-uns, au bas de la rue d'Isle, ébauchèrent une barricade, à l'endroit où la garde nationale s'était défendue le 8 octobre, mais la résistance était inutile, impossible. Les bataillons fuyaient pêle-mêle, c'était, sur la place et dans les rues, le défilé hideux, l'égrènement ou le torrent de la déroute. On jetait ses équipements, on jetait ses armes, on buvait en hâte quelque verre de vin que tendait une main sortant d'une porte entr'ouverte, on changeait de vêtements, on se cachait, on se blottissait dans les caves. Des blessés tombaient parfois inanimés sur le pas des portes.

Cependant l'artillerie, après avoir protégé la retraite, se retirait intacte. D'autres héros inconnus faisaient jusqu'à la fin bonne contenance. Ce sont ceux-là que l'histoire oublie, et qui, à l'heure où tout succombe, où la panique et le désordre jettent leurs cris farouches, restent calmes, combattent encore et font leur devoir jusqu'au bout. Être fidèle au drapeau vainqueur, le beau mérite ! Il vous enveloppe dans son rayonnement. Mais la vraie gloire est de demeurer attaché au drapeau vaincu et de sourire encore à ses haillons. On retrouva, le lendemain, dans un angle de rue, le cadavre d'un marin, troué de baïonnettes et couché sur un tas de Prussiens qu'il avait immolés à coups de hache.

La nuit était venue. L'armée s'écoulait vers Cambrai. Encore une fois l'ennemi entrait dans la ville. Le sabot de ses chevaux retentissait sur la grande place. Ordre d'allumer des lumières, lanternes ou bougies, aux fenêtres des maisons ; on tirerait sur chaque maison qui restait sombre. Ordre de livrer les armes, de dénoncer les soldats réfugiés. Réquisitions partout. Dans toutes les maisons, des blessés et des mourants, les hôpitaux encombrés, la collégiale pleine de prisonniers entassés, six mille malheureux mobiles, mobilisés, artilleurs ou soldats de la ligne étouffant dans les chapelles, couchés sur les dalles, accroupis contre les piliers, cette foule hurlant et grouillant dans les profondeurs gothiques du chœur.

Le général von Gœben adressait alors au roi cette dépêche :

Roupy, 19 janvier.

« L'armée du Nord du général Faidherbe a été battue devant Saint-Quentin, après sept heures de combat. Jusqu'à ce moment, le nombre des prisonniers non blessés est de 4,000. Nous avons pris en outre deux canons (1). DE GŒBEN. »

(1) Faidherbe explique plus loin ce qu'étaient ces canons.

Cette bataille de Saint-Quentin pouvait amener la destruction totale de l'armée du Nord. L'ennemi n'osa point poursuivre Faidherbe. Le vainqueur, qui avait 5,000 hommes hors de combat se contentait de ramasser nos traînards ; nous avions perdu 3,000 hommes.

L'armée se mit en retraite vers les places du Nord et se cantonna autour des villes de Cambrai, Douai, Valenciennes, Arras et Lille. « Elle se réorganisa rapidement, dit le général Faidherbe dans son livre et, dès le 10 février, elle eût été susceptible de se représenter en ligne avec un effectif presque égal à celui qu'elle avait à Saint-Quentin. »

L'armée battue, chantait encore *Mourir pour la patrie*. D'autres soldats, en montrant leurs rangs clair-semés, disaient avec bravade : « *Voilà ce qui reste des chasseurs à pied!* »

« L'ennemi, dit un document officiel publié dans le *Progrès* et l'*Echo du Nord*, eut, dans les journées du 18 et 19 à Vermand et à Saint-Quentin, environ 5,000 hommes hors de combat et nous environ 3,000 seulement. Cela tient à ce que nos coups portaient sur des masses de troupes doubles des nôtres.

Grâce aux traînards qu'il ramassa sur les routes le 20 et le 21, l'ennemi dut avoir entre les mains, le surlendemain de la bataille, plus de 6,000 prisonniers, la plupart mobiles ou mobilisés, mais la moitié se sauva et rejoignit les corps au bout de quelques jours.

Le 20, un détachement prussien arriva à la suite de nos colonnes jusqu'aux portes de Cambrai et somma en vain la ville de se rendre. Une autre troupe alla bombarder Landrecies et en fut repoussée par l'artillerie de la place.

Les ennemis se retirèrent ensuite vers Saint-Quentin, et l'armistice, proclamé le 29 janvier, les maintint bientôt dans la limite du département de la Somme.

Ce qui prouve que le général von Gœben savait très-bien que, dans cette quatrième bataille, il n'avait pas encore réduit l'armée du Nord à l'impuissance, c'est que, dans un ordre du 21, chargeant les généraux de division von Kummer, von Burnekow et von den Gœben d'observer Cambrai et Arras, il leur indique les lignes de retraite vers Amiens et Péronne dans le cas où ils seraient *pressés par l'armée française*.

Les Prussiens qui prétendent nous avoir enlevé des pièces d'artillerie de campagne, ne s'emparèrent que de trois ou quatre petits canons de montagne placés en position au faubourg d'Isle, et Faidherbe, tout battu qu'il était, pouvait s'écrier, dans une proclamation à son armée :

« Soldats,

« C'est un devoir impérieux pour votre général de vous rendre justice devant vos concitoyens ; vous pouvez être fiers de vous-mêmes, car vous avez bien mérité de la patrie.

« Ce que vous avez souffert, ceux qui ne l'ont pas vu ne pourront jamais se l'imaginer. Et il n'y a personne à accuser de ces souffrances ; les circonstances seules les ont causées.

« En moins d'un mois, vous avez livré trois batailles à un ennemi dont l'Europe entière a peur ; vous lui avez tenu tête, vous l'avez vu reculer maintes fois devant vous ; vous avez prouvé qu'il n'est pas invincible et que la défaite de la France n'est qu'une surprise amenée par l'ineptie d'un gouvernement absolu.

« Les Prussiens ont trouvé dans de jeunes soldats à peine habillés, et dans des gardes nationaux des adversaires capables de les vaincre. Qu'ils ramassent nos traînards, et qu'ils s'en vantent dans leurs bulletins, peu importe ! Ces fameux preneurs de canons n'ont pas encore touché à une de vos batteries. Honneur à vous ! Quelques jours de repos, et ceux qui ont juré la ruine de la France nous retrouveront devant eux.

« *Le général commandant en chef l'armée du Nord,*

« *Signé :* FAIDHERBE. »

« Ainsi, dit encore le général dans son ouvrage particulier, cette armée du Nord, après avoir livré quatre batailles et plusieurs combats à l'ennemi en deux mois, lui avoir fait subir des pertes qu'on peut, sans exagération, évaluer à plus de 15,000 hommes, se retrouvait aussi nombreuse et plus aguerrie que jamais (un peu désillusionnée cependant, il faut le dire), lorsque, par ordre du ministre de la guerre, en date du 15 février 1871, elle fut dissoute.

« Si la campagne de l'armée du Nord n'a pas produit de résultats plus utiles, cela n'a pas dépendu d'elle. Il eût fallu que la ville de Metz, rendue à temps indépendante du maréchal Bazaine et de son armée, au lieu de capituler le 28 octobre, se fût défendue jusqu'au milieu de décembre, retenant l'armée du prince Frédéric-Charles sous ses murs et permettant ainsi à l'armée de la Loire de poursuivre son premier succès ; et que, pendant ce temps-là, l'armée de Paris, trouvant moyen d'utiliser le courage bien connu des Parisiens, eût harcelé journellement l'armée prussienne assiégeante dont la force était moins considérable qu'on ne l'a toujours cru ; alors l'armée du Nord eût pu, sans craindre de voir, en quelques jours, fondre sur elle des forces doubles ou triples des siennes, se hasarder franchement entre la Somme et Paris, privant les Prussiens de leurs ravitaillements en Normandie et menaçant de couper leurs communications à l'est. »

Que si, encore, l'armée du Nord n'avait point aidé à débloquer Paris, du moins elle avait servi à

C. Bourbaki

éviter à l'ennemi la possession du Havre et d'une partie de la Normandie.

C'était cette Normandie, un grenier d'abondance, qu'il fallait disputer à l'envahisseur. Les Prussiens ont avoué depuis que, s'ils n'eussent pas rencontré la grasse et riche Normandie pour se ravitailler, ils eussent été fort empêchés. On devait donc à tout prix leur arracher cette province. Et l'armée de Normandie, levée par Estancelin, ne pouvait-elle du moins disputer son pays à l'invasion? Elle était forte et nombreuse. Mais elle se comporta devant les Prussiens comme jadis l'armée normande soulevée par Buzot, le député girondin, et commandée par Puisaye, se comporta devant l'armée de la Convention. La Normandie ou plutôt Rouen, car Gisors, Vernon, Étrépagny livrèrent, non sans gloire, de petits combats à l'ennemi, ne se défendit point comme on pouvait l'espérer.

Un écrivain rouennais a, depuis, montré que Rouen, stratégiquement parlant, n'était pas *défendable*. A première vue pourtant, le cercle de collines qui l'entoure et la protége, Saint-Aignan, Mont-Forbin, la côte de Neufchâtel, Sainte-Catherine, Canteleu, semblent former des fortifications naturelles. La vieille cité des Rollon, des Alain Blanchard et des Montgomery, étonna la France par sa résignation assez peu stoïque.

Mais l'histoire plus calme prononce avec plus de sang-froid ses verdicts. Le conseil municipal, paraît-il, ce conseil municipal sur lequel le peuple exaspéré allait faire feu, la municipalité rouennaise voulait se défendre. On raconte même que le général Briand, qui trouvait la position devant Rouen intenable, eut la faiblesse de prendre « l'engagement formel d'arrêter ses troupes à Tancarville et de s'y défendre énergiquement ». La générale devait être battue le 5 décembre, à quatre heures du matin, pour appeler les gardes nationaux aux armes. Mais tout à coup le général, revenant sur cette décision et ne jugeant pas possible la résistance, donna l'ordre à ses troupes de battre en retraite sur Honfleur et le Havre.

Cette retraite fut désastreuse. Les vivres manquaient. Le froid était cruel. Des hommes furent gelés en chemin.

Le 5 décembre, le général Manteuffel avait occupé Rouen.

Cependant l'armée de Briand était arrivée au Havre. Les Havrais se disposaient à une résistance acharnée. Briand, remplacé par Mouchez, s'était rendu à Cherbourg. Il y eut encore de ce côté des combats heureux, puis des rencontres moins favorables. Les Prussiens envoyaient de Rouen des renforts. Après un engagement sanglant sur les ruines du château de Robert le Diable, affaire où se montrèrent vigoureux et hardis les mobiles de l'Ardèche, nos troupes qui opéraient dans la boucle de la Seine, débusquées de la forêt de la Londe par des forces ennemies très-supérieures, avaient été forcées d'évacuer Bourgtheroulde et rejetées sur Honfleur et Pont-l'Évêque. Nul autre combat ne devait plus être livré, et l'armistice allait être signé.

Pour être complet et achever le tableau de notre ruine, il faut signaler un événement qui eut encore lieu presque en même temps que la double défaite de Chanzy et de Faidherbe, c'est la capitulation de Longwy. Cette place, située tout près de la frontière de Belgique et du Luxembourg hollandais, avait été investie en même temps que Mézières. « A cette occasion, raconte M. Rüstow, le comte de Bismarck publia une note menaçante, dans laquelle il annonçait qu'en raison de la conduite des Luxembourgeois, les Allemands ne pourraient plus respecter la neutralité du Grand-Duché, et qu'on se conduirait avec lui sans égard pour cette neutralité, si les Luxembourgeois approvisionnaient Longwy, comme ils avaient approvisionné Thionville. » Longwy, bombardée depuis le 19 janvier, devait capituler le 25 avec 4,000 hommes et 200 pièces de canon, M. Garnier, de l'état-major des places, commandant la ville.

Il ne restait plus debout, de toutes nos citadelles assiégées, que Paris, Bitche et Belfort, Paris affamé, Bitche invincible, et cette ville de Belfort qui résistait depuis si longtemps au bombardement et aux assauts, avec le colonel Denfert-Rochereau pour chef de place. C'était pour délivrer Belfort, pour forcer les armées à lever ce siège et, en même temps, pour menacer leurs communications avec leur pays, que l'armée de Bourbaki, réunie et formée à Bourges, avait été dirigée sur notre frontière de l'est : c'est pour sauver Belfort, pour intimider l'Allemagne, pour tenter une diversion virile, que cette entreprise avait été tentée. Nous allons montrer comment elle échoua, et en racontant cet épisode, le plus douloureux peut-être de toute cette guerre, nous parlerons aussi de cette armée de Garibaldi que la liaison du récit nous a contraint à laisser de côté jusqu'ici.

DOCUMENTS COMPLÉMENTAIRES DU CHAPITRE XVI

N° 1.

PROCLAMATION DU GÉNÉRAL CHANZY
au moment de l'armistice.

Officiers et soldats de la 2ᵉ armée,

Un nouveau coup nous frappe, mais ne doit ni ne peut nous abattre. Après une lutte héroïque qui a duré près de cinq mois, après des souffrances et des privations noblement supportées, alors que toutes les ressources étaient épuisées à Paris, le gouvernement de la défense nationale a dû conclure le 28 janvier, à Versailles, avec l'ennemi, une convention dont la conséquence est un armistice de vingt et un jours, expirant le 19 février.

Quelque pénible que soit pour vous la situation que crée cette mesure, alors que, confiants en votre bon droit, animés par votre patriotisme, vous alliez tenter de nouveaux efforts, la parole du gouvernement engagée doit être loyalement respectée ; les hostilités sont suspendues.

Une assemblée est convoquée ; elle saura affirmer que la France entend que son honneur reste intact comme son territoire.

Le devoir pour vous est de mettre ce repos forcé à profit, pour vous préparer à reprendre la lutte, si des prétentions orgueilleuses rendent une paix honorable impossible.

Sans autre idée que de sauver la patrie, vous resterez l'armée de l'ordre et de la défense nationale, prête à tous les sacrifices, animée d'un seul désir, celui de combattre à outrance jusqu'au triomphe; d'un seul sentiment, celui de la vengeance, si le but de l'Allemagne est de nous opprimer, de nous réduire et de nous humilier.

Au grand quartier général, à Laval, le 31 janvier 1871.

Le général commandant la 2ᵉ armée,

CHANZY.

N° 2

BATAILLE DE SAINT-QUENTIN

Rapport officiel du général Faidherbe.

Monsieur le ministre,

J'ai l'honneur de vous adresser un rapport sommaire sur la bataille de Saint-Quentin. Comprenant la nécessité de marcher en avant pour favoriser la sortie de l'armée de Paris, je me portai, à partir du 16, vers le sud-est, pour tourner l'armée qui m'était opposée et menacer la ligne de la Fère, Chauny, Noyon, Compiègne, j'étais sûr d'attirer vers moi des forces écrasantes, mais il est des circonstances où il faut savoir se dévouer.

C'est devant Saint-Quentin que je me heurtai contre la masse des troupes prussiennes venues de Reims, de Laon, de la Fère, de Ham, de Péronne, de Paris, d'Amiens et de la Normandie.

Comme je vous l'ai dit dans mon télégramme du 20 janvier, l'armée du Nord qui a fait preuve de la plus grande bravoure maintint complétement jusqu'au soir ses positions qui étaient très-bonnes, mais alors l'arrivée continuelle de troupes fraîches de l'ennemi et l'épuisement des nôtres rendirent nécessaire l'ordre de se mettre en retraite sur Cambrai.

Le corps du général Lecointe fut dirigé sur la route du Cateau, celui du général Paulze d'Ivoy sur celle du Catelet, puis avec la cavalerie je pris une route intermédiaire, celle qui passe à Monbrehain.

Deux têtes de colonne des Prussiens entrèrent alors à Saint-Quentin, l'une par la route de la Fère, l'autre par la route de Paris.

L'ennemi se mit à ramasser : 1° les blessés; 2° les hommes trop nombreux qui, sous différents prétextes, étaient restés en ville au lieu d'être à leur place de bataille; 3° tous les malheureux qui, harassés de fatigue et souffrant de la faim, après quatre jours de marches forcées et deux jours de combats, ne pouvaient pas fournir une retraite de onze lieues dans la boue, par une nuit froide et obscure; 4° enfin quelques-uns de ces braves soldats qui se dévouent dans les arrière-gardes pour protéger une retraite.

A cela se réduisent tous leurs trophées. Ils ne nous ont pas fait de prisonniers sur le champ de bataille, et nous avons ramené intactes nos deux batteries divisionnaires et nos trois batteries de réserve.

Nos quatre divisions étant réduites par six semaines d'opérations et de combats à 6 ou 7,000 hommes chacune, nous n'avions guère que 25,000 combattants à la bataille de Saint-Quentin. La première armée allemande ayant été renforcée de plusieurs corps devait compter des forces doubles.

Malgré ces revers, j'espère que l'armée du Nord pourra prouver dans quelques jours que cette fois encore, elle n'est pas réduite à l'impuissance.

Veuillez agréer, monsieur le ministre, l'assurance de mon profond respect,

Le général commandant en chef l'armée du Nord,

Signé : FAIDHERBE.

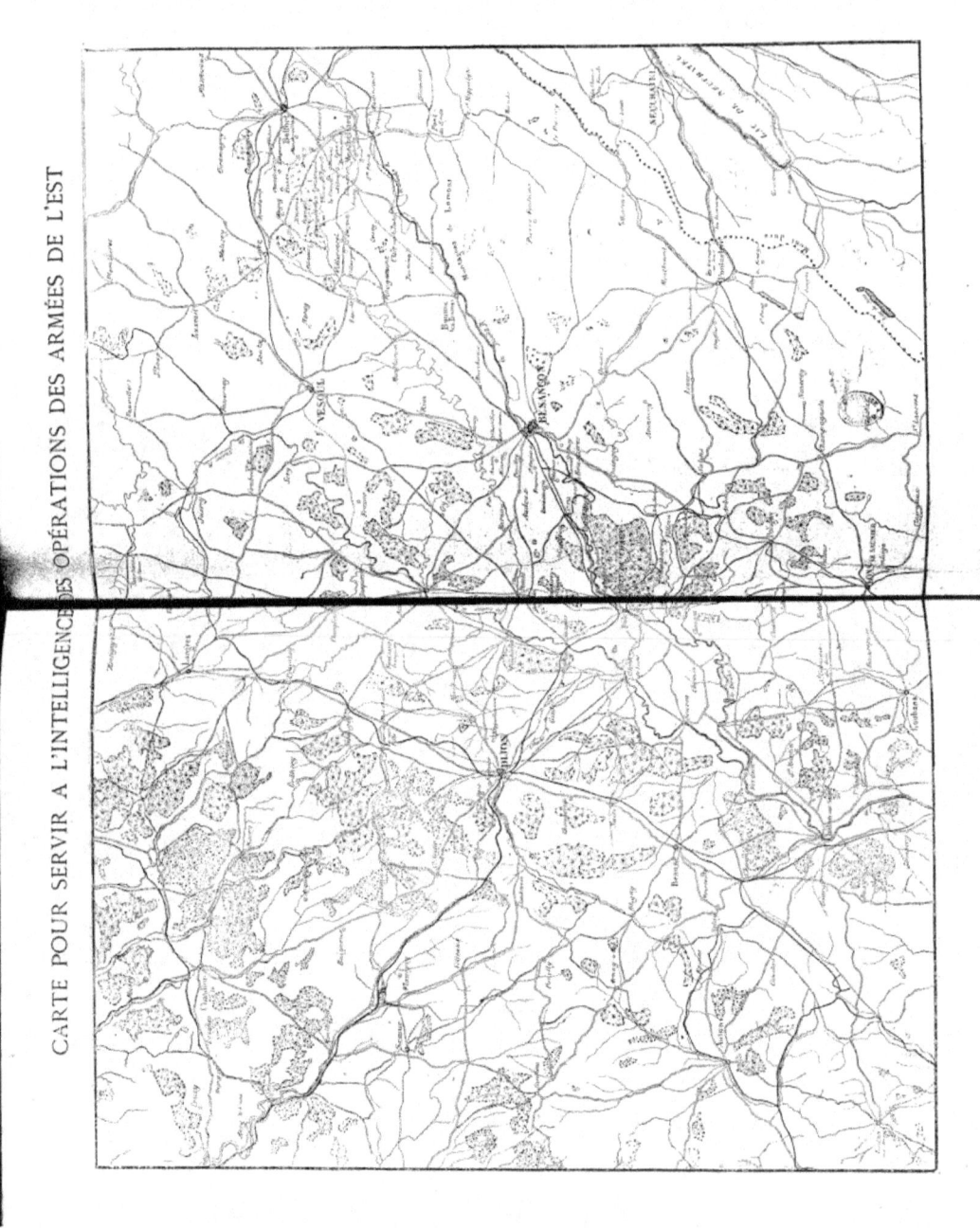

CARTE POUR SERVIR A L'INTELLIGENCE DES OPÉRATIONS DES ARMÉES DE L'EST

CHAPITRE XVII

L'ARMÉE DES VOSGES ET L'ARMÉE DE L'EST

Premiers combats dans les Vosges. — Le général Cambriels. — Combat sur l'Oignon. — Garibaldi. — Son arrivée à Tours. — Il prend le commandement de l'armée des Vosges. — Composition de cette armée. — L'ennemi marche sur Dijon. — Défense de Dijon. — Bombardement de la ville. — Les Allemands l'occupent. — Le corps de Treskow met le siége devant Belfort. — Le colonel Denfert-Rochereau. — Affaire de Pâques et de Prénois devant Dijon. — L'armée de l'Est. — Bourbaki. — Werder. — Batailles de Villersexel et d'Héricourt. — Retraite. — Les garibaldiens occupent Dijon évacué par l'ennemi. — Les Allemands sont repoussés après trois jours de combat. — Le général Bosak-Hauké. — Le drapeau du 61e régiment prussien. — Documents complémentaires.

Pendant que, sur la Loire et dans le nord, les opérations militaires continuaient avec les alternatives que nous avons rapportées, dans l'est, la résistance nationale, bornée d'abord à quelques affaires d'avant-postes engagées par les francs-tireurs, s'était peu à peu agrandie jusqu'à devenir une campagne particulière dont le récit exige un chapitre spécial.

Pendant les derniers jours du siége de Strasbourg, les francs-tireurs, unis aux gardes mobiles, avaient maintes fois attaqué les Allemands et inquiété leurs communications. Lorsque la ville fut rendue, les troupes assiégeantes prirent d'abord un peu de repos, puis l'ennemi forma un nouveau corps d'armée, le 14e, de 50,000 hommes environ, commandé par le général de Werder. Ce corps d'armée était destiné à opérer spécialement dans les Vosges méridionales. Une division de réserve devait en outre cerner Schelestadt et Neuf-Brisach.

Dès le 1er octobre, Werder détachait une colonne mobile, composée de 5 bataillons, 2 escadrons et 12 bouches à feu, sous les ordres du général-major von Degenfeld et l'envoyait fouiller les montagnes et disperser nos troupes. D'abord empêchée dans sa marche par les obstacles naturels, chemins détruits, abattis jetés en travers des routes, la colonne n'en parvint pas moins à passer les Vosges après une série de petits engagements. Le 5 octobre, à Raon-l'Étape, au confluent de la Meurthe et de la Plaine, un combat assez meurtrier livrait le passage aux troupes allemandes. Le général von Degenfeld recevait en même temps de Werder l'ordre de marcher sur Épinal et de considérer sa colonne comme l'avant-garde du 14e corps. Werder quittait, à son tour, Strasbourg le 6 octobre et passait les Vosges. Ce même jour, Degenfeld remontait le cours de la Meurthe afin d'occuper Saint-Dié. A peine se mettait-il en marche que des troupes françaises, venues de Rambervilliers et de Bruyères, et commandées par le général Peitavin, attaquaient brusquement son flanc droit. Degenfeld s'arrêtait aussitôt et un combat sanglant se livrait qui dura sept heures, sept heures de lutte acharnée. Nous battions en retraite le soir, mais nous avions du moins empêché l'ennemi d'arriver ce jour-là à Saint-Dié. Nous perdions environ 700 hommes sur le champ de bataille et 600 prisonniers. Les Badois accusèrent de leur côté 382 hommes tués et blessés et 22 officiers.

Deux jours après, le 8 octobre, les colonnes de Werder descendaient à Saint-Dié et à Épinal, sous les ordres des généraux Keller et Laroche du Jarry (un nom français, sans doute le descendant d'une de ces familles que la révocation de l'édit de Nantes par Louis XIV a contraintes à l'exil et faites allemandes). Le 9, Werder, concentrant ses troupes, mettait son quartier général à Raon-l'Étape. Jusqu'au 20 octobre, il y eut, entre les troupes badoises et nos avant-postes ou les détachements de notre armée des Vosges, alors commandée par Cambriels, une série de petits engagements, à Rambervilliers, à Brouveulières, à Arnould, à Épinal. Il nous fallait toujours céder devant les colonnes allemandes disciplinées.

Werder ne pouvait espérer, en marchant ainsi, prendre Besançon qu'il allait rencontrer sur sa route, mais il voulait, du moins, rejeter sur cette ville les troupes postées sur les bords de l'Oignon. Cambriels attendait en effet là les Allemands avec deux divisions. Sa résistance commença aux environs des villages de Rioz et d'Étuz qu'il disputa à l'ennemi. La brigade du général von Degenfeld, engagée seule, eut quelque peine et quelque mérite à maintenir le combat jusqu'à ce que la brigade du prince Guillaume de Bade et celle du général Keller vinssent à son secours. A l'arrivée de ces troupes nouvelles, nos soldats furent contraints de céder, malgré une résistance que les historiens allemands qualifient d'*opiniâtre*. Cambriels, refoulé au delà de l'Oignon et chassé du village d'Auxon-Dessus, se retira, désespéré et las, sur Besançon, où il arriva dans un état d'esprit qu'une blessure reçue à la tête expliquait suffisamment. Quant à Werder, ne pouvant espérer de prendre Besançon par surprise, il se retournait immédiatement vers Gray, sur la Saône. Le 24 octobre, il s'y trouvait avec la plus grande partie de ses troupes, et il envoyait aussitôt à l'ouest et au nord-ouest, sur les pentes méridionales du plateau de Langres, des troupes chargées de balayer cette partie de notre pays, afin de couvrir le flanc gauche de Frédéric-Charles qui, à ce moment, devait marcher de Metz sur Troyes. « Ces détachements, « dit le colonel Rüstow, livrèrent plusieurs petits « combats ; ils firent beaucoup de prisonniers dans « la population des campagnes et *fusillèrent militai-* « *rement une foule de gens qui défendaient leur pays.* » Ainsi Werder et ses soldats faisaient un crime aux braves gens qui s'armaient spontanément pour la patrie. Disputer sa maison, son bien, la vie de sa mère ou de son enfant à l'envahisseur était chose punie de mort. Telle est la façon dont l'Allemagne entend la guerre et la conquête ! Et ces mêmes Germains, qui fusillaient ainsi les paysans armés, osaient, dans leurs dépêches officielles, affirmer que les populations françaises les accueillaient en libérateurs. Le 67° bulletin du *Recueil complet des dépêches allemandes* dit en effet, en toutes lettres : « Les habitants, *délivrés de leur joug*, nous font un « *accueil cordial.* » Je n'hésite pas à affirmer que c'est la plus odieuse calomnie qui pût atteindre les populations des Vosges. Les fusillades ordonnées par Werder et ses lieutenants et commises par ses soldats, répondent d'ailleurs à cette dépêche datée de Versailles, 18 octobre, et signée von Podbielski.

Au moment où le général Cambriels, revenu à Besançon, déclinait devant le préfet du Doubs, M. Ordinaire, et M. A. Grévy, commissaire du gouvernement, la responsabilité d'entreprendre une opération quelconque avec les troupes qu'il avait sous ses ordres et sur lesquelles, disait-il, il ne pouvait compter, un homme dont la réputation emplit le monde de bruit et souvent d'étonnement, le général Garibaldi, était arrivé à Besançon, apportant à la France le concours désintéressé de sa loyale épée.

Dès les premiers jours de la lutte franco-prussienne, mais surtout au lendemain de la révolution de septembre, d'anciens compagnons d'armes de Garibaldi avaient songé à réclamer du général l'appui de son nom et de sa gloire. Garibaldi, enfermé à Caprera et surveillé par le gouvernement italien, avait aussitôt répondu à M. Bordone, un de ses anciens officiers en Sicile : « Si je puis sortir de « ma prison, je serai avec vous. » M. Bordone, ancien pharmacien à Avignon, qui a depuis raconté ces divers incidents (Voy. son livre *Garibaldi et l'armée des Vosges*), résolut d'amener Garibaldi en France. L'entreprise n'était point facile, deux canonnières italiennes cuirassées gardaient le canal de la Moneta et celui de la Madalena, par lesquels le général pouvait sortir de son île. En outre, des carabiniers royaux campaient à peu de distance de son habitation. M. Bordone, après s'être assuré le consentement du gouvernement de Tours à l'arrivée de Garibaldi, n'en partit pas moins pour la Corse, et de là pour Caprera, où Garibaldi répondit à sa demande en lui montrant son bâton : « Vous « le voyez, cher Bordone, ce que vos amis appel- « lent ma vaillante épée, n'est plus maintenant « qu'un bâton ; mais, tel que je suis, je me mets « tout entier à la disposition de la République fran- « çaise, et je partirai dès que vous viendrez me « chercher. »

Un riche habitant de Marseille avait mis à la disposition du général un yacht, *la Ville de Paris*, qu'il possédait en propre. Ce fut sur ce yacht que Garibaldi, descendu de son habitation sur la plage, comme en promeneur, prit passage, amené dans une yole par M. Bordone. Débarqué à Marseille, Garibaldi fut reçu avec enthousiasme ; puis, le 8 octobre, un train spécial l'emmenait à Tours où, reçu à la gare par M. Gent seul, il lui fallut, « à « travers la ville, gagner, dans un quartier perdu, « un petit logement sans meubles, devant la porte « duquel, malgré le froid et la pluie, il fut obligé « de stationner pendant plus d'une heure, car on « n'en trouvait pas la clef (1). Telle est la *réception splendide* que Tours fit à Garibaldi, réception si fort blâmée par les journaux réactionnaires qui s'indignaient de voir un israélite, M. Crémieux, et un archevêque, celui de Tours, accourir au-devant de l'ennemi de la papauté. Garibaldi était navré, non par orgueil blessé, mais attristé plutôt de tant d'oubli.

Ce même jour, Gambetta arrivait justement à Tours, et bien des gens virent comme un heureux présage dans cette coïncidence qui réunissait en même temps le vieux général et le jeune tribun. Celui-ci ne fit offrir tout d'abord à Garibaldi que le commandement d'un détachement de volontai-

(1) Bordone. *Garibaldi et l'armée des Vosges*, chap. II. p. 22.

res rassemblés à Chambéry. Garibaldi répondit qu'il repartirait pour Caprera le lendemain matin. La lettre où, tout en remerciant la France, il faisait connaître cette décision, fut remise à M. Gambetta, qui répondit : « Mais enfin, que le général me donne le temps de lui trouver quelque chose de convenable. »

Ce que Gambetta offrit à Garibaldi, ce fut le commandement de tous les corps francs de la zone des Vosges, depuis Strasbourg jusqu'à Paris, et d'une brigade de garde mobile. Le général accepta. Garibaldi reçut sa commission et partit pour Dôle, où son armée devait être réunie, avec le chef d'escadron Basso pour secrétaire particulier, et M. Bordone pour chef d'état-major avec le grade de général.

Je voudrais, avant d'aller plus loin, caractériser cette physionomie sympathique, entraînante, légendaire, de Garibaldi. L'ancien aventurier superbe qui, à Montevideo, en des exploits de héros de roman, prenait, chose incroyable, une flottille à lui seul, l'homérique héros de 1848 et 1859, de Naples et d'Aspromonte, semblait alors personnifier l'Italie payant sa dette à la France. Oui, sachons gré à Garibaldi d'avoir, à l'heure où le monde nous oubliait, souriait peut-être devant nos défaites, levé l'épée pour cette France qui avait donné à l'Italie, à l'unité italienne, son sang, sa vie. Sans doute Garibaldi ne fut pas le seul en ce monde qui accourut pour défendre notre pays. Il y eut des traits consolants. A Ladon, un officier anglais, du nom d'Holloway, devait, par exemple, se faire tuer en marchant contre les Prussiens avec nos soldats, et il était tombé en criant : *Vive la France!* Mais, de tous ces héros étrangers, Garibaldi fut le plus illustre.

Esprit politique médiocre, Garibaldi est surtout un cœur, un dévouement, un soldat, une idée. Il personnifie la patrie italienne. Il a apporté, au nom de cette Italie à la République française, ce qu'il avait, son épée et sa vie.

Il faut se rappeler avec quelle ardeur fébrile ce peuple italien se précipitait, en 1866, sur les pas du général. Son *Galibardi*, — car on ne l'appelle point là-bas Garibaldi, mais *Galibardi*, — c'est son dieu. J'ai vu des femmes s'agenouiller devant lui et lui baiser les mains, ou le bas de ses vêtements. A Palerme, dans le couvent des religieuses où Garibaldi s'arrêta, lors de l'expédition de Sicile, les nonnes confectionnaient des sucreries où Giuseppe portait tout simplement le costume des saints. « Comme il ressemble à Jésus-Christ ! » disaient ces filles. Elles en étaient toutes affolées.

A la vérité, il faut avoir vu Garibaldi pour le juger. Cet homme est simple, et attire à lui les simples par ce magnétisme bizarre qui fait que les oiseaux viennent se poser sans peur sur les épaules de certaines personnes. L'œil bleu est profond, doux, infini, avec des rayons ; la voix a des caresses musicales, elle est énergique et timide à la fois. Il rhythme ses discours et les prononce sur une sorte de mélopée qui séduit ce peuple d'artistes et l'exalte. Sous son *sombrero* légendaire, sa figure s'anime, toute ridée, barbe grise à reflets blonds, et si blonds que sous le soleil l'homme paraît jeune. Il a comme pas un le sens des foules, l'instinct du peuple. A Naples, débouchant sur la place de la Citadelle, il se trouve en face d'un régiment demeuré fidèle au Bourbon, soldats résolus, armes au bras et fusils chargés. Un commandement peut foudroyer Garibaldi et son escorte. Le général fait avancer sa voiture, et lorsqu'il est près du régiment massé là, il se lève droit, porte sa main à son front, et d'un mouvement si harmonieux et si résolu il fait le salut militaire, que les soldats, brusquement, portent les armes et acclament celui qu'ils allaient peut-être fusiller.

Les Prussiens, gens pratiques, narquois dans leur positivisme, plus éblouis par les faits que par les idées, disaient : « *L'oncle* Garibaldi ne battra jamais *le père* Moltke. » A la vérité, ils le redoutaient, et nous verrons que ses troupes en effet se montrèrent redoutables.

Au surplus, Garibaldi tout entier se peint dans la proclamation qu'il adressait, dès le début de ses opérations, à cette démocratie cosmopolite que nous ne devons point renier, parce que, sous son nom, des gens qui n'étaient d'aucun pays, ont commis plus tard les coupables excès que nous aurons à flétrir. Garibaldi s'écriait alors :

Appel aux nations.

« Volontaires de l'armée des Vosges,

« Le noyau des forces cosmopolites que la République française réunit en ce moment, formé d'hommes choisis dans l'élite des nations, représente l'avenir de l'humanité, et sur la bannière de ce noble groupe vous pouvez lire la devise d'un peuple libre, qui sera bientôt le mot d'ordre de la famille humaine : « Tous pour un, un pour tous ! » L'égoïsme gouverne le monde, et l'autocratie combat certainement dans la République française le germe des droits de l'homme qu'elle abhorre : génie du mal, elle fait tous les efforts pour se maintenir.

« Et le peuple ? Les républiques modernes, comme l'ancienne Carthage, nagent dans l'or et le sybaritisme, tandis que les despotes se donnent la main dans les ténèbres qui sont leur vie, et profitent des malheurs d'un peuple frère.

« La Suisse, se croyant faible, baisse la tête et couvre du saint drapeau de Guillaume Tell ses caisses et ses banques.

Le Siége de Paris. — Les casernes du Mont-Valérien après le bombardement.

« Grant qui, d'un signe de sa main, aurait pu renvoyer à Madrid les soldats de Prim, laisse tranquillement massacrer et détruire une population entière qui appartient à la grande famille de Washington, et ne permet à la grande République qu'une parole sympathique pour les braves fils de Lafayette!

« Et toi, noble et classique terre, refuge des exilés, qui la première as proclamé l'émancipation des races, et qui maintenant jouis du triomphe de ta courageuse initiative, laisseras-tu seule, dans sa lutte gigantesque, cette nation sœur, qui comme toi marche et marchera en tête du progrès de l'humanité?

« Dans la lutte héroïque que soutient la France, on ne retrouve plus que les débris d'une armée d'hommes vaillants que le plus stupide des tyrans a conduits à un désastre.

« Mais la nation est là. Levée comme un seul homme, elle forcera bientôt le vieil autocrate à se repentir de sa détermination de continuer cette boucherie humaine.

« Quelle noble mission est donc la nôtre, fils de la liberté, élite de tous les peuples! Oh! non, je ne voudrais pas changer pour une couronne mon titre de volontaire de la République!

« Apôtres de la paix et de la fraternité des peuples, nous sommes forcés de combattre, et nous combattrons avec la conscience fière de notre droit, consacrant les paroles de l'illustre Chénier :

Les républicains sont des hommes,
Les esclaves sont des enfants.

« De votre courage je ne doute pas. Tout ce que je vous demande, c'est du sang-froid et de la discipline, indispensables dans la guerre.

« G. GARIBALDI. »

L'âme tout entière de Garibaldi, avec ses crédulités d'enfant et son dévouement viril, apparaît dans cette proclamation, où la phraséologie n'étouffe cependant point la flamme et l'accent vrai. Évidemment le général était pénétré d'espoir, et s'efforçait de communiquer sa foi à tous ceux qui croyaient à sa parole. On remarquera qu'il recommande surtout la discipline. Il devait réussir en effet à faire de cette armée garibaldienne, cosmopolite et bizarre, mais intrépide, ardente, avec des corps isolés, *chasseurs du Mont-Blanc, francs-tireurs de la Croix de Fer, compagnie de la Revanche, carabiniers de Gênes*, etc., une armée compacte.

Ces bataillons, aux costumes divers, pittoresques, au point de l'être trop; feutres retroussés, plumes au vent, bottes au mollet, composés de héros dont le cœur battait bravement sous des costumes d'opéra comique ; ayant à leur tête des audacieux et des braves, mais traînant un peu trop d'inconnus avec eux, quelques pillards (d'ailleurs sérieusement punis, chassés des régiments, rayés des cadres) ; ces bataillons hybrides retrouvaient sous le feu la communauté d'action et d'élan ; ils avaient, pour ainsi dire, une unité, une pensée, une âme dans Garibaldi.

Lorsque les premières troupes que devait commander Garibaldi furent réunies, le général Cambriels, qui ne semblait voir qu'avec une espèce de mécontentement la présence du soldat italien à l'armée des Vosges, ne mit pas une grande activité à coopérer avec elles[1]. S'il faut en croire le général Bordone, les francs-tireurs garibaldiens, tout d'abord assez peu sympathiques aux populations, étaient quelque peu négligés de l'administration elle-même. Le chef d'état-major passait en effet son temps à réclamer des cartouches qu'on lui refusait de tous côtés. L'armée de Garibaldi s'était cependant montrée utile déjà, et devant Mont-Rolland elle tenait, quoique peu nombreuse encore, l'ennemi en respect.

Cependant, tandis que Werder s'avançait sur Gray, il détachait les deux brigades badoises (prince Guillaume de Bade et Keller), et les faisait marcher sur Dijon, sous le commandement du général von Beyer. Le 30, celui-ci commençait son mouvement sur Dijon, qui était évacué par les Français depuis le 28, sur la demande des autorités de la ville. Mais, tandis que les Allemands avançaient, les ouvriers de Dijon s'étaient portés à la préfecture, demandant à grands cris que Dijon fût défendu. Le préfet s'engagea à défendre la ville, et des troupes furent immédiatement appelées de Beaune, d'Auxonne et de Langres, tandis que les gardes nationaux mobilisés de Dijon et les mobiles de la Côte-d'Or se mettaient à la disposition du colonel Fauconnet, commandant de place. Les Badois devaient rencontrer, à Magny-Saint-Médard, la première résistance. Les faubourgs de Dijon,

Saint-Nicolas et Saint-Pierre, furent crénelés, les hauteurs de Saint-Apollinaire garnies de soldats. Malheureusement, le colonel Fauconnet fut mis hors de combat dans l'après-midi, et à trois heures, les Badois attaquaient de près les faubourgs. Des fautes stratégiques graves avaient été commises par le comité de défense, notamment par M. Lavales, et la seule destruction du pont de Pontailler donna, par exemple, un grand avantage à l'ennemi.

La défense de Dijon fut bravement soutenue dans les faubourgs. Les Allemands, tenus en respect par notre infanterie et refoulés plus d'une fois, se replièrent enfin sous le feu de l'artillerie et von Beyer aima mieux bombarder cette ville sans autres fortifications que les restes de ses vieux remparts que de l'emporter d'assaut. A sept heures du soir, sur sept points différents, Dijon brûlait. Les obus incendiaires faisaient l'œuvre que n'avait pu accomplir l'infanterie badoise. Le général von Beyer arrêta le bombardement et, dans la nuit, Dijon capitula. Les troupes françaises avaient évacué la ville. Dijon était condamné à nourrir 20,000 soldats allemands et à payer 500,000 francs de rançon. Le général de Beyer entra dans la ville à la tête de ses soldats, tandis que Werder renvoyait ses troupes de Gray sur Vesoul pour combattre nos francs-tireurs qui devenaient inquiétants.

« Le général de Werder fit alors, à l'ouest des Vosges, — ce sont les propres expressions de l'historien Rüstow, — une guerre telle qu'il avait à peu près appris à la faire au Caucase contre des *bandes insaisissables*, d'après le langage militaire actuel de l'Europe, *contre le peuple*, d'après le langage militaire de l'avenir. » Ce jugement discret du colonel suisse en dit long sur la façon de combattre du général prussien.

En même temps que Werder menait cette campagne, la division Treskow, du 14e corps d'armée allemand, recevait ordre d'assiéger et d'enlever Belfort. Cette place, petite ville de 7,500 habitants, dont les fortifications datent de Vauban, est surtout admirablement défendue par sa citadelle, la Roche, qui, faisant saillie, se présente comme un inexpugnable château-fort, terrible et menaçant. Deux ouvrages nouveaux, le fort des Barres et celui des Perches, ajoutent à la valeur militaire de cette place. Du haut des Perches apparaît cette fameuse *trouée de Belfort*, porte ouverte sur l'Allemagne et par Belfort, en effet, une armée peut facilement se jeter en pays ennemi.

L'homme qui commandait à Belfort et à qui la France doit d'avoir conservé ce coin d'Alsace, est à présent célèbre. C'est le colonel Denfert-Rochereau.

M. Pierre Denfert-Rochereau est né à Saint-Maixent, dans les Deux-Sèvres, le 11 janvier 1823.

---

[1] Le général Cambriels eut des hésitations ; il n'en fit pas moins son devoir à en juger par cette lettre publique de Gambetta au général, lettre dont nous citons quelques passages :

« Je ne puis convoquer le conseil de guerre que vous réclamez avec une insistance qui vous fait le plus grand honneur à mes yeux. Vous ne pouvez ni ne devez oublier les termes dans lesquels nous nous sommes quittés, non plus que les divers télégrammes que je vous ai adressés et qui sont de nature à vous couvrir suffisamment devant l'opinion publique. »

« Je compte, général, que cette nouvelle lettre de moi, dont je vous autorise à faire l'usage qui vous semblera bon, vous suffira pour confondre vos accusateurs et pour vous rendre le repos et la tranquillité d'esprit auxquels vous donnent droit les fatigues que vous avez endurées au service de la France et de la République. »

Le 2 décembre 1870, le général Cambriels fut nommé au commandement du camp d'instruction, à Bordeaux.

Élève de l'École polytechnique et de l'École d'application de Metz, lieutenant du génie sous Niel, alors colonel, il fit la campagne de Rome, combattit bravement pour cette cause injuste, et, à l'assaut, eut sa tunique criblée de balles. Capitaine en 1852, il fut, en 1854, envoyé en Crimée, et, dans les tranchées de Sébastopol, il prit part au siège. Il était à l'affaire du Mamelon-Vert ; un biscaïen, à Malakoff, lui broyait l'épaule. Il demeura au feu pourtant. Une balle à la jambe le renversa. A Metz, professeur adjoint à l'École d'application, il demeura quatre ans. On l'envoya en Algérie, où il exécuta des ponts, des constructions importantes. Chef de bataillon en 1863, envoyé à Belfort en qualité de commandant du génie, il avait fait exécuter, il avait en quelque sorte improvisé les travaux de défense des forts des *Perches* et des *Barres*. Lieutenant-colonel le 7 octobre 1870, colonel le 19, c'est à ce dernier titre qu'il défendit Belfort.

Lorsque nous voulons connaître la valeur de nos hommes de guerre, demandons-la à nos ennemis. Ceux qu'ils haïssent bien, ceux-là méritent notre affection. Et certes, Denfert et Belfort sont deux noms que les Allemands ne prononcent point sans colère. Lorsque, le 4 novembre, le général von Treskow écrivit avec une politesse extrême et affectée à Denfert, en priant ce *très-honorable et très-honoré commandant* de livrer Belfort « pour éviter à la population du pays les horreurs de la guerre, » l'Allemand dut voir bientôt à qui il avait affaire, lorsque le colonel lui répondit que « le seul moyen d'éviter à Belfort les horreurs d'un siège, c'était la retraite de l'armée prussienne (1). »

Denfert, en effet, ne fit pas comme Bazaine. Il resta fort peu en communication avec l'assiégeant. Remarquant, pendant le siège, que les parlementaires prussiens inspectaient, à l'abri du drapeau blanc, les fortifications, il déclara qu'il n'en recevrait plus. M. de Treskow devait s'en venger en refusant à une députation suisse ce que Werder avait autorisé à Strasbourg, la sortie des femmes et des enfants.

En 1814, Belfort ne s'était rendu aux Bavarois qu'après l'abdication de Napoléon. En 1815, Lecourbe s'y maintint presque sans soldats et sans vivres. En 1871, on peut dire que Denfert ne l'a rendue que pressé par la nécessité politique. Le 10 novembre pourtant, les lignes d'investissement s'étendaient à 4 kilomètres autour de la ville ; le 16, les ouvrages allemands étaient déjà à 1,300 mètres. Dans la nuit du 16 au 17, 3,000 hommes sortaient et bouleversaient tous les ouvrages. Mais du 18 au 30, les Prussiens ouvraient deux parallèles. Le 2 décembre, leurs batteries, établies sur la côte du Sablert, commençaient le bombardement, et le 6, l'état-major prussien télégraphiait à Berlin : *Belfort peut tenir cinq jours au plus*. Deux mois après, Belfort tenait encore.

Nous raconterons plus loin ce siège de Belfort dont nous venons, dès à présent, d'indiquer l'importance et la résistance virile. C'est autour de ce point que vont, pendant de longs jours, pivoter les opérations des armées de l'Est. Werder, voulant occuper Auxonne, avait abandonné Dijon. Les troupes garibaldiennes l'occupèrent alors, mais les Allemands allaient leur reprendre la ville le 14 novembre, puis, partant de ce point, se diviser en deux colonnes, l'une marchant sur Nuits, l'autre sur Dôle. Un détachement des troupes de Werder, composé de uhlans et de hussards et d'un bataillon de la landwehr, détachement qu'il avait envoyé du côté de la Seine vers l'armée de Frédéric-Charles, devait être surpris, dans la nuit du 19 au 20 novembre, par les garibaldiens de Ricciotti Garibaldi et attaqué et repoussé, rejeté hors de Châtillon avec de grandes pertes.

Cet échec exaspéra les Prussiens contre l'armée garibaldienne. Il fallait décidément compter avec elle. Le coup de main du fils de Garibaldi, Ricciotti, affirmait l'audace des hommes enrôlés sous celui que l'Allemagne appelait l'*oncle* ou le *condottiere*. Werder avait maintenant devant lui les quatre brigades de l'armée des Vosges, composées d'éléments, fort bizarres, je le reconnais, mais énergiques :

1re *brigade*. — Général Bosak-Hauké ; éclaireurs de Gray, éclaireurs égyptiens, francs-tireurs du Sud, 1er bataillon des Alpes-Maritimes, 42e régiment de marche (Aveyron), une compagnie de francs-tireurs, volontaires du Rhône.

2e *brigade*. — Commandant Delpech ; 1er bataillon de l'Égalité, 2e bataillon de l'Égalité, guérillas de Marseille, guérillas de l'Orient, éclaireurs de la brigade corse ; bataillon de garde mobile.

3e *brigade*. — Commandant, Menotti Garibaldi ; 2e bataillon des Alpes-Maritimes, bataillon des Hautes-Alpes, bataillon des Basses-Pyrénées, légion des volontaires italiens, chasseurs des Alpes-Maritimes, les francs-tireurs réunis, francs-tireurs de Dran, francs-tireurs de Franche-Comté.

4e *brigade*. — Commandant, Ricciotti Garibaldi ; bataillon Nicolaï, éclaireurs de l'Allier, chasseurs savoisiens, francs-tireurs de l'Aveyron, chasseurs du Dauphiné, éclaireurs du Doubs, francs-tireurs de la Côte-d'Or, francs-tireurs de Dôle, chasseurs du Mont-Blanc, francs-tireurs de la Croix-de-Nice, francs-tireurs de Toulouse, francs-tireurs des Vosges, 1re compagnie du Gers, chasseurs de la Loire.

Artillerie. — Commandant en chef, Ollivier ; 2e batterie de la Charente-Inférieure, 3e batterie de la Charente-Inférieure.

Cavalerie. — Chasseurs à cheval, escadron de

---

(1) Voyez la lettre autographe du colonel Denfert.

guides, cavaliers volontaires de Châtillon, éclaireurs du Rhône, cavaliers d'exploration.

Corps isolés. — Francs-tireurs de la Mort, compagnie de la Revanche, bataillon des Enfants-Perdus de Paris, carabiniers de Gênes, compagnie espagnole, compagnie franco-hispanienne.

Toute cette armée des Vosges comptait à peu près 12,000 hommes, nous dit le colonel Rüstow, quoique le chef d'état-major la porte à 50,000 combattants. A l'aile droite de cette armée, du côté de Beaune, une nouvelle armée vint se placer sous le commandement de l'ancien capitaine aide de camp du général Clinchant, M. Cremer, devenu général. C'est ce corps d'armée à qui nous avons vu perdre la bataille de Nuits, d'ailleurs si bien disputée, et qu'il pouvait gagner.

Après cette bataille (18 décembre), l'ennemi ne put cependant poursuivre l'armée de Cremer en retraite. La cavalerie badoise, essayant de nous prendre en queue, avait été repoussée par nos fantassins. Deux jours auparavant, devant Langres, un détachement français avait attaqué les régiments allemands qui surveillaient la ville et avait été repoussé.

Peu avant la bataille de Nuits, Garibaldi avait essuyé un petit échec, mais qui n'était point sans gloire.

L'affaire de Pâques et de Prénois (26 novembre), que les Prussiens ont enregistrée comme une victoire décisive, donne mieux que toute autre une idée exacte de Garibaldi, de sa façon de combattre, audacieuse et chevaleresque. Les troupes de Garibaldi occupaient les bois devant le village de Pâques, sur la gauche de Dijon, au delà de Plombières, lorsque les Prussiens résolurent de les attaquer et de les débusquer de leurs positions. L'artillerie prussienne couvrait les hauteurs de Prénois et fouillait la forêt de ses obus, lorsque Garibaldi, à cheval, partit des bois de Lantenay, guidant les colonnes de Menotti à l'assaut de la rampe abrupte qui monte à Prénois. Disposés en tirailleurs, les francs-tireurs ouvraient leur feu sur les batteries prussiennes et les bataillons allemands, lorsqu'avec une poignée de chasseurs du 7e, suivis de guides garibaldiens, le chef d'escadron Canzio et le capitaine Baudet s'élancèrent sur les pièces allemandes que leurs servants emmenèrent aussitôt. Prénois était emporté, et, au tomber de la nuit, les troupes garibaldiennes enlevèrent encore le village de Darois. Les Prussiens se rabattaient sur Dijon. C'est alors que Garibaldi, se tournant vers son chef d'état-major : « Eh bien, colonel, dit-il, allons-nous souper à Dijon ? — Allons à Dijon. » On se remet en marche. La nuit était venue. Ordre fut donné aux hommes de ne pas tirer un seul coup de fusil, d'attaquer toujours à la baïonnette. On arriva ainsi à 4 kilomètres de Dijon, Garibaldi, en voiture, à la tête de cette armée de volontaires et de mobiles des Alpes et des Pyrénées. Le général, tout en cheminant, fredonnait une vieille chanson française :

A nous Français, à nous des fers ! aux armes !

Arrivé devant Talant, Garibaldi, debout devant sa voiture, répétait à ses soldats, à mesure qu'ils défilaient : — « Allons, enfants, du courage et pas un coup de fusil ! » Les carabiniers génois, placés en avant-garde, abordèrent silencieusement les avant-postes prussiens et les éventrèrent à la baïonnette. Puis le clairon sonna la charge et Garibaldi reprit sa chanson, à voix haute cette fois :

Aux armes, aux armes, aux armes !

Les troupes entrèrent à Dijon au pas gymnastique et pénétrèrent en ville jusque dans les maisons de la place d'Arcy ; mais une panique vint jeter le trouble dans cette troupe surprenant ainsi cette cité morne, sans lumière. Les décharges des Prussiens se firent entendre, foudroyantes, et Garibaldi dut battre en retraite après son audacieux exploit.

Mais les Allemands ne furent pas moins stupéfaits de tant d'audace, et le journal d'un témoin raconte ainsi cette aventure, digne d'un roman : « Samedi soir, à huit heures, il y a eu une terrible alerte à Dijon ; 3,000 hommes des forces de Garibaldi, en trois colonnes, se sont avancés jusqu'aux portes de la ville ; une des trois colonnes a fait 1,100 prisonniers sans tirer un coup de fusil ; une deuxième, entre Talant et Fontaine, a égorgé 4 à 500 ennemis, s'est avancée jusque derrière le cimetière, massacrant les postes avancés.

« Quelle panique chez les ennemis, qui, se croyant attaqués par 30,000 hommes au moins, couraient, fuyaient dans toutes les directions. C'était un désordre, une confusion indescriptibles. Les coups de pistolet, de sabre, pleuvaient sur les curieux que le vacarme attirait sur leurs portes, et plusieurs personnes ont été blessées. »

Garibaldi, repoussé de la sorte devant Dijon, allait prendre sa revanche à Autun, quelques jours après, le 1er décembre. Les Prussiens, menaçant Autun déjà, commençant à lancer des obus sur la ville, le général, posté dans Autun, repoussa l'ennemi qui déjà occupait les premières maisons du faubourg, l'obligea à changer la position de ses batteries et le força enfin de se replier en hâte sur le bois de Vesons, « refoulé, dit M. Bordone, par toutes nos troupes cachées jusque-là dans la forêt de Planaise. » Cette journée n'en était pas moins interprétée par les Prussiens comme un fait d'armes glorieux, et ils annonçaient officiellement *la défaite de Garibaldi*, qui venait de perdre 400 morts ou blessés.

Nous arrivons ainsi, en racontant ces incidents divers, à la deuxième quinzaine de décembre. L'ar-

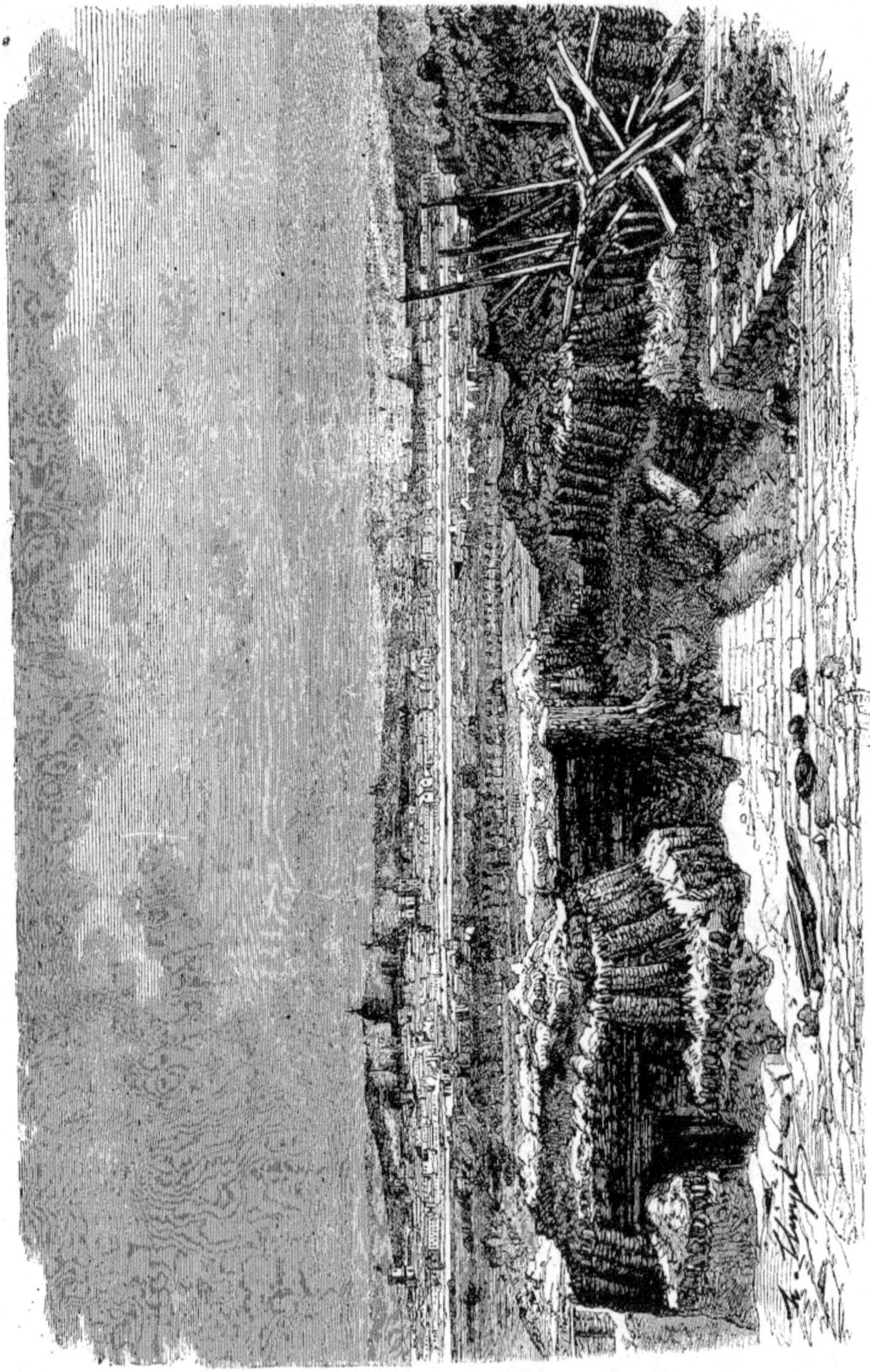

Le Siège de Paris. — Batterie prussienne à Châtillon.

mée de la Loire était alors, on s'en souvient, à la suite des combats devant Orléans, coupée en deux tronçons : l'un, resté sous le commandement de Chanzy, et manœuvrant dans le Perche; l'autre, à Bourges, commandé par Bourbaki. Depuis le mois d'octobre, le gouvernement de Tours voulait tenter, dans l'est, un grand mouvement très-audacieux et très-imprévu; il s'agissait de marcher sur l'Alsace, de couper le chemin de fer de Strasbourg à Paris, et, par conséquent, les communications de l'armée allemande, et de menacer, au besoin, par le grand-duché de Bade, l'Allemagne elle-même. Cette opération, en octobre, eût peut-être rencontré le succès et sauvé la France. Malheureusement, à cette date, le gouvernement de Tours ne s'inquiétait que de débloquer Paris. Ne croyant point que la capitale résisterait si longtemps et craignant de la voir tomber tout à coup, c'était de son côté que la délégation provinciale dirigeait tous ses secours. Que si elle eût cru possible un siège de cinq mois, elle eût en hâte commencé la campagne de l'Est qui, excellente en octobre, était très-problématique en décembre.

Conçue avec audace, cette opération n'en inquiéta pas moins profondément l'Allemagne qui se vit de nouveau directement menacée. Ceux de nos officiers qui étaient alors prisonniers en Allemagne ont pu juger des angoisses des populations au delà du Rhin. L'armée de Bourbaki, lorsqu'elle marcha sur Belfort, les effraya autant que l'armée de Mac-Mahon lorsqu'elle fut concentrée à Strasbourg. L'Allemagne laissa d'ailleurs échapper le secret de ses craintes lorsque la plupart des villes, toutes les villes allemandes, pour mieux dire, décernèrent au général Werder le droit de cité à la suite de ses victoires et le proclamèrent le sauveur de la patrie. Un moment le bruit se répandit au delà du Rhin, comme dans Paris, que Bourbaki était entré dans le grand-duché de Bade. Ce fut une panique chez les vainqueurs, une fièvre d'espoir chez nos prisonniers, fièvre et panique malheureusement de peu de durée.

Bourbaki, dont l'armée comprenait les 15°, 18° et 20° corps, quitta vers la fin de décembre les environs de Nevers pendant que le 24° corps d'armée française (armée de Lyon, général Bressolles) prenait le chemin de fer de Lyon à Besançon et remontait vers le nord. Au même moment, Garibaldi et Cremer étaient chargés de couvrir les mouvements de l'armée de l'Est. Ils devaient, s'avançant par Dijon, couper le chemin de fer de Strasbourg à Paris, tandis que Bourbaki, après avoir débloqué Belfort, accomplirait, ce que redoutait si fort l'Allemagne, une diversion sur la rive droite du Rhin.

Le 25 décembre, Werder fut averti du mouvement de nos troupes. Il n'avait avec lui que 45,000 hommes, et une armée de 100,000 hommes marchait vers lui et allait l'attaquer. Aussitôt, établissant ses soldats sur une ligne fortifiée devant Belfort, il utilisa les obstacles naturels que lui fournissaient les accidents de terrain, les montagnes, les torrents de cette partie de la France. En outre, la température combattait pour les Allemands et contre nous.

Cependant, tandis que Garibaldi occupait Dijon, évacué par les Badois, l'avant-garde de l'armée de Bressolles (24° corps) était déjà aux prises avec les Allemands, et, à travers la neige, les soldats de Bourbaki s'avançaient péniblement sous le ciel froid vers Belfort qui résistait toujours.

Cette armée, faite de recrues, de mobiles, commençait dès les premiers jours de janvier à souffrir terriblement du froid.

Chose digne de remarque et qu'on a notée, qu'on m'indique de divers côtés, chaque fois que la température fut plus clémente, le soldat combattit avec plus d'ardeur. Un pâle rayon de soleil donnait de l'âme aux plus abattus, rendait de l'électricité aux muscles. Ces pauvres gens n'avaient pas besoin pourtant que la neige et le gel combattissent contre eux.

Ces malheureux mobiles, et surtout ces mobilisés armés et équipés en hâte, allaient au combat, par ces rudes nuits d'un hiver sinistre, dans un équipage inquiétant. Mal vêtus, pauvrement couverts d'étoffes sans consistance, on les logeait, on les couchait comme au hasard, dans des bâtiments aux fenêtres sans vitres, sur des bottes de paille, sans toiles, sans couverture, avec moins de soin qu'on n'en prendrait pour des troupeaux. Leurs casernes? des fabriques abandonnées ou des maisons neuves, à peine bâties. Leurs vêtements? il fut presque partout le même, pantalon et vareuse d'un tissu léger, mal cousu, les boutons tombant, les habits se déchirant et s'effiloquant. On croirait qu'on a calomnié les fournisseurs en disant qu'ils ont fourni des souliers garnis de carton. Cela est vrai cependant. Des gens ont condamné de pauvres diables à marcher avec de telles chaussures, dans la boue, dans la neige. Les misérables *soldats pieds nus, sans pain*, de Béranger, ont été en 1870, par la faute ou le crime de l'intendance, les soldats de notre armée. Le *Times* disait de ceux qui spéculaient sur ces détresses : « Il n'y aura jamais de potence assez haute pour « pendre ces fournisseurs. »

Quand on réfléchit à l'étonnante organisation prussienne, on se demande comment nos malheureuses armées improvisées pouvaient espérer de vaincre et purent résister.

La campagne de l'Est devait cependant s'ouvrir pleine de promesses pour nous. La bataille de Villersexel, dont Bourbaki et Werder se disputèrent le résultat dans leurs bulletins, fut une victoire pour nos armes. Cette journée du 9 janvier semblait présager des jours de succès. Il faisait beau, de la neige partout, mais une température supportable. On se battit bien. Seul, un bataillon corse se débanda, laissant tuer son commandant, le lieutenant-colonel Parent. On enleva des positions en chantant. On bombarda les Prussiens, on les brûla dans le château. On avançait. Le soldat français ne demande qu'à marcher en avant.

Le 15 janvier, après s'être battu le 13 à Arcey, et avoir fait étape à Aibre, on établissait le quartier général à Trémoins. Alors commençaient ces rudes batailles entre Montbéliard et Belfort qui devaient, on l'espérait, hélas! débloquer Belfort. Batailles terribles. Werder avait devant lui des troupes nombreuses, mais ses positions étaient formidables et en quelque sorte inexpugnables. S'appuyant à la frontière suisse, longeant le ruisseau la Lisaine, son centre était à Héricourt. Il avait hérissé de canons de siège, protégés par des levées de terre, toutes ces positions. Les Prussiens mêmes, creusant la terre, dissimulaient sous des branchages et de la neige des trous où tombèrent nos soldats. L'armée française attaqua résolûment. Les assiégés de Belfort entendaient cette furieuse canonnade qui les faisait tressaillir d'espoir. On se battit tout le jour, on emporta plus d'une position, on prit Chenetier en repoussant la droite de Werder. Le soir, lorsque l'ombre interrompit le combat, impossible d'allumer du feu. Il fallut coucher dans la neige. On grignota un peu de pain, du lard, rien de plus. On cassait à coups de sabre le vin gelé. Et le lendemain la bataille recommençait plus formidable, un duel d'artillerie. Mais que pouvaient nos canons de campagne contre les pièces de 24 et les énormes obus des Prussiens?

Montbéliard avait été pris par nous, moins le château, l'ancienne citadelle qui domine la ville et où un détachement allemand du colonel Zimmermann se maintint malgré nos efforts.

Pendant la nuit du 15 au 16, et le matin du 16, dans le brouillard, Bourbaki avait pourtant rapproché ses troupes des positions allemandes. Lorsqu'il lança sa principale attaque sur Héricourt, le feu de la mousqueterie de nos soldats décimait les Allemands, mais sans pouvoir rompre leurs lignes et leur arracher leurs positions. Le général français voulut alors tourner l'aile droite de Werder par le village de Fratier, mais sur ce point nos troupes, surprises dans la nuit par la brigade Keller, furent repoussées. La victoire se brisait, pour ainsi dire, dans notre main comme une arme mal trempée.

Le lendemain 17 janvier, Bourbaki, dans sa fureur, attaqua encore avec énergie toute la ligne allemande de Thagey à Montbéliard. Ses efforts vinrent se briser contre la formidable artillerie badoise. Les malheureux assiégés de Belfort qui, de loin, voyaient sur les hauteurs les canons français se mettre en batterie allaient bientôt voir disparaître cette sorte d'apparition vengeresse. Tout espoir s'écroulait. Bourbaki apprenait, le soir du 18 janvier, que l'avant-garde du général Bressolles venait d'être battue, et, désespéré, accablé, il ordonnait la retraite.

Le 18, cette retraite, qui devait devenir si funèbre, commençait; on se battait à l'arrière-garde, on repassait à Aibre, à Arcey, que les Prussiens occupaient dès que nous les avions quittés, et cette lugubre déroute, la plus sombre de la campagne, se continuait à travers les défilés, les gorges où les chevaux glissaient, mouraient, où les convois s'égrenaient tristement, où les cadavres s'engloutissaient silencieusement dans la neige.

Comment avait-on pu jeter dans ces montagnes par ce temps, des troupes qui manœuvraient si difficilement dans les plaines de la Loire? Tandis que les chevaux prussiens, ferrés avec des fers à crampons, à clous d'acier, comme les chevaux russes qui courent sur la Neva, galopaient sans broncher, notre cavalerie glissait, périssait dans ces routes qui étaient des gouffres (1). Nos soldats allaient pieds nus, d'autres, sabots aux pieds. Jamais nulle armée ne supporta de plus horribles douleurs. C'était la retraite de la Bérésina, mais en France, sur notre sol, la famine, la misère chez soi. L'horreur en paraissait doublée. Affolé de désespoir, Bourbaki, effrayé de passer pour traître, disait d'un ton vague et sombre : « Je sortirai de là comme je pourrai. »

Le 19 janvier, le jour même où Trochu livrait ce simulacre de combat devant Buzenval et Montretout, le jour où Faidherbe se défendait devant Saint-Quentin, Werder se mettait en marche pour poursuivre les Français, tandis que Manteuffel accourait pour lui prêter main-forte.

Pendant ce temps, que faisaient les deux divisions qui devaient couvrir la marche de Bourbaki? La division Cremer, après avoir bien combattu devant Belfort, était chargée de couvrir la retraite de la réserve d'artillerie du 18ᵉ corps sur Besançon. Après avoir livré les combats de Villers-la-Ville et de Dannemarie, elle se rabattait sur Pontarlier. Quant à Garibaldi, il accomplissait les ordres

(1) Ces malheureux chevaux mouraient de faim. Un voyageur, passant quelques jours après sur les lieux de cette retraite, disait :
« Des renards, un loup même dépeçaient à larges coups de dents ces restes en putréfaction ; une quantité innombrable de corneilles et de pies s'abattaient sur l'avoine répandue à profusion par les réquisitionnaires et donnaient au tableau un aspect de plus en plus lugubre. Tous les arbres qui bordaient la route impériale ont été littéralement rongés par les quadrupèdes affamés de l'armée française; il y en a qui sont étranglés jusqu'au cœur par la dent chevaline, et ce traitement a déterminé leur chute comme par la hache du pionnier. »

qui lui étaient donnés, et se maintenait *inébranlablement* (c'était le terme de l'ordre reçu) à Dijon. Établi dans cette ville, Garibaldi avait avec lui 10,000 ou 15,000 hommes environ. Le général a dit depuis qu'il ne pouvait guère compter que sur 2,000 hommes. Un détachement prussien, commandé par le général Kettler, attaqua Dijon le 21 janvier. Le général Bordone porte à plus de 70,000 soldats le nombre des Allemands qui devaient attaquer Dijon; il y a évidemment exagération. Le chef d'état-major de Garibaldi ajoute que, par une manœuvre habile, on réussit à isoler les corps prussiens les uns des autres, de telle sorte que l'attaque qui aurait pu avoir lieu sur trois points à la fois en un seul jour fut divisée en trois journées pendant lesquelles Garibaldi eut successivement raison de chacune d'elles.

Le matin du 21 janvier, le général Bosak-Hauké annonçait à l'état-major la marche de deux fortes colonnes allemandes sur Dijon. Il se disposa à les arrêter et les fantassins résistaient vaillamment à l'ennemi, lorsque les batteries établies à Talant et à Fontaine achevèrent de jeter le désordre dans les rangs allemands. Garibaldi, à côté des pièces, suivait le mouvement de la bataille. Le feu des canons prussiens, inférieur au nôtre, se ralentit et, à la nuit, l'ennemi se retirait du champ de bataille, fusillant des paysans et des ambulanciers en attendant qu'il brûlât vif (chose horriblement vraie) un officier de francs-tireurs.

Garibaldi était rentré à Dijon, acclamé par la population, lorsque, dans la nuit, un notaire de Messigny (village situé sur la route de Langres) vint, muni d'un laissez-passer prussien, l'engager à abandonner Dijon sous peine de voir la ville bombardée le lendemain à huit heures. Garibaldi écouta le notaire en le regardant profondément de son œil bleu, puis, doucement:

— C'est bien! monsieur; est-ce là tout ce que vous avez à me dire?

— Oui, général, répondit le notaire.

— Eh bien! ajouta Garibaldi, vous pouvez vous en retourner pour ne pas manquer à votre parole. Dites à celui qui vous a remis ce sauf-conduit, que je l'attends, et que s'il ne vient pas, j'irai le chercher (1).

La journée du 21 janvier avait coûté la vie à un brave soldat, illustré déjà par les batailles du Caucase et de la Pologne, le général polonais Bosak-Hauké. Il était tombé, à l'entrée du bois du Chêne, frappé de plusieurs balles, et on avait retrouvé son cadavre, nu, dépouillé et mutilé, gisant à côté de deux soldats prussiens que Bosak, mortellement blessé, avait tués de sa main (2).

(1) Bordone, *Garibaldi et l'armée des Vosges*, p. 332.
(2) La mort, en quelque sorte mystérieuse du général Bosak (car de tous les officiers de son état-major pas un seul ne

Le 22, l'attaque des Allemands était encore renouvelée et vers quatre heures de l'après-midi l'ennemi reculait encore. Mais la journée du 23 devait marquer la victoire décisive des troupes garibaldiennes. Renforcées des mobiles de la Haute-Savoie, les 4e et 5e brigades de l'armée des Vosges résistèrent à l'ennemi qui venait de recevoir du renfort et attaquaient Dijon, non plus du côté de Talant, mais du côté de Fontaine. Le château de Pouilly, qui fut, dans cette bataille, pris et repris trois fois, marque le point central de la lutte. Ce fut là qu'un officier garibaldien, arrosé de pétrole, fut brûlé vif par les Poméraniens. Les Allemands perdirent là un drapeau, celui du 61e régiment (8e Poméranien) qu'on retrouva sous un tas de cadavres, la hampe brisée par un éclat d'obus, à côté du sixième porte-enseigne tué pendant la journée. Qu'est devenu ce drapeau envoyé comme un trophée glorieux, à Bordeaux, seule et pauvre capture de ce genre que nous ayons faite durant la campagne?

Les Allemands, battus le 23 janvier, ont durement ressenti la perte de ce drapeau du 61e. Cet épisode témoigne mieux que toutes les explications

le vit tomber), cette mort glorieuse donne de l'intérêt à la proclamation suivante qu'il adressait à ses soldats, en arrivant à l'armée des Vosges:

« Citoyens, officiers et soldats de la 1re brigade, le général Garibaldi, commandant en chef de l'armée des Vosges, dans son ordre du jour du 19 octobre, m'a nommé votre commandant.

« Citoyens, à cette heure si honorable pour moi, une des plus solennelles de ma carrière de soldat de la liberté et de la démocratie, je désire vous adresser quelques paroles. On dit que vous n'avez pas d'officiers supérieurs pour vous commander. Il n'en est rien: vous avez parmi vous et dans vos rangs ce qui vous manque, c'est-à-dire la possibilité et l'occasion d'en produire.

« Vous avez maintenant la possibilité et l'occasion, car le gouvernement n'a-t-il pas placé à votre tête Garibaldi, le général en chef de la plus illustre démocratie européenne, l'homme de vertu et de courage invincible? De son côté le général Garibaldi, ayant reçu les pleins pouvoirs de la République, a appelé, sans aucune distinction de nationalité, les hommes de la démocratie militante qui ont fait preuve de courage; je suis du nombre. D'autres vous diraient: Ai-je quelque droit à votre confiance?

« Moi, je vous dirai seulement que, colonel de l'armée régulière, j'ai été général en chef des trois palatinats dans la dernière insurrection de Pologne en 1863 et 1864; j'ai été nommé aujourd'hui commandant de la 1re brigade de l'armée des Vosges. Citoyens, officiers et soldats! je ne doute pas que nous tous de la 1re brigade, nous ne sachions nous rendre dignes de notre général en chef, et je puis dès lors crier: Vivent la 1re brigade, l'armée des Vosges et la République!

« *Signé*: Général BOSAK-HAUKÉ. »

A l'endroit même où Bosak tomba, on a élevé une pyramide mortuaire qui consacre le souvenir de ce soldat. Les armes des Hauké sont gravées au sommet de la pyramide; plus bas on lit:

BOSAK-HAUKÉ
NÉ LE 19 MARS 1834
MORT LE 21 JANVIER 1871
*Noble enfant de la Pologne,
Il fut, en 1863, un de ses
plus braves défenseurs,
et en 1871 vint verser
son sang pour la France.*

L'AMIRAL LA RONCIÈRE LE NOURY.

du résultat obtenu par Garibaldi dans cette sanglante journée. « L'armée prussienne, dit Bordone, « abandonna le terrain couvert de ses blessés et de « ses morts en telle quantité, que, six jours après, et « malgré toute l'activité que déployèrent en cette « circonstance le maire et les conseillers municipaux de Dijon, les corvées d'ensevelisseurs n'avait pas terminé leur triste besogne. » L'honneur de la journée revenait à Ricciotti Garibaldi.

Depuis ce jour, les Allemands ont voulu faire croire que leur attaque sur Dijon n'était qu'une feinte destinée à donner le change à Garibaldi, à l'empêcher de s'opposer à la marche des troupes que Manteuffel envoyait à Werder. Les troupes de Kettler, défaites devant Dijon, n'auraient donc rempli que l'office de *rideau*, comme on dit en terme militaire. Mais, en dépit des assertions allemandes, on peut affirmer que des troupes ne se laissent point écraser durant trois jours de suite pour masquer une manœuvre et on peut répondre que le meilleur moyen d'inutiliser Garibaldi, c'eût été de le vaincre. Or, les Prussiens ne l'ont pas fait.

Pour résumer les opérations de cette armée des Vosges, tant calomniée, rappelons enfin que, formée du 13 octobre au commencement de novembre, dès le 11 de ce dernier mois, elle repoussait l'ennemi devant Autun, et que, par ses opérations devant cette ville, en décembre, elle sauvait les établissements du Creuzot, menacés par l'ennemi. N'eût-elle rendu que ce service à notre cause, elle aurait bien mérité de notre reconnaissance. Garibaldi, dans une lettre à son ami Fabrizzi, a déclaré que cette armée de *novices* mal équipés et « plus mal disposés à combattre », avait cependant bien rempli son rôle; et la Bourgogne, cette *Côte d'or* que Garibaldi appelait la *Côte de fer*, a été de cet avis, lorsqu'elle nommait le général italien le premier sur la liste de ses représentants à l'Assemblée nationale. Le suffrage des électeurs bourguignons répond victorieusement aux calomnies.

Quant à l'affaire des garibaldiens qui mirent en désordre l'évêché d'Autun, M. Bordone nous dit dans son livre qu'ils furent punis sévèrement, et M. Bordone lui-même explique l'affaire de l'arrestation de M. Pinard, l'ex-ministre de l'empire, qui distribuait des numéros du journal antifrançais *le Drapeau*, rédigé à Bruxelles par M. Granier de Cassagnac. M. Bordone, arrêté depuis pour ces faits, fut mis bientôt en liberté.

Quant à Garibaldi il avait cru la victoire possible et, insufflant cette foi à ses hommes, il la rendit possible en effet : « Je termine, disait-il dans une instruction à ses francs-tireurs, en rappelant que la défense de Montevideo contre dix-huit mille hommes de troupes aguerries a duré neuf ans ; cette ville n'avait alors que 30,000 habitants parmi lesquels il y avait des commerçants anglais, français ou italiens, qui tous prirent part à la défense et eurent le bonheur de voir enfin le triomphe de leur patrie adoptive. Mais Montevideo vendit ses palais, ses temples, ses droits de douane présents et à venir, déterra les vieux canons qui servaient de bornes dans les rues, forgea des lances pour suppléer aux fusils absents, tandis que les femmes donnaient à la patrie leur dernier bijou. Un village de France a plus de ressources que n'en avait alors Montevideo ; pouvons-nous douter du succès de la défense nationale? » — Telle fut, si Garibaldi se trompa, l'erreur généreuse qu'il commit. Il crut à la France, à la renaissance du patriotisme français, au désespoir viril de la nation envahie. Il ne compta ni sur les défections, ni sur les trahisons, ni sur la lâcheté des paysans, ni sur l'égoïsme prudent de la masse habituée à jouir. Il se jeta, à corps perdu dans la mêlée, et, malgré sa vieillesse, malgré ses blessures, à cheval sur sa selle mexicaine ou traîné en voiture sous les balles, il combattit l'ennemi des idées qu'il aime, le moyen âge représenté par la Prusse féodale, militaire et conquérante.

L'œuvre de Garibaldi n'était pas d'ailleurs terminée avec la victoire de Dijon et lorsque la défaite aura rejeté en Suisse notre malheureuse armée de l'Est, nous allons le voir opérer afin d'attirer de nouveau sur lui les efforts d'un ennemi acharné à la poursuite des troupes du général Clinchant.

L'histoire de cette retraite de notre armée de l'Est en Suisse formera le dernier et le plus triste épisode de cette douloureuse campagne.

DOCUMENTS COMPLÉMENTAIRES DU CHAPITRE XVII

N° 1.

CAMPAGNE DE L'EST. — DÉPÊCHES DU GÉNÉRAL BOURBAKI (VILLERSEXEL ET HÉRICOURT).

Bourbaki à guerre.

Rougemont, 9 janvier, 7 h. 40 m., soir.

La bataille finit à sept heures. La nuit seule nous empêche d'estimer l'importance de notre victoire. Le général en chef couche au centre du champ de bataille, et toutes les positions assignées à l'armée pour ce soir, par l'ordre général de marche d'hier, sont occupées par elle. Villersexel, clef de la position, a été enlevé aux cris de : Vive la France ! vive la République ! A demain les résultats.

Général Bourbaki à guerre.

10 janvier, soir.

La nuit dernière a été passée à expulser l'ennemi de celles des maisons de Villersexel dont il nous disputait encore la possession. Ce matin, les derniers ennemis évacuaient cette ville ou se constituaient prisonniers. Tous ceux qui m'ont été amenés, jusqu'à présent, sont de nationalité prussienne.

Je ne suis pas encore en mesure de vous donner des détails circonstanciés sur l'enlèvement des positions que j'avais prescrit d'occuper. Je m'acquitterai de ce soin le plus promptement possible.

Général Bourbaki à guerre.

Ornans, 13 janvier, 3 h., soir.

Les villages d'Arcey et de Sainte-Marie viennent d'être enlevés avec beaucoup d'entrain sans que nous ayons éprouvé de pertes trop considérables, eu égard aux résultats obtenus. Je gagne encore du terrain. Je suis très content de mes commandants de corps d'armée et de mes troupes.

En manœuvrant, j'ai fait évacuer Dijon, Gray et Vesoul, dont il a été pris possession dès hier par nos éclaireurs. Enfin, les journées de Villersexel et d'Arcey font grandement honneur à la première armée, qui n'a cessé d'opérer depuis six semaines par un temps des plus rudes, en marchant constamment, malgré le froid, la neige et le verglas.

Général Bourbaki à guerre.

Aibre, 16 janvier, 10 h., soir.

L'armée a combattu encore toute la journée. Nous nous sommes maintenus dans nos positions, et n'avons pu avancer que d'un seul côté, par l'occupation de Chênebier. Nous avons une brigade dans Montbéliard; mais le château tient encore. Un instant nous avons été maîtres de quelques maisons d'Héricourt; il n'a pas été possible de les conserver. Les forces de l'ennemi sont considérables et son artillerie formidable. De plus, le terrain, par sa configuration et les obstacles de toute nature qu'il présente, facilite beaucoup la résistance qui nous est opposée.

Général Bourbaki à guerre.

18 janvier.

J'ai fait exécuter une attaque générale de l'armée ennemie depuis Montbéliard jusqu'au mont Vaudois, en cherchant à faire franchir la Lisaine à Bétaucourt, Busseret, Héricourt, et à s'emparer de Saint-Valbère. J'ai essayé de faire opérer par mon aile gauche un mouvement tournant destiné à faciliter l'opération.

Les troupes qui en étaient chargées ont été elles-mêmes menacées et attaquées sur leurs flancs. Elles n'ont pu se maintenir sur leurs positions. Nous avons eu devant nous un ennemi nombreux pourvu d'une puissante artillerie : des renforts lui ont été envoyés de tous côtés.

Il a pu, grâce à ces conditions favorables comme à la valeur de la position qu'il occupait, aux obstacles existant à notre arrivée ou créées par lui depuis, résister à tous nos efforts; mais il a subi des pertes sérieuses. N'étant pas parvenu à réussir le 15 janvier, j'ai fait recommencer la lutte le 16 et le 17, c'est-à-dire pendant trois jours.

Malheureusement, le renouvellement de nos tentatives n'a pas produit d'autre résultat malgré la vigueur avec laquelle elles ont été conduites. L'ennemi toutefois a jugé prudent de se tenir sur une défensive constante. Le temps est aussi mauvais que possible. Nos convois nous suivent difficilement. En dehors des pertes causées par le feu de l'ennemi, le froid, la neige et le bivac dans ces conditions exceptionnelles ont causé de grandes souffrances.

Je reviendrai demain dans les positions que nous occupions avant la bataille, pour me ravitailler plus facilement en vivres et munitions.

N° 2.

ORDRE DU JOUR DE GARIBALDI (1)

(*Après la victoire de Dijon*).

La Pologne, la terre de l'héroïsme et du martyre, vient de perdre un de ses plus braves enfants, le général Bosak.

Ce chef de notre première brigade de l'armée des Vosges a voulu par lui-même s'assurer de l'approche de l'ennemi vers le Val-de-Suzon, dans la journée du 21 janvier, et, lancé avec une douzaine de ses officiers et miliciens de ce côté, il a voulu, bravoure inouïe, arrêter une armée avec une poignée de braves.

Ce Léonidas des temps modernes, si bon, si aimé de tous, manquera, à l'avenir, à la démocratie mondiale dont il était un des plus ardents champions, et il manquera surtout à sa noble patrie !

Que la République adopte la veuve et les enfants de ce héros.

Il y a longtemps que le bruit des crimes horribles commis par les Prussiens m'importunait et je croyais toujours, en le désirant, qu'il y avait de l'exagération dans ces bruits.

Dans les trois combats de ces derniers jours, où la victoire a souri à nos armes, la réalité des misérables méfaits de nos ennemis s'est montrée dans toute sa brutale et féroce évidence.

Quelques-uns de nos blessés tombés dans leurs mains pendant la lutte, ont eu leur crâne broyé à coups de crosse de fusil.

Nos chirurgiens, restés selon leur habitude sur le champ de bataille pour soigner nos blessés et ceux de l'ennemi, ont été assassinés d'une façon horrible. Miliciens, hommes des ambulances et chirurgiens ont servi de cible à ces barbares et féroces soldats.

Un capitaine de nos francs-tireurs, trouvé blessé dans le château de Pouilly, a été lié aux pieds et aux mains et brûlé vif.

Le cadavre de ce martyr a été trouvé presque entièrement dévoré par les flammes, excepté à l'endroit des ligatures.

Eh bien ! noirs instruments de toutes les tyrannies, votre règne arrive, le règne des bûchers ; votre période chérie, le moyen âge reparaît ; et votre héros de Sedan tombé, le sourire de Satan aux lèvres, vous tournez vos yeux de vipère vers le nouvel empereur souillé de sang et de carnage.

L'indignation des preux miliciens de la République est au comble ; je ferai mon possible pour les empêcher d'user de représailles, mais j'espère que l'Europe et le monde entier sauront distinguer et apprécier la conduite loyale et généreuse des enfants de la République, et flétrir les féroces procédés des soldats d'un despote.

Signé : G. GARIBALDI

(1) *Garibaldi et l'armée des Vosges*, par le général Bordone.

CHAPITRE XVIII

LA CAPITULATION DE PARIS

Paris après Buzenval. — État des esprits. Fermentation populaire. — Le général Vinoy remplace le général Trochu dans le commandement en chef de l'armée de Paris. — Coup de main sur Mazas. Flourens et les autres détenus politiques sont délivrés. — Exaltation croissante des esprits. — Journée du 22 janvier. — L'Hôtel de ville. — Les manifestations. — La fusillade. — Proclamation du gouvernement. — Bombardement de Saint-Denis et des forts du nord. — Les officiers supérieurs, consultés par le gouvernement et les maires, se prononcent à une grande majorité pour la cessation de la lutte. — Premiers bruits de capitulation. — Les négociations sont engagées. — Le bombardement cesse. — Note du gouvernement annonçant les négociations. — M. Jules Favre à Versailles. — Proclamation du gouvernement. — es bases de la convention d'armistice. — Documents complémentaires.

Le triste résultat de l'affaire du 19 janvier montra enfin à Paris la dure vérité dans toute sa profondeur. C'en était fait, la dernière heure du siége avait sonné. Les vivres épuisés ne pouvaient plus fournir de ressources ; la suprême sortie, misérablement conçue par les chefs, avait échoué malgré le courage des gardes nationaux et des soldats. Toutes les fautes, toutes les incuries, toutes les faiblesses de la défense de Paris apparaissaient à la lueur de la dernière canonnade et se résumaient dans un nom désormais funèbre : *Buzenval*. Tout accablait à la fois les assiégés, l'écroulement de leurs espérances au dedans, la cruauté des nouvelles venues du dehors. En même temps que le *Journal officiel* publiait la dépêche alarmante du général Trochu réclamant des brancardiers, il donnait, comme avec dessein, la longue et désespérante suite des dépêches du général Chanzy relatives à la déroute du Mans, et bientôt Paris allait apprendre que le général Bourbaki n'avait pas été plus heureux que Chanzy.

La douleur de la ville assiégée fut profonde. On n'eût jamais cru possible un pareil réveil. Quoi ! c'était pour en venir là qu'on avait supporté tant de douleurs, qu'on s'était disputé des morceaux de pain noir et cailloûteux, qu'on avait, bûche à bûche, arraché du chantier un peu de bois pour se réchauffer avec peine, qu'on avait anxieusement attendu les nouvelles que portaient à travers les lignes de pauvres diables décidés à tout braver ; c'était pour cela que deux millions d'êtres humains s'étaient voués, corps et âme, à la même idée patriotique, résister ; c'était pour se trouver face à face avec un tel lendemain que le gouvernement promettait encore, la veille, la victoire à ce peuple ivre du besoin de combattre ? Qu'on s'imagine le déchirement de tous les cœurs lorsque chacun d'eux sentit que le dénoûment approchait, le plus sombre de tous, la chute de Paris entraînant à coup sûr la chute de la France. Paris souffrait tant qu'il se laissait aller à ne plus même écouter le bruit des obus qui tombaient sur ses murailles.

Mais bientôt, à cette sorte de résignation fatidique la colère fit bientôt place, et on sentit passer dans l'air cette électricité qui annonce les orages populaires. Le mot de Commune, qui signifiait pour la masse revanche et direction meilleure, revenait maintenant sur les lèvres, dans les clubs. L'*Alliance républicaine* adressait alors *au peuple de Paris* une proclamation où, invoquant le péril public, elle demandait qu'une assemblée souveraine de deux cents représentants fût élue par le peuple et sur l'heure. Voici cette pièce peu connue :

« Les revers continus de l'armée de Paris, le défaut de mesures décisives, l'action mal dirigée succédant à l'inertie, un rationnement insuffisant, tout semble calculé pour lasser la patience.

« Et cependant le peuple veut combattre et vaincre.

« S'y opposer serait provoquer la guerre civile que les républicains entendent éviter.

« En face de l'ennemi, devant le danger de la patrie, Paris assiégé, isolé, devient l'unique arbitre de son sort.

« A Paris de choisir les citoyens qui dirigeront à la fois son administration et sa défense.

« A Paris de les élire, non par voie plébiscitaire ou tumultuaire, mais par scrutin régulier.

« L'*Alliance républicaine* s'adresse à l'ensemble des citoyens ;

Le Siège de Paris. — Nuit du 21 janvier. — Gustave Flourens sort de la prison de Mazas.

« Invoque le péril public ;

« Demande que dans les quarante-huit heures les électeurs de Paris soient convoqués afin de nommer une assemblée souveraine de deux cents représentants élus proportionnellement à la population ;

« Demande encore que le citoyen Dorian constitue la commission chargée de faire les élections.

« *Vive la République une et indivisible!* »

L'*Union républicaine* adressait, en même temps, un appel à peu près semblable.

Il était évident que l'opinion publique, unanime cette fois, se prononçait contre la direction militaire donnée au siège.

Le 21 janvier, le gouvernement de la défense décidait que le commandement en chef de l'armée de Paris serait désormais séparé de la présidence du gouvernement. Le titre et les fonctions de gouverneur de Paris, que portait le général Trochu, étaient supprimés, et le général de division Vinoy était nommé commandant en chef. Le général Trochu n'en conservait pas moins la présidence du gouvernement, mais n'étant plus gouverneur de la ville, il tenait de la sorte cette solennelle promesse officiellement affichée quelques jours auparavant sur les murs de la cité : *Le gouverneur de Paris ne capitulera pas.* Est-il besoin de faire ressortir l'ironie de ce serment que le général éludait avec une adresse qui fait tristement sourire? Pour ne point capituler, le gouverneur cédait la place à un autre et il demeurait fidèle à sa parole en mettant en pratique ce que les théologiens d'une certaine école appellent la *restriction mentale*. Quelle que fût la somme d'illusion que les plus crédules eussent jusqu'à la fin conservée, ce dénoûment fit sur la population tout entière le plus déplorable effet.

Il devait produire un effet pareil sur l'étranger, et l'histoire enregistre comme une des paroles les plus tristement démenties cette affirmation : *Le gouverneur de Paris ne capitulera pas.*

Depuis, aux grands éclats de rire de la majorité, le général Trochu a tenu à expliquer sa conduite devant l'Assemblée nationale, et il s'est donné dans son discours comme une victime expiatoire.

« La population, la presse, la garde nationale, le gouvernement se prononcèrent contre moi d'une manière définitive. Je reçus des députations des gardes nationaux qui me proposèrent de faire sortir des masses, même non armées, afin de livrer une bataille *torrentielle*. (Agitation mêlée de rires.) Et cette adresse de gardes nationaux était faite dans de bons sentiments (Hilarité.) ; le gouvernement, à des degrés divers, y était tout entier rallié. J'étais pressé par tous de livrer la bataille définitive.

« Je déclarai qu'il y avait là un crime militaire à commettre, et je ne voulus pas le commettre.

« Alors arriva que de toute part on cria contre le général en chef, et l'on chercha un général en chef qui voulût bien livrer la grande bataille définitive. On chercha un homme hardi pour cette grande espérance. On ne trouva même pas un chef de bataillon.. Mais l'autorité du général en chef était perdue.

« Les maires de Paris, et M. Vacherot avait, je crois, la parole, les maires de Paris me dirent et je reconnus avec eux que ma situation n'était plus possible.

« Je répondis que je ne donnerais jamais ma démission. Mais j'ajoutai, en m'adressant au gouvernement : Vous êtes le gouvernement, vous avez le droit de me destituer. On me destitua. On n'a pas manqué de dire que c'était chose arrangée. J'avais dit auparavant que le gouverneur de Paris ne capitulerait pas, et l'on m'a reproché cette parole. Le gouvernement savait bien que je répondais aux hommes des émeutes, auxquels il ne fallait donner aucun prétexte d'agitation.

« On me destitua, et peut-être après cinq mois de martyre, je méritais de mieux finir. Quand je disais que le gouverneur de Paris ne capitulerait pas, je voulais dire assurément que je ne capitulerais devant aucun effort de l'ennemi, mais je ne voulais pas dire que je ne capitulerais pas devant la famine d'une ville de deux millions d'hommes. (Très-bien ! très-bien !) »

Le général de Bellemare, à qui, le 31 octobre, le gouvernement avait fait offrir le commandement en chef de Paris, et qui, d'après la brochure que le ministère de la guerre lui a interdit de publier et sur laquelle nous avons pu jeter les yeux, eût accompli dès le commencement de novembre le mouvement excellent qu'on essaya trop tard et trop mollement, le 21 décembre, sur le Bourget, le général de Bellemare fut pressé par Trochu, au lendemain de Buzenval, d'accepter le commandement militaire de Paris. Devant la déclaration du gouvernement, qui avouait que sous peu de jours Paris allait mourir de faim, M. de Bellemare refusa. Il n'eût voulu, dit-il, commander que pour continuer la lutte. Le général Vinoy accepta, quoiqu'il sût bien que tout était fini.

Ce choix, on peut le dire, était malheureux pour la circonstance. Le général Vinoy, malgré sa brillante retraite de Mézières sur Paris, au lendemain du désastre de Sedan, n'avait rien de ce qui pouvait exercer une influence morale sur le peuple de Paris avec lequel il fallait avoir à compter. Bien au contraire, la population n'oubliait point qu'il avait été sénateur de l'empire. Cela suffisait pour lui enlever tout crédit.

Le général de division Vinoy avait débuté comme simple soldat. Il s'était fait surtout remarquer en Crimée où il commandait la 2ᵉ brigade de la division de Mac-Mahon au moment de l'assaut de Sébastopol. C'est à lui que Mac-Mahon, dans la prévision que l'ouvrage de Malakoff était miné, dit ces simples paroles : « Il est possible que votre brigade saute, mais dans ce cas la brigade Decaen vous remplacera et Malakoff nous restera. »

A Solferino, M. Vinoy commandait une division. Alors qu'il n'était que capitaine adjudant-major au 1ᵉʳ régiment de la légion étrangère, M. Vinoy s'était distingué pendant les campagnes d'Algérie, en 1842 notamment, contre les Kabyles; en 1843 contre les Flittas ; mais ses exploits africains et ses services d'hier, étaient effacés dans l'esprit surexcité de la population par les opinions bonapartistes qu'on lui connaissait. Le choix de M. Vinoy était donc maladroit. L'ordre du jour que le général adressa à l'armée de Paris, en en prenant le commandement, ne pouvait calmer beaucoup les passions; il était à la fois désespéré ou plutôt désespérant, lorsqu'il parlait du *moment critique* et menaçant, lorsqu'il répétait, par deux fois, qu'il était *soldat*.

« Le gouvernement de la défense nationale, disait-il, vient de me placer à votre tête ; il fait appel à votre patriotisme et à mon dévouement ; je n'ai pas le droit de m'y soustraire. C'est une charge bien lourde : je n'en veux accepter que le péril, et il ne faut pas se faire d'illusions.

« Après un siège de plus de quatre mois, glorieusement soutenu par l'armée et par la garde nationale, virilement supporté par la population de Paris, nous voici arrivés au moment critique.

« Refuser le dangereux honneur du commandement dans une semblable circonstance serait ne pas répondre à la confiance qu'on a mise en moi. Je suis soldat et ne sais pas compter avec les dangers que peut entraîner cette grande responsabilité.

« A l'intérieur, le parti du désordre s'agite, et cependant le canon gronde. Je veux être soldat jusqu'au bout, j'accepte ce danger bien convaincu que le concours des bons citoyens, celui de l'armée et de la garde nationale, ne me feront pas défaut pour le maintien de l'ordre et le salut commun.

« GÉNÉRAL VINOY. »

Tandis que le gouvernement délibérait et prenait la décision d'appeler au commandement de Paris l'ancien sénateur de l'empire, la prison de Mazas, où se trouvaient réunis plusieurs détenus politiques, entre autres Gustave Flourens, était forcée par une petite colonne de gardes nationaux qui avaient formé ce dessein, le matin même du 21, à l'enterrement de Rochebrune. Cette colonne se composait de cent trente hommes, qui, après avoir réquitionné des tambours, s'avancèrent, le drapeau rouge en tête, vers la prison. Le poste de gardes nationaux qui faisaient le service de Mazas était occupé par une trentaine d'hommes. Quatre gardes entrèrent dans le poste et le surprirent; la colonne avança, ses tambours battant la charge. Des délégués montèrent déclarer au directeur de la prison qu'il était inutile pour lui de résister et qu'il devait rendre de suite le citoyen Flourens, illégalement détenu. « Le directeur ayant voulu refuser, on le menaça de mort, nous apprend Flourens lui-même dans son *Paris livré* (p. 204), et on l'obligea à céder à la force. » Ceci se passait le samedi, 21 janvier, vers minuit. Flourens, averti par ses amis, attendait dans sa cellule, tout prêt à partir. Une fois maître de la prison, Flourens fit ouvrir les cellules des autres détenus politiques, Léo Meillet, Henri Bauer, le docteur Pillot, Demay, etc., sortit de Mazas, sauta en selle et, à la tête de sa petite troupe, monta à Belleville où il reprit, au nom de la Commune, possession de la mairie du vingtième arrondissement, dont il avait été nommé maire-adjoint.

« Il envoie alors, raconte-t-il encore, au nom du peuple, ordre aux chefs de bataillon de l'arrondissement de prendre position sur le boulevard de Puebla. Il voulait, dès qu'il aurait eu ces bataillons à sa disposition, s'emparer avec l'un de l'état-major de la garde nationale; avec les autres de l'Hôtel de ville et de la Préfecture de police. Il était temps encore de tout sauver, ajoute-t-il, réorganiser l'armée révolutionnairement en trois jours, puis marcher aux Prussiens et vaincre, cela était possible.» Nous verrons, plus tard, au moment où Flourens lui-même marchera sur Versailles, que le résultat était difficile à obtenir; mais, l'esprit bouillant d'un patriotisme ulcéré, le jeune et ardent chef de légion ne voyait devant lui à cette heure aucun obstacle. Il avait trop de cette foi dont les autres n'avaient pas assez.

Un télégramme du commandant du 2ᵉ secteur devait affirmer, le lendemain, que, durant cette nuit de l'occupation de la mairie du vingtième arrondissement par les gardes nationaux de Flourens, il aurait été pris sur les provisions de la mairie *deux mille rations de pain* (1). Flourens s'en défend

(1) Voici ce télégramme du commandant du 2ᵉ secteur :
Paris, le 22 janvier 1871, 11 h. 48 du matin.
Général Callier, commandant 2ᵉ secteur,
à maire de Paris.
Le passage de Flourens à la mairie du vingtième arrondissement a coûté environ 2,000 rations de pain supprimées ou emportées.
La commission municipale est dans le plus grand embarras; elle compte sur vous pour obtenir le remplacement de ces 2,000 rations, soit par l'Hôtel de ville, soit par une intendance quelconque.
C'est un besoin d'ordre public et des plus urgents !
Pour copie conforme :
Le ministre de l'intérieur par intérim,
JULES FAVRE.

absolument, et raconte qu'avec vingt francs pris dans sa bourse, il avait fait acheter du pain à ses hommes et distribuer, contre réquisition signée de lui, un morceau de pain et un verre de vin. « Ils étaient cent hommes, dit-il, et rien de plus ne fut pris à la mairie. »

De tous les chefs de bataillon qu'avait mandés Gustave Flourens, un seul se rendit à l'appel, et encore sans son bataillon, déclarant que toute tentative d'action serait stérile (1). Flourens, abandonnant ses projets de lutte, licencia sa petite troupe, et, selon sa propre expression, rentra en maison sûre. Le commandant du 2ᵉ secteur fit reprendre possession de la mairie du vingtième arrondissement. Cependant, rendez-vous avait été donné par les clubs, pour le lendemain, midi, sur la place de l'Hôtel-de-Ville. Les gardes nationaux étaient invités à se rendre en armes, suivis de leurs femmes, qui protesteraient « contre le rationnement du pain et les autres mesures destinées à affamer le peuple ». On s'était séparé dans les réunions aux cris de : *Vive la Commune!*

Le lendemain, une proclamation du commandant en chef de la garde nationale où le général Clément Thomas déclarait *qu'il était temps de réprimer certaines tentatives*, allait être affichée, lorsque, contre-ordre vint de l'Élysée, où l'état-major de la garde nationale était installé, et Clément Thomas substitua à cette première proclamation celle-ci, qui ne fut affichée que le 22 janvier, vers midi :

A LA GARDE NATIONALE.

« Cette nuit, une poignée d'agitateurs a forcé la prison de Mazas et délivré plusieurs prévenus, parmi lesquels M. Flourens.

« Ces mêmes hommes ont tenté d'occuper la mairie du vingtième arrondissement et d'y installer l'insurrection.

« Votre commandant en chef compte sur votre patriotisme pour réprimer cette coupable sédition.

« Il y a du salut de la cité.

« Tandis que l'ennemi la bombarde, les factieux s'unissent à lui pour anéantir la défense.

« Au nom du salut commun, au nom des lois, au nom du devoir sacré qui nous ordonne de nous unir tous pour défendre Paris, soyons prêts à en finir avec cette criminelle entreprise !

« Qu'au premier rappel, la garde nationale se lève tout entière, et les perturbateurs seront frappés d'impuissance.

« *Le commandant supérieur des gardes nationales,*

« CLÉMENT THOMAS. »

Paris, ce 22 janvier 1871.

(1) G. Flourens, *Paris livré.*

A l'heure où cette proclamation était affichée, le conflit, annoncé par les clubs, allait douloureusement éclater. A trois heures du matin, dans la nuit du 21 au 22 janvier, le commandant supérieur de Paris avait télégraphié aux commandants des secteurs : « Tout annonce pour demain, dès le matin, « une journée grave. Ayez vos hommes prêts de « bonne heure, le plus tôt possible, et tenez-les à « notre disposition. » A sept heures, le général Vinoy télégraphiait au général Blanchard de donner immédiatement l'ordre aux trois bataillons de mobiles du Finistère de rentrer dans Paris : un bataillon s'arrêterait avenue d'Italie, à hauteur du secteur, les deux autres iraient s'établir dans les bâtiments neufs de l'Hôtel-Dieu. Pendant ce temps, le général d'Exéa surveillerait Belleville et les troupes du général Courty, venues de Puteaux aux Champs-Élysées, attendraient les événements et les ordres. Ainsi, tandis que Paris fermentait et que les gardes nationaux chargeaient leurs fusils, la troupe, à son tour, prenait position dans Paris et s'apprêtait à combattre dans les rues. Triste spectacle ! Journée de deuil inoubliable et qui fait monter la rougeur au front du patriote. Quoi ! la guerre civile avant la fin de la guerre étrangère, la fusillade entre Français sous le bombardement prussien ! Quelle honte ! Un cœur épris de la patrie ne peut assez haïr ceux qui ont souillé de sang le souvenir de ce siége de Paris, superbe malgré les défaillances des chefs.

Mais ceux-là ; qui sont-ils ? — Ici, nous écrivons l'histoire. Témoin de la plupart des faits que nous contons et en particulier de la fatale journée du 22 janvier, nous déposons, pour ainsi dire, devant l'avenir et devant le présent aussi, comme un témoin devant un tribunal. Républicain ami de la liberté humaine et de l'égalité sociale, nous n'hésiterons jamais à faire connaître le vrai, car c'est en combattant l'erreur qu'on affranchit une nation. Répudiant la violence partout où nous la rencontrons, pleurant le sang versé, mais jugeant froidement les hommes, notre rôle est de parler et d'écrire selon notre conscience. Nous dirons donc toutes choses, toujours et en toute franchise. Nous n'avons aucun respect, nous l'avouons, pour cette idole avilissante qui s'appelle le mensonge. Être sincère et véridique, voilà la vertu de l'historien. Ne lui demandez aucune flatterie pour aucun pouvoir, n'exigez de lui, encore une fois, que ce qui est le vrai. En cette journée du 22 janvier, celui qui écrit ces lignes a pu connaître cette vérité et la recueillir sur les lieux mêmes, recevant à la fois la fusillade qui partait de la place et celle qui lui répondait de l'Hôtel de ville. Il a donc, s'il peut dire, acquis là le droit de parler selon sa conviction, et son témoignage en aura, nous l'espérons, plus de poids. — Que bien des gens que nous aimons ne rencontrent pas l'écho absolu de leurs idées particulières dans ces pages, nous le regrettons sans pouvoir nous résigner à altérer notre pensée. Nous estimons trop la conscience et nous estimons trop aussi ceux qui nous lisent pour croire qu'il leur faut des flatteurs. Que ceux qui prétendent à ce que l'histoire caresse leurs passions ferment ce livre. L'auteur écrit, non pour quelques-uns, mais pour tous, pour la foule tant de fois trompée, pour la foule généreuse mais hésitante, aveugle, exploitée par ses meneurs, pour ce *herr omnes* dont parlait Luther, pour ce *tout le monde* que saluait Voltaire. A cette heure, où les masques et les ménagements sont superflus, il ne s'agit point de flatter le public, mais de l'éclairer.

Le récit qui va suivre de la sombre journée du 22 janvier est donc d'une exactitude absolue. Nous défions, non pas qu'on nous dise, mais qu'on nous prouve le contraire.

C'était un dimanche, un de ces dimanches spongieux, humides, de janvier, où la boue des pluies précédentes emplit encore les rues mal séchées; un temps couvert et orageux qui pouvait faire espérer que les nerfs parisiens, après s'être excités, se calmeraient. Le matin, la place de l'Hôtel-de-Ville n'offrait pas un aspect bien animé et ce ne fut guère que vers midi que quelques groupes vinrent stationner devant le palais municipal. Il y avait loin de l'animation que présentait au 31 octobre cette même place de Grève à l'aspect qu'elle prenait ce matin du 22 janvier. Ce n'était plus la même effervescence unanime, mais quelque chose de plus sombre et de plus résolu. Les rares gardes nationaux qu'on apercevait, le fusil sur l'épaule, étaient évidemment venus, cette fois, pour combattre. L'Hôtel de ville était occupé par ces mobiles bretons que l'opinion parisienne désignait comme les gardes du corps du général Trochu. Un instant, devant une manifestation de la foule, les baïonnettes des mobiles apparurent aux fenêtres de l'Hôtel qui demeurèrent fermées à partir de ce moment. Le colonel commandant l'Hôtel de ville avait fait retirer les mobiles: L'officier de paix Bressaud télégraphiait alors (1 heure 40 de l'après-midi) au chef de la police municipale : « La tentative faite par les gardes nationaux pour s'emparer de l'Hôtel de ville paraît, quant à présent, avoir échoué. » (Voyez ces dépêches dans les rares livraisons des *Papiers du gouvernement du 4 septembre* publiés par une commission d'enquête nommée par la Commune de Paris, avril 1871.) Vers une heure et demie, il ne restait, sur la place, qu'environ trois cents gardes nationaux armés. Un autre détachement, après avoir défilé devant le palais, allait se masser vers l'Hôtel de ville, du côté du quai. La rue de Rivoli voyait, de minute en minute, passer de petits groupes qui allaient se joindre à un ba-

La guerre en province. — Accueil fait en Suisse aux soldats de l'armée de Bourbaki.

taillon, qui, placé du côté de la rue de Rivoli, sur la place, attendait, l'arme au pied. A cette même heure, une dépêche du préfet de police au ministre de l'intérieur avertissait qu'on battait, disait-on, la générale aux Batignolles, avec l'adjoint B. Malon pour directeur du mouvement.

Il n'y avait guère, en dépit de tout, sur la place de l'Hôtel-de-Ville que des curieux, des passants, des femmes aussi, et, çà et là, quelque personnalité honorée du parti républicain, Martin Bernard, l'ami de Barbès, M. Edmond Adam, préfet de police démissionnaire après le 31 octobre, venus là pour voir si vraiment l'agitation était si vive et si dangereuse. A côté d'eux passait, tenant sa carabine par le canon et la portant sur l'épaule, M. Pilotell, en uniforme d'artilleur de la garde nationale, et M. Tony Révillon, en vareuse noire, entrait à l'Hôtel de ville à la tête d'une députation que recevait l'adjoint au maire de Paris, Gustave Chaudey. Le commandant de l'Hôtel de ville, M. Vabre, colonel de la garde nationale, et M. de Legge, commandant les mobiles du Finistère, parlementaient, placés derrière la grille de l'Hôtel, devant les portes fermées, avec des gardes nationaux qui demandaient énergiquement, violemment, à entrer.

Introduite auprès de Chaudey, la députation, composée de six délégués, que conduisait M. Révillon, demanda au représentant de la municipalité que le gouvernement, se rendant aux vœux de la population, exprimés par le manifeste de l'*Alliance républicaine*, se démît de ses fonctions et cédât enfin la place à la Commune. Il était bien tard et, sans nul doute, l'adjonction d'éléments énergiques et nouveaux au gouvernement, bonne au 31 octobre, était malheureusement inutile au 22 janvier, quand il ne restait plus à Paris que pour quelques jours de pain. Peu après, une nouvelle députation fut introduite.

— La défense a été mal conduite, s'écria un des délégués, lieutenant de la garde nationale, dont le nom n'est point connu, il ne nous faut plus des généraux semblables à ceux que nous avons vus à l'œuvre, il nous faut des Hoche et des Marceau !

— Où les trouverez-vous ? demanda Gustave Chaudey.

— Je suis là, répondit l'orateur, moi, si vous voulez !

Peu après, ce même jeune homme, pâle et l'air fiévreux, redescendait de l'Hôtel de ville, et grimpant à un des lampadaires de la place annonçait à la foule que la députation venait de réclamer énergiquement à Chaudey la démission du gouvernement de la défense. La foule, houleuse, mais non menaçante encore, acclamait alors l'orateur ; on agitait des chapeaux, des képis, on criait *bravo* à ce mot de démission. Deux officiers de la garde nationale arrivaient à cheval et parlaient aussi à la foule. La première députation avait disparu. On affirme que ses membres étaient allés rejoindre des coreligionnaires politiques, parmi lesquels on a cité Blanqui, attendant tout près de là l'issue du mouvement dans l'appartement d'une maison voisine, située rue de Rivoli, aux abords de la place, appartement loué tout exprès sous le prétexte d'offrir un punch à des gardes nationaux des bataillons de marche.

Jusqu'à ce moment, tout était parfaitement légal et rien n'eût fait supposer, pour un œil peu exercé, qu'il dût y avoir effusion de sang. Tout à l'heure, pendant que la députation était reçue à l'Hôtel de ville, un détachement de gardes nationaux venant de la rive gauche, armés et vêtus de capotes de couleurs diverses, quelques-uns en blouse, avait débouché sur la place, par le pont Notre-Dame et portant la crosse en l'air. En les apercevant, le bataillon rangé près de la rue de Rivoli se mit à applaudir en criant : « Vive la République ! » — « Mort aux traîtres ! » répondaient les nouveaux venus.

La place avait fini par se remplir d'une foule évidemment irritée contre l'indécision de Trochu et la mollesse des gouvernants, mais ne voulant point la guerre civile, lorsque tout à coup par la rue du Temple, arrive, baïonnettes au bout du fusil et tambours battant la charge, un bataillon ou plutôt deux ou trois cents hommes des compagnies de guerre du 101ᵉ bataillon de la garde nationale, et ce flot armé s'ouvre un passage comme un torrent. Les guidons rouges flottaient au-dessus de leurs baïonnettes comme des oriflammes. Ces hommes se rangèrent devant la grille de l'Hôtel de ville par un mouvement rapide, puis, tout à coup, sans hésitation, un coup de feu part de leurs rangs, tiré par un garde, le genou en terre (on affirme qu'il se nommait Pompon). Aussitôt, partant du groupe des gardes nationaux, les coups de fusil se succèdent.

Des officiers de mobiles se trouvaient, avons-nous dit, derrière la grille, les portes et les fenêtres de l'Hôtel étant fermées. L'un d'eux, l'adjudant-major Bernard, est grièvement blessé aux deux bras et à la tête.

Les fenêtres de l'Hôtel de ville s'ouvrent rapidement et la fusillade répond aux détonations qui partent de la place. La foule s'enfuit, éperdue. Dans la boue jaune et délayée par une petite pluie perçante qui tombait, comme une bruine, des gens s'affaissaient, — spectacle que je revois encore, — quelques-uns pour ne plus se relever. Et la fusillade continuait. Elle partait des encoignures des rues qui font face à la place, des angles du quai et de la rue de Rivoli ; elle partait surtout des fenêtres de deux maisons voisines du bâtiment de l'Assistance publique. Le feu des assaillants était dirigé contre les fenêtres du premier étage de l'Hôtel de ville, dont tous les carreaux furent brisés.

Cette fusillade détestable alternait, farouche, stupide, avec le bombardement de Paris par les Prussiens, en ce moment plus furieux et plus précipité. Dans les maisons des quais, la foule effarée se pressait en gémissant, des femmes, des enfants pleuraient, les uns maudissant Trochu, les autres Flourens. — Les mobiles, lancés sur les gardes nationaux déployés en tirailleurs, chargeaient sur la place et dans les rues voisines.

Au bout de quelques minutes, l'arrivée des gardes républicains mettait en fuite les gardes nationaux. Une vingtaine de ceux-ci avaient été faits prisonniers dans les maisons d'où la fusillade était partie. Ce triste combat n'avait pas duré plus de vingt minutes. Le capitaine du 101e fut arrêté. Il y avait cinq morts et dix-huit blessés.

Bientôt les quais se garnissaient de troupes, la place de l'Hôtel-de-Ville se hérissait de fer. On battait la générale dans les rues. Le général Clément Thomas, pâle comme un mort, accourait, au galop de son cheval, suivi de son état-major. On voyait, chose lugubre, les voitures d'ambulance, les chirurgiens aux brassards blancs croisés de rouge, relever des cadavres, ramasser des blessés, non plus devant l'ennemi, non plus sous le fusil prussien, mais dans Paris, au cœur même de la cité bombardée, en pleine guerre, sous le redoublement des coups de feu du canon Krupp.

Un des chefs du mouvement, Théodore Sapia, ancien commandant d'un bataillon dont les hommes l'avaient, de leur propre mouvement arrêté, lorsqu'il leur distribuait des cartouches pour marcher sur l'Hôtel de ville, Sapia, jugé pour ce fait par un conseil de guerre et acquitté, avait été tué net, dans cette lutte que Flourens appelle *un guet-apens*. Sapia avait été accusé, jadis, d'avoir sollicité sous l'empire un grade dans la garde mobile. Il avait un moment rédigé un journal qui s'appelait *la Résistance*. Parmi les autres morts, on citait un peintre, une femme, des enfants, le capitaine Thiébart, de la garde nationale, ainsi qu'un chirurgien qui logeait en face de l'Hôtel de ville et qui fut tué chez lui. Les renseignements du gouvernement ont depuis affirmé qu'on avait ramassé, au dedans et au dehors de l'Hôtel de ville de petites bombes fulminantes lancées par des assaillants. L'instruction et le procès commencé, et inachevé, pouvaient seuls nous faire connaître là-dessus la vérité stricte. On prétendit aussi, ce qui était inexact, que de l'Hôtel de ville était partie une décharge de mitrailleuse.

C'est sur Gustave Chaudey, qui ne commanda point le feu, que les vaincus ont fait retomber la responsabilité du sang versé, le 22 janvier. Nous avons, pour défendre la mémoire de Chaudey, le témoignage de M. Étienne Arago, présent à l'Hôtel de ville, mais sans caractère officiel, au moment de la lutte. La dépêche de M. Cambon à M. Jules Ferry que publia la Commune et où il est dit que l'avis de Chaudey est qu'on envoie des renforts pour balayer la place ne signifie pas que l'adjoint au maire ait ordonné de charger la foule. La fusillade, partie de l'Hôtel de ville, n'est point le fait de Chaudey. Elle répondit à l'attaque du détachement du 101e et du 207e et les mobiles ne firent feu qu'affolés et comme au hasard. Quelques-uns pleuraient et se voyaient perdus. Les estafettes de la gendarmerie, de planton dans la grande salle des huissiers, prirent alors les chassepots de quelques-uns de ces mobiles et tirèrent du haut des fenêtres. A ce moment, le secrétaire de M. Ferry, le jeune M. Robinet, fils de l'ancien maire du sixième arrondissement, se jetait dans les bras d'Étienne Arago et s'écriait, devant ces horribles détonations : « Quel malheur ! C'en est fait ! la République est perdue ! »

Tandis que ce drame se déroulait sur la place de l'Hôtel-de-Ville, un autre épisode de l'insurrection avait lieu, non loin de là, au parc d'artillerie de la garde nationale. Ces faits, peu connus, nous sont certifiés par M. Siebecker. Vers dix heures du matin, le lieutenant-colonel Juillet-Saint-Lager reçut, du commandant du poste du parc Notre-Dame, l'avis que les bataillons de Flourens descendaient sur l'Hôtel de ville. Il fit aussitôt sonner dans tous les quartiers, fit doubler le poste et se rendit immédiatement au parc d'artillerie, accompagné du capitaine adjudant-major Girard, des batteries sédentaires, et du capitaine adjudant-major Édouard Siebecker, des batteries de guerre, arrivé une heure auparavant, porteur de dépêches. Le parc était dans une grande agitation, la plupart des hommes étaient hostiles et les officiers n'étaient pas encore arrivés. Aussitôt que les premiers coups de feu se firent entendre, les assaillants et les curieux, refoulés vers le parc dont la porte heureusement était gardée par le lieutenant Plassant, crièrent à travers les grilles qu'on assassinait les patriotes. A cette nouvelle, les canonniers poussèrent les cris de : « Aux pièces ! aux pièces ! sur l'Hôtel de ville ! »

MM. Juillet-Saint-Lager, Girard et Siebecker s'avancèrent hardiment sur les mutinés, les sommèrent de se tenir derrière les canons et déclarèrent qu'on passerait sur leurs cadavres avant de sortir un seul canon du parc.

Il y avait là soixante pièces d'artillerie, dont la mise en batteries sur l'Hôtel de ville pouvait amener les plus grands désastres ; cinq pièces avaient déjà été chargées à mitraille. Ce fut un brouhaha effroyable ! Quelques hommes, plus audacieux que les autres, s'avancèrent menaçants vers M. Juillet, l'insultèrent; l'un d'eux allait le frapper, lorsque le colonel porta la main sur son revolver. Les autres allaient prêter main-forte à leur camarade; mais, s'apercevant que les capitaines adjudants-majors entouraient leur lieutenant-colonel le revolver au poing, ils reculèrent. Dès lors la partie était gagnée; plusieurs canonniers s'étaient déjà joints à ces trois officiers, d'autres officiers accouraient à leur tour au parc pour garder les pièces; une demi-batterie de guerre, relevée la veille du fort de Rosny entrait à son tour, et tous les vrais patriotes, officiers et canonniers, jurèrent solennellement que leurs canons ne serviraient que contre l'ennemi.

On frémit en songeant aux malheurs irréparables qui auraient pu arriver, si, triomphant de l'énergique résistance de ces trois hommes, les mutinés avaient apporté à l'insurrection le secours de soixante pièces de canon. Le soir même, le Comité central, qui existait déjà, prononçait sur la place du Parvis la condamnation à mort du lieutenant-colonel Juillet Saint-Lager et des capitaines Siebecker et Girard. La nuit se passa sans incident et tous les officiers de l'artillerie de la Seine, qui ne se trouvaient pas devant l'ennemi, tinrent à honneur de garder leurs pièces jusqu'au lendemain.

Le lendemain de cette triste journée de janvier, le gouvernement de la défense nationale adressait à la population de Paris la proclamation suivante :

« Citoyens,

« Un crime odieux vient d'être commis contre la patrie et contre la République.

« Il est l'œuvre d'un petit nombre d'hommes qui servent la cause de l'étranger.

« Pendant que l'ennemi nous bombarde, ils ont fait couler le sang de la garde nationale et de l'armée sur lesquelles ils ont tiré.

« Que ce sang retombe sur ceux qui le répandent pour satisfaire leurs criminelles passions.

« Le gouvernement a le mandat de maintenir l'ordre, l'une de nos principales forces en face de la Prusse.

« C'est la cité tout entière qui réclame la répression sévère de cet acte audacieux et la ferme exécution des lois.

« Le gouvernement ne faillira pas à son devoir. »

L'affaire du 22 janvier allait permettre au gouvernement de conduire le siège de Paris jusqu'à son lugubre dénoûment. L'effet produit sur la population par la fusillade de la place de l'Hôtel-de-Ville avait été déplorable. Mais ceux-là mêmes qui blâmaient la violence des assaillants n'eussent pas volontiers défendu un pouvoir dans lequel on n'avait plus confiance. Le gouvernement faisait tout à coup preuve d'une énergie tardive. Il portait de deux à quatre le nombre des conseils de guerre, et décrétait qu'ils pourraient statuer sur les attentats contre la paix publique. Disons à sa louange qu'il n'avait pas jusqu'alors cru se prémunir lui-même contre les tentatives armées contre les lois.

Ce n'était pas tout.

« Considérant que, à la suite d'excitations criminelles dont certains clubs avaient été le foyer, la guerre civile avait été engagée par quelques agitateurs désavoués par la population tout entière ;

« Qu'il importait, — ce sont les propres termes du décret, — d'en finir avec ces détestables manœuvres qui, dans les circonstances actuelles, étaient un danger pour la patrie, et qui, si elles se renouvelaient, entacheraient l'honneur, irréprochable jusqu'ici, de la défense de Paris, » le gouvernement décrétait la suppression et la fermeture des clubs. Il supprimait en outre, par un décret connexe, le journal de Delescluze, le Réveil, et celui de M. Pyat, le Combat, qui, disait-il, constituaient un danger public par leurs excitations à la guerre civile.

Cette œuvre faite, le gouvernement se crut sauvé. Il croyait se délivrer de ses adversaires, et ne voyait pas qu'il grandissait tout à coup leur influence et leur crédit. La rigueur sert, le plus souvent, non pas à ceux qui en font usage, mais à ceux qu'elle atteint. Au surplus, elle était intempestive (1).

Cependant l'heure approchait où ces tristesses mêmes allaient être dépassées par la catastrophe

(1) A la suite de ces décrets du gouvernement, M. Rochefort adressait, comme protestation, cette lettre au Rappel :

Mon cher Meurice,

Puisque les moutons de l'Hôtel de ville deviennent enragés au point que le Combat et le Réveil ont été atteints par leurs obus, je me permettrai, en ma qualité d'ancien membre du gouvernement, de demander comment il peut se faire que, ces deux journaux ne paraissant plus, l'Electeur libre paraisse encore.

Au mois d'octobre dernier, la feuille créée par M. Ernest Picard ayant publié un article intitulé ARMISTICE et contenant une fausse nouvelle de nature à troubler, non la paix, mais la guerre publique, l'Electeur libre étant en outre fortement soupçonné d'avoir lancé dans un but de spéculation ce « premier Paris » qui fit monter la rente de 60 centimes, fut solennellement supprimé par un vote gouvernemental de cinq voix contre quatre.

Aussitôt le vote acquis et la suppression prononcée, M. Ernest Picard se leva et déposa sur la table du conseil sa démission de membre du gouvernement et de ministre des finances.

Plusieurs des collègues de M. Picard insistèrent vivement auprès de lui en essayant de lui faire comprendre tout ce qu'avait d'étrange cette démission, donnée à propos de la suppression d'un journal auquel il se prétendait étranger. M. Picard reprit son portefeuille. Mais le vote fut absolument maintenu, ainsi qu'en font foi les procès-verbaux des séances de l'Hôtel de ville.

Le Journal officiel ne fit pas mention du décret, ce qui n'enlève du reste à ce vote aucun de ses effets, et l'Electeur libre continua à paraître. En revanche, le Combat et le Réveil, qui n'ont été ni moins ni plus supprimés que l'Electeur, ont disparu.

Il y a là une inégalité intolérable…..

HENRI ROCHEFORT.

26 janvier 1871.

Carte des positions occupées par les armées française et allemande dans l'ouest

A LA SIGNATURE DE L'ARMISTICE

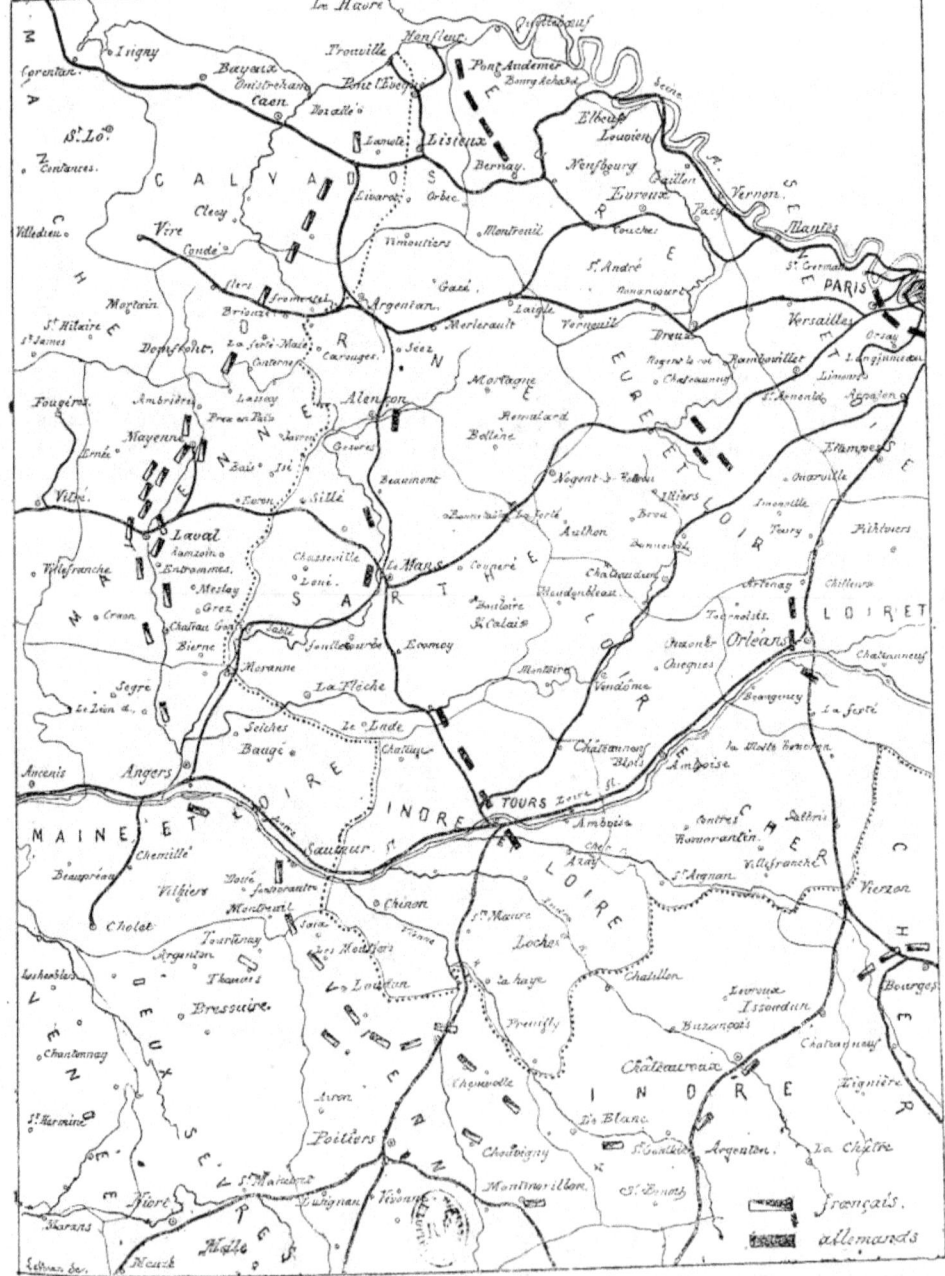

la plus écrasante de toute cette campagne, peut-être de toute notre histoire. Il semblait déjà que, hors des murs de Paris, la canonnade avait diminué. Il n'en était pourtant rien, et les Prussiens écrasaient en ce moment de leurs feux Saint-Denis, dont la population se réfugiait dans Paris, et avec Saint-Denis ses forts, brisaient les vitraux de la basilique, et, du haut des positions d'Orgemont et de la Butte-Pinson, foudroyaient nos défenses du nord, depuis le Drancy jusqu'à la Briche. Ils démasquèrent de ce côté, à un certain moment, une batterie cachée derrière un rideau de peupliers, et ce fut une véritable pluie de fer et de feu. Breteuil et Meudon faisaient pour le Point-du-Jour et Passy ce que les batteries d'Orgemont faisaient pour la Double-Couronne. Le fort d'Issy était intenable; la contrescarpe, du côté de Paris, avait une brèche. Grenelle était criblée, et pourtant la population de Paris n'avait qu'une inquiétude, c'est que le gouvernement ne voulût entrer en négociation avec l'ennemi. Malgré l'ordre du jour sans espoir du général Vinoy, on comptait qu'il tenterait encore une grande sortie, le dernier effort. Les rapports quotidiens et circonstanciés de son chef-d'état-major, M. le général de Valdan, semblaient indiquer la velléité d'être plus exact et plus viril.

Paris, pris par la faim, souffrant, menacé de manquer de pain, avec sept jours, huit jours, dix jours peut-être de cette pâte brune, faite de chènevis, de pâte et d'avoine qu'il appelait du pain, Paris n'en voulait pas moins résister, malgré le sort, *invitis diis*. Le bilan de la mort était pourtant considérable. Du 14 au 21, le chiffre des décès avait augmenté ainsi qu'il suit:

CAUSES DES DÉCÈS DU 14 AU 20 JANVIER 1871.

Variole.............	382	41 en plus.
Scarlatine	8	3 en moins.
Rougeole.	44	4 en plus.
Fièvre typhoïde......	375	74 —
Érysipèle...........	18	8 —
Bronchite...........	598	141 —
Pneumonie..........	426	36 —
Diarrhée	137	6 en moins.
Dyssenterie.........	42	4 —
Choléra.............	0	0
Angine couenneuse...	13	9 en moins.
Croup...............	27	7 en plus.
Affections puerpérales.	15	4 —
Autres causes	2,382	93 —
Total..........	4,465	483 en plus.

Et ce n'était pas tout. Encore une fois, les vivres allaient manquer. On trouvera aux *Documents complémentaires* du présent chapitre, une note officielle sur l'état des subsistances à cette date. Les municipalités s'étaient déjà occupées en commun avec le gouvernement de cette question vitale.

Dans une réunion tenue le samedi 21, au gouvernement, et à laquelle les maires assistaient, les chefs supérieurs de l'armée avaient déclaré qu'il était impossible de prolonger davantage la résistance, et qu'il fallait songer à capituler. C'est dans cette réunion que le général Trochu fit une longue conférence sur l'organisation des armées de l'ancien régime et qu'il s'étendit fort longuement aussi sur l'inconvénient des armées jeunes, mal encadrées. Il fit part à l'assemblée du peu d'espérance que lui faisaient concevoir les opérations de nos armées de province, et ajouta qu'il regrettait que le mouvement de Bourbaki dans l'est eût été si tardif. Il était persuadé toutefois qu'à ce moment, le siège de Belfort était levé. Après avoir déclaré que l'affaire de Buzenval avait été entreprise pour donner satisfaction aux gardes nationaux qui se plaignaient de n'avoir pas été suffisamment utilisés, il termina en offrant sa démission de général en chef de l'armée de Paris (il ne fut donc pas destitué, comme il le prétend dans son discours à l'Assemblée), et en insinuant que les municipalités allaient être appelées à jouer un rôle plus actif et qu'elles auraient à participer aux négociations relatives à la capitulation. Les maires protestèrent énergiquement contre cette tâche qu'on prétendait leur imposer. Ayant été tenus constamment à l'écart dans les décisions prises jusqu'à ce jour, ils déclinèrent toute responsabilité dans les événements douloureux qui se préparaient. M. Tirard, maire du 2e arrondissement, condamna vigoureusement l'inactivité dans laquelle la garde nationale avait été maintenue, affirmant que sa participation tardive aux opérations militaires était une lourde faute suffisamment démontrée par son énergique attitude dans la journée de Buzenval. Beaucoup des assistants civils de la réunion pensaient qu'il était impossible de capituler sans tenter un dernier et suprême effort; M. Emmanuel Arago demandait une sortie *formidable et désespérée*. Après diverses propositions, on se sépara sans conclure et il fut décidé qu'une réunion aurait lieu le lendemain, au ministère de l'instruction publique, et dans laquelle on entendrait des officiers supérieurs de divers grades. Le lendemain, 22 janvier, à l'heure même où se passaient les tristes événements de la place de l'Hôtel-de-ville, plusieurs officiers supérieurs, des membres du gouvernement et des maires de Paris, s'assemblaient au lieu indiqué, sous la présidence de M. Jules Simon. Après un rapide exposé du ministre, chacun des officiers présents fut appelé à faire connaître son opinion sur la possibilité et les chances de succès d'opérations militaires ultérieures. Cette séance solennelle mérite qu'on la raconte en tous ses détails. Elle est pénétrante comme un glas.

Sur l'observation du général Lecomte et ainsi qu'il est d'usage dans les conseils de guerre, la parole fut donnée aux officiers suivant l'ordre hiérarchique, en commençant par les grades les moins élevés. MM. Bourgeois, chef d'escadron, Warnett et Vasseur, colonels, se montrèrent absolument opposés à une grande action qu'ils considéraient comme devant être désastreuse, et dans tous les cas stérile au point de vue du résultat à atteindre. Manque de cohésion de l'armée, confiance insuffisante des soldats dans leurs chefs, nouveaux pour eux pour la plupart, tels furent les obstacles sérieux qu'ils signalèrent. Tout en rendant hommage à la valeur déployée par la garde nationale dans la journée du 19 janvier et à son élan, ils constatèrent sa grande inexpérience et déclarèrent ne pas pouvoir compter sur sa solidité dans une grande bataille. Ces trois officiers manifestèrent leur préférence pour les petites attaques simultanées et souvent réitérées, à la condition toutefois qu'on se maintînt dans les positions conquises, afin de ne pas décourager l'armée par ces retraites inexplicables et aussi de familiariser les officiers avec le terrain sur lequel ils opèrent.

Le colonel Boulanger, d'accord avec ses collègues pour repousser toute idée d'une grande action, se sépara d'eux sur la question des petits engagements qui eussent été excellents au début, mais qui lui semblaient trop tardifs.

Le colonel Colonnieu se montra hostile aux petites sorties. Une opération gigantesque, bien conduite et sans rien laisser au hasard, eût pu réussir, selon lui. Il la déclara impossible à tenter dans les circonstances présentes et bonne seulement à amener l'écrasement de l'armée; car, en supposant que l'on parvînt à franchir la double ligne ennemie, les troupes, exténuées par la lutte, auraient à soutenir le choc de la cavalerie prussienne.

Les colonels de Brancion et Germa, de la garde nationale, critiquèrent amèrement la direction des opérations dans la journée de Buzenval. « Aujourd'hui, il n'y a plus qu'à se faire tuer pour l'honneur », dit le colonel de Brancion en terminant, tandis que le colonel Germa déclara toute capitulation impossible, tant qu'une vigoureuse sortie n'aurait pas été tentée sous la direction de nouveaux chefs.

Vint le tour du général Lecomte. C'était alors un officier peu connu et estimé de ceux-là seuls qui l'approchaient. Il examina la situation des armées de province, trop éloignées pour nous secourir en temps utile, et rappelant qu'il était Lorrain, et que par conséquent nul ne désirait avec plus d'ardeur que lui la défaite de l'ennemi, il déclara que l'état actuel des choses imposait une prompte capitulation. En présence de la famine à courte échéance, les petits combats ne pourraient qu'affaiblir l'armée sans utilité et entretenir la population dans la pensée d'une prolongation possible de résistance, alors qu'il fallait au contraire l'amener à envisager avec résignation la douloureuse extrémité à laquelle nous en étions réduits. « Pas d'efforts inutiles, dit en terminant le général Lecomte, traitons avec l'ennemi tandis que nous avons encore la main sur le pommeau de l'épée. »

Après ce discours, que le général prononça en proie à une profonde émotion (un moment il pleura), et qui produisit sur l'auditoire une impression des plus vives, le colonel Colonnieu et divers officiers reprirent la parole et confirmèrent leurs précédentes déclarations. « Et pourtant, dit M. Colonnieu, si l'on veut mourir, je suis prêt à marcher à la tête du premier bataillon et à me faire tuer. » Après quoi, la séance fut levée. Ce court résumé ne donne qu'une imparfaite idée de la physionomie de cette réunion.

On sentait que la vie de ceux qui parlaient ne comptait pour rien dans l'opinion qu'ils exprimaient et qu'ils en avaient fait le sacrifice. Ce n'était plus le patriotisme irréfléchi des premiers jours du siège, mais bien un sentiment poignant de la réalité qui, dominant la situation, commandait à tous la résignation et le devoir, dictait les résolutions et courbait les plus braves et les plus indomptés sous le joug de l'inexorable nécessité.

Le secret de ces délibérations ne fut point livré au public, mais il transpira pourtant dans la ville assiégée pendant les jours qui suivirent le 22 janvier.

A partir de ce moment, Paris, qui devine avec une pénétration singulière tout ce qui le menace et tout ce qu'il redoute, Paris ne douta plus que l'heure déchirante ne fût venue. Il comptait avec une anxiété singulière les coups de canon qui l'atteignaient et comme Lincoln durant la guerre de sécession, il s'écriait avec joie à chaque détonation : « Nous vivons encore puisqu'on nous tue. »

Le bombardement continua, en effet, jusqu'au 26 janvier, à minuit. Ce jour-là, il était convenu que le feu cesserait à l'heure dite des deux parts. Les pourparlers étaient commencés et les représentants de la presse, convoqués au ministère de l'intérieur, furent priés de calmer l'opinion déjà si exaspérée. On leur montra la nécessité inévitable et ils s'inclinèrent patriotiquement malgré leur douleur. Ceux-là mêmes qui avaient fait le plus d'opposition au général Trochu, l'*Avenir national*, par exemple, se turent. Il n'était plus temps de récriminer.

Presque en même temps, le gouvernement, averti que Flourens et ses amis voulaient tenter une nouvelle manifestation, leur envoya M. Dorian, le seul membre du gouvernement qui eût conservé encore quelque popularité. M. Dorian monta à Belleville et trouva Flourens, Millière, etc., réunis. Le projet nouveau des amis de Flourens, — nous tenons ce détail de M. Dorian lui-même, — consistait, non plus à attaquer l'Hôtel de ville par la force, mais à s'emparer *chimiquement* des ministères, au moyen du feu au besoin. M. Dorian ne fit que sourire de la menace et adjura Flourens et Millière de renoncer à toute aventure de ce genre : « Le pain va manquer, dit-il, des négociations sont entamées, vous pouvez tout faire échouer et vous condamnez ainsi toute une population aux horreurs de la faim. — C'est bien, répondit Millière, nous ferons taire notre ressentiment. — Et Flourens tendant la main à M. Dorian : — Citoyen Dorian, je vous aime comme un fils. Le gouvernement a bien fait de vous envoyer vers nous. C'est pour vous donc, pour vous que nous renonçons à continuer la lutte avec le gouvernement qui livre Paris. Nous attendrons. » M. Dorian rapporta cet entretien au gouvernement de la défense nationale.

Le soir du 26 janvier, les artilleurs prussiens, avides de nous porter les derniers coups, mirent à profit les heures qui leur restaient et, avec une cruauté inouïe, ils redoublèrent de vivacité dans leur tir, comme s'ils eussent regretté de ne pouvoir tout écraser et comme s'ils eussent voulu faire le plus de victimes possible. De dix heures à minuit, ce fut un bombardement formidable, désespéré, haineux, meurtrier, inutile. Treize personnes furent tuées, assassinées, on peut le dire, gratuitement. Puis, à minuit, le feu cessa et un grand silence, solennel et sinistre, succéda aux grondements incessants des quatre derniers mois (1).

(1) Les Prussiens eurent l'étonnante audace de plaisanter, lourdement, comme toujours, sur le bombardement. Voici ce qu'osait dire leur journal officiel de Versailles :
« Quiconque a lu le rapport du *Journal des Débats* sur les effets produits par le bombardement de Paris, doit supposer que nos obus, au lieu d'être chargés de poudre, sont chargés de matière intelligente et particulièrement cruelle. Qu'est-ce à dire? Dans la rue Gay-Lussac, c'est une ambulance qui a été atteinte; dans la rue d'Enfer, c'est un pauvre jardinier qui laisse une veuve de dix-neuf ans avec deux enfants; dans la même rue, une pauvre dame malade; sur l'avenue de l'Observatoire, deux femmes, la mère et la fille; sur le boulevard de Port-Royal, deux nourrissons ont failli être atteints, attendu que le coup a passé entre leurs berceaux; dans la rue de Vanves, encore une femme avec deux jeunes filles. Telles sont les victimes choisies par ces boulets malintentionnés, sans égards et néanmoins peu dangereux.
« La composition de ce tableau ne manque pas de couleurs, mais de vérité : deux berceaux, des vieilles dames malades, des mères et des filles innocentes, des ambulances que l'imagination doit peupler de blessés et de malades, évidemment le peintre a voulu toucher le spectateur, mais l'artifice est trop évident pour qu'il ait pu remplir son but. »
(*Moniteur officiel prussien de Seine-et-Oise*).

Donnons encore ici, comme curiosité archéologique, la protestation que fit paraître alors un homme que ses serviteurs acharnés s'obstinent à appeler Henri V et qui, dans la vieille tradition de sa famille, ose encore appeler *sa bonne*

Paris fut attristé, lorsqu'il n'entendit plus le canon. Il éprouva, à coup sûr, plus de terreur le jour où le bombardement cessa que le jour où il fut commencé. Il lui semblait que ce silence glacial était celui de la mort. Et c'était bien, en effet, celui de la mort de nos espérances. La fumée de la dernière gargousse brûlée, a-t-on dit justement, emportait notre dernier espoir.

Le lendemain, plus d'un lut, à travers ses larmes, cette note poignante du *Journal officiel :*

« Tant que le gouvernement a pu compter sur l'arrivée d'une armée de secours, il était de son devoir de ne rien négliger pour prolonger la défense de Paris.

« En ce moment, quoique nos armées soient encore debout, les chances de la guerre les ont refoulées, l'une sous les murs de Lille, l'autre au delà de Laval, la troisième opère sur les frontières de l'est. Nous avons dès lors perdu tout espoir qu'elles puissent se rapprocher de nous, et l'état de nos subsistances ne nous permet plus d'attendre.

« Dans cette situation, le gouvernement avait le devoir absolu de négocier. Les négociations ont lieu en ce moment. Tout le monde comprendra que nous ne pouvons en indiquer les détails sans de graves inconvénients. Nous espérons pouvoir les publier demain. Nous pouvons cependant dire dès aujourd'hui que le principe de la souveraineté nationale sera sauvegardé par la réunion immédiate d'une assemblée; que l'armistice a pour but la convocation de cette assemblée; que, pendant cet armistice, l'armée allemande occupera les forts,

ville Paris, le Paris de Clotilde, soit; mais celui de Danton surtout et de Camille Desmoulins, le Paris de l'idée démocratique et nouvelle. Ce document a sa valeur; Louis Blanc y fit allusion lorsqu'il protesta, devant l'Assemblée de Bordeaux, contre l'idée stupide qu'avait la Chambre de *décapitaliser* Paris.

« ..... Il m'est impossible de me contraindre plus longtemps au silence.

« J'espérais que la mort de tant de héros tombés sur le champ de bataille, que la résistance énergique d'une capitale résignée à tout pour maintenir l'ennemi en dehors de ses murs, épargnerait à mon pays de nouvelles épreuves; mais le bombardement de Paris arrache à ma douleur un cri que je ne saurais contenir.

« Fils des rois chrétiens qui ont fait la France, je gémis à la vue des désastres. Condamné ne pouvoir les racheter au prix de ma vie, je prends à témoin les peuples et les rois et je proteste comme je le puis, à la face de l'Europe, contre la guerre la plus sanglante et la plus lamentable qui fut jamais.

« Qui parlera au monde, si ce n'est moi, pour la ville de Clovis, de Clotilde et de Geneviève; pour la ville de Charlemagne, de saint Louis, de Philippe-Auguste et de Henri IV; pour la ville des sciences, des arts et de la civilisation?

« Non! je ne verrai pas périr la grand cité que chacun de mes aïeux a pu appeler : *Ma bonne ville de Paris.*

« Et, puisque je ne puis rien de plus, ma voix s'élèvera de l'exil pour protester contre les ruines de ma patrie; elle criera à la terre et au ciel, assurée de rencontrer la sympathie des hommes et attendant tout de la justice de Dieu.

HENRI. »

6 janvier 1871.

M. Dorian, membre du gouvernement de la défense nationale.

mais n'entrera pas dans l'enceinte de Paris; que nous conserverons notre garde nationale intacte et une division de l'armée, et qu'aucun de nos soldats ne sera emmené hors du territoire. »

Ainsi donc il fallait traiter! Ainsi l'épée brisée était impuissante entre les mains de la France! Écroulement de tous nos songes! M. Jules Favre s'était rendu à Versailles et, lorsqu'il parut devant M. de Bismarck, le chancelier lui dit ce mot : « *Je vous attendais.* » Paris affamé succombait invaincu; et pouvait s'écrier comme le héros de Shakespeare :

Je cède à la famine et non pas au courage.
I am vainquish'd by famine, not by valour.

Alors commencèrent les humiliations et le vainqueur énuméra les conditions de l'armistice. Ces forts, si fièrement défendus par les marins, il fallait les livrer; il fallait lui donner les canons, il fallait subir la loi brutale! Un moment, M. de Bismarck réclama des otages, afin de s'assurer de l'occupation des forts et craignant, par exemple, qu'Issy, Vanves, Montrouge, ne fussent minés. — Ces otages entreront les premiers dans les forts et y demeureront, disait le chancelier, jusqu'à ce que les troupes allemandes s'y soient complétement établies, après avoir visité les casemates. Or, ces otages, que M. Jules Favre refusa, étaient les maires de Paris d'abord, puis les journalistes. Le ministre des affaires étrangères fut stupéfait. Des journalistes! Mais quels journalistes? — « Vingt pris au hasard, répondit M. de Bismarck. Sa Majesté l'empereur est indigné contre la presse française tout entière qui l'a calomnié et insulté. »

On fit pourtant comprendre au roi de Prusse que cette demande était à la fois barbare et insensée. Mais, comme on reconnaissait bien là ces gouvernants qui ont procédé, durant toute cette campagne, par l'arrestation des journalistes libéraux, en Allemagne aussi bien qu'en France, et qui faisaient conduire les écrivains, à pied, dans la neige, les menottes aux mains, le pistolet aux tempes et la crosse aux reins, jusqu'au fond des forteresses !

Sous le coup de la menace de capitulation qui pesait sur Paris, l'*Union républicaine centrale* se réunissait, les clubs étant fermés, sous la présidence de M. Dupont (de Bussac) avec Charles Beslay pour assesseur et examinait la question de savoir si nous avions des subsistances nécessaires pour prolonger la résistance.

Des orateurs, malheureusement mal informés, affirmaient que l'intendance militaire avait trois mois de vivres pour 250,000 hommes, à 750 grammes de pain par jour et par homme, ce qui faisait vingt jours de vivres : 1° pour 400,000 soldats ou gardes nationaux à 750 grammes ; 2° pour deux millions de Parisiens à 300 grammes.

De plus, disait-on, le ministère du commerce avait déclaré avoir les vivres de *neuf jours* pour la population civile et l'armée. De son côté, l'assistance publique possédait la valeur de deux jours de vivres.

Ce qui faisait un total de *trente et un jours* de vivres pour Paris et ses défenseurs, sans compter approximativement dix jours qui pourraient être ajoutés par les perquisitions que l'on faisait si imparfaitement tant à Paris que dans la banlieue. C'étaient, hélas ! des illusions encore, auxquelles la vue soudaine des provisions avarement cachées jusque-là par les épiciers, et brusquement mises en montre donnaient quelque apparence de fondement.

L'*Union* examinait ensuite la question de la défense. Un ancien capitaine d'artillerie, destitué par le coup d'État, ancien représentant du peuple, M. Jean Brunet, alors en vogue à cause de ses articles militaires du *Siècle*, interrogé par l'assemblée, expliquait que selon lui, dès l'origine de la guerre, la défense avait été conduite d'après une vue fausse. Paris, au lieu d'être condamné à une défense inerte, au lieu d'attendre son salut du secours des armées de province, aurait dû prendre une offensive continuelle qui aurait fatigué l'ennemi, et qui aurait permis, au bout de quelques jours de frapper avec 200,000 hommes un grand coup qui aurait rompu l'investissement et permis de prendre à revers les positions de l'armée prussienne. Ces vérités tardives frappaient l'assemblée, qui demandait alors à M. Brunet s'il prendrait sur lui l'exécution de ce plan, et s'il croyait encore possible de le faire réussir : « Oui, répondit Jean Brunet, et je suis prêt à en prendre l'engagement sur ma tête. »

C'est le même Jean Brunet qui, par une inspiration bizarre, affolée, a demandé depuis à l'Assemblée nationale qu'on érigeât un temple au Trocadéro et qu'on mît la patrie sous la protection du Christ.

La proclamation suivante, publiée par le *Journal officiel*, était affichée le matin du 28 janvier sur tous les murs de Paris :

« Citoyens,

« La convention qui met fin à la résistance de Paris n'est pas encore signée, mais ce n'est qu'un retard de quelques heures.

« Les bases en demeurent fixées telles que nous les avons annoncées hier :

« L'ennemi n'entrera pas dans l'enceinte de Paris ;

« La garde nationale conservera son organisation et ses armes ;

« Une division de douze mille hommes demeure intacte ; quant aux autres troupes, elles resteront dans Paris, au milieu de nous, au lieu d'être, comme on l'avait d'abord proposé, cantonnées dans la banlieue. Les officiers garderont leur épée.

« Nous publierons les articles de la convention aussitôt que les signatures auront été échangées, et nous ferons en même temps connaître l'état exact de nos subsistances.

« Paris veut être sûr que la résistance a duré jusqu'aux dernières limites du possible. Les chiffres que nous donnerons en seront la preuve irréfragable, et nous mettrons qui que ce soit au défi de les contester.

« Nous montrerons qu'il nous reste tout juste assez de pain pour attendre le ravitaillement, et que nous ne pouvions prolonger la lutte sans condamner à une mort certaine deux millions d'hommes, de femmes et d'enfants.

« Le siège de Paris a duré quatre mois et douze jours ; le bombardement un mois entier. Depuis le 15 janvier la ration de pain est réduite à 300 grammes ; la ration de viande de cheval, depuis le 15 décembre, n'est que de 30 grammes. La mortalité a plus que triplé. Au milieu de tant de désastres, il n'y a pas eu un seul jour de découragement.

« L'ennemi est le premier à rendre hommage à l'énergie morale et au courage dont la population parisienne tout entière vient de donner l'exemple. Paris a beaucoup souffert ; mais la République profitera de ses longues souffrances, si noblement supportées. Nous sortons de la lutte qui finit retrempés pour la lutte à venir. Nous en sortons avec tout notre honneur, avec toutes nos espérances, malgré les douleurs de l'heure présente ; plus que jamais nous avons foi dans les destinées de la patrie.

« Paris, le 28 janvier 1871.

« *Les membres du gouvernement.* »

La nouvelle des conditions de l'armistice avait irrité ceux qui ne se résignaient pas facilement à livrer Paris. Des groupes nombreux se formaient sur les boulevards, à Montmartre, à Belleville, à la Villette. On parlait de résister malgré le gouvernement, de se joindre aux marins, de se mettre sous le commandement de l'amiral Saisset, d'occuper les forts et de les défendre. Des femmes demandaient aux hommes s'ils se résigneraient si facilement à capituler. Des artilleurs de la garde nationale avaient inscrit sur des bannières : *Ne rendons pas les forts !*

L'agitation augmenta dans la nuit du 27 au 28. On alla aux mairies. Le tocsin fut sonné, notamment à l'église Saint-Laurent, où un lieutenant et quelques hommes avaient pénétré. Le colonel Piazza, du 36ᵉ régiment de la garde nationale, et le commandant Brunel, élus au club des Montagnards (concert du *Gaulois*, boulevard de Strasbourg), l'un général en chef, l'autre chef d'état-major, prescrivaient au commandant du 14ᵉ bataillon, posté à l'Hôtel de ville, de faire armer et réunir toute la garde nationale aux divers secteurs pour les occuper, emprisonner les amiraux, prendre les magasins à poudres, les télégraphes, et organiser une dernière sortie. Les ordres partaient du café des *Deux-Hémisphères*, en face l'église Saint-Laurent. Dans la nuit, des gardes nationaux parcouraient les rues, frappant aux portes, appelant par les rues noires leurs compagnies aux armes. Et tandis que le clairon sonnait le rappel, le lugubre tocsin continuait. Le lendemain, cette manifestation, qui n'aboutit point, provoquait la proclamation suivante du général Clément Thomas :

« La nuit dernière, des officiers de la garde nationale ont tenté de réunir leur troupe et de prendre des dispositions militaires en dehors de tout commandement.

« Le général, tout en ressentant aussi vivement la douleur patriotique qui les a égarés, ne saurait partager leurs illusions, et il a la douleur de prévenir la garde nationale qu'en cédant à de tels entraînements, elle compromettrait un armistice honorable et l'avenir de Paris et de la France entière.

« Quelque douloureux qu'il puisse être pour un chef de calmer les ardeurs de la troupe placée sous son commandement, et de blâmer comme une faute les actes qu'elles inspirent, le commandant supérieur n'hésite pas à le faire dans cette circonstance.

« Il rappelle à la garde nationale que de son attitude, du calme et de la dignité avec lesquels sera supportée la douleur qui nous atteint, dépendent aujourd'hui l'ordre dans Paris dont elle va être la garnison, et le ravitaillement de cette grande ville dont l'éternel honneur sera d'avoir prolongé la lutte au milieu des plus cruelles privations et jusqu'au complet épuisement de ses ressources.

« Paris, le 28 janvier 1871.

« *Le général commandant supérieur,*
« CLÉMENT THOMAS. »

Brunel et Piazza avaient été arrêtés, le matin, boulevard Voltaire, à leur quartier général. Le lieutenant-colonel sous-chef d'état-major de la garde nationale, M. de Mortemart, dit dans un rapport officiel, en parlant de Piazza, dont plus d'un témoin affirma depuis la bravoure devant le conseil de guerre : « Une note, trouvée à la préfecture de police, signale le nommé Piazza comme ayant, en 1869, sollicité un emploi de la faveur des ministres de l'empire. » M. de Mortemart a pris la responsabilité de cette révélation.

Cette affaire fut le dernier effort de résistance et, pour ainsi dire, le dernier mouvement, la dernière secousse de Paris à l'agonie. La grande forteresse allait crouler. Il y eut bien encore des protestations isolées de commandants ou d'officiers de la garde nationale, de marins, de soldats, de francs-tireurs, le marin Salicis, le commandant Poulizac, etc., protestations publiées par les journaux; il y eut, à l'Élysée, où l'état-major de la garde nationale, primitivement à la place Vendôme, avait été transporté, une manifestation des officiers des gardes nationaux réclamant une sortie encore. M. Clément Thomas leur répondit que l'honneur était sauf, que la garde nationale avait payé sa dette à la patrie, et qu'on élèverait par souscription un monument à l'endroit même où côte à côte on avait enterré les morts inconnus de Montretout et de Buzenval. Paris, pour défendre son vieux renom, n'avait plus à compter que sur la justice de l'histoire.

Le 29 janvier, à dix heures du matin, les défenseurs de Paris durent évacuer les forts et les avant-postes. « Sur la demande de l'amiral La Roncière, les forts occupés par la marine ne furent pas rendus directement à l'ennemi par leurs commandants. Ce fut l'officier de l'armée faisant fonction de commandant de place qui servit d'intermédiaire (1). » A peine abandonnait-on les cantonnements, dit un témoin, que, débouchant des tranchées ennemies, les colonnes allemandes s'avançaient comme de longs serpents noirs. Le drapeau de deuil, l'aigle noir de Prusse allait remplacer sur nos remparts l'étendard tricolore. Les Prussiens, Bavarois, Saxons ou Wurtembergeois, les soldats de la Confédération entraient, l'arme au bras, dans ces retranchements auxquels ils n'avaient osé donner l'assaut. Leurs cuivres jouaient orgueilleusement

(1) *Le Siège de Paris, journal d'un officier de marine* (M. Garnier), livre fort remarquable.

des airs de triomphe. Le spectacle de cette humiliante prise de possession dura de onze heures à trois heures de l'après-midi.

C'est en poussant des hourrahs que les Prussiens pénétrèrent sur les ponts-levis, et, à peine entrés, ils hissèrent immédiatement leur drapeau. Pour empêcher toute occasion de conflit, on avait donné sévèrement, à toutes les portes de Paris, la consigne de ne laisser sortir personne, fût-on muni d'un permis ou d'un laissez-passer.

Les marins, ces héros disciplinés, que le siège de Paris avait pour toujours mis en pleine lumière, étaient si indignés, que plusieurs brisèrent leurs armes et jetèrent sur la route les sacs et provisions de bouche qu'on abandonnait encore dans les forts.

On les voyait, tout en traînant des charrettes chargées de leurs bagages, essuyer de grosses larmes qui leur roulaient sur les joues. Les routes étaient couvertes de troupes marchant à la débandade, de chevaux attelés à des chariots et des fourgons, et lancés au grand trot.

Dans l'après-midi de la journée du 28, bon nombre de matelots, qui faisaient le service des forts ou des bastions, s'étaient réunis pour protester contre la capitulation. Cette réunion s'était tenue en plein vent, dans les environs du Mont-Valérien, et l'assemblée s'était dispersée au cri de « Vive la République ! » pendant que les marins entonnaient le refrain du *Vengeur* :

> Les marins de la République
> Montaient le vaisseau le *Vengeur*.

Ces mêmes scènes, déchirantes par leur émotion, consolantes par leur énergie, se reproduisirent dans la zone de l'ouest et du sud.

Les bruits populaires, répandus dans Paris, parmi les groupes qui stationnaient sur les boulevards, devant la porte Saint-Denis ou la mairie de la rue Drouot, affirmaient que l'amiral Saisset, dont les Prussiens avaient tué le fils, voulait faire sauter le fort qu'il commandait. Il n'en fut rien, mais dans le fort de Montrouge où trois capitaines de frégate avaient déjà été tués par les obus prussiens, un quatrième, M. Larret de Lamalignie, capitaine de frégate, commandant en second du fort, et qui jusqu'alors avait échappé aux obus ennemis, se brûla la cervelle, la dernière heure venue, pour ne pas voir, lui vivant, son fort occupé par les ennemis.

Tombé avec une balle dans la tête et une dans la poitrine, et transporté à l'ambulance de la marine, il expira bientôt, victime de sa patriotique et sublime douleur. Le capitaine Larret était, je crois, originaire du Limousin.

Ce suicide, comparable à celui des stoïciens qui s'ouvraient les veines devant le monde romain croulant, ne fut pas le seul.

Un Américain, M. Nathan Sheppard, dans un livre anglais où il raconte le siège parisien, sous ce titre : *Bloqué dans Paris*, nous a laissé de ces journées de deuil un souvenir qui nous rend quelque fierté. « Je veux, dit-il, rappeler ici le nom d'un de ces braves canonniers de la marine, un Breton d'environ soixante-dix ans... Il était pointeur des grosses pièces, et c'était plaisir de voir l'affection du brave homme pour son canon. Il l'aimait comme un chauffeur aime sa locomotive ou un fermier sa charrue. Il ne l'avait point quitté depuis quatre mois. Peu de pointeurs pouvaient se vanter d'un coup d'œil plus juste, et il avait envoyé plus d'un boulet destructeur aux avant-postes prussiens. Quand le feu cessait, on voyait le vieux François Deldroux fourbir et astiquer son canon, ou, le coude appuyé sur le bronze étincelant, fumer tranquillement sa pipe près de son ami. S'il pleuvait, il ôtait sa vareuse pour l'en couvrir, et semblait jaloux des rayons de soleil qui miroitaient sur le métal. Le jour de deuil vint enfin. Le vieux brave s'appuyait sur son fidèle ami, tout en écoutant l'horrible nouvelle. La tête dans ses mains, il pleurait. Il lui fallait quitter les remparts et dire adieu à son vieil ami. — Mais, mon canon, disait-il. — Laissez faire, on en aura soin, lui répondait-on. — Non ! je ne veux pas le quitter, reprenait-il sourdement. — Alors, vous serez porté déserteur. — Eh bien ! soit ! j'aime mieux mourir que de le voir prendre par l'ennemi. — On le laissa. Quelques minutes après, on entendit la détonation d'un pistolet. Le vieux brave était étendu près de son canon. Il n'était pas tout à fait mort, mais il expira quelques heures après. Inscrivons parmi ceux des braves qui ont illustré le siège de Paris le nom du vieux François Deldroux. »

Il représente en effet ces marins héroïques, fusiliers et canonniers, mâles, simples, forts et doux, combattants d'Avron et du Bourget, que le siège de Paris fera légendaires dans l'avenir (1).

Paris, réduit par la faim, commençait, comme on disait alors, à se *ravitailler*. Les chemins de fer étant coupés, la Seine obstruée, le ravitaillement fut long. La cité de Londres envoya à titre de don pour deux millions de denrées qui furent distribuées par les municipalités. La ville était lugubre.

(1) J'aurais voulu, dans ce livre, donner place à la marine ou plutôt marquer cette place par une page bien due certes à ces hommes qui avaient su conserver et surent montrer à l'ennemi les vieilles qualités françaises, l'intrépidité chevaleresque unie à l'attachement au devoir, la résolution virile et le sans-souci dans le péril, l'alacrité joyeuse et l'amour du danger, l'habitude du sacrifice stoïque. Devant les marins prisonniers, les Prussiens faisaient le salut militaire. Ils avaient raison. La marine française a conquis, en cette funeste guerre, un renom impérissable. Partout où furent les marins, là furent le dévouement et l'honnêteté. Officiers instruits, soldats disciplinés. Les canonniers, les pointeurs étaient admirables, les fusiliers intrépides jusqu'à la témérité. Ils se lançaient contre les fusils Dreysse avec la hache

FAC-SIMILE DE CARICATURES

PUBLIÉES PENDANT LE SIÉGE DE PARIS

M. Crémieux.

Voilà Crémieux! dira la foule.
Son portrait est des plus ressemblants.
Ce vieux cactus à cheveux blancs
Est bien une drôle de boule!...

(Extrait de l'album *Fleurs, fruits et légumes du jour*, par A. Le Petit.)

La chasse au dîner.

UN CLOU CHASSE L'AUTRE.

(Extrait de l'album : *Paris assiégé, scènes de la vie parisienne pendant le siége*, par Draner.)

Ceci a tué cela.

Dessin de Daumier.

(Extrait de l'*Album du siége*, par Cham et Daumier.)

Le bombardement.

— Qu'est-ce que ça, papa?
— C'est le dernier bouquet des feux du 15 août (dessin de Cham).

(Extrait de l'*Album du siége*, par Cham et Daumier.)

On pillait, aux Halles, les boutiques des revendeurs qui spéculaient sur la faim. Les Prussiens aux barrières vendaient, quelle honte! des vivres aux Parisiens. Les uniformes de gardes nationaux avaient comme disparu dans les rues; on rentrait, comme de lugubres *accessoires* devenus inutiles, les sacs, les équipages, les brancards tachés de sang. On rencontrait, errant par bandes, désarmés, accablés, sordides, les soldats et les mobiles de province. Toute discipline semblait avoir cessé. Paris, le 30 janvier, enveloppé d'un brouillard intense, jaune et malsain, avec ses toits ourlés de neige, semblait porter le deuil de sa chute. Une espèce de manteau de plomb tombait en même temps sur les épaules et sur les âmes. Pourtant (consolation amère!) le drapeau aux trois couleurs flottait encore sur la cité abattue. Et on pouvait se dire encore que le vaisseau de la ville de Paris n'avait pas amené son pavillon.

Déjà on s'occupait des élections futures. Les candidats partaient pour la province, s'échappaient de Paris, munis de laissez-passer signés à la fois par l'état-major français et par l'état-major prussien. Les gens de la banlieue se précipitaient dans Paris, apportant des vivres. Les Parisiens s'échappaient, naïvement étonnés de voir du pain blanc dans les auberges de village. De nouveaux journaux paraissaient : le *Mot d'ordre*, de M. Henri Rochefort, le *Vengeur*, de M. Félix Pyat, qui succédait au *Combat*. Les 12,000 hommes de l'armée de Paris que le vainqueur laissait, par la convention, à la disposition du gouvernement (voyez plus loin le *texte de la Convention*) étaient comme fondus, noyés dans la garde nationale, nombreuse et bien équipée. Nul ne faisait attention à la clause dernière de l'article 2 de cette convention qui condamnait pourtant toute une armée à la destruction et une ville assiégée à la chute :

« Les opérations militaires sur le terrain des départements du Doubs, du Jura et de la Côte-d'Or, ainsi que le siège de Belfort, se continueront *indépendamment de l'armistice*.... »

Paris traitait ainsi pour toute la France. Cette clause insolente, barbare, avait été contre-signée par une main française. Faute impardonnable dont nous verrons les conséquences. Mais, à cette heure, tout semblait étouffé sous l'immense fracas de la capitulation de Paris. Le monde retentissait profondément du bruit de cette chute. « Voilà, s'écriait, dans son style mystique, l'empereur Guillaume, écrivant à l'impératrice et reine, voilà la première récompense, riche en bénédictions, pour notre patriotisme, notre héroïsme et nos lourds sacrifices. Je rends grâces à Dieu de cette nouvelle faveur. Puisse la paix suivre bientôt. »

La chute de Paris marque le point suspensif, funèbre, de la guerre franco-allemande. Là s'arrête le drame le plus douloureux dont la France ait jamais été le théâtre. La Prusse triomphe, le militarisme s'impose, la nation française est vaincue par l'armée allemande. Est-ce pourtant la fin de la lutte entre les deux peuples ou, pour mieux dire, entre les deux races, la race latine, avec tous ses défauts que rachètent les plus sympathiques qualités, la race saxonne, avec toutes ses qualités que gâtent les plus haïssables défauts? Non, le duel n'est point terminé. Le dénoûment de 1871 n'est qu'une halte. La lutte continue et durera longtemps. Peut-être se déplacera-t-elle, changera-t-elle de terrain, et la verrons-nous se terminer dans le domaine des idées. C'est le secret de l'avenir. Mais la lutte n'aura point de fin que la nation française ne se lave de tant d'abaissement et ne rachète tant de honte.

Peu de jours avant la capitulation, un homme qui n'eût dû cependant chercher que l'oubli dont il n'était pas digne, M. Émile Ollivier, croyant, avec sa vanité habituelle, qu'une parole de lui désarmerait la Prusse, avait écrit, assurent les bien informés, à M. de Bismarck une lettre où il lui parlait beaucoup de Dieu et de sa haute justice. Que si Sa Majesté Guillaume croyait en Dieu, M. Ollivier la conjurait de s'arrêter, disant, sur le ton d'une homélie, que Dieu pourrait bien aussi donner à la France la victoire et la revanche. M. de Bismarck, que M. Ollivier traitait d'*Excellence*, lui répondit à peu près en ces termes :

« Monsieur,

« Puisque vous croyez en Dieu, comme vous me le dites, prosternez-vous dans votre solitude et demandez-lui pardon de tous les maux que vous avez attirés sur votre patrie.

« Von Bismarck »

M. de Bismarck eût pu écrire semblable lettre à l'ex-empereur qui contemplait, de loin, notre ruine et ne désespérait pas de la compléter un jour par quelque coup d'État nouveau et quelques fusillades nouvelles.

Au moment où Paris succombe, nous devions

---

d'abordage. La marine, séparée du continent, où s'agitait la désorganisation, la marine, fille de la mer, avait su garder intacte la vertu française : elle vint à terre et montra aux soldats ce qu'est le Devoir.

Et plus d'une fois, loin du pays, elle combattit. Dans les eaux de la Chine, la *Vénus*, frégate française, coulait la *Hertha* après un combat de deux heures. Le commandant prussien avait adressé un défi à l'amiral Duperré qui le releva. Lorsque l'armistice interrompit les hostilités, la corvette l'*Augusta*, qui avait capturé plusieurs de nos petits navires marchands, était tenue en respect dans la baie de Vigo par un navire français qui la voulait couler. L'armistice la sauva. Encore une fois la marine ou plutôt les marins français ont sauvé l'honneur du pavillon.

évoquer le fantôme de ceux qui avaient amené ainsi l'étranger sous ses murs, dans son sein. N'oublions jamais les noms de ceux qui nous ont ainsi précipités dans l'abîme, empereur et valets, et de ceux qui, comme le général Trochu, ont dès l'abord désespéré de la patrie et ont appelé, comme on l'a dit, une *folie héroïque* ce qu'on appelait simplement autrefois *le devoir*.

Réapprends donc le devoir, ô France, et retrempe-toi dans ces amertumes passées. Le souvenir des maux soufferts est salutaire aux nations qui veulent se purifier et revivre.

DOCUMENTS COMPLÉMENTAIRES DU CHAPITRE XVIII

N° 1.

CONVENTION POUR L'ARMISTICE.

C'est le cœur brisé de douleur que nous déposons les armes. Ni les souffrances, ni la mort dans le combat n'auraient pu contraindre Paris à ce cruel sacrifice. Il ne cède qu'à la faim. Il s'arrête quand il n'a plus de pain. Dans cette cruelle situation, le gouvernement a fait tous ses efforts pour adoucir l'amertume d'un sacrifice imposé par la nécessité. Depuis lundi soir il négocie ; ce soir a été signé un traité qui garantit à la garde nationale tout entière son organisation et ses armes ; l'armée, déclarée prisonnière de guerre, ne quittera point Paris. Les officiers garderont leur épée. Une Assemblée nationale est convoquée. La France est malheureuse, mais elle n'est pas abattue. Elle a fait son devoir ; elle reste maîtresse d'elle-même.

Voici le texte de la convention signée ce soir à huit heures, et rapportée par M. le ministre des affaires étrangères. Le gouvernement s'est immédiatement occupé de régler toutes les conditions du ravitaillement, et d'expédier les agents, qui partiront dès demain matin.

CONVENTION.

Entre M. le comte de Bismarck, chancelier de la Confédération germanique, stipulant au nom de S. M. l'empereur d'Allemagne, roi de Prusse, et M. Jules Favre, ministre des affaires étrangères du gouvernement de la défense nationale, munis de pouvoirs réguliers,

Ont été arrêtées les conventions suivantes :

Article premier. — Un armistice général, sur toute la ligne des opérations militaires en cours d'exécution entre les armées allemandes et les armées françaises, commencera pour Paris aujourd'hui même, pour les départements dans un délai de trois jours ; la durée de l'armistice sera de vingt et un jours, à dater d'aujourd'hui, de manière que, sauf le cas où il serait renouvelé, l'armistice se terminera partout le dix-neuf février à midi.

Les armées belligérantes conserveront leurs positions respectives qui seront séparées par une ligne de démarcation. Cette ligne partira du Pont-l'Évêque, sur les côtes du département du Calvados, se dirigera sur Lignières, dans le nord-est du département de la Mayenne, en passant entre Briouze et Fromentet ; en touchant au département de la Mayenne à Lignières, elle suivra la limite qui sépare ce département de celui de l'Orne et de la Sarthe, jusqu'au nord de Morannes, et sera continuée de manière à laisser à l'occupation allemande les départements de la Sarthe, Indre-et-Loire, Loir-et-Cher, du Loiret, de l'Yonne, jusqu'au point où, à l'est de Quarre-les-Tombes, se touchent les départements de la Côte-d'Or, de la Nièvre et de l'Yonne. A partir de ce point, le tracé de la ligne sera réservé à une entente qui aura lieu aussitôt que les parties contractantes seront renseignées sur la situation actuelle des opérations militaires en exécution dans les départements de la Côte-d'Or, du Doubs et du Jura. Dans tous les cas, elle traversera le territoire composé de ces trois départements, en laissant à l'occupation allemande les départements situés au nord, à l'armée française ceux situés au midi de ce territoire.

Les départements du Nord et du Pas-de Calais, les forteresses de Givet et de Langres, avec le terrain qui les entoure à une distance de dix kilomètres, et la péninsule du Havre jusqu'à une ligne à tirer d'Étretat, dans la direction de Saint-Romain, resteront en dehors de l'occupation allemande.

Les deux armées belligérantes et leurs avant-postes de part et d'autre, se tiendront à une distance de dix kilomètres au moins des lignes tracées pour séparer leurs positions.

Chacune des deux armées se réserve le droit de maintenir son autorité dans le territoire qu'elle occupe, et d'employer les moyens que ses commandants jugeront nécessaires pour arriver à ce but.

L'armistice s'applique également aux forces navales des deux pays, en adoptant le méridien de Dunkerque comme ligne de démarcation, à l'ouest de laquelle se tiendra la flotte française, et à l'est de laquelle se retireront, aussitôt qu'ils pourront être avertis, les bâtiments de guerre allemands qui se trouvent dans les eaux occidentales. Les captures qui seraient faites après la conclusion et

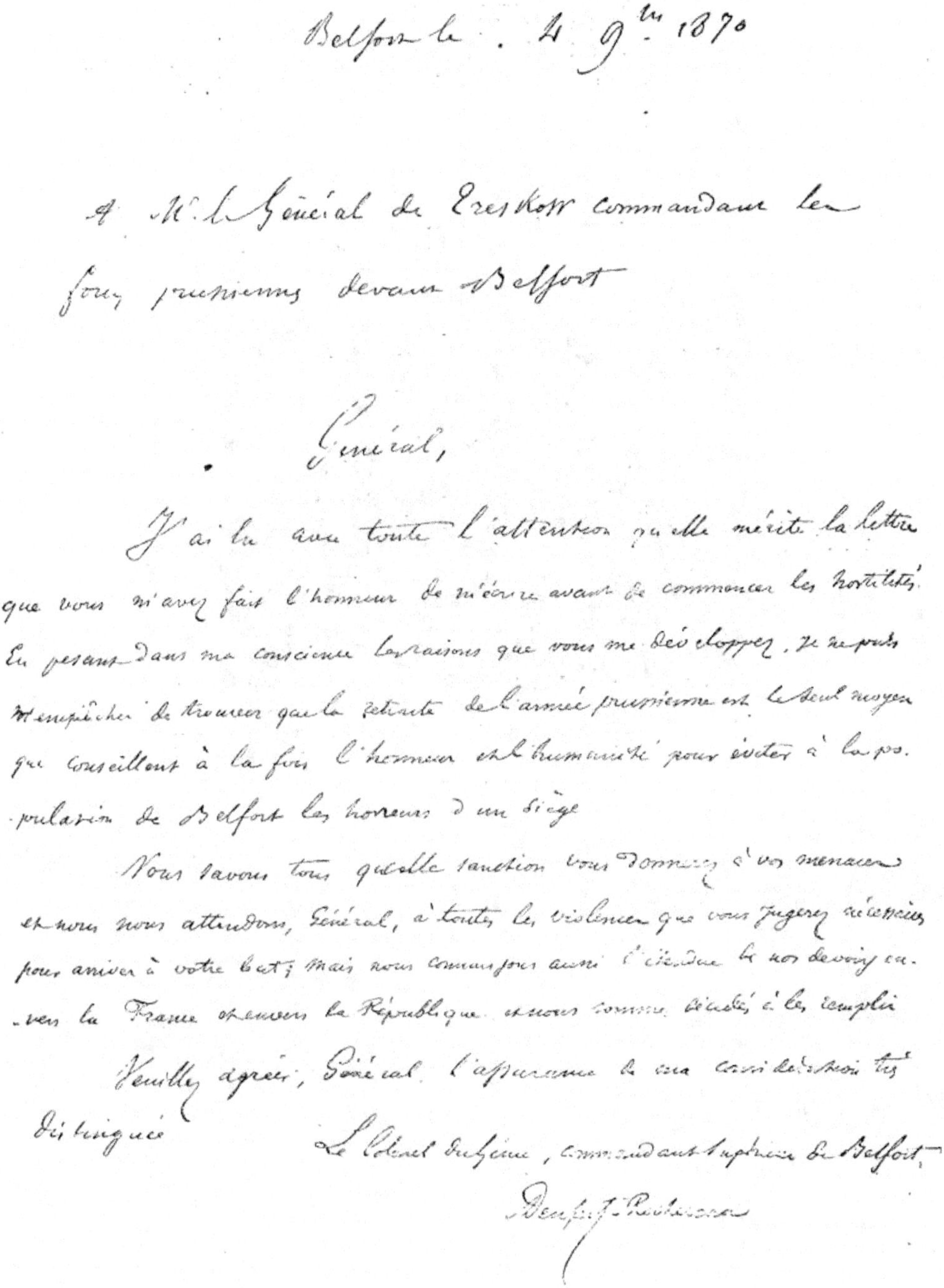

Belfort le 4 9bre 1870

A M. le Général de Treskow commandant les
forces prussiennes devant Belfort

Général,

J'ai lu avec toute l'attention qu'elle mérite la lettre que vous m'avez fait l'honneur de m'écrire avant de commencer les hostilités. En pesant dans ma conscience les raisons que vous me développez, je ne puis m'empêcher de trouver que la retraite de l'armée prussienne est le seul moyen que conseillent à la fois l'honneur et l'humanité pour éviter à la population de Belfort les horreurs d'un siège.

Nous savons tous quelle sanction vous donnez à vos menaces et nous nous attendons, Général, à toutes les violences que vous jugerez nécessaires pour arriver à votre but; mais nous connaissons aussi l'étendue de nos devoirs envers la France et envers la République et nous sommes décidés à les remplir.

Veuillez agréer, Général, l'assurance de ma considération très distinguée.

Le Colonel Denfert, commandant supérieur de Belfort,
Denfert-Rochereau

Fac-simile de la lettre écrite par le colonel Denfert, commandant de Belfort, au général de Treskow qui le sommait de rendre la place.

Visa des laissez-passer au pont de Sèvres pendant l'armistice.

avant la notification de l'armistice, seront restituées, de même que les prisonniers qui pourraient être faits de part et d'autre, dans l'intervalle indiqué.

Les opérations militaires sur le terrain des départements du Doubs, du Jura et de la Côte-d'Or, ainsi que le siége de Belfort, se continueront, indépendamment de l'armistice, jusqu'au moment où on se sera mis d'accord sur la ligne de démarcation dont le tracé à travers les trois départements mentionnés a été réservé à une entente ultérieure.

Art. 2. — L'armistice ainsi convenu a pour but de permettre au gouvernement de la défense nationale de convoquer une Assemblée librement élue qui se prononcera sur la question de savoir : si la guerre doit être continuée, ou à quelles conditions la paix doit être faite.

L'Assemblée se réunira dans la ville de Bordeaux.

Toutes les facilités seront données par les commandants des armées allemandes pour l'élection et la réunion des députés qui la composeront.

Art. 3. — Il sera fait immédiatement remise à l'armée allemande, par l'autorité militaire française, de tous les forts formant le périmètre de la défense extérieure de Paris, ainsi que leur matériel de guerre. Les communes et les maisons situées en dehors de ce périmètre ou entre les forts pourront être occupées par les troupes allemandes, jusqu'à une ligne à tracer par des commissaires militaires. Le terrain restant entre cette ligne et l'enceinte fortifiée de la ville de Paris sera interdit aux forces armées des deux parties. La manière de rendre les forts, et le tracé de la ligne mentionnée formeront l'objet d'un protocole à annexer à la présente convention.

Art. 4. — Pendant la durée de l'armistice, l'armée allemande n'entrera pas dans la ville de Paris.

Art. 5. — L'enceinte sera désarmée de ses canons, dont les affûts seront transportés dans les forts à désigner par un commissaire de l'armée allemande (1).

Art. 6. — Les garnisons (armée de ligne, garde mobile et marins) des forts et de Paris seront prisonnières de guerre, sauf une division de douze mille hommes que l'autorité militaire dans Paris conservera pour le service intérieur.

Les troupes prisonnières de guerre déposeront leurs armes, qui seront réunies dans des lieux désignés et livrées suivant règlement par commissaires suivant l'usage ; ces troupes resteront dans l'intérieur de la ville, dont elles ne pourront pas franchir l'enceinte pendant l'armistice. Les autorités françaises s'engagent à veiller à ce que tout individu appartenant à l'armée et à la garde mobile reste consigné dans l'intérieur de la ville. Les officiers des troupes prisonnières seront désignés par une liste à remettre aux autorités allemandes.

A l'expiration de l'armistice, tous les militaires appartenant à l'armée consignée dans Paris auront à se constituer prisonniers de guerre de l'armée allemande, si la paix n'est pas conclue jusque-là.

Les officiers prisonniers conserveront leurs armes.

Art. 7. — La garde nationale conservera ses armes; elle sera chargée de la garde de Paris et du maintien de l'ordre. Il en sera de même de la gendarmerie et des troupes assimilées, employées dans le service municipal, telles que garde républicaine, douaniers et pompiers : la totalité de cette catégorie n'excédera pas trois mille cinq cents hommes.

Tous les corps de francs-tireurs seront dissous par une ordonnance du gouvernement français.

Art. 8. — Aussitôt après la signature des présentes et avant la prise de possession des forts, le commandant en chef des armées allemandes donnera toutes facilités aux commissaires que le gouvernement français enverra, tant dans les départements qu'à l'étranger, pour préparer le ravitaillement et faire approcher de la ville les marchandises qui y sont destinées.

Art. 9. — Après la remise des forts et après le désarmement de l'enceinte et de la garnison, stipulés dans les art. 5 et 6, le ravitaillement de Paris s'opérera librement par la circulation sur les voies ferrées et fluviales. Les provisions destinées à ce ravitaillement ne pourront être puisées dans le terrain occupé par les troupes allemandes, et le gouvernement français s'engage à en faire l'acquisition en dehors de la ligne de démarcation qui entoure les positions des armées allemandes, à moins d'autorisation contraire donnée par les commandants de ces dernières.

Art. 10. — Toute personne qui voudra quitter la ville de Paris devra être munie de permis réguliers délivrés par l'autorité militaire française, et soumis au visa des avant-postes allemands. Ces permis et visas seront accordés de droit aux candidats à la députation en province et aux députés de l'Assemblée.

La circulation des personnes qui auront obtenu l'autorisation indiquée, ne sera admise qu'entre six heures du matin et six heures du soir.

Art. 11. — La ville de Paris payera une contribution municipale de guerre de la somme de deux cent millions de francs. Ce payement devra être effectué avant le quinzième jour de l'armistice. Le mode de payement sera déterminé par une commission mixte allemande et française.

Art. 12. — Pendant la durée de l'armistice, il ne sera rien distrait des valeurs publiques pouvant servir de gages au recouvrement des contributions de guerre.

Art. 13. — L'importation dans Paris d'armes, de munitions ou de matières servant à leur fabrication, sera interdite pendant la durée de l'armistice.

Art. 14. — Il sera procédé immédiatement à l'échange de tous les prisonniers de guerre qui ont été faits par l'armée française depuis le commencement de la guerre. Dans ce but, les autorités françaises remettront, dans le plus bref délai, des listes nominatives des prisonniers de guerre allemands aux autorités militaires allemandes à Amiens, au Mans, à Orléans et à Vesoul. La mise en liberté des prisonniers de guerre allemands s'effectuera sur les points les plus rapprochés de la frontière. Les autorités allemandes remettront en échange, sur les mêmes points, et dans le plus bref délai possible, un nombre pareil de prisonniers français, de grades correspondants, aux autorités militaires françaises.

L'échange s'étendra aux prisonniers de condition bourgeoise, tels que les capitaines de navires de la marine marchande allemande et les prisonniers français civils qui ont été internés en Allemagne.

Art. 15. Un service postal pour des lettres non cachetées sera organisé entre Paris et les départements, par l'intermédiaire du quartier général de Versailles.

En foi de quoi les soussignés ont revêtu de leurs signatures et de leur sceau les présentes conventions.

Fait à Versailles, le vingt-huit janvier mil huit cent soixante et onze.

Signé : JULES FAVRE.   BISMARCK.

(*Journal officiel*, du 29 janvier 1871.)

N° 2

NOTE OFFICIELLE DU GOUVERNEMENT
SUR LES SUBSISTANCES.

Le gouvernement a annoncé qu'il donnerait la preuve irréfragable que Paris a poussé la résistance jusqu'aux extrêmes limites du possible. Au-

---

(1) Dans le protocole, cette condition du transport des affûts dans les forts a été abandonnée par les commissaires allemands, sur la demande des commissaires français.

jourd'hui que la convention relative à l'armistice est signée, le gouvernement peut remplir sa promesse.

... Lorsque, le 8 septembre, le *Journal officiel* répétant une déclaration affichée sur les murailles par M. Magnin, ministre du commerce, affirmait que les approvisionnements en viandes, liquides et objets alimentaires de toute espèce, seraient largement suffisants pour assurer l'alimentation d'une population de deux millions d'âmes pendant deux mois, cette assertion était généralement accueillie par un sourire d'incrédulité. Or, quatre mois et vingt jours se sont écoulés depuis le 8 septembre.

... Le 27 janvier, — c'est-à-dire huit jours après la dernière bataille livrée sous nos murs et presqu'au moment où nous apprenions les insuccès de Chanzy et de Faidherbe, — il restait en magasin 42,000 quintaux métriques de blé, orge, seigle, riz et avoine, ce qui, réduit en farine, représente, à cause du faible rendement de l'avoine, 35,000 quintaux métriques de farine panifiable. Dans cette quantité sont compris 11,000 quintaux de blé et 6,000 quintaux de riz, cédés par l'administration de la guerre, laquelle ne possède plus que dix jours de vivres pour les troupes, si on les traite comme des troupes en campagne, savoir : 12,000 quintaux de riz, blé et farine, et 20,000 quintaux d'avoine. Telle était la situation de nos approvisionnements en céréales à l'heure de l'ouverture des négociations.

En temps ordinaire, Paris emploie à sa subsistance 8,000 quintaux de farine par jour, c'est-à-dire 2,000,000 de livres de pain ; mais, du 22 septembre au 18 janvier, sa consommation a été réduite à une moyenne de 6,360 quintaux de farine par jour, et depuis le 18 janvier, c'est-à-dire depuis le rationnement, cette consommation est descendue à 5,300 quintaux, soit un sixième de moins environ que la quantité habituelle, nous pourrions dire nécessaire.

En partant de ce chiffre de 5 300 quintaux, le total de nos approvisionnements représente une durée de sept jours.

A ces sept jours, on peut ajouter *un jour* d'alimentation fournie par la farine actuellement distribuée aux boulangers ; *trois ou quatre* jours auxquels subviendront les quantités de blés enlevées aux détenteurs par tous les moyens qu'il a été possible d'imaginer, et l'on arrive ainsi à reconnaître que nous avons du pain pour huit jours au moins, pour douze jours au plus.

Il n'est pas inutile de dire que, depuis trois semaines, il n'existe plus de provision en farine. Nos moulins ne fournissent chaque jour que la farine nécessaire au lendemain. Il eût suffi de quelques obus, tombant sur l'usine Cail, pour mettre instantanément en danger l'alimentation de toute la ville.

En ce qui concerne la viande, la situation peut se caractériser par un seul mot : depuis l'épuisement de nos réserves de boucherie, nous avons vécu en mangeant du cheval. Il y avait 100,000 chevaux à Paris. Il n'en reste plus que 33,000, en comprenant dans ce chiffre les chevaux de la guerre.

Ces 33,000 chevaux, d'ailleurs, ne sauraient être tous abattus sans les plus graves inconvénients. Plusieurs services, indispensables à la vie, seraient suspendus : ambulances, transport des grains, des farines et des combustibles ; services de l'éclairage et des vidanges, pompes funèbres, etc. Il nous faudra, d'autre part, beaucoup de chevaux pour le camionnage, quand le ravitaillement commencera. En réalité, une fois ces diverses nécessités satisfaites, le nombre des animaux disponibles pour la boucherie ne dépassera pas 22,000 environ.

En ce moment nous consommons, avec l'armée, 650 chevaux par jour, soit 25 à 30 grammes par habitant, après le prélèvement des hôpitaux, des ambulances et des fourneaux. *Vingt-cinq* grammes de viande de cheval, *trois cents* grammes de pain, voilà la nourriture dont Paris se contente à l'heure qu'il est. Dans dix jours, quand nous n'aurons plus de pain, nous aurons consommé 6,500 chevaux de plus, et il ne nous en restera que 26,500.

Nous pouvons, il est vrai, y joindre 3,000 vaches réservées pour le dernier moment, parce qu'elles fournissent du lait aux malades et aux nouveaunés. Mais, alors, comme il faudra remplacer le pain absent, la ration de viande devra être quadruplée, et nous serons obligés de tuer 3,000 chevaux par jour. Nous vivrions ainsi pendant une semaine environ.

Mais nous n'en viendrons pas à cette extrémité, précisément parce que le gouvernement de la défense nationale s'est décidé à négocier. On dira peut-être : « Pourquoi avoir tant tardé ? Pourquoi n'avoir pas révélé plus tôt ces vérités terribles ? » A cette question, il y a à répondre que le devoir était de prolonger la résistance jusqu'aux dernières limites, et que la révélation de semblables détails eût été la fin de toute résistance.

..... Nous avons le ferme espoir, nous avons la certitude que la famine sera épargnée à deux millions d'hommes, de femmes, de vieillards et d'enfants. Le devoir sacré de pousser la résistance aussi loin que les forces humaines le comportent, nous a obligés de tenir tant que nous avons eu un reste de pain. Nous avons cédé, non pas à l'avant-dernière heure, mais à la dernière.

CHAPITRE XIX

LA PROVINCE APRÈS L'ARMISTICE

La France se retrouve. — Antagonisme de Paris et de la province. — La nouvelle de la capitulation arrive à Bordeaux. — Dépêches de Jules Favre et de Gambetta. — Continuation des hostilités dans l'est. — Le général Clinchant remplace Bourbaki dans le commandement. — La retraite en Suisse. — Généreuse hospitalité de la Suisse. — Belfort résiste encore. — Les derniers jours du siège. — Le colonel Denfert reçoit du gouvernement l'ordre de rendre la place. — La dernière place française dans l'est : Bitche. — Reddition de la forteresse. — Le colonel Tessier. — La guerre est terminée. — DOCUMENTS COMPLÉMENTAIRES.

La capitulation de Paris, qui allait remettre en présence les uns des autres les assiégés de la capitale et les combattants de la province, devait aussi faire ressortir davantage les différences d'idées, d'opinions, et, si je puis dire, de température patriotique qui existaient entre ces compatriotes séparés les uns des autres depuis de longs mois. Durant le siège de Paris, une population de deux millions d'êtres humains avait été comme mise au secret, éloignée du reste du monde. Hommes, femmes, enfants vivaient d'une vie nouvelle sur cet immense radeau qui s'appelait la grande cité. Point de nouvelles, point de consolations, point de secours. On savait vaguement, au moment de la capitulation, que 418,000 (chiffre officiel) de nos soldats étaient prisonniers en Allemagne, que toute l'armée de Bourbaki, moins le corps de Bressolles, s'était, disait-on, réfugiée en Suisse, et que Belfort, vaillamment défendue par le colonel Denfert, résistait encore. C'était tout; c'était assez, hélas! Lorsque l'armistice fut conclu, Paris se précipita avidement vers la vérité ignorée.

Jamais, je crois, peuple ne ressentit une émotion pareille à celle qui agita la France lorsque après la capitulation de Paris et la conclusion de l'armistice, il fut donné au pays coupé en deux tronçons, à Paris isolé de la France, et à la France décapitée de Paris, de se retrouver, de se serrer dans une étreinte que la communauté des souffrances eût dû rendre fraternelle et que la rivalité de la province et l'exaspération de Paris rendirent aigre et douloureuse. Après tant de jours de lutte, après des mois de souffrance et de séparation, on allait donc reprendre la vie commune, jeter un regard sur cette chère France qu'on ne connaissait plus, apprendre enfin, apprendre la vérité tout entière sur ce qui s'était passé dans le pays durant le blocus.

La province surprise, irritée de la capitulation de Paris, ne pardonnait point un tel dénoûment à ce long siège. Les uns, qui eussent voulu la paix, même honteuse, reprochaient, le croira-t-on? à Paris d'avoir, par sa résistance, fait durer la guerre ; les autres, partisans de la guerre à outrance, lui faisaient un grief d'avoir, par sa chute, rendu la paix nécessaire. Tous étaient vaguement jaloux de ce Paris dont les dépêches officielles avaient si longtemps et si haut célébré les louanges et dont, par exemple, M. Clément Laurier disait, dans une de ses dépêches : « Paris est magique, régénéré, antique. Si quelqu'un osait y parler de capitulation, il serait fusillé sur place. Paris peut tenir largement jusqu'à la fin de février. »

Or, Paris succombait avant la fin de janvier et la province, déçue, le midi surtout, ne lui pardonnait pas cette déception. Gambetta, dans ses dernières dépêches au gouvernement de Paris, s'était d'ailleurs fait l'écho des sentiments d'une partie du pays (1). Le soir du 27 janvier, la délégation

(1) Les journaux viennent de publier la lettre suivante retrouvée dans les papiers de L. Lucipia, un des inculpés de l'affaire des Dominicains d'Arcueil.

Gambetta à Jules Favre.

Le 14 janvier 1871.

« Je ne peux pas me lasser de vous le redire et chaque fois avec plus d'insistance : il faut sortir, sortir tout de suite, sortir à tout prix; sortez aussi nombreux que possible, sortez sans espoir de retour. Près de trois cent mille hommes vous ont abandonnés, pendant cinq jours, pour courir, les uns sur Chanzy, les autres sur Bourbaki. Nous les retiendrons le

La Guerre en province. — Vue de Belfort.

de Bordeaux communiquait aux journaux, relativement à la capitulation de Paris, la note suivante :

Bordeaux, 27 janvier, 4 heures.

« La délégation du gouvernement est informée par ses agents à l'étranger que le *Times* publie, sur la foi de ses correspondants, que des négociations auraient été entamées entre Paris et Versailles au sujet du bombardement de Paris et d'une prétendue reddition éventuelle de la capitale.

« La délégation du gouvernement n'accorde aucun crédit à ces allégations de correspondants du *Times*, car il est impossible d'admettre que des négociations de cette nature et de cette importance aient été entamées au préalable. Les ballons arrivés jusqu'à présent n'ont fait prévoir rien de semblable.

« Un ballon est signalé aujourd'hui près de Rochefort sans qu'on sache encore s'il a atterré. Aussitôt que de nouvelles dépêches lui seront parvenues, le gouvernement s'empressera de les faire connaître.

« *Le directeur général délégué,*

« C. LAURIER. »

Trois jours après, le 30 janvier, à une heure, l'affiche suivante paraissait sur les murs de Bordeaux :

GOUVERNEMENT DE LA DÉFENSE NATIONALE.

« La délégation du gouvernement établie à Bordeaux, qui n'avait jusqu'ici sur les négociations entamées à Versailles que des renseignements fournis par la presse étrangère, a reçu cette nuit le télégramme suivant, qu'elle porte à la connaissance du pays dans sa teneur intégrale :

Versailles, 28 janvier, 11 h. 15 m. soir.

M. Jules Favre, ministre des affaires étrangères, à délégation de Bordeaux.

« Nous signons aujourd'hui un traité avec M. le
« comte de Bismarck.
« Un armistice de vingt et un jours est convenu.
« Une Assemblée est convoquée à Bordeaux pour
« le 15 février.
« Faites connaître cette nouvelle à toute la France,
« faites exécuter l'armistice, et convoquez les élec-
« teurs pour le 8 février.
« Un membre du gouvernement va partir pour
« Bordeaux.

« JULES FAVRE. »

« Un décret qui sera ultérieurement publié fera connaître les mesures prises pour assurer l'exécution des dispositions ci-dessus.

« Pour copie conforme :

« C. LAURIER. »

A ce moment, Gambetta, qui, disait-on à Paris, s'était suicidé à la suite de la défaite du Mans, adressait à M. Jules Favre une longue dépêche, attristée et superbe, où il résumait en traits rapides la situation du pays. Il faut lire ces pages qui contiennent comme le testament du patriotisme écrasé.

« ... Nous ignorons encore, disait cette dépêche, quelle est la vérité officielle, et, jusqu'à ce que nous ayons reçu de vous l'assurance que vous êtes décidés à une si lamentable fin, nous tenons les bruits anglais pour mal fondés, et nous y voyons une nouvelle manœuvre de M. de Bismarck. Toutefois la situation intérieure de Paris apparaît comme fortement troublée ; l'expulsion du général Trochu de toutes ses fonctions et commandements militaires et sa conservation, dès lors inexplicable, à la tête du gouvernement, le choix ridicule d'un sénateur de soixante-quinze ans pour présider aux suprêmes efforts de l'héroïque capitale, la suppression du droit de réunion et des journaux révolutionnaires, ainsi que les tentatives faites sur Mazas et l'Hôtel de ville, tout accuse clairement que dans la population, comme dans le gouvernement, il n'y a plus ni accord, ni fermeté, ni clairvoyance.

« Je ne puis croire cependant que ces négociations pour la reddition de notre capitale aient pu être entamées sans qu'on ait fait ce gigantesque et puissant effort qu'on promet et qu'on annonce de-

plus possible. Mais n'attendez pas qu'ils reviennent pour sortir, ne les laissez pas remonter sur Paris.

« Votre dépêche du 10 janvier, reçue et déchiffrée aujourd'hui, m'a causé autant de douleur que de colère. Comment se fait-il que, voyant et jugeant aussi clairement les hommes et les choses, vous puissiez subir un joug sous lequel Paris, la France et la République vont succomber ?

« Il n'est nulle convenance, nulle relation, nul intérêt qui puisse vous faire fléchir ni hésiter. Votre dépêche est un arrêt rendu contre lui et contre vous également.

« Que diront la France et l'histoire quand elles connaîtront la vérité écrite par vous-même ?

« Quand je pense que le 8, suivant ce que vous dites, tout était préparé, ordonné, et que sans motif rien ne s'est exécuté, je me demande si vous mesurez bien l'étendue de telles fautes et l'étendue de nos responsabilités, car je ne me sépare jamais de vous. Je vous remercie d'ailleurs de toutes les facultés politiques que vous avez obtenues pour moi, mais je n'ai pas le courage de traiter pour le moment ces questions, et je termine comme j'ai commencé, en vous criant : Sortez, sortez si vous ne voulez pas laisser périr la France, et je ne saurais me lasser de le redire.

« Vous n'avez autour de vous qu'un simple cercle de feu, derrière lequel nos audacieux et habiles ennemis dérobent tous leurs mouvements.

« La province fait d'ailleurs écho au cri unanime de Paris, et se demande à son tour, pourquoi cette persistante inaction. Chanzy s'est remis de son échec d'hier, et nos affaires dans l'est ont bonne tournure.

« Salut fraternel,

« *Signé :* GAMBETTA. »

puis quatre mois, et qui n'a pu être retardé, incessamment ajourné, que par incapacité ou esprit de méfiance, mais qu'il faut faire, pour pouvoir arborer avec honneur, s'il échoue, le drapeau parlementaire. L'initiateur de la révolution et le premier moteur de la défense de la France ne peut être supprimé qu'en appelant la province au devoir, comme à l'honneur de le venger, et cet appel ne peut être adressé au pays et écouté par lui qu'à la condition que Paris, comme c'est sa tradition et son rôle, se sera réellement sacrifié pour la patrie et pour la république. Mais si, au contraire, cette province, qui depuis trois mois prodigue son sang et son or, supporte l'invasion et l'incendie de ses villes, apprenait, — ce qui parait être la triste et cruelle vérité, — que Paris a été systématiquement amolli, énervé, découragé par ceux qui le gouvernent, et dont le mandat n'était sacré que parce qu'il avait pour but d'organiser et d'employer les forces militaires et révolutionnaires de Paris, c'est l'indignation chez les uns, la défaillance chez les autres, qui feraient place à l'enthousiasme qu'excitait parmi eux le gouvernement du 4 septembre. Que dira cette province, si surtout elle apprend que ce chef militaire introduit dans le gouvernement civil, et doté de la prépotence, n'était qu'un discoureur infatigable et un militaire irrésolu, que ses collègues le connaissent sous cette double face et qu'ils ont préféré, pour ne pas blesser cette présomption personnelle, laisser capituler Paris et compromettre la France; qu'ils ont poussé l'inertie, la culpabilité, par leur solidarité avec ce chef, jusqu'à ce point de rester sourds aux réclamations unanimes de l'opinion parisienne;... et c'est ainsi que vous vous êtes laissé conduire jusqu'aux derniers jours, subissant, vous républicains, un pouvoir personnel, méconnaissant la première règle de la tradition révolutionnaire qui est de subordonner les chefs militaires, quels qu'ils soient, à la magistrature politique et civile. A ces fautes, vous allez en ajouter une autre, et, après vous être laissé traîner en longueur par le général Trochu, vous allez, si les renseignements anglais sont véridiques, vous laisser mener jusqu'à vos derniers grains de blé par les lenteurs habiles et calculées de notre ennemi le plus redoutable, M. de Bismarck. Mais non, ces renseignements sont faux; je n'y crois pas, n'y veux pas croire : vous changerez les généraux qui manquent de cœur, et ce ne sera qu'après une grande bataille perdue que vous vous résignerez sous la force.

....

« Quant à la guerre et à la situation militaire où nous sommes placés depuis nos derniers revers, je n'ai que peu de choses à vous dire ; dans le nord, Faidherbe, dont la contenance et le patriotisme, ainsi que les talents militaires, sont au-dessus de tout éloge, répare ses pertes et refait ses troupes, en couvrant d'ailleurs les places du nord ; il ne pourra guère rien tenter avant le 1er février. J'ai fait passer au général Chanzy, dont la situation est un peu dégagée, les nobles paroles que vous me chargez de lui transmettre ; elles seront la plus belle récompense due au plus intrépide et au plus confiant de nos chefs militaires ; il a reçu des renforts et pourra, je pense, sortir bientôt de ses positions de retraite. Les lignes de la Loire et du Cher sont actuellement le théâtre d'une opération militaire confiée au 20e corps et qui pourra permettre à Chanzy une offensive plus prompte. Nous réoccupons, avec les forces tirées de Nevers, une partie d'Auxerre et Laval. Garibaldi a remporté une véritable victoire en avant de Dijon, dans une bataille qui a duré trois jours et qui a mis plus de 10,000 Prussiens hors de combat. Un drapeau ennemi, pour la première fois, est resté entre nos mains. Malheureusement l'armée de l'Est est dans une situation critique. A la suite de cette marche glorieuse, marquée par cinq journées et cinq succès : Villersexel, Arcey, Montbéliard et Lizaine, Bourbaki est venu le deuxième jour devant Héricourt. Accablé par le nombre, il s'est vu forcé de reculer. Il aurait promptement perdu l'esprit, sa tête s'est égarée, et se voyant poursuivi et presque cerné, il s'est tué d'un coup de pistolet. Un jour avant ce douloureux événement, il avait demandé à être remplacé, et désigné pour son successeur le général Clinchant. C'est lui qui vient de prendre le commandement de l'armée et qui cherche à la sauver des étreintes de l'ennemi et de la mauvaise situation où elle se trouve. Certes, le tableau est sombre, et la fortune nous est bien contraire. Cependant il ne faut pas se laisser aller au découragement, car plus que jamais j'ai la conviction que la prolongation de la lutte, en nous ramenant la fortune, épuisera nos envahisseurs, et, s'ils savaient bien qu'il faudra arroser de sang allemand chaque motte de terre française pour la conquérir et la garder, ils sentiraient l'impossibilité de s'acharner à la lutte, à l'extermination de la France.

« Donnons-leur, à force de constance dans les revers et d'activité dans l'organisation de nos forces, la conviction que nous resterons inflexibles dans la politique de la guerre à outrance, et nous aurons gagné sur eux une grande victoire. Le printemps viendra, et ils n'auront pas réalisé le fruit de leur conquête ; et, au milieu de l'Europe inquiète et jalouse, ils n'auront pas obtenu de sanction pour l'œuvre de la force. Nous les condamnons à une occupation aussi ruineuse pour eux que pour nous, et nous n'aurons pas compromis l'intégrité de la France, et à la première occasion de trouble ou de conflit européen, nous serons l'allié nécessaire de tous ceux qui auront à se venger des prétentions germaniques... Au moment de finir, nous recevons à l'instant une dépêche de Londres qui annonce votre retour de Versailles à Paris avec les conditions de la capitulation. La précision de la dépêche ne laisse guère de doute dans mon esprit, et je reste muet devant une telle catastrophe. Le ballon que vous avez lancé ce matin, 27 janvier, est passé au-dessus de Niort, de Rochefort, vers le milieu du jour; il est probablement allé à l'Océan, et nous sommes sans nouvelles officielles de vous. Tout, jusqu'à la nature, conspire contre la France. L'expiation est rude, le châtiment démesuré ; seul, le souffle de la révolution française peut encore nous sauver. C'est lui que j'appelle et que j'invoque. C'est par lui seul que je compte vivifier ce qui reste encore dans le pays de vitalité et d'énergie.

« Vive la France! Vive la République !

« LÉON GAMBETTA. »

M. Gambetta devait accentuer la politique contenue dans cette dépêche, lorsque, le 28 janvier, à Lille, où il était allé trouver le général Faidherbe pour voir si le centre de la résistance ne devait pas être cette fois, non la Loire, mais le Nord, il disait, dans un dernier discours :

« Pour le pays tout entier, de quoi s'agit-il? D'être ou de ne pas être. Voilà la raison de la guerre.

« La paix, ne l'oubliez pas, c'est la cession et la mutilation de la patrie. Avons-nous le droit de sacrifier trois millions de Français à cette avide Allemagne ; n'aurions-nous pas honte d'abandonner ces milliers d'Alsaciens s'échappant de leur patrie pour protester contre cet abominable attentat d'une annexion repoussée par le vœu national, et venant se serrer autour de l'étendard de la nation française, au mépris des proscriptions et sans souci des persécutions et des fusillades du roi Guillaume.

« Il n'appartient à personne, minorité, majorité, unanimité même, de céder la France. Celui-là viole le droit de tous et de chacun qui croirait pouvoir céder une partie de notre pays comme le maître cède une partie de son troupeau. La France est le bien commun de tous les Français, et chaque motte de terre que la France couvre de son drapeau m'appartient comme elle vous appartient, comme elle appartient à tous.

« Le sentiment de solidarité et de nationalité nous impose donc notre politique, c'est celle de la résistance à outrance ! »

L'Assemblée que le pays allait nommer devait être appelée à décider si la guerre serait continuée. Dans sa ferveur patriotique, M. Gambetta tranchait par avance la question : il voulait encore, il voulait toujours la guerre. Les désastres pourtant étaient aussi complets que possible et imposaient au pays une résignation douloureuse et une morne et profonde tristesse.

L'aspect désolé, ruiné de la France envahie plaidait cruellement en faveur de la paix. Les réquisitions avaient épuisé le pays, les batailles l'avaient comme éventré. Sur les routes de l'Orléanais, à travers la Beauce, la terre piétinée, les villages effondrés, les maisons incendiées, les murs crénelés, les haies brisées, les fosses creusées, les squelettes de chevaux blanchissant dans la plaine, les vols funèbres de corbeaux, présentaient les spectacles éternels des désolations qui tant de fois, depuis août, depuis Forbach, s'étaient offerts aux regards ; les scènes cruelles et les vestiges de l'invasion apparaissaient sur une terre désolée, que les cultivateurs, un peu entardés, à cette heure, se décidaient timidement à labourer.

Après Orléans, jusqu'à la Motte-Beuvron, où se trouvaient, du côté du Midi, les avant-postes prussiens, le paysage était farouche, la terre en friche, les plaines peuplées de corbeaux. Il semblait que, dès le Loiret, commençait la Sologne ; ce pays abandonné par la main de l'homme faisait peur. De temps à autre, aux murailles des fermes, des traces de balles ou d'obus apparaissaient. C'est la guerre qui avait passé là ! Et ces mêmes tableaux se retrouvaient du côté du Mans, vers le nord, à l'est, partout, excepté dans le midi, qui ne connaissait de la guerre que ses féroces et ses lointaines ardeurs.

Le jour même de la signature de l'armistice, nos armes semblaient, il est vrai, retrouver, du côté de Blois, comme un regain de victoire. A l'heure même où Paris succombait, le général Pourcet, marchant sur Blois, emportait le faubourg de Vienne, chassait les Prussiens qui, battus, faisaient sauter le pont reliant le faubourg à la ville. Mais ce petit avantage était malheureusement effacé par l'accumulation de désastres qui fondaient en ce moment sur notre armée de l'Est.

Grâce à l'incurie, coupable en pareil cas, du gouvernement de Paris, grâce à l'ignorance des signataires français de l'armistice, il avait été stipulé, à la demande de M. de Bismarck, qu'en dépit de la convention du 28 janvier les opérations militaires se continueraient, *indépendamment de l'armistice*, dans les départements du Doubs, du Jura et de la Côte-d'Or. En outre, le siège de Belfort serait continué par les Allemands. Conçoit-on que M. Jules Favre ait consenti à signer une telle clause et que, l'ayant fait, il n'ait point, en annonçant l'armistice à la délégation de Bordeaux, fait connaître cette restriction imposée par l'ennemi? Le télégramme de M. Favre disait, nous l'avons vu : « *Un armistice de vingt et un jours est convenu, faites-le exécuter.* » Il en résulta que l'ordre fut donné

M. Kuss, maire de Strasbourg et député de l'Alsace.

à Garibaldi et à Bourbaki, comme à tous les généraux, de cesser les opérations militaires, et que cet ordre fut suivi par nos chefs, tandis que les armées prussiennes, instruites des conditions stipulées à Versailles, continuèrent, malgré les protestations de nos généraux, leurs opérations vers Besançon et Dijon, et même vers le Havre, qu'elles menaçaient sérieusement et que le général Loysel était chargé de couvrir.

L'ignorance dans laquelle le gouvernement de Paris laissa, pendant deux jours, les autorités militaires, est un des griefs les plus graves que lui adressera l'histoire. Les Prussiens étaient décidés à anéantir notre malheureuse armée de l'Est, qui leur avait causé une certaine inquiétude et, chose triste à reconnaître, pour arriver à ce but ils trouvèrent un aide involontaire dans l'impardonnable oubli de notre ministre des affaires étrangères.

Après l'échec complet d'Héricourt, le général Bourbaki, menacé maintenant par les troupes de Manteuffel, venues en chemin de fer par détachements et qui, occupant la gare de Mouchard, point central de toutes les communications de notre armée, Bourbaki s'était replié sur Besançon tandis

que l'ennemi, s'emparant du plateau de Bondeval, manœuvrait pour couper à nos troupes toute communication avec Lyon. Les francs-tireurs de Bourras essayaient de défendre Blamont, mais, par tous les défilés, les Prussiens nous débordaient. Il n'y avait qu'à battre en retraite. Le général Cremer, se rabattant sur Besançon, livrait deux combats à trois jours de distance, à Villers-la-Ville, le 20 janvier, à Dannemarie, le 23. Les marches étaient horriblement pénibles, les vivres manquaient. Le général Bressolles, chargé de défendre avec le 24e corps les défilés du Lomont, n'ayant plus de provisions, se repliait déjà sur Pontarlier.

Les soldats épuisés de Bourbaki se massaient autour de Besançon. Il fut un moment question de s'arrêter dans cette place et de s'y défendre. Au conseil de guerre, tenu à Château-Farmé, Cremer, qui avait un moment voulu enlever, par une surprise de nuit, l'artillerie allemande (1), Cremer voulait résister dans Besançon. Mais les munitions manquaient et Bourbaki répondit en faisant con-

(1) Voy. l'*Invasion dans l'est, le général Cremer*, par un officier d'état-major. (C'est le colonel Poullet, chef d'état-major de Cremer.)

naître l'état des vivres : on n'en possédait que pour sept jours. Après sept jours, il eût fallu capituler. La retraite sur Pontarlier fut donc aussitôt décidée. Mais, pendant les trois jours de repos forcé que les troupes de Bourbaki avaient pris sous Besançon, les soldats de Werder, franchissant les défilés du Lomont, abandonnés par Bressolles, prenaient position le long de la frontière de Suisse et, pour un peu, coupaient tout à fait à notre armée le passage en Suisse, notre dernier espoir de salut matériel.

Ce fut alors que Bourbaki, effaré de sa défaite, reculant devant la responsabilité suprême, désolé et éperdu, voulut tenter d'abord de se jeter, à la tête d'une poignée d'hommes, sur les Prussiens ; puis haussant les épaules : « Et s'ils ne me tuent pas, dit-il, s'ils me cassent seulement une jambe, je serai inutilement estropié et on dira peut-être que j'ai passé à l'ennemi ! » Alors il arma un pistolet et se frappa au front. Le bruit de sa mort se répandit, mais le général n'était que blessé. Le commandement de l'armée de l'Est échut alors au général Clinchant, qui commandait le 20º corps après avoir, à l'armée de Metz, commandé une brigade. Bourbaki l'avait désigné lui-même pour son successeur.

Le général Clinchant, officier distingué, brillant, était aimé de ses soldats depuis le Mexique, où il avait eu Cremer pour aide de camp. Jeune encore et énergique, il essaya de réunir, au delà de Pontarlier, devant Mouthe, les débris, les bandes affamées de l'armée de l'Est. C'était le 28 janvier. Attaqué à Chaffois et à Mouthe, le général Clinchant, apprenant la nouvelle de l'armistice, laissa occuper, sur la route de Lyon à Mouthe, des positions importantes qu'il eût certainement défendues s'il eût été informé que l'armistice ne regardait aucunement notre armée de l'Est (1). Voyant que Manteuffel continuait les hostilités, Clinchant lui dénonça l'armistice, et télégraphia en même temps à Bordeaux.

Pontarlier, 30 janvier, 5 h. 35.

Clinchant à guerre.

« Je n'ai pas encore de réponse officielle du général Manteuffel, mais d'après une lettre apportée par un parlementaire prussien pendant une conférence près de Frasne, il paraîtrait que le général Manteuffel ne voudrait pas reconnaître cet armistice pour l'armée de l'Est, disant qu'il ne concerne que les armées du Nord et de Paris. »

Peu après, comme Manteuffel lui apprenait que l'armistice ne le concernait pas, le général voulut au moins sauver son matériel et les débris de son armée. Il télégraphiait alors à la délégation :

Verrières-Françaises, 1ᵉʳ février.

Général Clinchant à guerre.

« Tout ce que vous écriviez à J. Favre, je l'ai tenté inutilement près de Manteuffel. Il m'a refusé suspension d'armes de trente-six heures pour que le gouvernement puisse élucider la question. L'ennemi ayant continué les hostilités, malgré nos protestations et menaçant de couper ma retraite même vers la Suisse, ce qui entraînerait la perte de l'armée et de tout le matériel, j'ai dû me rendre à la dure nécessité de franchir les frontières.

« Le matériel a presque effectué son passage à l'heure qu'il est. Le général Billot couvre la retraite avec trois divisions du 18ᵉ corps. Je vous enverrai aujourd'hui le texte de la convention que j'ai conclue avec la Suisse.

« *Signé :* CLINCHANT. »

Le 1ᵉʳ février, une convention signée entre le général Clinchant et le général suisse Herzog permettait à l'armée française de se réfugier sur le territoire helvétique avec armes et bagages. 85,000 hommes, 11,000 chevaux, 202 pièces de canon furent ainsi sauvés. Cremer avait fait enclouer son artillerie qu'il avait été forcé d'abandonner. Chère petite république suisse, plus grande dans ton œuvre d'humanité que d'autres dans leurs insolents triomphes, quelle reconnaissance tout cœur français ne te doit-il pas ? Les petits furent les plus grands, d'ailleurs, en cette épouvantable aventure. Comme la Suisse, la Belgique, après Sedan, s'était montrée admirable et fraternelle.

On dit que les Suisses veulent élever à Neufchâtel une colonne commémorative de l'entrée de nos troupes sur leur territoire. Cette colonne devrait être faite du bronze ami des canons français.

Pauvre armée en lambeaux, pauvres soldats en haillons ! Lorsque les Suisses les virent, pâles, exténués, mourants, tous pleurèrent. Une immense pitié s'empara de ces cantons qui se saignèrent pour fournir vivres, argent, vêtements, aux vaincus et aux exilés. Quelles plaies et quelles douleurs roulait cet immense flot de l'armée en déroute ! Des fourgons de fiévreux, des voitures de malheureux aux pieds gelés. Des femmes se précipitaient sur ces hommes et, de leurs mains, lavaient, ré-

---

(1) « .... Cependant les armées prussiennes, sans doute mieux instruites des termes de la convention, ont continué leurs mouvements et pris des positions malgré la résistance et les protestations de nos chefs de corps. La délégation qui n'a, on le voit, reçu sur la convention de Versailles d'autre document officiel français que le télégramme de Versailles signé Jules Favre, a le droit et le devoir de porter ces faits à la connaissance du pays, afin de rapporter à qui de droit la responsabilité qui incombe à ceux qui n'ont pas fait connaître la convention dans toute sa teneur et ont entraîné des erreurs d'interprétation dont les conséquences, au point de vue de notre héroïque armée de l'Est, peuvent être irréparables pour la France.

« LÉON GAMBETTA. »

chauffaient ces pieds glacés. Elles donnaient tout. Le gouvernement suisse avait demandé 15 millions ; — le seul canton de Zurich en apporta en quelques heures 27, la Suisse entière 106. Il fallait par jour 30,000 pains de 3 livres, 150 bœufs, 600 quintaux de paille, 500 quintaux d'avoine. On trouva, on donna tout cela. Et quand de pauvres blessés disaient à des paysans aussi misérables qu'eux : « Mais vous, vous ne gardez rien, pas de provision pour vous, » — les braves gens de Suisse répondaient : « Ne craignez rien, Dieu y pourvoira ! »

Savez-vous ce que fut la Suisse tout entière pour cette France vaincue? Elle fut une nourrice, elle fut une mère. Que la Suisse soit bénie dans ses citoyens et dans ses enfants à venir !

Et comme les journaux allemands raillaient la Suisse de sa compassion, et comme le *Journal d'Ulm* disait : « Tant mieux pour la Suisse, si la *canaille* de l'armée de Bourbaki est chez elle, la Suisse verra comment il est facile de traiter de telles gens, et ce qui lui en coûtera ; » le journal *l'Helvétie* répondait, insolent et brave, en républicain parlant à un esclave : « Que les rédacteurs du pays des Sept Souabes se rassurent : les quatre-vingt mille Français (et davantage s'il le fallait !) seront mieux traités dans notre riche et libre Suisse que ne le sont les mangeurs de saucisses et de choucroute, de Knodel et de Nudel, dans leur propre pays ! (1). »

Pendant ce temps, le 18ᵉ corps, celui du général Billot, avait été chargé de couvrir la retraite. Une arrière-garde, postée au col de la Cluse et aux environs du fort de Joux protégeait, avec la plus grande bravoure, le défilé de l'armée et défendait pied à pied les derniers échelons du Jura. On ne lira pas sans intérêt, disait alors le *Journal de Genève* (2), le récit suivant que nous adresse l'un des acteurs de ce petit drame militaire, qui s'est terminé par une retraite d'une hardiesse toute chevaleresque :

« La retraite de la première armée et le défilé de l'artillerie et des bagages sur les Verrières ont été découverts, le 1ᵉʳ février, par la réserve générale et par le 44ᵉ de marche, du 18ᵉ corps. L'action s'est engagée vers onze heures au col de la Cluse et a duré jusqu'à la nuit. On se fusillait à vingt pas, près de la cabane du chemin de fer qui marque le tournant du col. La lutte a eu un caractère particulier de ténacité qui a justifié le cas que le général Clinchant faisait de cette réserve qu'il avait formée et sur laquelle il comptait. L'armée du général Manteuffel, engagée presque entièrement dans la trouée de Pontarlier et sur les crêtes, a perdu une centaine de prisonniers et plus de cinq cents hommes tués ou blessés. Le terrain, au tournant du col, était couvert de cadavres prussiens.

« Le général Pallu de la Barrière, qui commandait la réserve générale, n'est pas entré en Suisse. Il s'est jeté, le 2 février, dans les montagnes du Jura, avec onze officiers et une troupe composée d'hommes du 38ᵉ de ligne, du 29ᵉ de marche et de l'infanterie de marine. Pendant le jour, ce débris d'un corps de 9,000 hommes s'établissait dans des positions très-fortes où, malgré son petit nombre, il pouvait résister, et où ses lignes de retraite étaient toujours soigneusement observées. Pendant la nuit, la colonne usait de ruse et défilait en vue des factionnaires ennemis, à 400 mètres souvent du gros des troupes prussiennes. Les hommes, enrhumés, étouffaient leur toux. Les marches forcées, les chemins impraticables, les amoncellements de neige, la privation du sommeil ne lassèrent pas le courage de cette petite troupe qui, après huit jours de dures fatigues et bien des chances diverses, put déboucher sur la vallée de la Valserine. Leurs armes, qu'ils conservèrent, leur restaient comme un drapeau. »

Dans ce dernier combat de la Cluse, un héros était tombé, dont l'histoire ne doit pas oublier le nom. C'est le colonel Achilli, du 44ᵉ de marche. Chargé de défendre les derniers défilés et voyant que quelques-uns de ses soldats murmuraient : « Qu'avez-vous donc? dit-il, vous restez en France, les autres passent en Suisse et vous vous plaignez? — C'est que, ici, nous allons nous faire tuer, colonel ! — *Eh bien! c'est ce que je vous disais ! Vous resterez en France !* » — Le mot est sublime. Une heure après, le colonel Achilli tombait, frappé d'une balle au ventre.

Blessé à quatre heures du soir, il expira quelques heures après. Il mourut avec deux blessures encore saignantes, outre sa blessure mortelle : il avait reçu la première, au pied, à Juranville; la seconde, à la cuisse, à Villersexel, et, quoiqu'elles ne fussent point guéries, il combattait encore.

Le 44ᵉ de marche avait d'ailleurs eu déjà à sa tête un brave, c'était le colonel Robert, qui le commandait avant le colonel Achilli. A Juranville, le 28 novembre, le colonel Robert marchait en même temps à la tête de la 1ʳᵉ brigade de la 1ʳᵉ division du 18ᵉ corps. Il n'était alors que chef de bataillon. Fait colonel après Juranville, il passa général après

---

(1) Depuis, la sympathie de la Suisse ne s'est pas plus démentie que la reconnaissance de la France. Il y a eu, le 7 janvier, une grande manifestation en mémoire des soldats français décédés à Lausanne pendant leur internement. Environ 6,000 personnes, précédées de la musique et de drapeaux tricolores voilés d'un crêpe, ont pris part, ainsi qu'une délégation du conseil d'État, à l'inauguration du monument funèbre dans le cimetière de Montoie. Quelques orateurs ont pris la parole, et rendu hommage aux malheureux soldats et mobiles de l'armée du général Bourbaki.

(2) Voy. les articles de M. Marc Debrit réunis en volume.

Villersexel. Le 1er février à la Cluse, il guidait au combat sa brigade, la dernière qui résistât.

Vers trois heures, le feu cessa du côté des Prussiens. Les Français s'arrêtèrent en même temps, par instinct. Un officier supérieur allemand se détache alors et s'avance. Le général Robert en fait autant et, lorsque ces deux hommes sont l'un près de l'autre : « Général, dit le Prussien, vous êtes cernés, il ne vous reste plus qu'à vous rendre.
— Pardon, monsieur, répondit simplement le général Robert, il nous reste encore à mourir honorablement. »

Le feu recommença avec furie, et ce fut peu après que le colonel fut blessé à mort. A huit heures seulement, l'arrière-garde du 18e corps entrait en Suisse. Le 2 février au soir, la dépêche signée du commandant en chef du 18e corps, publiée à Bordeaux, contenait l'extrait suivant :

« ...Nous avons à regretter la perte du brave colonel Achilli, du 44e, qui, avec deux blessures ouvertes reçues depuis longtemps, n'a pas cessé un seul jour de conduire son régiment au feu.

« Signé : BILLOT. »

Ce sont de pareils traits et de tels sacrifices qui vengent, aux yeux de l'avenir, l'honneur meurtri des nations vaincues.

Pendant qu'en dépit de l'armistice, notre armée de l'Est était ainsi rejetée sur la Suisse, Belfort continuait à être impitoyablement bombardée (1). Ce siége de Belfort est une des pages les plus belles pour nous et les plus consolantes de l'histoire de cette douloureuse guerre. Nous avons vu les efforts qu'avaient tentés Bourbaki pour débloquer la ville. Belfort, dès le 10 novembre, était investie à quatre kilomètres autour de sa citadelle ; le 16, les ouvrages allemands étaient déjà à 1,300 mètres. Dans la nuit du 16 au 17, 3,000 de nos soldats faisaient une sortie et bouleversaient, il est vrai, tous les ouvrages. Mais, du 18 au 30, les Prussiens ouvraient deux parallèles. Le 2 décembre, leurs batteries, établies sur la côte du Salbert, commençaient le bombardement, et, le 6, l'état-major prussien télégraphiait à Berlin : *Belfort peut tenir cinq jours au plus.* Deux mois après, Belfort tenait encore.

(1) Neufchâtel, le 1er février 1871, 4 h. 30 m. soir.

Les Prussiens continuent à tirer des bombes avec force sur Belfort, et prétendent que l'armistice ne profite ni à cette brave forteresse, ni à l'armée de Bourbaki.

Ils continuent à diriger des troupes sur Belfort; hier, ont passé à Mulhouse plus de 50 wagons militaires.

Neufchâtel, 1er février 1871, 7 h. soir.

La Prusse profite du traité de Paris pour diriger force troupes sur l'héroïque Belfort ; préparatifs ardents nuit et jour; parlementaire prussien est venu à Belfort, annoncer la capitulation de Paris, disant que la France n'a plus d'armée, plus de gouvernement. Le colonel Denfert a répondu : « C'est possible, mais, ici, les soldats républicains ne se rendront pas. »

Vers la fin de janvier, le 26, les Prussiens, établis devant les Perches qu'ils voulaient prendre et de là bombarder le château placé sur le roc, se risquèrent à enlever la position de vive force. L'assaut fut livré pendant la nuit : à huit reprises consécutives, les bataillons de la landwehr désignés revinrent à la charge ; à huit reprises, l'attaque fut repoussée. Un seul bataillon défendait les Perches; il eut une trentaine d'hommes mis hors de combat. Au lever du jour, l'ennemi, décimé, battit en retraite, abandonnant ses blessés sur le champ de bataille. Les Allemands ont dit que *l'assaut* fut renouvelé le 8 février. Cela n'est pas exact. Ils n'occupèrent les Perches que parce que leur artillerie bouleversant nos canons, nos travaux, rendait la position intenable.

Belfort donc résistait victorieusement, défiant le bombardement et les assauts. Les Allemands laissaient autour de ces murailles des morts par monceaux. Le chiffre a été grossi comme toujours, et on a dit, par exemple, que, dans une seule attaque, lors du dernier assaut, les Prussiens virent tomber 18,000 morts autour de la ville. Cela est faux. Mais la vérité est que les Allemands donnaient avec terreur un nom sinistre à ce coin de terre où bataillons et régiments allaient s'engouffrer, d'où ils revenaient écrasés et décimés. Ils l'appelaient *le Trou de la mort* ou *Todten fabrik*, fabrique de morts.

La population de Belfort tout entière, au surplus, était vraiment héroïque. Elle haïssait la Prusse. Elle espérait la victoire. Ces deux forces la soutenaient pendant les longs jours de siége, où nulle nouvelle que de faux bruits de victoires impossibles qui rendaient la réalité plus sinistre, n'entrait dans la ville. Le maire, M. Mény, se multipliait avec un courage digne de tout éloge. Le colonel Denfert, que des gens ont osé appeler *un colonel de casemates*, dirigeait, ordonnait toutes choses. Un matin de janvier, quelle fut la joie, quelle fut l'ivresse de la pauvre ville ! Denfert avait envoyé à toutes les batteries de la place un ordre ainsi conçu : *Tirez à blanc jusqu'à la nuit, en signe d'allégresse, cinq coups par pièce. L'armée française s'avance* (1). En effet, on entendait, là-bas, du côté d'Héricourt, le canon, les mitrailleuses, les feux des tirailleurs. Les Français ! C'étaient les Français ! Quelle fièvre ! « Le bruit se rapproche. Les nôtres ne reculent donc pas ! » On comptait les heures aux battements de son cœur. Le soir, la bataille cessait pour reprendre le lendemain 16 janvier, plus furieuse. Ce jour-là, — quelle émotion ! — on aperçoit du haut de la Miotte les batteries françaises installées au mont Vaudois. L'action se rapproche. Le bruit court que les Prussiens enclouent

(1) Le *Siége de Belfort*, par L. Belin, page 119 et suiv.

L'Assemblée a Bordeaux. — Grand-Théâtre, siège de l'Assemblée nationale.

déjà leurs canons. Un bataillon sort aussitôt de Belfort, se porte sur Essert et décime les artilleurs allemands. Cependant le soir vient, et Belfort n'est point délivrée. Le 17, après une nuit d'anxiété, le bruit semble s'éloigner. On n'entend plus le canon. Que se passe-t-il? Ce ne sont plus que des escarmouches. La pluie tombe, froide, mêlée de neige fondue.

Quelles angoisses! Les Français seraient-ils repoussés? Ils sont repoussés, hélas! et la lugubre retraite de Bourbaki commence.

On se souvient que, ce même soir à Paris, le général Trochu disait, joyeux, dans la réunion des maires, dont nous avons parlé à sa date : « Je suis certain qu'à cette heure, Belfort débloquée est libre! »

Belfort était perdue. Le 26 janvier avait lieu l'assaut infructueux contre les Perches dont nous avons parlé, puis l'ennemi commençait et poursuivait très-activement des travaux d'approche devant ces ouvrages, dont il n'était éloigné, le 5 février, que de 80 mètres environ (1).

Le tir ennemi était formidable, tant par le nombre que par la nature et les dimensions des projectiles lancés. La place ne pouvait y répondre que très-faiblement et d'une manière peu efficace, par l'envoi de boulets pleins de 16 et de bombes, réservant les obus oblongs de 12 et de 24 qui lui restaient (environ 18,000 en tout) pour les jours d'attaque.

Et les maladies, la variole, faisaient des victimes nombreuses! L'*Écho des Affiches de Thann* donnait naguère la liste des morts d'après les registres de l'état civil.

« La liste en a été longue, disait ce journal, et elle l'eût été encore plus si tous les décès arrivés dans les postes avancés et aux grand'gardes avaient été déclarés. Les épidémies, plus que le feu ennemi, ont contribué à étendre la mortalité, qui s'est accrue par la maladie connue sous le nom de *pourriture d'hôpital*, espèce de gangrène qui survient aux plaies des blessés. Nos ambulances perdaient 95 malades sur 100; aussi ne faut-il pas s'étonner que, sur la fin des hostilités, les planches aient manqué pour la confection des cercueils. Les rats en ont fait leur profit en dévorant les cadavres entassés avant leur inhumation et dont on rencontrait les débris sur la voie publique. »

Enfin, le 8 février, les Perches étaient abandonnées, et bientôt le colonel Denfert recevait du gouvernement l'ordre de rendre Belfort. La reddition de Belfort permettait la prolongation de l'armistice dont on avait besoin pour traiter de la paix. Le 13 février, le feu était suspendu de part et d'autre.

A huit heures trente-cinq minutes du soir le dernier coup de canon de cette guerre de 1870-71 était tiré dans une pièce de 24, du château, par le vieux maréchal des logis Huyghes. « Le siége de Belfort était par là terminé au bout de cent trois jours, dont soixante-treize d'un bombardement sans trêve, qui avait jeté sur la place plus de cinq cent mille projectiles, alors que Strasbourg, fameux par ses malheurs, n'en avait pas, sur une superficie dix fois aussi grande, reçu plus de cent cinquante à deux cent mille, c'est-à-dire les deux cinquièmes (1). » Denfert adressait aussitôt à la population cette proclamation dernière :

« Citoyens et soldats,

« Le gouvernement de la défense nationale m'a donné, en vue des circonstances, l'ordre de rendre la place de Belfort. J'ai dû en conséquence traiter de cette reddition avec M. le général de Treskow, commandant en chef de l'armée assiégeante.

« Si les malheurs du pays n'ont pas permis que la résistance vigoureuse offerte par la garnison, la garde nationale et la généralité de la population reçût la récompense qu'elle méritait, nous avons pu du moins avoir la satisfaction de conserver à la France notre garnison, qui va rallier, avec armes et bagages et libre de tout engagement, le poste français le plus voisin.

« Connaissant l'esprit qui anime les habitants de la ville au milieu desquels je demeure depuis plusieurs années, je comprends mieux que personne l'amertume de la situation qui leur est faite. Cette situation est d'autant plus pénible qu'on prétend nous faire craindre qu'au mépris des principes et des idées modernes, le traité de paix que nous allons subir ne consacre une fois de plus le droit de la force et n'impose à l'Alsace tout entière la domination étrangère.

« Mais je reste convaincu que la population de Belfort conservera toujours les sentiments français et républicains qu'elle vient de manifester avec tant d'énergie. En consultant du reste l'histoire même du siècle présent, elle y puisera la légitime confiance que la force ne saurait prévaloir contre le droit.

« Vive la France! Vive la République!

« *Le colonel-command nt,*

« DENFERT-ROCHEREAU.

« Belfort, le 16 février 1871. »

Puis, le 18 février, à midi, il sortait, à la tête de la dernière colonne de la garnison de la ville qu'il avait si bien défendue. Comme le capitaine du

---

(1) Voyez sur le siége de Belfort un très-remarquable livre : *Impressions et souvenirs du siége de Belfort*. C'est un des récits les mieux faits qu'on puisse rencontrer.

(1) *La défense de Belfort*, par E. Thiers et S. de la Laurencie, p. 463.

navire en détresse, le gouverneur quittait son bord le dernier.

Alors Belfort devenait comme un lieu de pèlerinage. De Porrentruy, du vallon de Saint-Imier, des Franches-Montagnes, les gens venaient pour contempler les ruines de la malheureuse cité. « Le cœur se serre, disait un témoin, à l'aspect de ces maisons sans toiture, dégarnies de fenêtres, lézardées, de ces murailles écroulées. Partout, dans la ville, on ne voit que boulets, éclats d'obus et même des projectiles qui n'ont pas fait explosion. »

Mais Belfort devait avoir, dans cet écroulement sinistre de tous les espoirs de la patrie, cette consolation, cette joie : la cité restait à la France, à la France qui en est fière et qui l'aime comme elle aime toute cette Alsace dont on l'a amputée comme de la chair de sa chair.

Avec Belfort tomba une autre forteresse d'Alsace, devant laquelle les Allemands étaient venus échouer et qu'ils avaient punie en brûlant, rasant en quelque sorte la ville. Cette forteresse, que les Prussiens n'ont pas prise, c'était Bitche que défendait le 54ᵉ de ligne. Les écrivains allemands nomment eux-mêmes ce siège un *insuccès*. La ville brûlée ne se rendit que sur un ordre du gouvernement français. Du haut d'un roc le drapeau français domina jusqu'à la fin la citadelle et défia les assiégeants. Les étages superposés des ouvrages rendaient la forteresse imprenable. Les Bavarois, qui l'investissaient, durent renoncer à tout espoir. En revanche, ce furent, je le répète, les maisons particulières qui reçurent leurs coups. Le siège fini, il ne restait pas dans la malheureuse ville *trois* maisons habitables. Le 24 septembre, après onze jours de bombardement, l'ennemi, se sentant impuissant, abandonna le siège et se contenta d'observer la citadelle. De temps à autre cependant, le bombardement reprenait comme si les Bavarois cantonnés sur les routes de Sarreguemines, de Lomberg et de Niederbronn eussent éprouvé le sauvage besoin de tirer quelque meurtrier feu d'artifice. Ils eurent un moment la tentation d'employer les gros canons de Metz contre cette héroïque petite ville qui se défendit pendant *sept mois*. — Sept mois de siège, de lutte, d'espoir, de courage, et cela pour aboutir à la reddition, fière, il est vrai, comme on en peut juger par cette clause :

« La garnison de Bitche sortira immédiatement de cette place avec les honneurs de la guerre. Elle emportera avec elle ses armes, bagages, matériel, et les archives se rapportant à la forteresse même. La garnison sera transportée en chemin de fer à Lunéville, et de cette ville au delà des districts occupés par l'armée allemande. »

Mais lorsqu'on apprit, à Bitche, ce dénoûment, « chacun, dit un témoin, s'abordait dans les rues, les larmes aux yeux ; l'aspect de la ville était navrant. Les femmes surtout se faisaient remarquer par l'excès de leur douleur patriotique ; aussi voulurent-elles donner à l'admirable garnison un souvenir de gratitude.

« Elles convinrent de broder un drapeau qui serait confié au commandant de la place, chargé de le remettre au chef de l'État, avec prière de le déposer au musée d'artillerie jusqu'au jour où il pourra être rapporté à Bitche par une armée française triomphante. En quelques jours, le drapeau fut terminé et apporté à la citadelle. »

Le 15 mars, un ordre du colonel Tessier, commandant la place de Bitche, était porté à la connaissance de la garnison :

« Officiers, sous-officiers et soldats de la garnison, vous êtes appelés à vous réunir aujourd'hui, à une heure de l'après-midi, au camp retranché, pour recevoir des délégués de Bitche un drapeau qui vous est offert par les habitants de la ville, et que leurs filles ont voulu broder de leurs mains.

« Ce drapeau, glorieux témoignage de votre courage et de votre patience pendant les sept mois de siège ou de blocus de la place, sera présenté au chef de l'État, auquel je demanderai qu'il soit déposé au musée d'artillerie, jusqu'au jour où il pourra être rapporté ici par une armée française valeureuse et triomphante.

« C'est un gage que la France voudra restituer un jour à une population aussi malheureuse, aussi dévouée et si éminemment française de cœur et d'âme sur laquelle le joug de l'étranger va s'appesantir.

« Conservons tous le souvenir de cette cérémonie touchante, pour le faire passer au besoin comme une tradition vivante et ineffaçable dans le cœur de nos enfants.

« N'oublions jamais que nous allons laisser ici des Français, des frères malheureux, dont le cœur reste plein d'espérance et de foi dans l'avenir.

« Après réception du drapeau, la garnison défilera devant MM. les délégués de la ville et rentrera sans s'arrêter dans ses logements.

« Une compagnie du 54ᵉ de marche, casernée au château, reconduira le drapeau chez le commandant de la place, où il restera déposé en attendant les dispositions à prendre pour le départ de la garnison.

« *Le lieutenant-colonel commandant la place,*

« TESSIER.

« Bitche, le 15 mars 1871. »

En conformité de cet ordre, toute la garnison était sous les armes à une heure. M. Lamberton, chef de la municipalité, arriva avec le drapeau, suivi de la garde nationale, des mobilisés de la ville, et le remit entre les mains du colonel Tessier.

« Je vous offre ce drapeau, dit M. Lamberton, tra-

vail de nos enfants. En vous serrant les mains au nom de toute notre population si française par le cœur, je ne vous dis pas adieu, mais au revoir. »
En prononçant ces paroles, M. Lamberton sanglotait.

Le colonel Tessier remercia la population de Bitche au nom de la garnison, puis le défilé commença aux cris de : « Vive Bitche ! Vive la République ! » Toute la garnison était là et pleurait. Sur le drapeau offert à la garnison de Bitche se lit cette simple inscription :

« *La ville de Bitche à ses défenseurs, 5 août 1870, 12 mars 1871.* »

Après Bitche, il ne restait plus en Alsace et en Lorraine une seule place sur laquelle flottât le drapeau tricolore.

DOCUMENTS COMPLÉMENTAIRES DU CHAPITRE XIX

N° 1.

GARNISON DE BELFORT

La garnison de Belfort se composait des troupes suivantes (1) :

Armée permanente.

Un bataillon du 84ᵉ de ligne.
Un bataillon du 45ᵉ de ligne.
Le dépôt du 48ᵉ, d'un faible effectif.
Une demi-batterie à pied, du 7ᵉ d'artillerie.
Quatre demi-batteries à pied, du 12ᵉ d'artillerie.
Une demi-compagnie du 2ᵉ de génie.

Garde nationale mobile.

Une compagnie du génie formée dans la mobile du Haut-Rhin.
Trois batteries mobiles du Haut-Rhin.
Deux batteries mobiles de la Haute-Garonne.
Trois compagnies du Haut-Rhin.
Le 57ᵉ régiment (de la Haute-Saône), 3 bataillons.
Le 4ᵉ bataillon de la Haute-Saône (isolé).
Le 16ᵉ régiment (du Rhône), 2 bataillons.
Cinq compagnies de Saône-et-Loire.
Deux compagnies des Vosges.

Garde nationale mobilisée, sédentaire, etc.

Trois compagnies de mobilisés du Haut-Rhin.
Environ 390 hommes de garde nationale sédentaire de Belfort.
Environ 100 douaniers.
Quelques gendarmes à cheval et cavaliers isolés, restés à Belfort.

Le tout, formant un effectif total d'environ 16,200 hommes, officiers compris, composés en grande majorité de garde nationale mobile.

(1) *La Défense de Belfort*, par Ed. Thiers et S. de la Laurencie, p. 79.

N° 2.

DISSOLUTION DE LA GARNISON DE BELFORT (1) — ORDRES DU JOUR DU COLONEL DENFERT

1° *Aux gardes nationaux mobilisés du Haut-Rhin.*

9 mars 1871.

« Vous allez rentrer dans vos foyers après avoir eu l'honneur de concourir à la défense de Belfort.

« M. le ministre de la guerre me charge de vous remercier de votre belle conduite pendant le siège. Votre concours et celui de la garde nationale sédentaire ont aidé la garnison à obtenir la conservation de la place à la France. Seuls en Alsace, vous avez le privilège de ne pas subir la domination étrangère et vous vivrez désormais libres sous les lois de la République, alors que vos frères, après avoir subi pendant vingt ans le despotisme de l'empire, restent condamnés à subir le joug d'un empire étranger. Que cette pensée soit toujours présente à vos esprits jusqu'au jour où vous serez appelés à revendiquer avec eux et avec toute la France l'intégrité de notre patrie.

« *Vive la France ! Vive la République !* »

2° *Aux mineurs et artilleurs de la ligne.*

« Avant de quitter la compagnie des mineurs du 2ᵉ régiment du génie et les cinq demi-batteries d'artillerie de l'armée régulière qui ont pris part à la défense de Belfort, le commandant supérieur qui a dirigé cette défense tient à leur exprimer sa reconnaissance pour la manière dont elles ont satisfait à la rude tâche qui leur était assignée. C'est surtout à la fermeté dont ont fait preuve les artilleurs sous le feu de l'ennemi, à la vigueur avec laquelle ils ont répondu à ce feu, au talent déployé par les officiers d'artillerie pour couvrir ou masquer leurs pièces, qu'a été due la lenteur des progrès des attaques ennemies.

(1) C'est à Grenoble que le corps d'armée sorti de Belfort fut dissous. L'opération dura du 9 au 24 mars.

L'Assemblée a Bordeaux. — Garibaldi sort de l'Assemblée nationale après la séance d'ouverture.

« C'est à l'énergie des sapeurs du 2ᵉ régiment, à l'exemple qu'ils ont donné au reste de la garnison, à la vigoureuse impulsion de leurs officiers, que nous avons dû la construction relativement rapide des nombreux abris créés sur tous les points de la place, et qui, en réduisant nos pertes, ont permis, malgré la violence du bombardement, d'offrir une résistance que l'ennemi n'était pas encore en mesure de briser au moment de la reddition de la place, au bout de cent trois jours de siége.

« Malgré tous vos efforts, les malheurs de la patrie ont obligé la place de Belfort à subir la souillure de l'étranger; mais du moins elle nous est conservée, et elle pourra dans l'avenir nous servir de boulevard contre de nouvelles attaques et nous aider à préparer la revendication de l'intégrité de notre territoire.

« En attendant ce moment, que votre cri de ralliement soit : *Vive la France!* et *Vive la République!* »

3° *Au reste de la garnison.*

« Avant de se séparer des officiers et des troupes de la garnison de Belfort qui se trouvent encore réunis à Grenoble et aux environs (état-major des places, de l'artillerie et du génie, gendarmerie, infanterie de ligne, artillerie, génie, infanterie de la garde mobile, etc.), le commandant supérieur tient à les remercier du concours qu'ils lui ont donné pendant la durée du siége de Belfort. Tous ont été appelés, à tour de rôle, à faire preuve de dévouement au pays.

« C'est grâce à l'énergie déployée par les commandants des forts, par les troupes sous leurs ordres, que l'ennemi a dû renoncer en décembre à son attaque sur Bellevue et a été repoussé une première fois le 26 janvier aux Hautes et Basses-Perches.

« Les mobiles se sont trouvés pour la première fois engagés avec l'ennemi le 2 novembre, et par la fermeté qu'ils ont montrée dans la défense du village de Roppe, ils ont assuré la rentrée dans la place du détachement de Dannemarie et la destruction du viaduc du chemin de fer que l'ennemi n'a pu rétablir pendant le cours du siége.

« D'autres mobiles ont pris part aux attaques du 13 et 15 décembre contre le bois de Bavilliers, du 20 décembre contre les batteries d'Essert, et ont repoussé dans le courant de décembre plusieurs attaques contre les villages d'Andelnans, de Danjoutin et la ferme de Froideval.

« L'infanterie de l'armée régulière a pris une part glorieuse à l'attaque du bois de Bavilliers et à la défense des Hautes et Basses-Perches. Appuyée par des bataillons de mobiles, elle a vaillamment soutenu l'attaque dirigée contre Pérouse le 21 janvier, et infligé à l'ennemi des pertes considérables.

« Les batteries d'artillerie mobile ont combattu l'ennemi avec succès, soit dans les forts extérieurs, et rivalisé, en plusieurs circonstances, avec les batteries de l'armée régulière.

« Les troupes ont également, à plusieurs reprises, aidé les pompiers de la ville à éteindre les incendies sous le feu violent de l'ennemi.

« Tous ces faits attestent l'énergie apportée par les diverses troupes de la garnison à la défense de Belfort, et ont contribué pour leur part à la longue résistance de la place, que cent trois jours de siége n'ont pu réduire et qui n'a été rendue à l'ennemi que sur l'ordre du gouvernement français.

« Vous allez déposer les armes et rentrer dans vos foyers. Ne perdez pas de vue les malheurs du pays, songez aux efforts que nous avons tous à faire pour sortir de la situation difficile où nous nous trouvons, et pour pouvoir revendiquer un jour avec succès l'intégrité de notre territoire.

« Que notre cri de ralliement soit toujours celui qui a présidé à notre défense :

« *Vive la France!* et *Vive la République!*

CHAPITRE XX

LA PAIX DE BORDEAUX

Caractère des élections. — Paris et la province. — Dissentiment entre le gouvernement de Paris et la délégation de Bordeaux. — Proclamations de Gambetta. — Intervention de M. de Bismarck. — Démission de Gambetta. — Élections parisiennes. — Élections de province. — M. Thiers. — L'Assemblée se réunit à Bordeaux. — Première séance. — Le gouvernement de la défense nationale et les ministres déposent leurs pouvoirs entre les mains de l'Assemblée. — Démission de Garibaldi. — M. Grévy est élu président de l'Assemblée. — M. Thiers est nommé chef du pouvoir exécutif de la République française. — Composition du nouveau ministère. — L'Assemblée nomme une commission chargée de négocier avec la Prusse. — Négociations à Versailles. — État moral de Paris. — Le Comité central. — Anniversaire du 24 février. — Manifestations sur la place de la Bastille. — Fédération de la garde nationale. — Le bruit de l'entrée prochaine des Prussiens se répand. — La garde nationale s'empare des canons du parc de la place Wagram. — Les préliminaires de paix sont signés. — Le gouvernement annonce à la population parisienne l'entrée des Prussiens. — Attitude des journaux. — L'entrée des Prussiens. — Aspect de la ville et des quartiers occupés. — L'Assemblée ratifie les préliminaires de paix. — Les Prussiens évacuent Paris. — La séance de l'Assemblée. — Les députés alsaciens. — M. Conti. — L'Assemblée vote la déchéance de l'empereur et de sa dynastie. — Mort de M. Küss, maire de Strasbourg et député. — Ses funérailles. — Les femmes d'Alsace et de Lorraine. — Documents complémentaires.

Les élections des députés à l'Assemblée nationale, d'abord annoncées pour le 5 février 1870 à Paris, et le 8 en province, puis fixées au 8 février pour toute la France, allaient mettre tout à fait en lumière ou, pour dire plus juste, à nu, les différences d'opinions, le chaos des idées, la débâcle même des esprits. Jamais des élections aussi graves, faites à un moment aussi solennel, aussi critique de notre histoire, ne furent plus abandonnées au hasard et au vent de la passion. Ce qui les caractérise d'un mot, c'est le décousu ou le désarroi. A Paris, on vota surtout contre le gouvernement de la défense nationale; en province, presque partout, on vota contre la continuation de la guerre. D'ailleurs, nul autre mandat donné aux députés que celui de conclure ou de ne pas conclure la paix. Les pouvoirs de l'Assemblée nationale qui, après avoir été l'Assemblée de Bordeaux, devint l'Assemblée de Versailles, ne furent pas indiqués dès l'origine, ni par le gouvernement qui convoquait les électeurs, ni par les électeurs eux-mêmes, et là encore nous avons à constater quel trouble ne pouvait manquer de jeter dans le pays une Assemblée dont la durée et le mandat n'étaient point parfaitement, nettement délimités.

En réalité, l'Assemblée n'était nommée que pour traiter avec la Prusse. Le débat, dans les élections départementales, ne porta que sur un point. Doit-on, oui ou non, traiter avec l'ennemi? Et comme, dans l'esprit des populations de la campagne, des paysans, les candidats républicains semblaient personnifier plus que tous les autres le parti de la guerre, les paysans votèrent, en général, sans réfléchir autrement, pour les candidats qui paraissaient leur apporter la paix. La lutte, dans la plupart des départements, on ne le niera point, eut lieu sur ce seul terrain. Beaucoup de légitimistes par exemple furent élus, quoique les électeurs fussent absolument opposés à la légitimité, mais parce que ces candidats protestaient contre la formule absolue de Gambetta : *la guerre à outrance*. Sur un seul point, les électeurs se trouvèrent d'accord, c'est lorsqu'il s'agit de repousser les candidats bonapartistes. Au surplus, fort peu des partisans de la dynastie justement tombée osèrent affronter les chances du scrutin. Il n'y eut guère que la Corse, pays séparé de la France par sa langue, ses mœurs, sa situation géographique, qui pardonnât à la famille de Napoléon les maux causés à la patrie française, en souvenir des faveurs spéciales dont cette famille comblait la patrie corse.

Quant à Paris, il vota, je le répète encore, contre le gouvernement dans lequel il avait eu une si grande confiance au lendemain du 31 octobre, et qui avait fini par la capitulation. La bourgeoisie, irritée de ce dénoûment, froissée, navrée de voir s'écrouler ses rêves, abandonna la partie ou se tourna du côté de ceux qui lui avaient signalé les premiers la faiblesse du gouvernement. Chose bizarre, plus d'un comité conservateur porta sur ses listes des noms comme ceux de Félix Pyat ou de Delescluze. On les voulait, pour ainsi dire, récompenser de nous avoir prédit nos malheurs ! Au fond, l'anarchie intellectuelle et morale était évidente. Paris n'avait plus que des nerfs ; toute sa raison était devenue de la colère. D'ailleurs, dégoûtées et attristées, bien des gens avaient hâte de s'enfuir, de retrouver, hors de ces murailles dégarnies de canons, une femme, des enfants dont on ignorait le sort. Pendant ce temps, les comités fonctionnaient. L'un était composé de républicains modérés et de parlementaires orléanistes, et siégeait au Grand-Hôtel sous la présidence de M. Dufaure; son mot d'ordre apparent était la fusion des partis sous le drapeau républicain, et ce comité plaçait, par un étrange compromis, sur la même liste, un homme qui a écrit les *Misérables*, et un autre qui a voté l'expédition de Rome. Ce comité s'appelait *Comité libéral républicain*. Pas un d'ailleurs n'eût osé arborer le programme de la monarchie. D'autres s'appelaient *Comité central républicain*, *Comité radical*, *Comité catholique*, *Comité de la Chambre fédérale des associations ouvrières*, de *l'Association internationale des travailleurs*, de *l'Alliance républicaine*, de *l'Union républicaine*, des *Défenseurs de la République*. La liste des candidats de ces quatre comités fusionnés fut celle qui, à la dernière heure, emporta la majorité (1). Les sections ouvrières se multiplièrent pour assurer le succès de leurs candidats. Jamais, au surplus, on ne vit tant de noms à la fois soumis au scrutin. Aussi bien ces élections se faisaient dans le brouillard et se traitaient d'ailleurs selon la tradition des candidatures de l'opposition, sous l'empire. On prenait le mandat de député comme une sorte de *décoration*. Tel qui s'était fait remarquer par une belle action ou un bruyant scandale, était choisi sans qu'on s'inquiétât de sa valeur intellectuelle ou morale, de sa science politique, des services qu'il pouvait rendre au pays. Des chefs de bataillon semblaient avoir posé leur candidature sous les balles. On voyait surgir des ambitions, des compétitions singulières. La sympathie des électeurs semblait d'ailleurs se porter toujours vers les réputations vieillies ou vieilles, et les jeunes gens, dont l'ardeur confiante, l'honnêteté généreuse et la foi pourraient refaire la France, étaient comme écartés avec défiance. La France vieillie, dédaignant un sang nouveau, semblait volontairement se livrer à des vieillards.

A Paris, en dehors des réunions publiques qui furent tumultueuses et où l'on vit, par exemple, Millière accusé par l'ancien gérant de la *Marseillaise*, Barberet, le journal qui eut le plus d'influence sur le vote, fut le *Mot d'ordre*, de Rochefort. M. Rochefort avait dit dans son premier numéro : « Nous avons appelé notre journal le *Mot d'ordre*, mais, on en pensera ce qu'on voudra, je ne me serais fait aucun scrupule de l'appeler le *Régicide*. »

L'antagonisme intellectuel et politique de la province et de Paris allait d'ailleurs éclater dans tout son jour, à propos de ces élections. Quand nous disons antagonisme entre Paris et la province, ce n'est point exact, l'espèce de rivalité ou du moins la différence d'idées et de sentiments existait et existe plutôt entre les villes et les campagnes. Tandis que les cités allaient affirmer leur républicanisme, les villages devaient persister dans leur attachement pour les vieilles formules et subir les influences locales des hobereaux. Mais, à vrai dire, je le répète, on ne vota guère que sur la question de *guerre* ou de *paix*.

Une complication nouvelle, née d'un décret de M. Gambetta, vint un moment montrer dans toute son étendue, ce qu'on pourrait appeler la *dualité* de la France. Le 31 janvier, Gambetta avait adressé, de Bordeaux, une *Proclamation* au peuple français dont je crois devoir donner les traits principaux :

« Citoyens,

« L'étranger vient d'infliger à la France la plus cruelle injure qu'il lui ait été donné d'essuyer dans cette guerre maudite, châtiment démesuré des erreurs et des faiblesses d'un grand peuple. Paris, inexpugnable à la force, vaincu par la famine, n'a pu tenir en respect plus longtemps encore les hordes allemandes. Le 28 janvier, il a succombé. La cité reste encore intacte, comme un dernier hommage arraché par sa puissance et sa grandeur morale à la barbarie : ses forts seuls ont été rendus à l'ennemi.

« Toutefois, Paris, en tombant, nous laisse le prix de ses sacrifices héroïques. Pendant cinq mois de privations et de souffrances, il a donné à la France le temps de se reconnaître, de faire appel à ses enfants, de trouver des armes, et de former des armées jeunes encore, mais vaillantes et résolues, auxquelles il n'a manqué jusqu'à présent que la solidité qu'on n'acquiert qu'à la longue.

« Grâce à Paris, si nous sommes des patriotes résolus, nous tenons en main tout ce qu'il faut pour le venger et nous affranchir. Mais, comme si la mauvaise fortune tenait à nous accabler, quelque chose de plus sinistre et de plus douloureux que la chute de Paris nous attendait : on a signé, à notre insu, sans nous avertir, sans nous consulter, un armistice dont nous n'avons connu que tardive-

---

(1) Au dernier moment, les délégués de *l'Association internationale* protestèrent contre cette fusion, à laquelle ils se déclarèrent étrangers. Ils publièrent d'ailleurs une liste différente, patronnée également par la *Chambre fédérale des associations ouvrières*.

L'Assemblée à Bordeaux. — M. Thiers à la tribune.

ment la coupable légèreté, qui livre aux troupes prussiennes des départements occupés par nos soldats, et qui nous impose l'obligation de rester trois semaines au repos, pour réunir, dans les tristes circonstances où se trouve le pays, une Assemblée nationale.

« Nous avons demandé des explications à Paris et gardé le silence, attendant pour vous parler, l'arrivée promise d'un membre du gouvernement, auquel nous étions déterminés à remettre nos pouvoirs.

« Délégation du gouvernement, nous avons voulu obéir, pour donner un gage de modération et de bonne foi, pour remplir ce devoir qui commande de ne quitter le poste qu'après en avoir été relevé, enfin pour prouver à tous, amis et dissidents, par l'exemple, que la démocratie n'est pas seulement le plus grand des partis, mais le plus scrupuleux des gouvernements.

« Cependant, personne ne vient de Paris ! Et il faut agir ! Il faut, coûte que coûte, déjouer les perfides combinaisons des ennemis de la France. La Prusse compte sur l'armistice pour amollir, énerver, dissoudre nos armées; la Prusse espère qu'une assemblée réunie à la suite des revers successifs, et sous l'effroyable chute de Paris, sera nécessairement tremblante et prompte à subir une paix honteuse.

« Il dépend de nous que ses calculs avortent, et que les instruments mêmes qui ont été préparés pour tuer l'esprit de résistance le raniment et l'exaltent.

« De l'armistice faisons une école d'instruction pour nos jeunes troupes; employons ces trois semaines à préparer, à pousser avec plus d'ardeur que jamais l'organisation de la défense et de la guerre.

« A la place de la Chambre réactionnaire et lâche que rêve l'étranger, installons une Assemblée vraiment nationale, républicaine, voulant la paix si la paix assure l'honneur, le rang et l'intégrité de notre pays, mais capable de vouloir aussi la guerre, et prête à tout plutôt que d'aider à l'assassinat de la France.

« Français ! songeons à nos pères, qui nous ont légué une France compacte et indivisible : ne trahissons pas notre histoire ; n'aliénons pas notre domaine traditionnel aux mains des barbares !

« Qui donc signerait ? Ce n'est pas vous, légitimistes, qui vous battez si vaillamment, sous le drapeau de la République, pour défendre le sol du vieux royaume de France ; ni vous, fils des bourgeois de 1789, dont l'œuvre maîtresse a été de sceller les vieilles provinces dans un pacte d'indissoluble union ; ce n'est pas vous, travailleurs des villes, dont l'intelligent et généreux patriotisme s'est toujours représenté la France dans sa force et dans son unité comme l'initiatrice des peuples aux libertés modernes; ni vous enfin, ouvriers, propriétaires des campagnes, qui n'avez jamais marchandé votre sang pour la défense de la révolution à laquelle vous devez la propriété du sol et votre dignité de citoyens !

« Non, il ne se trouvera pas un Français pour signer ce pacte infâme. L'étranger sera déçu; il faudra qu'il renonce à mutiler la France, car tous, animés du même amour pour la mère-patrie, impassibles dans les revers, nous reviendrons forts, et nous chasserons l'étranger.

« Pour atteindre ce but sacré, il faut y dévouer nos cœurs, nos volontés, notre vie, et, sacrifice plus difficile peut-être, laisser là nos préférences; il faut nous serrer tous autour de la République, faire preuve surtout de sang-froid et de fermeté d'âme. N'ayons ni passions ni faiblesses; jurons simplement, comme des hommes libres, de défendre envers et contre tous la France et la République. Aux armes ! Aux armes !

« *Vive la France ! Vive la République une et indivisible !* »

« Léon GAMBETTA. »

Cette proclamation au peuple était accompagnée d'une circulaire aux préfets et sous-préfets dans laquelle le ministère de Bordeaux s'écriait: « *Guerre à outrance! Résistance jusqu'à complet épuisement!* (1) » Cet acte que George Sand appelait dans son *Journal d'un voyageur pendant la guerre* un *déplorable enivrement d'orgueil* en ajoutant : « Dépêchez-vous de vous donner des maîtres, pauvres moutons du Berry ! » cet acte de patriotisme exacerbé était la suite de la politique nouvelle que suivait M. Gambetta. Après avoir rêvé la conciliation des partis

---

(1) Voici, d'après les *dépêches télégraphiques* de Rouen une partie du texte de cette circulaire :

Bordeaux, 31 janvier, 12 h. 37 matin.

Intérieur à préfets et sous-préfets.

« ... La politique soutenue et pratiquée par le ministre de l'intérieur et de la guerre est toujours la même.

« Guerre à outrance! résistance jusqu'à complet épuisement !

« Employez donc toute votre énergie à maintenir le moral des populations.

« Le temps de l'armistice va être mis à profit pour renforcer nos trois armées en hommes, en munitions, en vivres.

« ... Ce qu'il faut à la France, c'est une Assemblée qui veuille la guerre et soit décidée à tout pour la faire.

« Le membre du gouvernement qui est attendu arrivera, sans doute, demain matin.

« Le ministre s'est fixé un délai, qui expire demain à trois heures.

« Vous recevrez demain une proclamation aux citoyens, avec l'ensemble des décrets et des mesures qui, dans sa pensée, doivent parer aux nécessités de la situation actuelle.

« Donc, patience! courage! fermeté! union! discipline !

« Vive la République!

« *Signé:* C. LAURIER. »

sur le terrain de la lutte *pro patriâ*, il avait, à la fin de décembre, agi révolutionnairement, mais intempestivement, en décrétant la dissolution des conseils généraux (26 décembre), dissolution qui avait amené la retraite de plusieurs préfets excellents républicains, comme M. P. Legrand dans le Nord, et d'autres encore. Cet acte, qui venait trop tard en supposant qu'il eût pour effet de substituer des commissions démocratiques aux conseils généraux « élus sous l'empire avec l'attache de la candidature officielle », était le prélude de la résistance que Gambetta essaya d'opposer aux décisions du gouvernement de Paris. La proclamation au peuple, vraiment éloquente, et la circulaire où se trouvait ce mot malencontreux, si fort exploité par la réaction : « la guerre jusqu'à *complet épuisement*, » furent bientôt suivies d'un décret qui souleva une grande opposition, qu'on appela un véritable coup d'État, mais qui, en somme, englobant beaucoup trop de gens dans une sorte de mise hors la loi, n'en était pas moins juste lorsqu'il voulait atteindre les auteurs des maux que nous supportions tous. Ce décret, signé de tous les noms de la délégation de Bordeaux, était ainsi conçu :

« Les membres du gouvernement de la défense nationale délégués pour représenter le gouvernement et en exercer les pouvoirs,

«Considérant qu'il est juste que tous les complices du régime qui a commencé par l'attentat du 2 décembre pour finir par la capitulation de Sedan, en léguant à la France la ruine et l'invasion, soient frappés momentanément de la même déchéance politique que la dynastie à jamais maudite dont ils ont été les coupables instruments ;

«Considérant que c'est là une sanction de la responsabilité qu'ils ont encourue en aidant et assistant avec connaissance de cause l'ex-empereur dans l'accomplissement des divers actes de son gouvernement qui ont mis la patrie en danger,

« DÉCRÈTE :

« Article 1ᵉʳ. Ne pourront être élus représentants du peuple à l'Assemblée nationale les individus qui depuis le 2 décembre 1851 jusqu'au 4 septembre 1870, ont accepté les fonctions de ministre, sénateur, conseiller d'État et préfet.

«Art. 2. Sont également exclus de l'éligibilité à l'Assemblée nationale les individus qui, aux assemblées législatives qui ont eu lieu depuis le 2 décembre 1851 jusqu'au 4 septembre 1870, ont accepté la candidature officielle, et dont les noms figurent dans les listes des candidatures recommandées par les préfets aux suffrages des électeurs et ont été au *Moniteur officiel* avec les mentions :

« Candidats du gouvernement ;
« Candidats de l'administration ;
« Candidats officiels.

« Art. 3. Sont nuls, de nullité absolue, les bulletins de vote portant les noms des individus compris dans les catégories ci-dessus désignées.

« Ces bulletins ne seront pas comptés dans la supputation des voix.

« CRÉMIEUX, GAMBETTA, GLAIS-BIZOIN, FOURICHON. »

Ce décret, juste dans son essence, avait un grand tort, c'est qu'il donnait à des gens, que le suffrage universel repoussait, le droit de crier à l'illégalité et à l'arbitraire. Il avait un bien autre danger encore, celui d'attirer l'intervention de l'ennemi vainqueur jusque dans nos affaires du gouvernement intérieur et d'amener une humiliation nouvelle, M. de Bismarck apparaissant tout à coup pour diriger jusqu'à nos élections.

Voici, en effet, les deux lettres que le chancelier de l'empire allemand expédiait en même temps de Versailles, l'une (qu'on remarque la suscription) à *Son Excellence* M. Jules Favre, l'autre à *Monsieur* Léon Gambetta :

A Son Excellence monsieur Jules Favre, ministre des affaires étrangères du gouvernement de la défense nationale, à Paris.

Versailles, le 3 février 1871.

« On me communique d'Amiens le contenu d'un décret émanant de la délégation du gouvernement de la défense nationale à Bordeaux, qui exclut formellement de la faculté d'être nommés députés à l'Assemblée tous ceux qui ont servi l'empire en qualité de ministres, sénateurs, conseillers d'État ou préfets, ainsi que toutes les personnes qui ont figuré comme candidats du gouvernement au *Moniteur* depuis 1851. Un extrait de la circulaire se trouve joint en copie.

« J'ai l'honneur de demander à Votre Excellence si Elle croit que l'exclusion décrétée par la délégation de Bordeaux est compatible avec les dispositions de l'article 2 de la Convention, d'après lequel l'Assemblée doit être *librement* élue.

« Permettez-moi de vous rappeler les négociations qui ont précédé la Convention du 28 janvier. Dès le début, j'exprimai la crainte qu'il serait difficile, dans les circonstances présentes, d'assurer la liberté entière des élections et de prévenir toutes tentatives contre la liberté des élections. Inspiré par cette appréhension, à laquelle la circulaire de M. Gambetta semble donner raison aujourd'hui, j'ai posé la question, s'il ne serait pas plus juste de convoquer le Corps législatif qui représente une autorité légalement élue par le suffrage universel. Votre Excellence déclina cette proposition en me donnant l'assurance formelle qu'aucune pression ne serait exercée sur les électeurs, et que la plus entière liberté resterait assurée aux élections.

« Je m'adresse à la loyauté de Votre Excellence pour décider si l'exclusion prononcée en principe par le décret en question contre des catégories entières de candidats est compatible avec la liberté des élections, telle qu'elle a été garantie par la Convention du 28 janvier. Je crois pouvoir espérer avec certitude que ce décret, dont l'application me paraîtrait se trouver en contradiction avec les stipulations de la Convention, sera immédiatement révoqué, et que le gouvernement de la défense nationale adoptera les mesures nécessaires pour garantir l'exécution de l'article 2, en ce qui concerne la liberté des élections. Nous ne saurions reconnaître aux personnes élues sous le régime de la circulaire de Bordeaux, les priviléges accordés aux députés à l'Assemblée par la convention d'armistice.

« Veuillez agréer, monsieur le ministre, etc., etc.

« *Signé :* BISMARCK. »

A M. LÉON GAMBETTA. — *Bordeaux.*

Versailles, le 3 février 1871.

« Au nom de la liberté des élections stipulée par la convention d'armistice, je proteste contre les dispositions émises en votre nom pour priver du droit d'être élus à l'Assemblée des catégories nombreuses de citoyens français. Des élections faites sous un régime d'oppression arbitraire ne pourront pas conférer les droits que la convention d'armistice reconnaît aux députés librement élus.

« *Signé :* BISMARCK. »

Le gouvernement de Paris, prévoyant que des complications pourraient survenir à Bordeaux, y avait d'ailleurs envoyé déjà un de ses membres, chargé de ses pouvoirs, M. Jules Simon. A la lecture de ce décret de la délégation, M. Jules Simon avait d'abord protesté (1), et un moment il avait été question de le faire arrêter, lorsque, le 5 février, MM. Emmanuel Arago, Garnier-Pagès et Pelletan arrivaient à Bordeaux, apportant un décret signé des membres du gouvernement de la défense, qui annulait le décret de Bordeaux et maintenait, dans leur intégrité, les décrets datés de Paris, du 29 janvier 1871, et portant l'éligibilité de tous les citoyens non privés de leurs droits civils. A ce décret, M. Gambetta répondit par une démission.

---

(1) « Mutiler le suffrage universel, disait-il, c'est renoncer au principe républicain. Je ne puis ni ne le dois. » Sa lettre se terminait par un éloquent appel à la concorde, « au nom de la patrie déchirée, au nom de l'honneur. »

Ceux-là mêmes qui l'accusent le plus vivement doivent reconnaître qu'il ne céda qu'à une pensée patriotique. Il descendit du pouvoir, et, pour éviter toute complication nouvelle qui, en pareille circonstance, n'eût point manqué d'ajouter en France la guerre civile à la guerre étrangère, il se démit de ses fonctions, et adressa, comme une sorte d'adieu, cette dépêche aux préfets et sous-préfets :

ÉLECTIONS LÉGISLATIVES.

« Malgré les objections graves et les résistances légitimes que soulevait l'exécution de la convention de Versailles, je m'étais résigné, pour donner, comme je le disais, un gage incontestable de modération et de bonne foi, et pour ne pas quitter le poste sans en avoir été relevé, à faire procéder aux élections.

« Vous connaissez, monsieur le préfet, par les divers documents qui vous ont été transmis, quels devaient être la nature et le caractère de ces élections : je persiste à croire qu'il en peut sortir, malgré les difficultés matérielles de toutes sortes dont nous accable l'ennemi, une Assemblée fière et résolue. Le décret qui, selon moi, satisfaisait à la fois à un besoin de justice à l'égard des coopérateurs responsables du régime impérial et à un sentiment de prudence vis-à-vis des intrigues étrangères, a excité une injurieuse protestation de M. de Bismarck. Depuis lors, à la date du 4 février 1871, les membres du gouvernement de Paris ont, par une mesure législative, rapporté notre décret ; ils ont de plus envoyé à Bordeaux MM. Garnier-Pagès, Eugène Pelletan, Em. Arago, cosignataires du décret d'abrogation, avec mandat de le faire appliquer. Le gouvernement de Paris avait d'ailleurs passé directement des dépêches à plusieurs préfets de différents départements pour l'exécution du décret du 4 février. Il y a là tout à la fois un désaveu et une révocation du ministre de l'intérieur et de la guerre.

« La divergence des opinions sur le fond des choses, au point de vue extérieur et intérieur, se manifeste ainsi de manière à ne laisser aucun doute. Ma conscience me fait un devoir de résigner mes fonctions de membre du gouvernement, avec lequel je ne suis plus en communion d'idées ni d'espérances. J'ai l'honneur de vous informer que j'ai remis ma démission aujourd'hui même. En vous remerciant du concours patriotique et dévoué que j'ai toujours trouvé en vous pour mener à bonne fin l'œuvre que j'avais entreprise, je vous prie de me laisser vous dire que mon opinion, profondément réfléchie, est que, à raison de la brièveté des délais et des graves intérêts qui sont en jeu, vous rendrez un suprême service à la République en faisant procéder aux élections du 8 février, et

vous réservant, après ce délai, de prendre telles déterminations qui vous conviendraient.

« Je vous prie d'agréer l'expression de mes sentiments fraternels,

« LÉON GAMBETTA (1). »

(1) M. Emmanuel Arago, qui succédait à M. Gambetta, adressait à son tour cette dépêche aux préfets :

Le ministre de l'intérieur à MM. les préfets.

« Je porte à votre connaissance que je viens d'être appelé par mes collègues au poste de ministre de l'intérieur. Je me joins à Gambetta pour vous dire que le premier intérêt de la République en ce moment est de procéder aux élections le 8 février avec le plus grand calme. Rien n'est changé aux instructions que vous avez reçues. Faites seulement savoir que le suffrage universel peut agir dans la plénitude de son droit, sans aucune exclusion ni catégorie. — Vive la République !

« *Le membre du gouvernement de la défense nationale, ministre de l'intérieur,*

EMMANUEL ARAGO. »

Bientôt le résultat des élections fut connu et, tandis qu'en province la légitimité et la monarchie obtenaient des élections inespérées, à Paris, le radicalisme absolu triomphait, et la liste bizarre et mêlée qui sortait du scrutin dénotait bien l'effarement des esprits :

Nombre des électeurs inscrits	547,858
Dont le huitième est de	68,482
Nombre de votants	328,970
Absences ou *abstentions*	218,888

CANDIDATS ÉLUS :

1.	Louis Blanc	216,530
2.	Victor Hugo	213,686
3.	Gambetta	202,399
4.	Garibaldi	200,239
5.	Edgar Quinet	199,472
6.	Rochefort	165,670
7.	Saisset	154,379
8.	Delescluze	154,142
9.	Joigneaux	153,265
10.	Schœlcher	149,994
11.	Félix Pyat	145,872
12.	Henri Martin	139,420
13.	Pothuau	139,280
14.	Gambon	136,249
15.	Lockroy	134,583
16.	Dorian	128,480
17.	Ranc	126,533
18.	Malon	117,483
19.	Brisson	115,594
20.	Thiers	103,226
21.	Sauvage	102,672
22.	Martin Bernard	102,366
23.	Marc Dufraisse	101,688
24.	Greppo	101,018
25.	Langlois	95,831
26.	Frébault	95,322
27.	Clémenceau	95,144
28.	Vacherot	94,624
29.	Floquet	93,579
30.	Jean Brunet	91,914
31.	Cournet	91,656
32.	Tolain	89,132
33.	Littré	87,868
34.	Jules Favre	81,722
35.	Arnaud (de l'Ariége)	79,955
36.	Léon Say	76,675
37.	Ledru-Rollin	75,784
38.	Tirard	75,207
39.	Razoua	74,415
40.	Ed. Adam	73,245
41.	Millière	73,121
42.	Peyrat	72,480
43.	Parry	69,968

Venaient ensuite, en négligeant les centaines, MM. Asseline, Tridon et Corbon, avec 65,000 voix; Arthur Arnould, avec 64,000; Roger du Nord et André Murat, 63,000; Lefrançais et Vitet, 62,000; Oudet, Krantz, 61,000; Desmarest, Chanzy, Regnard, Jules Miot, 60,000; Solacroup, Jaclard, 59,000; Assi, Denormandie, Varlin, 58,000; Salicis, 57,000; Johannard, 56,000; Claparède, 55,000; Vinoy, 54,000; Sebert et Uhrich, 53,000; Blanqui, Guéroult, 52,000; Grévy, 51,000; Alfred André, Courbet, Bouruet-Aubertot, 50,000; Vaillant, Theisz, 49,000; Dereure, Hébrard, 47,000; Cochin, Coquerel, 46,000; Chalain, 45,000; Faidherbe, Breslay, Pernolet, 44,000; Lamothe-Tenet, Vautrain, Léo Meillet, 43,000; G. Flourens, 42,000; Ranvier, 40,000; d'Haussonville, Ernest Picard, 39,000; de Pressensé, Lanfrey, 38,000; Michelet, H. Sainte-Claire Deville, Fleuriot de Langle, Dietz-Monin, 37,000; Hauréau, 36,000; Albert, La Roncière Le Noury, 35,000; Dupont de Bussac, 34,000; Eudes, Poulizac, 33,000; de Beaurepaire, Madier, de Montjau, Pothier, 32,000; Jules Simon, 31,000; Berthelot, Bonvalet, Pindy, 30,000; Carnot, Despois, 29,000; Amouroux, Havard, Tony Révillon, Tenaille-Saligny, 28,000; Cail, Barthélemy Saint-Hilaire, docteur Robinet, 26,000; J. de Lasteyrie, John Lemoinne, 25,000; de Crisenoy, 24,000; Briosne, Dufaure, Mégy, 23,000; Jacques Durand Émile Duval, 22,000; Cluseret, 21,000.

On remarquera les étranges rapprochements du scrutin et l'amalgame bizarre qui mettait un homme de génie comme M. Michelet bien après MM. Assi, Johannard ou Courbet. Lorsque M. Dubail, maire du dixième arrondissement, annonça ces résultats à l'Hôtel de ville, il y eut des grognements à l'appel de quelques noms et des bravos au nom de Blanqui, qu'on voulut faire répéter deux fois à M. Dubail.

On remarquera que, de tout le gouvernement de la défense nationale, M. Jules Favre seul était nommé à Paris.

En province, M. Jules Favre était élu dans quatre départements, l'Aisne, le Rhône, l'Ain et Seine-et-Oise; M. Jules Simon passait dans la Marne, et M. Pelletan dans les Bouches-du-Rhône; M. Picard dans la Meuse; M. Emmanuel Arago dans les Pyrénées-Orientales; M. Jules Ferry dans les Vosges; M. le général Trochu passait à la fois dans la Loire, le Morbihan, la Vendée, les Côtes-du-Nord, les Bouches-du-Rhône et le Tarn; M. Gambetta était élu dans dix départements, le Bas-Rhin, la Meurthe, la Moselle, le Var, la Côte-d'Or, les Bouches-du-Rhône, Seine-et-Oise, à Oran et à Alger; Garibaldi était nommé à Nice, à Alger, dans la Côte-d'Or et dans la Loire. La Haute-Marne et la Manche envoyaient à l'Assemblée le prince de Joinville; la Loire y députait le duc d'Aumale; la Corse seule avait élu des bonapartistes, entre autres l'ex-sénateur, secrétaire de l'empereur, M. Conti.

Mais le plus grand succès électoral était acquis à l'homme dont le coup d'œil prévoyant avait signalé à l'empire, lors de l'entrée en campagne, les dangers d'une telle aventure. Devenu populaire parce qu'il avait voulu la paix, après avoir été traité d'*agent prussien* pour ce même fait par les journaux bonapartistes, M. Thiers était élu dans plus de vingt départements. Son nom signifiait clairvoyance et patriotisme. On lui tenait compte de ses avertissements et de ses discours passés. Exempt de responsabilité dans la première comme dans la seconde partie de la guerre que le pays venait de soutenir, il était tout désigné pour accepter la tâche de liquider cette lourde situation, et son nom était alors le seul qui eût une véritable influence sur les chancelleries étrangères et même sur l'ennemi avec lequel il fallait traiter. Les électeurs, avec l'instinctif bon sens des gens intéressés, le comprirent, et non-seulement Paris, mais plus d'un million d'électeurs provinciaux envoyèrent M. Thiers à l'Assemblée.

L'Assemblée nationale devait se réunir à Bordeaux, devenu, pour un moment, la capitale de la France. Quel spectacle attendait, là-bas, les assiégés de Paris !

Bordeaux était en fête. Bordeaux, la ville coquette, semblait mieux attifée encore et plus provocante. Quel tableau et quels étonnements ! Imaginez une ville américaine, une cité de Californie, quelque chose d'exotique à la fois et de parisien, le boulevard des Italiens à San-Francisco. Tout s'y coudoyait et s'y rencontrait. C'était un amalgame de gloires diverses. Des costumes hybrides, des uniformes étincelants, des képis effroyablement galonnés, une cohue de généraux et de colonels. Les simples capitaines foisonnaient. Tout cela sémillant, doré sur toutes les coutures, paradant, brossé, lustré, ciré, pimpant, bien cravaté, bien chaussé, bien peigné, charmant et stupéfiant. D'où sortaient tous ces uniformes, ces casques de fantaisie, ces chapeaux à plumes de héron, ces vestes de flanelle, ces ceintures rouges, vertes, bleues, ces décorations, ces constellations, ces soleils ambulants ?

On retrouvait, parmi les fuyards de Paris, des gens qui insultaient Paris après avoir, durant le siége, loin de tout danger, bien vécu. On les retrouvait tous à Bordeaux, accablés des malheurs de la patrie, et répétant que Paris n'aurait pas fini comme il a fini *s'ils avaient été là !*

Pauvre pays ! chère patrie, ainsi livrée aux charlatans de toutes sortes, à ce que nos aïeux nommaient le *paroistre*, et à ce que nous appelons la surface et la parade !

On avait fait du Grand-Théâtre l'Assemblée. Le mot *théâtre* était effacé du fronton du monument. On avait jeté un plancher sur la scène. La tribune, haute, majestueuse mais en bois blanc, occupait la place du souffleur. Une toile de fond coupait la scène et faisait décor. L'orchestre, les fauteuils, le parterre appartenaient aux députés. On les lorgnait du haut des loges. Les couloirs servaient de salle des Pas-Perdus, et les bureaux se réunissaient au foyer.

Et c'était là pourtant, dans cette ville où l'homme qui venait durant vingt ans de jouer la France, avait solennellement prononcé l'historique parole : « *L'empire c'est la paix ;* » c'est dans ce même lieu que la destinée a voulu que l'empire, qui avait été la guerre, nous imposât le plus douloureux et le plus affreux des sacrifices, la perte de deux provinces françaises et la nécessité de les livrer pour sauver le pays entier.

Si bien que le destin peut répondre comme un écho railleur, à vingt ans de distance : L'empire c'est la paix, mais la paix qui est inutile et qui ruine, qui vend Strasbourg pour racheter Bourges, Metz pour sauver le Havre ; l'empire c'est la paix la plus triste qui ait été imposée au pays de France ; *l'empire c'est la paix de Bordeaux*.

Le 13 février, l'Assemblée se réunit pour la première fois et, dès cette séance préparatoire, elle laissa percer l'esprit qui devait l'animer jusqu'à la fin. Tandis que les députés de Paris arrivaient, pleins encore de la fièvre du siége, la majorité se présentait animée contre la grande ville et contre les idées qu'elle représentait, d'un sentiment d'hostilité étroite et de rancune vraiment injuste. Nous montrerons mieux encore ce que nous ne faisons qu'indiquer ici lorsque, dans le Livre Trois de cet ouvrage, nous aurons à faire connaître les causes de la révolution du 18 mars.

Contentons-nous de souligner cet esprit qui ne fera que s'accroître dans les jours qui vont suivre et qui se manifesta, dès la première séance, lorsque Garibaldi se montra dans l'Assemblée. La séance s'était ouverte, à deux heures, sous la présidence de M. Benoist-d'Azy, doyen d'âge. Le président donnait lecture d'une lettre de Garibaldi qui déclarait renoncer au mandat de député dont l'avaient honoré plusieurs départements, puis M. Jules Favre montait à la tribune pour déposer les pouvoirs du gouvernement de la défense nationale entre les mains des représentants du pays. En même temps, chacun des ministres déposait également sa démission. Pendant cette séance, Garibaldi, qui, par mesure de santé (les députés l'ignoraient sans nul doute) reste toujours couvert, avait gardé son chapeau de feutre et quelques mots avaient été prononcés en sourdine : *A bas le chapeau!* lorsque, à la fin de la séance, après s'être entendu traiter tout à l'heure de partisan de la guerre parce que la guerre lui rapportait, après s'être vu accuser de ne s'être jamais battu, le général demanda la parole : ce fut alors, sur les bancs de la majorité, un indescriptible désordre, un bruit assourdissant, une sorte de duel d'injures que domina un moment la voix perçante d'un jeune méridional cravaté de blanc et qui, se penchant sur le rebord de la loge qui servait de tribune aux journalistes, jeta à la droite cette appellation qui fit fortune : *majorité rurale!*

Cet interrupteur était un avocat de Marseille, dont le nom se retrouvera bientôt sous notre plume et qui devait avoir une tragique destinée. Il s'appelait Gaston Crémieux.

Cependant Garibaldi, calme, grave, descendait l'escalier du Théâtre, et acclamé par la foule, passait devant les gardes nationaux dont les tambours battaient aux champs et qui lui présentaient les armes. Puis il gagna l'hôtel de Nantes, d'où il ne sortit que pour partir pour Caprera.

Cet accueil injuste de l'Assemblée fit à Paris, où l'incident arriva grossi par la distance, le plus déplorable effet.

Peu de jours après la démission de Garibaldi, la Chambre devait recevoir, à la veille de la paix, une lettre de M. Ledru-Rollin, nommé par les électeurs de trois départements, et qui résignait, lui aussi, son mandat en ces termes :

Paris, le 18 février 1871.

« Sous la main de l'ennemi, au milieu des nécessités désastreuses, inéluctables où nous a jetés une série de perfidies et de trahisons, le vote des dernières élections ne pouvait et n'a pu présenter les conditions d'indépendance et de spontanéité qui sont l'essence même du suffrage universel.

« Puisqu'il m'a été donné de présider à son organisation première, il m'était imposé de faire, en son nom, cette réserve qui, isolée aujourd'hui, sera, contre ce qui va s'accomplir de déchirant et de funeste, la protestation unanime de l'avenir.

« Cette réserve, c'est pour le mieux caractériser, pour la rendre plus saisissable et plus tangible, c'est pour dégager plus irrémissiblement la grande et tutélaire institution du suffrage universel, que je n'ai pas hésité à immoler une fois de plus l'homme au principe.

« Il ne me reste donc, après avoir préalablement refusé toute candidature, qu'à donner ma démission de député, pour les départements des Bouches-du-Rhône, de la Seine et du Var.

« Ce que je fais ici.

« J'ai l'honneur, etc.

« *Signé* : LEDRU-ROLLIN. »

Le 14, le 15 et le 16 février, l'Assemblée procédait à la vérification des représentants élus, réservant l'élection des princes d'Orléans. Le 17, M. Grévy était nommé président de la Chambre à une grande majorité, 519 voix sur 538. M. Jules Grévy, du Jura, était surtout estimé et respecté pour son amour du droit, de la légalité, de la justice. Combattant de 1830, il avait, toujours, à travers nos diverses assemblées politiques, montré cette modération ferme, intelligente et prévoyante qui fait le véritable homme politique, l'homme de gouvernement. Sa fameuse *proposition* qui eût mis l'armée, le pouvoir entre les mains de la représentation nationale et non du président de la République, eût empêché le coup d'État de Louis Bonaparte. On lui savait gré, depuis longtemps, de cette proposition désormais historique à laquelle les événements de Décembre avaient durement donné raison. Élu en 1868 député du Jura, réélu en 1869, hostile à la guerre en 1870, partisan acharné de la légalité pendant les diverses phases de la lutte, M. Grévy représentait bien pour l'Assemblée, l'homme de la loi et du droit. A ce titre, les suffrages des représentants allèrent justement à lui.

Dans cette même séance, une proposition signée d'un certain nombre de députés, demandait à la Chambre de nommer M. Thiers *chef du pouvoir exécutif de la République française, président du conseil des ministres*(1). Cette proposition fut adoptée le lendemain 18, à l'unanimité. L'extrême gauche s'abstint de voter. Immédiatement après le vote de l'Assemblée, les ambassadeurs d'Angleterre, d'Italie et d'Autriche venaient apporter à M. Thiers, au nom de leurs cours, la reconnaissance du gouvernement que la France s'était donné. Peu de jours après, pareille reconnaissance était faite par la Russie, la Suisse, l'Espagne, le Portugal, la Belgique et la Turquie.

La République de fait existait de droit.

Le ministère que formait aussitôt M. Thiers était ainsi composé :

Affaires étrangères :	M. Jules Favre ;
Intérieur :	M. Picard ;
Justice :	M. Dufaure ;
Guerre :	Le général Le Flô ;
Marine :	Vice-amiral Pothuau ;
Commerce :	M. Lambrecht ;
Travaux publics :	M. de Larcy ;
Instruction publique(2) :	M. Jules Simon.

L'Assemblée chargeait MM. Thiers, Jules Favre et E. Picard de se rendre à Versailles pour traiter avec M. de Bismarck. Les trois négociateurs seraient accompagnés d'une commission de quinze membres ainsi composée : MM. Benoist-d'Azy, Teisserenc de Bord, de Mérode, Desseligny, Victor Lefranc, Laurenceau, Lespérut, Saint-Marc Girardin, Barthélemy Saint-Hilaire, d'Aurelles de Paladines, La Roncière Le Noury, Pouyer-Quertier, Vitet, Batbie et Saisset. L'Assemblée ne donnait

(1) Proposition Dufaure-Grévy. Rapporteur : M. Victor Lefranc.
(2) Ce n'est que quelques jours après que M. Pouyer-Quertier acceptera le poste de ministre des finances.

Paris après le Siège. — Purification de la place de l'Étoile, après le départ du corps d'armée d'occupation prussien.

aucun mandat impératif à ses commissaires. Elle s'en rapportait à la sagesse des négociateurs et s'ajournait jusqu'à leur retour (1).

Mais, avant de partir, M. Thiers prononçait, comme chef du pouvoir exécutif, une allocution où il exposait son programme politique et où l'on applaudissait de patriotiques sentiments : « Le pays, disait-il, doit être d'autant plus aimé, d'autant mieux servi qu'il est plus malheureux »;—puis, adjurant l'Assemblée de renoncer aux questions irritantes, de songer à pacifier, organiser, relever le travail : « Consacrons nos forces à la conclusion rapide d'une paix qui ne sera acceptée que si elle est honorable. » Le fait de l'acceptation de ce programme par l'Assemblée prit le nom de *Pacte de Bordeaux*.

La redoutable question était donc posée : la France allait choisir entre la paix ou la guerre. Pouvait-elle même choisir ? La paix ne lui était-elle pas imposée par les dures nécessités du présent ?

Le 19 février, l'Assemblée nommait une commission chargée de l'éclairer sur l'état des forces militaires de la France. Cette commission partagea les études dont elle avait à s'occuper en trois branches principales : *le personnel, le matériel, les services administratifs*, et chacune de ces divisions fut confiée à une sous-commission. Le rapport, terminé dès le 26, fut présenté à l'Assemblée par l'amiral Jauréguiberry. Nous allons reproduire les points principaux de ce document peu connu et dont les chiffres ont une navrante éloquence.

D'après les revues passées le 3 février, les divers corps prêts à être opposés à l'ennemi, au nombre de douze, présentaient un effectif total de 534,452 hommes. Sur les 354,000 hommes comprenant les troupes existant dans les divisions territoriales, dans les dépôts, en Algérie, dans les camps d'instruction (gardes mobilisés), 53,087 seulement pouvaient entrer en ligne ; les autres n'étaient ni armés, ni équipés, ni instruits.

La France ne pouvait donc compter, dans ce moment, que sur les troupes entrant dans la composition des armées actives, troupes formées, pour l'infanterie, de régiments de marche provenant des dépôts et des restes des divers régiments d'infanterie, des régiments de garde mobile, des légions de gardes nationaux mobilisés, enfin de quelques bataillons de chasseurs à pied de formation récente. « Tous ces corps, dit l'amiral Jauréguiberry, ont des cadres pour la plupart nouveaux, dont la capacité et l'expérience laissent trop souvent à désirer. Cependant, si une fois amenés au feu, les bataillons de mobiles se battent généralement avec autant de vigueur que les régiments de marche, il faut reconnaître que ces derniers résistent mieux aux fatigues de la guerre et savent se plier plus facilement aux exigences de la vie de campagne.

« Quant aux gardes nationaux mobilisés, dont tous les cadres sont le produit de l'élection, on est malheureusement forcé d'admettre qu'ils n'ont généralement rendu presque aucun service, et que leur ignorance du métier de la guerre, leur indiscipline et leur manque de fermeté en présence de l'ennemi, ont fréquemment été la cause d'échecs sérieux. Quelques glorieuses exceptions doivent être cependant signalées...

« Nous possédons encore, il est vrai, dans nos armées 14,474 marins ou soldats d'infanterie de marine et quelques centaines de zouaves remarquables par leur courage et par leur fermeté. *Reste glorieux de* 55,000 *combattants, ce petit nombre témoigne hautement de la valeur et du dévouement de ces troupes d'élite.* »

La cavalerie et l'artillerie, dont l'effectif, pour la première de ces deux armes, dépassait 20,000 hommes, et pour la seconde 33,931, y compris 2,931 artilleurs de la marine étaient dans un état assez satisfaisant. Les chevaux cependant, et particulièrement ceux de l'artillerie, souffraient du froid et de la rareté des fourrages.

Il devenait, de plus, presque impossible d'augmenter le nombre des batteries existant déjà, par suite de la difficulté que présentait le recrutement du personnel indispensable ; à peine en pressant l'instruction des batteries de mobilisés, aurait-on trouvé quelques canonniers ; quant aux officiers et aux cadres, on ne pouvait obtenir que des résultats médiocres.

« En résumé, conclut le rapporteur, notre matériel d'armement et d'équipement, nos approvisionnements de vivres et de munitions de guerre sont dans un état satisfaisant, et le gouvernement est en mesure de les accroître...

« Le personnel de nos armées laisse, au contraire, beaucoup à désirer. Sur les 888,000 hommes dans ce moment sous les drapeaux, 534,000 seulement ont pu être incorporés dans les armées actives, et, dans ces dernières, 250,000 mobilisés n'offrent encore aucune garantie sérieuse. Il ne nous reste donc, en dehors des armes spéciales, que 220,000 hommes d'infanterie capables d'opposer quelque résistance.

« Cette résistance sera-t-elle couronnée du succès que nous désirons si ardemment? *Nous n'osons même pas l'espérer*, car il ne faut pas se le dissimuler, pour vaincre des armées aussi nombreuses, aussi bien organisées que le sont, à tous égards, celles contre lesquelles nous sommes appelés à lutter, il est indispensable que nos troupes soient, non-seulement instruites et bien armées, mais surtout animées d'un esprit de ténacité indomptable, d'un

---

(1) Voyez les résumés fort bien faits de ces séances dans le journal l'*Illustration*.

mépris du danger, d'un sentiment exalté de patriotisme que malheureusement toutes ne possèdent pas. »

Ainsi, le héros de Villepion et de Loigny, Jauréguiberry le reconnaissait lui-même. Il fallait traiter, il fallait subir le joug, baisser le front, se courber. Quelle âpre douleur et quelle génération sacrifiée que celle qui subit de telles destinées! Mais comment, dans quelles conditions allait-on traiter?

M. de Bismarck avait déjà affirmé, dans une note diplomatique, que la France ne serait pas diminuée parce que sur 38 millions d'hommes, elle en perdrait 700,000. Il se montra aussi sévère, aussi roide dans les négociations de Versailles que dans ses notes diplomatiques. Les exigences de l'Allemagne étaient extrêmes au début des négociations et dépassaient toute prévision. M. Thiers fut forcé de disputer pied à pied, et comme par lambeaux, l'Alsace et la Lorraine que les Allemands revendiquaient tout entières. Au début, les Prussiens avaient demandé, comme indemnité de guerre, *dix milliards*. Le chiffre paraîtra exagéré, impossible; il est pourtant exact. Ainsi l'Allemagne prétendait nous ruiner tout à fait. Depuis, cette population allemande, pauvre et rapace, a fait un grief à M. de Bismarck de n'avoir pas exigé les dix milliards.

Au point de vue du territoire, M. de Bismarck demanda, au début, la Lorraine, avec Metz et Nancy, notre colonie de Pondichéry, une partie de notre flotte; en outre, un traité de commerce et l'entrée à Paris sans conditions. M. Thiers, indigné, répondit que la Prusse voulait donc continuer la guerre puisqu'elle demandait à la France des choses que jamais négociateur français ne consentirait à signer. Cette première entrevue entre M. Thiers et M. de Bismarck avait duré quatre heures. La seconde dura neuf heures, et M. Thiers plaida énergiquement la cause de la France. Pour éviter l'entrée des Prussiens à Paris, M. de Bismarck demandait la cession définitive de Belfort. M. Thiers n'accepta pas. Les Prussiens réclamèrent, nous l'avons dit dans le précédent chapitre, l'occupation de Belfort pour consentir à prolonger l'armistice de quinze jours.

Lorsqu'il s'agit de discuter l'indemnité, M. Thiers ayant refusé les dix milliards, M. de Bismarck demanda sept milliards cinq cent millions, se basant, pour soutenir sa réclamation, sur le revenu de la France, et produisant des chiffres auxquels M. Thiers opposa vigoureusement les siens. La discussion un moment s'envenima. M. de Bismarck fit alors appeler deux banquiers allemands qui se trouvaient là tout prêts et qui essayèrent de prouver que le chancelier prussien avait raison. M. Thiers essaya de leur démontrer leur erreur ou plutôt leur mauvaise foi et, à bout d'arguments, écœuré et irrité, il déclara que, pour lui, les négociations étaient rompues.

M. de Bismarck le rappela alors et l'indemnité fut abaissée de sept milliards cinq cent millions à cinq milliards. Enfin, les demandes de colonies et d'une partie de la flotte furent tout aussi radicalement repoussées que la question de Nancy et de la Meurthe.

A la fin, les préliminaires de paix furent signés sur les bases de la cession de l'Alsace, moins Belfort, d'une grande partie de la Lorraine, y compris Metz et le payement de cinq milliards d'indemnité. Un milliard au moins payé en 1871, le reste de la dette acquitté dans l'espace de trois ans. Après la ratification de ces préliminaires, les troupes allemandes devaient quitter l'intérieur, les forts de la rive gauche de la Seine, puis l'Orne, le Calvados, la Sarthe, l'Eure-et-Loir, le Loiret, le Loir-et-Cher, l'Indre-et-Loire et l'Yonne, plus tous les départements du N.-O. jusqu'à la rive gauche de la Seine. Après le premier versement d'un demi-milliard, la Somme, l'Oise, les parties des départements de la Seine-Inférieure, Seine-et-Oise, Seine-et-Marne situées sur la rive droite de la Seine, ainsi que les forts de la rive droite seraient évacués.

« Après le payement de deux milliards, ajoutait le traité, l'occupation allemande ne comprendra plus que les départements de la Marne, des Ardennes, de la Haute-Marne, de la Meuse, des Vosges, de la Meurthe, ainsi que la forteresse de Belfort avec son territoire *qui serviront de gage pour les trois milliards restants.* »

Une clause du traité voulait que les troupes françaises se retirassent derrière la Loire et qu'elles ne pussent dépasser le fleuve avant la signature du traité de paix définitif.

On remarquera cette clause qui fut bientôt annulée de fait, lors des événements de la Commune.

La plus humiliante condition était l'entrée des Prussiens à Paris. Cette ville, condamnée à tant de souffrances, allait connaître un dernier affront.

Paris, depuis quelques jours, depuis le 24 février surtout, était en proie à une indescriptible émotion. La garde nationale, inquiétée par les bruits de désarmement, était agitée et manifestait tout haut ses craintes, son mécontentement. Le Comité central, composé des comités de vigilance des vingt arrondissements de Paris, apparaissait déjà et semblait vouloir diriger la population. Le 8 février, une affiche était apposée contenant un réquisitoire contre le gouvernement de la défense, et concluant à la mise en accusation de ce gouvernement par la prochaine assemblée, laquelle devra demander la guerre et donner sa démission plutôt que de traiter des conditions de paix. » L'affiche était signée: *Pour le comité, le président :* Raoul Rigault; *les assesseurs :* Lavalette et Tanguy ; *le secrétaire :* Henri Verlet. Mais ce n'était, après tout, qu'une affiche électorale contenant un programme et les noms des candidats. Il fut décidé plus tard, dans les réunions publiques, que de grandes manifestations auraient lieu, le 24 février, sur la place de la Bastille. A deux heures, trois mille personnes, des députations nombreuses portant des couronnes se pressaient autour de la colonne de Juillet. Les 206e, 65e et 137e bataillons de la garde nationale étaient arrivés des premiers. Avec la foule, des soldats et des marins, des gardes mobiles prenaient part à la manifestation. Les couronnes s'amoncelaient autour de la colonne. A chaque couronne apportée, les clairons, installés au faîte du monument, sonnaient aux champs et la foule poussait de grands cris : « Vive la République ! » Le 26, à midi, un marin montait sur le faîte et couronnait le génie de la Liberté ; puis, peu à peu, sur la colonne de Juillet, cette colonne qui rappelle à tous le retour du drapeau tricolore, on arborait le drapeau rouge.

Pendant ce temps, sur le conseil de M. Chalain (de l'Internationale), des gardes nationaux du quinzième arrondissement rédigeaient un appel adressé aux divers bataillons parisiens, les invitant à nommer des délégués qui prendraient part à une réunion où l'on devait discuter un projet d'association de tous les bataillons, association pour laquelle ils avaient adopté la forme fédérative (1). Cette réunion, qui était la deuxième (une première réunion avait été convoquée le 15 février) eut lieu au Waux-Hall, le 24 février. Là fut adoptée à la grande majorité la résolution que voici :

« La garde nationale proteste, par l'organe de son Comité central, contre toute tentative de désarmement et déclare qu'elle y résistera au besoin par les armes. »

Puis on avait décidé qu'on résisterait à l'entrée des Prussiens à Paris.

La ville, qui se ravitaillait péniblement et recevait les secours en vivres que lui avait fraternellement adressés la cité de Londres, prévoyait avec effroi et surtout avec horreur l'entrée possible des Prussiens dans Paris. C'était moins la lutte sanglante qu'elle redoutait que la présence même de l'étranger.

Les Prussiens eux-mêmes pendant l'armistice, continuaient, autour de Paris, leurs déprédations et, dans toute la partie de la France qu'ils occupaient, leurs réquisitions. Ils accablaient la ville de Saint-Denis, qu'ils appelaient le *petit Paris*, de demandes d'argent. Ils faisaient pis. Ils brûlaient Saint-Cloud, méthodiquement, savamment, laissant, comme une suprême et haineuse injure, leurs excréments sur les débris inondés de pétrole. Ils ont eu beau nier, depuis, cette dévastation organisée et officielle, insérer dans leur *Moniteur officiel de Seine-et-Oise* la liste des objets d'art *sauvés* par leurs soldats ; le brasier éteint de Saint-Cloud les accuse, cette ruine barbare et préméditée les maudit. Sur quelques rares maisons restées debout dans la ville incendiée, on a relevé des inscriptions tracées en allemand, comme celle-ci : *Cette maison sera respectée jusqu'à nouvel ordre. 28 janvier. Jacobi, major-général.* Cette simple phrase accuse et condamne à jamais l'autorité prussienne coupable d'un aussi cruel et d'un aussi inutile forfait (1).

Lorsque le bruit se répandit de l'entrée prochaine des Prussiens, l'émotion de Paris fut à son comble. Déjà, l'homme qui n'avait pas su défendre la ville, le général Trochu, avait ajouté à la colère parisienne en conseillant une mélodramatique folie dans la lettre que voici :

Paris, le 19 février 1871.

« Vous me demandez mon sentiment au sujet du bruit qui se répand de plus en plus de l'entrée prochaine de l'armée allemande dans Paris. Je vous le dirai tout entier.

« Après quatre mois et demi de siége ; après huit combats et quatre batailles, dont l'initiative a toujours appartenu à l'assiégé ; après le bombardement, qui a fait tant d'innocentes victimes ; après la convention, que la famine a pu seule dicter, l'ennemi devait à Paris les honneurs de la guerre, à moins qu'il n'eût aucun souci des traditions et des règles qui sont, devant l'opinion, les titres de noblesse des vainqueurs et des vaincus.

« Pour Paris, les honneurs de la guerre, c'était le respect de son enceinte et le respect de son deuil.

« L'ennemi veut pénétrer dans Paris, alors qu'il n'a forcé aucun des points de l'enceinte, pris d'assaut aucun des forts détachés, enlevé aucune des lignes extérieures de défense ! S'il en est ainsi, que le gouvernement de la cité lui soit remis, pour qu'il ait l'odieux et les responsabilités de cette violence. Que, par une muette et solennelle protestation, les portes soient fermées, et qu'il les ouvre par le canon, auquel Paris désarmé ne répondra pas. . . . .

« Général TROCHU. »

Le 26 février, la foule enleva, le soir, les pièces de canon du parc d'artillerie de la place Wagram, rapprochée de l'endroit par où les Prussiens devaient entrer ; les gardes nationaux voulaient, disaient-ils, porter ces canons place Royale, hors de

---

(1) Voy. l'*Histoire de la révolution du 18 mars*, par P. Laujalley et P. Corriez.

(1) Voyez sur cette inscription les *Tableaux de siège*, de Théophile Gautier.

Le dernier Prussien quittant Paris, après le vote de la paix par l'Assemblée.

la vue de l'ennemi. On tirait les pièces à bras, on battait le rappel, on prenait les armes. Une fièvre intense faisait palpiter toutes les artères de la cité. Le soir, la réunion publique de la *Marseillaise* avait résolu d'opposer la force à l'entrée des Prussiens, et elle attendait les ordres du Comité central, qui siégeait place de la Corderie-du-Temple.

Dans la nuit du dimanche 26 au lundi 27, sur la nouvelle de l'entrée des Prussiens, près de 50,000 gardes nationaux se rendaient dans les Champs-Élysées, prêts à défendre l'avenue contre l'ennemi. Un coup de feu, un seul, eût amené une boucherie. C'était une fausse alerte. L'ennemi n'entra pas. Ce ne fut, en effet, que le 26 que fut signée entre M. de Bismarck et MM. Thiers et Jules Favre la prolongation de l'armistice qui portait pour condition : « *La partie de la ville de Paris, à l'intérieur de l'enceinte comprise entre la Seine, la rue du Faubourg-Saint-Honoré et l'avenue des Ternes, sera occupée par les troupes allemandes dont le nombre ne dépassera pas 30,000 hommes.* »

Le lendemain, le gouvernement expliquait ainsi à la population de Paris cette nécessité :

« Le gouvernement fait appel à votre patriotisme et à votre sagesse; vous avez dans vos mains le sort de Paris et de la France elle-même. Après une résistance héroïque, la faim vous a contraints de livrer vos forts à l'ennemi victorieux.

« Les armées qui pouvaient venir à votre secours ont été rejetées derrière la Loire. Ces faits, incontestables, ont obligé le gouvernement et l'Assemblée nationale à ouvrir des négociations de paix. Pendant six jours, vos négociateurs ont disputé le terrain pied à pied. Ils ont fait tout ce qui était humainement possible pour obtenir les conditions les moins dommageables.

« Ils ont signé des préliminaires de paix qui vont être soumis à l'Assemblée nationale. Pendant le temps nécessaire à l'examen de ces préliminaires, les hostilités eussent recommencé et le sang aurait inutilement coulé, sans une prolongation d'armistice.

« Cette prolongation n'a pu être obtenue qu'à la condition d'une occupation partielle et très-momentanée d'un quartier de Paris. Cette occupation sera limitée au quartier des Champs-Élysées. Il ne pourra entrer dans Paris que trente mille hommes, et ils devront se retirer dès que les préliminaires de la paix auront été ratifiés, ce qui ne peut exiger qu'un petit nombre de jours.

« Si cette convention n'était pas respectée, l'armistice serait rompu.

« L'ennemi, déjà maître de nos forts, occuperait de vive force la cité tout entière. Vos propriétés, vos chefs-d'œuvre, vos monuments, garantis aujourd'hui par la convention, cesseraient de l'être. Ce malheur atteindrait toute la France. Les affreux ravages de la guerre, qui n'ont pas encore dépassé la Loire, s'étendraient jusqu'aux Pyrénées.

« Il est donc absolument vrai de dire qu'il s'agit du salut de Paris et de la France. N'imitez pas la faute de ceux qui n'ont pas voulu nous croire lorsque, il y a huit mois, nous les adjurions de ne pas entreprendre une guerre qui devait être funeste.

« L'armée française, qui a défendu Paris avec tant de courage, occupera la rive gauche de la Seine pour assurer la loyale exécution du nouvel armistice.

« C'est à la garde nationale à s'unir à elle pour maintenir l'ordre dans le reste de la cité.

« Que tous les bons citoyens qui se sont honorés à sa tête et se sont montrés si braves devant l'ennemi reprennent leur ascendant, et cette cruelle situation d'aujourd'hui se terminera par la paix et le retour de la prospérité publique.

« Paris, le 27 février 1871.

« THIERS, *chef du pouvoir exécutif de la République française;* JULES FAVRE, *ministre des affaires étrangères;* ERNEST PICARD, *ministre de l'intérieur.* »

L'ordre du jour suivant du gouverneur de Paris était en même temps affiché sur les murs de la ville :

« Le rappel a été battu cette nuit, sans ordre.

« Quelques bataillons, la plupart trompés, ont pris les armes, et ont servi, à leur insu, de coupables desseins.

« Il n'en est pas moins constant que l'immense majorité de la garde nationale résiste à ces excitations, et qu'elle a compris les devoirs imposés en ce moment à tout bon citoyen, tout Français digne de ce nom.

« Le gouvernement lui confie sans hésitation la garde de la cité; il compte sur son dévouement et son intelligence pour maintenir dans ses quartiers un ordre scrupuleux dont elle comprend plus que jamais la nécessité.

« La moindre agitation peut fournir des prétextes et amener d'irréparables malheurs. La garde nationale aidera ainsi la ville de Paris à traverser une crise douloureuse, et elle la préservera de périls que le calme et la dignité peuvent seuls conjurer.

« Les auteurs des désordres seront recherchés activement et mis dans l'impuissance de nuire. Le gouvernement s'est adressé à la population tout entière, et il lui a fait connaître la situation générale.

« Le général commandant supérieur fait appel à la garde nationale, et, au nom des intérêts les plus sacrés de Paris et de la France, il attend d'elle un concours actif, dévoué et patriotique.

« Général VINOY. »

Ainsi, les Allemands allaient venir! L'attitude de la ville fut, dès cette heure, belle et résignée. La grande Babylone, comme disent les Allemands, ressembla à une martyre.

Les journaux de toutes nuances signèrent, d'un même accord, la résolution suivante :

« Au moment où l'entrée des Prussiens dans Paris est officiellement annoncée, les directeurs des journaux soussignés, confondus dans un même sentiment de patriotisme, croient devoir insister de nouveau auprès de la population parisienne pour qu'elle conserve, en face de la situation cruelle qui lui est faite, le calme et la dignité que les circonstances commandent impérieusement.

« Ils ont résolu, pour leur part, de suspendre la publication des feuilles qu'ils dirigent pendant l'occupation prussienne. »

La plume se taisait devant le sabre ennemi.

L'heure pénible, effrayante, approchait. Le mardi 28, dans l'après-midi, une affiche non signée, émanant de l'initiative privée, adjurait tous les citoyens d'avoir le plus grand calme. Le *Comité central de la garde nationale*, après avoir excité le peuple à prendre les armes pour s'opposer à l'entrée de l'ennemi, déclarait dans une proclamation se ranger à l'avis de la majorité de la population et renoncer à toute tentative de résistance (1).

Cependant la place de la Pépinière vit se produire une manifestation significative. Nous laissons ici la parole à l'amiral La Roncière Le Noury qui l'a décrite dans son intéressant ouvrage, *la Marine au siège de Paris* :

« Lors de la manifestation populaire du 28 février, des groupes, grossissant vers le soir, s'accumulèrent devant l'École militaire et surtout devant la caserne de la Pépinière, conviant les marins à prendre part à un banquet préparé à la Bastille. A l'École militaire, les tentatives de la foule sont infructueuses. A la Pépinière, les grilles de la caserne sont brisées par les émeutiers, auxquels nos marins, réunis à leurs postes, leurs officiers en tête et dépourvus d'armes, ne peuvent opposer aucune résistance sérieuse. La foule se précipite dans l'intérieur de la caserne et se jette au milieu de leurs rangs. Malgré les exhortations de leur commandant, quelques marins sont entraînés. Mais ceux-ci mêmes ne tardent pas à comprendre le rôle qu'on veut leur faire jouer, et à l'appel du soir, il n'y a que huit absents sur 1,800 hommes. »

Dans la soirée, les groupes étaient moins nombreux dans les rues. Une angoisse poignante étreignait tous les esprits, tant on redoutait les effroyables malheurs que pouvait faire naître l'effervescence des exaltés. La nuit cependant fut calme.

Le lendemain matin, le temps était froid et sec. Peu de monde dehors. Les édifices publics, la Bourse même, étaient fermés. Toutes les boutiques (excepté celles de provisions de bouche, ouvertes le matin), tous les cafés et restaurants avaient clos leurs portes. Une affiche jaune, adressée *aux Parisiens*, recommandait le calme (1).

Tous les bataillons de la garde nationale se tenaient sous les armes dans leurs quartiers respectifs, leurs guidons portant un nœud de crêpe à la hampe. Les drapeaux noirs flottaient aux mairies et à beaucoup de fenêtres; les drapeaux tricolores étaient voilés de crêpe. Ça et là des inscriptions : *Fermé pour cause de deuil national* ou *Fermé pour cause de deuil public*.

Sur le boulevard, à la hauteur du nouvel Opéra et de la rue de la Paix, ainsi qu'à toutes les voies donnant accès sur la place de la Concorde et aux Champs-Élysées, un cordon de gardes nationaux empêchait de passer toute personne revêtue d'un uniforme ou même d'une partie d'uniforme, képi ou pantalon à bande rouge. On s'arrachait le *Journal officiel*, le *Cri du peuple* de la veille et la *Patrie en deuil*, de Gromier.

Les éclaireurs du corps d'occupation, commandé par le général de Kammecke, débouchèrent sur le rond-point de l'Étoile à huit heures trente-cinq minutes, et cela, après avoir pris les plus minutieuses précautions contre une attaque possible. De neuf à dix heures, de fortes avant-gardes prirent possession des Champs-Élysées, mais l'entrée du gros des troupes ne se fit que vers trois heures,

---

(1) Voici l'affiche par laquelle s'affirmait ce pouvoir nouveau dont l'influence occulte s'accroissait chaque jour :

COMITÉ CENTRAL DE LA GARDE NATIONALE.

« Citoyens,

« Le sentiment général de la population paraît être de ne pas s'opposer à l'entrée des Prussiens dans Paris. Le Comité central, qui avait émis un avis contraire, déclare qu'il se rallie à la résolution suivante :

« Il sera établi, tout autour des quartiers que doit occuper l'ennemi, une série de barricades propres à isoler complètement cette partie de la ville. *Les habitants de la région circonscrite dans ces limites devront l'évacuer immédiatement.*

« La garde nationale, de concert avec l'armée formée en cordon tout autour, veillera à ce que l'ennemi, ainsi isolé sur un sol qui ne sera plus notre ville, ne puisse, en aucune façon, communiquer avec les parties retranchées de Paris.

« Le Comité central engage donc toute la garde nationale à prêter son concours à l'exécution des mesures nécessaires pour arriver à ce but et éviter toute agression qui serait le renversement immédiat de la République. »

(1) On pouvait lire sur les murs une autre affiche, anonyme et manuscrite et dont voici la teneur bizarre :

« Une convention a permis aux Prussiens d'occuper les Champs-Élysées, de la Seine au faubourg Saint-Honoré jusqu'à la place de la Concorde.

« Soit ! plus grande sera l'injure, plus terrible sera la vengeance.

« Cependant si quelque pandour ose sortir du périmètre de notre honte, qu'il soit aussitôt déclaré traître; qu'il devienne à l'instant cible pour nos balles, mèche pour notre pétrole, but pour nos *orsinianes*, gaine pour nos poignards !

« Qu'on se le dise! »

« Par décision des Horaces,

« *Le scribe* POPULUS. »

après la revue que passa le roi à Longchamps. Dans l'après-midi, le soleil se montra. La physionomie de Paris apparut, hélas! sensiblement différente de celle du matin. La population emportée par une curiosité malsaine, et sachant que l'entrée de l'ennemi n'avait occasionné aucun désordre, se décidait à sortir.

La rue Royale était barrée au milieu par des caissons d'artillerie et la plupart des curieux s'arrêtaient là. Quelques-uns, en très-petit nombre, traversaient nos lignes et s'aventuraient sur la place de la Concorde et dans les Champs-Élysées. Dans la rue et le faubourg Saint-Honoré, de fortes patrouilles de chasseurs d'Afrique et de gendarmes à cheval, allaient et venaient. Le jardin des Tuileries était désert et de plus, grâce à la fermeture des grilles et à de grandes draperies tendues aux portes, la place du Carrousel était complétement isolée de la ville. Les vainqueurs, parqués dans leur zone, regardaient, étonnés, la grande ville indomptée dont les monuments superbes se profilaient à l'horizon. Ceux qui se montraient aux fenêtres étaient hués. Tous les gamins de Paris étaient accourus aux Champs-Élysées et poursuivaient de leurs lazzis les lourds soldats prussiens. On fouetta des femmes accusées d'avoir souri à l'ennemi. De malheureuses honnêtes femmes qui avaient le tort d'habiter les quartiers occupés, ou peut-être d'être curieuses, subirent le même sort que les rôdeuses. La férocité de la population commençait à se faire jour.

On remarqua beaucoup que les officiers allemands avaient tous des uniformes neufs, et que tous tenaient à la main un plan de Paris. Leurs soldats, affreusement sales, faisaient la cuisine en plein vent, pendant que les bruyantes fanfares de leur musique militaire étaient accueillies par les huées et les sifflets des spectateurs.

Les statues de pierre de la place de la Concorde, voilées de noir par des mains inconnues, ne virent pas la souillure de Paris. L'Arc de triomphe de l'Étoile avait été barricadé et obstrué de telle façon que les Allemands n'y purent défiler. Le monument triomphal resta vierge de cette souillure.

Le soir, Paris prit l'aspect prodigieux, étrange, d'une ville endormie. De lumières nulle part, de rares passants, ni omnibus, ni voitures. Le pas d'une patrouille qui retentissait, sonore et rhythmé, dans le lointain, et le « *Qui vive?* » des sentinelles venaient seuls rompre le morne silence qui planait sur la capitale. La longue ligne des boulevards, noire et sombre, portait le deuil de la cité. Paris fut superbe dans sa souffrance.

Il demeura occupé jusqu'à l'acceptation des préliminaires de paix par la Chambre. Alors la nazarde du gamin de Paris accompagna le vainqueur qui sortait, furieux d'avoir si piteusement triomphé.

Dans la journée du 2, une clause *verbale* de la convention qui stipulait le droit pour les Allemands de visiter, par détachements et sans armes, le Louvre et les Invalides, faillit faire éclater le conflit tant redouté entre la population et les soldats ennemis. La présence d'officiers prussiens sur la colonnade du Louvre et aux fenêtres du musée produisit une émotion indescriptible. Quelques soldats ayant pénétré à cheval et en armes dans la cour du Carrousel, le général Vinoy saisit avec empressement ce prétexte pour prévenir le général de Kammecke que les termes de la convention étant violés, il s'opposait à ce que la visite du Louvre continuât, et il l'informait en même temps qu'il ne répondait pas de la tranquillité de la ville si le droit de visite aux Invalides était maintenu. Sur ces représentations, le général prussien y renonça. La visite du Louvre, commencée vers midi, n'avait duré que deux heures et demie (1).

La paix devait être votée le 1er mars 1871. La veille, au début de la séance, M. Thiers avait rendu compte brièvement du résultat de sa mission et demandé à la Chambre l'urgence : « Les ratifications, dit-il, seront le signal du retour de nos prisonniers et de l'évacuation d'une grande partie de notre territoire, Paris compris. » Puis M. Barthélemy Saint-Hilaire avait lu les conditions de la paix et on avait laissé aux députés une carte où se trouvait bien exactement délimité ce qu'on arrachait, ce que la conquête dérobait à la France.

Le lendemain, il fallut voter sur le projet de loi que voici :

PROJET DE LOI.

« Le chef du pouvoir exécutif de la République française propose à l'Assemblée nationale le projet de loi dont la teneur suit :

« L'Assemblée nationale, subissant les conséquences de faits dont elle n'est pas l'auteur, ratifie les préliminaires de paix dont le texte est ci-annexé et qui ont été signés à Versailles, le 26 février 1871, par le chef du pouvoir exécutif et le ministre des affaires étrangères de la République française, d'une part ;

« Et d'autre part, par le chancelier de l'empire germanique, M. le comte Otto de Bismarck-Schœnhausen, le ministre d'État et des affaires étrangères de S. M. le roi de Bavière, le ministre des affaires étrangères de S. M. le roi de Wurtemberg, et le ministre d'État représentant S. A. R. le grand-duc de Bade ;

« Et autorise le chef du pouvoir exécutif et le ministre des affaires étrangères à échanger les ratifications. »

(1) Pour tous les détails de ces journées voir le très-curieux livre de M. Charles Yriarte, *les Prussiens à Paris et le 18 mars*.

Paris après le Siège. — Le parc d'artillerie de Montmartre.

C'était le 1ᵉʳ mars 1871 ! Date sinistre et navrante qui restera dans notre souvenir comme un des jours néfastes de l'histoire de cette noble France, condamnée par la destinée à la douleur et à la honte.

C'est le 1ᵉʳ mars 1871 qu'une Assemblée française a voté, le couteau prussien sur la gorge, l'amputation, la séparation de l'*Alsace* et d'une partie de la *Lorraine*, le démembrement de la patrie, la fin de cette unité française que nos pères de 92 avaient cimentée de leur sang. Vous êtes morts, héros d'il y a cinquante ans ; vous êtes tombés, mais dignes et fiers, sur les champs de bataille ou sur l'échafaud, pour que vos fils, après avoir subi vingt ans de despotisme, s'inclinent devant six mois d'invasion triomphante, et pour que la Prusse que vous battiez, la Prusse maintenant victorieuse impose à la patrie que vous aimiez jusqu'à la rage, la honte et la plaie du plus affreux traité de notre histoire.

Dès la veille, on connaissait à Bordeaux les dures conditions imposées par le vainqueur. Et tandis que M. Barthélemy Saint-Hilaire les apprenait à l'Assemblée, un bataillon de la garde nationale bordelaise passait, musique en tête et jouant une marche triomphale, devant le Grand-Théâtre où siégeaient les députés. La foule heureusement fit cesser la fanfare.

Le lendemain il y avait de la fièvre et de la souffrance dans l'air. Les abords de l'Assemblée étaient occupés par des troupes plus nombreuses que de coutume, soldats de la ligne et de l'infanterie de marine, avec un escadron de cuirassiers en réserve sur les Quinconces, et dont le soleil faisait scintiller les armes et les casques.

Au dehors, la foule et l'inquiétude. Au dedans, le spectacle irritant et attristant d'une Assemblée qui se ruait vers la paix et qui cédait, abandonnait des milliers de citoyens français sans avoir la douleur qui convient devant une telle catastrophe.

Les tribunes étaient pleines de dames en toilettes élégantes. On se montrait M. Gambetta, debout, appuyé contre une colonne de la salle, au fond du parterre, l'air soucieux et dédaigneux ; M. Trochu souriant avec sarcasme, Louis Blanc tout ému.

Au début de la séance, M. Victor Lefranc, rapporteur de la commission des Quinze, expose les cruelles nécessités de la situation qui nous met dans l'obligation d'apposer la signature de la France au bas de ce traité douloureux. Il conclut, en exprimant sa confiance dans l'avenir et, demandant l'adoption du projet de loi : « On souffrira, dit-il, mais on verra la vérité et on ira à elle ! » M. Edgar Quinet rejette les conditions de la Prusse, et déclare que l'Assemblée doit repousser le traité de paix, parce qu'il détruit à la fois le présent et l'avenir de la France. Après lui, M. Victor Hugo prend la parole. « L'empire, dit-il, a commis un double parricide : le premier en 1851 et le deuxième en 1871. » Il montre Paris saigné aux quatre membres, fier comme Rome, stoïque comme Sparte, et chargeant ses représentants de voter contre le démembrement de la patrie. Puis, évoquant l'avenir, il montre l'heure où la France ressaisira la Lorraine et l'Alsace. « Est-ce tout ? s'écrie-t-il emporté par les ressouvenirs de son livre *le Rhin*, est-ce tout ? Non, elle ressaisira Trèves, Mayence, Coblentz, Cologne, toute la rive gauche du Rhin. » (Murmures.) Elle criera : « C'est mon tour ! Allemagne, me voilà. Sommes-nous ennemis ? Non ! Je suis ta sœur. Les peuples ne feront plus qu'un seul peuple, une seule république unie par la fraternité.

« Soyons les États-Unis d'Europe, la liberté et la paix universelle. Et que la France dise à l'Allemagne : Nous sommes amies. Je n'oublierai pas que tu m'as débarrassé de mon empereur, moi je viens te débarrasser du tien. » (Mouvement.)

C'était le discours d'un poëte. M. Louis Blanc allait prononcer ensuite un discours d'homme d'État.

« Il est impossible, dit-il, que sur certains points nous ne soyons pas tous, comme Français, complétement d'accord.

« Qui de nous pourrait ne pas désirer passionnément la fin des maux qui déchirent notre pays, et qui de nous pourrait se plaindre de les voir finir par une paix durable, c'est-à-dire juste, attendu qu'il n'y a ici-bas de vraiment durable que la justice ! (Marques d'approbation.) La paix, telle que je viens de la définir, est-elle celle qu'on nous propose ? »

Et l'orateur repoussait la paix.

Bien d'autres discours encore éloquents et passionnants, allaient être entendus ; Millière, de sa voix claire et mordante, en appelait à l'avenir, disant : « Je proteste contre le prétendu traité qu'on nous impose et je revendique pour la France le droit de le déchirer aussitôt qu'elle le pourra ! » M. Georges, député des Vosges, offrait encore le sang de tous ses compatriotes à la patrie ; le général Changarnier s'écriait : « On ne tue pas une nation. Napoléon Iᵉʳ a voulu détruire la Prusse. Aujourd'hui, nous payons les crimes de Napoléon Iᵉʳ. » M. Keller tout à coup demanda la parole au nom de l'Alsace.

« Celui qui devait parler à ma place, dit-il, au milieu d'une inexprimable émotion, le maire de Strasbourg, le doyen de notre députation, à l'heure où je vous parle, se meurt de douleur et de chagrin ; son agonie est le plus éloquent des discours. (Mouvement.) Notre honneur à nous reste entier ; pour rester Français, nous avons fait tous les sacrifices, et nous sommes prêts à les faire encore ;

nous voulons être Français, et nous resterons Français, il n'y a pas de puissance au monde, il n'y a pas de signature, ni de l'Assemblée ni de la Prusse, qui puisse nous empêcher de rester Français. »

Puis, après avoir comparé l'Alsace à un navire dont on céderait non-seulement le bois, le fer, mais l'équipage, la chair et l'âme des matelots :

« Je n'ai pas, à l'heure qu'il est, s'écrie-t-il, la prétention de changer les dispositions trop arrêtées dans un grand nombre d'esprits ; seulement j'ai tenu, avant de quitter cette enceinte, à protester, comme Alsacien et comme Français, contre un traité qui, à mes yeux, est une injustice, un mensonge et un déshonneur, et si l'Assemblée devait le ratifier, d'avance j'en appelle à Dieu, vengeur des justes causes, j'en appelle à la postérité qui nous jugera les uns et les autres, j'en appelle à tous les peuples qui ne peuvent pas indéfiniment se laisser vendre comme un vil bétail ; j'en appelle enfin même à l'épée de tous les gens de cœur qui, le plus tôt possible, déchireront ce détestable traité. »

Après avoir, aux applaudissements de la gauche, jeté ces derniers mots avec vigueur, M. Keller descendait de la tribune lorsque M. Thiers, passant devant lui pour y monter, lui dit : « Donnez-nous les moyens » ; — puis, M. Keller ne répondant point : « Alors, il ne faut pas nous donner des paroles ! »

A la tribune, le chef du pouvoir exécutif de la République résume alors, avec une émotion qui parfois va jusqu'aux larmes, la situation douloureuse où la France est placée. Sa parole simple et nette, cette éloquence sans phrases, bourgeoise et pratique, s'impose par l'évidence des faits et des chiffres. Il montre l'organisation militaire de la France brisée, les soldats pleins de bravoure, mais depuis Sedan et Metz, absolument privés de cadres d'officiers ; sur 120 régiments que possédait la France au début de la guerre, 116 entre les mains de l'ennemi. » Au programme de M. Louis Blanc : la *guerre au couteau*, à l'espagnole, il oppose la question de savoir comment un pays désorganisé peut lutter contre des armées régulières. « Ce n'est pas, ajoute-t-il, la faiblesse de la France que je viens plaider devant vous. Je mourrais plutôt que de la plaider. Je veux conserver l'espérance... Ce n'est pas la France qui est brisée, qui est impuissante, c'est son organisation qui, par suite d'une imprudence sans égale, a été détruite dès le début de la guerre. »

Enfin, parlant de ses déboires en présence du vainqueur, essayant de ramener le pays au culte simple de la clarté, il conjure l'Assemblée de renoncer aux mots, d'étudier les faits, d'apprendre : « J'ai fait valoir, dit-il mélancoliquement, les considérations de l'avenir, les haines implacables qu'on allait soulever dans le cœur d'une grande nation. Mais, messieurs, je sais le dire, la victoire n'est pas toujours plus sensée que la défaite. »

Douloureuse séance ! L'Alsace et la Lorraine, par la voix de leurs représentants, s'écriaient : « Un même pacte nous unit ! La France monarchique nous avait acquis ! Mais nous nous sommes librement donnés à la France de 89 et de 90. Donnés à vous, et nous ne nous reprenons pas ! Gardez-nous ! Défendez-nous ! Nous avons encore du sang à verser pour vous ! Faut-il nous ouvrir les veines ? Allons, un signe, un mot, frères, frères de France, les Alsaciens, les Lorrains, les paysans des Vosges sont prêts ! »

Y a-t-il eu rien de plus poignant dans l'histoire que ce terrible débat ? La France répondait : « Je suis trop faible, je suis vaincue, terrassée, désarmée. » La mère répliquait à ses fils : « Soyez esclaves, je n'ai ni or, ni sang, ni fer pour vous racheter ! »

Tour à tour, cependant, on supplia et menaça, la majorité de l'Assemblée nationale vota l'abandon de l'Alsace et de la plus grande partie de la Lorraine ; 546 voix contre 107 répondirent : « Vous n'êtes plus des nôtres, la fatalité nous sépare. Nous nous courbons sous le talon prussien. Tout est dit, tout est fini. Adieu ! »

Ah ! que la patrie payait cher les années de hontes, d'affaissement et de courtisanerie qu'elle a traversées, qu'elle payait cher ces vingt ans de césarisme et d'empire ! Elle a eu, du moins, le courage de jeter hors la loi, comme on le jetterait à la voirie, le gouvernement qui lui a trop longtemps pesé sur la poitrine. Elle a voté d'acclamation, d'un cri sorti du cœur même de la patrie, la déchéance de l'empereur et de la dynastie impériale, et elle l'a votée, comme par un instinctif et irrésistible mouvement de justice, deux heures avant de voter la perte passagère de la Lorraine et de l'Alsace. Elle a voulu, eût-on dit, flétrir le criminel avant d'expier le crime. Elle a marqué au front le coupable avant d'accepter la responsabilité de la faute. C'est M. Conti qui l'a voulu. L'ex-secrétaire de l'ex-empereur a été au-devant de ce verdict. Il s'est dressé, blême et insolent, devant la nation entière, réclamant, revendiquant des droits qui soulevaient la fureur d'une Assemblée contrainte à la honte par la lâcheté du gouvernement impérial. Il a osé, devant cette nation que frappe le malheur, parler de la famille d'aventuriers qu'atteint enfin le châtiment. Il a parlé des Bonapartes, et soudain l'Assemblée entière s'est dressée furieuse, terrible, et elle a rejeté au néant la *réclame* impériale faite par un serviteur trop dévoué et assez maladroit pour ne pas comprendre que le silence et le remords sont les seuls refuges des grands coupables.

M. Bamberger, député de la Moselle, venait de

s'écrier qu'un seul homme était capable de signer un tel traité, c'est Napoléon III, dont le nom sera éternellement cloué au pilori de l'histoire. Les bravos unanimes de l'Assemblée lui répondaient, lorsque M. Conti s'élance à la tribune. Il veut parler, on l'interrompt; un épouvantable bruit s'élève.

« Dans un débat si douloureux, si poignant, dit-il, je ne m'attendais pas à ce qu'il y eût place à des diversions passionnées, à des allusions blessantes pour un passé auquel se rattache un certain nombre d'entre vous qui, comme moi, ont prêté serment à l'empire(1). »

Jamais peintre, jamais habile metteur en scène ne rêva un pareil tableau. Toute l'Assemblée, debout, soulevée par un mouvement irrésistible de la conscience révoltée ; sept cents représentants vociférant, agitant leurs chapeaux, fiévreux, indignés, résolus, et criant : *Déchéance!* A la tribune, impassible et livide, le lorgnon sur le nez, maigre, à la fois sinistre et comique comme un tortionnaire de *Conseil des Dix* d'opérette, M. Conti, bravant la juste colère de l'Assemblée, et demeurant glacé et immobile devant cet orage; les cris se croisant, se heurtant, les invectives passant par-dessus la tête du secrétaire intime pour aller atteindre le maître : *Hors la loi le Deux Décembre! Plus de lâche! plus de traître!*

La fureur augmentant, les vociférations devenant farouches, les poings crispés, les yeux injectés : *A bas les Bonapartes!* Et tout à coup, dans ce tumulte, dans cette foule et cette tempête, un front se dressant, comme par hasard, à la tribune, à côté de la maigre face de M. Conti, un visage apparaissant, rouge, sanguin, la barbe et les cheveux blancs, le visage de Victor Hugo, l'auteur de *Napoléon le Petit*, à côté du secrétaire de l'homme de Sedan et du Deux Décembre, et comme si le même cri partait de toutes les poitrines, on entendait sortir, jaillir des lèvres ce mot : *Châtiments! Voilà le Châtiment!*

---

(1) M. Conti est mort en Corse (12 février 1872). C'était un homme médiocre, que les adulateurs, à propos des paroles citées plus haut, n'ont pas craint de comparer à de Malesherbes et à de Sèze, défenseurs de Louis XVI. Quel ignorant abus des noms historiques! Je trouve ces détails dans un journal bonapartiste, *le Gaulois* :

« Après avoir fait des études très-sérieuses dans son pays, Conti vint prendre ses inscriptions de droit à Paris, où, concurremment avec Cujas et Toullier, il cultiva les Muses.

« Il publia, dans diverses revues, des poésies remarquées, qu'il signa E. C., puis le *Docteur Louis* gar. »

En somme, écrivain stérile, homme politique douteux.

« A la mort du duc de Reichstadt, il fut désigné par les suffrages unanimes de la population corse, et prononça l'oraison funèbre du fils de Napoléon 1er dans la cathédrale d'Ajaccio. Il profita de l'occasion pour se livrer à une sortie des plus violentes contre le régime de 1830.

« Au retour des cendres de Napoléon 1er, Conti livra à la publicité un poëme inspiré par la circonstance, et qu'il dédia au prince Louis, alors détenu à Ham.

« Ce fut l'origine de ses relations avec celui qui devait régner en France sous le nom de Napoléon III. »

Alors M. Bethmont propose de clore l'incident en votant formellement la déchéance de Napoléon III. La séance interrompue est reprise et M. Target donne lecture de la proposition suivante :

« L'Assemblée nationale clôt l'incident et, dans les circonstances douloureuses que traverse la patrie, et en face de protestations et de réserves inattendues, confirme la déchéance de Napoléon III et de sa dynastie, déjà prononcée par le suffrage universel, et le déclare responsable de la ruine et du démembrement de la France. »

Les acclamations alors sont unanimes. M. Gavini, député de la Corse, essaie de prononcer quelques mots, mais les protestations redoublent et M. Thiers monte à la tribune. Il demande qu'on proteste contre le passé qui se redresse et la proposition Target est mise aux voix. Tous les députés se lèvent, d'un élan spontané. On applaudit partout. A la contre-épreuve, quatre ou cinq députés se lèvent seuls et l'Assemblée applaudit encore.

A cette heure même, un manifeste de l'ex-empereur était publié par quelques journaux et des exemplaires de cette protestation impériale étaient saisis, par ballots, à la frontière. Cet acte inqualifiable provoqua, il faut bien le dire, plus d'indignation encore dans la presse étrangère que dans la presse française, tout occupée, l'une de ses rancunes, l'autre de ses haines. Napoléon III osait déclarer, dans ce manifeste, qu'il n'était point responsable de la guerre et il s'élevait contre le gouvernement de la défense « qui s'était substitué à un pouvoir nommé par le suffrage universel ». Quel Français, disait le *Daily News*, lira sans colère un tel manifeste? Et le *Times* trouvait inouï que l'ex-empereur déclinât la responsabilité de nos maux, lui, disait ce journal, *dont l'administration corrompue et corruptrice a anéanti l'esprit public et perverti jusqu'à l'armée.*

Du moins le vote de l'Assemblée châtiait les prétentions du César tombé. Oui, voilà ce qui, dans l'écroulement de nos espérances, dans la chute profonde de la patrie, dans le désespoir de ceux qui comprennent, savent, aiment le pays, redoutent l'avenir, voilà ce qui consolait et ce qui vengeait. L'auteur de tant de maux était exécuté par la conscience publique au moment où il fallait s'incliner devant les effroyables désastres qu'il avait causés.

Le spectacle de ces représentants montant l'un après l'autre à la tribune pour déposer dans l'urne le bulletin qui disait la guerre ou qui consentait à la paix, n'en fut pas moins navrant. Quel défilé sinistre, et quel tableau! Tous groupés au pied de la tribune attendaient leur tour. Chacun montait, tenant en main son vote. Le bulletin *blanc* signifiait la paix avec la cession de l'Alsace et d'une partie de la Lorraine, le bulletin *bleu* signifiait la guerre.

Victor Hugo

Et qu'ils tombaient pressés, fréquents, l'un après l'autre, ces bulletins blancs ! Ils montaient, les députés, ils jetaient dans l'urne verte ce morceau de carton qui voulait dire : « Strasbourg est à l'Allemagne ! Le drapeau blanc et l'aigle noir s'étendront sur Colmar ! Nos soldats alsaciens porteront le casque prussien dans deux mois ! »

Il le fallait pourtant. Des patriotes comme M. Henri Martin et M. Vacherot l'avaient dit avec des larmes. La dure nécessité parlait. La pauvre France courbait le front. 546 voix votèrent la paix, 107 protestèrent (1). « La tristesse de ceux qui su-

(1) Voici les noms des 107 :

Adam (Edmond), Albrecht, Amat, Ancelon, André (docteur), Andrieu, Arago (Emmanuel), Arnaud (de l'Ariège), Bamberger, Barbaroux (docteur), Bardon, Berlet (Meurthe), Bernard (Martin), Billot (général), Billy, Blanc (Louis), Bœil, Bœrsch, Brice, Brisson, Brun (Ch.), Brunet, Carion, Carnot fils, Chaix, Chanzy (général), Chauffour, Claude (Meurthe), Claude (Vosges), Clémenceau, Coras, Cournet (Seine), Delescluze, Deschange, Dorian, Dornès (Léon), Dubois, Duclerc, Ducoux, Durieu, Esquiros, Farcy (lieutenant de vaisseau), Floquet (Charles), Gambetta, Gambon, Gent, George, Girerd (Cyprien), Grandnierre, Greppo, Grosjean, Gniter, Hartmann, Humbert (Haute-Garonne)

bissent, disait M. Jules Simon dans sa dépêche, est égale à la tristesse de ceux qui protestent. »

A la fin de cette poignante séance, M. Grosjean, député de l'Alsace, monte à la tribune, et, d'un ton très-simple et très-digne :

« Messieurs, dit-il, je suis chargé par tous mes collègues des départements de la Moselle, du Bas-Rhin et du Haut-Rhin, présents à Bordeaux, de déposer sur le bureau, après en avoir donné lecture, la déclaration suivante :

« Les représentants de l'Alsace et de la Lorraine ont déposé, avant toute négociation de paix, sur le bureau de l'Assemblée nationale, une déclaration affirmant de la manière la plus formelle, au nom de ces provinces, leur volonté et leur droit de rester françaises.

« Livrés, au mépris de toute justice et par un odieux abus de la force, à la domination de l'étranger, nous avons un dernier devoir à remplir.

« Nous déclarons encore une fois nul et non avenu un pacte qui dispose de nous sans notre consentement. (Très-bien ! très-bien !)

« La revendication de nos droits reste à jamais ouverte à tous et à chacun dans la forme et dans la mesure que notre conscience nous dictera.

« Au moment de quitter cette enceinte, où notre dignité ne nous permet plus de siéger, et malgré l'amertume de notre douleur, la pensée suprême que nous trouvons au fond de nos cœurs est une pensée de reconnaissance pour ceux qui, pendant six mois, n'ont pas cessé de nous défendre, et d'inaltérable attachement à la patrie dont nous sommes violemment arrachés. (Marques d'émotion et applaudissements.)

« Nous vous suivrons de nos vœux et nous attendrons avec une confiance entière dans l'avenir, que la France régénérée reprenne le cours de sa grande destinée.

« Vos frères d'Alsace et de Lorraine, séparés en ce moment de la famille commune, conserveront à la France, absente de leurs foyers, une affection filiale, jusqu'au jour où elle viendra y reprendre sa place. (Nouveaux applaudissements.)

« Bordeaux, le 1er mars 1871.

« *Signé* : L. CHAUFFOUR, E. TEUTSCH, PR. ANDRÉ, OSTERMANN, SCHNEEGANS, E. KELLER, KABLE, MELSHEIM, BŒLL, TITOT, ALBRECHT, ALFRED KŒCHLIN, V. REHM, A. SCHEURER-KESTNER, ALP. SAGLIO, HUMBERT, KUSS, RENCKER, DESCHANGE, BŒRSCH, A. TACHARD, TH. NOBLOT, DORNÈS, ED BAMBERGER, BARDON, LÉON GAMBETTA, FREDERIC HARTMANN, JULES GROSJEAN. »

Humbert (Louis-Amédée), Jaubert (comte), Joigneaux, Jouvenel (baron de), Kable, Keller, Kœchlin, Latlize, Lamy, Langlois, Laserve, Laurier (Clément), Leblanc (Pierre), Lepère, Lockroy, Loiseu (général), Lucet, Malry (de), Malens, Malon, Marc-Dufresse, Mazure (général), Melsheim, Milière, Montel, Moreau, Noblot, Ostermann, Peyrat, Pyat (Félix), Quinet (Edgar), Rame, Rathier, Razoua, Rencker, Rochefort, Saglio, Saisy (Hervé de), Scheurer Kestner, Schneegans, Schœlcher, Taberlet, Tachard, Teutsch, Tirard, Titot, Tolain, Tridon, Varroy, Victor Hugo, Villain, Viox.

Cette lettre lue, les députés de l'Alsace et de la Lorraine quittèrent cette Assemblée française où leur place est marquée encore et sera réoccupée un jour.

Chose étrange, à cette heure même, M. Küss, le dernier maire français de Strasbourg, mourait à Bordeaux, comme allait mourir bientôt M. Félix Maréchal, le dernier maire français de Metz. Deux jours après, devant le cercueil de l'intègre M. Küss, patriote admirable dont la patrie doit conserver le souvenir, M. Gambetta, qui avait opté pour l'Alsace et quittait la Chambre avec les députés alsaciens et lorrains, M. Gambetta rappelait devant tous que la force ne saurait déchirer ce qui est attaché par la reconnaissance et l'amour, et, parlant au cadavre de l'intègre docteur Küss, il le chargeait, ce mort, de porter à Strasbourg et aux Alsaciens l'ardente expression de nos vœux : « Dites à vos compatriotes, s'écriait éloquemment le tribun, dites qu'ils soient et qu'ils demeurent républicains. Être républicain, c'est avoir en soi, avec la science de la justice, l'esprit d'immolation et le mépris de la mort. L'Alsace républicaine, c'est l'Alsace en lutte morale avec l'Allemagne, c'est l'annexion empêchée à son point de départ, c'est le césarisme allemand limité dans sa puissance, c'est le maintien de toutes les affinités sociales qui unissent le membre amputé au tronc sanglant de la patrie, ce sont les deux mains tendues l'une vers l'autre jusqu'au jour où la revanche permettra l'étreinte suprême... »

Oui, ce jour reviendra, et Strasbourg ne sera pas, comme le disent les Allemands, le *joyau de la couronne germanique*. 17,000 volontaires alsaciens avaient rejoint nos armées pendant la guerre. Plus de 17,000 combattront un jour avec nous. Ce sentiment français se fait jour en toute occasion. Il éclata surtout le jour des funérailles de M. Küss, à Strasbourg.

« Au cimetière, raconte M. A. Dumont, un membre de l'Assemblée de Bordeaux, M. Teutsch, rappela le patriotisme du mort ; quand il acheva son discours, un cri immense de « Vive la France ! » s'échappa de toutes les poitrines. En rentrant en ville, la milice bourgeoise, qui avait accompagné le cortége, rencontra à la porte une sentinelle prussienne, et fut arrêtée par le « *Qui vive ?* » habituel. L'officier, s'avançant, répondit à haute voix : « *France !* » La foule répéta ce mot sacré. »

Un jour, Strasbourgeois, et vous, Messins, un jour vous l'entendrez encore ce nom, ce grand nom d'un pays tombé qui se relèvera. Un jour la sentinelle prussienne dira à une foule accourue sous les murs de la ville : « *Wer da ?* Qui vive, et qui êtes-vous ? » Et la foule répondra « *France !* » Ce jour-là, le drapeau tricolore ne sera pas loin, et les échos de la forêt entendront encore les chansons françaises.

Mais ne poussons point trop tôt ni follement les cris de *revanche!* N'en appelons pas encore aux armes. Soyons libres, devenons forts par la vertu et le caractère. Refaisons des hommes pour avoir un peuple.

En attendant, je compte sur les femmes de Lorraine et d'Alsace pour maintenir là-bas l'amour de la France dans les âmes.

Les Prussiens, paraît-il, ont trouvé en Alsace des magistrats, hier Français, mais qui n'ont pas rougi de passer d'un serment prêté à un empereur par droit de coup d'État, à un serment vendu à un empereur par droit de force et de conquête. L'Allemagne est fière d'avoir rencontré ces dévouements soudains. Elle en a trouvé parmi les magistrats, elle n'en trouvera point parmi les femmes. La France doit, au contraire, son tribut de louanges et de reconnaissance à ces femmes d'Alsace et de Lorraine qui se promènent à cette heure devant les soldats allemands, leur cocarde tricolore au chapeau ou leur bouquet de fleurs tricolores à la ceinture. Celles-là, les dolentes et les martyres, loin de se perdre dans les vaines aspirations vers un cosmopolitisme bizarre, s'attachent invinciblement à la patrie déchirée, au souvenir étroit de ce passé qui date de la veille. Devant le droit outragé, elles pratiquent le devoir avec une ardeur vaillante. Elles demeurent, en quelque sorte, au chevet de la France, hier agonisante, convalescente aujourd'hui. Elles ont juré fidélité à la nation qui saigne. Le sacrifice les enfièvre, le dévouement les attire. Les femmes de Lorraine et d'Alsace restent debout, pâles, tristes, mais résolues à entretenir dans le cœur de leurs fils l'âpre et violent amour de la France qui fit l'Alsace et la Lorraine libres et transforma en citoyens les paysans des bords de la Moselle et les serfs des rives du Rhin.

Cela est admirable, en vérité, et superbe, cette constance virile, rencontrée ainsi dans ces jeunes filles, dans ces jeunes femmes, dans ces pauvres vieilles si près du tombeau. Toutes, celles-là mêmes qui ne connaissent point le doux parler de la patrie, savent ce nom et le répètent avec amour : *La France.* C'est par elle que l'idée française durera dans ces villes, dans ces bourgades, dans ces chaumières. Elles ne parlaient qu'allemand jadis; depuis la conquête, elles ont toutes appris pour la plupart une phrase en français, et elles la répètent au premier mot dit par un Prussien : « Je n'entends pas, je ne comprends pas l'allemand, je parle français. » Avec quel accent elles prononcent ces mots, cela est touchant et naïf! Mais c'est qu'elles l'aiment de toute leur âme, cette patrie qu'on leur arrache et que leurs pères avaient, après 89, lors du pacte entre les provinces, librement choisie, à jamais adoptée, et depuis, noblement servie. Elles l'aiment, et tous leurs souvenirs, toutes leurs joies, toutes leurs espérances se retournent vers ce temps, — si loin déjà! les années de malheurs comptent pour des siècles, — où le drapeau français flottait sur Strasbourg, sur Colmar, sur Mulhouse, sur Bitche, sur Phalsbourg, sur Thionville, sur Metz!... Elles demeureront attachées de toutes les fibres de leur être à ce cher passé qui fut si glorieux et que la défaite présente semble avoir rendu plus superbe encore et plus doux, car ces cœurs sont ainsi qu'ils battent plus vite pour la patrie humiliée que pour la patrie triomphante. Elles souscrivent, se privent, donnent leur travail, à cette heure, pour le rachat du territoire. Le membre amputé se saigne encore pour nourrir le corps. Les femmes ont une vertu entre toutes, qui est la pitié.

Aussi bien, elles apprendront à leurs enfants, les femmes d'Alsace et de Lorraine, la légende de la patrie française. Elles élèveront ces jeunes esprits dans le culte de la tradition nationale. Elles diront Kléber, Merlin de Thionville, elles diront Desaix traversant le Rhin, Strasbourg bombardé par Werder, Metz succombant sans avoir reçu un boulet dans ses murailles. Elles diront Belfort foudroyée par *cinq cent mille projectiles* — et demeurant ville française; si bien que ce coin de terre alsacienne suffit pour qu'un jour le reste de l'Alsace s'y rattache. Elles diront tout cela. Et que la Prusse essaie ensuite d'introduire dans ces provinces la caporalisation et la dure administration des bords de la Sprée, elle y usera sa patience et sa ruse!...

L'Alsace restera française, la Lorraine nous reviendra. Pourquoi? Parce que les femmes lorraines et alsaciennes sont et demeureront à la fois les fiancées et les veuves de la France.

En attendant, n'oublions jamais la date sinistre du 1ᵉʳ mars 1871, date de la paix la plus désastreuse qu'ait subie notre pays, pendant le cours de son histoire, et n'oublions pas surtout les noms de ceux qui ont déchaîné tous ces maux et toutes ces hontes sur notre malheureux pays.

DOCUMENTS COMPLÉMENTAIRES DU CHAPITRE XX

N° 1.

PRÉLIMINAIRES DE PAIX.

Entre le chef du pouvoir exécutif de la République française, M. Thiers, et
Le ministre des affaires étrangères, M. Jules Favre, représentant de la France, d'un côté ;
Et de l'autre :
Le chancelier de l'empire germanique, M. le comte Otto de Bismarck-Schœnhausen, muni des pleins pouvoirs de S. M. l'empereur d'Allemagne, roi de Prusse ;
Le ministre d'État et des affaires étrangères de S. M. le roi de Bavière, M. le comte Otto de Bray-Steinburg ;
Le ministre des affaires étrangères de S. M. le roi de Wurtemberg, le baron Auguste de Waechter ;
Le ministre d'État, président du conseil des ministres de S. A. Mgr le grand-duc de Bade, M. Jules Jolly, représentant de l'empire germanique ;
Les pleins pouvoirs des parties contractantes ayant été trouvés en bonnes et dues formes, il a été convenu ce qui suit, pour servir de base préliminaire à la paix définitive à conclure ultérieurement.

ARTICLE PREMIER. — La France renonce, en faveur de l'empire allemand, à tous ses droits et titres sur les territoires situés à l'est de la frontière ci-après désignée :
La ligne de démarcation commence à la frontière nord-ouest du canton de Cattenom, vers le grand-duché de Luxembourg, suit, vers le sud, les frontières occidentales des cantons de Cattenom et Thionville, passe par le canton de Briey en longeant les frontières occidentales des communes de Montois-la-Montaigne et Roncourt, ainsi que les frontières orientales des communes de Marie-aux-Chênes, Saint-Ail, atteint la frontière du canton de Gorze qu'elle traverse le long des frontières communales de Vionville, Chambley et Onville, suit la frontière sud-ouest resp. sud de l'arrondissement de Metz, la frontière occidentale de l'arrondissement de Château-Salins jusqu'à la commune de Pettoncourt dont elle embrasse les frontières occidentale et méridionale, pour suivre la crête des montagnes entre la Seille et Moncel, jusqu'à la frontière de l'arrondissement de Strasbourg au sud de Garde.
La démarcation coïncide ensuite avec la frontière de cet arrondissement jusqu'à la commune de Tanconville dont elle atteint la frontière au nord ; de là elle suit la crête des montagnes entre les sources de la Sarre blanche et de la Vezouse jusqu'à la frontière du canton de Schirmeck, longe la frontière occidentale de ce canton, embrasse les communes de Saales, Bourg-Bruche, Colroy, la Roche, Plaine, Ranrupt, Saulxures et Saint-Blaise-la-Roche du canton de Saales, et coïncide avec la frontière occidentale des départements du Bas-Rhin et du Haut-Rhin jusqu'au canton de Belfort dont elle quitte la frontière méridionale non loin de Vourvenans pour traverser le canton de Delle, aux limites méridionales des communes de Bourgone et Froide-Fontaine, et atteindre la frontière suisse, en longeant les frontières orientales des communes de Jonchéry et Delle.
La frontière, telle qu'elle vient d'être décrite, se trouve marquée en vert sur deux exemplaires conformes de la carte du territoire formant le gouvernement général d'Alsace, publiée à Berlin en septembre 1870 par la division géographique et statistique de l'état-major général, et dont un exemplaire sera joint à chacune des deux expéditions du présent traité.
Toutefois, le traité indiqué a subi les modifications suivantes de l'œuvre des deux parties contractantes : dans l'ancien département de la Moselle, les villages de Marie-aux-Chênes, près de Saint-Privat-la-Montagne et de Vionville, à l'ouest de Rezonville, seront cédés à l'Allemagne. Par contre, la ville et les fortifications de Belfort resteront à la France avec un rayon qui sera déterminé ultérieurement.

ART. 2. — La France payera à S. M. l'empereur d'Allemagne la somme de cinq milliards de francs.
Le payement d'au moins un milliard de francs aura lieu dans le courant de l'année 1871, et celui de tout le reste de la dette dans un espace de trois années à partir de la ratification du présent article.

ART. 3. — L'évacuation des territoires français occupés par les troupes allemandes commencera après la ratification du présent traité par l'Assemblée nationale siégeant à Bordeaux.
Immédiatement après cette ratification, les troupes allemandes quitteront l'intérieur de la ville de Paris ainsi que les forts situés à la rive gauche de la Seine ; et dans le plus bref délai possible, fixé par une entente entre les autorités militaires des deux pays, elles évacueront entièrement les départements du Calvados, de l'Orne, de la Sarthe, d'Eure-et-Loir, du Loiret, de Loir-et-Cher, d'Indre-et-Loire, de l'Yonne, et, de plus, les départements de la Seine-Inférieure, de l'Eure, de Seine-et-Oise, de Seine-et-Marne, de l'Aube et de la Côte-d'Or, jusqu'à la rive gauche de la Seine.
Les troupes françaises se retireront en même temps derrière la Loire, qu'elles ne pourront dépasser avant la signature du traité de paix définitif. Sont exceptées de cette disposition la garnison de Paris, dont le nombre ne pourra dépasser quarante mille hommes, et les garnisons indispensables à la sûreté des places fortes.
L'évacuation des départements situés entre la rive droite de la Seine et les frontières de l'est, par les troupes allemandes, s'opérera graduellement après la ratification du traité définitif et le payement du premier demi-milliard de la contribution stipulée par l'art. 2, en commençant par les départements les plus rapprochés de Paris, et se continuera au fur et à mesure que les versements de la contribution seront effectués ; après le premier versement d'un demi milliard, cette évacuation aura lieu dans les départements suivants : Somme, Oise, et les parties des départements de la Seine-Inférieure, Seine-et-Oise, Seine-et-Marne, situées sur la rive droite de la Seine, ainsi que la partie du

Paris pendant la Commune. — Construction d'une barricade dans la journée du 18 mars.

département de la Seine et les forts situés sur la rive droite.

Après le payement de deux milliards, l'occupation allemande ne comprendra plus que les départements de la Marne, des Ardennes, de la Haute-Marne, de la Meuse, des Vosges, de la Meurthe, ainsi que la forteresse de Belfort avec son territoire, qui serviront de gages pour les trois milliards restants, et où le nombre des troupes allemandes ne dépassera pas cinquante mille hommes.

Sa Majesté l'empereur sera disposé à substituer à la garantie territoriale, consistant en l'occupation partielle du territoire français, une garantie financière, si elle est offerte par le gouvernement français dans des conditions reconnues suffisantes par Sa Majesté l'empereur et roi pour les intérêts de l'Allemagne. Les trois milliards, dont l'acquittement aura été différé, porteront intérêt à 5 p. 100, à partir de la ratification de la présente convention.

ART. 4. — Les troupes allemandes s'abstiendront de faire des réquisitions, soit en argent, soit en nature, dans les départements occupés. Par contre, l'alimentation des troupes allemandes qui restent en France aura lieu aux frais du gouvernement français dans la mesure convenue avec l'intendance militaire allemande.

ART. 5. — Les habitants des territoires cédés par la France, en tout ce qui concerne leur commerce et leurs droits civils, seront réglés aussi favorablement que possible lorsque seront arrêtées les conditions de la paix définitive.

Il sera fixé, à cet effet, un espace de temps pendant lequel ils jouiront de facilités particulières pour la circulation de leurs produits. Le gouvernement allemand n'opposera aucun obstacle à la libre émigration des habitants des territoires cédés, et ne pourra prendre contre eux aucune mesure atteignant leurs personnes ou leurs propriétés.

ART. 6. — Les prisonniers de guerre, qui n'auront pas déjà été mis en liberté par voie d'échange, seront rendus immédiatement après la ratification des présents préliminaires. Afin d'accélérer le transport des prisonniers français, le gouvernement français mettra à la disposition des autorités allemandes, à l'intérieur du territoire allemand, une partie du matériel roulant de ses chemins de fer dans une mesure qui sera déterminée par des arrangements spéciaux et aux prix payés en France par le gouvernement français pour les transports militaires.

ART. 7. — L'ouverture des négociations, pour le traité de paix définitif à conclure sur la base des présents préliminaires, aura lieu à Bruxelles immédiatement après la ratification de ces derniers par l'Assemblée nationale et par Sa Majesté l'empereur d'Allemagne.

ART. 8. — Après la conclusion et la ratification du traité de paix définitif, l'administration des départements devant encore rester occupés par les troupes allemandes sera remise aux autorités françaises ; mais ces dernières seront tenues de se conformer aux ordres que le commandant des troupes allemandes croirait devoir donner dans l'intérêt de la sûreté, de l'entretien et de la distribution des troupes.

Dans les départements occupés, la perception des impôts, après la ratification du présent traité,

s'opérera pour le compte du gouvernement français et par le moyen de ses employés.

ART. 9. — Il est bien entendu que les présentes ne peuvent donner à l'autorité militaire allemande aucun droit sur les parties du territoire qu'elles n'occupent point actuellement.

ART. 10. Les présentes seront immédiatement soumises à la ratification de l'Assemblée nationale française siégeant à Bordeaux et de S. M. l'empereur d'Allemagne.

En foi de quoi les soussignés ont revêtu le présent traité préliminaire de leurs signatures et de leurs sceaux.

Fait à Versailles, le 26 février 1871.

V. BISMARCK.   A. THIERS.
JULES FAVRE.

Les royaumes de Bavière et de Wurtemberg et le grand-duché de Bade ayant pris part à la guerre actuelle comme alliés de la Prusse et faisant partie de l'empire germanique, les soussignés adhèrent à la présente convention au nom de leurs souverains respectifs.

Versailles, 26 février 1871.

Comte DE BRAY-STEINBURG, Baron DE WAECHTER, MITTNACH, JOLLY.

N° 2

CE QUE NOUS PERDONS.

	Hectares.	Habitants.
Arrondissement de Thionville en entier..........	107,085	90,591
Arrondissement de Sarreguemines en entier.....	149,895	131,876
Arrond. de Metz (moins 10 communes du canton de Gorze, restées à la France..............	153,024	161,252
5 communes de l'arrondissement de Briey	3,587	2,485
Arrond. de Château-Salins (moins 3 communes du canton de Château-Salins et 10 communes du canton de Vic-sur-Seille).	95,128	56,291
Arrond. de Sarrebourg (moins 8 communes du canton de Lorquin).....	102,802	64,301
Canton de Schirmeck et 7 communes du canton de Saales (arrondissement de Saint-Dié)..........	18,709	21,617
Total pour la Lorraine .	630,227	528,413
Département du Bas-Rhin en entier.............	455,345	388,970
Département du Haut-Rhin (moins la ville de Belfort et 13 communes du canton de Delle............	401,532	510,749
Total pour l'Alsace....	857,147	1,099,719
RÉCAPITULATION.		
Lorraine...........	630,227	528,413
Alsace.............	857,147	1,099,719
Total général...	1,487,374	1,628,132

LIVRE TROISIÈME

CHAPITRE PREMIER

LE 18 MARS

Les manifestations de la place de la Bastille. — Meurtre de Vicentini. — Le drapeau rouge. — Le *Comité central*. — Le *Comité fédéral républicain*. — La Fédération républicaine de la garde nationale. — Proclamation du *Comité central*. — Les Comités d'arrondissement. — Nomination du général d'Aurelles de Paladines au commandement en chef de la garde nationale de Paris. — L'Assemblée veut *décapitaliser* Paris. — Démission de quelques-uns des députés de Paris. — La loi sur les échéances et l'absence d'une loi sur les loyers augmentent le mécontentement de la population parisienne. — Le gouvernement des buttes Montmartre. — Suppression de six journaux radicaux. — Condamnation à mort par contumace de Flourens et de Blanqui (Affaire du 31 octobre). — Le 18 mars. — Proclamation du gouvernement, annonçant qu'il a résolu de s'emparer par force des canons détenus par les gardes nationaux. — L'entreprise, bien conduite au début, échoue. — La troupe faiblit. — Le général Lecomte, plusieurs de ses officiers et de ses soldats sont faits prisonniers par la foule. — Arrestation du général Clément Thomas. — Le foule a soif de sang. — Assassinat des généraux Clément Thomas et Lecomte. — Le gouvernement et l'armée évacuent Paris dans la soirée. — Le Comité central reste maître de la situation. — Documents complémentaires.

La paix était signée. La France, réduite à traiter, s'avouait vaincue. La patrie humiliée se demandait si elle pourrait jamais effacer la souillure faite à son honneur, et, tandis qu'elle baissait le front devant sa honte, les nations, étonnées de la résistance opposée par un peuple sans organisation à une armée formidable, les nations, frappées d'un sentiment d'admiration réelle et de sympathie, se tournaient vers nous, trop tard, il est vrai, pour nous sauver, mais assez tôt pour nous consoler. En Europe, des sociétés se fondaient pour fournir aux cultivateurs de France les grains qui leur manquaient pour ensemencer la terre. Les Anglais souscrivaient pour offrir à nos pauvres quelques soulagements. Et c'était un Anglais encore, un écrivain, Harrisson, qui plaidait devant le monde la cause de la pauvre France humiliée : « Qu'on me trouve, disait-il, une nation qui ait eu un si vaillant réveil ! Est-ce la Prusse après Iéna ? Est-ce l'Autriche après Sadowa ? Ah ! si l'Angleterre voyait tout à coup aux portes de Londres un million d'ennemis après qu'on aurait livré ses armées, si elle avait dans sa capitale un gouvernement traître qui paralyse la défense, — comme l'empire avant septembre, — et fasse perdre un mois dans cette crise suprême, ah ! que l'Angleterre alors ait ce réveil héroïque de la France, je le souhaite, je le désire, je le veux croire et je l'espère ! »

L'écrivain anglais met en effet en lumière la véritable cause de tous nos désastres, ce long mois d'inaction et de mensonge (du 6 août au 4 septembre), mois pendant lequel la nation française leurrée, jouée, trompée, se fia au ministère qui la trompait, à l'empire qui lui mentait jusqu'à la fin et ne s'éveilla, ne secoua le joug, ne proclama la République, ne commit cette *sublime imprudence*, selon l'expression de Gambetta (1), que lorsqu'il fut trop tard.

Nous avons, en racontant la chute de la dynastie impériale, raconté comment toute énergie fut, en août 1870, officiellement retirée à la France et, plus tard, en énumérant les efforts du pays harassé et pris au dépourvu, nous avons montré qu'il restait encore bien des âmes dans notre patrie capables d'un élan inattendu et d'un généreux soubresaut. Ce qui nous manqua, encore une fois, ce fut la fortune, ce fut l'organisation à laquelle le courage le plus mâle ne saurait suppléer, ce furent les cadres d'officiers, les soldats exercés, ce fut aussi, chez la plupart des chefs, à quelques nobles exceptions près, la confiance dans leurs jeunes troupes, la foi dans le succès, la résolution du sacrifice. La plupart auront à rendre compte de leur inquali

(1) Discours de Gambetta au Cercle républicain de la rue de Valois (24 février 1872).

fiable mollesse devant l'histoire. D'autres relèvent des conseils de guerre qui devraient se montrer impitoyables pour leurs trahisons. A ce prix seul, on affermirait dans l'armée le double sentiment de la discipline et de la responsabilité.

Au lendemain de tous ces maux subis, la patrie, effarée, accablée, mettait la main sur ses blessures saignantes encore et semblait s'efforcer de retenir le peu de vie qui restait dans son sein. Paris, au contraire, était fiévreux, irrité, désespérément humilié de la reddition, et il semblait se consoler depuis le 24 février par des manifestations autour de la colonne de la place de la Bastille. Nous avons dit déjà quelques mots de ces chaudes journées dans notre précédent chapitre. Avec un art infini, la colonne de Juillet avait été garnie de couronnes d'immortelles qui descendaient en guirlandes ou en grappes jusqu'à mi-hauteur, et de drapeaux rouges qui flottaient aux pieds et au-dessus du génie de la Liberté. Des bataillons défilaient devant la colonne, jouant la *Marseillaise*, tandis que des orateurs, montant par une échelle sur le soubassement de la colonne, jetaient à cette foule remuée par tous les sentiments de colère et de déception aigrie, des paroles enflammées. Le soir, la colonne de Juillet était illuminée de verres de couleur et de lanternes. C'était un spectacle à la fois étonnant et émouvant (1). On ne comprenait point ces sortes de cérémonies funèbres en présence des Prussiens qui n'illuminaient que pour célébrer nos désastres et fêter leurs victoires. Mais la douleur de Paris affectait cette forme qui convenait au tempérament démonstratif de ce peuple essentiellement artistique. Le gouvernement de la défense avait même commis la faute de ne point satisfaire à ce besoin de spectacles qui forme le fond même de l'humeur du Parisien. Les cinq mois de siège n'avaient offert, dans la rue, d'autre distraction que la vue des bataillons manœuvrant ou défilant. Paris maintenant prenait bruyamment sa revanche et se consolait avec du bruit.

Malheureusement, ces manifestations dégénéraient parfois en scènes attristantes. Ce qu'il y a de fauve dans l'homme apparaissait alors à fleur de peau, et l'on vit un jour un des assistants, accusé d'avoir noté sur un calepin les numéros des bataillons qui passaient, appréhendé au corps et noyé par la foule.

Le journal *le Temps* racontait ainsi cette lugubre scène : « C'est un Prussien ! » criaient mille voix ! D'autres : « C'est un sergent de ville déguisé ! » Puis, de toutes parts : « A l'eau ! à l'eau ! Ne le conduisez pas au poste ; c'est trop bon pour lui. A l'eau ! à l'eau ! » Les baïonnettes cependant protégeaient l'homme, et il put arriver au poste adossé au canal. En une minute, toute la foule avait couru de ce côté. Les cris sauvages retentissaient dans l'air comme ces clameurs poussées au printemps ou à l'automne par des millions d'oiseaux changeant d'habitacle. Jusqu'à la Seine, les deux parapets du canal s'étaient bordés de spectateurs impatients. Des soldats y couraient comme les autres. Un certain nombre de mobiles faisaient la soupe sur le trottoir; ils se levèrent pour ne pas manquer l'événement. Des enfants, des femmes, mais quelles femmes ! avaient la joie dans les yeux: « Il ne l'a pas volé. A l'eau ! à l'eau ! »

Chose incroyable, il y avait là, sur cette place, vingt mille personnes peut-être ; ceux qui demandaient la mort de cet homme n'étaient pas plus de cinq cents, et pourtant on laissa faire. Des chasseurs à pied demandaient à la foule si elle permettait au prisonnier, qu'ils tenaient au collet, *de se brûler la cervelle avec son revolver?* « Non ! non ! A l'eau ! » On garrotta l'homme sur le quai Henri IV et, jambes et bras attachés, on le jeta, on le lança dans la Seine. Le courant emportait le corps. On lui jetait des pierres. Des pilotes de bateaux-mouches voulaient sauver le malheureux. On les menaça à leur tour. Cette agonie dura deux heures et le corps ne fut point retrouvé. Cet homme s'appelait Vicentini.

Nous n'hésitons pas à rappeler ces souvenirs lugubres afin d'en éviter, s'il se peut, le retour. Ce que nous voulons, c'est que la vie de tout homme soit sacrée, sa liberté assurée, c'est que la foule comprenne enfin que la tyrannie et la barbarie du nombre sont des despotismes aussi haïssables que celles d'un empereur, et que la justice, la pitié, l'humanité doivent régner seules en souveraines absolues dans ce monde où la haine et la guerre ont prévalu trop longtemps.

Cette fièvre de Paris ne laissait pas que d'inquiéter le gouvernement. M. Jules Ferry signalait le danger à Bordeaux, tandis qu'on essayait de faire arracher le drapeau rouge qui flottait sur la colonne de Juillet. Trois marins, dont un quartier-maître, avaient gravi dans ce but l'escalier intérieur de la colonne, avec l'intention de planter sur la plate-forme un drapeau tricolore, sur lequel étaient inscrits ces mots : « Vive la République ! » Les

---

1. Le *Rappel* décrivait ainsi la manifestation du 24 février :

« Bataillons de garde nationale, délégations des clubs, de l'Internationale, de toutes les sociétés ouvrières, de toutes les corporations, c'est à qui viendra affirmer sa foi républicaine. Les drapeaux qui flottent, les airs patriotiques joués par les fanfares militaires, les acclamations, la multitude innombrable, les remous de ces vagues humaines, la colonne pavoisée, les fenêtres fourmillantes de têtes, disent à ceux qui en auraient douté quelle fête c'est pour Paris que l'anniversaire de la République.

« Quand la nuit est venue, le spectacle a été encore plus émouvant. La colonne s'est illuminée. Cette grande clarté dominant les fleurs funèbres et le drapeau noir du piédestal, était comme l'image matérielle d'une consolation et d'une promesse, et comme le rayonnement de l'avenir sur le deuil du présent. »

PARIS APRÈS LE SIÈGE. — Les marins traversant Paris le jour de leur départ.

gardes nationaux qui veillaient à ce poste de confiance laissèrent les marins monter. Quand ceux-ci furent arrivés au haut de la colonne, l'un des matelots, à l'aide d'un filin, jeta autour du génie de la Liberté le drapeau national. A ce moment, les gardes nationaux voulurent intervenir. L'un des plus furieux tira un revolver :

— Si vous n'enlevez pas immédiatement votre drapeau, vous êtes morts !

Les marins essayèrent de protester, de tenir bon, mais, entourés bientôt, ils durent arracher eux-mêmes le drapeau qu'ils avaient planté. Ces troupes de la marine allaient d'ailleurs quitter bientôt Paris, sauf les engagés volontaires parisiens qu'on renvoyait dans leurs foyers. Le 8 et le 9 mars, les matelots de Cherbourg, de Brest et de Rochefort, rejoignaient leurs ports, et ceux de Toulon allaient se mettre en route le 15. Le 17 au soir, les derniers contingents marins avaient quitté Paris (1).

Cependant l'organisation fédérative de la garde nationale, après s'être montrée au moment de l'entrée des Prussiens, semblait maintenant désa-

(1) La Roncière Le Noury, la *Marine au siège de Paris*.

grégée. Le but apparent de la fédération n'existait plus, puisque les Prussiens s'étaient éloignés, le Comité central ne donnait plus signe d'une existence permanente. Ce fut alors qu'à l'instigation de ceux des membres de l'*Association internationale des travailleurs* qui faisaient partie du Comité central de la garde nationale, une nouvelle assemblée générale des délégués des compagnies fut convoquée pour le 3 mars (1).

A partir de ce moment, les membres des comités d'arrondissement se mirent constamment en rapport avec le Comité central, et l'organisation était achevée, lorsque les délégués apprirent qu'une autre organisation parallèle avait pris naissance dans la garde nationale sous ce titre : *Comité fédéral républicain*. Ce groupe, composé dans le principe des chefs de bataillon disposés à s'occuper de la question de la solde de leurs hommes, avait fini par s'occuper aussi de politique.

Un de ces aventuriers étranges, sortis on ne sait d'où, Raoul du Bisson, dit comte du Bisson, ancien légitimiste, ancien aide de camp du maréchal Bourmont, cousin du docteur Conneau, protégé par la cour impériale, signant des livres ennuyeux de ce titre imprévu : Du Bisson, *hedjaz d'Abyssinie*, bonapartiste au moins de relations, et qui devait bientôt porter le titre de général et caracoler, la poitrine bardée de cordons multicolores, avait été élu président de ce *Comité fédéral républicain*, qui tint sa première séance chez Lemardelay. Dans cette séance, trois délégués du Comité central, les citoyens Arnold, Bergeret et Viard, chargés par leur comité de s'entendre avec le Comité fédéral, n'eurent point de peine à faire comprendre l'inconvénient, pour la garde nationale, d'une double direction. Une commission dite de *fusion* fut alors nommée avec M. Raoul du Bisson pour président, et la fusion eut lieu, en effet, quelques jours après.

Le 3 mars, la Fédération républicaine de la garde nationale publiait ses statuts, élaborés par le Comité central. Elle revendiquait pour la garde nationale le droit absolu de nommer *tous ses chefs et de les révoquer* ; elle entendait procéder immédiatement à toutes les réélections, et le citoyen Boursier engageait alors les délégués à mettre à l'étude la question que voici : *Dans le cas où le siège du gouvernement viendrait à être transporté ailleurs qu'à Paris, la ville de Paris devrait se constituer immédiatement en République indépendante*. La forme républicaine était placée par le Comité au-dessus « du suffrage universel qui est son œuvre ».

On ne peut guère comprendre la portée de la proposition de Boursier qu'en se reportant à la date à laquelle elle était faite. Paris, sortant, à son

(1) Lanjalley et Corriez, *Histoire de la révolution du 18 mars*.

honneur, de la dure et longue épreuve du siège, s'attendait, il faut le rappeler, à un autre accueil qu'à celui qui lui était alors réservé par la province. Navré dans son patriotisme (je parle de la majorité saine et excellente de la population), Paris se voyait encore calomnié dans ses actes, inquiété dans ses droits. Les représentants de la province prétendaient, disait-on, lui enlever son titre de capitale, comme si Paris, capitulant devant les Prussiens avait aussi capitulé devant la France. L'Assemblée de Bordeaux, souverainement injuste, semblait s'attacher à surexciter l'amour-propre bien naturel de la grande ville. Les soupçons, les défiances, les récriminations de la province rendaient plus vive encore et plus acerbe l'exaspération de Paris, de ce Paris énervé par le siège, malade, ayant vécu depuis des mois de toutes les fables, de toutes les chimères, de ce Paris convalescent dont la France, ingrate, paraissait se détourner brusquement.

Les inqualifiables attaques de l'Assemblée donnèrent une puissance inattendue aux fédérations des bataillons. On avait entendu, à Bordeaux, un député de la majorité crier à un député de Paris, fidèle à son devoir pendant le siège : « Allez à Charenton ! » La rivalité s'accentuait chaque jour et par la faute de l'Assemblée qui semblait trembler devant l'idée de regagner Paris.

Aussi, combien habilement le Comité central de la garde nationale exploitait cette situation ! A peine reconstitué, le 4 mars, il faisait acte d'existence en publiant une proclamation à la garde nationale, signée de tous ses membres :

RÉPUBLIQUE FRANÇAISE
Liberté, Égalité, Fraternité,
COMITÉ CENTRAL DE LA GARDE NATIONALE.

« Le Comité central de la garde nationale, nommé dans une assemblée générale de délégués représentant plus de 200 bataillons, a pour mission de constituer la fédération républicaine de la garde nationale, afin qu'elle soit organisée de manière à protéger le pays mieux que n'ont pu le faire jusqu'alors les armées permanentes, et à défendre, par tous les moyens possibles, la République menacée.

« Le Comité central n'est pas un Comité anonyme ; il est la réunion de mandataires d'hommes libres qui connaissent leurs devoirs, affirment leurs droits et veulent fonder la solidarité entre tous les membres de la garde nationale.

« Il proteste donc contre toutes les imputations qui tendraient à dénaturer l'expression de son programme pour en entraver l'exécution. Ses actes ont toujours été signés ; ils n'ont eu qu'un mobile, la défense de Paris. Il repousse avec mépris les calomnies tendant à l'accuser d'excitation au pillage d'armes et de munitions, et à la guerre civile.

« L'expiration de l'armistice, sur la prolongation duquel le *Journal officiel* du 26 février était resté muet, avait excité l'émotion légitime de Paris tout entier. La reprise des hostilités, c'était en effet l'invasion, l'occupation et toutes les calamités que subissent les villes ennemies.

« Aussi la fièvre patriotique qui, en une nuit, souleva et mit en armes toute la garde nationale ne fut pas l'influence d'une commission provisoire nommée pour l'élaboration des statuts : c'était l'expression réelle de l'émotion ressentie par la population.

« Quand la convention relative à l'occupation fut officiellement connue, le Comité central, par une déclaration affichée dans Paris, engagea les citoyens à assurer, par leur concours énergique, la stricte exécution de cette convention.

« A la garde nationale revenaient le droit et le devoir de protéger, de défendre ses foyers menacés. Levée tout entière spontanément, elle seule, par son attitude, a su faire de l'occupation prussienne une humiliation pour le vainqueur.

« Vive la République!

« Paris, le 4 mars 1871.

« ARNOLD, JULES BERGERET, BOUIT, CASTIONI, CHAUVIÈRE, CHOUTEAU, COURTY, DUTIL, FLEURY, FRONTIER, GASTEAU, HENRY FORTUNÉ, LACORD, LAGARDE, LAVALETTE, MALJOURNAL, MATTÉ, MUTTIN, OSTYN, PICONEL, PINDY, PRUDHOMME, VARLIN, HENRY VERLET, VIARD. »

Les paroles contenues dans cette affiche semblaient absolument modérées et les sentiments en étaient légitimes; mais, à vrai dire, le Comité, par son existence même, et, avec la force considérable dont il disposait, constituait déjà un gouvernement de fait placé à côté et même en face du gouvernement de droit. Le premier des signataires de cette proclamation, M. Arnold, dans une lettre à l'*Opinion nationale* se défendait de faire partie « d'un gouvernement ». « Nous ne sommes pas plus un gouvernement, disait-il, que tel groupe d'écrivains défendant une même cause... En un mot, la garde nationale forme une grande famille, et le Comité central constitue son grand conseil de famille. »

En toute sincérité, le Comité eût reconnu pourtant que, tout en se donnant comme l'élu de tous les bataillons de la garde nationale, il n'avait été constitué que par une minorité sans mandat et sans autorité. Les vingt délégués qui le composaient se donnaient pour mission de nommer le général en chef des gardes nationales parisiennes. Mais, pour procéder légalement, ou du moins légitimement à cette nomination, les délégués représentaient-ils l'opinion de la moitié ou seulement du quart de la garde nationale? Aucun d'entre eux ne pouvait l'affirmer. D'ailleurs nous verrons plus tard que le Comité prétendait avoir accepté une tout autre mission que celle de faire ou de défaire des généraux.

Le général en chef de la garde nationale n'était pas élu encore, mais des généraux d'arrondissement existaient déjà. Dans le quatorzième arrondissement, un dessinateur-lithographe, nommé Henry, commandait et portait ce titre. Un ouvrier fondeur, jeune et d'une singulière énergie, Duval, avait sous ses ordres les gardes nationaux du treizième arrondissement et établissait son quartier général à *son secteur*, avenue d'Italie, 76. Les soldats, errant à travers Paris, désarmés, assistaient à cette formation d'un pouvoir nouveau; quelques-uns, comme les mobiles du 10e bataillon, allaient même jusqu'à arrêter et menacer leur commandant, comme ils le firent, rue de Laval (1).

Montmartre était déjà garni de canons, lorsque, dans la nuit du 8 au 9 mars la moitié des canons d'ancien modèle qui garnissaient au nombre de vingt-six, le petit tertre entourant la mairie des Gobelins, furent emmenés sans tumulte, dans le bâtiment de l'école des Frères du quartier de la Maison-Blanche, rue du Moulin-des-Prés. Le transport se fit avec précaution : on craignait d'attirer l'attention des mobiles et des soldats qui campaient dans les baraquements des environs, mais qui, je le répète, n'eussent peut-être pas défendu les pièces.

Le lendemain l'affiche suivante était apposée sur les murs de l'arrondissement.

FÉDÉRATION DE LA GARDE NATIONALE
ÉTAT-MAJOR DU 13e ARRONDISSEMENT

« Gardes nationaux du treizième arrondissement,

« Vous nous avez choisis pour vous représenter auprès du Comité de la fédération de la garde nationale, au moment où l'on vous imposait pour général en chef d'Aurelles de Paladines.

« Le général a été destitué de son commandement par Gambetta, après la prise d'Orléans par les Prussiens. Pourquoi ???...

« Il importe de préciser notre programme. Le voici :

« 1. *La République est au-dessus du droit des majorités, en conséquence nul n'a le droit de la mettre en discussion;*

« 2. *Nous voulons que nos chefs supérieurs, général et état-major, soient pris dans la garde nationale et nommés par elle;*

« *La garde nationale ne doit dépendre que d'elle-même.*

(1) Charles Yriarte, *les Prussiens à Paris et le 18 mars.*

« 3. *Nous voulons que le pouvoir militaire soit subordonné au pouvoir civil. Citoyens hors de service, nous dépendons de la municipalité. Citoyens armés, nous devons appuyer la municipalité, dans les mesures qu'elle peut prendre pour la sécurité et l'indépendance de tous, et nous ne faillirons pas à notre devoir.*

« Citoyens, on parle de pillage d'armes et de munitions, *calomnie!* On nous amena des canons et nous les entourons de nos faisceaux pour empêcher qu'on les tourne contre nous. C'est notre droit.

« Oui, nous voulons être forts pour empêcher l'effusion du sang, en vertu de cet axiome : « Pour avoir la paix, il faut être prêt à la guerre, » car tant que le gouvernement armera, nous devons rester armés nous-mêmes.

« Citoyens, nous ferons tous nos efforts pour arriver à l'union fraternelle qui seule peut cicatriser les plaies de la patrie.

« *Le chef de la Commission du*
XIIIe arrondissement,

« E. DUVAL.

« *Les commissaires-adjoints,*

« JOLIVET, DENIS-BENOIT, DELAGE, BRULEFER, E. PATY, DUCOUVRAI, FAVRE, DUCROC, FERDINAND BAUDEL. »

Le gouvernement avait déjà, depuis quelques jours, protesté contre tous ces actes par cette affiche de M. Picard, alors ministre de l'intérieur :

« Les faits les plus regrettables se sont produits depuis quelques jours et menacent gravement la paix de la cité. Des gardes nationaux en armes, obéissant, non à leurs chefs légitimes, mais à un Comité central anonyme, qui ne peut leur donner aucun ordre sans commettre un crime sévèrement puni par les lois, se sont emparés d'un grand nombre d'armes et de munitions de guerre, sous prétexte de les soustraire à l'ennemi dont ils redoutaient l'invasion. Il semblait que de pareils actes dussent cesser après la retraite de l'armée prussienne. Il n'en a rien été : ce soir le poste des Gobelins a été forcé et des cartouches ont été pillées.

« Ceux qui provoquent ces désordres assument sur eux une terrible responsabilité ; c'est au moment où la ville de Paris, délivrée du contact de l'étranger, aspire à reprendre ses habitudes de calme et de travail, qu'ils sèment le trouble et préparent la guerre civile. Le gouvernement fait appel aux bons citoyens pour étouffer dans leurs germes ces coupables manifestations.

« Que tous ceux qui ont à cœur l'honneur et la paix de la cité se lèvent ; que la garde nationale, repoussant de perfides instigations, se range autour de ses chefs, et prévienne des malheurs dont les conséquences seraient incalculables. Le gouvernement et le général en chef sont décidés à faire énergiquement leur devoir, ils feront exécuter les lois ; ils comptent sur le patriotisme et le dévouement de tous les habitants de Paris.

« ERNEST PICARD. »

C'était fort bien dit, mais, à cette heure, la population de Paris, après toutes les promesses si cruellement démenties de M. Trochu, après la catastrophe de la reddition, cette population, en proie au désespoir et à l'énervement, n'avait aucune envie d'agir. Elle abandonnait le gouvernement à sa fortune. D'ailleurs je l'ai dit déjà, une grande partie des gardes nationaux dits de l'ordre, avaient quitté Paris depuis l'ouverture des portes. Le pouvoir n'avait donc à compter, pour se défendre, que sur les 40,000 hommes de troupes de garnison que la ratification du traité de paix laissait à sa disposition. Il dut regretter beaucoup alors de n'avoir pas, comme la réaction le lui a depuis tant de fois reproché, désarmé, en capitulant, la garde nationale ? Mais, à coup sûr, il était alors impossible, absolument impossible, de désarmer la garde nationale sans exposer Paris à une catastrophe.

Devant la *Commission d'enquête sur les événements du 18 mars*, le général Le Flô a déposé ainsi :

« Lorsqu'après son entrevue avec M. de Bismarck, M. Jules Favre est revenu à Paris de Versailles, en nous apportant les éléments de la capitulation, et qu'il a annoncé que la garde nationale ne serait pas désarmée, cela a été pour tous les membres du gouvernement un suprême soulagement, et j'avoue que je l'ai partagé. Il était impossible de se faire illusion sur les conséquences plus ou moins prochaines du maintien de la garde nationale armée ; il devait aboutir forcément à quelque chose comme ce que nous avons vu ; mais si nous avions voulu désarmer la garde nationale au moment de la capitulation, nous n'y serions certainement pas parvenus. La garde nationale était parfaitement résolue à ne pas se laisser désarmer... » (1).

L'opinion de MM. Jules Favre et Le Flô a été, disons-le, combattue dans le sein de la commission par l'amiral Pothuau, mais nous pensons, nous, qu'on ne pouvait absolument pas arracher leurs fusils aux gardes nationaux sans déchaîner, dès la fin de janvier, la guerre civile.

On a beaucoup reproché, depuis ces terribles événements, au pouvoir qui veillait alors sur Paris, d'avoir laissé grandir l'insurrection et le *rapport* de M. Delpit, que nous venons de citer, fait retomber sur le gouvernement d'alors le poids de la responsabilité ! M. Cresson, préfet de police à Paris en

---

(1) Rapport fait par M. Martial Delpit à l'Assemblée nationale.

Clément Thomas

mars 1870, avait dit devant la Commission d'enquête sur ces événements :

« J'ai toujours été en face d'une conspiration qui s'étalait publiquement dans les clubs tout haut. Cette conspiration avait son programme et ses membres ; tous étaient chefs ; elle se subdivisait en plusieurs comités qui se réunissaient, délibéraient et nommaient des chefs qui se consultaient entre eux... »

Le rapport de M. Delpit ajoute en invoquant le témoignage de M. Cresson, que non-seulement le gouvernement n'agissait pas contre les coupables qui lui étaient dénoncés par le préfet de police, mais encore qu'il intervenait pour les faire mettre en liberté.

Ai-je besoin de dire, entre parenthèses, que le rapport n'est pas autrement indulgent pour le gouvernement du 4 septembre en général ? C'est, dit-on, à M. Daru, président de la commission, qu'il faut attribuer ces duretés. Au reste, nous verrons bien si quelques contestations ne viendront pas se mettre à la traverse de certaines anecdotes comme celle d'après laquelle M. Emmanuel Arago, ministre de la justice, aurait fait rendre à la liberté, après le

31 octobre, Delescluze et Félix Pyat. Ce dernier, s'il fallait en croire l'enquête officielle, aurait écrit à M. Arago : « Quel dommage que je sois ton prisonnier ! je t'aurais demandé d'être mon avocat ! »

A vrai dire, le gouvernement était impuissant à contenir toutes les passions soulevées dans Paris et comme à fleur de peau. Le bruit courait chaque jour à Bordeaux, dans les couloirs de l'Assemblée, que la guerre civile était déchaînée dans Paris. Trois des députés de Paris, qui remplissaient en même temps les fonctions de maires, MM. Henri Martin, Tirard et Clémenceau, furent même mandés par M. Picard, pour aviser à prendre quelques mesures dans la situation présente. Les municipalités de Paris avaient été réunies, le 6 mars, au ministère de l'intérieur.

D'accord avec le ministre, M. Picard, on convint que les maires consacreraient tous leurs efforts à décider la garde nationale à rendre les canons qu'elle avait enlevés pour les parquer et les garder. En ce qui concernait le dix-huitième arrondissement (Montmartre), dont la position stratégique et le nombre des canons préoccupaient particulièrement l'autorité, la municipalité ne doutait pas d'arriver à ce résultat, à la condition d'agir avec beaucoup de prudence, un grand esprit de modération, et de ne rien cacher à la garde nationale de ses démarches aussi bien que des désirs du gouvernement. M. Picard déclara qu'il s'en rapportait absolument au maire et à ses adjoints, et qu'il était décidé à ne rien faire sans leur assentiment et sans leur concours.

Ce résultat fut, un instant, sur le point d'être obtenu. Les délégués d'un bataillon de la garde nationale de Montmartre apportèrent le 11 mars, à la mairie, une déclaration dans laquelle se trouvait la phrase suivante :

« Le 61° bataillon, certain d'être en cela l'interprète de toute la garde nationale du dix-huitième arrondissement, offre de rendre, sans exception, les canons et les mitrailleuses à leurs véritables possesseurs, sur leurs réclamations. »

Cette déclaration fut envoyée par la municipalité en trois originaux revêtus des signatures, à M. le ministre de l'intérieur, à M. le général commandant la garde nationale de la Seine, et à M. le membre du gouvernement de la défense nationale, délégué à la mairie centrale.

Ce dernier était M. Jules Ferry qui, apprenant la nomination du général d'Aurelles de Paladines au commandement des gardes nationales de Paris, avait télégraphié à M. Jules Simon, à Bordeaux : « *D'Aurelles est arrivé, c'est un grand point. Je ne crois plus au péril.* » Le péril n'était pourtant pas écarté parce que le vainqueur de Coulmiers, qui, pour les Parisiens, était surtout le vaincu d'Orléans, prenait le commandement des gardes nationaux. Ce choix était mauvais, le général n'étant point populaire.

Bien des dissidents, qui se fussent ralliés autour du général Faidherbe, par exemple, ne voulurent point reconnaître l'autorité du nouveau commandant en chef. Une lettre provocatrice du général Cluseret, datée de Bordeaux, et publiée par les journaux parisiens, aviva les méfiances en parlant de *l'ineptie* ou de *la trahison* du soldat de Coulmiers. « Il n'y a pas, s'écriait Cluseret, il n'y a pas un *honnête homme* en France, qui puisse servir sous les ordres d'un Paladines » (1).

Malgré cette provocation à l'indiscipline, bien des chefs de bataillon s'étaient rendus à l'état-major de la garde nationale, et même le général d'Aurelles avait réussi à conquérir la confiance d'un certain nombre. Ce qu'on redoutait le plus en lui, c'était un adversaire de la République ; ses antécédents autorisaient le soupçon. Mais, un matin, les chefs de bataillon du 2° secteur (Belleville, Ménilmontant, Charonne), plus ceux des dix bataillons du troisième arrondissement se rendirent auprès de lui. Les chefs de bataillon étaient au nombre de cinquante, accompagnés de M. Bonvalet, maire du troisième arrondissement.

M. d'Aurelles de Paladines commença par s'excuser de n'être pas dans la tenue de général de la garde nationale. Puis il s'adressa individuellement à chaque chef de bataillon, s'informant avec soin de l'état moral des hommes. Il commença par le colonel Bondonneau, commandant du 58°, officier de la Légion d'honneur, qui affirma que la garde nationale tout entière était prête à assurer son concours au gouvernement, s'il prenait l'engagement de maintenir la République.

— Lisez l'*Officiel* de ce matin, messieurs, répondit le général. Vous y verrez que le gouvernement y fait une déclaration républicaine.

Un commandant qui arrivait de province interrompit le général :

« — Les réactionnaires, dit-il, travaillent beaucoup les départements en ce moment, et persuadent aux paysans que la République est impossible en France. Vous-même, général, en province vous passez pour n'être rien moins que républicain, et la garde nationale a le droit de concevoir de justes craintes à cet égard. Nous voulons tous le maintien de notre chère République, et nous prétendons ne pas la laisser escamoter.

Tous les chefs de bataillons crièrent :

— Oui, oui, nous la maintiendrons envers et contre tous. Vive la République !

— Messieurs, dit le général de Paladines en se tournant vers une statuette de la Liberté qui se trouvait dans la pièce, je suis un vieux soldat qui n'ai jamais, entendez-vous bien? *jamais* manqué à ma parole. Eh bien, je vous donne ma parole

(1) Voyez cette lettre aux *Documents complémentaires*.

d'honneur que, si j'ai accepté la lourde tâche que m'a confiée la République française, c'est que je veux la défendre et la maintenir comme vous. La République est le seul gouvernement honnête qui puisse nous tirer de l'impasse où nous sommes, et je lui suis absolument dévoué.

Plusieurs commandants demandèrent que le général voulût bien reproduire ces paroles dans une proclamation; mais il s'excusa, en disant que le gouvernement allait faire paraître prochainement un manifeste, et qu'il ne pouvait le faire avant que le gouvernement eût parlé.

Sur ce point donc, l'autorité et la garde nationale pouvaient réussir à s'entendre, et la défiance qu'avait fait naître la nomination du général commençait à se dissiper, lorsque l'attitude de l'Assemblée de Bordeaux vint faire renaître les justes susceptibilités de Paris. Paris était bien véritablement, comme il le craignait, menacé de ce que les représentants de la province appelaient une *décapitalisation*. L'Assemblée lui gardait on ne savait quelle rancune jalouse. Elle le redoutait ou elle l'enviait; peut-être aussi y avait-il, en elle, de ces deux sentiments à la fois. Parmi les députés de Paris, chargés de plaider devant l'Assemblée les droits de la capitale, quelques-uns avaient cru de bonne politique de donner leur démission, de se retirer, MM. Henri Rochefort, Ranc, Malon, Delescluze, Razoua, Cournet. Félix Pyat avait motivé la sienne par une lettre violente. Tridon, député de la Côte-d'Or, avait suivi ses collègues, et M. Victor Hugo, à son tour, sortait bruyamment d'une assemblée qui, disait-il, refusait de l'écouter.

Ces démissions successives avaient, au point de vue politique, un tort considérable. Les députés de Paris n'allaient pas pouvoir défendre la grande cité. En outre, ces démissions grossissaient la légitime émotion que ressentait Paris à qui l'on déniait maintenant le titre de capitale. Ce fut d'ailleurs l'erreur de la partie avancée de la représentation de Paris; elle ne lutta point pour la République, elle abandonna la partie. Elle crut, ce fut son erreur, que son départ amènerait la dissolution de l'Assemblée. Elle n'apporta, elle aussi, à Bordeaux, comme la droite de la Chambre qu'un âpre désir de représailles. Lorsque Delescluze et Millière demandèrent, par exemple, la mise en jugement des gouvernants du 4 septembre, ils servirent à souhait les haines de la réaction qui allait, dès ce moment, s'acharner sur cette date et accuser, les uns le gouvernement de Paris, les autres la délégation de Tours et de Bordeaux sous Gambetta. Chose étrange et tout à fait impolitique, Millière et Delescluze voulaient qu'on mît aux voix une proposition qu'eussent formulée volontiers les monarchistes et les cléricaux.

En menaçant Paris de n'être plus la capitale de la France, la majorité de l'Assemblée encourageait virtuellement Paris à revendiquer sa liberté absolue. Elle engageait elle-même le combat. Elle s'étonna plus tard d'avoir récolté la tempête, et cependant elle avait littéralement semé le vent. M. Thiers, chef du pouvoir exécutif d'un gouvernement qui, par la nécessité de la situation plus encore que par le consentement des partis, s'en tenait au provisoire depuis ce qu'on avait appelé le *pacte de Bordeaux*, M. Thiers qui se déclarait, dans l'intimité, le partisan « *d'une République habitable*, » était aussi résolu à forcer la main à l'Assemblée pour la décider à retourner à Paris. Mais la commission nommée pour discuter la question s'étant prononcée, par l'organe de M. Beulé, son rapporteur, pour le transfert de l'Assemblée à Fontainebleau, la Chambre, malgré la harangue très-éloquente de M. Louis Blanc, qui défendit Paris au point de vue moral et le discours convaincant de M. Thiers, qui plaida sa cause au point de vue pratique, résolut de se transporter à Versailles et s'ajourna au lundi 20 mars 1871.

Mais, comme s'il était dit qu'elle n'éviterait pas une faute, dans cette même séance où elle refusait de rentrer à Paris, où sont les ministères, les services publics, et aussi où bat le cœur même du pays, l'Assemblée vota une loi sur les échéances qui devait irriter profondément les commerçants parisiens, fort éprouvés par la guerre. Ce qu'il fallait voter, c'était une loi sur les loyers, celle que proposait Millière et non une loi sur les échéances; ou si on votait celle-ci, il fallait tenir compte des observations spéciales de M. Ducuing qui démontrait que forcer les négociants à payer trop vite, c'était en condamner un grand nombre à la faillite. Vain avertissement. Cette Assemblée de gentilshommes ou de gros propriétaires s'inquiétait médiocrement de l'industrie. Elle décida que les effets de commerce souscrits avant ou après la loi du 13 août 1870 et venant à échéance après le 12 avril 1871, ne jouiraient d'aucune prorogation de délai et seraient exigibles d'après les règles du droit commun. En outre, elle décréta que les effets de commerce échus du 13 août au 13 novembre seraient exigibles *sept mois*, date pour date, après l'échéance inscrite aux titres *avec les intérêts depuis le jour de cette échéance*. Or, c'était le 13 mars que l'échéance tombait et la loi allait être seulement promulguée ce jour-là. « Du 13 au 17 au matin, il y eut dans Paris, dit M. Yriarte, près de *cent cinquante mille protêts* à un moment où il était à peu près impossible à un homme d'honneur de faire face à ses engagements. » L'Assemblée reconnaît aujourd'hui, mais trop tard, la faute commise alors.

« La loi sur les échéances, dit M. Martial Delpit, dans son *Rapport* déjà cité sur les *Causes du 18 mars*, cette loi fournit à Paris un nouveau prétexte d'irritation... Les échéances fixées au 13 mars plaçaient une grande partie du commerce de Paris en présence d'une faillite inévitable, c'est-à-dire de la ruine et du déshonneur... et les commerçants les plus honnêtes, se détachant d'un gouvernement qui ne les sauvait pas de la faillite, se désintéressaient de la chose publique et se laissaient dévoyer aux idées les plus étranges.

« On ne peut s'expliquer autrement la différence qui existe entre le mouvement spontané de la garde nationale au 31 octobre et son apathie au 18 mars. Les 150,000 hommes qui se portèrent sur l'Hôtel de ville, dans la soirée du 31 octobre, pour appuyer le général Trochu, n'étaient pas devenus des partisans de la Commune au 18 mars. Mais, inquiets de l'avenir pour leur situation commerciale, mécontents d'une loi qui ne les protégeait pas à leur gré, ils s'abstenaient de prendre leurs fusils et de descendre dans la rue, comme déjà ils s'étaient abstenus au 8 février de prendre leurs bulletins et de voter. »

Si le rapport avait intercalé dans ce passage une phrase comme celle-ci : « Mortellement blessés de l'injure faite à Paris au lendemain du siège, ils s'abstinrent de prendre parti dans la lutte et de défendre une Assemblée qui insultait gratuitement Paris, » le rapport eût été complet. Ajoutons que l'Assemblée n'avait nullement à se préoccuper de faire une loi sur les échéances. Ne devait-elle pas laisser aux commerçants la faculté de s'arranger à l'amiable? Le tribunal de commerce ne pouvait-il statuer sur ces cas de force majeure? Liberté pleine et entière, voilà ce qu'il fallait laisser aux négociants. Mais ce que l'Assemblée devait voter, c'était une loi sur les loyers, cette loi que réclamait la nécessité même, et qui, non votée, mettait plus de cent mille petits ouvriers, marchands, chambrelans, à la merci d'une dette qu'on les avait, pendant le siège, autorisés à ne point payer. L'Assemblée ne comprit pas la situation. Elle s'aliéna Paris tout entier et le gouvernement allait se trouver terriblement isolé quand il allait faire appel à la force.

Les comités de la garde nationale, qui siégeaient dans la salle de la *Marseillaise*, rue de Flandre, ou rue Basfroi, et qui s'étaient mis en rapport avec les représentants des fédérations ouvrières, siégeant place de la Corderie-du-Temple, étaient maintenant très-puissants dans Paris. En dehors de cette fédération et du Comité central, un comité spécial s'était formé à Montmartre qui se chargeait plus particulièrement de la défense de l'arrondissement et avait fait placer, sur les buttes, dans des tranchées, des canons tournés vers la ville. Un ex-commandant des cavaliers de la République, Dardelles, avait été nommé commandant en chef des forces de Montmartre. Le Comité, qui siégeait rue des Rosiers, n° 6, était présidé par Landowski, frère du membre de l'Internationale Landeck (1). En même temps, une réunion de citoyens de Montmartre votait, au contraire, dans la salle Robert, qu'on devait rendre les canons au gouvernement. Les gardes nationaux qui émettaient ce vœu, appartenaient au 61ᵉ bataillon; ils furent, disent les auteurs de l'*Histoire de la révolution du 18 mars*, « unanimement blâmés ».

Les comités de la garde nationale disposaient alors d'une artillerie vraiment considérable, dont voici le total, que nous croyons absolument exact :

BUTTES-CHAUMONT, 22 pièces de 12 ancien modèle; 24 pièces de 7 nouveau modèle; 3 pièces de 16 ancien modèle; une pièce de 24 courte; deux obusiers; en tout, 52 pièces.

BUTTES MONTMARTRE, 91 pièces nouveau modèle; 76 mitrailleuses et 4 pièces de 12; en tout, 171.

SALLE DE LA MARSEILLAISE, 31 pièces ancien modèle, calibre 12 et 16, provenant des remparts.

LA CHAPELLE, 12 pièces nouveau modèle; 8 mitrailleuses; en tout, 43 bouches à feu.

CLICHY, 8 pièces et 2 mitrailleuses.

BELLEVILLE, 16 mitrailleuses; 6 pièces transformées.

MÉNILMONTANT, 22 mitrailleuses; 8 pièces de 12; 6 pièces transformées : total, 42.

PLACE DES VOSGES, 12 mitrailleuses; 6 pièces de 12; 12 pièces nouveau modèle; total, 30.

Total général des pièces, 417.

Le chiffre est, pour ainsi dire, formidable, mais à tout prendre, cette artillerie pouvait, d'un moment à l'autre, par suite d'une transaction, revenir à l'autorité, et déjà les gardes nationaux se lassaient de passer des journées et des nuits à monter la garde autour des canons. La question de la solde qui les inquiétait bien un peu, pouvait être résolue. On proposait d'ouvrir dans chaque mairie une sorte de registre où patrons et ouvriers eussent inscrit leurs demandes, et tout ouvrier rentré à l'atelier

---

(1) J'extrais ce qui suit du règlement de ce Comité central :

« Le Comité central du dix-huitième arrondissement, composé des délégués de chaque bataillon, sera chargé de faire appel aux gardes de bonne volonté, dont ils prendront les noms, pour faire régulièrement et à tour de rôle, de concert avec les artilleurs, le service que comporteront la garde et la défense de l'artillerie placée sur les hauteurs de Montmartre.

« Les résolutions du Comité central seront transmises à chaque bataillon par son représentant. Nous n'avons pas besoin de vous dire, citoyen commandant, que de l'union des et bataillons de la garde nationale dépend l'avenir de la République.

« *Les membres du Comité* :

« LANDOWSKI, *président*; NOTREAUT, *vice-président*; JOSSELIN, *secrétaire*; ÉTIENNE GODARD, D. LAPIE, J. GROLARD, A. DIANCOURT, A. BERTHAUT, MAYER, CHATELET, SABRIER, GOUGELIN, BRAS, PANIER, DARDELLE, VIVIER, DUVAL, BERNICOT, HENRION, BAVOIS. »

Général Lecomte

eût renoncé à la solde. D'autre part, le général d'Aurelles de Paladines proposait que chaque bataillon de la garde nationale de Paris fût préposé, à tour de rôle, à la garde des canons, et que ce fût la garde nationale elle-même qui les escortât quand on les enlèverait. La situation en était là lorsque, le dimanche 12 mars, au matin, un arrêté paru à l'*Officiel* décréta la suspension de six journaux, *le Vengeur* (de Félix Pyat), *le Cri du Peuple* (de Jules Vallès), *le Mot d'ordre* (rédacteur en chef Henri Rochefort, qu'on avait un moment cru mort à Bordeaux d'un érisypèle), *le Père Duchêne* (de Vermersch), *la Caricature* (de Pilotell) et *la Bouche de fer* (sorte d'imitation de la *Lanterne*, entreprise par Paschal Grousset). La plupart de ces journaux af-

fectaient, il faut le reconnaître, un air de menace qui dépassait étrangement les bornes de la discussion sensée. La *Caricature*, par exemple, n'hésitait pas à menacer certaines gens de la guillotine. D'autres provoquaient directement à l'insurrection. Mais la suspension n'en était pas moins inopportune, maladroite, et cette mesure, blâmée par la plus grande partie de la presse, nuisit encore à l'autorité du gouvernement. On l'accusa de préparer un coup d'État et il fallut que, quelques jours après, il protestât contre « ce bruit absurde ». Les journaux que j'ai cités n'avaient pas tous une grande influence et quelques-uns avaient fort peu de lecteurs. Mais la suppression leur donna une puissance et une valeur inattendues. Est-il donc écrit que les gouvernements tomberont toujours tous dans les mêmes erreurs ?

Une autre cause d'irritation était encore venue agiter Paris. Les conseils de guerre avaient prononcé les condamnations des inculpés dans l'affaire du 31 octobre et, à la fin des débats, Gustave Flourens et Blanqui avaient été condamnés par contumace à la peine de mort. Cet arrêt, qu'on n'eût pas exécuté, car les peines prononcées par contumace sont toujours plus lourdes que celles qu'on prononce contre les accusés présents, cet arrêt exaspéra la population faubourienne. Blanqui et Flourens publièrent des réponses à cette sentence (voyez aux *documents complémentaires*), et le pouvoir en reçut une nouvelle atteinte. Malgré tout, les gardes nationaux ne montaient plus la garde dans leurs parcs d'artillerie qu'avec lassitude, et on vit un moment où le comité de Montmartre eut quelque peine à décider les gardes sédentaires du 125e bataillon à relever ceux du 142e qui, depuis quarante-huit heures, se morfondaient autour des mitrailleuses.

Mais le jour approchait où le chef du pouvoir exécutif, fidèle à la promesse donnée par lui à l'Assemblée, voulait prouver aux députés, lorsqu'ils se réuniraient à Versailles, le lundi 20 mars, que l'ordre n'avait pas été troublé, que les menaces des canons n'existaient plus, et que, pour répondre à un représentant de la droite, la Chambre pouvait délibérer sans craindre *les canons de l'ennemi ou les pavés de l'émeute*. M. Thiers tenait à apporter cette nouvelle à l'ouverture de la séance, et certes, il en avait le droit. Aussi bien une tentative fut-elle faite pour s'emparer des canons par surprise.

Cinq ou six cents personnes étaient réunies dans une vaste salle, rue de Charonne, pour traiter différentes questions d'intérêt général importantes. La présidence de la réunion avait été décernée à Millière, représentant de Paris. M. Mottu, maire du onzième arrondissement, venait d'expliquer à l'assemblée après une interpellation, les *motifs très-graves* qui l'avaient obligé à interdire pour son arrondissement toutes les réunions publiques ouvertes précédemment dans les salles d'écoles.

Tout à coup, plusieurs personnes font irruption dans la salle et y provoquent une certaine agitation en annonçant que des gardes municipaux viennent de se présenter place des Vosges et ont voulu s'emparer des canons de l'artillerie de la garde nationale. « Les sentinelles, ajoute-t-on, ont dû croiser la baïonnette pour les contraindre à se retirer. » Beaucoup de citoyens présents se lèvent et se disposent à partir. Millière arrêta l'effervescence et les gardes nationaux de la place des Vosges, après avoir reçu du renfort, veillèrent avec plus de soin sur les canons en criant aux curieux : « Passez au large ! » Le lendemain, les pièces de la place des Vosges étaient transportées rue Basfroi et à Belleville.

Cette tentative avortée sur un point devait être suivie d'une opération d'ensemble dont le plan fut concerté le 17 mars, à une heure du matin, dans un conseil de guerre tenu au Louvre. Les 40,000 hommes de l'armée de Paris, répartis en quatre divisions, aux ordres des généraux de Susbielle, Faron, Barry et de Maud'huy devaient agir simultanément, et, tandis qu'on occuperait les boulevards et les lignes stratégiques, enlever les parcs et les arsenaux établis dans Paris sur *dix-sept points différents* (1). Le général de Susbielle, ayant sous ses ordres les généraux Lecomte et Paturel, devait enlever Montmartre, et le général Faron s'emparer de Belleville avec le général La Mariouse. Le matin du 18 mars, les Parisiens purent lire sur leurs murailles cette affiche signée de tous les membres du gouvernement :

« Habitants de Paris,

« Nous nous adressons encore à vous, à votre raison et à votre patriotisme, et nous espérons que nous serons écoutés.

« Votre grande cité qui ne peut vivre que par l'ordre, est profondément troublée dans quelques quartiers, et le trouble de ces quartiers, sans se propager dans les autres, suffit cependant pour y empêcher les élans du travail et de l'aisance.

« Depuis quelque temps, des hommes malintentionnés, sous prétexte de résister aux Prussiens, qui ne sont plus dans vos murs, se sont institués les maîtres d'une partie de la ville, y ont élevé des retranchements, y montent la garde, vous forçant de la monter avec eux par ordre d'un comité occulte qui prétend commander seul à une partie de la garde nationale, méconnaît ainsi l'autorité du général d'Aurelles, si digne d'être à votre tête, et veut former un gouvernement en opposition au gouvernement légal, institué par le suffrage universel.

« Ces hommes qui vous ont déjà causé tant de mal, que vous avez dispersés vous-mêmes au 31 octobre, affichent la prétention de vous défendre contre les Prussiens, qui n'ont fait que paraître dans nos murs et dont ces désordres retardent le départ définitif; braquent des canons qui, s'ils faisaient feu, ne foudroieraient que vos maisons, vos enfants et vous-mêmes; enfin, compromettent la République, au lieu de la défendre, car s'ils établissaient dans l'opinion de la France que le désordre est la conséquence nécessaire de la République, la République serait perdue. Ne les croyez pas et écoutez la vérité que nous vous disons en toute sincérité.

(1) Voy. le livre de M. Yriarte.

« Le gouvernement institué par la nation tout entière aurait déjà dû reprendre ces canons dérobés à l'État et qui en ce moment ne menacent que vous, enlever ces retranchements ridicules qui n'arrêtent que le commerce, et mettre sous la main de la justice les criminels qui ne craindraient pas de faire succéder la guerre civile à la guerre étrangère ; mais il a voulu donner aux hommes trompés le temps de se séparer de ceux qui les trompent.

« Cependant, le temps qu'on a accordé aux hommes de bonne foi pour se séparer des hommes de mauvaise foi, est pris sur votre repos, sur votre bien-être, sur le bien-être de la France tout entière. Il faut donc ne pas le prolonger indéfiniment. Tant que durera cet état de choses, le commerce est arrêté, vos boutiques sont désertes, les commandes qui viendraient de toutes parts, sont suspendues ; vos bras sont oisifs, le crédit ne renaît pas ; les capitaux, dont le gouvernement a besoin pour délivrer le territoire de la présence de l'ennemi, hésitent à se présenter.

« Dans votre intérêt même, dans celui de votre cité comme dans celui de la France, le gouvernement est résolu à agir. Les coupables qui ont prétendu instituer un gouvernement à eux vont être livrés à la justice régulière. Les canons dérobés à l'État vont être rétablis dans les arsenaux, et, pour exécuter cet acte urgent de justice et de raison, le gouvernement compte sur votre concours.

« Que les bons citoyens se séparent des mauvais ; qu'ils aident à la force publique au lieu de lui résister. Ils hâteront ainsi le retour de l'aisance dans la cité, et rendront service à la République elle-même, que le désordre ruinerait dans l'opinion de la France.

« Parisiens, nous vous tenons ce langage parce que nous estimons votre bon sens, votre sagesse, votre patriotisme ; mais cet avertissement donné, vous nous approuverez de recourir à la force, car il faut à tout prix, et sans un jour de retard, que l'ordre, condition de votre bien-être, renaisse entier, immédiat, inaltérable.

« Paris, le 17 mars 1871.

« A. THIERS, président du Conseil, chef du pouvoir exécutif ;

« DUFAURE, ministre de la justice ; PICARD, intérieur ; POUYER-QUERTIER, finances ; FAVRE, affaires étrangères ; général LE FLO, guerre ; amiral POTHUAU, marine ; SIMON, instruction publique ; DE LARCY, travaux publics ; LAMBRECHT, commerce. »

Pendant qu'on affichait cette proclamation sur les murailles, les troupes, mises en mouvement, commençaient leurs opérations. Au point du jour, le général Lecomte, tournant Montmartre par le cimetière du Nord et la rue Marcadet, gravissait cette pente tandis que le général Paturel prenait de front les buttes par les boulevards extérieurs. Les deux colonnes se rejoignirent autour des canons. Les gardes nationaux étaient surpris et enveloppés. Il n'y avait eu qu'un échange de rares coups de feu, tirés par les gardes nationaux, disent les rapports officiels, par les gendarmes et les gardiens de la paix, placés en tête de colonne, disent les historiens du mouvement. Les gardes nationaux faits prisonniers furent enfermés rue des Rosiers, n° 6, dans la maison occupée par le Comité, puis le général Lecomte fit procéder au recensement des pièces d'artillerie et à la destruction des retranchements. Il attendait les chevaux d'attelage pour faire enlever les canons. Les chevaux n'arrivaient pas. La troupe demeura pendant quatre heures, l'arme au pied, attendant ces attelages. Pendant ce temps, Montmartre éveillé prenait les armes. On battait le rappel dans les rues. Les femmes accouraient, et, montant de la place Saint-Pierre où s'amassait la foule, s'approchaient des soldats, tantôt les insultant, tantôt les conjurant de ne point tirer sur le peuple. Ces soldats, ceux du 88° de marche, venus de province, démoralisés par la défaite, respectueux et inquiets devant les Parisiens, semblaient hésitants déjà. Se voyant entouré par la foule, et sentant sa situation compromise, le général Lecomte veut commander à ses chasseurs à pied de s'ouvrir un passage en croisant la baïonnette contre la mêlée humaine qui entoure l'état-major, tout est impuissant. Les soldats ont déjà mis, pour la plupart, la crosse en l'air. Débordés, ils rendent leurs chassepots et laissent entraîner leur général au Comité de la rue des Rosiers. On prenait alors le général Lecomte pour le général Vinoy. Au Comité, on délivre les gardes nationaux prisonniers, et on demande au général Lecomte de signer un ordre qui prescrive aux troupes de se retirer. Le général refuse (1). On le conduit, au milieu des huées de la foule, au Château-Rouge où commande le capitaine Simon Mayer. Pendant ce temps, on transférait à la mairie du dix-huitième arrondissement une soixantaine de gendarmes faits prisonniers. Ce sont ces soldats que nous verrons fusiller comme otages dans les derniers jours de mai.

Après avoir consigné le général et quelques-uns de ses officiers au Château-Rouge, les gardes nationaux descendirent la chaussée Clignancourt en criant : « *Vive la ligne !* » Puis, se grossissant en chemin des soldats qu'on rencontre et qui rendent leurs armes ou passent à l'insurrection, les gardes nationaux remontent les boulevards extérieurs vers le cimetière Montmartre. Ils sont un moment ar-

(1) MM. Lanjalley et Corriez ont écrit (Voy. leur *Histoire du 18 mars*) que le général donna à sa troupe l'ordre d'évacuer. Les débats ont prouvé le contraire.

rêtés par le général de Susbielle qui se tient, place Pigalle, avec des chasseurs, des gendarmes et des soldats de ligne. Un coup de feu, parti de l'angle de la rue Houdon, abat aux côtés du général un officier de chasseurs. Les soldats, au lieu de charger, passent du côté de la foule ou évacuent la place. Le général de Susbielle est forcé de se retirer poursuivi par les balles. Presque au même moment, le général Paturel, placé vers Clignancourt, était aussi obligé à la retraite. Toute cette partie de Paris était au pouvoir des comités, et les soldats se répandaient en désordre, comme après une déroute, dans l'intérieur de Paris.

Du côté de Belleville, le général Faron avait enlevé les positions assignées et les canons. Mais sa position devint, à la suite des événements de Montmartre, quelque peu périlleuse, et il dut se replier sur le centre de Paris, mais en faisant bonne contenance et en traversant, « tour à tour conciliant ou menaçant, » la foule et les barricades subitement élevées par elle.

A cette heure, le général Lecomte était toujours détenu rue des Rosiers. Le capitaine Simon Mayer, qui le gardait, allait bientôt le livrer à un autre capitaine porteur d'un ordre revêtu de quatre signatures inconnues. A travers les insultes de la foule, le général fut reconduit au Comité de la rue des Rosiers, dans cette maison d'aspect bourgeois et tranquille, dans le jardin de laquelle les lilas fleurissent au printemps, et qui allait être le théâtre du plus cruel des drames. Là, enfermé dans la maison par le lieutenant Lagrange, le général, entouré d'une foule hurlante de soldats déserteurs, de francs-tireurs, de gardes nationaux, de garibaldiens, d'étrangers, dut subir les injures et les menaces, pendant qu'un lieutenant de la garde nationale faisait, pour le protéger et le sauver, les efforts les plus énergiques. N'oublions pas son nom : il s'appelait Meyer. Et tandis que, pour pouvoir toucher et frapper le général dans la pièce où il se tenait assis, prisonnier, les femmes, les enfants, au dehors, brisaient en criant les vitres des fenêtres, on cherchait, sans le trouver, le Comité qui devait statuer sur le sort des prisonniers. A cette heure, Bergeret, investi du commandement de Montmartre, était le chef véritable de ces hommes. Mais où se trouvait-il? Quelques individus, un Polonais, Kadanski, entre autres, assemblés au premier étage de la maison, délibéraient sur ce qu'on devait faire, lorsque, vers trois heures et demie, on amena rue des Rosiers un homme pâle, à barbe blanche, vêtu d'un paletot gris, en bourgeois, et qui, marchant lentement au milieu de la foule pleine de courroux, avait été arrêté, près de la place Pigalle, par le capitaine Aldenoff, et se trouvait conduit rue des Rosiers par le capitaine Ras.

Ce nouveau venu, qu'on poussa dans la maison, était l'ex-commandant en chef des gardes nationales de Paris, le général Clément Thomas.

Il fut enfermé avec le général Lecomte, bousculé et frappé. On disait dans la foule (ô crédulité farouche!) qu'on l'avait pris au moment *où il dessinait le plan des barricades de Montmartre*. Poussé par l'instinct de la curiosité, peut-être par l'espoir d'user de son influence pour ramener les égarés, Clément Thomas était allé se jeter en pleine fournaise, sans comprendre que son nom, depuis 1848, appelait la rancune, et que des ordres du jour vigoureux, rendus dans les derniers temps, le désignaient à la haine de bien des gens.

Lorsqu'il fut là, un officier garibaldien, Herpin Lacroix (1), montant sur une marquise, au premier étage, fit faire un roulement par le tambour Porcin, et demanda à la foule de former une *Cour martiale* pour juger les prisonniers. On ne l'écouta pas. On voulait la mort de ces hommes sur-le-champ, sans discussion, sans délai. Quels regards, chargés d'une terrible éloquence, ces deux hommes, Lecomte et Clément Thomas, durent échanger en entendant grossir du dehors la clameur de mort qui les poursuivait! C'était une fièvre de massacre, un prurit de sang qui s'étaient emparés de cette foule, de ces milliers de spectateurs ou d'acteurs anonymes qui apparaissent, déchaînés dans leur furie, à de certaines dates de l'histoire. On voulait tuer et voir tuer. Kadanski essaie de demander un sursis : on lui arrache ses galons. Une poussée formidable empêche le lieutenant Meyer de protéger plus longtemps la porte de la pièce où sont enfermés les généraux. La foule entre. Elle est entrée. On saisit Clément Thomas, d'abord; on le pousse, à coups de poing, dans le jardin, contre la muraille.

---

(1) Herpin Lacroix, condamné à mort et exécuté avec le sergent Verdaguer et le lieutenant Lagrange, écrivait de sa prison, trois heures avant d'être exécuté, la lettre qui suit à un ami :

« Trois heures et demie.

« Mon cher ami,

« L'heure est arrivée où je vais mourir pour un crime qui n'est pas le mien.

« Après avoir fait tous mes efforts pour empêcher un crime que Dieu et l'humanité réprouvent, je suis condamné à mort, pendant que les véritables assassins se promènent libres et sans s'inquiéter des victimes de leur acte odieux. X, — X — et X se promènent, le premier dans les rues de Paris, les autres à Londres.

« Je meurs sans haine. Je pardonne à mes juges, comme je prie Dieu de leur pardonner. Plus tard, je l'espère, ma mémoire sera réhabilitée : ce sera ma récompense. Je voudrais que mon corps fût transporté à Paris; si cela ne se peut, venez à Versailles, faites-vous indiquer l'endroit où ma dépouille sera déposée : vous y placerez une petite croix de bois noir.

« Adieu, mon bon et excellent ami. Embrassez tous ceux qui m'ont connu et assurez-les que je meurs comme j'ai vécu, en honnête homme, en honnête citoyen. J'aurais voulu pouvoir vous presser la main.

« Adieu, ami ! au revoir dans un monde meilleur!

« HERPIN-LACROIX. »

Paris pendant la Commune. — Poste de gardes nationaux aux fortifications.

On le fusille tandis qu'il marche ; des coups de feu l'atteignent, son sang rougit le collet de son paletot gris ; il avance et se tient debout, le dos au mur. Puis, là, tenant son chapeau de la main droite, essayant de garantir son visage avec le bras gauche, il baisse ce bras bientôt, regarde ses meurtriers en face, et, de cette belle tête blanche, un grand cri sort, celui qui fut le mot d'ordre de toute la vie de cet homme qui va mourir : « Vive la République ! »

Il tomba, sous des coups de feu redoublés, abattu sur le côté droit, la tête au mur, le corps plié en deux. Secoués par cette luxure atroce que Dante a appelée *la luxure du sang*, des gens de cette foule frappaient encore le cadavre du vieillard, à coups de talon et à coups de crosse.

Le général Lecomte entendait le bruit de la tuerie. Un compagnon d'armes, prisonnier comme lui, était là, le commandant de Poussargues. Le général lui remit son argent, lui parla des cinq enfants qu'il laissait, et sortit dans le jardin. Les historiens de la *Révolution du 18 mars*, MM. Lanjalley et Corez, n'ont pas craint d'écrire, en parlant de lui : *Il fléchissait sur ses jambes, il tremblait.* La vérité est qu'en voyant passer ce soldat marchant vers la mort, des officiers le saluèrent ; il leur rendit leur salut.

Tout à coup, par derrière, un coup de feu l'atteint aux jambes. Il tombe sur les genoux. On le relève, on le pousse vers le cadavre de Clément Thomas. Dix coups de feu l'achevèrent. Clément Thomas fut plus mutilé : on retrouva *soixante-dix balles dans son corps* (1).

Quelle rage avait donc saisi cette foule qui frappait ainsi, frappait encore et frappait toujours ? La réaction allait d'ailleurs s'opérer bientôt, et les meurtriers, une fois ces hommes exécutés, éprouvèrent une stupeur étrange. Montmartre se fit silencieux. L'effroi commença, on remit en liberté les autres prisonniers. Les morts de la rue des Rosiers avaient sauvé la vie aux autres.

Le général Lecomte, soldat, était mort en soldat. Mais de quelles réflexions déchirantes dut être saisi Clément Thomas, l'exilé, le républicain frappé à mort par des mains qui prétendaient servir cette République pour laquelle il donnait sa vie et qu'ils souillaient de sang ?

Au reste, la nature humaine a des heures de crise où tout ce qui reste de bestialité dans l'homme apparaît à nu. Dans le procès de Letellier, maire de Montreuil, accusé d'avoir livré à la Commune de Paris un gendarme égaré dans la zone de Montreuil, neutralisée par le traité, une parole est surtout caractéristique dans la déposition du gendarme Poncet : « J'étais entouré par la foule, dit-il ; elle criait : « *Tuons le gendarme et mangeons le « cheval!* » Pour qui n'a point traversé les journées affamées du siège, ce cri semblerait n'avoir pas de sens. Il est d'une éloquence terrible pour nous qui savons ce que la faim avait fait de malheureux. Les ventres affamés parlaient seuls. Les pauvres gens, pris aux entrailles, devenaient féroces, farouches. On se battait pour un peu de viande. L'âpre envie de mordre dans de la chair saignante les poussait. Réellement, les instincts fauves s'éveillaient. On vit, dans ces jours de détresse et de famine, des chevaux dépecés en pleine rue. Devant l'Hôtel de ville, un cheval s'abat. La foule se précipite comme des chiens à la curée. Elle coupe, taille, scie, emporte, dévore. Les êtres humains revenaient à la brutalité primitive. La faim allumait des ardeurs sinistres. Le matin du 18 mars, un officier d'artillerie avait été tué, place Pigalle, et la même décharge abat son cheval. Des femmes, des enfants accourent, leurs couteaux à la main, des filles en jupes de soie, en chignons défaits, rôdeuses de cafés du quartier, se jettent sur le cheval et taillent en pleine chair. Cette curée avait lieu en plein soleil. On semblait revenu aux sombres journées de famine du moyen âge.

Nous n'avons rappelé, à propos de Clément Thomas et de Lecomte, ces autres épisodes sanglants, que pour faire comprendre l'aveuglement effroyable et le déchaînement de passion des terribles affolés du 18 mars. De pareilles journées sont plutôt encore pathologiques que politiques. Elles pèsent d'ailleurs d'un sombre poids, et ce sont les républicains surtout qui les doivent haïr, car elles inspireraient l'horreur de certaines idées si la République idéale et sereine n'était la négation même de toute barbarie, de toute violence, et l'ennemi du meurtre et du sang.

L'exécution ou plutôt l'assassinat des généraux Lecomte et Clément Thomas jeta la stupeur dans Paris. A Versailles, le soir du 18 mars, M. Thiers, qui avait quitté Paris vers cinq heures, n'y voulait point croire. Cependant, tandis que le Comité organisait ses forces et ordonnait aux gardes nationaux de s'emparer des mairies, les ministres, présents à Paris, retirés le soir, rue Abattucci, chez M. Calmon, se demandaient quelle conduite ils tiendraient. MM. J. Favre, J. Simon, Picard, Dufaure et le général Le Flô étaient présents. Ce qui restait de l'armée avait été réuni au Champ de Mars, à l'École militaire. Quelques maires et députés de Paris avaient proposé, pour calmer les esprits, de nommer le colonel Langlois commandant

(1) Ce crime fut, on le voit, à la fois anonyme et multiple. Le conseil de guerre, dans son audience du 18 novembre 1871, a rendu sur ces faits l'arrêt suivant :
Verdagner, Lagrange, Simon Mayer, Masselot, Aldenoff, Herpin-Lacroix, Leblond, condamnés à mort, Gobin, aux travaux forcés à perpétuité, Poncin et Arthur Chevalier, à dix ans de la même peine, Kadanski à la déportation, François Chevalier à dix ans de réclusion.

en chef de la garde nationale, en remplacement du général d'Aurelles. M. Jules Favre télégraphia à M. Thiers, lui demandant s'il ratifiait cette nomination. La réponse arriva lorsqu'il était trop tard, et lorsque le général Vinoy eut déclaré qu'il se *retirait à Versailles avec son dernier soldat*. A une heure du matin, cette manœuvre fut exécutée. Toutes les rues débouchant sur les quais et sur la route de Versailles étaient gardées par la gendarmerie à cheval qui protégeait la retraite. Le général Le Flô partit le premier, en voiture, et, vers trois heures du matin, dans cette nuit sombre, MM. Dufaure et d'Aurelles de Paladines dans une voiture, et M. Jules Simon dans une autre, le suivirent. Ces voitures étaient escortées par de la troupe. La gendarmerie à pied fermait la marche. Le général Vinoy, à cheval, dirigeait la retraite. *Vingt mille hommes sortirent ainsi de Paris sans que Paris s'en doutât.*

L'insurrection était donc maîtresse de Paris. Après avoir voulu défendre l'Hôtel de ville, M. Ferry l'abandonna, sur un ordre formel, et sortit, avec son frère, quand tout fut évacué. A onze heures, Charles Lullier, nommé commandant en chef de la garde nationale par le Comité central triomphant, faisait occuper l'Hôtel de ville et la caserne Napoléon par le commandant Brunel ; à minuit, il s'emparait de la préfecture de police ; à une heure des Tuileries, à deux heures de l'état-major de la place de Paris. Les partisans de la Commune l'ont accusé, et M. Lissagaray dans son histoire des *Journées de mai*, l'accuse d'avoir laissé échapper l'armée de Vinoy et les ministres qu'il pouvait envelopper. Il a déclaré ne l'avoir point fait, à cause de M. Jules Favre.

Ainsi, Paris appartenait au Comité central. Paris allait s'éveiller sous un pouvoir nouveau. La loi émigrait à Versailles. On a beaucoup reproché, depuis ce jour, à l'autorité militaire son manque de précaution, et on lui a demandé comment, s'étant emparée des canons, elle ne les avait pas aussitôt enlevés. Mais, pour transporter les 171 pièces de Montmartre (et il y en avait beaucoup ailleurs), il était nécessaire d'employer, avec les avant-trains correspondants, *quatre* chevaux par pièce de 4, et *six* chevaux par pièce de 12, soit un total de *huit cent cinquante chevaux*. Cela pour Montmartre seulement. La vérité sur les déplorables événements qui ont précédé et amené le 18 mars 1871, a été dite, à l'Assemblée nationale elle-même, dans cette séance où le président du conseil municipal de Paris, M. Vautrain, s'est écrié, s'adressant à la Chambre :

« Que si l'Assemblée s'était trouvée à Paris le 15 mars, ce que nous déplorons tous n'aurait pas eu lieu.

« Quand je demandais, a ajouté M. Vautrain, la remise des canons et la dissolution du Comité central, je suis certain que j'aurais obtenu ce que je demandais. Tous les maires de Paris se sont rassemblés chez le ministre de l'intérieur. Dès le 15 mars, l'insurrection était patente. Il y avait plus d'un homme qui prévoyait le mouvement et qui le sentait.

« Mais le ministre avait une responsabilité terrible : il pouvait se trouver devant un échec ; il pouvait avoir le succès, si l'affaire était menée avec une vigueur désirable ; mais, devant une lutte terrible, il le prévoyait, il n'a pas pu prendre de parti, *parce que vous n'étiez pas là* ! (Applaudissements réitérés à gauche.) »

L'Assemblée de Bordeaux avait voulu décapitaliser Paris. Paris répondait en s'affranchissant, ou plutôt, hélas ! en croyant s'affranchir, car il nous faut montrer, maintenant, à quel pouvoir nouveau il allait être tenu d'obéir.

DOCUMENTS COMPLÉMENTAIRES DU CHAPITRE PREMIER

N° 1.

LETTRE DE CLUSERET AUX GARDES NATIONAUX DE LA SEINE

A propos de la nomination du général d'Aurelles.

« Citoyens,

« Le général d'Aurelles de Paladines est, après Gambetta et Trochu, l'homme le plus coupable envers la France. C'est lui qui a livré l'armée de la Loire à l'ennemi, sans combattre, car on ne peut donner le nom de combat à sa fuite honteuse. Cette armée comptait alors plus de 200,000 hommes.

« Mais M. d'Aurelles, par ineptie ou trahison, comptait vaincre, comme Trochu, par l'intercession de Notre-Dame-de-Fourvières à laquelle il faisait dire des messes.

« Mon cœur est trop triste pour venir plaisanter. Je parle sérieusement. C'est à la Vierge de Fourvières que M. d'Aurelles avait remis la conduite de nos armées. Or, qui dit Vierge dit jésuite. Est-il étonnant que vous n'ayez pas été secourus et, qu'à toutes les calamités de cette guerre infâme où tout le monde a déchiré la France, Parisiens, vous ayez eu à subir cette honte suprême, l'entrée des Prussiens dans Paris?

« Cette honte, vous la devez à d'Aurelles de Paladines. Il devrait passer devant un conseil de guerre, et c'est lui que M. Thiers choisit pour mettre à votre tête.

« Et de quel droit cette nouvelle insulte?

« Où est le mandat de M. Thiers et celui de l'Assemblée qui lui a conféré ses pouvoirs? Élue par les paysans pour un objet déterminé, traiter de la honte de la France aux frais des villes, elle a accompli son triste mandat. Maintenant, elle n'est plus rien qu'un groupe de factieux, du jour où elle refuse de se dissoudre.

« La source de tout pouvoir et le seul pouvoir à Paris, c'est vous, gardes nationaux de la Seine, vous, le peuple avancé.

« Faites-vous respecter en arrêtant et mettant en accusation l'homme coupable qui, après avoir aidé à faire le coup d'État, trahit une seconde fois la France en livrant l'armée de la Loire.

« Puis, affirmez votre autorité, ainsi que le principe de la souveraineté populaire, en nommant vous-mêmes votre chef.

« Il n'y a pas un honnête homme en France qui puisse servir sous les ordres d'un Paladines.

« Deux *décembriseurs* à la tête des forces armées de la capitale, c'est trop. « Général CLUSERET.

« Bordeaux, 6 mars. »

N° 2.

PROCLAMATION DU COMITÉ CENTRAL A L'ARMÉE.

A L'ARMÉE

les délégués de la garde nationale de Paris.

« Soldats, enfants du peuple !

« On fait courir, en province, des bruits odieux.

« Il y a dans Paris 300,000 gardes nationaux et, cependant, chaque jour, on y fait entrer des troupes que l'on cherche à tromper sur l'esprit de la population parisienne. Les hommes qui ont organisé la défaite, démembré la France, livré tout notre or, veulent échapper à la responsabilité qu'ils ont assumée, en suscitant la guerre civile. Ils comptent que vous serez les dociles instruments du crime qu'ils méditent. Soldats citoyens, obéirez-vous à l'ordre impie de verser le même sang qui coule dans vos veines? Déchireriez-vous vos propres entrailles? Non; vous ne consentirez pas à devenir parricides et fratricides.

« Que veut le peuple de Paris?

« Il veut conserver ses armes, choisir lui-même ses chefs et les révoquer quand il n'aura plus confiance en eux.

« Il veut que l'armée active soit renvoyée dans ses foyers, pour rendre au plus vite *les cœurs à la famille et les bras au travail.*

« Soldats, enfants du peuple ! unissons-nous pour sauver la République. Les rois et les empereurs nous ont assez fait de mal. Ne souillez pas votre vie. *La consigne n'empêche pas la responsabilité de la conscience.* Embrassons-nous à la face de ceux qui, pour conquérir un grade, obtenir une place, ramener un roi, veulent nous faire entr'égorger.

VIVE A JAMAIS LA RÉPUBLIQUE !

« Voté, en séance du Waux-Hall, le 10 mars 1871 (1). »

(1) Ce factum, imprimé sur demi-feuille, fut répandu à pro-

N° 3.

PROTESTATION DE BLANQUI CONTRE SA CONDAMNATION A MORT.

« Citoyens,

« Le 4 septembre, un groupe d'individus qui, sous l'empire, s'était créé une popularité facile, s'était emparé du pouvoir. A la faveur de l'indignation générale, ils s'étaient substitués au gouvernement pourri qui venait de tomber à Sedan. Ces hommes étaient pour la plupart les bourreaux de la République de 1848. Cependant, à la faveur du premier moment de surprise, ils se sacrèrent arbitres de la destinée de la France. Les vrais républicains, ceux qui, sous tous les gouvernements, avaient souffert pour leurs croyances, virent avec douleur cette usurpation des droits de la nation. Pourtant le temps pressait, l'ennemi approchait; pour ne pas diviser la nation, chacun se mit de toutes ses forces à l'œuvre de salut. Espérant que l'expérience avait appris quelque chose à ceux qui avaient été pour ainsi dire les créateurs de l'empire, les républicains les plus purs acceptèrent sans murmurer de servir sous eux, au nom de la République.

« Qu'arriva-t-il? Après avoir distribué à leurs amis toutes les places où ils ne conservaient pas les bonapartistes, ces hommes se croisèrent les bras et crurent avoir sauvé la France. En même temps l'ennemi enserrait Paris d'une façon de plus en plus inexorable, et c'était par de fausses dépêches, par de fallacieuses promesses, que le gouvernement répondait à toutes les demandes d'éclaircissements.

« L'ennemi continuait à élever ses batteries et ses travaux de toute sorte, et à Paris trois cent mille citoyens restaient sans armes et sans ouvrage et bientôt sans pain, sur le pavé de la capitale.

« Le péril était imminent. Or, au gouvernement issu d'une surprise, il fallait substituer la Commune, issue du suffrage universel. De là le mouvement du 31 octobre. Plus honnêtes que ceux qui ont l'audace de se faire appeler le gouvernement des honnêtes gens, les républicains n'avaient pas ce jour-là l'intention d'usurper le pouvoir. C'est du peuple, réuni librement devant les urnes électorales, qu'ils en appelaient du gouvernement incapable, lâche et traître. Au gouvernement issu de la surprise et de l'émotion populaire, ils voulaient substituer le gouvernement issu du suffrage universel.

« Citoyens,

« C'est là notre crime. Et ceux qui n'ont pas craint de livrer Paris à l'ennemi avec sa garnison intacte, ses forts debout, ses murailles sans brèche, ont trouvé des hommes pour nous condamner à la peine capitale.

« On ne meurt pas toujours de pareilles sentences. Souvent on sort de ces épreuves plus grand et plus pur. Si l'on meurt, l'histoire impartiale vous met tôt ou tard au-dessus des bourreaux qui, en atteignant l'homme, n'ont cherché qu'à tuer le principe.

« Citoyens,

« Les hommes ne sont rien, les principes seuls

fusion dans toutes les maisons où étaient logés des militaires.

APRÈS LA GUERRE. — Ruines de Saint-Cloud.

sont immortels. Confiants dans la grandeur et dans la justice de notre cause, nous en appelons du jugement qui nous frappe au jugement du monde entier et de la postérité. C'est lui qui, si nous succombons, fera, comme toujours, un piédestal glorieux aux martyrs de l'échafaud infamant élevé par le despotisme ou la réaction.

« *Vive la République!* (1).

« BLANQUI. »

N° 4.

PROTESTATION DE FLOURENS

« Citoyens,

« En présence du jugement qui me frappe, il est

(1) Cette protestation, comme celle de Flourens, fut placardée, sous forme d'affiche, sur les murs de Montmartre.

de mon devoir de protester de la façon la plus énergique contre la violation de tous les droits inscrits dans toutes les constitutions.

« L'accusé doit être jugé par ses pairs. Tel est le texte de la loi. Or je dénie complètement aux assassins patentés de la réaction le titre de juges. Nommés par un pouvoir qui n'avait encore été reconnu par personne le 31 octobre 1870, ils ne peuvent puiser leur puissance qu'en dehors de la loi. D'ailleurs, j'ai appris, par une longue expérience des choses humaines, que la liberté se fortifiait par le sang des martyrs.

« Si le mien peut servir à laver la France de ses souillures et à cimenter l'union de la patrie et de la liberté, je l'offre volontiers aux assassins du pays et aux massacreurs de janvier.

« Salut et fraternité,

« G. FLOURENS. »

CHAPITRE II

LE COMITÉ CENTRAL ET LES MAIRES DE PARIS

Le lendemain d'une révolution. — Le 19 mars. — Premières proclamations du Comité central. — La résistance. — L'amiral Saisset. — Le général Cremer. — Premiers actes du Comité. — Premières séances de l'Assemblée à Versailles. — La loi sur les élections municipales. — Manifestation de la place Vendôme. — La résistance s'organise et s'accentue. — Les maires à l'Assemblée. — Le Comité central remet les élections au 26. — Les généraux du Comité. — Premiers pourparlers. — La convention. — L'accord est rompu. — Nouvelle convention. — Le Comité central triomphe. — Les élections de la Commune. — Documents complémentaires.

Ce n'est pas sans une certaine émotion, bien compréhensible, je suppose, que nous abordons maintenant le récit des événements qui ont suivi la journée du 18 mars. Jusqu'à cette date, nous avions eu à raconter l'histoire douloureuse mais patriotique de la résistance nationale; à cette heure, c'est le récit de la guerre civile, c'est le spectacle de nos déchirements qui commence. Au seuil de cette narration, qui ne se sentirait pris d'une mélancolie profonde ? Mais l'histoire n'admet pas qu'on hésite et elle demande qu'on dise toute la vérité. Nous la dirons. Les lecteurs qui ont voulu nous suivre jusqu'ici, ont pu se convaincre, dans le cours de ce livre, que nous n'avions d'autre idéal que le vrai. Il en sera de même toujours. Nous sommes de ceux qui croient que la meilleure façon de parler au peuple est de lui parler franchement, sans arrière-pensée, avec la conviction qui tient lieu d'éloquence. Le peuple, a soif de vérité, j'espère. Toujours trompé, toujours vaincu, il doit rechercher d'où viennent ses défaites. Nous allons, en toute sincérité, essayer de lui dire et nous sommes certain d'avance, connaissant sa virile confiance, qu'il nous saura gré de notre franchise, quelquefois brusque, et toujours convaincue.

Le matin du dimanche 19 mars 1871, Paris se réveilla, ignorant peut-être qu'une révolution venait de s'accomplir. Le gouvernement régulier n'avait plus cependant d'autres représentants à Paris que les municipalités élues en novembre 1870 et, comme nous l'avons dit, les services administratifs avaient été transportés brusquement à Versailles.

Un moment, le gouvernement avait eu l'idée d'accorder les élections municipales afin de donner satisfaction à Paris ; mais, sur l'avis de M. Thiers, il avait préféré sortir de la ville pour y rentrer plus tard et par la force. Sur ce point, *l'Enquête sur les événements du 18 mars*, publiée par l'Assemblée, donne, quelque partiale et mal faite qu'elle soit, de curieux renseignements. M. Thiers, en agissant ainsi, reprenait une idée personnelle qu'il avait eue, vingt ans auparavant, lorsque l'insurrection de Juin semblait devoir, un moment, devenir victorieuse. Toujours est-il que Paris était complétement abandonné à lui-même, lorsque parurent sur les murs les premières affiches du Comité central.

Elles étaient signées de noms la plupart inconnus et sortaient des presses de l'Imprimerie nationale. L'émeute de la veille prenait dès lors un caractère officiel.

La première de ces proclamations était ainsi conçue :

AU PEUPLE.

« Citoyens,

« Le peuple de Paris a secoué le joug qu'on essayait de lui imposer.

« Calme, impassible dans sa force, il a attendu, sans crainte comme sans provocation, les fous éhontés qui voulaient toucher à la République.

« Cette fois, nos frères de l'armée n'ont pas voulu porter la main sur l'arche sainte de nos libertés.

« Merci à tous, et que Paris et la France jettent ensemble les bases d'une République acclamée dans toutes ses conséquences, le seul gouvernement qui fermera pour toujours l'ère des invasions et des guerres civiles.

« L'état de siége est levé.

« Le peuple de Paris est convoqué dans ses sections pour faire ses élections communales.

« La sûreté de tous les citoyens est assurée par le concours de la garde nationale.

« Hôtel de ville, Paris, ce 19 mars 1871.

« *Le Comité central de la garde nationale :*

ASSI, BILLIORAY, FERRAT, BABICK, ED. MOREAU, C. DUPONT, VARLIN, BOURSIER, MORTIER, GOUHIER, LAVALETTE, FR. JOURDE, ROUSSEAU, CH. LULLIER, BLANCHET, GROLLARD, BARROUD, GÉRESME, FABRE, POUGERET. »

Une autre proclamation adressée *aux gardes nationaux* disait :

« Vous nous aviez chargés d'organiser la défense de Paris et de vos droits.

« Nous avons conscience d'avoir rempli cette mission. Aidés par votre généreux courage et votre admirable sang-froid, nous avons chassé ce gouvernement qui nous trahissait.

« A ce moment, notre mandat est expiré et nous vous le rapportons, car nous ne prétendons pas prendre la place de ceux que le souffle populaire vient de renverser.

« Préparez donc et faites de suite vos élections communales et donnez-nous pour récompense, la seule que nous ayons jamais espérée : celle de vous voir établir la véritable République.

« En attendant, nous conservons au nom du peuple l'Hôtel de ville.

« Paris, 19 mars 1871. »

(Suivent les mêmes signatures.)

Enfin, par une troisième affiche, « considérant qu'il y a urgence de constituer immédiatement l'administration communale de la ville de Paris », les élections du *Conseil communal* étaient fixées au mercredi 22 mars. Le vote devait se faire au scrutin de liste et par arrondissement, chaque arrondissement ayant à nommer un conseiller par chaque vingt mille habitants ou fraction excédante de plus de dix mille.

La foule s'arrêtait devant ces affiches blanches avec une impression d'étonnement et à la fois de résignation. Çà et là, quelque mot ironique s'échappait bien des groupes de lecteurs, mais la plupart des gens demeuraient silencieux et semblaient, il faut bien le reconnaître, indifférents. Il faisait beau : les boulevards étaient remplis de promeneurs, et tandis que les services publics et plusieurs mairies étaient envahis, que Raoul Rigault et Duval prenaient possession de la préfecture de police, que Varlin s'installait au ministère des finances, que le drapeau rouge flottait sur l'Hôtel de ville, dont la place était convertie en parc d'artillerie, Paris, indifférent, humait le premier soleil, le capiteux soleil de mars.

Il y avait bien sans doute, çà et là, quelques ir-ritations, quelques velléités de résistance, mais il faut convenir que Paris laissa faire et que la partie sensée de la garde nationale abdiqua, ce jour-là, pour se redresser le lendemain, il est vrai, mais trop tard. C'est ainsi que le vice-amiral Saisset, rencontré sur le boulevard, fut acclamé et engagé par la foule à prendre le commandement de Paris et à organiser la résistance au Comité central. Il déclara ne pas vouloir agir sans un ordre exprès du gouvernement. (Le *Journal officiel* de Versailles du 20 mars contenait un arrêté nommant l'amiral Saisset commandant supérieur des gardes nationales de la Seine.) En même temps, les maires (1) et les députés de la Seine présents à Paris se réunissaient à la mairie du deuxième arrondissement, dont le maire, M. Tirard, fit dès lors comme le centre de la légalité. Une commission, composée de trois membres, MM. Tirard, Dubail et Héligon, fut désignée par les maires pour s'occuper de la défense, ordonnancer les dépenses, etc.

A trois heures eut lieu, à la mairie du troisième arrondissement, une réunion des chefs de bataillon de la garde nationale, à laquelle se rendirent les maires et les députés. Au milieu de la discussion, un délégué du Comité central vint annoncer que le Comité était disposé à évacuer l'Hôtel de ville, ainsi que les mairies en son pouvoir. MM. Tolain, Bonvalet, André Murat et Malon, accompagnés du délégué, se rendirent immédiatement à l'Hôtel de ville pour en prendre possession. Ils trouvèrent plusieurs membres du Comité, qui prétendirent leur imposer des conditions préalables et, après une discussion qui dura plusieurs heures, il fut convenu que le Comité enverrait dans la soirée des délégués à la mairie du deuxième arrondissement pour résoudre la question. Vers minuit, MM. Jourde, Varlin, Ant. Arnaud et Moreau furent introduits auprès des maires et des représentants. Les pourparlers furent longs et animés et donnèrent lieu à de virulentes apostrophes de Jourde, que Varlin fut obligé de calmer et d'excuser auprès de l'assemblée. On convint enfin d'un commun accord qu'une affiche allait être faite, annonçant à la population qu'un projet de loi concernant les élections municipales serait déposé par les députés de Paris sur le bureau de l'Assemblée nationale, et qu'alors, le lendemain 20 mars, à dix heures du matin, l'Hôtel de ville serait rendu aux délégués des municipalités légales.

L'affiche fut rédigée de suite par M. Louis Blanc et signée par les députés, les maires et les adjoints présents. « ... Nous avons résolu, disaient-ils, de demander aujourd'hui même à l'Assemblée natio-

(1) M. Émile Labiche, secrétaire général du ministère de l'Intérieur, venait d'apporter aux maires un décret signé Ernest Picard, leur déléguant, vu les circonstances, etc., l'administration provisoire de la ville de Paris.

nale, l'adoption de deux mesures qui, nous en avons l'espoir, contribueront, si elles sont adoptées, à ramener le calme dans tous les esprits.

« Ces deux mesures sont : l'élection de tous les chefs de la garde nationale et l'établissement d'un conseil municipal élu par tous les citoyens... »

Le lendemain, à dix heures, MM. Bonvalet, André Murat et Denizot se présentèrent à l'Hôtel de ville, réclamant l'exécution de la convention conclue dans la nuit. Il leur fut répondu par le citoyen Viard que les comités de vigilance des vingt arrondissements, réunis dans la salle de la Corderie, venaient de décider que l'Hôtel de ville resterait au pouvoir du Comité central et que les élections se feraient au jour dit, sans le concours des maires. Prévenus de cette fin de non-recevoir, les députés de Paris rédigèrent immédiatement leur projet de loi sur l'élection du conseil municipal en réclamant l'urgence, qui fut adoptée. C'était la première séance de l'Assemblée à Versailles. A Paris, la situation restait à peu près la même et le Comité central s'occupait de l'organisation militaire de la ville. Le général Cremer, qui se trouvait depuis quelques jours à Paris, ayant été reconnu, le 19 mars, au moment où il se rendait chez son frère, s'était vu accompagné depuis les boulevards extérieurs jusqu'à l'Hôtel de ville par une foule qui l'acclamait. Le Comité central lui avait alors aussitôt offert de prendre le commandement des forces de Paris. L'ex-général a tracé lui-même le tableau des séances de l'Hôtel de ville auxquelles il lui a été donné d'assister en spectateur. « C'était, dit-il, un spectacle navrant de voir ces salles pleines de gardes nationaux ivres (1). » Ailleurs, il parle d'un membre du Comité qui, lorsqu'il parlait, « à chaque phrase prenait son chassepot, vous tenait en joue et, quand la phrase était finie, remettait son chassepot sur l'épaule (2). » Assi, tout en discourant, tenait un poignard à la main. Tous avaient des revolvers. M. Cremer s'était donné pour tâche d'obtenir l'élargissement des généraux Chanzy et Langourian qui avaient été arrêtés la veille, ainsi que M. Ed. Turquet, député de l'Aisne, au moment où ils descendaient de chemin de fer. L'ordre d'élargissement que Babick, membre du Comité central, aida beaucoup à faire accorder, fut présenté à Duval, délégué à la police. Duval voulait le déchirer. Ce fut encore Babick, un illuminé, mais d'humeur clémente, qui insista pour la mise en liberté. Menacés du sort des généraux Clément Thomas et Lecomte, les captifs purent enfin sortir de Paris.

Le *Journal officiel* de l'insurrection s'occupait d'ailleurs de faire connaître au public les sentiments dans lesquels le Comité central entendait administrer Paris. Il abolissait les conseils de guerre de l'armée permanente, quitte à les réinstaller bientôt, comme il abolissait la conscription pour décréter avant peu une sorte de levée en masse. Il accordait amnistie pleine et entière pour tous les crimes et délits politiques. Dans une note adressée *à la presse*, il déclarait que « les autorités républicaines de la capitale, tout en étant décidées à faire respecter la liberté de la presse, espéraient que tous les journaux comprendraient que le premier de leurs devoirs était le respect dû à la République, à la vérité, à la justice et au droit. » A ce moment même, des gardes nationaux avaient envahi des bureaux de journaux et des imprimeries, tantôt pour empêcher d'imprimer un journal, tantôt pour contraindre l'imprimeur d'en mettre un autre sous presse. Sur deux points surtout, le Comité central se dégageait brusquement d'une responsabilité terrible.

Après avoir profité de l'exaspération ou de la lassitude de Paris déçu dans son espoir et vaincu par l'ennemi, après avoir bénéficié de l'accablement patriotique des uns et de la colère des autres, le Comité s'empressait de déclarer qu'il était *fermement* décidé à *respecter* les conditions de la paix (*Journal officiel* du Comité, numéro du 21 mars). Ainsi, après avoir protesté contre la capitulation, le Comité capitulait à son tour. Il s'inclinait devant l'étranger, il *respectait* les conditions de la paix. Il contresignait le vote de cette Assemblée contre laquelle il s'insurgeait. Spectacle attristant. On aurait compris certes que cette poignée d'inconnus, s'emparant du pouvoir dans une heure de suprême effarement, poussés par l'âpre besoin de combattre l'étranger, usassent follement, mais héroïquement, des armes qu'ils avaient dans les mains. On eût compris que, saisi d'une ivresse de patriotisme farouche, le Comité se précipitât dans une lutte insensée à coup sûr, mais du moins grandiose. Certes, le monde stupéfait, mais ému, eût applaudi à cette folie d'une ville n'acceptant point la défaite d'un peuple. Mais, à dire vrai, le Comité central abaissait ce rêve tragique jusqu'à une réalité attristante. Loin de se rebeller contre la paix, il l'acceptait à son tour, et dans quelles conditions ! Il s'avilissait devant l'ennemi, devant le bourreau de Paris (1).

(1) Le Comité central a publié lui-même dans sa feuille officielle les communications échangées entre les Prussiens et lui.

Citoyens,

Le Comité central a reçu du quartier général prussien la dépêche suivante :

COMMANDEMENT EN CHEF DU 3e CORPS D'ARMÉE
Quartier général de Compiègne, le 21 mars 1871.

« *Au commandant actuel de Paris*.

« Le soussigné, commandant en chef, prend la liberté de

---

(1) Déposition du général Cremer devant la Commission d'enquête.
(2) *Idem*.

Paris pendant la Commune. — La maison de M. Thiers avant sa destruction.

L'autre point, dont je voulais parler, était l'assassinat des généraux Clément Thomas et Lecomte. Le Comité central déclara simplement que *ces actes étaient regrettables*. Regrettables, rien de plus. Il ajoutait que, le général Lecomte ayant commandé le feu à ses troupes et Clément Thomas ayant été arrêté au moment où, en vêtements civils, il *levait le plan des barricades de Montmartre* (ce qui était faux, Clément Thomas fut arrêté, nous le répétons, près de la place Pigalle, en descendant de voiture), ces deux hommes avaient *subi la loi de la guerre*, qui n'admet ni l'*assassinat des femmes*, ni l'*espionnage*. Ce meurtre devenait, sous la plume des rédacteurs du Comité, une *exécution*, un fait de *justice populaire*.

Peuple généreux, peuple laborieux, peuple vaillant, que de crimes des scélérats qui ne sont pas du peuple, commettent en ton nom !

Cette façon d'agir, d'apprécier des événements qui avaient soulevé d'indignation les consciences honnêtes, encouragea à la résistance les maires de Paris qu'une note anonyme du *Journal officiel* de l'insurrection représentait comme ralliés à la cause du Comité. « ... Les municipalités des arrondissements, disait cette proclamation mensongère, animées du même zèle et du même patriotisme que la garde nationale et l'armée, se sont unies à elles pour assurer le salut de la République *et préparer les élections du conseil municipal qui vont avoir lieu*... » Le Comité, en annonçant que les élections municipales ou plutôt communales, auraient lieu le 22 mars par ses soins, affirmait qu'il se retirerait devant les élus du suffrage universel, mais on devinait une arrière-pensée dans sa déclaration même. En réalité, le Comité central était à la fois embarrassé de sa situation et désireux de la conserver. Il avait le pouvoir en mains et ne savait s'en servir. D'un autre côté, il lui eût répugné de le déposer. Le pouvoir enivre et captive ceux qui y ont touché, fût-ce pendant une heure.

Les chefs de bataillon du deuxième arrondissement avaient déjà organisé, d'accord avec l'administration municipale, un noyau de résistance, sous le commandement supérieur du lieutenant-colonel Quevauvilliers, chef du 149e bataillon. Actif, bouillant, désolé en devinant les maux qui pouvaient atteindre la République après de tels événements, M. Tirard s'était mis, avec toute sa vigueur, à la tête de ce mouvement. Le premier arrondissement, sur l'initiative de l'un des adjoints, M. Meline, avait bientôt suivi l'exemple du deuxième. Les officiers des bataillons de l'arrondissement signaient une affiche proclamant que l'Assemblée était le seul pouvoir régulier et que la garde nationale était indépendante du Comité central. Le commandant Barré, du 1er bataillon, était chargé de garder la mairie de Saint-Germain-l'Auxerrois, que menaçaient les gardes du Comité, maîtres en ce moment du Louvre (1). Paris était déjà divisé comme en deux camps. La garde nationale fidèle au pouvoir issu du suffrage universel, tenait le centre même de Paris, et occupait la gare Saint-Lazare, mais le tunnel des Batignolles, sur la route de Versailles, était au pouvoir des gardes du Comité ou, comme on disait, des *fédérés*, qui arrêtaient et visitaient les trains. Le reste de Paris appartenait au Comité, qui tenait l'état-major de la place Vendôme, dont quelques-uns voulaient le chasser. On avait même offert de pénétrer sur la place avec quelques hommes résolus en entrant par la porte de derrière du ministère de la justice et, une fois là, d'enlever l'état-major. L'espèce d'abdication de la population, qui avait été évidente le lendemain du 18 mars, n'existait plus, et déjà les velléités de résistance étaient devenues des faits. Les gardes nationaux arrêtaient les estafettes, les aides de camp du Comité, dont les costumes fantaisistes, polonais ou italiens, faisaient le triste étonnement de Paris. Les journaux, dont on ne saurait trop louer l'attitude, déclarèrent, que, « la convocation des électeurs étant un acte de souveraineté nationale, et l'exercice de cette souveraineté n'appartenant qu'aux pouvoirs émanés du suffrage universel, par suite, le Comité installé à l'Hôtel de ville n'avait ni droit, ni qualité pour faire cette convocation, les représentants de journaux considéraient la convocation affichée pour le 22 cou-

---

vous informer que les troupes allemandes qui occupent les forts du nord et de l'est de Paris, ainsi que les environs de la rive droite de la Seine, ont reçu l'ordre de garder une attitude amicale et passive tant que les événements dont l'intérieur de Paris est le théâtre ne prendront point, à l'égard des armées allemandes, un caractère hostile et de nature à les mettre en danger, mais se maintiendront dans les termes arrêtés par les préliminaires de la paix.

« Mais, dans le cas où ces événements auraient un caractère d'hostilité, la ville de Paris serait traitée en ennemie.

« Pour le commandant en chef du 3e corps
des armées impériales,

« *Le chef du quartier général,*

« Signé : VON SCHLOTHEIM,
« Major général. »

Le délégué du Comité central aux relations extérieures a répondu :

Paris, le 22 mars 1871.

« *Au commandant en chef du 3e corps des armées impériales prussiennes.*

« Le soussigné, délégué du Comité central aux affaires extérieures, en réponse à votre dépêche en date de Compiègne, 21 mars courant, vous informe que la révolution accomplie à Paris par le Comité central, ayant un caractère essentiellement municipal, n'est en aucune façon agressive contre les armées allemandes.

« Nous n'avons pas qualité pour discuter les préliminaires de la paix votés par l'Assemblée de Bordeaux.

« *Le Comité central et son délégué
aux affaires extérieures.* »

(1) « Le général Bonnefond, qui revenait de captivité en Prusse, montait sa faction en képi de général, un fusil sur l'épaule. »
F. DAMÉ, *la Résistance.*

rant comme nulle et non avenue, et engageaient les électeurs à n'en pas tenir compte. » C'était protester en toute netteté, contre la vieille doctrine qui consiste à déclarer que pour gouverner, il faut, non pas défaire des lois, ou refaire des mœurs, mais il suffit de mettre la main sur le ressort du gouvernement. C'était protester contre toutes les conspirations, tous les coups d'État, de quelque côté qu'ils viennent, coups d'État et conspirations qui font les empires voués au despotisme. C'était revendiquer le droit du suffrage universel, principe absolu qui nous a fait tant de mal qu'il nous amènera peut être enfin le bien. « Il y a, dit M. Michel Chevalier, une grande roue qui tourne et dont tout suit servilement la rotation, des rives du Var aux rochers du Finistère. Qu'on soit maître de la roue et l'on est maître de la France. » La protestation des journaux et la résistance de beaucoup de bons citoyens montraient, cette fois, qu'on était las d'obéir à la rotation de cette roue centrale.

Cependant les députés de Paris, dont l'action fut beaucoup moins effective que celle des maires, et qui se contentèrent de publier des manifestes, les députés avaient déclaré que l'Assemblée nationale ayant voté, dans sa séance du 20 mars, l'urgence d'un projet de loi relatif aux élections du Conseil municipal de Paris, Paris devait attendre les décisions qui allaient être prises par l'Assemblée. La Chambre, comprenant en effet que la revendication de Paris était juste, et que Paris avait le droit de se montrer peu satisfait, regrettait peut-être déjà les déplorables mesures prises à Bordeaux. Elle les regrettait, il faut l'avouer, un peu tard. Et d'ailleurs les mesures prises, contre toute légalité, par le Comité central, avaient sur les palliatifs de l'Assemblée, l'avantage immédiat d'être absolument radicales. Par exemple, le Comité rapportait l'arrêté relatif à la vente des objets engagés au Mont-de-piété ; il prorogeait d'un mois les échéances des effets de commerce ; il décrétait que, jusqu'à nouvel ordre, les propriétaires et les maîtres d'hôtel ne pourraient congédier leurs locataires (1).

La séance de l'Assemblée du 21 mars présenta un intérêt tout exceptionnel. Après qu'une proclamation *au peuple et à l'armée* eut été adoptée à l'unanimité, M. Clémenceau prit la parole et adjura l'Assemblée de décréter les élections municipales à très-bref délai, afin de rallier autour du gouvernement tous les partisans de la légalité. L'amiral Saisset, MM. Léon Say, Tolain et Tirard parlèrent énergiquement dans le même sens et M. Jules Favre, en proie à une vive émotion, combattit leurs conclusions. M. Thiers monta trois fois à la tribune et déclara. « .... La loi sera faite aussitôt que possible ; l'Assemblée la votera aussitôt qu'elle le pourra... Paris aura ses droits ; mais ne nous demandez pas de faire l'impossible, car la loi serait faite que je vous défierais de la mettre à exécution. » L'Assemblée « résolue, d'accord avec le pouvoir exécutif, à reconstituer, dans le plus bref délai possible, les administrations municipales des départements et de Paris sur la base des conseils élus », passa à l'ordre du jour.

Il y eut le soir une nouvelle réunion des maires et des députés de Paris. Ils rédigèrent une affiche adressée *à la garde nationale et à tous les citoyens* et dans laquelle se fondant sur le vote de l'Assemblée, qui garantissait à bref délai les élections municipales, ils déclaraient nulles et illégales les élections provoquées par le pouvoir insurrectionnel. « ... En attendant les élections légales et régulières,... le devoir des bons citoyens est de ne pas répondre à un appel qui leur est adressé sans titre et sans droit. Nous, vos représentants municipaux, — nous, vos députés, déclarons donc rester entièrement étrangers aux élections annoncées pour demain et protestons contre leur illégalité. »

En présence de cette déclaration qui produisit un certain effet sur la population, le Comité central crut devoir reculer les élections d'un jour et les fixa au jeudi 23. A l'Assemblée, le ministre de l'intérieur déposa le projet de loi sur les élections municipales et réclama l'urgence qui fut adoptée. Le soir les représentants de la Seine l'apprirent à leurs électeurs par une proclamation dans laquelle en présence de « la reconnaissance formelle du droit de Paris », ils faisaient un nouvel appel à la concorde.

Il était trop tard, la lutte fratricide avait commencé, le sang avait coulé. Ce malheureux Paris venait de connaître à quels hommes il s'était livré et d'éprouver ce qu'il en pouvait attendre. Depuis la veille, il n'était question que d'une manifestation pacifique, et sans armes, qui devait être faite, place Vendôme, par les partisans de l'ordre. L'ordre était alors, comme toujours, un mot dont tous les partis se faisaient une cocarde. Vermorel, au lendemain du 18 mars, fondait un journal et l'appelait *l'Ordre*. Le Comité prétendait être l'ordre ; les manifestants poussaient ce même cri : « Vive l'ordre ! » — Elle était fort maladroite aussi, cette manifestation. On eût compris une tentative vigoureuse faite pour reprendre, arracher l'état-major de la garde nationale aux fédérés. On ne comprenait pas cette promenade inutile qui devait fatale-

---

(1) Il y avait aussi de divertissants arrêtés, par exemple celui du délégué au ministère de l'intérieur (*Officiel de l'insurrection du 21 mars*) :

« Les habitants de Paris sont invités *de se rendre* à leur domicile sous quarante-huit heures ; passé ce délai, leurs titres de rente et le grand-livre seront brûlés.

« *Pour le Comité central :*
« GRÊLIER. »

Or, chacun sait que le fameux *grand-livre* n'existe pas.

ment amener un conflit. Il n'en faut pas moins condamner hautement ceux qui ont tiré, ce jour-là, sur une foule, ceux qui ont fait feu sur ce cortége désarmé d'où s'échappait aussi ce cri : « Vive la République ! » Lorsque la manifestation arriva, devant la place Vendôme, à la hauteur de la rue Neuve-Saint-Augustin, les gardes nationaux du Comité, se mettant en ligne, tandis que sur la place on battait le rappel, crièrent : « On ne passe pas, » à la foule qui hésita un moment. — « Vive l'ordre ! vive la République ! — Vous ne passerez pas ! » — La foule avance ; les chassepots des gardes nationaux s'abaissent et la fusillade éclate. En un moment, la rue de la Paix est vide. Les cinq ou six cents personnes qui composaient la manifestation se dispersent, répétant que, là-bas, on tue. Un témoin oculaire avait vu, le matin, les gardes nationaux de la place, boire largement à des baquets pleins de vin. Après cette première décharge, ces mêmes hommes tirent encore dans les rues adjacentes sur les gens qui fuient. On a compté les morts. Ils étaient nombreux, mais n'y en eût-il qu'un, ce jour-là était à jamais souillé. Le coup d'État de la foule avait versé le sang comme le coup d'État du despote. Cette journée de mars valait une journée de décembre.

Au reste, à Montmartre il y avait eu des morts aussi avant ceux de la rue de la Paix et après ceux de la rue des Rosiers.

Voici, dans sa révoltante naïveté, le rapport fait par le général improvisé qui commandait alors à Montmartre. On le nommait Ganier d'Abin.

« *Rapport du 20 au 21 mars.*

« Rien de nouveau.

« J'ai reçu les rapports des différents chefs de poste. La nuit a été calme et sans incidents.

« A dix heures cinq minutes, deux sergents de ville, déguisés en bourgeois, sont amenés par des francs-tireurs et fusillés immédiatement.

« A midi vingt minutes, un gardien de la paix, accusé d'avoir tiré un coup de revolver, est fusillé.

« A sept heures, un gendarme, amené par des gardes du 28e, est fusillé (1). »

(1) L'affiche que voici a été placardée à Montmartre :

RÉPUBLIQUE FRANÇAISE

Citoyens,
Officiers et gardes nationaux du 18e arrondissement,

Le Comité central, siégeant à l'Hôtel de ville, m'a confié l'honneur de vous commander.

Je viens vous déclarer que je saurai me rendre digne de mon mandat.

Nous sommes tous républicains et nous voulons le maintien de la République démocratique et sociale.

Je viens donc, citoyens, vous demander votre bon concours et votre entière confiance pour m'aider dans la mission que j'ai acceptée.

Une bonne organisation ne peut être réellement solide

Quelle épouvante ! Lorsque Paris apprit la fusillade de la place Vendôme, il fut transporté de courroux. Les fédérés, eux, semblaient atterrés. Ceux-là mêmes qui venaient de faire feu, une heure après avaient l'air inquiet, sombre. La nuit qui suivit fut une nuit d'orage moral. Le sang bouillonnait, les jeunes gens, les mobiles s'armaient, demandaient à marcher sur l'état-major et à l'enlever. En présence de ce qui venait de se passer, les maires, usant des pouvoirs qui leur avaient été conférés, rendirent un arrêté nommant « provisoirement et vu l'urgence », l'amiral Saisset, commandant supérieur de la garde nationale ; le colonel Langlois, chef d'état-major général ; le colonel Schœlcher, commandant en chef de l'artillerie de la garde nationale. En même temps ils informèrent la garde nationale que le service de solde et d'assistance était établi à la Bourse pour les bataillons dépendant des mairies envahies. Ces deux mesures furent portées à la connaissance de la population dans la matinée du 23.

Le choix de l'amiral Saisset, fait d'abord par le gouvernement, puis confirmé par les maires, n'était pas, disons-le nettement, fort heureux. Honnête homme, soldat admirable, d'une probité et d'une vaillance à toute épreuve, le vice-amiral Saisset ne connaissait point Paris et ne savait pas cette sorte de navigation à travers les foules. Faible d'ailleurs, facilement désarçonné, il devait empêcher bientôt d'aboutir une résistance qui eût pu être efficace. Le lieutenant-colonel Beaugrand avait, en effet, improvisé à l'amiral un état-major, qu'on avait eu le grand tort d'installer au Grand-Hôtel, sous le feu même des avant-postes fédérés. Ailleurs des centres de résistance légale s'organisaient. « L'École polytechnique, entre la place Maubert, aux souvenirs populaires, et celle du Panthéon, où campent jour et nuit quelques-uns des bataillons les plus dévoués au Comité central, reçoit la légion du cinquième arrondissement. Les premières compagnies qui viennent l'occuper s'y rendent sans bruit, le soir. Ce n'est encore qu'une conspiration ; le lendemain, c'est déjà une

qu'autant qu'elle est appuyée sur l'ordre et la discipline, et je compte sur vous pour me rendre facile la réussite de nos vœux les plus chers.

Unissons-nous donc et montrons que nous sommes dignes d'être les fils de 1789 !

Un peuple qui veut être libre doit avoir la force et la volonté de l'être, et se soumettre à ses devoirs pour obtenir infailliblement ses droits.

Citoyens,

Je suis heureux de vous transmettre, au nom du Comité central, les plus grands éloges pour le patriotisme et le courage que vous avez montrés dans la nuit du 18 et la journée du 19 mars ; moi-même je vous ai vus à l'œuvre, et je sais que vous méritez la plus chaleureuse sympathie.

Paris, le 23 mars 1871.

Le général de brigade, commandant la place du 18e arrondissement,

Signé : GANIER.

M. TIRARD. M. CARNOT. M. ARNAUD (de l'Ariége). M. VACHEROT.

force assez sûre d'elle-même pour agir en pleine lumière. Toute la journée, les retardataires arrivent isolément ou par groupes, le fusil sur l'épaule. On les regarde passer non sans inquiétude, nul ne les arrête. A quelques mètres de la porte de l'école se tiennent attentifs les factionnaires de l'autre parti. Le second soir, les préparatifs étaient faits pour soutenir un siége et pour tenter au besoin une sortie agressive. Des adhésions inespérées étaient venues de la part de bataillons qui semblaient acquis au pouvoir insurrectionnel (1). »

La grande majorité des étudiants était ralliée à la cause de la légalité. Après plusieurs réunions, les jeunes gens des écoles, organisés militairement se

(1) Émile Beausire, *Revue des Deux-Mondes*, 1ᵉʳ juillet 1871.

mirent à la disposition de l'amiral Saisset et de M. Salicis, lieutenant de vaisseau, qui, posté à l'École polytechnique, groupait autour de lui ces éléments de lutte.

A l'heure même où le vice-amiral Saisset était investi du commandement supérieur, quelques maires et adjoints de Paris se rendaient à Versailles pour essayer d'obtenir une conciliation entre l'Assemblée et Paris. Cette démarche était peut-être imprudente. Le maire du deuxième arrondissement redoutait qu'elle indisposât l'Assemblée. En dépit de ses observations, MM. Grivot, Callon, Loiseau-Pinson, etc., se rendirent à la Chambre. La même démarche avait eu lieu la veille, faite par MM. Desmarest, A. André et F. Favre, mais seulement auprès de M. Thiers. Au moment où les maires et les adjoints arrivèrent à l'Assemblée, la Chambre venait de voter par 449 voix contre 79, une loi sur les volontaires appelés à défendre la souveraineté nationale. Un excellent discours de M. Tolain avait indiqué nettement le meilleur mode d'en finir avec toutes les difficultés : « Déclarez franchement le principe de la République et votez la loi municipale. »

C'est alors que M. Arnaud (de l'Ariége), maire et député de Paris, annonçant à l'Assemblée la présence de la délégation municipale, et son désir d'être entendue par la Chambre, vint déclarer, au milieu des rumeurs, qu'il fallait « s'unir de cœur avec Paris et ne former avec lui qu'une âme nationale et républicaine ». On devine de quelle façon l'Assemblée accueillit ces paroles. « Nous sommes venus tous à Versailles, continue pourtant l'orateur, nous donnant la main; voulez-vous nous autoriser à être les témoins ? (*Rumeurs.*)

« Nous désirons tous concilier la déférence que nous devons aux municipalités de Paris et les habitudes parlementaires. Je laisse au président le moyen de tout concilier. Il y a un moyen bien simple, qu'on assigne une tribune aux municipalités. (*Cris, tumulte.*)

« M. LE PRÉSIDENT. — Rien n'est plus simple que de concilier les droits de l'Assemblée et la déférence que nous devons aux maires de Paris; il y a des maires qui sont députés, ils feront leur communication. Les autres maires pourront prendre place dans la tribune du président, que je mets à leur disposition.

« M. BAZE. — Quand j'ai été informé de l'arrivée de MM. les maires, j'ai, en ma qualité de questeur, offert des places distinguées (*Rumeurs*) à MM. les maires. »

En ce moment les maires et adjoints de la municipalité de Paris, revêtus de leurs insignes, entrent dans une des tribunes de droite, sont accueillis par plusieurs salves d'applaudissements. Les membres de la gauche se lèvent en criant : « VIVE LA RÉPUBLIQUE ! » — *Les maires saluent l'Assemblée et répondent par les cris de :* « Vive la République ! » vive la France ! vive l'Assemblée nationale ! »

Voix au centre et à droite. — « A l'ordre ! à l'ordre ! »

« M. DE CASTELLANE. — Nous ne pouvons supporter cela.

(*Un grand nombre de députés siégeant à droite quittent leurs bancs, arrivent au pied de la tribune et interpellent vivement le président.*)

« M. BAZE. — Je demande à dire un mot sur ce qui se passe ici.

« Je le désavoue hautement et je n'ai pas autorisé cette manifestation !... »

Sans doute, et encore une fois, la démarche des représentants de la municipalité était peut-être intempestive, mais à coup sûr l'accueil que leur réservait l'Assemblée était irritant, maladroit, belliqueux. Lorsque Paris apprit le fait, il fut navré.

Le Comité central, en présence de la déclaration des maires et des députés, de l'attitude de la presse et du nombre des adhérents qui venaient se grouper sous le drapeau de la légalité se vit obligé de reculer encore une fois la date des élections. Le *Journal officiel* du 23 annonça leur remise au dimanche 26. Le Comité, déjà à court d'argent, exigeait de la Banque un nouvel emprunt. Le 22, la Banque, autorisée par le gouvernement, lui avait avancé 500,000 francs. Pour faire échec à la nomination de Saisset, Schœlcher et Langlois au commandement supérieur de la garde nationale, le Comité nommait généraux Brunel, Eudes et Duval, « *en attendant l'arrivée du général Garibaldi, acclamé comme général en chef* ». Dans la proclamation que ceux-ci adressaient à la garde nationale, on remarquait cette phrase : « Tout ce qui n'est pas avec nous est contre nous », dont le sens agressif n'était que trop clair. Déjà, dans sa proclamation du 23, annonçant la remise des élections, le Comité central avait dit : « La réaction nous déclare la guerre. *Nous devons accepter la lutte et briser la résistance* ». La situation ne pouvait se prolonger longtemps ainsi et la lutte dans Paris était imminente. A dire vrai, le Comité semblait la redouter. Il avait reculé déjà devant la protestation de ceux qui refusaient de voter le 22, et la proclamation suivante de l'amiral Saisset lui portait un nouveau coup en annonçant aux Parisiens que satisfaction allait leur être donnée :

« Chers concitoyens,

« Je m'empresse de porter à votre connaissance que, d'accord avec les députés de la Seine et les maires élus de Paris, nous avons obtenu du gouvernement de l'Assemblée nationale :

« 1° La reconnaissance complète de vos franchises municipales;

« 2° L'élection de tous les officiers] de la garde nationale, y compris le général en chef;

« 3° Des modifications à la loi sur les échéances ;

« 4° Un projet de loi sur les loyers, favorable aux locataires jusques et y compris les loyers de 1,200 francs.

« En attendant que vous confirmiez ma nomination ou que vous m'ayez remplacé, je resterai à mon poste d'honneur, pour veiller à l'exécution des lois de conciliation que nous avons réussi à obtenir, et contribuer ainsi à l'affermissement de la République !

« Paris, le 23 mars 1871.

« *Le vice-amiral, commandant en chef provisoire,*

« SAISSET. »

Le Comité allait maintenant, tour à tour insinuant ou menaçant, lutter, non pas ouvertement, mais adroitement. Le principe des élections étant admis par l'Assemblée, M. Thiers demandant aux maires de Paris de tâcher d'obtenir que le vote coïncidât avec le vote général pour les conseils municipaux, il s'agissait de conclure un accord avec ce pouvoir passager, mais pouvoir de fait, qui s'appelait le Comité central. Des négociations furent entamées et des propositions d'arrangement furent portées au Comité central qui accepta les conditions du gouvernement en maintenant seulement la date du 26 pour les élections. Cette dernière prétention fit tout échouer et tout accord fut rompu.

Cet espoir de conciliation évanoui, il n'y avait plus qu'à combattre et de chaque côté on s'y préparait.

Le 24 mars, vers deux heures, le général Brunel, délégué du Comité, se présentait, escorté de quatre bataillons fédérés, qui traînaient avec eux quatre canons, devant la mairie du premier arrondissement. Introduit dans la salle de la mairie où se trouvaient réunis les officiers et où l'un des adjoints, M. Méline, prévenu, se rendit aussitôt, il posa son ultimatum. Le Comité était décidé à faire faire les élections sans retard. La discussion fut vive et se prolongea. Un instant, un conflit parut imminent sur la place. Sur l'ordre du général Lisbonne, les fédérés avaient chargé leurs canons et les avaient braqué sur la mairie. Il fallut l'attitude courageuse des bataillons de l'ordre qui se trouvaient là pour leur faire détourner leurs pièces. On finit par convenir que, par un accord provisoire, le vote se ferait entre les mains des maires de Paris, le jeudi 30 mars, et que chaque quartier serait gardé par tous les bataillons locaux, sans distinction d'opinions.

La convention signée, MM. Méline, Ad. Adam, André Murat, Poirier, le commandant Barré (1er bataillon), le général Brunel et le commandant Protot (fédéré), se rendirent à la mairie du deuxième arrondissement où elle fut ratifiée par les maires et les adjoints présents.

Peut-être n'eût-il point fallu traiter. Mais M. Thiers lui-même espérait que les municipalités régulières sortiraient réélues de l'urne, et que l'ordre renaîtrait ainsi. Il eût voulu seulement qu'on traînât le plus longtemps possible. Gagner du temps, à cette heure, c'était en effet gagner la partie (1). Le Comité central avait alors 85,000 hommes de la nature de ceux qui avaient tiré place Vendôme et c'était chose grave que d'engager le combat dans de telles conditions.

M. Vautrain, dans sa déposition, a raconté comment, après qu'on eut admis en principe, pour le 30 mars, la convocation des électeurs, le Comité central revint sur sa promesse.

« Il y eut, dit-il alors, un fait très-curieux. Sur le bruit de cet accord, le soir même, sur les boulevards, des démonstrations d'une joie folle eurent lieu. Les bataillons fédérés défilaient la crosse en l'air et criaient : « Plus de guerre civile! Vive le « travail ! Vive la paix ! » Telle a été, pendant trois heures, l'attitude des boulevards. Le Comité central sent que le terrain glisse sous ses pas, et que la population lui échappe. En effet, la population qui tournait à ce moment-là du côté des municipalités, se disait : « Puisque l'Assemblée nationale « nous accorde le conseil municipal, plus de Comité « central, plus de guerre civile, vive la paix ! »

« Le Comité central sent le danger ; le soir même il délibère. Il revient le lendemain dire : « Non, « nous ne pouvons plus accepter le délai jusqu'au 30. « Nous n'avons pas confiance dans l'Assemblée, et « nous ne pouvons accorder jusqu'au 30 ; il faut tout « de suite un accord, ou le combat s'engage au-« jourd'hui même. »

La situation renaissait donc avec toutes ses difficultés. Le Comité, manquant à sa promesse, trahissant sa parole, forçait les maires à traiter. Encore un coup peut-être eût-il fallu livrer la bataille. Mais si elle eût été perdue, c'en était fait de l'Assemblée, la Prusse intervenait, et que faisait-on de la France?

« En présence de ces gens-là, ajoute M. Vautrain, je n'ai plus écouté que mon cœur, et je les ai traités de misérables et de fourbes, parlant de liberté et n'entendant agir que par l'oppression. Quand ils sont partis, j'ai dû écouter ma raison, et consentir à un accord, contre mes désirs. Il fallait voir les conséquences de l'engagement qui allait subvenir. Eh bien ! messieurs, j'ai consenti, en connaissance de cause, entendez-le bien. »

Il y avait une chance dans cet accord, c'était que la majorité des électeurs fût acquise aux maires. Il y avait un autre but certain : on faisait gagner huit jours de plus à Versailles. Ces huit jours ont sauvé l'Assemblée. Lorsque le délégué du Comité, Arnold, parlant aux maires, s'écriait : « Nous sommes bien bons de discuter quand nous pourrions en finir d'un seul coup », il avait raison : M. Thiers n'avait pas un régiment solide à opposer aux fédérés, pas une compagnie, disait-il, pour occuper un poste de Paris.

Donc on céda. Les maires ont injustement été accusés d'avoir transigé avec leur devoir. Encore un coup, ils obéissaient au pouvoir central et gagnaient du temps (1). Une convention fut signée,

---

(1) Voyez pour tous les détails de ces journées, l'excellent livre de M. F. Damé: *la Résistance*. (1 vol. Lemerre.)

(1) L'affiche que voici fut apposée sur les murs du vingtième arrondissement :
....
« ..... Le droit que possède chaque commune d'élire sa

que le Comité central fit afficher en la falsifiant, mais dont voici le texte exact, copié sur la minute même :

RÉPUBLIQUE FRANÇAISE.
Liberté, Égalité, Fraternité.

« Les députés de Paris, les maires et adjoints élus, réintégrés dans les mairies de leurs arrondissements et les membres du Comité central fédéral de la garde nationale (1), convaincus que le seul moyen d'éviter la guerre civile, l'effusion du sang à Paris, et, en même temps d'affermir la République, est de procéder à des élections immédiates, convoquent pour demain dimanche, tous les citoyens dans les colléges électoraux.

« Les bureaux seront ouverts à huit heures du matin et seront fermés à minuit.

« Les habitants de Paris comprendront que, dans les circonstances actuelles, le patriotisme les oblige à venir tous au vote afin que les élections aient le caractère sérieux qui seul peut assurer la paix dans la cité.

« Vive la République !

« *Les représentants de la Seine présents à Paris :*

« G. CLÉMENCEAU, FLOQUET, GREPPO, ED. LOCKROY, TOLAIN.

« *Les maires et adjoints de Paris :*

« 1ᵉʳ arrondissement : AD. ADAM, J. MÉLINE, adjoints ; — 2ᵉ arrondissement : ÉMILE BRELAY, LOISEAU-PINSON, adjoints ; — 3ᵉ arrondissement : BONVALET, maire ; CH. MURAT, adjoint ; — 4ᵉ arrondissement : VAUTRAIN, maire ; DE CHATILLON, CH. CALLON, CH. LOISEAU, adjoints ; — 5ᵉ arrondissement : COLLIN, JOURDAN, adjoints ; — 6ᵉ arrondissement : ALBERT LEROY, adjoint ; — 9ᵉ arrondissement : DESMAREST, maire ; — 10ᵉ arrondissement : A. MURAT, adjoint ; — 11ᵉ arrondissement : MOTTU, maire ; BLANCHON, TOLAIN, adjoints ; — 12ᵉ arrondissement : A. GRIVOT, maire ; DENIZOT, DUMAS, TURILLON, adjoints ; — 13ᵉ arrondissement : COMBES, LÉO MEILLET, adjoints ; — 15ᵉ arrondissement : JOBBÉ-DUVAL, adjoint ; — 16ᵉ arrondissement : E. SÉVESTE, adjoint ; — 17ᵉ arrondissement : F. FAVRE, maire ; MALON, VILLENEUVE, CACHEUX, adjoints ; — 18ᵉ arrondissement : CLÉMENCEAU, maire ; — 19ᵉ arrondissement : DEVAUX, SARTORY, membres de la commission administrative.

« *Les membres du Comité central délégués :*

« G. RANVIER, G. ARNOLD. »

Ainsi, c'en était fait. Le Comité central obtenait ce qu'il avait voulu. Après avoir tout promis, il ne tenait aucune promesse. Il devait céder les mairies, il les gardait. Il s'était un moment engagé à remettre l'Hôtel de ville à la municipalité, il s'y retranchait. Paris, confiant dans l'accord qui semblait renaître, avait désarmé. Le vice-amiral Saisset, désorganisant tout à fait la résistance, était parti le soir du 24 sans prévenir personne. La grande ville se sentait décidément abandonnée. Et le jour du vote était venu. Bien des gens déclaraient qu'il fallait s'abstenir, d'autres, au contraire, qu'il fallait battre le Comité par la légalité même et faire sortir de l'urne des noms purs de tout alliage. Les sections de vote, dans cette journée du 26 mars, étaient singulièrement silencieuses. Pour faciliter le vote, le Comité avait décidé que deux témoins suffisaient pour certifier l'identité du votant. Votait qui voulait, pour mieux dire.

Le soir, le Comité central, grossi d'alluvions récentes, faisait afficher la proclamation suivante qu'il devait bientôt démentir en tenant tête aux *nouveaux élus.*

ÉLECTIONS A LA COMMUNE.

« Citoyens,

« Notre mission est terminée ; nous allons céder la place dans votre Hôtel de ville à vos nouveaux élus, à vos mandataires réguliers.

« Aidés par votre patriotisme et votre dévouement, nous avons pu mener à bonne fin l'œuvre difficile entreprise en votre nom. Merci de votre concours persévérant ; la solidarité n'est plus un vain mot : le salut de la République est assuré.

« Si nos conseils peuvent avoir quelque poids dans vos résolutions, permettez à vos plus zélés serviteurs de vous faire connaître, avant le scrutin, ce qu'ils attendent du vote aujourd'hui.

« Citoyens,

« Ne perdez pas de vue que les hommes qui vous

---

municipalité est imprescriptible et inaliénable. Ce droit, toutes les communes de France, excepté Paris, l'exercent, et il n'a pu vous être ravi que par l'abominable despotisme de l'empire.

« Paris a reconquis son droit de municipalité libre par sa dernière révolution ; malheur à qui essaierait de le lui reprendre !

« Cette entreprise insensée, criminelle, serait le signal de la guerre civile.

« Nous ne voulons plus que notre sang coule dans des luttes fratricides entre Français.

« C'est pourquoi nous ne voulons plus dans Paris d'autre armée que la garde nationale, d'autre municipalité que celle librement élue par le peuple.

« Nous vous convoquons donc pour demain dimanche, 26 mars, à l'effet d'élire, dans le vingtième arrondissement, quatre représentants au conseil communal de Paris.

« ... Citoyens, les hommes que vous avez chargés de défendre provisoirement vos intérêts, et qui siégent en ce moment à l'Hôtel de ville, vivent de leur trente sous de gardes nationaux, eux et leurs familles.

« C'est la première fois qu'un tel exemple de désintéressement se produit dans l'histoire.

« Faites en sorte de nommer des hommes aussi dévoués, aussi honnêtes, et vous aurez sauvé la France.

« Vive la république démocratique et sociale, universelle !

« Paris, le 25 mars 1871.

« *L'adjoint,*   *Le maire,*
« GUSTAVE FLOURENS.   RANVIER. »

(1) A cette phrase, le Comité central substitua celle-ci : *Le Comité central de la garde nationale, auquel se sont ralliés les députés de Paris, les maires et adjoints, etc.*

Paris pendant la Commune. — Le drapeau rouge sur le Panthéon.

serviront le mieux sont ceux que vous choisirez parmi vous, vivant de votre propre vie, souffrant des mêmes maux.

« Défiez-vous autant des ambitieux que des parvenus; les uns comme les autres ne consultent que leur propre intérêt et finissent toujours par se considérer comme indispensables.

« Défiez-vous également des parleurs, incapables de passer à l'action; ils sacrifieront tout à un discours, à un effet oratoire ou à un mot spirituel. — Évitez également ceux que la fortune a trop favorisés, où trop rarement celui qui possède la fortune est disposé à regarder le travailleur comme un frère.

« Enfin, cherchez des hommes aux convictions sincères, des hommes du peuple, résolus, actifs, ayant un sens droit et une honnêteté reconnue. — Portez vos préférences sur ceux qui ne brigueront pas vos suffrages : le véritable mérite est modeste, et c'est aux électeurs à connaître leurs hommes, et non à ceux-ci de se présenter.

« Nous sommes convaincus que, si vous tenez compte de ces observations, vous aurez enfin inauguré la véritable représentation populaire, vous aurez trouvé des mandataires qui ne se considéreront jamais comme vos maîtres.

« Hôtel de ville, 25 mars 1871.

« *Le Comité central de la garde nationale:*

« AVOINE fils, ANT. ARNAUD, G. ARNOLD, ASSI, ANDIGNOUX, BOUIT, JULES BERGERET, BABICK, BARROUD, BILLIORAY, L. BOURSIER, BLANCHET, CASTIONI, CHOUTEAU, C. DUPONT, FABRE, FERRAT, FLEURY, FOUGERET, C. GAUDIER, GOUHIER, H. GÉRESME, GRELIER, GROLARD, JOSSELIN, FR. JOURDE, LAVALETTE, HENRY (FORTUNÉ), MALJOURNAL, ÉDOUARD MOREAU, MORTIER, PRUDHOMME, ROUSSEAU, RANVIER, VARLIN. »

Ainsi se terminait le premier acte de la comédie nouvelle. Paris appartenait au pouvoir nouveau, mais l'Assemblée était préservée, sauvée, et sans la résistance des maires, elle eût été enlevée par la force. Tous ceux qui étaient le 19 mars à Versailles ont pu voir ces soldats errant dans toute la ville, écoutant les orateurs en plein vent, indisciplinés, accessibles à ceux qui les débauchaient, dédaignant de saluer leurs supérieurs, discutant, soutenant même dans leurs propos les hommes du Comité central, et dans les avenues et dans les rues répétant encore, en gouaillant, ces mots terribles : *La crosse en l'air!*

Voilà quelle force avait à opposer Versailles aux 85,000 hommes du Comité central. Ajoutez qu'un moment, — nous le verrons tout à l'heure, — le Mont-Valérien lui-même avait été abandonné par les troupes régulières, et que la route de Versailles était libre, absolument libre. On comprendra maintenant que la résistance des maires, de M. Tirard ou de M. Vautrain, que la réaction devait accuser bientôt, donna dix journées au gouvernement, dix journées qui valaient des siècles, car elle lui permirent d'organiser sa défense et d'opposer la force à la force.

DOCUMENTS COMPLÉMENTAIRES DU CHAPITRE II

N° 1.

LE COMITÉ DE LA CORDERIE.

Nous avons souvent parlé du *Comité de la Corderie-du-Temple*; nous le trouvons décrit, avec une certaine couleur, par J. Vallès :

« Connaissez-vous, entre le Temple et le Château-d'Eau, pas loin de l'Hôtel de ville, une place encaissée, tout humide, entre quatre rangées de maisons ? Elles sont habitées au rez-de-chaussée par de petits commerçants, dont les enfants jouent sur le trottoir. Il ne passe pas de voitures, les mansardes sont pleines de pauvres. On appelle ce triangle vide la *place de la Corderie*... Regardez bien cette maison qui tourne le dos à la caserne du faubourg et jette un œil sur le marché. Elle est calme entre toutes les autres. Montez. Au troisième étage, une porte, qu'un coup d'épaule ferait sauter, et par laquelle on entre dans une salle grande et nue comme une classe de collège. Saluez, voilà le nouveau parlement! C'est la révolution qui est assise sur ces bancs, debout contre ces murs, accoudée à cette tribune, la révolution en habit d'ouvrier ! C'est ici que l'Association internationale des travailleurs tient ses séances, et que la Fédération des corporations ouvrières donne ses rendez-vous. Cela vaut tous les forums antiques, et par ces fenêtres, peuvent passer des mots qui feront écumer la multitude, tout comme ceux que Danton, débraillé et tonnant, jetait par les croisées du Palais de Justice, au peuple qu'affolait Robespierre. »

(*Cri du Peuple*, 27 février.)

N° 2.

ÉLECTIONS COMMUNALES

DU 26 MARS 1871

1er arrondissement		4e arrondissement	
Électeurs inscrits.	22,066	Électeurs inscrits.	32,066
Adam............	7,372	Arthur Arnould.....	8,608
Métine...........	7,241	Lefrançais.........	8,619
Rochard..........	6,629	Clémence..........	8,163
Barré............	6,294	Gerardin..........	8,104
		Amouroux.........	7,950
2e arrondissement		5e arrondissement	
Électeurs inscrits.	22,858	Électeurs inscrits.	24,632
Émile Brelay......	7,023	Régère............	7,469
Loiseau-Pinson....	6,932	Jourde............	7,310
Tirard............	6,386	Tridon............	6,469
Chéron...........	6,018	Blanchet..........	5,994
		Ledroyt...........	5,848
3e arrondissement		6e arrondissement	
Électeurs inscrits.	28,133	Électeurs inscrits.	24,807
Demay...........	9,004	Albert Leroy.......	5,800
A. Arnaud........	8,912	Goupil............	5,111
Pindy............	8,095	Robinet...........	3,904
Murat............	5,904	Beslay............	3,714
Clovis Dupont.....	5,661	Varlin............	3,602

7ᵉ arrondissement

Électeurs inscrits. 22,092

Parisel	3,367
Ernest Lefèvre	2,859
Urbain	2,803
Brunel	2,163

8ᵉ arrondissement

Électeurs inscrits. 17,825

Raoul Rigault	2,173
Vaillant	2,145
Arthur Arnould	2,114
Jules Allix	2,028

9ᵉ arrondissement

Électeurs inscrits. 28,801

Ranc	8,950
Ulysse Parent	4,770
Desmarest	4,232
E. Ferry	3,732
Nast	3,691

10ᵉ arrondissement

Électeurs inscrits. 28,801

Gambon	13,734
Félix Pyat	11,813
Henri Fortuné	11,765

Champy	11,042
Babick	10,934
Rastoul	10,738

11ᵉ arrondissement

Électeurs inscrits. 42,103

Mortier	21,186
Delescluze	20,264
Assi	19,890
Protot	19,780
Eudes	19,276
Avrial	17,044
Verdure	17,351

12ᵉ arrondissement

Électeurs inscrits. 19,490

Varlin	9,843
Geresme	8,896
Theisz	8,710
Fruneau	8,629

13ᵉ arrondissement

Électeurs inscrits. 16,597

Léo Melliet	6,531
Émile Duval	6,482
Chardon	4,663
Frankel	4,620

14ᵉ arrondissement

Électeurs inscrits. 17,769

Billioray	6,106
Martelet	5,912
Descamps	5,835

15ᵉ arrondissement

Électeurs inscrits. 19,681

Clément	5,025
Jules Vallès	4,103
Langevin	2,517

16ᵉ arrondissement

Électeurs inscrits. 10,731

Marmottan	9,026
De Bouteiller	1,909

17ᵉ arrondissement

Électeurs inscrits. 26,374

Varlin	9,356
Clément	7,121
Ch. Gérardin	6,142
Chalain	4,543
Malon	4,159

18ᵉ arrondissement

Électeurs inscrits. 32,962

Blanqui	14,953
Theisz	14,950
Dereure	14,661
J.-B. Clément	14,188
Th. Ferré	13,784
Vermorel	13,462
Paschal Grousset	13,350

19ᵉ arrondissement

Électeurs inscrits. 28,270

Oudet	10,065
Puget	9,547
Delescluze	5,846
J. Miot	5,520
Ostyn	5,065
Flourens	4,100

20ᵉ arrondissement

Électeurs inscrits. 28,270

Bergeret	15,290
Ranvier	15,049
G. Flourens	14,089
Blanqui	13,859

CHAPITRE III

LES PREMIERS JOURS DE LA COMMUNE.

Après le vote. — Les élus. — Félix Pyat, Tridon, Raoul Rigault, Vésinier, Paschal Grousset, Delescluze, Beslay, Flourens, etc. — La Commune est proclamée solennellement. — Les premiers décrets. — Son programme. — Ce qu'était la Commune au moyen âge. — Situation critique du gouvernement à Versailles. — Préparatifs militaires de la Commune. — Premiers engagements. — Neuilly, Courbevoie, le Mont-Valérien, Bellevue. — Mort de Duval. — Mort de Flourens. — Proclamations de la Commune après ces échecs militaires. — DOCUMENTS COMPLÉMENTAIRES.

Le vote du 26 mars, qui avait attiré vers le scrutin, il faut bien le reconnaître, un nombre considérable d'électeurs (146,418), séparait davantage de l'Assemblée la capitale révoltée et décidée à vivre de sa vie propre. Jusqu'à cette date, bien des gens avaient refusé de prendre au sérieux le Comité central qui allaient maintenant accepter la Commune. L'insurrection semblait légalisée. Paris avait maintenant un pouvoir, un gouvernement spécial. Cette organisation de la *Commune* qui, depuis le mois d'octobre 1870, était devenue l'idéal confus du plus grand nombre, allait donc être mise en pratique ! Nous répétons ici ce que nous avons dit, lorsque nous avons fait le récit des événements du 8 et du 31 octobre. Le gouvernement de la défense donna, sans le vouloir, une force considérable à cette revendication en refusant trop longtemps les élections municipales et aussi les élections générales auxquelles il eût dû convier les électeurs, de façon à ce qu'on ne pût jamais lui reprocher d'avoir trop longtemps détenu le pouvoir. En septembre, à coup sûr, les élections générales, et les élections municipales eussent été républicaines, et les députés de Paris eussent été nommés les premiers.

Mais il convient de raconter et non de récriminer. Les élus de Paris, au 26 mars 1871, étaient au nombre de quatre-vingt-six ; treize de ces élus appartenaient au Comité central, c'était Bergeret, à peine connu huit jours auparavant ; Ranvier, peintre de faïences ; Billioray, peintre de hasard et modèle à l'occasion ; Henry Fortuné, Babick, cerveau exalté, raison disparue, cœur doux et bon ; Geresme, Eudes, dont le nom avait été mis en lumière par le meurtre des pompiers de la Villette ; Jourde, homme de lettres manqué, mais comptable remarquable ; Blanchet, aventurier dont le véritable nom était Pourille ; Brunel, depuis tristement célèbre, incendiaire du *Tapis rouge* ; Clovis Dupont, Mortier et Antoine Arnaud. Vingt élus appartenaient au groupe blanquiste, à la presse ardente, c'était Blanqui, Tridon, Ranc, Protot, Rigault, Ferré, Chardon, Arthur Arnould, Jules Vallès, Verdure, Cournet, J. B. Clément, Paschal Grousset, Jules Miot, Gambon, qui, à Bordeaux, avait vanté le drapeau rouge ; Félix Pyat, Delescluze, Vermorel et Flourens. Blanqui, arrêté et détenu depuis la veille du 18 mars, ne siégea jamais à la Commune. Dix-sept membres seulement faisaient partie de l'*Internationale* : Varlin, Theisz, Avrial, B. Malon, Langevin, Victor Clément, Duval, Franckel, celui-ci Prussien, Assi, Vaillant, Beslay, Pindy, Chalain, Clémence, Eugène Gérardin, Lefrançais et Dereure. La partie républicaine modérée, la partie *bourgeoise* de la Commune était composée de dix-sept membres qui, tous, ou presque tous, faisaient partie des municipalités parisiennes. C'étaient MM. Desmarest, E. Ferry, Nast, A. Adam, Méline, Rochard, Barré, Brelay, Loiseau-Pinson, Tirard, Chéron, Alb. Leroy, Ch. Murat, docteur Marmottan, de Bouteiller, E. Lefèvre, docteur Robinet. Ces deux derniers devaient, dans les premiers jours d'avril, donner leur démission avec M. Ranc. Les quinze autres se déclarèrent démissionnaires, dès les premières réunions de la Commune. Le reste de l'Assemblée communale était composé des orateurs, des célébrités de réunions publiques, personnalités tapageuses, douées de ce déplorable don, si contraire à la profondeur et à la netteté de la pensée : la facilité de parole. C'était : Régère, Oudet, Rastoul, Amouroux, Jules Allix, etc., dont les noms reviendront plus d'une fois sous notre plume, et que nous jugerons, selon notre méthode habituelle, à mesure que les actes les amèneront à comparaître devant l'histoire. Nous nous efforce-

Pendant la Commune. — Le bac de Conflans reliant la rive droite de la Seine à Versailles.

rons surtout de les faire juger par leurs pairs et nous emprunterons pour ou contre eux le témoignage de leurs collègues. On ne nous accusera peut-être pas, de cette façon, de trop de sévérité.

Depuis les déplorables événements de la Commune, l'Association internationale des travailleurs est devenue le bouc émissaire de la société mise en péril et justement livrée à l'effroi. Presque tous les gouvernements ont décidé de faire contre cette association des lois restrictives, oubliant que la meilleure façon de détruire certains dangers est de les combattre par la lumière et la liberté. Il faut reconnaître que l'Internationale s'est cruellement écartée de son rôle lorsque, fondée pour assurer au travailleur les moyens de vivre, elle a voulu, oubliant ce but, lui faire conquérir ses droits, le fusil à la main. Mais était-ce une raison pour proscrire, après la victoire, ce qu'on pouvait étudier et réformer? « Lorsque les doctrines sont simplement combattues, a-t-on dit justement, elles s'épurent; quand on les martyrise, elles deviennent des religions. » Ce n'est pas en remontant obstinément vers le passé qu'on évite les révolutions, c'est en marchant résolument vers l'avenir. Or, l'Internationale qui, en 1868, comme le disait André Murat devant la cour de Paris, se contentait de « poursuivre malgré tout, la transformation sociale, et espérait finir par obtenir un salaire égal à son produit », cette même Internationale aspirait, en 1871, à gouverner et à diriger l'État. Grande faute à coup sûr. « Le communisme, qu'on croyait enterré sous les pavés de Juin, reparut plus formidable que jamais et déclara ouvertement que l'avenir lui appartenait. » Au congrès de Bruxelles, en septembre 1868, on avait voté l'abolition de la propriété individuelle. En 1871, on allait décréter la collectivité de la propriété.

Mais, il faut le reconnaître, c'est surtout, non pas à Blanqui, mais au parti blanquiste, qu'on doit demander compte des fureurs qui signalèrent le règne de la Commune de Paris. Les membres de l'Internationale jouèrent, dans cette période, moins de rôle que les révolutionnaires doctrinaires et les littérateurs de l'école.

Ces littérateurs de la Commune se divisaient en deux sectes distinctes : l'école de la tradition jacobine, que représentaient Félix Pyat et Delescluze, et, si je puis dire, l'école de l'anarchie en littérature, personnifiée par M. Jules Vallès, n'admettant ni règles, ni traditions, ni maîtres, ni modèles, ni souvenirs. « Il faut être de son temps! » disaient ceux-ci. Les adeptes de Félix Pyat eussent volontiers dit, au contraire : « Il faut être du temps passé! » Félix Pyat n'a rien de personnel, en s'efforçant cependant d'être original. Écrivain bizarre, heurté, sacrifiant tout à la phrase, à des effets de style, où, de temps à autre, partait quelque étincelle, comme d'un tas de cailloux frappés les uns contre les autres, multipliant les points d'exclamation, les interrogations, les antithèses, les violences, donnant à tout bout d'article, à un entrefilet, à une lettre, le ton d'une proclamation, perdant la mesure, poussant à l'extrême le style et les procédés de Victor Hugo, jetant au lecteur étonné de tant de fracas les images, les fusées, les éclats violents de couleur; avec cela, des recherches singulières de mots, des richesses inutiles de dictionnaire, comme s'il voulait unir l'afféterie des précieuses ou des pédants aux âpretés du révolutionnaire.

Habitué à tous les procédés du drame, aux ripostes et aux moyens excessifs de la mise en scène, Pyat traitait une révolution comme un mélodrame, surveillant avec soin l'orchestre au moment des entrées, et préparant avec sollicitude les sorties. Son rôle tout entier, dans la Commune, est d'un acteur. Chacun des numéros de son *Vengeur* se termine par un de ces mots destinés, comme on dit au théâtre, à porter au delà de la rampe, et il semble que le rideau puisse tomber à la fin de chacun de ses articles, dont la dernière phrase ressemble à une fin d'acte. Sa proclamation aux électeurs de Paris est, en ce sens, tout à fait caractéristique : « *Pas d'abstention! Contre cette jeunesse dorée de 71, fils des sans-culottes de 92, je vous dirai, comme Desmoulins :* « *Électeurs, à vos urnes!* » *ou comme Henriot :* « *Canonniers, à vos pièces!* » N'est-ce pas là, encore un coup, la chute d'une de ces tirades qui sont comme la note forcée du ténor et déterminent l'explosion de bravos, aux théâtres du boulevard? Mais il y a quelque chose à noter encore, outre cette forme particulière à l'auteur de ce *Chiffonnier de Paris*, que les théâtres de Munich représentaient naguère en offrant le portrait de l'auteur sur l'affiche, c'est ce perpétuel ressouvenir du passé, ce besoin de citations et de centons révolutionnaires, défaut personnel, et qui est aussi une faiblesse nationale. A coup sûr, Félix Pyat, qui semble bien plus fait pour les fumées capiteuses de la scène que pour la poudre de la mêlée, Félix Pyat, littérateur curieux, pittoresque, parfois exquis comme dans tel épisode, les *Filles de Séjan*, que M. Jules Janin inséra jadis dans son *Barnave*, Pyat, habitué aux succès aimables du théâtre, n'était point destiné à ce rôle dangereux de tribun et de régicide. Il fit évidemment, au début, de la politique par amour du décor, des fanfares et du bruit. Ces natures de lettrés, délicates, pleines de féminines faiblesses, amoureuses des caresses de la renommée, sont les plus terribles en politique, et je comprends aujourd'hui pourquoi Platon, tout en les couronnant de roses, exilait les poètes de sa République. D'ailleurs, Félix Pyat lui-même le sentait, et ne disait-il pas, un jour, à un ami avec quelque mélancolie : « La politique est comme le Minotaure de Crète, elle dévore la jeunesse la plus brillante d'Athènes »? Le littérateur, ajoutons-le bien vite, n'oublie jamais, dans les tempêtes du forum, le soin de sa réputation particulière, et, plus semblable à un acteur qu'à un homme d'État, il travaille au succès de ses discours comme à celui de ses drames, et, du haut de la tribune, il débite sa harangue avec le soin qu'il mettait à *lancer* un livre. Convaincre l'assemblée lui importe moins que réussir auprès de son public ordinaire. C'est bien là le malheur de notre pays. Depuis longtemps, on ne s'adresse pas à la Chambre qui écoute, mais, en quelque sorte, on prononce ses discours par la fenêtre : « Je parle pour ceux qui ne sont pas ici », disait un orateur de la Restauration. Et certes, c'est au pays tout entier qu'on doit songer lorsqu'on a l'honneur de monter à la tribune française. Mais ce que je veux indiquer, c'est que, soucieux de son propre intérêt et de sa propre gloire, le littérateur, d'habitude, oublie volontiers, en ces occasions, la patrie pour ne se rappeler que son intérêt et sa gloire.

Ce sont les littérateurs qui ont inauguré, pour citer un exemple, la politique de démission, non pas la démission de tout un groupe qui sort d'une Assemblée pour en appeler aux électeurs sur une question de principes, mais la démission irritée ou intéressée d'une personnalité qui tient à se donner l'auréole de la persécution et le relief de la réélection. A Paris comme à Bordeaux, M. Pyat devait, nous le verrons, donner sa démission. On augura mal de la situation de la Commune, lorsqu'on le vit chercher ainsi à gagner la porte. L'heure des passeports approchait. M. Vermorel que M. Pyat devait surnommer « le bombyx à lunettes », l'appela, à ce propos, « conspirateur en chambre ». Il eût pu dire « conspirateur en wagon ».

Nous parlerons plus tard de Vermorel, un des jeunes gens qui, les premiers, dans les petites feuilles du quartier latin, combattirent le régime de l'empire.

Il y avait, à côté de Vermorel, dans ces journaux de la rive gauche, acides et attirants comme des fruits verts, plusieurs jeunes hommes qui rêvaient aussi la République future, mais qui la voulaient féconde, noble et sereine, bien différents de ceux qui lui donnaient encore, dans leurs rêves, l'apparence d'une furie de faubourg. Tridon d'abord, puis Raoul Rigault furent de ces derniers. Exalté, l'esprit embrasé et violent, Tridon ne voit de salut pour la France que dans l'idée hébertiste, le règne et les lois de ces *tape-dur* des Gravilliers que condamnait stoïquement Saint-Just. Il l'exècre, il proscrit tout ce qui dit girondin, décentralisateur, libéral, — *libéral, c'est le diminutif de libre*, dit-il avec l'épigramme de Lebrun. Il est l'ennemi né de toute discipline religieuse ou politique. Une adresse de M. Ledru-Rollin n'est pas une lettre pour lui, mais *une encyclique*. Il écrit une brochure, *les Hébertistes*, qui le conduit droit en prison, — et certes on devait épargner ce paradoxe historique, — il en écrit une autre, *Gironde et Girondins*, où, foudroyant ceux de 1793 et ceux de 1869, cette éternelle race ergoteuse et bavarde, dit-il, il reproche aux gens qu'il attaque *d'opposer encore* à la Révolution *l'obstacle du fédéralisme*. Et c'est précisément ce même homme qui, deux ans plus tard, fera du fédéralisme en action, en entrant à la Commune de Paris, et se jettera dans un mouvement qui, s'il s'en fût tenu à la revendication des franchises municipales, réalisait justement le programme du fameux Comité de Nancy contre lequel avait si vigoureusement protesté, en 1866, la presse radicale tout entière.

On peut juger, par ces aberrations, ces inconséquences, ces contradictions, de la valeur intellectuelle, de la vigueur cérébrale de tels esprits ! Ils n'ont retenu, de leurs études de la Révolution, que le dictionnaire des sections et des clubs. Ils se composent un jargon singulier de vieux mots et, méconnaissant l'âme même du dix-huitième siècle qui est le progrès, ils s'attachent à des formules oubliées, à des costumes d'autrefois et, ignorants des idées vivantes, ils s'attachent aux choses mortes, croyant encore que la République est indivisible le jour où elle est coiffée du bonnet rouge. Il en fut ainsi de Raoul Rigault, dont la célébrité lugubre semblait destinée à ne point dépasser le cercle des cafés de la rive gauche, et dont le nom gardera cette célébrité redoutable et hideuse qu'il se vantait d'être certain de conquérir un jour. Personne n'eût pu deviner qu'il y avait, dans ce petit homme gouailleur, dans ce plaisantin de tabagie un meurtrier qui aurait son heure. On ne voyait en lui qu'un fantaisiste partageant son admiration entre Hébert et Rabelais, — s'amusant à stupéfier les gens par des folies de langage, affectant d'enlever le mot *saint* aux rues de Paris et, fier du calembour inepte, disant inévitablement *le pont des toujours (semper)* pour ne point nommer *le pont des Saints-Pères* ; — une sorte de brouillon et de bourdon, écrivant peu, sans idée à coup sûr et sans style, faisant son académie de la police correctionnelle, se tirant habilement, trop habilement, disait-on, des griffes de la justice, toujours compromis, toujours poursuivi, toujours riant, une sorte de commis-voyageur de l'hébertisme, le Gaudissart de la Commune de Paris. Et voilà que ce gamin haineux proscrit, arrête, condamne et tue ! Quelle épouvante ! quelles heures sinistres que celles où de telles individualités, faites pour végéter et croupir dans les bas-fonds, paresseuses et inutiles, tiennent en main la puissance et affirment leur pouvoir éphémère par des forfaits qu'on n'oubliera pas !

Les instincts policiers de Rigault s'étaient, il est vrai, révélés dès septembre. Il s'attachait alors à poursuivre ceux qui l'avaient traqué sous l'empire. La ceinture du commissaire de police servait de bretelles à son pantalon frangé. Quelles joies, quels aboiements de chien de chasse il poussait alors ! Il se sentait à l'aise dans ces couloirs sombres de la Préfecture où il devait bientôt marcher en maître suprême. Puis il allait, parcourant les rues, guettant, interrogeant les maisons, comme un de ces agents épiques de Balzac ou de Poë qu'ont poétisés tristement les romans d'aventures des dernières années de l'empire. On eût pu déjà deviner le bourreau en apercevant le délateur.

Quel assemblage de natures perverses avait recrutées la Commune ! La nature même semblait avoir désigné Vésinier pour en faire partie. Ce macabre bossu devait être du festin. Secrétaire d'Eugène Süe, il se donne d'habitude pour son collaborateur. Il écrit, dans un jargon douteux, d'obscènes romans que le dégoût fait tomber des mains à la deuxième page : les *Nuits de Saint-Cloud*, le *Mariage d'une Espagnole*, de ces pamphlets hideux et bêtes que débitaient les libraires belges et que leurs catalogues attribuaient, — quelle ironie ! — à l'intègre M. Schœlcher. J'ai toujours méprisé de tels écrits, parce que je respecte l'encre et le morceau de plomb qui font le livre, et que ces feuillets tachés déshonoreraient une cause, si les écrivains de cette sorte avaient la prétention de la servir. Mais Vésinier n'était d'aucun parti. Les membres de l'Internationale eux-mêmes, en juin 1870, ne voulaient point profiter de son témoignage. Il était né pour mourir oublié, cuvant sa haine, si le flot de l'émeute ne l'avait apporté jusqu'à cet Hôtel de ville dont lui et les siens ont fait une ruine.

Paschal Grousset apportait à la cause de la Commune sa vigueur de jeunesse, son audace corse et son élégante férocité ! Ceux qui l'avaient connu jadis, portant sa *copie* aux journaux de toutes nuances et de tous formats, improvisant, çà et là, des articles de science ou de fantaisie, des causeries, de la politique ou du roman, le regardaient bien comme un impatient et comme un habile, guettant l'occasion et prêt à la faire naître, décidé à profiter de toute ouverture du sort, mais nul ne soupçonnait qu'il dût un jour jouer dans la Commune ce rôle violent et saccadé. En attendant qu'il attisât la colère des gouvernants de l'Hôtel de ville, traitant de Girondins ceux qui voulaient modérer l'épouvantable dictature du Comité de salut public, il s'agitait dans cette foule littéraire parisienne si étrangement mêlée et bruyante. Il rêvait de fonder des journaux, des instituts libres, des cours publics pour les jeunes filles. On l'y encourageait, on avait foi dans son activité prodigieuse et on ne doutait pas que cette vivacité ne cachât une intelligence intrépide. Avec le temps et avec les revers, cette intelligence qui s'aigrissait devint du mécontentement et de l'audace. Il avait tenté de glisser, dans le sillon tracé par la *Lanterne*, de Rochefort, des brochures politiques dont le retentissement ne dépassa point le cercle des lecteurs amis, le 26 *Octobre*, la *Régence de Décembrostein*, le *Rêve d'un irréconciliable*. Il s'était rejeté sur l'histoire, compilant, publiant, donnant une étude sur le 18 *Brumaire* qui ne manque ni de mordant ni de couleur. Mais ce n'était point là la gloire, la renommée, la fortune. Il attendait, mordant son frein.

La révolution du 4 septembre le trouva, dès le lendemain, mécontent, opposant, prêt à la lutte. Il réédita la *Marseillaise*, mais pour un jour seulement. Un article du général Cluseret souleva, nous l'avons vu, dès le premier numéro, une réprobation furieuse, et les gardes nationaux durent empêcher la foule de saccager le journal dont on brûlait les exemplaires sur le boulevard. Grousset n'essaya point de lutter ni de remonter le courant. Il résolut d'attendre, s'engagea dans un régiment de chasseurs à pied pour solliciter bientôt un poste du gouvernement, qui l'attacha, croyons-nous, à la commission des barricades. Candidat malheureux à l'Assemblée nationale, on le vit bientôt faire sa rentrée dans le journalisme parisien, rédigeant, cette fois à lui seul, un pamphlet supprimé bientôt, la *Bouche de fer*.

Du talent, certes il n'en avait pas, mais sa hardiesse et sa foi en lui-même paraissaient lui en tenir lieu. Ne pouvant convaincre, instruire ou charmer, il se contenta d'oser. Il osa beaucoup. Il osa, au moment de la manifestation de la place Vendôme bientôt étouffée dans le sang, ramasser pour l'adopter à l'usage de la Commune, la phrase fameuse du césarisme : *Que les bons se rassurent et que les méchants tremblent*. Il osa faire commerce de politesse avec le Prussien campé à nos portes, insolent et railleur. Il osa, lui sceptique, se montrer plus implacable que les exaltés et les fous. Il osa déclarer à la face du monde qu'il s'ensevelirait avec Paris écroulé, et il finit par se cacher sous des habits de femme, demandant, sous ce travestissement, non des armes comme Achille, mais un cigare comme Brummel.

Ah ! quelle parodie de tout ce qui est notre admiration et notre foi ! Quelle vision ironique ! On croirait voir, après les Titans des révolutions passées, s'agiter, se heurter, se fondre dans le brouillard, on ne sait quels spectres de Myrmidons !

Comme il dut mépriser tous ceux qu'il rencontra dans cette mêlée, ce vieux et sévère Delescluze que nous regardions comme une sorte d'ancêtre, pâle, maigre, barbe et cheveux blancs, creusé et bronzé par la souffrance et dont saluaient l'honnêteté austère ceux-là mêmes qui combattaient son jacobinisme étroit et dur ! De quelle amertume profonde dut-il être saisi en se voyant confondu avec ces romanciers de pacotille, ces conspirateurs de boudoir et ces politiques d'estaminet ! Sans doute, désespérant de sauver sa mémoire du gouffre où il venait de la jeter, le vieux proscrit de la Guyane résolut au moins d'y laisser sa vie. Il voulut mourir, dit-on. Il avait raison de le vouloir. Dans cette tourmente effroyable, il laissait à la fois son existence et son honneur. Il eût été de tous le plus coupable s'il eût survécu, car il avait pour ses collègues devenus ses complices, le sentiment qu'il avait toujours eu pour ceux qui tremblent, le mépris. Quelle triste fin pour une vie qui avait été respectée ! Au moins a-t-il offert sa poitrine aux balles, comme Millière, ce maigre rêveur, tranchant et net comme une lame de couteau ! Mais comme Millière il est mort trop tard. Sa main était tachée de sang.

D'autres aussi entrèrent, au premier moment, dans la Commune qui se repentirent bientôt de l'avoir fait. Le nom de M. Beslay, vieux républicain, dont l'honnêteté était bien connue, entraîna beaucoup de gens hésitants, troublés, dans le mouvement nouveau. Un seul trait fera connaître l'estime que professaient pour M. Beslay les plus sévères du parti démocratique. On avait accusé, un moment, et en toute fausseté, P.-J. Proudhon d'avoir à la suite de la condamnation de son livre, *la Justice dans la Révolution et dans l'Église*, écrit à l'empereur pour lui demander grâce. Proudhon reçut de M. Beslay cette simple lettre : « Est-ce vrai ? » Il répondit aussitôt : — « *Je vous regarde comme ma conscience et je ne voudrais rien faire que je ne pusse avouer devant vous. — P.-J. Proudhon.* »

On conçoit qu'un tel homme pût exercer une certaine influence sur d'anciens amis. Lui entré dans l'action, beaucoup l'y suivirent. Il n'y resta que pour sauver la Banque. Instinctivement il comprenait que, dans l'écroulement de tout ce qui était la France, il fallait du moins sauver le renom de cette chose fictive, mais toute-puissante, le billet de banque. Le billet, ce papier, pouvait seul éviter au pays la catastrophe finale. La Banque au pouvoir de la Commune, le billet démonétisé, c'en était fait du crédit français. L'honneur de M. Beslay est d'avoir sauvé cette fiction.

Ainsi la Commune était nommée et tenait l'Hôtel de ville. « Eh bien ! Bourrienne, disait un jour Bonaparte, nous voilà donc aux Tuileries ! maintenant il faut y rester. » Les membres de la Commune pouvaient dire comme Bonaparte. Le difficile n'est pas de faire une révolution, mais de la faire durer. L'installation de la Commune eut lieu avec une solennité véritable. De grandes draperies rouges, à crépines d'or, couvraient la façade de

Paris pendant la Commune. — Les canonnières de la Commune.

l'Hôtel de ville. Le buste de la Liberté, coiffé d'un bonnet phrygien, se dressait sur un fût de colonne, entre les plis flottants des drapeaux rouges. Les membres du Comité central, ceints d'écharpes rouges à franges d'argent, ceux de la Commune, écharpes rouges à franges d'or, siégeaient sur l'estrade. Assi présidait cette cérémonie dont la mise en scène grisait et montait aux cerveaux. Des salves d'artillerie, des fanfares de *Marseillaise* emplissaient l'air de canonnades et de coups de clairon. Le défilé des bataillons devant l'estrade ne manqua ni d'enthousiasme ni de fièvre. Beaucoup de gens crurent, de bonne foi, que dès lors toute guerre civile était terminée (1).

Cependant il fallait, dès l'abord, prendre des mesures, il fallait les prendre au hasard peut-être, mais les prendre, avoir l'air d'agir sinon agir. La Commune n'y manqua point. Elle décréta l'abolition de la conscription (29 mars), ajoutant que tous les citoyens valides faisaient partie de la garde nationale. Elle fit remise à tous les locataires parisiens des termes d'octobre 1870, janvier et avril 1871. Paris s'emplit de déménagements subits. Un autre décret s'appliquait aux objets engagés au Mont-de-Piété. Le *Comité central* décidé à ne pas abdiquer devant la Commune, déclara donner son *adhésion pleine et entière* à ces trois décrets. Lui-même convoquait tous les bataillons de la garde nationale à des élections nécessaires pour compléter les cadres et pour composer la délégation de la fédération républicaine. Ainsi, malgré la parole donnée, le Comité subsistait même après l'élection de la Commune.

Paris était la proie de ces deux pouvoirs unis en apparence et rivaux en réalité. La Commune, pour prendre le pas sur le Comité, s'empressait, dans un style un peu vague, de formuler son programme immédiat.

« L'œuvre première de nos élus, faisait-elle dire dans son organe officiel (numéro du 27 mars), devra être la discussion et la rédaction de leur charte, de cet acte que nos aïeux *du moyen âge* appelaient leur Commune. Ceci fait, il lui faudra aviser aux moyens de faire reconnaître et garantir par le pouvoir central, quel qu'il puisse être, ce statut de l'autonomie municipale. Cette partie de leur tâche ne sera pas la moins ardue si le mouvement, localisé à Paris et dans une ou deux grandes villes, permet à l'Assemblée nationale actuelle d'éterniser un mandat que le bon sens et la force des choses limitaient à la conclusion de la paix, et qui déjà se trouve depuis quelque temps accompli.

« A une usurpation de pouvoir, la Commune de Paris n'aura pas à répondre en usurpant elle-même. Fédérée avec les Communes de France déjà affranchies, elle devra, en son nom et au nom de Lyon, de Marseille et bientôt peut-être de dix grandes villes, étudier les clauses du contrat qui devra les relier à la nation, poser l'ultimatum du traité qu'elles entendent signer.

« Quel sera cet ultimatum ? D'abord, il est bien entendu qu'il devra contenir la garantie de l'autonomie, de la souveraineté municipale reconquises. En second lieu, il devra assurer le libre jeu des rapports de la Commune avec les représentants de l'unité nationale.

« Enfin, il devra imposer à l'Assemblée, si elle accepte de traiter la promulgation d'une loi électorale telle que la représentation des villes ne soit plus à l'avenir absorbée et comme noyée dans la représentation des campagnes. Tant qu'une loi électorale conçue dans cet esprit n'aura pas été appliquée, l'unité nationale brisée, l'équilibre social rompu ne pourraient pas se rétablir.

« A ces conditions, et à ces conditions seulement, la ville insurgée redeviendra la ville capitale. »

On a remarqué que, par la fatalité même de l'état présent, la Commune de 1871 était amenée à déclarer que ce qu'elle voulait organiser, c'était une sorte de reconstruction du moyen âge. Au lieu d'affranchir la Commune du joug de l'État elle soumettait chaque citoyen à la toute-puissance de la commune. Moyen âge certes.

Nulle tyrannie n'était plus farouche que celle des communes du moyen âge, qui semblaient le gouvernement idéal à la Commune de 1871. Lorsque la commune était *jurée* et la charte *octroyée* ou *conquise*, l'association des citoyens obéissait aux

---

(1) Jules Vallès retraçait ainsi dans le *Cri du peuple* ces spectacles aux lendemains lugubres :

« Quelle journée !

« Ce soleil tiède et clair qui dore la gueule des canons, cette odeur de bouquets, le frisson des drapeaux ! le murmure de cette révolution qui passe tranquille et belle comme une rivière bleue, ces tressaillements, ces lueurs, ces fanfares de cuivre, ces reflets de bronze, ces flambées d'espoir, ce parfum d'honneur, il y a là de quoi griser d'orgueil et de joie l'armée victorieuse des républicains !

« O grand Paris !

« Lâches que nous étions, nous parlions déjà de te quitter et de nous éloigner de tes faubourgs qu'on croyait morts !

« Pardon, patrie de l'honneur, cité du salut, bivouac de la révolution !

« Quoi qu'il arrive, dussions-nous être de nouveau vaincus et mourir demain, notre génération est consolée ! — Nous sommes payés de vingt ans de défaite et d'angoisses.

« Clairons, sonnez dans le vent, tambours, battez aux champs !

« Embrasse-moi, camarade, qui as, comme moi, les cheveux gris ! Et toi, marmot, qui joues aux billes derrière les barricades, viens que je t'embrasse aussi !

[« Le 18 mars ne l'a sauvé belle, gamin ! Tu pouvais, comme nous, grandir dans le brouillard, patauger dans la boue, rouler dans le sang, crever de faim et crever de honte, avoir l'indicible douleur des déshonorés !

« C'est fini !

« Nous avons saigné et pleuré pour toi. Tu recueilleras notre héritage. Fils des désespérés, tu seras un homme libre ! »

« JULES VALLÈS. »

Et c'est ainsi que les sceptiques font de l'éloquence aux frais du peuple.

jurés qui marchaient à leur tête. Il faut lire les *Ordonnances des rois de France*, aux dix-septième et quatorzième siècles pour se rendre compte des immunités ou plutôt du pouvoir réel des communes. Presque toutes, les principales au moins, possédaient le droit de haute et de basse justice, et citaient directement à leur barre ceux qui avaient forfait à la commune. Dans les provinces du Nord, la Picardie, la Flandre, deux coutumes terribles, deux droits communaux mettaient les biens des citoyens à la merci des décisions de la commune. C'était *l'arsin*, l'incendie judiciaire, et *l'adjour*, l'abattis des maisons.

L'arsin et *l'adjour* avaient lieu avec une solennité sinistre, dont on retrouve, au musée de Valenciennes, le dramatique appareil dans le tableau d'Otelin, peintre du quinzième siècle. Des magistrats de la cité, réunis en corps, se rendaient, suivis de la milice citoyenne armée comme en guerre, avec tentes et artillerie, devant la maison condamnée. Des chariots venaient derrière, portant les torches des arbalétriers ou les cordes pour tirer les pans de murs des bâtiments. On abattait ou on brûlait, en présence des six échevins qui dirigeaient le cortége.

M. Ch. Gomart nous donne des extraits curieux sur les droits d'une commune entre autres, la commune de Saint-Quentin : « Si quelqu'un, dit la charte de la cité, a commis un délit dont plainte soit faite en présence du maieur (*le maire*) et des jurés, la maison du malfaiteur sera démolie, à la volonté du maieur et des jurés. Si le malfaiteur n'a pas de maison, il sera banni de la ville ou payera de son argent pour l'entretien des fortifications ». Et nul ne pouvait s'empêcher de se rendre à la sommation du maieur et de paraître en justice. Cette autorité communale, inexorable et sourde, redoublait alors de sévérité. « La peine du bannissement était, en certains cas, aggravée de celle de l'échelle, du pilori et de la marque d'un fer chaud à fleur de lis. C'était au son de la grosse cloche du beffroi que le condamné ou les condamnés étaient livrés au bourreau chargé de les conduire avec une nombreuse escorte d'archers hors de la commune et banlieue. Il y avait, sans doute alors, dans les communes affecté spécialement aux bannis, car le chemin de Saint-Quentin à Lehautcourt a conservé jusqu'aujourd'hui le nom de *chemin des bannis* (1). » L'autorité de ces communes était telle, qu'on voit, en 1209, les jurés de cette même ville de Saint-Quentin emprisonner des bannis revenus en ville dans le cortége de l'archevêque de Reims.

La Commune de 1871 en voulait-elle arriver à ce degré de sévérité? Nous la voyons, dès le début,

déclarer dans son *Journal officiel*, à propos des licences de la presse, qu'une *répression sévère* punira ces *attentats*. Un des siens, Longuet, va déclarer bientôt qu'il faut dépouiller l'*idéalisme*, le *sentimentalisme fraternitaire*. Dans la première séance de la Commune, il est déjà question d'arrêter Tirard, d'arrêter Jules Allix. (Voyez aux *Documents complémentaires*.) Chaque membre a devant lui, sur sa table, le sceau de la Commune et un revolver. Lullier, déjà arrêté par le Comité central, est arrêté par la Commune (!).

Pendant ce temps, M. Thiers s'occupait de déclarer à l'Assemblée nationale ce qu'il entendait faire et quel était son but : il s'élevait contre l'arrière-pensée qu'on lui prêtait de renverser la République :

« Nous ne voulons, disait-il, que précipiter une chose : la convalescence et la santé du pays. (Vive approbation.) *A ceux qui disent que nous voulons renverser la République, je leur donne un démenti formel; ils mentent au pays et veulent le troubler en disant cela.* (Nouvelles marques d'approbation.)

« *Nous avons trouvé la République établie. C'est un fait dont nous ne sommes pas les auteurs, mais je ne la trahirai pas. Je le jure devant Dieu.* La réorganisation du pays sera notre seule préoccupation, et ils mentent cent fois, les misérables qui osent se servir de cet argument pour troubler le pays. (Mouvement.)

« Savez-vous à qui appartiendra le résultat? Aux plus sages. Travaillez; tâchez de remporter le véritable prix pour gouverner, le prix de la raison et de la bonne conduite. Quant à moi, je ne puis accepter d'autre responsabilité que celle que je prends ici. »

Le gouvernement de Versailles était, nous l'avons dit, mal gardé. Des troupes indisciplinées, hésitantes, pouvaient difficilement soutenir l'attaque des fédérés si cette attaque se produisait. L'arrivée à Versailles du 69e de marche, d'un détachement du 43e et d'une section d'artillerie qui,

---

(1) Voyez les études intéressantes de M. Ch. Gomart.

(1) Un journal a publié cet extrait d'un volume de poésie intitulé *Perfidie*, que Lullier doit publier. Cet esprit hésitant, troublé, romanesque, mal pondéré, nourri de banalités, s'y peint tout entier. La pièce que voici porte le n° 7 : elle est postérieure, on va le voir, à la condamnation de Lullier par le conseil de guerre de Versailles, et à sa commutation de peine :

Quand j'avais quinze ans, ignorant la vie,
J'aimais une fille aux longs cheveux blonds.
Perfidie ! Un jour, la belle est partie
Avec je ne sais quel chef de rayons.

J'ai voulu courir après la Fortune ;
J'ai brûlé plus tard pour la Liberté...
Perfidie ! Hélas ! de moi la Commune
A fait un forçat à perpétuité.

J'espérais mourir, regardant en face
Douze chassepots baissés contre moi...
Perfidie encor ! car voici ma grâce.
Tout m'aura trompé, jusques à la loi !

campés au Luxembourg, avaient, grâce à l'énergie du lieutenant-colonel Périer (du 69e), traversé Paris sans se rendre, et en ordre de bataille, avait un peu apporté d'aide à la situation (1). Mais le temps pressait : déjà la Commune organisait contre Versailles un plan de campagne.

Les impatients poussaient la Commune à l'action.

« On parle déjà, dans l'*Officiel* du 26, de s'entendre sur le pouvoir central, disait Jaclard (27 mars). Il n'y a qu'un pouvoir central. Il n'y a qu'un moyen de s'entendre avec Versailles, c'est de l'enlever. Je m'inscris comme volontaire. » *Écrasez l'Assemblée*, répétait le *Père Duchêne*. *Cent mille baïonnettes luiront bientôt autour du théâtre de Versailles!*

Évidemment la Commune devait et allait agir. C'était le 2 avril, un dimanche. Les fédérés, sur le conseil de Cluseret, se divisèrent en trois colonnes, dont l'une attaquerait les troupes de Versailles par Clamart, et l'autre ferait une diversion sur le Mont-Valérien, tandis que la troisième opérerait un mouvement tournant par le Bas-Meudon. Le seul objectif, on le voit, était Versailles. La veille, un engagement avait eu lieu, à Courbevoie, entre la troupe et les fédérés. Un moment, les soldats paraissant hésiter, on en avait fusillé sur-le-champ. La mort du chirurgien Pasquier, de la gendarmerie, tué par les fédérés alors qu'il s'avançait en parlementaire, avait exaspéré les soldats. Le 3 avril, les gardes nationaux croyaient, sur un renseignement apporté par Lullier, que le Mont-Valérien était, comme les autres forts, abandonné par l'armée. Il l'avait été, en effet, durant quelques heures, mais le lieutenant-colonel de Lockner ayant demandé des troupes au général Vinoy, celui-ci lui avait envoyé, pour réoccuper le fort, un bataillon du 119e. Lorsque les fédérés, conduits par le général Bergeret, en calèche, arrivèrent, vers sept heures du matin devant le Mont-Valérien, ils furent, contre toute attente, salués par une volée de mitraille. Coupée instantanément, la colonne se dispersa en désordre et criant: *Trahison!* A cette heure même, les journaux recevaient et allaient publier la courte dépêche qui devait être bientôt démentie : *Bergeret et Flourens ont fait leur jonction ; ils marchent sur Versailles. Succès certain.* Une autre dépêche, devenue ironiquement fameuse, devait annoncer que Bergeret *lui-même* était à la tête de ses troupes.

Pendant que les fédérés effarés se repliaient sous le feu assez peu meurtrier du Mont-Valérien, la colonne du général Duval qui marchait sur Clamart, était brusquement arrêtée, au-dessous de Bellevue, devant la maison dite des Quatre-Tourelles, par des gendarmes, au nombre de six ou huit cents, qui, solides à leurs postes, embusqués dans les villas, derrière les murs, disputèrent le passage à près de trois mille hommes durant de longues heures, jusqu'au moment où trois pièces d'artillerie, installées sur la terrasse de Meudon, refoulaient les assaillants qui se repliaient, battus, sur le fort d'Issy (1).

C'est de ce côté que, le général Duval et son état-major ayant été faits prisonniers, vers Clamart, ces hommes furent amenés devant le général Vinoy :

— Quel est le sort que vous me réserviez si j'étais tombé entre vos mains ? demanda Vinoy à Duval.

— Je vous aurais fait immédiatement fusiller ! répondit celui-ci sans hésiter.

— Eh bien ! vous venez de prononcer votre sentence...

Duval sauta lui-même, pour se placer devant le peloton d'exécution, un fossé dans lequel on devait l'enterrer. Il ôta sa tunique, la plia, la jeta à terre et cria : « En joue, feu ! Vive la République ! » Le général Vinoy a dit lui-même énergiquement en parlant de cet homme : « *C'était un crâne bougre* ».

Presque en même temps, à Chatou, le général de Galliffet faisait passer par les armes, sur la place de la mairie, des fédérés pris les armes à la main. L'humanité se voilait la face et le carnage était commencé, ou plutôt les fusillades de Clamart et de Chatou répondaient, funèbres, aux meurtres inexpiables de Montmartre.

Duval n'avait pas succombé seul. Un autre était tombé qui, jeune comme lui, semblait destiné à vivre.

Le 30 mars, le greffier du Palais de justice, Mo-

(1) En apprenant le résultat de ces opérations, les journaux de la Commune publiaient des articles comme celui-ci :

CES BANDITS !

Ces bandits se sont mis hors la loi.

Ils y resteront, jusqu'à l'heure du châtiment.

Ils ont couvert d'obus un faubourg de cette ville, qu'ils ont vendue.

Ils ont mitraillé les citoyens qu'ils ont trahis.

N'ayant pu les déshonorer, ils les assassinent.

Ces bandits ont envoyé contre nous cette nuée d'assassins, toujours prêts au coup de couteau, pourvu que le coup soit payé : municipaux, gendarmes et mouchards, et cette nuée d'assassins, sous la bannière des Charette et des Cathelineau, mitraille dans les rues les femmes et les enfants.

Ils ont hier, à Neuilly, haché à coup de boulets une pension de jeunes filles qui sortait d'une église.

Ils ont, — comme les Prussiens, — levé la crosse devant la garde nationale, et, lorsque la garde nationale, accourue à ce signal de paix, a tendu la main, ils l'ont fusillée à bout portant.

Ils ont attaché à la queue de leurs chevaux des gardes nationaux prisonniers, avant de les tuer à coups de crosse.

Ces misérables se sont mis hors la loi.

(*Cri du peuple.*)   C. BOUIS.

(1) Ces troupes arrivèrent à Versailles le 23 mars. Elles furent reçues et complimentées par M. Thiers, le général Vinoy et une députation de l'Assemblée.

L'amiral POTHUAU, ministre de la marine.

rel, avait vu arriver dans la salle des Pas-Perdus un général en grand costume. C'était Gustave Flourens.

— Citoyen greffier, s'écrie-t-il, donnez-moi mes armes; il me les faut.

— Je suis un dépositaire public, répondit M. Morel, et je ne puis me dessaisir d'un scellé sans un ordre régulier.

— Moi, dit Gustave Flourens, je suis le général commandant la 20e légion, et je vous somme d'obtempérer à l'ordre que je vous donne.

En présence de cette insistance qui ne souffrait guère de réplique, le greffier remit le scellé n° 25, composé ainsi : un revolver dans son étui (arme de prix), une cartouchière avec cartouches, un sabre d'officier et un ceinturon. Ces objets avaient été saisis sur Flourens le 6 décembre 1870, et déposés, le lendemain, au greffe par l'état-major de la place.

Gustave Flourens laissa au greffier un autographe ainsi conçu :

« Ordre est donné au greffier de la 3e chambre, malgré tout refus qui pourrait intervenir de sa part, de me restituer les armes qui m'ont été saisies le 6 décembre, le sommant de me les rendre immédiatement contre la décharge que j'offre de lui donner.

« Le général commandant la 20e légion,

« G. FLOURENS,
membre de la Commune. »

Quatre jours après, le 3 avril, à Rueil, dans une petite maison isolée, toute peinte en rouge, que l'on voit aux bords de la Seine, Flourens, sans autre suite qu'un Italien, officier de son état-major, déchargeait son revolver sur des gendarmes qui pénétraient dans la maison. Saisi par les gendarmes, Flourens était traîné hors du logis, et un officier lui portant à la tête un coup de son sabre lui fendait le crâne qui, sinistre, éclatait comme une grenade mûre.

Ainsi mourait ce jeune homme dont la vie avait été si agitée et si courte. Singulier être que Flourens ! On ne pouvait trouver à la fois dans un homme plus de douceur et de violence. La timidité singulière, rougissante de Flourens se changeait soudainement en des rugissements terribles et rien n'égalait son apparente soumission, la douceur caressante de sa voix, si ce n'est l'exaspération invincible et l'irritation déchaînée de ses névroses. Téméraire, insoucieux du danger, il se jetait en enfant dans la mêlée et il écrivait, en vieillard, d'un style sans allure, plein de réminiscences et de formes ridées, des livres de philosophie sociale d'une incomparable lourdeur. Le tome premier de sa *Science de l'homme* a seul été mis en vente. On ne saurait imaginer lecture plus étouffante et plus étrange. C'est un entassement prodigieux de faits, un bizarre amalgame de connaissances disparates, des affirmations matérialistes combattues par je ne sais quelles aspirations quasi mystiques qui font ressembler cet essai à une sorte de traité de médecine écrit par un moine. Et, en réalité, la personne tout entière de Flourens, son caractère et son tempérament avaient quelque chose de monacal. Il parlait, il écrivait, il pensait en apôtre. Ne connaissant rien de la vie, des nécessités de l'existence pratique moderne, il se proposait pour idéal non pas même les paladins du moyen âge, mais ces héros grecs aimés des dieux lorsqu'ils savent mourir jeunes. Était-ce le fruit de son séjour en Crète, ou plutôt n'était-ce pas le résultat de ses études classiques, que je crois profondes? Toujours est-il qu'il parlait la langue même de ces anciens et qu'il rêvait pour lui-même leurs illustres trépas. Au mois de février 1870, il parlait à ses compagnons, sur la barricade du Faubourg-du-Temple, le langage d'un Miltiade à ses soldats : « *Souvenez-vous, mes amis, que, ce soir, nous souperons chez Pluton.* » C'est encore, c'est toujours l'éternelle et inévitable imitation du passé. Notre monde moderne semble asservi à l'imitation et au plagiat. Flourens se drapait dans une toge antique comme nous verrons tout à l'heure Jules Vallès déchirer les papyrus anciens, tous deux allant vers des buts différents, poussés par la même ignorance des lois, des besoins et des progrès modernes.

Ce qui perdit Flourens, c'est le culte absolu de l'*action*. Incapable de penser, il voulait sans cesse agir. Il puisait dans un sentiment faux de la destinée de l'homme ce continuel appétit du combat. Il aimait la lutte pour la lutte, non seulement comme un moyen de parvenir à cette égalité qu'il rêvait, mais encore parce que la lutte lui semblait une réaction contre ce qu'il nommait « l'abaissement des intelligences et des passions ». *L'abaissement des âmes amène la stérilité de l'action* (1). Et le pauvre fou croyait réveiller dans le cœur humain les nobles sentiments endormis en poussant comme un nouveau *sursum corda* un sauvage et inutile cri de : *Aux armes !* Toutes les fautes de sa vie vinrent d'une erreur d'optique. Il crut à la nécessité de la guerre, politique ou sociale, pour le bonheur de l'humanité. Il eût ramené la société moderne au poignard d'Aristogiton ou au glaive de Brutus, et dans son livre posthume, *Paris livré*, il se glorifie avec une stupéfiante candeur d'avoir poussé des soldats au régicide. Quel égarement ! quel bouleversement de l'humble loi morale qui dit simplement à toute humaine créature : *Ne occides !* Tu ne tueras point !

Mais, encore une fois, celui-là était dominé, hanté. Au point de vue strictement littéraire, il suffit de feuilleter la *Science de l'homme* de Flourens pour voir combien d'idées confuses, disparates, quelle cohue de faits et d'utopies se heurtaient dans cette pauvre tête mal pondérée. Nulle méthode, nulle clarté, un livre de quatre cents pages, écrit d'un trait, sans divisions de chapitres, de paragraphes, sans table de matières, sans conclusion, jeté au hasard, désordonné et illisible. Son cas est tout pathologique et voilà ce qui sauve sa mémoire. Et puis, se dit-on, au moins celui-là avait-il un but élevé et sacrifiait-il quelque chose de lui-même à l'idée qui l'obsédait. Et le sort semble l'avoir pris en pitié en lui donnant pour compagnons, dans l'histoire, des personnalités sinistres et bouffonnes qui font à ce premier mort de la Commune un triste et écœurant cortège.

Le 7 avril, le corps de Flourens était exhumé, à quatre heures du matin, du cimetière Saint-Louis, à Versailles; de là il fut transporté au cimetière du Père-Lachaise.

Le *Vengeur*, auquel nous empruntons ces détails, ajoute :

« Le cortège se composait : de la mère de notre ami, de son frère, d'un citoyen qui nous est inconnu. De plus, ce que ce cher ami n'eût jamais admis...

---

(1) Voici une lettre en quelque sorte prophétique adressée par Flourens au peintre Pichio :

« Citoyen Ernest Pichio,

« Bien mourir, comme Baudin, est le suprême bonheur pour un républicain !

« Vous avez heureusement retracé l'une des plus belles pages de notre histoire révolutionnaire.

« Vous voulez bien nous envoyer votre Baudin, afin que son exemple soit toujours présent à nos yeux, comme il l'est à notre esprit.

« Nous vous remercions de cœur.

« Salut et égalité.

« GUSTAVE FLOURENS.

« 2 janvier 1870. »

d'un prêtre, demandé, il est vrai, par la mère de sa famille... Pas un ami, pas un frère ! La famille aura eu honte, sans doute, d'avoir possédé dans son sein un champion de la démocratie mort au champ d'honneur.

« Pourquoi ce prêtre? Nous respectons la douleur de madame Flourens, mais nous regrettons pour notre ami, mort au champ d'honneur, ce cortége qu'il aurait certainement refusé s'il avait pu tracer, en quelques lignes, sa dernière volonté (1) ».

La stupeur de Paris fut grande, lorsqu'il apprit le premier échec des troupes fédérées. Les gardes nationaux, dégoûtés du combat, semblaient renoncer déjà à la résistance. La Commune, par la voix de sa Commission exécutive, électrisa les combattants et réveilla leur colère. Elle leur fit croire, ce qui était faux, que les royalistes de Charette et les zouaves pontificaux combattaient dans les rangs de l'armée de Versailles, lorsque pas un volontaire de Charette ne brûla une amorce dans ces rencontres et ne fut incorporé dans l'armée :

« Les conspirateurs royalistes ont ATTAQUÉ, — s'écriait l'affiche de la Commune.

« Malgré la modération de notre attitude, ils ont ATTAQUÉ.

« Ne pouvant plus compter sur l'armée française, ils ont ATTAQUÉ avec les zouaves pontificaux et la police impériale.

« Non contents de couper les correspondances avec la province et de faire de vains efforts pour nous réduire par la famine, ces furieux ont voulu imiter jusqu'au bout les Prussiens et bombarder la capitale.

« Ce matin, les chouans de Charette, les Vendéens de Cathelineau, les Bretons de Trochu, flanqués des gendarmes de Valentin, ont couvert de mitraille et d'obus le village inoffensif de Neuilly et engagé la guerre civile avec nos gardes nationaux.

« Il y a eu des morts et des blessés.

« Élus par la population de Paris, notre devoir est de défendre la grande cité contre ces coupables agresseurs. Avec votre aide, nous la défendrons.

« Paris, le 2 avril 1871.

« *La Commission exécutive,*
« BERGERET, EUDES, DUVAL, LEFRANÇAIS, FÉLIX PYAT, G. TRIDON, E. VAILLANT. »

C'en était fait maintenant. Des deux parts, la rage n'allait que croître et la France effarée allait assister au plus effroyable duel qui ait épouvanté son histoire.

---

(1) Un autre journal, *l'Affranchi*, parlait ainsi de ces funérailles :

« Avant-hier matin, à quatre heures, le corps de notre noble ami a été exhumé du cimetière Saint-Louis, à Versailles, et déposé dans une voiture des pompes funèbres qui l'a ramené à Paris.

« A sept heures il arrivait au cimetière du Père-Lachaise, et il était déposé dans le caveau de la famille.

« Le plus profond mystère avait été gardé sur cette lugubre cérémonie.

« Le cortége se composait : de la mère de Flourens, de son frère, d'un inconnu et, de plus, de ce que ce cher et grand citoyen n'eût jamais admis, de ce qu'on peut appeler une impiété devant son cercueil... d'un PRÊTRE !

« Pas un ami, pas un frère en révolution.

« Systématiquement, sa famille lui a fait des funérailles de supplicié, à ce martyr ! Le peuple ira en pèlerinage à son tombeau montrer comme il sait aimer, lui, ceux qui donnent leur vie pour la liberté. »

DOCUMENTS COMPLÉMENTAIRES DU CHAPITRE III

N° 1

AVANT L'ACTION

Citoyens,

Appelés par le Comité central au poste grand et périlleux de commander provisoirement la garde nationale républicaine, nous jurons de remplir énergiquement cette mission, afin d'assurer le rétablissement de l'entente sociale entre tous les citoyens.

Nous voulons l'ordre... mais non celui que patronnent les régimes déchus, en assassinant les fonctionnaires paisibles et en autorisant tous les abus.

Ceux qui provoquent à l'émeute n'hésitent pas, pour arriver à leur but de restaurations monarchiques, à se servir de moyens infâmes ; ils n'hésitent pas à affamer la garde nationale en séquestrant la Banque et la Manutention.

Le temps n'est plus au parlementarisme ; il faut *agir* et *punir* sévèrement les ennemis de la République.

Tout ce qui n'est pas avec nous est contre nous. Paris veut être libre. La contre-révolution ne l'effraie pas ; mais la grande cité ne permet pas qu'on trouble impunément l'ordre public !

Vive la République !

Les généraux commandants,

BRUNEL, E. DUVAL, E. EUDES.

N° 2

EXTRAIT DE LA PREMIÈRE SÉANCE DE LA COMMUNE PAR UN TÉMOIN (inédit).

Un officier appela deux hommes qui l'accompagnèrent au Comité central qui siégeait encore dans le grand salon rouge occupé, pendant le siège, par le gouvernement de la défense. Les escaliers, les cours, les couloirs étaient occupés par une foule de gardes nationaux qui buvaient, mangeaient et fumaient ; d'autres étaient couchés. Une odeur insupportable de victuaille et de tabac était répandue dans l'atmosphère, un tapage infernal brisait le tympan. C'était un spectacle écœurant. M. Tirard se trouva en présence de plusieurs membres du Comité central, qui lui dirent que la réunion des membres de la Commune avait lieu à la salle Saint-Jean. Il s'y rendit, toujours accompagné de ses deux gardes du corps.

La salle Saint-Jean était occupée par des gardes nationaux assis autour de longues files de tables et festoyant gaiement en compagnie de leurs cantinières. M. Tirard remonta alors le grand escalier et alla droit à la salle du Conseil municipal où, pensait-il, devait avoir lieu la réunion. C'était là, en effet, que siégeait la Commune.

La réunion, commencée depuis quelque temps, était déjà fort nombreuse. Elle était présidée par le doyen d'âge, M. Beslay.

Une discussion confuse était engagée, il s'agissait de nommer une commission chargée de rédiger une proclamation. Tout le monde parlait à la fois et le président avait grand'peine à régler la discussion. Tout à coup, un ancien adjoint démissionnaire du dix-neuvième arrondissement, Oudet, se leva et d'une voix de stentor, demanda la parole pour faire une proposition. Le silence se rétablit.

« Je demande, dit-il, la mise en accusation du citoyen Tirard qui s'est rendu complice de la capitulation de Paris en ne donnant pas sa démission de maire du deuxième arrondissement. » Cette proposition fut assez mal accueillie ; Delescluze, qui était à côté d'Oudet, s'efforça de le faire asseoir. Le président fit remarquer qu'il était impossible d'intervertir ainsi l'ordre de la discussion, et que toutes les propositions devraient être formulées par écrit pour être discutées en temps utile.

La discussion continua, toujours confuse et sans qu'il soit possible d'en bien déterminer le caractère. Cependant un certain sentiment d'antagonisme se manifestait déjà entre les membres de la Commune et le Comité central.

Le citoyen Jules Allix demanda que son élection fût validée. Il n'avait obtenu qu'un nombre insignifiant de voix, ainsi que Raoul Rigault, nommé comme lui dans le huitième arrondissement. Un membre fit observer qu'il était naturel que cette question fût vidée de suite. D'autres membres s'y opposèrent. Raoul Rigault intervint et demanda qu'il fût statué sur-le-champ, parce qu'il voulait savoir à quoi s'en tenir. Allix devint furieux, il ramassa les papiers qu'il avait devant lui, et quitta sa place en déclarant qu'il ne tenait nullement à rester dans cette assemblée, mais qu'on ne parviendrait jamais à l'arracher de la mairie où l'avait placé la confiance de ses concitoyens. Eudes, en costume d'officier de la garde nationale, s'approcha vivement de lui, en lui intimant l'ordre de se taire et le menaçant de l'arrêter. « Je suis inviolable », répondit Allix. Eudes l'invita alors, en termes très-énergiques, à sortir.

Après son départ, un calme relatif s'établit. Raoul Rigault revient sur sa demande, et fait observer qu'il est indispensable qu'il sache si, définitivement, il a le droit de siéger.

Les uns disent oui, les autres disent non, s'appuyant sur la loi de 1849, qui exige le huitième des voix. Enfin, un membre fait observer que la Commune n'a pas à s'occuper des lois antérieures, qu'elle n'en connaît aucune, qu'elle est souveraine et qu'elle a parfaitement le droit de valider une élection quel que soit le nombre des électeurs qui y ont pris part. Tous ont été appelés à voter, tant pis pour ceux qui ont manqué à leur devoir en ne votant pas au scrutin. Cette proposition est fort applaudie, et les élections du huitième arrondissement sont validées.

Un membre propose de déclarer que la Commune est investie de tous les pouvoirs, qu'elle se constitue en conseil de guerre, et qu'elle se mettra en communication avec toutes les villes de France où la Commune aura été proclamée. (Applaudissements.)

Un autre membre revenant à la question de validation, propose de déclarer qu'il y a incompatibilité entre le mandat de membre de la Commune et celui de membre de l'Assemblée nationale.

Delescluze se lève et combat vivement cette proposition. Il n'appartient à personne de circonscrire le choix des électeurs, dit-il, et, dans tous les cas, les incapacités se décrètent avant et non après le vote.

Tirard demande la parole :

« Je n'ai nullement sollicité, dit-il, le nouveau

Versailles pendant la Commune. — Hôtel de la Préfecture, habité par M. Thiers.

mandat qui vient de m'être confié par les électeurs du deuxième arrondissement, mais je suis intimement convaincu que, dans leur pensée comme dans la mienne, ce mandat ne comporte que des fonctions exclusivement municipales. Le Comité central n'a pas déclaré autre chose dans ses affiches, aussi bien que dans son journal officiel. J'ai consenti, pour éviter toute effusion de sang, à adhérer à la convention signée par les maires de Paris; mais j'affirme que jamais il n'est entré dans leur pensée que les élections dussent avoir un caractère politique.

« Or, vous venez de déclarer tout à l'heure que la Commune était au-dessus des lois, qu'elle n'en reconnaissait aucune, que vous concentriez en vos mains tous les pouvoirs, que vous vous constituiez en conseil de guerre, et qu'enfin votre action s'étendrait à toutes les villes de France où serait proclamée la Commune. Eh bien! je vous le demande, est-ce que ce sont là des fonctions municipales? Vous faussez, vous outre-passez de beaucoup le mandat qui vous a été confié, et, pour ma part, il m'est impossible de m'associer à une semblable usurpation. Donc, si la proposition d'incompatibilité, qui vient de vous être faite n'a d'autre but que de m'atteindre, vous pouvez vous dispenser de la discuter, car je donne ma démission. »

PASCHAL GROUSSET : Je demande au citoyen Tirard s'il est avec nous, c'est-à-dire avec Paris, ou s'il entend retourner à Versailles?

TIRARD : Je n'ai pas l'habitude de reculer devant l'expression de ma pensée, mais j'ai l'habitude de ne répondre aussi qu'à ceux qui ont le droit de m'interroger. Tout à l'heure, on a demandé ma mise en accusation, peut-être en fera-t-on autant à Versailles. Accusé ici et là-bas, j'ai la conscience d'avoir fait mon devoir en cherchant à conjurer la guerre civile. Vous ferez de moi ce que vous voudrez, mais jamais vous ne me ferez commettre une lâcheté.

JOURDE : Le citoyen Tirard est notre ennemi, c'est lui qui a organisé la résistance au Comité central; sans lui les élections seraient faites depuis le 22.

PASCHAL GROUSSET : Le citoyen Tirard a déclaré à la tribune que lorsqu'on entrait à l'Hôtel de ville, l'on risquait d'y être assassiné.

TIRARD : J'affirme n'avoir pas prononcé ces paroles.

PASCHAL GROUSSET : Elles sont à l'*Officiel!*

TIRARD : L'*Officiel* ne dit pas cela. Voici ce qu'il dit et ce que j'ai dit : « Lorsqu'on entre à l'Hôtel de ville, l'on n'est pas toujours sûr d'en sortir. »

A la suite de cet incident qui provoque une vive émotion, le président s'efforce de changer la discussion, et Delescluze reprend avec le plus grand empressement la proposition relative à la proclamation.

Après quelques instants, M. Tirard se lève et quitte la salle.

Il ne fut pas arrêté.

CHAPITRE IV

LA DICTATURE MILITAIRE DE CLUSERET

La Commune de 1793 et la Commune de 1871. — Décret sur les otages. — Le général Cluseret est nommé *délégué à la guerre*. — Son passé. — L'enrôlement forcé, dix-neuf à quarante ans. — La chasse aux réfractaires. — Constitution de la cour martiale. — Le maréchal de Mac-Mahon prend le commandement en chef de l'armée de Versailles. — Progrès sensibles de l'armée. — Dépêches mensongères de la Commune. — Les fédérés sont chassés du château de Bécon. — Le général Dombrowski. — La Commune et les puissances étrangères. — La Commune et les autorités prussiennes. — Les décrets de la Commune : arrestation des prêtres; fermeture des églises; suppression des journaux; réquisitions, etc... — Journaux et journalistes de la Commune : Jules Vallès, Maroteau, Vermersch. — Les généraux Wrobleski et La Cécilia. — Destitution de Cluseret. — Il est remplacé par Rossel. — DOCUMENTS COMPLÉMENTAIRES.

La révolution du 18 mars, comme les membres du Comité central appelaient le mouvement insurrectionnel, au lendemain de leur victoire, aura été, à l'apparence, un jeu de mots tragiquement mis en action — (les uns réclamant les franchises *communales*, les autres poussant à des mesures *communistes*). — mais elle aura été surtout, en l'examinant au fond et dans sa réalité cachée, une manifestation nouvelle et plus violente de la souffrance sociale. Cette redoutable guerre, ce soulèvement furieux et ce déchaînement des passions, prendrait, d'ailleurs, après avoir eu l'action ruineuse dont nous allons parler, une salutaire action si cette effroyable crise pouvait ouvrir les yeux qui ne veulent pas voir, et réussissait à convaincre les éternels optimistes et les satisfaits de tous les temps que tout n'est pas pour le mieux dans le meilleur des mondes possibles.

L'antagonisme terrible entre les classes, et la lutte du prolétariat pour son émancipation ne sont point terminés, en effet, parce que le canon et la fusillade ont parlé ! Il ne suffit pas de vaincre un adversaire, il faut le convaincre si l'on ne veut pas être exposé à voir reparaître, dans un temps plus ou moins éloigné, les mêmes colères, les mêmes violences, les mêmes folies et les mêmes horreurs. De tels événements montrent mieux que tous les avertissements des philosophes la profondeur de nos plaies sociales. Il faut donc les guérir, les panser, les fermer s'il se peut. Le monde depuis trop longtemps est divisé en deux camps furieux : d'un côté ceux qui veulent tout prendre, de l'autre ceux qui veulent tout garder. La justice n'est ni du côté des voracités ni du côté des égoïsmes. Elle n'est pas surtout du parti de ceux qui ont exacerbé, excité les souffrances des petits et des pauvres pour faire un piédestal à leurs propres ambitions. Elle n'est pas du côté des sectaires, des fanatiques et des fous. Oui, certes, il est temps que la cause de la République soit dégagée de la cause de la Commune. Il faut que le parti de la liberté pure et de l'égalité fraternelle montre qu'il avait dès longtemps rompu avec la faction de l'envie et de la terreur. Le jour où la République apparaîtra, ainsi délivrée de cette tache, dans sa blancheur de marbre, et dans son rayonnement, ce jour-là, — qui n'est pas loin, si nous le voulons, — elle sera fondée. Elle semblera à tous ce qu'elle doit être, ce qu'elle est, c'est-à-dire féconde, maternelle, l'initiatrice du travail, de la liberté et du progrès social.

En un mot, ceux qui veulent la faire aimer n'ont rien de commun avec ceux qui la feraient haïr.

Je tiens à le prouver et j'ai, depuis la première page de cet écrit, essayé d'y parvenir; je vais le faire encore en comparant cette Révolution française, dont les hommes du 18 mars n'ont été que les plagiaires, aux événements d'aujourd'hui : on pourra mieux, de cette façon, mesurer la distance des événements et la taille des hommes en mettant côte à côte les deux Communes de Paris, la première qui fondait des hôpitaux, créait des Conservatoires artistiques, éloignait la bibliothèque nationale des lieux où on pouvait craindre les incendies, et la seconde qui eût anéanti, si on l'eût laissé faire, le Louvre et les Archives — c'est-à-dire l'histoire de l'art universel et l'histoire de France, — comme elle a anéanti l'Hôtel de ville, le cœur de la cité de Paris.

Le récit de cette guerre civile de 1871 portera, dans l'avenir, un nom; déjà, en France comme en

Italie, au temps de Paris nouveau comme au temps de Rome ancienne, elle s'appellera *la Guerre sociale*. Nous écrivons ces mots, « guerre sociale », après d'autres que nous avions eu une sorte de consolation patriotique à tracer, et les pages actuelles succèdent comme une ironique antithèse, à la première partie de cette histoire, que nous eussions pu nommer *la Guerre sainte*.

A cette guerre sainte, à cette guerre contre l'étranger, succéda, en effet, cette guerre de frères entre frères, guerre atroce, insensée, coupable, et qui tint le monde aussi stupéfait d'horreur que l'autre l'avait frappé d'admiration. Nous étions destinés à voir ce que nul n'avait vu, et, j'ai beaucoup cherché, l'histoire n'offre pas l'exemple d'un peuple s'égorgeant sous l'œil attentif, curieux, satisfait, du vainqueur. — *Ave, Cæsar, morituri te salutant!* — Les Français de ces temps effroyables auront tous salué, avant de mourir, le César germanique, maître de deux provinces et vainqueur de ce peuple, de cette nation affolée qui, après tant de désastres, les flancs ouverts par mille blessures, se déchirait encore le sein, comme ces blessés électrisés et pris de rage, qui se lacèrent eux-mêmes de leurs ongles, et, saisissant à deux mains leurs entrailles, vident épouvantablement leur ventre ouvert.

Et l'étranger, assis au premier rang, comme les spectateurs désœuvrés d'un cirque, regardait dédaigneusement la lutte horrible, et froidement jugeait de la valeur des coups.

Ceux qui, enfermés dans Paris, emportés par la fièvre courante, échauffés par l'air ambiant, ne pouvaient voir de près la joie des Allemands, ceux-là ne peuvent comprendre à quel point une telle insurrection fut insensée.

Mais elles resteront parmi les plus cruels souvenirs de la vie des autres, ces journées passées dans des provinces de France qui ressemblaient, avec leur garnison allemande, à des contrées étrangères. Que de fois, tendant l'oreille, n'avons-nous pas cru saisir dans le souffle du vent comme un sinistre écho des tueries parisiennes ! Que de fois n'avons-nous point senti des pleurs de rage nous monter aux yeux lorsque, devant une affiche gouvernementale annonçant quelque bataille fratricide, quelque victoire remportée par des Français sur des Français, nous voyions les officiers prussiens ou saxons, sanglés, pincés, dédaigneusement appuyés sur leur sabre, regarder la dépêche à travers leur lorgnon. Notre colère étouffée répondait au pli sarcastique de leur sourire. Est-il possible que nous ayons offert à l'étranger, à l'étranger vainqueur, cet atroce et déshonorant spectacle? Est-il croyable qu'à l'heure où le sol de la patrie était foulé encore par l'Allemand, qui marchait et parlait en maître, les héros de la guerre civile appelaient, osaient appeler leurs adversaires *l'ennemi?*

L'ennemi! Des Français, fussent-ils affolés, fussent-ils égarés, fussent-ils coupables, n'étaient point l'ennemi! C'était pourtant le mot dont se servaient les bulletins, depuis les bulletins mensongers de M. Dombrowski jusqu'aux bulletins irrités de M. Thiers. L'ennemi! Et, comme un soufflet sur la joue de la patrie, le rire germain soulignait ce mot et l'on entendait les Prussiens dire : *L'ennemi!*

Notre génération est-elle donc si coupable que le sort l'a condamnée à supporter ces deux hontes à la fois, l'invasion victorieuse et la stupidité triomphante? La paix, le bonheur, le travail, les joies de l'art, la répartition plus équitable des produits du labeur humain, tout ce que nous rêvons et espérons, la fraternité dans les actions comme dans les paroles, le repos après la tâche accomplie, la fin de toute guerre et de toute haine, est-ce que cela est l'impossible, est-ce que cela est le mirage qui nous fuit et nous fuira toujours? Terrible question qui demeurerait sans réponse, si l'espoir ne survivait à tous ces atroces souvenirs.

La guerre sociale était donc déchaînée. La Commune de Paris déclarait, dans une proclamation datée du 5 avril, qu'elle rendrait « œil pour œil et dent pour dent » à ses ennemis. Dans la rage soudaine qu'elle éprouvait devant l'échec essuyé par ses troupes, elle rendait soudain un des décrets les plus sévères qu'on ait pu trouver, ce décret farouche des otages, emprunté à la méthode belliqueuse prussienne ou plutôt aux mœurs détestables des époques barbares.

« La Commune de Paris,

« Considérant que le gouvernement de Versailles foule ouvertement aux pieds les droits de l'humanité comme ceux de la guerre ; qu'il s'est rendu coupable d'horreurs dont ne se sont même pas souillés les envahisseurs du sol français ;

« Considérant que les représentants de la Commune de Paris ont le devoir impérieux de défendre l'honneur et la vie des deux millions d'habitants qui ont remis entre leurs mains le soin de leurs destinées; qu'il importe de prendre sur l'heure toutes les mesures nécessitées par la situation ;

« Considérant que des hommes politiques et des magistrats de la cité doivent concilier le salut commun avec le respect des libertés publiques,

« DÉCRÈTE :

« Article 1er. Toute personne prévenue de complicité avec le gouvernement de Versailles, sera immédiatement décrétée d'accusation et incarcérée.

« Art. 2. Un jury d'accusation sera institué dans les vingt-quatre heures pour connaître des crimes qui lui seront déférés.

« Art. 3. Le jury statuera dans les quarante-huit heures.

« Art. 4. Tous accusés retenus par le verdict du

PARIS PENDANT LA COMMUNE. — Habitants de Neuilly entrant dans Paris par la porte des Ternes.

jury d'accusation, seront *les otages du peuple de Paris*.

« Art. 5. Toute exécution d'un prisonnier de guerre ou d'un partisan du gouvernement régulier de la Commune de Paris, sera sur-le-champ suivie de l'exécution d'un nombre triple des otages retenus en vertu de l'article 4, et qui seront désignés par le sort.

« Art. 6. Tout prisonnier de guerre sera traduit devant le jury d'accusation, qui décidera s'il sera immédiatement remis en liberté ou retenu comme otage.

« Hôtel de ville, 5 avril 1871. »

Nous verrons plus tard à quels sanglants excès entraîna ce décret qui, mieux que tout autre document, montre dans quel état d'exaspération se trouvaient, au lendemain de l'équipée de Châtillon et du Mont-Valérien, les membres de la Commune de Paris.

Tandis que M. Rochefort réclamait, dans son journal, le nom de l'homme qui avait si maladroitement combiné cette malencontreuse expédition, les membres de la Commission exécutive de la Commune, jugeant que, dans les graves circonstances qu'on traversait, il importait d'établir « l'unité dans les services administratifs de la guerre, » attribuaient au seul général Cluseret la direction de cette administration de la guerre. Les généraux Eudes et Bergeret se trouvaient donc remplacés par ce personnage singulier, dont ses collaborateurs eux-mêmes ont durement flétri la mémoire. (Voyez le livre de M. Lissagaray sur les *Huit journées de mai*. L'auteur s'y montre absolument sévère pour Cluseret (1). Général d'aventure, littérateur de hasard, M. Cluseret tenait à la fois la plume et l'épée. On retrouverait, dans un journal devenu rare et qui n'eut que sept numéros (il s'appelait l'*Art*), un *Salon* rédigé par Cluseret. L'homme se peint tout entier dans ces appréciations des œuvres artistiques exposées en 1868. Ceux qui les ont lus ne peuvent avoir oublié ces articles où, entassant Pélion sur Ossa, le général citait Homère, et Virgile, et Dante, et le Ramayana, à propos d'un pouce de toile et d'un tableau de Chaplin. Quel amas de choses disparates, quel singulier *Salon* et que Diderot en eût été diverti ! Cluseret, à propos

(1) « Ce n'était qu'un brochurier militaire, sans idées, sans ressources propres, un diminutif de Trochu. » (*Les Huit Journées de mai derrière les barricades*, page 10.)

de peinture, attira sur la malheureuse feuille une condamnation à 2,500 francs d'amende qui entraîna la suppression de l'*Art* et l'emprisonnement du rédacteur (1).

Cluseret, ancien commandant du 23e bataillon de garde mobile, avait combattu, en juin 1848, les idées qu'il allait défendre en 1871, et il revendiquait l'honneur d'avoir enlevé le premier les barricades de la rue Saint-Jacques. Décoré pour ce fait de la Légion d'honneur, il passa aux chasseurs à pied et y commanda une compagnie jusqu'au jour où il lui fallut donner sa démission pour une affaire de couvertures de campement survenue à Cherchell. Combattant bravement, quelques années après pendant la guerre d'Amérique, Cluseret s'était fait à Paris une certaine réputation en attaquant avec vigueur le gouvernement impérial et en se retranchant derrière son titre de citoyen américain, dès que les agents de police intervenaient dans son existence. Habile à la guerre, disait-on, quoiqu'il ne l'ait point prouvé, Cluseret s'occupa, dès son entrée en fonctions, d'organiser Paris de façon à le mettre en état absolu de défense. Un rapport qu'il adressa bientôt aux membres de la Commission exécutive, faisait connaître son opinion sur cette défense. Cluseret définissait ainsi la garde nationale : « Soldats *excellents*, officiers *mêlés*. » Il appelait l'armée de l'Assemblée les *Prussiens de Versailles*. En mettant à l'ordre du jour un bataillon qui avait pris, disait-il, — l'erreur était manifeste, — une mitrailleuse aux Versaillais, en citant avec éloges le 101e bataillon (commandant Sérizier), devenu si tristement fameux, il conviait chaque bataillon parisien à imiter le 101e. Il s'élevait, peu après, dans un ordre du jour, contre la « manie ridicule du galon, des broderies, des aiguillettes », qui sévissait sur les officiers de la Commune, et donnait à cette guerre farouche comme un aspect de mascarade. Il rappelait à tous que la discipline seule donne la victoire. Déjà il avait ainsi, trois jours auparavant, réglé la composition des bataillons de Paris :

(1) Cette publication s'appelait l'*Art*, journal hebdomadaire, 7 numéros. — N° 1, le 1er mai 1868. — Directeur : Constant Cimetière. Bureaux : 18, boulevard des Italiens, à l'Exposition libre des Beaux-Arts. Dans l'avant-propos de son *Salon*, Cluseret disait :

« J'ai peu lu, mais certaines choses m'ont frappé vivement et se sont tellement incrustées dans mon cerveau, que je suis comme les menteurs qui, à force de répéter un mensonge, le croient vrai, je ne sais plus discerner ce qui est mien de ce qui est à autrui.

« D'autre part, mon peu de lecture fait que je me rencontre quelquefois avec des hommes qui ont dit la même chose que moi avant moi ; il en résulte que j'ai l'air de les copier.

« Pour moi, peu importe.

« Je crois que la recherche de la paternité est interdite en fait de pensée. Et comme je n'ai qu'un but, celui de convertir à la libérté, il m'est indifférent qu'on me trouve plagiaire ou original, que la lumière vienne de moi ou d'un autre, pourvu que la lumière vienne.

« Général CLUSERET. »

MINISTÈRE DE LA GUERRE.

« Les compagnies de marche seront immédiatement réorganisées.

« Les officiers, sous-officiers et gardes entreront en solde à partir du 7 avril.

« Les gardes toucheront 1 fr. 50 et les vivres.

« Les sous-officiers, 2 francs.

« Les officiers, 2 fr. 50.

« Quand les compagnies agiront en dehors du service, les officiers toucheront la solde de leur grade dans l'armée.

« Les quatre compagnies de chaque bataillon éliront un chef de bataillon spécial.

« Les élections auront lieu le 6 avril.

« La revue sera passée au Champ de Mars par les membres de la Commune, le 7 avril, à deux heures de l'après-midi.

« Bureau d'organisation et de renseignements au ministère de la guerre et à la place.

« *Font partie des bataillons de guerre tous les citoyens de dix-sept à trente-cinq ans non mariés, les gardes mobiles licenciés, les volontaires de l'armée ou civils* (1). Les effets de campement seront complétés dans le plus bref délai.

« Paris, le 4 avril 1871. »

« Par ordre de la Commune :

« *Le délégué au ministère de la guerre,*

« CLUSERET. »

Bientôt, ce décret sur la mobilisation de tous les citoyens de dix-sept à trente-cinq ans, allait donner lieu à la mise en pratique d'une insupportable tyrannie : la chasse aux réfractaires. On allait arrêter en pleine rue des jeunes gens, empêcher les voitures de circuler, fouiller les omnibus, envoyer au rempart, enrôler de force dans la guerre civile des gens qui ne voulaient point combattre. Et la Commune avait aboli la conscription ! Elle semblait ne point se douter du ridicule et de l'odieux de tels procédés, qui forçaient tout homme à prendre un fusil sous peine de mort. Alors tout fut bon pour sortir de Paris, la ruse, les faux laisser-passer, les déguisements. Les jeunes gens s'enfuirent. Le séjour de la ville devenait en effet terrible, et déjà les cours martiales étaient durement instituées.

« En présence des nécessités de la guerre, s'é-

(1) Deux jours après, cette mesure inique était encore aggravée par l'arrêté suivant :

« Considérant les patriotiques réclamations d'un grand nombre de gardes nationaux qui tiennent, quoique mariés, à l'honneur de défendre leur indépendance municipale, même au prix de leur vie, le décret du 5 avril est ainsi modifié :

« De dix-sept à dix-neuf ans, le service dans les compagnies de guerre sera volontaire, *et de dix-neuf à quarante obligatoire pour les gardes nationaux, mariés ou non.*

« J'engage les bons patriotes à faire eux-mêmes la police de leur arrondissement et à forcer les réfractaires à servir.

« *Le délégué à la guerre,*

« Général CLUSERET. »

criait Cluseret, et vu le besoin d'agir rapidement et vigoureusement;

« En présence de l'impossibilité de traduire devant les conseils de guerre de légion, qui n'existent pas encore, les cas exceptionnels qui exigent une répression immédiate, le délégué à la guerre est autorisé à former provisoirement une cour martiale composée des membres ci-après :

« Le colonel Rossel, chef d'état-major de la guerre;

« Le colonel Henry, chef d'état-major de la place;

« Le colonel Razoua, commandant de l'École militaire;

« Le lieutenant-colonel Collet, sous-chef d'état-major du commandant supérieur Eudes;

« Le colonel Chardon, commandant militaire de la préfecture de police;

« Le lieutenant Boursier, membre du Comité central.

« Les peines capitales seront soumises à la sanction de la Commission exécutive.

« La cour siégera tous les jours à l'hôtel des Conseils de guerre, rue du Cherche-Midi.

« Paris, le 16 avril 1871.

« *Le délégué à la guerre,*
« CLUSERET.

« Approuvé :

« *Les membres de la Commission exécutive.* »

Cependant, tandis que le délégué à la guerre prenait ces précautions dans Paris, le commandement en chef de l'armée de Versailles était confié au maréchal de Mac-Mahon. A peine guéri de ses blessures, le duc de Magenta acceptait cette lourde tâche de reprendre Paris. Le maréchal avait sous ses ordres trois corps d'armée : deux d'infanterie, un de cavalerie, commandés par les généraux de Ladmirault, de Cissey et du Barrail. Ces corps, pourvus d'artillerie, formaient en quelque sorte l'armée active et pouvaient être soutenus par l'armée dite de réserve placée sous les ordres du général Vinoy. Vers la fin d'avril, deux nouveaux corps d'armée, commandés par les généraux Douay et Clinchant, devaient se joindre aux trois premiers corps de l'armée active.

Malgré leur échec de Châtillon, les fédérés faisaient rage et leur artillerie tirait incessamment sur les positions de l'armée. A Issy, Vanves et Montrouge, le feu ne cessait point. On se battait, le 6 avril, dans la presqu'île de Gennevilliers et, dans la journée du 7, les colonnes du général Montaudon enlevaient, après une résistance acharnée, la barricade et le pont de Neuilly et les premières maisons du village. Peut-être eût-il mieux valu simplement continuer sur ce point un combat d'artillerie. A partir de ce moment, un véritable duel de canons eut lieu entre les batteries de Neuilly, installées par l'armée, et celles des fédérés de la porte Maillot. Les obus se croisaient et tombaient, effondrant les maisons. Les malheureux habitants de ces quartiers, réfugiés dans les caves, durent attendre qu'un armistice, qui vint bien tard (25 avril), leur permît d'échapper sinon à la ruine, du moins à la mort.

Les fédérés installaient en même temps au Trocadéro des batteries destinées à contre-battre le Mont-Valérien. L'effet de ces pièces de 24 fut nul. Cluseret eut beau affirmer que déjà le Mont-Valérien avait une brèche *parfaitement appréciable*, l'assertion fit rire. Le Mont-Valérien n'avait pas même été touché! Les journées se passaient cependant en combats meurtriers. La canonnade et la fusillade ne cessaient pas. Le 17 avril, le colonel Davoust, du 36e, enlevait aux fédérés le château de Bécon qui commande la position de Courbevoie et celle d'Asnières. Le lendemain, les gendarmes à pied chassaient du village de Bois-Colombes les soldats de la Commune qui se réfugièrent à Gennevilliers d'où ils furent repoussés, refluant sur la rive gauche de la Seine, et, le lendemain, passant le pont d'Asnières sous le feu des troupes, poursuivis par la division Montaudon; les fédérés, dont quelques-uns, effarés, se précipitèrent dans le fleuve, eussent été plus durement malmenés encore sans la présence d'esprit et le sang-froid d'un Polonais, Jarolas Dombrowski, nommé, depuis le 6 avril, commandant de la place de Paris, en remplacement du citoyen Bergeret.

Petit, énergique, habitué aux choses de la guerre, ce Dombrowski, arrêté pendant le siège comme espion prussien, sur l'ordre du général Trochu dont il critiquait amèrement les plans ou plutôt l'inaction, dans les réunions publiques, avait été délivré par la Commune auquel il avait offert son épée (1).

Dombrowski était presque inconnu à Paris. Le premier jour qu'il fut dans la mêlée, il vit une débandade effrayante de fédérés et ne put rallier son

(1) Au moment de son arrestation, pendant le siège, sa femme avait écrit aux journaux la lettre que voici :

15 janvier.

« Je suis la femme de l'accusé, et son honneur m'est plus cher que sa vie. Le prétendu espion est Jaroslas Dombrowski, et son unique délit était de combattre pour la liberté de la France, sous le drapeau du général Garibaldi, puisque toutes ses offres de service au gouvernement de la défense nationale avaient été formellement refusées.

« Qu'a-t-on trouvé en faisant la perquisition à son domicile, le lendemain de son arrestation? Des cartes de la légion garibaldienne et un petit ouvrage critique au point de vue purement militaire; mais malheureusement intitulé : *Le général Trochu comme organisateur et comme général en chef*. Si on avait voulu seulement mettre de côté un homme qui déplaisait par ses critiques, je ne me plaindrais pas de son arrestation. Mais ce dont j'ai le droit de me plaindre, c'est des moyens qu'on a employés pour arriver à ce but. — Être un républicain, aimer la liberté, travailler pour elle, ne

monde. — « Ah ! c'est de cette façon qu'on se bat ici, dit-il aux bataillons, lorsqu'ils furent bien en sécurité derrière leurs retranchements. On m'avait conté là-bas, en Pologne, que le peuple français était le plus brave des peuples de la terre; on m'a trompé. Vous êtes des lâches. En avant, vous autres, dit-il à son état-major; montrons-leur ce que c'est. » Il poussa son cheval, et suivi de ses aides de camp, il défila au petit pas devant la batterie et les maisons croulées en bravant froidement la mitraille et la mousqueterie qu'on envoyait de tous côtés. Aucun ne fut touché. — « Ce n'est que ça, citoyens peureux, maintenant allons-y. » Les gardes nationaux électrisés retournèrent au feu. Dès lors, le prestige militaire de Dombrowski fut établi et l'insurrection avait trouvé son général en chef (1). Son titre d'ancien chef de l'insurrection naisepo lui aslosurait, d'ailleurs, une certaine influence dans cette lutte où le sentiment national était étouffé par un vague sentiment d'internationalité et d'humanitarisme douteux (2).

La Commune semblait peu s'inquiéter, en effet, de la patrie et des Prussiens qui la rançonnaient. Tandis que M. Paschal Grousset, délégué aux relations extérieures, assurait toutes les puissances étrangères du désir qu'avait la Commune de Paris de resserrer les *liens fraternels* qui l'unissaient à ses voisins, M. Cluseret adressait, le 15 avril, au commandant des armées allemandes devant Paris, la lettre que voici :

« Général,

« Il est parvenu à la connaissance de la Commune de Paris que la somme de 500 millions qui devait, aux termes de la convention militaire, être payée par le gouvernement français au gouvernement allemand, le 15 avril, ne le sera pas.

« Dans ce cas, la Commune désire entrer en arrangement pour payer elle-même cette somme et demande une entrevue à cet effet.

« Par ordre de la Commune,

« *Le délégué à la guerre*,

« CLUSERET. »

Ainsi, encore une fois, le seul *ennemi* pour Paris, c'était Versailles, comme l'*ennemi*, pour Versailles, était Paris. Et la Prusse ? On l'oubliait. On faisait pis : on la payait. Ici et là quel déploiement navrant de furies ! La Commune, renforcée par les élections complémentaires du 16 avril (1), arrêtait l'archevêque de Paris, réclamant, contre la liberté du prélat, la liberté de Blanqui, détenu depuis le 17 mars; elle arrêtait, avec l'archevêque, d'autres prêtres et fermait les églises; elle interdisait les réunions conciliatrices (8 avril) ; elle supprimait les journaux par fournées, le 5 avril : les *Débats*, le *Constitutionnel*, *Paris-Journal*, la *Liberté* ; le 18 : le *Soir*, la *Cloche*, l'*Opinion nationale* et le *Bien public* ; elle décrétait (12 avril) la démolition de la colonne Vendôme; elle condamnait à mort un chef de bataillon, Girot, coupable « d'avoir refusé de marcher à l'ennemi ; » elle appelait la France à son aide, déclarant au peuple français que *c'était à la France à désarmer Versailles ;* elle supprimait le travail de nuit dans les boulangeries; elle réquisitionnait deux millions dans les caisses des compagnies du Nord, de l'Est, de l'Ouest, d'Orléans et de Lyon (29 avril). Et, chose curieuse, typique, inexplicable, le courroux de la plupart des Parisiens s'élevait encore avec plus de force contre Versailles que contre la Commune. « J'ai entendu, dit M. Beausire (*Revue des Deux Mondes*), j'ai entendu des gardes nationaux emprisonnés au nom de la Commune et qui n'avaient aucune raison de lui être attachés, s'écrier en montrant le poing : « Toute notre haine est « pour Versailles. » Auprès des *crimes* des *Versaillais*, les plus abominables excès des *Communeux* passaient pour des peccadilles ou des actes de légitime défense : « On fait pire à Versailles », disaient les plus modérés. M. John Lemoinne ne remarquait-il pas, dans une lettre à l'*Indépendance*, que ceux des Parisiens qui fuyaient Paris devant la Commune, une fois en province déblatéraient contre la Commune ? Non. Contre Versailles !

L'état de Paris était encore plus pathologique que politique. La surexcitation cérébrale des derniers mois éclatait en un immense accès. La presse d'ailleurs, les images appendues aux kiosques, aux devantures des libraires, les spectacles de la rue,

sauraient être des crimes sous la République. Mais alors on peut vous faire passer pour un vo'eur ou pour un espion !

« Citoyenne Pélagie DOMBROWSKI,

« 45, rue Vavin. »

Presque en même temps que cette lettre, on trouvait, parmi les extraits des feuilles allemandes transmis par le gouvernement de la défense, la mention que voici :

« Le général Jaroslas Dombrowski, commandant la légion polonaise, n'ayant pas encore pris jusqu'à présent le commandement de son poste, Garibaldi a envoyé d'Autun la dépêche suivante à Gambetta :

« Citoyen, j'ai besoin de Jaroslaw Dombrowski, rue Va-« vin, 32, Paris. Si vous pouvez me l'envoyer par ballon, je « vous en serai très-reconnaissant.

« Votre dévoué,

« GARIBALDI. »

(1) Lettres de M. Labbe à l'*Écho du Nord*.

(2) Une lettre de M. A. G., aide de camp du prince de Poniatowski en 1812, 1813, conseiller d'État en 1831, dit (*Cloche* du 15 avril) :

« Dombrowski n'a jamais été élu chef de l'insurrection polonaise. Il n'a d'autre notoriété que celle qui lui a valu le long emprisonnement qu'il a dû subir comme impliqué dans le procès des faux billets de la Banque russe, procès qui s'est déroulé à la dernière session de la Cour d'assises de la Seine. »

Déclaration du comte Platen.

(1) Voir aux Documents complémentaires le tableau de ces élections.

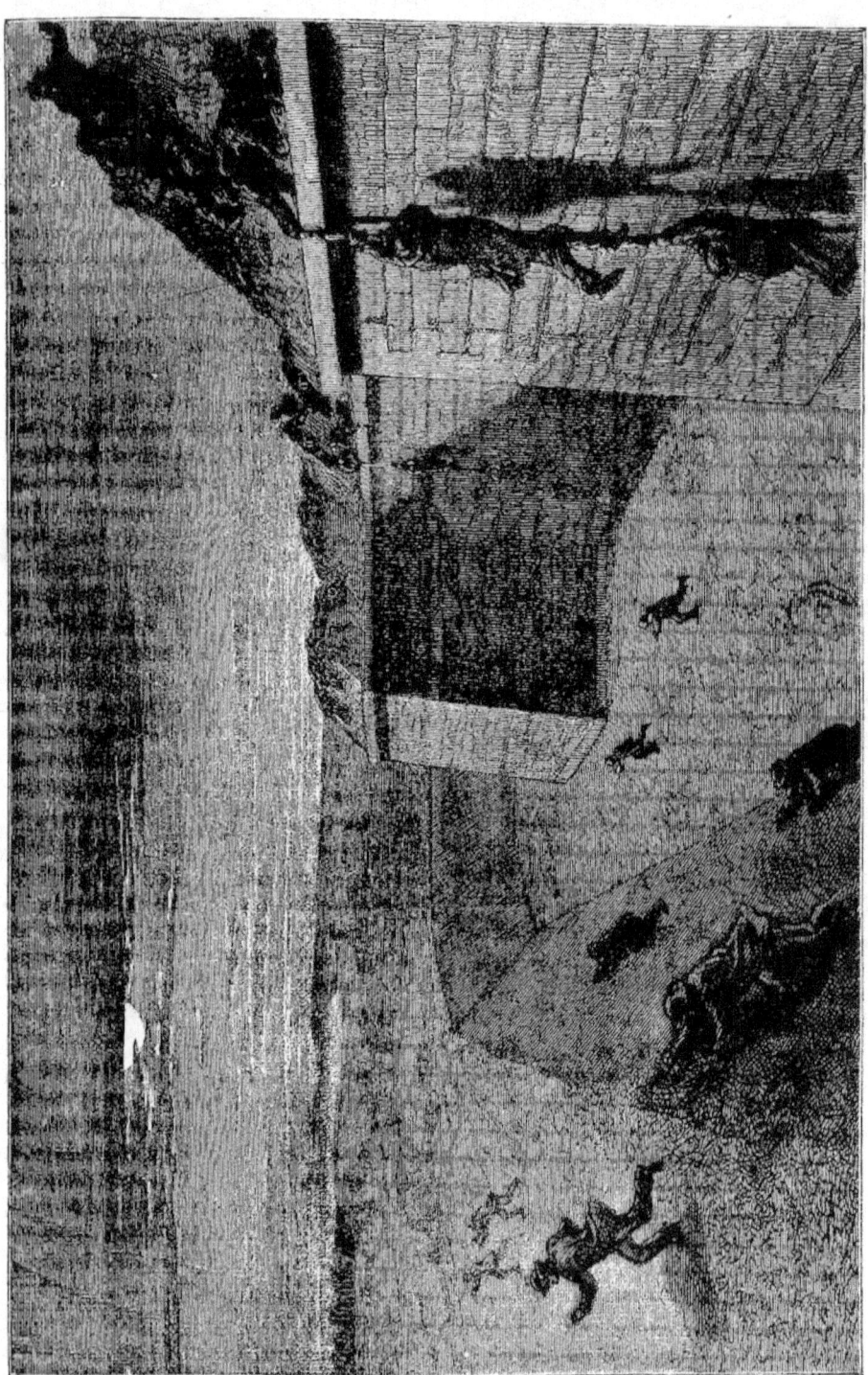

PARIS PENDANT LA COMMUNE. — Évasion nocturne de jeunes gens fuyant les levées de la Commune.

ces enterrements de fédérés, au son d'une musique lente et inoubliable, ces cercueils ombragés d'immenses drapeaux rouges ; les exagérations, les mensonges des journaux qui racontaient l'égorgement des prisonniers par les Versaillais (1), qui comptaient, chaque jour, les victoires des malheureux fédérés combattant, eux, pour les phraseurs qu'ils faisaient vivre et bien vivre ; ces tableaux éternels, qui faisaient sourdre l'épouvante et la rage étaient bien faits pour entretenir la fièvre terrible de Paris.

Parmi les journalistes dont le style coloré impressionna le plus ce peuple, il faut citer, au premier rang, Jules Vallès, rédacteur du *Cri du Peuple*. Apre et rude nature de révolté et d'affamé, en quête depuis des années de la réputation et de la fortune, demandant le succès au paradoxe et au hurlement, faisant le coup de feu et le coup de poing littéraire dans des journaux qu'il improvisait, qui paraissaient, disparaissaient, s'éteignaient comme des pièces d'artifice dont la poudre est éventée, plus acharné après tout nouvel échec, continuant avec un rire creux et sceptique l'œuvre de démolition entreprise et s'acharnant contre le passé avec des rages de collégien que le pensum écrase, et des haines d'envieux que le sentiment de l'impuissance condamne à l'éternelle paresse et à l'éternel courroux, tel était ou plutôt, car il vit, — tel est cet homme.

Il était le peintre coloré et puissant de toute une horde de déclassés et de héros, de tous ces gens qui traînent, à travers une société indifférente et vieillie, leurs chimères et leurs appétits, bohèmes et artistes déchus, dont la vie faite de hasard et de duperies a l'ironie curieuse d'un paradoxe longtemps soutenu, et la tristesse navrante d'une agonie de tous les jours. Il aimait à poétiser la guenille du mendiant, l'habit crasseux du joueur de vielle ou le maillot pailleté du saltimbanque. Ce monde des irréguliers et des réfractaires était son centre et son lieu d'études. Il n'aimait, de ce temps-ci, que les verrues et les hideurs. Il se plaisait, comme un des peintres flamands amis des cabarets, dans ces crêmeries où, pâle, efflanqué, le chapeau râpé, les poches gonflées de manuscrit, se grise l'utopiste interlope, rêvant d'amalgamer Brutus et Spinosa, tout en trempant son pain sec dans une tasse d'une mixture bizarre qu'on lui donne pour du lait.

Là étaient les modèles de Vallès, là aussi ses sympathies. Il avait vécu de cette existence d'acrobatie, tourmentée. Il avait longtemps demandé à je ne sais quelles industries inconnues et bizarres la nourriture de tous les jours, en allant enseigner

ciller à des Moldaves le latin qu'il avait oublié et les mathématiques qu'il ne savait pas, ou bien encore, moyennant cinq francs, rimant des couplets pour ces marchands de chansons qui débitent ces poésies à deux sous le cahier. Les faiseurs de refrains ont eu d'ailleurs beau jeu avec le gouvernement du Comité central. Un des généraux de la Commune, un des plus fameux, Okolowicz, chantait naguère lui-même ses productions populacières dans les cafés-concerts ou sur les planches de l'École lyrique. L'une de ces chansons débraillées, *Tum la Tum*, eut la vogue dans les tabagies. Béranger avait élevé la chanson jusqu'à l'ode, ces chansonniers la traînèrent jusqu'au ruisseau.

Vallès avait, au surplus, essayé de tout, jusqu'à porter des paquets et des hottes ; il avait eu des années lourdes à supporter ; quand il ne travaillait pas, il errait. Il me rappelait assez bien ces types curieux d'auditeurs qui vont aux cours de la Sorbonne ou du Collège de France pour tuer le temps, comme ils disent, et pour approcher du calorifère leurs mains gelées et leurs souliers humides et fumants. Il était lui-même, comme ses héros, un révolté et un réfractaire à toute idée saine et féconde. L'amour du paradoxe et la haine de l'antiquité l'ont poussé jusqu'à ce gouffre où il a disparu, emportant la réprobation de tous. « Il ne faut pas dire du mal de Nicolas, répétait un admirateur de Boileau, cela porte malheur. » Cette haine, en effet, a porté malheur à Vallès. Sans aucun doute, dans son enfance, pliant sous le fardeau des études classiques, bourré de latin et de grec, cheval de concours et d'examen, il avait dû ressentir contre toute cette érudition dont on voulait l'accabler, un courroux profond et farouche. Il en était sorti tout hérissé de colère ; de l'antiquité, de tout ce qui est la grâce ou la mâle fierté de la langue latine, de ce qui fait l'élégance charmante du génie grec, cet homme n'avait gardé qu'une sorte de pédantisme grognon qu'il appliquait, comme une machine de guerre, à la démolition de l'antiquité détestée. C'est lui qui, joyeux, au sortir de la représentation d'une opérette, où la fantaisie bachique du maestro faisait danser à l'Olympe je ne sais quelle ronde épileptique et repoussante, joyeux du sacrilège, envoyait l'*Iliade* aux quais littéraires et le « vieil Homère » aux Quinze-Vingts. « On nous rassasie de gravité et de morale ! On nous écrase avec le passé ! » Il donnait, ce moderne, un nom spécial à l'Antiquité : il l'appelait la Servitude, et, dans son ardeur de démolitions et de destruction, envieux de voir *sous l'incendie du bombardement flamber tout l'héritage du passé* : « le passé, disait-il, voilà l'ennemi. C'est qui me fait m'écrier dans la sincérité de mon âme : on mettrait le feu aux bibliothèques et aux musées, qu'il y aurait pour l'humanité, non pas perte, mais profit et gloire ! »

---

(1) M. Raoul du Bisson nous écrivant qu'il avait vu un gendarme enfoncer son sabre dans la plus vaste ignominie d'un fédéré.

Et quand on reprochait sérieusement à Vallès ses blasphèmes, il répondait : « Que voulez-vous ? j'ai tant souffert ! » Souffrir n'est rien, il faut savoir souffrir, il faut sortir de cette épreuve épuré et raffermi, avec plus de détachement que d'envie, et plus de dédain que de colère. D'autres aussi ont souffert, cachant leur misère ou leur douleur, et ne l'étalant pas au plein soleil, comme le cynique montrait ses haillons. Le mot est éternellement vrai pour tous ces Diogènes bruyants et pétris d'envie : « Je vois ta vanité à travers les trous de ton manteau. » Ils sont arrivés avec plus d'appétits que de croyances, peu préoccupés, en dépit de leurs professions de foi, de l'avenir et du salut de la République, mais inquiets plutôt de leur personnalité et de leur avenir, las de lutter, las d'attendre, affamés et demandant une place au festin, la plus commode et la plus large. Gens peu convaincus au demeurant, et qui font de l'horrible comme ils feraient du séraphique, selon la mode, le caprice qui court, ou le vent qui souffle; semblables à ces peintres de hasard et de pacotille, qui copient tantôt Raphaël et tantôt Goya, Watteau ou Téniers, au gré de l'acheteur et de la vente. Ils se traînent dans les sentiers boueux que foulait le sabot du Père Duchêne, comme ils eussent lancé leur barque sur le lac où soupirait Elvire. La poésie tombant au rebut, ils ont fait de la prose, de la prose horrible et saignante, et après avoir tenu un débit d'encens, plus d'un a osé ouvrir un étal de boucher. De qui sont les vers, qu'on lit plus bas, et que je copie dans un volume oublié, publié en 1867, LES FLOCONS (1) ? Exécrables d'ailleurs, sans couleur et sans harmonie, de quel nom sont signés ces vers religieux ? Du nom d'un jeune homme qui revendiquait pour lui ce titre, le Père Duchêne, qu'il avait exploité deux ans auparavant, et qui, à côté du Père Duchêne d'Eugène Vermersch, publiait le vrai Père Duchêne, celui de Gustave Maroteau. Hier, célébrant sainte Cécile, aujourd'hui criant : Vive la sociale ! on les prend ainsi en flagrant délit de mysticisme et brûlant des cierges aux madones qu'ils démoliront demain, ces farouches fondateurs du Faubourg et de la Montagne; une autre pièce du recueil de M. Maroteau a pour titre : A l'âme de ma Sœur.

Qu'avais-tu fait, ma sœur, pour t'en aller si vite ?
Manquait-il donc un ange au grand concert des cieux ?

Et le premier essai littéraire de M. Vermersch fut un petit volume de vers, imprimé en caractères elzéviriens, un volume orné d'une épigraphe qui flatte peu aujourd'hui celui à qui elle fut empruntée, un livre poétique dont le titre paraît douloureusement ironique à côté des pages qu'a depuis signées l'auteur : les Printemps du cœur, par Eugène Vermersch, étudiant en médecine.

Je ne sais rien qui consterne plus profondément l'intelligence, la raison, qui fasse plus amèrement douter du culte viril qu'on a pour toute liberté, que la lecture du Père Duchêne, de ces feuillets tachés de boue et de sang. Et quand on songe que ces pastiches hideux ont été composés, non point par quelque exalté dont la souffrance a pu faire un furieux, non point par quelque homme du peuple, dont la lecture des terribles numéros d'Hébert a pu bouleverser le cerveau, mais par un fantaisiste et un amuseur, alignant ces vociférations lugubres comme il rimait jadis des verselets badins et provoquant au meurtre de Chaudey ou applaudissant à l'assassinat de Clément Thomas, comme il donnait à Paris-Caprice des historiettes du demi-monde, parfumées de poudre de riz. Pauvre peuple naïf, qui croyait vraiment à la personnalité faubourienne du Père Duchêne, et croyait que le marchand de fourneaux était bel et bien fort en gueule ! Sous le masque du forcené, il y avait un poëte de ruelles. Poëte, non ! S'il l'eût été, il fût demeuré poëte, c'est-à-dire fidèle à tout ce qui est noble et beau, rayonnant, pur, superbe et sain. Les poëtes ne prennent point, pour étrangler les gens, la corde de leur lyre.

Au surplus, Vermersch avait poussé le pastiche jusqu'à l'imitation du modèle. Hébert aussi écrivait, en manchettes, comme M. de Buffon, ses numéros hideux où pourtant il agitait des questions politiques que n'ont jamais soupçonnées ses plagiaires. Cet Hébert, ce dictateur de l'opinion fangeuse, portait des gants blancs, soupait aux restaurants à la mode, chez Roze, le cuisinier fameux de la rue Grange-Batelière, et vivait, comme son plagiaire, en muscadin, tout en écrivant en fort de la halle. « Y a-t-il rien, lui disait l'auteur du Vieux Cordelier, rien de plus dégoûtant, de plus ordurier que la plupart de tes feuilles? Ne sais-tu donc pas, Hébert, que quand les tyrans d'Europe veulent avilir la République, quand ils veulent faire croire à leurs esclaves que la France est couverte des ténèbres de la barbarie, que Paris, cette ville si vantée par son atticisme et son goût, est peuplée de vandales ; ne sais-tu pas, malheureux, que ce sont

---

(1)   SANCTA CECILIA
                    A ma mère.

C'est concert aujourd'hui dans le pays des anges,
Tous les blancs chérubins unissent leurs accords
Pour célébrer Cécile et chanter ses louanges
    Dans leurs divins transports.

Écoutez, ô mortels, cette tendre harmonie,
Douce comme un zéphyr par un soir de printemps;
Cette lyre qui vibre est la voix du génie
    Aux amoureux accents.

. . . .

..... Maintenant c'est fini ! Le gai ruisseau murmure,
Et les petits oiseaux disent leurs chants joyeux :
Le feuillage s'agite... Admirons la nature
    Et la beauté des cieux !

des lambeaux de ces feuilles qu'ils insèrent dans leurs gazettes, comme si le peuple était aussi bête, aussi ignorant que tu voudrais le faire croire à M. Pitt; comme si on ne pouvait lui parler qu'un langage aussi grossier; comme si tes saletés étaient celles de la nation; comme si un égout de Paris était la Seine? »

L'anathème de Camille Desmoulins retombe encore sur ces pasticheurs lugubres, et je ne saurais trouver mieux pour les clouer au pilori.

Cependant la dictature militaire de Cluseret n'avait pas produit le résultat excellent qu'en attendaient les membres de la Commune de Paris. L'armée de Versailles resserrait autour de l'enceinte son demi-cercle chaque jour plus puissant. L'armée de la défense de Paris comprenait maintenant deux commandements : de Saint-Ouen au Point-du-Jour, Dombrowski commandait. Son quartier général était à La Muette. Du Point-du-Jour à Bercy, le général était Wrobleski (quartier général à Gentilly). La Cécilia commandait l'intérieur de Paris (1).

Déjà des dissensions avaient eu lieu entre Cluseret et quelques-uns de ses subordonnés. Des gens bien informés veulent que le général Okolowicz ait été blessé par Cluseret lui-même dans son cabinet

(1) « Le colonel La Cécilia est nommé commandant de la place avec le grade de général, disait à ce moment le *Rappel*.

« Le citoyen La Cécilia est né à Tours. Pour ne pas servir l'empire, il s'engagea dans l'armée italienne, où il fit les campagnes de 1859-1860. Il fut blessé deux fois et parvint au grade de capitaine du génie. Après la guerre, il rentra en France.

« Quand éclata la guerre avec la Prusse, La Cécilia fit taire ses sentiments politiques pour ne songer qu'à la France, et partit lieutenant dans les francs-tireurs de Paris. C'est dans ce corps qu'il parvint au grade de colonel, après s'être distingué aux affaires d'Ablis, de Varize, et pour avoir dirigé la brillante affaire d'Alençon.

« Après le 18 mars, il est entré au service de la Commune de Paris comme colonel chef d'état-major du général Eudes. Aujourd'hui, il occupe le premier poste militaire de la ville de Paris.

« La Cécilia a trente-six ans. Ce n'est pas seulement un soldat, c'est un homme du monde et un érudit. Il a longtemps étudié en Allemagne. Il sait vingt-six langues orientales et européennes, et passe pour un mathématicien extrêmement distingué. »

Voici quel était le premier soin de ce *mathématicien* arrivant au pouvoir : se procurer des conserves et du bordeaux.

La minute de la lettre qui suit a été trouvée dans les archives des citoyens Gustave May, intendant général, et Elie May, intendant divisionnaire de la Commune, ci-devant négociants en pierres fines, à Paris.

Elle prouve que si les frères May ont vu, même sous la Commune, suspecter leur administration, ils étaient poussés sur une certaine pente par l'état-major tout entier. Si tous ne comprenaient aussi bien le latin que La Cécilia, les uns et les autres étaient dignes de s'entendre sur le reste.

RÉPUBLIQUE FRANÇAISE
GARDE NATIONALE DU DÉPARTEMENT DE LA SEINE
État-major général.

« Cher citoyen,

« *Promissio boni viri est obligatio* : Avec la cordialité qui vous distingue vous m'avez promis :

au ministère de la guerre. On expliqua cependant autrement la blessure (1).

Toujours est-il que, soupçonné tout bas de mollesse et même accusé tout haut de trahison, Cluseret ne devait pas conserver longtemps le pouvoir. Le 30 avril, la Commune de Paris rendait le décret suivant :

« La Commune de Paris,

« Considérant qu'en acceptant les fonctions de délégué à la guerre, le citoyen Cluseret en subissait la pleine et entière responsabilité;

« Que cette responsabilité s'applique aussi bien à l'insuffisance qu'à la trahison dont nous ne l'accusons pas;

« Qu'il résulte évidemment des faits qui se sont écoulés que le citoyen Cluseret a été au-dessous d'une tâche qu'il avait acceptée;

« Qu'en outre sa situation dans l'affaire Rossel n'est pas clairement établie;

« Qu'il importe, à ces points de vue, dans un intérêt de salut public, que cette détention soit maintenue;

« Arrête :

« Le citoyen Cluseret sera maintenu en état d'arrestation jusqu'à la fin des événements militaires actuels.

« Il sera détenu à Sainte-Pélagie.

« *Signé* : ARNOLD, VAILLANT, TRINQUET, DUPONT (Clovis).

Ce même jour, la Commune de Paris appelait à la délégation de la guerre un jeune homme dont la résolution et l'énergie implacables s'étaient déjà montrées dans les conseils de guerre et qui, la veille, officier du génie, puis chef d'état-major de Cluseret, allait désormais occuper le premier poste militaire de Paris en armes. C'était J. Nathaniel Rossel. La Commune le nomma délégué à la guerre à *titre provisoire*.

Le second siège de Paris allait entrer dans sa seconde phase.

Pendant ce temps, l'étranger regardait, auscultait cette grande agonisante : la France. M. de Bis-

« 1° Deux épées avec *double fourreau* et dragonnes (sic);
« 2° Des cigares;
« 3° Des boites de conserves, et surtout des boites d'asperges, et enfin, hélas ! deux pièces de vin, une de Bourgogne et l'autre de Bordeaux.

« Depuis trois jours je suis comme sœur Anne, mais je ne vois rien venir.

« *His eripe me, invicte, malis!*
« Salut et fraternité,

« *Le général commandant la place,*
« N. LA CÉCILIA.

« Paris, le 27 avril 1871. »

(1) « Levallois, 28 avril.

« Pour la deuxième fois, une tentative d'assassinat a été commise sur le colonel Okolowicz. La réussite d'un semblable projet *autoriserait toutes sortes de représailles.* »

(*Dépêche de la fédération républicaine de la garde nationale.*)

Gustave Chaudey.

marck, pressé d'intervenir, disait aux siens de patienter, de ne pas réconcilier deux partis ennemis par l'intervention étrangère, et le *Times*, dans une lettre d'un officier anglais, parlait de cette Commune qu'il appelait un « cauchemar de Callot ». Puis, expliquant la possibilité d'un tel accident historique : « Les classes riches manquent un peu de courage et d'esprit du devoir », disait-il en raillant les *gourmets de Paris qui bâillent au théâtre*. Et il mettait au compte de *l'esprit de démoralisation* qui nous mine de telles plaies, de telles fièvres sociales. Puis, parlant à son tour de la possibilité d'une intervention prussienne. « Alors, disait cet étranger, plus attristé que nous-mêmes du spectacle que nous donnions au monde, alors l'humiliation de la France atteindrait le dernier degré, et le sceau de l'abjecte dégradation serait mis pour jamais sur la tête de la belle, noble et brave nation qui a produit Duguesclin et Bayard. »

Le sort a permis que cette honte nous fût épargnée, et c'est peut-être la seule consolation qu'on éprouve lorsqu'on se reporte vers ces terribles jours d'épreuve et ces tragiques souvenirs de la guerre sociale.

81ᵉ LIVR.

DOCUMENTS COMPLÉMENTAIRES DU CHAPITRE IV

N° 1.
LA COMMUNE DE PARIS AUX DÉPARTEMENTS

Vous avez soif de vérité, et, jusqu'à présent, le gouvernement de Versailles ne vous a nourris que de mensonges et de calomnies.

C'est le gouvernement de Versailles qui a commencé la guerre civile en égorgeant nos avant-postes, trompés par l'apparence pacifique de ses sicaires; c'est aussi ce gouvernement de Versailles qui fait assassiner nos prisonniers, et qui menace Paris des horreurs de la famine et d'un siège, sans souci des intérêts et des souffrances d'une population déjà éprouvée par cinq mois d'investissement. Nous ne parlerons pas de l'interruption du service des postes, si préjudiciable au commerce, de l'accaparement des produits de l'octroi, etc., etc.

Ce qui nous préoccupe avant tout, c'est la propagande infâme organisée dans les départements par le gouvernement de Versailles pour noircir le mouvement sublime de la population parisienne. On vous trompe, frères, en vous disant que Paris veut gouverner la France et exercer une dictature qui serait la négation de la souveraineté nationale. On vous trompe, lorsqu'on vous dit que le vol et l'assassinat s'étalent publiquement dans Paris. Jamais nos rues n'ont été plus tranquilles. Depuis trois semaines, pas un vol n'a été commis, pas une tentative d'assassinat ne s'est produite.

Paris n'aspire qu'à fonder la République et à conquérir ses franchises communales, heureux de fournir un exemple aux autres communes de France.

Si la Commune de Paris est sortie du cercle de ses attributions normales, c'est à son grand regret, c'est pour répondre à l'état de guerre provoqué par le gouvernement de Versailles. Paris n'aspire qu'à se renfermer dans son autonomie, plein de respect pour les droits égaux des autres communes de France.

Quant aux membres de la Commune, ils n'ont d'autre ambition que de voir arriver le jour où Paris, délivré des royalistes qui le menacent, pourra procéder à de nouvelles élections.

Encore une fois, frères, ne vous laissez pas prendre aux monstrueuses inventions des royalistes de Versailles. Songez que c'est pour vous autant que pour lui que Paris lutte et combat en ce moment. Que vos efforts se joignent aux nôtres, et nous vaincrons, car nous représentons le droit et la justice, c'est-à-dire le bonheur de tous par tous, la liberté pour tous et pour chacun sous les auspices d'une solidarité volontaire et féconde.

La commission exécutive :
COURNET, DELESCLUZE, FÉLIX PYAT, TRIDON, VAILLANT, VERMOREL.

Paris, le 6 avril 1871.

N° 2.
COMMUNE DE PARIS
ÉLECTIONS DU 16 AVRIL 1871

La Commission nommée pour la validation des élections du 16 avril avait déposé le rapport suivant :

Considérant que, dans certains arrondissements, un grand nombre d'électeurs se sont soustraits par la fuite à leur devoir de citoyens et de soldats, et que, dans les graves circonstances que nous traversons, nous ne saurions tenir compte pour la validité des élections du nombre des électeurs inscrits ; nous déclarons qu'il est du devoir de la Commune de valider toutes les élections ayant obtenu la majorité absolue sur le nombre des votants.

Premier arrondissement.

(Inscrits : 21,360.)

4 conseillers à élire ; votants, 3,271, dont la moitié plus 1 est 1,636. Sont élus les citoyens :

Vésinier : 2,626, — Cluseret : 1,968, — Pillot : 1,748, — Andrieu : 1,736.

Deuxième arrondissement.

4 conseillers à élire ; votants, 3,601, dont la moitié plus 1 est 1,801. Sont élus, les citoyens :

Pothier : 3,352. — Serrailler : 3,141. — Durand : 2,874. — Johannard : 2,804.

Troisième arrondissement.

(Inscrits : 28,133.) Pas d'élus.

Sixième arrondissement.

(Inscrits : 24,000.)

3 conseillers à élire ; votants, 3,469, dont la moitié plus 1 est 1,735.

Courbet : 2,418. — Rogeard : 2,292.

Septième arrondissement.

(Inscrits : 22,092.)

1 conseiller à élire ; votants, 1,939, dont la moitié plus 1 est 970.
Sicard : 1,699.

Huitième arrondissement.

(Inscrits : 17,825.) Pas d'élus.

Neuvième arrondissement.

(Inscrits : 26,608.)

5 conseillers à élire ; votants, 3,176, dont la moitié plus 1 est 1,589.
Briosne : 2,456 (1).

Douzième arrondissement.

2 conseillers à élire ; votants, 5,423, dont la moitié plus 1 est 2,762.
Philippe : 3,483, — Lonclas : 2,816.

Treizième arrondissement.

Pas d'élus.

(1) MM. Rogeard et Briosne récusèrent un mandat obtenu à une aussi infime majorité.

Seizième arrondissement.

(Inscrits : 8,402.)

2 conseillers à élire ; votants, 1,590, dont la moitié plus 1 est 796.
Longuet : 1,053.

Dix-septième arrondissement.

2 conseillers à élire ; votants, 4,848, dont la moitié plus 1 est 2,425.
Dupont : 3,450.

Dix-huitième arrondissement.

2 conseillers à élire ; votants, 10,068, dont la moitié plus 1 est 5,035.
Cluseret : 8,480, — Arnold : 5,402.

Dix-neuvième arrondissement.

1 conseiller à élire ; votants, 7,090, dont la moitié plus 1 est 3,546.
Menotti Garibaldi : 6,076.

Vingtième arrondissement.

2 conseillers à élire ; votants, 9,204, dont la moitié plus 1 est 4,603.
Viard : 6,968, — Trinquet : 6,771.

Les conclusions du rapport sont adoptées par la Commune à la majorité des voix : 26 pour, 13 contre.

CHAPITRE V

LES DIX JOURNÉES DE ROSSEL

Rossel. — Son passé. — Sa démission d'officier. — Surprise du fort d'Issy. — Rossel reprend possession du fort. — Il essaye de réorganiser les services de la Commune. — État des esprits dans Paris. — Les finances de la Commune. — Nomination du Comité de salut public. — Les dissidents. — Progrès de l'armée de Versailles. — Proclamation de M. Thiers aux Parisiens. — Les clubs. — Les théâtres et les concerts. — Les troupes de la Commune évacuent le fort d'Issy. — Rossel est accusé de trahison. — Il se dérobe aux recherches. — DOCUMENTS COMPLÉMENTAIRES.

L'homme que la Commune appelait au commandement en chef des forces militaires de Paris, avait été attaché à la place de Metz comme capitaine du génie pendant la guerre contre la Prusse. Caractère résolu, entier, indomptable, dévoré d'une ambition que légitimaient ses qualités remarquables de mathématicien et de penseur, Rossel n'avait pu voir sans un profond courroux la façon dont avait été conduit le siége de Metz par le maréchal Bazaine et le général Coffinières de Nordeck. Plus d'une fois, durant le blocus, il s'était montré exaspéré contre la direction donnée aux opérations militaires par les chefs chargés de défendre un boulevard aussi important que Metz. On l'avait vu même se compromettre au point de se mettre à la tête d'un complot dont le but était de se saisir du maréchal Bazaine, de le remplacer par un autre général, et de tenter de vaincre l'ennemi sous ce nouveau chef. Arrêté et enfermé dans la citadelle, Rossel avait été sauvé, au moment de la capitulation, par un commandant d'état-major qui l'avait laissé échapper. Le jeune officier du génie, s'évadant alors et traversant les lignes prussiennes sous un déguisement de roulier ou de paysan, était passé en Belgique où, le premier, dans l'*Indépendance belge*, il avait protesté au nom de l'armée contre la conduite de Bazaine, et de là il s'était rendu à Tours, auprès de M. Gambetta, qui l'avait alors chargé d'inspecter les places fortes du nord de la France. Nommé, au retour de cette mission, colonel auxiliaire et directeur du génie au camp formé à Nevers, il occupait encore ce poste lorsque la paix de Bordeaux fut conclue et lorsque éclatèrent à Paris les événements du 18 mars.

Esprit décidé, impatient du joug, à la fois puritain et exalté, comme un protestant nîmois qu'il était, Rossel sembla saisir d'un bond l'occasion qui s'offrait de jouer un rôle à la hauteur de son désir. Ce jeune homme de vingt-huit ans, d'une force cérébrale peu commune, aspirait à de vastes destinées. Il crut les voir s'ouvrir, et se jeta sans calculer, emporté, dans la voie nouvelle qui s'ouvrait devant lui. Dans cette nature de prime-saut, il y avait un peu du Don Quichotte. On a publié les *Notes et Pensées* de Rossel où justement il compare le fou Don Quichotte au sage Sancho. « Quel est le fou, dit-il, quel est le sage ? L'hôte a la face bestiale, le ventre énorme, les bajoues pendantes; le chevalier a la tête fière, le regard profond et un peu attristé. L'un se soucie de son bien et arrondit sa panse : l'autre se soucie des misères du monde et cherche des torts à redresser. L'un sert son intérêt, qu'il connaît ; l'autre sert l'intérêt d'autrui, qu'il ne connaît pas. Quel est le fou, quel est le sage ? N'importe, lève-toi, Don Quichotte, ces gens ne te comprennent pas ; viens, endosse ton armure, allons combattre les moulins à vent. » Et c'est ainsi que Rossel partit pour Paris le 19 mars 1871, après avoir écrit la lettre que voici :

« Camp de Nevers, 19 mars 1871.

« *A M. le général ministre de la guerre, à Versailles.*

« Mon général,

« J'ai l'honneur de vous informer que je me rends à Paris pour me mettre à la disposition des forces gouvernementales qui peuvent y être constituées. Instruit par une dépêche de Versailles, rendue publique aujourd'hui, qu'il y a deux partis en lutte dans le pays, je me range sans hésitation du côté de celui qui n'a pas signé la paix, et qui ne compte pas dans ses rangs de généraux coupables de capitulation.

« En prenant une aussi grave et aussi doulou-

PARIS PENDANT LA COMMUNE. — Les barricades de la place de la Concorde.

reuse résolution, j'ai le regret de laisser en suspens le service du génie du camp de Nevers, que m'avait confié le gouvernement du 4 septembre. Je remets ce service, qui ne consiste plus qu'en arrêté d'articles de dépenses et remises de comptabilité, à M. Finat, commandant du génie auxiliaire, homme intègre et expérimenté, qui est resté sous mes ordres, par ordre de M. le général Vergne, en vertu de votre dépêche en date du 5 du mois courant.

« Je vous informe sommairement par lettre adressée au bureau du matériel de l'état dans lequel je laisse le service.

« J'ai l'honneur d'être, mon général, votre très-obéissant et dévoué serviteur.

« ROSSEL. »

Rossel cédait à un élan irréfléchi en abandonnant son poste et en se tournant du côté de ceux qui « n'avaient pas signé la paix ». Il dut cependant se convaincre bientôt que ce n'était pas précisément la haine de l'ennemi de la patrie qui faisait agir les hommes du 18 mars, et que la réalisation de leurs rêves communistes ou jacobins était la cause déterminante de l'ardeur qu'ils apportaient dans la guerre civile. Il n'était pas permis à Rossel d'hésiter un moment. Puisqu'il était patriote, il devait deviner de quel côté était le patriotisme. Mais, ignorant de Paris et des courants divers qui entraînaient la population, peut-être espéra-t-il encore pouvoir dominer et unifier les éléments disparates contre lesquels il venait se heurter. Cette illusion, il devait la payer de sa vie.

Implacable d'ailleurs, emporté par des sentiments de puritanisme, altier et dur, il accepta, après le grade de chef de légion, l'emploi de président de cour martiale, tribunal révolutionnaire qui devait porter des condamnations à mort. Il a expliqué dans un de ses *écrits posthumes* pourquoi il avait accepté de telles fonctions, et l'explication donnée semble rendre plus étrange encore et plus triste sa conduite : « Si j'ai, dit-il, à me défendre de l'accusation d'ambition, l'acceptation douloureuse que je fis de cette charge est peut-être l'argument le plus fort que je puisse produire. *Quel intérêt a un ambitieux à se souiller les mains?* J'aurais été un ambitieux bien sot ou bien dépourvu d'étude, *d'aller ensanglanter mon nom dans des fonctions subalternes.* » Rossel donne cette acceptation comme un sacrifice fait par lui à la Révolution. Mais on ne se sacrifie à une cause qu'en s'immolant soi-même, et non en condamnant les autres. C'est sans doute par ce même sentiment qu'il accepta les fonctions de délégué à la guerre qui lui furent offertes par la Commune.

Il répondait bientôt affirmativement, et les journaux publièrent sa lettre aux citoyens membres de la Commission exécutive.

« Citoyens,

« J'ai l'honneur de vous accuser réception de l'ordre par lequel vous me chargez, à titre provisoire, des fonctions de délégué à la guerre.

« J'accepte ces difficiles fonctions, mais j'ai besoin de votre concours le plus entier, le plus absolu, pour ne pas succomber sous le poids des circonstances.

« Salut et fraternité.

« 30 avril 1871.
 « *Le colonel du génie,*
 « ROSSEL. »

Au moment où Rossel acceptait la succession de Cluseret, les troupes de Versailles venaient de remporter sur les fédérés un avantage marqué. Dans la nuit du 29 au 30, une tranchée située sur la droite du fort d'Issy, avait été surprise par les troupes du général Faron, avec la batterie qu'elle couvrait. Le cimetière, les carrières et le parc d'Issy étaient demeurés aux mains de l'armée régulière. « Mégy, écrit Rossel lui-même, Mégy, l'incapable commandant du fort, voyant au matin l'ennemi s'étendre sur sa droite *avait pris peur* et évacué le fort avec la garnison. » Ce fut alors que Cluseret, réunissant quelques troupes, réoccupa le fort : il devait être arrêté, par ordre de la Commune, au retour de cette expédition.

Les troupes du général Faron n'avaient pas essayé d'enlever d'assaut le fort d'Issy. Un complot dont faisaient partie Billioray et le commandant Sérizier, du 101ᵉ fédérés, devait leur en ouvrir les portes. L'arrivée soudaine de Rossel déjoua ces projets. Le nouveau délégué à la guerre fit consigner Mégy, envoya au fort d'Issy le général Eudes « *qui n'y alla qu'à contre-cœur* » (Rossel, *Œuvres posthumes*) et se montra, dès ce moment, implacable. Dans la soirée du 30, un parlementaire avait été envoyé au fort d'Issy, porteur de cette sommation du major de tranchée :

SOMMATION

« Au nom et par ordre de M. le maréchal commandant en chef l'armée, nous, major de tranchée, sommons le commandant des insurgés, réunis en ce moment au fort d'Issy, d'avoir à se rendre, lui et tout le personnel enfermé dans ledit fort.

« Un *délai d'un quart d'heure* est accordé pour répondre à la présente sommation.

« Si le commandant des forces insurgées déclare, par écrit, en son nom et au nom de la garnison tout entière du fort d'Issy, qu'il se soumet, lui et les siens, à la présente sommation, sans autre condition que d'obtenir la vie sauve et la liberté, moins l'autorisation de résider dans Paris, cette faveur sera accordée.

« Faute par lui de ne pas répondre dans le délai indiqué plus haut, toute la garnison sera passée par les armes.

« Tranchées devant le fort d'Issy,

« 30 avril 1871. »

« *Le colonel d'état-major de tranchée,*
 « R. LEPERCHE. »

Le lendemain, le général Eudes remit au parlementaire cette réponse du successeur de Cluseret:

« Paris, 1ᵉʳ mai 1871.

« *Au citoyen Leperche, major des tranchées, devant le fort d'Issy.*

« Mon cher camarade,

« La prochaine fois que vous vous permettrez de nous envoyer une sommation aussi insolente que votre lettre autographe d'hier, je ferai fusiller votre parlementaire, conformément aux usages de la guerre.

« Votre dévoué camarade,

« ROSSEL,

« Délégué de la Commune de Paris. »

Les négociations étaient donc rompues, et le siège du fort continuait. Dans la nuit du 1ᵉʳ au 2 mai, les troupes de Versailles emportaient la gare de Clamart et le château d'Issy. Ce qui n'empêchait point le *Journal officiel* de la Commune de publier, chaque jour, des dépêches semblables à celles-ci : « *Feu ennemi éteint. — Versaillais repoussés. — Gare de Clamart trois fois attaquée: ils sont repoussés vigoureusement.* » Ces dépêches mensongères entretenaient la colère et la résistance de Paris, des pauvres dupes souvent braves et résolus qui donnaient leur sang pour une cause mal définie et déjà déconsidérée par ceux qui prétendaient la diriger.

Rossel, depuis qu'il était arrivé au pouvoir, éprouvait, à voir de près le fonctionnement de la Commune, une impression profondément navrée et amère. Il avait essayé de mettre dans le vaste désordre de cette administration et de cette intendance, une sorte de régularité improbable. Il prétendait réduire aux tarifs en vigueur dans l'armée les prestations allouées aux gardes nationaux. Il voulait lutter de toute son énergie contre l'ivresse qui rendait souvent incapables de lutte des compagnies entières. Il perdait, à essayer de faire de l'ordre avec ce désordre, la plus grande partie de son temps et le meilleur de son énergie.

« La meilleure partie de mon temps, a-t-il écrit lui-même (*Œuvres posthumes*), était certainement prise par les importuns et les inutiles, les délégués de toute provenance, les hommes à inventions, les quémandeurs de renseignements, et surtout les officiers et les gardes qui quittaient leur poste pour venir faire des plaintes de leurs chefs ou de leurs armes, ou du défaut de vivres et de munitions.

« Il y avait aussi, un peu partout, des chefs particuliers qui n'acceptaient pas ou n'exécutaient pas les ordres. Chaque arrondissement avait son comité, nul, hargneux, jaloux; l'artillerie était séquestrée par un comité analogue, relevant aussi de la Fédération, et qui était une rare collection d'incapables. Chaque monument, chaque caserne, chaque poste avait son commandant militaire, et ce commandant militaire avait son état-major et souvent sa garde en permanence : tous ces produits spontanés de la Révolution n'avaient d'autre titre et d'autre règle que leur bon plaisir, le droit du premier occupant et la tranquille prétention de rester en place sans rien faire.

« On voyait des médecins se promener avec les galons et l'escorte de général, des concierges de caserne équipés en officiers supérieurs ; tout cela avait des chevaux, des rations et la solde.

« En revanche, la garde nationale manquait souvent de chefs. Les anciens cadres n'étaient plus obéis à cause des ordres de réélection ; les nouveaux cadres étaient contestés ou n'étaient pas encore élus; les bataillons tiraient prétexte de là pour ne pas marcher. Les élections des chefs de bataillon furent très-longues; celles des chefs de légion, impossibles. Un officier n'était pas plus tôt élu que les protestations contre son élection, les dénonciations contre ses opinions et son caractère, pleuvaient dans les bureaux du ministère, des Comités de la Fédération, de la Commune et de toutes les autorités qu'on imaginait. »

On conçoit quelle peine cet homme, écœuré d'un tel spectacle, se donna pour remédier à une telle organisation, à cette plaie de l'indiscipline. Mais lui-même n'y remédiait que par d'inutiles palliatifs. C'est lui qui nomma, par exemple, le cordonnier Gaillard, directeur d'une commission de barricades, qui fut aussi inutile que celle du siège (1). Cette nomination bizarre suffisait-elle pour donner quelque force à la défense de Paris? Certes, non, et Rossel, qui critiquait si bien et si vertement les abus de l'administration communale, subissait lui-même l'influence et tombait dans les mêmes errements.

---

(1) Le citoyen Gaillard père est chargé de la construction des barricades formant une seconde enceinte en arrière des fortifications. Il désignera ou fera désigner par les municipalités, dans chacun des arrondissements de l'intérieur, les ingénieurs ou délégués chargés de travailler sous ses ordres à ces constructions.

Il prendra les ordres du délégué à la guerre pour arrêter les emplacements de ces barricades et leur armement.

Outre la seconde enceinte indiquée ci-dessus, les barri-

La situation de la Commune était déjà, au 1ᵉʳ mai, bien précaire et, depuis un mois et demi qu'elle tenait le pouvoir, qu'elle était souveraine maîtresse d'une grande ville comme Paris, elle avait fait preuve de la plus notoire incapacité. Ceux-là mêmes qui, au premier moment, justement irrités contre l'assemblée de Bordeaux, anxieux du sort de la République, épris de cette idée, absolument logique de l'autonomie de la commune, s'étaient laissé aller à accepter des nouveaux venus et à vouloir bien attendre, pour les juger, de les avoir vus à l'œuvre, ceux-là, dégoûtés maintenant de tant d'infatuation, de tant de phrases couvrant un tel vide d'idées, irrités d'ailleurs de l'arbitraire déployé par les hommes de la Commune hostile à toute liberté, violant le domicile privé, arrêtant, comme on le vit pour Chaudey et pour M. Polo, un citoyen sur un soupçon, sur une dénonciation, sur une vengeance, les esprits sensés avaient dès longtemps pris parti contre cette tyrannie communale qui était la négation même de la commune libre, indépendante, organisée et vivace.

Les hommes de l'Hôtel de ville sentaient bien que l'esprit de Paris se détachait d'eux. Ils se sentaient isolés, perdus. Les mouvements analogues au mouvement parisien avaient été étouffés, nous le montrerons bientôt, en province. Les prétendus délégués provinciaux, les francs-maçons avaient beau faire, organiser des meetings ou planter leur bannière sur les remparts de Paris, la Commune ne trouvait aucune force réelle dans ces manifestations bruyantes. Les élections complémentaires, qui avaient réuni dans certains arrondissements un nombre dérisoire d'électeurs, montraient le vide chaque jour plus grand qui se faisait autour de la Commune, constamment tenue en échec, d'ailleurs par le Comité central sans cesse renouvelé.

Un écueil terrible pour ce gouvernement, c'était la question d'argent. « *Monnaie fait tout* » disait Riquetti. La Commune, du 20 mars au 30 avril, avait dépensé 23,138,069 francs. La Commune avait trouvé au Trésor, 4,658,112 francs. Elle avait fait main basse sur toutes les caisses des administrations et des établissements communaux; elle s'était fait donner 7,750,000 francs par la Banque, 2 millions par les chemins de fer; elle avait réquisitionné et fait fondre à la Monnaie l'argenterie de particuliers (M. Martin du Nord entre autres), les ornements précieux des églises ou des communautés religieuses (1).

---

cades comprendront trois enceintes fermées ou citadelles, situées au Trocadéro, aux buttes Montmartre et au Panthéon.

Le tracé de ces citadelles sera arrêté sur le terrain par le délégué à la guerre, aussitôt que les ingénieurs chargés de ces constructions auront été désignés.

Paris, le 30 avril 1871. *Le délégué à la guerre*:
ROSSEL.

(1) La Commune *réquisitionna* chez le maréchal Bazaine.

Bref, la Commune avait eu à sa disposition 26,013,916 fr., et elle avait dépensé 25,138,089 fr. ainsi répartis :

Délégation de la guerre	20,000,000
Intendance	1,813,318
Délégation du commerce	50,000
Enseignement	1,000
Comité central	15,651
Hôtel de ville	91,753
Commission de sûreté	225,039
Tabacs	91,922
Barricades	44,500

Du 20 mars au 30 avril, plus de *vingt-cinq millions* avaient été dévorés, gaspillés, jetés au vent par ces imprévoyants et ces gouvernants improvisés. Mais les millions fondaient trop vite à ce feu de forge de la guerre civile et Jourde, le délégué aux finances, voyait avec effroi les jours se suivre, les dépenses se succéder et les ressources de la Commune se tarir.

C'est pourquoi Rossel voulait exiger des économies sur la solde de la garde nationale. C'est pourquoi aussi Ch. Gérardin, membre de la Commune pour le dix-septième arrondissement, ancien voyageur de commerce, ami de Rossel qu'il avait fait nommer chef de légion, comme il avait fait donner des commandements militaires à Wrobleski et à Okolowicz, conçut le projet d'*annuler la Commune*, comme dit Rossel, en faisant mettre le pouvoir aux mains d'un *Comité de salut public*, composé des « membres jeunes » de la Commune. « Je laissai faire, ajoute Rossel, j'étais aussi ennemi de la Commune que pouvaient l'être les républicains sensés. » Rossel était d'avis qu'on pouvait sauver la Révolution en annulant la Commune. Mais, on le remarquera, c'était toujours dans des mots, non dans des faits, que ces hommes cherchaient le salut de leurs idées. Faire revivre le fameux Comité de salut public, à qui la France républicaine avait dû jadis de pouvoir repousser l'ennemi et reprendre ses frontières, leur semblait l'absolu moyen de victoire. Ils ne réfléchissaient ni à la différence des temps, ni à celle des situations. Ils évoquaient des ombres, ils en appelaient à des fantômes. Ils étaient en cela trop semblables à la France elle-même qui se repait depuis trop longtemps de glorieuses vapeurs, hélas ! évanouies !

Oui, certes, la France, et c'est là sa faiblesse profonde, depuis trop longtemps déjà, n'a plus de vigueur que dans son passé. Elle vit, ou plutôt elle meurt lentement de ses souvenirs. Tour à tour, elle s'effraye ou se rassure avec des mots, des spectres et des débris. Elle se dresse et court à la frontière en Juillet, certaine de la victoire parce qu'on lui rend la *Marseillaise* confisquée, et, déçue dans son espoir, elle se croit sauvée en Septembre parce qu'elle évoque les souvenirs de 92 et des volontaires d'autrefois. Pauvre et cher pays, hésitant, troublé, trébuchant dans son ignorance et dans sa nuit, n'osant point regarder, affronter la vérité en face et se fiant tout entier à des fantômes, pour trembler ensuite et reculer devant eux.

Voilà bientôt deux ans que la patrie se débat ainsi dans les plus terribles crises et les plus cruelles qu'elle ait traversées. Et, sauf quelques idées très-nettes qui ont groupé les plus sages et les plus réfléchis parmi nous, l'idée d'union pour la résistance pendant la guerre et de reconstruction politique et morale depuis la paix, vers combien d'illusions, de déceptions, de chimères, la nation s'est-elle laissé entraîner ! De combien d'enthousiasmes irréfléchis, de colères injustes, de fièvres malsaines n'a-t-elle pas été saisie ! Et, dans le chaos épouvantable, dans le choc des événements et des hommes, dans cette lutte dernière de la Commune, quelle idée nouvelle, je le répète, a surgi, quel mot de ralliement, je le redis encore, a été jeté qui ne soit pas un écho du passé, quel personnage a joué un rôle dont il n'ait pas emprunté le costume aux acteurs des drames d'autrefois ? Voilà ce qui est fait pour déconcerter et pour attrister. Mais voilà aussi ce qui rassure, lorsqu'on peut espérer que le spectacle de ces vanités ambitieuses passant, recouvertes de ces défroques usées sur la scène de l'histoire, lorsqu'on peut croire que la vue même de ces plagiats et de ces pastiches guérira à jamais le peuple de son goût pour les perpétuels recommencements et les refrains des autres temps.

Certes, l'œuvre du Comité de salut public où Carnot organisait la victoire, où Cambon sauvait et refaisait les finances, où l'âme même de la patrie palpitait dans six pieds carrés, dont l'écho faisait trembler le monde, certes, cette œuvre fut grande, et ceux qui l'entreprirent avaient mérité d'être invincibles. Mais ne comprenaient-ils pas, ceux qui, en 1871, sortaient ce passé de la profondeur des années, qu'ils le rapetissaient en le refaisant à leur taille et qu'on ne recommence pas deux fois, surtout en des temps débiles, le travail des géants?

Non, ils ne comprenaient pas. Encore un coup, ils pastichaient. Ils votaient, sur la proposition du citoyen Miot, que Paris avait un nouveau *Comité de salut public*. « Attendu, disait Félix Pyat, que le mot de salut public est absolument de *la même époque* que celui de République française et de Commune de Paris, je vote pour. » L'archéologie prenait le pas sur la politique.

Quelques membres protestaient contre cette création d'un *pouvoir dictatorial*. C'était : Andrieu

---

Chose étrange, parmi les objets pris chez le maréchal et transportés à la Monnaie on trouve deux *chasubles* de prêtres. Deux chasubles ! Et d'où venaient-elles? Du Mexique peut-être.

Paris pendant la Commune. — Club établi dans l'église Saint-Eustache.

Langevin, Ostyn, Vermorel, V. Clément, Theisz, Serrailler, Avrial, Malon, Lefrançais, Courbet, Eug. Gérardin, Clémence, Arthur Arnould, Beslay, Jourde et Jules Vallès.

L'ensemble du projet, mis aux voix, donna le résultat suivant :

Votants, 68. — Majorité absolue, 35.
Pour l'adoption......... 45
Contre. 23

Le décret était adopté. Il fut affiché ainsi :

« Paris, le 1ᵉʳ mai.
« La Commune
« DÉCRÈTE :

« Art. 1ᵉʳ. Un Comité de salut public sera immédiatement organisé.

« Art. 2. Il sera composé de cinq membres, nommés par la Commune, au scrutin individuel.

« Art. 3. Les pouvoirs les plus étendus sur toutes les délégations et commissions sont donnés à ce Comité, qui ne sera responsable qu'à la Commune. »

Les premiers membres de la Commune, nommés membres du Comité de salut public, étaient les citoyens : Antoine Arnaud, Léo Meillet, Ranvier Félix Pyat et Charles Gérardin.

Cette création d'un *Comité de salut public*, sans donner de la force à la Commune, jeta quelque terreur dans Paris. Que si les gouvernants de l'Hôtel de ville tenaient à cette *auréole de crainte* dont voulait se parer Napoléon Iᵉʳ, ils avaient réussi à l'obtenir. Un certain sentiment de crainte se manifestait, d'ailleurs, depuis que Rossel tenait le pouvoir militaire. On sentait qu'il était prêt à tout. Sa main rigide se faisait sentir. Ce fut peu après cette époque qu'il publiait cet ordre terrible défendant de cesser le feu pendant le combat :

« Il est défendu d'interrompre le feu pendant un combat, quand même l'ennemi lèverait la crosse en l'air *ou arborerait le drapeau parlementaire*.

« Il est défendu, sous peine de mort, de continuer le feu après que l'ordre de le cesser a été donné, ou de continuer à se porter en avant lorsqu'il a été prescrit de s'arrêter. Les fuyards et ceux qui resteront en arrière isolément seront sabrés par la cavalerie ; s'ils sont nombreux, ils seront canonnés. Les chefs militaires ont, pendant le combat, tout pouvoir pour faire marcher et faire obéir les officiers et soldats placés sous leurs ordres.

« Paris, le 9 mai 1871.

« *Le délégué à la guerre*,
« ROSSEL. »

Mais, encore un coup, ce n'était pas avec ces sévérités qu'on décrétait la victoire. Le désordre était à son comble, Avrial avait beau se charger de l'artillerie, Bergeret de l'habillement, Arnold de la révision des grades, Tridon vainement faisait arrêter les frères May, intendants généraux, coupables de détournements. Peu importait. La situation de l'intendance semblait déjà perdue. Eudes, envoyé par Rossel au fort d'Issy constamment canonné par les troupes de Versailles, *ne songeait plus*, dit Rossel, qu'à en sortir (1). Il avait pris son quartier « dans la casemate la plus obscure et la moins exposée de tout le fort (2). » Le Comité de salut public, où Félix Pyat était tout-puissant, envoya alors à Issy le général Wrobleski. Pendant l'absence de celui-ci, les troupes de Versailles s'emparèrent de la redoute du Moulin-Saquet qui dépendait de son commandement. Rossel alla se plaindre à la Commune du déplacement de Wrobleski ordonné par Félix Pyat, et le rédacteur en chef du *Vengeur* offrit sa démission de membre du Comité de salut public. Cette rivalité devait causer peu après la retraite de Rossel que quelques-uns accusaient déjà tout haut de jouer « au petit Bonaparte (3). »

La situation militaire de Paris s'aggravait cependant de jour en jour, on pourrait presque dire d'heure en heure. M. Thiers avait rédigé et fait afficher une proclamation que reproduisirent les journaux de la Commune et où il disait aux Parisiens, les adjurant de se sauver eux-mêmes : « Parisiens, pensez-y mûrement : dans très-peu de jours, nous serons dans Paris. La France veut en finir avec la guerre civile. Elle le veut, elle le doit, elle le peut. »

Cette proclamation excita une sourde colère chez la plupart des fédérés et chez d'autres un sentiment d'incrédulité absolue, presque joyeuse. L'insouciance d'une partie de la population, la persuasion que l'état de choses actuel, la crise effrayante pouvaient indéfiniment se prolonger, animaient bien des gens à Paris, qui ne doutaient pas de la victoire de la Commune et qui, surtout, ne se doutaient point que si l'armée de Versailles n'eût

(1) *Papiers posthumes*, p. 129.
(2) *Id.*, p. 132.
(3) Une lettre curieuse de Rossel parut dans la *Sociale*; elle était adressée à l'éditeur du *Times* :

« Il court dans les journaux une certaine calomnie qui ne m'aurait nullement inquiété si votre honorable feuille n'en avait endossé la responsabilité.

« On assure que j'ai demandé un grade à M. Thiers, qui me l'aurait refusé : il n'y a rien eu d'analogue. Dès la capitulation de Paris, tout lien était brisé entre l'armée française et moi, et je ne restai à mon poste que pour achever de régler l'importante comptabilité des travaux que j'avais exécutés.

« On dit qu'un dépit de jeune homme m'a jeté dans les rangs de la Révolution. Il n'y a point chez moi de dépit, mais une colère mûrement et longuement réfléchie contre l'ancien ordre social et contre l'ancienne France qui vient de succomber lâchement.

« Salut et fraternité.

« ROSSEL,
« *Délégué à la guerre.* »

pu triompher, l'armée prussienne intervenait immédiatement. Mais les nouvelles rassurantes des journaux, les déclamations des clubs entretenaient dans la foule une confiance indéracinable et seulement comparable à la crédulité colossale de Paris pendant les cruelles épreuves du premier siège.

Cette masse, comme disait Fitche, excessivement mobile, susceptible de recevoir toutes les impulsions, mais incapable de se donner elle-même une direction déterminée et durable, appartenait à ses orateurs, à ses publicistes, à ses nouvellistes. Elle croyait tout, acceptait et répétait tout. On entendait alors, dans les clubs installés dans les églises, des orateurs de la Commune annoncer la victoire de la Commune de Marseille, la défection de tout un corps d'armée de Versailles, la victoire complète des fédérés, la démission ou la mort de Mac-Mahon. Toute chimère paraissait vraisemblable, tout roman passait à l'état d'histoire. Ce public surexcité, surchauffé, votait et acclamait toutes les motions, mettait *hors la loi*, — mieux que cela, *hors l'humanité*, — les députés de Paris coupables d'être demeurés à l'Assemblée de Versailles : Louis Blanc, Schœlcher, Brisson, Quinet, etc. D'autres fois, on votait l'exécution de l'archevêque de Paris sous quarante-huit heures si Versailles ne mettait pas en liberté le citoyen Blanqui.

Les principaux clubs se tenaient à l'église Saint-Nicolas, à l'église Saint-Eustache, dans les anciens lieux de réunions populaires. D'autres clubs, plus nouveaux et plus étranges, s'étaient formés : le *club du Vieux-Chêne*, le *club de la Boule-Noire*, le *club des Enfants de Marat*, le *club des fils à Duchêne*, le *club des bonnes patriotes de Montmartre*, — ce dernier exclusivement composé de femmes, — et enfin le *club des Martyrs*, situé au troisième étage d'une pauvre maison de la rue Berzélius.

Tous ces clubs appartenaient aux personnalités bruyantes et aux ambitions furieuses. Un ancien artilleur de la garde nationale, chassé de sa batterie pour lâcheté, parlait tout haut de son courage. Un autre, ancien agent bonapartiste réclamait la mort des otages. D'autres colportaient la fable des cadavres de Saint-Laurent, squelettes provenant du vieux cimetière de Saint-Laurent, depuis longtemps abandonné.

Les assesseurs en écharpe rouge siégeaient dans les églises au banc d'œuvre, au-dessus duquel flottait un grand drapeau rouge. Les nefs regorgeaient de spectateurs. Un soir, un orateur fit, à Saint-Eustache, l'apologie quelque peu mystique du drapeau rouge.

« Le sieur Thiers, s'écriait-il, a osé appeler le drapeau rouge un *drapeau hideux*. Pourquoi hideux? Le drapeau blanc et le drapeau tricolore ont eu leurs jours glorieux. Mais l'un est tombé dans la boue en 1830; l'autre est tombé dans la honte à Sedan et à Metz. Par quelle béguculerie répudierait-on le drapeau rouge, qui est le drapeau de la fédération des peuples! » Puis se tournant vers l'autel avec un élan d'exaltation bizarre, de religiosité singulière : « C'est toi que j'invoque, s'écrie-t-il, toi, Christ, qui as versé ton sang pour nous. C'est la couleur de ton sang dont nous avons teint l'étendard populaire. Tu ne saurais nous méconnaître, car tu étais fils du peuple! »

Un autre soir, à Saint-Nicolas-des-Champs, un ouvrier bijoutier, beau parleur quoique vulgaire, mais qu'on ne vit pas sur les barricades, s'adressait ainsi à son auditoire effaré de tant d'audace : « Ce qu'il faut faire des traîtres de la bourgeoisie! Vous me le demandez! Eh bien! il faut les dénoncer et par ce beau soleil de mai, ce temps doux et pur qui donne envie de vivre, il faut les traîner, dans chaque arrondissement, sur la place de la mairie, et là, vous m'entendez, il faut leur f..... douze balles dans le ventre! — Et savez vous qui composera le peloton d'exécution? Des femmes, citoyennes, ce sera des femmes! » L'énergumène terrible, dont je ne veux pas citer le nom, dira, pour peu que ces lignes lui tombent sous les yeux, si l'on a défiguré ses paroles. Ah! pauvre peuple qui, à certaines heures, écoutes ces orageux tribuns, habiles à échapper d'une mêlée tragique où des ouvriers, des travailleurs, des combattants, des dupes donnent leur sang et meurent! Et quand on songe que des femmes applaudissaient à ces paroles du déclamateur de hasard, quand on songe que des escouades de femmes, armées, costumées, ceintes d'écharpes et parées de cocardes rouges, parcouraient les rues, et, semblables à des hystériques de politique, se préparaient à la résistance implacable des huit derniers jours, on se demande de quel limon est faite l'espèce humaine et quels fauves instincts, indéracinables et cachés, se tapissent dans l'âme encore si sombre de l'homme?

Mais ce qui écœura davantage encore que ces déclamations furibondes, c'est le contraste d'une certaine joie que déployaient les fédérés même parmi les horreurs de la guerre civile. On donnait des fêtes, on organisait des concerts. On chantait, à deux pas des morts, qui tous étaient français. Les Tuileries, palais des rois pris d'assaut par le peuple, s'illuminaient pour des fêtes où la citoyenne Agar déclamait des vers d'Auguste Barbier, et où la citoyenne Bordas chantait, sous ces voûtes dorées, les refrains mugissants de la *Canaille*. On ne saurait d'ailleurs méconnaître l'espèce de grandeur sinistre, farouche, de cette antithèse : les Tuileries chaudes de la buée populaire, après les bals ruisselants d'épaules blanches et de capiteuses odeurs (1).

(1) *Les Théâtres à Paris.* — Malgré la canonnade incessante, disait un journal du moment, la Commune ne perd pas sa

Heures étranges, effrayantes, bien faites pour navrer et pour faire, un moment, désespérer de la vertu, de la pitié, de la bonté, de tout ce qui est la vie paisible et possible, le sourire, la consolation et l'humanité. Ainsi, ils trouvaient le temps de rire, d'écouter des couplets de féerie, tandis que les obus écrasaient Neuilly, que les batteries de l'enceinte trouaient des poitrines françaises et que cet horrible spectacle continuait?

L'heure était cependant difficile pour la Commune. Depuis le 7 mai, une grande batterie de 70 pièces de gros calibre, installée à Montretout, battait l'escarpe du corps de place, du bastion 63 au bastion 72. Paris, sous ce feu terrible demeurait, a-t-on dit, silencieux et comme étonné de ce formidable concert de détonations. La porte Maillot était criblée par le Mont-Valérien. Les forts d'Issy, de Vanves, de Montrouge étaient serrés de près. Le fort d'Issy ne tirait presque plus. Les troupes de Mac-Mahon étaient maîtresses de l'église et d'une partie du village. Impossible aux défenseurs du fort de se ravitailler. Sur la route de Vanves à Clamart, tous leurs convois étaient interceptés. Les officiers du fort, dans la matinée du 9 mai, s'esquivèrent alors, suivis de leurs soldats, les uns vers le couvent des Oiseaux, les autres vers le lycée de Vanves. Peu après la troupe de ligne pénétra dans le fort laissé vide, et y trouva une quantité considérable de munitions, de vivres, et des canons et mitrailleuses en grand nombre, quelques-unes de ces pièces démontées, égueulées et sanglantes.

En apprenant la perte du fort d'Issy, Rossel se sentit pris d'une colère violente. Il avait vainement essayé d'organiser 12,000 hommes destinés à débloquer le fort. Il saisit une plume et écrivit cette dépêche qu'il rendit publique par voie d'affiche : « *Le drapeau tricolore flotte sur le fort d'Issy* ». Vainement M. Vésinier dans son journal, essaya de démentir cette affiche de Rossel, de faire croire qu'Issy appartenait encore à la Commune. La population apprit bientôt que Rossel avait dit vrai. Alors les bruits de trahison furent propagés contre Rossel. Vallès et Pyat l'accusèrent (1). Lui écrivit

une lettre où il réclamait simplement une cellule à Mazas et, après avoir attendu Félix Pyat au bureau du *Vengeur* pour lui brûler la cervelle, il s'enquit d'un gîte et se déroba aux recherches en même temps que Ch. Gérardin, chargé de le surveiller.

Quelques mois plus tard, Rossel, à la veille de sa mort, se rappelant ces souvenirs, écrivait :

« C'est avec un véritable dégoût que je reviens sur les rapides événements de cette courte période, et ce sentiment m'empêche peut-être de détailler ces événements comme je le voudrais. Le souvenir de tous ces révolutionnaires présomptueux, mais dépourvus d'études et d'énergie, capables d'un coup de main peut-être, mais non d'une volonté et d'un ferme propos, leur souvenir est pour moi un cauchemar.

« J'ai servi fidèlement, aveuglément la Révolution, jusqu'au jour où j'ai eu expérimenté par moi-même toute la vanité des espérances que j'avais fondées sur cette tentative. La Commune n'avait pas d'hommes d'État, pas de militaires, et ne voulait pas en avoir ; elle accumulait les ruines autour d'elle, sans avoir ni la puissance, ni même le désir de créer à nouveau.

« Ennemie de la publicité parce qu'elle avait la conscience de sa sottise, ennemie de la liberté parce qu'elle était dans un équilibre instable d'où tout mouvement pouvait la faire choir, cette oligarchie était le plus odieux despotisme qu'on puisse imaginer. N'ayant qu'un procédé de gouvernement qui était de tenir le peuple à ses gages, elle ruinait, par ses dépenses, l'épargne de la démocratie, et en ruinait les espérances parce qu'elle désaccoutumait le peuple du travail.

« Lorsque je vis que le mal était sans remède, que tout effort, que tout sacrifice était stérile, mon rôle se trouva fini. »

Le rôle était fini, en effet, mais l'acteur allait le payer cher. Grain de sable roulé par le torrent populaire, il allait se retrouver rejeté au rivage, et broyé. Cruelle destinée que la sienne et qui doit servir de leçon à tous, car elle montre que les dons de l'âme, la trempe du caractère, la force même du génie, ne sont rien sans ces vertus plus humbles et plus sûres, qui font les nations grandes et les hommes vraiment forts, l'habitude de la patience et le respect du devoir.

---

gaîté. Les théâtres sont ouverts par ordre. Au Gymnase, on joue les *Idées de madame Aubray*; à la Gaîté, la *Grâce de Dieu*; au Châtelet, le *Courrier de Lyon*; au Château-d'Eau, l'*Ange de minuit*, avec M. Régnier et mademoiselle Dica-Petit.

Aux Délassements-Comiques, les *Contes de fées*, avec un essaim de jolies femmes, tout comme sous l'empire ; aux Folies-Dramatiques, le *Canard à trois becs*.

(1) M. Lissagaray, dans son livre, se contente de dire que

« plus homme de critique que d'initiative, Rossel se débattit dans les ténèbres et ne sut pas innover ». (*Les huit journées de mai*, page 10.)

VERSAILLES PENDANT LA COMMUNE. — La rue des Réservoirs, lieu de réunion des membres de l'Assemblée et du Corps diplomatique.

DOCUMENTS COMPLÉMENTAIRES DU CHAPITRE V

N° 1.

DÉMISSION DE ROSSEL.

Citoyens membres de la Commune,

Chargé par vous, à titre provisoire, de la délégation de la guerre, je me sens incapable de porter plus longtemps la responsabilité d'un commandement où tout le monde délibère et personne n'obéit.

Lorsqu'il a fallu organiser l'artillerie, le Comité central d'artillerie a délibéré et n'a rien prescrit. Après deux mois de révolution, tout le service de vos canons repose sur l'énergie de quelques volontaires dont le nombre est insuffisant.

A mon arrivée au ministère, lorsque j'ai voulu favoriser la concentration des armes, la réquisition des chevaux, la poursuite des réfractaires, j'ai demandé à la Commune de développer les municipalités d'arrondissement.

La Commune a délibéré et n'a rien résolu.

Plus tard, le Comité central de la fédération est venu offrir presque impérieusement son concours à l'administration de la guerre. Consulté par le Comité de salut public, j'ai accepté ce concours de la manière la plus nette, et je me suis dessaisi, en faveur des membres de ce Comité, de tous les renseignements que j'avais sur l'organisation.

Depuis ce temps-là, le Comité central délibère, et n'a pas encore su agir. Pendant ce délai, l'ennemi enveloppait le fort d'Issy d'attaques aventureuses et imprudentes dont je le punirais si j'avais moindre force militaire disponible.

La garnison, mal commandée, prenait peur, et les officiers délibéraient, chassaient du fort le capitaine Dumont, homme énergique qui arrivait pour les commander, et tout en délibérant évacuaient leur fort, après avoir sottement parlé de le faire sauter, chose plus impossible pour eux que de le défendre.

Ce n'est pas assez. Hier, pendant que chacun devait être au travail ou au feu, les chefs de légion délibéraient pour substituer un nouveau système d'organisation à celui que j'avais adopté, afin de suppléer à l'imprévoyance de leur autorité toujours mobile et mal obéie. Il résulta de leur conciliabule un projet au moment où il fallait des hommes, et une déclaration de principes au moment où il fallait des actes.

Mon indignation les ramena à d'autres pensées ils ne me promirent pour aujourd'hui, comme le dernier terme de leurs efforts, qu'une force organisée de 12,000 hommes, avec lesquels je m'engage à marcher à l'ennemi. Ces hommes devaient être réunis à onze heures et demie : il est une heure, et ils ne sont pas prêts ; au lieu d'être 12,000, ils sont environ 7,000. Ce n'est pas du tout la même chose.

Ainsi la nullité du Comité d'artillerie empêchait l'organisation de l'artillerie ; les incertitudes du Comité central de la fédération arrêtent l'administration ; les préoccupations mesquines des chefs de légion paralysent la mobilisation des troupes.

Je ne suis pas homme à reculer devant la répression, et hier, pendant que les chefs de légion discutaient, le peloton d'exécution les attendait dans la cour. Mais je ne veux pas prendre seul l'initiative d'une mesure énergique, endosser seul l'odieux des exécutions qu'il faudrait faire pour tirer de ce chaos l'organisation, l'obéissance et la victoire. Encore, si j'étais protégé par la publicité de mes actes et de mon impuissance, je pourrais conserver mon mandat. Mais la Commune n'a pas eu le courage d'affronter la publicité. Deux fois déjà je vous ai donné des éclaircissements nécessaires, et deux fois, malgré moi, vous avez voulu avoir le Comité secret.

Mon prédécesseur a eu le tort de se débattre au milieu de cette situation absurde.

Éclairé par son exemple, sachant que la force d'un révolutionnaire ne consiste que dans la netteté de la situation, j'ai deux lignes à choisir : briser l'obstacle qui entrave mon action ou me retirer.

Je ne briserai pas l'obstacle, car l'obstacle c'est vous et votre faiblesse : je ne veux pas attenter à la souveraineté publique.

Je me retire, et j'ai l'honneur de vous demander une cellule à Mazas.

Paris, le 9 mai 1871.

Signé : ROSSEL.

N° 2.

LE GOUVERNEMENT DE LA RÉPUBLIQUE FRANÇAISE AUX PARISIENS.

La France, librement consultée par le suffrage universel, a élu un gouvernement qui est le seul légal, le seul qui puisse commander l'obéissance, si le suffrage universel n'est pas un vain mot.

Ce gouvernement vous a donné les mêmes droits que ceux dont jouissent Lyon, Marseille, Toulouse, Bordeaux, et, à moins de mentir au principe de l'égalité, vous ne pouvez demander plus de droits que n'en ont toutes les autres villes du territoire.

En présence de ce gouvernement, la Commune, c'est-à-dire la minorité qui vous opprime et qui ose se couvrir de l'infâme drapeau rouge, a la prétention d'imposer à la France ses volontés. Par ses œuvres, vous pouvez juger du régime qu'elle vous destine. Elle viole les propriétés et emprisonne les citoyens pour en faire des otages, transforme en déserts vos rues et vos places publiques, où s'étalait le commerce du monde, suspend le travail dans Paris, le paralyse dans toute la France, arrête la prospérité qui était prête à renaître, retarde l'évacuation du territoire par les Allemands et vous expose à une nouvelle attaque de leur part, qu'ils se déclarent prêts à exécuter sans merci, si nous ne venons pas nous-mêmes comprimer l'insurrection.

Nous avons écouté toutes les délégations qui nous ont été envoyées, et pas une ne nous a offert une condition qui ne fût l'abaissement de la souveraineté nationale devant la révolte, le sacrifice de toutes les libertés et de tous les intérêts. Nous avons répété à ces délégations que nous laisserions la vie sauve à ceux qui déposeraient les armes, que nous continuerions le subside aux ouvriers nécessiteux. Nous l'avons promis, nous le promettons encore ; mais il faut que cette insurrection cesse, car elle ne peut se prolonger sans que la France y périsse.

Le gouvernement qui vous parle aurait désiré que vous pussiez vous affranchir vous-mêmes des quelques tyrans qui se jouent de votre liberté et de votre vie. Puisque vous ne le pouvez pas, il faut bien qu'il s'en charge, et c'est pour cela qu'il a réuni une armée sous vos murs, armée qui vient, au prix de son sang, non pas vous conquérir, mais vous délivrer.

Jusqu'ici il s'est borné à l'attaque des ouvrages extérieurs. Le moment est venu où, pour abréger votre supplice, il doit attaquer l'enceinte elle-même. Il ne bombardera pas Paris, comme les gens de la Commune et du Comité de salut public ne manqueront pas de vous le dire. Un bombardement menace toute la ville, la rend inhabitable, et a pour but d'intimider les citoyens et de les contraindre à une capitulation. Le gouvernement ne tirera le canon que pour forcer une de vos portes, et s'efforcera de limiter, au point attaqué, les ravages de cette guerre dont il n'est pas l'auteur.

Il sait, il aurait compris de lui-même, si vous ne le lui aviez fait dire de toutes parts, qu'aussitôt que les soldats auront franchi l'enceinte, vous vous rallierez au drapeau national pour contribuer avec notre vaillante armée à détruire une sanguinaire et cruelle tyrannie.

Il dépend de vous de prévenir les désastres qui sont inséparables d'un assaut. Vous êtes cent fois plus nombreux que les sectaires de la Commune. Réunissez-vous, ouvrez-nous les portes qu'ils ferment à la loi, à l'ordre, à votre prospérité, à celle de la France. Les portes ouvertes, le canon cessera de se faire entendre, le calme, l'ordre, l'abondance, rentreront dans vos murs ; les Allemands évacueront votre territoire, et les traces de vos maux disparaîtront rapidement.

Mais si vous n'agissez pas, le gouvernement sera obligé de prendre pour vous délivrer les moyens les plus prompts et les plus sûrs. Il vous le doit à vous, mais il le doit surtout à la France, parce que les maux qui pèsent sur vous pèsent sur elle, parce que le chômage qui vous ruine s'est étendu à elle et la ruine également, parce qu'elle a le droit de se sauver, si vous ne savez pas vous sauver vous-mêmes.

Parisiens, pensez-y mûrement : dans très-peu de jours nous serons dans Paris. La France veut en finir avec la guerre civile. Elle le veut, elle le doit, elle le peut. Elle marche pour vous délivrer. Vous pouvez contribuer à vous sauver vous-mêmes, en rendant l'assaut inutile, et en reprenant votre place dès aujourd'hui au milieu de vos concitoyens et de vos frères.

CHAPITRE VI

Travaux de l'Assemblée de Versailles. — Signature définitive du traité de paix avec la Prusse. — Tentatives de conciliation. — L'influence bonapartiste dans la révolution du 18 mars. — Aspect de Versailles. — Les environs de Paris. — L'occupation prussienne. — La Commune en province : Limoges, Saint-Étienne, Marseille, Lyon, Toulouse. — Démolition de la maison de M. Thiers. — Delescluze remplace Rossel comme délégué à la guerre. — Le passé à Delescluze. — Proclamation de Delescluze. — Nouveaux décrets de la Commune. — Démolition de la colonne Vendôme. — Gustave Courbet. — Explosion de la cartoucherie de l'avenue Rapp. — Désaccord au sein de la Commune. — Le Comité central. — Le dénoûment approche. — DOCUMENTS COMPLÉMENTAIRES.

Pendant que ces tragiques événements se déroulaient dans Paris et que la grande ville était soumise à la double épreuve du despotisme intérieur et du bombardement extérieur, l'Assemblée de Versailles continuait à voter des lois et à mener à fin les négociations relatives au traité définitif de paix avec la Prusse. Elle avait, nous l'avons dit, voté par 449 voix contre 18, la loi sur les élections municipales ; le 17 avril elle votait une loi qui réglait la situation judiciaire des parties de l'Alsace et de la Lorraine restées à la France; le 21, revenant sur sa fatale décision de Bordeaux, elle votait la loi sur les loyers, qui soumettait les cas spéciaux à une sorte de commission arbitrale mixte ; le 22, elle prorogeait jusqu'au 30 septembre 1871 les effets du décret du 7 septembre 1870, relatif aux suspensions de payements, l'Assemblée votait enfin, le 26, la loi sur les échéances. C'était beaucoup trop tard sans doute, mais les législateurs venaient enfin à résipiscence. Le 28, l'Assemblée nationale votait encore la loi qui déléguait au chef du pouvoir exécutif le droit de déclarer l'état de siége dans les départements autres que celui où l'Assemblée réside. Le 10 mai, le traité de paix entre la France et la Prusse était signé après des négociations souvent difficiles, dont on trouvera le secret dans un important discours de M. de Bismarck au Reichstag (2 mai 1871) (1). Le chancelier de la Confédération du Nord a expliqué là pourquoi la Prusse n'avait pas voulu intervenir dans nos querelles, et comment elle trouvait un intérêt tout naturel dans nos divisions. M. de Bismarck, parlant ensuite de la Commune de Paris, reconnaissait qu'à côté des *motifs irraisonnables* qui faisaient agir tant de gens aveuglés, ou encore « l'écume, qui abonde dans toute grande ville, » il y avait pourtant, au fond, *quelque noyau de raison.* « Ce noyau de raison, ajoutait M. de Bismarck, je veux le définir en deux mots : c'est le vœu d'une organisation municipale comme celle qui existe en Allemagne. » Et l'habile et retors politique démontrait en hâte que les Lorrains et les Alsaciens annexés à l'empire germanique, allaient jouir des bienfaits de cette organisation que revendiquait la meilleure, mais non la majeure partie de ceux qui, dans le principe, et avant toute coupable violence, avaient réclamé la Commune.

Il s'était formé, en effet, dans Paris, sous le nom de *Ligue des droits de Paris,* une réunion d'hommes, également suspects à Versailles et à l'Hôtel de ville, qui se donnaient pour tâche d'amener, s'il était possible, une conciliation entre les deux partis, et d'obtenir la reconnaissance de l'indépendance municipale de Paris. Leurs efforts devaient nécessairement être stériles. En effet, dans leurs entrevues avec le pouvoir régulier, ils n'apportaient de la part de la Commune aucune proposition réelle de paix et, à leur retour, la Commune elle-même les regardait d'un œil soupçonneux. La Commune n'aimait pas qu'on prononçât ce nom mal venu pour elle de *conciliation :* elle le traduisait par *trahison.* Quant à M. Thiers, il n'eût pas demandé mieux que la lutte se terminât par une sorte de compromis qui empêchât la suprême effusion du sang. Il offrait de payer la solde des gardes nationaux pendant quelque temps encore, et de ne pas inquiéter ceux qui déposeraient les armes et ne se trouveraient point sous le coup d'un délit ou d'un crime de droit commun. Sûre de vaincre, la Commune, dans son aveuglement, n'opposait qu'un *veto* absolu à tous ces essais de pacification ; rassu-

(1) Voyez *les Discours du prince de Bismarck,* publiés en français à Berlin, par Stilke et Van Muyden. (Tome III, pages 42 et suivantes.)

Gal Vinoy

rée maintenant sur l'avenir, l'Assemblée, de son côté, ne voulait pas entendre parler de conciliation ni d'oubli.

« Je suis, disait un des plus modérés, M. Pagès-Duport, dans la pensée de ceux qui veulent de la conciliation, mais quand Paris sera vaincu, quand Paris sera soumis et sera débarrassé de la Commune et de sa compagne, la Terreur. » (Séance du 26 avril.) Entre ces deux extrêmes, M. Thiers naviguait comme il pouvait, recevant aujourd'hui les délégués de l'*Union du commerce et de l'industrie*, demain ceux de la *Ligue des droits de Paris*, une autre fois les envoyés des conseils municipaux de province nouvellement élus et appartenant presque tous dans les villes à la démocratie. Ces essais de conciliation pouvaient être généreux, à coup sûr, mais ils étaient viciés dans leur essence comme le déclaraient alors deux excellents esprits, M. F. Favre et M. Brelay, parce qu'ils mettaient sur la même ligne le pouvoir né de la loi, du suffrage universel, et la puissance temporaire sortie d'un coup de main. « Sous la République, l'agresseur, quel qu'il soit, est coupable. » Dans un pays miné, lézardé comme la France par tant de secousses, il faut à tout prix se rattacher à quelque planche de salut. Pour une société pareille à la nôtre, le respect de la volonté nationale est un mode de vie. Le suffrage universel, d'où naquirent tant de maux, a cependant ses côtés salutaires. Il est la loi, une loi que nous avons lourdement subie, *dura lex, sed lex*. Il fallait donc avant tout la faire respecter : sous prétexte de conciliation, la France était d'ailleurs menacée de se voir livrée à un troisième pouvoir, très-menaçant celui-là, et qui, formé d'une délégation des conseils généraux de province, eût donné une force considérable à la Commune parisienne. Le parti bonapartiste, qui s'agitait beaucoup alors, à Bruxelles et à Londres, semblait attendre la réunion de cette seconde Assemblée, à Bordeaux, disait-on, pour tenter quelque aventure. Les publicistes n'ont pas assez insisté, jusqu'ici, sur l'intérêt qu'avaient les bonapartistes à tout bouleversement. On n'a point remarqué que l'arrivée soudaine de M. Rouher, arrêté à Boulogne, puis relâché, et celle des frères Chevreau, coïncidaient avec la révolution du 18 mars. M. Chéron, adjoint du deuxième arrondissement, a déclaré, dans une lettre au journal *la Gironde*, que parmi les fédérés arrêtés par les gardes nationaux aux alentours de la place de la Bourse, plusieurs étaient des agents du gouvernement déchu. Presque au même moment, le délégué au *Journal officiel*, Lebeau, ne publiait-il pas cette note qui mérite d'être conservée :

« De nombreux agents bonapartistes et orléanistes ont été surpris faisant des distributions d'argent pour détourner les habitants de leurs devoirs civiques.

« Tout individu convaincu de corruption ou de tentative de corruption sera immédiatement déféré au Comité central de la garde nationale. »

La main du bonapartisme se retrouve dans les journées de Mars, comme elle s'était rencontrée dans les journées de Juin, et, à coup sûr, c'était à la dynastie tombée que pouvait être surtout utile cette épouvantable guerre qui semblait destinée à emporter la République dans sa tourmente (1).

Il était facile de suivre les alternatives d'espoir et de colère qui agitaient les rares représentants du bonapartisme siégeant à l'Assemblée de Versailles, et ceux qui les entouraient, en écoutant les partisans du régime déchu qu'on pouvait rencontrer dans la cour du Maroc ou devant l'hôtel des Réservoirs. Cette partie de Versailles était, en effet, devenue quelque chose comme un Coblentz intérieur. On y discourait sur les affaires du jour ; beaucoup semblaient tristes de chaque succès de l'armée régulière, et tandis que les patriotes ne demandaient que la fin rapide de ces canonnades, les bonapartistes souhaitaient visiblement que les hostilités continuassent, car chaque jour qui s'écoulait semblait affaiblir l'autorité du gouvernement de M. Thiers et donner des chances aux souverains de M. Conti.

Lorsque le fort d'Issy fut pris, un détachement des troupes du général Faron apporta à l'Assemblée les canons et les drapeaux rouges trouvés dans le fort. Ce cortège s'avançait, tambours et clairons sonnant la charge, des lilas et des aubépines entourant les pièces de bronze sur lesquelles on voyait encore, — hélas ! — des traces de sang. Une délégation de l'Assemblée, conduite par M. de Malleville, reçut et félicita les soldats, ces soldats, fils du peuple, esclaves du devoir, et que le journal de M. Rochefort appelait des voleurs (1). Ces spectacles avaient leur tristesse mais leur consolation. Ces gens, poudreux encore du combat, venaient de risquer leur vie et naïvement s'enorgueillissaient de ces trophées arrachés à des Français. Ils avaient bien combattu, bien lutté et, au retour, ils criaient : *Vive la République* et *vive la France*! Mais ce qui était bien fait pour navrer, pour emplir le cœur d'amertume et de dégoût, c'était l'attitude de la foule lorsqu'un convoi de prisonniers arrivait par la grande avenue de Paris, cette avenue jadis parcourue par Stanislas Maillard et ses *femmes*, aux jours tumultueux du 5 et 6 octobre. C'était une rage, une frénésie dans cette foule entassée à Versailles. On insultait, on menaçait, on huait les pri-

---

(1) Un des anciens fonctionnaires de l'empire, M. Ansart, a déclaré devant la *Commission d'enquête sur les événements du 18 mars*, que Napoléon III avait des relations avec quelques membres de l'Internationale.

M. Ansart, grand personnage de la préfecture de police, était interrogé par la Commission sur les origines et les agissements de l'Internationale, et il avait répondu à une question qu'on lui avait faite, à propos de la protection accordée par l'empereur aux sociétés coopératives, etc. :

« — L'empereur avait des idées qui se rapprochaient de celles de l'Internationale. »

M. Daru, président de la Commission, de son autorité privée, a substitué, sur l'épreuve, au dernier membre de phrase :

« ... Des idées qui l'inclinaient à favoriser les associations ouvrières. »

Mais la première réponse de M. Ansart ayant paru frappante, M. Daru a eu quelques scrupules. Il a donc pensé à se garder à carreau, en pourquoi il s'est fait remettre une note sans date, par M. Ansart, dont voici le texte et dont la copie a été annexée au procès-verbal.

« Le texte primitif de ma déposition, dans la partie relative aux dispositions de l'empereur, à l'égard de l'Internationale, rendait mal ma pensée. L'expression : *inclinait à favoriser les associations ouvrières*, est beaucoup plus juste et conforme à la vérité.

« Signé : ANSART. »

Et, à la suite, toujours aux procès-verbaux :

« L'original est entre les mains de M. le comte Daru, président de la Commission d'enquête. Transmis, sur ses ordres, copie de la pièce à M. Martial Delpit, rapporteur de la Commission. »

Or, M. Delpit n'a jamais reçu communication de cela, ni de bien d'autres modifications introduites par M. Daru, de son autorité privée.

(1) Maintenant, quand on lit dans un journal à propos des combats sous Paris :

« Les *escarpes* ont été fortement endommagées »,

On se demande s'il s'agit du talus des fortifications ou des troupes de Versailles.

(*Le Mot d'ordre*.)

sonniers. Des femmes s'en mêlaient. O triste nature humaine faite de terreurs et de lâchetés!

Un spectacle curieux et moins écœurant était celui qu'offrait alors la route de Saint-Denis à Versailles, par la presqu'île de Gennevilliers et par Rueil. Ces tableaux de mœurs appartiennent à l'histoire vivante, qui ne dédaigne rien.

Des voitures, chars-à-bancs, omnibus, fiacres ou coupés, se croisaient sur la route encombrée, soulevant une poussière intense. C'était à la fois attristant et comique. On eût dit une immense émigration. Des camions étaient chargés de mobiliers, de matelas, arrachés à Paris. Des entassements de gens se massaient dans des voitures souvent étroites et qui galopaient, par un prodige d'équilibre renouvelé des *coricoli* napolitains. Les visages étaient à la fois inquiets et abêtis; les costumes, d'une économie stricte. Les fuyards de Paris usaient philosophiquement leurs vêtements de l'an dernier. Saint-Denis était pour eux un lieu de refuge. C'était un fourmillement de monde, des allées, des venues, une fièvre qui étonnaient les Allemands assourdis du bruit de cette foule française. Tout, à Saint-Denis, était pris d'assaut : les tables de café ou de restaurant, et les lits d'auberge. L'autorité militaire allemande ne permettant pas, depuis les derniers jours d'avril, à une personne étrangère à Saint-Denis d'y séjourner, l'impossibilité de trouver un lit où reposer était presque absolue. Beaucoup de Parisiens couchèrent dans la gare, sur des matelas loués un ou deux francs pour une nuit.

Chose cruelle! les Allemands riaient de tout cela. Ils avaient, à Saint-Denis, un théâtre où ils écoutaient nos chansonnettes et regardaient nos pantomimes. Parmi les chansonnettes, plus d'une fois on en chanta qui étaient signées du nom d'Okolowicz, un des colonels de la Commune. Ou bien encore, attablés dans l'île, au bord de l'eau, avec des filles, les Prussiens buvaient à la Commune qui leur faisait des distractions et qui allait leur donner une fête néronienne, l'incendie.

Saint-Denis était devenu une véritable foire aux voitures. Voitures pour Saint-Germain et pour Versailles. Les cochers assourdissaient les gens de leurs clameurs : *Encore une place! Une place, monsieur! Saint-Germain! Versailles! On part à l'instant!* On partait, en effet, on franchissait ce pont suspendu que gardait une sentinelle prussienne, et, dès qu'on débouchait dans la presqu'île de Gennevilliers on apercevait le feu des batteries de Bécon tirant sur Paris et les boîtes à mitraille qui éclataient sur l'Arc de l'Étoile. Des lueurs sinistres, les éclairs du canon, s'allumaient dans le crépuscule. Parfois un obus, venu de Paris, sifflait en tombant dans la presqu'île. Il y eut plus d'une fois des voyageurs blessés. A Colombes, on trouvait les avant-postes de la troupe de ligne. On traversait Nanterre, les chevaux buvaient. On relayait comme en un vrai voyage. Puis, passant au pied du Mont-Valérien dont un coup de canon partait de temps à autre, sa fumée, pareille à l'haleine d'un colosse, s'envolant bien vite dans le vent, on traversait Rueil, encombré d'artillerie, de caissons, de prolonges; on longeait la Malmaison, où les brèches faites par les soldats de Ducrot, lors de ses sorties, n'étaient pas réparées et où l'on apercevait, dans le parc, le pêle-mêle pittoresque et gai, le fouillis d'un campement de soldats français. Encore quelques tours de roue et c'était Bougival, aux maisons saccagées par l'invasion, brûlées par les obus, aux rues encore encombrées par les barricades de pavés, puis, on montait par la Celle et Roquencourt du côté de Versailles. Les chemins étaient à peine déblayés. On avait rejeté dans les fossés de la route les grands arbres sciés par les Prussiens et placés en travers pour arrêter la marche de nos soldats. On retrouvait les créneaux faits aux maisons par les Allemands, l'emplacement de leurs formidables batteries de position qui balayaient la route tandis que les abattis d'arbres, les embûches de broussailles, défendaient l'approche de ces canons. Et toujours, pendant cette route, toujours, avec une funèbre régularité où, parfois, avec un redoublement de force, on entendait, derrière ces bois, du côté de Paris, le sourd grondement du canon, tandis qu'à l'horizon souvent apparaissaient les éclairs de cette foudre que lançaient les hommes, — pygmées jouant au Jupiter.

Un moment on avait pu croire et craindre que la province ne soutînt énergiquement le mouvement communal. Les organes officiels de la Commune de Paris annonçaient assez souvent la proclamation de la Commune en province, tantôt à Limoges, tantôt à Vierzon. Ces mouvements partiels furent sans importance. L'émeute de Limoges coûta la vie au colonel Billet, des cuirassiers, un des héros de Reischoffen. L'ordre fut bientôt rétabli. A Saint-Étienne le préfet, M. de l'Espée, périt assassiné; à Toulouse, les troubles furent peu profonds et les chefs du mouvement, MM. Duportal et Ducasse, devaient être acquittés par le tribunal chargé de les juger; la Commune de Marseille, dont Landeck fut l'inspirateur, entraînant Gaston Crémieux dans le mouvement (1), allait être étouffée par le général

---

(1) ..... C'est moi, moi seul, délégué du Comité central près la ville de Marseille, qui ai fait arrêter les prisonniers détenus à la préfecture. C'est moi qui ai fait saisir 18,000 et quelques francs dans les bureaux de l'octroi, et dont l'emploi a été justifié dans la lettre plus haut signalée. C'est moi qui ai destitué M. Espivent de la Villeboisnet. C'est par moi que les électeurs ont été convoqués pour nommer une Commune à Marseille. C'est moi qui faisais saisir les armes, enrôler les déserteurs du quartier général d'Aubagne et d'autres lieux, qui se présentaient à Marseille, dégoûtés

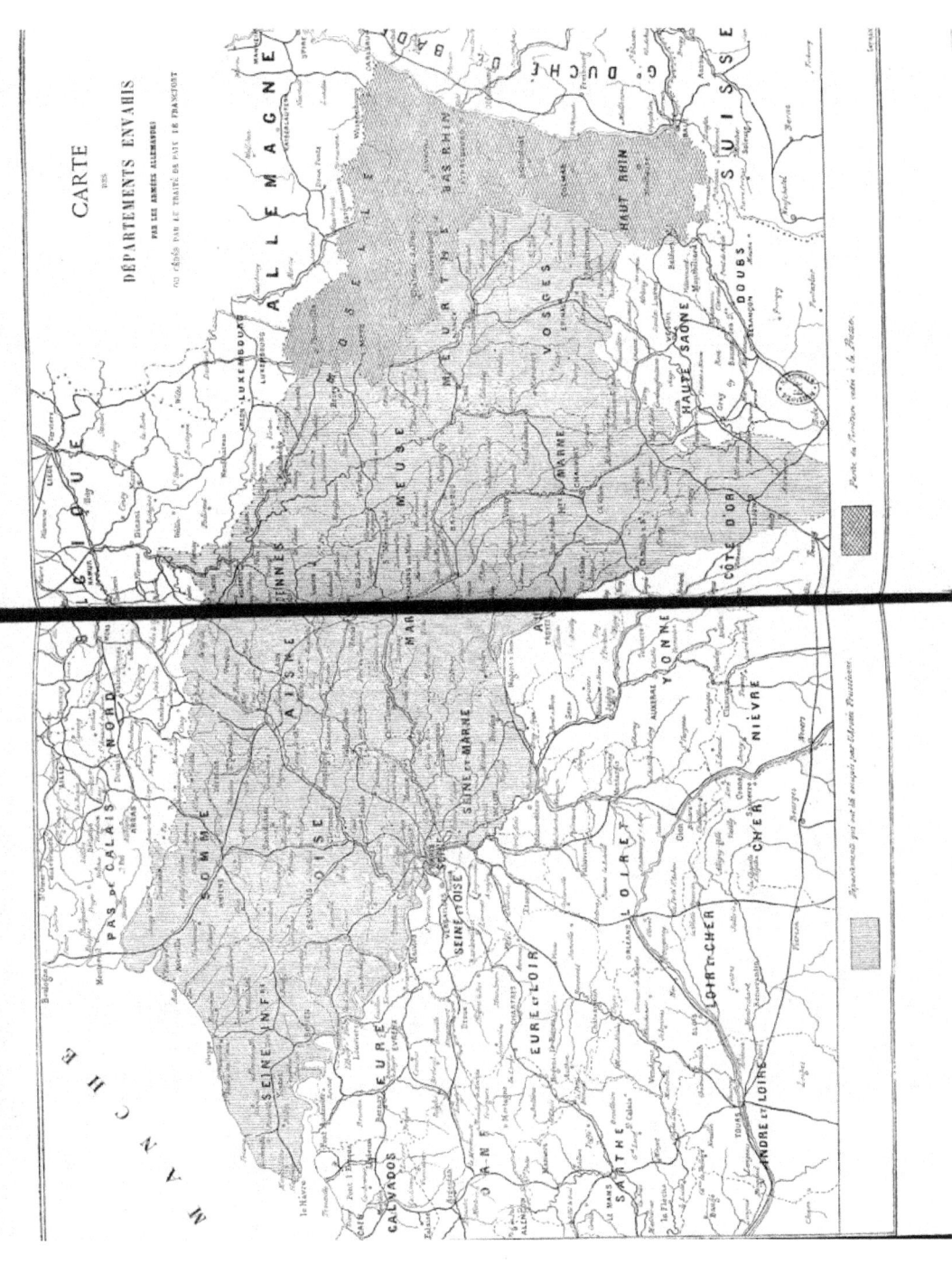

Espivent, et à Lyon, l'insurrection, assez fortement organisée, à la Guillotière, fut vaincue après un combat assez court mais très-acharné. Divers agents de la Commune de Paris avaient trempé dans ces événements sanglants (1).

M. Thiers, on l'avouera, avait assumé sur sa tête une difficile et terrible tâche. Il devait faire face à tout, calmer les impatiences cruelles de l'Assemblée, rechercher dans les propositions conciliatrices ce qu'il y avait de possible et de pratique, n'oublier point la Prusse en pacifiant la France, essayer d'unir dans une même pensée patriotique les partis séparés par des abîmes, surveiller avec une sorte d'attention passionnée les opérations militaires, dépenser, en un mot, dans l'épreuve la plus pénible qu'il ait été donné à un homme d'État de traverser, l'ardeur juvénile qui pétille dans son corps de septuagénaire. Chargé du dépôt sacré de la République, M. Thiers essayait déjà de rassurer ceux qui doutaient de lui et craignaient une arrière-pensée chez l'ancien ministre de Louis-Philippe. Sa principale force fut, à cette heure, de toujours dire la vérité. Les représentants de la gauche surent d'ailleurs, en ces lourdes journées d'épreuves, s'abstenir de toute critique et de ce que M. Thiers allait, dans un moment d'humeur bien légitime, appeler des *taquineries*. Poussé à bout par les injustices de la droite, M. Thiers devait bientôt jeter aux députés monarchistes, impatients de voir l'insurrection vaincue, cette phrase cinglante et cruelle : « Il ne me faut plus que huit jours ; dans huit jours, le danger sera conjuré et la tâche de gouverner sera alors à la hauteur de vos courages. »

Ce même jour, un député de l'Assemblée avait lu le décret de la Commune portant que « la maison du sieur Thiers, située place Georges, serait rasée », et M. Thiers avait écouté cette lecture en levant vivement les épaules. La Commune, en effet, entrait définitivement dans la période de la fureur. Se sentant compromise, malgré sa folle confiance, elle redoublait d'excès. Tous les pouvoirs faibles sont impitoyables. Le Comité de salut public avait, le 10 mai, rendu l'arrêté suivant :

« Le Comité de salut public,

« Vu l'affiche du sieur Thiers, se disant chef du pouvoir exécutif de la République française ;

« Considérant que cette affiche, imprimée à Versailles, a été apposée sur les murs de Paris par les ordres dudit sieur Thiers ;

« Que, dans ce document, il déclare que son armée ne bombarde pas Paris, tandis que chaque jour des femmes et des enfants sont victimes des projectiles fratricides de Versailles ;

« Qu'il y est fait un appel à la trahison pour pénétrer dans la place, sentant l'impossibilité absolue de vaincre par les armes l'héroïque population de Paris,

« ARRÊTE :

Art. 1er. Les biens meubles des propriétés de Thiers seront saisis par les soins de l'administration des domaines.

Art. 2. La maison de Thiers, située place Georges, sera rasée.

Art. 3. Les citoyens Fontaine, délégué aux domaines, et J. Andrieu, délégué aux services publics, sont chargés, chacun en ce qui le concerne, de l'exécution immédiate du présent arrêté.

« *Les membres du Comité de salut public,*

« ANT. ARNAUD, EUDES, F. GAMBON, G. RANVIER.

« Paris, 21 floréal an 79. »

La Commune faisait placarder cette affiche sur la porte même de la maison condamnée, comme on eût, au moyen âge, placé une bulle de proscription sur le logis d'un excommunié. Triste retour à des temps et à des façons qu'ont flétris même les historiens d'un Sylla : « Ce qui parut le comble de l'injustice, dit l'un d'eux, c'est que Sylla nota d'infamie les parents des proscrits et qu'il confisqua leurs biens. » Comme Sylla, la Commune confisquait et détruisait. L'hôtel de M. Thiers allait bientôt tomber sous la pioche des démolisseurs (1).

---

qu'ils étaient des lâchetés et des trahisons du gouvernement et de ses généraux.

C'est moi qui seul ai été dictateur pendant douze jours à Marseille (Versailles le sait bien) et ai pris les mesures que je croyais nécessaires à la défense de la Commune de Marseille, « et cela contre les représentations de Crémieux » qui, placé dans un milieu dont il subissait l'influence, ne cessait de me demander l'élargissement des prisonniers, Cosnier et autres, demandes qui ne prirent fin que lorsque je l'eus menacé de le faire fusiller lui-même. Crémieux était certes un homme courageux, mais ce n'était pas un révolutionnaire implacable, car, à neuf heures, lorsque les soldats de la ligne commencèrent à mettre la crosse en l'air, il me sauta au cou et me dit en m'embrassant (et ici toute la sensibilité de l'homme se révèle) : « Tu vois, Landeck, la Commune triomphe sans une goutte de sang! » ....

(Lettre de Landeck au *Times*, 2 décembre 1871.)

(1) Lyon, 24 mars 1871.

Aux citoyens membres du Comité central, à Paris.

Nous sommes arrivés à Lyon et immédiatement introduits à l'Hôtel de ville ; nous avons dû paraître au balcon, aux acclamations de plus de vingt mille citoyens.

Dix-huit bataillons sur vingt-quatre sont heureux de se fédérer avec les deux cent quinze bataillons de Paris.

Pas une goutte de sang versé, grâce aux mesures préservatrices prises par la Commission provisoire.

Le gouvernement de Versailles n'est pas reconnu.

En somme, la cause du peuple triomphe, et Paris seul est reconnu comme capitale.

Pour la délégation,

ANDRIEUX.

L'insurrection de la Guillotière devait éclater le 30 avril.

(1) Le *Journal officiel* de Paris publiait bientôt ce qui suit :
« Sur la délibération approuvée du Comité de salut public, le citoyen Jules Fontaine, directeur général des domaines,
« En réponse aux larmes et aux menaces de Thiers, le

Ces actes de destruction ne révélaient que mieux l'état de décomposition où se trouvait la Commune.

Depuis la chute de Rossel, le pouvoir militaire appartenait, dans Paris, à Charles Delescluze, appelé à la délégation de la guerre. A l'impitoyable soldat succédait l'énergique écrivain. Qui eût dit jamais à Delescluze qu'il commanderait militairement une grande ville comme Paris ? Né en 1809, c'est-à-dire déjà sexagénaire, usé, épuisé d'ailleurs par une vie de luttes et de fatigues, rongé par une maladie de cœur qui l'eût infailliblement emporté après cette crise, cet homme, dont le visage pâle, ou plutôt jaune, creusé, énergique, entouré d'une barbe blanche, était de ceux qu'on n'oublie pas, Delescluze était tout l'opposé du militaire, et n'avait jamais connu que les complots des sociétés politiques, non la guerre méthodique et je dirai classique. Arrêté jadis, en 1834, à la suite des journées d'Avril, impliqué dans une conjuration en 1835, ré-

bombardeur, et aux lois édictées par l'Assemblée rurale, sa complice,

« ARRÊTE :

« Art. 1er. Tout le linge provenant de la maison Thiers sera mis à la disposition des ambulances.

« Art. 2. Les objets d'art et livres précieux seront envoyés aux bibliothèques et musées nationaux.

« Art. 3. Le mobilier sera vendu aux enchères, après exposition publique au Garde-meubles.

« Art. 4. Le produit de cette vente restera uniquement affecté aux pensions et indemnités qui devront être fournies aux veuves et orphelins des victimes de la guerre i fâme que nous fait l'ex-propriétaire de l'hôtel Georges.

« Art. 5. Même destination sera donnée à l'argent que rapporteront les matériaux de démolition.

« Art. 6. Sur le terrain de l'hôtel du parricide sera établi un square public.

« Paris, le 25 floréal an 79.

« Le directeur général des domaines,
« J. FONTAINE. »

Le journal de M. Félix Pyat avait déjà demandé la destruction de l'hôtel de M. Thiers; voici en quels termes :

« Au nom de Paris, au nom de la France, au nom de l'humanité, que son nom parricide soit trois fois maudit! le jour de sa naissance, maudit! le jour de sa mort, fêté! Que sa maison tombe à l'heure même où tombera cette colonne qu'il a célébrée et dépassée en crimes ! Qu'il n'en reste qu'une pierre avec cette inscription vengeresse : Là fut la maison d'un Français qui a brûlé Paris. »

Henri Rochefort, à son tour, à propos de cette démolition, s'exprimait ainsi, sur le ton narquois, dans le Mot d'ordre :

« Nous ne sommes pas des Attila, et l'herbe pousse où notre cheval a passé, mais nous reconnaissons publiquement que le décret de la Commune annonçant que l'hôtel de M. Thiers sera immédiatement rasé est une satisfaction nécessaire donnée à l'opinion publique.

« Il est de toute justice que ce vieil évadé voie tomber sa maison sous un décret, puisqu'il a l'infamie de faire tomber les nôtres sous ses obus. Nous ajouterons que la résolution prise par le gouvernement de Paris va ouvrir de nouveaux horizons à ce chef de bombardeurs, en même temps qu'elle doit le soulager d'un grand poids. Les êtres pervers qui composent actuellement la population parisienne, en constatant que, jusqu'ici, pas un projectile n'était arrivé jusqu'à la place Saint-Georges, commençaient à supposer que ce Versaillais féroce, mais économe, songeait surtout à ménager son immeuble.

« A partir de demain, M. Thiers aura tout le bénéfice de sa généreuse conduite. »

fugié en Belgique où il rédigea le *Journal de Charleroi*, il était en 1841 rédacteur en chef de l'*Impartial du Nord*, condamné, emprisonné comme tel, nommé en 1848 commissaire général de la République dans les départements du Nord et du Pas-de-Calais, démissionnaire après le 15 mai, condamné à la prison, puis par contumace à la déportation (1850) à la suite d'articles sur les journées de Juin, enfin, rentré en France en 1853, arrêté, enfermé tour à tour à Mazas, à Belle-Isle, à Corte, à Brest, à Toulon, dans le bagne, confondu avec les forçats, puis transporté à Cayenne où il vécut d'un emploi modeste jusqu'au jour où l'amnistie lui permit de rentrer en France. Là, avant de reprendre la plume du journaliste et de fonder le *Réveil*, il avait été caissier dans la maison de banque de M. Mottu. Puis, retournant à la polémique quotidienne, il avait fondé ce journal dont les coups droits, sobres et sûrs, portèrent de réels préjudices à l'empire. Et l'empire avait beau condamner, frapper, amonceler les amendes et les mois de prison, Delescluze parlait toujours son langage amer et élevé.

Jacobin par tempérament, négligeant volontiers le socialisme et même le niant, au besoin, Ch. Delescluze ne semblait guère destiné à figurer au premier rang d'une révolution dont le but était fort peu politique et profondément, je ne dirai pas même social, mais avide et plein d'appétit. Sobre et fier, Delescluze était, par sa nature, son intelligence, ses goûts, ses souvenirs, l'opposé de ces gens que Cremer nous a montrés banquetant à l'Hôtel de ville, et dont Rossel a écrit, se servant énergiquement d'un mot d'argot, que « si le parti qui a gouverné Paris pendant deux mois revenait au pouvoir, il faudrait absolument que le mot *engueulade* prît place dans les comptes rendus parlementaires. » (Rossel, *Œuvres posthumes*.) Mais une souffrance intérieure, la rage d'avoir vu s'écrouler ses espoirs personnels, sans doute aussi l'âpre douleur d'assister à l'écroulement de la France, les cuisantes amertumes, les souffrances de Cayenne, l'ambition, la folie du pouvoir, poussèrent à la fois Delescluze à accepter le commandement suprême et à diriger des hommes dont il avait pourtant mesuré la valeur.

Ah! qu'il était mieux inspiré lorsque, dans son livre inachevé : *De Paris à Cayenne*, il se montrait, assistant impassible aux tristes événements de l'histoire contemporaine : « Spectateur attentif, disait-il, l'ancien transporté de Cayenne n'a rien perdu de la sérénité de sa pensée ni de sa confiance inébranlable dans l'avenir. Il sait trop que le vieux monde est condamné, depuis le jour où le droit nouveau a été proclamé au milieu de la foudre et des éclairs, et, patient, il attend le triomphe de la vérité. Peut-être ne lui sera-t-il pas donné d'assister à ce beau jour; mais qu'importe? Quand tant de générations se sont éteintes avant nous dans la misère et la servitude, sans même entrevoir l'espérance, la plainte est-elle permise à ceux de nous qui tombent avant l'heure? L'honneur d'avoir combattu et souffert pour la démocratie est leur meilleure récompense. Ils peuvent s'endormir en paix. D'autres récolteront ce qu'ils ont semé. »

Et plus tard, dans des lettres intimes qu'on a retrouvées depuis peu :

« Je suis triste, mon cher ami, écrivait Delescluze, pendant le siége de Paris, je suis bien triste, car l'horizon n'est pas rose.

« *La réaction règne toujours, et je tremble de voir recommencer, sous le feu de l'ennemi, les terribles journées de Juin.*

« Puisse la France se sauver ! Il en est temps.

« A vous... »

Deux mois plus tard :

Bordeaux, 24 février 1871.

« Je suis à Bordeaux depuis le 17 au soir...

« Deux lignes vous donneront la mesure de mes impressions. Je vous donne ma parole d'honneur que nous avons été livrés, de propos délibéré, par le gouvernement du 4 septembre, qui n'a jamais voulu profiter des 600,000 hommes armés qu'il avait dans Paris pour écraser les Prussiens qui, souvent, n'étaient pas 120,000 autour de Paris.

« La délivrance de Paris, c'était la consolidation de la République et la formation des États-Unis d'Europe à courte échéance. Les jésuites qui gouvernaient ont prévu le danger où allaient se trouver la famille, la religion et la propriété, et, d'un commun accord, ils ont dit que mieux valait sauver la société que la France.

« Si vous sortez de cette hypothèse, si merveilleuse que soit l'incapacité de nos dictateurs, vous ne pourrez rien comprendre. Avec elle, tout se déduit avec une logique irrésistible, parce que c'est la vérité.

« Je m'arrête, mon pauvre ami. — En m'arrêtant le 23 janvier, ils ont tout simplement voulu me tuer de froid et de faim. J'en suis encore souffrant, et ma voix a bien du mal à revenir. . . .

« A vous. »

ASSEMBLÉE NATIONALE   Bordeaux, le 3 mars 1871.

« Je suis brisé : la France s'étranglant après s'être déshonorée, c'est trop pour moi et pour ceux qui, comme vous, ont le sentiment de la patrie.

« A vous. »

Enfin, à Paris, au lendemain du 18 mars :

Paris, 28 mars 1871.

« ..... J'arrive à la situation générale.

« Dans deux heures, nous nous installons à l'Hôtel de ville, où la Commune va enfin être constituée. Ce n'aura pas été sans peine.

« Au mois d'octobre, ce qui se fait aujourd'hui sauvait Paris et la France. En sera-t-il de même aujourd'hui ?... »

La réalité sombre devait tristement lui répondre deux mois plus tard. Au surplus, il y avait, même chez cet homme, du casse-cou et du chimérique. Une lave couvait sous sa froideur. Commissaire de la République dans le Nord après Antony Thouret, Delescluze, dans un discours prononcé à Lille lors de la plantation d'un arbre de la liberté, demandait au peuplier « de pousser des racines assez étendues pour aller jusqu'en Belgique soulever et renverser le tertre qui soutient l'insolent lion de Waterloo (1).» C'était là le prologue de cette regrettable et piteuse affaire qui devait aboutir sur la frontière belge à l'expédition à la fois bouffonne et lugubre de *Risquontout*.

En 1871, Delescluze était toujours l'homme de Risquontout. Cependant, s'il faut en croire ceux qui l'ont vu à l'œuvre, il conservait, même dans la fièvre de la Commune, un sentiment net de la situation. « Croyez-vous, disait-il à un ami, M. Testelin (député du Nord), croyez-vous qu'à mon âge je me serais compromis avec des *fous* ou des *gredins* (ce sont ses paroles), si je n'espérais arriver à assurer à Paris des franchises qu'il réclame vainement depuis tant d'années ? J'ai trop peu de temps à vivre pour m'associer à de telles gens, si je n'espérais arriver à un tel but, et si je n'y parviens pas, je me ferai tuer sur les marches de l'Hôtel de ville. » Rêve, espoir, chimère. Toujours l'expédition de Risquontout.

Delescluze, malgré son sang-froid et sa vision sévère des choses, semblait agité de la névrose qui s'était emparée de tous ces gouvernants improvisés. Dans la séance du 9 mai, il s'exprimait comme l'eût fait un énergumène. La raison lui échappait, eût-on dit : il n'était plus lui. « Vous discutez, s'écriait-il, quand le drapeau tricolore flotte sur le fort d'Issy ! » Et il réclame des mesures *immédiates, décisives*. « Encore *huit jours d'efforts* pour chasser ces *bandits de Versailles*. La France s'agite, elle nous apporte un concours moral qui se traduira par un concours actif. » Nommé délégué à la guerre, il publie aussitôt la proclamation suivante :

« A LA GARDE NATIONALE

« Citoyens,

« La Commune m'a délégué au ministère de la guerre ; elle a pensé que son représentant dans l'administration militaire devait appartenir à l'élément civil. Si je ne consultais que mes forces, j'aurais décliné cette fonction périlleuse, mais j'ai

---

(1) Pierre Legrand, — *Le bourgeois de Lille*, étude.

Paris pendant la Commune. — La colonne Vendôme renversée.

compté sur votre patriotisme pour m'en rendre l'accomplissement plus facile.

« La situation est grave, vous le savez; l'horrible guerre que vous font les féodaux conjurés avec les débris des régimes monarchiques vous a déjà coûté bien du sang généreux, et cependant, tout en déplorant ces pertes douloureuses, quand j'envisage le sublime avenir qui s'ouvrira pour nos enfants, et lors même qu'il ne nous serait pas donné de récolter ce que nous avons semé, je saluerais encore avec enthousiasme la Révolution du 18 mars, qui a ouvert à la France et à l'Europe des perspectives que nul de nous n'osait espérer il y a trois mois. Donc, à vos rangs, citoyens, et tenez ferme devant l'ennemi.

« Nos remparts sont solides comme vos bras, comme vos cœurs; vous n'ignorez pas d'ailleurs que vous combattez pour votre liberté et pour l'égalité sociale, cette promesse qui vous a si longtemps échappé, que si vos poitrines sont exposées aux balles et aux obus des Versaillais, le prix qui vous est assuré, c'est l'affranchissement de la France et du monde, la sécurité de votre foyer et la vie de vos femmes et de vos enfants.

« Vous vaincrez donc; le monde qui vous contemple et applaudit à vos magnanimes efforts s'apprête à célébrer votre triomphe, qui sera le salut pour tous les peuples.

« Vive la République universelle !
« Vive la Commune !

« Paris, le 10 mai 1871.

« *Le délégué civil à la guerre,*
« DELESCLUZE. »

Ses premiers ordres ont pour but de discipliner cette garde nationale dont Rossel a dit encore : « Les chefs de la révolution ont été indignes de l'armée de la révolution ; ils ont eu peur d'elle, ils l'ont menée aux cabarets et aux mauvais lieux et ont achevé la dissolution morale qu'ils auraient pu vaincre. Dans les derniers jours de leur domination, les fédérés ont usé, avec un sans-façon tout révolutionnaire de la propriété privée autant que de la propriété publique. Les marchands de vin, les boulangers, les épiciers ont été réquisitionnés à fond. » Delescluze ordonne que tout officier qui se présenterait au ministère de la guerre ou à la place sans être porteur d'ordres de son supérieur hiérarchique sera arrêté. Il met à l'ordre du jour le 128e bataillon qui, sous la conduite de Dombrowski, a, dit-il, *nettoyé* le parc de Sablonville des Versaillais qui l'occupaient. La Commune décrète que ce bataillon a bien mérité de la République et de la Commune et Delescluze promet des revolvers d'honneur à ses chefs. Il fait arrêter les étranges officiers d'état-major qui traînent leurs galons dans les restaurants et les cabarets (1). Il suit, en somme, le courant de rigueur qui emporte fatalement la Commune et ne la sauvera pas.

La Commune, en effet, qui vient de déclarer dans une longue affiche, signée du Comité de salut public, qu'elle vient *d'échapper à un péril mortel*, à la *trahison*, à un *crime effroyable* (plus d'une conspiration était, en effet, ourdie pour renverser ce pouvoir éphémère), la Commune supprime les journaux, le *Moniteur universel*, l'*Observateur*, l'*Univers*, le *Spectateur*, l'*Etoile* et l'*Anonyme* (2), et bientôt le *Siècle*, la *Discussion*, la *National*, le *Journal de Paris* et le *Corsaire* (2). Table rase. Elle appelle, en remplacement de Cournet à la délégation de la sûreté générale, ce Th. Ferré, qui, pendant le premier siége, avait, à Montmartre, ouvert un

---

(1) « Des officiers d'état-major de la garde nationale qui manquaient à leur service pour banqueter avec des filles de mauvaise vie chez le restaurateur Peters ont été arrêtés hier par ordre du Comité de salut public. Ils ont été dirigés sur Bicêtre avec des pelles et des pioches pour le service des tranchées. Les femmes ont été envoyées à Saint-Lazare, pour confectionner des sacs à terre. »

(Comité de salut public.)

Il est bon de reproduire encore l'ordre ci-dessous qui date de la même époque.

ORDRE FORMEL
—
8e LÉGION

« Tous les citoyens de 19 à 40 ans, faisant partie des 3e et 4e bataillons, qui n'auront pas rejoint *immédiatement* leur casernement à la caserne de la Pépinière, seront arrêtés et déférés à la cour martiale. (*La peine encourue est celle de mort.*)

« Trois bataillons étrangers à l'arrondissement sont mis à la disposition de la légion pour faire exécuter cet ordre.

« Paris, le 17 mai 1871.

« *Le lieutenant-colonel sous-chef de légion, chef d'état-major,*

« AUGUSTE PETIT.

« Vu et approuvé :
« *Les membres du bureau militaire,*
« BAUCHE, BRESSLER, DENNEVILLE, LÉGALITÉ. »

C'est la première fois que des citoyens ont été contraints de prendre parti dans une guerre civile.

(2) Décret du 11 mai.
(3) Décret du 16 mai.

club, petit homme chétif, énergique, sinistre, noir d'aspect, implacable (13 mai); elle enjoint, le 16 mai (sur l'ordre de Parisel) à tous les propriétaires de pétrole, de faire, dans les quarante-huit heures, la déclaration des quantités qu'ils ont en magasin. Elle fait appel à tous les travailleurs, terrassiers, charpentiers, maçons, mécaniciens, âgés de plus de quarante ans pour embrigader ces travailleurs. Déjà elle avait arrêté (14 mai) que tout citoyen devra être muni d'une *carte d'identité* dont l'exhibition pourra être *requise, par tout garde national*. De plus en plus, le Comité de salut public de 1871 pastiche le passé, n'invente rien, copie. Le 16 mai, le Comité de salut public, « Considérant que, pour sauvegarder les intérêts de la Révolution, il est indispensable d'associer l'élément civil à l'élément militaire; que nos pères avaient parfaitement compris que cette mesure pouvait seule préserver le pays de la dictature militaire... » délègue des commissaires civils, représentants de la Commune, auprès des généraux des trois armées de la Commune. Et, à cette même heure, un appel aux *travailleurs des campagnes* (rédigé, paraît-il, par madame André Léo et M. B. Malon), sorte de ressouvenir des appels de Babeuf, et un *appel aux grandes villes*, signé de Paschal Grousset (1), sont destinés à être distribués à cette France dont on attend le concours.

Mais l'heure arrive où une des fautes les plus inutiles de la Commune va être commise. On va démolir la colonne Vendôme. Cet acte absurde est un de ceux qui excitera le courroux le plus vif. Victor Hugo s'élèvera contre lui; il exaspérera l'armée, il stupéfiera la France, étonnée de voir un symbole de victoire détruit devant notre ennemi vainqueur. Sans doute, il ne représentait rien, ce bronze insolent, ce *bronze grandi sous les pleurs*, selon l'expression du poëte des *Iambes*, il ne représentait rien que la tyrannie, le despotisme, la guerre et la conquête; mais ne semblait-il pas, pour notre France abaissée, être devenu aussi le monument de notre vigueur évanouie, des victoires du soldat, du pauvre, du conscrit héroïque, du grenadier d'autrefois? Il était la consolation du vaincu, la revanche du battu. Cette colonne, élevée à un empereur, était aussi élevée à un peuple. De son sang, le peuple-soldat l'avait achetée et conquise.

L'opinion publique a surtout accusé un artiste, Gustave Courbet, de cet attentat à l'art. Ne rien détruire en art est un principe. Courbet avait cependant, dès le premier siége et dans le *Bulletin de la municipalité*, réclamé le « déboulonnage » de la colonne. Chose à noter, le *Journal des Débats*, à cette époque, et s'il nous en souvient, ne s'y opposait pas. Mais Courbet avait fait de cette œuvre son œuvre. On s'immortalise comme on peut.

---

(1) Voyez ces documents à la fin du chapitre.

La vanité immense de Vallès, dont nous avons parlé, on la retrouverait dans cet autre homme que la sottise et l'infatuation de soi-même ont conduit à se mêler de questions auxquelles, certes, il n'entendait rien. C'est bien Courbet que je veux dire. Artiste hors de pair, avec son prodigieux talent d'exécution, il devait être, il est un des maîtres de l'école française. Inconscient, doté par la nature d'un incomparable instrument, d'un pinceau solide comme celui d'un Velasquez, il s'imagine un matin, après avoir lu Proudhon qu'il admire, que ce n'est pas tout d'être peintre et qu'il faut être homme politique. Il se construit, un jour d'exposition, un salon personnel, disant, comme Danton, que les dindons seuls vont par troupes. Il y expose des tableaux ainsi catalogués : *L'atelier du peintre, allégorie réelle*. Il se drape dans sa lourde personnalité vantarde, et, après avoir été baptisé chef d'école par M. Champfleury, il tient à se faire sacrer chef de parti par un suffrage universel terriblement restreint par l'abstention.

Il s'éveille, un matin de septembre, avec cette idée que la colonne Vendôme le gêne ; il commence, à l'heure du siège, cette campagne contre ces rondelles de pierres recouvertes de bronze. Il propose à l'Allemagne de remplacer ce monument par un autre : « Tenez, dit-il dans une *Lettre à l'armée allemande*, laissez-nous vos canons Krupp, nous les fondrons avec les nôtres ensemble ; le dernier canon, gueule en l'air, coiffé du bonnet phrygien, planté sur un piédestal acculé sur trois boulets, et ce monument colossal, que nous érigerons ensemble sur la place Vendôme, sera votre colonne, à vous et à nous, la colonne des peuples, la colonne de l'Allemagne et de la France à jamais fédérées. » Quelle époque troublée que la nôtre. Le monde, comme dirait Hamlet, y est hors de ses gonds. « Dans ces temps de siège, on devient fou. » C'est M. Courbet qui le dit lui-même. On perd, dans tous les cas, les notions du vrai, du juste et de l'injuste, on se rue vers l'utopie et le mensonge, comme en d'autres temps, selon l'expression de Tacite, on se rue à la servitude. Et l'on arrive à dire ce mot étonnant, typique, de casuiste révolté, digne de figurer dans un des *Monita secreta*, ce mot que prononça M. Courbet en pleine Commune : « *On n'est insurgé que pendant le premier mois.* »

Ce fut le 16 mai que fut renversée la colonne Vendôme. Un système de cordages avait été établi autour de la colonne sciée préalablement à la base et un lit de fumier avait été préparé pour amortir la chute du colosse.

A trois heures de l'après-midi, un citoyen monte sur la colonne, agite un drapeau tricolore, « sans doute, dit le *Mot d'ordre*, pour indiquer que la chute de la colonne doit entraîner celle du drapeau ». En tous cas, c'est un signal. La musique du 190ᵉ bataillon exécute la *Marseillaise*, à laquelle succède le *Chant du départ*, exécuté par la musique du 172ᵉ bataillon.

Les canons braqués sur la rue de la Paix sont retirés, et, par mesure de précaution, on a enlevé le milieu de la barricade construite en pavés.

Quelques membres de la Commune vont prendre place sur le balcon du ministère de la justice.

A trois heures et demie, le clairon sonne ; les ouvriers descendent de l'échafaudage. On fait éloigner tout le monde ; chacun se range autour de la place.

A cinq heures un quart, les cabestans fonctionnent. La tension des câbles s'opère lentement. Il est cinq heures et demie. L'attention est immense. Chacun est haletant. Un cri, étranglé par la peur d'un accident dont il est impossible de mesurer l'étendue, part de toutes les bouches. La colonne s'ébranle. Un silence d'épouvante se fait dans la foule anxieuse. Puis, après avoir oscillé un instant sur sa base, cette masse de bronze et de granit tombe sur le lit qui lui a été préparé. Un bruit sourd se mêle au craquement des fascines ; des nuages de poussière s'élèvent dans les airs. A l'instant, une immense clameur se dégage de la foule ; on crie : « Vive la République ! Vive la Commune ! »

Tout le monde, ajoute le journal qui décrit cette fête spéciale, tout le monde se précipite en poussant des cris.

Les fascines et le fumier ont été chassés de chaque côté à plus de 40 mètres. La colonne est toute disloquée. La statue a un bras cassé et la tête séparée du tronc. En deux minutes le drapeau rouge est arboré sur le piédestal qui est resté debout.

Un sergent escalade le soubassement de l'exédifice et prononce un discours. Il est interrompu par la foule, qui désire écouter le général Bergeret, monté sur les débris de la colonne brisée.

Le général est applaudi à tout rompre par ces vingt mille personnes accourues et prises de joie ou frappées de stupeur.

Les corps de musique, au milieu des applaudissements et des cris patriotiques, exécutent la *Marseillaise* et le *Chant des Girondins*.

Un marin, ayant ramassé un pavé, voulait le lancer sur la tête de la statue de Napoléon Iᵉʳ, on l'en a empêché.

Le citoyen Henri Fortuné, monté sur les débris, prononçait alors quelques paroles :

« Citoyens, dit-il,

« Nous avons vu tomber cette colonne, ainsi que l'homme qui gît maintenant sur les excréments destinés à la recevoir.

« Cet homme, qui a épouvanté toutes les cours étrangères, est à vos pieds, impuissant,

« Lui, qui a écrasé la République sous ses talons, le voilà foulé aux pieds du peuple.

« C'est le jour de la vengeance; c'est le défi jeté aux assassins de Versailles; c'est le moment où le peuple revendique ses droits.

« Pendant que le canon gronde sur notre population, les séides de Versailles, les souteneurs de dynasties, sont écrasés.

Poussons donc aujourd'hui un cri de vengeance : « A mort Versailles ! Traîtres ! vous avez vécu, vous serez écrasés par le peuple ! »

La fièvre gagne tous ces gens.

Le citoyen Miot s'écrie :

« Citoyens, la République vient aujourd'hui de donner une grande leçon aux peuples et aux rois. La colonne Vendôme a croulé, annonçant par sa chute les destinées inévitables de ceux qui veulent bâtir leur fortune sur le sang et le principe autoritaire. Que ce monument, élevé par les Bonapartes à la honte de l'humanité, périsse à jamais, ainsi que le nom exécrable de cette race maudite !

« Le peuple est patient ; il se résigne à supporter le joug et l'humiliation, mais sa vengeance n'en est que plus terrible le jour où elle éclate. Malheur à ceux qui le provoquent et excitent jusqu'au bout son légitime courroux !

« Jusqu'ici notre colère ne s'est exercée que sur des choses matérielles, mais le jour approche où les représailles seront terribles et atteindront cette réaction infâme qui nous mine et cherche à nous écraser.

« Rallions-nous donc autour du drapeau de la liberté, aux cris unanimes de : « Vive la France ! Vive la République ! »

On le voit, tout cela est menaçant, sinistre, plein de tragiques sous-entendus.

Voici les paroles plus significatives encore d'un autre membre du Comité, M. Ranvier :

« La colonne Vendôme, la maison de M. Thiers, la chapelle expiatoire, ne sont que des exécutions matérielles. Mais le tour des traîtres et des royalistes viendra inévitablement si la Commune y est forcée (1) ! »

(1) Le maréchal de Mac-Mahon adressait le lendemain à l'armée l'ordre du jour suivant :

« Soldats !

« La colonne Vendôme vient de tomber.

« L'étranger l'avait respectée. La Commune de Paris l'a renversée. Des hommes qui se disent Français ont osé détruire, sous les yeux des Allemands qui nous observent, ce témoin des victoires de vos pères contre l'Europe coalisée.

« Espéraient-ils, les auteurs indignes de cet attentat à la gloire nationale, effacer la mémoire des vertus militaires dont ce monument était le glorieux symbole ?...

« Soldats ! Si les souvenirs que la colonne nous rappelait ne sont plus gravés sur l'airain, ils resteront du moins vivants dans nos cœurs et, nous inspirant d'eux, nous sau-

Les discours de Miot et de Ranvier laissaient deviner tout le courroux comprimé de certains membres de la Commune. Un épouvantable accident, l'explosion d'une cartoucherie, située avenue Rapp, vint encore donner un aliment, légitime en apparence, à cette fureur. Le Comité de salut public n'hésita pas à déclarer que ce malheur, né d'une imprudence, sans doute, était le résultat d'un crime. Il fit, sans plus tarder, afficher cette déclaration inventée pour raviver la haine aux cœurs des plus crédules et des plus farouches :

« Le gouvernement de Versailles vient de se souiller d'un nouveau crime, le plus épouvantable et le plus lâche de tous.

« Ses agents ont mis le feu à la cartoucherie de l'avenue Rapp et provoqué une explosion effroyable.

« On évalue à plus de cent le nombre des victimes. Des femmes, un enfant à la mamelle ont été mis en lambeaux.

« Quatre des coupables sont entre les mains de la sûreté générale.

« Paris, le 27 floréal an 79.

« *Le Comité de salut public.* »

Cette furie semblait d'ailleurs excessive à une partie de la Commune, dite la *minorité*, qui sembla vouloir se dégager des actes du Comité de salut public. Composée de MM. Beslay, Jourde, Theisz, Lefrançais, Eugène Gérardin, Vermorel, Clémence, Andrieu, Serrailler, Longuet, Arthur Arnould, V. Clément, Avrial, Ostyn, Franckel, Pindy, Arnold, J. Vallès, Tridon, Varlin et Courbet, la minorité sembla vouloir faire schisme, et par là de s'en tenir à la seule administration de ses arrondissements respectifs. A quoi Paschal Grousset répondit, en traitant les schismatiques de *Girondins*. « Nouveaux Girondins, dit-il, ils se retirent, non pas dans les départements, ils ne le peuvent pas, mais dans les arrondissements. » Il est à remarquer, au surplus, que les Girondins ont été tués précisément, — et par la Commune de 93, — pour avoir formulé une réclamation pareille à celle de la Commune de 1871.

Force fut aux dissidents de reprendre leur place à l'Hôtel de ville et d'obéir au Comité de salut public, qui obéissait lui-même, quoi qu'il en eût au Comité central.

rons donner à la France un nouveau gage de bravoure, de dévouement et de patriotisme.

« Maréchal de Mac-Mahon,
« duc de Magenta. »

L'Assemblée nationale devait voter bientôt ces articles :
« Art. 1er. — La colonne de la place Vendôme sera reconstruite.
« Art. 2. — Elle sera surmontée de la statue de la France.
« Art. 3. — Une inscription portera la date de la destruction et celle du rétablissement. »

La fin de la Commune. — Entrée des troupes par la porte de Saint-Cloud.

Le Comité central, tout-puissant, publiait alors la déclaration suivante :

« COMITÉ CENTRAL.

« Au peuple de Paris,
« A la garde nationale,

« Des bruits de dissidence entre la majorité de la Commune et le Comité central ont été répandus par nos ennemis communs avec une persistance qu'il faut, une fois pour toutes, réduire à néant par une sorte de pacte public.

Le Comité central, préposé par le Comité de salut public à l'administration de la guerre, entre en fonctions à partir de ce jour.

« Lui qui a porté le drapeau de la Révolution communale, n'a ni changé, ni dégénéré. Il est, à cette heure, ce qu'il était hier : le défenseur né de la Commune, la force qui se met en ses mains, l'ennemi armé de la guerre civile, la sentinelle mise par le peuple auprès des droits qu'il s'est conquis.

« Au nom donc de la Commune et du Comité central, qui signe ce pacte de la bonne foi, que les soupçons et les calomnies inconscientes disparaissent, que les cœurs battent, que les bras s'arment et que la grande cause sociale pour laquelle nous combattons tous triomphe dans l'union et la fraternité.

« Vive la République !
« Vive la Commune !
« Vive la Fédération communale !

« *La Commission de la Commune :*

« BERGERET, CHAMPY, GÉRESME, LEDROIT, LONCLAS, URBAIN.

« *Le Comité central :*

« MOREAU, PIAT, B. LACORRE, GEOFFROY, GOUHIER, PRUDHOMME, GAUDIER, FABRE, TIERSONNIER, BONNEFOY, LACORD, TOURNOIS, BAROUD, ROUSSEAU, LAROQUE, MARÉCHAL, BISSON, OUZELOT, BRIN, MARCEAU, LEVÊQUE, CHOUTEAU, AVOINE fils, NAVARRE, HUSSON, LAGARDE, AUDOYNAUD, HANSER, SOUDRY, LAVALETTE, CHATEAU, VALATS, PATRIS, POUGERET, MILLET, BOULLENGER, BOUIT, DUCAMP, GRELIER, DREVET. »

Malgré toutes ces affirmations, ces promesses de triomphe, ces assurances de victoire, il est aisé de voir que le trouble est dans les esprits et dans les cœurs. La cause de la Commune est déjà perdue. Ses dernières rigueurs ne sont que le prélude de son agonie. Mais qu'elle sera sombre, cette agonie même, et que de malheurs vont terminer cette guerre sociale qui eût autrement profité aux travailleurs, au progrès, au bien-être de tous, à la liberté, à la République, si elle eût été une *paix sociale*. Quelles pensées fait naître le manifeste du Comité central! Que nous sommes loin du temps où les réformateurs de l'Internationale déclaraient, non pas la guerre au monde comme, dans leur fureur, le font aujourd'hui les sectaires, mais la paix et l'union entre les travailleurs pour arriver à l'émancipation des classes laborieuses.

« Nous voulons, disait alors M. Héligon, et je cite encore ces paroles déjà imprimées ici, nous voulons opérer cette réforme pacifiquement, car c'est toujours nous, peuple ouvrier ou peuple soldat, qui faisons les frais de ces batailles fratricides qui se sont toujours, jusqu'à présent, accomplies au bénéfice d'ambitieux qui se faisaient un marchepied pour arriver au pouvoir. » Maintenant, loin d'être éclairés par l'épreuve, par la catastrophe épouvantable qui vient de stupéfier le monde, loin de reconnaître qu'ils ont été conduits, poussés, trompés par des ambitieux de toutes sortes, fruits secs de tous les états, déclassés de l'armée, de la finance, du journal, de l'école ou de l'atelier, les prolétaires, ou plutôt ceux qui prétendent représenter les prolétaires, déclarent qu'ils continueront,—par le fer et le feu, — la lutte entreprise, et qu'ils sont le droit, puisqu'ils sont le nombre et la force. Ne croirait-on pas entendre M. de Bismarck lui-même, l'homme de la politique du fer et du sang, jeter au monde moderne effaré ses menaces et ses défis? Ce n'est pourtant ni la force, ni le nombre qui doivent faire la loi à l'humanité. Une foule ivre et sauvage ne serait pas un peuple, mais un troupeau. Rien de durable ne se fonde que par le travail lent des générations et le respect du droit. Dans un de ses anciens manifestes, l'Internationale elle-même reconnaissait qu'à travers les siècles, d'Étienne Marcel à Sieyès, la bourgeoisie, dans sa lutte avec la noblesse avait été vaincue parce qu'elle n'était *pas digne de la victoire!* « Tout le dix-huitième siècle fut employé par elle à conquérir *par l'étude et le travail*, la capacité qui lui manquait, et quand 89 vint, en *talent, en science*, en richesse, elle était au moins l'égale de l'aristocratie : *là est le secret de son triomphe.* » Là sera celui du triomphe du prolétariat si, par l'instruction largement répandue, par le sentiment, non pas de la résignation, mais du devoir, par l'honnêteté personnelle, la dignité sévère dans l'humilité de l'existence, il arrive à égaler, à dépasser en talents et en vertus ceux qui seront alors, mais seulement alors, forcés de céder non pas à la force numérique, mais à la supériorité morale.

Mais que de préjugés à détruire, d'idées fausses à dissiper, de mensonges à mettre à nu, de mauvais conseillers à démasquer! « *Il ne faut jamais*, dit Jean-Jacques Rousseau, *désespérer d'un peuple qui aime encore ce qui est juste et honnête... On est forcé de le tromper pour le rendre injuste.* » Mais ce sont ces trompeurs que le peuple doit haïr, ambitieux qui feraient d'une nation une plèbe pourvu qu'ils eussent la première place à la tête du troupeau.

A l'heure où le Comité de salut public nommé par la Commune de Paris, supprimait les derniers journaux hostiles à son pouvoir (1), interdisait toute

(1) « Le Comité de salut public
« ARRÊTE :
« Art. 1er. Les journaux *la Commune*, *l'Écho de Paris*, *l'Indépendance française*, *l'Avenir national*, *la Patrie*, *le Pirate*, *le Républicain*, *la Revue des Deux Mondes*, *l'Éco de Ultramar* et *la Justice* sont et demeurent supprimés.
« Art 2. Aucun nouveau journal ou écrit périodique politique ne pourra paraître avant la fin de la guerre.
«
« Art. 4. Les attaques contre la République et la Commune seront déférées à la cour martiale. . . . . . »
(*Journal officiel* du 18 mai.)

nouvelle publication politique, *avant la fin de la guerre*, et annonçait que les attaques contre la Commune seraient déférées à la Cour martiale, l'Assemblée nationale ratifiait à la majorité de 440 voix contre 98, le traité de Francfort, et le 20 mai, MM. Jules Favre et Pouyer-Quertier et M. de Bismarck après l'échange des ratifications de ce traité, signaient une convention concernant le payement des termes de l'indemnité de guerre.

Le drame de la lutte entre la France et la Prusse était terminé. Le dernier acte de la guerre entre Paris et Versailles allait commencer.

DOCUMENTS COMPLÉMENTAIRES DU CHAPITRE IV

N° 1.

AUX TRAVAILLEURS DES CAMPAGNES.

Commune de Paris.

Frère, on te trompe. Nos intérêts sont les mêmes. Ce que je demande, tu le veux aussi : l'affranchissement que je réclame, c'est le tien. Qu'importe si c'est à la ville ou à la campagne que le pain, le vêtement, l'abri, le secours manquent à celui qui produit toute la richesse de ce monde? Qu'importe que l'oppresseur ait nom : gros propriétaire ou industriel? Chez toi, comme chez nous, la journée est longue et rude et ne rapporte pas même ce qu'il faut aux besoins du corps. A toi comme à moi, la liberté, le loisir, la vie de l'esprit et du cœur manquent. Nous sommes encore et toujours, toi et moi, les vassaux de la misère.

Voilà près d'un siècle, paysan, pauvre journalier, qu'on te répète que la propriété est le fruit sacré du travail, et tu le crois. Mais ouvre donc les yeux et regarde autour de toi; regarde toi-même et tu verras que c'est un mensonge. Te voilà vieux; tu as toujours travaillé; tous tes jours se sont passés la bêche ou la faucille à la main, de l'aube à la nuit, et tu n'es pas riche cependant, et tu n'as pas même un morceau de pain pour ta vieillesse. Tous tes gains ont passé à élever péniblement des enfants, que la conscription va te prendre, ou qui, se mariant à leur tour, mèneront la même vie de bête de somme que tu as menée, et finiront comme tu vas finir, misérablement; car, la vigueur de tes membres s'étant épuisée, tu ne trouveras guère plus de travail; tu chagrineras tes enfants du poids de ta vieillesse, et te verras bientôt obligé, le bissac

sur le dos, et courbant la tête, d'aller mendier, de porte en porte, l'aumône méprisante et sèche.

Cela n'est pas juste, frère paysan, ne le sens-tu pas? Tu vois donc bien que l'on te trompe; car s'il était vrai que la propriété est le fruit du travail, tu serais propriétaire, toi qui as tant travaillé. Tu posséderais cette petite maison, avec un jardin et un enclos, qui a été le rêve, le but, la passion de toute ta vie, mais qu'il t'a été impossible d'acquérir, — ou que tu n'as acquise peut-être, malheureux, qu'en contractant une dette qui t'épuise, te ronge, et va forcer tes enfants à vendre, aussitôt que tu seras mort, peut-être avant, ce toit qui t'a déjà tant coûté. Non, frère, le travail ne donne pas la propriété. Elle se transmet par hasard ou se gagne par ruse. Les riches sont des oisifs, les travailleurs sont des pauvres, — et restent pauvres. C'est la règle ; le reste n'est que l'exception.

Cela n'est pas juste. Et voilà pourquoi Paris, que tu accuses sur la foi des gens intéressés à te tromper, voilà pourquoi Paris s'agite, réclame, se soulève et veut changer les lois qui donnent tout pouvoir aux riches sur les travailleurs. Paris veut que le fils du paysan soit aussi instruit que le fils du riche, *et pour rien*, attendu que la science humaine est le bien commun de tous les hommes, et n'est pas moins utile pour se conduire dans la vie, que les yeux pour voir.

Paris veut qu'il n'y ait plus de roi qui reçoive 30 millions de l'argent du peuple, et qui engraisse de plus sa famille et ses favoris. Paris veut que cette grosse dépense n'étant plus à faire, l'impôt diminue grandement. Paris demande qu'il n'y ait plus de fonctions payées 20,000, 30,000, 100,000 fr., donnant à manger à un homme, en une seule année, la fortune de plusieurs familles ; et qu'avec cette économie, on établisse des asiles pour la vieillesse des travailleurs.

Paris demande que tout homme qui n'est pas propriétaire ne paye pas un sou d'impôt ; que celui qui ne possède qu'une maison et son jardin ne paye rien encore ; que les petites fortunes soient imposées légèrement, et que tout le poids de l'impôt tombe sur les richards.

Paris demande que ce soient les députés, les sénateurs et les bonapartistes, auteurs de la guerre, qui payent les cinq milliards de la Prusse, et qu'on vende pour cela leurs propriétés, avec ce qu'on appelle les biens de la Couronne, dont il n'est plus besoin en France.

Paris demande que la justice ne coûte plus rien à ceux qui en ont besoin, et que ce soit le peuple lui-même qui choisisse les juges parmi les honnêtes gens du canton.

Paris veut enfin, écoute bien ceci, travailleur des campagnes, pauvre journalier, petit propriétaire que ronge l'usure, bordier, métayer, fermier, vous tous qui semez, récoltez, suez, pour que le plus clair de vos produits aille à quelqu'un qui ne fait rien : — ce que Paris veut, en fin de compte, c'est la terre au paysan, l'outil à l'ouvrier, le travail pour tous.

La guerre que fait Paris en ce moment, c'est la guerre à l'usure, au mensonge et à la paresse. On vous dit : « Les Parisiens, les socialistes, sont des partageux. » Eh ! bonnes gens, ne voyez-vous pas qui vous dit cela ? Ne sont-ils pas des partageux, ceux qui, ne faisant rien, vivent grassement du travail des autres ? N'avez-vous jamais entendu les voleurs, pour donner le change, crier : « Au voleur ! » et détaler tandis qu'on arrête le volé ?

Oui, les fruits de la terre à ceux qui la cultivent. A chacun le sien ; le travail pour tous.

Plus de très-riches ni de très-pauvres.

Plus de travail sans repos, ni de repos sans travail.

Cela se peut ; car il vaudrait mieux ne croire à rien que de croire que la justice ne soit pas possible.

Il ne faut pour cela que de bonnes lois, qui se feront quand les travailleurs cesseront de vouloir être dupés par les oisifs.

Et dans ce temps-là, croyez-le bien, frères cultivateurs, les foires et les marchés seront meilleurs pour qui produit le blé et la viande, et plus abondants pour tous, qu'ils ne furent jamais sous aucun empereur ou roi. Car alors le travailleur sera fort et bien nourri, et le travail sera libre des gros impôts des patentes et des redevances, que la Révolution n'a pas toutes emportées, comme il le paraît bien.

Donc, habitants des campagnes, vous le voyez, la cause de Paris est la vôtre et c'est pour vous qu'il travaille, en même temps que pour l'ouvrier. Ces généraux qui l'attaquent en ce moment, ce sont les généraux qui ont trahi la France. Ces députés que vous avez nommés sans les connaître veulent nous ramener Henri V. Si Paris tombe, le joug de misère restera sur votre cou, et passera sur celui de vos enfants. Aidez-le donc à triompher, et, quoi qu'il arrive, rappelez-vous bien ces paroles, — car il y aura des révolutions dans le monde jusqu'à ce qu'elles soient accomplies : — LA TERRE AU PAYSAN, L'OUTIL A L'OUVRIER, LE TRAVAIL POUR TOUS.

LES TRAVAILLEURS DE PARIS.

N° 2.

AUX GRANDES VILLES.

Après deux mois d'une bataille de toutes les heures, Paris n'est ni las ni entamé.

Paris lutte toujours, sans trêve et sans repos, infatigable, héroïque, invaincu.

Paris a fait un pacte avec la mort. Derrière ses forts, il a ses murs ; derrière ses murs, ses barricades ; derrière ses barricades, ses maisons, qu'il faudrait lui arracher une à une, et qu'il ferait sauter, au besoin, plutôt que de se rendre à merci.

Grandes villes de France, assisterez-vous immobiles et impassibles à ce duel à mort de l'Avenir contre le Passé, de la République contre la Monarchie ?

Ou verrez-vous enfin que Paris est le champion de la France et du monde, et que ne pas l'aider, c'est le trahir ?...

Vous voulez la République, ou vos votes n'ont aucun sens ; vous voulez la Commune, car la repousser, ce serait abdiquer votre part de souveraineté nationale ; vous voulez la liberté politique et l'égalité sociale, puisque vous l'écrivez sur vos programmes ; vous voyez clairement que l'armée de Versailles est l'armée du bonapartisme, du centralisme monarchique, du despotisme et du privilége, car vous connaissez ses chefs et vous vous rappelez leur passé.

Qu'attendez-vous donc pour vous lever ? Qu'attendez-vous pour chasser de votre sein les infâmes agents de ce gouvernement de capitulation et de honte qui mendie et achète, à cette heure même, de l'armée prussienne, les moyens de bombarder Paris par tous les côtés à la fois ?

Attendez-vous que les soldats du droit soient tombés jusqu'au dernier sous les balles empoisonnées de Versailles ?

Attendez-vous que Paris soit transformé en cimetière et chacune de ses maisons en tombeau ?

Grandes villes, vous lui avez envoyé votre adhésion fraternelle ; vous lui avez dit : « De cœur, je suis avec toi ! »

Grandes villes, le temps n'est plus aux manifestes : le temps est aux actes, quand la parole est au canon.

Assez de sympathies platoniques. Vous avez des fusils et des munitions : Aux armes ! Debout les villes de France !

Paris vous regarde, Paris attend que votre cercle se serre autour de ses lâches bombardeurs et

M. POUYER-QUERTIER.

les empêche d'échapper au châtiment qu'il leur réserve.

Paris fera son devoir et le fera jusqu'au bout.

Mais ne l'oubliez pas, Lyon, Marseille, Lille, Toulouse, Nantes, Bordeaux et les autres...

Si Paris succombait pour la liberté du monde, l'histoire vengeresse aurait le droit de dire que Paris a été égorgé parce que vous avez laissé s'accomplir l'assassinat.

Le délégué de la Commune aux relations extérieures,

PASCHAL GROUSSET.

CHAPITRE VIII

LES HUIT JOURNÉES DE MAI.

Entrée de l'armée de Versailles. — Ducatel. — Proclamations du Comité de salut public. — Les barricades. — Mort de Dombrowski. — Vermorel. — Les incendies. — Les Tuileries. — L'Hôtel de ville. — Dernières proclamations des chefs de l'insurrection. — La lutte dans Paris. — Les fusillades. — Mort de Millière. — Mort de Tony-Moilin. — L'exécution des otages est décrétée. — Sainte-Pélagie. — Raoul Rigault. — Préau de Wedel. — Assassinat de Gustave Chaudey et de trois gardes républicains. — Mort de Raoul Rigault. — La Roquette. — Assassinat du président Bonjean, de l'archevêque de Paris, de l'abbé Deguerry, de l'abbé Allard, du P. Ducoudray et du P. Clerc. — La mairie du onzième arrondissement. — Mort de Delescluze. — Massacre des Dominicains d'Arcueil. — Derniers efforts de l'insurrection. — La mairie du vingtième arrondissement. — Massacre de la rue Haxo. — L'agonie de la Commune. — Les troupes s'emparent des buttes Chaumont et du Père-Lachaise. — Proclamation du maréchal de Mac-Mahon. — DOCUMENTS COMPLÉMENTAIRES.

Le dimanche 21 mai, il y avait, au bénéfice des veuves et des orphelins de la Commune, concert, à deux heures de l'après-midi, dans le jardin des Tuileries. « Les femmes en grande toilette remplissaient les allées, raconte M. Lissagaray, le ciel était radieux. Au-dessus de l'Arc-de-Triomphe, voltigeaient les panaches de fumée des boîtes à mitraille. » A quatre heures et demie, un lieutenant-colonel d'état-major de la Commune monta sur l'estrade de l'orchestre et s'écria aussitôt : « Citoyens, M. Thiers avait promis d'entrer hier à Paris, M. Thiers n'est pas entré ; il n'entrera pas. Je vous convie, pour dimanche prochain, ici même, à notre second concert. » La foule applaudit. A cette heure pourtant, l'avant-garde de l'armée de Versailles était déjà dans Paris.

Depuis plusieurs jours, les soldats étaient parvenus jusqu'au pied des remparts. Issy, Clamart, Vanves étaient occupés par eux. Les portes d'Auteuil, de Passy, du Point-du-Jour, violemment bombardées, avaient de larges brèches. Une attaque de vive force était imminente, lorsque, ce jour du dimanche 21 mai, qui devait être le premier d'une semaine d'épouvante et d'horreur, à trois heures de l'après-midi, au moment où le feu des batteries versaillaises était dirigé avec la plus grande énergie sur la partie de l'enceinte de Paris, voisine de la porte de Saint-Cloud, tout à coup un homme apparut près de cette porte, au bastion 64, agitant un mouchoir blanc en guise de drapeau parlementaire.

Ce signal fut aperçu des avant-postes, très-rapprochés, et bientôt un officier, le capitaine du génie Garnier, de service à la tranchée, et non pas, comme on l'a dit, le commandant des troupes établies sur ce point, le capitaine de frégate Trève, après avoir défendu à ses soldats de le suivre, se précipite seul en avant, et se trouve en présence d'un piqueur au service municipal de la ville de Paris, M. Jules Ducatel, demeurant près du Point-du-Jour, et qui, après avoir constaté que cette partie du rempart n'était plus gardée, venait, sous le feu des obus de Versailles, en avertir les troupes et les mettre à même de pénétrer dans la ville, sans avoir à faire brèche et à donner l'assaut.

A l'aide de ces indications, l'armée entrait aussitôt dans Paris et prenait possession, sans résistance, de la porte de Saint-Cloud et des deux bastions voisins. Averti par le télégraphe, le général Douay put accourir, s'emparer de l'espace compris entre les fortifications et le viaduc, et faire ouvrir la porte d'Auteuil après un combat assez vif.

Ducatel fit ensuite part au général Douay de la possibilité qu'il y aurait d'aller jusqu'au Trocadéro ; il servit de guide au colonel Piquemal, chef d'état-major de la division Vergé. On arriva ainsi devant la barricade qui barrait le quai de Grenelle. Ducatel marchait en avant, et donna à la colonne le moyen de franchir la barricade et d'enlever le Trocadéro.

C'est alors qu'il faillit être victime de sa hardiesse. Saisi par les insurgés, il fut amené à l'École militaire, et allait être fusillé, lorsque l'apparition de nos troupes dissipa les membres du conseil de guerre qui s'apprêtait à le juger.

Ce fut alors que M. Thiers télégraphia, presque coup sur coup, les dépêches suivantes :

« Versailles, 21 mai 1871, 7 h. 30 soir.

« *Le chef du pouvoir exécutif aux préfets.*

« La porte de Saint-Cloud *vient de s'abattre sous le feu de nos canons*. Le général Douay s'y est précipité et il entre en ce moment dans Paris avec ses troupes. Les corps des généraux Ladmirault et Clinchant s'ébranlent pour le suivre.

« A. THIERS. »

« Versailles, 21 mai, 1 h. 45 matin.

« *Le chef du pouvoir exécutif aux préfets.*

« Une moitié de l'armée est déjà dans Paris. Les portes de Saint-Cloud, d'Auteuil, de Passy et le Trocadéro sont au pouvoir des troupes.

« A. THIERS. »

Il n'y avait pas eu un combat sérieux à l'École militaire, et Rossel a accusé le commandant, M. Razoua, ancien spahis, d'avoir fui sans essayer de défendre ce point. Le bruit de l'entrée des troupes de Versailles dans Paris ne se répandit qu'assez tard. A dix heures, vingt mille hommes étaient dans la ville, et la ville l'ignorait. A onze heures, le ministère de la guerre en fut instruit, mais le délégué à la guerre répondit par l'affiche suivante :

« L'observatoire de l'Arc-de-Triomphe nie l'entrée des Versaillais ; du moins, il n'y voit rien qui y ressemble. Le commandant Renard, de la section, vient de quitter mon cabinet, et affirme qu'il n'y a eu qu'une panique, et que la porte d'Auteuil n'a pas été forcée ; que si quelques Versaillais se sont présentés, ils ont été repoussés. J'ai envoyé chercher onze bataillons de renfort, par autant d'officiers d'état-major, qui ne doivent les quitter qu'après les avoir conduits au poste qu'ils doivent occuper.

« DELESCLUZE. »

Il fallut cependant se rendre à l'évidence. On entendait déjà la fusillade du côté du Trocadéro. Les tirailleurs se repliaient, débandés, par les rues. Alors le tocsin fut sonné, la défense improvisée. Paris n'avait guère de barricades à cette heure, et l'armée eût pu s'emparer, cette nuit-là, de la ville tout entière peut-être. La panique se fût répandue partout. L'armée du général Vinoy se contenta d'enlever la Muette, tandis que le corps de Cissey s'avançait par Vaugirard et Montrouge jusqu'au Champ-de-Mars et jusqu'à la gare Montparnasse.

Le plan de l'armée de Versailles était déjà d'enfermer dans des cercles successifs, en avançant toujours, l'insurrection enveloppée de tous côtés, et de la pousser jusque vers son dernier refuge, du côté de Belleville et du Père-Lachaise. Ce plan allait être d'ailleurs ponctuellement exécuté. Les barricades furent tournées ou emportées une à une.

Cependant, le lundi matin, par une chaude journée étincelante de soleil, Paris s'éveille au bruit de la générale. On bat le rappel partout, et sur tous les murs s'étale la proclamation que voici :

« Au peuple de Paris,
« A la garde nationale,

« Citoyens,

« Assez de militarisme, plus d'états-majors galonnés et dorés sur toutes les coutures !

« Place au peuple, aux combattants, aux bras nus ! L'heure de la guerre révolutionnaire a sonné.

« Le peuple ne connaît rien aux manœuvres savantes, mais quand il a un fusil à la main, du pavé sous les pieds, il ne craint pas tous les stratégistes de l'école monarchiste.

« Aux armes ! citoyens, aux armes ! Il s'agit, vous le savez, de vaincre ou de tomber dans les mains impitoyables des réactionnaires et des cléricaux de Versailles, de ces misérables qui ont, de parti pris, livré la France aux Prussiens et qui nous font payer la rançon de leurs trahisons.

« Si vous voulez que le sang généreux qui a coulé comme de l'eau depuis six semaines ne soit pas infécond, si vous voulez vivre librement dans la France libre et égalitaire, si vous voulez épargner à vos enfants et vos douleurs et vos misères, vous vous lèverez comme un seul homme, et, devant votre formidable résistance, l'ennemi, qui se flatte de vous remettre au joug, en sera pour la honte des crimes inutiles dont il s'est souillé depuis deux mois.

« Citoyens, vos mandataires combattront et mourront avec vous, s'il le faut. Mais au nom de cette glorieuse France, mère de toutes les révolutions populaires, foyer permanent des idées de justice et de solidarité qui doivent être et seront les lois du monde, marchez à l'ennemi, et que votre énergie révolutionnaire lui montre qu'on peut vendre Paris, mais qu'on ne peut ni le livrer ni le vaincre !

« La Commune compte sur vous, comptez sur la Commune ! »

C'en est fait. Il s'agit de combattre, de combattre d'une façon suprême. Dès maintenant, les appels aux armes, les exhortations à la lutte, les proclamations furieuses, vont se succéder jetant toutes le même cri : *Aux armes !* C'est à la trahison, comme de coutume, qu'on attribue l'entrée des soldats dans Paris.

« Citoyens,

« La porte de Saint-Cloud, assiégée de quatre côtés à la fois par les feux du Mont-Valérien, de la butte Mortemart, des Moulineaux et du fort d'Issy, que la trahison a livré, la porte de Saint-Cloud a été forcée par les Versaillais, qui se sont répandus sur une partie du territoire parisien.

« Ce revers, loin de nous abattre, doit être un stimulant énergique. Le peuple qui détrône les rois, qui détruit les bastilles; le peuple de 89 et de 93, le peuple de la Révolution, ne peut perdre en un jour le fruit de l'émancipation du 18 mars.

« Parisiens, la lutte engagée ne saurait être désertée par personne, car c'est la lutte de l'avenir contre le passé, de la liberté contre le despotisme, de l'égalité contre le monopole, de la fraternité contre la servitude, de la solidarité des peuples contre l'égoïsme des oppresseurs.

« AUX ARMES !

« Donc, AUX ARMES ! Que Paris se hérisse de barricades, et que, derrière ces remparts improvisés, il jette encore à ses ennemis son cri de guerre, cri d'orgueil, cri de défi, mais aussi cri de victoire; car Paris, avec ses barricades, est inexpugnable.

« Que les rues soient toutes dépavées : d'abord, parce que les projectiles ennemis, tombant sur la terre, sont moins dangereux; ensuite, parce que ces pavés, nouveaux moyens de défense, devront être accumulés, de distance en distance, sur les balcons des étages supérieurs des maisons.

« Que le Paris révolutionnaire, le Paris des grands jours, fasse son devoir; la Commune et le Comité de salut public feront le leur.

« *Le Comité de salut public,*

« ANT. ARNAUD, E. EUDES, F. GAMBON, G. RANVIER (1.) »

(1) Le dernier numéro du *Salut public*, imprimé le jour même où la lutte était engagée dans les rues de Paris, contenait aussi son appel au peuple :

« Citoyens,

« La trahison a ouvert les portes à l'ennemi; il est dans Paris; il nous bombarde; il tue nos femmes et nos enfants.

« Citoyens, l'heure suprême de la grande lutte a sonné. Demain, ce soir, le prolétariat sera retombé sous le joug ou affranchi pour l'éternité. Si Thiers est vainqueur, si l'Assemblée triomphe, vous savez la vie qui vous attend : le travail sans résultat, la misère sans trêve. Plus d'avenir! plus d'espoir! Vos enfants, que vous avez rêvés libres, resteront esclaves; les prêtres vont reprendre leur jeunesse : vos filles, que vous aviez vues belles et chastes, vont rouler flétries dans les bras de ces bandits.

« *Aux armes! aux armes!*

« Pas de pitié. — FUSILLEZ CEUX QUI POURRAIENT LEUR TENDRE LA MAIN ! Si vous étiez défaits, ils ne vous épargneraient point. Malheur à ceux qu'on dénoncera comme les soldats du droit; malheur à ceux qui auront de la poudre aux doigts ou de la fumée sur le visage.

« Feu! Feu!

« Pressez-vous autour du drapeau rouge sur les barrica-

Bientôt, à mesure que l'armée va avancer, les proclamations seront plus courtes et comme plus haletantes :

« Paris, le 23 mai 1871.

« Que tous les bons citoyens se lèvent !
« Aux barricades ! l'ennemi est dans nos murs !
« Pas d'hésitation !
« En avant pour la République, pour la Commune, et pour la Liberté !
« Aux armes !

« Paris, le 3 prairial an 79.

« *Le Comité de salut public,*

« ANT. ARNAUD, BILLIORAY, E. EUDES, F. GAMBON, RANVIER. »

Les membres de la Commune feront appel, en mai 1871, comme le Comité central l'avait fait en mars, aux sentiments du soldat, à ses passions d'enfant du peuple, à ses espoirs et à ses colères : « Quand la consigne est infâme, diront-ils, la désobéissance est un devoir. » Mais les soldats obéiront, défendant, cette fois, la République qu'ils avaient attaquée en décembre.

« Soldats de l'armée de Versailles,

« Le peuple de Paris ne croira jamais que vous puissiez diriger contre lui vos armes quand sa poitrine touchera les vôtres; vos mains reculeront devant un acte qui serait un véritable fratricide.

« Comme nous, vous êtes prolétaires; comme nous, vous avez intérêt à ne plus laisser aux monarchistes conjurés le droit de boire votre sang, comme ils boivent vos sueurs.

« Ce que vous avez fait au 18 mars, vous le ferez encore, et le peuple n'aura pas la douleur de combattre des hommes qu'il regarde comme des frères et qu'il voudrait voir s'asseoir avec lui au banquet civique de la Liberté et de l'Égalité.

« Venez à nous, frères, venez à nous ; nos bras vous sont ouverts !

« 3 prairial an 79.

« *Le Comité de salut public,*

« ANT. ARNAUD, BILLIORAY, E. EUDES, F. GAMBON, G. RANVIER. »

Les manifestes se suivent, tous enfiévrés, ardents, pleins d'illusions d'ailleurs et de mensonges, de ces mirages si séduisants qui font armer les bras et poussent, en les égarant, les plus généreux

des, autour du Comité de salut public. — Il ne vous abandonnera pas.

« Nous ne vous abandonnerons pas non plus. Nous nous battrons avec vous jusqu'à la dernière cartouche, derrière le dernier pavé.

« *Vive la République! Vive la Commune! Vive le Comité de salut public!*

« *Le Directeur politique :* GUSTAVE MAROTEAU. »

La fin de la Commune. — Prise de la barricade de la Chaussée-d'Antin, par deux compagnies du 55e de ligne, le mardi 23 mai.

mais les plus aveugles à la lutte. Tous ces documents fiévreux appartiennent à l'histoire :

« Paris, 3 prairial an 79.

« L'ennemi s'est introduit dans nos murs plutôt par la trahison que par la force ; le courage et l'énergie des Parisiens le repousseront.

« A l'heure où toutes les grandes communes de la France entière se réveillent pour la revendication de leurs libertés, pour se fédérer entre elles et avec Paris; Paris la ville sainte, le foyer de la révolution et de la civilisation, n'a rien à redouter.

« La lutte est rude, soit : mais n'oublions pas que c'est la dernière, que c'est le suprême effort de nos ennemis.

« A ces hommes que rien n'a pu instruire, à ces hommes qui ne tiennent compte ni de la grande Révolution ni de 1830 ; — à ces hommes qui ont oublié les luttes de 1848, les hontes de décembre 1851 et de Sedan ; — qui ne savent pas même se souvenir du 4 septembre, des journées du siége et du 18 mars, nous allons donner la grande leçon de prairial de l'an 79 !

« Ouvrons nos rangs à ceux que les Versaillais ont enrôlés de force et qui veulent s'unir à nous pour défendre la Commune, la République, la France.

« Mais pas de pitié pour les traîtres, pour les complices de Bonaparte, de Favre et de Thiers.

« Tout le monde aux barricades. Tous doivent travailler, de gré ou de force même, à les construire ; tous ceux qui peuvent manier un fusil, pointer un canon ou une mitrailleuse, doivent les défendre.

« Que les femmes elles-mêmes s'unissent à leurs frères, à leurs pères et à leurs époux.

« Celles qui n'auront pas d'armes soigneront les blessés et monteront des pavés dans leurs chambres pour écraser l'envahisseur.

« Que le tocsin sonne ; mettez en branle toutes les cloches et faites tonner tous les canons, tant qu'il restera un seul ennemi dans nos murs.

« C'est la guerre terrible, car l'ennemi est sans pitié : Thiers veut écraser Paris, fusiller ou transporter tous nos gardes nationaux ; aucun d'eux ne trouvera grâce devant ce proscripteur souillé par toute une vie de crimes et d'attentats à la souveraineté du peuple. Tous les moyens seront bons pour lui et ses complices.

« La victoire complète est la seule chance de salut que nous laisse cet ennemi implacable. Par notre accord et notre dévouement assurons la victoire.

« Aujourd'hui, que Paris fasse son devoir, demain la France entière l'imitera. »

Mais, en dépit de ces proclamations, l'armée avançait sûrement dans Paris. La défense de la ville n'avait déjà plus d'ailleurs aucune direction. «Les fédérés étaient abandonnés à eux-mêmes(1).»

A une heure de l'après-midi, le lundi 22, le quart de Paris était au pouvoir de l'armée. Les soldats couronnaient le Trocadéro, s'avançaient jusqu'aux Batignolles et au nouvel Opéra, sur la rive droite, et jusqu'aux Invalides, sur la rive gauche. Le soir, sur la proposition de Félix Pyat, la Commune décida que chacun de ses membres se rendrait dans son arrondissement respectif, et là dirigerait les barricades. « Notre cause est perdue, dit Delescluze, fécondons-la avec notre sang. »

Tandis qu'au dehors de l'enceinte, le général de cavalerie du Barrail prenait, avec des troupes à cheval, les forts de Montrouge, de Bicêtre et d'Ivry, et qu'au dedans le corps de Cissey exécutait les opérations qui allaient lui livrer toute la rive gauche, le général Vinoy, suivant le cours de la Seine, manœuvrait pour se porter vers la place de la Bastille, hérissée de retranchements formidables. Le soir du 22 mai, le général Clinchant arrivait jusqu'aux boulevards, et bientôt le général de Ladmirault, tournant la butte Montmartre avec deux divisions, allait enlever le parc d'artillerie qui eût été si fatal à Paris entre les mains des fédérés. A trois heures et demie, le 23, cette opération était terminée, et le général Montaudon avait emporté Neuilly, Levallois-Perret, Clichy et attaqué Saint-Ouen. Plus de six mille prisonniers étaient aux mains des soldats de Versailles.

Au centre, le corps du général Douay s'emparait de l'église de la Trinité et de la mairie de la rue Drouot, tandis que les généraux de Cissey et Vinoy se portaient sur l'Hôtel de ville et les Tuileries. Les jours suivants, Douay longeait la ligne des boulevards, appuyant sa droite à la place de la Bastille et sa gauche au Cirque Napoléon. Le corps de Clinchant, venant se rallier, à l'ouest, au corps de Ladmirault, avait à vaincre, aux Magasins-Réunis, une violente résistance. Enfin, le corps du général Ladmirault, après avoir enlevé les gares du Nord et de l'Est, s'était porté à la Villette, et prenait position au pied des buttes Chaumont.

Ainsi, les deux tiers de l'armée, après avoir conquis successivement toute la rive droite, étaient venus se ranger au pied des hauteurs de Belleville, qu'ils devaient attaquer le lendemain 26.

Nous avons indiqué rapidement la façon dont l'armée opéra et enferma, comme on l'a dit, les soldats de la Commune dans une série de cercles concentriques. Ce que nous n'avons pas dit, c'est la façon dont Paris accueillit ceux qu'il nommait hier ses ennemis et ceux qu'il appelait maintenant ses libérateurs. Il y eut (spectacle attristant

(1) Lissagaray, *Les Huit journées de mai derrière les barricades* (Bruxelles).

pour toute âme haute) un déchaînement de fureur contre les vaincus, et ceux-là mêmes qui, la veille, rampaient devant ces tyrans de hasard, les écrasaient maintenant de leurs dénonciations et de leurs injures. On vit apparaître partout, et même aux képis et aux manches fédérées, le turban tricolore ou le brassard de l'*ordre*. Les drapeaux tricolores se balancèrent partout aux fenêtres. Il y eut d'ailleurs comme un sentiment bien compréhensible de délivrance. On respira, on put revivre. Rossel lui-même décrit ce sentiment très-vif et très-profond à la page 185 de ses *Papiers posthumes* : « Les trois couleurs, dit-il, sont joyeuses à voir après le triste drapeau rouge... Un régiment passe ; voici des officiers français, leurs guêtres sont couvertes de poussière ou de boue, mais, malgré la fatigue, ils portent l'uniforme avec une aisance coquette. Cela fait plaisir après ces gueux d'officiers de la Commune trinquant sur le comptoir avec quelque sergent, gueux déguisés en soldats, et qui transformaient en guenille l'uniforme dont on les a affublés ; le pantalon en vrille, le sabre dans les jambes, le ceinturon pendant sur une capote trop large, le képi crasseux couronnant une personne crasseuse, l'œil et la parole avinés (1). » Rossel est assez sévère pour ses soldats, et voilà un témoin qu'on ne peut récuser lorsqu'il s'agit de savoir la vérité. Il a payé de sa vie le droit de tout dire et d'exprimer la joie de Paris délivré de ses chefs, nés de la décomposition de l'hébertisme.

Cependant, au milieu de la lutte et tandis que le Comité de salut public organisait la résistance, le Comité central avait fait, une fois encore, acte de vie : il avait proposé une trêve et un moyen terme, la double dissolution de l'Assemblée nationale et de la Commune, l'éloignement de l'armée *dite régulière*, et la nomination d'un pouvoir intérimaire composé des délégués des villes de 30,000 habitants. C'était, à peu de chose près, les articles projetés par les diverses ligues de conciliation ; mais, à vrai dire, et quel que soit notre amour pour la paix, c'était l'anarchie.

D'ailleurs la lutte continuait. Elle était ardente. Des femmes, des enfants combattaient avec une fureur singulière à la fois effrayante et admirable. Que si tant de colère eût éclaté contre les Prussiens, Paris eût été Saragosse. Mais c'était contre des Français que rugissait cette rage. Place Blanche, cent vingt femmes défendirent une barricade pendant plusieurs heures. Quelle frénésie s'était emparée de la population ! Le soleil de mai finissait de griser les cerveaux brûlés par l'alcoolisme. Tout ce que la fureur humaine a de plus terrible et parfois de plus sublime

et de plus sauvage éclata. L'humanité devint un mot creux. Paris fut en proie aux obus, aux balles, au sifflement du fer, aux cris d'agonie, à la mort. Cette rouge semaine sera, dans son histoire, la semaine inexpiable. On tuait partout. Déjà les morts se comptaient par milliers.

A six heures du soir, le mardi 23, rue Myrrha, au moment où il s'efforçait de rallier les fédérés, Dombrowski, demeuré presque seul, tomba frappé à mort. On emporta, sur une civière, son cadavre à l'Hôtel de ville.

Un officier précédait le cortège, tenant à la main un drapeau rouge. Le général se tordait sur la civière dans des convulsions terribles causées par la douleur. Il succomba après une agonie de deux heures. En rendant le dernier soupir, il dit seulement : « Voilà comment on meurt, et on dira que j'ai trahi ! »

Les funérailles eurent lieu le lendemain. On le porta à bras jusqu'à un caveau vide, au Père-Lachaise, où on le déposa, après que le frère de Dombrowski eut écrit quelques mots au crayon sur le couvercle. Vermorel, membre de la Commune, prit la parole et s'exprima avec une rage concentrée, non pas contre l'armée régulière, mais contre cette horde d'ivrognes et de lâches qui, la veille encore, accusaient leur chef de trahison, et qui le laissèrent seul sur la barricade où il trouva la mort.

Il rappela quelques détails biographiques sur la vie de celui qui, quoique étranger, embrassait chaleureusement la cause de la Commune. Ce discours était comme une confession mortuaire, un examen de conscience de Vermorel ; il accusait la Commune, ses défenseurs et lui-même. « La scène était grandiose, écrit un témoin, le canon grondait, le pétillement de la fusillade éclatait aux environs ; tous les assistants demeuraient sous une impression indescriptible, le découragement était sur tous les visages ; aucun ne se faisait plus illusion sur l'issue de la lutte, et l'on pourrait appeler cette cérémonie les funérailles de la Commune. »

Quant à Vermorel, il devait, lui aussi, mourir bientôt. Singulière destinée que celle de ce Vermorel, âme troublée, inquiète, préoccupée des problèmes religieux et sociaux, esprit laborieux et chercheur, sans besoins, sans révolte apparente contre la pauvreté, sollicité pourtant par le plaisir et étouffant sans pitié la tentation sous un travail incessant et acharné. Tout ce que cet homme a entassé de travaux, écrit d'un style sans relief, mais coulant comme un ruisseau, d'articles, de préfaces, de pamphlets, de notices biographiques, est incalculable. Il écrivait toujours, sans fatigue, sans fièvre, sans émotion, sans passion. Ses attaques les plus furieuses contre la gauche, du temps de l'empire, étaient tracées comme en se jouant et en

---

(1) Rossel, *Papiers posthumes*. — Le commandant Henri Verlet, dans une lettre rendue publique, déclarait que son bataillon marchait au feu *sans souliers* et il ajoutait : « Je suis fier de ce bataillon. »

souriant. On l'a toujours vu sourire. Ce sang-froid, ce calme lymphatique qui ne l'avaient point quitté devant la plus sanglante injure, un crachat sur sa joue, ne l'ont point quitté devant la mort. Blessé mortellement, il a supporté les opérations les plus cruelles avec cette énigmatique expression qui rendait véritablement inquiétant son visage de sacristain gras (1).

Il avait, voilà six ans, déjà vu la mort de près. Une nuit, dégoûté de lui-même et des autres, il s'était, sous un pont de Paris, jeté à la Seine. On le sauva. Lorsqu'il avait tenté ce suicide, il traînait, comme un boulet, dans le monde politique où il voulait entrer, le poids de ce petit livre de début qu'il avait écrit pour un morceau de pain, *Ces Dames*, un écho du bal Bullier et des cabarets du quartier Latin. Il est douloureux pour un réformateur d'avoir commencé comme un pornographe. Lorsque, plus tard, il écrivit pour la *Bibliothèque nationale* un essai sur la vie et les œuvres de Mirabeau, peut-être était-ce en mémoire de l'*Érotikon Biblion* qu'il prit si vaillamment la défense du grand orateur. Vermorel fut assez long, au surplus, à trouver sa voie, à se jeter dans ce mouvement socialiste dont le but, pour lui, était d'arriver par *l'intégralité de l'instruction à l'équivalence des fonctions*. Il hésita, chercha, demanda ses aspirations à Lamennais avant de s'inspirer de Marat, et s'arrêta devant l'*Imitation* avant d'aboutir à l'*Ami du Peuple*. Dans la préface d'un roman singulier, *Desperanza*, qui n'est point sans rapport, j'entends quant au sentiment maladif, avec *Volupté* de Sainte-Beuve, Vermorel, s'attachant à peindre, après tant d'autres, la courtisane, s'appuie, pour étudier la pécheresse, sur l'autorité de Lacordaire « ce saint religieux ». Il nous apparaît alors comme une sorte d'ascète étudiant, ne connaissant de la vie que les livres, enfermant l'humanité dans un cercle en quelque sorte monastique, lui montrant, par exemple, le salut « dar la virginité du corps et de l'âme, » et poussant ses aspirations vers un idéal confus, mêlé de christianisme et de libéralisme, de protestations contre le mouvement qui entraîne le monde, et d'aspiration vers une société nouvelle :

(1) Vermorel n'est pas mort, disait le *Salut public*, mais, — chose surprenante pour tous, — *il voudrait mourir*. Il demande tous les jours, à chaque instant, qu'on le laisse s'en aller en paix.
Hier encore, à l'ambulance de Versailles, quand son médecin est venu (car tous les soins lui sont donnés), il lui a dit :
— Docteur, il y a une sorte de cruauté qui, sous le prétexte de charité humaine, vous force à chercher à me sauver... Vous ne faites que prolonger mon martyre...
Une autre fois, il demanda les noms des membres de la Commune arrêtés.
— Et Pyat ? fit-il en souriant ; il n'est pas pris ?
— Non.
— L'homme qui ... usse et l'homme qui fuit... lâche et sinistre personnage.
Ce fut tout.

« Dieu que l'on oublie, l'âme humaine que l'on matérialise, la liberté qui se meurt, ne sont-ce pas là des muses toujours belles et dignes de nous ? »

Vermorel était peut-être celui des jeunes gens qui, la plume à la main, avait le premier, sous l'empire, commencé la lutte pour la liberté. On se rappelle ces journaux militants du quartier Latin, *la Jeune France*, *la Rive gauche*, dont l'existence éphémère n'est pourtant pas oubliée, et qui marquèrent par une note nouvelle dans le concert quotidien ; là se faisaient jour des idées généreuses et hardies ; là débutaient, essayaient leurs premiers pas dans le journalisme des échappés de collége, que la vie a condamnés depuis, pour la plupart, à une existence moins bruyante. Là se formaient aussi des talents appréciés plus tard. Vermorel était, me dit-on, comme le chef de ce bataillon de recrues ; tous faisaient bravement la petite guerre, cette guerre pleine d'espoirs, d'entrain, d'illusions, de griserie juvénile et d'ardeur printanière, guerre des volontaires de Valmy qui ne prévoient pas leur Waterloo. Ils n'en étaient pas encore d'ailleurs, en ces heures de début, à Babeuf et à Blanqui ; ils s'en tenaient à La Boétie et à Camille, réclamant, demandant, célébrant sur tous les tons, en vers et en prose, la séduisante Liberté, femme et déesse à la fois, adorée par ces cerveaux de vingt ans.

Les lilas depuis ont passé fleur. Les rêves du quartier Latin étaient devenus les réalités dures, et la politique n'apparaissait plus à Vermorel comme un poëme charmeur, mais comme un redoutable problème, lent et lourd à résoudre. Il travailla ardemment à la solution, mais, aveuglé par l'éblouissement du but à atteindre, il perdit bientôt, il usa cette foi, que je retrouve malgré moi dans ses premiers ouvrages, ce doute sauveur qui lui prêtait la franchise et qui lui eût donné le talent ; il transigea par amour du socialisme, dégagé de toute forme politique, avec les ministres de l'empire, et M. Rouher, faisant croire à l'écrivain qu'ils poursuivaient ensemble le même but, on vit bientôt l'ancien rédacteur de la *Jeune France* devenu le rédacteur du *Courrier français*, brûler avec ardeur ce qu'il avait adoré jadis, outrager les personnalités de la gauche républicaine et diffamer les hommes de 1848 qui lui procuraient autrefois les fonds nécessaires à l'impression de ses journaux d'étudiants.

Il aura été donné à ce jeune homme, doué d'une verve et d'une dextérité de vrai journaliste, il lui aura été donné de coudoyer dans sa vie, si courte et si remplie, les hommes de tous les partis : depuis M. Jules Simon, qui le protégea au début, jusqu'à M. Clément Duvernois avec qui, d'un même entrain, il combattait l'empire. Tour à tour, accueilli et soupçonné par tous les partis, se servant des hommes en ayant l'air de les servir, énigma-

La fin de la Commune. — La prise de la barricade de la rue du Four-Saint-Germain.

tique et secret, sympathique par l'austérité de sa vie, repoussant par un je ne sais quoi d'hypocrite et de faux qui semblait suer de toute sa personne, il est, — quel étonnement! — mort avec courage après avoir, au moins une fois en sa vie, été lâche. De quelles antithèses était faite une telle nature? « Il était entré, a dit de lui M. Laurent Pichat, dans la Commune avec la seule intention de faire un livre : il y a laissé sa vie. » Sa mort l'absout d'ailleurs, et son nom n'a pas été mêlé aux crimes d'incendie qui ont fait de Paris, pendant un moment, comme un sépulcre.

« Plutôt Moscou que Sedan, » avait dit Delescluze. « Nous nous ensevelirons sous les ruines de Paris, » répétaient avec frénésie les orateurs de clubs depuis le premier siège. Eh bien! l'heure vint où l'on fit des ruines, mais non pas devant l'étranger, non pas pour disputer une ville à l'ennemi, mais pour l'empêcher d'être occupée par des Français, mais inutilement, horriblement, pour le plaisir de détruire et de brûler. « Il est tel homme, disait Saint-Just, qui, comme Érostrate le fit à Delphes, brûlerait plutôt le temple de la liberté que de ne point faire parler de lui. » Les héros des journées de Mai ont fait ainsi.

« Une lueur se lève sur Paris, écrit M. Lissagaray, mais une lueur sanglante et rougeâtre. Les Tuileries brûlent! puis le Palais-Royal, puis la Légion d'honneur, puis le Conseil d'État, puis la Cour des Comptes. De formidables détonations partent du palais des rois. Ce sont les barils de poudre qui éclatent, les murs qui s'écroulent, les vastes coupoles qui s'effondrent. » La Seine semble rouler des flammes. Le ciel est saignant. L'épouvante étend partout son aile. Une vision infernale de Dante ne serait pas plus terrible. La France, le monde, en apprenant un tel crime furent frappés de stupeur.

On avait lu dans le *Cri du peuple*, le journal de M. Vallès, quelques jours avant :

« On nous avait donné, depuis quelques jours, des renseignements de la plus haute gravité dont nous sommes aujourd'hui parfaitement sûrs.

« On a pris toutes les mesures pour qu'il n'entre dans Paris aucun soldat ennemi.

« Les forts peuvent être pris l'un après l'autre. Les remparts peuvent tomber. Aucun soldat n'entrera dans Paris.

« *Si M. Thiers est chimiste, il nous comprendra.*

« Que l'armée de Versailles sache bien que Paris est décidé à tout plutôt que de se rendre. »

Paris ne se rendait point, Paris brûlait. Le pétrole allait seconder la poudre.

La science a sa bohème qui la déshonore. Ce n'est pas un savant, mais un ignorant effréné qui peut avoir demandé à la chimie de le défendre contre Versailles. Et que ces forcenés ne disent pas que ce sont là les usages de la guerre, et qu'on détruit pour se défendre.

On peut leur répondre, comme répondait Daniel Manin à ceux qui répétaient dans l'exil que l'insuccès du mouvement italien de 1848 devait être attribué à trop de modération et de générosité de la part des chefs : « Quand même, ce que je ne crois pas, on eût pu vaincre par des moyens que le sens moral réprouve, *la victoire eût été achetée trop cher.* Elle n'eût été ni vraiment utile, ni d'un effet durable. *Des moyens que le sens moral réprouve, lors même que matériellement ils seraient utiles, tuent moralement. Aucune victoire ne mérite d'être mise en balance avec le mépris de soi-même.* »

Pindy, chez qui trois ou quatre ans auparavant on avait trouvé la formule de la nitro-glycérine, du picrate de potasse et la recette de certains bâtons puants pour empoisonner les égouts, Pindy, devait, dit-on, — mais ici l'affirmation n'a point de preuves, — ordonner l'incendie de l'Hôtel de ville dont il était le gouverneur. Quoi! la Maison aux piliers, la maison du peuple, elle aussi ! M. Bonvalet, ancien maire du troisième arrondissement, qui a pénétré le dernier peut-être dans la maison commune, a vu ce lugubre spectacle : l'Hôtel de ville abandonné, vide, les tentures arrachées, les longues salles désertes, les parquets jonchés de papiers et, là, dans cet immense monument inhabité depuis quelques heures et si bruyant depuis quelques mois, deux hommes, dont l'un portait un costume de zouave, et versant sur les paperasses du pétrole qu'ils portaient dans un arrosoir. Quelle scène ! M. Bonvalet s'enfuit, tout frissonnant.

Un quart d'heure après, l'Hôtel de ville sautait. Les Tuileries brûlaient toujours. Un neveu de Clément Thomas, M. V. Thomas qui a assisté à ces scènes atroces en a décrit les sombres souvenirs.

« Le 21 mai, dit-il, Bergeret et son état-major avaient passé du Corps législatif aux Tuileries. Un certain Benot se trouvait là, *alter ego* de Bergeret, qui le chargeait de la distribution de ses ordres.

« Le 23 mai, les obus commençaient à tomber sur les Tuileries. Le général Bergeret, vers cinq heures du soir, fit demander tout son personnel. Auprès de lui se trouvaient réunis Benoît, Dardennes, Serva. Les officiers de service aux Tuileries faisaient aussi partie de la réunion. Bergeret distribua les rôles. Dardennes fut chargé de faire évacuer le matériel ; Benot, de faire les préparatifs d'incendie et de mettre le feu au palais. Il n'était pas plus tôt désigné qu'il s'écria : « Je m'en charge. » Aussitôt il se munit de bougies, de balais, de tous les ustensiles nécessaires pour répandre le pétrole contre les murailles et la poudre dans les escaliers et les appartements. Un baril de poudre fut placé au rez-de-chaussée du pavillon de l'Horloge et de grandes quantités de munitions dans la salle des maréchaux.

« Il fit saturer de pétrole les parquets et les murs de toutes les pièces. Il arrangea une traînée de poudre allant de la cour intérieure au rez-de-chaussée du pavillon. Il était décidé à allumer la poudre au commencement de la traînée lorsque tout le monde serait parti. Il voulait ensuite se replier sur le Louvre pour jouir de l'effet produit.

« J'ai vu de mes yeux tous ces préparatifs, ajoute M. Victor Thomas, et j'affirme le rôle accepté et joué par Benot.

« Bergeret et les autres se sont repliés sur le Louvre vers neuf heures du soir. Benot resta seul avec quelques fédérés pour diriger les préparatifs d'incendie.

« De dix à onze heures, Benot revint au Louvre, où l'on se mit à souper. Après le café, vers minuit, Benot proposa d'aller jouir du coup d'œil sur la terrasse du Louvre. Vers deux heures du matin, une explosion formidable eut lieu. Tous les fédérés garnissant les postes furent immédiatement mis en émoi. Bergeret les rassura en leur disant : « Ce n'est « rien, ce sont les Tuileries qui sautent ! »

« Après l'explosion des Tuileries, Bergeret écrivit ces mots au crayon :

« Les derniers vestiges de la royauté viennent de « disparaître. Je désire qu'il en soit de même de « tous les monuments de Paris. »

M. Thomas, qui, par un hasard au moins étrange, servait dans les rangs de la Commune porta immédiatement ce billet au Comité de salut public, à l'Hôtel de ville. A son retour, Bergeret avait disparu (1).

Les historiens membres de la Commune, à la fois juges et parties, ont essayé de faire retomber sur Versailles la responsabilité des incendies horribles, inutiles, féroces, et, tandis que M. Lissagaray parle en souriant de la *légende des pétroleuses*, M. Vésinier adresse à l'*Émancipation* de Toulouse un fragment extrait sans doute du livre qu'il a publié en anglais, sur la Commune :

« L'incendie d'une partie de Paris, dit il, n'a pas besoin, pour être expliquée, d'être attribuée à des compagnies de *pétroleuses* qui n'ont jamais existé ; tout le monde en convient maintenant. Les procès devant les conseils de guerre ont prouvé, jusqu'à l'évidence la plus absolue, qu'aucun ordre d'incendie n'a été donné ni par la Commune ni par aucun de ses membres.

« Ceux qui sont restés jusqu'au dernier jour du terrible bombardement qui a eu lieu dans tous les quartiers de Paris ; ceux qui ont vu la grêle d'obus, de bombes et de projectiles de toutes sortes qui est tombée jour et nuit dans cette malheureuse ville ; ceux qui ont contemplé le ciel de feu, l'atmosphère incandescente, le foyer fulgurant qui l'entouraient, comprennent parfaitement l'immense désastre qui a dû en résulter.

« Ils ne sont étonnés que d'une chose, c'est que la capitale tout entière n'ait pas été engloutie dans ce déluge de fer et de feu. »

(1) La déposition de M. V. Thomas est reproduite tout au long dans le livre de M. Ed. Rodrigues, *le Carnaval rouge*.

Le rédacteur du *Père Duchêne*, dans une pièce de vers intitulée les *Incendiaires*, a du moins plus d'audace et de franchise lorsqu'il s'écrie, dans un accès de joie révoltante :

> Paris est mort! et sa conscience abîmée
> A tout jamais s'évanouit dans la fumée!...
> Eh bien! quand l'incendie horrible triomphait,
> Une voix dans mon cœur criait : *Ils ont bien fait!*

Quant à nier que des mains de fous et de criminels aient allumé des incendies dans Paris, quant à déclarer que le pétrole, dont on voyait les traces et dont on sentait l'odeur, n'a jamais fait son œuvre, il faut que les historiens partiaux y renoncent. La vérité est la vérité. Rien ne nous forcerait à ne pas nous rendre à son évidence. Rossel encore nous fournit, sur ce point, un important témoignage : « Le 24 mai, dit-il, l'incendie de l'Hôtel de ville dénonça les intentions des révolutionnaires. Entre neuf et dix heures du matin, les flammes jaillirent de la tourelle, qui fut pendant plusieurs heures la cheminée d'appel de l'incendie; puis d'autres foyers éclatèrent à l'ouest du premier, et l'on sut que la préfecture de police et les Tuileries brûlaient sous la protection des fédérés.

« La majorité de la Commune peut être justement accusée de ces crimes. Félix Pyat et les Blanquistes en sont les instigateurs. Le 23, Félix Pyat commençait son journal par un article dont le titre était : « Que ferons-nous des Tuileries? » Les vainqueurs étaient déjà dans Paris, et ce misérable se préoccupait plus de se venger de la défaite que d'arracher le succès aux ennemis de la Révolution. »

Et d'ailleurs, hélas! n'a-t-on pas retrouvé les preuves mêmes, les preuves accusatrices (1)?

(1) L'ordre suivant, faussement attribué à M. Ulysse Parent, démissionnaire avec MM. Ranc et E. Lefèvre, émanait d'un lieutenant-colonel Parent, qui fut le chef militaire de la dernière heure de la Commune.

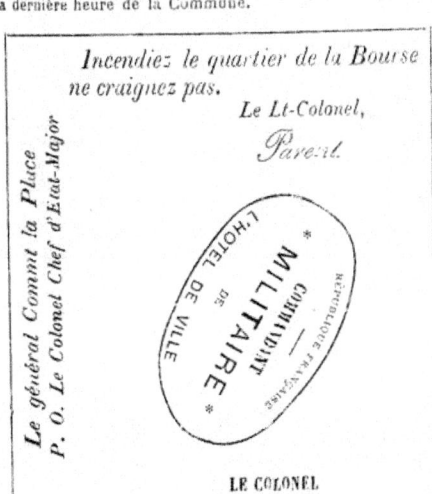

Sur ce point, les preuves abondent, tragiques et irrécusables. N'est-il pas assez clair, ce document trouvé sur le cadavre d'un individu tué au ministère des finances :

MINISTÈRE DE LA GUERRE	Paris, le 18
Cabinet DU MINISTRE	CABINET DU MINISTRE DE LA GUERRE

Au citoyen Lucas,

Faites de suite flamber Finances et venez nous retrouver.

Timbre :
Ministère
de la Guerre.   4 prairial an 79.   TH. FERRÉ.

La fortune privée, les monuments publics, rien ne fut épargné (1). Les réquisitions de matières inflammables étaient faites depuis longtemps. Parisel, délégué scientifique, et Brunel, l'incendiaire du *Tapis rouge* et de la Porte-Saint-Martin, n'avaient qu'à se servir des matières amoncelées.

Voici encore un document terrible dans sa concision :

Ville de Paris.	RÉPUBLIQUE FRANÇAISE.
MAIRIE DU XIe ARRONDISSEMENT.	LIBERTÉ, ÉGALITÉ, FRATERNITÉ.

Je fais mettre le feu au Grenier d'abondance.
Artillerie magnifique.
Bonne résistance.

25 mai 1871.

Le chef de la 13e *légion,*

C. ULRIC.

Et quel fut le dernier placard que la Commune eut le temps de livrer à la publicité? Celui-ci, que la commission de la guerre faisait tirer, le 24 mai, à neuf heures du soir, à l'Imprimerie nationale :

N° 398.   RÉPUBLIQUE FRANÇAISE.   N° 398.

Liberté, Égalité, Fraternité.

COMMUNE DE PARIS.

Faire détruire immédiatement toute maison des fenêtres de laquelle on aura tiré sur la garde nationale, et passer par les armes tous ses habitants, s'ils ne livrent et exécutent eux-mêmes les auteurs de l'acte.

4 prairial an 79 (24 mai, 9 heures soir).

La commission de la guerre.

Imprimerie nationale. Mai 1871 (2).

(1) Dans l'incendie des docks Trotot à la Villette, il a été brûlé, affirme la *Liberté*, pour 20 millions de marchandises, tant suif, farine, viandes salées qu'autres denrées.
M. Louis Blanc eut toutes ses malles et le manuscrit d'un livre sur les *Salons du dix-huitième siècle* consumés.
(2) Voici des pièces encore relatives à cette période exaspérée de la lutte :

N° 1.

« Le Comité de salut public autorise les chefs de barri-

Le 24 mai, les fédérés n'avaient-ils pas conduit sous les voûtes du canal Saint-Martin, au milieu du boulevard Richard-Lenoir, presque en face des rues du Chemin-Vert et des Amandiers, plusieurs barques amarrées sur le quai du boulevard Bourdon. L'une de ces barques contenait quelques barils de poudre et des bonbonnes de pétrole, les autres étaient chargées de matières inflammables, planches et copeaux, et avaient été arrosées de pétrole. Tous les soupiraux et les bouches d'air communiquant avec le canal avaient été bouchés.

Les barques chargées de poudre et de pétrole avaient été conduites les premières à l'endroit où l'on avait projeté de commettre le crime. La barque qui devait communiquer le feu aux autres était la dernière. On y mit le feu sous la place de la Bastille. De là, les incendiaires voulaient sans doute la traîner tout enflammée jusqu'aux autres ; mais la fumée occasionnée par le commencement de l'incendie était si épaisse, que, ne pouvant s'échapper par les bouches d'air, elle empêcha la flamme de se produire. Les matières brûlaient sans flamber, ce qui augmentait encore la fumée.

Les incendiaires furent asphyxiés dans cette atmosphère.

On ramassa dans le canal les corps de plusieurs d'entre eux. Ils furent transportés à la Morgue.

La Seine charriait depuis quelques jours des cadavres, et les rues de Paris n'étaient qu'un charnier.

Comment veut-on ne point maudire les chefs qui avaient poussé le peuple à ces massacres, à ces égorgements ? Les incendies allumés partout, la surexcitation de la lutte, l'atmosphère chargée de salpêtre, de soufre, tout exaspérait les soldats, qui, dans leur colère, fusillaient les insurgés pris les armes à la main. Il y eut des erreurs effroyables. C'est ainsi qu'on arrêta, sur le territoire de Grenelle, un homme qu'on disait être Billioray, le *joueur de vielle* (Billioray était peintre, non joueur de vielle). Le malheureux se défendait, crispé, roulé à terre, demandant grâce. On le fusilla sur place. Ce n'était pas Billioray. Près de Saint-Germain-l'Auxerrois, un malheureux fut mis à mort qu'on disait être Jules Vallès. Ce n'était pas lui. D'ailleurs, cette fièvre de massacre, à laquelle applaudissait la foule, la grande criminelle anonyme, devait multiplier les exécutions (1).

Le maréchal Mac-Mahon a dit lui-même devant la *Commission d'enquête sur les événements du 18 mars* :

« *Quand les hommes rendent leurs armes, on ne doit pas les fusiller*. Cela était admis. Malheureusement, sur certains points on a oublié les instructions que j'avais données. Je dois dire toutefois qu'on a beaucoup exagéré le nombre des exécutions de ce genre, et, sans pouvoir le préciser, je puis affirmer qu'il a été très-restreint. »

Les écrivains de la Commune ont, à l'étranger, publié, au contraire, des chiffres énormes. Bergeret, dans son journal, affirme qu'on avait, rue de la Banque, du sang jusqu'à la cheville. L'assertion

cades à requérir les ouvertures des portes des maisons là où ils le jugeront nécessaire ;

« A réquisitionner pour leurs hommes tous les vivres et objets utiles à la défense, dont ils feront récépissé et dont la Commune fera état à qui de droit.

« Paris, le 3 prairial an 79.

« *Le membre du Comité de salut public*,

« G. RANVIER. »

N° 2.

Copie d'un ordre trouvé sur le citoyen belge Van der Hooven, chef de barricade au faubourg du Temple.

« Le citoyen délégué commandant la caserne du Château-d'Eau est invité à remettre au porteur du présent, les bonbonnes d'huile minérale nécessaires au citoyen chef général des barricades du faubourg du Temple.

« *Le chef de légion*,

« BRUNEL. »

N° 3.

« DIRECTION DE SURETÉ GÉNÉRALE.

« Les citoyens Dereure et Vermorel sont chargés de faire arrêter immédiatement les rédacteurs, employés et compositeurs des journaux la *Politique* et la *Constitution*.

« Paris, 3 prairial an 79.

« COURNET. »

M. Ernest Renan, l'auteur de la *Vie de Jésus*, qui avait été chargé par le ministre de l'instruction publique de visiter les divers monuments de Paris, donnait des détails qui pourront être un enseignement.

La Bibliothèque nationale, la bibliothèque Mazarine, le palais de l'Institut étaient sauvés, mais M. Renan avait trouvé dans ces bâtiments des cuves de pétrole et des matières incendiaires renfermées en général dans des tubes et tourteaux préparés de longue main et qui prouvent que les crimes commis aujourd'hui étaient arrêtés depuis longtemps. Il rapportait que des femmes déguisées en marins et en mousses jetaient du pétrole dans les soupiraux des maisons privées et particulièrement des maisons bourgeoises. C'est ainsi que la rue Royale et une partie de la rue du Bac avaient été incendiées, la police laissant boucher les soupiraux.

Le ministère de la marine, d'après le rapport d'un aide de camp de l'amiral Pothuau, contenait aussi des cuves de pétrole et cependant le ministère de la marine renfermait les blessés de la Commune.

---

(1) Sur le bas port du quai Malaquais, on a dû procéder quelques jours plus tard à l'enlèvement de plusieurs cadavres que la chaleur décomposait. C'étaient les défenseurs de la barricade construite en face du palais des Beaux-Arts. Les soldats, justement irrités par la vue des incendies allumés derrière eux et par une résistance insensée, les avaient fusillés sur le bord du fleuve.

Trente-cinq cadavres ont été également enlevés du théâtre des Bouffes-Parisiens, où ils étaient restés depuis la prise du quartier. On s'était contenté provisoirement de les couvrir de chlore pour combattre les émanations putrides.

Les morts de la rue du Bac, assez fortement défendue, ont été inhumés dans une profonde fosse creusée sur le bas port du quai d'Orsay.

Bon nombre de cadavres ont été enterrés dans le square de la tour Saint-Jacques.

Aux ambulances de la Presse, rue Oudinot, 27, il a été déposé cinquante-deux cadavres de fusillés. L'un d'eux, en costume de garde national, mais très-soigné de sa personne, avait sur lui 150,000 fr. en billets de banque.

On n'a pas pu reconnaître sa personnalité.

La fin de la Commune. — Incendie des Tuileries.

(est-il besoin de le dire?) est fausse. Ces exécutions sont horribles, à coup sûr, mais la frénésie de la lutte explique ces déchaînements de la brute humaine. Les fédérés combattaient avec une rage qui excitait la fureur de l'adversaire. Ils pendirent, route d'Italie, des soldats du 113e. A la Butte-aux-Cailles, ils assassinèrent un pharmacien dont le cadavre demeura pendu aux barreaux de son balcon. Un autre pharmacien, M. Koch, fut égorgé, rue de Richelieu, devant sa femme, parce qu'il dit ces simples mots à un enfant qui construisait une barricade : « Au moins, toi, ne t'en mêle pas! » — La raison perd pied dans ces orgies de meurtre. A la caserne Dupleix, un vieillard disait aux soldats qui l'allaient fusiller : « Vous pouvez bien me tuer, j'ai tué mon fils qui était un Versaillais comme vous! » Rue de Lille, pendant que les maisons brûlaient, une femme demande à être exécutée avec son enfant : « Tuez tout cela, c'est la même chair! » Une autre s'écrie : « Vous me tuez, que m'importe, *Paris brûle!* » A côté de ces fureurs, des traits d'héroïsme : on recherche un insurgé, L***, un typographe. — Son beau-père répond aux soldats : « Vous demandez L***? C'est moi. » — Et il meurt.

La ruine de Paris, le meurtre de plusieurs officiers (le commandant Sigoyer des chasseurs à pied, fut égorgé, place de la Bastille), la continuité de la bataille ne laissaient pas le sang-froid aux soldats. Ils sauvèrent ainsi, en emportant les positions avec une vivacité superbe, la plus grande partie de Paris. Le Panthéon fut arraché par eux au colonel Lisbonne, ancien acteur, forcené qui allait faire sauter le monument.

Dans la maison n° 18, rue Vavin, que Lisbonne avait fait sauter la veille, se trouvait une femme de quatre-vingts ans, la veuve Poëcin, qu'il empêcha de sortir, et qui mourut écrasée par les décombres. Quatre habitants qui cherchaient à s'enfuir, M. Jouanin, paralytique, deux petites filles de sept ans et la charcutière du n° 20, furent poursuivis par les gardes de ce misérable et grièvement blessés.

Au Panthéon, périt Millière, dont le fanatisme avait éclaté tout à fait lorsque, prenant parti pour la Commune, il avait, selon son expression, *secoué sur l'Assemblée de Versailles la poussière de ses souliers.*

Jean Baptiste Millière était né à Lamarche (Côte-d'Or), le 13 décembre 1817.

A treize ans, il était apprenti dans l'atelier où travaillait son père, ouvrier tonnelier.

Profondément affecté des iniquités sociales dont le prolétariat est victime, il avait pris, dit un de ses biographes, la résolution d'abord timide et vague, mais qui s'est affirmée de plus en plus, de se faire le champion de la classe à laquelle il n'a jamais voulu cesser d'appartenir.

A vingt ans, Millière commença donc seul ses études classiques ; avant la fin de la même année, après un travail qui mit sa vie en danger, il était reçu bachelier ès lettres, et quatre années plus tard il obtint le diplôme de docteur en droit, à la faculté de Dijon.

Son intelligence vive, son éloquence nette, cassante, sa voix claire, l'appelaient, ce semble, à une destinée élevée dans cette carrière. La politique l'entraîna. En 1848, il écrivait dans le *Courrier français*, et il fut le collaborateur de Lamennais au *Peuple constituant*. En 1849, il était appelé à Clermont-Ferrand, pour rédiger l'*Éclaireur républicain*, et plus tard, il y fonda le *Prolétaire*. Il faisait imprimer à Paris un volume d'*Études révolutionnaires*, lorsqu'éclata le coup d'État du Deux Décembre. Condamné par la commission mixte du Puy-de-Dôme à la transportation en Algérie, il eût pu dire les tortures que le gouvernement impérial lui avait fait subir pendant sa captivité.

Après l'amnistie, tour à tour, chef du contentieux dans une compagnie d'assurances contre l'incendie, et, à l'occasion, magnétiseur, en province, par hasard, Millière avait marqué dans les réunions publiques. Il avait présidé, avec une sourde rancune, la fameuse séance du boulevard de Clichy où on avait invité *la gauche* à se justifier de ce qu'on appelait sa trahison. La fondation de la *Marseillaise*, le procès de Tours l'avaient mis en lumière. Envoyé à l'Assemblée de Bordeaux, il semblait destiné à y prendre une place éminente, à y élucider les questions économiques et sociales. On l'avait fort remarqué lorsque, plaidant pour les droits de Paris, il avait dit :

« Oui, nous voulons que la vie soit répandue dans toutes les parties du corps social, oui, nous voulons que chaque localité, petite ou grande, jouisse de tous les bienfaits de la civilisation et qu'ils ne se concentrent plus sur un point unique ; mais nous voulons aussi que toutes les forces combinées de la France convergent sur un même point, combinées par les représentants du pays, pour y élaborer les lois et y prendre toutes les grandes mesures d'intérêt général ; tandis qu'avec votre décentralisation, qui nous reporterait à une autre époque, nous arriverions au démembrement de la France, à un démembrement... (Non ! non !) plus terrible que celui que nous venons de subir ; car ce serait la mort morale après l'amputation physique. » (Murmures sur quelques bancs.)

Mais tout à coup, entraîné, emporté, perdu, il s'était jeté dans la mêlée de la Commune où il devait laisser la vie. On le confondit, d'ailleurs, avec un chef de légion portant le même nom que lui et qui fut un des plus farouches combattants des journées de Mai. La troupe, maîtresse du quartier du Panthéon, fouillait le logis où elle espérait trouver Millière.

Elle rencontra d'abord le beau-père de Millière, qui allait se dévouer, quand Millière, se penchant à la fenêtre, vit qu'on l'emmenait.

— Vous cherchez Millière ? cria-t-il ; me voilà !

On monta vers lui, raconte un écrivain de la *Gazette de Paris*, on le rencontra en chemin. Sa première parole fut celle-ci : « Je suis représentant du peuple ! » Mais le peuple qui était là ne le défendit pas. Les soldats lui firent remarquer que, puisqu'il n'était pas à Versailles avec l'Assemblée, c'est qu'il était avec les hommes de la Commune.

Il ne voulut pas dire un mot pour se défendre, hormis quand on lui parla de plus de trente réfractaires qu'on avait fusillés la veille par son ordre sur les marches du Panthéon.

— Ce n'est pas moi ! dit-il.

La foule répondit : « C'est lui ! »

Il était tête nue, pâle. Deux hommes le soutenaient par le bras ; on le conduisit chez le général de Cissey, où il répondit avec assez de fermeté aux questions qui lui furent posées.

Il fut dirigé vers le Panthéon. Quand il arriva sur la place, il était soutenu par un capitaine revêtu d'un caban.

Il gravit le reste des marches, et arrivé sous le péristyle, comme il se tenait debout, faisant face aux soldats, un officier l'obligea à se retourner vers la porte de l'église, en tournant le dos à la troupe ; mais, par ordre sans doute d'un officier supérieur, on lui fit reprendre sa position première, en le forçant à se mettre à genoux.

Il causait sans amertume avec le commandant du peloton.

On entendit ces mots :

— *Malheur aux vaincus ! — Savoir mourir, c'est donner une leçon aux vivants. — Mourir, c'est revivre.*

Avant de monter sur les marches, il remit au chef de l'escorte ses lunettes, un peu d'argent, un petit peigne d'écaille qui était à sa femme, en disant :

— On rendra cela à madame Millière et on lui dira que je meurs avec son souvenir (1).

Millière découvrit sa poitrine, et levant en l'air le bras droit, cria à haute voix : « Vive la République !... Vive le peuple !... Vive l'humanité !..., Vive... »

Une décharge de chassepots lui coupa la parole : il tomba inclinant sur le côté gauche.

Sa chemise était percée de balles à l'endroit du cœur, où apparaissait une large tache de sang. Une seule balle l'avait frappé à l'œil droit. Un officier s'approcha, se baissa sur le cadavre, et, lui appliquant son revolver dans l'oreille, fit feu. Un sergent franchit à son tour les degrés et lui tira le coup de grâce dans la tête.

D'autres encore devaient mourir, entre autres le relieur Varlin, membre de la Commune, et le docteur Tony Moilin. Varlin fut exécuté à Montmartre, dans le jardin de la rue des Rosiers, à la place même où étaient tombés les généraux Lecomte et Clément Thomas. On ne trouva pas sur lui, comme on l'a dit, des sommes considérables, mais un portefeuille portant son nom, un porte-monnaie contenant 284 fr. 15 c., un canif, une montre en argent, et la carte de visite de Tridon.

Le docteur Tony Moilin, qui n'était point membre de la Commune, mais qu'on avait vu, un instant, inspecteur des hôpitaux militaires, puis délégué en sous-ordre à la mairie du sixième arrondissement, avait été évidemment, depuis le 18 mars, primé sous la Commune, par des ambitions plus vivaces et des appétits plus robustes. Peut-être ne partageait-il pas la confiance de ses amis politiques. Dans les derniers jours, il s'exprimait sur la situation avec un certain découragement. « C'est une partie que nous jouons, » disait-il. Et il paraît avoir montré jusqu'à la fin ce stoïcisme du joueur.

En effet, réfugié d'abord chez un de ses parents, à Passy, puis chez un de ses amis, il apprit, le samedi 27 mai, qu'une affiche du général Douay venait d'être apposée, annonçant que des perquisitions allaient être faites dans toutes les maisons du deuxième arrondissement pour y rechercher les armes cachées. Il se décida alors à abandonner son dernier asile, et, par une inspiration malheureuse, ou dédaignant de disputer sa vie, au lieu d'errer dans Paris, de se déguiser comme tant d'autres (un jour de plus l'eût sauvé, et, d'ailleurs, on ne comprend pas qu'il ait été fusillé sommairement un jour où déjà les exécutions de ce genre semblaient avoir cessé), il alla tout droit chez lui, rue de Seine, où il fut arrêté, conduit devant la prévôté militaire, au Luxembourg, et passé par les armes, après avoir obtenu, toutefois, le délai nécessaire pour donner son nom *in extremis* à une maîtresse avec laquelle il vivait depuis plusieurs années.

C'est en parlant de ces terribles drames que M. Razoua, réfugié en Suisse, s'écriait naguère dans l'*Émancipation*, de Toulouse :

« Je ne reviendrai pas sur la fin lamentable de la Commune ; je lis dans un journal que l'*Émanci-*

---

(1) La belle-mère de Millière fut avertie qu'il était fusillé quand on lui remit l'argent, le peigne et les lunettes.

Tout affolée, ajoute l'écrivain auquel nous empruntons ces détails, elle courut au Panthéon pour qu'on lui remît le corps du fusillé.

Il était trop tard.

Un tombereau venait de l'emporter pour le cimetière Montparnasse.

Elle se hâta d'arriver plus tôt que le tombereau. Elle demanda le corps au gardien. On lui dit qu'il fallait un ordre du Luxembourg.

Elle alla au Luxembourg et revint une demi-heure après. Mais déjà le corps était dans la fosse commune. Ainsi tombe la légende qui veut que Millière frappé de dix balles ait été sauvé et soit encore vivant à Londres.

pation est poursuivie pour avoir dit : « que l'armée « de Versailles avait assassiné à outrance dans les « rues de Paris. » Il faut être impudent comme un procureur, et avoir affaire aux gredins échappés des commissions mixtes de l'empire, pour nier ce dont une population tout entière a été, pendant huit jours, le témoin, et que certes l'armée elle-même ne démentirait pas. La Saint-Barthélemy, juin, décembre, ne sont rien à côté de ces hideuses journées. De ce charnier humain se dégagera une telle nausée sanglante que les misérables qui y ont trempé seront cloués au pilori de l'histoire. Dites, dites bien haut qu'on a éventré des femmes, fusillé des enfants de huit ans, assommé à coups de crosse des vieillards infirmes, la France et Paris vous entendront. Des preuves ? toute la population de Paris en a les mains pleines. Je ne sais par quel miracle j'ai échappé à ces Peaux-Rouges (1). »

« Toute la population de Paris a les mains pleines de preuves », dit l'ancien commandant de l'École militaire. Mais elle sait aussi que l'armée qui l'affranchit sauva la patrie en sauvant Paris. Il est trop facile aux réfugiés d'accuser le pouvoir de Versailles pour excuser les atrocités de la Commune. On parle de la légende des pétroleuses. Je vais peindre une légende bien autrement dangereuse, la légende des martyrs de Mai, et par ceux-là je n'entends pas les pauvres diables courageux qui ont cru naïvement combattre pour le droit, mais les forcenés et les habiles qui ont poussé la masse au combat et ont prudemment quitté la partie lorsqu'elle fut perdue, laissant au peuple le soin de payer et de payer cher, de son sang, de ses cadavres, les fureurs, les folies et les mépris des hommes de la Commune.

C'est la légende des Rigault et des Ferré qu'on essaie d'établir. Celle-là, je la combats avec colère. L'esprit de parti ne doit pas étouffer l'esprit de justice. Ces gens sinistres n'ont rien de commun avec la République et leurs premières victimes seraient encore des républicains. Je les hais parce que je hais la force, parce que j'aime le droit, la liberté de l'individu, tout ce qu'ils ont foulé aux pieds. Leur rage aurait souillé la République si la République n'était indépendante et pure de leurs crimes.

L'heure était venue pour eux où ils allaient mettre à exécution le décret hideux sur les otages. La Commune rendait l'arrêté suivant :

« COMMUNE DE PARIS.

« *Direction de la sûreté générale.*

« Paris, 2 prairial an 79.

« Le citoyen Raoul Rigault est chargé, avec le citoyen Régère, de l'exécution du décret de la Commune de Paris relatif aux otages.

« DELESCLUZE, BILLIORAY. »

Raoul Rigault, policier dans l'âme, n'était pas homme à se faire prier. Ce farceur lugubre mit en pratique ses théories de café et ses souvenirs hébertistes. Ce n'était qu'un plaisant farouche : il devint un meurtrier atroce. On se rappelle que M. de Saint-Cyr, qui, les *de*, le *saint* et les *sire* étant abolis, ne pouvait, disait-il, signer qu'*anonyme*. Raoul Rigault retournait la plaisanterie, répondant qu'il demeurait : « Je demeure rue Hya (Sainte-Hyacinthe), et je m'y rends par le *Pont-des-Toujours* (des Saints-Pères). » *Toujours*, en latin *semper*. Voilà tout son esprit, toute sa science : ajoutez à cela un instinct étonnant d'agent secret, vous aurez l'homme (1). Et, chose étrange, ce rieur funèbre était le fils d'un des hommes les plus honnêtes, les plus sympathiques et les plus aimés, homme d'honneur absolu, d'une conscience droite, d'un esprit sain et franc, dont il aura fait la ruine et la douleur.

Le nom de Raoul Rigault est éternellement lié à la mort de Gustave Chaudey. Le 13 avril, sur l'ordre du sieur Brideau, commissaire de police officiellement établi au cabinet de Raoul Rigault, procureur de la Commune, M. Gustave Chaudey, rédacteur du *Siècle*, avait été arrêté dans les bureaux du journal par M. Pilotell, commissaire de police de la Commune (2).

Le même jour, M. Chaudey était écroué à Mazas. Le 19 mai, on le transférait à Sainte-Pélagie, d'après un ordre de Gaston Dacosta, substitut de procureur

(1) Rigault n'a qu'une bonne action à son avoir, celle d'avoir fait mettre en liberté Schœlcher, arrêté dans un concert des Tuileries.

« COMMUNE DE PARIS.

« *Cabinet du procureur de la Commune.*

« Paris, 13 mai 1871.

« Citoyen Schœlcher,

« J'apprends seulement hier votre arrestation. Ce fait, quelque étrange qu'il m'ait paru au premier abord, semblerait presque justifié par l'arrestation du citoyen Lockroy.

« Comme cependant nous ne sommes pas tenus de rendre l'absurde pour l'absurde, je m'empresse de donner l'ordre de vous mettre en liberté.

« RAOUL RIGAULT.

« P. S. — Tachez donc d'obtenir l'élargissement du citoyen Lockroy. »

M. Ed. Lockroy avait été arrêté au moment où il se heurtait, en voiture, contre les avant-postes de Versailles.

(2) Pilotell, opérant d'abord chez M. Chaudey, envoya chercher un serrurier pour forcer le bureau de M. Chaudey. L'ouvrier ne put y parvenir et se retira. Pilotell alla alors aux bureaux du *Siècle*, s'assura de la personne de M. Chaudey, et le conduisit à la prison de Mazas, où il fut mis au secret.

Cinq jours après, Pilotell reparut à la maison.

Ce n'était pas assez d'avoir écroué le chef de la famille, il fallait encore voler les ressources dont celle-ci pouvait disposer.

Le commissaire de la Commune, aidé d'un serrurier, put

(1) Razoua avait échappé en traversant Versailles déguisé en cocher et conduisant, sous la livrée, la voiture d'un ami.

Louis Blanc

de la Commune; à partir de ce moment, une surveillance très-sévère était exercée contre lui.

Chaudey, ancien adjoint au maire de Paris, esprit éclairé, disciple de Proudhon, était une nature heureuse, optimiste, prenant toutes choses par le bon côté. Son mot éternel était : Tant mieux, et tout va bien. Il se consolait ainsi des défaites, ne perdant jamais l'espoir, croyant au bien, au bon, à une République idéale, d'ailleurs, combattant volontiers les théories communistes, fédéraliste par principe, mais ennemi de cette fédération tyrannique qui régnait depuis le 18 mars. Nous l'avions entendu dire, ce jour-là même, à la porte des bureaux du *Siècle*, rue Chauchat : « Tant mieux, cette révolution nous forcera à couper cette queue du parti qui a toujours entraîné la tête. »

Chaudey était surtout haï parce qu'on lui attri-

---

cette fois forcer le bureau de M. Chaudey; sur 915 francs, il en prit 815, en disant : « Il y a du sang dans cet or. »

Il emporta aussi un grand nombre de papiers et de lettres.

En se retirant, il laissa à madame Chaudey le billet suivant :

« Trouvé, chez le sieur Chaudey Gustave, la somme de 815 francs que nous avons emportée jusqu'à nouvel ordre à la préfecture de police. Plus des paquets de lettres.

« *Le commissaire spécial attaché au cabinet,*

« Signé : G. PILOTELL. »

buait, faussement, l'ordre d'avoir fait tirer sur la foule, au 22 janvier. Eugène Vermersch, qui était absent ce jour-là, et qui remplissait alors les fonctions d'aide-ambulancier à la suite de *Monseigneur Bauer*, Vermersch écrivait dans son journal :

« Le *Père Duchêne* était là, le 22 janvier, quand les mauvais bougres ont canardé les sans-culottes.

« Il y a le misérable Chaudey qui a joué un sale rôle dans cette affaire-là ;

« Et qui se ballade encore à Paris, aussi tranquille qu'un Jean-Baptiste.

« Est-ce qu'on ne va pas bientôt décréter d'accusation ce jean-foutre-là, et lui faire connaître un peu le goût des *bons pruneaux de six livres dont il nous a régalés dans le temps* ?

« Le *Père Duchêne* attend cette satisfaction-là ! »

Le *Père Duchêne* n'attendit pas longtemps. Chaudey fut arrêté et écroué, comme nous l'avons vu, à Sainte-Pélagie. Là, il eut la mauvaise fortune de se faire un ennemi, qui devint un de ses meurtriers.

Un détenu, l'ingénieur marron Préau de Védel, inventeur bizarre, effronté, poëte manqué, littérateur de hasard, bibliothécaire de la prison, fait des vers et les montre à Gustave Chaudey. Celui-ci lui dit son avis franchement. Il les trouve *passables*. Ce mot frappe au cœur le rimeur sans talent. Ce drôle fait alors ce que Néron eût fait pour tout homme qui eût critiqué sa façon de chanter : sa rancune condamne à mort celui qui a osé lui dire la vérité (1).

Le 23 mai, vers onze heures du soir, Raoul Rigault pénétrait brusquement dans la cellule occupée par Gustave Chaudey à Sainte-Pélagie.

— Eh bien ! lui dit-il, c'est pour aujourd'hui... maintenant... tout de suite !

Après le premier moment de surprise :

— Vous savez bien que je n'ai fait que mon devoir, dit Chaudey. Vous venez me tuer sans mandat, sans jugement. Ce n'est pas une exécution, c'est un assassinat.

Les injures de Raoul Rigault lui coupèrent la parole.

Chaudey fut entraîné au greffe.

Là, pendant que Rigault faisait requérir un peloton de fédérés, quelques paroles furent encore échangées entre la victime et le bourreau. Chaudey se souvint qu'il était mari et père.

— Rigault, dit-il, j'ai une femme et un enfant ; vous le savez !

Rigault ne **répondit** pas.

Chaudey n'**avait plus** qu'à se résigner en homme ; il se laissa **conduire** dans un chemin de ronde voisin de la Chapelle, raconte le *Siècle*.

Berthier et Gentil ouvraient la marche avec une lanterne.

En arrivant, le noble patient rappela qu'il avait femme et enfant.

— Qu'est-ce que cela me fait ? répondit Rigault. Quand les Versaillais me tiendront, ils ne me feront pas grâce.

Là, dans un coin, à la lueur d'une lanterne accrochée au mur et d'une autre lanterne portée par le surveillant Berthier, le cortège s'arrêta.

Chaudey alla se placer auprès de la lanterne.

Rigault, après avoir placé le peloton, mit son épée à la main et commanda le feu. Le peloton déchargea les armes, mais les coups partirent trop haut ; Chaudey ne fut atteint que très-légèrement au bras.

Deux coups de feu du greffier Clément le renversèrent.

Il tomba en criant : « Vive la République ! »

Le brigadier Gentil, un lecteur de Vermersch, s'élança vers lui en vociférant : « Je vais t'en f..... de la République ! »

Le détenu Préau de Védel vint le dernier et déchargea son pistolet dans la tête de cet honnête homme, qui mourait en affirmant cette République au nom de laquelle on l'assassinait.

Trois pauvres gendarmes succédèrent à Gustave Chaudey. Ils cherchèrent à s'échapper par les chemins de ronde ; on les poursuivit, on les traqua, on les ramena à la mort.

Ce fut une vraie chasse à l'homme, selon le récit que le brigadier Gentil en fit le lendemain à ses camarades.

Deux d'entre eux tombèrent, le troisième se sauva.

Préau de Védel ainsi que Clément, armés d'un chassepot et d'un revolver, avaient tiré en même temps que le peloton d'exécution, puis s'approchant des deux gendarmes, ils tirèrent de nouveau.

Aussitôt après, accompagnés de Raoul Rigault, Gentil et de plusieurs autres gardes nationaux, ils

---

(1) Ce Préau de Védel, accusé devant le Conseil de guerre d'être un agent bonapartiste, s'en est défendu en ces termes :

« J'ai dit la vérité et je n'ai rien à ajouter. Je veux seulement protester contre l'accusation infâme que les journaux m'ont adressée. Ils ont dit que j'avais été un agent secret de l'empire ; c'est faux ! Deux fois seulement j'ai eu des relations avec des gens de l'empire ; la première fois lorsque je me suis présenté à un conseiller de préfecture pour lui proposer un nouveau système de balayage des égouts, et ce fonctionnaire, après m'avoir demandé beaucoup d'explications, me vola mon invention et fut décoré. La seconde fois je suis allé trouver M. Rouher pour lui parler d'une autre découverte, et comme il me demandait, lui aussi, beaucoup de détails, au lieu de les lui donner je lui répondis : « J'ai déjà été « volé par un conseiller de préfecture, je ne veux pas l'être « encore par un ministre. » Et je laissai là M. Rouher tout étonné. Je ne l'ai jamais revu.

« Voilà mes relations avec l'empire, je n'en ai jamais eu d'autres. »

Un détail curieux, en ce qui concerne cet accusé, c'est qu'il était le neveu du lieutenant Dronineau, qui fut tué non point par Barbès, mais devant Barbès, dans l'échauffourée émeutière du 12 mai 1839, alors que cet officier commandait le poste du palais de justice. Le père ou le grand-père de Védel était médecin de la duchesse de Berry.

s'élancèrent à la poursuite du troisième gendarme. Ils le rejoignirent. Préau de Védel allait lui brûler la cervelle, quand Rigault l'en empêcha, et le fit fusiller par une troisième décharge du peloton d'exécution.

Le mari de la lingère, qui assistait de sa fenêtre à ce spectacle, offrit de descendre pour donner un coup de main.

Le vol suivit l'assassinat : le corps de Gustave Chaudey fut dépouillé des quelques objets qui pouvaient tenter la cupidité de ses meurtriers.

Quelques instants plus tard, le directeur de la Pitié recueillait pieusement les malheureuses victimes, et Raoul Rigault partait pour la prison de la Santé, afin, disait-il, d'y continuer sa besogne.

Les trois gardes républicains assassinés en même temps que Gustave Chaudey, le 23 mai, à Sainte-Pélagie, sont :

MM. Pacassé (Dominique), trente-cinq ans; Capdevieille (Pierre), trente-cinq ans; Bonzou (Auguste-Jean-François), trente et un ans.

Raoul Rigault ne devait pas longtemps survivre à son crime.

Le mercredi, à trois heures de l'après-midi, il était venu donner des ordres aux fédérés du cinquième arrondissement. Il se rendit ensuite rue Gay-Lussac, à l'hôtel du même nom, dans lequel il avait loué une chambre sous le nom de Varcla.

Cette chambre était occupée par une actrice de l'un de nos petits théâtres. Au moment où il mettait la main sur le bouton de la sonnette, des soldats de ligne débouchaient par la rue des Feuillantines. A la vue de Raoul Rigault, qui portait le costume de chef d'escadron d'état-major, ils firent feu sur lui sans l'atteindre. La porte s'ouvrit au même instant. Aussitôt les soldats arrivèrent au pas de course et se précipitèrent dans la maison.

Ils mirent d'abord la main sur le propriétaire, qui était en bras de chemise, le prenant pour l'homme qu'ils poursuivaient à cause de sa barbe noire, pareille à celle que portait Raoul Rigault.

Un chirurgien aide-major, M. Defosse-Durau, qui habite la maison, descendit précipitamment et leur assura qu'ils avaient affaire à un homme paisible et étranger à nos luttes politiques.

Les soldats se mirent à fouiller la maison, et ne tardèrent pas à trouver Raoul Rigault, qui, du reste, les suivit après s'être nommé.

On lui fit descendre la rue Gay-Lussac pour l'amener au Luxembourg.

A la hauteur de la rue Royer-Collard, à quelques pas du boulevard Saint-Michel, l'escorte rencontre un colonel d'état-major, qui s'informe du nom du prisonnier.

Celui-ci répondit par ce cri : « Vive la Commune ! à bas les assassins ! »

Aussitôt il est acculé contre le mur et passé par les armes (1).

Son cadavre resta à la même place pendant près d'une journée. Une main charitable le recouvrit de paille et plaça là un écriteau sur lequel on lisait :

Respect aux morts.
Pitié pour son malheureux père.

Les exécutions allaient se succéder et les victimes ne manquaient pas à la Commune. Il y avait, à la Roquette comme à Sainte-Pélagie, des otages. C'était là qu'on détenait le président Bonjean et l'archevêque de Paris. M. Bonjean, un des rares serviteurs du régime déchu qui eût de la dignité, était demeuré à son poste, à Paris, après le 18 mars. Premier dignitaire par intérim de la magistrature française, il estime que sa place était là. Arrêté presque aussitôt, il est retenu comme otage. Malade, on demande qu'il soit transféré à la maison municipale de santé. L'ordre du transfert est signé par *le délégué militaire à l'ex-Préfecture*, le *général* Duval; le *délégué civil* Raoul Rigault s'y oppose : « Bonjean ne sortira, s'écrie-t-il, que lorsque Blanqui nous aura été rendu, et il viendra ici même, à mon bureau, me demander sa grâce ! » M. Bonjean ne fit pas entendre une plainte (2).

M. Charles Guasco a publié une biographie du président Bonjean. C'est le récit simple et sans prétention des démarches tentées par l'auteur pour obtenir la mise en liberté du président, et des entretiens qu'il a eus avec le prisonnier dans les visites qu'il lui a faites pour lui apporter des nouvelles de sa famille et les consolations de l'amitié. Le volume contient, en outre, des extraits de lettres intimes de M. Bonjean, qui sont tout à l'honneur de cet infortuné magistrat. Nous y lisons, entre autres, une lettre datée de Paris, 15 septembre, et dans laquelle M. Bonjean disait ceci : « Il faut qu'une résistance héroïque lave les hontes de la capitulation de Sedan. » Dans une autre lettre, datée de Paris, 20 octobre, il s'exprimait ainsi : « Sans doute, en se prolongeant, notre séparation devient bien douloureuse : nul ne le sent plus que moi; mais je me résigne en songeant à l'immensité des résultats : les mœurs réformées, la race impure des petits crevés et des cocottes disparue, une multitude d'abus supprimés, avec la monarchie dont ils sont l'accompagnement ordinaire, etc. » J'y reconnais l'âme de l'orateur piquant, qui avait prononcé jadis un si joli discours, digne de Michelet, sur les oiseaux qu'il ne faut point détruire, et l'homme de bien qui écrivait, la veille de sa mort, cette lettre à ses enfants :

(1) Récit du *Siècle*.
(2) E. Beausire.

« Paris, nuit du 29 au 30 mars 1871.

« Ma chère Adèle bien-aimée, et mon cher Georges, je ne sais quel pressentiment m'empêche de dormir et me porte invinciblement à vous adresser quelques paroles dans le silence de la nuit.

« Je vous déclare, dans toute la sincérité de mon cœur, que je pardonne à ceux qui me font subir cette injuste captivité, comme je désire que Dieu me pardonne à moi-même les fautes que j'ai pu commettre.

« Ne cherchez pas à connaître les noms de ceux qui me retiennent ici contre toute justice et toute raison, et surtout ne cherchez jamais à en tirer aucune vengeance directe ou indirecte.

« BONJEAN. »

L'archevêque de Paris, monseigneur Darboy, et le curé de la Madeleine, M. Deguerry, partageaient la captivité du président Bonjean. L'archevêque avait adressé à M. Thiers une lettre où il lui demandait de se montrer clément pour Paris. La lettre fut écrite et portée à Versailles par M. l'abbé Lagarde, grand-vicaire de Paris, qui avait donné sa parole d'honneur de revenir se constituer prisonnier si la négociation échouait.

Moins héroïque que Régulus, M. Lagarde ne crut pas devoir tenir sa promesse. Bien des démarches furent faites pour obtenir la liberté de l'archevêque et du président (1); mais, en même temps, les clubs, la presse enragée, réclamaient ou la liberté de Blanqui, — du *vieux*, comme on disait, — ou la mort de l'archevêque : « Les chiens ne vont plus se contenter de regarder les évêques,

(1) L'abbé Féron, aumônier de Bicêtre, a raconté que Léo Meillet et lui ont eu plusieurs pourparlers au sujet des otages. Il a espéré quelque temps que l'on arriverait à une transaction. Meillet s'était presque engagé à faire mettre l'archevêque en liberté, si l'on voulait lui rendre le corps de son ami Duval; mais ce projet n'a pu être réalisé. L'abbé Féron, après l'arrestation des dominicains, tenta une nouvelle démarche en leur faveur, mais sans succès. Il essaya de nouveau au moment où déjà Paris brûlait. Il offrit à Léo Meillet de le sauver des troupes versaillaises s'il consentait à assurer le salut de l'archevêque et celui des dominicains. Léo Meillet répondit qu'il était trop tard, que l'archevêque avait été dirigé sur Vincennes, et que les dominicains n'étaient plus en son pouvoir.

M. Guasco rapporte, de son côté, une bien curieuse conversation qu'il a eue avec Miot. On verra que, dans la pensée de M. Miot, le Comité de salut public devait être, chose étrange, un modérateur :

« Le délégué Protot s'est opposé à la mise en liberté sur parole. On a objecté l'exemple de Lagarde ; néanmoins j'espère encore.

« Sur ma proposition, on vient d'organiser un comité de salut public, et j'en obtiendrai plus que de tous ces avocats. Ils ne comprennent rien aux questions d'humanité et de politique..... Il y a d'abord une question d'humanité pour M. Bonjean à lui laisser aller voir sa femme malade, et, pour moi, la question d'humanité prime toujours la question politique... Mais ces jeunes gens avec leurs textes, leur détention, leur secret, ne veulent pas entendre raison.

« Ils nous ont fait déjà bien du mal par toutes leurs mesures impolitiques...

« Plus Versailles est barbare et cruel, plus nous devrions être humains et généreux... »

disait Maroteau, ils les mordront ; nos balles ne s'aplatiront pas sur les scapulaires : pas une voix ne s'élèvera pour nous maudire, le jour où l'on fusillera l'archevêque Darboy. Il faut que M. Thiers le sache, il faut que M. Favre, le marguillier, ne l'ignore pas. Nous avons pris Darboy comme otage, et si l'on ne nous rend point Blanqui, il mourra. La Commune l'a promis; si elle hésitait, le peuple tiendrait le serment pour elle... » (Gustave Maroteau, — *La Montagne* du 26 avril.)

L'assassinat de l'archevêque, de l'abbé Deguerry, de l'abbé Allard, aumônier des ambulances, du P. Ducoudray, jésuite et supérieur de l'école Sainte-Geneviève, et du P. Clerc, jésuite professeur, eut lieu le 24 mai, après une courte délibération d'une cour martiale, présidée par un nommé Genton. Parodie de la justice ! On fit venir Pigerre, commandant du 25e bataillon, et on forma le peloton d'exécution. Le président Bonjean mourut en magistrat voltairien, presque ironique. Les religieux tombèrent en martyrs, l'abbé Allard en héros (1).

(1) Voici le rapport de M. le docteur Tardieu sur les corps de Mgr Darboy et de M. Bonjean, rapport tristement éloquent dans son scientifique langage :

« Le corps de Mgr Darboy a été embaumé le 28 mai par les soins de MM. Desormeau, chirurgien de l'hôpital Necker, et Durand. Ces deux honorables confrères nous ont transmis le procès-verbal relatant l'état du cadavre de Mgr Darboy ; nous joignons cette pièce au présent rapport.

« Il n'existait sur le cadavre aucune trace de mutilation.

« Le pouce et l'index de la main droite avaient été fracturés par une balle.

« Trois plaies existaient au côté droit, à la base de la poitrine, vers les fausses côtes. Ces trois plaies, distinctes l'une de l'autre d'environ cinq à six centimètres, formaient un triangle.

« Les trois projectiles ont traversé le corps et sont sortis dans la région lombaire gauche, après un trajet oblique en bas et en dedans.

« Il existait trois plaies à la base et sur le côté de la poitrine : une antérieure, large, paraissant produite par une balle de fusil à tabatière ; les deux autres, postérieures, plus petites, faites par des balles de chassepot.

« Les trois coups de feu qui ont atteint Monseigneur ont été tirés de côté et par des gens placés à sa droite.

« Les deux doigts de la main droite ont pu être brisés par l'une des balles qui ont atteint la poitrine. L'autopsie n'a pas été faite ; mais les médecins qui ont procédé à l'embaumement ont observé que le liquide conservateur injecté par les gros vaisseaux sortait par les plaies antérieures : ce qui les avait conduits à penser que le cœur ou de gros vaisseaux avaient été ouverts par les balles.

« Les notes relatives à l'examen du cadavre du président Bonjean nous ont été communiquées par notre ami, le docteur Ollivier, professeur agrégé à la Faculté de médecine, qui a procédé à l'embaumement du cadavre.

« On a constaté sur le corps du président Bonjean la trace de *vingt coups de feu*, mais nulle part la trace de coups portés avec le talon du pied ou la crosse d'un fusil. Les blessures existaient : une à la joue gauche en avant de l'oreille ; la balle a pénétré dans le crâne, ouvert largement.

« Une seconde blessure existait au-devant du cou ; la gorge était ouverte et le larynx brisé. Un troisième coup de feu avait fracturé la clavicule droite. Un autre avait atteint le bras droit, vers son tiers supérieur ; deux autres coups de feu avaient atteint et fracturé l'index et le doigt annulaire de la main droite.

« Le bras gauche avait, dans son tiers moyen, été atteint de deux coups de feu. L'os du bras, l'humérus, avait été

La Fin de la Commune. — Assassinat des otages détenus à la prison de la Roquette.

J'ai lu dans une des brochures publiées à l'étranger par d'illustres inconnus, que ce fut le gouvernement de Versailles qui poussa à ces meurtres pour *redonner un peu de vie au catholicisme*. Accusation ridicule, mais qui montre l'inanité criminelle, la stupidité de ces assassinats, qui donnent à ceux qui succombent l'auréole indiscutable du martyre et rendent sacrés pour jamais ceux dont on ne partage cependant ni les idées ni les espoirs.

Lorsque les cadavres furent dépouillés, — dépouillés, quel mot ! — on rédigea le procès-verbal suivant :

« COMITÉ DE SURETÉ GÉNÉRALE.

« Aujourd'hui, 24 mai 1871, à 8 heures du soir, les nommés DARBOY (Georges), BONJEAN (Louis-Bernard), DUCOUDRAY (Léon), ALLARD (Michel), CLÈRE (Alexis) et DEGUERRY (Gaspard), ont été EXÉCUTÉS à la prison de la Grande-Roquette. »

Commune de Paris
CABINET
DU
CHEF
Sûreté générale. — Police municipale

Ce cachet est à l'encre bleue, et il ne se trouve aucune signature au bas du procès-verbal. On porta ensuite ce papier à Delescluze.

Le délégué à la guerre était alors réfugié, avec les débris de la Commune, dans cette mairie du onzième arrondissement, où, pêle-mêle, hurlant, effarés, poudreux, blessés, sanglants, les combattants s'entassaient, s'injuriaient, soupçonneux, furieux, résolus à mourir ou apeurés devant ce dénoûment tragique. Qu'on s'imagine cette scène de sabbat, les ordres se croisant, se contredisant, les barils de poudre roulés, les tonneaux de pétrole amenés là, la moindre étincelle pouvant tout faire sauter, et sur ce volcan, les échappés de la bataille, nerveux, exaltés, encombrant la salle de la justice de paix où, pâle, froid, les traits horriblement creusés, Delescluze se tenait assis devant une table.

Il devint encore plus pâle, livide, lorsqu'on lui apprit la mort des otages; un cri lui monta comme un sanglot : « Quelle guerre ! » Puis, brusquement : « Nous aussi nous saurons mourir ! »

<small>racturées en deux endroits. On a observé une plaie au basvent e, deux dans l'aine droite.

« Neuf coups de feu avaient atteint les membres inférieurs: trois à la cuisse gauche, deux à la jambe, une au gros orteil du pied gauche.

« Enfin, deux balles avaient atteint et fracassé les deux os de la jambe droite, faisant une large et profonde plaie. Un dernier coup avait fracturé le talon du pied gauche.

« La blessure existant en avant de l'oreille gauche a été faite par un coup de feu tiré de côté, le corps étant tombé à terre. Ce coup a dû être le dernier, le coup de grâce.

« Les dix-neuf premiers coups de feu avaient atteint le ventre, les bras, les jambes; la gorge avait été ouverte, et cependant aucune de ces blessures n'était immédiatement mortelle.

« M. Bonjean, atteint de dix-neuf balles, est tombé vivant encore ; le coup tiré à l'oreille a amené la mort. »</small>

Le jeudi, 25, après une nouvelle journée de luttes, Delescluze sortit de la mairie, vêtu de noir, l'écharpe rouge à la ceinture, suivi de Jourde, le délégué aux finances, et sans armes. Il descendait lentement vers le Château-d'Eau, où s'élevait une barricade, et il avait pu croiser en chemin la civière où était couché Vermorel blessé, et que portaient Avrial et Theisz. Peu avant il avait écrit deux lettres, l'une à un ami, où il n'attendait plus, disait-il, de jugement que *de la postérité et de l'histoire, cette prostituée;* l'autre à sa sœur, où il disait :

« Ma bonne sœur,

« Je ne veux ni ne peux servir de jouet et de victime à la réaction victorieuse.

« Pardonne-moi de partir avant toi qui m'as sacrifié ta vie.

« Mais je ne me sens plus le courage de subir une nouvelle défaite après tant d'autres.

« Je t'embrasse mille fois comme je t'aime. Ton souvenir sera le dernier qui visitera ma pensée avant d'aller au repos.

« Je te bénis, ma bien-aimée sœur, toi qui as été ma seule famille depuis la mort de notre pauvre mère.

« Adieu, adieu, je t'embrasse encore.

« Ton frère, qui t'aimera jusqu'au dernier moment.

« A. DELESCLUZE. »

Et, lentement, il s'acheminait vers la mort. Au coin du boulevard Voltaire et d'une des rues qui y aboutissent, il rencontra quelques officiers fédérés auxquels il serra la main et qui ne purent l'empêcher de continuer sa route, et d'aller ainsi chercher une fin certaine. Il monta sur la barricade, pâle et blanc dans le soleil couchant, et, tout à coup foudroyé, il tomba de toute sa hauteur. On le retrouva sur un tas de pavés, le corps souillé de boue et noirci au cou par une affreuse brûlure, résultat du contact d'une poutre incandescente, tombée d'une maison en feu contiguë à la barricade. Il avait sur lui sa nomination de délégué à la guerre, un laissez-passer de la Commune et une lettre lui réclamant 900 francs (affaire de journal).

Il avait, en outre, une montre en argent et une clef, un canif et quelque argent. A côté du corps se trouvait une canne plombée.

Ces différents objets furent portés à la mairie du neuvième arrondissement, et de là envoyés au maréchal Mac-Mahon ; le cadavre de Delescluze fut transporté à l'église Sainte-Élisabeth, rue du Temple.

Ce même jour, car il nous faut continuer encore de tourner des feuillets tachés de sang, d'autres victimes tombaient sous les coups de la Commune. Le vendredi 19 mai, un membre de la Commune, suivi du gouverneur de Bicêtre, de Serizier, commandant de ce 101ᵉ bataillon fédéré, qui avait assassiné le pharmacien de la Butte-aux-Cailles, se présentait à l'école Albert-le-Grand, vers quatre heures et demie du soir, et emmenait le personnel de la maison des dominicains, les religieuses à la préfecture de police, et plus tard à Saint-Lazare ; les dominicains, les professeurs et les domestiques du collège, au fort de Bicêtre où on les jetait dans une casemate.

Le 25 mai, vers huit heures du matin, au moment où la garnison quittait le fort en toute hâte, un officier venait dire aux prisonniers : « Vous êtes libres! seulement nous ne pouvons vous laisser entre les mains des Versaillais; il faut nous suivre aux Gobelins, ensuite, vous irez dans Paris où bon vous semblera (1). »

Le trajet fut long et pénible, des menaces de mort étaient à tout instant proférées. Arrivés à la mairie des Gobelins, on ne voulut plus laisser les prisonniers libres. « Les rues ne sont pas sûres, vous seriez massacrés par le peuple. » On les fit asseoir dans la cour intérieure de la mairie, où pleuvaient les obus; puis un nouvel officier arriva et les mena à la prison disciplinaire du secteur, avenue d'Italie, n° 38. Dans l'avenue se tenait le 101ᵉ avec son chef, Serizier.

Vers deux heures et demie, un homme en chemise rouge ouvrit la porte de la salle, et dit : « Soutanes, levez-vous! on va vous conduire aux barricades. » A la barricade, les balles pleuvaient avec une telle intensité que les insurgés l'abandonnèrent.

On ramena les détenus à la prison disciplinaire, sur l'ordre de Serizier.

A quatre heures et demie environ, nouvel ordre de Serizier. Il faut partir, entourés par des gardes du 101ᵉ, qui chargent ostensiblement leurs armes. A la porte extérieure de la prison, le chef du détachement crie : « Sortez un à un dans la rue! » Puis le massacre commence.

Le père Cotherauld tombe le premier en s'écriant: « Est-ce possible ! » Après lui le père Captier est atteint et s'écrie : « Mes enfants... pour le bon Dieu ! » En un instant douze cadavres restent étendus sur la chaussée, exposés aux plus odieux outrages d'une populace accourue de toutes parts.

Un témoin raconte que, regardant dans la rue quelques instants après, il vit un dominicain dont la tête était légèrement soulevée et qui paraissait respirer encore. Un garde national s'était approché à quelques mètres et l'avait mis en joue. Un capitaine adjudant-major du 184ᵉ bataillon lui arrache le fusil des mains pour tirer lui-même sur le blessé. D'autres gardes vinrent à l'aide et une trentaine de coups de fusil furent tirés sur les cadavres (2).

L'homme qui avait commandé ce massacre, Serizier, était, le 22 janvier, capitaine de la 4ᵉ compagnie du 101ᵉ de marche, et il n'avait pas manqué d'accourir à la tête de ses hommes sur la place de l'Hôtel-de-Ville. Tout laissait supposer que c'était lui qui avait donné ce jour-là l'ordre de tirer; aussi fut-il arrêté et écroué à Sainte-Pélagie. Délivré par la foule, le 19 mars, Serizier signala sa sortie de prison par un acte qu'il faut signaler à sa décharge : il aida Léo Meillet et Combes à délivrer les généraux Chanzy et Langourian.

Mais depuis, une sorte de rage s'était emparée de lui, et on le retrouve partout, avec son farouche 101ᵉ, furieux et menaçant. Sa physionomie bestiale devint plus tard livide devant ses juges. Cet homme venait de faire mettre à mort des gens d'étude et de savoir à qui M. Louis Veuillot justement reprochait leur *libéralisme*.

A ce moment de la lutte, la frénésie était à son comble. L'épilepsie de la mort devenait démoniaque. Les cerveaux s'enfiévraient et, si le temps, clair et chaud jusqu'au jeudi, ne se fût point couvert peu à peu et tourné à l'humide, nul doute que la bataille n'eût été encore plus atroce et enragée. Mais le changement de température adoucit les nerfs excités par ce tableau sinistre de Paris embrasé sous un soleil de mai.

Les troupes de Versailles avançaient de plus en plus et repoussaient les soldats de la Commune vers le Père-Lachaise et les Buttes-Chaumont. Les débris de tous les bataillons fédérés s'étaient, dans la journée du vendredi, réfugiés dans le vingtième arrondissement. Après avoir été à l'Hôtel de ville, puis à la mairie du onzième, le refuge de la Commune fut à la mairie de Ménilmontant. « Le quartier général fut transporté rue Haxo, n° 95, mais, dit M. Lissagaray, la mairie distribuait les logements, les uniformes, les bons de vivres, et ce fut, pendant deux jours, un va-et-vient perpétuel et confus. » Mais les troupes se rapprochaient, le faubourg Saint-Antoine était emporté, les soldats de Vinoy atteignaient la barrière du Trône. Alors, la foule exaspérée des fédérés vaincus voulut, exigea, égorgea de nouvelles victimes. Nous n'avons pas fini de marcher dans le sang.

Les gendarmes, arrêtés à la suite des événements du 18 mars, avaient été mis au secret à Mazas et on a conservé les lettres qu'ils écrivaient, du fond de leurs cellules, à leurs femmes. Ce sont bien là des

---

(1) Récit de l'abbé Grand-Collas.
(2) Les corps (douze en tout, plus celui du jeune Petit retrouvé bientôt) furent transportés, dans la soirée, à l'école Albert le-Grand, par permission expresse du maréchal Mac-Mahon.
Voici les noms des treize victimes :
Le P. Captier, prieur dominicain; les PP. Cotherauld, Chateigneret, Bourard, Delorme, dominicains; M. Gauguelin, professeur; Aug. Gros, domestique; Volant, Catala, surveillants; Dintroz, infirmier; Joseph Cheminal, Marcel, domestiques; Germain Petit, commis à l'économat.

lettres de soldats, habitués au devoir, et je dirai des lettres d'enfants du peuple, car l'éloquence populaire se retrouve là, brûlante et profonde, dans toute son énergie. Sous la tunique du soldat ou la blouse de l'ouvrier, le peuple est le même. L'un de ces hommes, Geanty, maréchal des logis, s'écrie dans ses lettres : « Moi qui suis arrivé à vingt-deux ans de bons services sans avoir couché à la salle de police, je débute par quarante-neuf jours de prison cellulaire! » Un autre, P. Bodin, donne dans quelques lignes déchirantes la moralité de cette guerre civile : « Quand je pense à notre position, dit-il, cela me fait maudire le genre humain, car en entendant ces coups de canon, je me dis que *c'est le pain d'une semaine à une pauvre famille qu'on gaspille, pour quelquefois tuer le chef de cette dite famille, et tout cela pour l'ambition de gens qui se soucient fort peu des malheureux qu'ils font s'entretuer.* » Paroles d'homme du peuple, encore une fois, et qu'il faut méditer et retenir. Traduits devant le jury d'accusation (19 mai) et devant Raoul Rigault, procureur de la Commune, ces soldats s'étaient défendus de leur mieux : on les avait déclarés bons pour demeurer otages (1). En parlant d'eux, Rigault avait déclaré que les accusés appartenaient à cette *garde de Paris que nos épaules connaissent encore mieux que nos intelligences.*

Ces 35 gendarmes, 10 gardes de Paris, 10 prêtres ou religieux et 2 laïques, devaient être égorgés ensemble.

Ce fut vers trois heures de l'après-midi, le 26 mai, que 60 fédérés de différents bataillons, ayant à leur tête un officier que le directeur de la Roquette a refusé de faire connaître, arrivèrent à la prison avec un ordre signé Th. Ferré, *enjoignant de remettre cinquante otages et autant d'autres que le peloton pourrait en conduire.*

(1) Citoyens, avait dit le brigadier Geanty, vous savez qu'un soldat n'a pas de volonté. Nous avons quitté notre caserne à deux heures du matin, le 18 mars, sans savoir où l'on nous menait. Nous n'avons pas tiré sur le peuple, *nos chefs nous l'avaient défendu*; nous avons fraternisé avec les gardes nationaux de Montmartre, auxquels nous nous sommes rendus. Nous avons bu avec eux, ils ont bu avec nous.

LE PROCUREUR DE LA COMMUNE. — Je ne comprends pas que des hommes appartenant à la garde de Paris, *puisqu'il* faut l'appeler par son nom, s'assimilent à des *soldats*. Les soldats, on sait comment nous les traitons quand ils viennent à nous. Mais vous, si vous vous êtes rendus, c'est que vous ne pouviez pas faire autrement; avez-vous tiré sur le peuple ? Peu m'importe! votre position est celle-ci : Pouvez-vous être considérés ou non comme otages ? toute la question est là. Du reste, un mot servira à vous faire condamner, vous avez dit être entrés dans la garde de Paris parce que c'était plus avantageux; or, vous saviez quels ordres vous receveriez, quelle besogne il vous faudrait accomplir dans ce corps où vous entriez pour quelques sous de plus.

Si vous étiez des soldats, le peuple de Montmartre ne s'y serait pas trompé, et de même que les hommes du 88e de ligne ne sont pas sur ces bancs, vous n'y seriez pas non plus, si vous n'étiez pas dans une autre situation. Je requiers que les débats soient déclarés clos.

M. LE PRÉSIDENT. — Les débats sont clos.

Aussitôt que l'ordre de Ferré lui eût été donné, François, le directeur de la prison, remit au brigadier-chef une liste sur laquelle étaient inscrits 12 ou 15 noms d'otages de la 4e section. Un nommé Ramain transmit cet ordre au sous-brigadier pour aller exécuter lui-même celui qui concernait les prêtres et les laïques.

Ce fut alors qu'en entrant dans le corridor, il cria : « Attention! il m'en faut quinze; qu'on se range et qu'on réponde. » Et il fit l'appel des noms inscrits sur la liste.

A cette brusque interpellation, les angoisses redoublèrent parmi les otages. Cependant ils eurent la force de n'en rien laisser paraître. Ils s'étaient mutuellement préparés à mourir et se rangèrent docilement à la voix du gardien-chef. L'un d'eux, le père de Bengy, dont Ramain prononçait mal le nom, s'approcha pour lire sur la liste et dit simplement : « De Bengy, c'est moi. » Et il alla se placer à côté des autres victimes.

A deux pas de lui, le père Guérin, prêtre des missions étrangères, se tenait auprès de M. Chevriaux, proviseur du lycée de Vanves, et lui proposait de répondre pour lui et de mourir à sa place :

« Vous avez une femme, vous avez un enfant, ce sont des liens par trop douloureux à briser, laissez-moi vous sauver; on ne vérifie pas notre identité. Je suis vêtu comme vous en laïque, ma vie est vouée au martyre, elle aura été utile si elle conserve la vôtre. Laissez-moi répondre pour vous. »

Cette proposition était faite dans le silence de la nuit; un homme moins fortement trempé eût pu céder au désir de vivre pour sa famille et accepter. M. Chevriaux refusa. Ni l'un ni l'autre ne furent appelés. Ils ont été entendus comme témoins.

Les victimes amenées au guichet du greffe, on les compta une à une en passant à la porte du guichet. On n'est cependant pas d'accord sur le nombre. François croit qu'ils étaient 50.

Ces infortunés se placèrent d'eux-mêmes au milieu de deux rangs formés par le peloton de fédérés (1).

On les mena rue Haxo.

Une cantinière à cheval ouvrait la marche. Ses cheveux étaient ramassés dans un filet blanc; elle portait un képi. Un officier à cheval lui servait de cavalier. Venaient ensuite plusieurs clairons et tambours, qui jouaient une marche des chasseurs. Derrière eux, il y avait un peloton de gardes nationaux. Suivaient les victimes deux par deux, ayant de chaque côté deux gardes nationaux, la baïonnette au bout du fusil. Les gendarmes marchaient les premiers. Parmi les prêtres, on en remarquait un grand, à cheveux blancs, qui avait peine à se traîner : c'était, croyons-nous, le P. Tuffier, de Picpus. Il s'appuyait sur l'épaule de son confrère. Un second

(1) Tous ces détails et les suivants sont textuellement empruntés à l'acte d'accusation.

Paris brûlé. — La rue de Lille et la rue du Bac.

peloton de gardes nationaux fermait la marche. Une foule immense de femmes et d'enfants avait repris sa première place et demandait à grands cris la mort des condamnés.

Tout le parcours de la longue rue de Paris et de la rue Haxo se fit au milieu de scènes de fureur, de menaces et de coups. Les otages étaient exténués. Enfin, vers cinq heures et demie, le cortége arriva à la grille du 2ᵉ secteur, c'est-à-dire au siège de l'état-major général des légions de Belleville et de Ménilmontant. Jusqu'au 22 mai, commandait là le colonel fédéré Mathusewicz, ancien officier de l'armée française, candidat en pantalon rouge aux élections de février, et qui se sauva en apprenant que les troupes régulières étaient entrées dans Paris ; il a écrit lui-même que les Prussiens le laissèrent échapper. Le 23, il fut remplacé par un nommé Mahien, qui disparut à son tour. Le 24, ce fut un autre colonel, nommé Demurat ; mais le 25, Demurat et tout son état-major furent mis en sous-ordre par l'arrivée de Parent, accompagné de 70 ou 80 officiers de toute provenance. Ce Parent venait d'être nommé délégué à la guerre en remplacement de Delescluze. C'est lui qui fut confondu à tort avec Ulysse Parent. Au lieu de se tenir à la portée des combattants de la Commune, qui luttaient encore sur quelques points, le lieutenant-colonel Parent s'était établi au secteur de la rue Haxo, parce que c'est là, paraît-il, que les membres de la Commune devaient finalement se rendre *avec la caisse* avant de s'enfuir à travers les lignes allemandes. Indépendamment des officiers qui l'avaient suivi et dont le nombre augmentait sans cesse, Parent était encore environné d'une foule de membres ou de délégués du Comité central, dont l'influence occulte et chicanière a pesé pendant toute la durée de l'insurrection sur l'autorité militaire et même sur le gouvernement de l'Hôtel de ville.

Au moment où les otages apparurent à la grille,

Parent, se voyant débordé par la foule qui les amenait, s'adressa ironiquement à ces délégués du Comité central, notamment à un nommé Piat : « Citoyens, c'est le moment de montrer notre influence ; voyons, empêchez ces gens de déshonorer la Commune, si vous le pouvez... » Mais la foule n'écoutait que sa fureur.

Un artilleur fédéré, d'une force herculéenne, était posté sur le seuil de la grille d'entrée. A chaque prêtre qui franchissait le seuil, ce misérable assénait un coup de poing qui renversait quelquefois la victime. Malgré cela, les otages pénétrèrent dans l'intérieur du secteur et se laissèrent conduire sans résistance à l'entrée du terrain choisi pour l'exécution.

La dignité de leur attitude semble avoir fait hésiter un instant les assassins qui les approchaient, car on resta là plusieurs minutes sans oser les toucher, malgré les excitations et les cris de mort qui partaient des rangs les plus éloignés de la foule.

Enfin, un officier de fédérés monta sur une voiture et fit un discours ; un autre grimpa sur un mur et lut un papier. Alors d'immenses clameurs se répandirent, en même temps qu'une poussée formidable agita les masses. Les premiers otages se trouvèrent acculés dans un terrain vague, dont le fond est fermé par une maison. Pourtant il se manifestait encore une certaine hésitation. Une discussion s'engage : un chef monte sur un petit mur d'appui élevé en cet endroit ; il parle avec violence en brandissant son sabre. Alors la cantinière au filet blanc s'avance, dit-on, en criant : « Pas de pitié pour les Versaillais ! ce sont des assassins. Pas de calotins ! pas de gendarmes ! » Et elle fait feu. Le signal était donné ; il y eut un second coup de feu, puis un autre, puis un autre, puis un semblant de feu de peloton, mais mal nourri. Les femmes, montées en foule sur le mur d'enceinte, dont elles brisèrent une partie des tuiles, acclamaient les meurtriers et insultaient aux victimes.

Il y eut cinq décharges successives, mais toutes mal nourries : les uns tiraient avec des revolvers, d'autres avec des fusils (1).

Les derniers eurent la douleur d'assister aux convulsions et à l'agonie de leurs devanciers dans la mort. Quelques-uns étaient couverts du sang de leurs compagnons avant d'entrer dans le terrain.

Cette hideuse tuerie dura plus d'un quart d'heure. Un seul fait de révolte, mais de révolte sublime, a été révélé par l'instruction. Des témoins ont rapporté qu'au moment où un jeune homme, dans toute la force de l'âge, le maréchal de logis Geanty, de la garde de Paris, présentait sa poitrine au fusil d'un marin fédéré qui le visait, un vieux prêtre ne put contenir son indignation ; il repoussa l'assassin et se

(1) Déposition de M. Raymond.

plaça devant la victime. Cet admirable dévouement ne produisit qu'un redoublement de fureur, et la foule s'acharna sur le corps du pauvre et bon vieux prêtre. Quand le dernier otage fut tombé, la foule fit encore pleuvoir une grêle de balles sur les 47 cadavres. Ce ne fut pas tout : après les feux d'ensemble, on vit trois officiers et deux fédérés, plus une femme, marcher en trépignant sur ces corps palpitants, d'où le sang jaillissait encore. L'une de ces furies, la cantinière Marie, s'écriait : « Je lui ai f... ma main dans la gueule pour lui arracher la langue ! » Quand ces misérables croyaient apercevoir une suprême convulsion, ils frappaient à coups de revolver ou à coups de sabre.

Le lendemain du massacre, des hommes, armés de couteaux de boucherie, ont ouvert, en les lacérant, les vêtements des victimes pour les dépouiller de ce qu'elles pouvaient avoir gardé sur elles ; après quoi, ces hommes ont jeté tous les cadavres dans un souterrain se trouvant au-dessous du lieu même du massacre.

C'est de là que ces cadavres ont été retirés le 29 et qu'on en a constaté 47. L'un d'eux portait les traces de 67 coups de feu à lui seul.

O sinistres horreurs de la nature humaine ! brutalités hideuses de cet être fait pour aimer, pourtant, et pour être aimé : l'homme. Il y a des appétits de tigre dans certaines créatures, et ces scènes sont faites pour navrer à jamais (1).

M. Lissagaray affirme que la Commune n'avait jamais ordonné une telle tuerie. Un membre de la Commune, qu'il ne nomme point, aurait même essayé d'arracher les otages à la mort. Un garde murmurant lui répondit : « Si tu n'es pas content, nous allons te régler ton affaire, à toi aussi ! — Les détonations retentirent, ajoute M. Lissagaray, témoin presque oculaire. Séparés à peine par une mince cloison, nous entendîmes, pendant *huit mortelles minutes*, les feux de peloton et les coups isolés ! Par intervalles, le feu cessait quelques secondes, puis reprenait ; on avait rechargé les armes. Pâles, accoudés autour d'une table, les mains aux oreilles, essayant d'étouffer le son, les yeux fermés, nous dûmes tout subir. A la fin, des applaudissements se firent entendre au dehors : ils nous brisèrent le cœur encore plus que la fusillade. Combien de nous auraient joyeusement donné leur vie pour épargner cette souillure à la défense ! »

(1) Ont été condamnés pour ce massacre : François, à la peine de mort ; Ramain, quinze ans de travaux forcés ; Bénot, mort ; Demoulins, travaux forcés à perpétuité ; Piat, déportation dans une enceinte fortifiée ; Aubry, Trouvé, Racine, anciens soldats, mort ; Dalivous, mort ; de Saint-Omer, mort ; Amary, travaux forcés à perpétuité ; Barthélemy, déportation enceinte fortifiée ; Colnet, idem ; Croizat, vingt ans de réclusion ; Danvillé, Hémon, Montgars, déportation simple ; Raymond, Rigaud, Hamou, Broussat, Gaude, travaux forcés à perpétuité ; Bruchon, vingt ans de travaux forcés.

Il fallait la donner. On peut toujours mourir.

Tout ce qu'il y a d'honnête dans l'être humain se révolte à ces meurtres, œuvres d'une foule en furie.

Et comme on comprend le découragement, l'amertume, le désenchantement de Louvet, poursuivi par la réaction lâche après avoir failli mourir sous le couperet des terroristes; comme on comprend ces paroles suprêmes de cet homme mourant, lui qui s'applaudissait de finir avant la *République* (5 août 1797) :

« Puisque, même en un pays que je croyais prêt à se régénérer, les gens de bien sont si lâches et les méchants si furieux, il est clair que toute agrégation d'hommes improprement appelée *peuple* par des insensés tels que moi, n'est réellement qu'un imbécile troupeau, trop heureux de ramper sous un maître. »

D'autres victimes étaient tombées, le 26 mai, à la Roquette : le P. Olivaint, le P. Caubert, le banquier marron Jecker ; le 27 mai : Monseigneur Surat, M. Bécourt, curé de Notre-Dame de Bonne-Nouvelle, tués sur les barricades du faubourg Saint-Antoine. « *Grâce!* criait monseigneur Surat. — En voilà une *grasse*, répondit une grosse femme en lui brûlant la cervelle. » Un missionnaire, le P. Perny, témoin de ces carnages, a écrit que jamais, chez les sauvages, il n'avait vu déchaînement pareil de furie. M. Clémenceau, parlant de la foule entourant Clément Thomas, avait dit déjà qu'on l'eût prise pour une meute de fous agités. Le témoignage du prêtre et celui de l'homme de science s'accordent pour peindre et pour flétrir ces criminels.

Les soldats étaient exaltés, secoués par la plus violente colère. Ils ne voulaient plus faire de quartier. Les marins, dit M. Lissagaray, furent particulièrement *féroces*. La vérité est qu'ils se dévouèrent avec une intrépidité superbe. L'incendie des monuments avait exaspéré l'armée. Les soldats croyaient qu'on avait préparé contre eux des boissons vénéneuses. Ils frappaient en aveugles.

« Le fait saillant, a dit le capitaine Garcin (1), était que quand on enlevait en bloc une troupe, ce qu'il y avait de plus mauvais, c'étaient les enfants; ils étaient impitoyables, ils tiraient au moment où on venait les prendre, ils avaient des armes cachées. Il y a de ces petits misérables qui ont tiré à bout portant sur les officiers..... Ces enfants étaient de treize, quatorze, seize et dix-huit ans. »

Les faibles, femmes, enfants, vieillards, sont toujours les plus redoutables. Boulevard Puebla, sur une barricade, des femmes battaient des mains, joyeuses, criant: « Bravo ! les palais brûlent ! »

Hélas ! tout cela fut durement puni. Le sang appelait du sang. La justice sommaire et les cours martiales frappèrent sans pitié. On vit alors où peut conduire la peur. Chacun dénonça ou livra.

« On éprouva, disait Plutarque, dans cette occasion, que la fidélité aux liens de l'hospitalité et de l'amitié résiste rarement à la mauvaise fortune, car on vit peu de personnes ne pas dénoncer ceux qui étaient venus leur demander asile (1). »

Tristes souvenirs et qui seraient ineffaçables, si l'eau du ciel, qui lave les pavés rougis, n'emportait point ces taches comme le vent emporte ces souvenirs !

Velléius Paterculus raconte que les proscrits d'Octave, Antoine et Lépide furent pleurés de leurs femmes, de leurs affranchis, de leurs esclaves même. « Mais, ajoute-t-il, leurs enfants les oublièrent, *tant les hommes souffrent avec peine le retardement de leurs espérances.* » Et c'est ainsi que le progrès marche, en dépit de ces haltes barbares, ne s'occupant que de l'avenir et rejetant, avec le temps, comme trop lourd, son bagage de haines. S'il n'en était pas ainsi, le monde durerait-il huit jours ?

La lutte n'était point finie cependant. Les pièces de marine, installées à Montmartre, tiraient maintenant sur les Buttes-Chaumont et le Père-Lachaise qu'elles canonnaient furieusement. Les fédérés réfugiés sur ces deux points faisaient rage, ainsi que le prouve cet ordre du général Eudes :

« RÉPUBLIQUE FRANÇAISE.

« *Commune de Paris. — Comité de salut public.*

« Paris, le ... 1871.

« Tire sur la Bourse, la Banque, les Postes, la place des Victoires, la place Vendôme, le jardin des Tuileries, la caserne Babylone. Nous laissons l'Hôtel de ville sous le commandement de Pindy, et la guerre et le Comité de salut public, ainsi que les membres de la Commune présents, se transportent à la mairie du onzième, où nous nous établissons. C'est là désormais que nous allons organiser la défense des quartiers populaires.

« Nous t'enverrons de l'artillerie et des munitions du parc Basfroi.

« Nous tiendrons jusqu'au bout et quand même.

« EUDES. »

Après s'être emparé, pendant la journée du 27, avec la division Grenier, de l'abattoir, ainsi que du marché aux bestiaux de la Villette, et avec la division Montaudon, de la grosse barricade armée d'artillerie qui se trouvait au rond-point du boulevard de la Villette, le général Ladmirault allait faire enlever, le soir, par ses troupes, les Buttes-

---

(1) *Enquête officielle sur le 18 mars.*

(1) Il devait y avoir, dans les quinze jours qui suivirent l'entrée des troupes 175,000 dénonciations envoyées à la préfecture de police, — 175,000 !

DOMBROWSKI. — FÉLIX PYAT.
CLUSERET. — DELESCLUZE.

Chaumont et les hauteurs de Belleville, où se trouvaient des batteries qui, pendant trois heures, avaient bombardé Paris, tirant au hasard dans les rues, effondrant les toits de leurs obus.

De son côté, le général Vinoy, dont les troupes tenaient le matin la rue du Faubourg-Saint-Antoine et le cours de Vincennes, allait s'emparer du cimetière du Père-Lachaise et de la mairie du vingtième arrondissement, enlevés par des bataillons de fusiliers marins.

La mairie de Belleville était minée. Avant de partir, en voiture, attelée d'avance, Ranvier s'était écrié : « Mettez le feu à la mèche ! » Une minute avant, il disait : « Tirez dans le tas ! »

Le général Clinchant et le général Douay gardaient le cours du canal Saint-Martin et la ligne des boulevards depuis la caserne du Prince-Eugène jusqu'à la Bastille.

Ce qui restait de l'insurrection était enveloppé de toutes parts, et toute résistance devait cesser le lendemain.

Les stoïciens définissaient le courage : la vertu combattant pour l'équité. Il y eut pourtant, dans ce Père-Lachaise, une lutte héroïquement affreuse. Sous la pluie, on se battit, à l'arme blanche, à travers les tombes. Les fusiliers marins poursuivaient dans les caveaux les communalistes qui avaient encloué leurs canons. On voyait, deux jours après encore, sur les caveaux de pierre, des traces de mains noircies de poudre essuyées là, et, parmi les

ASSI. — PASCHAL GROUSSET. — COURBET. — J. VALLÈS.

fosses mortuaires, des tas d'armes brisées et de bouteilles vides. Ces combats corps à corps dans ce cimetière, ces égorgements auprès des morts, cette furie dans la ville morte sont un des épisodes les plus étranges de cette formidable semaine.

Le dernier soupir de la Commune allait être rendu dans les carrières d'Amérique où, chose terrible, on vit les vaincus s'égorger eux-mêmes, pris de colère et de folie. M. Lissagaray écrit qu'ils s'entretuèrent ainsi et se fusillèrent avec une telle rage *pour échapper aux prétoriens*.

Ce même jour, le maréchal de Mac-Mahon adressait cette courte proclamation aux Parisiens :

« Habitants de Paris,

« L'armée de la France est venue vous sauver.

— Paris est délivré. — Nos soldats ont enlevé, à quatre heures, les dernières positions occupées par les insurgés.

« Aujourd'hui, la lutte est terminée ; l'ordre, le travail et la sécurité vont renaître.

« Au quartier général, le 28 mai 1871.

« *Le maréchal de France, commandant en chef,*

« DE MAC-MAHON, DUC DE MAGENTA. »

Quelques jours auparavant, l'Assemblée nationale avait adopté la résolution suivante :

« L'Assemblée nationale déclare que les armées de terre et de mer, que le chef du pouvoir exécutif de la République française ont bien mérité de la patrie.

« Délibéré en séance publique à Versailles, le 22 mai 1871.

« *Le président,*

« *Signé :* JULES GRÉVY.

« *Les secrétaires,*

« *Signé :* PAUL BETHMONT, PAUL DE RÉMUSAT, BARON DE BARANTE, MARQUIS DE CASTELLANE. »

Arrêtons-nous dans ce drame et cette épouvante. Aussi bien, on ressent profondément, après avoir raconté ces journées affreuses qui navrent et qui troublent, l'âpre besoin de revenir aux choses saines et sévères, et de se rafraîchir, après cette orgie, à la neige blanche de la raison et du droit. Et que prouvent toutes ces fureurs, toutes ces rages, tous ces massacres, sinon que la pitié, la liberté, le patriotisme, le bon sens, l'humble et solide vérité, sont immuables, profanés en vain, toujours retrouvés au lendemain des grandes crises, et toujours plus beaux et plus forts? Toutes ces vertus, qui furent et qui sont des vertus françaises, semblent d'autant plus belles, qu'elles ont un moment disparu, comme la maison natale et le coin de la table de famille paraissent plus chers et plus aimés, parce qu'on vient de les quitter. Oui, c'est maintenant aux banalités généreuses et fortifiantes, aux vérités de tous les jours, à l'honnêteté, au travail, à la dignité sévère dans la vie, à l'étude patiente, aux longs efforts, aux viriles pensées, qu'il nous faut revenir pour nous retremper, nous fortifier, oublier ces affreux souvenirs, et reprendre ou plutôt garder notre rang dans le monde. Ce ne sera pas un mince service que nous auront rendu ces épileptiques, ces possédés et ces fous, s'ils nous ont appris que le désordre dans la pensée, l'excès dans les idées, l'incessante recherche du bruit et du succès, cette fièvre d'Érostrate que flétrissait Saint-Just, amènent cet air malsain de l'esprit où, voilée par la passion et par l'orgueil, la conscience aveuglée descend d'échelon en échelon jusqu'à la dégradation et jusqu'au crime. De telles épreuves sont salubres si les nations en savent profiter, si elles savent demeurer fidèles à ce qui fut leur culte et à ce qui sera leur salut, si, résistant à toutes les terreurs, mères des réactions, elles s'appuient, comme sur un solide rempart, sur la liberté, qui fait les peuples grands au point de vue politique, et sur l'honneur, qui leur donne la force au point de vue moral. Que ces tempêtes, ces épouvantables bourrasques, n'emportent pas notre drapeau déchiré. Il apparaît, au premier soleil, plus rayonnant et plus fier, et après avoir assisté au déchaînement hideux des ambitions et des appétits, au choc révoltant des haines et des laideurs, on n'en aime que mieux la vérité, le beau, le bien, tout ce qui élève l'âme, fait passer en notre être le frisson d'enthousiasme pour les belles actions et les belles œuvres, comme, à la vue de ces brasiers qui dévoraient le cœur même de Paris. — l'Hôtel de ville, où, vivantes, avaient passé l'histoire et l'âme de la patrie, — on sentait que, dans cet écroulement affreux, le souvenir des aïeux nous restait encore avec leurs pensées, avec leur image, avec leur exemple de dévouement et de sacrifice à la France et à la liberté!

DOCUMENTS COMPLÉMENTAIRES DU CHAPITRE VII

N° 1.

PROCLAMATION DU *Paris libre.*

Citoyens,

Les Versaillais doivent comprendre, à l'heure qu'il est, que Paris est aussi fort aujourd'hui qu'hier.

Malgré les obus qu'ils font pleuvoir jusqu'à la porte Saint-Denis sur une population inoffensive, Paris est debout, couvert de barricades et de combattants !

Loin de répandre la terreur, leurs obus ne font qu'exciter davantage la colère et le courage des Parisiens !

Paris se bat avec l'énergie des grands jours !

Malgré tous les efforts désespérés de l'ennemi, depuis hier il n'a pu gagner un pouce de terrain.

Partout il est tenu en échec ; partout où il ose se montrer, nos canons et nos mitrailleuses sèment la mort dans ses rangs.

Le peuple, surpris un instant par la trahison, s'est retrouvé ; les défenseurs du droit se sont comptés, et c'est en jurant de vaincre ou de mourir pour la République qu'ils sont descendus en masse aux barricades.

Versailles a juré d'égorger la République : Paris a juré de la sauver !

Non ! un nouveau 2 décembre n'est plus possible, car, fort de l'expérience du passé, le peuple préfère la mort à la servitude.

Que les hommes de septembre sachent bien ceci : le peuple se souvient. Il a assez des traîtres et des lâches qui, par leurs défections honteuses, ont livré la France à l'étranger.

Déjà les soldats, nos frères, reculent devant le crime qu'on veut leur faire commettre.

Un grand nombre d'entre eux sont passés dans nos rangs.

Leurs camarades vont suivre en foule leur exemple.

L'armée de Thiers se trouvera réduite à ses gendarmes. — Nous savons ce que veulent ces hommes et pourquoi ils combattent.

Entre eux et nous, il y a un abîme !

AUX ARMES !

Du courage, citoyens; un suprême effort, et la victoire est à nous !

Tout pour la République !
Tout pour la Commune !

(La rédaction de *Paris-libre*.)

N° 2.

APPEL AUX FEMMES.

Au moment où la lutte suprême s'engageait dans les derniers arrondissements restés au pouvoir de l'insurrection, celle qui, nous ne savons par quelles inconcevables horreurs, avait encouru le droit d'emboucher le cor et de sonner l'hallali à la meute écumeuse et bondissante, s'exprimait ainsi dans un document qui a survécu pour l'édification des générations à venir :

« Rassemblez TOUTES LES FEMMES et le COMITÉ lui-même, et venez immédiatement pour ALLER AUX BARRICADES.

« Citoyenne E. DMITRI,
« Au Comité du onzième arrondissement. »

N° 3.

Le citoyen Millière, à la tête de 150 fuséens, incendiera les maisons suspectes et les monuments publics de la rive gauche.

Le citoyen Dereure, avec 100 fuséens, est chargé du 1ᵉʳ et du 2ᵉ arrondissement.

Le citoyen Billioray, avec 100 hommes, est chargé des 9ᵉ, 10ᵉ et 20ᵉ arrondissements.

Le citoyen Vésinier, avec 50 hommes, est chargé spécialement des boulevards, de la Madeleine à la Bastille.

Ces citoyens devront s'entendre avec les chefs de barricades pour assurer l'exécution de ces ordres.

Paris, 3 prairial an 79.

DELESCLUZE, RÉGÈRE, RANVIER,
JOHANNARD, VÉSINIER, BRUNEL,
DOMBROWSKI.

N° 4.

AU CITOYEN GÉNÉRAL DOMBROWSKI.

Citoyen,

J'apprends que les ordres donnés pour la construction des barricades sont contradictoires.

Veillez à ce que ce fait ne se reproduise plus.

Faites sauter ou incendier les maisons qui gênent votre système de défense. Les barricades ne doivent pas être attaquables par les maisons.

Les défenseurs de la Commune ne doivent manquer de rien ; donnez aux nécessiteux les effets que contiendront les maisons à démolir.

Faites d'ailleurs toutes les réquisitions nécessaires.

Paris, 2 prairial an 79.

DELESCLUZE, A. BILLIORAY.

P. O. *Le colonel d'état-major*,

LAMBRON.

CHAPITRE VIII

LE LENDEMAIN DE LA VICTOIRE

Aspect de Paris. — Les morts. — Les prisonniers. — Paris est divisé en quatre grands commandements militaires. — Proclamation du maréchal Mac-Mahon à l'armée. — Après l'incendie. — Les ruines. — La place de la Concorde. — La rue Royale. — Le ministère des finances. — Le théâtre de la Porte-Saint-Martin. — Le Grenier d'abondance. — La place de la Bastille. — La rue de la Roquette. — Les docks de la Villette. — La colonne Vendôme. — Les Tuileries. — L'Hôtel de ville. — Le gouvernement demande l'extradition des partisans de la Commune réfugiés en pays étrangers. — Diverses réponses des gouvernements. — Victor Hugo et le gouvernement belge. — Les arrestations et les perquisitions à Paris. — Jourde, Paschal Grousset, Ferré, Rossel. — Les prisonniers à Versailles. — L'action des bonapartistes dans la Commune. — Opinion de Martin Bernard, de Mazzini et de Rossel sur la Commune. — Les théories communistes : Félix Pyat, Tony Moilin. — Les conseils de guerre. — Attitude des principaux accusés. — Les condamnations. — Exécution de Rossel, de Ferré et de Bourgeois. — Attitude des réfugiés de la Commune à l'étranger. — Leurs publications. — Congrès de Lausanne. — L'Internationale. — La République et la Commune. — DOCUMENTS COMPLÉMENTAIRES.

Après les épouvantables épreuves qu'il venait de subir, Paris garda, durant plusieurs mois, un aspect inoubliable pour ceux qui l'ont vu dans sa morne tristesse et dans sa ruine. Il fumait encore. Des flammes se dégageaient de partout. De sinistres colonnes de fumée montaient, lugubres, dans le ciel de mai. Les traces de la lutte, les barricades, existaient encore à la fin de ce mois de meurtre. On apercevait, en tas, les armes brisées, les vêtements déchirés et sanglants, les tambours crevés, les képis souillés de boue et de sang. De place en place, des fosses nouvellement creusées répandaient une suffocante odeur de cadavres. Des membres à demi rongés passaient parfois et sortaient de terre. Les soldats campaient sur un charnier. L'armée avait perdu, dans la lutte, près de sept mille hommes, et on comptait que les fédérés avaient eu plus de quatorze mille morts. A toutes les fenêtres flottaient des drapeaux tricolores, toutes les ouvertures des caves étaient bouchées. Paris n'était point encore réveillé de sa terreur. Parfois des colonnes de prisonniers traversaient la ville entre deux rangées de soldats. Des tapissières emportaient les blessés. Le soir, des patrouilles parcouraient les rues presque aussi sombres et plus désertes qu'au temps du premier siège. La ville de Paris était divisée en quatre grands commandements militaires, savoir :

1° Celui de l'Est, comprenant les 11°, 19° 12° et 20° arrondissements, sous les ordres du général Vinoy, commandant l'armée de réserve, quartier général au couvent de Picpus.

2° Celui du Nord-Ouest, comprenant les 8°, 9°, 10°, 16°, 17° et 18° arrondissements, sous les ordres du général Ladmirault, commandant le 1er corps d'armée, quartier général à l'Élysée ;

3° Celui du Sud, comprenant toute la rive gauche, c'est-à-dire les 5°, 6°, 7°, 13°, 14° et 15° arrondissements, sous les ordres du général de Cissey, commandant le 2° corps d'armée, quartier général au Petit-Luxembourg ;

4° Celui du Centre, comprenant les 1er, 2°, 3° et 4° arrondissements, sous les ordres du général Douay, commandant le 4° corps, quartier général place Vendôme.

Conformément à l'article 7 de la loi de 1849 sur l'état de siége, tous les pouvoirs dont l'autorité civile était revêtue pour le maintien de l'ordre et la police, passaient tout entiers à l'autorité militaire.

La censure des représentations théâtrales appartenait même à l'état-major général.

Le commandant en chef de l'armée de Versailles, devenue l'armée de Paris, adressait alors à ses soldats la proclamation suivante :

« Soldats et marins !

« Votre courage et votre dévouement ont triomphé de tous les obstacles. Après un siége de deux mois, après une lutte de huit jours dans les rues,

M. GRÉVY.

Paris est enfin délivré. En l'arrachant aux mains des misérables qui avaient projeté de le réduire en cendres, vous l'avez préservé d'une ruine complète, vous l'avez rendu à la France.

« Soldats et marins !

« Le pays tout entier applaudit au succès de vos patriotiques efforts, et l'Assemblée nationale, qui le représente, vous a accordé la récompense la plus digne de vous.

« Elle a déclaré par un vote unanime que les armées de terre et de mer ont bien mérité de la patrie.

« Au quartier général à Paris, le 28 mai 1871.

« *Le maréchal de France, commandant en chef,*

« DE MAC-MAHON. »

On éprouvait, à suivre la trace de la guerre civile dans Paris, une impression navrante. La place de la Concorde, aux fontaines à demi renversées, aux balustrades broyées par les obus, était pleine encore de débris de chiffons multicolores, détritus des barricades de la rue Royale. La statue de la ville de Lille avait été décapitée. Rue Royale, les maisons brûlaient encore. Le ministère des finances apparaissait, dans sa ruine, comme un antique monument, un Colisée aux proportions moindres. Le théâtre de la Porte-Saint-Martin, l'Arsenal, le Grenier d'abondance, les Docks de la Villette, n'étaient plus que des ruines fumantes d'où s'exhalaient des odeurs qui prenaient à la gorge. La colonne de Juillet, criblée de boulets, s'était vue menacée ; des tonneaux de pétrole, poussés sur le pont du canal, bleuissaient l'eau et lui donnaient des reflets étranges. L'entrée de la rue de la Roquette offrait un spectacle effrayant; ces maisons ruinées, lézardées, effondrées, laissaient apercevoir des lambeaux de mobiliers, des ustensiles de ménage, accrochés aux murs à demi écroulés. La colonne Vendôme gisait, brisée, sur son lit de fumier.

La Commune n'avait laissé que le squelette des Tuileries. Immense, désolée, rougie ou noircie par la flamme, la carcasse superbe encore du monument apparaissait dans sa grandeur et dans sa ruine. Mais ne semble-t-il pas aujourd'hui que l'incendie ait donné à l'extérieur du palais un peu de cette majesté silencieuse que prennent les débris du passé ? Lorsque, en entrant par la place du Carrousel, on s'arrête devant ces bâtiments rongés et déchiquetés par le feu, on ne peut se défendre d'une impression profonde de tristesse respectueuse, où se mêle la colère. Toute œuvre d'art est sacrée, elle devrait être hors d'atteinte lorsque se mêlent, à sa beauté, la puissance de l'histoire et la poésie du passé !

Ceux qui ont vu les Tuileries par les nuits d'hiver, à l'heure où s'allumaient, dans les salles emplies de musique et de danses, les lustres étincelants des bals ; ceux qui ont aperçu, en traversant la place du Carrousel, ces fenêtres rougies par le feu des bougies et où, sur les vitres, se détachaient les ombres des invités et les groupes des valseurs, hochent la tête devant ces murailles calcinées et ces ouvertures béantes où plus rien n'est resté de ce qui fut le luxe d'autrefois. Seule, l'horloge, muette, arrêtée à la minute exacte où l'incendie l'a touchée à son tour, marque l'heure à laquelle tout a été fini, et où s'est écroulé le palais des rois sous les coups de l'orgie des prolétaires. Neuf heures moins dix minutes, l'aiguille n'a pas été plus loin. Elle est demeurée là, comme le cœur du monument qui aurait cessé de battre.

A l'extérieur, le spectacle est imposant. Le désastre semble avoir matériellement agrandi le palais. L'air se joue dans ses murs écroulés, le ciel apparaît à travers ses brèches sinistres. A l'intérieur, l'impression est toute contraire. On est étonné de trouver si petit ce qu'on avait cru si grand. Le pavillon central, dont la toiture a complètement disparu, ressemble à une ruine séculaire; les colonnes rongées prennent des colorations roses ou grisâtres, comme si le soleil cru ou la vétusté les avaient caressées et estompées tour à tour. Rien ne reste que des écroulements lugubres. Des statues se tiennent dans leurs niches, les pieds ou les bras brisés, comme des soldats après la bataille! Un demi-dieu manchot fait face à quelque muse décapitée. C'était là le vestibule du palais; en haut, au premier étage, la salle des Maréchaux étalait ses pompes et ses dorures. On y arrivait par cet escalier de pierre, écroulé maintenant, et dont quelques marches se tiennent debout comme par un paradoxe d'équilibre instable. En levant les yeux vers cette salle, on aperçoit quelques pans de murailles à demi consumées, des lambeaux de décorations, des tronçons de cariatides dorées, copiées sur celles de Jean Goujon qu'on voit au Louvre, la place où étaient encadrés les portraits des généraux de l'empire, les restes des trophées d'armes de Hubert. Et, comme par une ironie suprême, on peut lire dans des cartouches d'or, entourés encore de casques, de carquois ou de glaives, des noms de victoires, qui produisent ici je ne sais quelle funèbre antithèse : en se tournant vers le Carrousel : *Austerlitz*, *Marengo* ; en regardant du côté du pavillon de Flore, *la Moskowa*, puis ce nom vengeur que la flamme a laissé sur ces murailles comme une consolation rétrospective et comme un espoir : *Iéna*.

La salle des Maréchaux, où l'on causait, passait, intriguait, souriait, où circulaient sur la balustrade, autour du lustre immense, les invités et les curieux; la galerie des fêtes, longue et superbe, avec ses peintures, ses statues, ses candélabres et ses torchères; la salle du trône tapissée de Gobelins, le salon de la Paix, la salle du conseil, majestueuse et sévère comme un palais de Louis XIV, tout est détruit, effondré, méconnaissable. Cela est superbe, à coup sûr, dans sa dévastation. La flamme a donné aux dorures restées là je ne sais quel reflet bronzé qui s'harmonise avec la teinte rose ou sombre des murailles. On croirait, en traversant ces salles écroulées, en allant d'une aile à l'autre du palais, à travers ou sur les poutres qui chancellent, on croirait errer dans quelque ruine du temps passé, à travers Heidelberg incendié, ou plutôt, car cette dentelure en plein soleil pastiche noblement l'antiquité, on croirait visiter Pompéï, la désolée, blanche, droite et fière sous le ciel italien.

Que de pertes à la fois ! Ces portraits de maréchaux, celui de Berthier, admirable comme le meilleur des portraits de David, les vases de Sèvres, les tentures, les quatre bustes d'empereurs de la décadence qui semblaient froncer le sourcil aux portes des salons du dernier empire, Othon, Néron, Tibère, Vespasien, debout sur leur socle de marbre rouge, rien n'existe plus. Les torchères tordues pendent aux murailles. Les décorations, au moindre vent, tombent piteusement.

La *chapelle* n'est plus qu'un tombeau vide, dont les colonnes seules sont restées debout. Le *théâtre* a disparu. La place seule de la scène se dessine encore contre la muraille mise à nu. Tout ce qui fût le luxe et la beauté de ce palais gît à terre, à l'état de fragments de verre, de porcelaine, de marbre ou de bronze que les photographes qui prennent le vues des ruines ou les curieux qui les visitent fouillent pour emporter *un souvenir*.

Et, comme une ironie, comme un défi à l'incendie, au milieu du palais ruiné, le grand escalier qui mène à la salle des fêtes reste encore intact, tel qu'autrefois, avec ses deux statues de marbre représentant des femmes assises et qui, songeuses, semblent les maîtresses pétrifiées de ce lieu calciné. Puis, à travers les brèches faites par le feu, l'odeur des orangers et des fleurs du jardin arrive, mêlant son parfum à cette odeur sinistre des ruines, odeur de brûlé, de plâtre, de pétrole, odeur de cadavre des monuments.

Ainsi devaient finir, dans un effondrement atroce, les Tuileries ! En quelques heures, cet amas de pierres devait être supprimé, effacé, défiguré tout au moins, par des criminels ! C'était le palais des rois, mais c'était aussi le palais du peuple. A l'endroit où est le théâtre, dans la galerie des machines, la Convention avait siégé. On y avait applaudi à Valmy, à Jemmapes, à Fleurus. On y délibérait sous les drapeaux déchirés enlevés à l'Allemagne. Plus tard, durant le siége, les malades et les blessés avaient trouvé là un asile. Beaucoup y avaient rendu le dernier soupir, de ceux qui mouraient à Paris pour la France. Le palais était devenu une infirmerie. On ne devait s'en souvenir. Ils ont tout brûlé, tout ce qui avait vu la naissance d'un roi ou l'agonie des soldats et des braves.

Un passant qui visitait ces ruines, en se penchant, aperçut un jour des caractères tracés sur un fragment de marbre. C'était un débris de quelque frise ou de quelque médaillon tombé du palais. Quant à l'inscription, elle était facile à lire, et elle était terrible ainsi lue, en un tel lieu, et sur un tel débris : *Empire, c'est...*

Le reste était brisé. Mais la réalité achève la phrase. *L'Empire, c'est la paix*, dit le marbre. Et l'écho de ce lieu de mort semble répondre : *l'Empire, c'est la ruine*.

S'il existait un monument que la rage des destructeurs dût épargner, c'était l'Hôtel de ville, le cœur même de la cité parisienne, le monument en quelque sorte sacré où, glorieuse et tourmentée, avait défilé notre histoire.

L'Hôtel de ville, en effet, n'était pas seulement une merveille artistique, une des élégances les plus pures de la Renaissance, c'était aussi une sorte de temple où revivaient, tout palpitants encore, des souvenirs, et où revenaient, en quelque sorte, des ombres. Tout le passé de la grande ville semblait être enfermé là. Toutes ses fièvres, toutes ses grandeurs, tous ses héroïsmes, toutes ses misères semblaient s'y entasser et s'y coudoyer. On eût dit que, dans ces longs couloirs, parfois l'ombre de quelque prévôt des marchands y saluait le fantôme d'un frondeur ou d'un membre de la première Commune. Chaque coin du monument avait sa légende, chaque pièce évoquait une tradition, une chronique, une date, et l'on ne sait ce qu'il faut regretter le plus, ou de ce grandiose nid à souvenirs, ou de ce chef-d'œuvre d'un art inimitable et charmant.

Ruiné, incendié et dévasté, l'Hôtel de ville reste du moins la plus superbe des ruines parisiennes. Son harmonie primitive a fait place à un pittoresque et funèbre désordre qui serre le cœur, tout en offrant aux yeux un de ces spectacles horriblement beaux que gardent de tels écroulements. La masse de l'édifice est percée à jour, léchée et rongée par la flamme. Les pavillons de droite et de gauche laissent pénétrer par les plaies béantes des fenêtres le soleil, qui éclaire en pleine lumière les monceaux de détritus, la poussière et les plâtras, et qui se joue dans les ouvertures, dans les brèches et les lézardes de l'incendie. Les lignes brisées de l'édifice semblent découpées et déchiquetées par un caprice bizarre et cruel. Les figures qui entourent le cadran d'horloge, que nous avons tant de fois vu allumé durant la nuit comme un œil de cyclope au fronton du monument, ont été décapitées et cassées à mi-corps. Le campanile, où, pendant les soirées de bombardement, lors du premier siège, on montait pour interroger les lueurs sinistres des batteries à l'horizon, ce campanile élégant s'est écroulé, s'est abîmé dans les flammes. Plus rien ne reste de lui ! Il faut tout un travail d'imagination pour le retrouver, tel qu'il était, droit et fier, s'élançant au-dessus de la ligne correcte des toits. Maintenant, seules, les hautes cheminées se dressent avec leurs lignes sévères et tristes au-dessus du squelette du monument et de l'amoncellement des ruines.

La Commune avait fait enlever de la porte du milieu la statue de bronze d'Henri IV. Le profil déformé de la statue se dessine encore sur la muraille, découpé comme une ombre chinoise. Une plaque de marbre noir, où se déchiffrent des lettres étranges, gravées verticalement, était placée sous la statue du Béarnais. Les statues de grands hommes qui, debout dans leurs niches, formaient le long de l'Hôtel de ville comme l'aréopage défunt et immortel de la cité, ont eu leur part dans la catastrophe. Déjà blessées par les balles au 22 janvier, elles sont ou tombées ou brisées à demi dans la terrible nuit de mai. Juvénal des Ursins a été coupé en deux comme par un boulet. D'autres montrent leurs bras devenus des moignons, leurs jambes broyées, leur torse criblé. Côte à côte, Pierre Lescot et Jean Goujon, ces deux ouvriers sublimes, semblent défier le sort et la barbarie, leur maillet, leurs outils d'artistique travail à la main.

C'est cependant par cette porte du milieu que, tant de fois, poussé par des courroux divers, s'est précipité le flot populaire ! C'est du haut de ce

PLAN DE PARIS, AVEC L'INDICATION DES MONUMENTS INCENDIÉS ET DES QUARTIERS BOMBARDÉS

perron qu'ont été tour à tour acclamés tous les gouvernements de France ! Les frondeurs, aux jours des mazarinades, ont passé par cette porte, hurlant et chantant. Les vainqueurs de la Bastille y sont entrés, apportant les trophées arrachés à la noire citadelle. Au 10 août, au 9 thermidor, la Révolution y a roulé ses vagues formidables, sa mer de vainqueurs et de vaincus. C'est là que Lamartine a parlé : « Prenez garde, disait-il le 17 mars 1848, les 18 brumaire du peuple pourraient amener les 18 brumaire du despotisme ! » C'est là que Barbès, au 15 mai, est entré, croyant sauver la République. Tous les personnages qui ont contraint la renommée à garder leurs noms en ces dernières années, ont défilé sous cette voûte, et ouvert ou enfoncé cette porte pour entrer dans l'histoire.

Quelle ruine ! Et si ces pierres calcinées, rougies de tons de brique ou noircies par la flamme, pouvaient parler ! Ils ne comprenaient donc pas, ceux qui vouaient un tel monument à la destruction, qu'ils anéantissaient la tradition même, la pétrification superbe des idées et des espérances parisiennes ? Qu'était-ce que l'Hôtel de ville, sinon la maison commune, le *parloir du peuple* succédant au vieux *parloer aux bourgeois* du moyen âge ?

Jadis, au sixième siècle, le corps municipal de la cité parisienne était composé de ce qu'on nommait le « corps des négociants par eau, » les *nautes* défenseurs. Ville de matelots, créée au début, défendue au dénoûment par des marins, sous Clovis, ces conducteurs de barques régnaient et commandaient, représentaient tout le commerce. Puis le titre s'éteignit. Les *mercatores aquæ*, les *marchands d'eau de Paris* devinrent les citoyens, les bourgeois de Paris. Et leur confédération, la *hanse* de ces bourgeois donna naissance à la « compagnie française » qui devait instituer l'Hôtel de ville. Humble hôtel de ville tout d'abord, sorte de baraquement, une grande pièce où l'on délibérait sur les affaires publiques ; puis on se transporta sur la place de Grève, dans cette *Maison aux piliers* qui resta debout même après que Domenico Boccaredo, *Domenico da Cortone*, eut en 1549, sous Henri II, commencé l'édification du monument que 1871 a détruit. Qui ne reconnaissait, dans ces humbles et laborieux bourgeois du moyen âge, les vrais frères de la commune libre, la commune qui fonde, non celle qui détruit, la pacifique commune s'occupant du travail des citoyens, du négoce des marchands, des droits de tous ; et non la commune qui combat, qui lève les armées, contraint tout homme à prendre un fusil pour la guerre civile et attente à la liberté de l'individu autant qu'au droit de l'État ?

Dans ces ruines, tous les points de vue sont saisissants. La vue prise de l'escalier des fêtes sur la cour des bureaux est attristée comme Ninive. Puis, si l'on se détourne, on retrouve, au contraire, des ruines en quelque sorte attristantes. De ce côté, on aperçoit, se succédant l'une à l'autre, dans leur solitude, la *Salle des prévôts*, où l'on retrouve encore, à demi calcinées, rongées, pareilles à des têtes de mort décomposées, les faces graves de ces vieux et honnêtes prévôts des marchands qui tinrent les destinées de Paris.

On erre à travers ces ruines, pris d'une mélancolie qui croît à chaque pas. Au bout des galeries, de grandes glaces au tain à demi fondu, reflètent vaguement les perspectives de ces ruines, et donnent aux rares visiteurs l'aspect indécis et livide de fantômes. Pâle, d'une blancheur de marbre, Napoléon Ier, intact dans son médaillon, fait face à Mérovée, d'une galerie à l'autre, et ayant à ses côtés Hugues Capet qui regarde Charlemagne, tous quatre, de leurs grands yeux blancs sans prunelles, semblent contempler cet amas de ruines, que n'ont faites ni les Northmans, ni les Goths, ni les Avares, mais cette masse formidable devenue affolée, les prolétaires.

Ils regardent. Et l'on rêve.

On trouvera aux pièces justificatives, l'état officiel des pertes de l'art et de la science.

Une telle accumulation d'inutiles ruines devait amener fatalement une réprobation vigoureuse. En physique, l'action est égale à la réaction ; en politique, la réaction est le triple et souvent le cube de l'action. C'est ce qui a toujours fait le malheur de notre pays. A chaque faux pas, loin de se remettre en marche sans terreur vers le but poursuivi, il s'effraie et cherche le salut, — qu'il ne trouve jamais, — dans un mouvement en arrière. Pendant la lutte même, le ministre des affaires étrangères expédiait par le télégraphe l'instruction suivante aux représentants de la France à l'étranger :

« Versailles, le 26 mai 1871.

« Monsieur, l'œuvre abominable des scélérats qui succombent sous l'héroïque effort de notre armée ne peut être confondue avec un acte politique. Elle constitue une série de forfaits prévus et punis par les lois de tous les peuples civilisés. L'assassinat, le vol, l'incendie systématiquement ordonnés, préparés avec une infernale habileté, ne doivent permettre à leurs auteurs ni à leurs complices d'autre refuge que celui de l'expiation légale. Aucune nation ne peut les couvrir d'immunité, et sur le sol de toutes leur présence serait une honte et un péril. Si donc vous apprenez qu'un individu compromis dans l'attentat de Paris a franchi la frontière de la nation près de laquelle vous êtes accrédité, je vous invite à solliciter des autorités locales son arrestation immédiate et à m'en donner de suite avis pour que je régularise cette situation par une demande d'extradition.

« Recevez, monsieur, les assurances de ma haute considération,

« *Signé* : JULES FAVRE. »

Les gouvernements étrangers, et aussi les groupes indépendants, devaient diversement répondre à cette note officielle. La Suisse, l'Espagne, l'Italie et l'Amérique devaient cependant, tour à tour, adhérer à ces conclusions. L'Angleterre, fidèle à ses traditions, n'en tint pas compte. Elle recueillit les débris de la Commune comme elle avait accueilli l'homme de Chislehurst.

L'Assemblée fédérale républicaine de Madrid prenait en considération la motion suivante :

« En présence du manque de nouvelles de Paris, dont nous ne connaissons la situation que par l'intermédiaire du gouvernement de Versailles, et considérant que la « Commune de Paris mérite toute « l'approbation du parti républicain espagnol », on nommera un envoyé qui se rendra dans la capitale de la France et qui sera chargé de nous tenir au courant des événements et « d'exprimer à la « Commune les vives sympathies qu'elle inspire à « l'Assemblée fédérale espagnole. »

En revanche, la Belgique, mieux informée que l'Assemblée fédérale espagnole, traitait, par la bouche de M. Dumortier, les destructeurs de l'Hôtel de ville de vandales.

« Je me lève en proie à une émotion que vous partagez tous à la vue des désastres qui viennent de se produire à Paris, disait M. Dumortier.

« Je dois d'abord féliciter la presse belge d'avoir protesté avec la dernière énergie contre les abominations qui se commettent dans la capitale de la France.

« Ce n'est plus la guerre civile, c'est la dévastation de tous les monuments de Paris, de toutes les gloires des siècles, de l'histoire de l'humanité qui était réunie au Louvre.

« Jamais, depuis la destruction de Babylone, jamais, depuis l'invasion de Rome par les Visigoths, un pareil spectacle n'a épouvanté le monde, et on devait espérer que les progrès de la civilisation empêcheraient à jamais le retour d'un tel scandale. Mais, malheureusement il n'en est pas ainsi. Qu'a-t-on détruit à Paris? C'est le Louvre, c'est, je le répète, l'histoire de l'humanité (1). Le Louvre n'est pas un palais ; c'est un musée, c'est l'histoire de toutes les vieilles races humaines, de la race assyrienne, de la race ninivite, de la race égyptienne, de toutes ces anciennes dynasties dont l'histoire repose au Louvre, tous monuments qui nous éclairaient de leurs flambeaux, pour voir quelles ont été les premières destinées de l'humanité...

« La Belgique ne peut rester indifférente à de pareilles abominations. Je ne veux pas que le sol de la patrie soit foulé par ces hommes monstrueux qui ont commis de pareilles infamies. Nous sommes dans un pays de liberté. Mais ce pays ne doit pas être le refuge de tous les hommes de désordre, de tous les criminels, de tous les misérables qui se sont rendus coupables de pareilles atrocités. (Très-bien !)

« Je demande dès lors au gouvernement s'il est suffisamment armé pour empêcher que ces misérables ne viennent se fixer en Belgique, et s'il est armé d'une loi d'extradition qui permette que justice soit faite de leurs abominables iniquités, et s'il n'est pas armé des pouvoirs nécessaires, je l'invite à présenter d'urgence à la Chambre une loi qui lui fournisse les moyens de préserver l'honneur belge de ces misérables. (Marques d'approbation.) »

M. d'Anethan, ministre des affaires étrangères, répondit alors au député de Roulers :

« Messieurs, je m'associe pleinement aux sentiments d'indignation qu'inspirent à l'honorable M. Dumortier les scènes d'horreur et de dévastation qui viennent de se passer et qui se passent malheureusement encore dans Paris.

« Je puis donner à la Chambre l'assurance que le gouvernement saura remplir son devoir avec la plus grande fermeté et avec la plus grande vigilance ; il usera des pouvoirs dont il est armé pour empêcher l'invasion sur le sol de la Belgique de ces gens qui méritent à peine le nom d'hommes et qui devraient être mis au ban de toutes les nations civilisées. (Vive approbation sur tous les bancs.)

« Ce ne sont pas des réfugiés politiques ; nous ne devons pas les considérer comme tels.

« DES VOIX. Non ! non !

« M. D'ANETHAN, ministre des affaires étrangères. Ce sont des hommes que le crime a souillés et que le châtiment doit atteindre. (Nouvelles marques d'approbation.)

« Des mesures sont prises. La législation nous paraît suffisante, et je prie la Chambre de s'en rapporter, dans ces circonstances, à la sollicitude et au zèle du gouvernement pour assurer le repos et la tranquillité du pays. (Très-bien ! très-bien !) »

Nous n'avons rapporté cette discussion que parce qu'elle motiva, dès le lendemain, une lettre adressée par M. Victor Hugo, alors à Bruxelles, à l'*Indépendance belge*, et où le poëte protestait contre la déclaration du gouvernement belge. « Cet asile, que le gouvernement belge refuse aux vaincus, je l'offre, disait V. Hugo. Où ? En Belgique. Je fais à la Belgique cet honneur. J'offre l'asile à Bruxelles. J'offre l'asile place des Barricades, 4. » La lettre de V. Hugo causa dans Bruxelles une émotion qui donna lieu à une manifestation bruyante devant la maison de la place des Barricades. Une lettre, de M. Fr.-V. Hugo, qualifiée plus tard de *pur roman* par le bourguemestre de Bruxelles, M. Anspach, affirme que des menaces de mort furent proférées

---

(1) Le bruit courait alors en province et à l'étranger que non-seulement les Tuileries, mais encore le Louvre, étaient en feu.

par la foule. Le lendemain, le cabinet belge faisait signer par le roi une ordonnance décrétant l'expulsion de M. Victor Hugo du sol de la Belgique. Cinq députés seuls protestèrent contre cette mesure. M. Victor Hugo partit pour le Luxembourg (1).

Cependant, à Paris, les perquisitions, les recherches, les arrestations continuaient. La presse réactionnaire, celle qui se tourne sans cesse, comme eût dit M. de Morny, du côté du manche, se souillait quotidiennement par des dénonciations qui soulevaient le cœur de ceux-là mêmes qui avaient gémi de voir la Commune gouvernée par les gens que nous avons vus à l'œuvre. Une fièvre de délation s'était emparée de certaines gazettes.

Un journal, que je ne nommerai point, osa annoncer, sans se troubler, froidement et comme il eût donné toute autre nouvelle apportée par un reporter, que « dorénavant les exécutions auraient lieu au bois de Boulogne et à l'aide de mitrailleuses. » Ce mensonge était débité sur un ton quasi plaisant.

Ferré, caché rue Vivienne, et Rossel, quoique déguisé, allaient bientôt tomber entre les mains des vainqueurs.

Jourde, délégué de la Commune aux finances, fut arrêté au quai d'Orsay par deux agents de la police de sûreté. Il s'était réfugié dans une maison voisine des décombres fumants encore de la Caisse des dépôts et consignations.

Quand il se vit entre les deux agents qui lui disaient :

— Vous êtes le citoyen Jourde?

Jourde répondit :

— Non. Je m'appelle Roux. Je suis connu dans mon quartier. Tenez, menez-moi à la mairie du septième arrondissement voir l'adjoint, M. Hortus : il a été mon maître de pension et il me reconnaîtra bien.

Les agents conduisirent celui qui prétendait être Roux à l'ancien hôtel Forbin-Janson, rue de Grenelle, où se trouve la mairie du septième arrondissement.

Jourde fut introduit dans le cabinet de M. Hortus.

— Bonjour, monsieur Hortus, me reconnaissez-vous ? Je suis Roux, votre ancien élève.

M. Hortus se leva brusquement, pâlit, et comme faisant un effort sur lui-même :

— Non, vous êtes Jourde, et vous n'avez jamais été chez moi.

Jourde reprit tout bas :

— Vous me perdez ; j'ai ma pauvre mère, ma femme...

L'adjoint fut inflexible ; il fit enfermer le délégué aux finances dans le corps de garde de la mairie et

(1) Voyez sur cet incident la brochure de M. G. d'Heylli, Victor Hugo et la Commune, et surtout le volume de Victor Hugo lui-même : Actes et paroles (1872).

prévint le maréchal Mac-Mahon, qui donna l'ordre que le prisonnier fût amené à son état-major.

Quant à M. Hortus, l'arrestation d'un homme qu'il croyait condamné à la mort, lui fit une telle impression, qu'il mourut lui-même, emporté par l'émotion.

Lorsque le moment critique arriva pour la Commune, le bruit avait couru que le délégué au ministère des affaires étrangères, Paschal Grousset, avait disparu. Grousset démentit le fait par cette lettre au journal Paris libre :

« Citoyen,

« Les journaux de Versailles prétendent que j'ai quitté Paris. Veuillez rassurer mes amis et leur dire que je suis incapable de quitter mon poste.

« Salut et égalité.

« PASCHAL GROUSSET. »

Mais depuis, Grousset qui s'écriait quelques jours auparavant, à la Commune : « Si les membres (les dissidents), au lieu de tenir loyalement leur promesse, essayaient des manœuvres de nature à compromettre le salut de cette Commune qu'ils désertent, nous saurions les atteindre et les frapper ; Grousset ne s'était point montré.

Il fut arrêté par M. Duret, commissaire de police, chez mademoiselle Accard, qui lui avait donné asile, au n° 39 de la rue de Condorcet. Il était déguisé en femme, avec robe noire, corset et chignon. Ses papiers étaient cachés sur le baldaquin du lit ; les agents de la police en emportèrent une liasse.

M. Paschal Grousset fut conduit en voiture à la mairie de la rue Drouot pour être mis à la disposition de M. le général de Laveaucoupet. Là, il changea son déguisement contre des vêtements d'homme, puis il fut dirigé sur Versailles dans une voiture fermée, accompagné par deux agents. Au moment où il passait devant le Grand-Hôtel, — il était environ cinq heures, — M. Paschal Grousset fut reconnu par la foule qui s'ameuta autour de la voiture, en poussant des cris de mort. Le général Pradier, qui passait à ce moment sur le boulevard accompagné d'un aide de camp, s'enquit des causes de l'émotion populaire ; puis il donna l'ordre à un peloton de soldats d'escorter la voiture, afin de soustraire le prisonnier à la justice sommaire de la foule. Grâce à cette escorte, la voiture put être dégagée et poursuivre sa course (1).

(1) L'envie de paraître perdit ce malheureux Grousset. Il avait hâte de jouer un rôle. Le jour de la signature du traité de paix il adressait aux rédacteurs de la Gironde la lettre suivante :

« Citoyens,

« Il faut un signe extérieur à la douleur nationale, à notre colère un memento permanent.

« Que toutes les femmes de France prennent le deuil des départements vendus aux barbares par les partis monar-

Paris brulé. — Le Palais de Justice.

Quant aux malheureux fédérés, sans nom, sans illustration politique, ils étaient entassés dans l'Orangerie de Versailles et de là emmenés dans les pontons. Les pauvres gens payaient pour tous les autres.

L'Orangerie ! Un nom charmant, l'endroit embaumé où les orangers centenaires, les grenadiers aux fleurs superbes, les citronniers sont placés côte à côte. A quelques pas de là, s'arrêtait Musset pour rimer délicatement ses verselets sur *trois marches de marbre rose*. Le large bassin ridé par le vent, le demi-cercle des arbres verts, où rit, çà et là, quelque statue blanche, les bois de Satory lui font face. Parmi ces orangers, ces arbres aux essences capiteuses, on rêve d'une promenade aux terrasses embaumées des jardins de Séville. L'Orangerie ! Quelle antithèse ! C'est là, dans ces vastes serres que la guerre civile avait jeté ses vaincus.

chiques ! qu'elles le portent jusqu'au jour où les hommes auront refait la patrie et vengé la révolution.
« Salut et égalité.
« Bordeaux, 1er mars 1871.
« PASCHAL GROUSSET. »
Ce qui le perdit, lui, d'une éducation soignée, ce fut l'âpre désir d'être en scène.

Toute victoire a ses larmes, mais celles que font verser les combats fratricides sont les plus amères et les plus lourdes.

Il faudrait leur montrer, à ces chefs d'insurrection qui, disent-ils, aiment le peuple, et qui ne font que s'en servir, il faudrait leur faire toucher du doigt les plaies et les blessures qu'ils ont faites. La douleur commençait à l'entrée de l'Orangerie, près de ces grilles où s'entassaient, du côté de la rue de la Bibliothèque, les femmes, les filles des prisonniers. Non loin de là, se promenaient, boitant ou s'appuyant sur des béquilles, la mâchoire soutenue par quelque appareil ou le front comprimé par des bandelettes, de malheureux soldats blessés de la guerre, et qui prenaient l'air, souriant à la convalescence. Ainsi les maux se coudoient et se font face.

La grille de l'Orangerie était fermée. Les gendarmes de planton regardaient cette foule de femmes qui se pressaient, qui tendaient des laissez-passer, qui imploraient, qui suppliaient. Beaucoup de ces femmes étaient en deuil, elles portaient des paquets, des paniers d'où sortait le goulot bouché d'un litre plein de vin, ou du linge, du pain, un peu de viande, le tout enveloppé dans un mouchoir noué aux quatre coins. L'expression des visages de ces femmes était l'affaissement, l'hébétement, et, s'il faut le dire, la haine aussi. Dans la boue ou contre les grilles, les enfants des prisonniers, inconscients, s'amusaient ensemble sans se connaître, bâtissaient, tout joyeux, des maisonnettes avec des pierres.

Dans le jardin, les soldats faisaient la soupe, surveillaient la marmite, dont la fumée bleue montait au-dessus des arbres. Penchés sur les balustrades de marbre comme dans un fond de tableau de Paul Véronèse, des curieux regardaient d'en haut les défilés lugubres de prisonniers ; à l'entrée principale de l'Orangerie, dans cette sorte de rotonde qui conduit aux serres, les officiers, un capitaine et un lieutenant d'état-major, deux sous-officiers de gendarmerie, assis autour d'une table ovale, chargée de papiers, procédaient à l'interrogatoire des accusés.

A côté du capitaine instructeur, sur une autre table, travaillaient des commissaires de police qui interrogeaient aussi et prenaient des notes. Les prisonniers, gardés par les soldats, étaient amenés par troupes et interrogés un à un. Presque tous avaient été roulés dans ce flot de l'insurrection comme des cailloux par l'orage. Ils s'étaient battus parce qu'on les envoyait se battre, obéissant à l'ordre d'un commandant, qu'ils ne connaissaient pas, faisant et recevant les coups de feu, machinalement, « parce qu'il le fallait ». La plupart s'excusaient. La réponse habituelle était : « J'étais forcé de marcher ! » Ceux qui affirmaient leur foi politique hautement, avec fierté, étaient extrêmement rares. Beaucoup, comme pour se faire pardonner, dénonçaient, après leur interrogatoire, un ami, un voisin, un concierge, quelque garde qu'on n'avait pas pris. Tout près de là, contre la muraille, les femmes et les parents des prisonniers, apportaient des certificats, des pièces d'identité, des lettres de recommandation, attendaient, le cœur battant bien fort, le frère, le père ou le mari qu'on leur permettait de voir. Lorsque le prisonnier arrivait, l'air affaissé, c'étaient des embrassements éperdus et des larmes nerveuses.

Les prisonniers, conduits de Paris à l'Orangerie, avant d'être menés à Satory et de là à Brest ou à Cherbourg, étaient divisés en trois catégories : les *intéressants*, les *compromis* et les *dangereux*. Quant aux chefs, membres de la Commune ou commandants de la guerre civile, interrogés à Paris, ils étaient de là directement mis à la disposition du conseil de guerre. Les intéressants sont ceux qu'on réclamait, qu'on recommandait, et sur lesquels aucune charge lourde ne venait peser. Ils étaient internés dans la serre de gauche, couchés le long du mur, sur des bottes de paille, et là, causant, marchant, aspirant l'air par les fenêtres ouvertes, où souriait ironiquement la verdure des orangers, ils attendaient leur mise en liberté, qu'ils croyaient toujours pour l'heure prochaine.

Les compromis étaient parqués à droite, dans la partie centrale de l'Orangerie. C'était une foule, une cohue. Toutes les impressions d'esprit, toutes les classes sociales, un pêle-mêle d'ouvriers, d'acteurs, de petits marchands, de débitants de vins, de *chambrelans*, de bohèmes, les uns navrés, abattus, les autres, gouailleurs, la prostration abîmant les uns, la belle humeur soutenant les autres, des discussions, des bouts de refrain sortant de la foule, les uns jouant au palet, les autres battant la semelle, tous, curieux, avides à la vue d'un étranger, et se raccrochant à toute curiosité, à toute nouveauté, à tout mouvement de soldats ou d'officiers, comme à une planche de salut.

La plus grande partie des prisonniers avaient été arrêtés vêtus d'un habit bourgeois. On ne retrouvait presque plus trace d'uniformes chez eux, pas plus que chez les *dangereux*. Ceux-ci étaient plus surveillés.

Ils étaient gardés et comme entassés dans l'aile droite de l'Orangerie, dans la partie qui longe cette petite cour, celle où l'on a remisé, depuis des années, la statue équestre du duc d'Orléans. La voûte est sombre ; devant les caisses d'orangers et les palissades élevées et reliées entre elles en manière de grille et qui formaient comme l'entrée de la prison commune, des sentinelles demeuraient debout, immobiles, les armes chargées. On apercevait vaguement dans la pénombre de cette galerie de pierre, s'agiter, aller et venir, se détacher du mur ou se lever de terre des ombres, des formes humaines. Quand on s'approchait, la foule des prisonniers se poussait contre les orangers, regardant, ouvrant de grands yeux, et ces visages inquiets, pâles, anxieux et farouches, ces faces amaigries, barbes longues, chevelures hérissées, s'attachaient à vous, ces prunelles embrasées de fièvre semblaient allumées par des interrogations ardentes.

On éprouvait, hélas ! un horrible serrement de cœur, une intime souffrance et qui vous prenait aux entrailles en écoutant ces interrogatoires de gens dont quelques-uns n'avaient même pas la conscience de leurs actes. Quel étonnement, et comme on se prenait à douter du sentiment de la justice, qu'on voudrait croire inné dans l'âme humaine ! Presque tous les fédérés donnaient comme excuse qu'ils avaient combattu pour la Commune *tant qu'elle a été la plus forte*, mais qu'ils n'avaient plus tiré un coup de fusil dès que les soldats de Mac-Mahon étaient entrés à Paris. Ainsi, le respect du succès, le culte de la force, l'obéissance absolue à ce qui gouverne. Ce défaut moral inhérent à tout Français, voilà qu'on se heurtait contre lui désespérement. Les femmes étaient mises à part, et parmi elles, des enfants demeuraient, pauvres petits, accrochés à la jupe déchirée de la mère, ou, pâles gavroches de onze à quinze ans, railleurs, les mains dans les poches, et haussant gaiement leurs épaules maigres devant la morale ou le remords.

O barbarie! épouvante de l'ignorance et de la misère! Que de bourbe et de fange mises à nu par de tels bouillonnements de passions! Quel déchaînement d'appétits et de haines! Et quelle affreuse et sinistre leçon! Comme il faut, si l'on ne veut sombrer, se rattacher à ce qui fait les individus et les peuples moraux et libres : à la conscience, à la liberté, à l'honnêteté, à la morale, au travail. Comme il faut surtout écraser sous l'instruction cette ignorance et ces instincts de bêtes fauves, et comme il faut prodiguer la lumière de la science et les torrents du bien pour éviter la flamme de l'incendie!

Victor Hugo, dans son dernier livre, *l'Année terrible*, donne à ces égarés des leçons qu'ils devront méditer :

Mais ne vous laissez plus entraîner! Résistez!
Résistez, quel que soit le nom dont il se nomme,
A quiconque vous donne un conseil contre l'homme;
Résistez aux douleurs, résistez à la faim! —
Si vous saviez combien on fut près de la fin!

Oui, certes, « *on fut près de la fin* », et la France faillit périr dans la tourmente. Cette guerre civile pouvait entraîner soit le démembrement définitif de la patrie par une intervention prussienne, soit sa honte suprême par une restauration bonapartiste. Et qu'on ne nie pas ce que j'avance. L'intérêt des Bonapartes était, encore un coup, dans la curée de cette lutte insensée, fratricide.

Dès les premiers jours de la guerre civile, une correspondance de Berlin, adressée à la *Gazette de Cologne*, ne cachait point que la main du bonapartisme pouvait être là. « On sait, disait cet article, que le chef du mouvement révolutionnaire de Paris était autrefois le principal instigateur des grèves du Creuzot, la grande usine métallurgique de M. Schneider, l'ex-président du Corps législatif; cette circonstance fait supposer avec raison que des menées bonapartistes ne sont pas étrangères aux déplorables événements dont Paris est en ce moment le théâtre. Assi est un jeune homme énergique de trente-quatre à trente-cinq ans, qui ne manque pas d'une certaine éloquence populaire et qui possède un grand talent d'organisation; il se trouvait déjà en rapport, lors du mouvement socialiste du Creuzot, avec des agents bonapartistes ou, pour mieux dire, avec des agents de Rouher. Ces relations, dont on ne saurait nier l'existence, lui permirent aussi bien que sa moralité politique de ne pas être trop scrupuleux dans le choix de ses acolytes. M. Rouher tenait surtout à cette époque à se venger de M. Schneider qu'il considérait avec raison comme l'auteur principal de sa chute; il sut exploiter avec adresse la rancune que gardaient les Pereire au président du Corps législatif de les avoir laissés exposés sans défense aux terribles révélations de M. Pouyer-Quertier, qui dévoila à la Chambre toutes les opérations véreuses. L'ancien ministre noua l'intrigue, les Pereire donnèrent l'argent, et Assi fut le bras dont ils se servirent tous deux pour exécuter leurs projets de vengeance. M. Ganesco, le propriétaire à cette époque du *Parlement*, joua également un rôle dans la cabale, car sa feuille prit tout à coup une teinte socialiste et fut distribuée gratis par milliers d'exemplaires aux ouvriers du Creuzot, à l'effet d'augmenter l'agitation et de présenter Assi comme un antagoniste de M. Schneider. On peut être certain que l'arrestation récente de M. Rouher à Boulogne se relie étroitement aux anciennes relations qu'il a eues avec Assi. »

On voit que ce n'est pas seulement en France et en Belgique que les bonapartistes passaient pour n'être pas étrangers au mouvement du 18 mars. Au surplus, et quoique nous ne maintenions pas contre Assi les allégations de la *Gazette de Cologne*, quand, au lendemain d'un tel mouvement, on a vu s'abattre sur la France une nuée de bonapartistes, qui jusque-là étaient restés au loin, comment ne pas rattacher leur brusque retour aux déplorables événements dont Paris fut le théâtre?

Les organes bonapartistes publiés à Londres ne se gênèrent point, tant que dura la lutte, pour prendre parti pour la Commune contre M. Thiers. La *Situation*, la *Discussion*, l'*International*, journal de M. de Lavalette, ne tarissaient point d'injures contre l'Assemblée.

« Non, non, non, s'écriait M. G. Hugelmann, le porte-parole de l'ex-empereur, *les malhonnêtes gens ne sont pas dans les rangs de ces héroïques affolés*. Ils sont dans les antichambres des ministres et dans les cafés de Versailles, où *pullule la lie* de tout ce que Paris comptait d'individualités interlopes. Ces individualités *osent* tout haut souhaiter la victoire de M. Thiers, ne se cachant pas, du reste, pour prédire qu'elle sera de près suivie du retour du gouvernement qui leur permit à tort de grouiller dans ses bas-fonds.

« L'unique regret que nous éprouvions, *c'est de ne pouvoir tremper notre doigt dans ce sang généreux*, pour tracer au front de MM. Thiers, J. Favre, Picard et J. Simon, le signe que Dieu mit au front de Caïn quand il l'écaria de sa face.

« Pauvre Paris! pauvre Paris! que les femmes et les enfants s'agenouillent dans les flammes : les bourreaux ont condamné leurs maris et leurs pères. Que les vierges se revêtent en deuil; *car*

Cayenne prépare son four mortel à leurs amants. Pauvre Paris! pauvre Paris!

« Et il y aura au monde des hommes qui oseront dire qu'après ce massacre *injuste* et *criminel*, Thiers, J. Favre, Picard et J. Simon représentent les honnêtes gens!

« Non, cela n'est pas vrai. Non, non, non, non (1). »

Et cet article n'est point le seul, et nous en pourrions citer bien d'autres.

Dans le numéro du 3 mai du journal *la Situation*, on lisait ces lignes impudentes :

« Un jour viendra où *l'empire* sera fier d'établir que, grâce à nous, *aucune solidarité* ne peut désormais être établie entre *sa cause* et celle *des hommes de Versailles.* »

Dans celui du 5 mai, en parlant des membres de l'Assemblée de Versailles, M. Hugelmann dit :

« L'unique faute que pourrait commettre *l'empire* serait de permettre jamais à un seul de ses membres de reprendre part à la vie politique *avec son assentiment.* »

Et dans quels rangs la *Situation* essayait-elle de recruter les éléments d'une réaction bonapartiste? Écoutez :

« Non, nous ne sommes pas pour la Commune ; mais, *dans cette lutte, nous sommes de cœur avec Paris.*

« Ils se battent en héros, ces malheureux ouvriers des faubourgs que *le Quatre septembre a dépouillés de leurs droits, de leur pain, de leurs espérances.* . . . .

« Je pourrais vous en citer bien des preuves.

« A l'heure où nous écrivons ces lignes, il est encore acquis que l'armée *n'a reçu de l'empire aucun encouragement pour combattre Paris.* »

Ces injures et ces articles sont aujourd'hui des pages d'histoire et des pages accusatrices. Ce même journal bonapartiste, *la Situation*, devait applaudir à la destruction de la maison de M. Thiers, et proposer de mettre sur les ruines une inscription commémorative dont je cite seulement les dernières lignes :

« Que son nom soit en exécration pour tous les hommes de cœur, que les enfants et les femmes maudissent la mémoire de l'ambitieux dont le nom est désormais inséparable du souvenir des malheurs de son pays. »

Et, encore une fois, Napoléon III subventionnait ce journal et en faisait comme son *Moniteur* à Londres. On pourrait arguer, il est vrai, de l'ignorance dans laquelle se trouvait, à Londres, la rédaction de la *Situation*, mais, depuis un an, la lumière s'est

(1) Le plus singulier, c'est qu'on affirme que M. Hugelmann, auteur de l'article précité, occupe aujourd'hui un poste de confiance dans l'intimité de M. Thiers. — Cela n'est pas possible.

faite et pourtant, il y a à peine deux mois (avril 1872), un personnage considérable du régime impérial, M. Rouher, affirme-t-on, n'a-t-il pas eu l'audace, dans un banquet à Tours, de prononcer l'éloge même de l'insurrection, et son discours n'a-t-il pas été reproduit par le journal *l'Ordre* ?

Combattants aveuglés des journées meurtrières d'Avril et de Mai 1871, vous qui croyiez combattre pour la République, quelle colère doit vous entrer dans l'âme en entendant faire votre éloge, par qui? Par l'homme qui s'appela, un moment, le *vice-empereur* (1).

A ces éloges bonapartistes, il faut opposer l'attitude du parti démocratique, et des hommes qui, depuis de longues années, au péril de leur vie et de leur liberté, ont mérité l'honneur de représenter la République. M. Lissagaray, dans son *Histoire des Huit journées de mai*, compte ceux des chefs du parti qui ne suivirent pas le mouvement de la Commune :

(1) « Oui, messieurs, s'est écrié l'orateur dont *l'Ordre* imprime la harangue, oui, *c'était la Némésis vengeresse et à la fois bienfaisante*, aux autels de qui l'on menait, devant qui l'on faisait prosterner ces ignorants, ces indigents, ces souffrants que des prédications impies avaient au préalable désaccoutumés de l'idée de Dieu et de l'espoir du ciel! L'émeute, c'était l'expiation tardive de l'égoïsme des classes riches et jouissantes, de la corruption des pouvoirs représentés comme des ennemis publics; l'émeute, c'était l'aube d'une ère réparatrice, glorieuse et bénie, se levant sur le prolétariat, depuis quatre mille ans esclave, travaillant depuis quatre mille ans sous le fouet de ses maîtres, depuis quatre mille ans les nourrissant de sa sueur, de ses larmes, de son sang!

« Et plus tard, messieurs, comment ces affamés de la veille, déçus du lendemain, pouvaient-ils se soustraire à l'envie que devait faire naître en leurs âmes enfiévrées la fortune subite, miraculeuse, de leurs recruteurs, de leurs professeurs, de leurs apôtres, de tous ces hommes qui les avaient initiés, stimulés, provoqués au mal?

« Ils voyaient ces hommes portés par leurs bras et par leurs cris au trône, plus qu'au trône, à une dictature dont le pouvoir de Louis XIV, dont la toute-puissance de Napoléon Ier n'avaient pas une idée; ils voyaient radieux, souverains et triomphants, sur la tête d'une société muette d'étonnement et de terreur, prête à toutes les docilités de l'effroi, ces hommes qui avaient assisté à leurs repas de fiançailles ou de noces, qui avaient fraternisé avec eux, ouvriers, le verre à la main dans les cabarets de nos banlieues, et vous auriez prétendu, vous auriez rêvé d'interdire à ces misérables de demander, au jour d'une victoire qui devait être commune : « Pourquoi eux et pourquoi pas nous? Pourquoi pour eux et pourquoi pas pour nous? »

Et l'orateur anonyme disait encore :

« Je vous le demande, messieurs, comment des intelligences ignorantes, crédules et faibles, dressées à l'indocilité, à la révolte, au mépris de tous les principes sociaux, au mépris de toutes nos traditions nationales, par des rhéteurs habiles et opiniâtres au mal, sans rivaux dans l'art de corrompre; comment des existences rongeant le frein amer et dur de la nécessité, aux prises avec les inégalités inséparables de la condition humaine, en lutte avec tous les besoins, avec toutes les exigences d'un travail sans fin, sous peine de misère, une lutte avec des privations sans nombre, comment voudriez-vous, messieurs, que ces existences et ces intelligences eussent pu résister à l'appât de ces lots fabuleux mis perpétuellement sous leurs yeux, sans cesse tournés et retournés, montrés et étalés comme la récompense légitime et *fatidique* d'une journée d'émeute réussie? » (Mouvement.)

M. LÉON SAY.

« Les bombes et la mitraille pleuvaient sur Paris, dit-il, les premiers prisonniers parisiens défilaient couverts de crachats, meurtris de coups, sous les fenêtres de l'Assemblée, et M. Louis Blanc, le premier élu de Paris, ne voyait qu'un coupable : Paris. Répondant à une délégation du conseil municipal de Toulouse, qui lui demandait son opinion sur ces événements, il dit que « cette insur« rection devait être condamnée par tout véritable « républicain ». Profanant la mémoire du plus généreux des républicains, M. Martin Bernard osa dire que « si Barbès vivait encore, il condamnerait, « lui aussi, cette fatale insurrection ». Plus tard, pendant les massacres, M. Louis Blanc, dans une lettre publique, ne vit dans les journées de Mai, que « l'incendie, le pillage, l'assassinat ». M. Emmanuel Arago refusa de défendre Rochefort. Son frère, Étienne Arago, qualifiait de *monstres* les émeutiers ».

Eh bien ! oui, Martin Bernard déclara que Barbès n'eût point marché avec Cluseret ou Dombrowski. C'est que Barbès, ce grand Français, n'eût jamais eu la pensée de fondre un boulet pour tuer un compatriote tant qu'un seul étranger eût été en France. Au-dessus de son idéal même, ce patriote mettait la patrie.

D'autres jugements plus considérables encore sont venus condamner l'inanité du mouvement de mars à mai 1871.

Dans un article publié par le *Roma del popolo*, Mazzini, qui devait mourir à l'heure même où sa patrie était devenue son œuvre, Mazzini renia toute espèce de participation occulte aux actes de la Commune.

« Cette insurrection, dit-il, qui a soudainement éclaté, sans plan préconçu, mêlée à un élément socialiste purement négatif, abandonnée même par tous les républicains français de quelque renommée, et défendue avec passion et sans aucun esprit fraternel de concession par des hommes qui auraient dû, mais qui n'ont pas osé se battre contre l'étranger, devait inévitablement aboutir à une explosion de matérialisme et finir par accepter un principe d'action qui, s'il avait jamais force de loi, rejetterait la France dans les ténèbres du moyen âge et lui enlèverait pour des siècles à venir tout espoir de résurrection.

« Ce principe, ajoute Mazzini, est la souveraineté de l'individu, qui ne peut amener qu'une indulgence personnelle illimitée, que la destruction de toute autorité, et que la négation absolue de l'existence nationale. » Il est aussi sensé de concéder à chaque famille l'autorité absolue que de la donner à la Commune. Ce que veut la France, « ce n'est pas seulement de se délivrer de ce fantôme d'autorité qui ne peut avoir de véritable vie d'initiative, mais de fonder d'elle-même un pouvoir puissant, qui unirait les plus pures et les meilleures aspirations, et qui ne donnerait aucune raison de craindre qu'il négligeât son devoir, ni qu'il n'empiétât sur les droits du peuple (1) ».

Ainsi a parlé Mazzini.

Il faut d'ailleurs bien s'entendre sur ce mot de Commune, dont on a fait un si tragique usage sans en expliquer le sens. Certes, s'il est une chose juste, logique, réalisable dans l'ordre politique, c'est l'émancipation de la commune, la cité délivrée de certaines entraves administratives, du joug pesant d'une centralisation excessive, c'est le département vivant de sa vie propre en quelque sorte, c'est la libre gravitation de ces petits cercles des communes dans cette grande circonférence de l'État. Mais ont-ils fait avancer d'un pas cette décentralisation et cette question communale, les hommes qui ont tenu Paris entre leurs mains ? Voilà la question que je leur pose et pourquoi je suis sévère pour eux.

Les déclamations passent, disait Napoléon 1er, les actions restent. Or, qu'a donc fait la Commune, avec son formidable attirail de guerre, les millions dont elle disposa, les ressources qu'elle mit en mouvement ? Hommes et argent, rien ne lui manqua en somme. Jamais guerre civile n'eut un tel outillage et de si grands arsenaux. Où est le temps de la conspiration de l'Opéra-Comique, qui troubla l'empire, et où Folliet et Ruault comptaient, disposaient de vingt-six canons *fabriqués secrètement avec des tuyaux à gaz?*

Eh bien, avec leurs ressources, ils n'aboutirent à rien. Les esprits politiques de l'assemblée communale, Ranc et les autres, sentirent bien qu'il n'y avait rien à tenter et se retirèrent. Rossel a dit le mot : Surpris par leur victoire, nul parmi eux n'y était préparé.

« Personne n'était prêt, continue Rossel. Aucun des serviteurs de la Commune n'avait étudié son rôle pour la grande scène. Pas d'étude, pas d'acquis, pas de caractère, pas d'audace durable. Cette plèbe ouvrière aspire à posséder le monde, et elle ne sait rien du monde. Lorsqu'un malfaiteur veut forcer une maison, il en fait d'abord le tour ; il étudie les portes, les serrures ; il sait où sont les meubles et comment les forcer. La Commune a été le malfaiteur novice qui est réduit à tuer pour voler et qui se trouve ensuite embarrassé de crimes inutiles, ne sachant où sont les caches et les secrets. La comparaison me plaît et je m'y tiens. Paris a été, entre les mains de ces sauvages, comme un coffre-fort à secret. La maison était forcée, le peuple faisait la courte-échelle sous les fenêtres, et la Commune, se grattant le front devant le coffre-fort plantureux qui contenait la richesse sociale, était obligée de se contenter du billon. Seulement

---

(1) Un des membres de l'assemblée allemande de 1849, envoyé à Paris lors des mouvements nationaux de Bade et du Palatinat et accrédité près de la République française, un des rares Allemands démocrates qui n'aient pas insulté la France, leur ancienne amie, et célébré le César germanique, M. Karl Blind, s'exprima ainsi relativement à la Commune, qu'on l'accusa à tort d'avoir tout bas favorisé (Lettre au journal *le Temps*) :

« ..... De plus, et cela est connu de tout le monde, j'ai vingt fois déclaré sous ma signature, dans la presse allemande, combien la Commune, dont je prévis et prédis la chute dès le commencement, me paraissait un fait regrettable au point de vue républicain. Quoique banni de la France, et malgré la dernière guerre, j'ai la plus vive sympathie pour la cause républicaine en France, comme ailleurs ; et j'ai toujours craint que la rupture qui devait inévitablement résulter de la Commune entre les différentes sections du parti républicain, n'augmentât les chances d'une restauration monarchique. Dans cela, je fus et je suis de l'avis de ceux parmi les chefs républicains de votre pays que j'ai estimés et aimés dans l'exil comme des amis personnels. Il n'y a donc, dans l'allégation de la préfecture de police, pas un seul mot de vérité.

« KARL BLIND.

« Londres, ce 28 février. »

elle a mis, en partant, le feu à la maison par acquit de conscience (1). »

Rossel est implacable, c'est qu'il a vu de près les hommes. Encore une fois, répétons au peuple que l'avenir lui appartient, mais à la condition qu'il étudie, qu'il travaille, qu'il pense. Un flot d'instruction gratuite et obligatoire emportera, comme un bain salubre, toute l'ignorance, et fera une nation capable de juger là où il n'y a qu'une foule qui se laisse guider par le seul sentiment.

Je sais bien que, depuis la chute de la Commune, beaucoup de ses partisans ont attribué son échec à son trop de mansuétude.

Voici par exemple, selon le rédacteur du *Père Duchêne*, les projets qu'il fallait, pour réussir, mettre en pratique :

« Ouvrir le champ à la révolution, forcer la Banque avec un bataillon de francs-tireurs; mettre l'embargo sur tous les papiers déposés dans toutes les études des notaires et des avoués et à la conservation desquels toutes les fortunes de l'Europe sont intéressées, confisquer les propriétés des lâches et les faire passer aux mains des patriotes. Mettre les citoyens qui s'y seraient fait tuer jusqu'au dernier si elles avaient été à eux, dans les maisons des aristocrates, et mater *sur la place de la Concorde*, en pleine lumière, la réaction murmurant et conspirant, *tel était le programme que nous avions rêvé* (2). »

M. Vermersch oublie que la terreur n'est pas un mode de gouvernement, et il ne sait point qu'elle a, selon l'expression de M. Louis Blanc, *éreinté* la première Révolution. Ces projets ne sont d'ailleurs que la réédition du fameux plan élaboré par M. Félix Pyat dans sa *Lettre aux proscrits*. (Londres, 24 février 1855.) Il faut citer tout ce morceau qui contient toute la politique imagée des romantiques révolutionnaires :

Quant à nous, républicains démocrates, socialistes français, s'écriait Félix Pyat dans cet écrit, voici, pour finir, nos engagements dans le traité d'alliance : « Nous réparerons notre faute, nous l'avons reconnue, c'est tout dire. Nous attaquerons, le jour même de la révolution, pour n'être pas attaqués le lendemain, pour avoir le bénéfice du premier coup. Oui, le jour même, nous publierons ce nouveau manifeste, réparateur de l'ancien : Au nom du droit éternel, universel, imprescriptible, la République française ne reconnaît pas de rois; elle ne reconnaît que la souveraineté des peuples. Tous les peuples sont maîtres de disposer d'eux-mêmes, selon le besoin de leur nature et dans la plénitude de leur volonté. L'insurrection est le droit des peuples esclaves, la solidarité est le devoir des peuples libres. La France, libre, entreprend donc la guerre pour les opprimés et contre les oppresseurs : elle ne veut ni conquête ni tribut. Après la victoire, les peuples libres et fédérés fixeront eux-mêmes la contribution de chacun, suivant ses ressources, dans les frais de la guerre.

« Oui, nous le jurons, nous ferons la guerre sur ces clauses, sans délai, sans colloque, sans répit, sans merci, la guerre sainte, la guerre du droit, la guerre à mort, la dernière guerre ; nous la ferons sans compter, sans mesurer ni l'or ni le sang ; nous la ferons par tous les moyens et de toutes nos forces, proclamant encore la patrie, la grande patrie en danger, appelant tous les courages, tous les dévouements, tous les cœurs, tous les bras de notre France ; nous la ferons avec les levées en masse, les réquisitions forcées, avec les quatorze armées de la République, avec ses volontaires, ses sans-culottes, ses pieds nus, ses chansons et sa furie ! Nous la ferons avec l'audace de Danton, l'énergie de Saint-Just, le désintéressement de Robespierre, avec toute l'héroïque terreur de la Révolution ; nous la ferons en répétant le cri de nos pères, plus sublime encore, s'il se peut, de *toute* la plus-value de la cause.

« De ce moment, et jusqu'au jour où les rois auront disparu *de la terre*, tous les Français sont en réquisition permanente pour le service des armées ; les jeunes gens iront au combat ; les hommes mariés forgeront des armes et transporteront les subsistances ; les femmes feront des tentes, des habits, et serviront dans les hôpitaux ; les enfants effileront le vieux linge pour le pansement des blessés ; les vieillards se feront porter sur les places publiques pour exciter les guerriers au courage, à la haine des rois et à l'amour de la République ; les maisons nationales seront converties en casernes, les carrefours en ateliers d'armes ; le sol des caves sera lessivé pour en extraire le salpêtre ; les armes de calibre seront exclusivement confiées à ceux qui marcheront à l'ennemi ; les fusils de chasse et les armes blanches seront employés au service de l'intérieur ; les chevaux de selle seront requis pour remonter la cavalerie, tous les chevaux de trait non nécessaires à l'agriculture conduiront l'artillerie et les vivres ; le Comité de salut public est chargé de tout créer, tout organiser, tout requérir dans toute la République, hommes et choses, pour l'exécution de ces mesures... La levée sera générale ; les citoyens non mariés ou veufs sans enfants, de dix-huit à vingt-cinq ans, marcheront les premiers ; ils se rendront immédiatement au chef-lieu du district et y seront exercés au maniement des armes jusqu'au jour de leur départ pour l'armée ; la bannière de chaque bataillon organisé portera pour inscription :

« Le Peuple Français debout contre les tyrans,

---

(1) Rossel, *Papiers posthumes*.
(2) *Vermersch-Journal* (publié à Londres).

« debout pour la République démocratique et so-
« ciale universelle. »

« *Le Comité de la Commune révolutionnaire,*
« FÉLIX PYAT, ROUGÉE, JOURDAIN (1). »

Ce programme, rédigé par Félix Pyat, contenait ce que je pourrais appeler l'ordre du jour de la tradition révolutionnaire jacobine, mais à cette tradition, vinrent se joindre dans la Commune, je ne dirai pas les réclamations socialistes, car la question sociale est non pas une utopie, mais au contraire un problème qu'il faut résoudre, mais les prétentions communistes. Tous les rêves, toutes les théories *collectivistes*, toutes les chimères communistes se retrouvent, pour citer un exemple qui nous permette de les voir en quelque sorte mises en pratique, se retrouvent dramatisés, ou plutôt réalisés par le roman dans un livre de ce docteur Tony Moilin dont nous avons raconté la mort dans le précédent chapitre. Ce livre, à pour titre *Paris en l'an* 2000. Les utopies de Morus ou de Campanella ne sont pas plus curieuses, à coup sûr, et plus originales que celles de l'habile inventeur de l'électro-magnétisme. Le *Paris* de M. Moilin, c'est la Salente de Fénelon, l'Icarie de Cabet, le monde futur de Mercier transportés subitement sur les rives de la Seine. On ne saurait trouver au monde cité plus prospère et plus heureuse ; tout y est créé, organisé et bâti pour la commodité des mortels. *Paris en Amérique* de M. Laboulaye ne serait qu'une sous-préfecture de troisième classe, comparé au *Paris en l'an* 2000, du docteur Tony Moilin.

Le docteur suppose que les socialistes (le mot signifie pour lui *communistes*) sont arrivés depuis longtemps au pouvoir. Ils règnent, ils gouvernent, ils transforment, ils inventent, ils exproprient. Leur première pensée, en prenant le gouvernement, est même d'exproprier. « Lorsque les socialistes furent les maîtres de Paris, il leur fallut exproprier toutes les maisons de la ville, afin de les transformer et de les mettre en harmonie avec les nouvelles institutions sociales. Les architectes consultés à ce propos voulaient absolument qu'on démolît tout, puis qu'on reconstruisît à grands frais des *maisons-modèles* conformes aux plans qu'ils présentaient. Heureusement le gouvernement était aussi prudent qu'économe. Il rejeta donc les projets des architectes qui l'auraient entraîné à de trop grandes dépenses, et il préféra utiliser les maisons de Paris telles qu'elles étaient et les adapter tant bien que mal à leur destination nouvelle. » Ce fut une bonne fortune pour Paris que cet esprit d'économie qui faisait agir le gouvernement de M. Tony Moilin. L'État en effet, lors de l'avénement des socialistes,

devait, nous dit M. Moilin, *plus de 80 milliards aux particuliers et n'avait pas un centime en caisse.* Tout autre gouvernement, entrant aux affaires avec un tel déficit à combler pourrait s'effrayer à bon droit, mais les bons docteurs en utopies ne reculent pas pour si peu. Le gouvernement se hâta d'exproprier toutes les maisons de Paris, en en payant, il est vrai, le prix très-régulièrement à leurs propriétaires.

« Ce payement, dit le docteur Moilin, il ne le fit pas en espèces métalliques, puisqu'il ne possédait pas un centime. Il ne le fit pas davantage en papier-monnaie qui eût été immédiatement déprécié et refusé à bon droit par les expropriés. Mais il le fit tout simplement et à la satisfaction générale, avec des titres de rentes viagères payables par le Trésor public. On calcula le revenu moyen de chaque maison d'après les loyers des cinquante dernières années, puis on capitalisa ce revenu à l'intérêt légal de 5 pour 100, et le capital ainsi obtenu fut transformé en rentes viagères, conformément aux tarifs adoptés par les Compagnies d'assurances.

« Cette expropriation ne va pas pour l'État sans de grands sacrifices, on le comprend bien, et M. Moilin l'avoue lui-même. Pendant les premiers temps, par exemple il fallut donner de très-fortes sommes aux anciens propriétaires, *mais comme ceux-ci mouraient tous les jours*, remarque philosophiquement le docteur, la rente qu'on leur servait diminua d'année en année, et bientôt elle fut amplement couverte par le produit des locations que les citoyens payaient à l'État. »

Du reste, l'auteur déclare que ce qui aida beaucoup le gouvernement à payer ses dettes, ce fut l'impôt mis sur le revenu. Seulement, je dois avouer que la façon dont se trouve assis cet impôt en l'an 2000 me paraît légèrement toucher à l'injustice. « Ce nouvel impôt, dit M. Moilin, était proportionnel au revenu tant que celui-ci ne dépassait pas 12,000 francs par an. Mais, au-dessus de ce chiffre, il devenait *total*, c'est-à-dire qu'il *confisquait purement et simplement* tout ce qui excédait la somme réglementaire de 12,000 francs. » Ainsi, voilà qui est net, radical et sans ambage aucun. Le docteur Moilin, dont la fortune privée dépassait de beaucoup, s'il m'en souvient, la « somme réglementaire » permise aux socialistes de l'avenir, accepte sans façon et le plus simplement du monde, — que dis-je ? — préconise une société dont le gouvernement, d'un trait de plume, supprime l'espoir, l'émulation, le désir, louable en soi, d'un meilleur avenir, l'héritage gagné et transmis par le père laborieux, et impose une borne, un *nec plus ultra* dans la fortune, à cette pauvre humanité infinie dans ses vœux et qui se console des misères présentes par des perspectives heureuses.

---

(1) La distribution de cette *Lettre aux proscrits* était, comme on pense, interdite en France sous l'empire.

Mais le *Paris en l'an* 2000 n'est-il par lui-même le mirage, l'oasis de tous les chasseurs de chimères?

Les riches seront gueux et les nobles infâmes;
Nos maux seront des biens, les hommes seront femmes,
Et les femmes seront... tout ce qu'elles voudront.

On serait peu charmé d'ailleurs, en dépit des améliorations promises, de vivre dans le Paris du docteur Moilin. Plus de rues, mais des *rues-galeries* réunies en un réseau immense par des ponts couverts, c'est-à-dire plus de boue, plus de brouillard, plus de vent ni de poussière. « On vit disparaître presque complétement les maladies causées par le froid ou l'humidité, telles que les rhumes, les rhumatismes, les névralgies, les fluxions de poitrine. » Sans compter que les vêtements et les chaussures ne s'usent pas et conservent longtemps leur fraîcheur. Et quelles économies réalisées soudain ! Le Socialiste n'a plus besoin de parapluies, d'ombrelles, de cache-nez, de souliers imperméables, de manteaux, etc. ! « Tout le monde était satisfait, sauf cependant quelques mécontents ; *il y en a toujours,* » dit gravement Tony Moilin. On devine quels sont les gens qui critiquent les *rues-galeries* et qui se lamentent, ce sont les fabricants d'ombrelles, les chapeliers, les cordonniers, les modistes, les cochers, les loueurs de voitures qui n'ont plus de clientèle, et même les médecins et les pharmaciens qui n'ont plus de malades. « Mais, ajoute le docteur Moilin, le gouvernement ne fut aucunement ému de leurs plaintes. »

En vérité, on croit rêver, on se demande si l'homme qui a écrit ce livre a tenu jusqu'au bout son sérieux, et s'il ne se cache pas un pamphlet anti-socialiste, dans ce tableau chimérique d'une société réduite à l'esclavage à force de réglementation. Mais le docteur Moilin est d'une bonne foi terrible; il suivra jusqu'au bout sa chimère qui le mènera, à travers l'incendie de Paris, jusqu'au pan de muraille où l'étendront les balles des soldats. Tout est réglé, nivelé, mis en sa place dans la société qu'il porte toute bâtie en son cerveau, et il brisera, au besoin, l'ordre social actuel, pour y réaliser son rêve. Il ne songe pas à l'insupportable existence qu'il ferait aux Parisiens à venir, il ne se dit point que nulle société antique, nulle réglementation à la Lycurgue ne fut aussi pesante aux épaules humaines, que la société qu'il préconise, où, par exemple, sous prétexte d'organiser le travail, il interdit *sévèrement* le commerce à tout particulier. « C'est le gouvernement, dit-il, qui se charge de faire vendre, par ses employés, tous les produits de la petite industrie, et tous ceux qui sortent de ses propres établissements. »

Ainsi, l'État dans sa forme la plus oppressive et la plus despotique, l'État élevé à sa dixième puissance, tel est l'idéal de l'école communiste dont Tony Moilin voulait, dans un tableau absolument sévère, en dépit de sa forme humoristique, faire ressortir les merveilles. Quelle épouvantable réglementation de toutes choses ! Vêtements des femmes, habits des hommes, tout est d'uniforme et d'ordonnance. Mariages et enterrements se font suivant des cérémonies invariables, solennités officielles, imposées à tous les citoyens, dans ce temple international, — monument unique qui me paraît avoir remplacé tous les autres monuments anciens, — et dont le luxe et la grandeur sont la gloire du Paris de l'an 2000. Bals de fiançailles, promenades des mariés, repas de noce, tout est d'avance réglé et réglementé par le gouvernement futur, et il en est de même des funérailles. La crypte du temple international appartient aux morts, les salles des étages supérieurs sont réservées aux mariages et aux baptêmes. Il va sans dire que le divorce existe : pour rompre un mariage, il suffit de la déclaration, sur papier libre, d'un des deux époux, déclaration adressée au maire, qui, la lettre lue, prononce la séparation. Il faut bien ce coin de liberté, dans une société qui fonctionne comme les bras d'acier d'une machine à vapeur. J'oubliais, parmi les plaisirs qu'offre à l'étranger le *Paris de l'an 2000*, ce que M. Moilin appelle les *Théâtres-Journaux* : « On donne ce nom à des théâtres où le spectacle change pour ainsi dire tous les soirs, et est une représentation exacte ou burlesque de l'événement de la journée. Si, par exemple, il éclate un incendie, s'il se commet un assassinat, etc., dès le lendemain on reproduit ces événements sur la scène, et cela avec tant de fidélité, que c'est comme si l'on voyait la réalité. »

M. Moilin n'ajoutait pas que la représentation d'un assassinat commis la veille, doit évidemment épurer, adoucir les mœurs. Il en eût bien été capable. Conçoit-on que tant d'aberrations puissent tenir dans le cerveau d'un homme ? Et celui-là n'était pas des médiocres. Il résumait d'ailleurs les aspirations de la partie *collectiviste* de l'Internationale, opposée à la partie modérée, dite *mutualiste*, qui a malheureusement succombé dans les conseils de cette vaste association. Le plus triste, c'est qu'au milieu de ces folies, Tony Moilin glissait dans ce *Paris en l'an 2000*, un plan excellent pour arriver, dans les représentations législatives, à donner place à la représentation des minorités ; ajoutez que çà et là, lorsqu'il réclame par exemple l'instruction gratuite et obligatoire, il se rapproche des justes désirs exprimés par de sages esprits, et essayez de mesurer la distance qui sépare la raison de la folie, et la vérité du mensonge. « Il n'y a pas, disait Napoléon 1er en sortant de visiter Bicêtre, il n'y a pas, entre le cerveau d'un sage et celui d'un fou, l'épaisseur d'une pièce de cinq francs. » Le docteur Moilin analysant les bienfaits de son système, c'est le Dupont d'Alfred de Musset, ouvrant toutes grandes, à son ami Durand, les fécondes perspectives de l'avenir rêvé.

> Du reste, on ne verra, mon cher, dans les campagnes,
> Ni forêts, ni clochers, ni vallons, ni montagnes.
> Chansons que tout cela ! Nous les supprimerons,
> Nous les démolirons, comblerons, brûlerons.
> Ce ne seront partout que houilles et bitumes,
> Trottoirs, masures, champs plantés de bons légumes,
> Carottes, fèves, pois, et qui veut peut jeûner ;
> Mais nul n'aura du moins le droit de bien dîner.

Hélas ! tout en rêvant ces Salentes magnifiques, on étudie doucement les vertus du picrate de potasse, on fait bon marché de tout ce qui est la fraternité et la concorde, on régénère l'humanité en la terrifiant et en lui donnant des fers.

Ah ! quelle ironie dans l'inscription superbe que je déchiffrais sur une des maisons sculptées de la vieille place de Bruxelles, tandis que la guerre civile semait de nouvelles ruines et de sang frais ces environs de Paris déjà ensanglantés et ruinés :

> *Hic verum,*
> *Hinc justum,*
> *Pax sit,*
> *Discordia longe.*

Le vrai, le juste, la paix, la fin de la discorde, quand verrons-nous, hélas ! quand toucherons-nous du pied cette terre promise à l'humanité en marche par toutes les tempêtes, par toutes les tourmentes ?

J'ai voulu combattre le « communisme », et cela simplement en analysant le projet de gouvernement et de vie d'un communiste distingué. Je pense que ces rêveries éloignent trop l'esprit humain de la véritable tâche qui lui est imposée : faire son œuvre sur terre et faire son devoir. Dans le cas présent, ces utopies avaient d'ailleurs le tort d'être défendues par des gens qui, substituant l'idée d'ailleurs fort belle d'humanité à l'idée plus pratique, plus étroite, mais plus vraie de patrie, semblaient faire de notre malheureuse France le champ d'épreuve de leurs ambitions.

Saint-Just, dans la séance du 13 mars 1794 (24 ventôse an II), s'était éloquemment élevé contre les étrangers qui se glissaient dans nos affaires : « Des Italiens, des banquiers, des Napolitains, des Anglais sont à Paris, qui se disent persécutés dans leur patrie. Ces nouveaux Sinons s'introduisent dans les assemblées du peuple. » Et le terrible tribun ajoutait, en parlant d'eux : « Il est tel homme qui, comme Érostrate le fit à Delphes, brûlerait plutôt le temple de la Liberté que de ne point faire parler de lui. » Ne croirait-on pas que Saint-Just avait deviné les petits-neveux de ceux qu'il écrasa? C'est qu'il était, comme tous ceux de son époque, patriote, étroitement, absolument patriote, patriote comme la première Commune, celle de 92 et de 93, et que, loin de traiter avec les Prussiens sur le sol français, il tâchait de les foudroyer. C'est lui qui répondait de Strasbourg à un parlementaire prussien : « *La République française ne reçoit de ses ennemis et ne leur envoie que du plomb.* »

La Commune de 1872 eût peut-être dû méditer ces paroles de Saint-Just.

Paris, durant les mois qui suivirent les événements de mai, parut accablé et comme désert. Tels quartiers, comme Montmartre et Ménilmontant, étaient visiblement dépeuplés. Mais la vitalité de cette ville est telle qu'elle réparait déjà ses ruines et que les magasins incendiés, les maisons détruites semblaient renaître de leurs cendres. Nous renvoyons au chapitre qui suit celui-ci l'histoire de la petite agitation électorale qui marqua le mois de juillet, lors des élections complémentaires pour l'Assemblée nationale et de la nomination des conseillers municipaux. Dans le présent chapitre, nous voulons terminer l'histoire de la Commune, et la suivre jusque dans les conseils de guerre. Mais nous ne pourrons être complet ; car cette triste guerre civile traîne après elle, après un an passé, des terreurs encore, des châtiments et des douleurs.

Ce fut le 6 août que s'ouvrirent, à Versailles, les séances du 3e conseil de guerre chargé de juger les membres de la Commune et du Comité central. Paris, hélas! se rendit là comme à la représentation d'un drame plus vivant et plus saisissant qu'un autre.

La salle du conseil de guerre était vaste ; c'était cette salle profonde du manège, qui ne s'attendait guère à être transformée en tribunal, et qui gardait encore trace de sa destination primitive, ne fût-ce que le sable jaune et fin dans lequel enfonçaient les talons du public. Le jour, un jour cru, pénétrait par les larges verrières des côtés, comme dans la salle du Jeu de Paume, et éclairait en pleine lumière ce vaste tribunal. Les uniformes des membres du conseil de guerre se détachaient sur les tentures vertes du fond de la salle, tenture sur laquelle on avait appendu une figure de Jésus crucifié. Des gardes de planton formaient, devant le tribunal, une sorte de double haie immobile, au milieu de laquelle passaient les témoins. De loin, les plastrons rouges des tuniques, les collets d'habits, les turbans des képis et les rouges aiguillettes des gendarmes produisaient absolument sur le fond vert du tribunal, l'éclat de fleurs rouges dans un champ d'herbe ou de blé vert.

Les accusés, assis entre des gendarmes, sur des gradins placés à la gauche du tribunal, faisaient face aux journalistes qui, à droite, prenaient des notes, écoutaient, étudiaient, et dont les regards navrés ou satisfaits rencontraient parfois ceux d'un ancien confrère. Les défenseurs, en robes noires, immédiatement placés au-dessous des bancs de leurs clients, suivaient les débats, écrivant, interrompant et lorgnant l'auditoire. Nulle figure connue dans le groupe, sauf le visage pâle et les gros yeux ronds de Me Lachaud, le défenseur de Courbet. Les autres, des jeunes gens pour la plupart, se groupaient autour d'un homme jeune, bouillant, Me Léon Bigot, — un ancien ami de Jules Favre, — et d'un vieillard en lunettes, les cheveux blancs et le menton rasé, qui était Me Dupont (de Bussac).

Les juges étaient des soldats. Le colonel Merlin, déjà vieux, le crâne chauve, ayant à ses côtés un lieutenant-colonel aux larges épaules, interrogeait, d'un ton lent, d'une voix apaisée, les accusés et les témoins. A la droite du tribunal, le commissaire de la République, le commandant Gaveau, prenait des notes. C'était un homme énergique, assez violent, l'air mâle et résolu.

Lorsque, arrivant par un escalier qui les dérobait d'abord à la vue des assistants, les accusés apparaissaient au haut des gradins et allaient s'asseoir à leurs places respectives, leurs noms couraient sur toutes les lèvres, mais il faut bien le dire, la première impression ressentie était l'étonnement. — Quoi! voilà les hommes qui avaient tenu, durant deux mois, Paris sous le joug! Cette ville immense, ce foyer d'électricité intellectuelle avait été livré à ces médiocrités tapageuses! C'étaient là les maîtres, et Paris obéissait, tremblant! Les plus terribles faisaient maintenant piteuse mine. Tombés du haut de leur rêve, beaucoup avaient encore la stupéfaction de la chute. D'autres, au contraire, gardaient on ne sait quelle confiance dans l'impossible qui, leur ayant déjà livré la puissance, leur donnerait peut-être le salut. Ils le croyaient, ils l'espéraient. Les têtes étaient livides, mais les lèvres souriaient. Le rictus de l'ironie s'alliait chez la plupart à la pâleur de la fatigue.

Leur attitude était diverse, mais un même sentiment les unifiait. Nul d'entre eux n'acceptait la responsabilité de ce qu'on appellerait, dans l'insupportable langue du jour, ses *agissements*. Tous s'excusaient, tous reculaient, effrayés du poids qui les accablait.

Le regard du public allait de l'un à l'autre, cherchant une sincérité, une virilité, une foi.

Ferré, petit, nerveux, étroitement serré dans son paletot de drap noir, le teint pâle, avec une barbe noire, un binocle posé sur son nez crochu, ressemblait absolument à un oiseau de proie. On chercherait vainement une autre comparaison. Il y avait du corbeau dans ce petit être sec et ardent, et qui paraissait noir de la tête aux pieds. Avec un sang-froid qui déconcertait, d'une voix stridente, d'un geste bref, il parcourait les dossiers qu'on lui tendait, les regardant vaguement comme on regarde les choses qu'on connaît fort bien, acceptait telle ou telle pièce, récusait telle ou telle autre, et tendait le dossier au gendarme qui le rapportait au président.

La physiologie expliquerait seule le tempérament intrépidement féroce de ce petit homme de vingt-quatre ans, acharné et amer. Sa laideur et sa petite taille avaient fait de lui un révolté souffrant et méchant. La claudication de lord Byron lui donna sa verve. Le ridicule de Ferré lui donna son amertume. Un écrit publié par la *Gazette des Tribunaux*, et trouvé au domicile de son auteur, nous livre le secret de cette âme farouche qui ne se démentit ni devant ses juges, ni devant la mort.

Inconvénients d'une petite taille et des ridicules.

« J'ai le malheur d'avoir un nez passablement long ; personne ne s'imaginera jamais combien, jusqu'à présent, il m'a occasionné de désagréments, mais il faut dire aussi que ma petite taille, la croissance de mes moustaches y ont un peu contribué. Dans la rue, on se retourne pour bien m'observer ; on sourit ; les gamins se moquent de moi et me donnent des sobriquets.

« Aux écoles où j'ai été, j'ai toujours eu des surnoms, tels que : Fée Carabosse, Maréchal-Nez, Sans-Nez, etc. ; quelquefois je ne supportais pas ces interpellations, alors une querelle surgissait qui finissait par quelques horions donnés et reçus des deux côtés.

« Je suis chez mes parents la risée des personnes qui viennent les voir.

« Chez mon patron, mon physique n'étant pas favorable, on ne peut s'imaginer que je vaille quelque chose : ne représentant pas, on se figure que je suis sans capacité aucune.

« Lorsque je suis en société avec des personnes instruites, de crainte de faire des fautes de langue, je deviens timide, je ne puis parler ; alors je bredouille, ce qui n'est pas un bon moyen de prouver mon intelligence.

« Outre cela, je suis mal vêtu, ce qui me donne l'air emprunté et gauche ; je suis orgueilleux, je me redresse, alors j'ai tout à fait l'air d'une caricature.

« Enfin, pour finir, j'ai des pensées fort au-dessus d'un jeune homme de mon âge ; je veux paraître sérieux et sévère, et tout cela ne corde pas avec ma figure de *polichinelle*.

« Allons, pauvre ami, sois fort ; dédaigne les mauvaises paroles qu'on te dira, aie du cœur et de l'énergie, tu parviendras et personne n'aura rien à réclamer.

« Il existe un proverbe à Paris, où il est dit : « Ceux « qui réussissent ont toujours raison ; ceux qui n'ar-« rivent pas toujours tort ; » tâche que la première partie d'icelui soit vraie pour toi.

« TH. FERRÉ.

« 8 octobre 1862. »

Assi, ce n'est plus certes l'oiseau de proie, comme Ferré, mais, à proprement parler, et pour rendre exactement ma pensée, c'est le paon. Tout son être est fait d'orgueil. Il portait avec affectation son uniforme râpé de colonel de la garde nationale et ses galons d'argent défraîchis. Joli garçon, d'une beauté d'ailleurs commune et dont la vulgarité apparaissait lorsqu'il marchait ou qu'il faisait un geste, Assi promenait son fier regard sur l'auditoire. Il penchait la tête en arrière et souriait, satisfait de lui-même. Ce rêve avait dû lui troubler la tête : ouvrier au Creuzot, puis contre-maître, jeté du jour au lendemain, en pleine réputation ; soldat il y a quelques années, réfractaire ou plutôt déserteur, et tout à coup revêtu de cet uniforme de chef de légion qui lui seyait fort bien et qu'il n'avait pas voulu quitter, même devant ce tribunal de soldats, dont chacun avait gagné un galon ou une croix au prix de son sang. Comment, lorsque l'éducation morale n'a pas donné de base solide à la conscience, garder son sang-froid à tous ces changements soudains !

A côté d'Assi, la figure brune et sombre d'Urbain se détachait de l'entourage des gendarmes. Un grand garçon, blafard et blond, dressait sa tête aux longs cheveux : c'était Billioray. Nul ne ressemblait moins que lui au *joueur de vielle* des rues de Paris. Comment

Après la Commune. — Le Viaduc du Point-du-Jour.

avait-on pu les confondre l'un avec l'autre? Paschal Grousset, dédaigneux, feuilletait en silence quelque brochure ou quelque livre. Lullier, les cheveux blanchis, promenait sur l'auditoire ses yeux égarés. Un autre, un peu au-dessous de lui, se tenait assis, les mains gantées de violet, et relevait sa tête aux cheveux et aux favoris roux, sa figure enluminée : c'était Théodore Régère. Quel contraste avec Trinquet son voisin! Régère, mis à côté de Trinquet, c'était le bourgeois ambitieux, jeté par la communauté des désirs et des impatiences à côté de l'ouvrier cordonnier enfiévré par les idées communistes. Trinquet fut le seul qui osa, devant le conseil, revendiquer la responsabilité de ses actes. Le col droit, encadrant sa figure solide, la cravate nouée à la façon des matelots, le gilet collant sur son torse, Régère apparaissait comme un de ces « vieux beaux » des lithographies ou des comédies. Lorsqu'il parlait, en homme sûr de son importance, et qui s'écoute volontiers à l'audience comme aux cafés de Bordeaux, où l'ex-vétérinaire avait autrefois sa place marquée, il passait sa main droite sur ses cheveux, puis étendait sa main gauche d'un geste arrondi, qu'il voulait rendre aimable. Ses collègues l'accusaient de tendances cléricales. Il s'est, en effet, targué d'avoir respecté le culte et les églises dans l'arrondissement qu'il administrait, le cinquième, celui du Panthéon.

Courbet, amaigri et grisonnant singulièrement, se tenait à sa place, dans l'attitude d'Agnelet devant le juge. C'est le paysan gonflé de vanité, qui, niaisement, s'est mêlé, pour faire figure, à des choses où il n'entendait goutte. Qu'allait-il chercher en cette fournaise, lui qui n'osait, en public, dire un mot, et quelle flamme démocratique l'animait? La vanité a ses victimes ignorantes, inconscientes, grosses de sottises. Courbet est de celles-là; une victime piteuse, — et qui eut un meilleur avocat encore que M° Lachaud, ce fut l'auteur des *Chevreuils sous bois* et de l'*Enterrement d'Ornans*. D'autres visages encore apparaissaient sur ces gradins : celui d'Ulysse Parent, démissionnaire de la Commune, et que l'accusation confondait, à tort, nous l'avons dit, avec le Parent qui signa l'ordre d'incendier la Banque, lequel, sans doute, s'est échappé, grâce à cette erreur. Puis Jourde, un jeune homme grand, sec et maigre, la barbe blonde et rare, courant en frisons légers sur ses joues creuses, tel qu'un Christ de rencontre, sculpté par une main inhabile. De ce corps émacié, de cette tête dont les oreilles se décollent du crâne, sortait une voix bien timbrée, rapide, qu'on entendait de tous les coins de la salle. Jourde, avec une habileté rare, une lucidité d'intelligence, établissait ses comptes d'administration, et se défendait d'avoir fait de la politique. En servant la Commune, il avait servi l'*État*, c'était son mot. Cela tient du rêve, tout ce que cet homme nous a appris sur les millions qui lui passaient par les mains. Ce maigre garçon, qui eût fait un teneur de livres émérite, fut le teneur du *grand-livre*. Il parlait de cent, de cinq cent mille francs, de millions, avec une facilité stupéfiante. On nageait en plein fantastique, en plein roman.

Les questions posées au conseil de guerre étaient celles-ci :

L'accusé est-il coupable :

1° D'attentat contre le gouvernement ;

2° Excitation à la guerre civile ;

3° Levée de troupes, mais sans ordre ni autorisation de l'autorité légitime ;

4° Usurpation de titres et fonctions ;

5° Complicité d'assassinats ;

6° Complicité d'incendie d'édifices publics et lieux habités;

7° Complicité dans la destruction des propriétés particulières ;

8° Complicité dans la destruction de monuments publics ;

9° Arrestations arbitraires et séquestrations de personnes ;

10° Fabrication d'armes prohibées par la loi ;

11° Embauchage ;

12° Soustraction de deniers publics ;

13° Avoir pris sans droit ni motif légitime commandement d'une troupe armée ;

14° Soustraction d'actes et de titres dont il était dépositaire ;

15° Vol de papiers à l'aide de violences et en alléguant un faux ordre de l'autorité ;

16° Bris de scellés et vols de papiers publics.

La délibération du conseil dura près de treize heures. Puis il prononça le jugement en vertu duquel il condamnait :

Ferré et Lullier à la peine de mort (la peine de Lullier fut commuée) ;

Assi, Billioray, Champy, Régère, Paschal Grousset, Férat et Verdure à la déportation dans une enceinte fortifiée ;

Jourde et Rastoul à la déportation simple ;

Urbain et Trinquet aux travaux forcés à perpétuité ;

Courbet à six mois de prison et 1500 francs d'amende ;

Victor Clément à trois mois de prison ;

Ulysse Parent et Descamps étaient acquittés.

Les circonstances atténuantes avaient été admises pour Urbain, Jourde, Trinquet, Rastoul, Clément et Courbet.

A ce procès des principaux membres de la Commune allait succéder celui de quelques-unes des femmes accusées d'avoir aidé à incendier les monuments de Paris. Élisabeth Rétiffe, trente-neuf ans, cartonnière; Léontine Suétens, vingt-quatre ans, blanchisseuse ; Joséphine Marchais, trente-deux ans, sans profession ; Eulalie Papavoine, vingt-quatre ans, sans profession, et Lucie Maris, femme Bocquin, journalière, la plupart anciennes cantinières de bataillons fédérés, ambulancières porteuses de revolvers, — esprits pleins de nuit, de brutalité, d'envie, rongés de misère, — furent condamnées : Rétiffe, Suétens, Marchais à la peine de mort ; Eulalie Papavoine à la déportation dans une enceinte fortifiée, la femme Bocquin à dix années de réclusion. On ne devait pas appliquer la peine de mort prononcée contre ces femmes.

Le lugubre défilé continuait. Georges Cavalier, dont le surnom de *Pipe-en-Bois* avait fait la fortune et le malheur, fut condamné à la déportation dans une enceinte fortifiée, peine d'une sévérité excessive qui fut commuée en celle du bannissement. Après lui devait venir Rossel. L'énergique officier du génie ne se démentit pas un moment. Il fut un soldat devant les soldats qui le jugeaient, ferme, impassible, et relevant le front devant la mort. Son jugement fut cassé pour vice de forme. Ramené de nouveau devant ses juges, Rossel garda la même attitude résolue, vraiment brave et sans fanfaronnade. Deux fois, il fut condamné à mort, deux fois il entendit sa condamnation sans sourciller. Il avait déserté son poste de soldat, mais du moins il se disait déjà (ce qu'il a écrit plus tard) : — *Une fois mort, je suis inattaquable.*

Henri Rochefort, Eugène Mourot et Henri Maret, l'un rédacteur en chef, les autres collaborateurs du *Mot d'ordre* comparurent ensuite devant le conseil. L'acte d'accusation signalait, — quel étonnement ! — parmi les griefs reprochés à Rochefort, la publication de *la Lanterne*. Mourot, caractère paisible, et Maret, esprit lettré, égaré dans la politique ardente, partagèrent le sort de leur rédacteur en chef. Rochefort fut, pour avoir tenu une plume, condamné à la même peine qu'Urbain ou Trinquet qui avaient manié le revolver. La peine rigoureuse de la déportation dans une enceinte fortifiée fut prononcée contre lui. Mourot fut condamné à la déportation simple, Maret à cinq ans de prison et 500 francs d'amende. Maret, fort malade, devait être gracié bientôt.

Un journal publiait bientôt la lettre suivante de Me Joly ; on y trouve racontées les raisons pour lesquelles Rochefort n'a jamais voulu se pourvoir en révision :

« Versailles, 25 septembre 1871.

« Mon cher ami,

« Rochefort a accepté sa condamnation avec une fermeté qu'on ne lui supposait assurément pas. Après la lecture du jugement, il a demandé à M. Gaveau s'il n'était pas aussi condamné pour l'assassinat de Chaudey ; ensuite il est rentré dans sa cellule, où je l'ai retrouvé aussi calme que les jours précédents. Malgré mes instances, il a absolument refusé de se pourvoir en révision, et comme j'insistais toujours, il me répondit tristement par cette phrase de ma plaidoirie :

« Si c'est *la Lanterne* bien plus que le *Mot d'ordre*
« que l'on veut atteindre, nous n'avons pas à nous
« défendre, messieurs, car Rochefort se reconnaît
« coupable de haine envers l'empire, coupable *sans*
« *circonstances atténuantes*.

« Tout à vous,

« ALBERT JOLY. »

Comme témoignage de sa reconnaissance, Henri Rochefort avait envoyé à son avocat ses trois volumes de politique.

Voici les dédicaces qu'il a mises sur chacun de ces ouvrages :

Sur la *Grande Bohème* :

« A Me Albert Joly. — Acceptez ces essais de comédie qui ont si vite tourné au mélodrame. — H. R. »

Sur les *Français de la décadence* :

« Je vous offre, mon cher Joly, en Français de la décadence, tout ce qui reste, hélas ! de la décadence d'un Français. — H. R. »

Sur les *Signes du Temps* :

« Agréez, mon cher et éloquent défenseur, ces causeries d'un journaliste condamné par la République pour avoir attaqué l'empire. — H. R. »

Avant de quitter la prison de Versailles, Rochefort a offert à son défenseur, comme dernier témoignage de sympathie et de reconnaissance, la collection de sa *Lanterne*, avec la dédicace suivante :

« A Me Albert Joly.

« Permettez-moi, mon cher défenseur, de vous offrir la collection de cette *Lanterne* qui passe pour m'avoir tant rapporté autrefois et qui me coûte aujourd'hui si cher.

« Ce qui m'inquiète dans les calomnies de toute nature qui se sont acharnées non-seulement sur moi, mais sur ma famille, et jusque sur mes enfants, c'est que j'y devine de vagues espérances de ce régime qu'on croyait mort, et que j'ai la réputation d'avoir mis au tombeau.

« On voit déjà poindre partout ces champignons politiques et littéraires que le fumier bonapartiste peut seul engendrer.

« Je m'attends tous les jours à apprendre que Napoléon III, rentré dans ses domaines, vient de proclamer l'amnistie ; et après avoir été condamné par la République, je suis à cette heure menacé d'un malheur bien autrement terrible, celui d'être gracié par l'empire.

« HENRI ROCHEFORT. »

On remarquera que les journalistes étaient assez durement menés par la justice militaire. M. Louis Ulbach, ayant publié une critique sur un de ces jugements, se vit, à son tour, condamné à trois ans de prison et 6,000 francs d'amende, et put seulement obtenir que sa peine fût réduite à six mois.

Parmi les accusées qui comparurent devant ces conseils de guerre, une figure étrange et énergique se détache, celle de l'institutrice Louise Michel, accusée d'avoir, dans un mouvement insurrectionnel, porté des armes apparentes et revêtu un uniforme. Elle est, en outre, accusée d'avoir applaudi aux meurtres des généraux Clément Thomas et Lecomte.

Voici, d'après le rapport, ce que publiait le *Cri du Peuple* à la date du 4 avril.

« Le bruit qui a couru que la citoyenne Louise Michel, qui a combattu si vaillamment aux Moulineaux, avait été blessée au fort d'Issy est controuvé.

« Heureusement pour elle, ainsi que nous nous empressons de le reconnaître, l'héroïne de Jules Vallès est sortie de cette brillante affaire avec une simple entorse. »

Louise Michel avait attrapé une entorse en sautant un fossé et n'avait nullement été atteinte par un projectile.

Le rapport mentionne le premier couplet d'une chanson intitulée : *les Vengeurs*, qu'elle avait composée.

> La coupe déborde de fange,
> Pour la laver il faut du sang !
> Foule vile, dors, bois et mange :
> Le peuple est là, sinistre et grand
> Là-bas, les rois guettent dans l'ombre,
> Pour venir quand il sera mort ;
> Déjà depuis longtemps il dort
> Couché dans le sépulcre sombre.

Jusqu'à l'âge de vingt-deux ans, elle s'était exclusivement occupée de l'instruction des jeunes filles, et, dans toutes les pensions où elle avait été admise comme institutrice, elle avait laissé de bons souvenirs. Ce n'a été que plus tard qu'elle s'est crue appelée à réformer la société et qu'elle a travaillé à l'émancipation des femmes.

« Je ne veux, dit-elle, ni me défendre ni qu'on me défende. Je partage toutes les idées de mes frères de la Commune, et je suis prête à expier, comme ces martyrs (sic), toutes mes convictions. La Commune n'a jamais ni tué, ni volé ; s'il y a eu des assassinats et des vols, cherchez-en les auteurs dans la police, parmi ceux qui nous jugent, mais nous n'en sommes pas responsables.

« Si j'ai dit qu'on avait bien fait de fusiller les généraux Lecomte et Clément Thomas, c'était pour empêcher que l'*élan révolutionnaire s'arrêtât* (sic), car la Commune était uniquement la révolution du peuple, et je voulais qu'elle s'accomplît en vue seulement du bien populaire, et les généraux étaient accusés d'avoir voulu tirer sur le peuple. Si j'ai revêtu une seule fois le costume de garde national, c'était pour empêcher qu'on m'accusât de vouloir me mettre en spectacle en combattant à Issy, sous mes habits de femme ; je ne nie pas avoir fait le coup de feu, et il est vrai que si j'avais été à la butte au moment de l'exécution des généraux, j'aurais *peut-être* tiré sur eux. »

Son avocat renonce à défendre mademoiselle Michel dès lors que sa cliente s'y oppose.

Interrogée une dernière fois sur ce qu'elle a à dire avant la délibération :

« Puisque le conseil s'arroge le droit de nous juger, je veux qu'il agisse pour moi comme pour mes frères martyrs ; ce que je demande, c'est une place au plateau de Satory avec eux. *Si vous n'êtes pas des lâches, tuez-moi !*

Après un quart d'heure de délibération, le conseil rend un jugement qui condamne Louise Michel à la déportation dans une enceinte fortifiée (1).

Nous ne pouvons donner à cette histoire l'aspect d'une chronique des tribunaux et transformer ses pages en comptes rendus d'audience. L'exécution de ces jugements devait avoir lieu deux mois après pour les condamnés à mort, un an après pour les condamnés à la déportation. Le 28 novembre, au matin, Rossel, Ferré et un soldat déserteur du nom de Bourgeois furent exécutés à Satory.

Jusqu'à ce moment, à partir de l'heure où l'on avait appris que la commission des grâces avait rejeté le pourvoi de Rossel, il s'était fait dans l'opinion publique une sorte de soulèvement légal et spontané, de travail tout d'émotion en faveur de Nathaniel Rossel. On ne pouvait croire qu'une telle intelligence et un tel courage pussent finir sous les balles d'un peloton d'exécution. Divers écrits, com-

---

(1) Il y eut des procès plus incroyables, par exemple, celui de l'accusé Broche. C'est un roman. Pendu, noyé, fusillé ! Broche a été tout cela, et on ne s'en douterait guère aujourd'hui en voyant sur les bancs de l'accusation ce vigoureux gaillard qui regarde ses juges en souriant. Il avoue d'ailleurs, sans hésiter, sa participation à l'insurrection, et pour toute défense il raconte son histoire : « Au moment où la Commune a été proclamée, dit-il, je m'occupais tranquillement de remplir mes fonctions de garçon charcutier, quand on vint me réquisitionner pour me faire entrer dans la garde nationale. Je voulus résister, disant que mon patron ayant quitté Paris, j'étais seul pour diriger son commerce, que ce n'était pas mon idée d'aller me battre ; rien n'y fit, et je fus immédiatement incorporé dans un bataillon qui reçut l'ordre de sortir du côté de Neuilly. Comme j'avais été un peu soldat, on voulait me nommer capitaine ; je refusai, et, dès ce jour, commencèrent des persécutions sans fin. Un soir, comme les balles *rappliquaient* plus fort que d'habitude sur le pont de Neuilly, je voulus me sauver, mais on me rattrapa, et une cour martiale, organisée sur-le-champ, me condamna à mort. Les hommes chargés de l'exécution trouvèrent drôle de me pendre au lieu de me fusiller. Ils me passèrent donc une corde au cou et m'accrochèrent aux barreaux d'une fenêtre d'un premier étage. Puis, quand ils virent que je ne remuais plus, ils s'en allèrent. Moi, je m'étais retenu après le mur, et à mes cris, d'autres gardes vinrent, me décrochè-

Le Palais-Royal après l'incendie. — Le grand vestibule du premier étage.

posés par Rossel dans sa prison et publiés par les journaux, avaient attiré sur lui la compassion. M. Thiers, pressé de faire grâce, répondit, affirme-t-on, à quelqu'un : « Si j'avais pu, je ne l'aurais pas laissé arrêter ! » Mais la discipline de l'armée eût été atteinte peut-être sans le trépas de ce jeune homme qui avait dit lui-même : « La mort, c'est mon triomphe. »

Il vint des demandes en grâce de Metz, où Rossel avait laissé de bons souvenirs. Neuf membres du conseil général de la Seine adressèrent une pétition au préfet de la Seine, tendant à ce que M. Say voulût bien intercéder auprès de M. Thiers, pour obtenir la commutation de Rossel :

« Monsieur le préfet,

« Confiants en votre cœur et votre patriotisme, les soussignés, ne voulant point outrepasser les limites de leur mandat au conseil général, et désirant continuer la preuve du désir qui les anime de ne point susciter d'embarras au gouvernement, vous prient d'être leur interprète auprès de M. le chef du pouvoir exécutif.

« L'ex-colonel Rossel ayant visiblement agi et combattu dans les rangs des fédérés avec la noble illusion de venger son pays de l'occupation étrangère, espérant organiser la victoire et réparer nos désastres, les soussignés demeurent convaincus qu'il y a lieu d'user de clémence en faveur de cette victime de généreuses intentions.

« C'est pourquoi ils vous prient, monsieur le préfet, en votre qualité de membre de l'Assemblée nationale, d'intercéder pour la commutation de la peine du condamné.

« Veuillez agréer, monsieur le préfet, l'expression de notre reconnaissance anticipée.

« EUGÈNE RIGAUT, MURAT, FERRÉ, COMBES, CHEVALLIER, RICHARD, BRALERET, DOCTEUR BÉCLARD, DOCTEUR FRÉBAUT,

« Membres du Conseil général de la Seine. »

rent et me menèrent dans leur bataillon, campé plus loin. Je restai deux jours avec eux ; au bout de ce temps, c'était vers le 20 mai, je tentai de nouveau à fuir ; les fédérés se mirent à ma poursuite, et me forcèrent de me jeter dans la Seine que je traversai. Au moment d'arriver à l'autre rive, où étaient les Versaillais, on me reçut par une grêle de coups de fusil ; l'un d'eux m'atteignit même à la jambe et je fus arrêté. Je dis au chef ce qui m'était arrivé ; il ne voulut pas le croire, et trois jours après on me faisait passer devant une nouvelle cour martiale qui me condamna à être fusillé sur-le-champ avec d'autres fédérés. Cette fois, je crus que tout était bien fini. On nous conduisit contre un mur près du quai, et j'entendis le feu de peloton.... Le lendemain, un habitant de Puteaux me recueillit chez lui, où après j'étais remis sur pied. On m'arrêta quand je voulus rentrer dans Paris et on me conduisit à Versailles. »

Ces faits, qui d'abord paraissent invraisemblables, étaient pourtant de la plus scrupuleuse exactitude, comme le reconnait lui-même M. le commandant Guinez, commissaire du gouvernement. Broche avait été frappé de trois balles, dont l'une avait fracturé un membre, et les deux autres n'avaient occasionné que de légères blessures aux bras.

Que pouvait faire le conseil à un homme à la fois si malheureux et si heureux ? Le rendre bien vite à sa charcuterie qui le réclame ; c'est ce qu'il s'est hâté de faire.

(*Le Droit.*)

Cette demande fut remise à M. Léon Say, qui l'accueillit favorablement.

Bientôt, une députation des écoles se rendit à Versailles pour solliciter du gouvernement et de la commission des grâces la commutation de peine de Rossel (1).

M. le pasteur Passa, l'ami du protestant Rossel, adressa à son tour la lettre suivante à M. le président de la République française et à MM. les députés membres de la commission des grâces :

« Messieurs,

« Pardonnez-moi si je prends la respectueuse liberté de vous écrire. Je le fais, croyez-le, dans un sentiment de profonde humilité, mais je le fais devant Dieu, et avec la ferme assurance de remplir un devoir sacré que me commande ma conscience.

« Vous êtes investis, messieurs, du droit le plus auguste qui puisse être confié à des êtres mortels, d'un droit divin, du droit de grâce, et vous allez vous recueillir pour l'exercer demain.

« Ministre de Jésus-Christ et de son Évangile, qui est tout pardon et amour, aumônier de Rossel, j'implore votre pitié pour un grand coupable.

« Je vous en conjure, messieurs, ne le tuez pas !

« Cette prière monte vers vous de tous les points de la France ; souffrez qu'elle vous arrive aussi de la cellule où, depuis six mois, le condamné et le pasteur se rencontrent, sous le regard de Dieu, pour se préparer à la mort.

« Ayez pitié, messieurs, ayez pitié pour cet enfant, devenu fou des malheurs de son pays !

« Vous avez entendu les témoignages qui l'honorent à un si haut degré. Au pied de votre tribunal, je dépose à mon tour le témoignage du confesseur : on est sincère devant la mort. Je crois avoir lu jusqu'au fond de l'âme de Rossel, et je me suis pris à l'aimer comme un frère.

« Ayez pitié pour lui ! Pitié pour nous ! Pitié pour sa famille, dont il est l'unique fils, l'unique frère !

« Vous êtes forts, vous êtes justes... Ne croyez-vous pas que votre clémence sera l'auréole sainte de votre puissance souveraine, et qu'il vous sera

(1) L'appel suivant a été affiché à l'École de médecine :

« A LA JEUNESSE PARISIENNE.

« Un bruit sinistre se répand.

« Le pourvoi en grâce de Rossel serait rejeté, et son exécution va peut-être avoir lieu. Une dernière ressource lui reste : Rossel est jeune comme nous, et à ce titre, nous devons lui demander sa grâce.

« Rendez-vous est pris pour demain vendredi, à dix heures et demie, à la gare Montparnasse, pour aller exprimer d'une manière *pacifique* et *légale*, à M. Thiers et à la commission des grâces, la douleur que ferait éprouver à la jeunesse l'exécution de Rossel.

« DE LANESSAU, étudiant en médecine.
« JEANTY, id.
« JULES AMIGUES, publiciste.
« ROLLINAT, id.
« DE LA BERTHELIÈRE, ingénieur civil.
« MONPROFIT, étudiant en droit. »

doux de penser que vos noms reviendront, chaque soir, dans notre souvenir reconnaissant et dans nos prières?

« Daignez agréer, monsieur le président de la République et messieurs les députés,

« L'humble et respectueux hommage de mon dévouement,

« Le pasteur de l'Église réformée de Versailles, aumônier de l'école militaire de Saint-Cyr,

« THÉOD. PASSA, *pasteur.* »

Ces supplications furent vaines. Rossel, coupable d'avoir abandonné l'armée, devait subir, sans pâlir, la peine qu'il avait envisagée sans trembler. Un matin, on l'éveilla, il écrivit une dernière lettre et dit : « Allons! » Ferré, de son côté, écrivait deux lettres, la première adressée à sa sœur :

« Ma sœur chérie,

« Il me reste un instant avant de mourir; c'est à toi que je vais le consacrer. Je te prie de faire recueillir mes restes, afin que quelques amis sachent où les retrouver.

« Il est bien entendu qu'il n'y aura pas, à cette occasion, de cérémonie religieuse; car je meurs matérialiste comme j'ai vécu. Vous serez bien malheureux tous. Quant à moi, ma souffrance va finir; je ne suis pas à plaindre. »

La seconde lettre était adressée au ministre de la guerre. En voici le sens, et presque le texte exact :

« Monsieur le ministre,

« Dans un instant je serai mort. Il n'y aura donc plus aucune raison de retenir mon père sur les pontons, non plus que mon frère, qui est enfermé, comme aliéné, à l'hôpital militaire. J'espère que vous les rendrez à ma sœur, qui seule peut leur prodiguer tous les soins dont ils ont besoin. »

Les condamnés Rossel, Ferré et Bourgeois étaient montés en voiture. A Satory, les troupes attendaient déjà.

A sept heures un quart, sur un commandement du colonel Merlin, les tambours battent aux champs, c'est le funèbre cortège qui vient et qui s'avance jusqu'au milieu du carré formé par les soldats.

« Là les voitures s'arrêtent, — dit un témoin auquel nous empruntons ces lignes, et qui n'est point partial en faveur des condamnés, c'est le rédacteur judiciaire du *Figaro*, — les condamnés en descendent, et tous trois, d'un pas ferme, ils gagnent les piquets où ils doivent se placer pour recevoir la décharge mortelle.

« Rossel est placé au piquet de gauche, en face d'un peloton composé de douze soldats pris dans son régiment; Bourgeois est conduit à celui du centre, ayant devant les yeux douze de ses anciens compagnons du 45ᵉ de ligne, et Ferré est conduit au piquet de droite. Devant lui est également un peloton de soldats de ligne.

« A ce moment il se fait sur le plateau, et au milieu des six mille hommes qui l'occupent, un silence de mort. On entend jusqu'aux moindres mots des greffiers qui lisent aux condamnés leurs jugements, lecture que Rossel et Bourgeois semblent ne pas écouter, et qui ne distrait pas un instant Ferré de son cigare. »

Cependant cette lecture se termine. Ferré, droit, appuyé contre son poteau dans une pose théâtrale, attend. C'est Rossel qui est cause de ce retard. Il demande d'abord à commander le feu, ce qu'on lui refuse, puis il prie le greffier d'aller chercher M. le colonel Merlin, à qui il veut serrer la main.

Un officier supérieur s'approche, lui fait comprendre qu'il prolonge le supplice des deux autres condamnés en prolongeant sa vie de quelques instants, et Rossel prenant alors une résolution subite, enlève son pardessus, jette son chapeau loin de lui et se laisse bander les yeux.

Les sous-officiers commandant les pelotons d'exécution baissent leurs sabres, un feu nourri se fait entendre. Rossel tombe en arrière comme un bloc, foudroyé; le chirurgien militaire qui s'approche de lui constate qu'il ne donne plus signe d'existence.

Il n'en est pas de même de Bourgeois auquel un soldat est obligé de donner le coup de grâce, ni de Ferré qui tombe seulement à la dernière balle, après avoir tournoyé sur lui-même, et semblant lutter encore contre la mort.

Un soldat l'achève, et il se passe alors une chose étrange : deux chiens qui erraient autour des buttes se précipitent vers le cadavre de Ferré, dont il faut les écarter.

« Moins de cinq minutes après l'exécution, ajoute le témoin que j'ai cité, le défilé commence. Tambours battants, musique en tête, drapeaux déployés, les régiments défilent les uns après les autres devant les trois cadavres. »

Les condamnés furent inhumés dans le cimetière Saint-Louis, à Versailles. On y enterra le sergent Bourgeois dans un coin.

Les corps de Rossel et de Ferré furent bientôt réclamés par leurs familles.

Deux jours après l'exécution de Rossel et de Ferré, le malheureux Gaston Crémieux était fusillé à Marseille, au Pharo, où était tombé avant lui le soldat Estragnat.

Pendant que ces victimes tombaient, les réfugiés de la Commune célébraient leur mort à Londres et à Genève, puis à New-York.

La section de l'Internationale, qui a son siège à New-York, après quelques difficultés avec la police locale qui réclamait contre le choix du dimanche, fit, dans cette ville, le 17 décembre, une grande démonstration pour honorer la mémoire des condamnés de la dernière guerre civile en France : Rossel, Ferré, Bourgeois et Crémieux. Un cortège funèbre, dans lequel figuraient d'anciens membres ou fonctionnaires de la Commune, Simon Dereure, Mégy, Ed. Levraud et les frères May, parcourut les principales rues de la métropole commerciale des États-Unis. La manifestation s'accomplit paisiblement, sans soulever le moindre incident.

Réfugiés à l'étranger, les anciens membres du gouvernement parisien ne donnaient cependant, sauf quelques-uns, ni l'exemple de l'esprit politique, ni celui de la patience. En Suisse et à Londres, ils publiaient déjà des écrits pleins de fureur qui ne peuvent que desservir la cause de la Commune devant tout homme de bonne foi. C'est dans ces écrits qu'apparaît le fond même de leur vanité et de leur envie. Je ne parle pas des publications naïves, mais convaincues, de tel ou tel ouvrier, mais des journaux de scandale inventés à Londres ou ailleurs par des spéculateurs enragés.

La marque distinctive des écrivains politiques de la Commune était la sécheresse, le manque d'éclat, en somme la médiocrité. C'est précisément le contraire, c'est-à-dire l'exagération, le fracas, qui seront les défauts des littérateurs du parti. Le mouvement romantique avait été à la fois une protestation contre les stérilités de la littérature impériale, et une affirmation de la liberté dans l'art. Il eût été fort utile s'il s'en fût simplement tenu là. Mais, dans son ardeur d'innovation, ou plutôt dans sa soif d'archaïsme et son appétit de beautés étrangères, noyant, sous un déluge d'imitations allemandes, anglaises, espagnoles, l'esprit français, qui surnageait pourtant, élégant et léger, avec Musset, enfermant l'idéal moderne dans les cathédrales gothiques, le romantisme en arriva à donner à l'étrange, au bizarre, au difforme, le pas sur la clarté, la mesure et le vrai. Ce qui est colossal parut grand, ce qui est étrange parut sublime. « J'appelle classique ce qui est sain, disait Gœthe, et romantique ce qui est maladif. »

Dix-huit ans après, le réalisme, mot nouveau, succédait au romantisme déjà vieilli, et protestait à son tour contre les exagérations de 1830. Le romantisme représentait en quelque sorte la révolution dans la littérature et l'art, — le réalisme vint à son tour représenter le socialisme. Il date, en effet, comme lui, de 1848, ou du moins comme lui il fait explosion en 48 ; mais, doublé alors de fantaisie et d'ailleurs sans préoccupations politiques, il demeura surtout pittoresque, sceptique et railleur, agréable avec Murger, moins littéraire avec d'autres, et ce ne fut guère que dans ces dernières années que, recrutant de nouveaux fidèles, plus vigoureux, plus exigeants, le réalisme devint brutalement une arme politique. Grâce à lui, le paradoxe politique prit rapidement une apparence plus séduisante et de plus frappantes couleurs. A l'état de théorie, hérissée de ces termes scientifiques dont abusent justement les faiseurs de systèmes, l'utopie n'est point dangereuse. Elle ne trouble que quelques fous, ou plutôt elle ne s'adresse qu'à des esprits cultivés qui, par conséquent, peuvent dégager l'erreur et résister à l'entraînement ; mais, la plupart du temps dramatisée, mise en relief par le récit, la chronique, le tableau de mœurs, l'utopie gagne aussitôt en puissance ce que l'émotion du lecteur et le talent du peintre lui prêtent de force. Il est facile au surplus d'émouvoir en chargeant les couleurs. Aussi qu'arriva-t-il ? C'est que les littérateurs réalistes, recherchant, avant tout, le succès, donnèrent à leurs écrits ce reflet politique qui attire l'attention et fait paraître supportable tant d'ouvrages dont on ne s'occuperait guère sans les opinions de leur auteur. C'est Gœthe qui disait à Eckermann : « La littérature abonde en exemples de la haine suppléant au génie, de talents médiocres acquérant de l'importance, parce qu'ils se font les organes d'un parti. C'est ainsi également que l'on trouve dans la vie une foule de personnes qui n'ont pas assez de caractère pour rester à l'écart. Elles se jettent donc dans un parti qui leur prête de la force et leur permet de faire figure dans le monde. »

Le premier qui spécula sur la curiosité de l'étranger, ce fut Bergeret avec son journal *le 18 Mars*, où il raconte que les soldats de Versailles marchaient dans le sang jusqu'aux chevilles. Puis vint l'auteur de cette petite brochure, à couverture verte, dont le titre est : *Justice*, PAR UN OFFICIER D'ARTILLERIE DE L'ARMÉE DE PARIS.

Cette brochure se publiait tous les samedis à Londres, chez plusieurs libraires, notamment Church street, au bureau du *Qui-Vive*, de Vermersch.

Le prix de cette publication hebdomadaire était de six pence, soit douze sous, quatre sous de plus que la *Lanterne*. C'était un succédané du *Qui-Vive*.

Gambetta lui-même, à qui il dédie ironiquement sa publication, n'était, aux yeux de cet écrivain, que « le laquais de M. Thiers. »

« Et pourtant, lui dit-il, que de bien vous auriez fait par le prestige de votre beau talent, en écrivant cette Vérité que le pays ignore et qui doit nous venger de toutes les hontes, de toutes les misères, que nous n'avons pas méritées.

« Vous la trouverez ici, monsieur, cette Vérité, mais sans le moindre prestige. »

« Puisse-t-elle dire à quels devoirs sacrés vous avez failli, en oubliant à Paris, maintenant, ce que vous étiez à Bordeaux l'an dernier. »

Dans le second numéro de sa brochure, cet *offi-*

Les Prisonniers a Versailles. — L'interrogatoire.

cier *d'artillerie*, qui signe enfin de son nom et de ses titres (*Bargella, lieutenant-colonel d'artillerie, aide de camp du général Rossel, ministre de la guerre*), se laisse aller à un accès d'épilepsie littéraire qu'il est peut-être bon de placer sous les yeux du lecteur :

« Vous, bourreaux éhontés, ignobles poltrons, ramollis abjects, bourgeois fétides, idiots féroces, qui l'avez tué sournoisement, *notre Rossel*, après l'avoir supplicié durant quatre-vingt-dix jours et quatre-vingt-dix nuits, vous, Martel, président de l'infâme *Commission des grâces*; vous, Piou, vice-président; vous, Bastard, secrétaire; vous, Voisin; vous, Batbie ; vous, Maillé ; vous, Duchatel ; vous, Peltereau-Villeneuve ; vous, Lacaze ; vous, Tailhand ; vous, Quinsonas ; vous, Bigot ; vous, Merveilleux-Duvigneaux ; vous, Paris ; vous, Corne, vous verrez, sachez-le, se dresser un matin et pour vous tous, les potences de Montfaucon. Mais ce sera place de la Concorde. A ces gibets énormes, où s'accrochaient jadis les misérables indignes de la hache et du billot, on vous accrochera. Et vous serez là, *pendus, la face convulsée, la langue grosse, toute bleue et les yeux jaillissants*. Et vous y resterez nuit et jour, au soleil, à la pluie, jusqu'à pourriture complète de votre sale cadavre, qui, lambeaux par lambeaux, s'en ira dans la poussière ou dans la boue de la place publique. »

On me pardonnera d'avoir cité cette horrible page. La plume, en la transcrivant, me tombe des mains. Ne faut-il pas, cependant, montrer où en sont ces esprits affolés qui, émigrés de la guerre civile, n'ont rien appris, ni rien oublié ?

Écoutez au moins M. Gambon, qui, dans une brochure intitulée *la Dernière révolution*, malgré sa colère, garde sa raison, et ose du moins parler de travail et de probité :

« Au **Peuple de Paris**, héroïque défenseur de la Commune, — de la Fédération, — de la République universelle ;

« Aux glorieux martyrs de la sainte cause du travail ;

« Aux citoyens et citoyennes *qui ont eu le courage de refuser l'impôt* aux oppresseurs ;

« Je dédie ces lignes.

« Et je les soumets fraternellement à l'examen de l'*Association internationale des Travailleurs* et de tous les hommes de bien qui veulent la paix et la liberté dans le monde. »

Et il ajoute :

« L'heure de la vengeance, s'écrie-t-il, non, l'heure de la justice a sonné. La Révolution, trahie par la bourgeoisie, vaincue par l'étranger, frappée par des fils égarés, insultée chaque jour par des écrivains à gages, systématiquement calomniée par le prêtre dans quarante mille tribunes, condamnée et exécutée froidement par les soldats de Versailles, exige de nous une revanche : il la faut éclatante, décisive.

« Si le peuple veut, demain la liberté se lèvera radieuse sans une tache au front et triomphante sur tous les points du globe. C'est au travail à prouver sa souveraineté en gagnant la dernière bataille, en exécutant à son tour les exécuteurs, — Rome, Versailles et Berlin. Il peut d'un coup tuer tout à la fois pape, empereur, monarchie, féodalité allemande ou bourgeoisie française, frapper tous les despotismes, tous les priviléges, toutes les aristocraties de naissance, de la terre et du capital, pour élever sur ces ruines la seule aristocratie légitime et durable, *celle du travail et de la probité*.

« Mais que la conscience publique, déjà trop troublée, se rassure. Pour obtenir cette victoire, nous ne renouvellerons ni les tueries du 24 juin 48, ni les assassinats de 51, ni les massacres de 71; nous n'aurons recours ni au bombardement de M. Thiers, ni aux fusillades des femmes et des enfants par Mac-Mahon, ni au peloton d'exécution Gallifet, ni aux conseils de guerre des Versaillais, ni à Cayenne, ni à la déportation, avec ou sans enceinte fortifiée de Bonaparte, ni aux galères, ni à la guillotine des bourgeois : ce sont des procédés que nous abandonnons à MM. les royalistes, aux *honnêtes et modérés* de la politique de la guerre. Nous, nous nous en tiendrons à la tradition tout humaine de la politique de l'avenir, de la politique de la paix et de la liberté.

« La révolution sociale, différente des révolutions politiques, ne peut se faire que par des procédés scientifiques, économiques, qui donneront à la vieille société, née de *la force*, une base nouvelle, le *droit*. »

Reste à savoir (nous y reviendrons) si cette *odieuse bourgeoisie française* a achevé son œuvre, et si, unie au peuple, elle ne peut pas, elle ne doit pas encore sauver une fois la France. Mais comment faire entendre cette vérité à des sourds, la montrer à des aveugles volontaires? Maudite soit la haine qui obscurcit toutes les questions, divise, creuse des fossés, rend toute transaction impossible !

Une autre brochure, ayant pour titre : *la Revanche de la France et de la Commune*, par un représentant du peuple de Paris, réhabilite la Commune et injurie l'armée :

« L'armée française n'est plus qu'un troupeau de barbares se vengeant sur ses frères de sa chute devant l'étranger. »

Passant ensuite à l'examen des actes de la Commune, l'auteur fait un long panégyrique de cette administration, et déclare qu'elle a décrété « la liberté absolue de la presse, et que si elle suspendit quelques journaux, cela tint à l'état de guerre.

« Elle abolit le secret et les prisons cellulaires.

« Elle supprima la police et la préfecture.

« Si, dans la lutte, des maisons particulières et des édifices furent incendiés, ce fut pour sa défense.

« La démolition de la maison de M. Thiers, de la colonne et des Tuileries, triple protestation contre le despotisme royal, bourgeois et militaire.

Les otages furent fusillés, mais « c'étaient des représailles. »

D'après cet écrivain, le véritable auteur de tous les crimes, de toutes les infamies commises par les autoritaires féroces qui terrorisaient Paris, ce fut Versailles, toujours Versailles.

Dans cet écrit, la Prusse et l'esprit allemand sont ménagés avec une habileté qui n'échappera à personne. « Que l'Allemagne ait renversé Bonaparte et dispersé son armée de prétoriens pour sauver son unité, son territoire menacés, c'était son droit et ce fut sa gloire. »

On avait vu, au Congrès de Lausanne, les mêmes opinions se produire sous la forme de discours.

Madame André Léo montait à la tribune pour parler de la guerre sociale et flétrir les fusillades, les charretées de cadavres, les horreurs commises par les Versaillais. « On a caché tout cela, beaucoup accusé, beaucoup crié, pour empêcher d'entendre... On a flétri du nom de voleurs les volés, du nom d'assassins les assassinés, du nom de bourreaux les victimes. » Et au milieu d'applaudissements mêlés de protestations, madame André Léo défendait la Commune et attaquait Versailles, M. Pouyer-Quertier et M. Thiers. La loi des otages ne fut exécutée qu'après la chute de la Commune. « Les incendies ont été surfaits, plusieurs allumés pour les nécessités de la défense... ou par les obus de Versailles, qui sait? peut-être par les Versaillais eux-mêmes. » Madame André Léo l'insinuait dans une phrase vraiment détestable et qu'un très-petit nombre de gens osaient applaudir. Et tout cela d'une petite voix tranquille, sans colère, sans horreur, comme de sang-froid.

Un tumulte effroyable avait alors commencé, les auditeurs des tribunes protestaient à haute voix, des altercations très-vives éclataient de toutes parts. L'ordre se rétablit à grand'peine. M. Eytel demande un peu de tolérance, et madame Léo recommençait avec la même violence de paroles et la même tranquillité de débit. Elle déclarait que la terreur de 1871 est cent fois pire que celle de 1793. Elle s'allongeait avec tant de complaisance, que M. Eytel la rappelait à la question, mais son discours était écrit, et elle voulait tout lire. Elle demandait qu'on protestât contre les actes de Versailles, et se faisait enfin retirer la parole.

Le lendemain madame Paule Minck succédait à madame André Léo.

« Hier, disait-elle, à cette tribune, on est venu vous parler des douleurs de Paris, on n'a pas voulu écouter. (Protestations.) Mais c'est parce vous n'étiez pas là que vous n'avez pas vu toutes ces horreurs, que vous ignorez les fusillades par tas, les malheureux pompiers mitraillés pendant deux heures, par six cents (Marques d'incrédulité), les femmes tuées, les enfants sans asile; c'est parce que vous ignorez tout cela que nous le dirons devant vous, et, puisque vous êtes le Congrès de la paix, vous devez vous élever... (Murmures. — Non! non!) Ah! écoutez, citoyens, ne faites pas le silence autour des souffrances.

« Je viens au nom des mères, des veuves, déposer une proposition tendant à déclarer que le Congrès s'élève énergiquement, au nom de l'humanité, contre les assassinats commis par le gouvernement de Versailles. »

A ce moment, la voix de l'oratrice paraissait étranglée par l'émotion. « Ah! faites cela, citoyens; faites cela, et, je vous l'avoue, je ne rougirai plus d'être Française, car il y aura encore des hommes de cœur dans mon pays! » (Tonnerres d'applaudissements. Madame Minck descend de la tribune au milieu des vivats!)

La commission du Congrès, tout en s'élevant contre les exécutions en masse, crut devoir prendre une mesure plus générale et blâmer les crimes d'où qu'ils émanent. En conséquence, elle présenta la proposition en ces termes :

« Le Congrès, fidèle à ses principes, flétrit énergiquement, au nom de l'humanité, de la justice et de la liberté, les assassinats et les massacres dont Paris a été le théâtre, sous quelque drapeau qu'ils aient été commis. » (Bravos enthousiastes.)

Madame Minck ne se dissimule pas que ses propositions seront repoussées, néanmoins, elle les maintient complétement. Elle comprend que ceux qui rentrent en France se préparent des paratonnerres; mais pour elle et ses amis, n'ayant plus rien à craindre, ils désirent tout risquer. (Rires.)

« Vous craignez, ajoute l'oratrice, de flétrir plus particulièrement les meurtres commis par les Versaillais, sous prétexte que la Commune a commis des excès, mais cependant il faut bien que vous le reconnaissiez : « Les massacres de Paris ont été « si grands qu'ils ont fait oublier les autres. »

A l'énoncé de cette singulière théorie, qui tendrait à rechercher non plus la qualité des crimes, mais seulement leur proportionnalité, l'assemblée se soulève avec indignation, et madame Minck quitte la tribune d'une façon moins triomphante que précédemment.

Une madame Delosme vient lire un manuscrit, *la Fête des mères de famille du globe terrestre*, et en vers. Puis M. Napoléon Gaillard lui succède.

Mais à peine Napoléon Gaillard, porteur d'une cocarde rouge, s'est-il saisi de la tribune, que les cris : « A bas la cocarde rouge! à bas! » se font entendre.

« Je demande, dit Gaillard (A bas la cocarde !), citoyens et citoyennes. » (Non ! non ! A bas la cocarde rouge !)

Et voilà pourtant les spectacles que donnent à l'étranger ceux qui prétendent représenter la démocratie de France !

Le 23 octobre, à l'occasion de la fête anniversaire de sa fondation, la *Fédération genevoise de l'Internationale* tint un grand meeting à Carouge.

A une heure et demie, le cortège se forma au jardin anglais, avec musique et drapeaux en tête, il fit une promenade à travers la ville, puis prit le chemin de Carouge, en compagnie de bandes de gamins et de curieux. Les membres de l'Internationale avaient tous arboré leurs insignes : la rosette rouge à la boutonnière. Il y avait peu de femmes dans la colonne. Mme Paule Minck suivait le cortège, portant un chapeau couvert de rubans empourprés ; le bataillon des réfugiés marchait sous les ordres de Razoua. On remarquait beaucoup d'ouvriers allemands.

Le meeting dura deux heures. L'auditoire était très-froid, et les cris de : « *Vive la Commune* », poussés à différentes reprises, n'éveillèrent que de faibles échos.

Déjà, à ce moment, les réfugiés s'étaient associés pour vivre et lutter en commun.

L'*Éclaireur*, de Saint-Étienne, publiait naguère le document suivant dont la rédaction paraîtra au moins fort singulière :

LA MARMITE SOCIALE A GENÈVE.

« Citoyen,

« Nous vous envoyons ci-joints des titres provisoires de souscription pour la fondation de la *Marmite sociale* à Genève.

« Le but de cette *marmite*, fondée par un groupe de républicains socialistes, est de procurer aux travailleurs français et autres, réfugiés à Genève, une nourriture hygiénique au meilleur marché possible, ce qui ne peut se faire qu'en évitant les intermédiaires onéreux entre les producteurs et les consommateurs.

« Nous faisons appel au concours de tous les républicains socialistes qui doivent être animés de l'esprit de solidarité, qui seul peut amener l'émancipation des travailleurs.

« C'est à ce titre, citoyen, que nous nous adressons à vous, sachant d'avance que vous ferez pour cette œuvre la propagande la plus active.

« Salut et solidarité.

« Genève, le 15 octobre 1871.

« *Le comité d'administration :*

« RAZOUA, ancien représentant du peuple ; MASSÉ, fabricant de lits ; SIRDEY, représentant de commerce ; CŒURDEROY, négociant ; BRUYAT, fabricant balancier ; DIANCOURT, comptable ; BONNET (Charles), graveur ; ELPIDINE, professeur ; BORUTTAU, docteur. »

Un journal était fondé, l'*Égalité*, qui combattait pour la cause de la Commune. L'*Égalité*, au moment du Congrès de Lausanne et des scènes dont les discours de mesdames André Léo, Paule Minck et de Napoléon Gaillard avaient été la cause, s'étonnait que les réfugiés eussent songé à défendre la Commune devant les *épiciers* et les *aubergistes* de Lausanne.

« Ériger un auditoire pareil en tribunal pour juger entre la Commune et Versailles ! disait le journal international de Genève. Mais nos amis savent très-bien que la Commune, ses principes et ses actes ne peuvent subir une comparaison humiliante avec les scélératesses et les infamies de Versailles.

. . . .

« Entre ces deux mondes, ajoutait l'*Égalité*, il n'y a pas de *conversation* possible ! il n'y a que des actes qui puissent trancher le différend. »

Toujours la même théorie insensée, des *actes*. Mais quels actes, en vérité ? Est-ce pour organiser le travail ou pour sanctifier la guerre sociale que les hommes sont sur cette terre ? Des actes ! Voici justement de quelle manière l'*Égalité* juge l'incendie de Paris (numéro du 29 mai) :

L'INCENDIE

« Notre plume est arrêtée par le cri : « Paris « brûle ; pas de miséricorde ; notre justice sera « implacable ; nous les assassinerons *la loi à la* « *main* (Thiers). » Tous les commentaires seraient superflus ; nous entendons déjà les ricanements de la réaction : Voilà ce que veut l'Internationale.

« Au moment où nos frères et sœurs périssent au milieu des flammes, forcés de se défendre contre les BRIGANDS DE VERSAILLES, et de tenir leur promesse de s'ensevelir sous les ruines de leur liberté plutôt que de se laisser assassiner par les chouans ; au moment où périssent *ceux qui nous sont les plus chers dans ce monde*, ceux qui furent les pionniers de notre grande œuvre ; ceux qui, à jamais, laisseront un vide irréparable dans notre famille internationale, nous n'avons pas le cœur de nous amuser à combattre les infamies de la presse réactionnaire. L'avenir nous réserve un autre combat.

« Les incendiaires ! » Lorsque le czar brûle sa capitale et porte le coup mortel à un Bonaparte, il est admiré et proclamé sauveur ; lorsqu'un misérable rhéteur déclare que « Paris deviendra plutôt « Moscou que Sedan », pendant qu'il trame, d'accord avec d'autres rhéteurs, la perte de la République, ce rhéteur parjure, — J. Simon *restaurateur* de la colonne de Bonaparte, — est applaudi et prôné. Mais lorsque c'est le peuple lui-même qui *anéantit les monuments de la barbarie* (1), et les ta-

(1) Le journaliste veut parler, sans aucun doute de l'Hôtel

M. LE DUC D'AUMALE.

bernacles de la prostitution monarchique avec sa justice d'implacables assassinats, oh! alors, ce peuple est un « grand criminel, un épouvantable « malfaiteur. »

« Quant à nous, nous émettons un seul vœu : que cet incendie puisse enfin éclairer le peuple des provinces, que cet incendie allume la vengeance dans le cœur du peuple, vengeance contre les misérables brigands qui ne peuvent sauver leur ordre monarchique qu'en forçant le peuple *de se brûler* sous les ruines de la cité martyre. »

Il est impossible d'être plus atrocement absurde.

Un des démocrates les plus autorisés de l'Assemblée actuelle, M. Tolain, ouvrier, ne s'étant pas associé à ces furies compromettantes, n'a-t-il pas été frappé de cette sorte d'excommunication :

de ville, du Grenier d'abondance, des Docks de la Villette, du Ministère des finances, etc.

Ce sont là, il faut en convenir, de singuliers « monuments de la barbarie ».

ASSOCIATION INTERNATIONALE DES TRAVAILLEURS

Conseil fédéral des sections parisiennes

« Considérant que le sieur Tolain, nommé à l'Assemblée nationale pour représenter la classe ouvrière, a déserté la cause de la manière la plus lâche et la plus honteuse, le conseil fédéral parisien de l'Internationale le rejette de son sein, et propose au conseil fédéral de Londres de consacrer cette expulsion. »

Quant à la *bourgeoisie*, encore un coup, elle est la victime expiatoire, et c'est surtout à elle que le plus fougueux des écrivains de la Commune s'en prend dans ses feuilles et ses pamphlets.

C'est Eugène Vermersch que je veux dire. Singulier caprice du sort qui fait entrer dans l'histoire (mais par quelle porte ?) un poétereau médiocre, et lui met la vie d'un honnête homme entre les mains ! Depuis sa fuite, Vermersch n'a cessé d'écrire, tantôt publiant le *Qui-Vive*, tantôt le *Vermersch-Journal*, toujours insultant, n'épargnant ni Louis Blanc, ni Martin Bernard, ni Schœlcher.

Au moment du procès des rédacteurs du *Père Duchêne* devant le 3ᵉ conseil de guerre, Vermersch, accusé de complicité dans le meurtre de Chaudey, adressa de Londres le factum suivant à ses juges, factum qu'il envoya *en épreuves* aux journaux de Paris. Je le reproduis à titre de document qui éclaire peut-être un ou deux points obscurs de cette histoire :

LE PÈRE DUCHÊNE

A MM. les juges du 3ᵉ conseil de guerre de Versailles

« Messieurs,

« Je viens d'apprendre par la voie des journaux que l'affaire du journal le *Père Duchêne* allait être portée aujourd'hui devant votre tribunal.

« Or, des trois journalistes qui ont collaboré à cette feuille, un seul a été arrêté : les deux autres sont libres.

« Il est possible, probable même, que le commissaire du gouvernement cherchera à faire retomber sur Humbert, détenu, la responsabilité de ce que nous avons écrit à nous trois dans les 68 numéros du journal et à le rendre solidaire des articles dont Vuillaume et moi sommes les auteurs.

« C'est le rôle ordinaire du commissaire du gouvernement : il ne faut donc point s'étonner.

« Le manque de signatures au bas des articles fournira certainement de grandes ressources à l'accusation, de ce côté.

« Mais vous, messieurs, qui êtes des juges, qui devez faire à chacun la part de culpabilité qui lui revient et essayer de prononcer sans passion, peut-être les renseignements qui vont suivre sur la façon dont se faisait le *Père Duchêne* et le rôle que chacun de nous y a joué ne seront-ils pas inutiles à éclairer votre religion.

« Le *Père Duchêne* fut fondé, dans les premiers jours de mars, par Vuillaume, Humbert et moi.

« C'est moi qui eus l'idée du petit format in-8°, de la vignette, du prix et de la périodicité tels qu'ils furent adoptés, et qui voulus qu'on reprît la forme littéraire employée primitivement par Hébert : cette langue grossière, émaillée de jurons anciens et d'un peu d'argot moderne, devait, à mon sens, produire l'effet d'un coup de pistolet dans un lustre ; on nous remarquerait d'abord à cause du scandale de notre style, et il ne nous resterait plus qu'à justifier la curiosité publique par la suite de nos idées et la logique de nos déductions.

« D'un consentement tacite je fus reconnu rédacteur en chef : il n'y eut point de déclaration à ce sujet, mais de fait je jouai ce rôle pendant tout le temps que le *Père Duchêne* exista, faisant presque quotidiennement l'article de tête et distribuant leur tâche à mes collaborateurs.

« Il n'y avait du reste à cela rien d'étonnant :

« Pour le premier numéro nous étions convenus de prendre : Vuillaume telle partie de la politique ; Humbert telle autre ; moi « La Grande Colère. »

« Le soir venu, quand nous nous réunîmes pour lire ensemble toute la copie du journal avant de la livrer à l'imprimeur, mes collaborateurs comprirent que moi seul avais le *la* du style que nous avions choisi, et me prièrent de transposer leurs articles dans le ton convenu.

« Il n'y eut du reste rien que de naturel à ce désarroi du premier moment qu'éprouvèrent Vuillaume et Humbert : ce sans-gêne de l'allure ne s'attrape point sans une certaine difficulté, et on n'arrive à cette bonhomie qu'il nous fallait que par deux chemins : la naïveté de Joinville et le scepticisme de Lafontaine.

« Je dois ajouter que Vuillaume entra dans la peau du *Père Duchêne* au bout de quelques jours, mais que Humbert ne comprit jamais rien à ce que nous avions voulu faire.

« Je n'ai point à me défendre ici, messieurs, d'avoir fait ce journal tel que je l'ai fait, j'en suis fier au contraire, car je suis certain, après tout, que seul, dans cette Révolution du 18 mars, j'ai eu la certitude révolutionnaire.

« Un gouvernement de capitulards, de faussaires et d'escrocs venait d'être balayé de Paris à la suite de la tentative qu'il avait faite de provoquer la guerre civile. Un éclair de bon sens illumina l'esprit de la bourgeoisie, et, au début, au soir de ce grand jour, toutes les anciennes haines disparurent dans un immense accord des classes moyennes et du peuple.

« Les chefs du mouvement oublièrent alors que toute révolution doit avoir sa sanction, et attendirent... quoi ? On ne sait, alors qu'une marche rapide sur Versailles assurait à jamais la victoire peut-être sans qu'une goutte de sang fût versée.

« Le *Père Duchêne* avait cette conviction quand il poussait sur l'Assemblée les forces révolutionnaires.

« On l'accuse d'avoir provoqué à la guerre civile.

« Deux mots sont ici nécessaires :

« Après la victoire d'un parti politique quel qu'il soit, qu'il ait combattu pour l'ambition d'un homme ou pour la liberté d'un peuple, toute la législation antérieure est supprimée et la nation en est, pour me servir d'un mot de Proudhon « à l'origine d'elle-même, à la force. » Plus tard viendra l'histoire qui jugera et prononcera un verdict d'acquittement ou édictera une note d'infamie.

« Voilà où nous en étions.

« Il n'y avait point là de provocation à la guerre civile. Il y avait deux partis en présence : un groupe de tyranneaux, d'une part; de l'autre, la démocratie. Il y aurait eu guerre civile, si dans Paris la bourgeoisie et le peuple en étaient venus aux mains, ou si Paris était entré en lutte avec une partie de la France. Mais, quand une fraction de la nation déclare qu'elle s'opposera même par les armes au despotisme d'une armée prétorienne, au service de quelques usurpateurs, elle ne fait qu'affirmer son droit de résistance à l'oppression, et le combat, — s'il y en a un, — ne saurait être qualifié de guerre civile.

« Il fallait vaincre, et à l'origine rien n'était plus facile. Les douze mille hommes de l'Assemblée, cernés par les deux cent mille baïonnettes parisiennes, n'eussent même point tenté de collision et se fussent rendus à merci.

« Ce saut de Paris sur Versailles manqué, ce rapide coup de main n'étant pas possible, et la bataille étant engagée, que faire ?

« Se soumettre ? perdre le bénéfice d'une victoire pacifique ? Renoncer au triomphe de la cause communaliste dont nous avions, les premiers en France, levé l'étendard ?

« Était-ce possible ? Et le peuple y eût-il consenti ?

« Il fallait donc combattre, — et vaincre !

« Mais les conditions n'étaient plus les mêmes.

« L'armée de Versailles s'était considérablement accrue, et nos troupes, décimées ou fatiguées, mal contenues par une discipline trop lâche, mal servies par une intendance trop improvisée, étaient sérieusement diminuées.

« Une seule ressource nous restait :

« L'appel aux moyens révolutionnaires.

« Les moyens révolutionnaires devaient remédier à la situation économique et à la situation militaire.

« Il nous fallait de l'argent, il nous fallait des soldats.

« Le *Père Duchêne* prit donc l'initiative des mesures qui pourraient amener de l'argent dans nos caisses vides. Il demanda, en revendiquant pour eux la liberté de conscience et leur droit absolu d'exercer leur métier, la suppression du traitement des prêtres, puis la diminution des gros appointements; la capitation sur les citoyens qui désertaient la cité au moment du péril ; la confiscation des biens des ennemis de Paris, etc.

« Il demanda la poursuite des réfractaires; l'emploi de la force contre les délinquants qui étant des lâches devaient être des traîtres, ce que l'affaire des brassards tricolores a trop prouvé ; la dictature du délégué à la guerre; l'extension des pouvoirs du délégué à la police; la fermeture de tous les ateliers et le casernement, compliqué du système de l'enrégimentation, de tous les hommes valides ; enfin, la loi sur les otages, et plus tard son application.

« Nous étions en guerre : nous devions prendre les mesures qu'on prend en temps de guerre.

« Nous voulions le triomphe de la Révolution : nous devions user des moyens révolutionnaires.

« Le *Père Duchêne* était simplement logique : et dans sa polémique il n'entra jamais de ressentiments dictés par la haine ni de compromissions inspirées par l'amour. De même qu'il demandait l'exécution des otages, il réclama aussi la mort pour la minorité de la Commune, pour les chefs de légion et le Comité central qui divisaient les forces révolutionnaires, et où il comptait cependant de nombreux amis.

« J'avais à vous faire, messieurs, ce rapide exposé de la pensée qui présida à ce qu'on est convenu d'appeler « les cruelles excitations du *Père Duchêne* » ; j'avais à vous le faire afin que vous comprissiez bien que le développement de ce journal a été conçu par un seul cerveau, et que l'unique coupable, puisqu'il vous plaît de vous servir de cette qualification, n'est autre que le signataire de cette lettre.

« C'est moi qui ai demandé toutes les mesures que j'ai énumérées plus haut ;

« C'est moi qui ai demandé la confiscation ;

« C'est moi qui ai demandé l'exécution des otages ;

« C'est moi qui ai demandé la dictature militaire ;

« C'est moi qui ai demandé la formation de bataillons des francs-tireurs et ce que j'ai appelé « le Braconnage de la guerre ».

« C'est moi qui ai demandé tous les moyens extrêmes sans lesquels on ne pouvait vaincre !

« Toute la politique du *Père Duchêne* était contenue dans le premier article, qui était intitulé ou « la Grande Joie, » ou « la Grande Colère, » ou « les Bons Avis, etc., etc. »

« Or, sur 68 numéros du journal j'ai fait au moins 55 de ces premiers articles ; les autres sont de Vuillaume ; Humbert en a fait un seul, celui du numéro 4, je crois, sur la décapitalisation de Paris, encore l'ai-je repris en sous-œuvre, châtré et métamorphosé complètement.

« Humbert n'a jamais fait dans le *Père Duchêne* que des entrefilets dont je lui indiquais chaque jour le sujet et l'esprit, et il ne saurait être rendu responsable des articles que je lui ai fait faire sous mon inspiration, pas plus qu'un secrétaire des lettres qu'il a écrites sous une dictée.

« Voilà, messieurs, ce que j'avais à dire, — s'il m'est permis de me faire entendre de vous, — à titre de renseignements dans ce procès. C'est ainsi, exactement, que les choses se sont passées, et croyez bien que, si les réponses d'Humbert coïncident avec cette déclaration, elles ne lui seront pas soufflées par un vil désir de décliner une part de cette responsabilité, que pour moi j'accepte tout entière : il ne fera que rendre à la vérité le consciencieux hommage qui lui est dû.

« EUG. VERMERSCH. »

On ne saurait être plus insolent dans son audace. Ce sceptique, ce fanfaron qui se tient prudemment à l'abri, se couronne de ses crimes avec une hardiesse qui ferait peur si elle ne faisait sourire. Mais toutes les pages de son journal sont écrites sur ce ton et avec cet aplomb singulier (1).

C'est à la bourgeoisie, lui aussi, qu'il s'adresse :

A LA BOURGEOISIE.

. . . .

« Apprenez que nous *n'avons plus au cœur que l'idée d'une vengeance*, et nous la voulons terrible, exemplaire.

« Un jour viendra, vous le savez, où nous serons de nouveau maîtres de la place...

« *Il n'y aura plus de grâce, plus de merci* pour les tueurs de juin 1848 et de mai 1871.

« *Nous faucherons vos têtes, seraient-elles couvertes de cheveux blancs, et cela avec le plus grand calme. Vos femmes, vos filles, nous n'aurons plus pour elles ni respect ni pitié; nous n'aurons que la mort! La mort jusqu'à ce que votre race maudite ait disparu à tout jamais.*

« *A bientôt, messieurs les bourgeois!* »

Tel est le style de cette presse écumante que nous ne saurions trop flétrir. Que si nous méprisons la presse réactionnaire et dénonciatrice, qui joua, après les journées de mai, le rôle des tricoteuses au pied de la guillotine, criant *au fédéré* comme l'on crie *au loup*, nous ne pouvons nous empêcher de flétrir ces feuilles repoussantes, qui prétendent défendre la République et qui semblent plutôt gagées pour la faire haïr.

Au surplus, il suffit de feuilleter encore le *Vermersch-Journal* pour voir jusqu'où va ce jouisseur qui ne voit dans ses invectives qu'une occasion de gagner quelques shellings. Vermersch, renchérissant sur le journal *le 18 Mars*, de Bergeret, accuse les officiers de l'armée de Versailles d'avoir obligé les vaincus « à creuser eux-mêmes la fosse immense devant laquelle on les rangeait, et que comblaient ensuite leurs cadavres convulsés ».

---

(1) Les réfugiés chantent en ce moment à Londres, dit un journal, une jolie petite chanson, composée par E. Vermersch à l'occasion de l'anniversaire du 18 mars.

Voici le début de cette barcarolle, d'après la *Décentralisation* :

> Tous les bons de la sociale
> Qu'on a tués comme des loups,
> Le corps crevé par quelque balle,
> Pourrissent au fond de leurs trous.
>
> Voilà plus d'un an que ça dure,
> Et la vengeance ne vient pas...
> Dans leur commune sépulture,
> Les grands morts s'em.... là-bas !
>
> *Refrain.*
>
> C'est une année à peine
> Qui s'est passée encor,
> Mais gare à la prochaine...
> La Commune ou la mort !

« Et, à ce propos, ajoute-t-il, il nous souvient d'un détail qui n'est pas sans couleur :

« Le travail de ces fosses, malgré le grand nombre des travailleurs, fut jugé trop long. Il y avait en outre un plus grave inconvénient, celui de laisser vivre les prisonniers tout le temps que durait leur besogne. Ce système fut donc remplacé par une idée plus ingénieuse : celle de jeter les suppliciés dans les casemates des bastions 54, 55, 56, 57 et 58.

. . . .

« Un détail que j'avais oublié.

« Pendant que les gardes nationaux étaient au Père-Lachaise, les femmes et les enfants de quelques-uns d'entre eux les y avaient suivis. Mais elles ne trouvèrent pas grâce devant les soldats vainqueurs, pas même les petits enfants, que les lignards tenaient en l'air au bout de leurs baïonnettes en riant des convulsions de ces pauvres petits êtres. »

A ces orgies de sang, il faut des imprécations dignes d'elles. Or, M. Vermersch est passé maître dans l'apostrophe :

« Allons, s'écrie-t-il, mannequins titrés, poupées sans vergogne, écume ruolzée de la cascade sociale, vous tous qui vous jouez à la surface de l'abîme, riez, jouez, chassez, chantez, mais hâtez-vous. Arlequins, sauteurs, petits-crevés, coquines du grand monde, drôlesses du petit, tout ce qui fripe soie, dentelle et velours, tout ce qui mesure l'homme aux oripeaux, la femme aux rubans, tout ce qui a faux chignon, faux teint et fausse vertu, maîtres et valets, dévotes et gueuses, filles et femmes à vendre, sangsues et chenilles, papillons et chauves-souris, vieux libertins et jeunes viveurs, avaleurs de pains à cacheter et marchands d'eau bénite, chantez, chassez, jouez, riez, mais hâtez-vous, car, je vous le jure, voici bientôt le rire qui va se glacer sur vos lèvres et se changer en grincements de dents. »

Et plus loin :

« Tu es revenu, pâle bourgeois, dans les bagages de ces soldats que tu poussais au carnage avec cette férocité qui n'appartient qu'aux âmes lâches. Du sang, et encore du sang ! Il t'en fallait encore, lorsque tu piétinais sur les cadavres avec des cris de bête fauve et que le sang jaillissait de tes pieds à ton visage. Es-tu bien abreuvé, dis? Es-tu content? Charles IX te verrait avec horreur ; le bourreau n'oserait te toucher. Va, va, piètre bourgeois, retourne en France, et dis-leur bien, à tes semblables, que l'heure de l'expiation approche et que la pitié ne sera pas à l'ordre du jour lorsqu'il s'agira de venger les morts. »

Il est bien entendu que cette sorte de presse n'a rien de commun avec les publicistes républicains.

Parfois M. Vermersch se souvient qu'il sait faire des vers et il en publie.

L'Alsace sous la domination allemande. — Razzia quotidienne à Strasbourg.

Voici les deux dernières strophes d'une pièce de vers qui donne le ton de la manière actuelle de l'ancien rédacteur du *Figaro* :

> Ce que plus tard diront avec leurs bouches vertes
>   Les cadavres ensanglantés,
> Le mot d'ordre sorti des fosses entr'ouvertes,
>   Le sombre appel des transportés,
> Non, ô triomphateurs d'abattoir, non, infâmes,
>   Non, vous ne vous en doutez pas !
> Un jour viendra bientôt où les enfants, les femmes,
>   Les mains frêles, les petits bras,
> S'armeront de nouveau sans peur des fusillades,
>   Et sans respect pour vos canons
> Les faibles, sans pâlir iront aux barricades ;
>   Les petits seront nos clairons.
> Sur un front de bataille épouvantable et large
>   L'émeute se relèvera ;
> Et, sortant des pavés pour nous sonner la charge,
>   Le spectre de Mai parlera...
> Il ne s'agira plus alors, gueux hypocrites,
>   De fusiller obscurément
> Quelques mouchards abjects, quelques obscurs jésuites,
>   Canonisés subitement ;
> Il ne s'agira plus de brûler trois bicoques
>   Pour défendre tout un quartier ;
> Plus d'hésitations louches ! plus d'équivoques,
>   Bourgeois, tu mourras tout entier !
> La conciliation, lâche, tu l'as tuée !
>   Tes cris ne te sauveront pas !
> Tu vomiras ton âme au crime habituée
>   En invoquant Thiers et Judas !
> Nous t'apportions la paix et tu voulus la guerre,
>   Eh bien ! nous l'aimons mieux ainsi !
> Cette insurrection, ce sera la dernière ;
>   Nous fonderons notre ordre aussi !
> Non, rien ne restera de ces coquins célèbres,
>   Leur monde s'évanouira,
> Et toi, dont l'œil nous suit à travers nos ténèbres,
>   Nous t'évoquerons, ô Marat !
> Toi seul avais raison : pour que le peuple touche
>   A ce port qui s'enfuit toujours,
> Il nous faut au grand jour la justice farouche
>   Sans haines comme sans amours,
> Dont l'effrayante voix plus haut que la tempête
>   Parle dans sa sincérité,
> Et dont la main tranquille au ciel lève la tête
>   De Prudhomme décapité (1).

Nous avons tenu à faire connaître jusqu'où peut aller la spéculation de quelques gens et à mettre en garde nos lecteurs contre les prédications furieuses de ces étranges personnages. Que le peuple encore un coup ne se laisse plus reprendre à ces plaisantins devenus terribles. Ils s'agitent, et se font bruyants. Que le peuple les laisse s'agiter.

---

(1) Vermersch n'est pas mieux jugé par les réfugiés de Londres que par nous, s'il faut en croire certaine correspondance de la *Liberté* :

« Nous recevons de Londres de nouveaux renseignements des plus curieux sur les réfugiés de la Commune, disait naguère ce journal. Il y a été, mercredi dernier, très-sérieusement question d'un duel à l'épée entre les citoyens Eugène Vermersch et Camélinat, l'ancien directeur de l'hôtel des Monnaies sous la Commune. La cause de cette querelle était la qualification d'agent bonapartiste adressée à Vermersch par Camélinat.

Les témoins, qui étaient Avrial et Theisz, d'une part, Candian et Varcla d'autre part, avaient déjà fixé la rencontre à jeudi matin, quand tout à coup Vermersch s'est ravisé et a écrit à Camélinat une lettre d'excuses, que publient plusieurs journaux anglais. Camélinat a renvoyé à Vermersch sa lettre, après y avoir écrit en travers ces mots : « *Sale lâche.* »

Les réfugiés de la Commune de Paris tinrent à Londres, en décembre 71, une réunion dans la salle dite des Indépendants de la taverne du *Blue-Post*.

Le *Standard* nous a donné alors un compte rendu de cette séance.

La conférence commença à neuf heures, et Landeck parla de Dieu, de la Genèse avec son habituelle fureur.

« L'implacable ennemi des révolutions, a-t-il dit, est Dieu ! »

Il s'est donné comme le *champion des révolutions sanglantes et violentes*, et s'est moqué de ceux qui pratiquaient les révolutions pacifiques. Il a parlé *de la bande des scélérats* qui possèdent et qu'il faut, s'est-il écrié, mettre à bas *quel que soit le sang répandu*. Il a parlé d'Étienne Marcel, le prévôt des marchands, son idéal, et il a terminé en disant que, pour faire quelque chose de bon, il fallait *que la guerre fût sans pitié* et que, pour être humain, il était *nécessaire de massacrer une partie de la communauté au profit des masses*.

Landeck exprima encore ses regrets que, sous le règne de la Commune, les deux milliards de la Banque n'aient pas été donnés au peuple. Il aurait voulu qu'*au lieu des mesquines exécutions de la place Vendôme, cinquante mille têtes eussent été coupées pour satisfaire la justice et le prolétariat outragés*. Personne n'a protesté, dit le *Standard*.

Un peu avant minuit, le meeting fut dissous, et chacun se retira, grave et sombre.

Néanmoins aucun d'eux n'oublia de jeter sur un plateau que tenait à la porte une jolie femme en costume de cantinière quelques pièces de monnaie destinées à secourir les proscrits. Cette femme, paraît-il, était la cantinière des communistes qui combattaient à la porte Maillot.

Ces curieuses séances se renouvellent chaque semaine avec la liberté la plus entière, et outre Vermersch et Landeck, beaucoup de chefs qui ont pris une grande part au drame de la Commune ont leur lieu de rendez-vous à la taverne de *Blue-Port* (1).

Mais, en vérité, ces séances font-elles avancer la question sociale, le problème posé ? Donnent-elles au malheureux l'espoir, au pauvre du pain, à l'ignorant la lumière ? Non. Elles sèment la haine et font germer le mal. Ce n'est ni par la menace ni par les armes que le prolétariat obtiendra jamais l'éman-

---

(1) Voici les termes de l'affiche qu'on a pu lire, en mars, sur les murs de Londres :

« *Liberté, Égalité, Solidarité, Fraternité.*

« ANNIVERSAIRE DU 18 MARS 1871

« La section fédérale française de l'Internationale de 1871 invite les démocrates de toutes les nationalités à assister à un meeting commémoratif qui aura lieu à ..., le 18 mars 1872.

« Le citoyen DUPONT,
« *ex-membre de la Commune.* »

cipation qui lui est due, c'est par l'étude, le travail, l'instruction. Cette instruction, on la lui doit, on la lui donnera. Qu'il se défie seulement de ceux qui sont ses mauvais génies et le poussent à la colère d'où n'est sorti que le malheur, jamais le progrès (1).

Nous sommes arrivé au terme de notre étude sur la Commune. Nous avons montré, ce me semble, que, si l'idée était juste, les hommes qui la servaient furent bien coupables. Nous n'avons eu de parole plus calme que pour ceux qui sont morts pour leur chimère, mais ceux-là mêmes, pareils à Étienne Marcel, se repentirent, à leur dernière heure, d'avoir fait alliance avec d'impurs collaborateurs. Marcel s'allia aux Jacques et aux hommes de Maillart. Il succomba. On peut dire aussi que la Commune de 1871, comme celle du quatorzième siècle, eut ses Maillart et ses Jean Caboche qui la firent glisser dans le sang. Et les malheureux à qui ils avaient promis toutes les félicités de l'*âge saturnien*, ou âge d'or, se réveillèrent, un matin, à l'Orangerie de Versailles, dans les casemates du fort Boyard ou sur les pontons de Cherbourg.

Nous avons eu de la colère contre les bourreaux, de la pitié pour les victimes, nous voudrions de la clémence pour les vaincus. Nous voudrions l'amnistie pour les égarés, pour les pauvres gens poussés par des sectaires dans un combat où beaucoup naïvement croyaient défendre la République. Point de post-scriptum à la guerre civile. Il faut en effacer le souvenir par le pardon, d'où naît l'oubli.

En 1815, le général Lamarque, envoyé en Vendée pour la pacifier à son tour, adressait ces paroles aux Vendéens :

« Je ne rougis point de vous offrir la paix ; car, dans les guerres civiles, il n'est qu'une seule gloire, c'est de les terminer. »

Il faut aussi se déshabituer du rêve et de l'utopie. Notre pays n'a plus la force de soutenir deux épreuves pareilles à celles qu'il a traversées. Il en mourrait. « Il faut du loisir et de la sécurité à longue échéance, disait Lamartine, pour jouer avec les rêves. Entre deux rêves, on jette son pays dans l'abîme ou dans le problème qu'on n'a pas le temps de résoudre. »

Ainsi avaient fait les gens de la Commune. Oublions-les.

Il sera bientôt trop tard, d'ailleurs, pour parler d'eux, qui ont tenu, pendant deux mois, le monde attentif et inquiet. La patrie, dont ils ont élargi les plaies, et dont ils ont, après l'étranger, ouvert les veines, a besoin de l'oubli qui console et du travail qui répare. Détournant ses regards des ruines encore fumantes, des incendies à peine éteints, de la terre encore fraîche des tombes, elle a besoin de ne songer qu'à sa dette et à son devoir. Elle a soif d'apaisement et de labeur. Elle prétend reconquérir dans sa liberté, si chèrement acquise, le rang qu'elle avait jadis dans le monde et que, si grands qu'ils soient, ses malheurs présents ne l'empêcheront point de reprendre un jour. Non, certes, l'étendue de ces désastres n'est rien si notre malheureux pays sait profiter de l'enseignement qu'ils comportent avec eux, et si, rejetant loin de lui sa coupable adoration de soi-même, son goût pour les phrases séduisantes et son horreur des réalités et des faits, son ignorance des autres peuples, son dédain pour les idées nouvelles, il sait se comparer aux autres pour se fortifier et s'étudier soi-même pour se corriger.

Quant à ceux qui ont profité de la crise traver-

---

(1) A côté des discours ou écrits furieux, nous devons citer cette lettre que publie le *Times*, et qui donne, malgré son ton exalté, des renseignements intéressants sur l'état de misère de certains réfugiés de Londres :

« Monsieur le rédacteur,

« L'insertion de cette lettre étant un acte de justice et de générosité, nous n'hésitons pas à vous demander la publicité.

« Si le mensonge court les rues de Paris et triomphe aux conseils de guerre de Versailles, on peut dire du moins affirmer que la vérité est à Londres. Ce mensonge entre mille autres, ce sont les razzias faites pendant la guerre de Paris, et les millions emportés par les communards.

« Bien que la situation ne soit pas gaie, nous croyons qu'il vaut encore mieux rire de ces calomnies que d'en pleurer.

« Quand nous disons que la vérité est à Londres, nous entendons la vérité sur les communards et leurs millions.

« Car, monsieur, si l'on en croyait les gazettes scandaleuses, les feuilles de police et les journaux malsains de notre pauvre Paris, les commerçants et les hôteliers de Londres n'auraient-ils pas en caisse tout l'argent de la France?

« Il n'en est rien, pour l'avenir qui jugera, heureusement, pour le peuple qui a fait cette révolution, non pour piller, mais pour se venger des traîtres qui ont livré Paris, et aussi pour secouer le joug des injustices sociales qui écrasent les travailleurs.

« La vérité est navrante et nous ne la dirons pas ; on trouverait encore des hommes qui s'en réjouiraient, et nous ne voulons point leur donner cette satisfaction, ni leur permettre de digérer, à l'aide d'une cruauté de plus.

« Comme toujours, monsieur, les réfugiés ont trouvé ici un accueil bienveillant et une hospitalité généreuse ; des secours leur furent adressés, et nous sommes heureux de pouvoir ici remercier publiquement les citoyens qui ont pris l'initiative et ceux qui se sont joints à eux.

« Mais le but de cette lettre est surtout d'affirmer que nous n'entendons pas vivre autrement qu'en travaillant, et que nous ne sommes pas des concurrents, mais des amis.

« Est-ce que le travail n'est pas une langue universelle ?

« C'est donc un appel au travail que nous faisons ; nous comptons parmi nous des mécaniciens, des ciseleurs, des bijoutiers, des ébénistes, des cordonniers, des monteurs et tourneurs en bronze, des peintres en bâtiments, des sculpteurs, des professeurs, des ingénieurs, des employés de commerce, etc. Ne peut-on pas là des professions universellement répandues? L'outil n'est-il pas le trait d'union entre tous les peuples? Silence donc aux calomnies.

« Le marteau, la plume et la lime, voilà les millions dont les réfugiés de la Commune disposent à Londres, et que nous mettons à la disposition des groupes ouvriers et des patrons, avec prière d'en user.

« Veuillez agréer, monsieur le rédacteur, avec nos remerciements, l'assurance de nos sympathies et nos sentiments distingués,

Les membres de la commission du travail,

« J.-B. CLÉMENT, ROUILLIER, BASTELICA.

« 181, Pentouville-road. »

sée pour faire un piédestal à leur personnalité ou une base à leur fortune, ceux-là, nous devons les maudire : « La devise des méchants, disait Plaute, est : Prends, pille, fuis et cache-toi ! » Hélas ! combien ont pris cette devise, depuis les bonapartistes gorgés de notre fortune publique jusqu'aux fournisseurs de la Commune, qui étalent leur richesse à l'étranger. On peut dire de ces gens ce que Velléius Paterculus dit de Varus, le vaincu d'Arminius le Germain : « Il entra pauvre dans cette province (la Syrie) et la trouva riche ; il en sortit riche et la laissa pauvre. »

Ce que je ne leur pardonne point, à ces hommes dont quelques-uns jusqu'à ces heures sinistres avaient gardé un fier renom de mâle probité, c'est d'avoir exalté tous les appétits, excité la bête fauve qui toujours, hélas ! demeure tapie aux entrailles de l'homme, et traitant le devoir, la patience, l'abnégation de mots oubliés, les rejetant comme un lest trop lourd, d'avoir proposé pour but aux combattants, non la liberté, non la vertu civique, mais la satisfaction des appétits, la bourse rebondie et l'auge pleine. La première chose dont parle Catilina pour exalter le courage de ses complices, c'est la richesse. Ainsi ont-ils fait de cette révolution commencée au nom des franchises municipales, continuée par la plus vaste guerre civile qui ait épouvanté l'histoire, achevée dans la noire fumée de l'incendie et l'égorgement des prisonniers. Je ne leur pardonne point d'avoir commis leurs injustices premières et leurs derniers forfaits au nom de cette République dont l'idéal est la justice et le fraternel amour. Je ne leur pardonne point d'avoir pu faire que le vulgaire confonde, dans une même réprobation, ceux qui savent mourir pour la liberté et ceux qui prétendent en vivre, les martyrs et les scélérats, les Condorcet et les Momoro, ceux qui épouvantent l'histoire et ceux qui, au contraire, l'illuminent, les âmes viles et basses et celles qu'on trouve, comme dit Montaigne, *frappées à l'antique marque.*

Mais quoi ! la liberté n'en est pas moins et sereine et superbe parce que des scélérats commettent des crimes en son nom.

C'est sur cette idée que je terminerai le présent chapitre, où j'ai dit ma pensée tout entière. On me reprochera même peut-être de l'avoir trop dite. La réaction ne me pardonnera point d'avoir flétri sa curée, les exaltés d'avoir flétri leurs folies. Sans doute, il était plus prudent et plus habile de se taire, comme l'ont fait et le font encore tant de gens. Mais je suis de ceux qui pensent qu'il est plus digne de braver l'orage en face que de le laisser prudemment passer. Je suis de ceux aussi qui croient que la République étant le gouvernement idéal ne doit s'appuyer que sur le droit, la justice et la vérité : *Nihil utile sine honestum.* Rien d'utile si ce n'est l'honnêteté. Répudiant donc les doctrines funestes, j'ai voulu proclamer que rien ne sert la République que ce qui est juste, et qu'on ne peut l'honorer que par le devoir. Ceux qui sont à la fois républicains et patriotes me sauront gré de ma franchise. Ils ont depuis longtemps jugé les hommes de la Commune à leur juste valeur.

Quant à moi, fort de ma conscience, j'aurai, à mes propres yeux, ce mérite d'avoir cherché et d'avoir dit ce que je crois être le plus utile à la République, — c'est-à-dire la vérité.

DOCUMENTS COMPLÉMENTAIRES DU CHAPITRE VIII

N° 1

LES PERTES DE L'ART.

Journal officiel.

Il ne faut ni se dissimuler ni s'exagérer ses pertes. Paris a perdu la plupart de ses palais.

Les Tuileries, le Palais-Royal, l'Hôtel de ville, le palais du quai d'Orsay, ne sont plus que des ruines. Il faudrait des millions pour leur rendre la splendeur qu'ils avaient encore il y a trois semaines. Rien que pour réparer les murailles, poser une toiture, relever ou remplacer quelques statues, la ville devra s'imposer des sacrifices énormes. Il sera sage de le faire pour ne pas laisser aux rues leur aspect désolé. Cette grande ville, si riante et si riche, qui attirait les gens du monde, les artistes, les hommes d'étude, et qui avait conquis l'utile royauté de la mode, ne peut rester longtemps ensevelie sous les décombres.

Elle doit, à tout prix, relever les façades de ses monuments ; pour l'intérieur, c'est une perte presque irréparable. On ne refait pas en un jour des chefs-d'œuvre accumulés par les siècles.

Quand même on trouverait, malgré les charges qui nous accablent, assez de ressources pour refaire les escaliers, peupler les appartements de tableaux et de statues, suspendre des lustres aux

Le Fort de l'Ile Madame. — Promenade des prisonniers.

plafonds, étaler des tapis sous les pieds, jeter sur des murailles les riches tentures des Gobelins et de Beauvais, on ne referait pas la grandeur historique qui s'attachait à ces appartements et à ces galeries.

L'histoire perd ses témoins. Nous ne connaîtrons plus nos rois que par les livres. Leur maison, que nous pouvions visiter, qui racontait les détails de leur vie, a tout à coup disparu. Il ne nous reste de l'œuvre de Philibert Delorme que ces murailles crevassées et noircies, derrière lesquelles se sont abrités, après les rois de France, les assemblées révolutionnaires et l'Empire.

L'architecture est l'art français par excellence. Nous avons des maîtres presque partout; en architecture nous n'avons que des rivaux, et c'est à peine si nous en avons pour l'architecture religieuse. On s'était donné bien du mal pour cacher et alourdir le palais de Philibert Delorme; on avait amplifié, sans trop de succès, notre Hôtel de ville. On les retrouvait pourtant et on les admirait, sous ces ornements maladroits. Ils sont perdus. Si quelque jour la France redevient assez riche pour se donner le luxe qui sied à un grand peuple, elle les remplacera; mais elle ne pourra pas les refaire.

Ce malheur, qui est déplorable, pouvait être beaucoup plus grand. Les incendiaires avaient projeté une destruction complète; ils travaillaient scientifiquement. Ils avaient choisi pour instrument le pétrole; ils avaient étudié avec soin ce Paris qu'ils voulaient anéantir; la bande avait ses ordres, son système, son plan régulier. Non-seulement on accumulait les matières incendiaires, mais on coupait les conduites d'eau, on emportait les pompes, les tuyaux, les échelles. Quand on apprit que les Tuileries brûlaient, ce ne fut partout qu'un cri d'effroi, à cause du Louvre. Les flammes vinrent bien près puisqu'elles brûlèrent cette belle bibliothèque qui séparait l'ancien ministère d'Etat et la caserne des zouaves de la garde. Grâce à Dieu! elles s'arrêtèrent au seuil du Musée des antiques.

Nos beaux marbres, nos grandes toiles sont préservés. Nous n'avons rien perdu, absolument rien. Si l'on excepte un coin du plafond de la galerie d'Apollon, tous les dommages du Louvre sont extérieurs, et ils sont médiocres. Une femme sculptée par Sarrazin est à moitié détruite; la façade de la galerie de l'Infante a perdu une partie de son entablement; c'est presque tout, avec quelques traces d'obus et des traces plus nombreuses de balles. On avait tant à redouter, qu'on se prend à se sentir reconnaissant envers la Providence de ne nous avoir pas frappés plus durement.

Le musée de Cluny, rempli de trésors jusqu'à regorger, étalera encore ses faïences, ses cristaux, ses armures, ses bijoux, ses meubles, toutes ces splendides reliques qu'on ne se lasse pas d'admirer et d'étudier. Le Luxembourg nous rend intactes les toiles de l'école française contemporaine. Le musée de Sèvres, transporté dans Paris quand il était menacé par les Prussiens, a miraculeusement échappé aux communeux. Nous avons perdu les Gobelins avec les magnifiques tapisseries qu'ils contenaient; mais les tapisseries de la Couronne nous restent.

A part la bibliothèque du Louvre et celle du Palais-Royal, d'une importance bien moindre, toutes nos bibliothèques sont sauvées. Nous avons tremblé longtemps pour l'Arsenal, très-voisin du Grenier d'abondance, dont l'incendie a duré trois jours. Le feu et la fumée ont passé sur ces livres inestimables et sur ce riche amas de manuscrits sans les atteindre. Sainte-Geneviève, la bibliothèque de la Sorbonne, la belle collection de M. Cousin, léguée par lui à l'Etat, celle de l'Ecole normale, dont le fonds principal est un héritage de Georges Cuvier, celle du Sénat, devenue publique, celle de l'Ecole de médecine, celle du Corps législatif, n'ont pas souffert. Le grand dépôt national de la rue Richelieu, si dangereusement situé et entouré de maisons de tous les côtés, quoique menacé à plusieurs reprises, est sorti sain et sauf de cette terrible crise. C'est ainsi que nous conservons un trésor que ni le *Bristish Museum*, ni la bibliothèque du Vatican, ni aucune collection connue ne peuvent égaler. Les manuscrits les plus précieux étaient en dépôt dans les caves de l'Ecole des beaux-arts, dont on s'occupe en ce moment de les tirer.

Nous avons eu le même bonheur pour les archives. Elles sont sauvées; l'histoire de France est sauvée! L'hôtel Soubise, où tous ces manuscrits sont réunis dans un ordre admirable, n'est séparé du Mont-de-Piété que par une rue. Les commissaires de la Commune venaient au Mont-de-Piété tous les jours; il y avait là des millions qui les attiraient; ils comprenaient moins la valeur des autres trésors entassés si près de là. Il n'aurait pas fallu beaucoup de pétrole pour les détruire. On les a oubliés.

On a oublié aussi l'Imprimerie nationale, ou plutôt on a pris ce grand monument de l'art typographique pour une manufacture comme toutes les autres. Le temps aussi a manqué aux iconoclastes. Nos soldats marchaient vite; leurs chefs savaient ce que chaque minute de retard coûtait à la civilisation.

Enfin, l'art religieux n'a presque rien perdu. La Sainte-Chapelle, la merveille des merveilles, a tous ses vitraux intacts. Elle est restée debout entre l'incendie du Palais et celui de la Préfecture de police. Saint-Etienne-du-Mont, Saint-Germain-des-Prés, Saint-Séverin, Saint-Eustache nous restent. Saint-Eustache pourtant a souffert. Les vitraux de Philippe de Champagne sont perdus, malheur irréparable. A Notre-Dame tout était prêt pour l'incendie. Les deux ambons à l'extrémité du bas-chœur sont brûlés. Les barbares n'ont pas incendié la séculaire forêt qui domine les voûtes; ils n'ont pas fait pleuvoir sur la Cité et l'Hôtel-Dieu, cette immense quantité de plomb qui couronne le majestueux édifice. Paris, malgré les Tuileries et l'Hôtel de ville, malgré le Palais-Royal et le palais du quai d'Orsay, malgré les Gobelins, Paris est encore Paris. Il peut, comme la France, ressusciter et grandir, à force de sagesse.

En publiant les détails qui se rattachent à l'incendie des Tuileries, on n'a point relaté les mutilations causées aux sculptures du jardin par les balles et les obus.

L'un des deux groupes de Coysevox qui ornent la grille principale, un cheval ailé en marbre blanc portant en croupe une Renommée, a été assez maltraité. L'aile extérieure et la queue du Pégase ont été emportées.

Des quatre fleuves placés à droite et à gauche du grand bassin, trois ont été préservés. Le Tibre seul a reçu plusieurs meurtrissures. Le personnage principal a eu le pied et le bras droit cassés. Un éclat d'obus a écorné un des angles du piédestal. Ce groupe, un des plus beaux du jardin, est signé *Van Clève*, 1707.

Près de l'entrée du jardin réservé, une statue de femme tenant à la main une couronne d'immortelles a eu la tête enlevée, le bras gauche entièrement brisé et le bras droit à demi emporté.

Plus loin, dans une des allées qui conduisent au perron de la rue de Rivoli, le Thémistocle de Lemaire a perdu la poignée de son épée.

N° 2.

CIRCULAIRE DE M. JULES FAVRE AUX AGENTS DIPLOMATIQUES DE LA RÉPUBLIQUE.

Versailles, le 6 juin 1871.

Monsieur, la formidable insurrection que la vaillance de notre armée vient de vaincre a tenu le monde entier dans de telles anxiétés, elle l'a épouvanté par de si effroyables forfaits, qu'il me semble nécessaire de dominer l'horreur qu'elle inspire pour essayer de démêler les causes qui l'ont rendue possible. Il importe que vous soyez éclairé sur ce point, afin de pouvoir rectifier des opinions erronées, mettre les esprits en garde contre de fâcheuses exagérations et provoquer partout le concours moral des hommes sensés, honnêtes, courageux, qui veulent résolument restaurer le principe de l'autorité en lui donnant pour base le respect des lois, la modération et la liberté.

Quand on a été témoin des catastrophes que nous avons traversées, la première impulsion porte à douter de tout, hors de la force qui, apparaissant comme le remède suprême, semble par cela être le seul principe vrai. Mais la fumée du combat n'est pas encore dissipée que chacun, interrogeant sa conscience, y trouve le guide supérieur qu'on n'abandonne jamais en vain et auquel tous nous sommes ramenés quand nous l'avons sacrifié à la violence de nos passions.

Cette fois, la leçon est tout ensemble si éclatante et si terrible, qu'il faudrait une singulière dureté de cœur pour se refuser à en admettre l'évidence. La France, comme on le répète trop légèrement, n'a pas reculé vers la barbarie, elle n'est pas davantage en proie à une sorte d'hallucination furieuse; elle a été, par une série de fautes volontaires, jetée en dehors du juste et du vrai. Elle subit aujourd'hui la plus logique et la plus cruelle des expiations.

Qui peut nier, en effet, que l'acte du Deux Décembre et le système qui en a été la consécration n'aient introduit dans le sein de la nation un élément actif de dépravation et d'abaissement? En ce qui concerne plus particulièrement la ville de Paris, il n'est pas un esprit sérieux qui n'ait compris et prédit les inévitables malheurs que préparait la violation audacieuse de toutes les règles économiques et morales, conséquence inévitable des travaux nécessaires à l'existence de l'empire. On peut se reporter à de récentes discussions, et l'on verra avec quelle précision étaient dénoncés les périls que contestaient intrépidement les trop dociles approbateurs de ces criminelles folies. Paris était condamné, par le régime que lui avait fait le gouvernement impérial, à subir une crise redoutable; elle aurait éclaté en pleine paix; la guerre lui a donné les caractères d'une horrible convulsion.

. . . .

Il n'en pouvait être autrement : en accumulant dans l'enceinte de la capitale une population flottante de près de trois cent mille travailleurs, en y multipliant toutes les excitations des jouissances faciles et toutes les souffrances de la misère, l'empire avait organisé un vaste foyer de corruption et de désordre, où la moindre étincelle pouvait allumer un incendie. Il avait créé un atelier national alimenté par une spéculation fiévreuse et qu'il était impossible de licencier sans catastrophe.

Quand il commit le crime de déclarer la guerre, il appela sur Paris la foudre qui devait l'écraser cinq semaines après. Nos armées étaient détruites, et la grande cité restait seule en face des huit cent mille Allemands qui inondèrent notre territoire. Le devoir de la résistance animait toutes les âmes. Pour le remplir à Paris, il fallut armer sans distinction tous les bras; l'ennemi était aux portes, et sans cette témérité nécessaire, il les aurait franchies dès son premier choc.

Il fallut aussi nourrir tous ceux qui manquaient de travail, et le nombre en dépassa six cent mille. C'est dans ces conditions périlleuses que commença le siège. Nul ne le croyait possible.

On annonçait que la sédition livrerait la ville au bout de quelques semaines. La ville a tenu quatre mois et demi malgré les privations, malgré les rigueurs d'une saison cruelle, malgré le bombardement, la famine seule l'a obligée à traiter. Mais nul ne saurait dire la violence des perversions morales et physiques auxquelles cette malheureuse population fut en proie. Les exigences du vainqueur y mirent le comble. A l'humiliation de la défaite vint se joindre la douleur des sacrifices qu'il fallut subir.

Le découragement et la colère se partagèrent les âmes. Nul ne voulut accepter son malheur et beaucoup cherchèrent leur consolation dans l'injustice et la violence. Le déchaînement de la presse et des clubs fut poussé jusqu'aux dernières limites de l'extravagance. La garde nationale se désagrégea. Un grand nombre de ses membres, chefs et soldats, quittèrent Paris.

Coupé en deux par la réunion de l'Assemblée à Bordeaux, le gouvernement restait sans force. Il en aurait acquis par sa translation à Versailles, si les agitateurs n'avaient choisi ce moment pour allumer l'insurrection.

. . . .

La plume tombera plusieurs fois de la main quand il faudra qu'elle retrace les hideuses et sanglantes scènes de cette lamentable tragédie, depuis l'assassinat des généraux Lecomte et Clément Thomas jusqu'aux incendies préparés pour embraser tout Paris, jusqu'à l'abominable et lâche massacre des saintes victimes fusillées dans leurs prisons.

Toutefois, l'indignation et le dégoût ne peuvent arrêter les hommes politiques dans l'accomplissement du devoir d'investigation que leur imposent de si extraordinaires forfaits.

Les détester et les punir n'est point assez. Il faut en rechercher le germe et l'extirper.

Plus le mal est grand, plus il est essentiel de s'en rendre compte et de lui opposer la coalition de tous les gens de bien.

Je viens d'expliquer sommairement comment l'état général de la ville de Paris constituait, par lui-même, une prédisposition au désordre, et comment il s'était aggravé dans les proportions les plus menaçantes par l'anarchie du siége.

Un petit groupe de sectaires politiques avait, dès le 4 septembre, heureusement en vain, tenté de profiter de la confusion pour s'emparer du pouvoir; depuis, ils n'avaient cessé de conspirer.

Représentant la dictature violente, la haine de toute supériorité, la convoitise et la vengeance, ils furent dans la presse, dans les réunions, dans la garde nationale, des artisans audacieux de calomnies, de provocations et de révolte. Vaincus le 31 octobre, ils se servirent de l'impunité pour se glorifier de leurs crimes et en reprendre l'exécution le 22 janvier. Leur mot d'ordre fut la Commune de Paris et, plus tard, après le traité des préliminaires, la fédération de la garde nationale.

Avec une rare habileté, ils préparèrent une organisation anonyme et occulte qui bientôt se répandit sur la cité tout entière. C'est par elle que, le 18 mars, ils saisirent le mouvement qui, d'abord, semblait n'avoir aucune portée politique. Les élections dérisoires auxquelles ils procédèrent ne furent pour eux qu'un masque; maîtres de la force armée, détenteurs de ressources immenses en munitions, en artillerie, en mousqueterie, ils ne songèrent plus qu'à régner par la terreur et à soulever la province.

Sur plusieurs points du territoire éclatèrent des insurrections qui, un instant, encouragèrent leurs coupables espérances. Grâce à Dieu, elles furent réprimées; néanmoins, dans plusieurs départements, les factieux n'attendaient que le succès de Paris, mais Paris demeura le seul champion de la révolte. Pour entraîner sa malheureuse population, les criminels qui siégeaient à l'Hôtel de ville ne reculèrent devant aucun attentat; ils firent appel au mensonge, à la proscription, à la mort; ils enrôlèrent les scélérats tirés par eux des prisons, les déserteurs et les étrangers. Tout ce que l'Europe renferme d'impur fut convoqué. Paris devint le rendez-vous des perversités du monde entier. L'Assemblée nationale fut vouée aux insultes et à la vengeance.

C'est ainsi qu'on parvint à égarer un grand nombre de citoyens, et que la cité se trouva sous le joug d'une poignée de fanatiques et de malfaiteurs. Je n'ai point à détailler leurs crimes. Je voulais seulement montrer par quel concours de circonstances fatales leur règne honteux a été possible. Ils se sont emparés d'une population déshabituée du travail, irritée par le malheur, convaincue que son gouvernement la trahissait : ils l'ont dominée par la terreur et la fourberie. Ils l'ont associée à leurs passions et à leurs forfaits; et, quant à eux, enivrés de leur éphémère pouvoir, vivant dans le vertige, s'abandonnant sans frein à la satisfaction de leurs basses convoitises, ils ont réalisé leurs rêves monstrueux et se sont abîmés comme des héros de théâtre dans la plus épouvantable catastrophe qu'il ait été donné à l'imagination d'un scélérat de concevoir.

Voilà, monsieur, comment je comprends ces événements qui confondent et révoltent, et qui paraissent inexplicables quand on ne les étudie pas attentivement. Mais j'omettrais un des éléments essentiels de cette lugubre histoire si je ne rappelais qu'à côté des jacobins parodistes qui ont eu la prétention d'établir un système politique, il faut placer les chefs d'une Société, maintenant tristement célèbre, qu'on appelle l'*Internationale*, et dont l'action a peut-être été plus puissante que celle de leurs complices, parce qu'elle s'est appuyée sur le nombre, la discipline et le cosmopolitisme.

L'Association internationale des travailleurs est certainement l'une des plus dangereuses dont les gouvernements aient à se préoccuper.

. . . .

On pouvait croire tout d'abord cette conception uniquement inspirée par un sentiment de solidarité et de paix.

Les documents officiels démentent complètement cette supposition. L'Internationale est une société de guerre et de haine. Elle a pour base l'athéisme et le communisme, pour but la destruction du capital et l'anéantissement de ceux qui le possèdent, pour moyen la force brutale du grand nombre qui écrasera tout ce qui essayera de résister.

Tel est le programme qu'avec une cynique audace les chefs ont proposé à leurs adeptes.

Quant à leurs règles de conduite, ils les ont trop de fois énoncées pour qu'il soit nécessaire de démontrer longuement qu'elles sont la négation de tous les principes sur lesquels repose la civilisation. . . . .

L'Europe est en face d'une œuvre de destruction

Les Prisonniers à Versailles. — L'appel.

systématique dirigée contre chacune des nations qui la composent et contre les principes mêmes sur lesquels reposent toutes les civilisations.

Après avoir vu les coryphées de l'Internationale au pouvoir, elle n'aura plus à se demander ce que valent leurs déclarations pacifiques. Le dernier mot de leur système ne peut être que l'effroyable despotisme d'un petit nombre de chefs s'imposant à une multitude courbée sous le joug du communisme, subissant toutes les servitudes, jusqu'à la plus odieuse, celle de la conscience, n'ayant plus ni foyer ni champ, ni épargne ni prière, réduite à un immense atelier, conduite par la terreur, et contrainte administrativement à chasser de son cœur Dieu et la famille.

C'est là une situation grave. Elle ne permet pas aux gouvernements l'indifférence et l'inertie. Ils seraient coupables, après les enseignements qui viennent de se produire, d'assister impassibles à la ruine de toutes les règles qui maintiennent la moralité et la prospérité des peuples.

. . . .

Les questions sur lesquelles je provoque vos investigations touchent à des problèmes difficiles et qui depuis longtemps ont agité le monde. Leur solution complète dans l'ordre de la justice supposerait la perfection humaine qui est un rêve, mais dont une nation peut plus ou moins se rapprocher.

Le devoir des hommes de cœur consiste à ne jamais désespérer ni de leur temps, ni de leur pays, et à travailler, sans se laisser décourager par les déceptions, à faire prévaloir les idées de justice.

Si ce devoir est le nôtre, comme je n'en doute pas, si c'est seulement par son accomplissement sincère et désintéressé que nous pouvons réparer les maux de notre malheureuse patrie, n'est-il pas urgent de rechercher les causes qui ont permis aux erreurs professées par la société internationale un si rapide et si funeste empire sur les âmes?

Ces causes sont nombreuses et diverses, et ce n'est pas par les châtiments et la compression seulement qu'on les fera disparaître. Introduire dans les lois les sévérités que réclament les nécessités sociales, et appliquer ces lois sans faiblesse, c'est une nouveauté à laquelle il faut que la France se résigne. C'est pour elle une affaire de salut. Mais elle serait imprudente et coupable si, en même temps, elle ne travaillait pas énergiquement à relever la moralité publique par une saine et forte éducation, par un régime économique libéral, par un amour éclairé de la justice, par la simplicité, la modération, la liberté. Sa tâche est immense; elle n'est pas au-dessus de ses forces; si elle en comprend la grandeur, au lieu de se perdre dans des intrigues personnelles, qu'elle s'inspire du sentiment de sa propre vitalité. Qu'elle entreprenne de réagir par elle-même contre l'adversité. Qu'elle consente enfin à vivre pour elle-même et par elle-même, en prenant toujours pour guides la justice, le droit et la liberté, et, quelque redoutables que soient ses épreuves, elle les surmontera. Elle reprendra son rang dans le monde, non pour menacer, mais pour modérer et pour protéger.

Elle redeviendra l'alliée des faibles, elle essayera d'élever la voix contre la violence, et son autorité sera d'autant plus grande pour la combattre, qu'elle aura davantage souffert de ses excès...

JULES FAVRE.

CHAPITRE IX

LE GOUVERNEMENT DE M. THIERS

Funérailles des otages. — Modifications ministérielles. — Élections complémentaires à l'Assemblée nationale. — Les comités électoraux. — Résultat des élections. — Election du Conseil municipal de Paris. — Succès de l'emprunt de deux milliards. — Evacuation par les Prussiens des départements de l'Eure, de la Seine-Inférieure et de la Somme. — Le désarmement des gardes nationales. — La proposition Rivet. — L'Assemblée se déclare constituante, si besoin est. — M. Thiers est nommé PRÉSIDENT DE LA RÉPUBLIQUE. — Affermissement de la République. — DOCUMENTS COMPLÉMENTAIRES.

Au lendemain de la victoire, l'Assemblée nationale était toute-puissante. Jamais pouvoir ne se trouva investi d'une autorité plus grande. Cette Assemblée, dont la majorité ne dissimulait point ses sentiments monarchiques, devait pourtant et son triomphe et sa force passagère à la République seule. Jamais un monarque n'eût pu vaincre Paris armé comme il l'avait été, jamais une armée n'eût, deux mois durant, sans se désagréger ou se lasser, lutté contre des compatriotes. C'est parce qu'elle était l'armée non d'un homme mais de la patrie, qu'elle obéit et accepta sa douloureuse tâche. La France seule avait le droit de reprendre Paris. La République seule avait le droit et le pouvoir de vaincre la Commune. C'est ce que M. Gambetta déclarait, au mois d'avril 1872, dans son discours du Havre :

« En définitive, disait-il, où donc pourrait se trouver un parti autre que le parti républicain qui eût l'autorité et la force suffisante pour renverser un État politique où tout le monde est souverain, où tout le monde est la loi, où tout le monde est gouvernement ? L'histoire, *même la plus récente*, démontre que la République a toujours fait face aux tentatives révolutionnaires les plus grosses, aux tempêtes sociales les plus terribles *par cela même qu'elle est le gouvernement de tout le monde*. »

Victorieuse de la Commune grâce à la force républicaine, à l'anonymat de cette force, l'Assemblée n'en va pas moins essayer, nous l'allons voir, de renverser cette République à laquelle elle doit le salut. Ses efforts seront impuissants, il est vrai, et ils ne serviront qu'à consolider le gouvernement républicain, mais il faut au moins les constater.

Les premiers jours de juin furent marqués par des funérailles. On enterra à Paris Gustave Chaudey et, à Orgeville (Eure), le président Bonjean.

Le 27, les funérailles solennelles des otages mis à mort, avaient lieu à Notre-Dame. Trois victimes de la guerre civile, l'éditeur Arnauld de Vresse, les commandants Domalain et Poulizac, tués pendant la lutte, eurent aussi leurs obsèques. Peu de jours après, MM. Lambrecht (qui devait mourir trop tôt), Victor Lefranc et le général de Cissey, étaient nommés ministres de l'intérieur, du commerce et de la guerre. M. Thiers appelait à la préfecture de la Seine un des publicistes les plus remarquables et un des hommes les plus honnêtes, M. Léon Say, député et rédacteur du *Journal des Débats*, et administrateur du chemin de fer du Nord.

L'ouverture des conférences entre les plénipotentiaires français et prussiens relativement à l'exécution du traité de paix, avait eu lieu à Francfort, le 4 juin, et M. Pouyer-Quertier, grand buveur, grand mangeur, devait étonner là par ses qualités physiques M. de Bismarck lui-même. Le 9, les électeurs étaient convoqués pour les élections complémentaires à l'Assemblée nationale. Les élections devaient avoir lieu le 2 juillet. Elles étaient graves et allaient montrer quel était décidément l'état des esprits en France après les tragiques événements de Paris. Les derniers drames de la Commune, habilement exploités par la réaction, pouvaient certes avoir beaucoup nui, dans les provinces, à l'idée républicaine. On le craignait. Les bonapartistes s'agitaient et, plus audacieux en juillet qu'en février, posaient effrontément leurs candidatures. M. Rouher se présentait à Bordeaux, espérant que ses idées commerciales feraient oublier, dans la cité libre-échangiste, ses idées politiques.

A Paris, les journaux dits de l'ordre se liguaient et formaient ce qu'ils appelaient l'*Union parisienne de la presse*, destinée à faire passer une liste de candidats où l'élément libéral doctrinaire, l'élément républicain modéré, et même l'élément bonapartiste honteux se trouvaient habilement mêlés. Cette *Union* publiait, vers le 5 juin, la déclaration qui suit :

UNION PARISIENNE DE LA PRESSE

Les journaux ci-dessous désignés se sont réunis à l'occasion des élections du 2 juillet.

Le but qu'ils se proposent est de chercher, en dehors de toute préoccupation exclusive de parti, les candidats dont le passé et les déclarations offriront de sérieuses garanties à la cause de la paix publique.

En conséquence, ils se sont constitués en réunion électorale afin de recommander et de soutenir collectivement les candidatures qui seront en harmonie avec le but qu'ils se sont fixé.

Ils examineront toutes les candidatures qui se produiront soit directement, soit par l'intermédiaire de divers comités électoraux de la Seine, et soumettront aux électeurs une liste unique.

Ont adhéré :

Constitutionnel, — *Correspondant*, — *Débats*, — *Droit*, — *Figaro*, — *France*, — *Gaulois*, — *Gazette de France*, — *Gazette des Tribunaux*, — *Journal de Paris*; *Liberté*, — *Messager de Paris*, — *Monde illustré*, — *Moniteur universel*, — *Patrie*, — *Pays*, — *Petit Moniteur*, — *Petite Presse*, — *Union*, — *Univers*.

Pour combattre l'influence de l'*Union parisienne*, le *Comité central de la rue Turbigo*, composé de républicains connus et comprenant la situation, s'était constitué aussitôt, formant une liste, soutenue par le *Siècle*, l'*Avenir national* et la *Nation souveraine*. Les noms de MM. Barni, Corbon, Ténot, Laurent Pichat, E. Brelay, Martin Bernard, etc., disaient bien la nuance de cette liste. Mais un certain comité qui prit pour nom *Comité républicain radical*, s'unit à l'ancienne *Ligue des droits de Paris* pour proposer une liste plus accentuée qui jeta le trouble dans les élections et devait aboutir à faire passer, presque complète, la liste de l'*Union parisienne de la presse*, où se trouvaient d'ailleurs des noms honorés ou illustres fort habilement et je dirai perfidement choisis.

Le 13 juin, avant les élections complémentaires, un double manifeste de la gauche républicaine et d'une fraction de la gauche, affirmait, devant les électeurs, la République et semblait répondre aux craintes d'une partie de la nation.

« Plus de liste civile, disait le manifeste de la gauche républicaine, plus de cour, plus de faste stérile et corrupteur ! Plus de révolution nouvelle!
— Il y a trois monarchies rivales. Il n'y a qu'une République.

« Les choix favorables aux prétentions de l'une ou de l'autre des trois monarchies accroîtraient l'agitation publique, et retarderaient indéfiniment l'évacuation du territoire que foulent encore les armées étrangères.

« Les républicains libéraux de la veille et du lendemain, les patriotes qui veulent une République fondée sur l'ordre et la loi, sur le respect de tous les droits et la pratique de tous les devoirs, ceux-là seuls donneront à la France la stabilité et le repos dans le progrès et la liberté.

« Électeurs, c'est à vous de choisir ! »

Ce document était signé de MM. Em. Arago, Pelletan, Leblond, Carnot, Charles Magnin, Jules Ferry, Marc Dufraisse, Henri Martin, Noël Parfait, etc. Celui de MM. Quinet, Peyrat, Schœlcher, Langlois, H. Brisson, Joigneaux, Tolain, Louis Blanc, etc., s'exprimait ainsi :

« Assez de ruines ! Reposons-nous enfin dans ce qui est, dans l'esprit moderne : l'esprit moderne s'appelle Liberté ! République !

« Ne luttons pas contre la force des choses qui entraîne les choses mortes : dynasties, monarchies. Elles nous entraîneraient dans leurs tombeaux.

« Faisons alliance avec les choses vivantes, elles guériront nos plaies, elles nous rendront l'espoir, elles nous communiqueront leur force. Elles rendront à notre France sa jeunesse immortelle. »

Les élections du 2 juillet devaient donner raison à ces manifestes.

A Paris, le vote donna les résultats suivants :

Électeurs inscrits............	458,774
Votants.......................	290,823
Suffrages comptés............	280,847
Bulletins non entrés en compte.	9,976

LISTE DES 21 CANDIDATS ÉLUS

MM.	Votes de l'armée.	Votes civils.
Wolowski............	1,079	147,042
André...............	918	131,208
Pernolet............	1,073	129,997
Louvet..............	1,110	126,417
Dietz Monin.........	1,032	120,280
De Pressensé........	1,082	118,975
Gambetta............	1,787	118,327
Corbon..............	631	117,828
Paul Morin..........	1,016	115,357
Denormandie.........	1,078	112,589
De Cissey...........	1,319	109,780
Scheurer-Kestner....	485	108,038
Krantz..............	940	108,319
De Plœuc............	978	108,281
Laboulaye...........	1,160	107,773
Lefébure............	1,025	106,502
Laurent Pichat......	577	101,366
Sebert..............	921	99,446
Brelay..............	505	98,248
Drouin..............	988	95,768
Moreau..............	948	94,873

En province, les bonapartistes avaient été battus partout, sauf dans la Dordogne, où M. Magne passait, mais comme enfant du pays, et non comme bonapartiste.

Le général Faidherbe était élu dans le Nord, le Pas-de-Calais et la Somme. A Belfort, M. Keller; le colonel Denfert dans la Charente-Inférieure, l'Isère et le Doubs. L'Ille-et-Vilaine envoyait le général de Cissey à l'Assemblée. Mais l'élection significative était celle de M. Gambetta, nommé trois fois, dans les Bouches-du-Rhône, le Var et à Paris. Ainsi la France, malgré toutes les attaques de la réaction contre cette politique de patriotisme à *outrance*, qui est la gloire de ce jeune homme et fut la glorieuse page de la dernière guerre, la France consacrait à la fois dans le même homme la défense nationale et la République française.

Chose étrange! malgré tout, l'esprit public avait

marché et les monarchistes de l'Assemblée furent stupéfaits de ce résultat, qui ne les corrigea point.

Nous avons omis dans l'histoire du mois de juin, qui précéda ces élections, le vote de l'Assemblée portant l'abrogation des lois de bannissement par 472 voix contre 97, et la validation des élections du prince de Joinville et du duc d'Aumale par 448 voix contre 111.

Paris, fort modéré au 2 juillet, fut plus accentué, à la fin de ce même mois, lors du vote pour les conseillers municipaux. Ces élections administratives eurent, en effet, un caractère tout politique. Cela pouvait être inutile, mais cela était inévitable. Au premier tour de scrutin, le 23 juillet, MM. Loiseau-Pinson, Bonvalet, Vautrain, Perrin, docteur Trélat, etc., furent nommés, et au deuxième tour, le 30 juillet, les noms de MM. Ch. Murat, Lockroy, Ranc, Jobbé-Duval, Mottu, élu dans trois quartiers, Clémenceau, Cantagrel, Allain-Targé, sortirent également du scrutin. L'Assemblée nationale eût dû comprendre qu'il était temps pour elle de rentrer à Paris si elle ne voulait que le conseil municipal ne devînt moralement la véritable assemblée parisienne.

L'ordre d'ailleurs régnait partout et la confiance renaissait. Le mardi 27 juin, l'emprunt national de 2 milliards de francs en rentes 5 p. 100, autorisé par la loi du 24 juin 1871 était ouvert, et le lendemain des affiches bleues annonçaient la clôture de la souscription de l'emprunt. A la fin de la séance de l'Assemblée nationale, le ministre des finances était monté à la tribune, et, au milieu d'unanimes applaudissements, annonçait que, six heures à peine après l'émission, les souscriptions s'élevaient déjà à QUATRE MILLIARDS CINQ CENT MILLIONS. Et encore, ajoutait le ministre, n'a-t-on pas reçu le résultat complet des souscriptions de la province et de l'étranger.

La ville de Paris, à elle seule, avait souscrit pour deux milliards et demi ; la province, pour plus d'un milliard, et l'étranger pour un milliard. La compagnie des agents de change avait souscrit la somme énorme de soixante-six millions de rente, soit onze cents millions de capital ; la ville de Metz avait souscrit pour vingt millions.

Cette explosion d'un patriotisme qui, pour être monétaire, n'en était pas moins réel, causa un étonnement à tous, et la Prusse dut voir que la France n'était encore ni ruinée ni morte. Une grande revue passée à Longchamps, en présence de l'Assemblée, avait montré que l'armée elle-même se relevait déjà de Forbach et de Sedan.

Cependant, tandis que Victor-Emmanuel faisait son entrée solennelle à Rome, rendue à l'Italie, le comte de Chambord, dans un manifeste célèbre, rédigé, dit-on, par M. Laurentie, déclarait qu'il demeurerait fidèle au drapeau blanc, et abdiquant en quelque sorte, s'ensevelissait, aux yeux étonnés du monde moderne, peu habitué à un si noble entêtement, dans son linceul fleurdelisé. L'Assemblée continuait pourtant à rêver la fusion entre les monarchies et votait des lois sur le cautionnement des journaux et écrits périodiques, les taxes et surtaxes sur les denrées coloniales, alcools, huiles minérales, allumettes, etc.

Mais déjà, spectacle consolant, les Prussiens évacuaient çà et là des coins de cette terre française que frappaient leurs talons, que souillaient leurs lourds chevaux du Mecklembourg. Le 22 juillet, Amiens et Rouen étaient évacués, et les villes occupées, les départements de l'Eure, de la Seine-Inférieure et de la Somme revoyaient, avec joie, ces *pantalons rouges* de la pauvre et brave armée française. Le 3 août, le lendemain du remplacement de M. Jules Favre par M. de Rémusat au ministère des affaires étrangères, M. Pouyer-Quertier, ministre des finances, annonçait à l'Assemblée nationale le payement du premier milliard de l'indemnité de guerre due à la Prusse. Et tandis que l'on votait à Versailles, pour payer l'ennemi, les nouvelles taxes postales, les droits d'enregistrement, les femmes de Strasbourg apportaient des couronnes de fleurs, enrubanées de tricolore, aux tombes des soldats français tombés à Wissembourg et à Wœrth.

L'Assemblée, toujours prise de craintes, songeait déjà à désarmer les gardes nationales, son effroi. La garde nationale de Paris était dissoute ; mais les milices de province existaient toujours. L'Assemblée les redoutait. Lorsque, plus tard, M. Raoul Duval demanda à M. Dufaure pourquoi il n'avait pas poursuivi M. Ranc, l'Assemblée laissa voir son esprit au vif.

« Je vous demande la permission de remonter à l'époque où la Commune a été vaincue, dit M. Dufaure. Nous avions alors deux difficultés : d'abord quatre cent mille hommes prisonniers à l'étranger. L'insurrection nous avait légué trente mille détenus dont le sort devait être réglé devant la justice du pays. Il nous était impossible de traduire immédiatement tous les captifs devant cette justice. Le ministre de la guerre devait rappeler ses compagnons de captivité. Le général commandant devait tout suivre et ordonner les renvois devant les conseils de guerre. La loi de 1867 a été observée dans tous ses détails. L'information a été admirablement dirigée, et les ordres de renvoi devant les conseils de guerre ont été faits par le général commandant de la première division militaire.

« Il agissait avec la loi, et le ministre de la guerre n'avait pas à agir. Et je m'étonne que, pour la satisfaction de la passion d'un moment, on oublie les intérêts les plus graves de la justice et de l'intérêt général de tous les citoyens. (Agitation.) Ce n'est pas le gouvernement qui poursuit, c'est l'autorité chargée par la loi. Nous manquerions à tous nos devoirs si nous ordonnions la poursuite d'un coupable ou si nous entravions en quoi que ce soit. C'est à l'autorité compétente à agir dans sa compétence. Le gouvernement n'a pas le droit d'intervenir pour dire à la justice compétente de poursuivre ou de ne pas poursuivre. (Mouvement prolongé.)

« Je m'étonne que M. Raoul Duval demande si la justice militaire a été inerte depuis quatre mois. Les faits répondent suffisamment. Le gouvernement a laissé libre la justice et l'autorité militaire (1). »

Mais la lutte entre le gouvernement, qui s'inspirait de l'esprit du pays, et l'Assemblée, fidèle à son esprit de caste, devait éclater à propos de la fameuse *proposition Rivet*.

Dans la séance du 12 août 1871, M. Rivet avait déposé au nom d'un grand nombre de ses collègues, une proposition relative à la prorogation des pouvoirs de M. Thiers. Le texte de cette proposition, qui allait devenir historique, débutait ainsi : «*Considérant qu'il importe, pour répondre au vœu du pays, de satisfaire aux intérêts les plus pressants du travail et du crédit, de donner des garanties nouvelles de durée et de stabilité au gouvernement établi, l'Assemblée nationale décide :*

« *Art. 1er. M. Thiers exercera, sous le titre de Président de la République, les fonctions qui lui ont été dévolues par le décret du 17 février dernier.*

« *Art. 2. Ses pouvoirs sont prorogés de trois ans.* »

Cette proposition était signée de soixante-six membres, parmi lesquels je rencontre les noms de MM. Léon de Malleville, Ed. de Pressensé, Achille Delorme, de Tocqueville, Pernolet, E. Beausire, Schérer, Jules Favre, Ernest Picard, E. Duvergier de Hauranne, etc. Immédiatement après la lecture de la proposition Rivet, M. Adnet était monté à la tribune pour en déposer une autre, dont les termes, beaucoup moins explicites, étaient ceux-ci : « *L'Assemblée, confiante dans la sagesse et le patriotisme de M. Thiers, lui continue son concours et, au nom du pays reconnaissant, lui confirme les pouvoirs qu'elle lui a confiés à Bordeaux.* » Sur la demande de M. Thiers, l'urgence avait été votée pour les deux propositions et une commission avait été élue pour les examiner l'une et l'autre (1).

A peine la proposition Rivet se fut-elle produite que, de tous côtés, sortirent les amendements. L'Assemblée comprenait bien que le vote de l'article premier de la proposition équivalait à la proclamation tacite ou du moins à l'acceptation de la République, alors qu'elle tenait à se déclarer constituante sans avoir en elle les éléments voulus ou la force exigée pour constituer quoi que ce fût en dehors de la République. M. le comte de Chambrun, M. Pagès-Duport, M. le marquis de Mornay, M. Eymar-Duvernay, M. de Choiseul, M. Buffet, M. Ducuing, M. Sansas présentèrent des amendements divers dans un sens plus ou moins accentué. M. Pascal Duprat, plus radical, demanda par amendement que l'Assemblée se séparât après avoir voté le budget du prochain exercice, la nouvelle organisation militaire et la loi électorale.

---

(1) Cette discussion donna lieu à une lettre de M. Ranc, membre du conseil municipal, adressée au *Constitutionnel* :

« Monsieur le rédacteur,

« N'ayant pas réussi à me faire déporter, la presse réactionnaire cherche à me déshonorer. Elle n'attaque pas moins d'elle. Hier, on disait que j'avais fait fusiller les otages; aujourd'hui on assure que j'ai « rendu des services à Ver-« sailles ». Pour mes amis, pour tous ceux qui me connaissent, je n'aurais pas besoin de répondre. Mais la calomnie fait son chemin dans le public et je dois l'arrêter.

« Je vous prie donc, monsieur, d'insérer cette courte réponse à la note que vous avez publiée ce matin.

« Je suis arrivé à Paris le 20 mars, ignorant tout ce qui s'était passé le 18. Dès le lendemain, dans l'espoir d'empêcher une lutte désastreuse, je travaillais avec plusieurs citoyens dévoués à la cause démocratique à organiser un comité de conciliation. Le 24, dans la nuit, je me rendais au Comité central, chargé par les maires réunis rue de la Banque, d'une mission qui malheureusement n'aboutit pas.

« Aux élections du 26, je réunis sans m'être présenté la presque unanimité des voix dans le neuvième arrondissement, qui n'avait pas perdu le souvenir du bien que j'avais essayé de faire après le 4 septembre. Je fus porté sur toutes les listes, y compris celle où était le nom de M. André, député actuel de la Seine. Ainsi nommé, je me considérai comme ayant deux mandats : d'une part assurer l'ordre, la paix publique, la tranquillité dans l'arrondissement ; de l'autre, continuer à l'Hôtel de ville mes tentatives de conciliation. Sur le premier point, grâce à l'activité et au dévouement de mon ami Ulysse Parent, nous réussîmes pleinement. Sur le second point, je fus moins heureux. Le 4 avril, la nouvelle de la mort de Duval et de Flourens rendit vain tout espoir d'arrêter la lutte. Le lendemain je n'allai pas à l'Hôtel de ville et j'envoyai ma démission.

« Je ne l'ai pas fait plus tôt, parce que tant que je conservais une lueur d'espérance, j'aurais regardé comme une lâcheté de me retirer.

« Une chose restait à faire : créer une force qui pût s'interposer entre les combattants. Dans ce but, je pris part à la fondation de la Ligue des droits de Paris, sans y mettre mon nom, qui aurait été mal accueilli à Versailles, parce que j'avais été membre de la Commune, à la Commune, parce que je l'avais quittée. A dater de ce jour, j'ai vécu à Paris dans une réserve absolue.

« Faut-il ajouter maintenant que je n'ai eu, ni avant le 6 avril ni après, ni de loin ni de près, aucune relation ni directe ni indirecte avec aucun membre du gouvernement ? Vous reproduisez, monsieur, un propos prêté par l'*Univers* à un personnage considérable de la République qui aurait dit à un député : « Comment voulez-vous que nous pour-« suivions M. Ranc, qui nous a rendu de si grands services ? » Je suis persuadé que c'est là une pure invention ; mais en tout état de cause je réponds :

« Si un personnage important ou non du gouvernement, a tenu ce propos qu'on lui prête ou tout autre analogue, ce personnage a menti.

« Si un député l'a répété ou inventé, ce député a menti.

« J'ai l'honneur de vous saluer.

« A. RANC. »

(1) On trouvera la composition de cette commission, avec beaucoup de détails sur cette *crise constitutionnelle* dans la collection de *Documents sur les événements de 1870-71*, publiée par la librairie des Bibliophiles (Jouaust, éditeur).

Cette demande de dissolution ne devait pas avoir grandes chances, mais elle était faite.

Pendant que s'élaborait dans la commission le projet de loi relatif à la prorogation des pouvoirs de M. Thiers, un grave incident, survenu à la séance du 24 août, mit en grand péril, dit l'auteur de la *Crise constitutionnelle*, notre situation politique. Ce ne fut pas, comme devait l'être la journée du 20 janvier 1872 où M. Thiers donna sa démission, une heure d'angoisses, mais ce fut cependant un moment de trouble. La loi sur la dissolution des gardes nationales était discutée et près de quatre cents membres demandaient que cette dissolution fût *immédiate*, quitte à soulever par leur exigences les plus graves événements. M. Thiers essaya de leur prouver qu'ils avaient tort, mais peu écouté ce jour-là, bruyamment et fréquemment interrompu, il se sentit piqué au vif, reconnaissant avec une pointe d'ironie, le pouvoir absolu de l'Assemblée : « Et si, dit-il, lorsque le gouvernement que vous avez institué croit que vous vous trompez, vous ne voulez pas même l'écouter, il n'a qu'une chose à faire ! » Et les interruptions et les rumeurs continuant : « Je n'ajoute plus qu'un mot, dit le chef du pouvoir exécutif, je sais la résolution que me commande le spectacle auquel j'assiste. Je n'ai rien de plus à dire à l'Assemblée. » M. Thiers descendit alors de la tribune au milieu des applaudissements de la gauche et des rumeurs et de la soudaine agitation des autres bancs de l'Assemblée. (Voir aux *Documents complémentaires*.)

Le tumulte heureusement se calma. Le général Ducrot, mieux inspiré ce jour-là que lorsqu'il devait plus tard dénoncer des journaux, proposa un amendement bientôt accepté par M. Dufaure et qui conciliait à peu près les idées de M. Thiers avec le désir de la majorité. Le général Chanzy fit observer à la Chambre que le mot *immédiatement* signifiait (le sens était nouveau) *au gré du pouvoir* et 488 voix contre 119 votèrent l'amendement Ducrot qui donnait carte blanche au gouvernement pour opérer le désarmement et constituait ainsi un vote de confiance en faveur de M. Thiers, lequel consentit à ne pas donner sa démission (1).

---

(1) M. Thiers a toujours su se montrer net et viril devant la majorité étroite de l'Assemblée. Nous avons parlé dans un de nos précédents chapitres, de la façon dont il tint tête à ses adversaires en mai 1871. Voici le résumé de cet incident que nous eussions regretté de passer sous silence :

M. MORTIMER-TERNAUX : Je reste dans la question en lisant un paragraphe dans lequel M. Thiers est censé parler... (Nouvelles interruptions à gauche.)

On fait dire à M. Thiers que, si les insurgés veulent cesser la bataille, on laissera les portes de Paris ouvertes pendant huit jours, pour donner toute liberté de sortir, excepté aux assassins des généraux Lecomte et Clément Thomas. Si cette promesse est vraie, la répression que nous annonce M. le garde des sceaux est inexécutable. Je ne dis pas que cette promesse ait été faite ; mais elle est rapportée dans un document qui porte la signature du maire de Bordeaux. (Bruit.) J'aurais bien des choses à dire sur ce qui s'est passé à Bordeaux, mais je ne veux pas continuer le débat. (Vives réclamations à gauche. — Applaudissements à droite.)

M. THIERS : Je demande pardon à l'Assemblée de l'émotion qui me trouble. J'espère qu'elle comprendra que lorsque je consacre ma vie, mon repos au pays avec un dévouement évident (Oui ! oui !), je pouvais compter ne pas rencontrer la tracasserie... (Applaudissements répétés à gauche.)

Un membre : Ces applaudissements prouvent que ce n'est pas de la tracasserie.

Cris à gauche : A l'ordre ! à l'ordre !

M. TERNAUX : Je proteste contre le mot.

M. THIERS : Je répète le mot et je le maintiens. (Très bien ! très-bien.)

Lorsqu'un homme, prévoyant vos ingratitudes... (Exclamations à droite), lorsque prévoyant vos ingratitudes, il se dévoue cependant sa vie au service du pays, il ne faut pas que vous m'affaiblissiez. Il faut que l'Assemblée décide si j'ai, oui ou non, sa confiance. Je ne puis pas gouverner dans ces conditions-là. (Bruit à droite. — Applaudissements sur un grand nombre de bancs.)

Je demande à l'Assemblée un ordre du jour motivé, je ne puis pas supporter une pareille situation. — Ma démission est prête... (Bruit à droite.)

M. DE PIOGER : Eh bien ! donnez-la !

M. THIERS : J'entends dire : Donnez-la. Oui, non pas à vous, mais au pays. C'est de l'Assemblée que je dois tenir le droit d'aller chercher dans le repos l'oubli de tous les traitements que je reçois de certains membres. (Interruptions prolongées.)

M. MARGAINE : Le pays tout entier est avec vous.

M. THIERS : Je n'admets pas d'équivoque. — En m'affaiblissant, vous vous affaiblissez vous-mêmes. Je ne puis pas continuer à me dévouer pour le service public, lorsque je recueille de pareils traitements. Si je vous déplais, dites-le-moi. Il y a parmi vous des imprudents, qui sont trop pressés. Il leur faut attendre huit jours encore. Dans huit jours, il n'y aura plus de danger et la tâche sera proportionnée à leur courage et à leur capacité. (Applaudissements à gauche. — Bruit prolongé à droite.)

Dans la séance du 28 août, M. Vitet, nommé rapporteur de la commission chargée d'examiner la proposition Rivet, donna lecture du projet de loi présenté à l'Assemblée. Ce n'était pas la proposition Rivet, mais cependant l'article premier de la loi décrétait que le *chef du pouvoir exécutif* prendrait le titre de *président de la République française*. Il fallait bien qu'on finît par accepter au moins le mot. Il était décrété que le président continuerait d'exercer, *sous l'autorité de l'Assemblée nationale*, les fonctions à lui déléguées par le décret de Bordeaux. Le président demeurait au pouvoir *tant que l'Assemblée n'aurait pas terminé ses travaux*, sans que le nombre et la nature de ces travaux fussent indiqués. Par cette loi le président promulguait les lois, en assurait et surveillait l'exécution, résidait au lieu où siége l'Assemblée, nommait et révoquait les ministres et, comme eux, était responsable devant l'Assemblée.

M. Dufaure proposa d'ajouter, à ce projet de loi, et comme amendement, le considérant suivant qui devait être voté par 524 voix contre 36 :

L'Assemblée nationale, prenant d'ailleurs en considération les services éminents rendus au pays par M. Thiers depuis six mois et les garanties que présente la durée du pouvoir qu'il tient de l'Assemblée.

Les Conseils de guerre à Versailles. — Entrée du 3e Conseil de guerre.

Cet amendement devint un des *considérants* de la loi.

C'est dans la séance du 30 août 1871 que l'ordre du jour appela la délibération des propositions Rivet et Adnet auxquelles le royaliste M. de Belcastel avait ajouté une proposition en vue de la forme définitive du gouvernement.

M. Léonce de Lavergne, au nom de la commission, débuta par un éloge absolu de l'Assemblée qui « plus que jamais doit conserver avec soin l'autorité que le pays a remise entre ses mains », et de la majorité « essentiellement conservatrice et libérale ». M. Vitet, à son tour, déclara que la Commission n'avait pas été d'avis d'adopter l'amendement de M. Dufaure. Après une réplique du garde des sceaux, M. Pascal Duprat développe son amendement et déclare que l'Assemblée ne peut être constituante et se doit dissoudre. Il faut noter, dans la succession des divers discours de cette journée, une harangue d'un jeune député, M. Lamy, réclamant un gouvernement au nom de la France inquiète. « Il y a urgence de sortir du provisoire », ajoute M. Louis Blanc, proclamant que « le souverain est le pays qui nomme ses mandataires, non les mandataires que le pays nomme ».

Lorsque le président mit aux voix le premier paragraphe de la loi qui déclarait que « l'Assemblée avait le droit d'user du pouvoir constituant », M. Gambetta se leva pour parler contre un tel considérant. La proposition, à son gré, était inutile et l'Assemblée d'ailleurs ne pouvait rien créer de définitif. Ce qu'il voulait, c'était les *grandes assises* du suffrage universel devant lesquelles tous les membres de la Chambre doivent comparaître contradictoirement. Il ne trouvait à cette Chambre aucune autorité assez forte pour constituer quoi que ce fût, république ou monarchie.

« Quand on veut fonder un gouvernement, dit enfin le jeune tribun, que ce soit une monarchie ou que ce soit une république, ce qui doit préoccuper ceux qui fondent cette œuvre, c'est de créer une forteresse qu'on puisse défendre contre les factieux qui l'attaquent et non une tente ou un hangar ouvert à tous les vents et que tout le monde peut renverser en passant. »

Et, comme un membre lui crie : « L'Assemblée ne vous demande pas de conseils. — Ce ne sont pas des conseils, répond M. Gambetta, c'est la revendication d'un droit. »

Le premier paragraphe, qui impliquait que l'Assemblée a le droit de se déclarer constituante, donna, mis au voix, le résultat suivant :

Nombre de votants.... 639
Majorité absolue....... 330
Pour l'adoption... 434
Contre......... 225

L'Assemblée a adopté, ajoute le *Journal officiel*.

Mais si la séance du 30 août semblait avoir donné gain de cause aux partis monarchiques, la séance du 31 août devait démontrer que le pouvoir constituant que se décernait l'Assemblée n'était point redoutable à la République puisque le premier usage que devaient en faire les royalistes impuissants était de conférer à M. Thiers le titre et les pouvoirs de *président de la République française*. La gauche de la Chambre avait voté, la veille, au nom des principes, contre le premier paragraphe de la loi, mais elle devait en quelque sorte profiter, vingt-quatre heures après, de ce paragraphe même. Il faut bien avouer que M. Picard, plus mal inspiré d'ordinaire, prononça, ce jour-là, un discours excellent et qui fit sur ses collègues un effet profond. Vainement M. de Belcastel voulut-il s'opposer au vote, l'amendement de M. Dufaure, puis l'article premier qui décernait à M. Thiers le titre de président de la République furent tour à tour adoptés. M. de Belcastel réclamait, lui, une monarchie « héréditaire, représentative et chrétienne ».

— Allez chercher l'empereur ! lui cria brusquement M. Jules Favre.

Trente-six députés seulement refusèrent à M. Thiers le vote de confiance réclamé par l'amendement Dufaure. Presque tous appartiennent à ce groupe des monarchistes entêtés qu'on a appelés des *mérovingiens*, ou à l'opinion bonapartiste. On n'y trouve guère qu'un nom de démocrate, celui de M. Joigneaux. La gauche tout entière avait compris que reconnaître M. Thiers comme président de la République, c'était proclamer d'une façon détournée la République.

Au surplus, ne méritait-il point ce suprême honneur, l'homme depuis qui, le mois de septembre 1870, alors qu'il partait pour plaider à l'étranger la cause de la France, jusqu'à ce mois de septembre 1871, avait constamment travaillé à l'œuvre de réédification de la patrie ; l'homme d'État qui, couronné d'un assez vif éclat et d'une autorité assez forte pour s'imposer à l'Europe, avait, à soixante-dix ans passé, franchement accepté la République, ce gouvernement « qui nous divise le moins » et travaillé à la faire accepter par le pays ? Certes, nul ne pouvait soupçonner ce qui se cachait d'intelligence, de tact et d'énergie dans cet homme que la destinée plaçait à la tête d'une grande nation. M. Thiers, par la seule puissance, par la toute-puissance de son patriotisme, allait s'imposer à ceux-là mêmes qui l'avaient combattu jadis, comme ministre, au nom des idées républicaines, et ce phénomène allait s'accomplir de voir des amis de Barbès collaborer à l'œuvre commune que menait à bien l'historien de la Révolution et de l'Empire.

M. Gambetta disait naguère, dans un discours éloquent, à Angers, que M. Thiers doit savoir qu'« il y a quelque chose de plus beau que d'avoir écrit les annales de la Révolution française, c'est de l'achever en couronnant son œuvre par la loyauté et la sincérité de son gouvernement ». Peut-être M. Thiers rêve-t-il, lui aussi, ce couronnement de l'édifice républicain. Toujours est-il que nul n'a fait plus que lui, depuis deux ans bientôt, pour acclimater, pour fonder la République en France. L'infatigable vieillard, tout à la tâche immense qu'il a entreprise de réorganiser le pays, ne s'occupe que des faits, ne s'attache qu'aux choses immédiates, mais se livre tout entier à cette œuvre et y apporte une énergie qui frappe d'étonnement et d'admiration lorsqu'on la rencontre chez un homme que ni l'âge ni le travail le plus acharné n'ont affaibli.

Ainsi, M. Thiers aura eu cette incomparable gloire de réparer des désastres que sa sagesse et ses avertissements eussent pu éviter, et, peut-être, si la République sort triomphante de toutes nos épreuves, l'avenir associera-t-il le nom de l'historien de la Révolution française à celui de l'homme qui, par son respect de la légalité et du droit, fonda la république américaine, Georges Washington. Or, quelle a été la force de M. Thiers ? Son patriotisme. Il a été Français et voilà pourquoi il est aujourd'hui à la tête de la France. Aimer sa patrie est une vertu assez rare aujourd'hui pour qu'elle ait donné à M. Thiers la puissance, la renommée à M. Gambetta.

Le 1er septembre 1871, le président de la République française adressait à l'Assemblée nationale son premier message où, remerciant la Chambre de l'honneur qu'elle lui avait fait, il promettait de rendre le plus tôt possible notre malheureux pays « libre, bien ordonné, pacifié au dedans, affranchi de l'invasion étrangère, et de plus honoré, aimé, s'il est possible, des nations des deux mondes ». Vaste et noble ambition que l'illustre homme d'État a depuis, malgré les factions monarchiques et les partis incorrigibles, travaillé à satisfaire. Tâche superbe qui couronnera peut-être cette vie laborieuse et bien remplie : ce sera le titre d'honneur et le moyen d'affermissement de la République française, cette grande calomniée d'hier, cette grande nourrice de demain.

DOCUMENTS COMPLÉMENTAIRES DU CHAPITRE IX

N° 1.

DISCOURS DE M. THIERS

sur la validation de l'élection des princes d'Orléans.

(Séance du 8 juin).

..... En considérant les devoirs de prudence, de loyauté qui m'étaient imposés, je me suis demandé, et avec l'opinion que j'ai toujours eue sur cette question, je me suis demandé si je pouvais, sans manquer à ces devoirs de loyauté, me prêter à rouvrir le territoire français à des princes, quels qu'ils fussent, qui ont régné sur notre pays.

Je ne dirai pas que mon opinion ait été absolue sur ce grave sujet; je dois avouer plutôt que j'incline à ne pas croire que ce fût pour ma part un acte prudent et loyal.

En me rappelant,—et croyez-moi, messieurs, je ne compare pas les personnes, je compare les choses,—en me rappelant avec quelle modestie un prince qui est aujourd'hui malheureux, que je ne veux ni dénigrer ni offenser, avec quelle modestie s'était présenté à la Constituante ce prince qui, quelques années après, était empereur, je me suis dit qu'il y avait toujours un grand danger pour une république à introduire dans son sein un homme qui était encore prince.

Je ne calomnie pas les princes, mais la Providence a attaché à leurs personnes une situation invincible; et je leur dirais, si j'avais le droit de leur adresser quelques conseils, que leur dignité c'est de ne point abdiquer : Dieu les a faits princes, ils doivent rester princes, pour conserver le respect et l'autorité morale dont ils ont besoin. (Très-bien ! très-bien !)

Mais il s'attache à cette situation des difficultés incontestables, et je me demandais si, en consentant à leur rendre le territoire, je ne commettais pas une faute; je me suis dit qu'une seule chose pouvait m'excuser, c'était d'avertir mon pays : je le fais !

Je me suis dit encore : Mais enfin il n'y a pas qu'une famille qui ait régné sur la France, il y en a d'autres. On ne veut plus de lois d'exception, soit! mais admettre les uns et exclure les autres, n'est-ce pas toujours une loi d'exception, qui porte, il est vrai, sur ceux qui sont les derniers sortis du territoire, sur ceux contre lesquels les haines sont encore très-vives ? mais enfin, c'est une loi d'exception.

On a voulu sortir de ce régime, et on y reste malgré soi; et je me suis dit : Que ferais-je donc si un autre prince qu'un prince de la maison de Bourbon était choisi par les électeurs, — et malgré l'infaillibilité du suffrage universel, il peut être faillible quelque part. (Sourires approbatifs.) — Eh bien ! si cela arrivait, que ferais-je ?

On me dit : « Mais la législation était injuste; elle excluait les uns, elle admettait les autres. Il faut faire cesser cette inégalité ! »

Oui ; mais voici un exemple : Que ferais-je si un représentant de l'une de ces dynasties me disait : « Vous avez admis ceux-ci ; pourquoi ne m'admettez-vous pas ? » Et si j'avais pu avoir un doute à cet égard, je me rappellerais l'appui que cette mesure a trouvé dans certain côté de cette Assemblée dont je respecte la foi qui n'est pas la mienne.

Mais, enfin, je m'étais dit qu'une loi générale qui ne s'adresserait pas à telle ou telle dynastie, qui s'adresserait à toutes les dynasties, et qui prendrait certaines précautions contre un prince, qu'on ne refuse pas d'admettre, quel qu'il soit, que cette loi, sans être offensante, nous donnerait le moyen de nous garantir des dangers qui peuvent surgir.

Je l'ai proposée à la commission en termes d'abord très-nets, puis en termes plus adoucis, et j'ai vu qu'elle n'avait pas, dans la commission du moins, chance d'être adoptée. J'ai été dans une nouvelle perplexité, j'ai résisté longtemps; la commission pourra vous dire ce qui m'a fait céder; je ne sais comment m'exprimer sans me faire accuser d'orgueil, mais j'ai cédé devant l'évidence d'un danger public qui aurait pu résulter d'un changement de gouvernement.

En ce moment, je n'attache à ce mot qu'une signification bien restreinte, je ne suis pas un gouvernement, je ne suis qu'un administrateur temporaire, le dirai-je, non pas de la fortune publique, mais de l'infortune publique. (Mouvement.) Eh bien, le changement même d'une administration temporaire était un malheur dans la situation actuelle; croyez-le bien, je ne mets pas à cela la moindre vanité.

Mais dans cette situation pleine de perplexités, je dois le dire, le patriotisme des princes dont il était question est venu à mon secours : ils ont chargé quelques-uns des hommes de notre pays, dont la parole fera toujours foi, de soulager le poids qui pesait sur ma conscience ; ils m'ont dit qu'ils ne seraient point un obstacle, qu'ils ne paraîtraient point dans le sein de cette Assemblée, et qu'ils ne justifieraient jamais aucune des craintes qui m'avaient tant préoccupé. (Mouvement. — Légère rumeur.)

J'ai accepté ce généreux sacrifice ; j'ai cru que je pouvais, en conséquence, accepter la loi qui vous est proposée, à la condition que, défenseur de la paix publique, chargé du maintien de l'ordre dans ce pays, non-seulement de cet ordre matériel que nous avons rétabli avec des milliers de coups de canon, il y a quelques jours, mais de l'ordre dans les esprits, je me réservais, — et vous voulez certainement que je me sois réservé, — contre tous les droits d'agir si je croyais la France menacée, menacée dans son présent, menacée dans son avenir, dans ses institutions, sous la réserve de ne rien prendre sur moi qu'une initiative de quelques heures, et de venir sur-le-champ vous soumettre ce que j'aurais fait. (Mouvement.)

Eh bien, à ces conditions, en prenant beaucoup sur moi, il me sera possible de continuer à remplir tous mes devoirs.

Vous m'avez entendu ; ma franchise que je craignais de rendre trop grande peut-être, n'a pas dépassé les limites de votre patience, de votre bienveillance pour moi. Mais, croyez-le bien, ce n'est pas le désir de rester au pouvoir qui m'a dirigé.

Nous sommes tous, à des degrés divers, victimes du grand malheur public de notre pays. Je suis comme vous ; mais, de plus, je suis esclave de ce malheur. Lorsque la fatigue me saisit, je m'arrête ; mais je me dis que je dois à mon pays la continuation de mon dévouement. Mais, encore une fois, croyez-le bien, je vous adjure de croire, j'ai besoin que vous le croyiez, je n'ai été animé que de sentiments que je puis avouer devant vous, devant l'histoire, devant mon pays, devant Dieu. Je reste ici convaincu que je remplis un grand devoir, vous suppliant de me continuer votre confiance, si vous croyez me la devoir, vous disant et vous répétant : Non je ne tromperai personne. (Bravo ! bravo ! — Vifs et nombreux applaudissements. — Longue agitation.)

(Aussitôt que M. le chef du pouvoir exécutif est revenu à son banc, un grand nombre de représentants quittent leurs places et viennent lui adresser de chaleureuses congratulations.)

Après la guerre. — Le pont d'Argenteuil.

N° 2.

DISCOURS DE M. THIERS SUR LE DÉSARMEMENT DES GARDES NATIONALES

(Séance du 24 août).

M. THIERS. — Messieurs, j'ai de courtes observations à présenter à l'Assemblée; elles seront nettes. L'orateur qui descend de cette tribune a dit ce que pouvait l'Assemblée, je vais dire ce que je peux : l'Assemblée choisira. Si je peux moins que vous, je vous laisserai; ce que je souhaite, le plus tôt possible.

Il y a, dans la question qui nous occupe, un point de principe et un point de convenance.

Pour la question de principe, oui, l'organisation des gardes nationales est nécessaire; mais la révolution française ne s'est pas trompée en organisant cette institution. Seulement, aujourd'hui, les armes ne sont pas dans les mains des gens intéressés à l'ordre. Il faut sortir les armes de ces mains. Il faut réorganiser le corps tout entier. Donc, je le répète, il y a dans de mauvaises mains des armes dangereuses.

Mais toutes les gardes nationales ne sont pas dangereuses, loin de là. J'en connais qui nous prêteraient leur secours, si nous étions menacés. Je dirai à ceux qui les condamnent qu'avant de dicter des ordres à l'Assemblée, il faut être juste et qu'il n'est pas vrai de dire que toutes les gardes nationales de France sont dangereuses. (Oui! oui! à droite.)

Je demande qu'on veuille bien ne pas m'interrompre. (Rumeurs à droite.) Je demande, au nom de votre dignité, que vous soyez plus tolérants que moi. Respectez-vous vous-mêmes si vous ne me respectez pas. (Rumeurs à droite.)

M. THIERS. — Ainsi, pour qu'il n'y ait pas de confusion, je le répète, j'accorde qu'il y a des gardes nationales à dissoudre, mais j'ajoute que toutes ne doivent pas l'être. Je ne veux pas répondre à ce qui a été dit ici ; je ne dirai qu'un mot, c'est qu'à Lyon, quand des insurgés ont pris les armes, une partie de la garde nationale a défendu l'ordre en écrasant les factieux. Je reviens au principe. Ceux qui en parlent n'ont pas réfléchi aux ressources qu'on pouvait tirer de la garde nationale. La garde de la cité doit être faite par la cité elle-même. Il faut avoir le courage de la vérité dans ces matières. Je ne me refuse pas à soutenir une discussion sur ce point quand on le voudra. Néanmoins je comprends que tout le monde vote, et je ne conçois pas que tout le monde soit armé. La majorité est le correctif des mauvais votes dans le suffrage universel, tandis qu'il n'y a pas de correctif pour les armes placées en mauvaises mains.

Donc, c'est un principe de 89, la cité doit garder la cité, et sans cela l'armée n'y suffirait pas. Je l'ai éprouvé, il y a plus de trente ans ; j'ai vu une garde nationale très-dévouée partager avec l'armée la garde des points importants.

J'étais ministre de l'intérieur alors, il y avait une espèce de conflit entre moi et le ministre de la guerre. Ce dernier disait que ses soldats devenaient malades pour trop de nuits passées dans les corps de garde. La garde nationale les remplaça et fit ce service si pénible. (Rumeurs à droite.) Ce sont des faits certains ! Comment satisfaire à ce besoin ? Cette question, la loi d'organisation pourra seule la résoudre. On a dit : Il fallait faire dans toute la France ce qu'on a fait à Paris. A Paris, nous avons voulu que tous les postes fussent en mains sûres, et pour cela il y avait 5,000 gardes républicains et gardiens de la paix. Nous en avons créé 13,000.

Le repos de la capitale, dans leurs mains, est assuré. Ce sont de vieux soldats, qui ont assisté aux plus grandes batailles de ce siècle, qui en ont été chargés et quiconque a pu les voir a pu se convaincre de leur discipline et de leur excellente tenue. On dit : pourquoi n'en pas faire autant dans toutes les villes de France? Il faut qu'on sache qu'on n'aurait pu le faire. Pour ces 13,000 hommes, nous avons fait un choix sur 300,000 prisonniers qui rentraient d'Allemagne ; nous avions en outre à réorganiser la gendarmerie.

Je ne saurais dire combien il est difficile de former ces corps d'élite. Je ne parle pas de la dépense; un homme en coûte deux dans ces conditions. Et ce sera à la ville de Paris de s'entendre avec le ministre de la guerre pour les frais d'entretien de ces défenseurs de la tranquillité publique. On devrait savoir cela avant d'apporter à cette tribune des assertions auxquelles il ne manque qu'une chose, de reposer sur des faits véritables.

Il y a donc eu des difficultés pratiques difficiles; c'est pour cela que j'aurais voulu que cette question fût renvoyée à la commission de l'armée, composée de membres nombreux, intelligents et éclairés sur la matière. D'un autre côté, au lieu de poser des articles généraux, cette commission eût mieux fait de déposer des projets spéciaux sur chaque sujet : on eût pu les prendre en particulier et voir s'ils étaient applicables. J'aborde la question de convenance.

Il est incontestable qu'il est des villes où les gardes nationales doivent être dissoutes. Quand ? comment ? il ne serait pas prudent de le dire ici, d'ailleurs le pouvoir exécutif est responsable. (Rumeurs à droite.)

Il y a un système d'alarme involontaire, perfidement organisé, je dois le dire, en dehors de cette enceinte, par les ennemis de l'ordre de choses actuel. Ces gens alarment le pays, parce qu'ils sont alarmés eux-mêmes.

A droite. — Il y a de quoi !

M. THIERS. — Mais, en alarmant le pays, on fait grand mal au pays, on nuit au travail et au crédit, et on fournit des prétextes à l'étranger qui nous occupe. (Rumeurs à droite.) Ces dangers dont on nous menace sont-ils donc aussi menaçants qu'on le prétend? J'ai, dans cette discussion, une immense responsabilité; je la connais, je l'accepte. Eh bien! j'affirme que l'ordre matériel n'est pas en danger. (Rumeurs, interruptions à gauche.)

Ce ne sont pas mes interrupteurs qui en répondent, c'est moi! (Applaudissements prolongés à gauche.)

J'en réponds, et quand on m'a fait l'honneur de ne pas reculer, devant cette responsabilité, en face de nos derniers troubles civils, on peut m'entendre dire que je réponds sur mon honneur, devant l'histoire, que l'ordre matériel n'est pas en péril. (Rumeurs à droite.)

En vérité, je voudrais qu'on me dise quel bénéfice a le pays à se créer des dangers? L'ordre matériel n'est pas en péril, vous dis-je, et vous devriez ne pas en douter ou ne pas me maintenir à cette place, où je ne voudrais pas être en ce jour. (Rumeurs à droite.)

Vous avez entre Paris et Versailles 120,000 hommes de cette armée qui a forcé les portes de Paris, et encore vous n'êtes pas tranquilles ! (Interruption. — Cris à droite : Nous n'avons pas peur ! — Applaudissements à gauche.) Cette armée, qui a vaincu la population égarée, qui avait 3,000 bouches à feu et 400,000 fusils, population aujourd'hui abattue, cette armée vous assure toute la tranquillité possible. (Cris à droite.)

Je parle de l'ordre matériel ; je parlerai de l'ordre moral tout à l'heure. J'affirme que si l'ordre matériel était troublé, les perturbateurs seraient écrasés à l'instant même. (Nous le savons bien !) Aux portes de Lyon, il y a une force de 30,000 hommes, commandée par un des hommes les plus illustres et les plus sympathiques. Sur la Loire, on organise une armée aussi forte que celle qui est autour de Paris. (A droite : Nous le savons ! Nous n'avons pas peur !) Apparemment que vous avez en vue le désordre matériel quand vous demandez le désarmement ! Il est bon que le pays sache que le désordre ne peut pas renaître. (Très-bien ! à gauche.)

Quant au désordre moral, savez-vous quelle en est la cause, selon moi, peut-être pas selon vous ? Selon moi, il est dans nos dissensions. (Mouvement.) Je ne dis pas assez en disant : dissensions. Les dissensions sont naturelles dans un pays libre, le désordre moral naît de nos passions.

Quant à moi, je n'ai pas d'autre souci, d'autre politique que d'empêcher les partis de se jeter les uns sur les autres. (Mouvement.)

La paix publique est mon unique souci. J'ai une conviction personnelle. A la tête du pouvoir, je dois en faire abstraction. Au lendemain de nos malheurs, la modération doit être l'unique politique d'un gouvernement raisonnable et courageux (Rumeurs) ; oui, courageux, car il résiste aux passions.

Je sais qu'on est ainsi exposé à ces passions qu'on veut calmer ; j'y suis habitué. Je crois en mon pouvoir de résister à tous, je sens en moi le devoir d'être équitable envers tous les partis. C'est pour cela que je ne me hâte pas d'agir. Au lieu d'une entreprise instantanée, j'observe avant d'agir ; si le désordre nécessitait l'action immédiate, j'agirais impitoyablement, car il faut être impitoyable pour le désordre.

Mais je ne veux pas me laisser imposer le jour et l'heure. Vous douteriez de moi si j'avais cette faiblesse. Dans ce projet, je ne réprouve qu'une chose, l'obligation d'agir à jour fixe sur tous les points du territoire. (Rumeurs à droite.)

Si l'action de désarmement rencontrait des résistances, ces résistances seraient vaincues, mais une action brusque et hardie agiterait les esprits. Or, l'agitation des esprits à ce moment est notre malheur. Nous ne parlons que de votre crédit. Nous avons demandé 2 milliards, on nous en a offert 5 ; mais ces opérations de crédit ne sont pas terminées, vous ne savez pas comme nous combien la moindre agitation troublerait le crédit. (Très-bien ! à gauche.)

Je connais trop les hommes pour essayer de les convertir dans certaines conditions, je ne parle que pour le pays et pour ma conscience. (Rumeurs à droite.) Je suis convaincu qu'un gouvernement doit être calme, c'est ce que j'essaye de faire. On a dit à cette tribune que j'étais en dissentiment avec l'assemblée sur certaines questions. C'est vrai ! Mais vous donnez le pouvoir et vous le retirez. Vous êtes l'assemblée la plus puissante d'une république. Si j'étais faible, je me ferais votre flatteur. Je ne veux pas être faible et je vous avertis des dangers qui vous menacent. Si vous ne le voulez pas, je ne le ferai pas. (Rumeurs à droite. — Applaudissements à gauche.)

Au milieu de ces interruptions, je suis fondé à dire que j'ai de la peine à me faire écouter. (Rumeurs à droite.) Je crois que la confiance dont j'ai besoin est fort ébranlée. (Non ! — Mouvement.) Lorsque j'épuise ma vie au service de mon pays, j'ai le droit d'en être récompensé par de l'attention et un peu d'estime. Je le répète, je crois la confiance que vous aviez en moi ébranlée. Je n'ajoute qu'un mot... c'est la résolution qui me dicte le spectacle auquel j'assiste. (Bruit ; tumulte.)

(Interruption d'une demi-heure.)

N° 3.

PROJET DE LOI CONFÉRANT A M. THIERS LE

TITRE DE PRÉSIDENT DE LA RÉPUBLIQUE

Dans la séance du 28 août, M. Vitet présenta à l'Assemblée, au nom de la commission chargée d'examiner la proposition Rivet, le projet de loi suivant :

« L'Assemblée nationale,

« Considérant qu'elle a le droit d'user du pouvoir constituant, attribut essentiel de la souveraineté dont elle est investie, et que les devoirs impérieux que tout d'abord elle a dû s'imposer, et qui sont encore loin d'être accomplis, l'ont seuls empêchée jusqu'ici d'user de son pouvoir (1);

« Considérant que, jusqu'à l'établissement des institutions définitives du pays, il importe aux besoins du travail, aux intérêts du commerce, au développement de l'industrie, que nos institutions provisoires prennent aux yeux de tous, sinon cette

(1) Adopté. Pour adoption : 434 voix ; contre : 225.

stabilité qui est l'œuvre du temps, du moins celle que peuvent assurer l'accord des volontés et l'apaisement des partis (1) ;

« Considérant qu'un nouveau titre, une appellation plus précise, sans rien changer au fond des choses, peut avoir cet effet de mettre mieux en évidence l'intention de l'Assemblée de continuer franchement l'essai loyal commencé à Bordeaux (2) ;

« Que la prorogation des fonctions conférées au chef du pouvoir exécutif, limitée désormais à la durée des travaux de l'Assemblée, dégage ces fonctions de ce qu'elles semblent avoir d'instable et de précaire, sans que les droits souverains de l'Assemblée nationale en souffrent la moindre atteinte, puisque dans tous les cas la décision suprême appartient à l'Assemblée, et qu'un ensemble de garanties nouvelles vient assurer le maintien de ces principes parlementaires, tout à la fois la sauvegarde et l'honneur du pays (3) ;

« L'Assemblée nationale, prenant d'ailleurs en considération les services éminents rendus au pays par M. Thiers depuis six mois et les garanties que présente la durée du pouvoir qu'il tient de l'Assemblée (4) ;

« Décrète :

« Art. 1er. — Le chef du Pouvoir exécutif prendra le titre de Président de la République française et continuera d'exercer, sous l'autorité de l'Assemblée nationale, tant qu'elle n'aura pas terminé ses travaux, les fonctions qui lui ont été déléguées par décret du 17 février 1871 (5).

« Art. 2. — Le président de la République promulgue des lois dès qu'elles lui sont transmises par le président de l'Assemblée nationale.

« Il assure et surveille l'exécution des lois.

« Il réside au lieu où siége l'Assemblée.

« Il est entendu par l'Assemblée nationale toutes les fois qu'il le croit nécessaire et après avoir informé de son intention le président de l'Assemblée.

« Il nomme et révoque les ministres.

(1) Adopté.
(2) Adopté.
(3) Adopté.
(4) Cet amendement présenté par M. Dufaure, ministre de la justice, et adopté par la commission, fut voté par l'Assemblée par 524 voix contre 36. Il devint donc ainsi le cinquième considérant du projet de loi.

Voici les noms des trente-six *irréconciliables* qui refusèrent à M. Thiers le vote de confiance et de reconnaissance proposé par M. Dufaure. Ces noms sont de ceux qu'on ne doit pas oublier.

MM. d'Aboville, de Belcastel, Cazenove de Pradine, Conti, de Cornulier-Lucinière, Dahirel, Desbassayns de Richemont, Dezanneau, Dupuy, de Fontaine, de Franclieu, Fresneau, Galloni d'Istria, Gavini, Gillon, de Gouvello, de Grasset, Joigneaux, de Kergariou, de Kergorlay, de Kéridec, de Kermenguy, de La Bastière, de la Bouillerie, de La Roche-Aymon, de La Rochefoucauld, de La Rochejaquelein, de La Rochette, Lherminier, de Lorgeril, Martin des Pallières, Roger, de Vinquesnel, de Rodez-Bénavent, Dutemple, de Valfons.

(5) Adopté. Pour l'adoption : 533 ; contre : 68.

« Le conseil des ministres et les ministres sont responsables devant l'Assemblée.

« Chacun des actes du président de la République doit être contre-signé par un ministre (1).

« Art. 3. — Le président de la République est responsable devant l'Assemblée (2). »

N° 4.

PREMIER MESSAGE DU PRÉSIDENT DE LA RÉPUBLIQUE A L'ASSEMBLÉE NATIONALE.

(Séance du 1er septembre.)

M. LAMBRECHT, ministre de l'intérieur. — J'ai l'honneur de remettre au président de l'Assemblée nationale un message du président de la République. (Mouvement.)

M. LE PRÉSIDENT. — Je reçois de M. le président de la République un message dont je donne lecture à l'Assemblée. (Profond silence.)

Versailles, le 1er septembre.

A monsieur le président de l'Assemblée nationale.

Monsieur le président,

Mon premier message ne doit et ne peut avoir qu'un objet, c'est de vous prier d'être mon interprète auprès de l'Assemblée nationale et de la remercier de l'honneur qu'elle m'a fait en me décernant la première magistrature de la République, et surtout en me donnant un nouveau témoignage de sa haute confiance.

S'il suffit, pour mériter cette confiance, d'un dévouement absolu aux intérêts publics, j'ose dire que j'en suis digne... (Mouvement. — Très-bien !) et je remercie toutes les parties de l'Assemblée nationale d'avoir oublié les dissentiments qui peuvent sur quelques points les diviser, pour communiquer au pouvoir une force plus grande et lui fournir ainsi de plus grands moyens de faire le bien. (Marques d'approbation.)

L'Assemblée peut compter qu'uni profondément à elle, uni d'intention et de durée, je tâcherai de panser les plaies de notre malheureux pays et de le rendre le plus tôt possible libre, bien ordonné, pacifié au dedans et au dehors, affranchi de l'invasion étrangère, et de plus, honoré, aimé, s'il est possible, des nations des deux mondes. (Nouvelles et vives marques d'approbation.)

(1) Adopté.
(2) L'ensemble du projet de loi fut ensuite mis aux voix et adopté par 491 voix contre 94.

Paris brulé. — La salle de bal des Tuileries.

Tel sera le but constant de mes efforts, et si l'Assemblée nationale et moi nous parvenons à l'atteindre, à en approcher du moins, nous pourrons, au terme de nos travaux, nous présenter sans crainte au pays et lui transmettre intact le précieux dépôt qu'il nous avait confié. (Très-bien ! très-bien !)

En terminant ce message, je vous remercie, monsieur le président, du concours que j'ai toujours trouvé auprès de vous, et je vous prie d'agréer l'expression de ma haute et affectueuse considération.

Le président de la République française,

A. THIERS.

La lecture de ce message est accueillie par de vifs et nombreux applaudissements.

CONCLUSION

Nous voici parvenu au terme du travail que nous nous étions assigné. Avec l'affirmation indirecte de la République, affirmation qui ne pourra que devenir effective par la suite, s'arrête l'histoire de ce que nous avons appelé la *Révolution de 1870-71*. Cette histoire, nous l'avons écrite, il faut le répéter encore une fois, sans autre parti pris que la recherche de la vérité. La tâche de terminer ce long ouvrage nous a pris une année de notre vie, pendant laquelle nous avons eu la joie profonde de voir qu'on pouvait, au milieu même d'un temps troublé comme le nôtre, dire sa pensée tout entière sans craindre les accusations de quelques-uns, et déchaîner les colères de quelques autres. Nous n'avons ménagé personne, nous avons dit sur les hommes et sur les choses, ce que nous croyions juste et vrai, et pourtant il ne s'est élevé aucune réclamation de ce nombreux public qui nous a constamment suivi dans notre travail.

Nous voulons le remercier ici de cette sorte de collaboration qu'il a apportée à notre œuvre. Elle nous a été un encouragement pour le présent, et je dirai aussi pour l'avenir. Ainsi donc, ceux-là calomnient le public qui prétendent qu'on ne peut lui dire la vérité tout entière, et qu'il n'est point capable de l'entendre, qu'il s'irrite au contraire lorsqu'on ne le flatte pas, et qu'il se révolte si on essaye de lui montrer le creux de ses idoles ! Nos lecteurs ont senti que ce que nous écrivions était dicté par une conviction née de l'étude immédiate, hâtive, mais sérieuse et sincère des documents, et surtout de la connaissance des acteurs du drame que nous avions presque tous coudoyés. Ils ont senti que nous ne voulions rien cacher de ce que nous croyions le vrai, parce que nous nous souvenons toujours, en faisant œuvre d'historien, de cette parole si profonde qui date déjà du seizième siècle : « C'est la vérité seule, dit Ulric de Hutten, qui conduit à la liberté. »

Nous voudrions maintenant tirer des événements que nous avons retracés une moralité profitable. On y a vu comment une nation qui n'a point la force de se diriger elle-même, de rejeter loin d'elle l'appui trompeur d'une tyrannie, s'endort dans une quiétude trompeuse, pour s'éveiller dans la ruine et dans le désastre. Il lui faut l'écroulement du logis où elle prétendait s'abriter, pour lui prouver que ceux-là seuls avaient raison, qui lui répétaient qu'un tel refuge n'était point solide. Jamais leçon fut-elle plus complète? Jamais événement donna-t-il plus raison au mot de cet ancien : *Malo periculosam libertatem quam quietum servitium*. « Je préfère les périls de la liberté au repos dans la servitude. » Repos factice, on l'a bien vu. Repos semblable déjà à la rigidité glacée de la mort.

Naguère, un orateur devenu éloquent par la seule puissance de sa conviction et de son honnêteté, M. le duc d'Audiffret-Pasquier s'écriait, devant l'Assemblée nationale : « Quand un pays abdique ses libertés, quand il abdique le contrôle, quand il ne sait pas s'habituer à ces mesures libérales qui font que les affaires de tout le monde sont les affaires de chacun... Quand le bourgeois rentre chez lui et se croit sage, lorsqu'il peut se dire qu'il ne s'est pas occupé de politique, c'est qu'il ne sait pas que la politique c'est notre sang, que la politique c'est notre argent, c'est notre honneur ! Quand un pays abdique ses libertés et ne sait pas les défendre ; quand il se met sous la protection d'un homme providentiel... il en résulte fatalement la décomposition et la démoralisation !

« C'est la génération spontanée du despotisme, comme vous voyez la génération spontanée sortir de terrains fétides, et alors, messieurs, rappelez-vous cette éloquente péroraison d'un de nos plus beaux ouvrages, lorsque l'honorable président de la République, résistant à l'éblouissement de tant de gloire, élevant sa haute raison au-dessus de ces récits qui l'ont passionné un instant lui-même, vous dit : « Un pays doit apprendre qu'il ne faut

« jamais se donner à un homme, quel que soit cet « homme, quelles que soient les circonstances! » Et ne pouvons-nous pas le dire avec plus de vérité encore qu'il ne le disait pour l'empereur Napoléon 1er, quand nous pensons au deuil, aux tristesses, à la honte que nous a valus Napoléon III? Donc, n'abdiquons jamais; sachons que chacune de ces libertés, c'est notre vie, notre honneur, et que ne pas les défendre, c'est déserter ce que notre mission ici-bas a de plus haut et de plus sacré! »

Voilà la vérité, la vérité si cruelle maintenant, et dont les événements et les catastrophes ont démontré l'évidence. Terrible leçon pour ceux qui croyaient tout sauvé, tout achevé, tout résolu, parce qu'au lendemain du crime de Décembre, ils remettaient à un empereur le soin de leurs fortunes et de leurs existences, et parce qu'ils applaudissaient, au lendemain des massacres du boulevard Montmartre, à cette parole de Granier de Cassagnac : « *On ne raisonne pas avec l'ivraie, on la fauche!* »

Mais, après avoir fauché, saura-t-on du moins ensemencer le bon grain, qui sauve et qui nourrit? Oh! cette date de décembre, c'est Sedan, et c'est la guerre qui l'expie. La France avait abdiqué depuis lors. Elle était condamnée à savoir ce que coûte une telle abdication. Elle a été châtiée, et certes, elle méritait un châtiment. Qu'était-elle devenue depuis 1851? Le rude P.-J. Proudhon, dans une lettre tragiquement amère, traçait de cette nation un lugubre tableau.

« Le peuple, disait-il, a laissé tuer la République avec une indifférence hideuse : la Montagne qui a scellé de son sang sa protestation (au 4 décembre) n'a pas plus trouvé grâce devant lui que la droite appelant en vain les citoyens aux armes par la bouche de Berryer et consorts. Il fallait cette leçon pour prouver à nos tribuns que le peuple est une bête monstrueuse qu'il s'agit, non pas de traiter en homme, mais de convertir à l'humanité.

« La bourgeoisie, pourvu que la Bourse monte, l'ouvrier, pourvu qu'il mange, seront indifférents : tous les jours les théâtres sont pleins ; les morts de décembre sont oubliés, inconnus ; l'armée a perdu ses derniers scrupules. On nous mènera loin, comptez-y; on expurgera les écoles, l'Université, les bibliothèques, aussi bien que la société; on accoutumera le peuple français, comme celui d'Autriche, à ne penser plus, à se contenter du bien-être matériel et, pour peu que ce régime se prolonge vingt-cinq ans, trente ans, la France, la fière nation, ravalée au rang des esclaves, aura perdu et l'initiative et l'honneur! »

Sombre prophétie que l'avenir devait réaliser dans sa réalité la plus affreuse.

N'y a-t-il donc pas un remède? En vérité, si ; mais ce remède n'est pas entre les mains des docteurs en politique, des hommes providentiels et des sauveurs, ce remède est en nous et nous-mêmes, nous seuls devons l'appliquer. Il faut jeter au vent notre ignorance, notre aveuglement, nos superstitions nationales pour ne garder que la foi, la foi réelle, raisonnée et agissante dans les destinées de la patrie. Il faut prendre en horreur les déclamations, les phrases toutes faites, les fantasmagories des légendes. Il faut étudier les faits et s'efforcer de les comprendre et de profiter de leur enseignement. A ce prix, la régénération peut sortir, et sortira de notre défaite comme la puissance de la Prusse est sortie de son écrasement même à Iéna.

Mais que de réformes à opérer, sur soi-même d'abord, dans la nation ensuite! L'illustre historien M. Michelet a dit, un jour, un mot d'une réelle profondeur. Après avoir étudié la révolution française et dégagé de ce choc d'idées et de cette mêlée d'hommes la formule de l'avenir : France, s'est-il écrié, *France, guéris-toi des individus!* Il avait raison. C'est la faiblesse de notre tempérament d'incarner toujours dans un homme notre idéal quel qu'il soit, idéal politique, philosophique ou littéraire. Nous ne connaissons pas la véritable indépendance qui est de marcher seul et sans maître dans sa conscience et dans sa foi. Nous suivons trop facilement l'impulsion d'un homme, inconnu la veille, qui sort de la foule et prétend nous guider. L'engouement, en plus d'un cas, est le proche parent de la servilité. D'ailleurs, cette fièvre d'enthousiasme passe vite, et l'idole du matin est presque toujours traînée aux gémonies le soir. Il en résulte que le pays, ne sachant à quel nom attacher sa confiance, hésite, se trouble et passe bientôt de l'extrême confiance à la défiance extrême et ajoute à la religion aveugle pour un homme en particulier le doute débilitant dans les hommes en général. Tristes symptômes de maladies morales qu'il faut également combattre, car la première nous conduirait à la courtisanerie, la seconde à l'abdication et au trépas moral.

Ce n'est pas l'*individu* qu'il faut respecter, c'est l'*individualisme* qu'il faut affirmer. Chacun doit être son propre juge et son propre guide. Aussi bien chacun doit et s'instruire et se modifier, et s'améliorer, aspirer au bien, au vrai, au mieux moral qui produira à la longue le mieux matériel. Je ne vois pas sans une certaine joie que sans se l'avouer même, la plupart des Français aujourd'hui font leur examen de conscience et recherchent par où ils ont péché. Leur vanité, leur ignorance sont soumises à de dures épreuves et si des institutions profitables viennent aider ce réveil des consciences, la régénération du pays est assurée. Ce devrait être là la tâche de l'Assemblée nationale actuelle, ce sera l'œuvre de l'Assemblée qui lui succédera. Après la paix à assurer, il fallait songer à sauver la

M. DUFAURE.

République. Ce n'est point parce qu'on a débaptisé quelques rues, et peint trois mots d'une signification superbe au fronton des monuments publics qu'on a ce qu'on nomme la République. Une République vraie, solide, ne sera fondée que lorsqu'on aura établi en France des institutions vraiment républicaines. Ce n'est point seulement l'*essai loyal* d'une République qu'il faut tenter, se sont les assises du gouvernement républicain qu'il faudrait établir. Or, ces assises reposent sur des institutions qui, à coup sûr, honnêtement appliquées, rajeuniraient la patrie :

Liberté absolue, liberté de réunion, liberté d'association (ce qui serait le meilleur moyen d'enlever tout pouvoir aux groupes occultes), *liberté de pensée*; *Instruction gratuite et obligatoire*: car dit le vieux La Noue en ses *Discours politiques et militaires*, « si on « veut chercher les causes qui ont engendré tant « d'imperfections en ce corps universel, on trouvera « que l'une des plus notables est le peu de soin « qu'on a eu de bien faire instituer les jeunes « enfants aux choses honnêtes. »

Séparation de l'Église et de l'État, — ces deux bouches dévorantes du monde, — disait Jean Huss;

Suppression des gros traitements, le budget des cultes versé dans les caisses de l'État et servant à payer l'indemnité de guerre ;

Le service militaire obligatoire, chacun se devant à tous, chaque citoyen apportant à la patrie le concours de son bras et l'impôt de son sang;

La magistrature indépendante de l'administration ;

La décentralisation qui ramène la vie aux extrémités du pays, frappés d'anémie par la centralisation consulaire et césarienne ;

L'étude sincère des questions sociales, qui s'imposent dans leur nécessité et ne doivent être résolues pas plus dans le sens de ceux qui veulent tout prendre que dans celui des satisfaits qui prétendent ne rien céder;

L'économie partout, l'honnêteté, c'est-à-dire le contrôle partout et la responsabilité des fonctionnaires.

En un mot, le pays gouverné par lui-même, la France libre de sa destinée, la République, réparant ainsi les criminelles erreurs du régime qui l'a précédée, voilà le programme de tout ce qui se pense, de tout ce qui est convaincu dans son patriotisme, de tout ce qui ressent la nécessité de sauver de l'abîme notre pauvre et cher pays.

Mais que la France y prenne garde! L'époque qu'elle traverse à cette heure est climatérique. Le moment d'une pareille crise est solennel. La patrie a dans sa main sa propre destinée : on a dit que les peuples n'ont jamais que le gouvernement qu'ils méritent; on peut dire qu'ils n'ont jamais que le gouvernement qu'ils se donnent. Que la France donc ne se donne pas un maître ou plusieurs maîtres! Elle n'a d'autre salut à attendre que d'elle-même et du dévouement de tous ses fils.

Seulement, encore un coup elle entre, à l'heure présente, dans la phase qui décidera de son sort. Il ne s'agit de rien moins pour elle que de périr ou de revivre. *To be or not to be.* Le dilemme d'Hamlet est celui de la France. « Être ou n'être pas. » Ceux qui ont étudié de près son histoire ne sont pas, en somme, effrayés plus que de raison par cette situation si grave. Ils savent que le génie de la vieille Gaule est de reparaître plus vivant que jamais après avoir semblé disparaître pour toujours. On croyait l'astre éteint, il n'était qu'éclipsé. Il y a du phénix, de l'oiseau fabuleux, dans ce pays qui renaît ainsi de ses cendres et étonne ses ennemis par sa prodigieuse vitalité.

Qu'on mesure, en effet, combien depuis 1789, la France a versé de sang, de son sang, tantôt pour la liberté du monde, tantôt dans ses discordes civiles, et qu'on dise si une toute autre nation qu'elle ne serait pas alanguie, épuisée, rendue pour jamais anémique par ces effroyables saignées.

Il est même de mode aujourd'hui, parmi les écrivains réactionnaires, de faire remonter à 89 la cause de nos malheurs et de notre accablement. On a vu, en ces derniers temps, se déchaîner sur tout ce qui fit la gloire même et la grandeur de la France, une presse ignorante et gagée donnant à l'Europe le spectacle d'une corruption égale à son impudence. On a vu ce que n'avait pas vu même la réaction de 1816, la philosophie insultée, la liberté bafouée, Condorcet confondu avec Hébert et Voltaire désigné comme un précurseur du *Père Duchêne*. On a vu la délation, la diffamation, l'injure atteindre des proportions inouïes et qui feraient passer notre pays pour champ clos de propos mal-appris si l'étranger ne mesurait pas à leur juste valeur ces gazettes qui n'ont pour expliquer un tel flux de paroles grossières ni l'excuse de la conviction, ni même celle de la haine, mais simplement celle de la vénalité et de la peur.

Non, quel que soit le crime de certains qui ont combattu sous son drapeau, la Révolution française n'est point la cause de notre ruine. Elle avait fait la patrie grande, respectée, rayonnante. On acclamait alors son nom autant qu'on redoutait ses armes. Le Directoire imposait sa volonté au monde et donnait la liberté à son pays. Ce qui a tout confisqué, tout effacé, tout emporté, c'est le 18 brumaire, qui mit l'empire à la place de la liberté, et déchaîna sur l'Europe une trombe belliqueuse qui nous fit haïr à jamais et envahir une première fois. Le 18 brumaire et le 2 décembre, voilà les dates fatales de notre histoire moderne. Il faut les marquer d'un trait de sang. Quant à 89 et à ceux qui s'en reconnaissent les fils : « On dit, s'écriait récemment M. Gambetta, à Angers, on dit que nous sommes les ennemis ou plutôt que notre parti menace la propriété, la famille, la liberté de conscience; c'est là une calomnie qu'on colporte de chaumière en chaumière.

« Notre parti, l'ennemi de la propriété, de la liberté de conscience, de la famille! Le parti républicain, l'ennemi de la propriété, lui qui l'a introduite dans le monde français! lui qui a pris les deux tiers de la fortune publique, qui ne payait rien, qui était détenue par les mains que vous savez, pour les donner au travail par la division, par l'industrie, et qui a fait qu'à la place du domaine du roi, qu'à la place des majorats, il y a eu la propriété individuelle! La Révolution française, la République, mais c'est elle qui a donné la terre au paysan, qui l'a arraché de l'esclavage, qui l'a pris dans le limon, l'a enlevé au-dessus du sol, qui en a fait un propriétaire et un citoyen, qui en a fait un homme! »

Certes, oui, et c'est là non pas une opinion individuelle, mais un fait que nul esprit sincère ne saurait nier aujourd'hui. Il est d'ailleurs un coin de notre France (car ce coin est et sera toujours français) où le paysan lui-même sait et n'a jamais oublié tout ce qu'il doit à cette Révolution de 89, que la réaction voudrait souiller du souvenir de la terreur de 1871; — ce coin de terre, c'est l'Alsace, l'Alsace française de cœur depuis cette heure d'affranchissement, l'Alsace conquise auparavant par les armes, mais seulement entraînée et acquise par l'idée depuis cette heure.

Ces Alsaciens et ces Lorrains, on semble les oublier lorsqu'on insulte ainsi une époque d'où date le monde moderne et on ignore que c'est la Révolution seule qui les rattache à nous. Braves gens, qui nous aiment en dépit de notre silence (car, en vérité, combien de fois prononce-t-on leur nom dans les discussions journalières?) Ils sont, eux, les martyrs de la politique belliqueuse des serviteurs de l'empire, ils sont les victimes expiatoires de nos faiblesses, de nos abaissements, de notre abdication de vingt années; ils ont payé pour la France entière, ils ont au cou le carcan de servitude que nous avions subi, — pis que cela, — que nous avions accepté. Et ils ne se plaignent point, et ils espèrent, et ils attendent, ils ont foi patiente et l'affection tenace. Pourvu que la France ne renonce pas à son honneur et demeure libre, ils ne renonceront pas à la patrie et demeureront Français.

Aussi bien, et puisque j'ai nommé l'Alsace, c'est avec une tristesse profonde que nous avons lu dans les *considérants* du rapport de la commission d'enquête relatif à la capitulation de Strasbourg, un blâme infligé à la population de la cité douloureuse, population qui n'aurait pas été à la hauteur du sacrifice. Y a-t-on bien pensé? A-t-on songé au déplorable effet que ne manquerait pas de produire en Alsace une telle publication, un jugement si immérité, si navrant, si injuste?

Que si le général Uhrich a été faible, inhabile, sans énergie (et nous devons le reconnaître aujourd'hui), la population tout entière de Strasbourg s'est montrée brave, dévouée, solide durant les journées de siège. Nous l'avons prouvé dans un des premiers chapitres de cette histoire. Étaient-ce donc là ceux qu'il fallait officiellement, publiquement blâmer? Cela est tout au moins maladroit. Les Strasbourgeois ont été blessés au cœur par cette injustice. Voyez comme M. de Bismarck s'y prend autrement. Il les flatte, il les caresse, il leur reconnaît toutes les vertus. « La population de ce pays d'Alsace, dit-il, formait, je puis le déclarer sans exagération, une sorte d'aristocratie morale en France. » (*Disc. au Reichstag allemand*, 2 mai 1871.)

Et, malgré cela, les Alsaciens pardonnent tout à cette mère-patrie si légère, si frivole, si injuste parfois, mais qu'ils aiment en dépit de ses caprices et peut-être pour ses caprices mêmes.

Et lorsque les *studiosi* allemands défilent dans les rues de Strasbourg pour inaugurer l'Université allemande dans la patrie de Kléber, à un kilomètre du tombeau de Desaix, les Strasbourgeois se rangent sur le passage de la *studentenschaft* et sifflent, en vrais merles gaulois, ces mascarades germaniques. Lorsqu'un professeur de Heidelberg porte au banquet un toast à la ville de Strasbourg, nul ne se lève pour répondre. La ville de Strasbourg n'est point représentée à ces fêtes tudesques. Lorsque les hauts fonctionnaires de l'Université se lèvent par trois fois pour crier : *Vive l'Empereur!* le maire de Strasbourg et les adjoints, contraints d'assister à la cérémonie, restent seuls assis dans cette foule allemande.

Lorsque la vieille cathédrale s'illumine pour fêter la rentrée des Germains sur le sol de l'Alsace, les étudiants strasbourgeois vont en rang, lents et silencieux, à la boutonnière un bouquet d'immortelles, semblable à un souvenir, et un ruban tricolore semblable à une espérance, déposer des bouquets de fleurs aux pieds de la statue de Kléber, toujours debout sur son socle solide, et sa tête altière et française dominant les casques allemands qui reluisent, là-bas, sur la place.

Les Alsaciens ont surtout aujourd'hui une haine, c'est la haine du régime qui les a livrés pieds et poings liés à l'ennemi, qui a follement, impudemment, déchaîné sur eux l'invasion, en déclarant la guerre, et qui les a comme vendus au Prussien vainqueur. Certes, ce n'est pas dans cette Alsace et cette Lorraine (dont il faut sans cesse évoquer l'image et invoquer le nom), ce n'est point à Metz, à Strasbourg, à Thionville, à Colmar, à Mulhouse qu'il faut parler de Bonaparte et de ses lieutenants. Ceux-là supportent tout le poids de la douleur des malheureux devenus esclaves.

L'empire d'ailleurs, qui a fait du pouvoir le détestable usage que nous avons vu, perd chaque jour du terrain dans la nation, ou plutôt il achève de mourir dans la mémoire des hommes. L'espèce d'agitation que les bonapartistes essaient de produire par la distribution de brochures, signées de pseudonymes bizarres et rédigées par des écrivains aux ordres de sortes de comités de propagande, n'a, après tout, aucune action réelle. Et cette action, plus factice qu'efficace, disparaîtrait totalement le jour où le pouvoir actuel ferait entendre que ces distributions de manifestes constituent aussi une sédition.

On pouvait croire cependant qu'après avoir entraîné leur pays dans l'abîme, les hommes du 2 décembre, et ceux qui leur ont succédé, disparaîtraient à jamais, recherchant eux-mêmes l'ombre et le silence, et qu'il faudrait tout au plus des procès scandaleux comme celui de M. Janvier de La Motte, ex-préfet de l'Eure, pour faire sortir de l'oubli leurs noms et leurs *virements* de fonds. Et pourtant, bravant l'opinion publique par une effronterie égale à son incapacité, malgré la réprobation de l'histoire, malgré le silence de la justice qui lui doit un tribunal, malgré l'abaissement matériel et moral dans lequel il a plongé la patrie, le parti bonapartiste, habitué à l'audace, n'a-t-il point choisi l'heure où la France panse ses plaies et semble se relever de ses ruines pour essayer de jeter dans la nation un trouble dont pourraient profiter les chercheurs d'aventures politiques et les faiseurs de coups d'État? N'a-t-on pas vu l'ex-ministre des hautes et basses œuvres impériales, l'homme qui appelait l'expédition du Mexique *la plus noble pensée du règne*, l'homme qui répondait insolemment aux justes revendications de la Chambre que la France n'aurait *jamais* la liberté, et que *jamais* les Italiens n'auraient Rome, n'a-t-on pas vu le vice-empereur, en un mot M. Rouher, battu dans les élections de Bordeaux, aller chercher en Corse un siége à l'Assemblée, et, repoussé par la France, accueilli par cette île qui ne voit dans la patrie française que le rayonnement d'une famille, se dresser, du haut de la tribune, pour célébrer les vertus du régime tombé sous la défaite étrangère et sous la révolte intérieure de la conscience publique? Qui l'aurait cru que ceux-là mêmes qui ont précipité notre malheureux pays dans la ruine, oseraient, avant deux ans, reparaître aux yeux du monde, et que l'homme de la politique impériale, M. Rouher, viendrait essayer devant la nation de plaider la cause de l'empire, tandis que l'ex-empereur lui-même ne craindrait pas de déclarer, à propos de la capitulation de Sedan, que c'était lui, que c'était lui seul qui avait tout fait. *Me, me adsum qui feci!* s'écrie le héros de Virgile en réclamant la mort. L'ex-empereur pousse le même cri : *Moi, c'est moi qui ai fait cela*, mais en demandant la vie, et en rêvant encore de recouvrer le trône (1).

Ce serait le suprême écroulement de la patrie si l'empire et l'empereur pouvaient s'imposer une nouvelle fois à la France. Je ne parle pas seulement de la terreur qui régnerait bientôt, des fusillades choisies et des transportations en masse par lesquelles ces hommes seraient, par la fatalité même de leur cause autant au moins que par leur besoin de vengeance, obligés de marquer leur second avénement. Je ne parle pas de la confiscation absolue de toute liberté, du carcan mis à la pensée, du verrou tiré sur l'idée renaissante. Évidemment la France, ressuscitée à demi, redescendrait, cette fois, au tombeau. Mais en supposant même que l'horreur d'une nouvelle tuerie fût épargnée à la nation, quel déshonneur ce serait pour elle que de se retrouver encore une fois dans les ongles de ceux qui l'ont si tristement perdue! Quelle honte pour un peuple qui n'aurait secoué, un moment, sa chaîne que pour se la river plus sûrement au cou! Mais non, le sort ne permettra jamais un tel abaissement et la légende bonapartiste est bien morte. L'empire est mort à Sedan, au moment même où l'empereur se décidait à vivre.

L'empire ne subsistait d'ailleurs, dans les dernières années dont nous avons raconté l'histoire, que par une sorte de coalition des intérêts conservateurs. Aujourd'hui, il a, il doit avoir contre lui ces intérêts eux-mêmes. Le bonapartisme n'est ni un dogme, ni une foi, ni une légitimité, ni une conviction, il est un amalgame d'avidités, de besoins et d'appétits. Il est, avec une apparence ordonnée et une sorte d'hypocrisie de la régularité, ce qu'était la Commune avec son déchaînement en plein jour et ses déportements trop visibles. Le bonapartisme a fait illusion, un moment, à la grande masse, effrayée du *spectre rouge*, en osant violer la loi, dissoudre une Assemblée, fusiller et déporter au nom de l'*ordre*. Mais il est précisément aujourd'hui ce qu'il prétendait combattre et étouffer en décembre, il est le *désordre*, il est la révolte, il est le trouble, il est l'émeute. Voilà bien pourquoi, en dehors même du sentiment de honte et de répulsion qu'éprouvait pour lui le pays, il est considéré comme l'ennemi de tout travail et de toute prospérité. Les intérêts, qu'il caressait avec une habileté si grande, se sont retournés contre lui depuis le jour où ils se sont aperçus que l'apparente prospérité qu'il prétendait leur garantir était tout à fait factice et devait se terminer par la plus épouvantable des catastrophes de notre histoire.

Le temps n'est pas si éloigné où Napoléon Bonaparte déclarait devant les Chambres assemblées, qu'il assurerait à jamais la paix dans le pays. « *L'ordre, j'en réponds,* » disait-il avec une attitude résolue. Cet ordre menteur, cet ordre de surface, nous devions bientôt savoir de quel nom véritable on devait l'appeler. L'ordre c'était la ruine, la débâcle, l'invasion et la guerre civile.

L'empire avait laissé fermenter, invisibles, toutes les passions mauvaises dans les âmes. Étouffant toute discussion, annihilant tout effort vers le bien, surveillant avec sa police les cours des professeurs,

---

(1) Voici cette lettre incroyable que Napoléon a adressée aux généraux en réponse aux *considérants*, graves pour lui, du rapport de la commission d'enquête sur la capitulation de Sedan. Tous les généraux qui ont reçu cette missive l'ont renvoyée à M. Thiers pour qu'elle fût jointe au dossier de la capitulation de Sedan.

A MM. les généraux commandant les corps d'armée à Sedan.

Général, responsable devant le pays par les Constitutions de l'empire, je n'accepte de jugement que celui que prononcerait la nation régulièrement consultée. Aussi n'ai-je point à apprécier le rapport de la commission d'enquête sur la capitulation de Sedan ; je me borne à rappeler aux principaux témoins de cette catastrophe, la position critique dans laquelle nous trouvions.

L'armée commandée par le duc de Magenta, a noblement fait son devoir, elle a lutté héroïquement contre un ennemi deux fois plus nombreux, lorsqu'elle fut repoussée contre les murs de la ville elle-même, 14,000 morts et blessés couvraient le champ de bataille sur lequel je l'ai vue combattre. La position était désespérée.

L'honneur de l'armée se trouvant sauvegardé par la bravoure qu'elle avait déployée, j'exerçai alors mon droit de souverain en donnant l'ordre d'arborer le drapeau parlementaire, et je revendique hautement la responsabilité de cet acte. L'immolation de 60,000 hommes ne pouvait sauver la France, le sublime dévouement des chefs et des soldats eût été un sacrifice inutile.

Nous avons donc obéi à une cruelle mais inexorable nécessité ; elle a brisé mon cœur, mais laissé ma conscience tranquille.

Croyez, général, à tous mes sentiments.

NAPOLÉON.

Camden place, 12 mai 1872.

Le Fort de l'Ile d'Enet. — Prisonniers regardant la mer.

mais ouvrant toutes grandes les portes des cabarets, il donnait au peuple français, comme les césarions au peuple de Rome *du pain et des jeux*, des jeux surtout, mais nulle idée morale, nulle pensée haute, nulle poussée d'air libre et sain. Il flattait, non dans ses sentiments de juste fierté, mais dans ses instincts d'envie, la classe ouvrière qu'il essayait d'attirer à lui, non pas en l'élevant, mais en développant ses appétits. Malgré toutes ces avances, l'ouvrier comprit que ce n'était point des Tuileries que lui pouvait venir le salut. Il ne se laissa point gagner. Il ne répondit pas à ces ouvertures intéressées. Il se repentait, sans doute, d'avoir autrefois laissé tuer Baudin sans le défendre, comme le lui reprochait tout à l'heure Proudhon, et il ne voyait plus maintenant dans l'empire que le meurtrier de la loi.

Mais aussi, en revanche, les rancunes, les préjugés, les idées fausses, les paradoxes communistes faisaient, grâce au silence auquel l'empire condamnait toute pensée indépendante, leur chemin dans l'esprit des travailleurs. Les chimères malsaines de la Commune essayaient leur déploiement d'ailes, tout bas, pendant les années d'étouffement que traversa la France. Et lorsque l'empire donna une liberté de réunion qui permettait à la foule de suivre, en présence d'un commissaire de police un cours de communisme, mais défendait absolument à l'assemblée de s'occuper de politique, tout esprit sain et droit fut effaré de la quantité de théorèmes paradoxaux et de phrases brûlantes comme une lave, insensées comme des rêves, qui se produisirent subitement et dévoilèrent un véritable état morbide dans un groupe considérable de citoyens.

On dira : mais la liberté des clubs, la liberté de réunion, la liberté du théâtre ont produit et produiraient encore cette fièvre chaude qui a abouti aux journées de Mai. Oui, certes, si pendant vingt ans on comprime, comme on l'a fait, l'idée d'un peuple, et si on soulève légèrement, au bout de ces vingt années, le couvercle de la chaudière ; non, à coup sûr, si on laisse la fumée du bouillonnement s'échapper librement et s'évaporer. C'est une loi de physique et de morale à la fois. Tant de vapeur condensée fait éclater le vase.

Quoi! vous croyez pouvoir impunément, durant de longues années de nuit intellectuelle, étouffer la discussion, laisser errer, à l'état de larve, la pensée des ignorants dans leurs ténèbres; vous croyez pouvoir impunément multiplier les bals, les cafés-chantants et les cabarets, cela au détriment de la tribune de l'orateur ou du professeur; vous croyez pouvoir flatter les instincts, développer les appétits, insulter par tous les luxes dépravés à tous les misères immoritées ou à toutes les défaites haineuses; vous croyez pouvoir centraliser effroyablement tout pouvoir, réduire l'individu à l'état de graissage de la machine gouvernementale, annihiler l'effort personnel, la liberté morale de l'individu, la responsabilité, l'initiative; vous croyez pouvoir faire de Paris je ne sais quelle cornue gigantesque où fermentent dans un inquiétant et fumeux grouillement des putrescences bizarres, où s'agitent des vibrions humains, fébriles et ardents, les ongles coupants et les dents longues, et d'où se dégage je ne sais quelle puanteur sociale faite des odeurs mêlées de la débauche et de l'envie, de l'orgie et de la souffrance, et vous croyez qu'après vingt ans de ce ragoût, de bouillonnement d'une pareille mixture chimique, vous n'aurez pas un soulèvement menaçant, fétide et laid, de toute la croûte laissée comme résidu au fond de la cornue? En vérité, c'est être par trop optimiste ou plutôt par trop aveugle. Tout se paye. Tout se retrouve. D'aussi écœurantes émeutes sont les résultantes d'aussi répugnantes mœurs.

Ce n'est point le siège, ce n'est point la capitulation qui produisit cela, c'est le régime tout entier, ce régime d'ombre, de silence et de compression, qui ne donna un peu de lumière et d'air à la France que lorsqu'il fut trop tard et que le sol tout entier était couvert de champignons et de germinations vénéneuses.

Oui, pendant qu'on souriait, qu'on valsait, qu'on chantait, mangeait, buvait et jouait, pendant que se déroulait la bacchanale byzantine et césarienne, pendant que les grandes dames du second empire dansaient et sautaient, comme la Sempronie dont parle Salluste, les noires profondeurs s'agitaient, des idées fausses, que nul d'entre nous ne pouvait combattre, puisque nul ne les connaissait, s'emparaient des cervelles pleines d'ombre du prolétaire, devenaient chez elles des idées fixes, et cela si bien et si puissamment, que la revendication du travailleur devint la guerre sociale dont nous avons raconté les péripéties douloureuses et les sanglantes journées.

Et maintenant, un an a passé sur ces terribles scènes, et déjà la France renaît, respire et éprouve le sentiment ineffablement heureux de la convalescence. Elle est sûre de ne point mourir, et cela est déjà quelque chose. Mais elle doit maintenant étudier les moyens de ne point retomber dans ses erreurs passées. Il est temps que la bourgeoisie qui possède fasse une part au prolétariat qui veut s'affranchir. Il est temps aussi que le prolétaire apprenne qu'il n'obtiendra rien avec la menace, et qu'une revendication faite le fusil à la main devient un crime. Mais, à coup sûr, rien de durable et de bon ne sera fondé que par l'alliance de la bourgeoisie, qui n'est que le prolétariat émancipé, et du prolétariat, qui n'est qu'une bourgeoisie en voie de formation.

Mais, en vérité, il ne faut pas qu'on croie tout terminé parce que tout a été tranché par la victoire. Le peuple continue à travailler, seul, la question sociale. Il faut travailler avec lui, il faut combler, s'il est possible, — et tout est possible, — le fossé profond qui sépare entre elles les classes. Il faut que ce qu'il y a de juste et de vrai, dans les doléances des faibles, soit écouté! Il faut aussi que ce qu'il y a de faux soit combattu, non plus par les armes, mais par le raisonnement. Il faut en un mot tuer la haine et rapprocher entre eux ces frères, un moment ennemis, mais qui sont et seront des frères.

Nous répéterons d'ailleurs, en ces pages dernières, ce que nous avons tant de fois dit, au courant de notre récit. Il est une question primordiale qui domine toutes les autres, qu'on devrait placer au-dessus de la question politique, si de celle-ci ne découlaient justement toutes les autres, mais qui, dans tous les cas, domine toutes les questions sociales : c'est la *question morale*, la question de l'éducation, de la refonte des mœurs, des esprits et des caractères. Là est le secret de l'avenir. Refaire une honnêteté à la foule, une conscience au plus grand nombre, une moralité à tous, voilà le but. Refaire des hommes, en un mot, car c'est ce qui manque le plus aujourd'hui. Les talents, quoique amoindris, ne font point défaut. Il y a en France des rhéteurs éloquents, des écrivains émus, des artistes remarquables : mais des caractères, c'est-à-dire des socles pour les talents, les assises de toute société, des caractères et des hommes, voilà ce qu'on cherche en vain, ce qu'on ne découvre point et ce qui naîtra, je n'en doute pas.

Aussi est-il bien temps de répéter au peuple que la moralité, la probité privée, l'honnêteté du foyer, la foi en quelque chose de grand et d'élevé, dût-on être dupé et friponné, voilà par où l'on se relève et l'on se retrouve. Il est temps de lui répéter qu'il faut aimer et qu'il faut croire et ne plus écouter désormais, cette espèce de philosophie pratique qui, disait un orateur de la Révolution, réduisant l'égoïsme en système, regarde la société humaine comme une guerre de ruse, le succès comme la règle du juste et de l'injuste, la probité comme une affaire de goût ou de bienséance, le monde comme le patrimoine des fripons adroits. (Discours du 7 mai 1794.)

Cette *question morale* primera bientôt toutes les autres, j'espère, et il faut avouer que la France en passant au crible, comme elle le fait à cette heure, tout son passé, en dénonçant, par la voix de ses orateurs, les fournisseurs concessionnaires et les ministres prévaricateurs, en renvoyant devant les conseils de guerre les chefs d'armée qui, comme Bazaine, ont compromis le sort du pays, la France, dis-je, assure à l'humble et droite honnêteté un honneur, et à la malversation un châtiment que ne connaissaient pas depuis longtemps ni celle-ci ni celle-là.

Rendons aussi à l'homme qui a vaillamment et patiemment tenu entre ses mains les destinées de la patrie, depuis les premières séances de l'Assemblée de Bordeaux, l'hommage qui lui est dû. M. Thiers a étonné tous ceux qui croyaient que la carrière de l'illustre homme d'État était terminée à son pénible voyage à travers l'Europe, après le 4 septembre. Il s'est révélé comme un politique aux idées agrandies, et son patriotisme lui a inspiré une conduite très-nette et très-résolue dont l'histoire le félicitera un jour, et dont l'estime de ses ennemis mêmes le récompense aujourd'hui. Tel il avait promis de rester lorsqu'il recevait, des mains de l'Assemblée de Bordeaux, le dépôt du pouvoir, tel il est demeuré, ne voyant dans le poste qu'on lui conférait que l'occasion de travailler de plus près à relever notre pays. Ainsi M. Thiers représente, non-seulement le syndic délégué vers la faillite de l'empire, mais encore le patriote, éclairé par la double leçon de l'histoire et de l'expérience, et qui, à soixante-seize ans passés, ardent, résolu, dépense les dernières énergies de son infatigable nature pour fonder, s'il le peut, ce gouvernement de la République qui, a-t-il dit un jour, est de tous les gouvernements *celui qui nous divise le moins*.

Grâce à son activité, à son zèle, M. Thiers est enfin parvenu à rallier autour de lui des gens qui gardaient contre son passé et contre ses idées des préventions que son dévouement actuel a désarmées. Ce sera une gloire réelle et un noble couronnement d'existence pour l'historien de la *Révolution française* que d'avoir peut-être mérité de voir son nom cité après le grand nom de Washington. Et M. Thiers n'aura atteint le pouvoir que par la légalité et la volonté publique ; bourgeois et fils de bourgeois, il représente à la tête de la France cette classe moyenne qui tiendra longtemps encore les destinées du pays si elle sait se montrer libérale, juste, intelligente, fraternelle et courageuse.

C'est sur M. Thiers que repose aujourd'hui la confiance de la patrie. Respectée par l'étranger et par son vainqueur même, la France reprend peu à peu ses forces ; elle a été, depuis un an, aussi sagement conduite qu'on le pouvait espérer. Une seule fois, en cédant à la juste impatience que faisaient naître en lui les injustices de la majorité de l'Assemblée, M. Thiers a rallumé, sans le vouloir, les ambitions mal éteintes et les espérances des conspirateurs. C'est lorsqu'il a donné, en janvier, sa démission que l'Assemblée bientôt l'a supplié de reprendre. On a vu reparaître alors chez les bonapartistes l'espoir de ce *plébiscite* fameux qu'ils réclament et dont ils voudraient préparer la venue dans leurs conciliabules. Mais, revenant bientôt sur sa détermination dangereuse et inutile, M. Thiers a repris en main le pouvoir et il est décidé à le garder tant que le sort lui laissera la force de conduire vers la convalescence finale le grand corps blessé et meurtri de la France.

Aussi bien les partis s'acharnent sur le président de la République. Les royalistes ne lui pardonnent point de ne les avoir pas écoutés, les bonapartistes lui gardent rancune d'avoir travaillé à les renverser. Les républicains s'inclinent devant les efforts de M. Thiers, et M. Gambetta s'irritait dernièrement que M. Rouher eût eu l'audace de comparer le président de la République à l'empereur qui nous a perdus.

« Je le demande, disait le tribun, est-ce qu'il est possible de venir tenter une odieuse confusion entre celui qui a précipité la France dans les désastres, et celui qui faisait face à l'ennemi, celui dont les conseils nous eussent très-certainement évité les exactions et les conquêtes ! Non ! non ! Quand vous teniez ce langage, vous n'apportiez que ce sentiment de servilité pour le maître qui vous faisait dire en face de M. Thiers, en face de ce grand et illustre Berryer, alors que l'on vous criait que toute la France penchait dans cet abîme du Mexique, qui vous faisait dire que c'était la plus glorieuse pensée du règne !... »

On ne saurait méconnaître d'ailleurs que le parti républicain sincère n'ait donné, depuis deux ans, un exemple de sagesse politique. Il n'a point pactisé avec la Commune, et Clément Thomas et Chaudey succombaient tandis que des bonapartistes étaient libres dans Paris. Il n'a point protesté lorsqu'il a vu d'autres faire « l'essai loyal de la République ». Il s'est tenu silencieux, attendant son heure, et bien décidé à respecter l'ordre, à rompre avec toutes les promiscuités compromettantes et à ne rien fonder que d'honnête, pour que les fondations soient durables (1).

Pendant ce temps, une partie de l'Assemblée

(1) Une correspondance de l'*Indépendance belge* donne un

témoigne à M. Thiers sa bouderie parce que le président a osé donner une ou deux soirées, à Paris, à l'Élysée. Mais qu'importe la méchante humeur d'une majorité qui cédera nécessairement la place à une Assemblée mieux inspirée et plus instruite des réels besoins du pays et des nécessités de la vie moderne? Cette Assemblée n'est que passagère. Elle

<small>tableau excellent et vrai de l'état des esprits et des partis en France (mai 1872) :

« Tout ce qui arrive de la province confirme ce fait : on ne veut à aucun prix de bouleversements et de conspirations. Sous ce rapport même, il faut le dire, la province est plus sensée que Paris où, malheureusement, l'opposition des classes dites conservatrices et les bouderies de salon ou, pour mieux dire, de boutiques, se perpétuent. On pouvait croire que l'affirmation généralisée de la République, soit comme constatation du besoin du *statu quo* pour un pays fatigué, désarmerait cette minorité grincheuse. Il n'en est rien. Elle continue à crier, sous une forme ou sous une autre : *A bas les hommes du 4 septembre* (n'osant pas ou n'osant plus crier : *vive l'Empereur !*) bien que l'événement donne tout à fait raison à ceux qui ont compris que la République était la seule forme de gouvernement possible après tant d'épreuves monarchiques.

« Il faut le dire hautement, cette opposition misérable ne tient qu'à ceci : on est persuadé que les loyers se payent mieux, que les obligations de chemin de fer montent davantage, que les affaires de bourse sont d'un meilleur rapport sous une monarchie. Mandrin sur le trône serait acclamé si l'on était sûr qu'il donnât plus de fermeté aux cours ou fît doubler la valeur de la propriété foncière.

« Il est évident que chez les hommes, tels que Delescluze et Flourens, qui se sont fait tuer pour leur idée, il y avait quelque chose de plus élevé, dans leur fanatisme et leur insanité, que chez ce parti dit conservateur. Ils avaient de plus l'avantage de savoir quel gouvernement ils voulaient, et d'être en mesure, après leur triomphe, de l'appliquer, ce qui ne signifie pas, du reste, qu'ils pussent le rendre applicable. Ils ont su payer de leur vie leurs coupables et fatales illusions. Mais dans ce parti, dit conservateur, dont je parle, il n'y a pas de principe, il n'y a que des intérêts. On prendra indifféremment Henri V, l'orléanisme, la fusion, le bonapartisme, tout, pourvu qu'on échappe, non pas au spectre rouge, mais aux éventualités de la baisse.

« On subventionne de ses abonnements les journaux à scandale qui cherchent sans cesse à enrayer le gouvernement, à attaquer, à discréditer l'honnête homme qui a vaincu l'anarchie, pansé les plaies de la France, déjà avancé la libération du territoire et qui peut encore la faire abréger ; et, chose bizarre! pourtant on reconnaît qu'on n'a rien de possible à offrir à la place de ce qu'on veut renverser. C'est là ce qui donne à la situation actuelle une physionomie qui ne s'était pas encore présentée sous d'autres gouvernements, également attaqués, et c'est ce qui fait cette opposition du « beau monde » et cette fronde du boulevard, infiniment plus coupable et plus incompréhensible que ces antagonismes de carrefour, que ces agitations révolutionnaires d'hommes moins éclairés, mais au moins plus convaincus.

« Tout ce qui vient de l'étranger, en revanche, toutes les communications faites par nos agents diplomatiques, tout ce qui résulte des rapports des représentants accrédités par les gouvernements étrangers auprès du nôtre, atteste que dans toute l'Europe on rend à M. Thiers cette justice qu'on lui marchande avec tant d'amertume en France. Qu'il commette des fautes, c'est incontestable ; que ses entêtements sur certains points soient regrettables, même dangereux, qu'il y ait à les signaler, même à les combattre par les voies parlementaires, rien n'est moins douteux ; mais il faut le dire, on comprend peu à l'étranger l'ingratitude persévérante, — et qui, heureusement, est de plus en plus condamnée par la majorité du pays, — de cette sorte de coalition de tous les égoïsmes, de toutes les peurs, de toutes les cupidités, de toutes les routines, coalition sans cohésion réelle, sans programme, sans drapeau et sans espérance. »</small>

aura pacifié le pays, payé notre dette, relevé quelques ruines, et surtout elle aura, par deux fois, à Bordeaux en février 1871, à Versailles en mai 1872, prononcé la déchéance de l'empire. C'est beaucoup et cela suffit pour lui pardonner ses préjugés, son étroitesse d'idées et son attachement aux choses mortes.

Choses mortes, dira-t-on, mais où donc est la vie? Elle est partout où se manifeste un bouillonnement de sève, une palpitation d'artère. Elle est dans la grande masse qu'il faut élever, instruire, moraliser et satisfaire dans ce que ses aspirations ont de légitime si on ne veut pas que le fleuve déborde et qu'il dévaste, lui qui pourrait fertiliser. Elle est dans la bourgeoisie honnête, toute à son œuvre, habituée à travailler, si différente de la bourgeoisie qui ne songe qu'à jouir. Elle est dans tout ce qui demeure encore vivace, ardent et brave dans un pays trop longtemps déchiré par la haine ou stérilisé par l'égoïsme.

Vienne une Assemblée qui comprenne le présent et sache le prix de l'avenir, vienne un groupe d'hommes patriotes, dévoués et scrupuleusement probes et purs, et ce pays est sauvé. Pour l'honneur non-seulement de ma patrie, mais de l'humanité, laissez-moi croire que ce groupe d'êtres se peut bien rencontrer dans un pays de trente-cinq millions d'âmes.

Certes, oui, et nul ne doit désespérer de la patrie. Sans doute maint symptôme affligeant subsiste encore. Sans doute un affaissement singulier s'est emparé de cette grande nation. Sans doute ce pays pourrait devenir encore, par hasard, la proie d'un aventurier quelconque. Le pli de la servitude ne s'efface pas en un jour. Mais il faut croire, il faut espérer, il faut attendre.

Un homme d'un tempérament modéré et d'un esprit judicieux, qui vécut et mourut dans un moment troublé assez comparable au nôtre et dans une société que nous avons trop étroitement copiée sur plus d'un point, Cicéron, traça ainsi dans une lettre à Atticus l'état des esprits dans la vieille Rome alors toute prête à prendre César pour maître :

« Qu'entendez-vous, disait le penseur, par les hommes *du bon parti* ? Je n'en connais pas que je pourrais nommer.

« Est-ce le Sénat? Sont-ce les chevaliers, qui n'ont jamais été d'un patriotisme très-solide, et qui aujourd'hui sont tout dévoués à César? Sont-ce les gens de commerce ou ceux de la campagne qui ne demandent qu'à vivre en repos? Croirons-nous qu'ils redoutent beaucoup de voir venir une monarchie, eux à qui tout gouvernement est bon, dès lors qu'ils sont tranquilles? »

Et pourtant Cicéron ajoute :

« Est-ce que vous croyez que tout rapproche-

STRASBOURG APRÈS LA GUERRE. — Ruines de la porte nationale.

ment, tout pacte était impossible? La chose se peut encore à l'heure qu'il est. Mais notre bonheur est ce dont aucun ne se soucie. Leur ambition est de régner. »

Ce n'est plus même régner aujourd'hui qu'ambitionnent les conspirateurs, c'est jouir. Le pouvoir leur plaît moins que l'auge pleine, et le sceptre que la table servie. Mais, quoique la plupart des citoyens aient, pour les affaires publiques, la même indifférence que les contemporains de Cicéron, je n'espère pas moins que de toutes ces incroyables épreuves sortira une renaissance.

Et qu'importe, au surplus! Ce même homme, qui devait périr victime de scélérats, n'en trace pas moins le devoir et la route à parcourir. « Je suivrai jusqu'au bout, disait-il, le troupeau des gens de bien, comme le bœuf suit les troupeaux de bœufs. » Faisons de même et demeurons fidèles à notre honnêteté et à notre foi, demeurons fidèles surtout à l'espérance en notre pays.

France, non, tu ne saurais périr! Non, tu n'as point fini ta tâche dans le monde! Semeuse d'idées, il y a encore des idées à jeter à travers les foules. Porteuse de glaive, ton tronçon d'épée, affilé de nouveau, peut servir à ton propre affranchissement, lui qui a servi à l'affranchissement des autres. Est-ce qu'un peuple comme toi disparaît si tôt et s'efface? Quoi! il n'y a pas quatre-vingts ans, l'Europe n'écoutait que ta voix! Il n'y a pas cent ans, l'Allemagne ne vivait que de ta pensée! Elle t'enviait Diderot, elle traduisait Voltaire. Elle marchait, hésitante, sur tes pas de géante. Et tout serait achevé, après un siècle? Et le Teuton remplacerait le Gaulois, et l'âme de la France aurait pour succédané l'esprit militaire de la Prusse?

Non, cela n'est point possible; non, cela ne sera pas.

La France renaît et va revivre. Elle ne rêve plus ni conquête, ni gloire stérile ; elle ne demande que sa place au soleil, toute sa terre et tout son sang. Elle n'eût jamais songé à l'idée de guerre si l'Allemagne ne lui eût point arraché du flanc, comme Schylock de la poitrine de son créancier, un lambeau saignant de sa chair. La France sérieuse, apaisée, réfléchie, attristée, veut et doit travailler à reprendre sa place et son rang dans le monde. Elle reprendra cette place, car son rôle n'est point fini.

Elle avait eu toutes les gloires, cette France, elle avait été victorieuse, triomphante, libératrice. Il lui manquait d'être martyre. Voyez ses plaies et ses stigmates. Elle a maintenant toutes les couronnes et jusqu'à la couronne d'épines. La résurrection viendra bientôt.

Pour nous qui, dans cette histoire, n'avons été guidé que par l'âpre amour de la patrie, qui aimons ce pays par-dessus tout, et parce qu'il fut grand et parce qu'il est meurtri, nous le disons du fond de notre cœur, à la dernière page d'un livre où tant de souffrances, tant de misères, tant de hontes, tant d'efforts glorieux, tant de dévouements obscurs, ont été comptés, nous le disons avec la conviction ardente du patriote : — Que la France vive, que la France renaisse, et maudite soit la main qui la viendrait troubler dans sa convalescence, autant que soit bénie celle qui la sauverait et la relèverait pour jamais.

L'idée qui doit nous sauver, à cette heure, tient en effet, dans ces deux mots qu'on a raillés, mais qui sont tout un programme de renaissance et de vertu : *l'honneur* et *la patrie*.

29 mai 1872.

DOCUMENTS COMPLÉMENTAIRES

ASSEMBLÉE NATIONALE.

DISCOURS DE M. D'AUDIFFRET-PASQUIER.

Séance du 22 mai.

M. LE DUC D'AUDIFFRET-PASQUIER. — ..... Qu'est-on donc venu apporter à cette tribune ? Est-ce le débat d'intérêts généraux ? Non, c'est le plaidoyer de l'empire, le plaidoyer en faveur du général Palikao !

Vous nous dites que vous n'adoptez pas notre système, que vous ne voulez pas admettre cette sorte de thèse impersonnelle que j'avais portée à la tribune; vous voulez que les responsabilités soient mises à part. Ne vous plaignez pas ! Tout à l'heure je les porterai aussi haut qu'il faut les porter ! (Vifs applaudissements.)

Oui, il y a une heure, il y a eu un moment où cette Assemblée, oubliant toutes les querelles de partis, entendant parler de la génération de ce pays, embrassait du regard et d'un accord unanime une ère nouvelle. Cela vous trouble ; il fallait que cet accord d'un moment, vous veniez, au nom de votre thèse impériale, l'ébranler. (Oui ! oui ! à gauche. — Applaudissements.)

Eh bien, nous l'avons voulu, et c'est après de mûres réflexions que la commission des marchés s'est dit : Non, il ne faut pas faire appel aux partis; non, il ne faut pas, dans une question pareille, où nous sommes une sorte de tribunal, il ne faut pas individualiser les responsabilités. Il ne s'agit pas du 4 septembre ; il ne s'agit pas de l'empire, il s'agit en définitive d'abus à signaler, il s'agit de savoir comment en prévenir le retour dans l'avenir.

Voilà la thèse que j'ai apportée à cette tribune, et si j'avais fait autre chose, j'aurais été fidèle à de vieilles traditions que je ne renie pas.

Oui, il y a vingt-deux ans que je déteste l'empire, parce qu'il y a vingt-deux ans qu'il démoralise mon pays ! (Bravo ! bravo ! à gauche.)

Le 4 septembre, vous le trouverez plus tard ; oui, vous le trouverez dans la commission d'armement et dans sa gestion dans les départements, lorsque vous aurez à voir les agissements des agents qu'il a nommés ; mais ici, il n'y est pas, ou s'il y est, c'est à un bien autre titre que vous. S'il a à accepter tous ces marchés, c'est parce que vos arsenaux sont vides... (C'est cela ! c'est cela ! — Applaudissements répétés à gauche.) Non-seulement vous ne pouvez pas le mettre sur la même ligne et lui imposer la même responsabilité, mais remarquez ce qui se passe. Le ministère se fractionne, une partie demeure à Paris, l'autre partie se rend à Tours. Le général Susane reste à Paris ; le général Thoumas, l'*alter ego* du général Susane, va à Tours. Les marchés commencés par l'un à Paris sont continués à Tours par l'autre.

Est-ce que le 4 septembre a changé les agents ? Est-ce qu'il y a eu des agents nouveaux ? Non, et, pour la seule fois où il a bien fait, laissez-moi le dire, il n'a pas eu recours à des avocats. (Rires approbatifs à droite.) Ah! s'il avait mis des avocats, — quant à moi, je suis assez disposé à lui faire aussi ce reproche d'avoir abusé des avocats, — je comprendrais votre argumentation ; mais il ne l'a pas fait, et il a gardé le personnel spécial pour les marchés dont nous nous occupons.

Pouvait-il mieux faire ? Non.

..... Or, si tout cela est vrai, dans ces faits, où trouvez-vous le 4 septembre ? Où voulez-vous faire commencer la responsabilité ? Ses opérations et les précédentes sont connexes, comment les séparer ? La même direction a commencé les opérations, les a poursuivies et a fait la liquidation de tout l'ensemble.

Maintenant vous venez dire : Votre thèse est impossible ; vous oubliez les grands principes de la séparation des pouvoirs et de la responsabilité ministérielle !

En vérité, c'est la première fois de votre vie que vous plaidez la cause de la responsabilité ministérielle ! (Exclamations d'assentiment et bravos prolongés.)

..... Maintenant on nous dit : Nous avions des clauses de résiliation : si on n'a pas résilié, mais c'est la faute du 4 septembre : c'était à lui à résilier.

Comment ! c'est au milieu des circonstances comme celles qui existaient au moment où vous lui léguiez le fardeau de ces affaires, que vous n'aviez plus la force de porter.... (Mouvement), c'est à ce moment-là qu'il eût fallu, devant l'opinion publique, aller résilier des marchés et dire : Non, nous ne voulons pas de ces armes ! Qui est-ce qui eût pris ce parti ? Vous-mêmes, si vous étiez restés aux affaires, l'auriez-vous osé ? Vous ne le pouviez pas.

..... Mais il est temps d'aborder, messieurs, le grand débat, il est temps de sortir de ces détails où l'on a usé votre patience hier. (Très-bien! très-bien.)

Le vrai débat, le voici: Etiez-vous prêts ou n'étiez-vous pas prêts ? (C'est cela ! c'est cela ! — Acclamations d'assentiment et applaudissements sur presque tous les bancs.)

Voulez-vous que je vous lise ce triste défilé de toutes les dépêches télégraphiques qui, de tous les côtés, peignent la détresse de notre armée ? Est-ce à Belfort, à Metz, à Strasbourg ? Ah ! j'en trouverai partout !

Messieurs, l'énumération serait longue ; je ne veux pas fatiguer l'Assemblée ; mais je veux appeler son attention sur deux documents d'une haute importance.

Le brave général Vinoy bat en retraite ; cette retraite l'honore aussi bien que le corps d'armée qui rentrait dans Paris.

Il vous dit que toutes ses précautions, c'est de ne pas rencontrer l'ennemi. Entendez-vous, messieurs? Un général français ! Sa préoccupation est de ne pas rencontrer l'ennemi, parce qu'il n'a pas de cartouches ! Il revient à Laon, il espère qu'à cette ligne de second rayon, où personne n'a passé, il va trouver des approvisionnements ; il n'y a pas, dit-il, d'artillerie réglementaire pour défendre les remparts. (Mouvement.)

Voici maintenant le maréchal Bazaine. Le maréchal Bazaine vient de faire paraître un livre. Que dit-il ? On appréciera plus tard la valeur de son plaidoyer. « Si je me suis rabattu sur Metz, c'est que je n'avais qu'un jour de vivres et pas de cartouches. »

Et si, plus tard, il veut savoir ce qu'il y a dans Metz, il envoie le général Soleille. Le général Soleille lui dit : « Il n'y a que 800,000 cartouches. »

On convoque le conseil de guerre, et, de même qu'on est venu dans Metz parce qu'on n'a pas d'approvisionnements, on ne peut quitter Metz parce qu'on n'a pas pu approvisionner l'armée.

Que vous dit le général Ladmirault ? Il ne vous est pas suspect, celui-là ? (C'est vrai ! — Très-bien !)

« Il est impossible d'entreprendre une affaire de longue haleine, car, à la première, on serait usé, faute de munitions. »

Que dit le maréchal Canrobert ?

« Verneuille, 19 août.

« ..... Je n'ai plus de cartouches, plus de munitions d'artillerie. »

Je ne vous lirai pas les dépêches de Besançon : le défilé en serait long et douloureux.

Je me suis donné la peine de relever dans un livre excellent qui a été fait par le lieutenant-colonel Prévot, du génie, l'état de toutes nos places et de toutes nos fortifications.

Oh ! vous auriez pu consulter seulement les procès-verbaux du conseil d'enquête. Là vous en trouvez tout le résumé.

Messieurs, c'est lamentable : il n'y a rien nulle part ! A Metz, les fortifications ne sont pas complètes. Vous trouverez des places de grande importance où il n'y a qu'un canonnier.

A Toul, il n'y en a pas un ; dans d'autres il n'y a pas d'ouvriers du génie ; dans d'autres on est obligé de se servir comme officier d'artillerie des officiers de la mobile.

Eh bien, quand j'ai fait ce triste résumé, je me reportais par la pensée à ce que vous avez dit. Or je trouve ce langage dans le *Journal officiel* du 16-17 août : « Une armée de ligne de 750,000 hommes disponibles pour la guerre ; près de 600,000 hommes de garde nationale mobilisée, l'instruction dans toutes les branches poussée à un degré inconnu jusqu'ici, 120,000 fusils fabriqués en moins de dix-huit mois, les places mises en état, les arsenaux remplis, un matériel immense prêt à suffire à toutes les éventualités quelles qu'elles soient, et, en face d'une telle situation, la France confiante dans sa force. Tous ces grands résultats obtenus en deux années. »

Mais ce n'est pas tout.

Sur divers bancs : Qui a dit cela?

M. D'AUDIFFRET-PASQUIER. — C'est un article inséré au *Journal officiel*.

Voix diverses : A quelle date?

M. D'AUDIFFRET-PASQUIER. — A la date du 17 août 1869.

Maintenant, messieurs, ce n'est pas tout : je demande à mon honorable contradicteur la permission de lui citer ses propres paroles :

« Se refusant à toute impatience hâtive, animé de cette calme persévérance qui est la vraie force, l'empereur a su attendre ; mais, depuis quatre années, il a porté à sa plus haute perfection l'armement de nos soldats, élevé à toute sa puissance l'organisation de nos forces militaires. Grâce à vos soins, la France est prête, sire... »

Et faisant alors appel, avec cette pompe dont il a le secret, au génie de Napoléon, il lui promet la victoire : « Nous sommes à Berlin ! »

Et vous croyez, vous qui venez me forcer à individualiser les responsabilités, que vous n'en avez aucune ! (Bravos et applaudissements.)

Vous ne vous êtes donc pas fait dire dans l'exil où vous vous étiez réfugié ce qu'ont pesé pour nous ces heures où nous sentions le sol du pays envahi par la Prusse? Vous ne sentiez donc pas la fumée de nos chaumières brûlées ! vous ne savez pas qu'à chaque quart d'heure on nous annonçait qu'un des nôtres succombait glorieusement : vous ne vous l'êtes pas laissé assez dire ! (Bravo !) Ah ! ne croyez pas qu'il suffira de dire, comme pour l'expédition du Mexique, que vous avez si complaisamment évoquée : C'est le secret de la Providence, qui ne respecte pas toujours vos propres combinaisons. (Applaudissements.)

Eh bien, ce n'est pas assez. (Très-bien !) Je vous dis moi, que quel que soit le sang-froid de tous vos gens au cœur léger... (Bravos à gauche), quels que soient les ombrages de Chislehurst, il y a une heure où vous avez dû entendre une voix qui criait : *Vare, legiones redde !* Rendez-nous nos légions ! rendez-nous la gloire de nos pères ! Rendez-nous nos provinces ! (Applaudissements répétés.)

Et cette responsabilité, est-ce la seule?

Nous avez-vous seulement légué des embarras, des douleurs et des désastres ? Non, vous avez fait pis encore ; vous nous avez légué, — ah ! ce qu'on a bien de la peine à réparer, — la démoralisation. (Sensation. — Bravos et applaudissements.)

..... Messieurs, je ne fatiguerai pas plus longuement l'attention de la Chambre par des citations. J'aime mieux résumer cette sombre partie de mon discours et vous dire : n'y a-t-il pas une leçon à tirer de cela ? Pour moi la leçon est celle-ci : c'est que, quand un pays abdique ses libertés, quand il abdique le contrôle, quand il ne sait pas se faire à ces mesures libérales qui font que les affaires de tout le monde sont les affaires de chacun..... (Très bien !) quand le bourgeois rentre chez lui et se croit bien sage lorsqu'il peut se dire qu'il ne s'est pas occupé de politique, c'est qu'il ne sait pas que la politique, c'est notre sang, que la politique, c'est notre argent, c'est notre honneur..... (Très-bien ! très-bien.) Quand un pays abdique ses libertés et ne sait pas les défendre ; quand il se met sous la protection d'un homme providentiel..... (Bravos et applaudissements), il en résulte fatalement ce que vous venez de voir...... (Nouvelle approbation) la décomposition et la démoralisation ! (Sensation profonde. — Applaudissements sur un grand nombre de bancs.)

C'est la génération spontanée du despotisme, comme vous voyez la génération spontanée sortie de terrains fétides, et alors, messieurs, rappelez-vous cette éloquente péroraison d'un de nos plus beaux ouvrages, lorsque l'honorable président de la République, résistant à l'éblouissement de tant de gloire, élevant sa haute raison au-dessus de ces récits qui l'ont passionné un instant lui-même, vous dit : « Un pays doit apprendre qu'il ne faut jamais se donner à un homme, quel que soit cet homme, quelles que soient les circonstances ! » Et ne pouvons-nous pas le dire avec plus de vérité encore qu'il ne le disait pour l'empereur Napoléon 1ᵉʳ, quand nous pensons au deuil, aux tristesses, à la honte que nous a valus Napoléon III ? (Applaudissements prolongés.)

Non, n'abdiquons jamais ; sachons que chacune de ces libertés, c'est notre vie, c'est notre bonheur, et que ne les pas défendre, c'est déserter ce que notre mission ici-bas a de plus haut et de plus sacré. (Vive approbation.)

Messieurs, hier, en achevant son discours, l'honorable contradicteur auquel je réponds, vous a dit qu'il ne fallait pas vous dissoudre. J'avoue que, pour ma part, j'ai été un peu étonné de cette péroraison inespérée. (Rires.) Mais qui est-ce qui la demande la dissolution? Oh ! oui, certains de vous, dont, vous le savez, je ne partage pas les principes, dont je ne partage pas les idées politiques ; je n'ai ni à les attaquer, ni à les défendre. Mais quels sont les deux agents de l'impopularité imméritée de cette assemblée? Qu'est-ce qui fait que le pays ne voit pas à quel point elle travaille, que le pays ne sait pas à quel point elle s'est consacrée à cette tâche de réorganisation derrière l'homme vénéré qu'elle a mis à sa tête? (Très-bien ! très-bien !)

Le pays ne sait pas ce que ces quatorze mois ont pesé sur cette tête blanche, et quand vous l'aviez devant vous, hier, quand vous avez pu surprendre sur son visage les traces de fatigues, vous êtes-vous souvenus de ce temps où il avait lutté contre vous, de ce temps où, avec un patriotisme admirable, éclairé par une vieille expérience..... (Bravo ! — Applaudissements à gauche), avec ce patriotisme

Paris brulé. — L'escalier d'honneur de la Cour des Comptes.

éclairé par une vieille expérience, il avait combattu toutes vos folies ? (Interruption au centre droit. — Vives réclamations.) Il vous a prêché, lui, les libertés nécessaires ; il a fait appel..... (Nouvelle interruption.)

M. LE DUC D'AUDRIFFRET-PASQUIER. —.... A tout ce qu'il y avait de généreux dans le cœur des Français ; il vous a combattus au moment de l'expédition du Mexique ; lui seul, il a eu le courage de le faire, et souvenez-vous donc qu'à ce moment vous faisiez entourer sa maison pour faire parvenir jusqu'à lui les huées et les sifflets !

La Commune a parachevé votre œuvre, elle l'a profanée, elle l'a détruite, cette maison, mais c'est vous qui avez commencé ! (Applaudissements à gauche.)

Eh bien, vous dites qu'il ne faut pas que la Chambre se dissolve. Nous le disons aussi et voici pourquoi. Ah ! vous faites l'appel au peuple, oui, au peuple non instruit ! Vous savez comme nous combien sont profondes les couches du suffrage universel, combien il est difficile de faire arriver jusqu'à elles la vérité, et vous voudriez hâter le moment où on le consultera, parce que vous espérez que la lumière n'aura pas encore pénétré jusqu'à lui !

Eh bien, vous avez reçu de ce pays de grandes missions, entre autres celle de l'éclairer et de lui dire la vérité. Vous avez compris et vous avez pris au sérieux cette partie de votre tâche. Ainsi, partout vous faites l'enquête, partout : sur le 4 septembre, sur le 18 mars, sur les capitulations, sur les marchés. Continuez, laissez demander la dissolution à ceux que cette tâche gêne et qui la redoutent. (Très-bien ! très-bien !) Mais, au nom de l'honnêteté publique, laissez-nous achever cette tâche, et alors allez sans crainte devant les comices et attendez le jugement que le pays rendra dans son impartialité et dans sa justice, mais n'y allez pas avant ! (Mouvement.) Maintenant, pour nous la cause est entendue, et je demande à l'Assemblée de terminer ce trop long discours..... (Non ! non !) par un vœu et comme une dernière prière qui, malgré moi, s'échappe de mon cœur : Que Dieu, qui aime ce pays, car c'est à lui qu'il a confié de tout temps la défense des grandes et des nobles causes, que Dieu, qui aime ce pays, lui épargne la dernière et la plus dure des humiliations, celle de voir jamais ses destinées confiées aux mains qui l'ont si mal servi ! (Acclamations enthousiastes et applaudissements prolongés.)

(Aussitôt que l'orateur est descendu de la tribune, une foule de députés quittent leur place et viennent à lui pour lui presser les mains et le congratuler. Presque tous les députés sont debout, et la séance est interrompue de fait.)

Après une réplique de M. Rouher et un discours de M. Gambetta, le scrutin a lieu sur l'ordre du jour suivant, présenté et motivé à la tribune par M. le duc de Broglie :

« L'Assemblée nationale, se confiant dans ses commissions, et persévérant dans sa résolution de poursuivre et d'atteindre toutes les responsabilités, avant et après le 4 septembre, passe à l'ordre du jour. »

Voici le résultat du dépouillement du scrutin :

Votants.............. 676
Majorité absolue........... 339
Pour............... 676
Contre. 0

L'Assemblée a adopté.

BIBLIOGRAPHIE

DES

PRINCIPAUX OUVRAGES A CONSULTER SUR L'HISTOIRE DE LA CHUTE DE L'EMPIRE DE LA GUERRE, DU SIÉGE DE PARIS ET DE LA COMMUNE

La déclaration de guerre. — La chute de l'empire.

Papiers et correspondances de la famille impériale. 2 vol. in-18. (Garnier frères.)

Rapports militaires, écrits de Berlin par le colonel Stoffel. In-8 de xxiv-471 pages. (Garnier frères.)

Le mouvement socialiste et les réunions publiques avant la Révolution du 4 Septembre, par G. de Molinari. In-18 de xxii-377 pages. (Garnier frères.)

Du caractère belliqueux des Français et des causes de leurs derniers désastres, par Jérôme Ulloa. Traduit de l'italien par E. Moullé. In-18 de 168 pages. (Sandoz et Fischbacher.)

La France et la Prusse devant l'histoire. Essai sur les causes de la guerre. In-32 de 224 pages. (Sandoz et Fischbacher.)

La France et la Prusse avant la guerre, par M. le duc de Gramont. In-8 de 425 pages. (Dentu.)

Ma mission en Prusse, par le comte de Benedetti. In-8 de 446 pages. (H. Plon.)

Histoire de la chute de l'empire, par Aug. Deschamps. In-8, avec cartes. (Lacroix, Verboeckhoven et Cⁱᵉ.)

Histoire générale de la guerre. — La guerre dynastique. — Strasbourg. — Metz.

La guerre des frontières du Rhin (1870-1871), par Rustow. Traduit de l'allemand par M. Savin de Larclause. 2 vol. in-8, avec 8 cartes. (J. Dumaine.)

La guerre de 1870-71, d'après le colonel fédéral suisse Rustow. In-18. (Germer-Baillière.)

Histoire de la guerre de 1870, par V. D***, officier d'état-major. In-8 avec plans. (J. Dumaine.)

Histoire de la guerre de 1870-71, par Hector Pessard e Wachter. In-8 avec illustrations. (Lachaud.)

Souvenirs d'un garde national pendant le siège de Paris et sous la Commune, par un volontaire suisse. 2 vol. in-18 de 328 et 232 pages.

Allemands et Français, Souvenirs de campagne (Metz, Sedan, la Loire), par Gabriel Monod. In-18 de 172 pages. (Sandoz.)

Histoire de la campagne de 1870-71 et de la deuxième ambu-

lance de la presse française, par Emmanuel Domenech. In-18 de 456 pages. (Dentu.)

La guerre franco-allemande de 1870-71, par un officier d'état-major prussien. Traduit de l'allemand. 3 vol. in-8. (J. Dumaine.)

La campagne de 1870, récit des événements militaires depuis la déclaration de guerre jusqu'à la capitulation de Paris, traduit du *Times* par Roger Allou. In-18 de xv-287 pages. (Garnier frères.)

Histoire de la guerre de Prusse, par Amédée de Césena. In-8, illustré, de 204 pages. (Garnier frères.)

Les Prussiens chez nous, par Edouard Fournier. In-18. (Dentu.)

Recueil complet des dépêches militaires officielles allemandes, pour servir à l'histoire de la guerre de 1870-71. In-18. (Lacroix, Verboeckhoven et Cⁱᵉ.)

La guerre étrangère et la guerre civile, par Beausire. In-18. (Germer-Baillière.)

Aux avant-postes (juillet 1870, avril 1871), par Amédée Le Faure. In-18. (A. Lemerre.)

Histoire de la campagne de 1870-71, par F. Delaunay. In-8 avec cartes. (Lacroix, Verboeckhoven et Cⁱᵉ.)

Les mémoires d'un franc-tireur (Guerre de France, siège de Paris 1870-71), publiés par Eugène Muller. In-18 de 350 pages, avec gravures. (Dentu.)

Barbares et bandits, par Paul de Saint-Victor. In-18. (M. Lévy.)

Journal d'une infirmière pendant la guerre de 1870-71, par Mᵐᵉ la baronne de Crombbrugghe. In-18 de 220 pages.

Un mois dans les lignes prussiennes, du 18 août au 19 septembre 1870, par un chirurgien aide-major de la Société internationale. In-18 de 72 pages. (Dentu.)

Les caravanes d'un chirurgien d'ambulances, pendant le siège de Paris et sous la Commune, par le docteur Joulin. In-18 de 120 pages. (Dentu.)

Documents sur les événements de 1870-71, série de brochures, publiées par D. Jouaust.

Rapport sur les opérations du 2ᵉ corps de l'armée du Rhin, dans la campagne de 1870, par le général Frossard. In-8 avec cartes. (J. Dumaine.)

Opérations et marches du 5ᵉ corps jusqu'au 5 août, par le général de Failly. In-8. (J. Dumaine.)

Un ministre de la guerre de 24 jours, par le général Cousin-Montauban, comte de Palikao. In-8 de 196 pages, avec carte. (H. Plon.)

Campagnes des armées de l'empire en 1870. Études critiques, par Eugène Ténot. In-18 de 418 pages. (A. Le Chevalier.)

Sedan, par le général de Wimpfen. In-8, avec cartes. (Lacroix, Verboeckhoven et C⁰.)

La journée de Sedan, par le général Ducrot. In-8 de 160 pages, avec cartes. (Dentu.)

Sedan en 1870, la bataille et la capitulation, par un Sedanais. In-8 de 140 pages, avec carte.

Le champ de bataille de Sedan, par Jules Claretie. In-18. (A. Lemerre.)

La France envahie (Forbach et Sedan), par Jules Claretie. In-18. (G. Barba.)

De Fræschwiller à Paris. Notes prises sur les champs de bataille par Émile Delmas. In-18. (A. Lemerre.)

Les Prussiens en France, notes de voyage, par Alfred d'Aunay. In-18, de 350 pages. (Dentu.)

La retraite de Mézières, effectuée par le 13ᵉ corps d'armée, aux ordres du général Vinoy, par Ch. Yriarte. In-18, de 66 pages. (H. Plon.)

La guerre d'Alsace, Strasbourg, par A. Schneegans. In-15 de 426 pages. (Sandoz et Fischbascher.)

Le siège et le bombardement de Strasbourg, par Gustave Fischbasch, 5ᵉ édition, ornée de deux portraits, de huit vues, et du plan de la ville après le bombardement. In-18 de 324 pages. (Sandoz et Fischbacher.)

Le siège de Strasbourg, 1870, suivi de la description de la bibliothèque et de l'histoire de la cathédrale de Strasbourg, par Alfred Marchaud. In-18 de 294 pages. (Sandoz et Fischbascher.)

Strasbourg avant et pendant le siège, par Leblois. In-18 de 80 pages. (Sandoz et Fischbascher.)

Quarante jours de bombardement. Strasbourg, par un réfugié strasbourgeois. In-18, de 71 pages.

Journal d'un officier de l'armée du Rhin, par Ch. Fay. In-8. (J. Dumaine.)

L'agonie de l'armée du Rhin, par un officier d'artillerie du 3ᵉ corps. In-18 de 80 pages. (Dentu.)

Metz. Campagnes et négociations, par un officier de l'armée du Rhin. In-8 avec carte. (J. Dumaine.)

L'armée du Rhin, depuis le 12 août jusqu'au 29 octobre 1870, par le maréchal Bazaine. In-8 de 308 pages et 11 cartes. (H. Plon.)

Les derniers jours de Metz la pucelle. Appréciations de la presse messine sur les événements. Documents officiels, lettres particulières, etc., par Auguste Dalichoux. In-12 de 132 pages.

L'armée de Metz et la capitulation, par le général Deligny. In-18. (Lacroix, Verboeckhoven et C⁰.)

La défense de Metz et la lutte à outrance, par le capitaine Rossel. In-8 de 59 pages. (A. Le Chevalier.)

Siége de Paris.

L'Empire et la défense de Paris devant le jury de la Seine, par le général Trochu. In-8 de 580 pages. (J. Hetzel.)

Une page d'histoire contemporaine devant l'Assemblée nationale, par le général Trochu. In-8. (J. Dumaine.)

La marine au siège de Paris, par le vice-amiral baron de la Roncière Le Noury. In-8 de xx-608 pages et atlas. (H. Plon.)

Le siège de Paris, opérations du 13ᵉ corps d'armée, par le général Vinoy. In-8 de 536 pages et atlas. (H. Plon.)

Rapports militaires officiels du siège de Paris de 1870-71, suivis du dictionnaire historique de la carte des environs et fortifications de Paris, par M. le docteur E. Pierroti. In-8, avec carte. (J. Cherbuliez.)

Histoire de la défense de Paris en 1870-71, par le major H. de Sarrepont. In-8, de 500 pages avec carte. (J. Dumaine.)

Le gouvernement de la défense nationale (du 30 juin 1870 au 28 janvier 1871), par M. Jules Favre. 2 vol. in-8 de 468-530 pages. (H. Plon.)

Par ballon monté, lettres envoyées de Paris pendant le siège, par Louis Moland. In-18 de xiv-333 pages.

Le siège de Paris, journal d'un officier de marine, accompagné de pièces justificatives et de documents inédits. In-18 de 203 pages. (Delagrave.)

Paris assiégé, par Jules Claretie. In-18. (A. Lemerre.)

Tableaux de siège, par Théophile Gautier. In-18. (Charpentier.)

Chronique du siège de Paris, par Francis Wey. In-18. (Hachette.)

Le siège de Paris, par Francisque Sarcey. In-18, avec carte, (Lachaud.)

En ballon! pendant le siège de Paris, souvenirs d'un aéronaute, par Gaston Tissandier. In-18, de 318 pages. (Dentu.)

Mémorial du siège de Paris, par d'Arsac. In-8, 18 pages. (Curot.)

Le siège de Paris, par Michel. In-18. (Courcier.)

Paris pendant le siège, par Arnold Henryot. In-18 de 184 pages. (A. Le Chevalier.)

Histoire critique du siège de Paris, par un officier de marine ayant pris part au siège. In-18 de 360, pages avec carte. (Dentu.)

Journal du siège de Paris (1870-71), par un bourgeois de Paris. In-18 de 900 pages. (Dentu.)

A bâtons rompus. Tableau de Paris, depuis la déclaration de guerre jusqu'à la signature de la paix 1870-71, par H. de Lafosse. 3 volumes in-18, formant ensemble 1,200 pages. (Dentu.)

Journal du siège de Paris, par Georges d'Heylli. 1 fort vol. grand in-8, et livraisons commençant un second volume. (Maillet.)

Combats et batailles du siège de Paris, par Louis Jezierski. In-18 de 472 pages. (Garnier frères.)

Le mémorial des deux sièges de Paris, par Lorédan Larchey. In-folio illustré. (Moniteur.)

Paris pendant les deux sièges, par Louis Veuillot. 2 vol. (V. Palmé.)

Les femmes de France pendant la guerre et les deux sièges de Paris, par Paul et Henry de Trailles. In-8, illustré. (L'Eclipse.)

1870-71. Le gouvernement du 4 Septembre et la Commune de Paris, documents officiels pour servir à l'histoire des deux sièges, par E. Andréoli. In-18 de 370 pages. (Boquet.)

Histoire des journaux publiés à Paris, pendant le siège et sous la Commune, par Firmin Maillard. In-18 de 265 pages. (Dentu.)

Paris livré, par Gustave Flourens. In-18 (Lacroix, Verboeckhoven et C⁰.)

Le siège de Paris et la défense nationale, par Edgar Quinet. In-18. (Lacroix, Verbœckhoven et C⁰.)

Tablettes quotidiennes du siège de Paris, réimpression de la Lettre-Journal, par D. Jouaust. In-8. (Librairie des Bibliophiles.)

Lettres militaires du siège, par Colonna Ceccaldi. In-18 de 212 pages. (H. Plon.)

Les clubs rouges de Paris pendant le siège, par de Molinari. In-18 de vii-362 pages. (Garnier frères.)

La science pendant le siège de Paris, par Saint-Edme. In-18 de 230 pages, avec figures. (Dentu.)

Souvenirs d'un franc-tireur pendant le siège de Paris, par un volontaire suisse. In-18 de 335 pages.

Mobiles et volontaires de la Seine, pendant la guerre et les deux sièges, par Arthur de Grandeffe. In-18 de 320 pages. (Dentu.)

La guerre en province.

La guerre en province (septembre 1870-janvier 1871), par de Freycinet, avec cartes. In-8 et in-18. (Michel Lévy.)

La guerre nationale, par Jules Claretie. In-18. (A. Lemerre.)

Journal des Deux Mondes pendant le siège de Paris, récit historique des événements survenus en France et à l'étranger du 1er septembre 1870 au 3 mars 1871. In-8. (Lacroix, Verboeckhoven et Cⁱᵉ.)

Opérations des armées allemandes depuis la bataille de Sedan jusqu'à la fin de la guerre, par le major W. Blume; traduit de l'allemand par E. Costa de Serda. In-8, avec carte. (J. Dumaine.)

La guerre en province, recueil complet des dépêches officielles françaises, pour servir à l'histoire de la guerre de 1870-71, tant de Paris que de Tours et de Bordeaux. 3 vol. in-18. (Lacroix, Verboeckhoven et Cⁱᵉ.)

Défense de Châteaudun, dans la journée du 18 octobre 1870; incendies de Varize et de Civry, par L.-D. Coudray. In-18, avec carte, de 85 pages.

La première armée de la Loire, par le général d'Aurelle de Paladines. In-8 de 400 pages, avec cartes et *fac-simile*. (H. Plon.)

La deuxième armée de la Loire, par le général Chanzy. In-8 de 660 pages, avec atlas. (H. Plon.)

Mémoires sur l'armée de Chanzy, Journal du bataillon des mobiles de Mortain (Manche), 24 août 1870 au 20 mars 1871. In-18 de 400 pages. (Dentu.)

Deuxième armée de la Loire. Opérations de la division de l'armée de Bretagne, par le général Gougeard. In-8 de 108 pages. (Dentu.)

Orléans, par le général Martin des Pallières. In-8 de 450 pages, avec cartes et *fac-simile*. (H. Plon.)

La campagne des zouaves pontificaux en France, par M. Jacquemont. In-18 de 200 pages, avec cartes. (H. Plon.)

L'artillerie du 15ᵉ corps pendant la campagne de 1870-71, par le général de Blois. In-8. (J. Dumaine.)

Campagne de l'armée du Nord en 1870-71, par le général Faidherbe, avec carte. In-8 de 140 pages. (Dentu.)

Le général Cremer, ses opérations militaires en 1870-71, par son chef d'état-major, le colonel Poullet. In-8, avec cartes.

Garibaldi et l'armée des Vosges, récit officiel de la campagne de l'Est, par le général Bordone. In-8, avec cartes. (Lacroix, Verboeckhoven et Cᵉ.)

La Défense de Belfort, publiée sous le contrôle du colonel Denfert par les capitaines Thiers et de la Laurencie. In-8 de 484 pages, avec cartes. (A. Le Chevalier.)

Guerre de 1870-71. Impressions et souvenirs du siège de Belfort, par un volontaire de l'armée de Belfort. In-18 de 172 pages, avec cartes, notes et pièces justificatives. (Sandoz et Fischbacher.)

Trois mois de dictature en province, le gouvernement de la défense nationale à Tours, par Armand Rivière. In-18 de 185 pages. (Dentu.)

Le gouvernement de Bordeaux, par le comte de Montferrier. In-18 de 90 pages. (Beauvais.)

Journal d'un voyageur pendant la guerre, par George Sand. In-18. (Michel Lévy.)

Les télégrammes de M. L. Gambetta, publiés par Georges d'Heilly. In-18. (Beauvais.)

Lettres politiques contre l'annexion de l'Alsace et de la Lorraine, par Charles Vogt, traduites par Alfred Marchand. In-16 de 127 pages. (Sandoz et Fischbacher.)

Rome et la République française, par Jules Favre. In-8 de 432 pages. (H. Plon.)

La diplomatie du second empire et celle du 4 Septembre, par Eugène Poujade. In-18 de 242 pages. (Sandoz et Fischbacher.)

La Commune.

Enquête parlementaire sur l'insurrection du 18 Mars. 1 vol. in-4° de *Dépositions* et un autre de *Rapports* ont été publiés par la commission. M. Henri Ameline et M. Edmond Villetard ont publié chacun un abrégé de ce recueil de documents.

Les Prussiens à Paris et le 18 Mars, avec la série des dépêches officielles depuis le 24 février jusqu'au 19 mars, par Charles Yriarte. In-8 de 375 pages. (H. Plon.)

La résistance. Les maires de Paris et le Comité central du 18 au 26 mars, avec dépêches et documents inédits, par Frédéric Damé. In-18. (A. Lemerre.)

L'armistice et la Commune, opérations de l'armée de Paris et de l'armée de réserve, par le général Vinoy. In-8 de 415 pages, et atlas. (H. Plon.)

Rapport sur les opérations de l'armée de Versailles, par le maréchal Mac-Mahon. Brochure in-18. (J. Dumaine.)

Histoire de la Révolution du 18 mars, par Paul Corriez et P. Lanjalley. In-8. (Lacroix, Verboeckhoven et Cᵉ.)

Second siège de Paris. Le Comité central et la Commune, par Ludovic Hans. In-18. (A. Lemerre.)

La Commune de 1871, par L. Le Chevalier. In-18 de 206 pages. (A. Le Chevalier.)

Histoire de la Commune. Récits journaliers et documents inédits, par Auguste Lepage. In-18. (A. Lemerre.)

Histoire de la Commune, par Frédéric Lock. In-18. (Courcier.)

Paris sous la Commune, par Édouard Moriac. In-18 de 410 pages. (Dentu.)

Les 65 jours de la Commune, par Catulle Mendès. In-18. (Lachaud.)

Histoire politique, législative, financière, administrative et judiciaire de la Commune de Paris, par Henri Denis. In-8. (Lacroix, Verboeckhoven et Cᵉ.)

Paris sous la Commune, par Charles Virmaître. In-18 (Lacroix, Verboeckhoven et Cᵉ.)

Histoire authentique de la Commune de Paris en 1871, par le vicomte de Beaumont-Vassy. In-18 de 310 pages. (Garnier frères.)

Mémoires secrets du Comité central et de la Commune, par Jules Gastyne. In-18. (Lacroix, Verboeckhoven et Cᵉ.)

Paris insurgé. Grand in-8 à 2 colonnes, avec illustrations. (Bureau du *Voleur*.)

Histoire intime de la Révolution du 18 mars, par Philibert Audebrand. In-18 de 311 pages. (Dentu.)

Le carnaval rouge, histoire anecdotique des 65 jours de la Commune, par Edgar Rodrigues. In-18 de 300 pages. (Dentu.)

Paris brûlé par la Commune, par Louis Énault. In-18, illustré, de 316 pages. (H. Plon.)

Les hommes de la Commune, biographie complète de tous ses membres, par Jules Clère. In-18 de 212 pages. (Dentu.)

Le livre rouge de la Commune, liste alphabétique de tous ses fonctionnaires, publiée par Georges d'Heilly. In-18 de 175 pages. (Dentu.)

Histoire des conspirations sous la Commune, par A.-J. Dalsème. In-18 de 325 pages. (Dentu.)

Les hommes et les actes de l'insurrection de Paris devant la psychologie morbide. In-18 de 150 pages. (Germer-Baillière.)

L'Assemblée et la Commune, par Édouard Lockroy. In-8 de 48 pages. (A. Le Chevalier.)

Papiers posthumes de Rossel, publiés par J. Amigues. (Lachaud.)

Entrée de l'armée dans Paris. — Bataille des sept jours, par Louis Jezierski. In-18 de 64 pages, avec plan. (Garnier frères.)

Journal des journaux de la Commune, contrôlés par des extraits du *Journal officiel* de Versailles. 2 vol. in-18 de XXIII-1116 pages. (Dentu.)

Affiches, professions de foi, documents officiels, clubs et comités pendant la Commune, par Firmin Maillard. In-18 de 250 pages. (Dentu.)

Décrets et rapports officiels de la Commune de Paris et du gouvernement français à Versailles, du 18 mars au 31 mai 1871, avec notes, appendice et carte des environs et fortifications de Paris en 1871. In-18. (Sandoz et Fischbacher.)

Bulletin des lois de la Commune. In-18. (Lacroix, Verboeckhoven et Cᵉ.)

Journal officiel de la Commune, publié par Livet. In-18. (Beauvais.)

Le procès de la Commune, compte rendu des débats devant le conseil de guerre. In-8 à 2 colonnes. (Lacroix, Verboeckhoven et Cᵉ.)

Les conseils de guerre de Versailles, pour faire suite à *Paris sous la Commune*, par Édouard Moriac. In-18 de 230 pages. (Dentu.)

TABLE DES GRAVURES

Portraits.

	Pages.
Portrait de l'auteur.................... en regard du titre.	
M. Rouher...	5
M. Bancel...	9
MM. Maurice Richard, de Parrieu, Chevandier de Valdrôme et de Talhouët...................	17
M. Émile Ollivier.....................................	21
Victor Noir...	25
M. H. Rochefort (s) (1)...............................	37
Gustave Floureus (s).................................	41
Le prince Pierre Bonaparte (s).......................	53
M. Émile de Girardin (s).............................	57
Napoléon III (s)......................................	69
M. de Gramont.......................................	81
Le prince de Hohenzollern............................	85
Le général Prim......................................	89
M. de Bismarck (s)...................................	97
M. de Moltke...	105
Le maréchal Canrobert (s)............................	129
M. Clément Duvernois (s)............................	145
M. Cousin Montauban, comte de Palikao (s)..........	161
Le maréchal Bazaine..................................	173
Le maréchal Mac-Mahon (s)..........................	177
Le général Trochu (s)................................	181
Le général Uhrich (s)................................	193
Le prince Frédéric-Charles...........................	209
Le prince héritier de Prusse..........................	229
M. Jules Favre (s)...................................	241
M. Crémieux (s).....................................	257
M. Étienne Arago (s)................................	274
Garibaldi (s)...	289
M. Emmanuel Arago (s).............................	313
M. L. Gambetta (s)..................................	321
Le général de Cissey (s).............................	337
MM. Vautrain, Bonvalet, Desmarest et Dubail........	353
M. de Kératry (s)....................................	369
Le général d'Aurelle de Paladines (s)................	385
Le commandant Franchetti (s).......................	401
Le général Renault...................................	409
Le général Chanzy (s)...............................	417
Le général de Charette...............................	429
M. Jules Ferry.......................................	433
Le général Faidherbe (s).............................	449
Henri Regnault (s)...................................	465
Robert le Fort, duc de Chartres......................	481
Le général Cremer...................................	493
Le général Bourbaki (s)..............................	497
L'amiral La Roncière Le Noury......................	513
M. Dorian..	529
M. Küss..	545
M. Ledru-Rollin (s)..................................	561
M. Victor Hugo (s)..................................	577

(1) La lettre (s) placée à droite d'un nom indique que le fac-simile de la signature est placé au-dessous du portrait.

	Pages.
Le général Clément Thomas (s)......................	589
Le général Lecomte (s)..............................	593
MM. Tirard, Carnot, Arnaud (de l'Ariège) et Vacherot.	609
L'amiral Pothuau.....................................	625
Gustave Chaudey.....................................	641
Le général Vinoy (s).................................	657
M. Louis Blanc (s)...................................	689
Dombrowski, Félix Pyat, Cluseret, Delescluze, Assi, Paschal Grousset, Courbet, Jules Vallès.......	700-701
M. Grévy..	705
M. Léon Say...	717
M. Casimir Périer (s)................................	721
M. le duc d'Aumale..................................	737
M. de Rémusat (s)....................................	753
M. Dufaure...	769
M. Thiers (s)..	785

Scènes, combats, batailles, etc.

Élections de mai 1869. — La rue du Croissant le soir du 24 mai..	8
Élections de novembre 1869. — Le public attendant le résultat du scrutin............................	13
L'enterrement de Victor Noir. — Louis Noir haranguant la foule.................................	29
L'enterrement de Victor Noir. — Les sommations dans les Champs-Élysées............................	33
Arrestation d'Henri Rochefort. — La salle de la Marseillaise...	45
Arrestation de l'avocat Protot.........................	49
Le comité anti-plébiscitaire de la rue de la Sourdière.	61
Les émeutes de mai 1869. — Charge de cavalerie sur la place du Château-d'Eau......................	65
Les premières hostilités. — Les Badois replient le pont de bateaux de Kehl sur la rive allemande.........	109
Charge du 8e et du 9e cuirassiers à la bataille de Reischoffen...	117
Intérieur d'une tente de mobiles au camp de Châlons.	121
Les paysans lorrains fuyant devant l'ennemi après la bataille de Forbach............................	125
Le champ de bataille de Wœrth (Reischoffen).......	133
Paris pendant la guerre. — Arrestation d'un espion..	137
Paris pendant la guerre. — Attaque de la caserne des pompiers, à La Villette.........................	141
Paris pendant la guerre. — La foule attendant des dépêches au ministère de l'intérieur...............	149
Uhlans faisant des réquisitions dans un village de Lorraine...	153
Transport des blessés à Metz, après l'affaire de Longeville..	157
Paris pendant la guerre. — La garde nationale faisant l'exercice dans la cour du Carrousel............	165
Paris pendant la guerre. — Enrôlement d'un corps franc à l'Élysée..................................	169

TABLE DES GRAVURES.

Wagon-ambulance servant au transport des blessés sur la ligne de l'Est... 185
Paris pendant la guerre. — Colonne d'individus arrêtés et conduits hors de Paris... 197
Bombardement de Strasbourg. — La cathédrale et ses abords dans la nuit du 24 août... 201
Paris pendant la guerre. — Les habitants de la banlieue se réfugient dans Paris, selon l'ordre du gouvernement... 205
Paris pendant la guerre. — Les fortifications de Paris à la jonction du chemin de fer de l'Ouest... 217
La Meuse, au-dessous de Sedan, après la bataille... 221
Journée du 4 Septembre. — Les gardes nationaux et le peuple pénètrent dans le Corps législatif... 225
Journée du 4 Septembre. — Proclamation de la République sur la place de l'Hôtel-de-Ville... 237
Les spahis quittant Paris pour concourir à sa défense extérieure... 245
Paris pendant la guerre. — Manifestation devant la statue de Strasbourg... 249
Préparatifs de défense de Paris. — Incendie du pont d'Asnières... 253
Investissement de Paris. — Une patrouille prussienne, la nuit, dans la rue de l'Église, à Saint-Cloud... 265
Le siège de Paris. — Le corps du général Guilhem, tué dans le combat du 30 septembre, est remis par les Prussiens à la Société internationale... 277
Le siège de Paris. — Départ de M. Gambetta par l'aérostat l'Armand Barbès... 293
La guerre en province. — Résistance héroïque de la ville de Châteaudun... 297
Le siège de Paris. — Mort du comte de Dampierre au combat de Bagneux, le 13 octobre 1870... 300
Le siège de Paris. — Incendie du château de Saint-Cloud... 301
Le siège de Paris. — La vente des dernières volailles... 305
Le siège de Paris. — Entrée dans Paris des légumes récoltés dans la banlieue... 309
Le siège de Paris. — Un poste de garde nationale à l'une des portes de l'enceinte fortifiée... 317
Le siège de Paris. — Ambulance établie dans le foyer du Théâtre-Français... 325
Le siège de Paris. — Journée du 31 octobre. — Envahissement de la salle du Conseil par les partisans de la Commune... 333
Sentinelle prussienne aux avant-postes... 345
Parlementaires au pont de Sèvres, pendant les négociations relatives à l'armistice... 349
Le siège de Paris. — Cantines municipales... 357
Entrevue de MM. Thiers et Jules Favre, décidant la rupture des négociations relatives à l'armistice... 361
M. Gambetta à Tours... 377
La guerre en province. — L'armée de la Loire délivrant Orléans... 381
Le siège de Paris. — Atelier de fabrication des ballons-poste à la gare d'Orléans... 389
Abattage de l'un des éléphants du jardin d'acclimatation... 396
Le siège de Paris. — Une boucherie spéciale au marché Saint-Germain... 397
Le siège de Paris. — Prise de Brie-sur-Marne... 405
Le siège de Paris. — Dernières positions occupées par l'armée du général Ducrot sur le plateau de Villers-sur-Marne, le 2 décembre 1870... 413
Le siège de Paris. — Combat du Bourget, le 22 décembre 1870... 437
Versailles pendant la guerre. — Proclamation de l'empire d'Allemagne dans la galerie des glaces... 441

Le siège de Paris. — Grossissement et transcription des dépêches télégraphiques arrivées par pigeon... 445
Pigeons voyageurs... 460
La guerre en province. — Quartier général du général Faidherbe à Boisleux... 461
Le siège de Paris. — Batterie prussienne bombardant Paris... 469
Le siège de Paris. — Les bataillons de marche de la garde nationale s'emparant des hauteurs de Buzenval... 477
La guerre en province. — Bombardement de Tours... 489
Le siège de Paris. — Nuit du 21 janvier. — Gustave Flourens sort de la prison de Mazas... 517
La guerre en province. — Accueil fait en Suisse aux soldats de l'armée de Bourbaki... 521
Visa des laissez-passer au pont de Sèvres, pendant l'armistice... 537
L'Assemblée à Bordeaux. — Garibaldi sort de l'Assemblée après la séance d'ouverture... 553
L'Assemblée à Bordeaux. — M. Thiers à la tribune... 557
Paris après le siège. — Purification de la place de l'Étoile, après le départ du corps d'armée d'occupation prussien... 565
Le dernier Prussien quittant Paris, après le vote de la paix par l'Assemblée... 569
Paris pendant la Commune. — Construction d'une barricade dans la journée du 18 mars... 581
Paris après le siège. — Les marins traversant Paris le jour de leur départ... 585
Paris pendant la Commune. — Poste de gardes nationaux fédérés aux fortifications... 601
Paris pendant la Commune. — Le drapeau rouge sur le Panthéon... 613
Pendant la Commune. — Le bac de Conflans, reliant la rive droite de la Seine à Versailles... 617
Paris pendant la Commune. — Les canonnières de la Commune... 621
Paris pendant la Commune. — Habitants de Neuilly entrant dans Paris par la porte des Ternes... 633
Paris pendant la Commune. — Évasion nocturne de jeunes gens fuyant les levées de la Commune... 637
Paris pendant la Commune. — Club établi dans l'église Saint-Eustache... 649
Versailles pendant la Commune. — La rue des Réservoirs, lieu des réunions des membres de l'Assemblée et du corps diplomatique... 653
La fin de la Commune. — Prise de la barricade de la Chaussée-d'Antin par deux compagnies du 55e de ligne, le 23 mai... 677
La fin de la Commune. — La prise de la barricade de la rue du Four-Saint-Germain... 681
La fin de la Commune. — Incendie des Tuileries... 685
La fin de la Commune. — Assassinat des otages détenus à la prison de La Roquette... 693
Les prisonniers à Versailles. — L'interrogatoire... 733
L'Alsace sous la domination prussienne. — Razzia quotidienne à Strasbourg... 741
Les prisonniers à Versailles. — L'appel... 749
Les conseils de guerre à Versailles. — Entrée du 3e conseil de guerre... 757

Vues, Monuments, Ruines, etc.

Saint-Avold... 112
Le château de Wilhelmshöhe... 233
Vue de Toul... 269
Ruines de la bibliothèque de Strasbourg après le bombardement... 281
Un défilé dans les Vosges... 329

TABLE DES GRAVURES.

	Pages.
Tours, siége de la délégation du gouvernement de la défense nationale	340
Aspect du bois de Boulogne pendant le siége de Paris	365
Un coin du champ de bataille d'Artenay	421
Thionville après le bombardement	425
Vue de Rouen	457
Le bombardement de Paris. — Une chambre à Vaugirard	473
Les casernes du fort d'Issy après le bombardement	505
Batterie prussienne à Châtillon	509
Vue de Belfort	541
Le Grand-Théâtre de Bordeaux, siége des séances de l'Assemblée nationale	549
Le parc d'artillerie de Montmartre	573
Ruines de Saint-Cloud	601
La maison de M. Thiers avant sa destruction	605
Hôtel de la préfecture à Versailles	629
Les barricades de la place de la Concorde	645
La colonne Vendôme renversée	665
Paris brûlé. — La rue de Lille et la rue du Bac	697
Paris brûlé. — Le palais de Justice	713
Après la Commune. — Le viaduc du Point-du-Jour	725
Le Palais-Royal après l'incendie. — Le grand vestibule du premier étage	729
Le fort de l'île Madame. — Promenade des prisonniers	745
Après la guerre. — Le pont d'Argenteuil	761
Paris brûlé. — La salle de bal des Tuileries	765
Le fort de l'île d'Enet. — Prisonniers regardant la mer	773
Strasbourg après la guerre. — Ruines de la porte Nationale	777
Paris brûlé. — L'escalier d'honneur de la cour des comptes	781

Cartes et Plans.

	Pages.
La haute-cour de justice de Blois. — Plan de la salle des États	93
Carte de l'Est de la France et des bords du Rhin	100-101
Plan de la bataille de Wœrth (Reischoffen)	128
Plan de la bataille de Forbach	132
Plan des environs de Metz	188-189
Plan de la bataille de Sedan	213
Carte des environs de Paris	260-261
Plan de la ville et des fortifications de Strasbourg	284-285
Carte pour servir à l'intelligence des opérations des armées de la Loire	372-373
Carte pour servir à l'intelligence des opérations de l'armée du Nord	452-453
Plan de la bataille du Mans	485
Carte pour servir à l'intelligence des opérations des armées de l'Est	500-501
Carte des positions occupées, dans l'ouest, par les armées française et allemande à la signature de l'armistice	525
Carte des départements envahis par les armées allemandes ou cédés par le traité de paix	660-661
Plan de Paris, avec l'indication des monuments incendiés et des quartiers endommagés	

Autographes et Fac-simile.

	Pages.
Autographe de Barbès	73
Fac-simile d'une carte de boucherie et d'une carte de boulangerie	393
Fac-simile de caricatures publiées pendant le siége de Paris	533
Fac-simile de la lettre écrite par le colonel Denfert, commandant la place de Belfort, au général de Trescow, qui le sommait de rendre la place	536

TABLE DES MATIÈRES

PRÉFACE... 1

LIVRE PREMIER

CHAPITRE I

Les dernières années de l'empire. — Le gouvernement de Napoléon depuis les élections de 1863. — Réveil de l'esprit public. — Mort de MM. de Morny, Billault, Walewski. — L'expédition du Mexique. — Sadowa. — L'Exposition universelle. — Les morts de décembre. — L'affaire Baudin et M. Gambetta. — Les élections de 1869. — Bancel et M. Émile Ollivier. — M. Jules Favre et Henri Rochefort. — Les hésitations impériales. — M. Rouher, ministre d'État. — Velléités libérales. — Prorogation du Corps législatif. — Entrée de M. Ollivier aux affaires. — La lettre de l'empereur. — L'empire libéral. — Troppmann........................... 3
DOCUMENTS COMPLÉMENTAIRES : 1. Lettres de Prévost-Paradol sur le procès Baudin. — 2. Profession de foi de M. L. Gambetta aux électeurs des Bouches-du-Rhône. 14

CHAPITRE II

Le ministère du 2 janvier. — Souvenirs rétrospectifs. — M. Daru. — M. de Parieu. — Mouvement vers l'empire. — Prévost-Paradol. — M. Émile Ollivier : Le passé : La mort d'Aristide Ollivier. — Pensées de jeunesse du ministre. — Sa correspondance. — Premier discours. — L'inattendu : Mort de Victor Noir.................. 16
DOCUMENTS COMPLÉMENTAIRES : 1. Lettres de MM. Piétri et Duvernois sur la formation du cabinet du 2 janvier. — 2. Déclarations du ministère du 2 janvier à la séance du Corps législatif du 10 janvier 1870. — 3. Profession de foi du prince Pierre Bonaparte aux électeurs de Corse, en 1848. — 4. Article du prince Pierre Bonaparte dans l'Avenir de la Corse. — 5. Réponse de la Revanche au prince Pierre Bonaparte............................ 25

CHAPITRE III

La Marseillaise du 11 janvier. — Préparatifs de défense. — Les journaux et la rue. — Le Corps législatif. — La séance. — M. Émile Ollivier et M. Rochefort. — Ce qu'était Victor Noir. — Les funérailles. — M. Briosne et M. Rochefort. — Delescluze. — Flourens. — Marche vers le cimetière. — Le retour. — Les sergents de ville à la porte Maillot. — Démission de Flourens. — Attitude de Rochefort au lendemain de l'affaire Noir. — La demande de mise en accusation. — Le vote........ 28
DOCUMENTS COMPLÉMENTAIRES : 1. Vermorel et H. Rochefort. — 2. M. Gambetta et M. Émile Ollivier à la séance du 13 janvier 1870 du Corps législatif........ 37

CHAPITRE IV

Le parti d'action. — Gustave Flourens. — Ses premières années. — Le professeur et le soldat. — Condamnation de M. Rochefort. — Son arrestation. — Maladresse et provocation de M. Émile Ollivier. — Flourens le 7 février. — Les nuits des 7, 8 et 9 février. — Protestation de la Marseillaise et arrestation de ses rédacteurs. — L'émeute. — Le procès de Pierre Bonaparte. — M. Grousset. — M. Millière. — L'incident Fonvielle et la candidature du Rhône... 40
DOCUMENT COMPLÉMENTAIRE : Jugement rendu par la haute-cour de Tours pour le prince Pierre Bonaparte....... 48

CHAPITRE V

La grève du Creuzot. — Assi et M. Schneider. — Projets de plébiscite. — Le complot. — Flourens et Beaury. — Arrestation de Mégy. — Arrestation de Protot, son avocat.. 51
DOCUMENTS COMPLÉMENTAIRES : 1. Rapport de M. Émile Ollivier, à l'empereur, sur le complot. — 2. Décret de convocation de la haute-cour de justice de Blois. — 3. Gustave Flourens à Belleville.................. 60

CHAPITRE VI

Le plébiscite. — Son véritable sens. — Les sénatus-consultes impériaux. — Divers comités plébiscitaires et anti-plébiscitaires. — M. de Girardin. — Le manifeste de la gauche. — Discussions de la rue de la Sourdière. — Schisme de M. Picard. — La Marseillaise et l'abstention. — Les paysans et les soldats. — Attitude des libéraux et radicaux. — M. Laboulaye. — Brochure d'actualité. — Les dons de M. Cernuschi. — Son expulsion. — Le vote. — Résultats. — Les émeutes de Mai. — Napoléon à la caserne du Prince-Eugène. — La dernière fête de l'empire et le dernier discours de l'empereur........ 63
DOCUMENTS COMPLÉMENTAIRES : 1. Circulaire plébiscitaire de M. Émile Ollivier à ses électeurs du Var. — 2. Manifeste anti-plébiscitaire du comité de la gauche et de la presse démocratique. — 3. Manifeste anti-plébiscitaire des sections parisiennes fédérées, de l'Internationale et de la chambre fédérale des sociétés ouvrières. — 4. Résultat du plébiscite (vote par départements)......... 75

CHAPITRE VII

Le lendemain du plébiscite. — Le parti démocratique. — Besoin de discipline. — L'empire et l'armée. — Discours de Gambetta à Belleville. — Mort d'Armand Barbès. — Sa vie. — Sa mort. — Ses funérailles. — Le procès de l'Internationale. — Fondation de l'Association. — Son développement. — Changements successifs. — Congrès de Genève, de Bruxelles et de Bâle. — Le procès de juin 1870. — Le manifeste. — La guerre................... 79
DOCUMENTS COMPLÉMENTAIRES : 1. Discours de M. Gam-

betta à Belleville. — 2. Nombre de votants aux plébiscites de 1852 et de 1870. — 3. Extrait de la défense générale de l'*Internationale* présentée par Chalain. — 4. Journaux de l'Association internationale des travailleurs, en 1870............ 91

CHAPITRE VIII

M. de Gramont ministre. — La lettre des princes d'Orléans au Corps législatif. — La révolution en Espagne. — Rétablissement de la royauté. — Prim. — La candidature Hohenzollern. — Rivalité de la Prusse et de la France. — L'Allemagne. — État des esprits en Prusse. — La déclaration de M. de Gramont. — M. Émile Ollivier. — Luttes diplomatiques. — M. Benedetti. — Déclaration de guerre. — Le Sénat, le Corps législatif et les boulevards. — Le traité secret relatif à la Belgique. — Déclaration officielle de la guerre............ 93

DOCUMENTS COMPLÉMENTAIRES : 1. Discours de M. Thiers sur la folie d'une guerre contre la Prusse. — 2. Projet de traité secret relatif à la Belgique. — 3. M. Benedetti et le roi de Prusse............ 111

CHAPITRE IX

État des esprits au moment de la déclaration de guerre. — L'*Internationale* et les ouvriers allemands. — Procès de Blois, dit *du Complot*. — Départ et proclamations de Napoléon. — Désordre dans l'administration militaire. — La France grisée. — Un crime politique. — Généraux des deux armées. — Affaire de Sarrebruck. — Combat de Wissembourg. — Bataille de Frœschwiller (Reischoffen). — Bataille de Forbach. — Le soir du 6 août 1870. 116

DOCUMENTS COMPLÉMENTAIRES : 1. Composition des armées françaises et allemandes. — 2. Dépêches relatives à la guerre (extraites des papiers des Tuileries). — 3. Rapports officiels sur les batailles de Wissembourg et de Wœrth. — 4. Dépêche de l'empereur à l'impératrice sur la bataille de Forbach............ 137

CHAPITRE X

État de Paris pendant les batailles de Frœschwiller et de Forbach. — Une fausse victoire. — Proclamation des ministres. — Arrivée des nouvelles de nos défaites. — Exaspération publique. — Proclamation de l'impératrice. — La Chambre. — La séance du 9 août. — M. Jules Favre et M. Granier de Cassagnac. — Chute du ministère Ollivier. — Ministère Palikao. — M. Jérôme David, M. Clément Duvernois et M. Grandperret. — Affaire de la Villette, dite *des Pompiers*. — Lettre de Michelet. — L'espion Hart. — Armement des gardes nationales. — Le 15 août. — Dépêche de Longeville. 142

DOCUMENTS COMPLÉMENTAIRES : 1. État des sommes reçues par le *Peuple Français*. — 2. L'affaire de la Villette racontée par Blanqui............ 160

CHAPITRE XI

Situation du pays après les premières défaites. — Le dépourvu est partout. — Retraite de Frossard sur Metz et de Mac-Mahon sur Châlons. — État de l'armée vaincue. — Napoléon quitte Metz et se rend au camp de Châlons. — Fautes stratégiques. — Les *mobiles* à Châlons. — Aspect du camp. — M. Rouher et le prince Napoléon. — Le roi de Prusse en France. — Ses deux proclamations. — Caractère du roi. — Souvenirs de 1806. — Paris. — Le Corps législatif. — Déclaration de M. de Palikao. — Les nouvelles de Metz. — Nomination du général Trochu au gouvernement de Paris. — Son passé. — Ses proclamations. — Aspect de Paris. — Mac-Mahon et l'empire. — Dépêches venues de Paris. — L'armée de Paris. — L'armée quitte Châlons............ 162

DOCUMENTS COMPLÉMENTAIRES : 1. Décret de nomination du général Trochu au poste de gouverneur de Paris. — 2. Lettres et proclamations du général Trochu............ 178

CHAPITRE XII

Retraite de l'armée sous Metz. — Hésitations de l'empereur. — Il compromet l'armée. — Ce qu'il fallait faire dicté par la *Gazette de Cologne*. — État moral des officiers et de l'armée. — Changarnier à Metz. — Nomination de Bazaine. — Son passé. — Départ de Napoléon. — Bataille de Borny. — Bataille de Rézonville. — Bataille de Gravelotte. — Situation des armées françaises à la fin d'août 1870. 180

DOCUMENTS COMPLÉMENTAIRES : 1. Dépêches prussiennes concernant les batailles des 16 et du 18 août. — 2. Ordre du jour de Bazaine après la bataille de Gravelotte. — 3. Les opérations du 14 au 18 août, racontées par le maréchal Bazaine............ 194

CHAPITRE XIII

L'invasion. — 1814 et 1870. — La nation désarmée. — La science allemande. — L'armée de Châlons en marche perd du temps chaque jour. — Rôle de l'empereur. — Surprise de Beaumont. — Fautes de M. de Failly. — Désordre de l'armée. — Le général de Wimpffen prend le commandement du 5e corps. — L'empereur dans la journée du 30 août. — Ses dépêches. — La journée du 31 août. — L'armée peut battre en retraite sur Mézières. — Le 1er septembre, il est trop tard. — Journée du 1er septembre ou bataille de Sedan. — L'infanterie de marine à Bazeille. — L'empereur capitule. — Colère du général de Wimpffen. — Il se décide à traiter. — La capitulation. — Rapport de M. de Bismarck. — L'empereur prisonnier. — Le roi Guillaume. — Le champ de bataille. — Bazeille incendiée. — Napoléon en Allemagne. — La prison de Wilhelmshœhe............ 198

DOCUMENTS COMPLÉMENTAIRES : Le crime de Bazeille. — 1. Lettre du général von der Tann. — 2. Réponse de M. l'abbé Domenech. — 3. Réponse d'un Ardennais. 223

CHAPITRE XIV

Paris pendant les batailles de Mouzon et de Sedan. — Les dépêches apocryphes. — Journée du 3 septembre. — Séance de la Chambre. — La soirée. — Proclamation des ministres. — Le 4 septembre. — La Chambre et la rue. — L'Hôtel de ville. — La République est proclamée. — La journée de l'espoir............ 226

DOCUMENTS COMPLÉMENTAIRES : 1. Séance de jour du Corps législatif du 3 septembre. — 2. Séance du Sénat du 3 septembre. — 3. Procès-verbal d'une réunion de députés, tenue le 4 septembre à l'hôtel de la Présidence. — 4. La journée du 4 septembre racontée par le général Trochu. 235

LIVRE SECOND

CHAPITRE I

Nouvelle phase de notre histoire. — Notre méthode : les événements amèneront les jugements. — La République à l'Hôtel de ville. — Proclamation du gouvernement. — Les ministres. — Opinion de Paris. — Proclamation à l'armée et à la garde nationale. — M. de Kératry à la préfecture de police. — M. Étienne Arago à la mairie de Paris. — Les maires provisoires. — La République en province. — État des esprits. — Besoin d'union, volonté de lutte. — La circulaire de M. Jules Favre. — Rentrée des proscrits. — La commission des papiers des Tuileries. — Les mobiles de province. — La statue de Strasbourg. — La revue du 14 septembre. — Départ de la délégation de Tours. — Marche des Prussiens. — Paris est investi............ 243

DOCUMENTS COMPLÉMENTAIRES : 1. Circulaire adressée aux agents diplomatiques de France, par le ministre des affaires étrangères du gouvernement de la défense nationale. — 2. Ordre du jour du général Trochu aux troupes de l'armée de Paris. — 3. Appel des socialistes français au peuple allemand, à la démocratie allemande socialiste..... 256

CHAPITRE II
Siége de Paris (du 4 septembre au 2 octobre).

Retraite de Vinoy. — L'investissement de Paris. — Précautions prises par Napoléon 1ᵉʳ devant Paris en 1815. — L'affaire de Châtillon (19 septembre). — Proclamation de M. Gambetta. — L'anniversaire de la République. — Escarmouches autour de Paris. — M. Jules Favre à Ferrières. — M. J. Favre et M. de Bismarck. — Les prétentions et la haine de l'Allemagne. — Rapport de M. J. Favre. — Reprise de Villejuif et des Hautes-Bruyères. — Le combat de Chevilly. — État de Paris. — Les journaux. — La chasse aux espions. — Le dimanche 20 octobre : Toul et Strasbourg ont capitulé............................. 262

DOCUMENT COMPLÉMENTAIRE : Rapport de M. Jules Favre à MM. les membres du gouvernement de la défense sur son entrevue avec M. de Bismarck à Ferrières........ 272

CHAPITRE III
Strasbourg et Toul.

L'Alsace. — Les prétentions allemandes. — Blocus de Strasbourg. — Le général Uhrich. — M. de Beyer et M. de Werder. — Bombardement de la ville. — Le préfet de l'empire M. Pron. — Les délégués de Berne apportent des nouvelles. — La République. — M. Küss et M. Valentin. — La capitulation. — Coup d'œil sur la ville assiégée. — Résistance héroïque de Toul. — La garde mobile de Nancy. — Toul bombardée capitule........ 279

DOCUMENTS COMPLÉMENTAIRES : 1. Proclamation du général Uhrich et du maire de Strasbourg avant la capitulation. — 2. La garde mobile de Nancy à Toul...... 287

CHAPITRE IV
Siége de Paris (du 1ᵉʳ au 25 octobre).

L'esprit public à Paris. — Premières privations. — Les subsistances. — Première opposition au gouvernement. — Les élections municipales. — Flourens à Belleville. — Manifestation du 5 octobre. — Départ de Gambetta. — Manifestation du 8 octobre. — M. Jules Favre. — Démission et départ de M. Kératry. — La trouée possible. — Un mot de M. de Moltke. — Combat de Bagneux. — Mort de M. de Dampierre. — Sortie du 21 octobre (la Malmaison). — On pouvait vaincre. — Documents prussiens. — État de Paris — Nouvelle de la résistance de Châteaudun........ 291

DOCUMENTS COMPLÉMENTAIRES : 1. Proclamation de M. Gambetta aux citoyens des départements, en arrivant à Tours. — 2. Le plan du général Trochu................ 304

CHAPITRE V
La guerre en province.

Formation rudimentaire de l'armée de la Loire. — Le général de La Motterouge. — Combat d'Orléans (11 octobre). — Retraite de notre armée. — Les Prussiens à Dreux et à Ablis. — La guerre à l'allemande. — Résistance héroïque de Châteaudun (18 octobre). — Coup d'œil sur la province............................. 308

DOCUMENTS COMPLÉMENTAIRES : 1. Rapport du lieutenant-colonel de Jouffroy au général de La Motterouge sur le combat d'Orléans du 11 octobre. — 2. Les Prussiens à Dreux (lettre d'un pasteur protestant). — 3. Décret de la délégation de Tours relatif à la défense de Châteaudun. 316

CHAPITRE VI
Siége de Paris (du 21 au 31 octobre).

Opérations militaires. — État de Paris. — Le Bourget. — Journées des 28, 29 et 30 octobre. — Glorieux combat des Français. — Mort du commandant Baroche. — Les témoignages de l'ennemi. — Le général de Bellemare. — M. Félix Pyat et M. Flourens annoncent la trahison de Bazaine. — La Commune. — Annonce de la capitulation de Metz et des propositions d'armistice. — Le 31 octobre. — L'Hôtel de ville envahi. — Attitude du gouvernement. — Relations de Delescluze et de Flourens. — Le gouvernement est délivré............................. 320

DOCUMENTS COMPLÉMENTAIRES : 1. Rapport du général Bellemare sur les affaires du Bourget. — 2. Affiche de la mairie de Paris relatives aux élections municipales........ 339

CHAPITRE VII

Le siège de Metz. — Le blocus commence dès le 19 août. — Dépêche de Mac-Mahon du 22 août. — Bazaine, qui la reçoit, demeure inactif. — Journée perdue le 26 août. — Attaque de Servigny et de Noisseville (31 août). — Retraite inexpliquée du 1ᵉʳ septembre. — Inaction continue du maréchal. — Négociations. — La mission de M. Régnier. — Le général Boyer part pour Versailles, puis pour l'Angleterre. — Affaire de Ladonchamps. — L'armée affamée. — Son désespoir. — La capitulation........ 342

DOCUMENTS COMPLÉMENTAIRES : 1. Protocole de la capitulation de Metz. — 2. Ordre général à l'armée du maréchal Bazaine annonçant la capitulation de Metz......... 354

CHAPITRE VIII
Siége de Paris (du 1ᵉʳ au 14 novembre).

Le lendemain du 31 octobre. — La date des élections est reculée. — Le plébiscite parisien. — La Commune, les élections municipales. — Les arrestations. — L'armistice. — M. Thiers à travers l'Europe, à Tours et à Versailles. — Rejet de l'armistice. — Paris s'organise militairement. — Nomination du général Clément Thomas au commandement supérieur des gardes nationales. — Proclamation mélancolique du général Trochu. — Nouvelle de la victoire de Coulmiers............................. 356

TABLE DES MATIÈRES.

DOCUMENT COMPLÉMENTAIRE: Rapport adressé par M. Thiers, après la rupture des négociations relatives à l'armistice, aux ambassadeurs des quatre grandes puissances... 368

CHAPITRE IX
La victoire de Coulmiers.

État de la province avant l'arrivée de Gambetta. — Arrivée de Gambetta à Tours. — Son influence sur la réorganisation militaire.—Fabrication des armes et des munitions. — Garibaldi en France. — Proclamation de Gambetta après la capitulation de Metz. — La levée en masse et la mobilisation. — Formation de l'armée de la Loire. — Le général d'Aurelle de Paladines. — Premiers engagements sous Orléans. — La bataille de Coulmiers. — Les Prussiens évacuent Orléans. — La France relevée. — Inaction après Coulmiers.................... 375

DOCUMENT COMPLÉMENTAIRE : Rapport officiel prussien sur la bataille de Coulmiers.................... 384

CHAPITRE X
Situation de la province après la victoire de Coulmiers.

Capitulation et résistance. — Lichtemberg. — Marsal. — Vitry-le-François. — L'explosion de la citadelle de Laon. — Mort du général Thérémin. — Parmain et l'Isle-Adam. — Résistance de Parmain. — La résistance de Saint-Quentin. — Le 8 octobre. — M. Anatole de la Forge. — Soissons. — Siège et capitulation. — Capitulation de Schelestadt et de Neuf-Brisach. — Siège de Verdun. — Le général Guérin de Waldersbach................ 386

DOCUMENTS COMPLÉMENTAIRES : 1. Pièces relatives à la défense de Saint-Quentin. — 2. Le siège de Verdun raconté par un témoin. — 3. Circulaire de M. de Chaudordy aux agents diplomatiques de la France................... 395

CHAPITRE XI
Siége de Paris (du 10 novembre au 10 décembre).

Paris après la victoire de Coulmiers. — Le sergent Hoff. — Les queues à la porte des boulangeries et des boucheries. — Admirable attitude des femmes parisiennes. — Fabrication des canons et des munitions. — Les pigeons voyageurs apportent à Paris des dépêches privées.—Les ballons et les aéronautes. — M. Jules Ferry remplace M. Étienne Arago à la mairie centrale. — Cherté croissante des vivres. — Les fausses nouvelles. — Les clubs. — Le 72e bataillon de la garde nationale à Bondy. — Position des troupes allemandes autour de Paris. — Proclamations du 28 novembre annonçant qu'une action décisive va être engagée. — Préliminaires de la sortie : Reconnaissance et diversions. — Les marins et la garde nationale enlèvent la Gare-aux-Bœufs de Choisy-le-Roi (29 nov.).—Retard dans le passage de la Marne. — Bataille de Champigny (30 de Villiers) : Première journée (30 nov.).—Combat d'Épinay. — Les hostilités sont suspendues pendant la journée du 1er décembre. — 2 décembre : Retour offensif de l'ennemi. Deuxième journée de bataille. — Les troupes repassent la Marne (3 déc.). — Communication de M. de Moltke au général Trochu, relative à la reprise d'Orléans par les Allemands. — Réponse du général Trochu. — Proclamation du gouvernement................... 401

DOCUMENTS COMPLÉMENTAIRES : 1. Rapport militaire français sur l'affaire de Villiers. — 2. Extrait du discours du général Trochu du 14 juin 1871. — 3. La bataille de Villiers racontée par un Allemand................... 416

CHAPITRE XII
L'armée de la Loire (du 10 novembre au 13 décembre).

L'armée de la Loire après Coulmiers. — Inaction. — Les Prussiens se concentrent. — Premiers engagements. — Bataille de Beaune-la-Rollande (28 novembre). — Nouvelles de l'armée de Paris. — L'armée de la Loire prend l'offensive. — Combat de Villepion (1er décembre). — Confiance de l'armée. — Bataille de Loigny (2 décembre). — Les Bavarois à Goury. — Combat de Poupry. — L'armée bat en retraite. — Bataille d'Artenay (3 décembre). — Les Allemands reprennent Orléans. — L'armée de la Loire forme deux armées. — Chanzy, commandant de la 2e armée, opère sa retraite sur le Loir. — Combat de Josnes. — Retraite sur Vendôme................... 420

DOCUMENTS COMPLÉMENTAIRES : 1. La bataille d'Artenay racontée par un Allemand. — 3. Dépêche de M. Gambetta aux préfets sur la reprise d'Orléans par les Prussiens. 431

CHAPITRE XIII
La France au 31 décembre 1870.

Le siège de Thionville. — Le siège de Phalsbourg. — L'armée de Garibaldi. — Combat de Châtillon-sur-Seine. — Combats sous Dijon. — Le général Cremer. — Combat de Château-Neuf (Côte-d'Or). — Bataille de Nuits. — La légion des mobilisés du Rhône. — Lyon après la bataille de Nuits : assassinat du commandant Arnaud. — Activité de Gambetta. — Le siège de Paris : période d'inaction. — Les vivres diminuent. — Panique dans la population. — Déclarations rassurantes du gouvernement. — Reconstitution des armées de Paris. — Seconde affaire du Bourget (21 décembre). — Héroïsme des marins. — L'intensité du froid arrête les opérations. —Surprise de la Ville-Évrard : mort du général Blaise. — Le général Clément Thomas et les gardes nationaux indisciplinés. — Bombardement des forts de l'est et du plateau d'Avron. — L'artillerie de la garde nationale. — Évacuation du plateau d'Avron. Les derniers jours de l'année. — Le premier janvier à Bordeaux. — Discours de Gambetta. 436

DOCUMENTS COMPLÉMENTAIRES : 1. Flourens jugé par Delescluze. — 2. Statistique des décès pendant le siège de Paris................... 449

CHAPITRE XIV
L'armée du Nord jusqu'au 10 janvier 1871.

Les forteresses du nord après la capitulation de Metz. — Reddition de la Fère. — Bourbaki, général en chef de l'armée en formation dans le nord. — Les hésitations. — Il est remplacé par le général Faidherbe. — Premiers engagements. — Combat de Villers-Brétonneux. — Prise d'Amiens par les Prussiens. — Le général Faidherbe, son passé. — Composition de l'armée du Nord. — Reprise de Ham par l'armée du Nord. — Bataille de Pont-Noyelles. — Bataille de Bapaume. — Bombardement et reddition de Péronne. — Bombardement et capitulation de Mézières. — Capitulation de Rocroi.................... 451

DOCUMENTS COMPLÉMENTAIRES : 1. Délibération du conseil municipal de Montmédy sur la capitulation de cette ville. — 2. Rapport officiel du général Faidherbe sur le combat de Pont-Noyelles. — 3. Réponse du général Faidherbe aux assertions du général von Gœben sur la bataille de Bapaume................... 463

CHAPITRE XV
Siége de Paris (du 1er au 19 janvier 1871).

Bombardement des forts. — Les obus tombent dans la ville. — Proclamation du gouvernement. — Proposition de Delescluze. — Les délégués des vingt arrondissements de Paris. — *L'affiche rouge.* — Réponse du gouverneur de Paris. — Démission de Delescluze et de ses adjoints. — Physionomie de Paris pendant le bombardement. — Bombardement des hôpitaux et des musées. — M. Jules Favre et la conférence de Londres. — La dernière sortie. — Préparatifs militaires. — Proclamation du gouvernement. — Bataille de Buzenval (19 janvier). — Dépêches officielles. — Admirable attitude de la garde nationale. — Les morts de Buzenval : Henri Regnault, Gustave Lambert, etc.................. 467

Document complémentaire : Les héros du siège de Paris (noms cités à l'ordre du jour de l'armée de Paris)... 485

CHAPITRE XVI
Les revers en province.

L'armée de la Loire après sa retraite sur Vendôme et sur le Mans. — Les princes d'Orléans à l'armée. — Combats sur le Loir et sur l'Huisne. — La bataille du Mans. — Retraite sur Alençon et sur Laval. — Combat d'Alençon. — L'armée du Nord après Bapaume. — Bataille de Saint-Quentin. — L'armée du Nord bat en retraite et se concentre sous les places fortes. — Les Prussiens en Normandie. — Rouen. — Capitulation de Longwy..... 490

Documents complémentaires : 1. Proclamation du général Chanzy au moment de l'armistice. — 2. Rapport officiel du général Faidherbe sur la bataille de Saint-Quentin.................. 498

CHAPITRE XVII
L'armée des Vosges et l'armée de l'est.

Premiers combats dans les Vosges. — Le général Cambriels. — Combat sur l'Oignon. — Garibaldi. — Son arrivée à Tours. — Il prend le commandement de l'armée des Vosges. — Composition de cette armée. — L'ennemi marche sur Dijon. — Défense de Dijon. — Bombardement de la ville. — Les Allemands l'occupent. — Le corps de Treskow met le siège devant Belfort. — Le colonel Denfert-Rochereau. — Affaire de Pâques et de Prénois devant Dijon. — L'armée de l'Est. — Bourbaki. — Werder. — Batailles de Villersexel et d'Héricourt. — Retraite. — Les Garibaldiens occupent Dijon évacué par l'ennemi. — Les Allemands sont repoussés après trois jours de combat. — Le général Bosak-Hauké. — Le drapeau du 61e régiment prussien............ 502

Documents complémentaires : 1. Dépêches du général Bourbaki sur les combats de Villersexel et d'Héricourt. — 2. Ordre du jour de Garibaldi après la victoire de Dijon..................... 514

CHAPITRE XVIII
La capitulation de Paris.

Paris après Buzenval. — État des esprits. Fermentation populaire. — Le général Vinoy remplace le général Trochu dans le commandement en chef de l'armée de Paris. — Coup de main sur Mazas. Flourens et les autres détenus politiques sont délivrés. — Journée du 22 janvier. — L'Hôtel de ville. — Les manifestations. — La fusillade. — Proclamation du gouvernement. — Bombardement de Saint-Denis et des forts du nord. — Les officiers supérieurs, consultés par le gouvernement et les maires, se prononcent à une grande majorité pour la cessation de la lutte. — Premiers bruits de capitulation. — Les négociations sont engagées. — Le bombardement cesse. — Note du gouvernement annonçant les négociations. — M. Jules Favre à Versailles. — Proclamation du gouvernement. — Les bases de la convention d'armistice.................. 516

Documents complémentaires : 1. Convention pour l'armistice, faite à Versailles, entre MM. de Bismarck et Jules Favre. — 2. Note officielle du gouvernement sur les subsistances de Paris au moment de l'armistice........ 535

CHAPITRE XIX
La province après l'armistice.

La France se retrouve. — Antagonisme de Paris et de la province. — La nouvelle de la capitulation arrive à Bordeaux. — Dépêches de Jules Favre et de Gambetta. — Continuation des hostilités dans l'est. — Le général Clinchant remplace Bourbaki dans le commandement. — La retraite en Suisse. — Généreuse hospitalité de la Suisse. — Belfort résiste encore. — Les derniers jours du siège. — Le colonel Denfert reçoit du gouvernement l'ordre de rendre la place. — La dernière place française de l'est : Bitche. — Reddition de la forteresse. — Le colonel Tessier. — La guerre est terminée............ 540

Documents complémentaires : 1. Composition de la garnison de Belfort. — 2. Ordre du jour du colonel Denfert pour la dissolution de la garnison de Belfort....... 552

CHAPITRE XX
La paix de Bordeaux.

Caractère des élections. — Paris et la province. — Dissentiment entre le gouvernement de Paris et la délégation de Bordeaux. — Proclamations de Gambetta. — Intervention de M. de Bismarck. — Démission de Gambetta. — Élections parisiennes. — Élections de province. — M. Thiers. — L'Assemblée se réunit à Bordeaux. — Première séance. — Le gouvernement de la défense nationale et les ministres déposent leurs pouvoirs entre les mains de l'Assemblée. — Démission de Garibaldi. — M. Grévy est élu président de l'Assemblée. — M. Thiers est nommé chef du pouvoir exécutif de la République française. — Composition du nouveau ministère. — L'Assemblée nomme une commission chargée de négocier avec la Prusse. — Négociations à Versailles. — État moral de Paris. — Le Comité central. — Anniversaire du 24 février. — Manifestations sur la place de la Bastille. — Fédération de la garde nationale. — Le bruit de l'entrée prochaine des Prussiens se répand. — La garde nationale s'empare des canons du parc de la place Wagram. — Les préliminaires de paix sont signés. — Le gouvernement annonce à la population parisienne l'entrée des Prussiens. — Attitude des journaux. — L'entrée des Prussiens. — Aspect de la ville et des quartiers occupés. — L'Assemblée ratifie les préliminaires de paix. — Les Prussiens évacuent Paris. — La séance de l'Assemblée. — Les députés alsaciens. — M. Conti. — L'Assemblée vote la déchéance de l'empereur et de sa dynastie. — Mort de M. Kiss, maire de Strasbourg et député. — Ses funérailles. — Les femmes d'Alsace et de Lorraine. 555

Documents complémentaires : 1. Préliminaires de la paix de Bordeaux. — 2. Ce que nous perdons (superficie et nombre d'habitants des territoires cédés à l'Allemagne).................... 580

LIVRE TROISIÈME

CHAPITRE I
Le 18 mars.

Les manifestations de la place de la Bastille. — Meurtre de Vicentini. — Le drapeau rouge. — Le *Comité central*. — Le *Comité fédéral républicain*. — La Fédération républicaine de la garde nationale. — Proclamation du *Comité central*. — Les Comités d'arrondissement. — Nomination du général d'Aurelle de Paladines au commandement en chef de la garde nationale de Paris. — L'Assemblée veut *décapitaliser* Paris. — Démission de quelques-uns des députés de Paris. — La loi sur les échéances et l'absence d'une loi sur les loyers augmentent le mécontentement de la population parisienne. — Le gouvernement des buttes Montmartre. — Suppression de six journaux radicaux. — Condamnation à mort par coutumace de Flourens et de Blanqui (affaire du 31 octobre). — Le 18 mars. — Proclamation du gouvernement annonçant qu'il a résolu de s'emparer par force des canons détenus par les gardes nationaux. — L'entreprise, bien conduite au début, échoue. — La troupe faiblit. — Le général Lecomte, plusieurs de ses officiers et de ses soldats sont faits prisonniers par la foule. — Arrestation du général Clément Thomas. — La foule a soif de sang. — Assassinat des généraux Clément Thomas et Lecomte. — Le gouvernement et l'armée évacuent Paris dans la soirée. — Le Comité central reste maître de la situation....... 583

DOCUMENTS COMPLÉMENTAIRES : 1. Lettre de Cluseret aux gardes nationaux de Paris sur la nomination du général d'Aurelle de Paladines. — 2. Proclamation du Comité central. — 3. Protestation de Blanqui contre sa condamnation à mort.................................. 599

CHAPITRE II
Le Comité central et les maires de Paris.

Le lendemain d'une révolution. — Le 19 mars. — Premières proclamations du Comité central. — La résistance. — L'amiral Saisset. — Le général Cremer. — Premiers actes du Comité. — Premières séances de l'assemblée à Versailles. — La loi sur les élections municipales. — Manifestation de la place Vendôme. — La résistance s'organise et s'accentue. — Les maires à l'Assemblée. — Le Comité central remet les élections au 26. — Les généraux du Comité. — Premiers pourparlers. — La convention. — L'accord est rompu. — Nouvelle convention. — Le Comité central triomphe. — Les élections de la Commune. 602

DOCUMENTS COMPLÉMENTAIRES : 1. Le Comité de la Corderie. — 2. Résultat des élections communales du 26 mars. 614

CHAPITRE III
Les premiers jours de la Commune.

Après le vote. — Les élus. — Félix Pyat, Tridon, Raoul Rigault, Vésinier, Paschal Grousset, Delescluze, Beslay, Flourens, etc. — La Commune est proclamée solennellement. — Les premiers décrets. — Son programme. — Ce qu'était la Commune au moyen âge. — Situation critique du gouvernement à Versailles. — Préparatifs militaires de la Commune. — Premiers engagements. — Neuilly, Courbevoie, le Mont-Valérien, Bellevue. — Mort de Duval. — Mort de Flourens. — Proclamation de la Commune après ces échecs militaires............. 616

DOCUMENTS COMPLÉMENTAIRES : 1. Proclamation des généraux de la Commune avant le combat du 3 avril. — 2. La première séance de la Commune de Paris, racontée par un témoin.. 627

CHAPITRE IV
La dictature militaire de Cluseret.

La Commune de 1793 et la Commune de 1871. — Décret sur les otages. — Le général Cluseret est nommé *délégué à la guerre*. — Son passé. — L'enrôlement forcé, dix-neuf à quarante ans. — La chasse aux réfractaires. — Constitution de la cour martiale. — Le maréchal de Mac-Mahon prend le commandement en chef de l'armée de Versailles. — Progrès sensibles de l'armée. — Dépêches mensongères de la Commune. — Les fédérés sont chassés du château de Bécon. — Le général Dombrowski. — La Commune et les puissances étrangères. — La Commune et les autorités prussiennes. — Les décrets de la Commune : arrestation des prêtres ; fermeture des églises ; suppression des journaux ; réquisitions ; etc. — Journaux et journalistes de la Commune : Jules Vallès, Moroteau, Vermersch. — Les généraux Wrobleski et La Cécilia. — Destitution de Cluseret. — Il est remplacé par Rossel. 631

DOCUMENTS COMPLÉMENTAIRES : 1. Appel de la Commune de Paris aux départements. — 2. Résultat des élections du 16 avril pour l'élection complémentaire de membres de la Commune.. 642

CHAPITRE V
Les dix journées de Rossel.

Rossel. — Son passé. — Sa démission d'officier. — Surprise du fort d'Issy. — Rossel reprend possession du fort. — Il essaye de réorganiser les services de la Commune. — État des esprits dans Paris. — Les finances de la Commune. — Nomination du Comité de salut public. — Les dissidents. — Progrès de l'armée de Versailles. — Proclamation de M. Thiers aux Parisiens. — Les clubs. — Les théâtres et les concerts. — Les troupes de la Commune évacuent le fort d'Issy. — Rossel est accusé de trahison. — Il se dérobe aux recherches............ 644

DOCUMENTS COMPLÉMENTAIRES : 1. Démission de Rossel. — 2. Proclamation du gouvernement de la République française aux Parisiens................................. 654

CHAPITRE VI

Travaux de l'Assemblée de Versailles. — Signature définitive du traité de paix avec la Prusse. — Tentatives de conciliation. — L'influence bonapartiste dans la révolution du 18 mars. — Aspect de Versailles. — Les environs de Paris. — L'occupation prussienne. — La Commune en province : Limoges, Saint-Étienne, Marseille, Toulouse, Lyon. — Démolition de la maison de M. Thiers. — Delescluze remplace Rossel comme délégué à la guerre. — Le passé de Delescluze. — Proclamation de Delescluze. — Nouveaux décrets de la Commune. — Démolition de la colonne Vendôme. — Gustave Courbet. — Explosion de la cartoucherie de l'avenue Rapp. — Désaccord au sein de la Commune. — Le Comité central. — Le dénoûment approche.. 656

DOCUMENTS COMPLÉMENTAIRES : 1. Appel des travailleurs de Paris aux travailleurs des campagnes. — 2. Proclamation de la Commune de Paris aux grandes villes........ 671

CHAPITRE VII

Les huit journées de Mai.

Entrée de l'armée de Versailles. — Ducatel. — Proclamations du Comité de salut public. — Les barricades. — Mort de Dombrowski. — Vermorel. — Les incendies. — Les Tuileries. — L'Hôtel de ville. — Dernières proclamations des chefs de l'insurrection. — La lutte dans Paris. — Les fusillades. — Mort de Millière. — Mort de Tony Moilin. — L'exécution des otages est décrétée. — Sainte-Pélagie. Raoul Rigault. — Préau de Wedel. — Assassinat de Gustave Chaudey et de trois gardes républicains. — Mort de Raoul Rigault. — La Roquette. — Assassinat du président Bonjean, de l'archevêque de Paris, de l'abbé Deguerry, de l'abbé Allard, du P. Ducoudray et du P. Clerc. — La mairie du onzième arrondissement. — Mort de Delescluze. — Massacre des Dominicains d'Arcueil. — Derniers efforts de l'insurrection. — La mairie du vingtième arrondissement. — Massacre de la rue Haxo. L'agonie de la Commune. — Les troupes s'emparent des buttes Chaumont et du Père-Lachaise. — Proclamation du maréchal de Mac-Mahon...................................... 674

DOCUMENTS COMPLÉMENTAIRES : 1. Proclamation du *Paris-libre*. — 2. Appel de la Commune aux femmes. — 3. Ordre d'incendier donné à Millière par la Commune. — 4. Ordres donnés à Dombrowski par la Commune...... 702

CHAPITRE VIII

Le lendemain de la victoire.

Aspect de Paris. — Les morts. — Les prisonniers. — Paris est divisé en quatre grands commandements militaires. — Proclamation du maréchal Mac-Mahon à l'armée. — Après l'incendie. — Les ruines. — La place de la Concorde. — La rue Royale. — Le ministère des finances. — Le théâtre de la Porte-Saint-Martin. — Le Grenier d'abondance. — La place de la Bastille. — La rue de la Roquette. — Les docks de la Villette. — La colonne Vendôme. — Les Tuileries. — L'Hôtel de ville. — Le gouvernement demande l'extradition des partisans de la Commune réfugiés en pays étrangers. — Diverses réponses des gouvernements. — Victor Hugo et le gouvernement belge. — Les arrestations et les perquisitions à Paris. — Jourde, Paschal Grousset, Ferré, Rossel. — Les prisonniers à Versailles. — L'action des bonapartistes dans la Commune. — Opinion de Martin Bernard, de Mazzini et de Rossel sur la Commune. — Les théories communistes : Félix Pyat, Tony Moilin. — Les conseils de guerre. Attitude des principaux accusés. — Les condamnations. — Exécution de Rossel, de Ferré et de Bourgeois. — Attitude des réfugiés de la Commune à l'étranger. — Leurs publications. — Congrès de Lausanne. — L'Internationale. — La République et la Commune............ 704

DOCUMENTS COMPLÉMENTAIRES : 1. Les perles de l'art. — 2. Circulaire de M. Jules Favre aux agents diplomatiques de la République, du 6 juin 1871.............. 744

CHAPITRE IX

Le gouvernement de M. Thiers.

Funérailles des otages. — Modifications ministérielles. — Élections complémentaires à l'Assemblée nationale. — Les comités électoraux. — Résultat des élections. — Élection du Conseil municipal de Paris. — Succès de l'emprunt de deux milliards. — Évacuation par les Prussiens des départements de l'Eure, de la Seine-Inférieure et de la Somme. — Le désarmement des gardes nationales. — La proposition Rivet. — L'Assemblée se déclare constituante, si besoin est. — M. Thiers est nommé président de la République. — Affermissement de la République... 751

DOCUMENTS COMPLÉMENTAIRES : 1. Discours de M. Thiers sur la validation de l'élection des princes d'Orléans. — 2. Discours de M. Thiers sur le désarmement des gardes nationales. — 3. Projet de loi conférant à M. Thiers la présidence de la République. — 4. Premier message du président de la République à l'Assemblée nationale.. 759

CONCLUSION.. 767
DOCUMENT COMPLÉMENTAIRE : Discours de M. d'Audiffret-Pasquier........................... 778
BIBLIOGRAPHIE des ouvrages relatifs à la guerre, à la chute de l'empire, au siège de Paris et à la Commune........... 783
TABLE DES GRAVURES.. 787
TABLE DES MATIÈRES... 790

FIN DE LA TABLE.

Paris. — Typ. Rouge frères, Dunon et Fresné, rue du Four-Saint-Germain, 43.

www.ingramcontent.com/pod-product-compliance
Lightning Source LLC
Chambersburg PA
CBHW070716020526

44115CB00031B/1125